KB180401

한국어 방언의 공시적 구조와 통시적 변화

한국어 방언의 공시적 구조와 통시적 변화

최 전 승

도서출판 역락

머리말

이 책에는 나의 『한국어 方言史 연구』(1995, 태학사) 이후 작성한 대부분의 논문들이 "한국어 방언의 공시적 구조와 통시적 변화"라는 주제 아래에 실려 있다. 이러한 주제는 언어 현상에 대한 통시성과 공시성의 역할에 대한 나의 다음과 같은 인식에서 비롯되어 설정된 것이다.

즉, 오늘날 공시적 지역방언들의 고유한 언어 현상에 대한 관찰이 단순히 기술의 범위를 넘어서 보다 합리적인 해석과 설명에 도달하려면 반드시 그 이전의 역사적인 정보를 개입시켜야 한다. 어느 일정한 단계에 존재하는 방언의 공시성은 앞선 역사적 단계에서 수행하여 온 모든 변화들이 각각의 언어 층위에 걸쳐 축적되어 있는 양상을 보이기 때문이다. 따라서 지역방언에서 작용하고 있는 음운현상을 포함해서 굴절체계의 형태론적 특징들까지도 그 자체의 공시적 체계에서 뿐만 아니라, 해당 방언 현상들에 계기적으로 형성되어 온 역사적 과정 속에서 파악되어야 한다.

이러한 이 책의 주제를 구체적으로 실현시키려는 노력으로 나는 오늘날의 지역방언에서와 역사적인 언어 현상 가운데 존재하는 언어의 역동성과 언어 변이에 주목하려고 하였다. 지역 방언학에서 얻어진 성과들과, 역사 언어학의 자료를 사회 언어학에서 확립된 언어 변화와 변이 이론으로 파악하는 근거를 마련해 보고자 한 것이다. 이러한 나의 생각은 언어 변화와 변이 현상을 중심으로 연구하는 사회 언어학에서 첫 번째 중요한 작업가설로 내세우는 "동일과정설"의 원리(uniformitarian)에 근거하고 있다. 즉, 오늘날 지역 방언들에서 일어나고 있는 끊임없는 언어 변화와 변이 현상은 500년 전, 또는 그 훨씬 이전의 언어생활에서도 동일하였을 것이며, 이러한 현상이 과거의 역사적 문헌 자료의 표기에 어느 정도 충실하게 반영되어 있을 것이라는 전제이다.

따라서 나는 지금까지 여러 갈래의 생성문법 이론을 포함한 기술 언어학이 근간으로 삼고 있는 엄격한 "범주성 이론"(categoricity)을 지양하고, 사회 언어학에서 주장하는 변이 이론 중심으로 유동적이고 산발적으로 출현하는 문헌 자료들을 해석하고, 언어 변화의 추이 과정을 개별적 어휘 특성에 따라 점진적으로 진행되는 어휘 확산의 가설로 이해하려고 시도하였다. 이와 같은 작업은 지금은 전통적인 방언학과 사회 언어학 그리고 역사 언어학이 분리되어 있었던 개별적인 학문의 단계를 지나, 일관성 있게 서로를 포괄하는 하나의 단일한 영역으로 통합되어야 하는 단계에 이르렀다는 내 나름대로의 확고한 신념에서 출발한 것이다.

이러한 주제와 구체적인 방법론을, 때로는 강하게 때로는 약하게 염두에 두면서 지난 8년 동안 작성된 잡다한 15편의 글을 나는 그 성격에 따라서 대충 갈래를 타서 1부에서부터 5부로 인위적으로 구분하여 실어 보았다. 이 글들 대부분이 만족스럽지 못하고, 다시 고쳐 쓰고 싶은 생각이 간절하다. 그러나 그 동안 내가 전공 공부를 하면서 새로운 방향으로 전환하려는 노력, 또는 시도를 해 온 흔적과, 사색의 편린이 여기에 묻어 있다고 생각한다.

이 책의 제1장으로 실린 "국어 움라우트 현상의 유추적 확대와 화용론"은 내가 최근에 끝낸 글이다. 이 논문의 초고를 2004년 5월 경북 경산에서 열린 우리말글학회에서 발표한 후에, 어느 동료 한분이 아직도 움라우트에 관해서 쓸 것이 있느냐고, 휴식 시간 중에 나에게 말을 건네며 웃었다. 생각해 보면, 이 글이 국어 움라우트의 다양한 측면에 대해서 쓴 나의 일곱 번째의 논문이다. 내가 1978년 봄에 전북대학교에 부임해서 처음으로 작성한 글이 움라우트 현상에 대한 통시적 고찰이었다. 여기서 얻은 성과의 일부는 내가 1984년에

학위논문을 쓸 때, 19세기 후기 전라방언의 자료에서 움라우트의 결과가 통상적인 전설 단모음이 아니라, 하향 이중모음으로 실현되는 매우 불합리한 것 같은 현상을 합리적으로 추론하여 내게 하는 발판이 되었다.

　그러나 나는 국어 움라우트 현상에 대해서 쓸 또 다른 글을 생각하고 있는 중이다. 즉, "음운 이론들이 국어의 움라우트 현상의 이해에 어떤 기여를 하고 있을까?" 라는 논문이다. 최근 미국 중심의 음운론 이론, 특히 어휘 음운론(lexical phonology)과 최적성 이론(optimality theory) 등을 적극적으로 수용한 국내외의 논문들이 국어의 움라우트 실상과 변화의 과정을 얼마나 합리적으로 올바르게 파악하고 있는가를 검토하는 내용이다. 그래서 나는 학회장에서 그 동료에게 움라우트 현상에 대해서 한편 더 쓸 것이 있다고 응답하였다.

　내가 공부해 온 좁은 분야를 확장하여 文法化(grammaticalization)를 계기로 文法史의 영역으로 기웃거려 본 것은 여기서 얻은 작은 수확이라고 생각한다. 이 책의 제7장으로 실린 "중세국어 '-ㄴ 커니와'에서 공시적 방언형 '-은(는)커녕' 계열까지의 통시적 거리 : 문법화의 한 가지 양상"은 현대국어 보조사의 하나인 '-커녕'의 문법화에 대한 나의 최초의 글이다. 문법화의 기본 전제가 바로 내가 이 책에서 추구하는 중심 주제와 일치한다. 즉, 언어는 대부분 역사적 산물이기 때문에 언어가 의사소통의 원리에 따라 공시적 구조를 형성하고 있는 축적된 변화의 과정과 원리에 대한 언급을 통해서만이 공시적 사실을 합리적으로 이해할 수 있다.

　이 책에 실린 길고 짧은 글들이 처음에 게재된 장소를 발표 시기별로 제시한다.

　1) 1996, <아주낮춤의 종결어미 '-ㄹ다'와 예사낮춤의 '-ㄹ세/-ㄹ시/-시'의 형성과

　　방언적 발달〉, ≪선청어문≫ 24집, pp.295-327, 서울대 국어교육과.

2) 1996, 〈한국방언자료집의 성격과 한국 방언의 실상〉, ≪정신문화연구≫ 64, pp.240-253, 한국정신문화연구원.

3) 1997, 〈「춘향전」異本들의 地域性과 방언적 특질〉, ≪오당 조항근선생 화갑기념논총≫, pp.381-434, 보고사.

4) 1997, 〈용언활용의 비생성적 성격과 부사형어미 '-아/어'의 교체 현상〉, ≪국어학연구의 새 지평≫(이돈주 선생회갑기념논총), pp.1207-1257, 태학사.

5) 1998, 〈국어 방언과 방언사 기술에 있어서 언어 변이(variation)에 관한 연구(Ⅰ)〉, ≪방언학과 국어학≫(청암 김영태 박사 화갑기념논문집), pp.593-643, 태학사.

6) 1999, 〈원순모음화 현상의 내적 발달과 개별 방언 어휘적 특질〉, ≪국어문학≫ 34집, 국어문학회, ≪이광호 선생 회갑기념논총≫(2001, 12. 태학사, pp.85-140)에 재수록.

7) 2000, 〈詩語와 方言 : '기룹다'와 '하냥'의 방언 형태론과 의미론〉, ≪국어문학≫ 35집, 국어문학회, 『문학과 방언』(이기문·이상규 외, 도서출판 역락, 2001), pp.234-283에 재수록.

8) 2000, 〈19세기 후기 전라방언의 처소격 조사 주류의 특질과 변화의 방향〉, ≪우리 말글≫ 20집, pp.101-152, 우리 말글학회.

9) 2001, 〈국어 방언사 연구〉, ≪국어방언사전≫(이병근·곽충구 외 편), pp.169-177, 태학사.

10) 2001, 〈언어변이〉(Linguistic variation), ≪국어방언사전≫(이병근·곽충구 외 편), pp.256-263, 태학사.

11) 2001, 〈파동설〉(Wave theory), ≪국어방언사전≫(이병근·곽충구 외 편), pp.362-369, 태학사.

12) 2001, 〈1930년대 표준어의 형성과 수용 과정에 대한 몇 가지 고찰〉, ≪국

어문학≫ 36집, pp.235-311.

13) 2002, <19세기 후기 전라방언의 특질 몇 가지에 대한 대조적 고찰>, ≪한민족어문학≫(한민족어문학회), 41집, pp.27-81.

14) 2003, <중세국어 '-는 커니와'에서 공시적 방언형 '은(는)커녕' 계열까지의 통시적 거리>, ≪우리말글≫ 28호, (우리말글학회), pp.77-124.

15) 2004, <국어 움라우트 현상의 유추적 확대와 화용론>, 미간행.

이 책은 나의 삶 가운데 어느 한 고비를 스스로 기념하고 점검하는 뜻에서, 지금까지 지속되어 온 나의 공부를 되돌아보고 다시 앞을 새롭게 다지기 위해서 준비한 것이다. 그리고 이 책의 머리글을 쓰면서 나는 돌아가신 나의 아버지를 추모하며 감사드린다. 아버지와 같은 학문을 뒤따라 하게 되었음을 그 전에는 많이 후회하였지만, 지금은 크나큰 자랑과 긍지로 여긴다. 또한, 내 단순한 삶 가운데에서 유일한 기쁨의 샘물이며, 마음의 위안인 아내 경안에게 감사한다. 좋은 그림 마음껏 그리며, 언제나 젊고 아름답기를 바란다.

영남대학교 신승원 교수에게도 특별히 감사한다. 이 책의 초고를 통독하고 논지 전개의 오류와 자료 해석에 많은 문제점들을 꼼꼼하게 지적하여 주었다.

끝으로, 이 책을 흔쾌히 출판해 주신 역락 출판사 이대현 사장님과, 무더위 속에서 요령부득의 원고를 정성스럽게 잘 다듬어 편집해 준 박윤정님께 깊은 감사를 드린다.

2004년 8월

최전승

차 례

제1부 지역방언의 분화와 발달

제1장 국어 움라우트 현상의 유추적 확대와 화용론 ························· 19
　　1. 서 론 : 움라우트의 파급 효과와 화자들의 재분석 － 19
　　2. 움라우트 자료 분석과 관련된 기본 전제 － 25
　　3. 움라우트의 유추적 확대 － 35
　　4. 유추적 확대형 사용에 대한 세 명의 화자 중심의 事例 － 49
　　5. 모음 전설화의 몇 가지 유형과 움라우트 기능의 '轉用' － 66
　　6. 결 론 － 84

제2장 국어 방언과 방언사 기술에 있어서 언어 변이(variations)에 관한 연구
···.......·········· 93
　　1. 서 론 － 93
　　2. 문자 표기의 이탈 또는 변이 유형과 음운·형태론적 변이와의 관계
　　　　　　　　　　　　　　　　　　　　　　　　　　－ 98
　　3. 문헌 자료에 반영된 음운론적 變異의 과정과 'ᄒᆞ여(爲)>ᄒᆡ여>해'의
　　　　음성변화 － 119
　　4. 결 론 － 136

제3장 국어 방언사에서 원순모음화 현상의 내적 발달과 개별 방언 어휘적
　　　특질 ··· 143
　　1. 서 론 － 143

2. 근대국어에서 원순모음화 과정의 전개 — 146

3. 내적 재구와 전기 중세국어의 원순모음화 — 150

4. '*믄뎌>믄뎌'(先)의 변화와 원순모음화의 가능성 — 157

5. 후기 중세국어의 원순모음화 현상 — 166

6. 결론과 논의 : 원순모음화와 모음체계 및 방언 어휘의 특수성 — 183

제4장　용언활용의 비생성적 성격과 부사형어미 '-아/-어'의 교체 현상 … 195

1. 서　론 — 195

2. 이음절 이하의 어간말 모음 '우'와 부사형어미 '-아/어'의 교체 — 199

3. 19세기 후기 전라방언에서 부사형어미의 교체와 현대 전라방언으로
의 轉移 — 208

4. 활용형들의 보수성 : 전남 방언에서 '(춤)추-'(舞)의 경우 — 232

5. 결　론 : 공시적 기술과 설명의 타당성 — 237

제 2 부　표준어의 형성과 방언

제5장　1930년대 표준어의 선정과 수용 과정에 대한 몇 가지 고찰 ……… 245

1. 서　론 — 245

2. 음성변화의 점진적인 확대와 단어들의 개별적 특성 — 250

3. 형태론적 과정과 과도교정의 유입 — 272

4. 결　론 — 307

제 6 장 詩語과 方言 ································· 317

　　1. 서　론 : 시어로서 방언의 기능 － 317

　　2. 1920년대와 30년대의 시와 산문에 사용된 방언적 표기의 성격 － 320

　　3. 한용운의 시어 '긔루-/귀룹-'과 김영랑의 시어 '하냥' － 339

　　4. 결　론 － 363

제3부　방언 형태론과 文法化의 양상

제 7 장 중세국어 '-논 커니와'에서 공시적 방언형 '은(는)커녕' 계열까지의 통
시적 거리 ································· 371

　　1. 서　론 － 371

　　2. '-은커녕'에 대한 공시적 기술과 논의의 대상 － 373

　　3. 어휘화(lexicalization)와 문법화의 과정 － 377

　　4. 중세국어 '-논 커니와'의 형성과 그 통사적 출현 분포 － 379

　　5. 근대국어에서 '-논 커니와'의 발달과 확립 과정 － 394

　　6. 18, 9세기 후기 지역방언에서 '-은커니와'의 발달 － 401

　　7. 결론과 논의 : 역사적 정보가 공시적 현상의 이해에 어떤 역할을 하
는가? － 410

제 8 장 아주낮춤의 종결어미 '-르다'와 예사낮춤의 '-르세/-르시/-시'의 형성
과 방언적 발달 ·· 421
  1. 서 론 — 421
  2. '-르다'의 기원과 통사적 특징 및 방언적 발달 — 423
  3. 예사낮춤 '-르세'의 형성과 방언적 분화 — 443
  4. 결 론 — 451

제 9 장 19세기 후기 전라방언의 처소격 조사 부류의 특질과 변화의 방향
·· 457
  1. 서 론 — 457
  2. 19세기 후기 전라방언에서 지향점의 '-의로'와 낙착점의 처소격 조사
    '의'와의 상관성 — 462
  3. 처소격 조사 '-의'(으∽우∽이)의 분포와 '-에'로의 대치의 과정 — 471
  4. 처소격 조사 '-의'의 단모음화의 방향 : '-으'와 '-이' — 480
  5. 처소격 조사 '-여'의 역사성과 공시적 분포 — 489
  6. 결 론 : 굴절체계의 역사적 보수성 — 500

제 4 부 지역방언의 공시적 기술과 역사성

제10장 19세기 후기 전라방언의 특질 몇 가지에 대한 대조적 고찰 ······· 511
  1. 서 론 — 511

2. 초간본과 중간본 『여사서언해』의 전반적 특질과 번역 스타일의 차이
－ 513

3. 중간본 『여사서언해』의 음운・형태론적 특질과 19세기 후기 전라방언
－ 522

4. 중간본 『여사서언해』의 방언 어휘적 특질과 19세기 후기 전라방언
－ 549

5. 결론과 논의 － 556

제11장 『춘향전』異本들의 地域性과 방언적 특질 ····························· 567
1. 서 론 － 567
2. 김병옥(1898)에 반영된 음운론적 특질의 독자성과 상대성 － 572
3. 김병옥(1898)에 반영된 형태・통사적 특질과 방언 어휘 － 599
4. 결 론 － 617

제12장 『韓國方言資料集』의 성격과 한국어 지역방언의 實相 ············· 623
1. 서 론 : 『한국방언자료집』 완간의 의미 － 623
2. 방언 자료 추출과 그 성격 － 625
3. 면담의 과정과 방언의 실상 － 629
4. 마무리 － 642

제5부 부 록

제13장 언어 변이(Linguistic variations) ·· 647
  1. 언어 변이와 언어 변항 － 647
  2. 전통 방언학에서의 언어 변이 － 648
  3. 언어 변이의 새로운 인식과 사회(도시) 방언학 － 650
  4. 언어 변이의 수집과 말의 스타일의 활용 － 654
  5. 언어 변이 연구의 의의 － 658

제14장 한국어 방언사(方言史) 개요 ··· 665
  1. 방언사의 영역과 그 한계 － 665
  2. 방언사 연구의 방법과 문제점 － 671

제15장 방언과 波動說(Wave theory) ··· 685
  1. 파동설이 언어연구 방법에 끼친 파장 － 685
  2. 파동설과 계통수설(Family tree model)의 상호보완 － 694

┃찾아보기┃ 699

제 1 부

지역방언의 분화와 발달

• • • • • • • • • •

제 1 장 국어 움라우트 현상의 유추적 확대와 화용론

제 2 장 국어 방언과 방언사 기술에 있어서 언어 변이(variations)
        관한 연구

제 3 장 국어 방언사에서 원순모음화 현상의 내적 발달과 개
        별 방언 어휘적 특질

제 4 장 용언활용의 비생성적 성격과 부사형어미 '-아/-어'의
        교체 현상

제1장

국어 움라우트 현상의 유추적 확대와 화용론

|1| 서 론 : 움라우트의 파급 효과와 화자들의 재분석

이 글에서 필자는 한국어의 지역방언에서 다양하게 나타나고 있는 움라우트 현상과 직접 또는 간접으로 연관되어 있다고 판단되는 두 가지의 특징적인 양상을 주로 화용론적 관점에서 제시하고, 그 결과를 새롭게 해석하려고 한다.[1]

1.1 한 가지는 형태론 범주의 굴절 과정에서 주격조사 '-이'가 뒤따를 때, 체언어간의 모음이 전설화를 생산적으로 수행하는 움라우트의 유형을 이용하여 일정한 지역사회의 방언 화자들이 적극적으로 구사하고 있는 유추적 확대 현상이다. 필자는 이러한 과정을 움라우트의 기원과 확산의 방향에 관한 다른

1) 이 글은 2003년도 전북대학교 연구기반조성 연구비에 의해 작성된 것임.
  이 글은 제41회 한국언어문학 학술대회(2000. 6. 10, 전북대학교)에서 발표한 지정 토론논문인 "국어 방언에서 움라우트 규칙의 확대 현상에 대한 해석과 동화의 방향에 대한 몇 가지 문제"(pp.215-228) 가운데 주로 <§4.2 움라우트와 유추 현상(analogy)> 부분을 확대하여 다시 작성한 것이다. 다시 수정한 원고를 2004년 우리말글학회 전국학술대회(5. 22, 대구대학교)에서 발표하였다. 지정토론자로 참여한 영남대학교 오종갑 교수의 적절한 토론과, 충남대학교 한영목 교수의 보충 논의에 감사한다. 그리고 필자가 이 글을 위해서 수집한 자료 내용과 논문의 초고를 세심하게 읽고, 필자의 논지에 부합되는 좋은 예문과 논평을 제공하여 준 전주대학교 김형수 교수에게도 감사를 드린다.

이전 논문(1989: 53-54)에서 부분적으로 관찰하고 피상적인 언급을 한 바 있다. 그러나 다음과 같은 변화의 유형, 즉 '사람'의 변이형 '사램'(人)과, '밤'의 변이형 '뱀'(夜) 등의 예들을 전통적인 자료에서 나중에 발견하고, 이러한 유추적 확대에 근거한 형태들이 단편적인 것이 아니라, 지역방언에 따라서 어느 정도 뿌리를 내리고 있는 체계적인 성격을 갖고 있을 가능성을 생각하게 되었다.

> (1) ㄱ. 사램 인(人, 전남 곡성, p.20)
>   사램 인(人, 경남 마산)
>   ㄴ. 뱀 야(夜, 전남 곡성, p.14)
>   뱀 야(夜, 제주 애월)

위의 예들은 방언 지역에 따라 千字文의 새김(釋)과 음이 차이를 보일 수 있다는 가정 하에서, 평북 강계에서 제주도 애월까지에 걸친 여러 지역에서 관습적으로 사용되어 왔던 천자문을 적절한 자료 제공자들을 통해서 수집한 "매우 특수한 방언 조사 자료"인『천자문 자료집』(지방 천자문편, 1995)에서 추출된 것이다. 이러한 구어(입말) 자료집에 반영된 새김들은 앞선 가정대로, 해당 방언 지역에서 밟아 온 고유한 음성변화들을 다양하게 반영하고 있었다.2) 각 지방의 천자문이 보수성이 강한 새김의 전통을 갖고 있었음을 생각할 때, (1)과 같은 방언형 '사램'(사람)과 '뱀'(밤)이 남부방언 등지에서 새김으로 확립되

---

2)『천자문 자료집』(1995)에서 방언적 특질을 반영하고 있는 새김 가운데 이 글의 논지와 관련된 몇 가지의 유형들을 소개하면 다음과 같다.
  (1) 바대 해(海, 전남 곡성, p.17), 치매 상(裳, 전남 곡성, p.22), 나래 국(國, 경남 마산, p.23), 시내 신(臣下, 평북 강계, 강원도 강릉, 제주도 표선), 재 척(尺, 경남 하동, p.59), 쾨코리 상(象, 경남 함양, p.212).
  (2) 굉갱 겡(恭敬, 경남 하동, 마산, p.62), 셈길 사(事, 전남 곡성, p.6), 새치할 치(侈, 강릉, p.129), 뛰디릴 고(鼓, 강릉, p.114), 새귈 교(交, 제주 애월, p.91), 잼길 잠(潛, 대부분의 지방, p.18), 뉘귀 숙(孰, 경남 마산, p.136), 재비 자(慈, 강계, p.93), 쉥애치 독(독, 경남 마산, p.225)
  (3) 재초 적(迹, 마산, 김해, p.153), 재추 적(迹, 강계, 오동, 쌍책, 성리, 함양, p.153)
     그리고 다음과 같은 예들은 새김이 아니라, 전통적인 한자음에 고유한 변화가 개입되어 있다.
  (4) 에뿔 뢰(勞, 강계, p.172), 수그로울 뇌(전남 곡성, p.172), 힘씰 뢰(경남 마산, p.172)
  (5) 뽄 받을 회(效, 전남 곡성), 회도 회(孝, 전남 곡성, p.63)

어 출현한다는 것은 특히 주목되는 사실이다. 그 이유를 두 가지 측면에서 찾을 수 있다. 첫째, '사램'과 '뱀'형이 해당 방언 지역에서 노년층 화자들의 구어에 이미 확립되어 빈번하게 사용되고 있었다는 것을 뜻한다. 둘째, 이 개신형들은 오랜 관습으로 굳어진 보수성과 격식성을 갖추고 있는 천자문의 완고한 새김에까지 원래의 규범적인 '사람'과 '밤'형을 충분히 대치시킬만한 세력을 갖고 있었음을 나타낸다.

필자는 위의 단독형 '사램'과 '뱀'이 기원적으로 움라우트와 관련되어 있다고 전제한다. 즉, 체언 '사람'과 '밤' 어간에 주격조사 '-이'가 통합되는 환경에서 '사램 + -이'와 '뱀 + -이'로 전설화가 이루어진 과정을 거쳤을 것이다. 그 다음, 굴절 과정에서 주격형이 발휘하는 형태론적 힘으로 움라우트 조건을 갖추고 있지 않은 다른 격조사 형태에까지 유추적 확대(analogical extension)를 거쳐 전설화가 옮겨왔다고 본다.3) 그리하여, 필자는 움라우트에 의한 유추적 확대형들인 '사램'(人)과 '뱀'(夜) 등과 관련하여 다음과 같은 의문점들을 제시하고, 이 글의 §§3과 4에서 부분적인 해결을 모색하려고 한다.

> (ㄱ) 굴절 범주에서 일정한 음성 환경을 갖추고 있는 주격형에만 일어난 조건 음성변화가 그러한 구조 기술을 구비하지 않은 다른 여타의 격조사 형태로까지 유추에 의해서 확대된다는 가정이 어느 정도 설득력이 있는가? 주격형태에만 적용된 고유한 변화가 결국에는 다른 격 형태들로 확대되는 원동력은 어디에 있을까?
> (ㄴ) 지금까지 수없이 축적된 국어 움라우트에 관한 다양한 고찰과 논의에서 이와 같은 유추적 확대형 '사램'과 '뱀' 유형의 쓰임이 적극적으로

---

3) 또 다른 관점에서, '사람 인(人) → 사램 인'과 같은 예는 「千字文」에서 새김(釋)과 한자음과의 통합 관계에서 전설화가 형성되었을 가능성도 생각할 수 있다. 「천자문」 등과 같은 부류에서 새김과 한자음의 배열이 관용적으로 連語의 성격을 갖고 출현하기 때문에 양자간의 관계가 밀착되었을 것이기 때문이다. 예를 들면, '못 연(淵) → 연못, 널 판(板) → 널판지, 모질 악(惡) → 모지락스럽다' 등등.
그러나 앞으로의 논의가 전개되는 과정에서 '사램' 그리고 '뱀'형 등은 굴절에서 이미 움라우트를 수행하여 단독형으로 재분석되어 새김으로까지 확대되어 사용되었음이 확인될 것이다.

관찰되고, 이에 대한 언급이 체계적으로 제시되지 못한 이유는 어디에
있을까? 혹시, 격식적인 면담을 통해서 해당 지역방언 자료를 수집하
는 절차와 같은 자료 추출 방법론의 문제, 아니면 관찰의 대상이 되는
방언 자료에 문제가 없었던 것은 아닐까?

(ㄷ) 이러한 유추적 확대형들은 구체적으로 어떠한 화용론적 상황에서, 어
떤 계층과 연령의 화자들이, 상호 의사소통의 관점에서 어떤 의도를
가지고 사용하였을까?

(ㄹ) 일정한 텍스트 안에서 방언 화자의 구어 사용에서 비전설 모음을 갖
고 있는 규범형들이 유추적 확대형들로 확립되기 위해서는 그 전의
전설화된 주격형들의 출현 빈도수가 어느 수준까지 이르러야 가능한
것인가? 그리고 여러 지역방언의 구어 자료에서 유추적 확대형들로
'사램'과 '뱀' 이외에 어떠한 예들을 확인할 수 있을까?

1.2 움라우트 현상의 확대와 관련하여, 이 글의 §5에서 논의하려는 두 번째
의 특징적인 양상은 형태소 내부에서 표면상으로 움라우트 규칙의 음성 환경
을 명시적으로 찾을 수 없는 단어들에 적용되어 있는 전설화 과정과, 통상적
인 움라우트 규칙의 구조 기술을 크게 벗어난 것처럼 보이는 예들에서 나타
나는 전설화 과정이다.

지금까지 지역방언을 중심으로 이루어진 움라우트 현상에 관한 여러 연구
에서 이러한 유형들은 각별한 주목을 받아 왔으며, 동시에 해석에 있어서 많
은 논란의 대상이 되어 왔다. 대체로 음성변화의 본질과 그 확산의 과정을 파
악하는 연구자들의 철학과 관점 그리고 취향, 또는 학문적 이데올로기 등에
따라서 움라우트의 범주에서 이러한 예들은 완곡하게 긍정적으로 취급되거
나, 또는 단호하게 부정적으로 배제되었다.[4] 그러나 이러한 논란의 대상이 되

---

4) 움라우트 규칙의 구조 기술 가운데 주로 (ㄱ) 피동화주의 한정, (ㄴ) 개재자음의 제약, (ㄷ) 한
   자어와 고유어의 엄격한 구분, (ㄹ) 동화의 방향 등과 같은 차원을 선험적으로 미리 설정하고,
   여기서 벗어난 일체의 예들을 움라우트의 영역에서 배제시키는 부정적 입장(대표적으로, 최
   명옥 1989)과, 이 규칙의 지역적 확대와, 어휘확산 등과 같은 역동적인 힘을 주목하여 이러한
   엄격한 조건과 제약을 넘어서 실현된 전설화의 경우들도 움라우트 현상의 예로 폭넓게 포함
   시키는 긍정적 입장(대표적으로, 도수희 1981)이 대립되어 왔다.
   한 가지 예를 들면, 국어 움라우트의 종합적 고찰을 시도한 최명옥(1989/1998: 190)은 19세기

는 대부분의 표면상 전설화를 수용한 예들은 모두 동일한 층위의 성격을 띤 것이 아니고, 음운론과 형태론의 영역에 따라서 그 기원과 형성 과정이 다음과 같이 분류될 수 있다. 이러한 단어들의 분포와 실현상의 빈도수가 각각의 지역방언에서 작용하고 있는 움라우트 현상의 강도와 밀접한 관계를 맺고 있음은 다 알고 있는 사실일 것이다.

(2) ㄱ. '뇌동(勞動), 뇌곤(勞困), 이매(嚜), 치매(裳)' 등과 같은 부류
　　ㄴ. '댐배'(煙草), 되배(塗褙), 뉘에(蠶)' 등과 같은 부류
　　ㄷ. '밴댕이(반당이), 잼재리/잼자리(잠자리), 쥐뎅이(주둥이)' 등과 같은 부류
　　ㄹ. '내비(蝶), 쪙이(紙), 매귀(惡魔, 마귀), 새기다(交, 사귀다)' 등과 같은 부류
　　ㅁ. '웬수(怨讐), 댄추(단추), 쇠주(燒酒), 뮈섭다(무섭다)' 등과 같은 부류
　　ㅂ. '딛다(踏, 드듸다), 매디/매두(節)' 등과 같은 부류
　　ㅅ. '배깥(바깥), 새닥다리/새다리(사다리), 맹건(망건), 쬐그만(조그만) 등과 같은 부류

표면상 전설화를 수행한 위의 예들 유형 가운데, 필자가 이 글 §5에서 중점적으로 취급하려고 하는 대상은 (2)ㄴ의 '댐배'(담배) 등과 같은 부류와 (2)ㅅ에서의 '배깥'(바깥) 등과 같이 역사적으로나, 공시적으로 전연 움라우트의 음성환경을 찾을 수 없는 예들이다. 필자는 '댐배'나 '배깥'과 같은 단어들에 실현된 전설화는 해당 지역방언에서 일어난 움라우트 실현형들에 대해서 해당 지역사회의 방언 화자들과 청자들이 의식적 또는 무의식적으로 갖고 있는 일종의 사회적 태도에서 근원되었을 것이라는 가정을 이 글에서 시도하려고 한다.

후기 전라방언 자료에서 사용된 '쇠쥬'(燒酒)형이 이전 단계의 '쇼쥬'로부터 발달된 움라우트의 예라는 최전승(1986: 136)의 해석을 다음과 같은 세 가지의 사실을 근거로 인정할 수 없다고 하였다. (ㄱ) 이 형태는 일반적으로 움라우트가 적용될 수 없는 한자어이고, (ㄴ) 움라우트를 불가능하게 하는 경구개음이 개재자음을 이루고 있으며, (ㄷ) 이러한 제약을 가진 '쇼쥬'가 움라우트 규칙의 적용을 수용하려면 그 보다 약한 제약을 가진 '가지(枝), 고치(누에), 다치 -(傷)' 등과 같은 단어들이 당연히 움라우트를 보여야 할 것이라는 것이다.

어느 지역방언사회에서 움라우트가 적용되지 않은 규범적인, 예를 들어, '소주'와 '남편'형과 이러한 규칙을 수용한 방언형 '쇠주'와 '냄편' 등이 보유하고 있는 사회 상징적 기능과 의미는 다르다. 동시에 이 두 형태들이 일정한 사회 범주(계층, 연령 등과 같은)에 속해 있는 동일한 화자의 언어 사용 가운데 공존하고 있음은 잘 알려져 있다. 규범형과 토속적인 방언형들의 출현은 말의 스타일에 따라서 상호 배타적 분포를 형성하고 있다. 일종의 사회적 관습에 의해서 위신을 갖고 있는 규범형은 격식적인 말의 스타일(formal style)에, 그리고 친밀하지만 품위가 떨어지는 방언형은 일상적인 말의 스타일(casual style)에 배분되어 사용되는 것이 일반적이다.

필자는 예전의 다른 글(1983)에서 지역방언에서 생산적으로 쓰이고 있는 위의 예문 (2)ㄱ과 같은 범주에 속하는 '국시(국수), 화리/레(화루), 장개(장가), 방애(방아)' 등과 같은 방언형들이 갖고 있는 사회적 의미를 대체로 [−위신, +친숙성, −격식성]의 자질로 설정하고, 이것을 양분법으로 표시한 바 있다.[5] 움라우트형의 경우에도 이와 유사한 사회 상징적 자질을 이용할 수 있는데, 여기에 어느 지역이나 집단의 귀속성을 나타내려는 [+정체성](social identity)도 하나 첨가하려고 한다. 따라서 전설화된 형태가 공유하고 있는 이러한 사회적 자질들을 움라우트의 조건을 갖추고 있지 않은 형태들에도 화자들이 말의 쓰임에 따른 화용론적 상황에서 표면적으로 전설화를 실현시키는 의식적인 또는 무의식적인 현상으로 이해하려고 한다. 즉, 근거 없는 전설화 유형들은 결과적으로 화자들이 움라우트의 결과를 재분석하여 다른 범주의 단어들에 확대시킨 것이라는 잠정적인 결론을 이끌어 내려고 한다.

이와 같이 전설화를 거친 움라우트 실현형들이 갖고 있는 사회적 가치에 근거하여, 이와 유사한 가치를 나타내기 위해서, 전설화의 조건이 없는 형태에 전설화의 기능을 새롭게 "轉用"시키는 원리는 역사언어학에서 Lass(1990; 1997: 316-324)가 설정한 언어변화의 한 가지 유형인 "exaptation" 개념을 이용했

---

5) 이 글의 각주 2)에서 『천자문 자료집』(1995)에 나타난 방언적 특질로 제시된 예문 가운데 주로 (1)에 속하는 방언 형태들도 이러한 범주이다.

다. 그리고 지역방언에서 토속적인 움라우트 실현형들이 갖고 있는 정감적 의미 표출에 근거한 소위 "類似 움라우트"에 대한 개념은 일찍이 홍윤표(1994: 317-336)에서 제기된 바 있는데, 필자는 이러한 개념을 선별해서 부분적으로 차용하였다.

|2| 움라우트 자료 분석과 관련된 기본 전제

2.1 움라우트 실현과 비실현의 화용론

지금까지 이루어진 움라우트 현상에 대한 고찰의 대상은 주로 미리 준비한 격식을 갖춘 질문지를 사용한 면담(interview)의 절차를 통해서 추출된 방언 자료가 중심이 되어 왔다.[6] 그렇기 때문에, 해당 지역방언에서 개연성이 있는 일정한 통합 구조에 움라우트가 실현되어 사용되는가, 또는 아닌가 하는 판단이 순수한 언어 내적 사실에 근거하는 것이 아니라, 현지 조사자가 자료를 추출하는 방식의 차이, 또는 자료 제공자들이 상황에 따라서 제시하는 선택 등과 같은 언어 외적인 요인에 좌우되는 가능성도 생각할 수 있다. 또한, 움라우트 실현형 또는 비실현형들이 구체적인 언어 상황에서와, 다양한 연령과 사회 범주에 속해 있는 화자와 청자가 맺고 있는 사회적 관계 속에서 어떻게 실제로 운용되고 있는가 하는 측면은 완전히 배제된 상태로 기술되어 왔다.

언어의 본질이 언어를 구사하는 화자와 청자간의 사회적 행위에 있으며,

---

6) 그 이외에 부차적인 수집 방법으로 연구자에 의해서 이루어진 자연스러운 관찰 사례 등이 방언 자료로 첨가되기도 하였지만, 구체적인 관찰의 방법론이 명시적으로 제시되어 사용된 경우는 없는 것 같다.

이러한 행위는 한 개인 화자가 다른 사람 청자를 이해시키려는 활동인 동시에, 청자는 화자가 의도하려는 정보와 내용을 이해하는 활동이라는 것은 오래된 강령(Jespersen 1924: 2) 가운데 하나이다. 그렇기 때문에, 움라우트 현상을 포함한 다른 음성변화의 경우들도 사회 내부에서 구성원들이 적극적으로 참여하는 의사전달의 과정에서 대화나 이야기 속에서 실현된다고 생각한다. 일정한 지역방언에서 쓰이고 있는 움라우트 현상에 대한 분석이 그 타당성을 획득하려면, 그 지역방언이 사용되는 사회적 맥락과 상황, 그리고 대화 참여자들이 속해 있는 사회적 범주, 또한, 이들이 구사하는 말의 스타일 등에 대한 고려 속에서 이루어지는 관찰이 선행되어야 할 것이다.

특히, 체언에 격조사 '-이'(또는 계사 '이-')가 뒤따르는 통합적 과정에서 질문지를 이용하여 일정한 지역 자료 제공자의 말에 나타나는 움라우트의 실현 여부를 조사하는 면담의 방식에서 이러한 문제는 가장 심각하게 드러난다(최전승 1996). 현지 조사자의 품이 많이 소요되는 시간과 노력을 경제적으로, 그리고 효과적으로 줄이기 위해서이지만, 현지 조사자는 움라우트의 실현형과 비실현형 두 가지 형태를 제시하고, 자료 제공자가 이 가운데에서 자신이 사용하는 자연스러운 형태를 선택하도록 유도한다. 그리고 예상했던 움라우트 실현형을 첫 번째 답으로 내놓지 않으면, 조사자는 왜 그 형태를 사용하지 않느냐고 다시 질문을 예외 없이 하는 것이다. 아래의 실제 면담 상황에 대한 일부의 예는 『한국방언자료집』Ⅵ(전남 편, 1991)을 위해서 1981년 3월에 전남 담양에서 "움라우트 조사 항목"을 대상으로 현지 조사자와 67세 토박이 화자인 자료 제공자 사이에 일어났던 질문과 응답 대화 내용을 그대로 전사한 것이다.7)

> (3) ㄱ. 조사자 : 메주를요, 쓰는 거요. 뭘로 씁니까?
>   제공자 : 콩으로.

---

7) 『한국방언자료집』Ⅵ(전남 편, 1991)에서 전남 담양방언 조사의 전반적인 면담 과정과 성격에 대해서는 최전승(1996)을 참조.

조사자 : 네, 그게 많으면 뭐가 많다고 합니까?

제공자 : 콩이 많다.

조사자 : 예, 콩이 많다고는 안 씁니까?

제공자 : 콩이 많다? 쾽이 많다? 쾽이가 더 씨여(a).

조사자 : 네. (Ⅲ 18-5.I)

ㄴ. 조사자 : 그 소리가 "듣기 싫다" 그럽니까? "딛기 싫다" 그럽니까?

제공자 : 듣기 싫다.

조사자: 딛기 싫다? 제공자: 듣기 싫다!

조사자 : "딛기 싫다" 그러지 않습니까?

제공자 : 응. 그 소리 참 딛기 싫다? 듣기 싫다? 듣기 싫다여. 듣
　　　　기…

조사자 : "딛기 싫다" 그러면 저 사람 말 좀 이상하게 쓴다. 그럽니
　　　　까? 어쩝니까?

제공자 : "딛기 싫다" 그러면? 그러제. 쪼금 이상하다, 그러제. 여그
　　　　서는(b). (Ⅲ 20-5.B)

ㄷ. 조사자 : "속히 오너라" 그럽니까? "쇡히 오너라" 그럽니까?

제공자 : 속히제.

조사자 : "쇡히…" 그렇게 안 씁니까? 쇡히 온다.

제공자 : 응? 쇡히 오너라? 속히 오너라? 쇡히 오너라? 두 말 다 쓴
　　　　디(c). (Ⅲ 14-2.C)

이와 같은 면담에서 파생될 수 있는 여러 문제점들을 극복하기 위한 한 가
지 방법론적 대안으로, 필자는 움라우트 현상의 적절한 관찰과 이해를 위해서
화용론적 접근을 제안하려고 한다. 여기서 필자가 움라우트의 관찰과 관련하
여 사용하는 소위 "화용론"(pragmatics)이라는 용어는 좁은, 전문적인 영역이 아
니라, 다음과 같은 세 가지 작업을 전제로 하는 폭넓은 개념을 뜻한다.[8] 첫째,
주격조사 '이'가 연결될 때 체언의 모음에 나타나는 움라우트의 실현 또는 비
실현의 현상을 일정한 텍스트의 틀 안에서 관찰한다. 둘째, 이 현상이 화자와
청자, 또는 청중 사이에 오고가는 대화 또는 긴 이야기(담화) 속에서 어떻게 운

---

8) 화용론의 전반적인 개념과 그 연구 영역은 Levinson(1992, 이익환. 권경원 번역)과 Joan Cutting
　(2002)을 주로 참고하였다.

용되는가를 고려한다. 셋째, 움라우트의 실현이 화자의 일정한 대화 전략 또
는 어떤 언어 외적 정보를 전달하려는 의도를 갖고 있는 것인가를 추정하려
고 한다. 이 글에서 필자는 움라우트와 관련하여 이와 같이 열거한 전제와 방
법론을 적절하게 이행할 충분한 준비와 능력을 아직 구비하지 못하고 있다.
그럼에도 불구하고, 음성변화의 관점에서 지금까지 소홀하게 취급되어 왔던
화용론적 측면에서 텍스트와 담화 중심, 그리고 맥락(context)과 같은 기본 성분
들을 우선적으로 고려할 때, 이러한 방식의 접근 방법이 움라우트 현상의 이
해에 종전과는 다른 성과를 거둘 수 있을 것으로 기대한다.

이러한 작업 원리를 이용하여 움라우트의 유추적 확대와, 움라우트 기능의
轉用 현상을 실제적으로 일어나는 말의 쓰임 속에서 관찰하기 위해서 필자는
일차적인 구어 자료로 (1) 노년층 토박이 화자들이 살아 온 삶의 긴 이야기 구
술을 그대로 한글로 전사한 『뿌리깊은 나무 민중자서전』(1992, 뿌리깊은 나무 출
간) 총서 가운데 몇 가지와, (2) 1980년대 한국정신문화원에서 기획하고 간행한
『한국구비문학대계』 전남과 전북 편 일부를 이용하였다. 이와 같은 유형의 구
술 자료들을 해당 지역의 방언 자료, 특히 음운론 중심의 자료로 이용할 때
나타날 수 있는 심각한 제약들과 문제점은 필자가 예전의 논문(1992)에서 이미
열거한 바 있다.9)

그러나 이들 자료가 기본적으로 자연스러운 구술 방언 자료이기는 하지만,
그 대상이 청자가 아닌, 독자들을 전제로 한 시각적인 "읽기" 중심의 음소적
한글 전사라는 가장 큰 제약을 극복할 수 있는 다음과 같은 장점들을 자체적

---

9) 『한국구비문학대계』 전남과 전북 편 가운데 일부는 한국정신문화 연구원 <장서각>에서 제
공한 녹음 자료와 대조할 수 있었다. 독자들을 위한 시각적 자료로 간행된 출판물의 내용과
실제 토박이 구술자로부터 입력된 녹음 자료와를 면밀하게 대조하여 보면(특히, 최래옥 교수
가 주도한 『전라북도 남원군 편』(5-1, 1981)을 중심으로) 움라우트 현상과 관련하여 다음과
같은 사실이 드러난다. 녹음 자료에서는 남원 토박이 화자가 구술하는 이야기 가운데 실현시
킨 움라우트가 빈번하게 등장하였으나, 편집된 출판물에서는 누락되는 사례가 간혹 발견되
었다. 그러나 그 반대의 경우, 구술자의 발음에 움라우트가 나타나지 않은 경우에 움라우트
를 실현시켜 전사한 적은 한번도 없었다. 이러한 사실은 간행물의 전사를 음운현상, 특히 움
라우트와 관련하여 이용할 때 시사하는 점이 많다고 생각한다.

으로 갖고 있다고 생각한다. 첫째, 『한국구비문학대계』 전남과 전북 편의 경우에 각각의 옛이야기들은 독립된 텍스트를 형성하고 있으며, 토박이 화자가 구술하는 자연스러운 담화의 연속을 확보할 수 있다. 둘째, 이 자료는 자료 제공자들이 자신의 말을 어떻게 사용하는가에 보다도, 어떤 이야기를 어떤 방식으로 전달하느냐에 관심이 집중되어 있기 때문에, 이야기가 행하여지는 상황과 맥락에 따른 움라우트의 실현과 비실현의 살아 있는 구체적인 현장을 용이하게 관찰할 기회를 준다. 셋째, 구비 자료의 현지 조사자나, 이것을 구술하는 자료 제공자 어느 누구도 움라우트를 포함한 언어 사실에 전연 관심을 표명하지 않았으며 주목하거나 언급한 바 없다. 또 다른 구술 자료 유형인 『뿌리깊은 나무 민중자서전』(1992)에도 위에서 열거한 특징들이 그대로 확인된다.10)

이와 같은 구술 자료들이 내재하고 있는 특징 가운데 필자는 특히, 셋째 항목에 큰 의미를 부여한다. 그 이유는 체언에 주격조사 '-이'가 연결될 때 실현되는 움라우트 자료를 수집하는 면담의 과정에서 위의 (3)의 면담 사례가 보여 주는 것과 같은 현지 조사자의 노골적인 의도와 간섭이 일단 배제되는 동시에, 실제 방언조사에서 언제나 제기될 수 있는 "관찰자의 모순"(observer's para-dox)과 같은 극복하기 어려운 문제를 어느 정도 해결할 수 있다고 생각하기 때문이다.11)

---

10) 『뿌리깊은 나무 민중자서전』(1992) 총서 각권들은 토박이 화자들이 자연스러운 상황에서 구술한 삶의 이야기를 가필함이 없이 그대로 옮겨서 편집한 것이다. 편집자의 말에 의하면, 여기서 "편집"이라 함은 독자의 이해를 목적으로 중복되는 부분을 생략하거나, 내용의 전개에 순서를 잡고, 어려운 용어나 방언형에 각주를 다는 작업을 뜻한다.

11) Labov(1978: 209-210)는 일정한 지역사회에 들어가서 이루어지는 현지 방언조사의 목적이 토박이 방언 화자들이 체계적으로 관찰 받고 있지 않을 때 어떻게 토속적인 일상어를 사용하고 하는가를 발견하는 것이지만, 현지 조사자는 이러한 순수한 자료를 체계적인 관찰을 통해서 얻을 수밖에 없는 방법론의 한계를 소위 "관찰자의 모순"이라고 지적하였다. 그 이유는 이러한 체계적인 관찰은 격식을 갖춘 면담 과정을 통해서 가능한 것인데, 면담에 응하는 자료 제공자는 자신의 말이 외지인에 의해서 관찰 받고 있다고 느끼면 느낄수록 언어사용 행위를 의식적으로 통제하게 되기 때문이다.

2.2 말의 스타일과 움라우트

현대국어의 지역방언에서 사용되는 움라우트 현상은 일정한 사회 계층(농촌 사회의 교육 수준이 낮은 농민), 그리고 연령(노년층) 등과 같은 사회적 범주와 연관되어 있으며, 또한 자연스러운 일상체와 같은 말의 스타일과 어느 정도 밀접한 상관관계가 있음이 관찰되어 왔다(박경래, 1993 참조). 이와 같은 범주에 속하는 토박이 화자들의 말에, 특히 체언 다음에 주격조사 '-이'와 연결되어 실현되는 움라우트의 경우는 그 생산적인 출현 빈도가 서울방언만을 제외하고, 경기방언을 위시하여 거의 모든 지역방언에서 매우 높게 나타나고 있다. 이러한 관찰과 분석이 지금까지의 많은 개별적인 지역방언 연구에 축적되어 왔으며, 최근 완간된 『한국방언자료집』(1987-1995, 한국정신문화원)은 이러한 지역방언적 정보를 정밀하게 보여주고 있다.

그러나 형태소 경계를 넘어 실현되는 움라우트 현상을 추출하기 위해서 현지 방언 조사자와 자료 제공자 사이에 행하여진 위의 (3)에서의 면담 내용을 검토하면, 다음과 같은 일정한 형식이 관찰된다. 즉, 담양 지역방언을 구사하는 토박이 자료 제공자는 조사자의 첫 번째 질문에 대부분 움라우트 비실현형을 먼저 제시한다는 사실이다. 그리고 현지 조사자가 움라우트 실현형을 제시하고 그 사용 여부를 다시 확인하였을 때, 나오는 자료 제공자의 반응은 이것을 긍정하거나, 때로는 부정하였다. 자료 제공자는 (3)ㄱ에서 자신이 먼저 자발적으로 제시했던 '콩+-이'형보다 조사자가 예시한 움라우트가 실현된 '쾽+-이'형을 더 사용한다고 하였으며, (3)ㄷ에서는 '속히'와 '쇡히'형이 둘 다 사용된다고 인정하였다.12)

여기서 필자는 자료 제공자의 응답 가운데 "(어떤 형태를) 더 사용한다"와 "두 말 다 쓴다"와 같은 언급에 주목한다. 그리고 이러한 언급은 토박이 방언

---

12) 그러나, 『한국방언자료집』(전남 편, 1991: 389-390)에서 담양 지역의 자료 제공자 응답은 움라우트 실현형 '쇡히'로만 등록되어 있다.

화자의 말의 스타일과 관련되어 있을 것으로 해석한다.[13] 일상어를 관찰해 보면, 한 가지만의 말의 스타일을 구사하는 방언 화자는 없다는 "말의 스타일 교체의 원리"(Labov 1972: 112)에 비추어 볼 때, 첫 번째 질문에 나오는 움라우트 비실현형은 면담과 같은 격식적인 상황에서 구사될 수 있는 방언 화자의 격식체에 해당된다고 말할 수 있다. 이것은 질문과 응답으로 구성된 면담의 과정에서 현지 조사자가 격식성을 제거하기 위해서 아무리 좋은 방안을 강구한다고 해도, 역시 자료 제공자가 제시한 결과는 말에 주의력이 기울어진 격식체이라는 "격식성 원리"(The principle of formality, Labov 1972)와 일치된다.

현지 조사자가 다시 두 번째로 제시해서 자료 제공자가 "더 사용한다" 또는 "두 말 다 쓴다"와 같은 언급과 더불어 선택한 움라우트 실현형은 자신의 자연스러운 일상적 말의 스타일을 나타냈을 가능성이 높다. 그렇다면, 위의 (3)과 같은 부분적인 면담 과정에서 다음과 같은 사실을 추출할 수 있다. 하나는 이 자료 제공자가 적절한 사회적 상황에 따라서 두 가지 유형의 형태를 임의적으로 선택해서 사용한다는 사실이다. 다른 하나는 해당 지역사회에서 규범어에 속하는 움라우트의 실현형과 토속적 방언 형태인 비실현형 간에는 "위신" 또는 "친밀성", 그리고 사회적 "정체성" 등과 같은 사회 상징적 가치가 첨부되어 있다는 것이다.

그러나 토박이 화자의 구술 내용을 글자 그대로 전사한 자료를 이용하면,

---

13) 여기서 스타일은 화자가 동일한 개념을 표현하기 위해서 갖고 있는 몇 가지 가능성 가운데 사회적 상황에 따라서 취하는 선택이라는 의미로 한정하여 사용한다(Labov 1978; Traugott & Romaine 1985). 즉, 말의 스타일을 선택이라고 하는 것은 변이를 형성하고 있는 동의적 변이형들 중에서 어느 하나를 사용한다는 말이다. 또한 이러한 언어적 선택은 변이형들과 연관된 사회적 의미를 내포하고 있음을 뜻한다. 따라서 화자가 사용하는 스타일의 유형과 그 교체 과정을 통해서 우리는 해당 언어에 내재된 사회적 의미에 접근할 수 있다.
  또한 말은 의사전달의 기능과 사회 상징적 기능을 동시에 갖고 있기 때문에, 예를 들면 음운론에서의 음소들은 의미 분화에 관여하는 변별적 기능으로서 음소체계의 성분인 동시에, 이것을 사용하는 화자의 사회적 정체성과 귀속된 사회 범주 등을 나타낸다. 즉 말을 한다는 것은 전달하려는 정보 뿐만 아니라, 화자의 사회적 계층과, 상대방과의 친소의 관계, 이야기의 목적 등을 드러내놓게 되는 것이다. 그리고 단일 화자의 말 가운데 나타나는 스타일에서의 변이는 사회적 차원에서 서로 다른 화자들 사이에 일어나는 변이를 반영한다고 한다(Bell 1984).

단일한 화자가 구사하는 같은 말의 스타일 내부에서도 움라우트의 실현형과 비실현형과의 끊임없는 교체를 다음과 같이 빈번하게 관찰할 수 있다. 이 예들은 편의상 『한국구비문학대계』에서만 일부분 이끌어 낸 것이다.

(4) ㄱ. 널을 탕 뚜둘고 보인게, 아이, 송쟁이(a) "휴우"하고 한심을 쉬고 일어난다 말이여. 송장이(b) 일어나, 일어나서…(구비 6-3, 전남 고흥군 동강면 설화 11: 666, 신지우 67세)

　ㄴ. 한번은 비가 외기(a)를 시작하는디, 아침부터 비가 오기(b)를 시작헌단 말이여.(구비 6-3, 전남 고흥군 동강면 설화 15: 674, 박태주 68세)

　ㄷ. 그렇게 이제 하루는 쥉이(a) 왔어, 중. 옛날 중이(b) 와서는 이제 그걸 본게 도사드래. 쥉이(a) 도사여…(구비 5-2, 완주군 운주면 설화 42: 411, 백기순 81세)

　ㄹ. "아, 내가 욍이(龍이, a) 될 날이 넘었는데, 용이(b) 되 못 올라가구 이러구 있으니, 용이(b) 되 올라 가겠는지 그것 좀 알아달라"구 그래, 인자…(구비 5-2 완주군 운주면 설화 11: 327, 김용환 65세)

　ㅁ. 이웃집 노해미(a)가 하나, 노할미(b)가 하나 봤그던 노핼미(a)가 하나 보골랑(청중: 할마시가?). 그래, 노할미(b)가 한번 보골랑. 글타, 그마, 인자…(구비 7-2. 경주 월성군 외동면 설화 12: 409, 장분이 74세).14)

긴 이야기의 흐름 가운데 움라우트와 관련된 단편적인 부분을 임의로 추출한 위와 같은 구술 자료는 (1) 해당 지역의 토박이 출신의 노년층 구술자, (2) 구술 내용, (3) 청중들, (4) 현지 조사자, (5) 이야기가 구술되고 있는 장소와 분위기 등과 같은 성분들로 구성되어 있다. 이러한 다섯 가지 담화의 구성 성분은 가변적으로 작용해서 자료 제공자인 구술자가 얼마나 자연스럽게 이야기

---

14) 전주대학교 김형수 교수는 이 글의 초고를 논의하면서, 위의 예문 (4)ㅁ 가운데 '(노)해미' 형태가 '(노)핼미'의 잘못이 아닐까 하는 지적을 하였다. 그러나 『한글』 5권 5호(1937)에 보고된 경북 대구방언의 자료 가운데 다음과 같은 '해미'형이 수집되어 있어 참고가 된다. 노파→할미, 해미, 할마시(p.21-22).

내용 전개에 몰두하여 토박이 일상어를 무의식적으로 구사하는가와 밀접한
연관을 맺고 있다고 가정한다. 그렇다면, 동일한 구술자가 구사하는 거의 동
일한 말의 스타일 가운데 이야기의 전개에 따라 움라우트의 실현형과 비실현
형이 번갈아 교체되어 나타나는 위의 예문 (4)와 같은 예들은 스타일의 사회
적 측면과 관련하여 자신의 말에 기울이는 "주의력의 정도"(Labov 1972)에서 찾
아 볼 수 없을 것 같다. 그 대신, 이러한 스타일상의 교체는 일차적으로 화자
또는 구술자가 이야기에 참여하는 청자(청중)에 대한 반응이나, 어떤 언어 외
적 정보를 전달하려는 화자의 주관적인 의도에서 일어나는 의식적 또는 무의
식적인 행위(Bell 1997)에 있을 가능성이 있다.

오늘날의 지역방언에서 움라우트는 앞으로 전면적으로 확대되어 발달하게
되는 진행 중에 있는 변화가 아니라, 일정한 사회 계층과 연령층 그리고 말의
스타일에 국한되어 사양기의 단계에 들어선 음운 과정이다. 그렇기 때문에,
움라우트와 연관된 지역사회 구성원들의 평가는 사회적 징표(indicator)의 단계
를 지나서, 특히 형태소 경계와 같은 환경에서는 사회적 표지(marker)와, 매우
유표적인 정형화(stereotype)의 두 단계에 걸쳐 있는 것처럼 보인다.15) 따라서 위
의 예문 (4)에 출현하고 있는 움라우트 실현형과 비실현형과의 교체는 동일한
말의 스타일 내에서 나타나는 것이 아니고, 스타일의 교체로 판단된다. 그러
한 교체는 화자 또는 구술자가 청중을 상대로 연출하는 언어 외적 정보 또는
대화 전략과 같은 장치에서 유래된 것으로 보인다.16)

---

15) 일정한 언어 특질에 대하여 사회 구성원이 보이는 반응 또는 평가는 언어 변화의 발달과 연
관되어 있다. "사회적 징표"는 해당 언어 특질 또는 변화가 사회 집단과 연령에 따른 분화
를 보여 주지만, 말의 스타일에 아무런 차이를 보여 주지 않는다. 따라서 화자들은 그와 같
은 특질에 대한 사회적 의미를 인식하지 못하는 단계를 말한다. 그 반면, "사회적 표지"의
단계는 (ㄱ) 일정한 변화형들이 사회 계층과 연령층에 따라 분화되어 달리 분포되어 있으며,
(ㄴ) 지역사회의 구성원들은 이러한 사실을 무의식적인 층위에서 숙지하고 있기 때문에,
(ㄷ) 말의 스타일의 바꾸기에 적극적으로 출현하게 된다. 끝으로, "정형화"의 단계는 사회적
으로 두드러진 유표성을 띠게 되는 동시에, 이 형태 사용에 대한 강한 가치 판단이 부정적
으로, 또는 긍정적으로 부여되어 있다(Labov 1978: 314; Wolfram & Schilling-Estes 1998: 161-2).
16) 이야기의 전개 과정에서 구술자가 등장인물과의 대화를 직접 인용하여 구술하는 경우에도
등장인물들의 연령 또는 사회적 속성에 따라 움라우트 실현형과 비실현형을 적절하게 배분

위에서 제시된 예문 (4)(ㄱ-ㅁ)의 경우에, 화자의 연속된 구술 가운데 움라우트 실현형(a)이 먼저 등장하였다. 이러한 사실은 화자가 이야기의 내용에 몰입되어 구술할 때 움라우트가 실현된 일상적인 스타일을 사용하고 있음을 뜻한다. 그 다음으로 연속되는 움라우트의 비실현형은 화자가 앞서 나온 정보를 청자에게 되풀이하여 확인하거나, 청자의 반응을 의식하는 장면에서 나타난다. 비록 제한된 상황이지만, 이러한 현상은 움라우트의 실현과 비실현이 화자의 의식의 전환, 또는 상황 판단에 대한 주관적인 장치와 관련되어 있음을 뜻한다. 즉, 이러한 교체는 화자가 자신의 상대방, 즉 청자에 대한 가변적인 적응이나, 조정과 같은 관계를 대안적 표현 수단으로 나타내는 것으로 가정한다.17)

위의 예문 (4)의 경우는 대부분 청자들이 화자 자신들의 계층이나 연령과 같지 않은 상황에서 먼저 움라우트 실현형, 다음 청자에게 이야기 내용을 보강하거나 확인하는 과정에서 다음으로 움라우트 비실현형과 같은 배열 순서를 선택하였다. 그러나 화자와 청자가 비슷한 사회 계층과 연령층에 속한 상황이라면, 또는 적어도 화자가 청자에게 사회적 동질감 또는 친숙감을 느끼는 상황이라면 화자가 이러한 관계를 적극적인 또는 과도한 움라우트의 실현 양상으로 표출할 수 있을 것이라는 것이 필자가 앞으로 이 글의 §3과 §4에서 취

하여 사용하는 예도 관찰할 수 있다. 아래의 예문은 「뿌리깊은 나무 민중자서전」(16, 마지막 화전민 이광용의 한평생, 1992: 90)에서 인용한 것이다.

(ㄱ) 그리구 나서 그럭저럭 인제 열두살, 열세살 애들이 먹었잖아.
　　애들 : 엄마, 엄마. 쟤들은 <u>학교(a)</u> 가는데…
　　엄마(구술자) : 응, 너도 엄마가 돈 벌면 <u>핵교(b)</u> 보내줄게.
　　애들: 엄마, 쟤들은 쪼그매도 <u>학교(a)</u> 가.
　　엄마(그래, 인제) : 가만이 있어.

17) 그 반면, 「뿌리깊은 나무 민중자서전」(4. 반가 며느리 이규숙의 한평생, 1992)에서는 경기도에서 출생하고 한평생을 서울에서 보낸 이규숙 노인(87세, 이 글의 §4.3을 참조)의 구술 가운데에 먼저 움라우트 비실현형이 출현하고, 그 다음 움라우트 실현형이 따르는 순서로 배치되어 있다. 이야기 내용을 해설하는 과정에서 구술자의 시선이 청중인 조사자에게 향할 때에 움라우트 실현형이 사용되었다.
　　냄편을 존경허구 살아두 배깥 <u>사람이</u> 죽으믄, … 우리네는 말허자면 배깥 <u>사램이</u> 먼첨 죽어요 … 지사 때도 산소에 가서 절을 않는 법이래요(p.82).

급할 움라우트의 유추적 확대 현상과, §5에서 전설화 기능의 轉用에 대한 이해를 위한 전제가 된다.

|3| 움라우트의 유추적 확대

3.1 유추적 확대형들의 전제와 화자들의 화용론적 전략

형태소 내부에 적용된 움라우트와 형태소 경계를 넘어 확산된 움라우트는 그 기능이 동일하지만, 출현의 시기와 그 음성변화가 끼치는 영향은 전연 상이하다. 그리고 지역사회의 구성원들이 인지하는 움라우트에 대한 사회적 평가와 태도도 두 가지 유형의 움라우트에 대하여 동일하지는 않다. 특히, 체언 다음에 주격조사 '-이'가 연결되어 체언 어간말 모음에 전설화가 수행되는 '사람+-이 → 사램이'와 같은 유형의 움라우트는 규범적인 단독형 '사람'형과, 움라우트의 조건이 배제되어 있는 주격 이외의 다른 격 형태에 출현하는 규칙적인 '사람' 형으로 어휘 체계상의 심한 압력 속에서 존재하고 있다.

따라서 '사람'과 같은 단일한 굴절 체계가 주격조사 '-이'가 일으킨 움라우트로 인하여 잠정적인 '사램'형으로 전환되어 손상을 입었다고 하더라도, 그 결과 형성된 "사램(주격조사 앞에서) ∞ 사람(기타의 환경)"과 같은 형태론적 교체는 유추적 평준화(leveling)의 작용을 거쳐 다시 '사람'형으로 복원될 가능성이 높다. 그 반면에, 형태소 내부에 적용된 움라우트는 음운론적 확산과 어휘 확산의 원리에 의하여(김형수 2003: 117-127) 시간이 지남에 따라서 그 사용이 강화되어 사회 구성원들에게 수용되고, 개신형으로 재구조화되는 경우가 많다. 따라서 체언 다음에 통합되는 동화주 주격조사 '-이'로 인한 움라우트는 다른 격형태 앞에서 사라지는 잠정적인 성격을 갖는 반면에, 형태소 내부의 경우는 지속성을 갖고 강화된다는 것이 두 가지 유형의 음운현상에서 찾을 수 있는 근본적인 차이점이다.

그러나 이와 같은 우리의 예상과는 달리, 주로 『한국구비문학대계』에서 채록된 설화구술 자료에 나오는 연속된 이야기에는 동화주 주격조사 '-이'에 의한 모음의 전설화를 수용한 것으로 생각되는 다양한 체언형태들이 움라우트의 조건 이외의 환경에서 자연스럽게 출현하고 있는 예들을 발견할 수 있다.

(5) ㄱ. 아, 그러니 서울겉이 널른 천지에 말여, <u>사램은(a)</u> 왔다갔다 허고 어디로 갈 바를 모르것어, <u>사람(b)</u> 죽겠지.(구비 5-6, 전북 정주시, 정읍군 편 태인면 설화 3:33, 서보익 76세)

① 아, 죽은 사람이고 산 사람이고(a) <u>사램은 사램이지(b)</u>, 머 상관 있냐고.(상동. 태인면 설화 4:41, 서보익 76세)

② 성주 사는 <u>사램</u> 하나가 있는디…(상동. 태인면 설화 7:62)

③ 그러고 그 <u>사램</u> 인자 옹기를 팔아가주고…근디, 그 <u>사램이</u> 인지 그 얘기를 듣고(상동. 태인면 설화 1:21, 서보익 76세)

④ 거그는 그 사램이 심부름도 시기고, 인제, 생이꾼이여. 그 <u>사램</u> <u>네</u> 집이 가서(상동. 태인면 설화 9:73, 서보익 76세)

ㄴ. 너, 시(치) 부는 <u>바램을(a)</u> 좋아 했구나… 시(치)부는 <u>바램이(b)</u> 불어주면 올라가기 좋습니다.(상동. 태인면 1:23, 서보익 76세)

ㄷ. 어전에 <u>임깅한테</u> 들여보내라, 이거여. 그래서 인제, 참, <u>임금한티</u>. (상동. 태인면 설화 11:86, 서보익 76세)

ㄹ. 하이고, 이 뇜은 웬 뇜이기 사람 팬다고 말여(상동. 태인면 설화 15: 106, 서보익 76세)

① 그런디 여자가 때국뇜하고 붙어 부렀어…아무 것도 없이, 아무 것도 없는 뇜이(상동. 태인면 설화 12:99, 서보익 76세)

(6) ㄱ. 아, 내가 <u>덱(德)을</u> 베풀면 내기로 되려 와(a)…그런게, 그 <u>덕이란</u> 것이(b) 근게 말이여. (상동. 태인면 설화 19:125, 손병준 85세)

ㄴ. 전라남도 고금도라는 <u>셈이(a)</u> 있다더만? 그래서 고금도라는 <u>섬이</u> <u>(b)</u> 있냐고 헌게, 있다고 혀. 그 고금도라는 <u>셈에(c)</u> 간다치면 거시

기 없다고.(상동. 태인 20:126, 김경렬 69세)

　　ㄷ. 인제 신계우, 얘 <u>맴에</u>(마음) 자기가 종인 줄을 몰라…(상동. 태인
　　　20:127, 김경렬 69세)

　　cf. <u>맴이</u> 불안허단 말이여(상동. 태인 20: 134, 김경렬 69세)

(7) ㄱ. 자기는 내중에 좋은 <u>사램을</u> 고치고 해서, 나중에는 훌륭한 <u>사람이</u>
　　　됐어(구비 6-3. 전남 고흥군 동강면 설화 16:676, 박태지 74세)

　　① 모도 그런 본국서 오는 <u>사램들이</u> 난리가 많알 적에 쫓겨 가다
　　　가…(상동. 동강면 설화 22:700, 박태지 74세)

　　ㄴ. "금강산 어느 골째기를 가거든 좀 더 유심잡아 봐라"하고 자식한테
　　　<u>부택</u>(부탁)을 했던 모냉이제.(상동. 동강면 19:689, 박태지 74세)

(8) 인자 뱀(범, 虎)이 되는 기라. <u>뱀이</u> 되가, <u>뱀의</u> 등떠리에 앉아가 한참 눈
　　깜아 있으니(구비 7-2. 경북 경주/월성군, 감포읍 설화 28:706, 김복종 79세)

　　cf. 우리 엄마도 <u>뱀이고(a)</u> 나도 뱀이고, 우리 오빠도 다 <u>범인데(b)</u>.(상
　　동. p.705)

(9) 바지를 척 걸쳐 놓고 <u>뱅(房)으로</u> 들어 갔는디,(구비 5-2, 전북 전주시/
　　완주군 고산면 설화 5:495, 국옥례 68세)

　　① 그래 난리가 뒤집어지고 구경꾼이 <u>뱅으로</u> 하나였대요.(상동. 고산면
　　　14: 528, 정명자 44세)

(10) 이 <u>사람이(a)</u> 척 들어 가닝개, 이 <u>사램들이(b)</u> 모두 피한단 말이여(상
　　동. 전주시 풍남동 설화 9:184, 이영숙 71세)

(11) 빼고는 뭐라 뭐라고 들고, <u>땡(땅)을</u> 치며…(구비 5-1, 전북 남원군 산
　　동면 설화7:385, 양승환 70세)

(12) 수양아버지께 잘헌다고 <u>맴</u>(마음, 맘) 달도록 심도 쓰고…(상동. 덕과면
　　6:571, 김기두 72세)

(13) 니 <u>쇡(속)으로</u> 난 자식을 모르고(구비 5-7, 전북 정주시/정읍군편 이
　　평면 설화 5:22)

(14) 내가 그 총객(총각) 그 남자허고 예를 안 지낼랴요(상동. 이평면 7:29)

위의 예문 (5)-(14)이 추출된 전남과 전북의 『한국구비문학대계』의 구술 자료를 검토해 보면, 체언 다음에 주격조사 '-이'가 연속될 때 움라우트가 생산적으로 수용되어 있는 모습이 확인된다. 이러한 특정한 형태론적 환경에서도 움라우트의 실현형과 비실현형이 공존하여, 말이 쓰이는 상황에 따라서 교체되어 사용되고 있음은 물론이다. 적어도 이들 지역의 노년층 남녀 화자들이 구사하는 자연스러운 일상적인 말의 스타일(혹은 담화체, 이야기 구술체 등으로도 말할 수 있다)에서 형태소 경계, 특히 주격조사 '-이'가 후속될 때 일어나는 움라우트 현상은 해당 지역의 특정한 사회 범주에 속한 화자들에게 수행되고 있는 공시적인 음운론적 과정임을 보여준다.

따라서 필자는 움라우트의 조건을 갖추고 있지 않은 (5)-(14)의 예들에 나오는 모든 체언어간 모음의 전설화는 (ㄱ) 주격조사 '-이' 앞에서 일어난 체언어간모음의 움라우트 현상을 전제로 하는 동시에, (ㄴ) 이러한 조건의 움라우트가 해당 지역의, 앞에서 언급한 특정한 사회 범주에 속하는 화자들의 일상어에 매우 생산적으로 수행되고 있기 때문에 가능한 것이라고 생각한다. 그렇다면, 위의 예 가운데 (5)의 "사람+-이 → 사램이 → 사램은/사램들"과 같은 전이는 움라우트가 원래의 음운론적 환경에서 완전히 이탈하여 다른 층위의 영역으로 옮겨왔음을 뜻한다. 이와 같이 부분적으로 불투명해진 움라우트의 일반화는 주격형태에서 형성된 개신형 '사램'형이 다른 격 형태나 단독형으로 확장된 것으로서, 대체적으로 유추에 의한 확대(analogical extension)의 원리에 지배 받았을 것이다.[18]

---

18) "유추에 의한 확대"의 본질은 이미 굴절체계에 존재하고 있는 일정한 기존의 형태론적 교체 방식을 그러한 교체를 보이고 있지 않던 새로운 형태들로 적용시켜 그 영역을 확장하는 원리이다(Hock 2003). 따라서 '사램∞사람' 등과 같은 교체에서 '사램'으로 대치되는 것은 그 자체 이형태를 제거하고 "하나의 의미에 하나의 형태"를 확립하려는 노력의 표현이기 때문에, "유추에 의한 평준화"(leveling)가 보이는 일반적인 작용에 더 부합된다고 말할 수 있다. 이미 굴절 체계에 확립되어 있는 형태론적 교체형 가운데, 예를 들면, 하-(爲)의 활용형 '하-'와 '해' 異形態 가운데 특히 경기도 방언에서 '혜'형으로 단일화되어 가는 경향을 보일 때,

예문 (5)ㄱ-ㄹ은 한 사람의 노년층 토박이 구술자인 서보익씨(구술 당시 76세)가 구술한 여러 편의 이야기에 출현하고 있는 몇 가지 유추적 확대형들을 맥락 중심으로 제시한 것이다. 이들의 유형은 비록 제한된 텍스트이지만, '사램'(사람), '바램'(바람), '임김'(임금), '뇀'(놈) 등에 걸쳐 있으며, 동시에 그러한 유추적 확대를 수용하지 않은 원래의 형태들과 계속 교체되고 있음이 관찰된다.

그렇다면, 구술자가 제시한 동일한 텍스트 내에서 어떤 이유로 이들 체언들에만 유추적 확장이(상황에 따라서) 이루어지고, 여타의 다른 유형의 수많은 체언들에는 이러한 형태론적 과정이 전연 적용되지 않았을까? 우선, 구술자의 이야기 가운데 출현하는 '사람', '바람', '임금', '놈' 등의 체언이 주격조사 '-이'와 통합되는 사용 빈도수와 연관이 있을 가능성을 생각하기로 한다. 이러한 고려에 적합한 예가 바로 '사램'형이다. 이 글의 §4.1-4.3에서 방언 화자들 중심의 개별 사례들과 더불어 다시 언급되겠지만, 대부분의 경우 체언 '사람'에 주격조사가 연결되어 사용되는 빈도가 매우 높은 것이 사실이다. 또한, '사람+-이'와 같은 통합은 빈번한 움라우트의 적용 대상이 되었음이 물론이다. 말은 다양한 사회적 그리고 화용론적 힘의 제약을 받고 있는 화자들에 의해서 사용되고 창조되기 때문에, 언어의 사용, 특히 빈도수의 효과가 음운론적 형태와 기저표시의 결정에 결정적인 역할을 한다는 주장(Bybee 2001: 158-165)을 상기할 필요가 있다. 따라서 '사람+-이'의 통합적인 구조가 나타내는 높은 사용 빈도수가 개신형 '사램'의 어휘적 힘을 강화시키게 되고, 결과적으로 다른 통사적 환경에서 쓰이는 '사람'형을 상황에 따라서 대치하게 되었을 것으로 가정한다. 위의 예 (5)에서도 유추적 확대형 '사램'의 쓰임이 단연 우위를 차지

유추에 의한 평준화라고 규정할 수 있다.

그러나 '사램∽사람'의 교체형 가운데 변화를 수용한 새로운 개신형 '사램'형이 보수적인 형태 '사람'의 영역으로 확대하여 단일형 '사램'을 추구하는 경향을 나타내는 경우에 움라우트 현상의 확대라는 관점에서 오히려 유추에 의한 확대로 파악하려고 한다. Campbell (2000: 95)에 의하면, 화자의 입장에서 보면 유추적 평준화와 확대는 유사성의 관계에서 출발하지만, 서로 대립되는 상이한 영역이 아니다. 그리고 광의의 유추 개념은 규칙적인 음성변화와 의미변화(은유적 확대)의 일부 영역까지 포괄하고 있는 추세를 보인다(Hock 2003: 457).

한다.

이와 같은 관점에서, 필자가 이 글의 서론에서 문제 제기의 한 가지 예로 제시했던 『천자문 자료집』(지방 천자문편, 1995)에서의 방언형 새김 '사램'(人)형이 잠정적으로 이해될 수 있다. 그러나 같은 예문 (5)에서 다른 유추적 확대형들인 '바램'(風), '임금'(王), '넘'(者)들이나, (6)ㄱ-ㄷ에서 '덱'(德), '셈'(島), '맴'(心) 등의 경우에도 역시 빈번한 사용 빈도수로 이해할 수도 있겠으나, 여기에 다른 요인도 개입되어 있을 가능성이 있다. 그것은 필자가 움라우트의 실현형과 관련하여 앞에서 §2.2의 예문 (4)를 중심으로 제기한 바 있는 상대방 화자와의 관계에서 형성되는 화자의 화용론적 의도와 장치이다.

예문 (5)ㄱ에서 구술자의 이야기 가운데 먼저 출현하는 유추적 확대형 '사램'(a)과, 후속되는 원래의 '사람'(b)형이 쓰이는 화자의 시점이 동일하지 않다. 특히, (5)①의 예문을 주목하면, 선행절 "아, 죽은 사람은 사람이고(a)"와 후행절 "사람은 사램이지(b), 머 상관 있냐고."와 같은 연속된 이야기의 흐름 속에서 유추적 확대형과 움라우트가 실현된 (b)에는 화자의 주관적 감정이 이입되어 있는 것 같다. 그리고 예문 (5)ㄹ에서 연이어 사용된 유추적 확대형 '넘'과 움라우트 실현형 '넴이' 경우에는 화자의 그 대상 인물에 대한 "낮춤"과 같은 언어 외적 정보가 강하게 드러난다.

예문 (6)ㄱ과 ㄴ은 구술자의 이야기 전개 가운데 유추적 확대형들이 먼저 또는 나중에 사용되었으나, 이러한 개신형들이 출현하게 되는 전제 조건인 움라우트 실현형들이 나타나지 않는 경우이다. 그러나 (6)ㄱ에서 "근게, 그 덕이란(b) 것이…"와 같은 움라우트 비실현형은 화자가 표출하려는 화용론적 의도에 따라서 '덱+이란'이란 움라우트 실현형 대신에 단순히 선택되었을 뿐이다. 따라서 예문 (6)ㄱ을 구술하는 토박이 화자의 언어 사용에는 말의 스타일에 따라서 '덱+이란'과 같은 형태가 잠재되어 있어서 상황에 따라서 언제든지 적절하게 사용될 수 있다. 예문 (7)ㄱ에서의 '사램을…사람이'와 같은 배열도 이와 같은 관점에서 이해된다. 구체적인 맥락이 제시되지 않고, 움라우트

유추형만 추출하여 보인 다른 예문 (9)와, (11)-(14) 등에서도 이와 같은 해석에
서 크게 벗어나지 않을 것으로 생각한다.

지금까지 필자는 매우 한정된 맥락을 중심으로 구술자들이 운용하는 유추
적 확대형들의 사용 여부의 배경을 두 가지로 가정하였다. (ㄱ) 체언＋주격조
사 '-이' 통합의 높은 사용 빈도수와, 여기에 적용된 생산적인 움라우트 현상,
(ㄴ) 생산적인 움라우트의 실현을 바탕으로 전달하려는 화자의 의도적 언어
외적 정보, 또는 청중들의 반응이나, 이야기 흐름에 따라 변하는 화자의 의식
의 전환.

다음에는 구체적인 텍스트의 내부에서 이야기에 몰두해 있는 구술자의 긴
구술의 흐름을 중심으로, 유추적 확대형들의 사용 여부와 관련하여 필자가 위
에서 잠정적으로 제시한 추정을 다시 검증해 보려고 한다. 아래의 텍스트는
『한국구비문학대계』(5-2, 전북, 전주시/완주군 편) 가운데 취한 것이다. 이 구술 자
료는 1980년 당시에 전주시 서서학동 동네 경로당에서 이복례(여, 당시 66세)씨
가 조사원들에게 해 주었던, 상당히 긴 내용의 "남의 집 살다가 죽어서 왕이
된 이야기"란 제목(pp.218-222)을 갖고 있다.19) 이 이야기를 통상적 움라우트와
유추적 움라우트의 사용 여부를 중심으로 추려서 재구성하면 아래와 같다.

(15) 1. 노총객이 그전에 총각 하나가 부모가 다 없어.
　　　2. 갸가 "나는 언제나 <u>왱이</u> 되어 보꺼나" 하고 울었어.
　　　　 그래, 에린 것이 어띠기 <u>왱이</u> 되겠어?
　　　3. 그 **총가이**, 논뚜럭 임자가 꼬마딩이가 우니께.
　　　4. 그 총객이 30년을 살았어, 남의 집을.
　　　5. 그 총객이 그놈을 가져가서 끼려 먹으면서.
　　　6. 나 <u>왱</u> 좀(a) 되게 해 달라고 했어, 나 <u>왱</u> 좀 되게 해 달라고 그렁
　　　　 게.

---

19) 『한국구비문학대계』(5-2, 전북, 전주시/완주군 편)의 제보자 정보에 의하면, 자료 제공자 이
　　복례씨는 과묵한 편이나 장구를 잘 치며, 박자에 따라 노래를 잘하였다고 한다. 그리고 이
　　분은 전북 임실군 읍내에서 살다가, 1950년 6·25 동란 이전에 전주로 이사 왔으며, 민담 자
　　료 조사에 협조적이었다고 한다.

7. 어찌나 **뫽이** 타고…인제 잘 넘어 가지, **뫽이** 안타나께.
8. **사람들이** 왱은(a) 못되게 해두, 어떡햐?
9. 저 양반에게도 **왱이** 되게 해 달라고, "이 놈 왱 좀(a) 되게 해주시오"
10. 저렇게 어설픈 놈이 **왕이** 되게 해달라고 허니, **왕만** 되게 해돌랴, 아무 것도 받지 않고, 그냥 왕만 되게 해 돌랴.**(청중: 웃음)**
11. 그래, 이 **사람이** 뺨을 한대 후려 갈겼어.**(청중: 웃음)**
12. **왕은** 안 되고 뺨만 맞았으니, 그 **총각이** 분해서 죽어 분졌어.**(청중: 아하, 그래서요?)** 그 질로 왱이 됐어, 왱으 집이 태어 났싱께.
13. 그렁게, 지가 살아서, 나를 살아서 **왕을** 되게 하라고 혔으면 되는 데, 나 죽어서 왕이 되게 해달라고 했으니, 안 때릴 일을 때렸당게.

　위의 텍스트에서 '총각', '뫽' 등의 체언에 연결되는 동화주 주격조사 '-이'에 의한 움라우트 실현형들의 사용 빈도가 매우 높게 나타나 있다. 그 반면, 여기서는 (15) 11의 '사람+이'와, (15) 8에서 '사람들'의 경우에 움라우트 또는 그 유추적 확대형이 전연 실현되어 있지 않은 사실이 특이하다. 이야기의 전개 과정에서 구술자의 구술 초점이 '사람'과 같은 체언과 아무 관련이 없기 때문에 화자의 인식에서 중립적으로 반영된 것 같다. 그 반면, '왕'(王)에서 움라우트에 의한 유추로 확대된 '왱'형의 사용 빈도수는 6회이지만, 그러한 유추적 간섭을 받지 않은 원래의 '왕'형은 4회 출현하였다. 움라우트가 실현되지 않은 '왕+이'의 사용 빈도수는 이 텍스트 내에서 2회에 한정되어 있으며, '왱+이'의 경우는 그 곱절이 되는 4회에 해당한다. 매우 한정된 텍스트에서 나온 잠정적인 판단이긴 하지만, 이러한 사용 빈도수상의 증거는 다음과 같은 사실을 가리킨다. 즉, 적어도 화자의 언어 사용에서 유추적 확대형이 상황에 따른 말의 스타일의 교체로 나타나려면, 움라우트의 실현 비율이 일정한 단계 이상 상당히 높아야 한다.[20]

　그러나 움라우트의 실현, 그리고 이러한 현상의 유추적 확대에 관한 일정한 텍스트 내에서 사용 빈도수의 문제는 부차적인 변수에 해당된다. 그 이유

---

20) 이러한 문제는 개별적인 방언 화자들의 구술 내용을 중심으로 시도한 §4장의 사례 중심의 고찰에서 다시 구체적으로 접근될 것이다.

는 이러한 현상의 출현 여부는 일정한 텍스트 내에서 화자 또는 구술자가 해당 지역 언어사회의 공통된 규범이나 관습에 따라서 의식적 또는 무의식적으로 구사하는 언어 외적인 정보의 유형이나, 사회적 의미의 표출 또는 구술 사건에 대한 초점의 전환 등의 요인에 따라서 결정되기 때문이다.

위의 텍스트의 구성에서 구술자가 나타내는 의식의 초점은 (ㄱ) 이야기에 등장하는 주인공의 행위, (ㄴ) 그러한 주인공의 행위에 대한 구술자의 주관적인 가치 판단, (ㄷ) 청중의 반응 또는 그러한 반응의 유도,[21] (ㄹ) 이야기로부터 이끌어내는 끝맺음, 즉, 여기서 얻어지는 객관적인 교훈 등에 가변적으로 설정된다고 생각한다. 이 가운데 특히, (ㄹ)에 해당되는 텍스트 분석 항목인 (13) 토막과 같은 말의 스타일에서 움라우트의 비실현형 '왕+이'로 교체되었으며, 여기에 대한 호응으로 유추적 확대형이 아닌 '왕+을'과 같은 통합형이 뒤따라 왔음은 아무런 의미가 없는, 우연한 담화적 현상이 아닐 것으로 이해한다.

3.2 유추적 확대형들에 대한 종래의 관찰과 그 지역적 분포

지금까지 매우 제한된 전남과 전북방언의 구술 자료 일부를 이용하여 이끌어 낸 유추적 확대형들의 예들은 호남지역방언에만 특유한 사실이 아닐 것이다. 원칙상, 체언 다음에 연결되는 주격조사 '-이'와의 통합에서 움라우트가 생산적으로 확대되어 수행되기만 한다면, 언제고 간에 그 유추적 확대형의 출현이 담화 가운데에서 예상되기 때문이다. 그러나 국어 방언의 움라우트에 대

---

21) 구술자의 이야기 도중에 삽입되는 청중들의 반응, 즉 텍스트 (15)의 10, 11 그리고 12 토막에 등장하는 웃음이나, "아하, 그래서요?" 등과 같은 이야기 촉진 성분은 이러한 구술이 혼자 단독으로 구성되는 것이 아니라, 일상적인 대화와 마찬가지로 상대방 청자들인 청중과의 응답과 반응의 연속임을 보여 준다. 따라서 구술자의 언어 사용만을 주목하는 관찰자의 입장에서는 청중들의 호응도가 높음에 따라서 토박이 화자가 자신의 말보다도 구술 내용에 더 몰입하게 될 것이기 때문에, 일상에 가까운 토착어 스타일이 더 많이 나타날 것으로 생각한다.

한 종래의 전반적이고 다양한 연구들에서 이러한 현상은, 단편적인 관찰과 언급은 예외로 하면, 대부분 제외되어 왔다.

그 주된 이유는 유추적 확대형이 사용되는 장소는 낯선 현지 조사자와 한 사람의 자료 제공자 사이에 설문지를 중심으로 이루어지는 장시간의 격식적인 면담 절차와 면담 스타일에 있지 않기 때문이다. 그 대신, 유추적 확대형들은 대화가 일어나는 실제적인 환경, 즉 화자와 청자, 그리고 이야기의 대상과 분위기와 같은 성분에서 뿐만 아니라, 화자의 여러 대화 전략에서 실현되고 있음을 §3.1의 예들이 구체적으로 보여준다. 따라서 국어 방언에서의 움라우트 현상은 일정한 조건을 갖춘(음성 환경 등에 따른) 단어들에 **일어나는가, 아닌가**와 같은 質的인 대상이 아니다. 이 현상이 모든 방언에서 원칙적으로 수행되지만, 일정한 사회적 조건에서 어떤 사회적 범주의 화자들에게서 **얼마나 자주** 사용되는가 하는 計量的 대상이다. 또한, 화자들이 대화에서 **어떻게** 움라우트를 구사하는가 하는 화용론적인 영역으로 전환되어야 할 것이다.

이와 같이 움라우트를 전제로 한 유추적 확대형들이 방법론적인 관점의 차이에서 해당 지역방언 연구자들의 관심 영역에서 벗어나 있었던 사실과는 대조적으로, 종래의 『방언사전』부류와 같은 전통적인 방언자료 수집 작업에서 이들 형태들이 분포 지역에 따라서 이미 정식으로 등록되어 있었다. 먼저, 김병제의 『방언사전』(1980)에 수집된 유추적 확대형들의 유형을 제시하면 다음과 같다.22)

(16) 1. 쾽(콩)−함북(p.141)　　　2. 퇩(톱)−함북(144)
　　　3. 땍(떡)−전남(167)　　　　4. 땡(땅)−전남(167)
　　　5. 쌤(쌈/싸움)−함북(173)　　6. 녹(녹)−함남/북(50)
　　　7. 바램(바람)−함남(79)　　　8. 냄(남, 他人)−함남/북(49)

22) 김병제의 『방언사전』(1980)에서 제시된 유추적 확대형들의 하위 지역적 분포는 편의상 생략한다. 『한국방언자료집』(1987-1995, 한국정신문화원) 9권에 등재되어 있는 유추적 확대형은 상대적으로 빈약해서, 필자가 확인한 바에 의하면 두 예에 불과하다. 1. 나락 → 나랙(나락-얼)−전남 구례(p.23), 2. 남 → 냄(他人, 내메 것으로)−경기(강화, 화성, 시흥, p.146).

9. 중챔(중참/밥참)-함남(127) 　　10. 염튕(염통)-함남(185)

11. 간쟁(간장)-함남(16) 　　　　　　염튀-함남/북(185)

　　간재:-함북(16) 　　　　　　　12. 댐(담/다음)-평남, 황남(61)

13. 벰(범, 虎)-함북(97) 　　　　　14. 옷갬(옷감)-함북(188)

15. 이림(이름)-평북(190) 　　　　　16. 뚜껭(뚜껑)-전남(348)

　　　　　　　　　　　　　　　　　뚜껭(함남, 348)

위의 예들은 사정상 북한방언의 용례에 주로 집중된 느낌이 있으나, 우리가 §3.1에서 관찰하였던 유형과 비슷한 유추적 확대형들의 폭넓은 분포만은 일단 확인한 셈이다. 북한방언, 특히 함북방언에서의 다양한 유추적 확대형의 분포는 김태균의 『함북방언사전』(1986)을 이용하여 보강될 수 있다.

(17)　1. 가쥑(가죽)-학성, 경성(p.37, 51)

　　　2. 식칭(食蟲)-학성 외 3개 지역(53)

　　　3. 고림(고름)-학천, 명천, 온성(62)

　　　4. 굄(곰, 熊)-성진 외 4개 지역(70)

　　　5. 지뒹(기둥)-학성(91)

　　　6. 냄(南)-무산(119)

　　　7. 냄(他人)-성진 외 7개 지역(119)

　　　8. 남풩(南風)-학성, 길주(121)

　　　9. 마갬(마감)-학성 외 3개 지역(190)

　　　10. 맴씨(맘씨)-길주 외 4개 지역(193)

　　　11. 매딥(매듭)-온성 외 4개 지역(201)

　　　12.영갬(영감)-온성, 명천, 학성(380)

　　　13. 잠투젱(잠투정)-경원 외 3개 지역(423)

　　　14. 벰(범,虎)-회령 외 4개 지역(504)

　　　15. 염튀/념뒤(염통)-경성 외 4개 지역(379)

김태균의 『함북방언사전』(1986: 515-563) 후반부에는 각 지역 노년층의 방언 화자들이 실제로 쓰는 구어의 예들이 한 문장씩 표준어와 대조해서 제시되어 살아 있는 언어 자료를 제공한다. 이 가운데 유추적 확대형들이 대화에서 구체적으로 쓰이는 몇 가지 예가 온성과 경흥, 성진을 중심으로 다음과 같이 나타난다.23) 이 구어 자료의 일부에는 체언에 연결되는 동화주 주격조사 '-이'에 의한 움라우트 현상이 생산적으로 실현되어 있다. 배 고프거나 묌이 아풀 때무 집 생객이 나는 벱이오(명천, p.555, 배가 고프던지 몸이 아프던지 하면 집 생각이 나는 법이오).

(18) ㄱ. 죽은 <u>벰으</u> 보고 그렇게 놀라더럽데(죽은 범을, 온성, 553)
ㄴ. 그 때부텀 나는 그 <u>사램하고</u> 자주 만나게 됐소(사람하고, 온성, 540)
귀겨: 갈 <u>사램은</u> 손으 들어라(사람은, 온성, 538)
ㄷ. <u>냄미</u> 정시므 날마당 얻어 먹기야(남의 점심을, 성진, 539)
ㄹ. 당신이 <u>췸을</u> 춰니 나두 췄꾸마(춤을 추니, 경흥, 542)

또한, 최학근의 『한국방언사전』(증보, 1990)을 살펴보면, 위와 같은 유형의 유추적 확대형들의 예들이 '바램'(바람, p.37), '땡'(땅, p.100), '무댕'(무당, p.367), '땜'(땀, p.496), '뱅'(방, p.643) 등을 포함하여 모두 30여 가지로 전 지역에 확대되어 있음을 알 수 있다.24) 이러한 방언사전 부류들에서 방언 자료의 수집은 주로

---

23) 구어 자료 가운데 유추적 확대형 '벰'(虎)과 '냄'(他人)형은 위의 (17)에서 보여 주는 바와 같이 『함북방언사전』(1986)에 더 넓은 지역에 분포되어 있다. 그러나 '사람'(人)의 방언형으로 사전에는 '사람'과 '사름'만 등록되어 있으며(p.283), '춤'(舞)의 항목은 누락되어 있다.
　　경흥 방언에서 사용된다고 하는 (18)ㄹ의 '췸을 춰니'의 경우에, 동사 '춰-'는 매우 특이한 형태이다. 사전에는 함북방언 전 지역에서 통상적인 '추다'(p.472)로만 나타난다.

24) 이 방언사전에 등록되어 있는 유추적 확대형들의 유형을 그 개략적인 분포 지역과 함께 찾아서 제시하면 다음과 같다. (1) 바램(風, 경북/남, 함남 일대), (2) 갱(江, 전북 일대), (3) 고랭(고랑, 경북/남 일부), (4) 땡(土, 경북, 충남, 전남의 일부), (5) 마댕(場, 경북, 전남의 소수), (6) 바맥(底, 경북의 일대), (7) 댐(다음, 평북/남 일대), (8) 냄(他人, 평남/북 다수, 경남, 충남/북 일대), (9) 맴(마음, 경남/북, 충남/북 일대), (10) 무댕(巫, 함북 소수), (11) 잼(睡, 경남/북, 전남 다수), (12) 땜(땀, 경남/북, 전남 다수), (13) 뙹/땡(똥, 경남 다수, 전남 일부), (14) 묌(身, 경남 일부), (15) 발팁/손팁(발톱/손톱, 경남/북 일대), (16) 비딤(비듬, 한남/북, 평북 일대), (17) 손바댁(손바닥, 경북 소수), (18) 괭(庫房, 전북 소수), (19) 댐(墻, 경북 소수), (20) 뱅(房, 황해 소수), (21) 간쟁(간장, 함남/북 일대), (22) 땍(餅, 전남 일대), (23) 고림(膿, 경남 소수), (24) 이드림(여드름, 충남 소수), (25) 뚜껭/깽(蓋, 전남 소수, 함남 일대), (26) 요갱(요강, 경남 소수), (27) 갬(柿, 경남/북 일대), (28) 꿀뱀(꿀밤, 도토리, 경남 소수), (29) 뱀(栗, 경남 소수), (30) 생갱(生薑,

격식적인 면담의 절차를 거쳤을 것이기 때문에, 실제로 대화의 상황에서 화자
들이 화용론적으로 구사하는 움라우트의 유추적 확대형들은 더욱 그 양이 풍
부한 동시에, 폭넓게 분포되어 있을 것이 분명하다.

지금까지 논의한 유추적 확대형들이 해당 지역방언에서 하나의 개신으로
출발하여 점진적으로 확산되기 시작한 시기는 그리 멀리 소급될 것 같지는
않다. 20세기 이전에 그러한 개신형들이 사용되었다 하더라도, 자료상으로 분
명하게 확인할 방법이 없다.25) 그러나 유추적 확대형들의 사용은 움라우트의
적용 영역이 형태소 경계를 넘어 확대된 다음 단계에서, 주격조사 '-이'가 새
로운 동화주로 확립된 이후부터 가능했을 것이다. 움라우트를 수용하여 전설
화된 주격형태가 추진력을 획득하기 시작하는 근본적 계기는 그 사용 빈도수
의 증가에 있을 것이다. 그러나 유추적 확대형은 적절한 움라우트 규칙에 의
해서 형성된 형태보다 훨씬 더 유표적인 방언형임이 분명하다. 그러한 불리한
조건에도 불구하고, 유추적 확대형들이 노년층의 방언 토박이 화자들의 대화
가운데 끊임없이 사용되고, 동시에 확대될 수 있는 요인은 이들이 대화 가운
데 운용하는 화용론적 장치와 연관된 것으로 생각되는데, 움라우트 기능의 轉

경남/북 소수).
25) 19세기 후기 전라방언의 자료에서도 주격조사 '-이' 앞에서 체언의 모음이 전설화되는 움라
우트 현상이 반영되어 있다(최전승 1986: 142).
　(ㄱ) 양소유난 엇더한 뇜의 관더(필사 구운몽, 하. 232ㄴ)
　(ㄴ) 니자가 불민하면 가장 나셜 씍기미라(수절가, 상. 25ㄱ)
　(ㄷ) 틱평으로 늘기미 엇더 호요(늙음+-이, 초한, 하. 8ㄴ)
　　　그더을 청흠문 다림이 아니라(다름+-이, 초한, 상. 34ㄱ)
　(ㄹ) 동늬 사립의 잠을 못자니(필사본 홍보전, 318d)
　　　집푼 물의 풍넝이 요란한듸(풍낭+-이, 대봉, 상. 10ㄱ)
　(ㅁ) 엇쯔졔가 쮬이로다(꿈+-이, 필사본 홍보. 326ㄴ)
움라우트에 적용된 주격형이 다른 격 형태로 유추적 확대를 거친 예는 이미 19세기 후기
전라방언의 자료에서도 드물게 확인할 수 있다.
　(ㄱ) 동탁(董卓) → 동틱: 동틱이 난을 지으미 사도 왕윤이 동퇵을 치고(화룡도, 1ㄱ)
　(ㄴ) 싱각→싱걕: 요만큼이나 싱걕할가(춘, 동. 146), cf. 화공할 싱긱이 잇기로(화룡도, 74ㄴ)
완판본 『삼국지』에 등장하는 人名 '동탁'(董卓)에 주격조사 '-이'가 연결되면 움라우트가 실
현되는 경우는 여기서 83장본 완판본 『화룡도』에만 국한되지 않는다. 동퇵이 작난ᄒ미(초
한, 하. 44ㄱ), cf. 동탁보단 심흉지라(판, 적. 454). 물론 이와 같은 형태론적 구성에 움라우트
가 실현되지 않는 예도 공시적으로 존재한다. 동탁이 작난ᄒ니(충열, 상. 7ㄴ).

用(exaptation)의 관점에서 이 글의 §5에서 다시 논의될 것이다.

그러나 예를 들면, 방언 화자가 사용하는 말의 일상적인 스타일에서 '사램'과 같은 움라우트에 의한 유추적 확대형이 주격형에서 다른 격형태로 확대되어 원래의 '사람'을 대치시키는 형태론적 변화의 원리는 의미변화 과정에서 화자가 행사하는 화용론적 추론의 강화와 일치되는 점이 있다고 생각한다(Traugott & Dasher 2002). 즉, 문맥에 따라서 화자가 추론하고 해석한 상황적인 의미가 빈번하게 사용됨에 따라서 화자는 이차적으로 파생된 의미를 해당 단어의 기본의미로 인식하게 된다. 이와 같이 일상의 맥락 속에서 적극적으로 활동하는 화자 중심의 직접적인 관여를 거쳐 의미의 분화가 이루어진다는 것이다.

또한, 예를 들어, '사람 → 사램'과 같은 방식의 변화의 방향은 "형태"와 "기능"의 관점에서 음성변화를 논의하려는 청자 중심의 원리와 유사점을 보인다(Ohala 1989; 1993). Ohala(1989)가 음성변화를 설명하기 위해서 형태와 기능의 재분석으로 형성되는 한 가지 변화 유형으로 제시한 "교정강화"(hypocorrection)는 통상적으로 조건짓는 음성 환경의 상실로 인하여 형성된다. 청자는 어떤 분절음소가 실현되는 음성 환경적인 조건 변이음, 또는 여기서 나온 변이음적 특질을 그 분절음소의 고유한 자질로 재분석하게 되어 결국에는 원래의 분절음소의 고유 자질로 파악하게 된다는 것이다.[26] Croft(2000: §5.3)는 이러한 원리를 다음과 같이 확대하여 역사 언어학에 포괄적으로 이용하고 있다. 즉, 청자는 일정한 통사적 단위가 소유하고 있는 화맥적 의미 또는 맥락적 기능을 원래의 본질적인 속성으로 재분석하게 된다. 이와 같은 청자 중심의 재분석을 통하여, 한정된 화맥, 또는 맥락이 잠정적으로 갖고 있었던 속성이 해당 통사 단위의 본질적인 속성으로 교체된다. 이러한 설명 방식을 음미해 볼 때, 여기서

---

26) Ohala(1989)은 교정강화(hypocorrection)의 전형적인 예로 모음의 鼻音化 현상을 제시한다. 즉, 비자음을 선행하는 모음이 역행동화를 수행하여 비음성을 획득하게 되는 것은 자연스러운 음성적 과정이지만, 조건 음성환경인 비자음들의 약화 탈락으로 인하여, 다음 단계에서 조건 변이음 비모음과 비자음 간의 연관성이 불투명하게 된다. 그리하여 후행 세대의 청자들은 해당 모음이 갖고 있는 비음성 자질을 원래의 모음이 보유하고 있는 고유 자질로 재분석하게 되어, 결국에는 비모음화된 모음이 음소적 기능으로 전환된다.

취급된 유추적 확대형의 등장과 그 사용이 언어 변화의 일반적인 경향을 반영하고 있다고 판단한다.

|4| 유추적 확대형 사용에 대한 세 명의 화자 중심의 事例

지금까지는 유추적 확대형들이 만들어져 나오는 기본 전제와 담화에서 화자들이 구사한다고 추정되는 화용론적인 대화 전략의 일부, 그리고 이 형태들의 지역적 분포에 대한 개략을 추상적으로 논의하였다. 여기서는 각각 다른 방언 지역에 거주하고 있는 세 명의 개별적인 토박이 방언화자들을 중심으로, 이들이 청자(조사자, 청중)를 상대로 구연하는 구체적인 담화의 상황, 또는 긴 이야기의 전개 과정에서 움라우트에 의한 유추적 확대형들을 어떻게 구사하고 있는가 하는 실제를 사례 중심으로 검토하려고 한다. 토박이 노년층 화자들의 말(적어도 일상적인 스타일)에 유추적 확대형이 빈번하게 쓰인다고 하는 사실은 이 개신 형태가 원래의 규범적인 단어를 대치시키고, 일종의 재구조화 또는 재어휘화를 수행하였음을 뜻한다. 이러한 사실과 관련하여, 다음과 같은 의문이 떠오르게 된다. (ㄱ) 일정한 텍스트 내부에서 개별적인 토박이 노년층 화자가 사용하는 유추적 확대형과, 말의 격식적 스타일에서 사용하는 규범형과의 출현 빈도수는 어느 정도일까. (ㄴ) 그리고 이러한 개신형들을 구사하는 개별적인 화자들은 어느 정도의 생산적인 움라우트(주격조사 '-이'에 의한) 현상을 전제로 하여야 가능한 것인가. (ㄷ) 개인 화자들의 말에 실현되는 유추적 확대형들의 유형은 '사램'이외에 어느 정도 확대되어 있을까.

4.1 이봉원 노인의 벌교 방언

4.1.1 주격조사 '-이'에 의한 움라우트 현상

먼저, 전라남도 보성군 벌교읍 가난한 농가에서 1906년 출생하여, 이 지방 소작농으로서 겪어온 고생스럽고 험한 한평생을 1990년 현재에 이르기까지 순수한 토박이 벌교말로 자연스럽게 구술한 85세 이봉원 노인의 말을 편집한 자료를 그 대상으로 삼는다.[27] 이봉원 노인의 벌교 방언에 가장 두드러진 음 운론적 과정으로 동화주 '-이'에 의한 움라우트 현상을 꼽을 수 있다. 체언 어 간말 모음인 피동화주의 종류에 따라서 한 가지씩만 제시하면 다음과 같다.

> (19) ㄱ. 머심더른 사랑방으 자고, 또 머심덜 잔 옆엣 집이가 <u>사랑뱅이</u> 있
> 어. 머심덜 잔 방은 <u>사랭이</u>라고 그래, 사랑. <u>사랭이고</u>, 인자 아그덜
> 갈치는 것은 <u>서댕이고</u>. 서당방으 아그들도(p.34)
> ㄴ. 그 일본 <u>넘이</u> 일본 가자고 해쌓도…(51), 그 <u>넘이</u> 장리다 그 말여
> (56), 그 <u>넘이</u> 쪽 우러나고(61) ∽ 지미, 그 놈이 빚 진지 어쩐지 앙
> 가? (187)
> ㄷ. 아, 일본놈 난리 났을때 공출 <u>뱁이</u> 났제, 그 전이는 공출 법 읎었
> 어(139)
> ㄹ. 그먼 인자 그놈 걷어 갖고, 쌀로, 그리 갖고 선생 <u>월깁이</u>여, 그것이
> (23) ∽ 거그는 연해 쿵께 월급도 갠찮고 근디(188).

이와 같은 움라우트는 체언 어간말의 피동화음이 특히 '아'일 경우에, 가장 많은 단어에 걸쳐 실현되어 있다. 예를 들면, '마댕이(마당, p.89), 근뱅이(근방,

---

27) 이 구술은 <뿌리깊은 나무 민중자서전 12, 벌교 농부 이봉원의 한평생>『그때는 고롱고롬
돼 있제』(편집: 박기웅, 1992)을 이용하였다. 이봉원 노인이 구술에서 사용한 벌교 방언을 중
심으로 이기갑 교수가 소개한 "이봉원 노인의 벌교 말"(pp.12-15)이 자서전 앞부분에 실려
있다. 이기갑 교수는 이봉원 노인의 말에서 순수한 전남 벌교 방언의 전형적인 특질들을 항
목별로 자세하게 제시하였지만, 이 자료에 빈번하게 출현하는 다양한 유추적 확대형에 대해
서는 전연 주목하지 않았다.

96), 사램이(사람, 35), 땡이(땅, 32, 60), 반쟁이(반장, 146), 생객이(생각, 191), 영갬이 (영감, 44), 신랭이(신랑, 45), 바램이(바람, 62, 134), 수홱이(수확, 130), 나랙이(나락, 131).[28] 그 반면, 피동화음 '우'에는 움라우트의 실현 예들이 매우 저조한 편이어서, 이 텍스트 전체를 통해서 '풍+-이'(풍, 169) 하나의 예만 관찰된다. 아파 갖고는 풍, 핑이 들어 갖고는 고상 허다 돌아 가셨네(169). 피동화음 '우'에 가해진 이러한 제약은 원순모음 '오'의 경우에 움라우트가 자연스럽게 확산되어 있는 사실과 대조를 이룬다. 콩이(콩, 131), 질묙이(길목, 37), 뇝이(높, 169), 물툉이(물통, 39).

물론 이 자료에서 동일한 체언 또는 동일한 음성 조건에서도 움라우트가 상황에 따라서 실현되지 않는 예들도 공존하고 있다. 이봉원 노인의 전체 구술 텍스트 내부에서 움라우트를 실현시킨 형태와 비실현 형태들 간의 백분율은 피동화주의 유형에 따라서 대략 다음과 같이 나타난다. (ㄱ) '아'의 환경 ; 움라우트 실현형 89%(55종류) : 비실현형 11%(8종류), (ㄴ) '어'의 환경 ; 움라우트 실현형 72%(8종류) : 비실현형 28%(3종류), (ㄷ) '오'의 환경 ; 움라우트 실현형 63%(12종류) : 비실현형 37%(7종류), (ㄹ) '으'의 환경 ; 움라우트 실현형 45%(4종류) : 비실현형 55%(5종류), (ㅁ) '우'의 환경 ; 움라우트 실현형 14%(1종류) : 비실현형 86%(6종류). 이러한 확산 과정의 백분율을 다시 막대 [그림 1-1]로 작성하면 두 가지의 관점에서 주목되는 사실이 드러나게 된다.

---

28) 다음과 같은 움라우트 실현 예들은 이봉원 노인말의 구술 녹음 자료를 직접 이용하지 못해서 판단하기 어려운 점이 있다.
　　(ㄱ) 머, 약도 읈어. 약갮이랑 것이 지름이여(약값, 80)
　　　　하루에 삼천원썩만 해도 그놈이 어디여, 쉐택 갮이, 것도 보면 솔찮애(190)
　　(ㄴ) 물샒이 비쌌거덩, 발동기 샒이(물샀, 59), 돈이야 시방 품샒이제, 머(품샀, 171)
　　그러나 이봉원 노인의 말에는 형태소 경계에서 움라우트의 통상적인 설정성 개재자음 제약이 다음과 같은 경우에 극복되어 있다. (ㄱ) 순천+-이(順天) → 순첸이: 쩌그 순첸이나 보성이나 붙인다고 허면 거그까장 가제(123), cf. 순천으 있는 중학교(169), (ㄴ) 밑천+-이 → 밑첸이: 주인이 기양 밑첸이 짤라 갖고(185).
　　이러한 현상과 관련하여, 김옥화(2001: 146, 각주 111)는 전북 부안 지역방언의 공시적 움라우트 현상을 고찰하면서 개재자음이 'ㄴ'인 경우에 몇 가지 한정된 체언에서만 전설화가 실현되는 예를 다음과 같이 제시하였다. /으:른+이/ → [으:리니](어른이), (ㄱ) /양반+이/ → [냥배이](그 兩班이).

그림 1-1

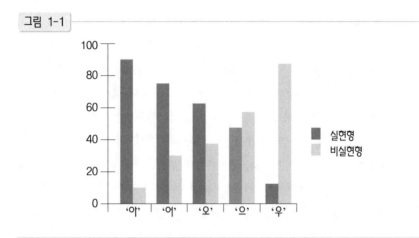

첫째는 전남 보성군 벌교에 살고 있는 80대 노년층 화자인 이봉원 노인의 개인 구술체 자료에 반영된(주격조사 '-이'에 의한) 움라우트의 확대 양상이 통시적으로 형태소 내부에서 일어난 그것과 거의 동일한 확산의 양상을 반복하여 보여주고 있다는 사실이다.

즉, 형태소 내부에서 움라우트는 피동화음 '아'에서부터 시간적으로 일찍 시작되었으며, 그 적용 영역이 점진적으로 다른 비전설 계열의 피동화음들로 확산되었다. 그렇기 때문에 음성변화의 확산 원리에 따라서 피동화음 '아'에 적용된 움라우트 현상이 지역적으로 가장 멀리, 그리고 가장 포괄적인 어휘 부류에 일반화된 모습을 보인다. 그러나 시간적으로 늦게 움라우트의 파장에 휩쓸린 피동화음 '우'는 상대적으로 그 확산의 지리적 거리가 넓지 못하며, 적용 대상도 한정되어 있다.29) 위의 막대 [그림 1-1]은 움라우트 현상이 형태소 경계를

---

29) 이봉원 노인의 구술체에서 동화주인 명사형어미 '-기' 앞에서는 용언의 어간모음 '우'에 움라우트의 제약이 없이 다른 피동화 모음의 예들과 함께 이 현상이 수용되어 있다.
　ㄱ. 누구누구 <u>개기로</u> 딱 허고(가기, p.144), 여그서 저 점빵 <u>개기만</u> 해(47)
　ㄴ. 이 개량 모자라는 <u>해기가</u> 외려 더디고(하기, 75), 또 거름헤기 겜헤서(130)
　ㄷ. 모도 날마동 고거 <u>패기가</u> 일이고(파기, 57)
　ㄹ. 이 놈이 빨글허니 <u>뵈기가</u> 좋아(보기, 108)
　ㅁ. 인자 몰고 댕기이가 일이제. <u>쀠기는</u> 일 읎어(푸기, 39)

넘어 새로운 환경으로 확산되기 시작하였을 때도 피동화음에 수용되는 시간적 순서가 형태소 내부에서의 경우와 거의 동일한 과정을 밟고 있음을 보여준다.

둘째는 한 개인의 구술체에 등장하는 자연스러운 움라우트의 실현 양상이 면담의 과정을 통해서 수집된 한국정신문화원의 『한국방언자료집』에서의 결과와, 가장 위계가 높은 피동화음 '아'와 가장 낮은 '우'의 경우만 제외하면, 대체로 일치하지 않는다는 사실이다.

오종갑(1999: 105)은 전적으로 이 자료집을 대상으로 하여 영남방언에 반영된 주격조사 '-이'에 의한 움라우트의 실현 분포를 피동화음의 유형에 따라 백분율로 계산하였다. '아'(35%)>'으'(30%)>'오'(16%)>'어'와 '우'(11%). 그리하여 여기서 나타난 움라우트의 적용 비율에 따른 피동화음의 위계를 "아>으>오>어>우"로 파악하게 되었다.[30] 최근에 김형수(2003: 144-147)도 움라우트의 어휘적 확산과 음운론적 확산의 관점에서, 동일한 『한국방언자료집』(한국정신문화원, 1987-1995) 9권을 이용하여 전국적으로 주격조사 '-이'에 의한 전설화의 실현 비율을 검토하였다. 이 논문에서 움라우트를 선호하는 피동화음들의 순위 (preferential order of umlaut)가 그 백분율과 더불어 다음과 같이 제시되었다. '아' (37.0%)>'어'(29.0%)>'오'(28.5%)>'우'(23.3%).[31]

---

30) 오종갑(1999: 105)은 주격조사와 더불어, 사동과 피동의 접사에 의한 움라우트 실현 비율도 개별적으로 따로 취급하여 계산하였다. 이 논문에서 사동과 피동의 접사에 의한 움라우트 실현 비율은 피동화주의 위계에 따라 다음과 같이 나타난다. '아'(82%)>'으'(62%)>'어' (22%)> '오'(11%)>'우'(9%). 그리고 주격조사와 사동. 피동의 접사의 경우를 포함한 움라우트 실현 평균에 따른 위계는 다시 '아'>'으'>'어'>'우'>'오'와 같이 정리되었다. 이와 같은 위계 순위에서 피동화음 '우'가 '오'보다 한 단계 앞서 있는 사실이 특이하다.

31) 김형수(2003: 147)는 피동화주 '으'의 경우에는 자료집 자체에 '금-이'와 '흠-이' 두 예에만 국한되어 있기 때문에, 피동화음들의 위계에서 제외하였다. 그러나 이 논문에 따르면 (pp.144-145), 특히 경북지역방언에서 수집된 움라우트 실현 비율이 다른 여타의 방언지역들에 비하여 아주 낮게 나타난다. 예를 들면, '방-이'와 '밥-이'의 경우에 경북 지방에 일어난 움라우트 비율은 각각 26.1%와 32.6%로, 경남의 각각 52.6%와 57.9%에 비하여 현저하게 낮다. 또한, 피동화주 '오'의 경우에 경북방언은 '콩-이'와 '용-이' 및 '복-이'와 '의복-이' 등의 예에서 각각 0%로 실현되어 있다. 이웃한 경남방언이 해당 형태들을 각각 21.1%, 26.3% 그리고 21.1%, 21.1%로 반영하고 있는 사실과 대조를 이룬다. 경북방언에 나타나는 이러한 특이한 비율은 원래 해당 방언의 모습이 아니고, 자료집 자체에서 방언형 수집 절차에 문제가 있었던 것으로 판단된다.

4.1.2 움라우트에 의한 유추적 확대형들의 유형

이봉원 노인이 구사하는 벌교 방언에서 다양한 유추적 확대형들이 주격조
사 '이'에 의한 생산적인 움라우트의 배경 속에서 출현하고 있다. 그 출현 빈
도수는 단어에 따라서 다른 양상을 보여주지만, 다음과 같은 18가지의 예들이
추출되었다. 또한, 이러한 개신형들도 움라우트의 간섭을 받지 않은 규범형들
과 표면상 거의 구분할 수 없는 비슷한 화맥(context)에서 끊임없이 교체되어 사
용되고 있다.

> (20)　1. **생**(床) : 끄니로먼 <u>생을</u> 마이썩 놓고 그래(p.21)[32]
> 　　　　　　cf. 그때는 맨 상도 외생이제, 머. 겜상이 읎어(21)
> 　　　2. **간셉**(干涉) : 내가 심바람허고 머심덜 <u>간셉허고</u> 그러고(22), 참, 여
> 　　　　　　그는 억진디 아니 가서 간셉허고(22), 인자 누가 집안 간셉헐
> 　　　　　　사램이 읎어(169)
> 　　　3. **사램**(사람) : 서당으 댕긴 <u>사램</u> 누구 모른 사램이 없제(22)
> 　　　4. **여림**(여름) : 덕석은 <u>여림</u>에 마당서 맹글제(92)
> 　　　　　　cf. 여름에 날 따시고(134)
> 　　　5. **보림**(보름) : <u>보림</u>에는 또, 근방으 댓나무가 있어(27)[33]
> 　　　6. **치맷자랙**(치마자락) : <u>치맷자랙</u> 보고 쌀 쪼깨썩 도라 그리서(31)
> 　　　　　　cf. 넘 치맷자랙이 거식 헌다고 해도(40)

---

32) 『한국구비문학대계』(6-11) 전남 보성군 설화 3에서도 자료 제공자인 77세 최낙형의 구술 가
운데 '술상 → 술생'과 같은 유추적 확대형이 관찰된다. 그래, 술샘을 채려다 준께는(p.23).

33) 이봉원 노인의 말 가운데 등장하는 '여림'(夏)과 '보림'(望) 등은 '르>리'에 의한 '여름 → 여
림, 보름 → 보림'과 같은 변화일 가능성도 있다. 그러나 이와 동일한 변화를 보이는 '구림'
(雲), '노림'(賭博), '씨림'(씨름) 등의 경우에 주격조사 '-이'에 의한 전설화와 관련되어 있다.
이러한 사실을 보면, 전남 벌교 방언에 체언 범주에서 '르>리'와 같은 단독적인 변화를 설
정하기 어렵다고 생각한다.

(ㄱ) 그 근방이 <u>노림이</u> 흔혀, <u>노림이</u> 흔헌께, <u>노림</u> 배우먼 못쓴다고. <u>노림이</u> 살림 망헌 사람
있고(p.34), cf. 즈그 쳉형은 노름 해갖고 거덜이 나갖고(p.171)

(ㄴ) <u>구림이</u> 막 탐박질로 들어가고, <u>구림이</u> 막 부산 낳게 올라 와. 하느바람하고 <u>구림이</u> 들
오고 나가고(p.77), cf. 그릏께 구름 들으강 것 보고(p77)

(ㄷ) 그 굿이 농군덜 <u>삼씨림</u>이여(p.123), 그리갖고 씨림 했다허먼(p.123), cf. 인자 벌꾀에서나
씨름 붙이먼(p.123), 씨름헐 만한 사람들만(p.124)

7. 뇝(놉) : 농촌에는 뇝을 마이 쓰께(132)
   cf. 날마당 뇝이제, 놉(167)
8. 장인 **영갬**(영감) : 쟁인 영갬도 기색이 좋고(50)
   cf. 쟁인 영갬이 그때 아덜이 읎어(44)
9. 획(혹) : 쬐깐허니 획얼 붙이고 나와서 그래 혹냄이라고 불었어
   (51)
10. **나랙**(나락) : 나랙은 인자 올나랙이 있어. 일찍 묵은 나랙. 또 늦게
    묵은 나락이 있고. 일찍 묵은 나락은…(81)
11. **진흙**(진흙) : 막 써레질 허먼서 싱궈야제, 진흙땡이라(71)
    cf. 모 성기가 사나와, 진흙땡이라(71)
12. **토맥**(토막) : 인자 그놈 다 허먼 짚이 한 토맥 안된다고? 그르먼
    그 짚 토맥 묶어주고(85), 바닥으다 짚 토맥, 한 서너 토맥씩(89)
13. **지벵**(지붕) : 아, 짚으로 날개 안 엮어? 지벵 일라고(89)
14. **까시랙**(까시락) : 나랙이 까시랙도 몽그래지고, 인자 연해(94)
15. 뇜(놈) : 인자 큰 뇜을 나 마운다섯살 묵어서 낳제(160)
    cf. 또 그런 놈이 잘 되그덩(165), 이뇜이 기양 핵고 댕기다(175)
16. **월깁**(월급) : 인자 그래저래 월깁을 솔찮이 마이 몰아 갖고(188)
    돈 올리 보내라 허먼 또 월깁 그놈 올리 보내고(172)
    cf. 한달에 오십만원썩 월급 받아(185)
17. **고랭**(고랑) : 인자 삽으로 꼬랑으서 흙을 떠서 보리씨 묻고, 꽹이
    써리럴 허먼 흙이 고랭으로 내리 가그덩(130), 큰 꼬랭이 있어,
    그 꼬랭으로 물을 넘으서 오고, 비 온 뒤 물 그놈 빠저뿔먼 꼬
    랑에 꽉 차 부러. 물새비가(28)
18. **반쟁**(반장) : 그리도 우리반 반쟁은 사램이 좋제(146)
    cf. 인자 반장이 웃사램이라고 해서(146), 인자 보국대 반쟁이
    그래서(146)

위에서와 같은 다양한 유추적 확대형들의 전제 조건이 되는 주격조사 '-이'
에 의한 움라우트 실현형들이 구체적으로 확인되지 않는 경우도 많다. 예를
들면, '월깁', '까시랙', '토맥' 그리고 '획' 등에서 이봉원 노인의 구술 가운데
주격조사 '-이'가 통합되는 상황이 출현하지 않았다. 그리고 (20) 1의 '생'(生)의

경우에는 동일한 맥락에서 주격조사 '-이' 앞에서도 체언 '床'이 전설화를 실현시키지 않았다. 그러나 (20)과 같은 개신형들의 출현은 이봉원 노인의 말 가운데 해당 체언들에 주격조사 '-이'가 연결될 때에 움라우트가 실현될 수 있는 잠재성이 상황에 따라서 존재한다는 사실을 뜻한다.

(20)과 같은 유추적 확대형들에서 보여주는 체언어간의 모음 유형은 피동화음 '아'가 9가지로 제일 많으며, 그 다음으로 '으'(4)와 '오'(3)가 뒤따르고 있다. 그 반면, 피동화음 '어'는 2가지이고 피동화음 '우'의 경우는 따로 찾을 수 없다. 이봉원 노인의 말에 반영된 주격조사 '-이'에 의한 움라우트의 실현 빈도인 막대 [그림 1-1](아>어>오>으>우)과 대조가 된다.

4.1.3 유추적 확대형 '사램'과 '나락'의 상대적 사용 빈도수

위의 예문 (20) 가운데 출현 빈도수가 가장 높은 유추적 확대형으로 단연 '사램'과 '나락'을 꼽을 수 있다. 동시에 '사람'과 '나락'에 주격조사 '-이'가 통합되어 움라우트가 실현된 빈도수도 당연히 매우 높다. 평생을 여러 사람들에게 시달리며, 오직 농사하나로 살아 온 벌교 농부 이봉원 노인의 구술에서 이 두 어휘가 빈번하게 등장하며, 동시에 유추적 확대형으로 재구조화되어 나타나는 사실은 상징적인 의미를 갖고 있다. 이봉원 노인의 전체 구술 자료에서 '사램'과 '나락'과 같은 개신형들이 다른 환경에 출현하는 규범적인 '사람'과 '나락'의 사용 빈도수와 어떠한 관계를 맺고 있는가를 나타내면 다음과 같다. (ㄱ) 사램 : 11%(8회), 사람 : 89%(65회) ; 사램+-이 : 90.7%(87회), 사람+-이 : 9%(9회), (ㄴ) 나락 : 20%(4회), 나락 : 80%(17회), 나락+-이 : 89%(25회), 나락+-이 : 11%(3회).

따라서 위의 빈도수는 이봉원 노인의 말에서 '사람'과 '나락'이 각각 유추적 확대형 '사램'(11%)과 '나락'(20%)로 쓰이려면, 그 이전 단계로 주격조사 '-이'에 의한 움라우트가 각각 '사램-이'(90.7%)와 '나락-이'(89%)와 같은 압도적인 출현을 전제로 하는 것이다. 또한, 이러한 출현 빈도수의 상대적 관계를 막대

[그림 1-2]로 표시하면 다음과 같다.

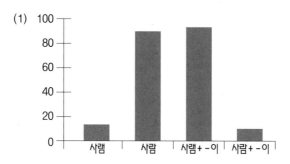

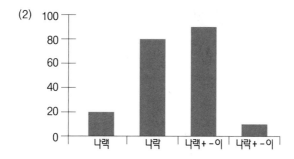

4.2 화전민 이광용 노인의 중부방언

4.2.1 움라우트에 의한 유추적 확대형들의 유형

　다음으로, 여기서는 1991년 현재 77세로 강원도 고성군 진부리에서 묵밭을
일구며 살고 있는 이광용 노인(여)의 구술에 반영된 움라우트에 의한 유추적 확

대형들의 유형을 검토하기로 한다.34) 이광용 노인은 경기도 가평에서 출생하였
으나, 12세부터 강원도 여러 등지에서 생활하였기 때문에, 그이의 구술체에는
대체로 중부방언과 강원도 일대의 방언적 특질들이 함께 혼합되어 나타나 있다.

주격조사 '-이'에 의한 움라우트 현상이 그이의 구술 가운데 매우 제약되어
나타나는 사실이 주목된다. 체언어간에 피동화음 '아'를 갖고 있는 주격형에
움라우트가 적용된 비율은 유형별로 33%(12종류)이고, 비실현형들은 67%(24종
류)에 달한다. 그리고 여타의 다른 피동화음에는 움라우트가 산발적인 경우
이외에는 거의 실현되지 않았다.35) 따라서 움라우트에 의한 유추적 확대형들
이 이광용 노인의 말에 그다지 출현할 것 같지 않다고 예상할 수 있다. 그러
나 우리의 예상과는 반대로, 이러한 개신형들의 유형이 구술 자료에 다음과
같이 다양하게 사용되고 있었다.

(21) 1. **영갬**(영감) : 우리 <u>영갬은</u> 성이 없었고(29), 내가 <u>영갬한테</u> 큰 소리
　　 가 나가지고(p.130), cf. 영갬이 그저 술이야(93)
2. **토맥**(토막 : 되창문 낼래두 쌓다가 한 <u>토맥</u>이나 두 <u>토맥</u>을 잘라야
　　 돼(45)
3. **손바댁**(손바닥) : 껍데기가 <u>손바댁만</u> 허게 널르니까(60), 그럼, 꼭

---

34) 이광용 노인의 구술 자료는 <뿌리깊은 나무 민중자서전 16. 마지막 화전민 이광용의 한평
생>『여보, 우리는 뒷간밖에 갔다온 데가 없어』(편집: 강윤주, 1992, 뿌리깊은 나무사)를 이
용하였다. 구술자인 이광용 노인은 <연보>에 따르면, 1915년 경기도 가평군 북면에서 출생
하였고, 그이가 열두 살 때 1926년에 강원도 양구군에 있는 한동희씨의 집에 민며느리로 들
어가, 1929년에 그 집에서 결혼하였다. 그 이후, 강원도 화천, 춘천, 그리고 고향인 경기도
가평 등으로 전전하다가, 1991년 현재 강원도 고성 진부리에서 살고 있다. 이광용 노인의
구술에 반영된 방언적 특질들을 세밀하게 논의한 남기탁 교수(강원대학교)는 그이의 말이
강원도 고성방언의 전형을 보여주고 있다고 하기보다는, 대체로 영동·영서의 방언 특성들
을 아울러 보인다고 기술하였다.

35) 이광용 노인의 구술에 나타난 주격조사 '-이'에 의한 움라우트 실현 유형과 그 빈도수는 다
음과 같다. 1. 영갬+이(영감, 17회), 2. 신랭+이(신랑, 2회), 3. 냄+이(他人, 2회), 4. 사램+이
(사람, 27회), 5. 호쾡+이(호광, 1회), 6. 생객+이(생각, 2회), 7. 총객+이(총각, 3회), 8. 무댕
+이(무당, 2회), 9. 영팽+이(영광, 1회), 10. 희맹+이(희망, 1회), 11. 신밸+이(신발, 1회), 12.
토맥+이(토막, 1회). 그 반면, 피동화음 '으'의 경우에 움라우트의 실현 유형이 단지 하나만
사용되었다. 그걸 <u>이림</u>을 "엽친다" 그러는거야(p.42), cf. 이름이 바소고리(p.48), 이름이 "화초
봉숭아" 그래(p.108).

꼭 눌르문 **손배댁** 두개만큼씩 되잖아?(68), cf. 빵이 손바닥 하
나만큼씩 헌거다(90)

4. **댐**(다음/담) : 그 사람이 온 <u>댐에</u> 나갈려고(27), 그 댐에는 콩도 심
구고(39), cf. 그게 큰 담에 좀 뵈문 솎아 가지구(80)

5. **사램**(사람) : <u>사램들이</u> 많이 모였더라(26), 인젠 누가 붙잡는 사람
없지(98)

6. **총객**(총각) : 젊은 <u>총객들은</u> 멀리 나갔다가 오구 그러지(72)
    cf. 착실한 <u>총객이</u> 있다고 해서(105), 그리문 그 담엔 남자 총
    각들이 와서(72)

7. **쩩**(적) : 면에 갔다 낼 <u>쩩에는</u> 남자들이 져다가 거 갖다 내리고(78)

8. **구색**(구석) : 살금살금 해 먹었지. <u>구색구색이</u> 해 먹었어(82)

9. **사랭**(사랑) : <u>사랭에서</u> 그 사람이 보니 딱헌 모냥이라(98)
    cf. 여기 우리 그때 사랑이 있었는데(27)

10. **신뱈**(신발) : 그날 귀신이 댕기다가 <u>신뱈이</u> 있어, "이 신이 내발에
    맞나 신에 본다"…그리서 귀신이 신어 본다구 해서 신뱈을 옆
    어 놓구(114)

11. **무댕**(무당) : 시방 그런 <u>무댕이</u> 없어…우리 <u>무댕</u> 그 할머니가 우리
    집 일 오문(117)

위의 유추적 확대형들 가운데에서 체언 어간말 모음이 대부분 '아'이고, '어'
인 경우는 '구색'(구석)과 '쩩'(적)과 같은 두 예에 한정되어 있다. 그리고 '손바
댁', '사랭', '댐'(다음)의 예들에서 그 전제 조건이 되는, 주격조사 '-이'에 의한
움라우트의 실현형들은 이광용 노인의 말에서 찾아 볼 수 없다. 그러나 그이
의 구술체에 나타난 말의 쓰임을 움라우트 중심으로 다시 점검해 보면, 話題
의 종류나, 이야기의 처음 시작 부분에서 화자의 자신의 말에 대한 주의력이
어느 정도 작용한 것으로 판단된다.

예를 들면, 왜정 시절에 대한 구술자의 회고 부분에서(pp.76-81) 움라우트 출
현 빈도수가 가장 높은 '사램+이'나, 유추적 확대형 '사램'이 전연 사용되지
않았다. 그러나 이야기가 후반부에 이르러서야 다음과 같은 분포로 움라우트
실현형이 출현하였다. 사람+이 : 7회, 사램+이 : 2회, 사램 : 1회, 사람 : 8회.

그 반면, 화자가 제사 지낼 때 음식 만드는 이야기(pp.72-74)에 이르면, 처음 부분부터 '사람'의 유추적 확대형과 주격조사 '-이'에 의한 움라우트 실현형이 증가하였다. 사람+이 : 없음, 사램+이 : 6회, 사램 : 7회, 사람 : 없음. 이러한 사실을 보면, 위의 (21)과 같은 유추적 확대형들의 출현은 이광용 노인의 말에 주격조사 '-이'에 의한 움라우트가 어느 정도 생산적이었을 잠재성을 뜻한다. 그럼에도 불구하고, 체언어간 '아' 모음을 위시한 다른 체언들에 주격조사 '-이'에 의한 움라우트가 상당히 억제된 것은 화자의 이야기가 행하여지는 특정한 상황이나 화제 등에 따른 변수로 인하여 자신의 말에 대한 자의식이 구술 과정에서 어느 정도 강하게 작용하였을 것이다.

4.2.2 유추적 확대형 '사램'과 '영갬'의 상대적 사용 빈도수

이광용 노인의 말에서 가장 높게 출현하는 유추적 확대형은 '사램'과 '영갬'과 같은 두 가지 개신형이다.[36] 여기서 나타나는 '영갬'은 앞의 §4.1.3에서 살펴 본 벌교 농부 이봉원 노인의 주제어 가운데 하나인 '나락'과 좋은 대조를 이룬다. 이 구술 텍스트에서 '사램'과 '영갬'이 규범적인 '사람'과 '영감' 등에 비하여 출현하는 상대적 빈도수는 다음과 같다. (1) 사램 : 80%(40회), 사람 : 20%(9회); 사램+-이 : 58%(27회), 사람+-이 : 42%(24회), (2) 영갬 : 14%(3회), 영감 : 86%(19회), 영갬+-이 : 74%(17회), 영감+-이 : 26%(6회). 또한, 이러한 수치를 막대 [그림 1-3]으로 나타내면 다음과 같다.

---

36) 이광용 노인의 말을 고찰한 남기탁(1992:15-16)에서도 움라우트 현상과 관련하여 이와 같은 유형의 유추적 확대형들이 주목되었다. 남기탁 교수는 이 글에서 '사람'에 주격조사 '-이'가 연결되어 움라우트가 적용되고, 이와 같이 전설화된 주격형이 빈번하게 사용된 결과, 그러한 조건이 존재하지 않아도, 예를 들면, '사램'으로 형태가 고착된 결과로 파악하였다. 또한, 남 교수는 움라우트 실현에서 개재자음의 제약으로 작용하는 설정성 자음도 어휘 유형들에 따라서 사용 빈도수가 높으면 이를 극복할 수 있다고 보았다.

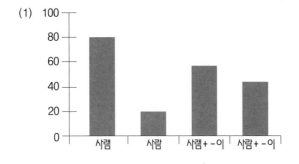

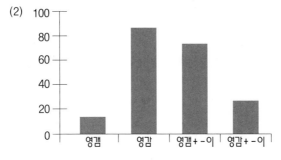

위의 막대 [그림 1-3] (1)에 반영된 유추적 확대형 '사램'의 빈도수를 앞의 §4.1.3의 막대 [그림 1-2] (1)에서 벌교 농부 이봉원 노인이 구사한 '사람'의 상대적 빈도수와 대조해 보면 매우 특이한 사실이 드러난다. 우선, 이봉원 노인의 텍스트에 유추적 확대형 '사램'이 11% 정도로 등장하기 위해서는 '사램+-이'의 출현 빈도수가 '사람+-이'의 그것과 비교하여 거의 90% 수준에 이르러야 함을 뜻했다. 그럼에도 불구하고, 그이의 말에는 규범형 '사람'이 여전히 90%에 접근하였다.

그러나 막대 [그림 1-3] (1)은 다른 이야기를 하고 있는 것이다. 즉, 이광용 노인의 말에서 움라우트 실현형 '사램+-이'와 규범형 '사람+-이'가 사용된 상대적 빈도수는 58% : 42%로 큰 차이를 보이지 않는다. 이와 같이 '사람+-이'에 비하여 움라우트를 수용한 '사램+-이'형이 출현 빈도수의 우의를 보이

지 않아도 유추적 확대형 '사램'형이 규범형 '사람'의 사용 빈도를 80% : 20%
의 비율로 압도적으로 누르고 등장하고 있는 사실이 특이하다. 이광용 노인의
말에서 나타나는 유추적 확대형 '사램'의 비대칭적 발달 현상은 다음에 살펴
보게 될 한규숙 노인(여)의 구술에 반영된 경기도 방언에서도 그렇게 분명하게
확인되지 않는다. 그렇기 때문에, 이광용 노인의 말에 등장하는 움라우트의
유추적 확대형 '사램'의 빈도수 80%(40회)는 이에 상응하는 주격조사 '-이'에 의
한 '사램+-이'의 실현이 다른 어떤 언어 외적 요인으로 화자에 의하여 구술
과정에서 의식적으로 통제되었을 가능성이 높다.

4.3 이규숙 노인의 경기도 방언

끝으로 논의의 대상이 되는 이규숙 노인은 서울의 오랜 전통 주택지역인
계동에서 살면서, 양반집 아녀자의 전형을 보여주고 있는 당시 87세(여, 1991년
기준)의 화자이다.[37] <이규숙 연보>에 따르면, 그이는 1905년 경기도 화성군
에서 출생하여 1921년 나이 17세에 서울 양반과 결혼을 하고, 20세부터 서울
시집에 와서 살기 시작하였다고 한다. 따라서 언어 습득과 형성기를 경기도에
서 보낸 이규숙 노인은 비록 20세부터 평생을 서울에서 살아 왔으나 근본적
으로 경기도 말을 구사한다고 생각한다. 특히, 여기서 관찰의 대상이 되는 움
라우트의 실현과 그 유추적 확대형들의 관점에서도 그러하다.[38]

이규숙 노인의 구술에서 형태소 내부에 수행된 움라우트가 매우 다양하게
나타난다. 이러한 현상은 서울 토박이 화자인 한상숙 노인(여, 74세)의 말에서

---

37) 이규숙 노인의 구술 자료는 <뿌리깊은 나무 민중자서전 4. 班家 며느리 이규숙의 한평생>
　　『이 "계동 마님"이 먹은 여든살』(1992, 뿌리깊은 나무사)를 이용하였다. 이규숙 노인의 한평
　　생을 구술한 내용을 편집한 샘이깊은물 김연옥 편집차장은 반년 동안에 걸쳐 거의 날마다
　　구술자를 만나 그이가 여든 평생의 기억을 섬세하게 더듬어 펼치도록 이끌었다고 한다.
38) 경기도 24개 하위 지역의 말에서 사용된 움라우트 현상에 대한 세밀한 정리와 보고는 김계
　　곤(2001)을 참고.

도 빈번하게 관찰되기 때문에 특이한 사실이 아니다(이병근 1992).39) 한상숙 노인의 서울 방언에서 통상적인 '핵교'(학교, p.27), '냄편'(남편, 138) 이외에, '쇠주'(소주, 43), '-째리'(오전째리, 80; 스물 몇평째리, 171), '채례'(사당 채례 지내구, 58), '댄추'(단추, 108), '젤여서(절여, 삼삼하게 젤여, 77) 등과 같은 매우 유표적인 움라우트 실현형이 자연스럽게 구사되었다. 이와 비슷하게 이규숙 노인의 경기도 방언에서도 '웬수'(원수, p.46), '괴기'(고기, 152), '썪였구나'(속이-, 101), '쥑이-'(죽이-, 94), '쫓겨'(쫓기-, 40) 등과 같은 움라우트 예들이 사용되었다. 특히, 두 사람의 구술에서 개재자음 제약의 관점에서 위계가 매우 높은 '다니- → 대니-'(行)와 같은 움라우트 실현 예들도 관찰된다.40)

또한, 이규숙(22-1)과 한상숙 노인(22-2)의 말에는 피동화주 모음이 역사적 선행 단계에서 '의>이'의 단모음화를 수행한 어휘들에도 부분적으로 움라우트가 적용되어 나타난다.

(22) 1) 쵱이∽종이(紙) :
　　옛날엔 비니루 쵱이 겉은 거 안에다, 기름 발른 종이에다가 이쁘게 해서 팔어(91)
　　그때는 비닐 쵱이 없으니깐 시방 쵱이마냥⋯(177)
　　당내귀∽당나귀 :
　　새새댁이 당나귀 타구⋯부인네두 당내귈 탈 재격이 될 꺼라. 젊은 여자가 댕내귈 타구오믄(160)
　　채미(참외) :
　　그 퍼렁 채미 두껍게 벴겨 가지구(94)

---

39) 경기도 방언을 구사하는 이규숙 구술자의 말과 대조되는 서울 토박이 화자 한상숙 노인의 서울말은 목수현씨가 편집한 <뿌리깊은 나무 민중 자서전 18. 서울 토박이 부인 한상숙 한평생>『밥해 먹으믄 바느질허랴, 바느질 아니믄 빨래허랴』(1992, 뿌리깊은 나무사)를 이용하였다. 한상숙 노인의 한평생에 대한 구술은 그이의 조카인 목수현씨가 꼼꼼히 옮겨 받아 정리했다.
40) (ㄱ) 이규숙의 경기도 방언 : 자주 대녀두 몰러(p.24), 돌아 대니던 걸(89), 두달을 대니며(103), 못걸어 대니셨어(96),
　　(ㄴ) 한상숙의 서울 방언 : 출장을 대니시니까(p.77).
　　그리고 이규숙 노인의 말에서 '다치- → 대치-'(傷)와 같은 매우 유표적인 움라우트의 예도 관찰된다. 말에서 떨어지셔서 이 척추를 대치셔서(p.27).

그땐 조선 채미잖아(94)

시방 노랑 채미 말구 퍼렁 채미 그걸 잘 잡수셔(94)

2) **새귀-∞사귀-(交) :**

눈독을 들여 가지구 새귄거지(157)

사귀는 색시 있는데(157)

챔위(참외) :

고사 지낼 때 챔위두 놓거든(85)41)

　

그러나 주격조사 '-이'에 의한 움라우트의 실현 양상에서는 경기도 방언과 서울 방언이 확연한 차이를 보인다. 경기도 방언을 구사하는 이규숙 화자의 말에서 주격조사 '-이'에 의한 움라우트가 축소되어 부분적으로 출현하지만, 서울 토박이 한상숙의 말에서 그러한 현상은 전혀 관찰되지 않는다. 움라우트의 측면에서 다른 서울 토박이말 자료를 조사하여도, 역시 한상숙 노인의 구술에 반영된 경우와 대략 일치한다.42) 이규숙 노인의 구술에 반영된 움라우트의 유형은 다음과 같다.

　

(23) ㄱ. 신랭+-이 : 신랭이 오는데 보니께(p.14), 신랭이구 색시구(46)

ㄴ. 벱+-이 : 못 내려서는 벱이구(17), 먼첨 전활허는 벱이잖어(76)

ㄷ. 맴+-이 : 맴이 편하지(86), cf. 맘이 불안허다구(190)

---

41) '당내귀'(당나귀), '챔위'(참외) 등의 경우에 마지막 음절의 모음 '위'가 움라우트의 피동화주로 기능을 발휘할 수 있는가에 대해서는 논란의 여지가 많다(김형수 2003을 참조). 오종갑 교수도 이 글에 대한 논평에서 이러한 문제를 제기한 바 있다. 오 교수가 지적한 예 가운데 '매귀'(魔鬼)형은 19세기 후기 평안도 방언 자료에 주로 사용되었다. 이 방언에서 '위'는 이중모음 [wi] 또는 [uy]의 신분을 유지하고 있다.

　　(ㄱ) 본성을 버리고 믜귀의 데자가 되니(Korean Speech, 73)

　　(ㄴ) 믜귀가 시험ᄒᆞ물(예수셩교젼셔, 누가 4:13), 믜귀의게(요안늬 8:44)

　　　cf. 마귀의게(상동. 이비소 4:28)

42) 국립국어연구원에서 1997년에 간행한 『서울 토박이말 자료집』(1)을 참조하면, 자연발화 가운데 주격조사 '-이'에 의한 움라우트 예가 두개 확인된다.

　　(ㄱ) 씨림+-이 : 씨:름두 해두 그냥 씨림이 아니라 샷바 씨름이 나오구(7대째 서울에서 살고 있는 78세 노년층 화자 JSY, 남, 대학교 졸, p.269)

　　(ㄴ) 월깁+-이 : 취직이 제:일 좋거든, 제:일 월깁이 좋아. 월급이 존:데…(4대째 서울에서 거주하고 있는 남자 화자 81세 JJG, 중학교 졸, p.176)

ㄹ. 바램+-이 : 바램이 시원허구(24), 바램이 술술 들어오니(120)
ㅁ. 사램+-이 : 니가 서울 사램이지, 전라도 사램이냐(82)

위의 예 가운데, 움라우트 실현형 '신랭+-이'가 구술 텍스트에서 4회 사용되었으나, '신랑+-이'의 예는 1회만 관찰된다. '뱁+-이'와 '법+-이'의 형태들은 각각 6회와 5회로 서로 비슷하게 쓰였다. 그러나 이 두 형태는 다음과 같이 외관상 거의 식별하기 어려운 구술 상황에서 번갈아 교체되어 사용되는 경우도 있었다. 죄인이니깐 못 우는 뱁이야, 눈물을 못 내는 법이야(p.113). 그 반면에, '맴+-이'는 단지 1회 등장하였고, 이러한 환경에서 대부분 움라우트 비실현형이 사용되었다(8회).

(23)의 예에서 가장 특이한 출현 빈도를 보여준 움라우트 실현형은 '사램+-이'이다. 이 형태는 규범형 '사람+-이'의 출현 빈도수 23%(26회)에 비하여 77%(90회)에 도달하였다. 이규숙 노인의 80평생에 걸친 인생 이야기 속에 역시 제일 사용 빈도수가 높은 단어가 '사람'이며, 이러한 사실이 우리가 지금까지 살펴 본 이봉원과 이광용 노인의 구술에서도 모두 동일했음은 매우 의미심장하다고 생각된다. 따라서 이규숙 노인의 말에서도 앞의 두 사람의 토박이 화자의 경우에서와 동일하게 유추적 확대형 '사램'이 다음과 같이 등장하고 있음은 자연스러운 현상인 것이다. 일본서 내릴 사램은 다 가족 찾아 가구 한국 갈 사램들만 타는 모냥이지(p.209).[43]

---

43) 김계곤(2001)에서도 움라우트에 의한 유추적 확대형들의 유형이 다음과 같이 다양하게 수집되어 있다.
　　1. 암넘(암놈, p.21), 2. 뱁(밥, 21, 81), 3. 대핵(대학, 26, 276), 4. 갭(값, 36), 5. 댐(다음, 37, 293, 324), 6. 뫽(목, 37), 7. 사램(사람, 37, 82, 135, 188, 217, 239, 364, 403, 460), 8. 뱀(夜, 37, 238), 9. 입묌(입몸, 38), 10. 뱁(法, 44, 67, 93, 224, 443), 11. 처냄(妻男, 45, 94), 12. 총객(총각, 45, 225), 13. 영갬(영감, 342, 415, 445), 14. 맴(마음, 57, 163, 431), 15. 뱎(밖, 57, 187), 16. 대쟁(隊長, 67, 93), 17. 신뱅(新房, 67, 173), 18. 한갭(還甲, 68, 94, 119), 19. 실랭(新郞, 67, 93, 224, 251), 20. 이쟁(里長, 68, 225), 21. 부랙(部落, 93, 224), 이러한 확대형 이외에도 '지뱅(地方), 넴(놈), 시잭(시작), 사뱅(사방), 땜(땀), 댁(닭), 뱁(밥), 쇡(속), 해뱅(해방), 생객(생각), 바램(바람), 부택(付託)' 등등과 같다.
　　그러나 김계곤(2001)에서 위에 수집된 방언형들은 주격조사 '-이'에 의한 움라우트형과, 여기서 발달된 유추적 확대형들이 혼합되어 있는 것 같다. 김계곤 선생도 이러한 사실을 인

이 텍스트에서 이규숙 구술자는 유추적 확대형 '사램'형을 38%(42회) 사용
한 반면에, 규범형 '사람'은 62%(94회)를 구사하였다. 이러한 '사램'과 '사람'의
출현 빈도수에 따른 상황을 막대 [그림 1-4]로 나타내면 다음과 같다.

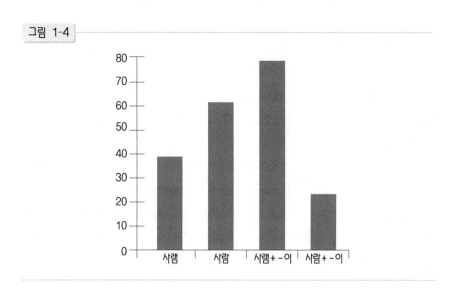

그림 1-4

|5| 모음 전설화의 몇 가지 유형과 움라우트 기능의 "轉用"

5.1 체언어간 모음의 전설화와 명사파생 접사 '-이'

일찍이 김형규(1971: 64-76)는 남부지역방언에서 일어나고 있는 전반적인 음
운현상들의 유형을 검토하면서 우리말의 발음의 경향이 점진적으로 '아 → 에,

정하고 있다. 이러한 수집 내용에서 역시 '사램'형의 분포가 경기도 방언 내에서도 분포 지
역이 매우 넓다는 사실을 확인할 수 있다.

오→외 ∞ 에, 여→에, 우→위 ∞ 이, 어→으, 으→이'와 같이 전설과 고모음의 방향으로 변해가고 있음을 논증하였다. 이와 같은 전설화 및 고모음화로 유도되는 다양한 음운현상들을 김형규(1971)에서 관찰해 보면, 대체로 다음과 같은 유형들로 분류될 수 있다. 즉, (ㄱ) 움라우트 현상('소주→쇠주/세주' 부류), (ㄴ) 선행 단계에서 개음절 명사어간에 첨부된 명사파생접사 '-이'('방아→방애' 부류), (ㄷ) 'ㅅ, ㅈ, ㅊ' 자음에 의한 전설고모음화('층계→칭계' 부류), (ㄹ) 자음 뒤에서 상승이중모음, 특히 '여' 모음의 '에'로의 역사적 변화('벼룩→베룩' 부류), 그리고 (ㅁ) 표면상 원인을 식별해 낼 수 없는 전설화('사다리→새다리' 부류) 등이다.

여기서 우리는 모음 전설화의 유형으로 명사파생접사 '-이'에 의한 유형만을 생각해 보기로 한다. 이러한 범주에 속하는 예들은 앞서 제1장의 각주 2)의 (1)에서 『천자문 자료집』(1995)을 중심으로 제시한 다음과 같은 방언형 등이다. 바대(海), 치매(裳), 나래(國), 시내(臣下), 재(尺), 쾨코리(象). 이러한 예들을 공시적 관점에서 해당 방언에서 수행된 움라우트 또는 그 확대형으로 해석하려는 시도가 있어 왔다(도수희 1981:10; 성희제 2000을 참조).44) 그러나 이 방언형들의

---

44) 충북방언에서 일어나는 순행 움라우트의 예로 도수희(1981)와 성희제(200a, b)에서 제시된 예들을 필자의 관점에서 다시 정리하여 보면 대략 다음과 같은 부류로 나뉜다. (ㄱ) 치매(치마), 부애(부화), 가매(가마), 모개(모과), 장개(장가), 부재(부자), 태개(駄價), (ㄴ) 월매(얼마), (ㄷ) 기개 매켜(기가 막혀), 떼기쟁이(때그장이), (ㄹ) 가림매(가름마), (ㅁ) 맹길다(만들다). 여기서 가장 많은 비중을 차지하고 있는 (ㄱ)의 예들은 명사체언의 말모음 '-아'가 -'애'로 전환된 것으로, 종래에 국어 방언학에서 "주격조사 -i의 첨가", 또는 "파생 접미사 -i의 첨가"와 같은 형태론적 과정이 방언사적으로 참여한 결과로 파악되어 왔다. (ㄴ) '얼마→월매'의 예는 비어두음절의 모음에만 한정시키면 중세 또는 근대국어의 단계에서 이미 '얼머, 얼매, 언마, 언매' 등과 같이 이중모음 -ay로 빈번하게 출현하였던 형태이다. 그러한 원리는 아직 밝혀진 바 없다.

위에서 순행적 움라우트로 제시된 예 가운데 (ㄱ) 부류에서 후행 음절의 비전설 모음을 전설화시키는 선행 음절의 동화주는 '치마→치매'의 경우만 제외하면 찾을 수 없다. 이와 비슷한 음성 환경을 보여 주는 예로 '이마→이매'를 더 첨가시킬 수 있을 것이다. 성희제(200a; 200b: 87)는 이른바 순행 움라우트를 보여 주며 동시에 동화주 -i를 보유하는 형태의 경우(치마→치매)에는 환경 확대에 의한 움라우트 현상으로, 선행 음절의 순행 동화주가 -i 이외의 다른 전설모음인 경우(가마→가매)에는 유추적 확대에 의한 움라우트 현상으로 설명하였다. 따라서 위의 (ㄱ)의 예들은 대부분 움라우트 규칙의 생산성에 따른 유추적 확대 과정을 거친 움라우트의 예들로 취급되었다.

기원은 근대국어 단계에 출현하였던 다음의 산발적인 몇 가지 예에서 확인되는 바와 같이, 개음절 어간의 명사에 접미사 '-이'가 연결되어 이중모음을 형성한 다음에 단모음화를 거쳐 전설화된 예들이 분명하다.

> (24) 가매(釜) : 죠롱박 너줄을 <u>가매예</u> 담고(언해 두창집요, 상. 6ㄴ)
> 　　　　　　　프른 <u>가매애</u> 슬마 내오(중간, 두시언해, 11.17ㄴ)45)
> 　　　화뢰(爐) : 동지쭐애는 <u>화뢰예</u> 잇고 섯쭐애는 평상의 잇고(언해 태산
> 　　　　　　　집요, 66ㄴ)
> 　　　팔지(八字) : 자내 <u>팔지롤</u> ᄒ홀만 ᄒ데(현풍곽씨 언간, no. 46)
> 　　　마뢰(廳) : 분돌 내방 창밧긔 <u>마뢰여</u> 연저 서리 마치게 마소(상동, no. 10)
> 　　　　　　　대청 <u>마뢰ᄒ며</u> ᄠᆯᄒ며(상동, no. 62)

위의 '가매, 화뢰, 팔지, 마뢰'형들의 어간말 모음은 17세기 초엽의 단계에서 오늘날과 같은 전설모음이 아니라, 각각 이중모음을 형성했을 것이다. '화뢰'(爐)와 '마뢰'(廳)의 어간말 모음 oy는 이후의 계속적인 발달 과정에서 현대 지역방언에서 각각 '화리/화레'와 '마래/마리' 등으로 분포되어 있다.

명사파생접사 '-이'는 전통적인 한자음에도 적용되어 합성어를 형성한 경우도 발견된다. 지역방언에서 흔하게 출현하는 '뇌동'(勞動)'과 '뇌곤'(勞困)이 여기에 속하는 전형적인 방언형들이다. 앞서 제1장의 각주 2)의 (4)와 2)의 (5)에서 『천자문 자료집』(1995)을 중심으로 제시한 다음과 같은 한자음이 이러한 사정을 잘 말하여 준다.46) 에뿔 뇌(勞, 평북 강계), 수그로울 뇌(전남 곡성), 힘쓸 뇌(경남 마산, p.172); 뽄받을 회(效, 전남 곡성), 회도 회(孝, 전남 곡성, p.63). 따라서 각주 2)의 (1)

---

45) '가마 → 가매'(釜)의 예는 15세기 국어 자료에서도 등장하였다. 김영배(2000: 406)는『釋譜詳節』제3권에서 다음과 같은 구절을 주목한 바 있다. 그 粥이 <u>가매예져</u> 열 자콤 소사 올아(40ㄱ). 김 교수에 의하면, '가매에져'에서 '가매에셔'(가마솥에서)가 올바른 표기로, '-에져'는 誤刻이라는 것이다.

46) 이와 같은 합성어들은 19세기 후기의 자료에서도 다음과 같이 확인된다.
　　(ㄱ) 공뢰 잇는 자(功勞, 독립신문 1권 107호), 공뢰 문셔를 가지고(독립신문 1권 107호), 하
　　　　나님의 공뇌롤 함끠ᄒ고(예수셩교젼셔, 코린돗 젼셔, 3:9), 그 공뇌가 나타나믄(동. 3:11)
　　(ㄴ) 한갓 스스로 뇌심만 ᄒ리라(勞心, 죠군령젹지, 32ㄱ)

에 등장하는 방언형 '쾨코리'(象)도 '코'(鼻)에 명사파생접사 '-이'가 연결된 이
후에 형성된 단어인 것이다(최전승 1995: 343).

5.2 동화주로서 '의>이'에 의한 움라우트를 거친 전설화

앞서 이 글의 서론에서 열거된 예문 (2)ㄹ에 해당되는 '내비(蝶), 죙이(紙), 매
귀(惡魔), 새기다(交)' 등과 같은 부류가 여기에 속한다. 박창원(1991: 314-315)은
형태소 내부에 관한 한, 공시적인 움라우트 규칙이 존재하지 않는다는 분명한
사실이 다음과 같은 어휘들의 존재에 의해서 밝혀진다고 지적한 바 있다. 즉,
'호미, 거미, 나비, 조기, 모기, 성기-, 어기-' 등등. 이와 같은 단어들의 어간말
모음은 역사적인 어느 단계에 이르기까지 이중모음 '-의/이'를 유지하고 있었
기 때문에, 움라우트 규칙의 구조 기술과 아무 관련이 없었다. 후대에 일어난
'-의>이' 변화에 의하여 이 단어부류들의 어간말 모음이 '-이'를 취하게 되어
표면적으로는 움라우트의 동화주의 신분을 갖게 되었다. 그렇지만, 이 어휘들
이 '회미, 게미, 내비-'와 같이 교체되지도 않고, 변화되지도 않는 사실은 형태
소 내부에서 활동하는 움라우트 규칙의 힘이 이미 소진되어 기능이 상실되었
음을 의미한다는 것이다.

최명옥(1989)에서도 움라우트의 예외들에 대한 설명에서 박창원(1991)과 동일
한 설명이 사실상 먼저 제시되었다. 즉, 최명옥(1989/1998: 197-198)은 움라우트를
통시적 현상으로 인식한다. 즉, 움라우트는 역사적으로 구개음화와 '듸>디,
틔>티' 변화 사이에 개입된 어느 시기에 발생하였다가 해당 환경에 한번 적
용된 뒤에 소멸된 규칙이라고 파악한다. 따라서 이와 같은 논리에 의하면, '나
븨>나븨'(蝶) 등과 같은 변화를 밟아 온 오늘날의 '나비'형은 이미 움라우트
규칙이 소멸된 뒤이기 때문에, 움라우트가 전연 실현될 수 없다. 그리하여 최
교수는 만일 움라우트 규칙이 이중모음이 '의>이' 단모음화를 수행한 시기

당대에서나, 그 이후의 일정한 기간 동안이라도 살아 있었더라면, 어느 한 방언에서라도 이들 단어에 움라우트가 적용되었을 것이라고 본다. 그러나 아직 그러한 예가 발견되었다는 보고가 없다고 최명옥(1989/1998: 198)은 단언한다. 박창원(1991)과 최명옥(1988/1998)에서의 사변적인 추정은 실제의 방언 자료를 잠간만이라도 확인해 보면 성립될 수 없다.47)

역사적으로 '나비>나비'(蝶) 부류에 속하는 '종이'(<죵히, 紙)에서 움라우트와 비원순화를 수행한 경기도 방언형 '졍이'/čeŋi/가 일찍이 이병근(1970: 34)에서 제시된 바 있다. 이러한 사실은 우리가 앞서 §4.3에서 살펴 본 이규숙 노인의 경기도 방언에서의 예문 (22)의 1) '졍이'와 '채미'(참외)에서도 확인된다.48) 최근의 경기도 방언 자료집인 김계곤(2001)을 이용하여 어간말 이중모음 '-의/의'의 단계에서 먼저 단모음화, 나중 움라우트를 수행한 어휘들의 유형을 추출해 보면 '졍이'와 '채미'와 같은 음운론적 정체성이 이 지역 노년층 화자 중심의 방언 체계에서 드러날 것이다.

> (25) ㄱ. 졍이(종이) – 가평군 북면 외 6개 지역
> ㄴ. 내비(나비) – 화성군 팔탄면 외 3개 지역
> ㄷ. 챔이(참외) – 포천군 군내면 외 9개 지역
> ㄹ. 죄기(조기) – 강화군 화도면 외 1개 지역
> ㅁ. 댕이(동이) – 평택군 현덕면 외 3개 지역

---

47) 강원도 북부지역의 방언을 언어분화의 관점에서 기술한 곽충구(1995: 33)는 <움라우트>의 항목에서 '나비'(蝶)와 '호미'(鋤)의 이 방언 반사체들이 움라우트를 경험했음을 관찰하였다.
　　(ㄱ) 호미 : hömi(평강, 준양, 황해도 서흥)
　　(ㄴ) 나비 : nɛbi(평강, 금화)
　　위의 방언형들을 곽 교수는 통시적으로 '의>이' 단모음화 이후에 움라우트 규칙이 적용된 것으로 간주하였다. 그리고 이 지역은 다른 방언 지역에 비하여 움라우트보다 '의>이' 단모음화가 선행하였다고 해석하였다. 즉, 곽 교수는 이 논문에서 '내비'와 '회미' 방언형들의 형성을 먼저 단모음화, 나중 움라우트의 순서로 파악한 것이다. 그러나 해당 방언에서 움라우트와 단모음화 규칙 간의 상대적 연대순서(relative chronology)에 대한 진지한 고찰이 선행되어야 할 것으로 생각된다.

48) '졍이'(紙)형은 『한국방언자료집』(경기편, 1995: 74)에서도 포천 등지에서 수집되어 있다. 이러한 사실은 이 방언형이 실제로 경기도 방언에서 넓은 분포를 보이고 있음을 뜻한다.

ㅂ. 헤미(호미) – 김포군 대곶면 외 4개 지역
ㅅ. 배끼다(바뀌다) – 양평군 청운면 외 2개 지역
ㅇ. 잎새기(잎사귀) – 여주군 북내면 외 2개 지역
ㅈ. 새기다(사귀다) – 시흥시 목감동 외 2개 지역

움라우트 현상의 지역방언에 따른 강도와 관련하여 통상적으로 알려진 "南濃北稀"와 같은 분포의 인식으로 본다면, 위와 같은 경기도 방언에서의 움라우트 실현 예들은 의미심장한 것이다.49)

5.3 단어의 어휘적 강도에 따른 움라우트 실현에 의한 전설화

국어의 지역방언에서 일어난 전설화의 유형과 관련하여 서론에서 제시하였던 (2)ㅁ. '웬수(怨讐), 댄추(단추), 쇠주(燒酒), 뮈섭다(무섭다)' 등과, (2)ㅂ의 '딛다'(踏, <드듸다), '매디, 매두(節)' 등과 같은 부류의 단어들이 이러한 범주에 속한다. 이러한 예들은 전설화의 조건이 되었던 음성 환경이 나중에 이중모음의 단모음화에 의하여 표면에서 제거됨에 따라서 움라우트에 관한 한 불투명한 형태가 되었다. 그러나 조건 환경을 구비한 당시의 움라우트 의 출현은 적어도 18세기와 19세기 후반으로 소급되는 지역방언의 역사적 자료에서 확인된다.

'무섭-'(恐)에서 변화된 방언형 '미섭-'의 분포는 충남과 강원도 방언에서만 아니라, 김계곤(2001)에 의하면, 경기도 방언에까지 확대되어 있다.50) 무섭다→ 미섭다 : 미서워요, 미숩다 : 미수어서(p.143). 그러나 이 형태는 어두음절에서 직접 '무섭->미섭-'과 같은 전설화를 수행한 것은 아니다. 역사적으로 움라우트에

---

49) 김병제(1980)에서도 먼저 단모음화, 다음 움라우트 실현 예들이 다음과 같이 분포되어 있다.
   1. 내비(나비) : 함북, 강원(p.49), 2. 사매기(사마귀) : 함남(98), 3. 지제기(기저귀) : 강원(130), 4. 죄리(조리) : 함남/북, 강원(134), 5. 쥉이(종이) : 전남(343), 6. 챔이(참외) : 황남(138), 7. 까매기(까마귀) : 함북(157), 8. 회미, 헤미(호미) : 강원, 함남, 황북(156, 315)
50) 『한국방언자료집』(강원 편, p.198)과 (충남 편, p.196)에서 '무섭다' 항목을 참조. 김병제(1980: 470)에 다르면, '미숩다'와 '미습다' 방언형은 평안남도 일대에도 분포되어 있다.

의한 '무섭->뮈섭-'의 과정을 보여주는 예가 18세기 황해도 방언을 반영하는
『염불보권문』(흥률사본)에 나타난다. 디옥 고통 슈흥기 실노 뮈셥다 흐시니(31ㄴ), cf.
실로 무셥다 흐시니(예천 용문사본 30ㄱ). 여기서 '무섭->뮈섭-'에서 변화된 어두음
절의 모음 '위'는 당시의 모음체계에서 이중모음 [uy]이었을 것이 분명하다.

또한, '웬수, 댄추, 쇠주, 딋-(踏)' 부류 역시 일찍이 19세기 국어 자료에서부
터 출현하기 시작하여 전국적으로 광범위하게 확산된 형태들이다. 이들 대부
분이 갖고 있는 개재자음 'ㅅ, ㅈ, ㅊ' 그리고 'ㄷ' 등은 움라우트를 억제시키
는 전형적인 유형이다. 그러나 이들 형태가 언어생활에서 빈번하게 사용되는
빈도수가 매우 높았다고 생각된다. 따라서 이 단어들이 갖고 있는 높은 빈도
수에 따른 어휘적 강도, 또는 화자들이 부여한 정감적 의미의 강도가 상대적
으로 높았기 때문에 개재자음 중심의 움라우트의 제약이 이 형태들에 일률적
으로 적용되지 못한 것이다(오종갑 1999. 참조). 오늘날 움라우트 실현형인 '쇠
주'와 '댄추' 및 '웬수'는 경기도와 서울방언에까지 확대되어 사용되고 있다.

이 형태는 19세기 후기의 단계에 각각 '소쥬>쇠쥬'와 '단츄>딘츄', 그리고
'원슈>웬슈'의 전설화 과정을 보여준다. (ㄱ) 환쇠쥬 꿀 타셔(병오판 춘향전, 12ㄴ;
별춘향전, 11ㄱ), 쇠쥬 동변 강집 등물(춘, 남.46), (ㄴ) 웬슈 못 갑풀손가(화룡도, 89ㄱ), 빅발
리 웬수로다(수절가, 하. 26ㄴ), (ㄷ) 딘츄(한영ᄌ뎐, Gale, 1897: 644).

특히, 방언형 '쇠주'(燒酒)에 대하여 최명옥(1989/1998: 190, 각주 18)은 움라우트
에 의한 전설화를 부인한다. 즉, 이 형태가 움라우트를 수용한 것이라면, 이보
다 약한 제약을 가진 '가지'(나무), '고치'(누에), '가지-'(携), '다치-'(傷) 등이 당연
히 움라우트를 보여야 하기 때문이라는 논리이다. 따라서 최 교수는 '쇼쥬>
쇠주'의 변화가 첫 음절의 모음 '쇼' 자체에 내재한 음운론적 기제에 있다고
보았다.

대체로 '쇼>쇠'의 음운론적 기제는 치찰음 'ㅅ'음 앞에서 상향 이중모음 yo
의 변화에 있다. 이러한 변화는 매우 유표적인 방언 현상으로서, 19세기 후기
전라방언 자료와, 평안도 방언 자료 등에서 그와 비슷한 예가 일부 확인된

다.51) 그러나 오늘날 '쇠주'의 광범위한 분포 지역으로 미루어 보면, 이 형태가 그와 같은 유표적인 변화 '쇼>쉬'를 반영했을 가능성이 없다. 그리고 '쇠쥬'의 개재자음보다 그 제약의 위계가 높은 '단츄>딘츄'의 변화에서 첫 음절의 모음이 단모음이다. 따라서 사용의 높은 빈도수에 따른 어휘적 강도에 의한 움라우트의 실현 이외에는 다른 음운론적 기제가 없다. 그러한 예는 일부 지역방언에 국한된 현상이지만, '투정>튀정(妬情)', '투전>튀전(鬪牋)과 같은 전설화에서도 확인된다.52)

그 반면, 방언형 '매디'(節)는 움라우트의 과정을 거치지 않은 전설화일 가능성이 높다고 생각한다. 만일 이 단어가 근대국어 형태 '마듸'에서 움라우트를 수용한 것이라면, 움라우트 실현상의 두 가지 제약을 동시에 극복하고 있는 셈이다. 하나는 움라우트의 동화주 -i가 기원적인 것이 아니라, 이중모음 '-의'에서 단모음화를 수행한 이차적인 모음이다. 다른 하나는 개재자음 'ㄷ'의 제약을 벗어났다는 사실이다. 즉, '마듸>마디>매디'. 따라서 오늘날의 '매디'는 이러한 두 가지의 제약을 벗어난 매우 특수한 전설화의 예로 보이지만, 그 분포가 매우 광범위하다는 데 그 신분상에 의심이 가는 것이다. '매디'의 의심쩍은 움라우트 생성과 관련하여, 18세기 초반의 전라방언을 부분적으로 반영하는 송광사판 『천자문』(1730)에 등록되어 있는 '믜듸'(寸, 節)형이 일찍부터 주목

---

51) ㄱ. 쇼멸(消滅)>쇠멸 : 반적을 쇠멸할 거시면(대봉, 하.4ㄴ), 격국을 쇠멸ᄒ고(풍운, 1ㄴ)
   cf. 역적을 쇼멸ᄒ고(적벽가, 526), 빅명을 쇼멸ᄒ고(필사 구운몽, 상.209ㄴ)
ㄴ. 죠용>죄용 : 조용하다 → 죄용하다(함남 정평, 『한글』5권 3호)
ㄷ. 쇼쇼하다(小小)>쇠쇼하다 : 쇠소한 물간 잇다(Corean Primer, p.11)
                           쇠쇼한 물건는 챠 안에 두시(상동, p.32)
ㄹ. 죠선(朝鮮)>되션 : 되션은 딕여슷 가지 입쌀 난다(Corean Primer, 64)
                    되션 쇼를(doeshun, 상동, p.64), 되션사람(p.72)
52) ㄱ. 투정>튀정 : 져 아희가 발 구르고 밥 튀정헌다(재간 교린수지 4.7ㄱ)
              붓드막에 안저서 밥 튀정하다가 죽엇다네(조선일보, 1934년 3월 23일 4면)
              잠투세, 잠튀정(김태균 1986, 함북방언사전, p. 423)
ㄴ. 투전>튀전 : 우리가 노름 훈거시 아니라 쇼일노 튀전을 하여 보았다고(독립신문 1권 42호)
              튀전 ᄒ는 사롭 잇스면(상동)
위의 예 가운데, '튀전'형은 김계곤(2001)에 의하면 경기도 방언에서도 '댄추', '웬수', '쥐정'(酒酊), '쇠주' 등과 더불어 사용되고 있다.

받아 왔다(홍윤표 1993: 418). 寸 민디 촌(8ㄱ), 節 민디 절(12ㄴ). 다른 천자문 부류
에서 이 한자들의 새김은 전부 '무디'로 나타나는 사실과 대조를 이룬다. 오늘
날의 전남·북 방언을 포함한 다른 대부분의 지역방언에서도 '매디'가 보편적
으로 사용되는데, 이것은 '민디'로 소급될 가능성이 충분히 있다. 송광사판
『천자문』은 18세기 당시 전남방언에 생산적이었을 것으로 추정되는 k-구개음
화와, 순자음 다음에 연결된 어두음절의 'ᄋ'가 '오'로 원순모음화된 예를 하
나씩 보여준다. 진 장(長, 6), 몰굴 딩(澄, 9). 그러나 18세기 이전에 속하는 모든
『천자문』판본에 반영된 새김들 가운데 제1단계 움라우트(피동화음이 이중모음으
로 전환되는)를 반영한 분명한 예들은 광주판과 대동급본에서의 '싀양'(讓, 4b)을
제외하면 찾기 어렵다. 이와 같이 움라우트와 관련된 예들이 『천자문』계열에
희소한 사실을 참고하면, 송광사판 『천자문』에만 유일하게 나타나는 매우 유
표적인 '민디'(寸, 節)는 움라우트와는 다른 관점에서 취급되어야 할 것이다.

'마디'(節)에 해당되는 전남, 북의 방언형들(『한국방언자료집』, 전남과 전북 편)에
는 '매듭, 매답'과 '매디' 등이 혼재되어 있다. 여기서 방언형 '매디'는 송광사
판 『천자문』에서 보여주는 '민디'의 후대형일 가능성은 위에서 언급한 바다.
그런데 이 '민디'는 어느 단계에서 중세국어로부터 계승된 '무디'와 비슷한 의
미 영역을 보유하고 있던 '미듭'형과의 일종의 혼합(contamination) 과정을 거쳐
서 형성된 혼성어로 판단된다(김형수 2003: 130-135. 참고).

5.4 움라우트 기능의 "轉用"(exaptation)

5.4.1 언어 기능의 새로운 轉用

모음 전설화의 관점에서 지금까지 우리가 살펴 본 §§5.1-5.3까지의 예들과
는 성격이 다른 유형들이 여러 지역방언에서 다양하게 사용되고 있다. 이들은

표면상 전설화의 원인을 쉽게 찾을 수 없는 방언형들이다. 이 글의 서론 가운데 예문 (2)에서 열거한 다음과 같은 전설모음화 유형들이 이 범주에 속한다.

(2) ㄴ. '댐배(煙草), 되배(塗褙), 뉘에(蠶)' 등과 같은 부류
　　ㄷ. '밴댕이(반당이), 잼재리, 잼자리(잠자리), 쥐뒹이(주둥이)' 등과 같은 부류
　　ㅅ. '배깥(바깥), 새닥다리, 새다리(사다리), 맹건(망건), 쬐그만(조그만)' 등과 같은 부류

위의 예들을 구제할 수 있는 대안적인 방법은 두 가지가 있다고 필자는 생각한다. 하나는 도수희(1981)와 김정태(1999) 및 성희제(2000) 등에서 일관되게 제시하는 바와 같이, 지역방언에서 수행되고 있는 움라우트의 생산성에 기인한 동화주 영역의 확대로 해석하는 것이다. 이러한 논지는 일정한 음운규칙의 어휘적 및 음운론적 확산과 생산성은 조건 짓는 음성 환경의 확대 또는 일반화를 자연스럽게 초래한다는 원리에 근거한다. 그러나 오늘날 지역방언에서 사용되고 있는 움라우트 현상을 대부분 통시적 사실로 이해하려는 입장에서 이러한 주장은 받아드려지지 않는다.

다른 하나의 방안은 이 방언형들의 형성에 근저를 이루고 있는 음운·형태론적 기제를 벗어나는 길이다. 즉, §§5.1-5.3까지의 과정을 거쳐서 모든 지역방언에 광범위하게 확산되어 결과적으로 전설모음화로 귀착된 방언형들에 대한 화자들의 사회 언어학적 태도에서 이해하려는 시도이다. 필자가 생각하는 두 번째 방안과 관련하여, 최근에 역사 언어학에서 Lass(1990; 1997)가 도입한 언어변화의 유형에서 기능의 "轉用"(exaptation)이라는 개념을 주목한다.

Lass(1990)에 의하면,[53] 원래 기능의 새로운 전용이란 술어는 화석과 생물의

---

53) Lass(1990; 1997)가 "전용"(exaptation)이라는 진화 생물학의 술어를 역사 언어학에 응용하려는 의도는 두 영역이 동일한 과정과 행위를 보인다고 믿기 때문이 아니라, 언어의 구조와 유기체 조직이 진화의 관점에서 일정한 공통점이 있다고 파악한 것이다. Croft(2000: 126-130)는 Lass가 형태변화의 발달에 적용한 이 개념을 형태와 기능의 재분석이라는 관점에서 "분석강화"(hypo-analysis)라는 언어변화의 한 가지 중요한 유형으로 설정한 바 있다.

생리, 발생, 진화 등을 취급하는 진화 생물학의 영역에서 Stephen Jay Gould와 Elisabeth Vrba 두 학자의 1982년 논문에서 제안되었다고 한다. 그 용어의 개념은 조직체의 진화 과정에서 원래 발달되어 온 기관이 나중에 다른 목적을 갖고 있는 새로운 기능으로 재사용되는 것을 말한다. 이러한 고전적인 예는 새의 깃털과, 척추동물들의 발성기관에서 확인할 수 있는 기능의 전용 현상이다. 즉, 새의 깃털은 원래 높은 위도에 사는 파충류들에서 체온을 조절하기 위해서 진화된 것이었는데, 나중에 날기 위한 기능으로 전용되었다. 그리고 척추동물들의 발성기관은 기원적으로 호흡과 소화기관에서 출발하였으나, 나중에 의사소통을 위한 장치로 전용되었다는 것이다. 다시 말하자면, 기능의 전용(exaptation)은 기원적으로 의도했던 행위가 아니라, 우발적으로 출현한 것이다. 즉, 진화 과정에서 다른 목적으로 사용해 오거나, 또는 기능이 예전에 없어져 버렸으나 이미 존재해 있는 형태를 새로운 기능으로 쇄신시키는 행위이다.

Lass(1990)는 이러한 개념을 도입하여 일정한 형태론적 변화 유형을 새롭게 인식하려고 한다. 그에 의하면(1990: 81-82), 어떤 형태론적 단위가 한때 생산적이었던 일정한 문법적 기능과 식별 방식을 갖고 있다고 하자. 그 다음, 발달의 어느 단계에서 그 형태는 그대로 유지되어 있는 반면에, 문법적 기능이 상실되어 버렸다고 하자. 이제 이 형태는 해당 언어에서 기능적으로 말하자면 폐품(junk)인 것이다.[54] 이러한 경우에 그 언어적 폐품이 탈락되거나, 화석형(비기능적 잔여형)으로 뒷전으로 밀려나기 전에, 전혀 다른 새로운 기능을 담당시켜 재사용될 수도 있다는 것이다. 이러한 방식이 언어변화의 유형에 적용된

---

54) 그러나 나중에 다시 Lass(1997: 318)는 기능상으로 轉用되는 대상이 언어 발달 과정에서 기능을 상실한 언어적 폐품만은 아니고, 여전히 유지시키고 있는 유용한 특질도 역시 전용될 수 있으며, 결국에는 큰 규모의 개신으로 전환될 수 있다고 보았다. 그리고 기능의 전용에 관한 전형적인 보기로 서부 게르만 방언들에서 일어나게 된 i-umlaut의 형태론화(morphologization)가 제시되었다. 움라우트는 한때 음성조건을 갖춘 예측할 수 있는 변화이었지만, 나중에 불투명하게 되어진 이후에 오늘날에는 단수명사에서 복수를 나타내는 하나의 방식으로 기능이 전용되어 쓰인다. 그리하여, 역사적으로 다른 복수형성 방식을 이용해 온 명사들로 움라우트가 유추에 의한 확대를 가져오게 된 것이다. 즉, Baum '나무': Bäume '나무들'(고대 고지 독일어 Boum: Boum-e).

기능의 "재생"이다. 이와 같이 폐품 또는 비생산적인 형태론에 새로운 기능을 담당시켜 화자들이 사용하는 것은 순수하게 언어 내적 또는 구조적인 경우도 있으나, 화용론적 그리고 사회언어학적 차원을 소유하게 될 수도 있다고 한다.

이와 같이 언어적 폐품을 재활용하여 전혀 다른 구조 층위에서 새로운 목적으로 사용하는 기능의 "轉用"이라는 개념은 Lass(19897: 98-99) 자신이 지적한 바와 같이, 실제로 충분히 검증받은 정밀한 대상이 아니다.55) 그러나 이러한 용어와 개념이 기존의 통사적 단위가 새로운 또는 갱신된 기능을 갖고 활용되는 예들로 적용되어 통사론 층위와 문법화의 영역에까지 확대되는 경향이 보인다(Brinton & Steiner 1995: 33-47). Brinton & Steiner(1995)는 기존의 통사 형태와 과정에 대한 새로운 전용을 "기능적 재생"(funtional renewal)이라고 바꿔 부른다.

5.4.2 전설화에서 결과된 화용론적 기능의 轉用

다시 우리들의 관심사인 위의 예문 (2)들의 전설화의 경우로 돌아오기로 한다. 그리고 §5.1-5.3까지에서 논의된 전설화 유형들의 형태론적 기원(접미사 '-이')이나, 움라우트 환경의 소실 등을 음미하기로 한다. §5.1에서의 대표적인 용례 중 하나인 '가매'(釜)를 보기로 들면, '가마'에 명사파생접사 '-이'가 접미된 이 형태에 사회언어학적 속성인 [−위신, +친숙성, −격식성, +정체성]을 부여했던 기원적인 형태론적 장치는 이제는 공시적으로 상실되었으며, 따라서 비생산적인 화석형으로 변모되었다. 여기서 언급된 위와 같은 사회언어학적 속성은 다시 말하자면 화용론적 속성과 동일한 것이다. 또한, 어간말에 접

---

55) 그러나 Vincent(1995)에 의하면, 기능상의 "轉用"(exaptation) 개념을 반대하는 두 가지의 중요한 이론적 비판이 존재한다. 하나는 언어적 폐품(junk)라는 것은 존재할 수 없다는 것이다. 즉, 언어는 기호체계이기 때문에, 그 체계 내에서 어떠한 부분도 기능이 결여된 기호는 없다는 것이다. 따라서 기능을 상실한 것처럼 보이는 형태는 우리가 아직 분석해 내지 못했을 따름이다. 다른 하나는 언어적 전용이라는 개념은 언어 발달의 선행하고 후행하는 두 단계의 통시적 대응(correspondence)에 붙인 명칭이기 때문에, 언어변화가 수행되는 단일 화자의 마음속에서 일어날 수 있는 현상이 아니다는 것이다.

사 '-이'가 연결되었을 당시에 형성되었던 이중모음이 전설 단모음화 되어 대부분 분석이 불투명한 형태가 되었다. 그러나 해당 지역사회의 화자들은 규범형인 '가마'에 비하여 이 방언형들의 유형에 첨부된 사회언어학적 속성은 그대로 파악하고 있다. 따라서 방언 화자들은 말이 사용되는 화용론적 맥락에 따라서 규범형 '가마'와, 위에서 언급된 화용론적 속성을 갖고 있는 방언형 '가매'를 적절하게 교체시켜 구사할 수 있는 의사소통의 능력을 갖추고 있다.

움라우트에 의한 전설화의 경우도 파생접사 '-이'에 의한 형태론적 과정에 부여한 동일한 논리가 적용된다. 해당 지역의 화자들은 움라우트와 무관한 규범형과, 움라우트를 수용하여 전설화된 방언형과의 사용에서 나오는 사회언어학적 또는 화용론적 의미의 차이를 숙지하고 있다. 더욱이 §5.2에서 논의된 '죙이'(종이), '회미'(호미)와 같은 전설화는 매우 유표적인 방언형이며, 이에 대한 규범형에 대하여 훨씬 강한 화용론적 속성 또는 강도 있는 정감적 특성을 야기 시킨다.56) 더욱이 §5.3에서 취급한 '쇠주'나 '댄추' 부류는 음성 환경의 상실로 인하여 전설화의 기원이 분명하지 못한 극히 불투명한 형태로 전이되었다.

이와 같은 관점에서, 전설화를 보여주지 않는 표준적인 규범형들에 대하여 §§5.1-5.3에서 취급된 전설화를 거친 방언형들은 하나의 동일한 방언적 징표를 형성하는 것이며, 동시에 이들 부류에 위에서 언급된 화용론적 또는 사회언어학적 속성인 [-위신, +친숙성, -격식성, +정체성] 등의 가치가 고정되었을 것으로 본다. 그 결과, 전설화에서 형성된 이와 같은 화용론적 기능이

---

56) 예를 들면, 통상적인 '怨讐'의 의미로 움라우트 또는 어두음절의 전설화를 수행한 '웬슈'형은 19세기 후기 전라방언 자료에서 매우 생산적으로 나타나는 반면에, 동일한 음성 조건을 구비하고 있으나 매우 격식적인 '元帥'의 의미로 사용되는 형태는 이러한 변화에 한번도 적용되지 않았다. '元帥'에 매우 비격식적이고 친밀한 화용론적 속성이 첨가될 상황은 대부분 존재하지 않는 것이다.

　　(ㄱ) 웬수로다 웬수로다 빅발리 웬수로다(수절가,하.26ㄱ), 셰월리 웬슈로다(충열,하.41ㄱ)
　　cf. 원수로다 원수로다 존비귀쳔 원수로다(수절가,상.38ㄴ)
　　(ㄴ) 원수 전의 알외고(元帥, 충열,하.42ㄱ), 원슈의 셩명을(충열,하.41ㄴ), 원슈 압피 나가(조웅,하.18ㄱ)

통상적인 비전설 모음을 보여주는 일련의 다른 형태들에도 화자들에 의하여
의식적으로 유추되어 전용되었을 가능성이 높다.[57] 따라서 위에서 열거된 (2)
의 예들인 '배깥, 새다리, 댐배, 되배, 맹건, 쥐뎅이, 쬐그만' 등은 방언 화자가
의식적 또는 무의식적인 절차를 거친 전설화를 통해서 통상적인 전설화의 용
례들에서 추출된 다음과 같은 화용론적 기능을 그대로 轉用시킨 결과로 판단
한다. 즉, (ㄱ) 정감적 의미의 증가, (ㄴ) 친밀성의 강화, (ㄷ) 소속 집단의 유대
성 또는 정체성의 의식적 표현, (ㄹ) 비격식적인 화맥, (ㅁ) 청자에 대하여 동
질성을 나타내기 위한 화자의 입장에서 말의 조정(accommodation) 등과 같은 다
양한 언어 외적 정보의 표출.

5.4.3 화용론적 기능의 轉用에 대한 화자 중심의 사례

표면상 일정한 조건이 없이 수행된 전설 모음화의 유형은 경기도에서 출생
하여 서울에서 평생을 보내고 있는 87세 이규숙 노인(26, 앞서 §4.3을 참고)과, 서
울 토박이 74세 한상숙 노인의 구술(27)에서도 예외 없이 사용되었다.[58] 그 예
를 몇 가지 제시하면 다음과 같다.

---

57) 이와 비슷한 설명은 일찍이 움라우트에 대한 의미론적인 해석을 바탕으로 홍윤표(1994: 317-336)에서 제시된 바 있다. 홍 교수의 논지를 재해석하면 다음과 같이 말할 수 있다. 즉, 원래 움라우트 실현형이라는 것이 비규범성과 친밀성, 구어성을 포괄하는 동시에, 위세를 갖추고 있는 표준형에 대하여 반대의 위치에 등장한다. 그렇기 때문에, 이들 움라우트 실현형들은 화자가 표출시키는 감정의 관점에서 부정적으로 작용하게 된다. 따라서 움라우트가 실현되지 않는 형태와 움라우트 실현형 사이에서 정감적 의미 표출상의 차이가 야기된다. 그 결과는 움라우트 실현형이 보이는 의미 가치의 하락이다. 이러한 화자들의 인식과 사회적 평가가 조건 없이 전설화된 형태와 그렇지 않은 형태들로 전이된다. 이러한 관점에서 표면적으로 동화주에 의한 전설화 과정을 확인할 수 없는 예들을 포함한 여러 잡다한 유형의 전설화 예들을 홍윤표 교수는 "類似(pseudo) 움라우트"라는 명칭으로 종합하여 정리하였다.
58) 서울 토박이 한상숙 노인의 말에는 전설화와 관련하여 자음 뒤에 연결되는 상향 이중모음이 전설 단모음화되는 변화도 수용되어 있다.
1. 비네(비녀) : 비네는 허연 막대기 비너지(p.29). 2. 피박(폐백) : 피박 드리구 상 받구(54), 색시 데리구 피박 드리러 가는거야(57), 3. 뺌(뺨) : 우리집 뺌치게 바쁘데(60), 4. 볩(볕) : 개와가 볩에 받으면은(67), 벳에다 두뭄(78), 5. 외레(오히려) : 건포도는 느면 불어서 숭업드라, 외레(95). 6. 엘(열) : 엘여덜 살에(58), 엘에덜살이 되니까(50)

(26) 1. 배깥엘 댕겨 오시며(바깥, p.12), 배깥 사돈을(54)
　　　2. 오늘 저녁이 좀 늦어두 <u>쬐금</u> 참으세요(조금, 97)
　　　　<u>쬐그만</u> 화초요강(169)
　　　3. 옛날에는 <u>되배</u>를 삼첩지루 했어요(도배, 169)
　　　4. 아이구, <u>재랄</u>(지)을 허구 야단이더니(208)
　　　5. <u>밴댕이</u> 구이 먹을 때에(23), <u>밴댕이</u> 젓(132)⁵⁹⁾

(27) 1. 이만헌 <u>배탱이</u>(바탱이)가 있어. 중두리 겉은 거(p.78)
　　　　그러구 잔항아리들은 그걸 <u>배탱이</u>라구 그러나(91)
　　　2. 집두 <u>쬐그만</u> 절룽동 집이까는(157), 키가 <u>쬐그만게</u>(142)
　　　　<u>쬐그만</u> 색시(142)
　　　3. 또 그런 인절미를 집으면 매련하데. 미련허단 말이야.
　　　　저렇게 매련스럽구 소갈머리가 없다구(130)
　　　4. 땅이 <u>미끄럽구</u> 그냥. 그래두 내가 <u>미끄러워서</u>(미그럽-, 162)
　　　5. 우리 예지동 집이 <u>헷간</u>이 있어(헛간, 132)

　　위의 예에서 '배깥', '쬐금, 쬐그만', '되배'(塗褙) 및 '헷간' 등의 모음 전설화
는 모든 지역방언에서 가장 보편적으로 사용되고 있는 방언형들이다. 규범형
'바깥', '조금, 조그만', '도배' 그리고 '헛간'에 §§5.1-5.3의 유형들에서 추출된
화용론적 기능이 전용되어 각각 첫 음절의 모음이 전설화된 것으로 판단한다.
(26) 4의 '지랄→재랄', 그리고 (27) 3의 '미련→매련'의 경우는 직접적인 전
설화의 경우는 아니지만, 화맥에서 파악될 수 있는 바와 같이 화자의 정감적
의미의 표출의 한 방식으로 보인다. 통상적인 '차곡차곡→채곡채곡'의 경우
와 유사한 것으로 생각한다.
　　특히, (26) 5의 '밴댕이'(蘇魚)와 (27) 1에서 '배탱이'형의 출현이 전설화와 관

---

59) 『한국방언자료집』(경기도 편, 1995)에서 이러한 전설화 유형은 다음과 같이 조사되어 있다.
　1. '깸부기'(깜부기, p.37), 2. '새다리/새닥다리'(사다리, 75), 3. '잼뱅이'(잠방이, 87), 4. '뉘에'
　(누에, 93), 5. '두디리기/두디레기/두드래기'(두드러기, 116), 6. '새금파리'(사금파리, 130), 7.
　'뇌루'(모루,150), 8. '밴뱃불'(반딧불, 177), 9. '재갈'(돌자갈, 211), 10. '(꿈)꿰지'(꾸-,376), 11.
　'(장기)뒤지'(두-, 376). 다른 방언 자료집을 참조하여도 일반적으로 이러한 부류들이 전국 방
　언 지역에 골고루 분포되어 있다.

련하여 주목된다. '밴댕이'형은 일찍이 표준어 권내까지 진출하였으나, 근대 국어에서 이 어휘는 '반당이'(역어유해, 하. 38ㄱ)이었으며, 1920년대 조선총독부 편 『조선어사전』(1920: 355)에 둘째 음절에 움라우트를 수행한 '반댕이'로 등록 되어 있다. 따라서 '밴댕이'는 '반댕이'에서부터 첫 음절에까지 전설화가 수행 된 결과인 것이다. 즉, "반당이 > 반댕이(움라우트) > 밴댕이(화용론적 轉用으로서의 전설화)." 이와 같이 '반댕이'에 정감적 의미를 부가시켜 전설화가 이루어진 방 식과 동일한 과정을 밟았다고 생각되는 방언형이 바로 위의 (27) 1의 '배탱이' 이다. 작은 오지그릇의 한 가지인 이 단어는 역시 『조선어사전』(1920: 350)에 '바탱이'로 나타난다. 그렇기 때문에 이 형태도 '바탱이 > 배탱이'의 변화를 보 이는 것이다.

경기도 방언과 서울 방언에서 쓰이는 '밴댕이'와 '배탱이' 부류와 같은 방 식의 전설화는 다른 지역방언들에서는 크게 확대되어 있다. 그리하여 표면상 으로 둘째 음절의 전설모음 또는 마지막 음절의 움라우트 동화주 '이'가 움 라우트로 기능하는 것 같은 인상을 준다.[60] 경기도에서 출생하여 강원도 등지 에서 평생을 보내는 77세 이광용 노인의 구술(§4.2를 참고) 가운데에서도 이와 같은 방식의 변화형인 '대래키'(다래끼)가 사용되었다.

> (28) <u>대래키</u>는 싸래낭구를 비다가 짜개서 만드는건데, 그거 여라 군데 쓰
> 지, 뭐(p.48)
> 무신 <u>대래키</u>나 바구니, 그런데다가(69)
> cf. 종다래키는 콩 심을 때두 허리에다 차구(48)

이러한 유형으로, 넓은 방언 지역에 분포되어 있는 '주둥이 → 주뎅이 → 쥐 뎅이' 부류와, 주로 북부방언에서 쓰이는 '잼재리' 또는 '쥐전재'(주전자) 부류 가 언급될 수 있다. 요, 조그막허니 맹글아 갖고 쥐뎅이가 있어, 양쪽으로(이봉원 노인

---

60) 충남방언을 중심으로 동화주 i/y 이외의 환경에서 움라우트가 수행된다고 열거된 도수희
(1981: 9)에서의 예들(막매기 → 맥매기, 곰팡이 → 굄팽이, 할아비 → 해래비, 잠방이 → 잼뱅
이, 빨강이 → 뺄갱이 등등)도 이러한 범주에 귀속된다고 생각한다.

의 구술, p.108), 쥐뎅이(『평북방언사전』, 1981: 470).[61] 서울 토박이의 자연 발화에서
도 화자의 감정이 개재되었을 때, '주제 → 쥐제'와 같은 전설화가 관찰된다.
자기가 자기 쥐제를 알구 살어야지(『서울 토박이말 자료집』1997: 252, JSY).[62] 또한, '잠
자리'(蜻蜓)의 방언형으로 '잼재리'형이 북부방언에 분포되어 있다(평북 선천 「한
글」 4권 4호, 평북 의주 「한글」 7권 7호, 평북 용천 「한글」 6권 5호, 평남 개천 「한글」 7권
5호, 함남 정평{3} 「한글」 6권 3호). 특히, 함북 길주, 성진 등지에서 '잠자리' 방언
형이 '잼재리'와 '잼자리'(「한글」 6권 3호, p.19) 두 가지 형태로 사용되었다. 이러
한 사실을 보면, 어두음절의 전설화가 조건 짓는 음성 환경에 구애됨이 없이
예의 화용론적 기능의 轉用으로 독자적으로 수행되었음을 알 수 있다.[63]

이와 같은 전설화 과정을 통해서 이루어지는 화용론적 기능의 전용은 부분
적으로 19세기 후기의 단계로 소급될 수 있을 것 같다. 이 시기의 지역방언들
에서 우리가 §§5.1-5.3에서 살펴 본 전설화가 움라우트 현상을 포함해서 이미
확립되어 있었기 때문이다. 그러나 다음과 같은 산발적인 예들은 표면적으로
전설화의 조건을 찾을 수 없다는 사실만 공통으로 갖고 있으나, 그 기원은 전
부 동일한 것이 아니다.

> (29) 1. 칠십층 <u>디보탑</u>은(多寶塔, 적성, 상. 7ㄴ)
> 2. 진 <u>댐빗째</u> 중동 쥐고(담배, 남, 춘. 185)
> 3. 발<u>진초</u> 소리 나거늘(발자취, 구운몽, 상. 45ㄴ)
> 션인 득도훈 지초 왕왕이 머물러(길동. 35ㄴ)
> 닉 지쳐 업눈 지초로 위연이 이 고디 당ᄒ엿스니(길동. 10ㄴ)

---

61) 이봉원 노인(전남 벌교)이 구사하는 '쥐딩이'의 경우에, 첫 음절의 '주 > 쥐'로의 변화가 후
행 음절의 이차적으로 형성된 모음 '-이'의 영향일 가능성도 있다. 그러나 전남 방언에서 사
용되는 또 다른 '쥐둥이'형의 존재는 그러한 해석을 어렵게 한다. 최소심 노인의 전남 진도
방언(<뿌리깊은 나무 민중자서전 9>,『시방은 안해, 강강술래럴 안해』, 1992) 가운데에서 '쥐
뎅이' 같은 형태가 등장하였다. "아나, <u>쥐둥이</u> 좀 내놔라" 그라고 달라 들고(p.29).
62) 여기에 나오는 서울 화자인 JSY는 대학 졸업 78세 남자로 7대째 토박이이다. 그의 말 가운
데, '대핵'(大學)과 같은 예도 확인된다. 거기 연세대학교에 다른 <u>대핵</u>은 업:는데(p.257).
63) '잠자리'의 방언형 '잼재리'와 '잼자리'는 김태균(1986: 423)을 참조하면 함북방언에서 다음
과 같은 분포를 보인다. (ㄱ) 잼재리 - 성진/무산, (ㄴ) 잼자리 - 학성/명천/청진/부령.
그 반면, 평북방언(김이협 편, 1981: 454)에서 이 어휘는 '잰재리'형으로만 출현하고 있다.

　　　　지초 업시 가만가만(수절가, 상. 19ㄱ)
　　　　여성의 지초을 문왕이 아니시면 뉘라셔 아려 보리(적성, 상. 29ㄴ)
　　　　cf. 즈초을 보지 못ᄒ고(길동. 13ㄴ)
　　　　　　닉의 즈초을 후셰에 알게 ᄒ라(장경. 64ㄱ).
　　　4. <u>싀로</u> 자블거시니(사로, 길동. 33ㄱ), 시로 잡아(길동. 33ㄴ)
　　　5. 뒤산의 <u>괴사리</u>가 하마 안니 자랏슬랴(고사리, 필사 홍보. 327ㄴ)

(30) 1. <u>뉘에</u>와 벌과 숑충이와(누에, 독립신문 2권 84호)
　　　　뉘에 치ᄂ 일(독립신문 1권 56호)
　　2. <u>쒸에</u>을 덥고(蓋, 잠상집요 38), cf. 쑤에(규합총서 27ㄴ)
　　3. 부억의 불를 쎠면 방안은 <u>귓돌</u>이요(굴뚝, 판, 박타령, 332)
　　　　괴 드러갈라 귀똘을 막어라(판, 박타령, 438)

(31) 1. <u>퇴</u>션싱(兎, 판, 퇴, 310), <u>퇴</u>간(兎肝, 판, 퇴, 254)
　　　　호젼주<u>퇴</u>(虎前走兎, 충열, 상. 34ㄴ)
　　2. 진<u>퇴</u>의 너치시미(塵土, 수절가, 상. 2ㄴ)
　　　　빅골이 진<u>퇴</u> 되야도(충열, 하. 4ㄴ)

(32) 닉 이롤 위ᄒ여 즐겨ᄒ고 이 <u>됴</u>도 즐거리니(다음, 예수셩교젼셔, 비닙
　　　비 젼셔 1:18)

　위의 예에서 (29)의 예들은 오늘날 지역방언에서 사용되는 전설화 유형들과
대략 일치한다. (29) 3의 '지초'(迹)형의 오늘날 반사체들은 앞서 §1장에서 제시
된 『천자문 자료집』(지방 천자문편, 1995)에서 관찰한 바 있다. 그 반면에, (30)의
'뉘에'(蠶), '쒸에'(蓋) 그리고 '귓돌'의 경우에 첫 음절의 모음이 공시적으로 지
금은 전설모음으로 발달하였지만, 19세기 후기 단계에서는 이중모음 uy 또는
wi이었다. 또한, (31)의 예에서 한자음에 수용된 '토>퇴'(兎)와 '토>퇴'(土) 같
은 변화는 특히 다음과 같은 예를 보면, 명사파생 접사 '-이'가 연결된 것이다
(최전승 1995: 342). 슈칭퇴계(數層土階, 춘남, 14), 퇴ᄉ호비(兎死虎悲, 판, 퇴, 296). 그리하
여 오늘날 지역방언형으로 소급되는 '퇵강이'(판, 심, 230)같은 단어는 '토끼'에

서 움라우트를 수용한 '퇵기'(토끼, 판, 퇴, 266)와 직접 연관이 없다.

19세기 평안방언 자료에서 추출된 (32)의 '딤'형은 '다음>담'(後)에서 직접 전설화를 수행한 것이 아니라, 우리가 §§3과 4에서 관찰하였던 움라우트의 유추적 확대형이다.[64]

|6| 결 론

6.1 일반적으로 하나의 음성변화는 언제나 그 출발점이 있는 동시에, 적극적으로 활동하는 일정한 기간을 갖고 있으며, 그러한 작용이 완료되거나 도중에 추진력을 잃고 사라지게 되는 종료점을 갖추고 있다. 그리하여 하나의 음성변화를 출발과 성장 그리고 소멸이라는 3단계 삶의 방식을 보이는 생물 유기체에 비유되기도 한다(Janda 2003). 이 글에서 취급해 온 움라우트의 경우도 이와 같은 음성변화들이 밟게 되는 3단계의 일생(life span)에서 예외일 수 없는 것이다. 대부분의 지역방언들에서 오늘날의 움라우트는 5, 60대 이상의 노년층 화자들이 구사하는 자연스러운 일상어에서, 그리고 주로 주격조사 '-이'(또는 이와 유사한 음성 조건)의 환경에서만 제한되어 공시적으로 사용되고 있다. 따라서 지금까지 움라우트는 현대국어의 지역방언들에서 음운론적 확산과 어휘

---

64) §4.2에서 이광용 노인의 구술에 반영된 움라우트에 의한 유추적 확대형 가운데 예문 (21) 4의 '댐'형을 참조. 이 방언형은 전남 방언을 구사하는 최소심 노인의 구술(<뿌리깊은 나무 민중 자서전 9>, 『시방은 안해, 강강술래럴 안해』, 1992) 가운데에서도 빈번하게 사용되었다. 홍도 댐에 내가 잘하니께(p.133), 인자 저것들 한 댐에 하고, 내가 또 고 댐에 하고(126), 그 댐에는 뛰어(73).

그이의 말에서도 다음과 같은 움라우트에 의한 유추적 확대형들이 관찰된다. (ㄱ) 사램 : 산얼 털어서 사램얼 찾일라고, 죽일 사램얼…(p.85), cf. 보통 사램이라도(p.39), (ㄴ) 뱀(夜) : 첫날 뱀에 모두 엿본다고 하드마(p.4).

와 지리적 전파의 단계를 이미 지나서 부분적으로 소멸의 마지막 과정에 진입하였으며, 이른바 전형적인 NORMs(Chambers & Trudgill 1998: 45-47)의 기준에 포함되는 사회계층의 화자들에서 주로 쓰이는 음운 현상으로 취급되어 왔다.

그러나 지역방언을 구사하는 노년층 화자들의 구술 텍스트를 이용하여 의사소통 과정에서 생산적으로 등장하는 움라우트의 유형들을 관찰하였을 때, 이 현상과 연관되어진 몇 가지의 화용론적 특성들이 추출되었다. 이 가운데 특히, 화자들이 방언 유표적인 움라우트의 실현형과 규범적인 비실현형을 대화 상대방이나, 말하는 주제 그리고 수시로 변하는 상황 등에 따라서 적절하게 배합하여 구사하는 일종의 대화 전략에 적극적으로 이용하고 있다고 필자는 판단하였다.

필자가 이 글의 §§4장과 5장에 걸쳐서 움라우트와 연관하여 주목한 사실은 지역방언에서 일어나고 있는 부분적인 움라우트 규칙의 형태론화(morphologization) 과정이었다. 이러한 현상은 주격조사 '-이'에 의한 움라우트를 실현시킨 주격 형태가 사용 빈도수의 증가에 따라 다른 격 형태로 확산되어 결과적으로 음운론적 환경을 벗어나서 형태론의 영역으로 재구조화를 수행한 다양한 방언형들에서 관찰되었다. 그리하여 필자는 이와 같은 움라우트에 의한 유추적 확대형들이 자연스러운 발화에서 출현하기 위해서는 해당 지역방언을 사용하는 화자들의 구술 텍스트에서 주격조사 '-이'에 의한 움라우트 실현형들의 비율이 일정한 백분율 8.90%에 도달하여야 된다는 사실을 제시하였다(전남 벌교 농부 이봉원 노인의 경우인 §4.1을 참조). 그러나 여기서 검토된 강원도 화전민 이광용 노인의 경우(§4.2)에서나 경기도 방언을 쓰는 이규숙 노인의 구술의 전개 과정(§4.3)에서는 다양한 유추적 확대형들이 등장하였지만, 해당 체언의 주격형에서 움라우트의 실현 예들이 일정한 백분율에 이르지 못하는 통계 수치를 보이고 있었다. 특히, 강원도 방언 화자인 이광용 노인은 유추적 확대형 '사램'을 구술 텍스트 내에서 80% 사용하였으나, 움라우트 환경에서 '사램+-이'의 출현 비율은 58%에 불과하였다. 이와 같은 불균형은 화자가 구술 상황과 분위기, 화제의 시작 등에 따라서 의식적으로 움라우트 실현형을 통제하였을 가능성에서 유래한 것으로 필자는 해석하였다.

그 반면, 주격조사 '-이'에 의한 움라우트 실현형들을 거의 보이지 않은 서울 토박이 화자인 한상숙 노인의 구술(§4.3 참조) 가운데 '사람'의 움라우트에 의한 유추적 확대형인 '사램'형의 다음과 같은 출현은 매우 특이한 것이다. 조끔 난 사램은 두 밥 사래를 해 오구. 국수 천지지. 일가들 많구 그런 사람은(p.57), cf. 색시가 들어갈 적에 그 사람이 피해(p.58). 이러한 사실과 대조적으로, 한상숙 노인의 구술에는 형태소 내부에서 수행된 움라우트 실형형들이 대거 등장하고 있었다. 또한, 그 가운데 움라우트와 관련하여 매우 불투명해진 방언형 '댄추', '쇠주' 부류와 유표적인 '배탱이'(바탱이), '챔위'(참외) 부류도 포함되어 있었다. 따라서 필자는 '배탱이'(바탱이→배탱이) 등에서 확인할 수 있는 움라우트 또는 전설화 기능의 '轉用' 과정(§5.4 참조)을 거쳐 서울 토박이 한상숙 노인의 말에 '사램'으로 출현한 것으로 파악하였다. 그리하여 이 글의 §5에서부터는 모음 전설화와 연관된 움라우트 기능의 전용 과정을 논의하였다.

6.2 움라우트를 포함하여 오늘날의 지역방언에서 수행된 다양한 음성변화와 형태변화의 방향은 대체로 전설모음화를 향하고 있다. 이러한 경향 속에서 일정한 음성 환경에서 격식적인 어휘 부류들(예를 들면, '원수', '소주', '단추' 등)과, 이와 대립되는 전설모음화를 수용한 구어적이며 비격식적인 어휘 부류('웬수', '쇠주', '댄추')들에 대한 화자들의 사회 심리적 태도가 점진적으로 분화되었을 것으로 필자는 생각하였다.

이와 같은 전설모음화된 형태들에 대한 화자들의 인식과 태도는 일정하게 고정화되어, 친밀성과 낮춤 또는 구어성, 그리고 집단의 정체성, 또는 화자의 강한 감정 등을 표출하는 일종의 화용론적 기능이 첨부되게 이르렀을 것으로 필자는 이해하였다. 물론 모음 전설화에 참여한 다양한 과정들은 움라우트를 포함하여 매우 이질적인 현상이었지만, 방언 화자들은 구태여 그러한 구분을

할 필요는 없었을 것이다.[65]

이러한 사실과 관련하여 표면적으로 전설화 또는 움라우트의 음성 조건을 찾아 볼 수 없는 일정한 부류의 방언형들, 즉 §5.4.1에서 제시된 '댐배'(담배), '쥐둥이'(주둥이), '배깥' 또는 '되배'(도배) 등이 전 지역방언에 걸쳐 분포되어 있음을 필자는 주목하였다. 이 글에서 이러한 방언형 부류들은 형태론적 조정이나 움라우트와 같은 다른 유형의 모음 전설화에 의해서 형성된 형태들에 대해서 화자들이 고정화시킨 화용론적 기능이 옮겨오게 된 "轉用"(exaptation) 과정으로 전설화를 수행하였을 가능성을 모색하였다. 방언 화자들이, 예를 들면, 규범적인 '담배'나 '도배' 등에 모음 전설화의 화용론적 기능의 일부인 [-위신, +친숙성, -격식성, +동질 집단의 정체성] 자질을 부여하기 위해서 각각 '댐배', '되배' 등으로 전환시켜 사용한 결과라는 것이다.

따라서 필자는 해당 지역의 방언 화자들이 지역성을 강조하거나, 정감적 표출을 나타내야 되는 의사전달의 상황에서는 통상적인 움라우트에 의한 전설화를 극대화하거나, 아니면, 전설화 기능을 轉用시키는 화용론적 장치를 구사한다고 주장하였다. 이와 같은 근거를 바탕으로, 한영목(2003)에서 이문구 소설에 반영된 충남방언을 중심으로 추출된 움라우트 현상의 특이한 유형들이 이해될 수 있다고 생각한다. 한영목(2003: 166-167)에 의하면, 이문구의 대표적인

---

65) 통상적으로 화자들이 모음 전설화를 수행한 형태들에 대하여 정형화시킨 화용론적 기능의 일부는 박완서의 소설 『그 많던 싱아는 누가 다 먹었을까』(웅진닷컴 1992. p.217) 가운데 다음과 같은 인용 구절에서 잘 나타나 있다. 이 부분은 전주대학교 김형수 교수가 필자에게 제공해 준 것이다.

"야, 말이야 바른대로 말이지, 요새야말로 느이 오래비가 공산당질 바로 하는 것 아니냐? 한 달 내내 뼛골 빠지게 노동해서 처자식 밥 안 굶기면 그게 공산당이지 더 어떻게 공산당질을 잘 하냐 잘 하길." 그럴 때 엄마는 나한테 말하는 게 아니라 오빠의 전향을 지켜보고 있는 어떤 음산한 시선을 향해 변명을 하고 있는 게 아닌가 싶게 열성스럽고도 조금은 비굴하게 굴었다. 엄마가 노동을 <u>뇌동</u>, 노동자를 <u>뇌동자</u>라고 부를 때의 발음은 특이했다. 엄마는 흠잡을 나위 없이 고운 표준말을 쓰는 분이었는데도 오빠가 좌익운동을 하고 부터 그 발음만은 그렇게 귀에 거슬리게 했으니까, <u>그건 말투라기보다는 의도적인 거였다.</u> 그래서 남로당을 말할 때도 꼭 뇌동당이라고 '뇌'소리에다 듣기 싫게 오금을 박았다(밑줄은 필자 첨부).

일련의 전원소설 가운데에 충남 현지 방언 화자들이 거의 사용하지 않는 '툉일(통일), 넝사(농사), 넝약(농약), 쇠금(소금), 넝촌(농촌), 뇌인(노인), 튀표(투표)' 등의 방언형들이 대화에 거침없이 출현한다는 것이다. 이러한 사실에 대하여 한 교수는 "지나치게 이 지역방언의 특성을 강조하기 위하여 움라우트 현상이 강화되었다"고 해석하였다. 따라서 본인이 충남 방언 화자인 이문구씨는 그 지역에서 정형화되어 쓰이는 전설화의 화용론적 기능과, 그 화용론적 기능의 轉用 과정을 인지하고 소설의 대화 기법으로 적절하게 이용한 것으로 생각한다.

참고문헌

곽충구(1995), "강원도 북부지역의 언어분화", 『동대논총』 제25집, pp.27-58, 동덕여대.

김계곤(2001), 『경기도 사투리 연구』, 도서출판 박이정.

김병제(1980), 『방언사전』, 과학, 백과사전 출판사.

김영배(2000), "『석보상절』제3권의 오각과 희귀어에 대하여", 『국어사 자료연구』, 월인.

김옥화(2001), "부안지역어의 음운론적 연구", 서울대학교대학원 박사학위논문.

김유범(2002), "한국어 음운과정의 형태론화에 대한 연구", 『한국어학』 제17집 (pp.225-241).

_____(2003), "언어변화 이론과 국어 문법사 연구", 『제30회 국어학회 전국학술대회 발표집』, 국어학회 공동 토론회.

김이협(1981), 『평북방언사전』, 한국정신문화연구원.

김정태(1997), "음운현상의 예외에 대한 해석", 『한밭 한글』, pp.25-47, 제2집.

_____(2002). "충남 천안방언의 움라우트에 대하여", 『우리말글』 25호(pp.135-154).

김진우(1996), "국어 움라우트 규칙의 재고", 『이기문교수 정년퇴임기념논총』, 신구문화사.

김태균(1896), 『함북방언사전』, 경기대학교 출판국.

김 현(2003), "패러다임의 유추적 변화에 대하여", 『제30회 국어학회 전국학술대회 발표집』(pp.195-202). 국어학회 공동 토론회.

김형규(1971), "전라남북도 방언연구", 『학술원논문집』(인문·사회과학 편) 제10집.

김형수(2003), "The Lexical and Phonological Diffusion of Umlaut in Korean Dialects", in *The Lexical Diffusion of Sound Change in Korean and Sino-Korean*. Monograph Series no. 20(pp.97-174), *Jounal of Chinese Linguistics*.

남기탁(1992), "이광용 노인의 말", 『여보, 우리는 뒷간밖에 갔다온 데가 없어』(뿌리깊은 나무 민중자서전 16. 마지막 화전민 이 광용의 한평생), pp.14-17. 뿌리깊은 나무사.

도수희(1981), "충남방언의 움라우트 현상", 『방언』, 5(pp.1-20).

방언연구회(2001), 『방언학 사전』, 태학사.

박경래(1993), "충주방언의 음운에 대한 사회언어학적 연구", 서울대학교 대학원 박사학위논문.

박창원(1991), "음운규칙의 변화와 공시성, -움라우트현상을 중심으로-", 『국어학의 새로운 인식과 전개』, pp.297-333. 민음사.

성희제(2000a), "국어 움라우트 현상의 유형 연구", 제41회 한국언어문학 학술발표회(전북대학교) 발표집.

_____(2000b), "충남방언의 움라우트 현상의 유형 연구", 『어문학』 제71집, p.69-88, 어문학회.

신승용(2003), 『음운 변화의 원인과 과정』, 국어학 총서 43, 국어학회, 태학사.

오종갑(1999), " 'i'역행동화와 영남방언", 『국어국문학』 125집, pp.93-118, 국어국문학회.

이기문·손희하(1995), 『천자문 자료집』(-지방 천자문 편-), 도서출판 박이정.

이기갑(1992). "이봉원 노인의 벌교말", 『그때는 고롱고롬 돼 있제』(뿌리깊은 나무 민중 자서전 12. 벌교 농부 이봉원의 한평생, 편집: 박기웅, pp.15-18. 뿌리깊은 나무사.

이동석(2002), "국어 음운 현상의 소멸과 변화에 대한 연구", 고려대학교대학원 박사학위논문.

이병근(1970), Phonological & Morphological Studies in a Kyonggi Subdialect, 『국어연구』 제20호, 국어연구회.

_____(1992), "한상숙 노인의 서울말", 『밥해 먹으믄 바느질허랴, 바느질아니믄 빨래허랴』(뿌리깊은 나무 민중자서전 18. 서울 토박이 부인 한상숙의 한평생), pp.15-18. 뿌리깊은 나무사.

이익환·권경원(번역,1992), 『화용론』(Pragmatics, by Stephen C. Levinson, 1983), 한신문화사.

최명옥(1988), "국어 Umlaut의 연구사적 검토: 공시성과 통시성의 문제를 중심으로", 『진단학보』, 65(pp.63-80).

_____(1998), "국어 움라우트의 종합적 고찰", 『국어음운론과 자료』, pp.169-207.

태학사.

최전승(1983), "비어두음절 모음의 방언적 분화와 접미사 '-i'의 기능", 『국어학연구』 I, (정병욱선생 화갑기념논총), 신구문화사.

_____(1986), 『19세기 후기 전라방언의 음운현상과 그 역사성』, 한신문화사.

_____(1989), "국어 움라우트 현상의 기원과 전파의 방향", 『한국언어문학』, pp.27-61. 27집.

_____(1996), "『한국방언자료집』의 성격과 한국방언의 實相", 『정신문화연구』, p.239-253, 제19권 3호.

최학근(1990), 『증보. 한국방언사전』, 명문당.

한영목(2003), "이문구 소설의 방언 연구-모음 현상을 중심으로-", 『어문연구』 53(pp.153-188).

홍윤표(1993), 『국어사 문헌자료 연구』(근대편 I), 태학사.

_____(1994), 『근대국어연구』(I), 태학사.

Bell, Allan.(1984), "Language Style as Audience Design", *Language in Society*, 13.2.

_____(1997), "Language Style as Audience Design(revised)", *Sociolinguistics*: A Reader, pp.240-250. ed. Coupland, N. & A. Jaworsky, St. Martin's Press.

Brinton, L. J. & Dieter Stein.(1995), "Functional Renewal", *Historical Linguistics 1993*, edited by Henning Andersen, pp.33-47. John Benjamin Publishing Company.

Campbell, Lyle.(2000), *Historical Linguistics*: An Introduction, The MIT Press.

Chambers, J. K. & Peter Trudgill.(1998), Dialectology, Cambridge Univ. Press.

Croft, William.(2000), *Explaining Language Change*, Longman, Person Education.

Cutting, Joan.(2002), *Pragmatics and Discourse*, Routledge, London and New York.

Hock, H. H.(2003), "Analogical Change", in *The Handbook of Historical Linguistics*, ed. by Joseph R. & R. D. Janda, pp.441-460. Blackwell Publisher.

Janda, Richard. D.(2003), "Phonologization" as the Start of Dephoneticization- Or, On Sound Change and its Aftermath: Of Extension, Generalization, Lexicalization, and Morphologization, in *The Handbook of Historical Linguistics*, ed. by Joseph R. & R. D. Janda, pp.401-422. Blackwell Publisher.

Jespersen, Otto.(1924), *The Philosophy of Grammar*, George Allen & Unwin, LTD.

Kempson, Ruth.(2003), Pragmatics: Language and Communication, in *The Handbook of Linguistics*, pp.394-427, Blackwell Publishing.

Lass, Roger.(1990), "How to do things with junk: Exaptation in Language evolution", *Journal of Linguistics* 26, pp.79-102.

_____ (1997), *Historical Linguistics and Language Change*, Cambridge Studies in Linguistics 81, Cambridge University Press.

Labov, William.(1972), "Some Principles of Linguistic Methodology", in Language in Society 1, pp.97-120.

_____ (1978), *Sociolinguistic Patterns*, Basil Blackwell.

Ohala, John.(1989), "Sound change is drawn from a pool of Synchronic variation", *Language Change*: Contribution to the Study of its Causes, pp.173-198. ed. Guenter K. & M. D. Morrissey, Moton de Gruyter.

_____ (1993), "The Phonetics of Sound Change", in *Historical Linguistics*: Problems and Perspective, ed. Charles Jones, pp.237-278, Longman.

Traugott, E. L. & S. Romaine.(1985), Some Question for the Definition of Socio-historical Linguistics, in *Folia Linguistica Historica*, Vol 11, no.1, pp.7-39. Mouton.

Traugott, E. L. & R. B. Dasher.(2002), *Regularity in Semantic Change*, Cambridge Studies in Linguistics 97, Cambridge University Press.

Vincent, N.(1995), Exaptation and Grammaticalization, *Historical Linguistics 1993*, edited by Henning Andersen, pp.433-445. John Benjamin Publishing Company.

Wolfram, W. & N. Schilling-Estes.(1998), *American English*, Blackwell Publishers.

국어 방언과 방언사 기술에 있어서 언어 변이(variations)에 관한 연구

|1| 서 론

1.1 이 글에서 필자는 최근의 사회 언어학 또는 도시 방언학에서 개발되어 발전 심화된 언어 변화와 변이에 대한 방법론과 관점을 국어 방언의 역사적 연구와 19세기 후기 지역방언의 다양한 자료에 반영된 음운 현상, 그리고 현대 공시적 지역방언에 대한 관찰과 기술에 적용할 수 있는 몇 가지 가능성을 모색하려고 한다. 즉, 변이 이론을 수용한다면 역사적 문헌 자료와 공시적 구어에 부단히 출현하는 여러 언어 층위에서의 변이와 변화의 과정과 사회적 요인들과의 관계, 변화의 확산과 그 진행의 방향 그리고 역사적 변화의 본질에 대한 새로운 차원의 통찰력을 획득할 수 있음을 예증하려고 한다.

이러한 고찰의 목적은 사회 언어학에서 확립된 다음과 같은 네 가지의 작업 가설 밑에서 수행될 것이다. (1) 지역방언은 동질적인 대상으로 고정되어 있는 단일한 실체가 아니라, 끊임없는 변화의 과정에 있는 가변적이고 이질적인 대상이다(Weinreich et als 1968; Labov 1972).[1] (2) 아무리 규모가 작고 안정된 농

---

1) 일정한 단계의 언어 또는 방언의 상태는 단일한 동질적인 실체가 아니라는 관찰은 이미 19세기 후반의 소장 문법학파의 이론에서도 상당히 보편화되어 있었다(Paul 1960: 21-22). 또한

촌 지역사회라 하더라도 여기서 언어 생활을 영위하는 화자들은 그들이 속한 사회적 계층, 연령, 성별 및 사회적 야망 등과 연관되어 있는 규칙적인 내적 질서를 보유한 언어 변이를 보인다(Milroy 1992).2) 그렇기 때문에 변화는 이러한 사회적 요인들에 기반을 둔 조건과 제약을 받는다. (3) 사회적으로 동질적인 집단 또는 동일한 화자들도 자신의 말을 담화의 분위기, 이야기의 주제, 청자와의 친소의 관계 등과 관련된 사회적 정황에 따라서 적절히 구사할 수 있는 몇 가지 말의 스타일의 목록을 보유하고 있다(Barbour & Stevenson 1990; Chambers 1995). (4) "동일과정설"의 원리(Uniformitarian principles) : 오늘날 언어 변이와 변화를 발생시키는 제약과 요인들은 과거 수백년 전 또는 그 이전의 역사적 단계에서 출현하였던 변이와 변화를 조건지었던 것들과 그 본질과 유형에 있어서 대략 동일하다(Labov 1972; 1982). 따라서 우리는 과거의 언어의 모습을 이해하기 위해서 현재의 언어 사용의 양태를 고찰하고 이용하여야 된다는 것이다.

1.2 이와 같은 관점에서 19세기 후기 남부와 중부 및 북부 방언 그리고 훨씬 그 이전 단계의 각각의 지역방언들에서 화자들이 사용했던 토속어는 오늘날의 지역방언에서 사용되고 있는 구어에 나타나는 가변적인 언어의 모습과 본질적으로 상이하지 않았을 것으로 판단한다. 그러나 우리는 예전 단계의 방언의 실상을 문자로 표기해 놓은 지역방언 관련 문헌 자료(필사본과 한글 서찰 등을 포함한)를 통해서만 접근할 수밖에 없는 한계를 지닌다.

대체로 문자 표기는 당대의 구어보다 훨씬 더 보수적이고 사회적 규범에

Behaghel(1968: 60)은 언어의 발달이 정지되어 있는 때는 한 순간도 없었으며, 실제로 모든 각각의 순간들은 많은 언어 현상들에 있어서 轉移(Übergang)의 과정인 것으로 파악하였다. 이러한 그의 관점은 모든 방언을 轉移的(trasitional)인 상황으로 관찰해야 된다는 Weinreich et als (1968: 184)과 그 전통을 같이 한다고 생각한다.

2) 위와 같은 작업 가설들 역시 부분적으로 전통 역사 언어학과 방언 지리학에서 일찍이 관찰되어 확립된 개념들이다. Meillet(1967: 78-9)는 아주 적은 마을에 거주하는 화자들이라도 그들의 연령, 직업, 사회 계층에 따라 상이한 말의 방식을 사용하고 있으며, 자기가 쓰는 토박이 말에 대한 지역적 충성도 역시 일정하지 않다고 판단하였다. 그렇기 때문에 그는 이질적인 성분들로 구성된 지역방언에서 이러한 언어외적 사실들을 제외시킨다면, 해당 방언의 상태에 대한 정확한 기술이 될 수 없고 다만 임의적인 도식화만 가능할 뿐이라고 지적하였다.

순응하는 속성을 갖고 있기 때문에 언어의 여러 층위에 일어난 개신 또는 진행 중에 있는 변이의 상황이 그대로 반영되지 않는 것이 통례라고 알려져 왔다. 그렇지만, 원래의 전통적인 규범으로부터 벗어나는 최초의 개신적인 표기상의 변화는 이미 그 해당되는 변화가 오래 전에 발생되었음을 의미할 수 있는가에 대해서는 논란의 여지가 있다. 따라서 역사적 어느 단계에 실현된 언어 변화 또는 변이의 현상과 당대에 반영된 문자 표기상의 이탈 관계를 관찰하고 해석하는 연구자의 태도가 국어사와 국어 방언사에서 매우 중대한 역할을 한다.[3] 즉, 예전에 문자로 표기된 자료에 대한 정확한 관찰과 해당 시기의 표기법에 대한 올바른 이해가 없이는 국어사와 국어 방언사는 성립되기 어렵다. 따라서 언어 변화에 대한 연구는 여러 가지 관점에서 표기 변화에 대한 관찰과 그 해석의 방법론으로 귀착되는 것이다(Traugott 1982: 460).

그러나 필자는 중세국어에서부터 19세기 후기 지역방언에 이르는 수많은 유형의 국어사 자료 또는 방언사의 자료들이 각각의 고유한 말의 스타일을 보유하고 있다고 생각한다. 동시에 여기에 사용된 문자 표기들은 문자와 음성 간의 불일치, 그리고 표기의 강력한 보수성과 그 제약을 받고 있음 역시 분명한 사실이지만, 음소 표기를 원칙으로 하면서 동시에 낮은 층위의 음성적 차원을 어느 정도 충실하게 나타내고 있다고 판단한다. 물론 문헌들의 성격과 유형에 따라서 규범의 준수와 당대 표기법의 보수성의 실현 정도가 상이했을

---

3) 그 일례로 중앙어를 반영하는 문헌 자료 중심으로 t-구개음화 발생 시기를 설정하는 관점과 해석은 15세기 국어에서부터(유창돈 1980; 홍윤표 1985; 이명규 1990), 16세기 후반 또는 17세기 전기(송민 1986; 홍윤표 1994), 그리고 17세기와 18세기 교체기를 전후한 시기(이기문 1972)에까지 대략 200∽300년 동안에 걸쳐 있다. 이러한 역사적 구개음화의 문제와 관련된 구체적인 방법론적 검토는 김주필(1994: 13-19)과 홍윤표(1994: 292-297)를 참조. 특히 유창돈 (1980: 95)이 초간본 『두시언해』(8: 56)와 『구급간이방』(6: 59)에서 제시한 바 있는 중국어 차용어 '진디>진지'(眞的)와 같은 표기 변화에 대한 지금까지의 부정적 또는 긍정적 논의는 음성 변화와 문자와의 관계에 대한 차이있는 해석을 상징적으로 보여 준다. 이기문(1991: 225) 에서 이러한 변화는 '거즛'(cf. 갸디 假的)에서부터 類推에 기인된 것 같다고 파악한 바 있다. 그러나 유추 현상의 원리(Antilla 1977)에 비추어 볼 때, '진디(眞的)>진지'의 변화가 '假가디 거즛말'(역어유해, 상. 69)과 같은 반대어 차용어와 대립되는 고유어 '거즛'에서 유추되었을 가능성을 쉽게 찾기 어렵다고 생각한다.

것이다. 그러나 일정한 문헌 텍스트 내부에서는 그 텍스트를 작성한 단일한 화자 또는 여러 명의 화자들이 보유하고 있던 언어 사용상의 변이가 음운론, 형태론 및 어휘 등의 층위에서 그대로 문자 표기의 변이로 실현되었을 가능성이 많다. 필자가 생각하는 변이 유형 한 가지로 비교적 규범성이 강한 중세국어의 『月印釋譜』 가운데 순경음 'ㅸ' 사용의 변이를 표기상에 반영시킨 다음과 같은 예를 인용할 수 있다.

風流 받ᄌᆞᄫᆞ며 바리 받ᄌᆞ오샤ᄆᆞᆯ 보ᄉᆞᆸ건댄(월석 18.62b).

안병희(1992: 221)에서 지적된 바와 같이, 'ㅸ'의 유지와 탈락의 과정이 동일한 문장에 사용된 같은 동사의 겸양법 선어말어미에 그대로 표기상으로 반영되었다. 동일한 화자가 사용하는 일정한 스타일의 내부에 같은 문장 가운데 나타나는 이러한 보수형과 개신형의 공존을 보이는 변이 현상은 15세기 당시 해당 음소의 탈락 과정을 이른바 "사용상의 혼란"의 형식으로 표기에 노출되었다고 보는 것이다.[4]

이러한 유형의 변이 현상과 그 유형들은 근대국어로 이행될수록 다양한 문헌 자료들의 표기에 적극적으로 나타난다. 특히 19세기 후기 전라방언 자료에서는 언어의 여러 층위에 걸친 변화와 변이의 과정을 보편적으로 관찰할 수 있다(최전승 1986). 동일한 화자가 구사하는 같은 말의 스타일에서도 일정한 유형의 음운론적 변이가 위에서 제시한 『월인석보』의 예에서와 같이 나타날 수 있다는 사실은 최근 자료 제공자의 구술을 방언 그대로 채록해 놓은 현대 구어 자료에서 쉽게 확인된다.[5] 따라서 19세기 후기 전라방언을 반영하고 있는

4) 그러나 다음과 같은 예문을 보면(안병희 1992: 221), 순경음 'ㅸ'의 변화와 관련하여 『월인석보』에 사용된 표기들이 언제나 실제의 발음의 양상을 보여 주는 것은 아니었다. 부텨 得혼 法이 甚히 기퍼 아로미 어려ᄫᅮ며 니ᄅᆞᆫ 말ᄡᅳ디 아로미 어려ᄫᅥ(월석 11.103b).

5) 한국정신문화연구원에서 간행한 각 지역의 일련의 『한국구비문학대계』와 그 녹음 자료, 그리고 뿌리깊은 나무사에서 다양한 지역의 구술자에게서 한평생의 삶에 대한 이야기를 그대로 채록하여 편집한 『민중 자서전』 전집(1992).

완판 고소설 부류와 신재효의 『판소리사설집』에서 당시의 구어와 표기와의 관계가 아주 밀착되어 있었을 가능성이 많다. 그렇다면, 19세기 후기의 이들 자료들은 그 성격에 있어서 현대의 구술 자료와 상당히 접근되어 있는 셈이다. 따라서 이들 자료에서 문자 표기에 등장하는 다양한 변이의 유형들은 실재 발화의 상황인 구어에 출현하는 변이와 대등하게 간주될 수 있다고 생각한다. 필자의 이러한 판단이 비단 19세기 후기 전라방언 자료에만 국한되는 것은 아니다.

일정한 시기의 문헌 자료들을 면밀히 분석하여 당시의 음운체계와 문자체계와의 관계를 정립할 수 있으면, 이 자료에 나타나는 변이들의 유형은 표기법상의 변이와 음운론적 변이로 추출된다. 이 가운데 순수한 표기법상의 변이의 문제는 당시의 표기법의 일반적인 경향, 또는 지역적 특성에 비추어 어느 정도 적절하게 제외시킬 수 있다. 그렇다면, 일부의 중세국어 당시의 한글 서간문, 그리고 근대국어에서의 다양한 문헌 자료들과 서간문 등에 나타나는 표기 문자의 변화 또는 변이는 아무리 그것이 미세한 또는 우발적인 이탈이라고 하더라도 대략 그 당대에 실현되고 있었던 음운변화 또는 변이의 과정을 반영하고 있을 것으로 판단한다.

본고의 제2장에서는 이러한 필자의 가정을 근대국어의 문헌들과 19세기 후기 전라방언 자료 가운데 나타나는 몇 가지 표기상의 문제를 이용하여 구체적으로 논의하고 검증할 것이다. 제3장에서는 현대국어에서 구어에 보편적으로 등장하는 이른바 '애'변칙 동사 활용형 '하여(爲)>해'와 같은 음운변화가 16세기 국어의 한글 서간문 작성 당시에 지역에 따라 변이 현상으로 분포되어, 17세기를 거쳐 19세기 후기 각각의 지역방언들에서 하나의 완성된 변화로 점진적으로 정착하는 과정을 문자 표기와 변이의 관점에서 추적하려고 한다.

|2| 문자 표기의 이탈 또는 변이 유형과 음운·형태론적 변이와의 관계

2.1 문자 표기의 변화에 대한 해석

일정한 역사적 단계의 문헌 자료에 산발적으로 나타나는 문자 표기의 이탈 또는 변이들이 순수한 표기법상의 것이 아니라, 보수형과 개신형과의 대립 또는 새로운 변화의 관점에서 음운, 형태론적으로 중요한 의미를 획득하려면 그 시기의 표기법과 관련된 내적 기준 이외에도 적어도 다음과 같은 네 가지의 외적 기준을 만족시켜야 한다(Lass 1997: 65-66). 즉, (1) 해당되는 문자 표기의 변이가 통시적으로 가능한 또는 타당한 발달을 나타내는 것인가. (2) 자연스러운 음운론적 과정의 관점에서 충분히 예측될 수 있는 변화인가. (3) 현대 지역방언의 반사체에 비추어 그 역사적 변화의 발달 과정을 확인할 수 있는가. (4) 동일한 시대 또는 그 이후의 다른 문헌 자료들에서 이와 똑같은 변이 현상이 지속적으로 출현하고 있는가.

그 반면, 문헌 자료에 나타나는 일련의 문자 표기의 이탈 가운데에서 어떤 부류들은 분명한 표기법상의 문제와 차원을 달리 하면서도 위에서 제시된 네 가지의 외적 기준을 이용하여 적절하게 취급될 수 없는 음운 형태론적 변이가 존재한다. 따라서 이러한 부류들은 보통 순수한 표기법상의 문제 또는 誤記 정도로 간주되어 왔다. 그러나 현대 지역방언들에서 사용되는 구어는 아무리 노년층의 전형적인 토속어라 하더라도 중앙어와 접촉하여 형성된 다양한 수평화(leveling)와 언어 간섭을 받고 있기 때문에 그 이전 단계의 언어의 실상을 그대로 반영하지 못한다. 또한, 지역방언의 관찰자가 중앙어 중심의 기술의 관점과 틀에서 벗어나지 못하면, 문헌 자료에 반영된 토속어의 고유한 음운·형태론적 특성을 가리키는 반사체들을 놓치게 될 위험이 있다.

그렇기 때문에, 역사적 어느 단계의 음성변화를 문헌에 기록된 표기 문자의 매개만을 통하여 관찰하려는 경우 일어나게 되는 방법론적 문제와 관련하여 우리는 보통 "관찰자의 모순"(observer's paradox)에 빠지게 된다. 원래 이 관찰자의 모순이라는 용어는 방언 조사자가 격식을 차린 면담의 상황에서 자신의 말에 민감한 반응을 보이는 토박이 자료 제공자들로부터 가장 자연스러운 말의 스타일을 추출해야만 되는 방법론상의 문제를 제기하면서 Labov(1972)가 사용한 사회 언어학적 개념이다. 즉, 토박이 화자들이 일상의 생활에서 사용하는 토속어에 접근하자면 화자들이 체계적으로 관찰 받고 있지 않을 때의 언어 사용을 포착하여야 되지만, 이러한 자료 역시 체계적인 관찰을 통해서 획득할 수밖에 없다는 고충인 것이다. 그러나 필자는 이러한 고충을 예전 단계의 문헌자료에 반영된 표기상의 변화에 대한 해석과 관련하여 다음과 같은 이숭녕(1971)에서의 언급을 역사 언어학자의 입장에서 봉착하게 되는 관찰자의 모순이라고 재해석하려고 한다. "따라서 문헌에 나타난 어휘의 신기한 표기를 그것의 음운변화로 본다면 큰 위험을 범함이 될 것이요, 그 반대로 음운변화의 단서가 될 자료를 誤記로 보아서도 안 된다."(p.52).[6]

이와 같은 관점에서 위에서 제시한 Lass(1977)의 네 가지 외적 기준을 모두 충족시킬 수는 없지만, 일정한 유형의 문자 표기의 이탈이 같은 시대의 말의 스타일에 따른 변이 현상을 그대로 충실히 반영할 수 있는 가능성을 필자는 중세국어와 근대국어 그리고 19세기 후기 전라방언의 문헌 자료 및 한글 서찰들을 통하여 검증하려고 한다.

---

6) 그리하여 이숭녕(1971)은 이러한 난점을 극복하고 언어사적 고찰로 들어가기 위해서는 우선 ㄱ) 각 문헌에 반영된 시대적 표기법의 경향과 집필자의 문체적 특징을 판정하고, ㄴ) 해당 문헌 자료에 대한 비판적인 분석이 선행되어야 함을 제시하였다. 또한, 필자가 생각하는 두 번째의 관찰자의 모순은 예전 일정한 역사적 단계의 일련의 문헌 자료에 어느 언어 현상이 표기에 반영되지 않았다고 해서 해당 방언에 그 현상이 아직 출현하지 않았다는 필요하고 충분한 증거가 될 수 있는가 이다. 이러한 유형의 관찰자의 모순과 관련된 문제는 이 글의 §2.2에서 다시 부분적으로 언급될 기회가 있을 것이다.

2.1.1 포슈(砲手) > 표슈 > 푀수

19세기 후반 전주에서 간행된 일련의 완판본 고소설 가운데 '포수'(砲手)를 '표수' 또는 '푀슈'로 표기한 예들이 등장하였는데, 이들은 19세기 후기 전라 방언을 반영하는 여타의 다른 자료들에서는 확인되지 않는다.[7]

> (1) a. 좌우의 표수 일시의 총을 노흐되(길동, 23ㄱ)
>   도감 표수 빅을(길동, 23ㄱ)
>   b. 씽 잡는 푀슈 총소릭로다(화룡, 69ㄱ) ∽ 큰 산중의 포슈 한나 뿐일소
>   냐(화룡, 69ㄴ), 포수에게 총을 팔아(판, 적. 502)

19세기 후기 전라방언 자료들은 고유어와 한자어에 있어서 y가 앞선 상향 이중모음 ya, yə, yo, yu 등이 일정한 자음에 후속될 때 단모음으로 전환되어 가는 일련의 중단 단계의 양상을 생산적으로 나타낸다. 이러한 역사적 변화의 과정이 19세기 후기 전라방언에서 뿐만 아니라 이와 비슷한 시기의 다른 남 부와 북부의 지역방언에서도 수행되었음은 주지의 사실이다. 그리하여 이들 이 각각의 해당 음성 조건에서 어떠한 음운론적 과정을 거쳐서 공시적인 현 대 지역방언들에서 최종적으로 단모음화를 형성하게 되었는가에 대해서는 지 금까지 많은 논의가 있어 왔다(최임식 1984; 백두현 1992: 162-163; 김정태 1994).[8]

그러나 19세기 후기 전라방언 자료는 여타의 비슷한 시기의 다른 지역방언 자료들에 비하여 이러한 변화를 폭 넓은 분포와 많은 어휘 유형에 표기상으

---

7) 19세기 후반 또는 20세기 초엽 전주에서 간행된 완판본 판소리계 고소설과 비판소리계 고소 설 부류, 그리고 고창 신재효가 개작한 「판소리 사설」 다섯 마당이 19세기 후기 전라방언을 반영하고 있음과 이들 자료에 대한 약칭은 최전승(1986)을 참조.

8) 이와 같은 논의와 관련하여 다음과 같은 사실과 증언을 반드시 고려할 필요가 있다. 즉, 19세 기 후반 Putsillo의 『로한ᄌᄃᆑ』(1874)과 20세기 초반 제정 러시아에서 간행된 일련의 Kazan' 자 료에 이러한 변화의 중간 단계가 정밀하게 음성 전사되어 있다. 당시의 함경도 방언과 육진 방언을 반영하는 이 예들은 C+yə의 음성조건에서 상승 이중모음 [yə]로부터 단모음 [e]로 정착되기 이전의 과도기적 모습인 [ye]로 나타난다.

로 반영하고 있다는 점에서 두드러진 대조를 보인다. 다른 지역방언들과 이와 같은 분명한 차이를 보인다는 사실은 실제로 19세기 후기 전라방언에 수행되었던 음운 변화 실현상의 확대의 상이에 있었을 것이지만, 그것보다도 현실어를 반영하는 문자 표기의 제약의 정도에 좌우되었을 개연성도 있다고 생각된다. 19세기 후기 평안도 방언이나, 함경도 및 경상도 방언을 반영하는 다양한 자료들은 y계 상승 이중모음의 변화와 관련하여 대부분 C+yə와 같은 음성 환경에 국한된 예들만 보여 준다. 그 반면, 19세기 후기 전라방언 자료들은 이러한 변화를 야기하는 다양한 선행 자음들의 유형과 모든 y계 상승 이중모음에 고르게 확산된 변화의 분포를 반영하였다(최전승 1986). 이 가운데 이중모음 yo가 양순음 계열(p, ph, m)의 선행 자음과 통합되었을 때 일으키는 C+yo>C+ö와 같은 단모음화 과정은 주로 '廟, 妙, 墓, 卯, 漂, 飄, 表' 등의 한자어와 용언 '뾰족ᄒ-(銳)에 걸쳐 적용되어 있었다.9)

그 반면, 19세기 후기 전라방언에서 이와 같은 생산적인 yo>ö의 변화에 대한 반작용으로 선행 자음 앞에서 기원적인 단모음 '외'를 '요'로 환원시키려고 하는 일부 과도교정의 예들 역시 산발적으로 출현하고 있었다.

　(2) a. 뫼(山) → 묘(판, 박. 334; 대봉, 하. 5ㄱ, 18ㄴ, 35ㄱ)
　　　b. 뫼와-(集) → 묘와(조웅, 1.2ㄴ; 초한, 하. 2ㄴ; 대봉, 상. 20ㄱ)
　　　c. 뫼시-(陪) → 묘시-(적성, 상. 12ㄴ; 구운, 하. 29ㄱ, 35ㄴ)
　　　d. 뵈오-(使見) → 뵤오-(적성, 하. 10ㄱ, 12ㄱ)

---

9) 19세기 후기 전라방언에서 이러한 변화를 수용한 형태들은 대부분 단모음 '외'[ö]로 출현하였다. 뾰족ᄒ-, 분뫼(墳墓), 뫼시(卯時), 일엽쾨주(飄舟), 쾨일(飄逸), 뫼ᄒ-(妙), 뫼칙(妙策), 츙녈뫼(忠列廟) 등등. 그러나 일부의 예들은 부분적으로 다음과 같이 삼중모음으로 표기되어 있다. 츙녈꾀, 쾨련, 유쾨, 졍쾨(情表). 이러한 변화와 관련된 삼중모음이 17세기 초엽의 『동국신속삼강행실도』에서 '廟'의 한자음이 '쾨'로 확인된다. <u>션쾨셔슌</u>ᄒ신 젼셕의 부인 윤시로 더브러(宣廟西巡, 충신 1:53). 따라서 19세기 후기 전라방언에 반영된 이들 삼중모음은 그 이전 단계의 모습을 나타내는 문자상의 잔영으로 생각된다. 그 반면, 18세기 초엽의 예천 용문사본 『염불보권문』(1704)에 반영된 이러한 변화는 삼중모음을 보여 주지 않는다. 단쾨ᄌ(單瓢子, 39ㄱ), cf. 단표자(동화사본 39ㄱ). 그러나 18세기 초엽 문헌에 실현된 '표>쾨'의 변화에서 결과된 '외'는 이중모음 [oy] 또는 [we]이었을 것으로 판단된다.

이러한 '뫼(山)>묘', '뫼와(集)>묘와', '뫼시-(陪)>묘시-' 및 '뵈오-(使見)>뵤오-' 와 같은 일종의 역표기는 19세기 후기 전라방언이 보이고 있는 이질적이고 다양한 언어 현실에 비추어 볼 때 단순한 표기상의 문제가 아니라 실제 당시 의 격식체의 스타일에 등장하였던 구어를 그대로 나타내었을 것으로 생각한 다. 1920년대 전남과 전북 방언에서 '學校, 敎師, 妙香山, 車票, 孝子'와 같은 한 자어들은 상승 이중모음 yo>ö와 같은 변화를 수용한 반면에, '怪異, 衰殘, 回 答, 會計' 등의 경우는 원음 '외' 이외에 '요'로 발음되는 경향이 있다는 사실 이 小倉進平(1924: 17-21)에서 관찰된 바 있다. 1920년대에 원음 'C+외' 이외에 '요'로 발음되는 위와 같은 한자어들은 19세기 후기 전라방언에 등장하는 (2) 의 예들과 동일한 성격의 과도교정을 나타내고 있음이 분명하다.

위와 같은 과도교정형들 가운데 일부는 19세기 후기 전라방언 당시에 생산 적으로 수행되는 음성변화에 참여하는 예도 보인다. 따라서 특정한 과도교정 의 유형들은 일시적인 것이 아니라, 지속적인 형태로 고정되어 사용되었을 가 능성도 생각할 수 있다. 예를 들면, h 구개음화와 관련하여 '쇼쥬'(燒酒)에 대한 과도교정형 '효쥬'가 19세기 후기 남부와 중부방언에 등장하였다. 효쥬(판. 박. 352), 쇼쥬 ou 효쥬(「한불즈뎐」, p.436). 19세기 후기 전라방언 자료에는 이와 같은 과도교정형 '효쥬'에 yo>ö의 변화가 적용된 것으로 보이는 '회쥬'형이 출현하 였다. 팔팔 쒸난 회쥬 약쥬(수절가, 상. 24ㄴ).[10]

따라서 위의 예문 (1)에 나오는 표기 형태 '표슈'와 '푀슈'형은 19세기 후기 전라방언에서 보편적인 음성변화 yo>ö를 수용한 '표슈>푀슈'를 나타내는 방 언형을 반영한 예로 생각해 볼 수 있다. 그렇다면 '포슈'(砲手)에서 '표슈'로의 출현은 이 방언에서 C+yo의 음성 환경에 적용되는 또 다른 변화인 y의 탈락 현상과 관련된 과도교정에서 비롯된 것이다. 표(表)>포(장경, 27ㄱ; 대성, 2ㄱ; 풍운,

---

10) 이 방언형은 표기상 약간의 차이를 노출시키는 두 가지 종류의 완판본 完西溪書鋪本과 多佳 書館本 『열여춘향수절가』(84장본)에 동일한 형태로 반복되었다. 종래에 이 고소설 주석서들 은 '회쥬'를 火酒로 풀이한 바 있다. cf. 구자균 교주 『春香傳』(1978: 63), 보성문화사; 이가 원 주석 『춘향전』(1958: 102), 정음사.

11ㄱ), 표쥬(瓢舟)>포쥬(충열, 상. 18ㄴ), 표연(飄然)>포연(대봉, 상. 14ㄱ), 묘계(妙計)>모게(심청, 상. 27ㄱ), 묘칙(妙策)>모칙(조웅, 1.3ㄴ). 이와 같은 y 탈락에 대한 과도 교정형은 19세기 후기 전라방언에서 '포수 → 표슈' 이외에도 '방표일셩'(放砲, 조웅, 3.2ㄴ), '폭표'(瀑布, 별춘, 3ㄱ) 등에서도 확인된다.

이러한 과정을 거쳐서 19세기 후기 전라방언 자료에 우연히 표기된 과도교정형 '표슈'와 여기서 yo>ö에 적용된 '푀슈'형은 당시 언중들의 구어에 상당한 세력을 획득하였을 것으로 생각된다. 그리하여 현대 전북지역의 민담을 노년층 구술자가 사용하는 토박이 방언으로 채록해 놓은『한국구비문학대계』전북 남원군편(5-1, 1980), 군산시 옥구군편(5-4, 1984) 그리고 정주시 정읍군편(5-6, 1984) 등에서 예의 방언형들이 다음과 같이 여전히 사용되고 있다.

> (3) a. 사냥꾼, 응, 총 갖구 표수말이지… 근디 그 표수는 어쩌서 왔냐며는 (남원 보절면 2: 630)
> 그 표수가 꿩을 잡으러 갔단 말이여(남원 보절면 2: 631), 쪼매 있은 게 표수가 하나 오드라느만, 표수가 하나 오더니(옥구 대야면 26: 738)
> b. 그리고 푀수는 거그서 뭣이 나가든지 쏴라…그래서 푀수를 싹 돌랴시어 놓고는(정읍 덕천면 8: 797)[11]
> 너그 <u>푀수(ㄱ)</u>가 얼매나 있으문… 푀수가 얼매나 있냐 물은게… 짐승 잡는 <u>포수(ㄴ)</u>가 없간디?(정읍 덕천면 8: 796)
> 조께 있은게 푀수가 옴서 이리 <u>노루(ㄱ)</u> 못 봤냐고… 에, 푀수는 간 뒤에 나무를 이케 헤쳐준게 <u>노리(ㄴ)</u>가 나오드만(정읍 태인면 17: 115).[12]

위의 예문 가운데 (3)b에서는 동일한 구술자의 말 가운데 '푀수'(ㄱ)와 '포수'(ㄴ)형이 표준형 '노루'(ㄱ)와 방언형 '노리'(ㄴ)의 교체와 같은 일종의 변이현상으로서 동질적인 구술의 스타일에 출현하고 있음이 주목된다. 이러한 같

---

11) 이 구술을 제공한 자료제공자는 정읍 출신의 82세 민대호씨이다.
12) 이 구술 자료는 태인 출신의 85세 손병준씨가 제공한 민담의 일부이다.

은 스타일의 내부에서 임의로 교체되는 변이의 모습은 앞서 제시된 19세기 후기 전라방언 (1)b 의 '푀슈 ∽ 포슈'에서도 확인할 수 있는 것이다.

19세기 후기 전라방언의 자료와 현대 전북방언 지역에서의 구술 자료를 통해서 지금까지 언급된 '포슈(砲手) → (과도교정) 표슈 → (yo>ö) 푀슈'와 같은 발달이 다른 방언 지역에서도 가능했을 것으로 보인다. 필자가 그렇게 생각하는 이유는 1937년도 경성사범학교 조선어 연구부에서 수집된 『방언집』(1995: 139, 모산학술연구소)에 함경도 방언에서 '표쉬'(北靑)와 '푀시'(咸州)형들이 각각의 항목으로 등록되어 있기 때문이다.13)

2.1.2 법(法)>볍, 머리(頭)>며리

앞에서 제시된 19세기 후기 전라방언형 '표슈'와 '푀슈'의 존재는 그 반사체를 현대 전북방언과 1930년대 함경도 방언 등에서 거듭 확인할 수 있었기 때문에 표기의 문제와 관련하여 다행스러운 경우에 해당된다. 그러나 이와 비슷한 환경에서 끊임없이 오랜 기간을 통하여 각 시대의 문헌 자료에 반복하여 출현하는 한자어 '법(法) → 볍'과 같은 유형의 표기 문제는 현실어와 관련하여 여기에 참여한 음운현상을 쉽게 이끌어 내기 어렵다. 우선, 19세기 후기 전라방언 자료에 이러한 표기 형태 '볍'은 다음과 같은 환경에서 원래의 '법'과의 교체도 없이 예외 없이 나타난다.14)

---

13) 여기서 함경도 방언형 '표쉬'와 '푀시'가 갖고 있는 형태론적 특징은 함경도 방언에서 개음절 체언의 명사에 생산적으로 적용된 명사파생 접미사 -i가 '표수'와 '푀수'에도 실현되었다는 데 있다. cf. 단취(단추), 살귀(살구), 감쥐(감주), 탁쥐(탁주), 과뷔(과부), 헹쉬(형수), 공뷔(공부), 동뮈, 동미(동무), 작뒤(작도) 등등('한글」 9권 3호(통권 85호)∽10권 2호, 함북 청진방언, 정백운씨 수집을 참조).
  또한, 한영순은 『조선어방언학』(1967, 종합대학 출판사)에서 함경도 방언에 사용되고 있는 변모음화(움라우트)의 예 가운데 '푀쉬'(포수)형을 제시한 바 있다.
14) 그러나 이러한 언급은 신재효의 『판소리사설』 여섯 마당의 언어에는 적용되지 않는다. 먹난 법이 업고(판, 퇴. 264), cf. 먹는 볍이 업고(퇴가. 5ㄴ). 완판본 『퇴별가』(1898)가 신재효본 판소리 『퇴별가』를 母本으로 하여 판각된 것임(유탁일 1983: 211)을 상기할 때, 판소리 사설에서 '법이'가 판소리 고소설 계통에서는 '볍이'로 변개된 것이다. 이러한 수정이 실제의 발음

(4) a. 자식 사랑하난 볍이(수절가, 하. 15ㄴ), 비부기가 흐는 볍이(수절가,
　　　 하. 10ㄴ), 국볍이(장경. 42ㄱ), 혼 변식 우는 볍이요(필사, 별춘. 258),
　　　 상보는 볍이 도저흐오(필사, 별춘. 210), 황희지 필볍이라(별춘. 20ㄱ)
　　 b. 용병흐는 볍은(조웅, 3.19ㄱ), 힝군흐는 볍은(조웅, 3.13ㄱ), 말농질흐
　　　 는 볍을(필사, 별춘. 250)
　　 c. 필볍은 왕히지라(筆法, 수절, 상. 3ㄱ), 볍당의 드러ᄀ(法堂, 길동. 13
　　　 ㄱ), 상볍은(相法, 길동. 5ㄴ), 국볍으로 다시리고(國法, 필사, 구운,
　　　 하.256ㄱ), 볍당을 크게 지어(구운, 상. 1ㄴ), 국볍과 권세(조웅, 1.5
　　　 ㄴ), 승상의 사볍은(射法, 필사, 구운, 하. 253ㄴ), 볍도(法度, 조웅, 3.37
　　　 ㄴ), 치민치볍(治法, 필사, 별춘. 304), 츅지볍을 힝흐야(길동. 25ㄴ)

(4)a의 예에서 '법(法) → 볍'의 표기는 주격조사 -i에 후속되는 음운 조건에서
나타나고 있다. 따라서 이러한 표기 형태는 19세기 후기 전라방언에서 형태소
연결 과정에 일어난 움라우트 현상에 적용된 '법+-이>볩이'에 대한 과도 교
정형으로 생각되기도 한다.[15] 이와 같은 '법+-이'의 환경에서 출현하는 '볍
이'형은 일찍이 17세기에 전남 구례 화엄사에서 개간된 『勸念要錄』(1637)으로
소급된다. 이 볍이 믓 위두ᄒ니(31ㄱ), cf. 법문(法門, 30ㄴ). 이 문헌에는 전형적인 움
라우트 현상을 보이는 개신형 '에미'(母)가 같은 문장 내부에서 보수형 '어미'
와 변이를 이루고 있다. 오직 <u>어미</u> 호오사 업술시…<u>에미</u> 으의 ᄀᆞ르치믈 브터(28ㄴ). 그

에 근거한 것인지, 아니면 완판본 고소설의 표기 전통에 따르는 것인지 여기서 분명하게 밝
힐 수 없다.
　 경판본 고소설에서도 판본에 따라서 '법'과 '볍'의 교체를 표기에 반영하였다. 국볍의 양처
을 두지 못ᄒ미(20장본 숙영낭자전. 18ㄴ) ∞ 국법의(16장본 숙영낭자전. 15ㄱ).
15) 이러한 유형의 과도교정형들은 표준형 C+yə에 대한 지역방언형 C+e와 같은 음운현상에
대한 대비의 인식에서 파생된 것으로, 19세기 후기의 여러 지역방언 자료에 보편적으로 등
장하였다. 예를 들면, '벗다'와 '먹다'의 사동형 '벗기-'와 '먹이-'는 움라우트를 수용하여 각
각 '벳기-'와 '멕이-'로 전환되었는데, 여기서 형성된 움라우트형에 대한 과도교정형으로 '볏
기-'와 '먹이-'로 수정된다. 1) 바지 벗고 보션까지 볏게 노앗겻다(필사, 별춘. 242), 이졔 금
스망을 볏기라 ᄒ니…금스망이 졀로 버셔지미(견운치젼. 19ㄱ), 2) 밥 며기난 소리(심청, 하.
34ㄴ), 말을 먹이더니(구운, 상. 16ㄱ).
　 이러한 과도교정이 형태소 내부에서도 수행되었음은 물론이다. 츈향이 졈셔 볏겨노코(병오,
춘. 22ㄱ), 벽상의 글를 볏겨(安城本, 대성. 11ㄱ), 칙 벽기단 말이오(관셩졔군명셩경언해, 6
ㄴ).

러나 이 문헌에서는 형태소 경계에서 주격조사와의 결합 과정에서 실현된 움라우트의 예는 찾을 수 없다. 또한, 「권념요록」이 반영하는 17세기의 전라방언에서 '어미'의 움라우트형 '에미'가 보이는 피동화음은 아직 전설 단모음 [e]가 아니고 이중모음 [əy]이었을 것이기 때문에, 이 시기에 C+yə>C+e와 같은 최종적인 변화는 아직 형성되지 않았음이 분명하다. 그렇기 때문에, 19세기 후기 전라방언에 출현하는 (4)a의 예들은 후속하는 주격조사의 영향과는 무관한 것이다.

이러한 사실은 다른 음성 조건을 갖고 있는 (4)b 뿐만 아니라, '법'과 결합된 복합어 (4)c의 예들에서 확인된다. 따라서 19세기 후기 전라방언에서 '법(法)→볍'과 같은 표기 형태를 노출시키고 있는 어떤 음운론적 과정을 찾기는 어려운 일이다. 그러나 여기서 문제는 이러한 한자음 '볍'의 형태가 문헌 자료의 성격에 따라서 산발적으로 18세기 『염불보권문』을 거쳐 17세기 『권념요록』 그리고 이어서 16세기 중엽 『聖觀自在求修六字禪定』(六字呪, 1560)에까지 소급될 수 있는 오랜 표기상의 전통을 갖고 있는 사실이다.[16]

(5) a. 셜볍ᄒ며(六字呪,說法, 38ㄴ) ∽ 셜법ᄒ몰(38ㄴ), 셜법 ᄒ리라(40ㄱ)[17]
 b. 불볍(佛法, 염불보권문, 선운사본 33ㄱ) ∽ 불법(29ㄱ), 불경(佛經, 29ㄱ), 법화경(法華經, 염불보권문, 해인사본 11ㄴ), 셜법ᄒ노라(51ㄴ), 볍믄을 듯고(法文, 52ㄱ) ∽ 불법을 니르고(11ㄴ), 왕싱홀 법은(39ㄴ)

(5)의 예들에서 표기 형태 '볍'은 전통적인 발음 '법'과 수의적 변이를 보여준다는 점에서 오로지 '볍'만을 표기에 나타내고 있는 19세기 후기 전라방언의 예 (4)들과 구분된다. 그러나 이 '볍'형이 20세기 초엽에까지 지속되는 것을 보면 이것이 표기상의 형태 또는 誤記로서 반복된다고 볼 수만은 없다고 생각한다. 볍 법(法, 通學徑編, 하. 43ㄱ).

---

16) 이와 비슷한 표기 방식이 16세기 국어 자료 『訓蒙字會』에서도 단편적으로 등장한 바 있다. 굼병이(동경대학본, 상. 20ㄱ), cf. 굼벙이(叡山本, 11ㄴ).
17) 본문에서 사용된 예들은 김영배(1990)과 안병희(1977)에서 차용하였다

19세기 후기 전라방언 자료에는 이와 유사한 유형의 표기로 '볍'(法) 이외에
도 '범 → 볌'(虎), '머리(頭) → 며리' 등이 표기에 반영되어 있다. 그러나 이러한
'볌'과 '며리'와 같은 표기 형태는 위에서 언급되었던 '볍'과는 달리 그 분포
도 한정되어 있으며 동시에 어떤 역사성도 찾을 수 없다.

> (6) a. 볌으 날기(산국지, 4.38ㄴ), 범 갓턴 장수(화룡, 69ㄴ), 여러날 주린 범
>   이(조웅, 1.4ㄱ) ∽ 범을(충열, 상. 6ㄴ)
>   b. 칼 며리을 들고(별춘, 18ㄴ), 멀이에(조웅, 2.32ㄴ), 머리 짜히 쩌러지
>   거늘(조웅, 2.23ㄱ) ∽ 머리예는(수절가, 하. 23ㄱ)

위의 예 가운데 (6)b의 '며리'형이 1930년대까지 일정한 지역방언들에서 실
제로 표기와 같이 발음되었을 가능성이 있다. 한 가지 증거는 1933년 『한글』
제1권 9호에서 방언 조사자 오세준씨가 『朝卷』五, 제25과'에 실려 있는 동화
「分數모르는 토끼」를 함북 行營 방언으로 바꿔 쓴 내용 속에 다음과 같이 예
의 '며리'가 '머리'와 함께 출현하였다는 사실이다(최전승 1986: 62). 염쇠느 토끼
말으 듣구 머리르 흔들명셔. cf. 제 머레- 두 귀 길기 벋더데서(p.371). 또 다른 증거는
1931년 12월 13일자 「조선일보」의 <여인수필>란에 김일엽씨가 "묵은 해를
보내며"(中)」라는 제목으로 발표한 글 가운데 다음과 같이 '며리'가 확인된
다.[18] 다만 며리가 아직 덜 정돈되고 아는 것이 업서 如意치 못할 뿐이다. 이러한 사실
로 미루어 보면, 19세기 후기 전라방언에서 '며리'의 표기 형태보다 그 사용의
분포가 훨씬 광범위하고 오랜 역사성이 있는 '볍'(法)과 같은 방언형도 오늘날
소실되어 버리고, 동시에 여기에 참여한 음운론적 과정 역시 묻혀 버린 어떤
구어상의 변이의 일면을 표기가 반영했을 것이 분명하다고 생각한다.

---

18) 또한, 1905년 11월 17일부의 『대한민일신보』에 실린 "소경과 안즘방이문답" 가운데에서도
다음과 같은 '며리'형이 등장하였다. 며리 짝는 스람 막어셔 제 각금 망건을 파라 먹으려 드
는 짜닭에. cf. 사룸의 머리는(동. 1905. 11. 24).

2.1.3 -브터(附)＞-우터

일정한 역사적 단계에 작성된 私的인 성격의 개인 서간문만큼 그 당시의 구어를 잘 반영할 수 있는 언어 자료는 없다고 한다. 따라서 서간문에 담긴 언어 내용을 어느 일정한 시기의 공시적 구어 발화체로 취급하여 여기에 출현하는 변이 현상의 표기를 그 당대에 실제로 사용되고 있었던 변이 유형으로 파악하고 그 유형과 관련된 사회적 요인을 규명할 수 있다(Lass 1997: 66-67). 이와 같은 관점에서 필자는 아래에서 언급될 16세기 후기 忠北 淸州와 17세기 초엽 경북 달성군 玄風面의 지역적 배경을 갖고 있는 현풍곽씨의 한글 편지에 나타난 한 가지 작은 변이 현상과 그 사회적 조건을 논의하려고 한다.

우선, 16세기 후기 국어의 구어를 반영하는 한글 편지 자료『청주 북일면 순천김씨 묘 출토간찰』(조건상 1981; 전철웅 1995) 가운데 용언 '븥-'(附)에서 文法化를 거쳐 특수조사 '-브터'로 문법범주를 옮겨 온 형태소의 이형태로 '-우터'와 같은 표기가 두 번 등장하였다.

> (7) 팔월 스므날 후우터 말미 돌나시니(청주언간 12)[19]
> 방 닫고 드러 어제우터 이시니 겨을 엇디 디내려뇨(37)
> cf. 내 열아흐랜날브터 알폰 거술(41)
> 긔오니 업셔 손브터 미기 업고(88)
> 네 아버니미 져년 겨을브터 언냐글 호디(91)

위의 예문에서 '-우터'가 출현하는 서간 번호 12)와 37)은 편지 서두에 수신인의 이름이 각각 '채서방집 답'과 '채서방집'으로 되어 있다. 그리고 편지에 담긴 내용과 여기에 사용된 종결어미들이 중세국어 공손법의 등분에서 '흐라'

---

19) 「청주 북일면 순천김씨 묘 출토간찰」의 판독과 그 배열 순서는 최초의 조건상(1981)과, 이것을 다시 정리하고 종합한 전철웅(1995)의 판독에 전적으로 의지하였다. 위의 두 학자들의 노고와 업적에 감사드린다. 한글 편지의 해독에 있어서 조건상(1981)과 전철웅(1995)은 어느 정도 차이를 보이지만, (7)의 예문 '-우터'의 표기는 똑같이 일치되어 있다.

체에 해당되기 때문에 老境의 어머니가 아들 蔡無易 일가에게 보낸 동일인의 서간으로 생각된다. 그러나 이 문법형태는 다른 청주언간들에서 통상적인 조사 '-브터'로만 사용되었다. 따라서 위의 예문 (7)에서 출현하는 이형태 '-우터' 형은 16세기 청주방언에서 노년층의 화자에 한정되어 있는 구어의 스타일과 관련되어 있을 것이며, 이것은 당대의 언어사회에서 다른 젊은층이 일반적으로 사용하는 '-브터'와 연령에 따른 일종의 사회적 변이를 형성했을 가능성이 있다.

중세국어에서 '-브터'의 변이형 '-우터'의 존재는 청주 언간에서만 확인되는 것이 아니다. 지금까지 알려진 17세기의 다른 어떤 자료들보다 더 생생한 구어를 반영하고 있다고 하는 진주하씨 묘 출토 『玄風郭氏 諺簡』(백두현 1997)에 16세기 청주방언 구어에 나타났던 '-우터'의 사용 예들이 확대되어 있다.

(8) a. 초사흔날우터 새로 틱보기 알파 죽느다 산다 ᄒ다가 어제우터 잠깐
      헐탄 ᄒ오디(出嫁女가 河氏에게, 139)[20]
   b. 아바님 겨오셔 보롬끠우터 듕히 편치 아니ᄋᆸ셔(出嫁女가 河氏에게. 128)
   c. 거월 초싱우터 편치 아니신(出嫁女의 필적, 158)
   d. 아바님 겨셔도 견ᄎ치 오월우터 편치 아니 아ᄋᆸ셔(出嫁女가 河氏에게, 143)
   e. 초열혼날우터 곳ᄲᆲ쳬로 알든디(出嫁女의 필적, 152)
   f. 근심 그촌 저기 업서 졍월웃터 병으로(出嫁女의 필적, 153)

위의 편지 글에서 사용된 '-브터'의 이형태 '-우터'는 16세기 충북 청주언간의 일부에서 확인된 특수조사 '-우터'로 소급되는 동시에, 이와 동일한 문법형

---

20) 「현풍곽씨 언간」은 김일근(1991)과 백두현(1977)에서 제공된 판독문을 전적으로 의지하였다. 그리고 예문 (8)에 제시된 언간의 번호는 전체 종합적인 판독을 제시한 백두현 교수의 논문에서 배열된 순서를 인용하였다. 어려운 상황에서 원본을 확인 대조하고 정확한 판독과 주석을 시도한 백 교수의 노고에 감사드린다. 백두현(1995)에서 언급된 바와 같이, 이 한글 편지 자료는 수신자와 발신자 및 그 편지 내용을 이루는 사연의 배경이 잘 드러나 있다. 따라서 이 편지 내용을 중심으로 비교적 정확하게 당시의 사회상과 경제 그리고 계층과 연령에 따른 언어 사용상의 차이를 규명할 수 있을 것으로 생각된다.

태소의 신분을 갖고 있음이 분명하다. 따라서 17세기 초엽의 산물인 예문 (8)의 '-우터'의 존재는 다음과 같은 두 가지의 언어 사실을 명백히 알리고 있다고 생각한다. 첫째, 이 문법형태소는 격식체 또는 文語 '-브터'와 대립되는 구어적 말의 스타일에 주로 사용되었다. 그렇기 때문에 시대는 달리 하지만 이형태소가 서로 다른 私的인 한글 편지글에 드러나게 된 것은 전연 우연한 사실이 아니다. 둘째, 통상적인 '-브터'에서 형성되었을 이형태 '-우터'는 어느 지역의 방언에만 한정되어 있지 않고 중세와 근대국어에서 일정한 사회 계층의 언중들에게 넓게 분포되었을 것이다.[21] 16세기 충북 청주의 언간 가운데에서 '-우터'의 쓰임은 노년층의 여인의 편지에서 확인되었지만, 17세기 초엽의 현풍곽씨 언간에 보이는 (8)의 예들은 시대와 지역을 달리하면서 또한 사용자의 연령도 달리하고 있다.

『현풍곽씨 언간』은 149통의 한글 편지로 구성되어 있는데, 이 가운데 출가한 딸들이 어머니 晉州河氏에게 보낸 편지가 46통에 해당된다(김일근 1991). 위의 예문 (8)에 보이는 '-우터'형은 출가한 다섯 딸들이 보낸 편지 또는 그 딸들의 필적으로 추정되는(백두현 1997) 편지 46통에 대부분 분포되어 있음이 특징이다. 그 반면, 남편 郭澍가 河氏에게 보낸 한글 편지 108통에서 '-우터'형은 사용되지 않았으며 통상적인 '-브터'로만 출현하였다.[22]

(9) 머리 앏파 누웟다가 어제브터 셩ㅎ여 잇뇌(30)
   대임이는 그제브터 도로 심을 알ㅎ니 민망ㅎ여 ㅎ뇌(40)

---

21) 16세기 후반 충북 청주언간이나 17세기 초엽의 현풍곽씨 언간들에 반영된 각각의 언어에는 전반적인 16세기와 17세기 국어의 살아있는 구어가 표출되어 있지만, 기대와는 달리 당대의 지역방언의 특징적인 음운현상이나 문법형태 또는 어휘 등은 드러나지 않는다. 그러나 현풍곽씨 언간의 표기와 음운현상을 검토한 김주필(1993)은 이 한글 필사 자료가 17세기 초기 달성방언을 반영하고 있다고 판정한 바 있다. 필자는 다음에 언급하게 될 최세진의 『飜譯 朴通事』에 사용된 '-우터'의 경우도 아울러 고려하면, 이들 두 가지 한글 편지 자료에 사용된 '-우터'형이 지역방언형과는 무관한 것으로 생각한다.

22) 그러나 네 명의 아들들이 어머니 河氏에게, 그리고 河氏 부인이 남편 郭澍에게 보낸 편지글 가운데에는 이 문법형태소의 용례가 발견되지 않아서 '-브터'와 '-우터'의 쓰임을 확인할 수 없다.

나도 오늘브터 아니 알폰디 업시 셜오되(48)
입에 죵긔 나 잇더니 오날브터는 흐린듯 흐여 잇뇌(22)
술 잘 먹는 얼운 버지 셔울셔브터 와셔(62)

이와 같은 사실을 보면, 문법형태소 '-우터'의 쓰임이 적어도 진주하씨 묘출토 한글 편지에서 출가한 딸들의 편지에 주로 사용된 말의 스타일로 한정된다. 따라서 16세기 후반 청주 언간에서와 17세기 초반의 『현풍곽씨 언간』이 반영하는 언어 사실에만 의존한다면, 문법형태소 '-브터'는 지역적 특징과는 상관없이 당시 사회의 성별과 연령 등과 같은 사회언어학적 조건 등과 결부되어 '-우터'와 교체되어 사용되었을 것이다.

그러나 이 '우터'형은 이와 같은 여성의 편지글에서만 출현하는 것이 아니라, 최세진의 중국어 학습서인 『飜譯 朴通事』에 반영된 16세기 국어의 회화체 스타일에서도 이미 고립적으로 등장한 바 있었다.

(10) 언제우터 나뇨 그제우터 나니(번역 박통사, 상. 13ㄱ)
　　cf. 언제브터 낫나뇨 그제브터 나시되(언해 박통사, 상. 13ㄴ)
　　　일즉 언제우터 죽 먹나뇨(번역 박통사, 상. 55ㄴ)
　　　오늘우터 알와라(번역 노걸대, 상. 35ㄴ)

중세국어와 근대국어를 통하여 통상적인 언해류 판본의 문헌 자료에서 한 번도 출현하지 않았던 '-우터'형이 16, 7세기의 한글 편지글과 16세기의 회화체의 문장 가운데 똑같이 확인된다는 사실은 많은 사실을 시위한다고 생각한다. 또한, 『번역 박통사』에는 '-브터>-우터'와 동일한 음운변화 과정을 보이는 '셜법(說法)>셜웝'과 '불법(佛法)>불웝'도 발견되는데, 이들 개신형들은 중세국어 단계의 다른 간행 판본들에서 지금까지 반복되어 사용된 적이 없는 형태들이다. 불웝 니루난 양 드르라 가자(佛法, 상동. 74ㄴ), 며츠를 셜웝ㅎ리러뇨. 법석 시작ㅎ야 셜웝ㅎ리러라(상. 75ㄱ).

일찍이 최세진의 『訓蒙字會』가 보유하고 있는 국어사 자료로서의 가치를 논증하는 자리에서 이기문(1971: 165)은 일정한 음성 환경에서 수행된 'ㅂ'의 약화 즉, 'ㅂ>ㅸ'의 변화와 관련된 주목할만한 예들을 제시한 바 있다, 즉, '표웜'(豹, 상. 18ㄴ), '우왕'(夢, 상. 8ㄴ), '갈웜'(虎, 상. 9ㄱ), '일위술'(鷂, 하. 11ㄴ). 그리고 이기문 교수는 이와 동일한 유형의 예들이 같은 최세진의 『번역 박통사』에도 '셜웝, 불웝, -우터' 등으로 나타나는 사실을 볼 때, 위에서 언급된 「훈몽자회」의 예들은 최세진을 포함한 일부 言衆들이 당시에 실제로 사용했던 언어의 일면을 반영한 것이 분명하다고 판단하였다. 그 뿐 아니라, 『번역 박통사』에서 '-우터'형의 존재는 김완진(1996: 65-66)에서도 주목된 바 있다. 그리하여 김완진 교수는 16세기 회화체의 자료에 출현하는 개신적인 '-우터'형과 전통적인 종래의 16세기 문헌에 출현하는 보수적인 '-브터'형과의 대립을 당대의 실생활에서 사용되었던 언중들의 구어 또는 대중어와 문헌의 언어로서의 격식어(formal) 사이에 보이는 말의 스타일의 문제로 파악하였다. 또한, 김완진(1996: 66)에서 16세기 국어에 '-우터'라는 형태가 존재하려면 그에 선행하는 역사적 단계에서 '*-보터'가 실재했음을 전제로 할 때만 가능하다고 보았다.[23]

15세기 국어 단계에서 '-브터>*보터>우터'와 같은 통합적 변화를 실현 시켰을 음성 환경들을 위에서 제시된 한글 편지글의 예문 (7)과 (8)을 중심으로 살펴보면, 문헌의 격식어에서만 확인되는 조건(즉, a) -y___V와 b) r___V)보다 구어에서 더욱 확대되어 있다. 이들 예에서 '-우터'를 선행하는 체언의 말자음(정월, 초사흗날, 오월)은 'ㅂ>ㅸ'의 통상적인 조건을 이루는 r이 대부분이다. 그리고 '-우터'에 선행하는 '어제, 그제' 또는 '보롬끠'에서 어간말 모음 '-에'와 '-의'는 여전히 하향 이중모음의 신분으로 off-glide y를 유지하였을 것이다. 그렇지만 이러한 통합적 변화가 또 다른 예들(즉, '스무날 후'와 '초싱')에는 모음과 모음 사이 또는 경구개 비음과 모음 사이에 걸쳐 적용되어 있다. 최세진의 「훈몽자회」에 등장하는 '표웜'(豹, <표범), '우왕'(夢, <*우방) 등에서도 이러한

---

23) 진주하씨 묘 출토 『현풍곽씨 언간』에 대한 표기와 음운현상을 검토한 김주필(1993: 142)에서도 중세국어 'ㅸ'의 반사형에 관한 다양한 예들 가운데 '졍월웃터'(164)가 하나의 항목으로 제시된 바 있다.

사실을 확인할 수 있다.24) 그러므로, 문헌어의 스타일과 당시 언중들의 일상어를 대변하는 회화체의 구어 스타일 또는 개신적 성향을 갖고 있는 화자들의 유형에 따라서 여기에 반영된 음성변화의 확산과 강도는 상당한 차이가 있었음을 의미하는 것이다.

16, 7세기의 한글 편지글에 출현하는 특수조사 '-우터'형들이 당시의 시간과 지역성을 초월하여 노년 또는 젊은 여인 층이 사용하는 말의 스타일로 국한시킬 수 있는 근거를 위에서 언급한 바 있다. 그렇다면 이러한 한글 편지글 가운데 개신형 '-우터'와 다른 부류의 화자들이 편지글에 사용하는 보수형 '-브터'는 동일한 언어사회에서 연령 또는 성별에 따른 변이의 분포를 나타내고 있었음이 틀림없다.

그 반면, 최세진의『번역 박통사』에서 쓰인 '-우터'형은 우연히 만난 의원과 그 친구 사이의 대화에서, 그리고 '불웝 ∽ 불법 ∽ 셜웝' 같은 교체는 "비단풀리"와 고객 사이의 대화 가운데 출현하였다. 또는 이 중국어 학습서에서 사용된 '-우터'와 '셜웝' 등은 사회적으로 중인 계층인 최세진 자신의 말의 스타일이 노출되었을 가능성도 있을 것이다. 최세진의『번역 박통사』에 출현하는 '-우터'형 역시 '-브터'와 사회 언어학적 교체를 보인다. 오눌브터 모뢰ᄭᆞ장 ᄒᆞ고(상. 75ㄱ). 여기서 '오눌브터'와 같은 경우는 'ㅂ'이 약화되는 가장 대표적인 음운 환경을 거부한 셈이다. 이러한 변이 현상은 최세진의 같은 저작물 가운데 개신형 '불웝'과 보수형 '불법'의 교체에서도 동일하게 확인된다. 불법 드르라 가리라(佛法, 상. 75ㄴ). 그러므로 최세진의『번역 박통사』에 보이는 '-우터∽브터'와 '불웝 ∽ 불법' 등과 같은 변이는 일정한 사회 계층에 속한 동일 화자의 말의 스타일 가운데 임의적으로 출현하였을 것으로 생각한다.

---

24) 16세기 국어 '우왕'(蒡)형이 보이는 현대 공시적 방언형들 중에서 어중 'ㅂ'을 유지하고 있는 반사체들이 주로 전남·북과 경남·북의 일대에 분포되어 있는 사실을 보면(최학근 1978: 852), 이 어형은 15세기 국어에서 모음과 모음 사이에서 'ㅂ > ㅸ > w'의 변화를 거쳐 왔음이 분명하다. 15세기 국어의 문헌어에서도 이러한 음성 조건에서 'ㅂ'의 약화를 수행한 '풍류바지'(석보상절, 24.28ㄴ)형이 등장하였다. 일정한 조건에서 교체되는 'ㅂ'의 약화에 대한 변이와 음성변화의 확산에 대한 논의는 최전승(1995: 485-492)을 참조.

2.2 문자 표기의 교체와 음운론적 변이

여기서 필자는 문헌 자료에 표기된 이른바 文語의 변이형들과 그 기록될 당시의 口語에 나타났던 실제의 변이형들과 맺고 있을 수 있는 구체적인 관계를 생각해 보기로 한다. 먼저 이와 같은 변이 현상에 관한 한, 문어와 구어 간에 직접적인 긴밀한 관계를 찾을 수 없는 상황을 예상할 수 있다. 예를 들면, 중세영어의 표기체계는 당시의 구어와 문어 사이에 근본적인 상이점들을 노출시켰다. 따라서 중세영어에 실제로 형성된 음성·음운론적 변이 현상을 문자 표기의 변이형들은 반영하지 못했으며, 문헌어의 표기에 나타난 변이형 역시 구어의 변이 현상과 일정한 대응을 찾을 수 없었다(Milroy 1992a: 162-163). 그리하여 McIntosh(1989)는 문자로 기록된 문어와 구어의 상이한 특질을 강조하며, 중세영어의 표기법은 당시의 언어 구조와 다른 개별적인 체계를 형성하고 있었을 가능성을 추구하게 되었다.

그 반면, 중세국어 특히 18, 9세기 지역방언과 관련된 현실어의 반영이 풍부하게 나타나는 근대국어의 다양한 문헌 자료들에서 문어에 출현하는 변이형들과 구어에 출현했다고 판단되는 변이형들과의 관계는 어느 정도 밀접했을 것으로 판단된다. 즉, 문헌어에 반영된 변이는 당시의 구어에 수행되었던 변이 현상을 표기에 나타내었음을 전제로 한다. 왜냐하면, 일정한 단계에서 격식어로서의 문헌어 역시 당대의 언중들이 사용했던 말의 스타일 가운데 하나였을 것이며, 먼저 구어에서 발단되어 발판을 굳힌 변이 현상들은 격식체의 문헌어로 확산될 것이 분명하기 때문이다.

그러나 중세국어와 근대국어의 일련의 문헌 자료 내에서 문자 표기상으로 당대의 규범에 일어난 이탈(개신형)과 규범의 유지(보수형) 사이에 번갈아 일어나는 교체는 해당 언어의 공시적 단계의 음성변화와 관련하여 어떠한 상황을 반영하는 것인가 하는 문제가 제기된다. 이와 같은 의문은 철자상의 변이 또는 교체가 여기에 대응하는 음성변화를 해당 언어 사회 또는 작성자의 구어에서 현실 그대로 직접 반영한다고 전제할 수 있을까 하는 문제와 직결된다. 또한, 특정한 변화를 보이는 예들이 어떤 일정한 자료에서 우발적 표기의 형식으로 관찰될 경우에 이러한 유형들은 해당 변화가 그 진행 과정에서 어떠한 단계에 도달하여 있음을 반영하는 것인가 하는 문제도 쉽게 해결되지 않는다. 그러나 표기상의 변이 또는 교체에 대한 이러한 문제들은 실제로 구어에서 일어나는 음성변화에 대한 우리들의 인식과 그 해석에 밀접하게 관련되어 있다고 생각한다.

일정한 공시적 시기의 동일한 문헌 자료의 내부 또는 비슷한 성격의 자료들 사이에 표기상으로 나타나는 보수형과 변이형 간의 교체 현상을 해석하는 방법으로 아래와 같은 두 가지 가설을 설정할 수 있다.

(1) 어떤 철자상의 교체가 일정한 음성변화를 수용한 개신형과 그러한 변화를 거부하고 있는 보수형 간의 교체를 반영한다면, 해당 음성변화는 동 시대의 언어에서 이미 완료되었음을 의미한다.

그리하여 일정한 변화가 적용될 수 있는 음성 조건을 갖추고 있던 모든 형태들은 개신형으로 완료되었지만, 보수적인 표기법의 제약과 규범 때문에 이러한 현실이 표기에 완전히 동화되지 못한 것이다. 따라서 철자상의 교체는 표기의 단순한 혼란에 속한다. 국어사에서 '♀'의 非音韻化와 이것을 반영하는 혼란스러운 표기 양태가 이러한 해석의 범주에 드는 전형적인 예가 된다.25) 음소 /♀/는 근대국어 단계에서 제2단계의 변화를 거쳐 /아/로 합류되었으나 전통적인 표기 '♀'가 20세기 초반까지 산발적으로 지속되었음은 잘 알려진 사실이다.

25) '♀'의 제1단계의 변화 역시 15세 후엽과 16세기 초기의 국어에서 보수형과 '♀>으'의 변화를 수용한 개신형 간의 공존과 대립으로 형성된 변이의 과정을 거쳤을 것이 분명하다. 이와 관련된 변이 현상의 유형은 최전승(1995: 397-527)에서 구체적으로 논의된 바 있다. 최근 '♀'의 제1단계 변화의 과정을 문헌 자료를 통해서 정밀하게 검토한 한영균(1994: 42-44)은 비어두음절 위치에서 원래의 '♀'와 변화형 '으'가 실제 언중들의 발음에서 변이의 현상으로 상당한 기간 동안 공존했을 가능성을 추구하였다. 따라서 한영균(1994)에서는 문자 표기에 나타난 변이 하나하나를 그대로 현실어에 실현된 변이 현상의 직접적인 반영으로 파악되었다. 그리하여 한영균(1994)은 '♀'의 제1단계의 변화 과정에서 종래에 이른바 '逆表記' 또는 과도교정으로 인식된 수 많은 유형의 표기 '으>♀'를 단어들의 종류와 그 출현 빈도수를 근거로 새로운 변화의 일종으로 파악하려고 시도하였다.

'ᄋ'의 변화와 관련하여 문헌상에 출현하는 변이 현상을 해당 변화의 완료 시기로 간주하려는 적극적인 관점은 이숭녕(1988: 271-272)에서도 보인다. 즉, 17 세기 초엽의 『동국신속삼강행실도』에서 개신형 '흙'(土)과 보수형 '흙'의 교체가 나타난다. 이숭녕(1988)은 이러한 교체형들을 제시하고, 이와 같은 사실은 17세기에 이미 '흙'이 '흙'으로의 발달이 완료된 시기임을 알려 주는 것이며, 현실어 '흙'의 출현 빈도가 보수적인 표기에 눌려 잘 나타나지 않았던 것으로 파악하였다. 따라서 이숭녕(1988: 272)은 17세기는 음소 /ᄋ/가 소실된 시대라고 단정하게 된다.

(2) 철자상의 교체는 해당 언어에서 진행 중에 있는 음성변화를 어느 정도 반영한 것이다. 관찰의 대상인 문헌 자료가 통상적인 격식어의 스타일만을 표출한다고 해도 여기에도 공시적인 변이가 여전히 출현하기 때문이다.

따라서 공시적 자료 내에서 일부의 어휘 항목들은 변화를 수용한 개신형으로 나타나지만 또 다른 어휘 부류들은 아직 그러한 변화가 미치지 못한 보수형으로 남아 있을 수 있다. 동시에 동일한 어휘 항목들도 같은 말의 스타일에서 개신형과 보수형 간의 변이를 나타낸다. 예를 들면, 필자가 §2.1.3에서 언급한 바 있는 최세진의 『번역 박통사』에는 전형적인 복합어 '모시뵈'와 모음과 모음 사이의 환경에서 'ㅂ>ㅸ'의 변화를 수용한 개신형 '모시외'(<*모시ᄫᅵ)가 동일한 문장 속에서로 교체되어 출현하였다. 그딋 안해 브틴 빅모시뵈 열필과 누른 모시외 다숫과(白毛施布, 黃毛施布, 상. 51ㄴ). 16세기 국어의 다양한 형태 중에서 구어체 스타일을 반영했다고 하는 이 문헌 자료에 등록된 이러한 '모시뵈 ∞ 모시외'와 같은 교체는 실제로 동일한 화자가 사용하는 말의 스타일에 보수형과 개신형 간의 교체가 16세기 국어에서 공시적 변이의 형식으로 등장하였다고 해석할 수밖에 없다.26)

---

26) 최세진의 저작물들에서 순경음 'ㅸ'의 반사체들과 관련된 교체형 이외에 다른 종류의 음운론적 과정을 반영하는 변이 현상도 생산적으로 반영되어 있음은 물론이다. 그리하여 동일한 저자에 의해서 작성된 『훈몽자회』(예산본)와 『사성통해』에서 비어두음절 위치에 수행된 '-오'와 '-우'의 교체 현상을 상호 대조해 보면 다음과 같다.
두루미(훈몽, 상. 9ㄱ) ∞ 두로미(사성, 하. 23ㄱ)

지금까지 필자는 19세기 후기 전라방언과 여타의 한글 편지 등을 포함한 다양한 근대국어의 자료에 반영된 표기상의 혼란 또는 교체의 유형에 대하여 위에서 제시한 가설 가운데 두 번째, 즉 실제 언어와 직접 연관시키려는 변이 이론의 해석을 적용시키려고 시도해 왔다. 이와 같은 필자의 관점은 또한 어휘확산과 같은 음성변화 수행 과정의 본질에 대한 필자 나름의 이해에서 비롯된다. 즉, 새로운 개신으로서 음성변화의 출발과 그 진행 및 확대 그리고 최종적인 약화 혹은 종결은 일반적으로 상당한 시간을 필요로 하는 역동적인 연속체의 과정이다. 일찍이 Wenker와 그 후계자들과 같은 초기의 방언 지리학자들이 역사 언어학에 기여한 중요한 원리 가운데 하나는 다음과 같은 관찰이었다(Goossens 1995: 324). 즉, 일정한 변화가 모든 어휘 항목들에 동시에 적용되는 것이 아니고, 명백히 규정할 수 없는 어떤 순서에 따라서 자격을 갖추고 있는 어휘 집단 가운데 해당 어휘 하나씩 점진적으로 확대되어 간다는 사실이었다. 따라서 공시적으로 어느 일정한 단계는 예전의 보수형과 개신형 간의 공존이 지역과 사회 계층 또는 개인어의 내부에서도 상황에 따른 스타일의 차이에 따라서 변이의 모습으로 나타나게 된다. 그리고 이러한 변이에서 개신형이 어떤 유리한 조건 밑에서 전체 어휘 목록 또는 사회 집단, 동일 화자의 모든 스타일에 한 단계씩 어휘 중심으로 확산되고 있다는 것이다.[27]

오늘날과 같은 균질적인 표기법의 체계가 확립되지 않았으며, 동시에 표준

항것귀(훈몽, 상. 4ㄴ) ∽ 항것괴(사성, 23ㄴ)

항괴(훈몽, 중. 8ㄴ) ∽ 항귀(사성, 상. 63ㄱ)

허튓비(훈몽, 상. 13ㄴ) ∽ 허튓비(사성, 하. 11ㄱ)

이와 같은 '오 ∽ 우' 변이 현상은 『사성통해』 자체에서도 출현하고 있음이 관찰된다. 두루미(상. 13ㄱ) ∽ 두로미(하. 23ㄱ), 허튓비(상. 17ㄴ) ∽ 허튓비(하. 11ㄱ). 또한, 'ㄱ'의 유성 마찰음화, 즉 'ㄱ>ㅇ'의 변화와 관련된 교체도 두 종류의 문헌에서 발견된다. '굴아마괴(鴉, 사성, 상. 19ㄱ, 하. 31ㄱ) ∽ 굴가마괴(훈몽, 상. 9ㄱ), 들으믈티다(綱, 魚網有機者, 사성, 하. 60ㄴ) ∽ 들그물(훈몽, 중. 17ㄱ)'.

27) Wang(1969)과 Chen(1972) 등은 이러한 통찰력을 확대 발전시켜서 역사 언어학에서 소장 문법학파의 전통적인 강령인 음성변화의 무예외성을 거부하고, 그 대신 어휘확산(lexical diffusion)의 가설을 제기하였으며 음성변화의 기본 단위는 음소가 아니고, 개별적인 어휘 항목이라고 주장한다.

어를 대상으로 하는 단일한 규범에 대한 엄격한 준수가 시대적으로 그렇게 강하게 요구되지 않았던 16세기 이후와 근대국어의 문헌들은 비록 격식체를 나타내었다 하더라도 동 시대 언중들이 사용했던 말의 스타일을 그대로 반영하였을 가능성이 많다. 특히 16세기 후반의 청주 언간과 17세기 초반의 진주 하씨 묘 출토 현풍곽씨 언간들은 당시 언중들의 구어와 직접적인 관련을 맺음은 필자가 위에서 열거한 바 있다. 또한, 18세기 이후부터는 지역방언의 구어를 표기에 반영시킨 일련의 자료들이 『염불보권문』 등을 위시하여 본격적으로 출현하기 시작하였다. 따라서 이들 문헌에 기록된 문자 표기에 당시 구어에 진행 중인 음성변화가 보수적인 표기법의 제약을 넘어 격식어에 출현하는 변이의 형식으로 반영되었을 것으로 판단한다. 지금까지 제시한 필자의 논점을 근대국어와 19세기 후기 전라방언 자료에 부분적으로 또는 생산적으로 반영된 움라우트 현상의 예들을 이용하여 구체적으로 검증하기로 한다.

§2.1.2에서 언급한 바와 같이 17세기 초엽 전남 구례 화엄사에서 개간된 『권념요록』(1637)에는 제1단계의 움라우트(피동화 모음의 이중모음화)를 수행한 '에미'(母)형과 아직 그러한 개신을 보이지 않는 보수형 '어미'가 동일한 문장 속에서 공존하고 있다. 오직 <u>어미</u> 호오사 업술시...<u>에미</u> ᄋ의 ᄀᄅ치몰브터(28ㄴ). 「권념요록」에서 여타의 다른 어휘들에 적용된 움라우트형들은 표기상으로 전연 나타나지 않았기 때문에(전광현 1970: 15), 예의 '에미'형은 일종의 우발적 표기로 출현한 셈이다. 이러한 우발적 표기는 당시 언중들의 일상어 스타일에서 '에미'와 같은 움라우트의 실현이 가능했으며, 이러한 동화의 실현형과 비실현형과의 변이 현상이 어휘에 따라서 격식어에까지 옮겨질 수 있었음을 의미한다. 근대국어 단계에 들어 와서 본격적이고 다양한 제1단계 움라우트의 실현 예들을 보여 주는 문헌은 『동국신속삼강행실도』(1617)이다(이숭녕 1988; 김영신 1980). 여기에도 동일한 문장 속에서 움라우트의 실현형 '지애비'(夫)와 비실현형 '지아비'가 나란히 출현하고 있다. 왼 소ᄂ로 <u>지아비</u>롤 잡고...내 이믜 <u>지애비</u>롤 더위고...아비 긔졀ᄒ여눌...지아비 도로 ᄉ다(열여도. 5ㄴ). 이와 같은 '지애비'(夫)와 '지아비'의 교체에서 움라우

트 실현형은 당시의 현실어를 그대로 반영한 것이지만, 그러한 변화를 표기에 나타내지 않은 '지아비' 형태는 보수적인 표기법의 제약 때문이므로 실제의 발음은 '지애비'이었을 것이라는 해석은 불합리한 면이 많다고 생각한다.

이와 같이, 동일한 문면 또는 문장 속에서 출현하는 움라우트의 실현형과 비실현형 간의 부단한 변이 현상은 19세기 후기 전라방언 자료에서도 예외 없이 출현하였다. (ㄱ) 영낙업난 낫 돗치비 갓소, 오냐 두 돗차비 노라 보자(수절가, 상. 32ㄴ), (ㄴ) 너 쥑이고자 ᄒᆞᄂᆞᆫ 지난...됴됴을 죽이고자 ᄒᆞ면...죽이고자 ᄒᆞ엿노라(삼국지 3. 28ㄱ), (ㄷ) 형을 쥑일 테면 소인을 죽여 주오(병진, 박. 147ㄴ), (ㄹ) 저의 익기씨 신세을 싱각ᄒᆞ여...우리 익기씨는...너의 아기씨 죽을소냐(수절가, 하. 32ㄴ), (ㅁ) 그 뒤의 성인 슈십명이 모두 쫙 상인이라(병진, 박. 147ㄱ), (ㅂ) 쌈작 놀나 아비 불너, 이비 이 궤의 쌀 쏘 잇닉(판, 박. 374).

19세기 후기 방언에 실현된 이러한 변이 현상들이 당시의 말의 스타일에서도 그대로 실현되었을 가능성은 오늘날 토박이 화자의 민담이나 긴 이야기를 그대로 전사해 놓은 현대 지역방언의 구술자료(녹음 포함) 등에서 쉽게 확인할 수 있다(그 예는 최전승 1995: 268-269를 참고).

|3| 문헌 자료에 반영된 음운론적 變異의 과정과 'ᄒᆞ여(爲)〉히여〉해'의 음성변화

3.1 '애' 불규칙 활용에 대한 종래의 해석

현대국어의 구어에서 동사어간 '하-'(爲)와 파생 접미사 '하-'에 의해서 형성된 'X하-' 어간(나무하-, 밥하-, 가난하- 등등)은 모음으로 시작되는 활용어미와 통합될 때는 '하-+여 → 해'로 활용하여 이른바 '애' 불규칙 어간(최명옥 1988)을 이루고 있다. 이와 같은 불규칙 활용은 '하양-(白), 누렁-(黃), 파랑-(靑)'와 같은

색채 형용사와 기타 '둥그렇-(圓), 높다랗-, 보얗-, 그렇-' 등에서도 동사 '하-'와
동일한 조건에서 출현한다. 이러한 형태들이 중세국어 '하야ㅎ-, 누러ㅎ-, 파라
ㅎ-, 둥그러ㅎ-, 그러ㅎ-'에서 음절 축약을 거쳐 형성되었음은 잘 알려진 사실
이다(허웅 1975).

   그러나 동사어간 '하-'와 파생 접미사 'X하-'의 활용형 '해'는 격식어에서
'하여'와 교체되지만, 색채 형용사를 포함한 다른 축약형들은 부사형어미와
결합될 때 언제나 '애'만으로 활용하는 차이를 보인다. 또한, 이러한 축약형
가운데 '많-(多), 괜찮-, 같-(如)' 등의 활용형들은 현대국어에서는 재구조화 되어
원래의 어간 'ㅎ-'형이 갖고 있었던 중세국어적 특징을 상실하였으나, 일부의
남부방언에서는 여전히 '애' 불규칙 어간을 유지하고 있다.

   현대국어에서 이형태 '해'와 교체되는 '하여'형은 중세국어 'ㅎ->-아>ㅎ
야'로 소급된다. 여기서 결과 된 'ㅎ야'는 모음조화를 벗어나 'ㅎ여'형으로 옮
겨오게 되었다. 이와 같은 'ㅎ야' 또는 'ㅎ여'형은 중세국어에서 -y로 끝난 하
향 이중모음 '-ㅣ'의 구조를 지닌 용언어간들이 모음어미와의 통합에서만 출
현할 수 있는 형태이었다. 따라서 중세국어에서 동사어간 'ㅎ-'에 연결되는 부
사형어미 '-야' 또는 '-여'의 출현을 합리적으로 설명하기 위해서 그 이전 단
계에서 '*ㅎ|-'를 재구하기도 하였다(이현희 1987).[28] 그러나 '*ㅎ|-'의 단계로부터

---

28) 이현희(1987: 228)는 중세국어에서 'ㅎ|다'(白)와 'ㅎ|야디다'(壞) 부류가 보이는 y 탈락 교체를
   근거로 하여, 'ㅎ다'(爲)의 기저형을 /ㅎ|다/로 설정할 수 있다 하였다. 즉, 'ㅎ|다'가 중세국어
   이전 단계에 형성되어 있다가 15세기에 들어오면서 이 어형은 어간말 -y가 탈락되어 'ㅎ다'
   로 변화되었다는 것이다. 그리하여 이현희 교수는 이 논문에서 15세기 국어에서 변화된 'ㅎ
   다'형은 모음으로 시작되는 어미와 연결될 때 여전히 'ㅎ|다'가 보유하고 있던 전 단계의 활
   용상의 기능을 나타내었다고 파악하였다. 따라서 15세기 국어에서 'ㅎ-'어간에 부사형어미
   '-아'가 결합되면 먼저 '*ㅎ|야'가 형성된 다음, 이어서 y의 탈락을 거쳐 'ㅎ|야→ㅎ야'로 전환
   된다는 것이다.
   그러나 15세기 국어에서 'ㅎ다'(爲)의 활용형들과 'ㅎ|다'(白), ㅎ|야디다(壞) 부류에서 관찰되
   는 교체의 성격은 판이한 것이다. 15세기 국어에서 'ㅎ|여디다'(壞) 부류는 원래의 'ㅎ|여디-'
   와 음절 경계에서 y가 탈락된 'ㅎ여디디-'형이 부단한 변이를 보여 주며 그 발달 과정에서
   기저형으로의 복귀가 가능하였다. 그 반면, 이현희(1987)에서 설정된 '*ㅎ|다'형은 모음어미
   앞에서 기본형으로서 y가 연결된 'ㅎ|-'형을 한번도 15세기 국어의 표기에 반영하지 않는다.
   그리고 이러한 해석에 의하면, 오늘날 '여' 변칙을 보이는 'ㅎ다'의 활용형 '하여'까지도 역

15세기 국어에서 'ᄒᆞ-'로 재구조화되는 과정에 대한 설득력 있는 설명과 증거가 충분히 제시되어야 할 것으로 생각된다.

또한, 중세국어 단계에서 'ᄒᆞ-'의 활용형들에 대한 기저형 'ᄒᆡ-'형이 정광(1986)에서도 설정된 바 있다. 여기서 그렇게 가정된 배경은 역사적인 관점의 이현희(1987)와는 상이하게 15세기 국어의 공시적인 측면에 근거한 것이다. 정광(1986: 120)은 동사 어간 'ᄒᆞ-'가 갖고 있는 사용상의 빈도수와 생산적인 파생 접사로서의 기능 등의 형태론적 특성을 주목하였다. 그리하여 'ᄒᆞ-+-아'의 결합에서 모음 충돌을 회피하기 위해서 'ᄒᆞ-'의 어간에 y가 첨가되었으며 이러한 과정이 일반화되어 'ᄒᆡ-'를 형성하게 되었다는 것이다. 그러나 정광(1986: 122)에서 설정된 오늘날의 기저형 /hay-/에서 자음으로 시작되는 어미 앞에서 교체되는 '하-'를 도출시키는 방법이 공시적으로 비합리적이다. 그 반면, 이광호(1984)에서는 현대국어의 '하여'에 대한 설명을 기저형과 관련짓지 않았으며, 이것은 역사적으로 어휘 및 의미 제약에 따라 중세국어 'ᄒᆞ-+아'에서 y가 삽입되어 형성된 음운현상으로 추정하였다.[29]

중세국어의 활용형 'ᄒᆞ야'로 소급되는 오늘날의 '하여'에 대한 지금까지의 설명 방식은 증명할 수 없는 개인적 취향에 따른 추정 또는 '설명을 위한 설명'에 불과할 수밖에 없는 제약을 갖고 있다. 그러나 이른바 '애' 불규칙을 야기하게 된 과정에 대해서는 어느 정도 투명한 추적이 가능하다고 판단한다.

시 15세기 국어 이전 단계에서 가정된 /*ᄒᆡ다/의 영향을 오늘날까지 받고 있다는 결론이 될 수 있다. 이현희(1987)에서와 그 성격은 본질적으로 달리 하지만, 현대국어 '여' 변칙을 취급한 김차균(1971: 113)에서도 'ᄒᆞ-'(爲)에 대한 기저형으로 /hay-/를 제안한 바 있다. 그리하여 김차균(1971)은 '하다, 하여라, 해라' 등의 활용형들에서 '해-'의 /y/를 어간으로 설정하여 그 다음 연결되는 '-여' 활용 어미를 정칙으로 파악하였다. 동시에 '해-' 어간의 말음 y는 자음어미 앞에서 탈락하고 부사형어미 '-아/어' 앞에서는 탈락하지 않는 인위적인 음운규칙을 작성하였다.

29) 이광호(1984: 108-109)는 중세국어에서 동사 'ᄒᆞ-'에 부사형어미 '-아'가 연결되면 일반적인 모음 연결의 규칙에 의하여 '*하'가 결과되는데, 이 형태는 형용사 '하-'(多)의 어간과 동일하게 될 것으로 파악하였다. 따라서 이광호 교수는 이 논문에서 'ᄒᆞ-+아'와 같은 통합 구조에서 모음충돌 회피를 위해서 어간과 어미 사이에 y가 삽입된 것으로 추정하였다. 중세국어에서 모음의 통합 현상이 보이는 음운론적 제약들을 논의한 김종규(1989: 40-42)에서도 이와 유사한 관점이 제시되어 있다.

즉, 중세 또는 근대국어의 'ㅎ여'에서 오늘날의 '해'로의 변화는 중세와 근대 국어의 어느 단계에서 일어났을 가능성이 문헌 자료에 반영된 문자 표기의 변이를 통해서 확인될 수 있기 때문이다. 그렇기 때문에 중세국어에서 'ㅎ-+-아>ㅎ야'의 과정은 有史以前의 현상이며, '애' 불규칙을 이루는 'ㅎ여>해'로의 변화는 有史以後의 사실이라고 구분할 수 있다.

종래 1960년대와 70년대 초반 추상 음운론의 입장에서 현대국어에서 수행된 '하여 → 해'로의 표면 현상을 음운론적으로 설명하기 위해서, 여러 가지의 추상 기저형과, 일반성과는 거리가 있는 임의적인 음운규칙들이 다양하게 설정되었다. 최근 최명옥(1988)은 국어사와 지역방언 등에서 추출된 실증적 증거를 바탕으로 이러한 종래의 해석들을 검토하고 그 이론들이 타당하지 못함을 비판하였다. 그 대신, 최명옥(1988; 1993)은 'ㅎ-' 어간이 중세국어의 단계에서 모음조화를 이탈한 부사형어미 '-여'와 연결되기 시작할 때 이미 '희-'로 재구조화 되었음을 알리는 것으로 전제한다. 이러한 판단은 다음과 같은 일련의 역사적 사실과 관련된 추정에 근거하고 있다.

(1) 중세국어에서 용언의 어간말 모음이 하향 이중모음(-애, -외, -이, -위)인 경우에만 한해서 여기에 통합되는 부사형어미에 y가 첨가되었다. (2) 또한, 어간말 모음의 핵모음이 양성모음인 '이, 애, 외' 등일 때에 부사형어미 '-야'는 '여'와 교체를 보인다.[30] 그러므로 중세국어에서 'ㅎ야'로부터 'ㅎ여'로의 轉移는 'ㅎ-'의 어간이 '희-'[hʌy]로 재구조화된 상황을 나타낸다. (3) 현대국어에서 '하-'의 교체형 '해'는 중세국어의 단계에서 '희-'[hʌy]에서 'ㆍ'의 제2단계 변화를 거쳐 '해-'[hay]로 전환되고, 이어서 이중모음의 단모음화(ay>ɛ) 규칙을 수행하여 '해'[hɛ]로 변화된 것이다. (4) 따라서 현대국어에서 '애' 불규칙 어간

---

30) 유창돈(1971: 345-346)은 중세국어에서 수행된 'ㅎ야>ㅎ여'로의 대치 과정은 다음과 같은 두 가지의 원인이 작용하였던 것으로 추정하였다. 첫째, '여' 변칙이 15세기부터 나타나는데, 이러한 'ㅎ야>ㅎ여'로의 변화는 사동형 'ㅎ이어 → 희여'와 같이 '희다'형에서는 언제나 '-여'만 연결되기 때문에 비롯된 것이다. 둘째, 'ㅎ-'(爲)의 과거형은 대부분 'ㅎ옛더니'(월석 10.25), 'ㅎ옛ᄂᆞ니'(초간 두시 7.23)와 같이 부사형어미 '여'로만 통합되는 경향이 강하다. 이러한 사실이 'ㅎ야>하여'의 형성에 한 요인이 된 것이다.

'하-'(爲)는 복수의 기저형을 갖게 되었다. 즉, 자음으로 시작되는 어미 앞에서는 /하-/, 그리고 모음으로 시작되는 어미 앞에서는 /해-/.

위에서 요약된 최명옥(1988; 1993)의 설명을 자세히 음미하면, 현대국어의 '해'는 결국 중세국어의 단계에서 설정된 재구조화형 '히-'로 소급될 수 있다. 그러나 이와 같은 설명에서도 중세와 근대국어의 문헌 자료를 통해서 확인할 수 있는 실증적 대상이 결코 되지 못한다. 왜냐하면, 부사형어미 '-여' 앞에서 표기상으로 출현하는 보편적인 형태는 역시 단일한 'ᄒᆞ-'이었기 때문이다. 특히, 당시의 언중들이 자신의 말에서 어간 'ᄒᆞ-'를 類推에 의하여 '히-'로 재구조화를 완료했음에도 불구하고 몇 세기 동안 꾸준히 대부분 'ᄒᆞ-'로만 표기했다는 사실은 국어사에서 표기와 발음과의 관계에서 도저히 생각할 수 없는 일이다(김종규 1989: 41에서 각주 (64)를 참조).[31]

필자는 16세기 후반의 청주 북일면 청주 언간(전철웅 1995)과 17세기 초엽의 현풍곽씨 언간에 대한 최근의 판독문(백두현 1997) 및 일부의 근대국어 문헌자료를 중심으로 이들 구어 자료에 'ᄒᆞ여>히여>히'로의 점진적인 발달 과정이 일종의 변이 현상으로 출발하여 확산되어 왔음을 제시하려고 한다. 이러한 변화의 마지막 단계 '히여>히'는 19세기 후기 지역방언에 이미 대부분 완료되어 있다. 동시에 이러한 변화의 출발 'ᄒᆞ여>히여'는 제1차 움라우트 현상(피동화음의 이중모음화)으로 이해하려고 한다.

3.2 'ᄒᆞ여>히여'의 발달과 제1차 움라우트 현상

16세기 초엽 『청주 북일면 순천김씨 묘 출토 간찰』에서 드러나는 다양한 언어 현상 가운데 생산적인 'ᄒᆞ여>히여'의 표기 형태들이 주목된다.[32] 모두 192

---

31) 그리고 어간 형태소의 異形態들이 역사적 과정을 통해서 단일화되는 일반적 경향에 비추어 볼 때, 단일한 용언의 어간 'ᄒᆞ-'형이 모음으로 시작되는 어미와 통합되는 부사형어미 '-여'를 해결하기 위해서 또 다른 이형태 '히-'로 분열된다는 사실은 이해하기 어렵다.

32) 청주 언간과 현풍곽씨 언간을 중심으로 하여 16, 7세기 한글 편지들의 표기를 음운론적으로

편의 한글 편지로 구성된 청주 언간에 등장하는 편지 보낸 사람들은 다양한 사
회적 계층과 신분 그리고 연령과 성별을 보여 준다. 그러나 새로운 변화형 '히
여'는 일부의 경우만 제외하면 대부분의 편지글에 균질적으로 분포되어 나타나
고 있다. 특히, 편지 작성자들의 사회적 신분이나 연령에 따라서 편지글에 원래
의 'ᄒᆞ여'형 대신 개신형 '히여'의 표기 형태만 사용된 경우가 많다(이 형태들은
사동의 파생어간과 관련이 없다). 그 일부를 추려서 제시하면 아래와 같다.

> (11) 시저리 심히여 비온드롭도 몯 보내니(192)
>   ᄌᆞ시긔 거시나 그디 거시나 히여 보내고져 히여도 나 몯ᄒᆞ고(189)
>   동싱돌과 의논히여셔 바다라(10)
>   구월브터 시작히여셔 셔쑬 정이월 ᄀᆞ지는(168)
>   모시 ᄲᅥ디 몯히여 민망타(164)
>   봄 ᄉᆞ이나 오나든 의론히여 결단히여 보내리(163)
>   너히 본 ᄃᆞ시히여 눈므롤 디다라(90)
>   볼리 보내라 히여라 지촉히여 보내여라(128)
>   별시 급뎨히여 오면 내 사랏다가 보고(152)
>   내 니블 것도 몯히여 니브니 민망히예라(15)
>   나리 셔눌히여 가니(53)
>   하 심심히여 이만 ᄒᆞ노라(62)
>   아모 제나 오나든 의논히여 보쟈(42)
>   날 위히여 벼ᄉᆞ롤 말랴 날 위히여 쳐블 말랴(40)
>   쇼쥬롤 밉게 히여 먹고…원망 아니 히여 견듸노라(41)

위의 예에 출현하는 '히여'형들은 'ᄒᆞ여'에서 제1차 움라우트를 수행한 형
태라고 생각한다.[33] 이와 같은 음운론적 과정은 다음과 같이 나타낼 수 있다.
즉, hʌ-+-yə>hʌy-yə(허웅 1989: 24를 참조). 그러나 여타의 다른 유형의 움라우

정리한 이병근(1996)과, 그 표기법을 중심으로 고찰한 이광호(1996)에서 'ᄒᆞ여>히여'와 같은
수많은 용례들은 주목받지 못했다.

33) 중세와 근대국어의 문헌 자료 및 19세기 후반 지역방언들의 다양한 자료에 등장하는 제1차
움라우트의 유형과 음운론적 성격에 대해서는 최전승(1978, 1986), 백두현(1992) 등을 참조.

트 예들은 청주 언간 자료에 적극적으로 나타나지 않았다. 위연ᄒ면 도로 보내라
(우연, 38), 지어 보내 뇌이다(-노이다, 191), 두되예치만 힉여 보내라(-어치, 65)만이 확인
될 뿐이다. 여기서 '-예치'의 경우는 분명히 말할 수 없지만,[34] '위연ᄒ-'(愈)는
'우연ᄒ-'에서 역행동화된 사실을 16세기 국어에서부터 통상적으로 보여 주는
예이다. 위연ᄒ며 되요몰(번역 소학 9.31ㄴ), 毗의 病도 위연하며(번역 소학 9.73ㄴ), cf. 아
비 우연ᄒ야(동국신속, 효자도.4). 또한, 이 한글 편지에 반영된 'ᄀᄐ여>ᄀ티여'
(如)의 변화도 움라우트의 결과로 생각되는데, 이것 역시 'ᄒ여>힉여'의 과정
과 관련되어 있다. 좀 머근 나모 ᄀ티여시니(92), 무ᄌ식 늘그니 ᄀ티여 셜워(101), cf. 어
린 아히 ᄀᄐ여(88).[35]

예문 (11)에서 '힉여'형의 어간 '힉-'[hʌy]가 후속하는 부사형어미 yə에 의한
역행 동화를 나타내는 것이 아니고, 최명옥(1988)에서 가정된 재구조화형 '힉-'
[hʌy]의 출현으로 생각할 수 있는 여지도 있다. 그러나 중세국어 이전 단계에
서 불규칙적으로 형성되어 중세국어로 이전하여 온 부사형어미 '-아' 또는 '-여'
에 맞추기 위해서 동사 어간 'ᄒ-' 자체가 -y로 끝난 하향 이중모음 어간을 갖
고 있는 다른 어간 형태들에 유추되어 '힉-'로 조정되었을 가능성은 없다.[36]

---

34) 이 형태는 「한글」 6권 6호(1938: 23-24)에 金麗珍씨가 수집하여 보고한 함북 吉州 방언형 '값
에치'(값어치)를 연상케 한다. 그러나 '-어치>-에치'와 같은 동화가 실현되려면 움라우트 현
상의 실현 위계로 미루어 상당히 깊은 발달 과정을 전제로 할 것이다.

35) 김주필(1994: 122-125)은 구개성 반모음 첨가 현상(동화주와 피동화음 사이에 개재 자음이
없는 경우)에 대한 한 가지 예로 송광사판 『선가귀감언해』(1610)에서 생산적으로 출현하고
있는 'ᄀ티여' 용례를 다음과 같이 제시하였다. 미룸ᄀ티여(3ㄱ), 눈 머룸ᄀ티여(5ㄱ), 드룸ᄀ
티여(16ㄴ), 法ᄀ티여(17ㄴ), 기름ᄀ티여(21ㄴ), 무론 ᄀ리 ᄀ티여(21ㄴ), 이 ᄀ티여(42ㄴ) 등등.
그러나 이와 동일한 자료에서 어간 'ᄒ-'에 부사형어미가 연결되는 경우에는 예외 없이 'ᄒ
야'형으로만 사용되었다. 精티 아니료 ᄒ야놀(4ㄴ), 安然ᄒ얏도다(6ㄴ), 바로 一念不生ᄒ야(8
ㄴ), 밧ᄀᆯ 迷ᄒ야(58ㄱ). 움라우트 실현형 'ᄀ티여'가 'ᄀᇀ-'에서 'ᄒ여>힉여'와 동일한 과정
을 거친 형태라면, 「선가귀감언해」에 반영된 'ᄒ야'는 보수적인 언해류에 일반적으로 나타
나는 전형적인 격식체가 쓰인 셈이다. 따라서 이 문헌이 작성된 시대의 구어에서는 'ᄒ여'
또는 동화형 '힉여'가 실제로 사용되었을 가능성을 'ᄀ티여'는 말하여 준다.

36) 후속되는 이질적인 부사형어미와 통합되는 과정에서 용언의 어간 형태들이 재조정 또는 재
구조화되는 사례는 국어사와 여러 지역방언에서 일반적으로 발견되지 않는다. 용언 어간과
부사형어미 형태는 하나의 단위로 인식되어 화석형으로 다음 단계로 이전될 가능성이 더
많다. 이러한 현상은 용언 어간의 모음이 음성변화를 수행하여 모음조화와 관련된 계열을
이탈하게 되어도 여전히 전 단계의 모음조화에 따른 부사형어미를 고수하고 있는 지역방언

만일 類推에 의해서 '호여>희여'와 같은 어간 재조정이 일어나려면 모든 계층의 화자와 지역에서 필수적으로 수행되어야 할 것이다. 청주 언간 가운데에는 편지 작성자의 사회적 신분에 따라서 '희여'형을 전연 사용하지 않은 사례들이 발견되며, 17세기 초엽의 현풍곽씨 언간에서 '희여'형의 사용은 극히 한정되어 나타난다. 이러한 사실은 '호여>희여'를 당시 화자들의 의식 구조에서 일률적으로 수행된 재구조화형이라고 해석할 수 없게 한다. 그러므로 이러한 현상에 대한 표기상의 출현 여부는 제1차 움라우트가 확대된 지역과 사회 계층 또는 신분상의 차이에 조건받았을 것으로 보인다.

청주 언간에서 '호여>희여'의 움라우트 현상은 위에서 제시된 유형 이외에 이 활용형의 과거시제와 '호여라'체 평서문과 명령문 어미에도 다음과 같이 확대되어 있었다.

> (12) a. 짐 이버니 보내려 희엿더니(87)
> 　　　나는 긔오니 쇠셩 희엿노라(85)
> 　　　유무 희연느니라…노희여 호신다 희여라(134)
> 　　　긔즈디 그려도 올 양으로 희엿다가 아니오고(88)
> 　　b. 하 온갓 병타롤 호니 하 과심희예라(149)
> 　　　우리 늘그니눌 싱각희여라(186)
> 　　　내사 당시 무으민 살가 싀브다니 희예라(164)
> 　　　유무 희연느니라…노희여 호신다 희여라(134)
> 　　　긔별도 몰라 민망희예라(53)

또한, 어간 '호-'의 활용과 관련되어 있는 '이리호-/그러호-' 형태의 부사형형 역시 '호여>희여' 변화에 참여하고 있다. 이러한 몇 가지 사실을 고려하면, 16세기 후반 청주 언간의 한글 편지 작성자들의 구어에서 '호여>희여'의 변화가 상당히 보편화되었을 것으로 생각된다. 이 병이 이러희여도(28), 그리희여 볼 거시라(24), 제 조차 아려셔 그러희예라(34).

들에서도 확인된다(최전승 1997a).

그러나 청주 언간 가운데 순천김씨 부인의 남편 蔡無易가 썼을 것으로 생각되는 몇 통의 편지글에는 움라우트 실현형 '히여'가 발견되지 않는다. 특히, 처음이 '지븨'로 시작되고 그 말미에 '구월 초닐웬날 새배 쇠내셔'와 같은 기록이 첨부되어 있는 편지(72)는 그 내용으로 보아 남편 蔡無易가 순천김씨 부인에게 보낸 서간이 틀림없는데, 여기에는 다음과 같이 'ᄒᆞ여'형만 사용되었다. 나도 수이 가고져 ᄒᆞ여 보기롤…기두리다가 몯ᄒᆞ여 가장 심심ᄒᆞ여 ᄒᆞ뇌…믿브디 아니ᄒᆞ여 ᄒᆞ뇌…비나 ᄒᆞ여 머기소. 또한, '홍덕골 채셩원ᄶᅵ 누의님 젼 샹샹'으로 시작되고 '오라비여흘'로 끝나는 191번 편지에도 역시 'ᄒᆞ여'형만 쓰였다. 따라서 청주 언간에 나타나는 움라우트 실현형 '히여'의 쓰임은 16세기 후반 당시 청주지역 사회의 모든 계층과 성별에 똑같이 확산되지 않았던 것으로 생각된다.[37]

16세기 후반 청주 언간에 생산적으로 출현하였던 움라우트 실현형 '히여' 형태가 17세기 초엽의 현풍곽씨 언간에서는 매우 제한되어 나타나는 사실이 큰 대조를 이룬다. 두 유형의 편지글들은 물론 시대와 지역 및 사회적 신분 또는 계층을 달리하고 있다. 그러나 현풍곽씨 언간에서 동화형 '히여'에 대한 다음과 같은 사용상의 제한이 어떠한 본질적인 차이에 의한 것인지는 분명히 파악되지 않는다.

(13) 긔운 편치 아니ᄒᆞ시다 히야ᄂᆞᆯ ᄀᆞ업시 분별ᄒᆞ옵다니…이리 ᄎᆞ려 보내
    시니 안심치 몯히야이다(117)
    바ᄂᆞ질 아ᄃᆞᆯ내 시기니 바ᄂᆞ지리 수이 몯히야 보내로라(113)

---

37) 청주 언간에 사용된 종결어미 유형 중에서 'ᄒᆞ소'체에 해당되는 '-ᄒᆡ'형이 주목되는데, 이 형태는 'ᄒᆞ-' 어간에 종결어미 '-의'가 결합된 구성으로 생각된다. 편지도 아니 ᄒᆞ려나 ᄒᆞ니 불샹ᄒᆡ(1), 내 ᄆᆞᄉᆞ미 굿기이 도도엿고 ᄒᆞ니 슈샹ᄒᆡ 숩것 엇ᄉᆞ니 민망ᄒᆡ(44) 등등. 청주 언간과 현풍곽씨 언간을 중심으로 상대경어법 체계를 고찰한 황문환 (1996: 93)에서는 이것을 '-ㅣ'로 분석하였으나, hʌ-+-i의 형태소 결합은 당시의 모음 연결의 규칙에 따라서 *[hi]가 결과될 것이다.
그러나 '채셔방ᄶᅵ 아긔게'로 시작되는 청주 언간 (59)은 늙은 시어머니가 며느리에게 보낸 편지 내용인데 이 가운데 'ᄒᆞ소'체 종결어미로만 볼 수 없는 '-ᄒᆡ'형이 다음과 같이 등장한다. 나ᄂᆞᆫ… 졍시니 업서 아모 이롤 아ᄆᆞ리 긔결ᄒᆞ여 홀 주를 모ᄅᆞ고 내 니블 일도 계오 심각ᄒᆡ ᄂᆞ미 히여 주어사 닙고 이시니.

글 히여 흐시니…후제 <u>히여</u> 사람 올제 무명 보내소(114)

백두현(1997)에서 판독된 160여 편의 한글 편지 가운데 '히여' 또는 '히야'형은 '외예 덩녜 할미'가 사돈에게 보낸 편지글(117)과 河氏 부인의 필적으로 판단되는 두 편의 편지글(113과 114)에만 출현하였다. 그 반면, 「현풍곽씨 언간」의 대부분을 차지하고 있는 郭澍의 편지글에는 '흐여'형만 사용되었다. 이러한 사정은 출가한 딸들이 하씨에게 보낸 40여 편의 한글 편지에서도 동일한 것이다. 이 글의 §2.1.3에서 관찰한 바 있는 異形態 '-우터'의 출현이 「현풍곽씨 언간」에서 주로 출가한 딸들이 보낸 편지 글에 집중되어 있는 사실을 상기해 볼 때, 위의 (13)과 같은 예들이 존재함에도 불구하고 일상어의 스타일과 연관된 동화형 '히여'가 이들의 편지글에 한번도 등장하지 않았다는 것은 이해하기 어렵다.[38] 그러나 '덩녜 할미'와 하씨 부인의 편지에 사용된 '히여' 또는 '히야'형 역시 17세기 초엽의 경북 달성 지역방언에서도 화자들의 사회적 특성에 따라서 보수형 '흐여'와 상보적 분포를 형성하는 일종의 변이 현상을 이루고 있었을 것이 분명하다.[39]

위의 (13)의 예에서 '히야'형은 또 다른 몇 가지 관점에서 주목된다. 첫째, 이 동화형은 17세기 초반의 하씨 부인의 편지 글에서 '히여'형과 공존하고 있었다. 둘째, 이와 같이 '흐야>히야'의 변화를 반영하는 개신형들은 지역과 시대를 달리하는 16, 7세기 구어체의 편지글에서만 아니라, 16세기 국어의 대화체를 반영하는 최세진의 중국어 학습서 『飜譯 朴通事』에서도 출현하였다. 즉, (ㄱ) 보슈오라 가디 몯<u>히야</u> 잇대이다(상. 58ㄴ), (ㄴ) 두 션싱이 약 지서 프노라 <u>히야</u> 흐나흔 안잣거든(상. 42ㄱ), (ㄷ) 瀋陽 등쳐로 <u>향히야</u> 긔독흐라 가노이다(상. 8ㄱ), 남녁 <u>횡히야</u> 흐죠고맛 일각문 낸더 그라(상. 58ㄱ), cf. 어느 짜호로 향흐야 가시는고(상. 8ㄱ). 일찍이

---

38) 청주 언간과 「현풍곽씨 언간」에 출현하였던 '-브터'의 구어적인 이형태 '-우터'가 최세진의 중국어 학습서 「飜譯 朴通事」와 「飜譯 老乞大」에 또한 등장하였다(허웅 1989을 참조).

39) 「현풍곽씨 언간」에서 117번 편지 작성자 '외예 덩녜 할미'의 신분 추정에 대해서는 김일근(1991)과 백두현(1997)을 참조. 112번 편지는 河氏 부인이 남편 郭澍에게 보낸 사연의 글인데, 여기에서 '흐여' 또는 '히여'의 용례가 발견되지 않는다.

『번역 박통사』에서 이러한 현상을 관찰한 허웅(1989: 24)은 '히야'형은 'ᄒᆞ야'의 둘째 음절의 반홀소리 y가 앞 음절의 모음으로 스며 든 [hʌy-ya]를 그대로 표기한 것으로 파악하였다.

이러한 '히야'형은 17세기 당대의 언해류 문헌들에 사용된 격식어에서도 점진적으로 그 존재를 나타내기 시작하였다. 이러한 증거는 구어에서 발달한 움라우트 실현형이 근대국어의 단계에서는 문헌어의 스타일에까지 부분적으로 확대되어 산발적인 모습을 보이는 것으로 해석된다.

> (14) a. 才質을 펴디 몯희(ᄒᆞ)얏도소니(중간, 두시 8. 4ㄴ)
>   物이 變化희(ᄒᆞ)야 혼갓 그리메뿌니로소이다(중간, 두시 16. 41ㄱ)[40]
>   b. 스훼희여 업듣고 횐 온과 소음식희여 죄인으로 조쳐 ᄒᆞ더라(동국신
>   속, 열여 5: 45ㄴ)
>   왜적이 굅박희여 물게 튀와(상동, 5: 60ㄴ)
>   왜적을 댱셩 짜희 피희여(상동, 5: 62ㄴ)
>   인희여 병드러 주ᄀᆞ니라(상동, 5: 71ㄴ)
>   조힝이 탁이희여 싀어버이 셤김을...(상동, 5: 83ㄴ)
>   권당이 권ᄒᆞ여...셩죵이 밍셰희여(상동, 5: 88ㄴ)

특히, '희여'형들은 17세기 초엽의 『동국신속행실도』에 빈번하게 등장하였는데, 위의 (14)b의 예들은 이 자료 중에서 「烈女圖 卷之五」만을 대상으로 한 것이다. 열녀도 5권에서 보수형 'ᄒᆞ야' 또는 'ᄒᆞ여'의 출현 빈도수는 42회이었음에 비하여 개신형 '희여'는 위에서 제시된 바와 같이 7회에 불과하여 열세를 면치 못하였다. 이와 같은 보수형 대 개신형 간의 분포 비율이 각각의 권마다 일정하게 나타나는 것은 아니지만, 이 문헌 자료에 반영된 '희여'가 갖고 있는 우발적 표기의 성격을 잘 말하여 준다.

『동국신속삼강행실도』에서 중세국어의 'ᄒᆞ야'형은 이미 'ᄒᆞ여'로 대부분 옮

---

40) 중간본 「두시언해」의 예들은 백두현(1992: 182)에서 차용하였다. 백두현 교수는 이 논문에서 '희야'의 형태들을 "y 역행 겹침"의 유형 가운데 한 가지로 제시하였다. 예문 가운데 (ᄒᆞ)는 백두현(1992)에서 초간본과의 대조를 보인 것이다.

겨왔지만, 여전히 그 세력을 어느 정도 유지하고 있었다. 그리하여 '흥야'에 제1차 움라우트가 실현된 '희야'형도 이 문헌에 산발적으로 발견된다. 병이 극 히아(효자도 7: 41ㄴ), 효도히아(효자도 4: 29). 여기서 '희야'형은 위의 예문 (13)과 (14)a에서 확인하였던 형태이며 18, 9세기 문헌들에까지 지속되어 있다.41) 이 와 같이 지속되는 '희야'형들의 존재는 동사어간의 '희-'가 최명옥(1988; 1993)에 서 추정된 바와 같이 불규칙 어미 '-여'에 맞추기 위해서 원래의 어간 '흥-'를 '희-'로 재구조화 시킨것이 아니라, 후행하는 ya 또는 yə에 의한 역행동화 현 상이었음을 뜻한다. 왜냐하면, 최명옥 교수의 추정에 따르면 아직 '흥여'의 사 용 단계로 이르지 못한 '흥야'에서 어간이 '희-'로 재조정될 수 없기 때문이다.

3.3 19세기 후기와 20세기 초엽의 지역방언에서 '희여>x>희'

20세기 초엽 前間恭作은 그의 저술 「韓語通」(1909: 156)에서 당시의 동사 어 간 '흥-'[ha-]형이 구어로 '허-'로 발음되는 경우가 있으며, 또한 '흥여' 역시 '희'로 발음된다고 기술하였다. 이러한 관찰에 의하면, 지역방언의 구어에 따 라서 '흥여 → 희'로의 발달이 20세기 초엽에는 이미 확립되었던 것으로 보인 다. 필자는 이와 같은 '흥여 → 희'의 발달은 직접 형성된 것이 아니고, 16세기

---

41) 이러한 '희야'형은 18세기 초엽 『念佛普勸文』(1704, 예천 용문사본)에서도 대부분의 보수형 '흥야' 가운데 다음과 같이 부분적으로 등장하였다. 해당 부분의 ( ) 속에 桐華寺本(1764)에 나타난 표기 형태를 대조시켜 놓았다.
　　ㄱ) 사룸으게 젼희(흥)야 대도 동참희(흥)야 다 극낙의 가게(38ㄴ)
　　ㄴ) 념불은 샹하 남녀업시 다 흥라 희(흥)야시디(38ㄴ)
　　ㄷ) 져근닷 싱각희(흥)야 ᄆᆞ음을 ᄶᅵ쳐 먹고(40ㄴ)
　　ㄹ) 시쥬 냑간 희야도…시쥬 만만 히야도(34ㄴ)
　　　　cf. 비록 악죄 만만 흥야도 주글 째예(22ㄴ)
　　ㅁ) 삼일 희(흥)온 공덕은(40ㄱ) ∽ 금식애 흥(흥)온 공덕(40ㄱ)
위의 예에서 (ㅁ)의 '희온'은 '흥온>히욘>히온'과 같은 동화 과정을 나타낸 것이다. 또한, 이러한 예는 중세국어에서 통상적으로 '희오-'로써 파생된 사동의 파생 어간과는 상이하다 고 생각한다(안병희 1959: 28-29). cf. 요ᄉᆞ싀예 흥욘 공덕으로(月釋, 序 26ㄱ).

이후 문자 표기에 변이의 현상으로 출현하였던 동화형 '히여'가 점진적으로 그 세력을 확대하였던 것으로 판단한다. 그리하여 최종적인 '히'형은 또 다른 유형의 변화 '히여>히'의 개입으로 결과되었다고 추정한다. 이러한 변화의 과정은 19세기 후기 전라방언 자료 중에서 신재효의 「판소리 사설집」 여섯 마당에 일반적으로 완료되어 나타난다. 그 가운데 일부의 예만 보이면 다음과 같다.

> (15) 그리히도 니가 알고 져리히도 너가 아니(판, 박. 348)
> cf. 그러ᄒ나 져러ᄒ나(판, 박. 364)
> 가장 갑을 못히시니 호령이나 할 슈 잇나(판, 박. 388)
> 의원이나 쳥히다가 침약이나 ᄒ여 보자(판, 변. 566)
> 호강 만니 히쑤만(판, 심. 218)
> 과긱질도 못히 먹게(춘, 남. 68)
> 방ᄌ야 통긔히라(춘, 동, 124)
> 죽ᄌ히도 썩 못 죽고 스ᄌ히도 살 슈 업서(판, 변. 558)
> 져리 보와도 일싴이요 아물히도 네로구나(판, 변. 608)[42]
> cf. 안찌도 ᄒ여 보고 업기도 ᄒ여 보고(판, 박. 344)
> 굼짜 굼짜 못ᄒ여서(판, 박. 354)

신재효의 판소리 사설에서도 보수적인 'ᄒ여' 또는 'ᄒ야'와 개신형 '히'는 부단한 변이의 모습으로 반영되어 있다. 이와 같은 사정은 다음과 같은 대화 예문에서 충분히 관찰된다. 그 셰간은 얼민나 되들아우? 엇지 다 말하여야, 돈만 히도 숨십여만이졔, 호쵸만 ᄒ여도 팔천셕이지야(판, 박. 416). 그 반면, 19세기 후기 전라방언 자료 가운데 판소리계 완판본 고소설에서는 위와 같은 구어형 '히' 보다 문어형 'ᄒ야'와 'ᄒ여'가 일반적으로 사용되었다. 그러나 다음과 같은 예의 출현은 '히'의 일반적인 경향이 판소리계 고소설 유형의 언어에서도 강했음을

---

42) 신재효의 판소리 사설에서 'ᄒ여' 활용형이 '히'로 정착되었음은 가람본 「춘향가」의 방언 자료적 성격을 정리한 김옥화(미간)와, 19세기 후기 전라방언의 모음 현상을 논의한 최명옥 (1992: 65-66)에서 상세하게 언급된 바 있다.

의미한다. 춘져리 당희온들 도리화기 너가 알며 추져리 당 희온들 황국단풍 엇지 알며(수
절가, 하. 20ㄴ). 특히, 완판 84장본『열여춘향수절가』에 출현하는 '글희셔요(상. 41
ㄴ), 글헤 엇지 디답하엿난야(상. 14ㄱ), 그레 안이 다려 가고 전데닐가(상. 41ㄱ)' 등의 예
들은 여기서 'ㅎ여→희'의 경향이 신재효의 판소리 사설에 못지 않았음을 보
여 준다고 생각한다.[43]

　19세기 후기 경상방언(부산 중심의)을 반영하고 있는 正訂『隣語大方』(1882)과
재간『交隣須知』(1883)에서도 '희'형이 생산적으로 출현하였다. 이 자료들에서
'ㅎ->허-'의 변화를 수행한 '허-'형이 빈번하게 등장하였다.[44] 그리하여 먼저
'희'로 축약을 거치지 않은 문어형 'ㅎ여' 형태들도 '허여'로 전환되었다. 그러
나 동사 어간 'ㅎ-'에 적용된 이러한 변화는 그 전 단계에 이중모음 [hʌy]을
형성했었던 19세기 후기의 '희'[hɛ] 형태에는 아무런 영향을 주지 못한 것처
럼 보인다.

　　(16) a. 슈보는 거위 다 희쩌니와 안직 방을 쮜미지 못희끠에 도비나 다 흔
　　　　　후에 들게 허엿습네(인어 5.9ㄱ)
　　　　　여간 슈보만 희셔는 도루여 허비가 되오니 대슈리를 허실 쌕게는
　　　　　슈가 업사오리(인어 2.4ㄱ)
　　　　　우리 쥬인에 집이 경측ㅎ야 머무지 못허게 되여서 슈리를 시작희쓰
　　　　　니(인어 2.10ㄱ)
　　　　　이 비단이 근본은 돗타 희도 이리 슈침ㅎ야 투식 희스니 못 스겟다

---

43) 金文基藏 필사본『흥보전』(「古典文學 精選」에 수록, 형설출판사, 1982)은 19세기 후기 전라방
　　언 자료들과 대체로 공통적인 언어 특질들을 반영하는데, 여기서 'ㅎ여'의 변화형들이 주로
　　'희야'형으로 사용되었다. 놀보 심사희야(318ㄱ), 어진 동성 구박희야(318ㄱ), 형제의을 싱각
　　희야(319ㄴ), 노복 불너 분부희야(320ㄱ) 등등. 또한, 이 자료에 자음어미 앞에서도 '희'형이
　　실현되어 있어 주목된다. 그러나 이 예들은 부사형 '희'에 대한 類推라기 보다는 생산적인
　　움라우트 현상의 일단을 보이는 것으로 생각된다. 악인을 멀니 희며(318ㄹ), 장에 기면 억미
　　희기(318ㄱ), 그러희면 엇지 희야 왓심나(323ㄴ), 밥을 지어 먹자 희면(318ㄴ) 등등.
44) 이와 같은 'ㅎ->허-'의 변화는 19세기 후기 전라방언 자료에서도 끊임없는 변이의 현상으
　　로 출현하였다. 예를 들면, 완판본『열여춘향수절가』(84장본)에서는 같은 문장 가운데 '하-'
　　와 '허-'형이 공존하고 있다. 너만 <u>한</u> 정절은 나도 잇고 너만 <u>헌</u> 수절은 나도 잇다(수절가,
　　하. 8ㄱ).

(인어 1.7ㄱ)

cf. 즈셰히 드루려 허고 다시 쳥허여 쓰니(인어 2.7ㄴ)45)

b. 의식이 죡히야 냥반질 허는니라(교린 1.46ㄱ)

펑디를 거러 가는듯 허여 든든 허외다(교린 2.4ㄱ)

경도가 슌허여야 잉틱를 잘 헌다 ᄒᄋᆸ네다(교린 2.51ㄴ)

19세기 후기 전라방언과 경상방언의 다양한 자료들에 이와 같이 출현하는 '히'형들이 그 이전 단계에서 제1차 움라우트 현상을 거쳐서 이미 16세기 국어의 구어에서부터 확립된 '히여' 또는 '히야'로부터의 점진적인 발달이라고 한다면,46) '히-'에 후속되는 부사형어미 '-여' 또는 '-야'에 어떠한 수정이 첨가되었을 것으로 생각된다. 신재효의 판소리 사설 가운데에서도 '히-' 어간에 여전히 '-여'가 연결된 형태도 간혹 발견되는 사실을 보면 그러한 수정은 19세기 후기로부터 그렇게 멀리 소급되지 않을 것 같다. 살히코져 히여쩌니(판, 적. 456).47) 이러한 사실과 관련하여, 19세기 후기 함북방언의 부분적인 특질을 반영하고 있는 김병옥의 『춘향뎐』(1898, St. Petersburg)에서 사용된 예들은 전형적인 'ᄒᄋᆡ'형만 보여 주지만 다음과 같이 '히여'가 '히어'로 조정된 모습을 보이기도 하였다. 의복티장 아니 히어시나(26. 8)(최전승 1997: 411).

19세기 후기 전라방언에서 동사 어간 '히-' 다음에 통합되는 부사형어미 '-여'가 겪었을 언어 변화에 대한 가장 개연성이 있는 사실이 최명옥(1992: 65-66)에

---

45) 19세기 후기 『인어대방』(일본 외무성장판, 1882)에 반영된 '히'형들은 이 시기의 개괄적인 문법사를 논의하는 과정에서 이현희(1994: 61-62)에서 검토된 바 있다. 이현희(1994)는 여기서 '축약'이라는 용어를 사용하였는데, 이것은 'ᄒᄋᆡ여'와 'ᄒᄋᆡ엿다'가 각각 '히'와 '힛다'로 직접 전환되는 과정을 지칭하였다.

46) Martin(1992: 523-524)에서 또한 현대국어에서 문어와 구어 사이에 교체되고 있는 '하여>해'와 같은 축약이 주목되었다. Martin 선생은 '히'형이 최근까지 文證되지 않았으며, 19세기 후반 Gale의 『ᄉᆞ과지남』(Korean grammatical forms, 1894)에서 'ᄒᄋᆡ여요'가 '히요'로 발음된다는 기술이 있음을 제시하였다. 그는 어떻게 해서 '해' 축약형이 형성되었는지 분명하지 않지만, *'해여'[hay ye] 또는 *'히여'[hʌy ye]와 같은 중간단계를 설정할 수 있을 것으로 추정하였다. 사실 Martin 선생이 추정한 '히여' 형태가 16세기 국어에서부터 출현하고 있는 셈이다.

47) 신재효의 『판소리사설집』에서도 필사본의 유형에 따라서 보수형 '히야'와 개신형 '히'의 분포가 다르게 나타난다. 예를 들면, 집은 안이 변히야쩌나(가람본 춘향가 37ㄴ)~집은 아니 변힛시나(星斗本B, 춘,남. 64)~힛득힛득 히여논이(가람본, 춘,동.110).

서 관찰된 바 있다. 최명옥 교수는 19세기 후기 전라방언의 자료에서 어간에 통합되는 부사형어미들이 그 어간 모음에 완전히 순행 동화된 다음 탈락하여 버리는 경향을 주목하였다(p.65). 즉, 암만 히도(히+여도, 춘, 동. 10), 씨졋무나(깨+어 지-, 춘, 동. 84), 날이 시도(새+어도, 춘, 동. 26), 달늬 볼가(달래+어, 판, 박. 366).[48] 그러므로 19세기 후기 남부지역방언의 예문 (15)와 (16)에 출현하는 '히'형들은 먼저 부사형어미 '-여'가 선행하는 '히-'(爲) 어간 모음에 순행 동화되어 [hɛ+-ɛ]를 형성하고, 그 이후에 어간모음과 동일한 모음인 [-ɛ]가 탈락되거나, 아니면 어간모음을 장음화하였다고 판단한다. 이와 같은 과정은 20세기 초엽 육진방언을 반영하는 옛 러시아 Kazan' 자료들에서 정밀한 음성전사로 실현되어 있다.

(17) a. əkkɛ turgə mɛɛšə(매었어, 교과서 54.82)[49]
　　　ori šeesso(옳게 세었소, 회화 45.292)
　　　toni ori šee mɛk'yesso(옳게 세어, 45.291)
　　　pʰuru pee nosso(베어, 회화 31.160)
　　b. mari hɛɛra(말을 해라, 회화 35.201)
　　　yogu hagira šiydzɛgiri hɛɛšə(시작을 했어, 교과서 58.85)
　　　kiymani kebi na hɛɛšə(겁이 나 했어, 교과서 73.91)
　　　pursaŋ hɛɛ hagi(불상해 하기, 소사전 p.30)
　　c. hundyɛ usumyəŋmarɤɛ(우스며 말해, 교과서 75.91)
　　　hundya mušəba hɛ(무서워 해, 교과서 73.91)
　　　sallimi kananɛšə(가난해서, 교과서 40.59)
　　　ʧibi tsuʸ manɤɛšə(쥐 많아서, 교과서 43.66)[50]

---

48) 또한, 19세기 후기 전라방언 자료에서 'ㅂ'변칙 용언들의 어간말 모음 '어' 또는 '아' 다음에 후속되는 부사형어미가 탈락되는 현상도 발견된다.
　　잇고 무셔라(무섭+-어, 수절가, 하. 41ㄱ)
　　일식이란 말은 듯고 반가 ㅎ며(반갑+-아, 수절가, 하. 21ㄱ)
　　춘향이 북그려ㅎ니(북그럽+-어, 수절가, 상. 32ㄴ) ∽ 붓그려워 못벗것소(병오, 춘. 9ㄱ)
　　크게 두려 ㅎ더라(두렵+-어, 삼국지 3. 43ㄴ)
49) Kazan' 자료들에 사용된 키릴문자를 로마자로 음성 부호화하는 데에는 King(간행 예정)을 그대로 이용하였다. 인용문은 먼저 쪽수를 나중 과목 또는 문장 번호를 제시하였다. 인용된 예문들에 원래 첨가되어 있는 강세 표시는 이 글의 논의와 직접 관련이 없기 때문에 편의상 생략하였다.

1901년과 1904년 사이에 제정 러시아 카잔에서 러시아 정교 선교협회가 간행한 『한국인을 위한 초등 러시아어 교과서』(약칭: 초등, 1901), 『한국인을 위한 철자 교과서』(약칭: 교과서, 1902), 『로한회화』(약칭: 회화, 1904), 『로한 소사전』(약칭: 소사전, 1904) 등으로 구성된 일련의 카잔 자료에서 자음어미 앞에 통합되는 동사 어간 'ㅎ-'(爲)의 반사체들은 언제나 [ha-]로 전사되어 있다. 그 반면, 부사형어미 '-여'와 연결된 형태는 어간 모음이 [ɛɛ](17b) 또는 [ɛ](17c)로 나타난다. 카잔 자료에서 동일 모음의 반복 표기는 일반적으로 장음을 나타내는 것이 원칙이었다(곽충구 1994: 104-105). t'ɛɛgira(불을 때:기를, 회화 55.83), t'ɛɛgu nani(불을 때:고 나니, 회화 55.83).

카잔 자료에 나타나는 위와 같은 동일 모음 반복 표기는 먼저 부사형어미가 선행하는 어간 모음에 순행 동화된 다음 탈락하기 이전에 장음을 형성했던 것으로 생각된다. 그러나 (17c)의 예들은 이와 같은 장음이 비어두음절 위치에서 오래 유지될 수 없었음을 의미하는 것으로 보인다. 즉, *Azbuka dlja Korejtsev*(한국인을 위한 철자 교과서, 1902)의 머릿말 가운데 [hagi]의 과거시제형은 [hɛsso], [hɛšə], [hɛ]와 같이 발음에 있어서 차이가 있다고 지적되었다(p.ix). 그리고 어간 첫 번째 모음 [ɛ]는 반복되기도 하고 반복되지 않기도 하는데, 반복되지 않을 때는 (1) 빈번한 사용, 또는 (2) 발음의 속도에 달려 있다고 설명하였다. 그러나 일반적으로 다음절 어간 뒤에서 [ɛ]가 반복되며, 단음절 어간 뒤에서는 [ɛ]만 출현하지만 예외가 많이 허용된다고 첨부하였다. 위의 예문 (17)b와 (17)c는 이러한 사정을 반영하고 있는 것으로 보인다. 그러므로 필자가 설정한 변화의 단계 '히여>x>힝'에서 x는 19세기 후기 이전 단계에서 수행된 '히여>히이>힝:'가 될 것으로 추정한다.[51]

---

50) 카잔 자료 중에는 문어체 '하여'형이 등장하기도 하였다. tse toŋmiyri purbə hayesso(제 동무를 부러워 하였소, 교과서, p.9). 또한, 「한국인을 위한 철자 교과서」(1902)의 머리말(p.ix)에 삽입된 脚註에 '해여서'[hɛyəs'ə]와 같은 발음도 언급되어야 함을 지적하였는데, 이것은 '햇:소'[hɛɛs'o]와 동일한 것이라고 하였다.

51) 그러나 현대국어에서 '하여'와 '해'형은 문어와 구어 스타일에 따른 출현 환경을 유지하고 있다. 구어형 '해'의 일부 지역방언형 '혀:' 또는 전북방언에 특유한 '히:'의 출현은 'ㅎ-(爲)

|4| 결 론

4.1 지금까지 필자는 이질적이고 다양한 문헌 자료를 통하여 국어 방언사를 고찰하게 될 때 파생되는 문자 표기와 언어의 실상간의 관계에 대한 몇 가지 문제를 사회 언어학에서 개발된 언어 변이의 측면에서 해석하려고 시도하였다. 이러한 작업을 위해서 우선 필자는 각 시대의 여러 형식의 문헌 자료들에 반영된 언어는 그 고유한 말의 스타일을 보유하고 있다고 판단하였다. 그리하여 전통적인 불경 언해류의 자료들 역시 당대의 보수적인 문헌어를 나타내고 있기 때문에 여기에 반영된 말의 스타일을 통해서 구어의 실상에 이르는 방안을 생각하여 보았다.

즉, 일정한 문헌에 표기상 보수형과 개신형이 번갈아 출현할 때(그리고 이러한 교체가 단순한 표기법의 문제가 아니라는 사실이 분명하다면), 이러한 모습은 해당 지역 사회에서 진행 중에 있는 음성변화의 상태가 선정된 말의 스타일 가운데 변이의 형식으로 그대로 반영된 것으로 이해하였다. 필자의 이러한 판단은 오늘날 지역방언을 사용하는 화자들의 구어를 그대로 채록해 놓은 구비문학 구술 자료와 민중 자서전 부류에 담긴 언어 내용에 나타나는 변이의 현상들이 예전의 문헌 자료에 반영된 모습과 어느 정도 일치하고 있다는 사실에 근거한다. 그러나 동일 화자의 동일한 말의 스타일에 서로 교체되는 보수형과 개신형 또는 표준형과 방언형들의 출현이 화자의 어떠한 의도 내지는 심리적 상태 또는 話題의 변화 등과 관련되어 있는지 규명할 수 없었다.

그러므로 종래에 논란되어 온 역사적 변화의 시대 설정의 문제(예를 들면,

>허-'와 관련되어 있을 것으로 생각된다. 어간 '허-'와 활용형 또는 종지형 '혀:'는 경기도 일대를 포함한 중부방언에서부터 전남 일부의 지역에까지 확대되어 있다.
특히 전북 일대의 하위방언에서 '혀:'는 '히어[hiə]로 사용되는 경우가 많다. 여기서 '히어' 형은 '허-(爲)+-어'의 과정보다는 '히여'에서의 변화를 거친 형태일 가능성이 더 많다. 따라서 전북방언에서의 '혀:' 또는 '히:' 형태는 '히여'에서 발달된 것으로 생각된다. 그러나 여기서 '히:'형은 반말체의 종결어미로 결코 출현하지 않는다(김창섭 1997을 참조).

'ㅇ'의 제1단계 및 2단계의 변화 또는 구개음화 등등)도 역시 문헌 자료에 반영된 말의 스타일과 변이 현상을 고려하여야 될 것이다. 이와 같은 관점에서 15, 6세기에 간행된 문헌 전체를 컴퓨터에 입력하여 'ㅇ'의 제1단계 변화의 시기와 그 변화 유형을 정밀하게 검토한 한영균(1994)의 방법론은 시위 하는 바 크다고 판단한다.

4.2 새로운 언어변화를 발견하려는 의도에서 지나간 역사적 단계의 문헌 자료들을 전통적인 문자 표기의 일탈을 통해서 검토할 수밖에 없는 연구자의 입장은 사회 언어학에서 말하는 이른바 "관찰자의 모순"을 연상케 하는 것이다. 이러한 관찰자의 모순에 대한 몇 가지 유형을 주로 §2에서 논의하였다. 19세기 후기 전라방언 자료에서 표기상의 문제로 돌릴 수밖에 없는 '표슈/퓌슈' (砲手), '머리'(頭)와 '법'(法) 등이 오늘날의 지역방언 구술 자료에서도 사용되고 있음을 밝혔다. 그리하여 역사적 어느 단계에서 형성된 고유한 음성변화가 1) 공시적으로 만족스럽게 설명되지 못하고, 동시에 2) 오늘날 지역방언들에서 공시적 흔적을 남기지 못했을 때(또는 관찰의 부정확에 말미암을 개연성도 있다), 이와 같은 유형의 변화를 야기 시켰던 원리가 그대로 매몰될 수밖에 없는 상황을 생각하여 보았다.

　이러한 사실과 관련하여 16세기 최세진의 저작물에서 고립되어 출현하였던 '-브터'(附)의 이형태 '-우터'형이 16세기 후반 청주 언간에서와 17세기 초반의 현풍곽씨 언간에서 일부의 특정한 사회 계층의 화자들에서 사용되고 있음을 규명하였다.

4.3 16세기 국어의 문헌 자료에서부터 일종의 변이의 형식으로 표기에 반영된 '호여>회여'(爲)와 같은 변화는 극히 미묘하고 또한 미미한 대상이었기 때문에 종래에 하나의 분명한 음운 현상으로 관찰되지 못했다. 일정한 개재 자음이 없이 음절의 경계에서 y의 첨가와 관련된 이러한 유형은 "발음에는 본

질적인 차이가 없고 단지 음절 분단의 기준에 變位가 있었던 표기"(이숭녕 1955: 435) 양태로 전통적으로 인식하여 왔다.

그러나 필자는 16세기 후반의 청주 언간에서 '히여'형의 생산적인 쓰임을 추출하고, 이러한 현상은 청주 언간이 보유하고 있는 구어성과 연관되어 있다고 해석하였다. 그리하여 'ᄒᆞ여>히여'의 변화는 일종의 제1차 움라우트를 반영한 예이며(hʌ-+-yə>hʌy-+-yə), 16, 7세기 문헌어에서도 이러한 변화형들이 비록 그 출현 빈도는 열세이지만 보수적인 'ᄒᆞ여' 또는 'ᄒᆞ야'형과 공존하여 왔음을 제시하였다. 동시에 '히여'의 지속적인 발달형은 오늘날의 구어체 스타일에서 '하여→해'로 출현하는 '해'와 직접 연관되어 있을 가능성을 추구하였다. 19세기 후기 지역방언들에서 '히-'형이 이미 확립되어 있기 때문에, 그 이전 단계에서 구어에서 출발하여 발달하여 온 '히여'형은 '히여>x>히'와 같은 변화를 수행하였을 것으로 판단하였다. 여기서 필자는 x의 중간 단계를 20세기 초엽 제정 러시아에서 간행된 일련의 카잔 자료에 정밀하게 음성 전사된 예들을 통해서 [hɛ-+-yə] → [hɛ-+-ɛ] → [ɜɜɛ] → [hɜɛ]로 확인하였다.

참고문헌

곽충구(1994), 「함북 육진방언의 음운론」, 국어학 총서 20, 국어학회.

김영배(1990), '「聖觀自在求修六字禪定」에 대하여, 서남춘 교수 정년퇴임 기념 「국
　　　어국문학 논문집」, 경운출판사.

김영배 외 2인(編,1996), 「염불보권문의 국어학적 연구」, 동악어문학회.

김영신(1980), '「동국신속삼강행실도」의 국어학적 연구', 「부산여대 논문집」 9집.

김완진(1973), '음운변화와 음운의 분포, 「진단학보」 33, 진단학회.

＿＿＿＿(1996), 「음운과 문자」, 신구문화사.

김영선(1997), 「우리말 음절구조의 선호성에 따른 음운현상에 대한 역사적 연구」,
　　　세종출판사.

김옥화(미간), '가람본 춘향가의 방언자료적 성격'(pp.1-26).

김일근(1991), '진주하씨 묘 출토문헌의 개관', 「진주하씨 묘 출토문헌과 복식 조
　　　사 보고서」, 건들바위 박물관, 대구.

김정태(1994), '음운변화와 그 방향의 문제', 「우리말 연구의 샘터」, 연산 도수희
　　　선생 화갑기념논총 간행 위원회.

김정태(1966), 「국어 과도음 연구」, 박이정 출판사.

김종규(1989), '중세국어 모음의 연결제약과 음운현상', 「국어연구」 90호.

김주필(1993), '「진주하씨 묘 출토 한글 자료」에 대한 음운론적 연구', 「진단학보」,
　　　75, 진단학회.

＿＿＿＿(1994), '17, 8세기 국어의 구개음화와 관련 음운현상에 대한 통시론적 연
　　　구', 서울대학교 박사학위논문.

김차균(1971), '변칙용언 연구', 「한글」 149호, 한글학회.

도수희(1987), '한국어 음운사에 있어서 부음 y에 대하여', 「한국어 음운사 연구」
　　　에 수록, pp.157-177, 탑출판사.

백두현(1992), 「영남 문헌어의 음운사 연구」, 국어학 총서 19, 국어학회.

＿＿＿＿(1997), '「현풍곽씨 언간」 판독문', 「어문론총」 31호, 경북어문학회.

송　민(1988), 「전기 근대국어 음운론 연구」, 국어학 총서 8, 국어학회.

안병희(1977), '중세어 자료 「六字神呪」에 대하여', 이숭녕선생 고희기념 「국어국
　　문학논문집」, 탑출판사.

_____(1992), '「월인석보」 권 11.12', 「국어사 자료 연구」에 수록, 문학과 지성사.

유탁일(1983), 「완판 방각소설의 문헌학적 연구」, 학문사.

이기문(1971), 「훈몽자회 연구」, 한국문화연구총서 5집, 한국문화연구소.

_____(1972), 「국어사 개설」, 탑출판사.

_____(1991), '근세 중국어 차용어에 대하여', 「국어 어휘사 연구」에 수록, 동아출
　　판사.

이광호(1984), '동사 어간 '하-'의 음운현상', 「어문학」 제4집, 국민대학.

_____(1996), '언문 간찰의 형식과 표기법', 「정신문화연구」 19권 3호.

이명규(1990), '구개음화', 「국어연구 어디까지 왔나」, 동아출판사.

이병근(1996), '16, 17세기 언간의 표기에 대한 음운론적 이해', 「정신문화연구」 19
　　권 3호, 한국정신문화연구원.

이숭녕(1988), 「이숭녕 국어학선집, 음운편 Ⅲ」, 민음사.

이현희(1987), ''ᄒᆞ다' 어사의 성격에 대하여', 「한신논문집」 2집, 한신대학교.

_____(1994), '19세기 국어의 문법사적 고찰', 「한국문화」 15, 서울대학교.

유창돈(1980), '이조국어사 연구', 이우출판사.

전광현(1970), '「권념요록」에 대하여', 「낙산어문」 제2집, 서울대 문리대.

전철웅(1995), '「청주북일면 순천김씨 묘 출토 간찰」의 판독문, 「호서문화연구」
　　제13집, 충북대학교.

정 광(1986), ''하-' 동사활용의 음운론적 해석', 「국어학 신연구」, 탑출판사.

조건상(1981), 「청주북일면 순천김씨 묘 출토 간찰」, 충북대학교 박물관.

최명옥(1988), '변칙동사의 음운현상에 대하여: li-, lə-, ε(jə)-, h-변칙동사를 중심으
　　로', 「어학연구」 24-1.

_____(1992), '19세기 후기 국어의 연구: <모음 음운론>을 중심으로', 「한국문화」
　　13집, 한국문화연구소.

_____(1995), '경남 합천지역어의 음운론', 「대동문화연구」 제30집.

최임식(1984), '19세기 후기 서북방언의 모음체계', 계명대학교 석사학위논문.

_____(1994), 「국어방언의 음운사적 연구」, 문창사.

최전승(1986), 「19세기 후기 전라방언의 음운현상과 그 역사성」, 한신문화사.

_____(1995), 「한국어 방언사 연구」, 태학사.

_____(1997), '「춘향전」 이본들의 지역성과 방언적 특질', 「조항근선생 화갑기념 논총」, 보고사.

_____(1997a), '용언 활용의 비생성적 성격과 부사형어미 '-아/어'의 교체 현상, 「국 어학 연구의 새 지평」, 태학사.

최학근(1978), 「한국 방언사전」, 현문사.

한영균(1994), '후기 중세국어의 모음조화 연구」, 서울대학교 박사학위 논문.

황문환(1996), '16, 17세기 언간의 상대경어법 연구', 한국정신문화 연구원 한국학 대학원 박사학위논문.

허 웅(1975), 「우리 옛말본」, 샘문화사.

_____(1986), 「국어 음운학」, 샘문화사.

홍윤표(1985), '구개음화에 대한 역사적 연구', 「진단학보」, 60, 진단학회.

____(1994), 「근대국어연구」(I), 태학사.

小倉進平(1924), 「南部 朝鮮의 方言」, 朝鮮史學會.

Anttila, R.(1977), *Analogy*, Mouton Publishers, The Hague.

Barbour, S & P. Stevenson.(1990), *Variation in German*, Cambridge Univ. Press.

Behaghel, Otto.(1968), *Die Deutsche Sprache*, Max Niemeyer Verlag.

Chambers, J. K.(1995), *Sociolinguistic Theory*, Basil Blackwell.

Chen, M.(1972), 'The time dimension: Contribution towar a theory of sound change', *Foundations of Language*, 8.

Goossens, L.(1995), 'Historical Linguistics' in *Handbooks of Pragmatics*, edited by Verschueren et als, John Benjamins.

King,J. R. P.(forthcoming), The Korean Language in Imperial Russia, Vol.1: Amateurs Sources, Vol. 2: The Kazan' Materials.

Labov, W.(1972), *Sociolinguistic Patterns*, Basil Blackwell.

_____ (1982), 'Building on Empirical Foundations', in *Perspectives on Historical Linguistics* edited by Lehmann, W. & Y. Malkiel, John Benjamins.

Lass, R.(1997), *Historical Linguistics and Language Change*, Cambridge Univ. Press.

Martin, S. E.(1992), *A Reference Grammar of Korean*, Charles E. Tuttle Company, Japan.

McIntosh, A.(1988), 'The Analysis of Written Middle English', in *Middle English Dialectology* edited by Laing M. The Aberdeen Univ. Press.

McIntosh, A, M L Samuels & M. Laing(1989), *Middle English Dialectology*, The Aberdeen Univ. Press.

Meillet, A.(1967), *The Comparative method in Historical Linguistics*, Translated from the French, Librairie Honore Champion, Paris.

Milroy, J.(1992), *Linguistic Variation and Change*, Basil Blackwell.

_____ (992a), 'Middle English Dialectology', in *The Cambridge History of the English Language*, Vol. II edited by Bake N., The Cambridge Univ. Press.

Paul, H.(1960), *Prinzipien der Sprachgeschichte*, Max Niemeyer Verlag.

Traugott, E. L.(1982), 'Concluding Remarks', *Papers from the 5th ICHL*, John Benjamins.

Wang, W. S-Y.(1969), 'Competing changes as a cause of residue', *Language* 45-1: 9-25.

Weinreich, U, W. Labov and M. Herzog(1968), 'Empirical foundations for a theory of Language change', in Lehmann and Malkiel 1968: 95-195.

제 3 장

국어 방언사에서 원순모음화 현상의
내적 발달과 개별 방언 어휘적 특질[*]

|1| 서 론

음성변화를 포함한 대부분의 언어 변화는 크게 두 부분으로 나뉜다. 하나
는 변화 그 자체가 하나의 개신으로서 일정한 시기와 일정한 지역에서 처음
으로 나타나는 출발과 시작이고, 다른 하나는 그 변화가 전파되어 지리적으로
또는 사회적으로 확산되는 모든 과정을 말한다.

역사 언어학이 보유한 방법론상의 부분적인 한계는 어느 시기의 문헌 자료
들의 표기에 반영된 문자 상의 대치 또는 변이를 기준으로 해당 언어 변화의
절대적인 연대와, 다른 변화와의 시간상의 상대적 연대를 측정할 수밖에 없다
는 제약이다. 또한 이러한 문헌 자료에 근거한 방법론은 자료를 해석하는 학
자들의 관점에 따라서 어느 일정한 언어 변화의 출발과 지리적 확산 및 그 과
정의 종료에 대한 판단과 해석에 상당한 불일치를 제공한다.¹⁾

---

* 이 글의 초고를 작성하는 과정에서 자료의 확인과 논지의 전개에 도움을 준 경북대학교 백두
  현 교수에게 감사한다. 또한, 이 글의 초고를 숙독하고 적절한 논평과, 누락된 몇 가지 참고문
  헌을 소개하여 전북대학교 고동호 교수와 원광대학교 박종희 교수에게 감사한다.
1) 문헌 자료에 반영된 표기상의 관찰에 근거한 국어 음운사의 연구에서 '♀'의 비음운화의 출
  발과 그 완료에 해당되는 역사적 시기 설정은 연구자들의 관점에 따라서 매우 다양하게 제
  시되어 있다. 유창돈(1964: 28)은 15세기 중엽부터 '♀'의 소실이 이미 출현하였으며, 17세기

특히 음성변화가 실현되는 기본 단위가 그 변화의 구조적 조건을 만족시키고 있는 음성 또는 음운 단위라기보다는 어휘부 내부의 개별 어휘들이라고 전제하는 어휘 확산의 관점에서 볼 때, 일정한 변화는 단어에서 다른 단어로의 점진적인 전파의 과정을 거친다(Ogura & Wang 1994). 어휘 확산의 초기 단계에 하나의 개신은 비교적 소수의 단어 부류에 적용되지만, 그 후 일정한 기간 동안에 개신의 추진력이 가속화되어 여타의 다른 단어들로 급진적으로 확대되어 가는 것이다. 또한, 어휘 확산의 개념은 언어 변화가 단어에서 다른 단어로의 전파뿐만 아니라, 화자에서 다른 화자로, 그리고 한 지역에서 다른 지역으로의 점진적으로 확대되는 과정도 포함된다. 따라서 이러한 언어 변화의 수행에는 개별적인 단어들의 차원과, 상당히 오랜 내적 시간의 차원을 필수적으로 요구하게 된다(Chen 1978).

그러나 언어 변화, 특히 음성변화의 점진적인 확산의 과정에서 가장 결정적인 역할을 하는 요인은 해당 단어가 보유하고 있는 어휘적 특성이라고 판단된다. 필자가 생각하는 단어의 어휘적 특성은 분절체상의 구성 조건과 음절 구조 및 초분절음소 뿐만 아니라, 의미와 사용 빈도수 그리고 다른 사회 언어학적 요인들을 말한다. 문헌 자료에 의해서 반영되는 일정한 통시적인 언어 변화에서 그 변화에 일찍 적용되거나 또는 변화에 가장 늦게까지 저항하는 단어들의 행위와 그 유형을 우리는 결과론적으로 확인할 수밖에 없다.

본고에서 필자는 국어 음운사의 이른 단계에서부터 규칙 확대의 과정을 거쳐 역사적으로 오랜 시간을 소요하여 수행된 원순모음화 현상을 중심으로 그

에 이르면 완전히 모음체계에서 제거된다고 파악하였다. 그 반면, 송민(1986: 98)은 제1음절의 '∘'가 '아'에 완전 합류되기 시작한 시기가 16세기 말엽이었음을 논증하였다.
그러나 이숭녕(1988)은 제1음절의 '∘'가 동요된 시기는 16세기 말엽이며, 음소로서의 /∘/의 전면적 소실이 16세기 후기에서 17세기 초엽에 걸친 것으로 단정하였다. 유희의 『언문지』에서 '∘'에 관한 증언과, '∘>아'의 변화를 표기상으로 대량으로 보여주는 18세기 말엽의 자료를 통하여 이기문(1972: 121)은 '∘'가 근대국어의 모음체계에서 완전히 사라진 시기를 18세기 중엽의 단계로 설정하였다.
또 다른 변화인 구개음화의 출발과 소멸의 시기 설정도 음운사 연구에서 역시 다양하게 추정되었다(이명규 2000: 14-16).

점진적 전파의 과정에서 일어날 수 있는 모음체계상의 문제들과, 이러한 음성 변화에 일찍 또는 늦게 참여하게 되는 일부 단어들이 보여 주는 개별 어휘적인 행위를 검토하고 논의하려고 한다.

본고의 제2장에서는 근대국어의 단계에 들어 와서 모음체계에서 '으'와 '우'가 원순성에 의한 대립을 형성하게 됨으로써 시작되었다고 통상적으로 기술되는 원순모음화 현상과 근대국어에서 확대된 이 규칙의 내용을 점검하고, 이 현상의 출발이 'ᄋ>오'의 변화와 더불어 16세기 이전으로 소급될 수 있는 가능성을 추구하였다. 제3장에서는 후기 중세국어의 특수어간 교체를 보여주는 제1유형인 '나모(木), 구무(穴), 불무(冶), 무수(菁)' 등이 내적 재구를 통하여 각각 비어두음절에서 비원순모음으로 복원되는 과정을 주목하였다. 그리고 전기 중세국어의 단계에서 이러한 'ᄋ>오'와 '으>우'의 순행 원순모음화가 작용할 수 있는 근거를 제시해 보려고 하였다.

제4장에서는 전기 중세국어의 단계에서 실현되었을 것으로 밖에 설명할 수 없는 '*ᄆᆞ져>몬져'(先)와 같은 변화의 가능성을 제시하였다. 그리하여 18세기 초엽과 중엽의 『염불보권문』들의 이본에 반영된 'ᄆᆞ져'형의 표기와 20세기 초엽의 육진방언을 반영하는 카잔 자료와 함북방언 등에서 등장하는 반사체 '만져' 그리고 어두음절의 모음에 'ᄋ'를 갖고 있는 제주도 방언의 존재를 통해서 후기 중세국어의 '몬져'는 선행 단계의 '*ᄆᆞ져'에서 원순모음화를 거쳐 발달된 형태임을 제시하려고 하였다. 제5장에서 후기 중세국어의 단계에서 지금까지 산발적으로 지적되어 온 원순모음화의 예들을 종합하여 하나의 일반적인 경향을 구축하려고 시도하였다. 그리고 20세기 초엽의 카잔 자료에 등장하는 '늡-(臥), 어듭-(暗), 느븨(妹), 그불-(轉), 느위(蠶)' 육진방언형들이 아직 원순모음화가 적용되지 않았던 전기 중세국어의 단계의 상태를 반영하고 있을 가능성을 제기하였다. 제6장에서는 후기 중세국어 단계에 일어났던 원순모음화 현상이 평순모음 '으'와 'ᄋ'가 당대의 원순모음 '오'와 '우'가 원순성 자질의 유무에 따른 대립을 형성하고 있는 모음체계에서 가능할 수 있음을 제시하고,

여기에 따른 모음체계를 상정해 보았다. 그리고 여기서 설정된 모음체계가 전기 중세국어의 일부와 'ᄋ'의 비음운화가 시작되기 이전의 근대국어의 모음체계에도 지속되었다고 판단하였다.

|2| 근대국어에서 원순모음화 과정의 전개

통상적으로 양순 자음 'ㅁ, ㅂ, ㅍ' 서열 다음에 오는 평순모음 '으'가 같은 서열의 원순모음 '우'로 순행 동화되는 음운론적 과정의 출현은 이러한 현상을 조건짓고 있는 새로운 모음체계의 출현과 관련하여 지금까지 국어 음운사의 연구에서 각별한 관심과 주목을 받아 왔다(김완진 1963; 이기문 1972; 백두현 1992; 한영균 1997; 송민 1998). 이와 같은 원순모음화 현상은 대체로 근대국어 초기에서부터 문헌 자료에 산발적으로 반영되기 시작하여 17세기 말엽에는 거의 일차적 완성 단계를 나타낸다(전광현 1967; 곽충구 1980). 이러한 사실은 원순모음화 현상을 모음체계상에서 실현시킬 수 없었던 중세국어와는 달리, 근대국어의 모음체계에서 평순모음 '으'와 원순모음 '우'가 원순성의 유무를 변별 자질로 하는 새로운 대립 관계를 형성하기 시작하여 점진적으로 확립되었음을 의미한다고 해석된다(한영균 1997: 477, 송민 1998: 41-43).

근대국어의 원순모음화 현상과 더불어 이와 비슷한 시기에 출현하기 시작하는 '위>의'의 비원순모음화 역시 중세국어의 음운현상에서 확인할 수 없었던 변화로, 근대국어 모음체계에서 형성된 '으'와 '우' 대립의 새로운 위상을 확인시켜 주는 것이다. 동시에 비어두음절 위치에서 근대국어에 새롭게 형성된 몇 가지 '의'의 기원 가운데 하나는 uy>iy와 같은 경향에서 찾을 수 있다. 이러한 원순모음화 현상과 여기에 대립되는 비원순모음화 현상은 17세기와

18세기의 일정한 기간 동안 그 규칙 적용에 있어서 공시적으로 서로 계기적인 연속이 아니라, 서로 중복(overlapping)되었거나 또는 일치(coincident)되었던 분포를 보인다 할 것이다. 송민(1998: 45)은 이 두 가지 음운변화가 근대국어의 단계에서 공시적으로 맺고 있는 관계를 공기적 유기성이라고 명칭한 바 있다. 그렇지만 이러한 '위>의'의 비원순화 실현 조건은 선행하는 양순자음의 환경에서만 아니라, 의미 전달의 역점이 약화되는 비어두 음절과 같은 약음절 위치에서도 가능하였다는 사실이 위에서 언급한 보편적인 원순모음화와 구별된다.2) 또한 비원순모음화는 이와 동일한 음성 조건에서 단모음 '우'를 '으'로 전환시킬 수 없었다.

근대국어에 수행된 '으>우' 원순화 현상은 그 지리적 확대 과정에 있어서 18세기와 19세기의 남부와 북부 지역방언에서는 적용되는 음성 환경을 곡용과 활용에서와 같은 형태소 경계와 이중모음 '의>위'에까지 도달한 것으로 보인다. 중앙어의 '나비(蝶), 거미(蜘)' 등의 어말모음이 이러한 원순모음화와 무관한 단모음화를 근대국어의 어느 시기에 거친 반면에(나비>나븨>나비, 거믜>거미), 남부와 북부 지역방언들은 '나븨>나뷔, 거믜>거뮈'와 같은 원순화를 거쳐서 오늘날의 방언형 '나부'와 '거무'로 사용되고 있음을 18세기의 대표적인 방언자료『염불보권문』의 다양한 판본들(1704년의 예천 용문사본과 1765년의 흥률사본 등)과 19세기 후반의 전라방언의 여러 자료들이 증언하고 있다.3)

---

2) 비원순모음화 현상은 이미 중세국어 후반에 실현되기 시작하여 이러한 경향은 17세기에 와서 일반화되었다(이기문 1978: 203). 예. 불휘(根)>ᄂᆞ물 쑬희(荣根, 소학언해 6:133ㄱ), 불희 근(根, 광주본 천자문 33ㄱ).

3) 18세기 초엽에 가까운 언어 현상을 보이는『倭語類解』에서 '기뮈'(痣, <기믜, 상. 51ㄱ), '물구뷔'(灣, <구븨, 상. 9ㄴ) 등과 같이 비어두음절 위치에서 '의>위'의 예들이 등장하였다. 그러나 같은 책에서도 이와 동일한 음성 조건을 갖추고 있는 다른 단어들의 경우에는 이러한 개신의 파장이 아직 도달되지 않은 모습을 보인다. '거믜'(蛛, 하. 27ㄱ), '나븨'(蝶, 하. 26ㄱ). 또한 이러한 원순모음화가『倭語類解』에서 단어에 따라서 어두음절에까지 확대되어 있었다. 뮈올 증(憎, 상. 23ㄴ). 이와 같이 '믭->뮙-'의 원순화를 수행한 형태는 18세기 후기의 다른 자료에서도 확인된다. 뮈어 ᄒᆞ야(명의록언해, 상. 66ㄴ), 뮈어 ᄒᆞᄂᆞᆫ고로(명의록언해, 하. 56ㄴ), 뮈워 ᄒᆞ다(역어유해, 보, 20ㄴ). 또한, '뮙-'형은 19세기 후기 전라방언 자료에서도 그대로 계승된다. 뮙구나(판, 박. 438), 무여 ᄒᆞ랴(성두본, 박. 2). cf. 뮈이 너기시고(경판본, 슉영낭ᄌ젼, 9ㄴ).

그러나 17세기 초엽부터 문헌 자료에 등장하는 '으>우'라는 원순모음화는 우선 이 개신이 적용되는 공시적 규칙의 입력에서 일반성이 결여된 모습을 노출시키고 있음을 지적할 수 있다. 즉, 이전 단계에서 '으'와 'ᄋ'는 자연부류를 형성하고 있었기 때문에 동일한 음성 조건에서 'ᄋ'도 역시 선행하는 양순자음의 원순성에 의한 동화에 '으'와 함께 참여하여야만 원순모음화 규칙의 일반성이 획득되기 때문이다. 20세기 초엽의 육진방언에 대한 옛 소련의 Kazan 자료(곽충구 1994; King 예정)에서나, 18세기 남부방언의 자료인 『염불보권문』(백두현 1992; 김주원 1992), 그리고 현대의 공시적인 전남과 경남 및 함북방언 등과 같은 지역에서 양순 자음에 후행하는 'ᄋ'가 원순화되어 '오'로 동화된 방언형들이 분포되어 있음을 상기할 때, 17세기 이후의 문헌어에 출현하기 시작하는 '으'만이 관여하는 원순모음화 현상은 일반적인 규칙이 아닌 것이다. 이러한 사정은 'ᄋ'의 비음운화 시기의 설정과 관련하여 지금까지 두 가지의 관점에서 해석되어 왔다.

첫째는 모음 '으'와 'ᄋ'에 적용될 수 있는 원순모음화 현상이 본격적으로 출현하기 이전에 중앙어 지역에서는 이 음운규칙의 입력의 대상 가운데 'ᄋ'가 비음운화되어 '아'로 합류되어 버렸다는 관점이다(김완진 1975: 3, 백두현 1992: 233). 근대국어의 계기적인 시간 차원에서 'ᄋ'의 비음운화 규칙이 먼저 일어나 원순모음화 규칙에 부분적인 출혈(bleeding) 상태를 초래한 것이다. 그 반면, 양순자음 다음 위치에서 '으'와 더불어 'ᄋ>오'의 원순모음화를 수행한 지역방언에서는 'ᄋ>아'의 개신파에 아직 휩쓸리지 않고 'ᄋ'가 음소로서 해당 모음체계에 존재하고 있었기 때문에 자연부류 '으'와 'ᄋ'를 입력으로 하는 일반화된 원순모음화 규칙을 보유하게 된 것이다.[4] 이와 같은 해석은 적어도 중부

전광현(1977: 203)에서 수집된 '미꾸라지'(鰍魚)의 전북 남원방언의 방언형 가운데 [myk'orɛŋi], [myk'oraci] 등의 존재를 볼 때, 비어두음절 위치에 일어난 '의>위'의 변화도 남부방언 등지에서 단어들의 유형에 따라서 확대되었을 것으로 생각된다.

4) 양순자음에 후행하는 'ᄋ'를 구비하고 있던 단어들이 보이는 원순모음화 양상(ᄑᆞ리>포리, 픗>폿, ᄆᆞ술>모실, 물>몰, 붉다>볶다, 묽다>몱다 등등)은 이러한 현상을 수용한 지역에서도 한결같이 않았으며, 동일 지역에서도 단어의 유형마다 확산의 상이한 정도를 나타내고 있

방언에서 일어난 '약'의 비음화의 시기를 근대국어 초기의 '으>우' 원순모음
화 현상이 확산되기 이전인 17세기로 계기적으로 설정하여야 된다(백두현 1992;
송민 1998: 43).

둘째는 '약>아'의 제2단계 변화의 완결 시기를 18세기 중엽으로 설정하려
는 입장에서 근대국어에 나타난 양순자음에 의한 원순모음화 규칙은 먼저 일
반성이 떨어지는 음운규칙으로 출발하였을 것으로 파악한다. 그렇기 때문에
'으'의 원순모음화가 나타나기 시작하였을 단계에서도 근대국어의 초기 모음
체계에서 '약' 모음 음소는 건재하였다는 가정을 한다(이기문 1977: 193; 곽충구
1994: 270). 그리하여 이 규칙은 '으'의 원순모음화에서부터 시작하여 상당한 기
간을 두고 확대되다가, 규칙이 일반화되어 18세기에 '약'로 파급될 즈음에는
'약'의 비음운화가 빠른 속도로 전개된 것이다.[5]

이와 같이 근대국어에서 일어난 '으'의 원순모음화 또는 '약'의 원순모음화
와 관련하여 음운사의 관점에서 위에서 제기된 어느 쪽의 가설도 이론상 가
능한 것이다. 그러나 중세국어의 단계 또는 그보다 더 이른 시기에 일어났다
고 상정할 수 있는 동일한 음성 조건에서의 원순모음화 현상은 전혀 다른 의
미를 갖는다. 이 시기에 관찰된 원순모음화는 근대국어의 경우와 적용 환경도

는 사실이 일찍부터 관찰된 바 있다(河野六郎 1945).

[5] 이기문(1977: 193)은 이러한 추정과 관련하여 아직도 어두음절 위치에서 '약'를 유지하고 있
는 현대 제주방언에서 양순음 뒤에서 '으'의 원순화는 여타의 다른 방언들과 동일하게 수행
되었으나 '약'의 원순화는 전혀 일어나지 않았다는 사실을 매우 중요시하였다. 따라서 근대
국어 초엽의 서울말에 '약'가 모음체계에 존재함에도 불구하고 초기에 실현된 원순모음화 규
칙이 '으'에만 적용될 수도 있었을 가능성을 설정하였다.
이와 같은 유형의 변화가 가능함은 근자의 Labov의 진행중인 변화에 대한 연구 가운데
Marthar's Vineyard의 섬에서 일어난 고유한 지역적 음성변화에 대한 연구에서도 확인된다
(Bynon 1977, 최전승 옮김 1992: 284-288). 1960년대 이 섬의 주민들 사이에서 이중모음 /aw/의
핵모음 /a/는 주위의 미국 본토의 발음과는 달리 점진적으로 중설 모음화되어 가는 상황이
관찰되었다. 그런데 New England 언어지도를 작성할 때 이루어진 현지 보고서는 1930년대에
/ay/의 핵모음 /a/가 무성자음 앞에서 심하게 중설화된 반면에, 다른 이중모음 /aw/의 핵모음
/a/는 전혀 중설화되지 않았음을 밝히고 있었다. 그러나 1960년대 초반 이 섬주민들의 말에서
/ay/의 핵모음 /a/는 모든 환경에서 중설화가 완료되었으나, /aw/의 핵모음 /a/는 중설화되어 가
는 여러 단계를 나타내고 있었다는 것이다.

약간 달리 하기도 하며, 산발적으로 출현하였지만 당대의 모음체계에서 '으' 와 'ᄋ'의 음가와 관련하여 어떠한 대립 관계를 뜻하는 것이며, 이러한 현상은 근대국어의 단계에 들어 와서 보편화되기 시작하는 통상적인 원순모음화와는 어떠한 관련성을 맺고 있는 것일까 하는 문제를 다음에 논의하기로 하겠다.

|3| 내적 재구와 전기 중세국어의 원순모음화

후기 중세국어에서 특수한 비자동적 교체를 보이는 체언과 용언어간들이 그 말음절의 음성 환경에 따라서 각각 네 가지 유형으로 존재하였다(이기문 1962; 1978: 153-154). 이와 같은 대표적인 체언과 용언의 교체 유형을 하나씩 간 단하게 제시하면 다음과 같이 요약될 수 있다. (1) a. 나모 ∽ 남ㄱ-(木), b. 시므-∽ 심-(植); (2) a. 노ᄅ ∽ 놀ᄋ-(獐), b. 다ᄅ- ∽ 달ᄋ-(異); (3) a. ᄒᄅ ∽ 홀ᄅ-(一日), b. 모ᄅ- ∽ 몰ᄅ-(不知); (4) a. 아ᅀ ∽ 앗ᄋ-(弟), b. ᄇᅀ- ∽ ᄇᆺᄋ-(碎).

안병희(1971)는 이러한 소위 특수어간 교체형들이 공시적으로 출현하는 교 체의 조건과 방식이 매우 유사함을 주목하고, 휴지 앞에서 출현하는 단독형의 표면상의 특징을 아래와 같이 열거한 바 있다. 즉, 모두 (ㄱ) 두 음절로 구성되 었으며, (ㄴ) 두 번째 음절은 유성자음(m, n, r, z)과 'ᄋ/으'의 결합을 보여 주는 동시에, (ㄷ) 성조가 低・低調(평・평성)를 이루고 있다는 사실이다. 그러나 특 수어간 교체형들의 제2음절 말음이 m과 모음 'ᄋ/으'의 결합이라는 특성은 위 에서 제시된 제1유형 (1a)인 '나모 ∽ 남ㄱ-'(木)에는 적용되지 않는다. 이러한 부류에는 '나모'의 교체형 이외에 '구무 ∽ 굼ㄱ-(穴), 불무 ∽ 붊ㄱ-(冶), 무수 ∽ 뭇ㄱ-(菁)' 같은 항목들이 포함되어 있다. 중세국어의 공시적인 특수어간 교체 의 예들과 이들의 형태상의 특징을 기술하는 데서 오는 불일치를 안병희(1971:

180)는 같은 교체 유형을 보이는 'ㅈㅁ- ∽ 좀ㄱ-(潛), 시ㅁ- ∽ 심ㄱ-(植)'과 같은 용언어간을 기준으로 하여 '나모' 또는 '구무'의 둘째 음절의 '-모/무'는 양순음 m을 고려할 때 원래 '무/므'로 소급되는 것으로 해결하였다. 이러한 해석은 후기 중세국어 또는 그 이전 단계에서 양순음 m에 후행하는 '♡/으'의 원순모음화를 상정함으로써 다른 유형의 교체형들과 동질적인 공시적 기술의 통일성을 획득하려는 시도에서 나온 것으로 생각된다.

그러나 중세국어에서 특수어간 교체를 보이는 '나모'(木)를 그 이전 단계의 '나ㅁ'형으로 소급하고, 이것을 '나ㅁ>나모'의 과정을 거친 것으로 설명하려는 최초의 노력은 河野六郎(1945)의 방언 연구의 관점에서부터 비롯된다.

河野六郎(1945: 113)은 중세국어 단계와 같은 '나모 ∽ 낚'의 교체를 보이지 않는 함경남도 安邊의 '낚'(木의) 곡용 형태를 참고하여 그 이전 형태 namgʌ: namgi, namgʌl 등을 추정해 내었다. 그가 복원한 '나모'의 중세국어 이전의 단독형 namgʌ는 g를 탈락하여 namʌ로 전환되고, 두 번째 음절에서 mʌ의 결합은 제1주제('♡' 음에 대하여)에 의해서 mo로 변화한다고 설명하였다. 그렇기 때문에 그는 namʌ>namo와 같은 과정이 음운론적으로 개연성이 충분하다고 판단하였다. 그러나 河野六郎(1945)에서 추정된 '*나ㅁ>나모'(木)의 원순화는 적어도 15세기 이전에 이루어진 현상임에 반하여, 그의 연구의 제1주제 '♡'의 발달과 관련하여 검토된 지역방언형에서의 '♡'의 원순모음화의 예들은 '으'의 경우와 비슷하게 근대국어 단계 이후에 일어난 변화라는 사실을 주목할 필요가 있다고 생각한다.

즉, 河野六郎은 17세기 국어 훨씬 이후에, 그리고 남부와 북단의 일부 지역방언에서만 수행된 '♡'의 원순모음화 과정을 이용하여 15세기 이전에 보편적으로 수행된 '-ㅁ>모'의 변화를 설명하려고 한 것이다. 그러나 그가 중세국어에서 ㅸ>w의 과정을 거쳐 형성된 'ㅸ>오'의 변화와 근대국어에서 출발하기 시작하는 'ㅂ>보'의 변화를 동일한 음운 현상으로 파악한 사실(1979: 145)로 미루어, 원순모음화 현상을 중세국어의 단계까지 끌어내린 것으로 이해된다. 그가 중세국어 이전 '나모'(木)의 단독형을 *namgʌ로 재구하여 둘째 음절의 모음을 'ㆍ'로 설정하게 된 이유는 Ramstedt(1928: 445)에서의 성과를 바탕으로 한 것으로 생각되며, 어간말 'ㆍ' 모음('으'도 포함하여)만이 자음으로 시작하는 조사 앞에서 자연스럽게 탈락되어 namg- 어간이 형성되기 때문이었다.[6]

후기 중세국어에서 특수어간 교체들에 대한 종합적 검토와 정밀한 내적 재구의 방법론을 이용한 역사적 설명은 이기문(1962)에서 정리되었다. 그리하여 후기 중세국어의 비자동적 교체 가운데 1유형에 속하는 '나모'형이 역사적으로 *'나목'으로 소급되며, 휴지나 자음 앞에서는 말자음이 탈락하여 '나목 > 나모'의 변화를 거친 결과라는 것과, 동시에 이러한 변화의 원인은 선행 자음 /m/에 의한 원순화의 과정이라는 사실이 이기문(1962)에서 다시 한번 분명하게 확인되었다. 여기서 이기문(1962: 144)은 양순음에 의한 동화 현상을 '나모'의 경우에만 한정시키지 않고, 이 단어와 더불어 제1유형 체언에 속하는 '구무'(穴), '불무'(冶) 등에까지 확대시켰다. 또한 그는 15세기 당대에 실현된 '노ᄅᆞ(獐) > 노로'의 변화 예를 기준으로 하여, 제4유형에 속하는 '무수'(菁)형도 첫 음절이 원순모음 '우'를 갖고 있기 때문에 그것의 원순성 자질의 동화에 의해서 둘째 음절의 모음이 원래 비원순모음 '으'에서 '우'로 원순화된 것으로 간주하

---

6) 일찍이 Ramstedt(1928)는 중세국어에서의 특수어간 교체에 해당되는 체언 형태들이 주로 함북 방언의 반사체에서 단독형과 주격 형태간에 다음과 같은 교체를 반영하고 있는 사실에 주목하였다. 즉, namu ∞ namgi, karu ∞ kalgi, čaru ∞ čalgi, muu ∞ mukki. 이러한 공시적 교체 현상을 중심으로 그는 *namǎγ(木), *musuγ(菁), *kalǎγ(粉), *čǎrǎγ(柄), *čiarǎγ(囊) 등과 같은 예전 형태를 재구하여 내었으며, 이들 체언어간의 마찰음 γ는 음성 환경에 따라 각각 일찍이 모음화와 탈락을 거친 것으로 파악하였다. 이와 같은 그의 논지는 Korean Grammar(1939: 19)에서도 반복되었는데, 그 이후 시도된 중세국어의 특수어간 교체에 대한 관찰과 재구에 대한 연구에 지대한 영향을 끼치게 되었다.
Ramstedt(1928, 1939)에서 재구된 위의 예전 형태들은 1) 체언어간에 유성마찰음 γ를 보유하고 있다는 점과 2) 이 마찰음이 모음으로 시작하는 격조사가 올 때 모음으로 변화된다는 사실을 특징으로 하고 있다. 위의 설명 가운데 마찰음 γ의 설정은 매우 성공적인 것이었고 오늘날까지 약간 수정되어 계승되고 있지만, 어간말 γ의 모음화(*namǎγ(木) > namǎu > namo > namu)는 분명히 잘못된 해석이었다. 그렇기 때문에 *'나목'의 제2음절 위치에 'ㆍ'를 분명히 설정하고 모음으로 시작되는 격조사가 왔을 때 그것이 탈락하는 반면, 자음으로 시작되는 격조사와의 결합에서는 어간말 자음 g이 탈락하여 *namʌ > namo와 같은 원순모음화를 거치는 과정을 구체적으로 명확히 설정한 공로는 河野六郞(1945)에게 있다고 생각한다.

였다. 그리고 선행하는 양순음 또는 첫 음절의 원순모음 '우'에 후속되는 'ᄋ'
와 '으' 모음이 각각 '오'와 '우'로 변화되는 원순모음화 현상은 이기문(1962)에
서 15세기 중엽으로부터 그리 오래지 않는 단계에서 시작하였을 것으로 추정
되었다.[7] 그리하여 그는 후기 중세국어에서 특수어간의 교체를 보이는 제1유
형들은 각각 /*namʌ/(木), /*kumi/(穴), /*purmi/(治)로, 그리고 제4유형 가운데 '무
수'는 /*muzi/로 소급시킬 수 있을 것으로 결론지었다.

또한 이기문(1968: 221)은 12세기 초반 『계림유사』에 대한 검토에서 '柴曰 孛
南木'와 같은 기록에서 추출되는 '南木'은 '나모'의 이전 형태 '*나모' 또는 '*나
목'으로도 읽을 수 있는 가능성을 제시하고, 이 단계에서 *namʌ/ ∽ /namk/ 등
과 같은 교체가 행하여 졌을 것으로 추정하였다. 따라서 이기문(1962; 1968)의
추정을 따르면, 선행하는 양순음에 의한 'ᄋ > 오'와 '으 > 우'의 원순모음화가
시작되는 시기는 12세기 초엽의 『계림유사』 이후의 단계에서부터 15세기 이
전으로 대략 설정될 수 있다. 중세국어의 특수어간의 교체에 대한 그 이후의
대부분의 연구들이 위에서 언급된 이기문(1962)에서의 논지와 가정을 중요한
출발점으로 삼고 있음은 잘 알려진 사실이다.[8] 물론 후대의 일련의 논문들은

---

7) 『향약구급방』의 향명 표기를 해독하고 이를 바탕으로 차자 표기법에 관한 체계적인 이해를
시도한 남풍현(1981)은 여기에 반영된 표기가 13세기의 언어 사실의 일부를 나타낸 것으로
파악하였다. 그리하여 이 『향약구급방』에 등장하는 13세기 국어의 몇 가지 특징 가운데 남풍
현(1981:277)은 다음과 같은 예에서 제2음절의 'ᄋ'음이 제1음절의 원순모음에 동화되어 'ᄋ
> 오'의 원순모음화를 거쳐 15세기 문헌어로 도달한 어휘로 판단하였다.
高參猪/고솜돝(蝟) > 고솜돝, 猪矣栗/돝의밤(橡實) > 도토밤, 도톨왐
또한, 『향약구급방』의 향명 표기에는 '蜘蛛' 항목이 본문에서 '居毛伊'(상. 5), 그리고 향약목에
서는 '居毛'(10)로 반영되어 있어 후기 중세국어의 '거믜'형과 대조를 보인다. 이러한 사실을
주목한 남풍현(1981: 121)은 '거믜'형은 형용사 어간 '검-'에 명사파생 접미사 '-의'가 결합된
것으로 해석하고, 이것은 제2음절의 '-믜'가 양순음 m의 영향으로 원순모음을 가진 '毛'로 표
기된 것으로 해석하였다. 따라서 남풍현(1981) 역시 13세기의 국어의 특징 가운데 양순음과
선행하는 원순모음에 의한 순행 동화를 인정한 셈이다.
8) 그러나 1970년대에 작성된 이기문(1972:94)에서부터는 중세국어의 '나모 ∽ 낡'(木) 부류에서
설정된 재구형 '*나목'이 두 가지의 관점에서 정밀화되었다. 하나는 고대국어와 전기 중세국
어 단계의 모음체계와 'ᄋ'의 음가에 대한 새로운 인식으로 /ɔ/로 수정되었으며(*namɔk), 다른
하나는 'ㄱ'의 탈락, 즉 '나목 > 나모'의 변화를 더욱 합리적으로 설명하기 위해서 어간말 자
음을 무성 폐쇄음 -k에서 유성 마찰음 *ɣ로 대치시켰다. 그리하여 음절말 *ɣ는 일정한 조건
에서 탈락될 수 있으며, [m]와의 결합에서 [*mɣ] > [mg]로 변화될 수 있게 되었다.

중세국어의 특수어간의 교체 현상을 통하여 추구하려는 개별적인 문제와 연구의 배경 및 세부적인 항목에 있어서는 일치하지 않았다. 그러나 이기문 (1962)에서 제1유형의 비자동적 교체형들에서 설정된 어간말음의 '-ᄋ/으' 모음과 15세기 이전에 수행된 원순모음화의 가설에 대한 대체적인 틀은 지금까지 그대로 반복되어 온다고 볼 수 있다(안병희 1967; Ramsey 1991: 220, 이현희 1987: 242, Martin 1982: 66, 김무림 1994: 600, 민현식 1996: 276).9)

그렇지만 이기문(1962)에서 12세기 이후에서 15세기 이전의 어느 단계에서 발생한 것으로 추정된 'ᄋ>오'와 '으>우'의 원순모음화는 다음과 같은 관점에서 우리에게 큰 의문점으로 남는다.

첫째는 이 시기에 작용한 구체적인 원순모음화의 성격과 여기에 관련된 당시의 모음체계와의 문제이다. 둘째는 이와 같은 원순모음화 현상의 일반적인 성격과 근대국어에서 시작되었다고 우리에게 통상적으로 알려진 원순모음화와의 관계를 설정하는 문제이다. 이 두 가지 중요한 문제는 전기 중세국어 단계에서 추정된 일련의 변화(즉, *나ᄆ>나모(木), *구므>구무(穴), *불므>불무(冶), *무ᅀ>무수(菁)를 원순화로 설명한 이기문(1962)에서나, 이러한 변화 과정을 그대로 수용해 온 후대의 연구들에서 본격적으로 제시된 적이 없음은 매우 이상하다. 이러한 원순모음화와 관련된 시기상의 의문점은 이들 특수어간 교체형들에 대하여 처음으로 원순모음화의 가능성을 제시했던 河野六郞(1945/1979)의 태도에서도 마찬가지로 발견된다. 그럼에도 불구하고, 후대의 여러 연구에서 비원순화된 제 이음절의 모음(*나므, 구므, 불므, 무ᅀ)을 수용하고, 중세국어의 교체형 가운데 독립형을 후대에 일어난 불투명한 원순화의 과정으로 파악하려고 노력한 사정은 그 나름대로의 분명한 기술상의 이점과 역사적 타당성이 존재하였기 때문이라고 판단된다(안병희 1967: 179를 참조).

우선, 후기 중세국어에서 체언의 특수어간 교체를 보이는 제1유형의 단어

---

9) 최근, 후기 중세국어에서 특수어간의 비자동적 교체를 재검토한 김영일(1998)도 15세기의 기본형은 종래의 관점들과 약간 달리 설정하였지만, 궁극적으로 *나므>나모'(木), *구므>구무'(穴), *불므>불무'(冶)와 같은 원순모음화를 15세기의 공시적인 현상으로 기술하고 있다.

들과 동일한 교체 방식을 따르는 몇몇 용언들의 어간 모음이 양순 자음 뒤에
서 각각 '-으/으'를 갖고 있었다는 사실이 체언 어간말 모음 선택에 중요한 역
할을 하였다. 예를 들면, '시므- ∽ 쉼-(植)', '즈무- ∽ 줌-(潛)' 등의 교체가 그것
이다. 이러한 용언어간의 '으/으' 모음은 두 가지의 서로 상반된 사실을 알리
고 있다.

하나는 비자동적 교체를 보이는 다른 제2유형과 제3 및 4유형들이 동일한
음성 조건(주로 어간말 모음의 측면에서)을 전제로 하는 체언과 용언의 일정한 짝
을 형성하고 있다는 공시적 현상이다. 즉, 제2유형; 노른 ∽ 놀○(獐) : 다른-∽
달○, 제3유형; 므른 ∽ 몰르(宗) : 므른- ∽ 말르(乾), 제4유형; 아슨 ∽ 앗○(弟) :
ㅂ슨- ∽ 볏○(碎). 따라서 제1유형의 체언 어간말 모음 '오' 또는 '우'는 분명한
예외를 이루는 것이기 때문에, 그리고 그 출현 조건은 반드시 양순음 다음이
기 때문에, 이것은 기원적인 용언 어간말 모음 '으/으'와 동일한 모음들로부터
양순음의 순행 동화를 입어 후대에 이차적으로 발달된 결과일 가능성이 많은
것이다.

그러나 위의 판단과 대조되는 다른 하나의 사실은 체언어간의 모음에 일어
난 예외 그 자체를 해결하기 위해서 설정된 원순모음화 현상이 이와 동일한
음성 환경을 갖추고 있는 용언의 어간말 모음 '으/으'에는 중세국어의 전기와
후기의 단계에서 적용된 흔적을 보이지 않는다는 점이다. '시므-'(植)형은 17세
기에서도 원순모음화를 나타내는 '으>우'의 변화를 문헌상으로 보이지 않았
다. 예를 들면, '시므고 ∽ 시므기롤 ∽ 시므든 ∽ 시믄 ∽ 시므디'(『17세기 국어사
전』, 하: 1697). 그 반면, 또 다른 어간 '즈무-'(鎖)의 경우에 17세기 후엽 '으'의
원순모음화가 생산적으로 반영된 『역어유해』(1690)에서 처음 '으 > 오'의 변화
를 수용한 예를 보인다. 막 즈모다(死鎖), 살오 즈모다(活鎖, 역어유해, 하. 46ㄱ).[10] 또

---

10) '즈무-'(鎖)는 같은 『역어유해』에서 '즈모-'형 뿐만 아니라, '으>우'의 원순화를 수용한 '즈무
-'형으로 나타난다. 이 '즈무-'형은 '즈모->즈므-'의 단계를 거치고 이어서 원순화를 수용한
것으로 보인다. 門 즈무다(鎖門, 역어유해, 상. 14ㄱ), 즈무다(鎖了, 동문유해, 하. 13ㄴ), cf. 몸
을 언 쉽의 즈므기롤 혼 듀야롤 흐고(동국신속, 열녀 2.26).

한, 특수어간 교체의 제1유형에 포함되는 'ᄃᄆ-∞담ㄱ-'(浸)의 경우에 원순모음화는 'ᄋ'의 제1단계 변화를 거친 이후 18세기에 문헌상으로 확인된다. ᄃ무다(浸泡, 동문유해, 하. 55ㄴ).

전기 중세국어에서 추정된 원순모음화는 이와 같이 동일한 음성 환경을 구비하고 있는 같은 공시적 단계의 용언 부류들에게 파급되지 않았을 뿐 아니라, 후기 중세국어에서 비어두 음절 위치에서 동일한 조건(-ᄆ/ᄆ)을 갖추고 있는 다른 유형의 단어들에까지 확대된 모습을 보이지 않는다. 예를 들면, 15세기 국어에서 동사 'ᄉᄆᄎ-'(通達)형의 제2음절 모음이 '-ᄆ>-모'의 음운 과정을 수행하여 원순모음으로 출현하는 예는 찾을 수 없다. 이러한 원순모음화는 다음과 같이 18세기 중엽에 와서야 가능한 변화인 것이다. ᄉ못 젓다(濕透了), 비ᄉ못다(淋), 물에 잠가 ᄉ못다(浸透, 한청문감 8. 53ㄴ).

따라서 특수어간 교체에 참여하는 음성 환경의 균질성(즉, 어간말 모음 'ᄋ/ᄋ')을 회복하기 위해서 15세기 공시적 단계에서 예외를 이루고 있는 제1유형 체언들에서 각각 어간말 모음 'ᄋ'와 'ᄋ'를 재구하고, 이 평순모음들이 15세기 이전에 양순 자음 뒤에서 원순성의 동화를 수용하여 '오'와 '우'로 결과된 것이라는 가정은 다른 예들에서 생산적으로 적용되지 못하는 매우 결정적인 한계를 갖고 있다.[11]

그렇다면, 체언의 특수어간 교체의 제1유형을 15세기 문헌어 이전 단계의 형태로 재구하는 과정에서 전기 중세국어 시기에 양순음 다음에 적용되었다고 설정된 원순모음화 현상은 어떤 위상을 갖고 있었다고 보아야 될 것인가 하는 문제가 심각하게 제기되는 것이다. 이러한 상황과 관련하여 15세기 이전의 단계에 '-ᄆ>-모'와 같은 원순모음화 과정을 복원해 낼 수밖에 없는 다른 부류의 내적 재구의 형태 '*ᄆ져'(先)를 아래에서 논의하기로 한다.

---

11) 15세기 국어 형태론의 순수한 공시적 기술의 관점을 견지한 허웅(1975)에서는 특수어간 교체 제1유형의 체언에 대한 가상적 기본형태로 제2음절에서 'ᄋ/ᄋ'를 가정하지 않고, 표면에 출현하는 '오'와 '우'를 그대로 수용하였다. 즉, /나목/(木), /구묵/(穴), /불묵/(治) 등.

|4| ‘*ᄆᆫ져>몬져’(先)의 변화와 원순모음화의 가능성

후기 중세국어를 반영하는 문헌어에서 오늘날의 ‘먼저’(先) 형태가 언제나 ‘몬져’로만 출현하였음은 잘 알려진 사실이다. 그리고 ‘몬져’형의 첫 음절의 모음 ‘오’가 양순음 다음의 조건에서 비원순화 되면서 ‘어’로 대치되어 ‘먼져’로 등장하기 시작하는 시기는 18세기 후반에 해당된다. 이와 같은 양순음 아래의 비원순화 과정은 ‘몬져>먼져’에서만 관찰되는 고립된 현상이 아니고, ‘몬지>먼지(埃), 보션>버션(襪), 본도기>번데기(蛹)’ 등과 같은 변화의 부류와 동일한 과정을 보인다(이병근 1981: 153-154).

그러나 중세국어의 ‘몬져’(先)에 해당되는 함북과 평북방언의 반사체들은 ‘만저’ 또는 ‘맨저’와 같은 분포를 보이고 있다. 또 다른 중세국어의 단어 ‘몬지’(埃)가 이들 방언에서 첫 음절 모음에 큰 변동이 없이 그대로 ‘몬지/문지’(김태균 1986: 205) 또는 ‘몬주’(김이협 1981: 245)로 지속되는 상황과 대조할 때, ‘몬져>만저’의 변화는 매우 특이한 것이다. 중세국어 ‘몬져’형에 대한 19세기 후반 및 20세기 초엽의 평북과 함북 육진방언, 그리고 현대 이들 방언들에서 반사체들은 다음과 같이 나타난다.

(1) ㄱ. 뉘가 ᄆᆫ져 주워(先, 예수셩교젼셔,로마 11.35)
　　　　각기 ᄆᆫ져 먹기룰 ᄒᆞ민(코린돗 젼셔 11.21)
　　　　반드시 ᄆᆫ제 이스되(초역 누가 1882, 21.9)
　　　　반다시 만져 이소되(예수셩교젼셔 누가 21.9) ∽ 만져(로마 15.24)
　　　　만져 ᄒᆞ던 쟈는(코린돗 젼셔 14.31)
　　　　cf. 몬주ᄭᅥ지 쩌러(埃, 초역 누가 10.11).
　　ㄴ. 치뎐에 만져 풀미고(manjiu, Korean Speech, p.21)
　　　　만졋 달은 졍가물 다니(Korean Speech, p.50)
　　　　cf. 몬져 가 들어 보시(p.33)
　　ㄷ. 만저(先, 함북 경흥 외 8개 지역)

cf. 먼지 → 문지/몬지(김태균 1986: 205)

ㄹ. 맨제, 먼점, 매재(先, 평북방언의 각 지역, 김이협 1981: 233)

ㅁ. mandʒə nari noara(먼저 나를 놓아라,『한국인을 위한 철자 교과서』
39.58)

nuygi mandʒə kaninga podʒa(누가 먼저 가는가 보자,『같은 책』,
23.25)[12]

위의 예 가운데 평북방언의 (1)ㄱ '맨져/맨제'형들은 '만져'에서 일종의 움
라우트를 실현시킨 것으로 생각된다.[13] 이와 같은 함북 방언형 '만져'의 어두
음절의 모음 '아'와 관련하여 King(1991: 87)은 서울말 '먼저'의 '어'와의 대응에
주목하여 중세국어에서는 비록 '몬져'로 출현하였지만 그 이전 단계에서 '*ᄋ'
로 소급될 수 있는 가능성을 처음으로 제시하였다. 필자는 King(1991)에 대한
논평에서 중세국어 'ᄋ'의 지역적 변화와 관련하여 함북방언 '아'와 서울말
'어' 사이에 존재하는 일련의 모음대응이 성립됨을 인정하지만, 이러한 대응을
바탕으로 추정된 '*ᄆᆞ져'의 재구에는 회의를 나타낸 바 있었다(최전승 1995: 71).

그러나 필자는 어두음절 위치에 중세국어의 'ᄋ'에 대응되는 음소를 그대
로 유지하고 있는 제주도 방언에서 '먼저'가 표준형 이외에 'ᄆᆞ저/ᄆᆞᄌᆞ'(mənžə,
mənžɨ)로 사용되고 있는 사실(현평효 1985: 167, 431)을 뒤늦게 주목하게 되었
다.[14] 물론 이 지역방언에서도 중세국어의 '몬지'(埃)의 후속형은 '몬지'(p.431)

---

12) 1902년 옛 소련 카잔의 러시아 정교선교협회에서 출판된『한국인을 위한 철자 교과서』
(*Azbuka dlja Korejtsev* 약칭: 교과서)에 대한 소개와 그 책에 반영된 20세기 초엽 함북방언에
대하여는 곽충구(1994: 20-26)를 참조. 필자는 다른 카잔 자료들을 포함하여, 이 책의 영어
번역과 로마자 축자 번역본 원고를 당시 런던대학 SOAS에 있던 King 교수에게서 받았다.
따라서 위의 예문에서 인용한 카잔 자료의 음성 전사는 그의 것이다. 그는 옛 소련에서 간
행된 20세기 초엽의 카잔 자료에 대한 종합적인 연구와 자료 정리를 거의 완료한 상태에
있다.

13) 19세기 후반 평안도 방언에서 '만져>맨져'의 유형과 같은 움라우트가 이와 동일한 음성 환
경을 구비하고 있는 용언 '만지->맨지-'(觸)에서도 적용되어 있다. 귀롤 믄저 곳티고(초역
누가 22.51) ∞ 귀롤 만져 곳치고(예수셩교젼서, 누가 22.51), 믄지넌 쟈(초역 누가 7.39) ∞ 만
지는 쟈(예수셩교젼서, 누가 7.39).

14) 제주도 방언에서 이 방언형은 박용후 선생의『제주방언 연구』(1960, 동원사)에서도 수록되
어 있다. 멘 ᄆᆞ제(맨 먼저, p.229). 그러나 최근에 한국정신문화연구원에서 간행한『한국방언

로 그대로 사용되고 있었다. 또한, 현평효(1985: 234)는 제주도 방언의 고유한 이형태들을 취급하면서 '먼저'의 방언형이 mʌncʌ∼məncə와 같은 공시적 교체를 보이고 있는 사실을 구체적으로 기술한 바 있었다. 더욱이 '먼저'(先)에 대한 어두음절의 '아'는 전라도 지역에서 19세기 후반에 형성된 『장자백 창본 춘향가』의 판소리 사설에서도 확인된다. 쇠쇠 만첨 쥬워라(p.5), 너 만첨 먹어라(p.6).

이와 같은 제주도 방언에서의 증언과 예문 (1)에서 확인되는 함북과 평북방언의 방언형 '만져'의 출현은 후기 중세국어의 이전 단계에서 어두음절의 모음에 'ᄋᆞ'를 상정할 수 있게 한다. 그렇지만, 후기 중세국어의 문헌 자료에서 이 형태는 대부분 '몬져'로만 출현하였으며, 이러한 사정은 근대국어 초기의 단계에서도 변함이 없었다(『17세기 국어사전』 참조, p.1061). 이와 같은 문헌 자료 상의 증거에도 불구하고 15세기 이전의 전기 중세국어 단계에서 어두음절의 모음을 'ᄋᆞ'로 복원하고, 그 이후 일어난 순음아래에서 'ᄋᆞ>오'의 과정을 우리가 §2.2에서 논의했던 원순모음화 현상으로 해석될 수 있다고 생각한다. 중세국어 이전의 'ᄆᆞ져>몬져'의 과정을 설정하려고 시도하기 전에, 18세기 특정 지역방언 자료에만 출현하는 'ᄆᆞ져'형에 대한 관찰과, 그것의 실체 가능성 등을 먼저 생각해 보기로 한다.

어두음절에 'ᄋᆞ'를 반영하는 'ᄆᆞ져'(先)형이 문헌 자료에 등장하는 것은 18세기 지역방언의 언어 현실을 나타내기 시작하는 『염불보권문』 계열의 여러 판본이었다. 『염불보권문』의 몇몇 판본에 따른 'ᄆᆞ져'형의 출현 예들을 정리하면 다음과 같다.[15]

(2) ㄱ. 1704년, 경북 예천 용문사본, 『염불보권문』 :
　　 송씨 ᄆᆞ져 주거 시왕긔 재펴가셔(20ㄱ)
　　 cf. 그디의 몬져 주거 서방의 가시니(17ㄴ)

자료집』(Ⅸ, 제주도편, 1995)에는 '먼저'의 방언형이 '몬저, 몬처, 몬첨' 등으로만 채록되어 있다(p.170).
15) 『염불보권문』의 다양한 판본과 그 계보에 대한 고찰은 김주원(1984, 1994, 1996)과 김영배(1996)를 참조.

몬져 죽거나(31ㄴ), 부모 몬져 죽는(35ㄱ)

ㄴ. 1764년, 대구 동화사본『염불보권문』:

송씨 몬져 주건지 널혼힌만의(왕낭젼 20ㄱ)

죄브팀 몬져 슈케 흥미로쇠다(24ㄴ)

죄브팀 몬져 당홀 쎠시로디(24ㄴ)

만흔 거슬 몬져 슈호고(24ㄴ)

cf. 그디의 몬져 주거 셔방의 가시니(16ㄱ) ∽ 먼져 자브러 왓썬 스롭(26ㄱ)

ㄷ. 1765년, 황해도 흥률사본『염불보권문』:

겨집 송시 몬져 주근 열혼힝만애(왕낭뎐 40ㄱ)

부디 몬져 압길흘 살피디(47ㄱ)

몬져 미타텽을 녜호고(41ㄱ)

잡아 가도와 몬져 뭇고(40ㄴ)

몬져 범훈 무간죄뵈 이제 이뮈 흐터디고(42ㄴ)

cf. 송시을 몬져 가도고(42ㄱ)

18세기의 지역방언을 반영하는『염불보권문』의 판본들에 나타난 위와 같은 '몬져'형은 백두현(1992: 233)에서 '몬져>몬져'의 변화로 파악된 바 있다. 동화사본『염불보권문』에서 추출된 예를 중심으로 고찰한 백두현(1992)에 의하면, 이것은 18세기의 남부 지역방언에서 일어나고 있었던 'ㆍ'의 원순화와 반대되는 현상으로 원래의 '몬져'의 '오'가 순자음 뒤에서 원순성의 이화를 입어서 평순모음 'ㆍ'로 바뀐 예가 된다. 이러한 해석은 다음과 같은 두 가지의 사실을 전제로 해야 된다. 첫째는 어두음절 위치에서 'ㆍ'를 이 자료가 반영하는 18세기 중엽 당시의 남부 지역방언에서 유지하고 있었다는 사실이다.[16] 둘째

---

16) 통시적 관점에서 제주도 방언의 모음체계의 발달과 개별 모음들의 변화를 체계적으로 복원하는 과정에서 정승철(1995: 38-41)은 이 방언에서 'ㆍ'와 '오'가 원순성의 대립을 이루고 있었던 시기를 상정하였다. 그리고 이 방언에서 발견되는 일련의 '오>ㆍ'의 변화를 거친 숟-'(쏟다), '스꾸-'(솎다), '뱝-'(뽑다), '몰-'(말을 몰다) 등의 예들이 백두현에서 관찰된『염불보권문』에서 '몬져'(先)의 경우와 매우 유사하다고 간주하였다. 그러나 제주방언에서는 이러한 변화를 조건짓는 환경이 선행하는 원순 자음에만 있지 않기 때문에, 백두현(1992)에서 설정한 "원순성에 의한 이화 작용"으로 해석하지 않는다. 그리하여 정승철(1995: 41)은 김완진(1978)에서 다시 정리된 중세국어의 모음체계를 기반으로 하여

는 해당 모음체계에서 아직도 '오'와 'ᄋᆞ'가 원순성의 유무를 축으로 하는 대립 관계를 유지하고 있었다는 또 다른 사실이다.

백두현(1992)에서 전제하고 있는 첫 번째의 사실은 백두현 교수가 그 논문에서 취급한 대부분의 영남 문헌들의 자료에서 'ᄋᆞ'의 원순모음화가 '으'의 경우에 비하여 그리 많지 않다는 점을 지적하고, 이러한 이유를 순행 원순모음화가 생산적으로 일어난 17세기에 이미 'ᄋᆞ'는 비음운화의 과정에 있었기 때문으로 파악하려는 주장(1992: 233)과 근본적으로 배치된다. 『염불보권문』의 최초의 판본인 예천 용문사본(1704)에서 첫 음절 위치에 반영된 'ᄋᆞ'의 표기는 '흙' (土, 21ㄴ)의 경우만 제외하면 전연 혼란되지 않은 상태를 보인다. 또한 이 자료에서 제1음절 위치에 일어난 'ᄋᆞ'의 원순화의 예가 확인된다.[17] 일월이 볼다 혼둘(40ㄱ), cf. 일월이 볼다 혼둘(동화사본 40ㄱ). 이러한 '붉->봄-'(明)의 변화가 당대의 17세기 초엽의 경북방언에서 수행되고 있는 현상인지, 아니면 그 전 시기에 원순화가 완료된 형태를 계승한 것인지 분명하지는 않다. 그러나 예천 용문사본의 자료 자체에서는 'ᄋᆞ'의 비음운화의 관한 어떤 사실도 확인되지 않는다. 그 대신, 어두음절 위치에서 'ᄋᆞ'의 혼란은 18세기 중엽의 동화사본, 특히 여기에 수록된 『왕낭젼』과 『공각젼』 부분의 표기에 심하게 반영되었다(김주원

제주도 방언에서 '오>ᄋᆞ'의 변화를 'ᄋᆞ'의 후설 저모음화를 보여주는 예들로 파악하였다. 또한 그는 현평효(1962)에서 보고된 '먼저'의 방언형 '문저/ᄆᆞᆫ즈' 역시 이러한 해석에 포함시켰다(정승철 1995: 41, 각주 (41) 참조).

17) 또한 예천 용문사본은 비어두음절에서 순자음 아래에 일어난 'ᄋᆞ>오'의 변화 (다ᄆᆞᆫ>다몬)도 반영하였다. 그러모로 다몬 아미타불만 셩각ᄒᆞ라(3ㄱ), 인수 아라 사는 거시 다몬 수십년 ᄲᅮᆫ이로쇠(41ㄱ). 그리고 '다몬'형이 나타나는 동일한 문면에 '다ᄆᆞᆫ>다몬>다문'의 과정을 거친 '다문'(只, 41ㄱ)형도 공존하였다.
그 뿐 아니라, 예천 용문사본은 '으'의 원순모음화의 진행 상태에서 매우 발달된 단계를 보여 준다. 즉, 이 시기에 원순모음화가 비어두음절 위치에서 이중모음 '의'의 핵모음 '으'에까지 확대된 예들이 등장하였다. 션뷔(<션븨, 儒, 5ㄱ). 이러한 과정은 다음과 같이 형태소 경계에서도 가능하였다. ㄱ) 집+-의→지븨>지뷔: 제 지뷔 가셔 보니(21ㄱ), ㄴ) 아비+-의→아븨>아뷔: ᄌᆞ식은 아뷔 마을 드르니(13ㄱ). 이와 같은 원순모음화의 예들은 후대의 다른 『염불보권문』 판본에 그대로 반복하여 나타난다. 그러나 예천 용문사본에 등장하는 '보뷔' (<보븨, 寶, 40ㄱ)형은 동화사본에서도 반복되지만, 묘향산 용문사본(1765)에서는 '보뷔'(8ㄱ)와 '보븨'(34ㄱ)로 양형이 사용되었다.

1984, 백두현 1992). 따라서 이 계통의 자료를 검토한 김주원(1984: 50)은 제1음절 위치의 /으/가 18세기 초엽에는 전혀 동요를 보이지 않다가, 18세기 중엽에 이르러 완전히 /아/에 합류하게 된 사정을 표기에 반영하였을 것으로 판단하였다.

그리고 백두현(1992)에서의 두 번째의 전제에서도 '몬져'가 보이는 같은 자료에 등장하는 또 다른 변이형 '먼져'(26ㄱ)의 용례를 무시할 수는 없다고 생각한다. 이 '먼져' 형태는 백두현(1992)에서 지적된 바와 같이 순자음 다음의 '오'가 '어'로 비원순화된 과정을 보여 주기 때문에, 18세기 중엽 이 자료가 반영하는 지역방언에서의 모음체계에서 '오'에서 원순성을 제거시킨 자리는 '어'일 가능성이 높다고 생각한다.[18]

또한, 18세기 초엽부터 중엽에 걸치는『염불보권문』의 여러 판본이 반영하는 지역방언의 음운 현상에 '으'와 '으'의 원순모음화가 일반적으로 확대되어 나타나는 사실을 고려할 때, 이와 동일한 환경에서 '우' 또는 '오'의 비원순화가 대립되어 출현할 수 있는 가능성은 매우 적다고 생각한다. 그리고 양순 자음 아래에서 '오>으'와 같은 이화 작용에 의한 비원순화 현상이 하나의 경향으로 존재하려면, 같은 자료에서 동일한 환경에서 '우>으'의 과정도 아울러 확인되어야 한다. 백두현(1992: 233)이 예천 용문사본『염불보권문』에서 '오>으'의 비원순화가 실현된 또 다른 보기로 제시한 '금못>금뭇'(金池, 18ㄴ)과 같은 표기는 그 이후 복각된 다른 판본들에서 해당 부분을 대조하면 '몬져>먼져'의 경우와는 본질적으로 상이한 것이다.

    (3) ㄱ. 옹이도 넌곳 금뭇 우희 논다 ᄒ고(예천 용문사본, 18ㄴ)
       ㄴ. 옹으는 넌곳 금못 우희 논다 ᄒ고(대구 동화사본, 17ㄴ; 평북 묘향
          산 용문사본 24ㄱ; 황해도 흥률사본 27ㄴ; 합천 해인사본 19ㄴ)

---

18) 백두현(1992: 228) 역시 중세와 근대국어의 초엽까지 지속되는 '오 : 으' 간의 동화와 이화 현상을 취급하면서 18세기 후기에 출현하는 '먼져'(<몬져)형은 '오'와 '으' 사이의 대립 관계가 소멸되었음을 보여 준다고 파악하였다.

위의 예에서 예천 용문사본에 한번 등장하는 '금못'(金池)와 같은 표기는 그 이후의 모든 다른 판본들에서 한결같이 '금못'으로 대치되었음을 알 수 있다. 이러한 사실은 『염불보권문』의 초간본에 우연하게 나타난 표기상의 과오가 음운 현상과는 다른 것이었기 때문에 후대의 복각본들에서 다시 수정되었을 가능성을 의미한다.[19] 그 반면, 우리가 앞서 (2)의 예에서 확인할 수 있는 것과 같이, 예천 용문사본에서 주로 사용된 전통적인 '몬저'형들 가운데 단 한번 등장하는 '믄져'형은 그 이후 작성된 대구 동화사본과 황해도 흥률사본에서 '몬져'형 보다 더 높은 사용 빈도를 보여 준다. 따라서 이러한 자료에 지속적으로 등장하는 '믄져'형은 해당 지역방언에서 분명한 언어적 실체가 있었음을 말해 주고 있다.

오늘날의 지역방언에서 '만져' 또는 '믄져'형이 주로 함경도와 평안도 및 제주도 등지에 분포되어 있는 사실을 고려할 때, 평안도 묘향산 용문사본 『염불보권문』(1765)에서 기대했던 18세기 중엽의 '믄져'형이 한번도 등장하지 않는 점이 이상하다. 그 대신 이 자료에서는 보수형 '몬져'(23ㄱ)형만 확인된다. 그러나 묘향산 용문사본은 대부분 대구 동화사본을 저본으로 복각했으며, 이 책이 간행되면서 동화사본에 없는 내용이 새로 추가된 부분이 있다. 그 부분은 이 책 가운데 "2ㄱ, 2ㄴ, 3ㄴ, 4ㄴ, 19, 20ㄴ" 등에 해당되는데, 이 부분에 반영된 언어 내용만이 18세기 중엽 평안도 방언을 나타낸다(김주원 1996; 김영배 1996: 108).[20] 그런데 이 책의 새로 추가된 부분에서 '先'을 뜻하는 방언형이 '믄져' 혹은 '몬져'의 어떤 형태로도 한번도 출현하지 않았기 때문에, 묘향산

---

19) 또한, '믄져'형 또는 '믄저>만져'의 변화를 수용한 현대 방언형들이 함경도와 평안도 및 제주도 지역에 분포되어 있는 반면에, '(금)못>(금)못'(金池)의 현대 반사체들은 전혀 존재하지 않는다.

20) 18세기 중엽의 평안방언을 반영하는 이 책의 부분들에서 특히 t-구개음화의 예는 등장하지 않는다. 이러한 사실은 같은 시기의 대구 동화사본에 실현된 t-구개음화 현상들과는 좋은 대조를 이룬다. 이러한 현상과 관련하여 체언어간말 'ㄷ'을 갖고 있었던 '곧'(處)와 '붇'(筆)의 곡용형 역시 대구 동화사본과 묘향산 용문사본 사이에 차이를 보인다(김주원 1996: 441).
   (a) 곧 : 비쵤논 고딕(4ㄱ), 희 디논 고들(20ㄴ), 스러디논 고딕(21ㄱ)
   (b) 붇 : 쩨를 썩거 부들 밍글고(3ㄱ), cf. 부즐 잡고(동화사본 26ㄱ)

용문사본의 자료에 '믄져'가 확인되지 않는다는 사실이 큰 문제가 될 수 없다고 생각한다.

이와 같은 추론을 근거로 하여 18세기 초엽과 중엽의 경북, 대구 및 황해도 방언에 사용되었던 '믄져'의 실체를 확인할 수 있으며, 이것은 후기 중세국어의 '몬져'로부터 부자연스러운 비원순화를 수용한 형태가 아니라, 15세기 이전의 전기 중세국어 단계의 형태를 그대로 계승한 방언형을 나타냈을 가능성을 제시할 수 있다. 그렇다면, 후기 중세국어에서 전면적으로 사용된 '몬져'형은 그 이전의 시기에서 '믄져>몬져'와 같은 원순모음화 현상에 적용된 예가 된다. 15세기 이전에 국어 음운사에서 우리가 §2.1에서 '나무>나모'(木) 등에서 설정한 원순모음화가 어두음절에 일어난 '믄져>몬져'의 과정에서도 유효한 것으로 판단된다.[21]

이러한 전제가 어느 정도 타당성을 인정받으려면 다음과 같은 세 가지 중요한 문제에 합리적인 해결을 제시하여야 된다.

첫째, 15세기 이전 또는 15세기 당시에 근대국어에서와 같은 성격의 '으'와 'ᄋ'의 원순화가 가능하였다면, 15세기에 양순 자음 아래에 '으'와 'ᄋ'를 보유하고 있던 대부분의 많은 단어들에는 왜 이 현상이 적용되지 않았을까? 즉, 원순모음화 규칙이 'ᄆ솜(心), 물(馬), 프리(繩), 볿-(踏), 플(草)' 등의 단어에는 전연 적용되지 않고, 유독 '나모(木), 구무(穴), 불무(冶)' 유형과 '몬져'(先) 등과 같

---

21) 백두현(1992: 234, 각주 (2))은 18세기의 '믄져'(先)형이 단순한 역표기가 아니라 원순성의 이화에 의한 실질적인 변화임을 제시하기 위해서 '믄져'에서 그 이후에 'ᄋ>으'의 변화를 거쳤다고 생각하는 '믄져'(講話, 상. 35)를 제시하였다. 필자는 여기서 인용된 『講話』(경도대학 영인본)의 언어 내용을 살펴 보지 못했지만 '믄져>믄져'와 같은 변화는 'ᄋ'의 변화 과정상 이해하기 어렵다. 아마도 그 책에서의 '믄져'형은 통상적인 '먼져'(先)에서 모음 상승('어>으')의 과정을 거친 형태로 보인다. 즉, "먼져>믄져".
필자가 그렇게 판단하는 이유는 경도대학 영인본인 『필사본 교린수지』(19세기 초엽 정도의 언어 모습을 반영하고 있음)에서 '믄지'(埃)와 같은 형태가 발견되기 때문이다.
믄지 이(埃), 믄지 잘 만치 비가 왓습데(1.19ㄱ)
돍이 보곰자리 티니 믄지가 니러나옵네(2.6ㄱ)
두에롤 덥흐면 믄지 아니 드느니라(3.13ㄴ)
현대어 '먼지'(塵) 역시 중세어 '몬지'에서부터의 발달임을 생각할 때, 위의 '믄지'형의 출현은 "몬지>먼지> 믄지" 와 같은 과정을 거친 것으로 설명할 수 있다.

은 한정된 단어들에만 파급된 이유가 문제가 된다.

둘째, 지금까지 우리가 취급했던 18세기 초반과 중엽에 걸치는『염불보권문』의 여러 판본에 반영된 지역방언의 음운 현상은 '으'의 원순화뿐만 아니라, '♡'의 원순화의 모습도 적극적으로 나타난다. 그러나 이 지역들에서 중세국어의 원순화를 거부해 왔다고 추정되는 '믄져'형은 왜 18세기 단계에서도 한결같이 이 현상을 거부하게 되었는가?

셋째, 15세기 이전에 일부 한정된 단어 부류들에만 적용되었다고 추정된 원순모음화 현상을 뒷받침하고 있는 당대의 모음체계와 원순모음화 현상이 확대된 근대국어에서의 모음체계는 어떠한 상이가 존재했는가? 즉, 전기 중세국어와 후기 중세국어 그리고 근대국어 단계의 모음체계가 서로 달랐다면 각각의 단계에 실현된 원순모음화인 '♡>오'와 '으>우'의 변화를 동일하게 해석할 수는 없는 것이다.

필자는 위에서 제기된 세 가지의 중요한 문제점들에 대하여 어느 한 가지도 결정적인 해답을 여기서 제시할 수는 없다. 그러나 이러한 원순모음화 현상이 15세기 당대의 공시적 시기에도 부분적으로 실현되었다는 분명한 사실을 문헌 자료에서 제시하고, 이러한 음운변화는 지금까지 우리가 인식하지 않았던 다음과 같은 몇 가지의 특성을 보이고 있음을 논증하려고 한다.

> (1) 원순모음화 현상은 그 출발에 있어 조건을 갖추고 있는 모든 해당 단어에 동시에 적용된 것이 아니다. 따라서 이 변화에 먼저 또는 나중에 적용되는 순서는 오랜 시간을 두고 개별 어휘적 특수성(어휘적 또는 인지적 의미 그리고 빈도수, 음성 환경의 위계 등과 같은)에 따라서 결정된다고 본다.
>
> (2) 이 현상은 국어사의 모든 단계의 상이한 모음체계에서 동일한 음운론적 신분으로 출현하였던 음운변화이었음을 나타낸다. 따라서 중세국어의 원순모음화 현상의 단편적인 예들과 근대국어의 그것들과는 서로 구분되지 않고 성격이 동일한 것이다.
>
> (3) 원순모음화라는 음운변화는 그 출발이 전기 중세국어에서부터 점진적

으로 어휘 하나씩 파급되어 중세국어의 단계를 거쳐 근대국어 중엽에 이르러 전 어휘부로 확산되고 그 적용 환경이 일반화된, 그 자체 장기간의 내적 시간의 차원을 보유한 과정이다.

5 후기 중세국어의 원순모음화 현상

5.1 양순 자음에 의한 역행과 순행 원순모음화

후기 중세국어의 단계에서 양순 자음에 의하여 평순모음 ‘ᄋᆞ’와 ‘으’가 원순성의 순행 동화 또는 역행 동화로 ‘오’와 ‘우’로 형성되는 원순모음화 현상과 관련되어 있다고 생각되는 예들을 정리하여 제시하면 다음과 같다(이기문 1959/1978: 84, 최명옥 1982: 54, 백두현 1992: 230-234).

(4) ㄱ. ***더븨>더뷔(暑), *치븨>더뷔(寒)** :
더뷔 치뷔로 셜버 ᄒᆞ다가(석보상절 9.9ㄴ, 월인석보 9.26ㄱ)
cf. 버슷 므거워 ᄒᆞᆫ근이나(태산집요 54ㄱ)
션븨>션뷔(儒) :
모든 션뷔롤 보와 … 션비돌홀 위ᄒᆞ야 … 션비돌히(번역 소학 9.9ㄴ)
우리 션뷔ᄃᆞ리 브즈런티 아니(청주 김씨묘출토 간찰, no. 173)
cf. 션뷔 뉴문민은(士人, 동국신속, 효자 3.52)
ㄴ. **말ᄉᆞᆷ>말솜(辭)** :
샹녯 말소매 닐오ᄃᆡ 말ᄉᆞ몰 아니 니ᄅᆞ면(번역박통사, 상. 14ㄱ)
엇던 말소미 어시뇨(동. 38ㄱ)
高麗ㅅ말소믄(번역 노걸대,상.5ㄱ)
그 말솜ᄒᆞ며 거동ᄒᆞ요미(번역 소학 9.11ㄴ)
cf. 말솜(談, 동국신속, 충신 1.11ㄴ; 열여 4.42; 효자 4.5; 효자 6.60ㄴ)

> **〈매〉소매(袖) :**
> 깁 소매로(송광사본 부모은중경언해 8ㄴ)22)
> cf. 소매(袖, 동국신속, 열여 4.14; 충신 1.20; 가례언해 2.16ㄴ)
> **님금〉님굼(帝) :**
> 님굼 황(예산본 훈몽자회, 중. 1ㄱ)
> 님굼이 드르시고(초간. 이륜행실도 6ㄱ), 님굼 되셔(동. 13ㄱ)

후기 중세국어에서 일어난 원순모음화로 위에 제시된 예들은 매우 산발적으로 나타났으며, 동시에 문헌 자료의 성격과 그 유형에 따라서 일관성을 갖고 있지도 못하였다. 그러나 송민(1998: 41)은 백두현(1992)에서 제시된 '님금→님굼'(君)의 예와 같이 후행하는 순자음 앞에서 일어난 '으→우'의 변화 그 존재 자체를 부인하기 어렵다고 판단하였다. 이러한 예들은 '우'와 '오', '으'와 'ᄋ' 그리고 '어'와 '아'가 각각 중화적 대립관계를 유지하고 있다고 가정된 후기 중세국어 체계에서 '으'의 원순화가 실현될 수 없을 것이라는 통상적인 전제에 모순이 되는 것이다. 그리하여 송민(1998: 41-42)은 이러한 원순모음화의 예들이 17세기 이전에도 이 현상이 "미약한 규칙" 또는 음운규칙에 의한 결과라기보다는 "수의적 음성 변이"나 "표면적 음성동화"의 결과로 형성된 것으로 해석하였다.23)

 그러나 필자는 (4)의 예들을 통하여 원순모음화 규칙은, 국어사의 발달 과정에 출현하는 모든 다른 음운규칙에서와 마찬가지로, 그 출발의 초기에 이른바 "미약한" 소규칙(minor rule)으로 시작하였을 것으로 생각한다. 그리고 어휘 확산의 초기에 해당되는 전형적인 과정에서 일부 어휘들에게만 적용되어 나

---

22) 이 책은 1563년 조계산 송광사에서 간행된 것으로 태학사(1986)에서 나온 영인본과, 그 영인본 계열을 소개한 전광현 교수의 해설을 참조하였다. 이 책에 등장하는 '소매'형은 1592년에 간행된 경상도 소백산 기방사본에서는 다시 보수형 '〈매'로 등장하였다. 깁 〈매로 쵼더 둛놋도다(8ㄴ).

23) 또한, 송민(1998: 42)은 근대국어의 단계에 수행된 원순모음화는 '으'와 '우'가 대립의 짝을 이루는 모음체계에서 형성된 순행동화 현상임에 반하여 '님금→님굼'에 반영된 '으→우'의 변화 예는 아직 '으'와 '우'가 대립 관계를 이루지 못한 단계에서 일어난 역행동화이므로 이들까지 모두 원순모음화에 포함시키기에 난점이 있다고 보았다.

타나는 이 소규칙은 수의적 음성 변이 또는 표면적 음성 동화와 같은 양상을 띠는 것이지만, 당대의 모음체계에서의 '으'와 '우'가 원순성의 유무에 따른 대립(비록 그러한 대립이 완벽하게 완료된 상태는 아니더라도)을 반드시 전제로 하여야 된다고 판단한다.

위의 (4ㄱ)의 예들은 근대국어에서 일반적으로 나타나는 순행 원순동화를 15세기와 16세기에 각각 나타내고 있다. 『석보상절』과 『월인석보』 두 문헌에서만 유일하게 출현하는 '치뷔'(寒)와 '더뷔'(署)형이 양순음에 의한 동화를 거친 형태일 가능성이 최명옥(1982: 55)에서 처음으로 명시적으로 제기된 바 있다.24) 즉, 이 형태들은 형용사 어간 '덥-'과 '칩-'에 명사파생 접사 '-의'가 연결되어 먼저 '더븨'와 '치븨'가 파생된 상태에서 '더븨>더뷔'와 '치븨>치뷔'와 같은 원순모음화가 적용된 결과라는 것이다.

후기 중세국어의 '더뷔'와 '치뷔'형이 이와 같은 원순모음화 과정을 거친 형태라는 것은 이현희(1987: 236)의 논의에서도 수용되어 있다. 그는 '둡겁-'(厚)에 '-의'가 연결되어 척도명사가 파생된다면 '치뷔'(<치븨)와 '더뷔'(<더븨)에서의 현상을 원용할 때 '*둗거븨>*둗거뷔'와 같은 명사가 파생될 것이지만 실제로 문헌상으로 확인되지 않으며, 동사 '므기-'(重)에서 파생된 이차적 형용사

---

24) 후기 중세국어의 '치뷔'(寒)과 '더뷔'(署) 형태는 종래에 이루어진 'ㅸ'의 연구에서 오랫동안 설명하기 어려운 예로 남아 있었다. 종래에 용언 '칩-'과 '덥-'에서 파생된 명사는 15세기 문헌에 확인된 적이 없는 '치븨'와 '더븨'로 설정하여 여기서 후대의 발달형 '치위'와 '더위'를 이끌어 내려고 노력하였다. 그리하여 이기문(1972: 45)은 βi>wi의 예 가운데 '치븨>치위'와 '더븨>더위'를 제시한 바 있다. 그 반면, 이기문 선생은 같은 책에서 '치븨, 더븨' 등의 표기가 흥미 있다고 지적하였다(p.45). 그리하여 이러한 표기 '-뷔'는 wi를 반영하려는 노력의 일단으로 파악되었다.

이와 같이 이 파생명사들에 대해서 음운론적인 실체보다는 표기상의 문제로 이해하려는 관점이 지속적으로 존재한다. 그리하여 안병희(1992: 221)는 이 예들이 'ㅸ'의 사용과 관련하여 월인석보 11권에 나오는 "아로미 어려봐며…아로미 어려버"(11.103ㄴ)의 경우와 동일하게 'ㅸ'와 '우'의 과도적 상태를 보이는 것으로 설명하였다.

그러나 1940년대 함북 淸津 방언에 중세국어의 반사체가 '치뷔'로 등장하는 사실을 보면, 중세국어의 '치뷔' 등은 원순모음화를 수용한 실제의 형태로 생각된다. 추위:치뷔(청진 {9}, 정일운씨 보고, 『한글』 10권 2호, p.24). 김태균(1986: 472)에서 이 방언형은 '취비' 또는 '치비'로 조사되어 있다. 20세기 초엽의 카잔 자료에서도 [tʃʰibiy](치븨, 『노한소사전』 60)와 [təbiy](더븨, 『노한소사전』 viii)형이 사용되었다.

'므겁-'의 경우에도 '-의'가 통합되어 '*므거븨>*므거뷔'가 결과되지 않는다고 보았다. 그러나 17세기 초엽에 출현하는 (4ㄱ)에서 '므거위'의 예는 그 이전 단계에서 '*므거븨'(므겁-+-의) 형태가 가능하였으며, 이 파생명사는 원순모음화를 수행하여 최종형으로 결과된 사실(므거븨>므거뷔>므거위)을 나타내는 것으로 생각한다.25)

또한, 최명옥(1982)은 후기 중세국어에서 발견되는 일련의 쌍형의 어휘들 '나비 ∽ 나븨(蝶), 도치 ∽ 도최(斧), 말슴 ∽ 말솜(言), 노릇 ∽ 노로(獐)' 부류에서 후자의 어형들은 'ᄋ'의 전후에 있는 원순모음 '오'나 양순음의 원순성에 동화되어 '오'로 원순화된 과정을 거쳐 형성된 것으로 설명하였다. 그러나 최명옥(1982)은 후기 중세국어에서 발견되는 이와 같은 동화 현상이 근대국어에서 발생된 원순모음화 현상과는 엄격히 구분되어야 함을 지적하였으나, 후기 중세국어에서의 원순모음화와 근대국어 단계에서 보편화되는 원순모음화를 구별해야 될 구체적인 근거는 제시하지 않았다.

(4ㄱ)에서 '션븨>션뷔'(儒)의 변화는 적어도 이 형태에 적용된 과정이 후기 중세국어 단계에서 '으>우'를 뜻하는 원순모음화 현상이라면 후기 중세와 근대국어의 보편화된 원순모음화 과정을 각각 구분하여 설명해야 될 이유가 없음을 보여준다. 비어두음절에서 '븨>뷔'의 원순모음화를 수행한 이 형태는 16세기에서부터 그 존재가 확인되어 17세기를 거쳐 18, 9세기 그리고 현대의 지역방언에까지 확대되어 있기 때문이다.26) 즉, 16세기의 『번역 소학』(1518)과 임진난 이전 자료인 『청주 언간』 등에 등장하는 '션뷔'에 적용된 음운 과정과 17세기의 『동국신속삼강행실도』(1617)와 이어서 18세기 초엽의 경상도 예천 용문사본 『염불보권문』(1704)에 나타난 '션뷔'(각주 (14) 참조), 그리고 19세기 후기 전라방언 자료에서의 '션부' 등에 적용된 음운 과정을 다르게 판단하게 되

---

25) 일찍이 Ramstedt(1928)는 형용사 mugëpta(무겁다)에서 파생된 명사를 *mugëβi로 재구한 바 있다.

26) 『청주 북일면 출토간찰』에 대한 주해를 시도한 조항범(1998: 751)은 비어두음절 위치에서 '으>우'의 변화를 수행하여 이 한글편지에 나타난 '션뷔'형은 아주 특이한 것으로 지적되어 있다.

는 근거는 찾을 수 없다.27)

18세기 황해도 방언을 부분적으로 반영하는 홍률사본 『염불보권문』에는 16세기에서 시작된 '션븨'(22ㄴ)형이 그대로 계승되어 있으며, 또한 이와 동일한 환경에서 적용된 원순모음화 현상이 다음과 같이 다른 어휘들로 상당히 확대되어 나타난다.28)

> (5) 션븨>션뷔(儒) : 글 ᄒᆞ는 션뷔나(22ㄴ)
> 보븨>보뷔(寶) : 보뷔옛 오슬(47ㄱ), 보뷔로운 목숨(11ㄱ)
> 이믜>이뮈(旣) : 이제 이뮈 흐터디고(42ㄴ)
> 아븨(아비+-의)>아뷔(父) : ᄌᆞ식은 아뷔 말을 드르니(22ㄴ)
> 말믜>말뮈(事由) : 구지 죽으믈 말뮈야(7ㄱ)

(4ㄴ)에서 16세기부터 등장하는 '말솜'(辭)과 '소매'(袖)형은 'ᄋᆞ'의 발달과 관련하여 'ᄋᆞ>오'의 변화 유형으로 일찍이 주목을 받아 왔다(이숭녕 1988). 이기문(1959/1978: 84)은 16세기에서 제2음절 이하에서 수행된 ㅅ>o의 변화로 '말솜' 이외에 '모로게'(不知, <모ᄅᆞ게, 번역 박통사, 상. 75)와 '소기숩다(欺, 소기숩디, 번역소학 9.46ㄴ) 등을 제시한 바 있다. (4ㄴ)의 원순모음화 예들은 (4ㄱ)의 경우와는 달리 양순음에 의한 역행 동화를 실현시키고 있다.

경상도 방언의 다양한 문헌 자료에 출현하는 '사롬'(人, <사ᄅᆞᆷ), '말솜'(言, <말ᄉᆞᆷ), 'ᄆᆞ옴'(心, <ᄆᆞᅀᆞᆷ) 등과 같은 형태들에서 비어두음절에 일어난 역행 원순모음화를 백두현(1992: 231-232)은 이 변화의 제1단계로 설정하였다. 그리고 그는

---

27) 원순모음화를 수용한 '션뷔'(儒)형은 19세기 후기 전라방언 자료에서 '나부'(蝶), '거무'(蜘), '구부'(曲) 등의 방언형들과 마찬가지로 '션뷔>션부'의 과정을 거쳐 출현한다. 시속 션부드른(수절가, 상. 15ㄴ), 션부의 틱(대성. 9ㄱ), 션분임네(병진, 박. 144ㄴ) 등등. 그리고 이 '션부'형은 『한국구비문학대계』(5-6, 전북 정주시, 정읍군편. 2)의 구술 자료에서 채록된 민대호씨(82세, 정읍 덕천면 설화 3: 781)의 이야기 발화 가운데서 확인할 수 있다.

28) 위의 예들에서 '보뷔'(寶)형은 이전 단계의 '보븨'로부터 'ᄋᆞ>오'의 원순화를 거쳐 온 과정을 보인다고 생각한다(본고의 각주 17을 참조). 그러나 해인사본 『염불보권문』에서는 '보븨>보븨'의 변화에서 '으'의 원순화를 나타내는 '보뷔'형으로도 등장하였다. 만 가지 보뷔 절로 삼겨(6ㄱ).

17세기 후기에 일반화된 변화로 등장하는 통상적인 순행 원순모음화는 제1단계의 변화를 출발점으로 하여 발달한 것으로 전제하고, 이와 같은 근대국어에서의 변화를 제2단계의 원순모음화로 간주하였다.[29]

(4ㄴ)의 유형과 같은 음성 환경을 중세국어에서 갖추고 있는 어휘들 가운데 '누물'(荣), '눔'(他人), '굽초-'(藏) 등이 'ㅇ>오'의 원순모음화를 수용한 예는 문헌상으로 확인되지는 않는다. 그러나 이들의 반사체들이 현대 남부와 북부방언 등지에 '노물', '놈', 그리고 '곰치-'와 같이 분포되어 있는 사실(최학근 1978)을 보면 해당 지역방언의 음운사의 어느 단계에서 (4ㄴ)과 같은 원순모음화가 수용되었을 것이다. (4ㄴ)의 예들에서 역행 원순모음화의 동화주는 양순 자음 가운데 유독 m에 국한되어 있는데, 다른 양순 자음인 p도 동화주가 될 수 없는 것일까. 이런 의문과 관련하여 『월인석보』 권 17(연세대학교 동방학 연구소 영인, 강원도 홍천 수타사본)에 나타나는 다음과 같은 예가 주목된다.

(6) 醉ᄒᆞ야 ᄂᆞ볼 ᄯᆞᄅᆞ미니 앗가볼셔(수타사본 월인석보 17.34ㄴ)
　　cf. 醉ᄒᆞ야 누볼 ᄯᆞᄅᆞ미니 앗가볼쎠(전남 장흥 보림사본 17.34ㄴ)

15세기 국어에서 '눕-'(臥)의 어간 모음은 언제나 예외 없이 '우'로 출현하였지만, 강원도 홍천 수타사본 『월인석보』 권 17에는 유일하게 '으'로 나타난다.

---

29) 백두현(1992: 245)은 양순 자음에 의한 원순모음화 규칙의 내적 발달과 확대의 순서를 다음과 같이 요약하였다.
　Ⅰ. 형태소 내부 : 1) 역행 원순모음화 ㄱ) 'ㅇ>오', ㄴ) '으>우'
　　　　　　　　　　2) 순행 원순모음화 ㄱ) 'ㅇ>오', ㄴ) '으>우'
　Ⅱ. 형태소 경계 : 3) 활용에서의 순행 원순모음화 '으>우'
　　　　　　　　　　4) 곡용에서의 순행 원순모음화 '으>우'
　그러나 우리가 본고에서 살펴 온 전기 중세국어 단계에서 일어났다고 추정되는 특수어간 교체의 '나ᄆᆞ>나모'(木) 부류와 '므져>몬져'(先)과 같은 예들과 본문에서의 (4ㄱ) 예들을 고려하면 원순모음화의 현상의 확대와 발달의 과정을 반드시 역행 원순화에서부터 시작하였다고 설정하기 어렵다. 또한 우리가 §2.4.2에서 논의 할 예정인 선행하거나 후행하는 원순모음 '오'와 '우'에 의한 원순모음화의 경우도 이 현상의 발달 과정에 포함시켜야 될 것이다. 전기 중세국어와 후기 중세국어 그리고 근대국어에 걸친 원순모음화 규칙의 오랜 발달의 과정에는 형태소 내부와 형태소 경계와 같은 구분도 중요한 것이지만, 이 규칙의 확산에 있어 어휘적 차원에 대한 고려가 있어야 될 것으로 보인다.

이 형태는 전남 장흥 보림사본과 해당 부분을 대조하면 '우'의 오기임을 알
수 있다.30) 그럼에도 불구하고 필자가 단순한 오기 형태가 분명한 '늪-'의 어
간 모음 '으'에 주목하는 이유는 20세기 초엽의 육진방언을 반영하고 있는 카
잔 자료와 오늘날의 함북방언에서 '늪-'의 반사체를 포함하여 이와 유사한 일
련의 용언어간들의 모음이 대부분 '우'가 아닌 '으'로 사용되고 있기 때문이
다. 이러한 예들을 20세기 초반 육진방언을 반영하는 카잔 자료(King 간행 예정)
를 이용하여 제시하면 다음과 같다.31)

    (7) ㄱ. 늡-(臥) :

        nibəšə(느버셔, 『교과서』 5.14, 63.87)

        nibə dzanin(같은 책. 65.88)

        tsarye niptaɣa(자레 늡다가, 같은 책. 66.88)

        mitʰe nipcagu hadaɣa(늡자구, 같은 책. 67.89)

        nipki, nibə ikki(늡기, 느버 있기, 『소사전』 52)

      ㄴ. 어듭-(暗) :

        ədibun guru(어드분, 『교과서』 61.86)

        ədipkiman ɣɛ(어듭기만 해, 같은 책. 67.89)

        ədiba tigira(어드바, 같은 책. 71.90)

        ədibə tigi(어드버 디기, 『소사전』, 107)

      ㄷ. 느븨(妹) :

        nibiy(느븨, 『교과서』, 3; 『회화』 33.180; siy-nibiy(싀느븨, 『회화』
        35.199)

      ㄹ. 느위(蠶) :

        niwɨy(느위, 『교과서』 38.56)

---

30) 수타사본 『월인석보』 권 17에 출현하는 '느볼'형은 남광우 선생의 『보정 고어사전』(1978:
    118)에서 하나의 항목으로 올려져 있었지만, 그 후 개정된 『교학 고어사전』(1997)에서 이 항
    목은 삭제되었다. 그 대신 이 사전에는 『월인석보』 권 17에서 어간 모음이 '우'로 수정된 형
    태가 '눕다'(臥) 항목 가운데 실려 있다.

31) 20세기 초엽의 육진방언을 반영하는 카잔 자료 가운데 약칭 『회화』는 『로한회화』(1904,
    Russko-Korejskie Razgovory)를 가리킨다. 또한 같은 계열의 『사전』은 『시편 로한소사전』(1904,
    Opyt Kratkago-Korejskago Slovarja)을 말한다. 이들 자료에 대한 상세한 소개와 언어 현상에 관
    한 고찰은 곽충구(1994)를 참조.

ㅁ. 그불리-(轉) :
　　kiburigi(그부리기, 『사전』 43)
　　kiburgi, kiburə(그불기, 그부러, 『사전』 7) ∽ kuburəšə(구부러셔,
　　『교과서』 58.85).

　이와 같은 어간 '으'형들은 오늘날의 함북 지역방언에서도 여전히 사용되고 있지만, 그 하위 방언에 따라서 어간 '우'형과 부분적인 교체를 보여 준다. 예를 들면, '늡다(臥), 느버라; 느베(鑑), 느베나비; 느배(妹), 느비; 어드바서(暗), 어듭다, 어드브므' 등등(김태균 1986). 또한, 이러한 상황은 19세기 후기 Putsillo의 『로한ㅈ뎐』(1874)으로 소급되어 나타났기 때문에, 위의 (7)의 예들은 함북방언의 음운사에서 상당히 깊은 시간 심층을 보유하고 있다고 생각된다. 늡소/늡는다/누윗소(臥, p.279), 느위/ 맛느위/동싱느위(妹, p.573), 느베/느베곳티(鑑, p.519), 구운다/그른다(轉, p.231).[32]

　그 반면, 어간모음 '으'형을 갖고 있는 위의 (7)과 같은 함북 방언형들은 중세국어에서 대부분 '우' 모음으로 출현하고 있었다. 그렇다면, 이러한 대응은 어간 모음의 변화가 중세국어 이전 또는 그 이후에 어느 한쪽에서 일어난 결과를 나타내고 있음이 틀림없는 것이다. 곽충구(1994: 276, 각주 20)는 육진방언에 나타나는 이러한 부류의 예들은 ㄱ) 일반적으로 어두음절에서 발견되며, ㄴ) 선행 자음이 치음인 경우에 국한되는 현상인 것으로 관찰하고, 이러한 현상은 역행적인 비원순화를 반영하고 것으로 이해하였다. 따라서 이러한 관점에 의하면, 중세국어 이후 함북방언 음운사(육진방언을 포함하여)의 어느 단계에서 (7)과 같은 일정한 해당 형태소들에서 어간 '우' 모음이 양순 자음 'ㅂ'으로 시작되는 음절 앞에서 동화주 'ㅂ'의 역행적 동화의 영향을 받아서 원순성이

---

32) 그러나 '굽-(炙)과 같은 형태는 Putsillo(1874)에서 어간 모음 '우'형으로 등장하는 예들이 더 많다. 구버라/굽소/굽는다(『로한ㅈ뎐』, p.165). 이러한 사실은 김태균(1986)에서도 그대로 확인된다. 그럼에도 불구하고 이 사전에서(1874: 231) 어간모음이 '으'인 '그른다' 형태가 또한 발견된다는 사실은 '굽-'(炙)의 어간모음이 기원적으로 '급-'이었음을 알리는 것으로 해석된다. 따라서 이 사전에서 출현하는 '구버라/굽소/굽는다'형은 다른 방언에서 차용되었던 것으로 보인다.

제거되어 '우>으'의 변화를 수행한 것이다. 그러나 (7)의 예들을 비원순화 현상으로 설명하기에는 다음과 같은 두 가지의 문제를 안고 있다.

첫째는 그 변화의 방향이 매우 부자연스러울 뿐만 아니라, 통합적 과정이 일어나는 음성적 동기를 쉽게 찾을 수 없는 난점이 있다. 즉, "우+양순음 → 으+양순음" 유형과 같은 변화는 (7)의 예를 제외한 다른 어두음절의 위치에서, 함북방언형 '드부'(豆腐)만 제외하면, 발견되지 않는다.[33] 만일 변화의 방향을 반대로 가정하면, 즉 "으+양순음 → 우+양순음"와 같은 음운 과정은 앞에서 제시된 (4)의 예들에서 '亽매>소매(袖), 님금>님굼(帝)' 등과 같은 기존의 역행 원순모음화 현상과 연관되며, 동시에 '늠>놈(他人)', 'ㄴ물>노물(菜)' 등과 같은 지역방언적 사실들을 포괄할 수 있다. 그렇다면 20세기 초엽 육진방언을 나타내는 (7)의 예들은 어떤 이유로 "으/ᄋ+양순음 → 우/오+양순음"의 역행 원순모음화를 거부하고 있는 상황을 반영하는 것인데, 이와 같은 경향은 육진방언 자체에서 samɛ(袖, <亽매, 소사전, 115)와 haburemi(<*ᄒᄫᆞㄹ어미, 소사전, 8; 교과서 16.18) 등과 일치한다.[34]

둘째는 위의 (7)의 예들 가운데 (7ㄴ)과 (7ㅁ)과 같은 방언형들은 후기 중세국어의 단계에서 어간 모음이 '으'로 소급된다는 사실이다. 따라서 필자는 '늡-'(臥)의 방언형을 포함한 (7)의 예들이 전기 중세국어의 단계를 반영하는 것이며, 15세기 이후의 문헌어들에 등장하는 (7)에 속하는 부류들은 후행하는 양순

---

33) 곽충구(1994: 276, 각주 (20))는 동북방언에 흔히 사용되고 있는 다음과 같은 예들은(카잔 자료에서 '느븨, 늡다, 느부리'와 같은 단어들도 포함하여) 역행적인 비원순화를 반영하고 있다고 간주하였다. 느비(妹), 늡다(臥), 느부리(霞), 느베(蠶), 느비다(縫), 드뷔(豆腐), 뜨베(蓋). 필자의 관점으로는 위의 예들에서 오직 '드뷔'(豆腐)형만 제외하면 중세국어 이전의 단계에서 모두 비원순 어두음절을 보유했을 가능성이 높다. '드뷔'(豆腐)는 '두부'에서 출발하여 '두뷔 >드뷔'와 같은 과정을 거쳤다. 따라서 '드뷔'의 예는 필자가 제기하는 논지와 어긋난다. 그럼에도 불구하고, 필자는 '드부'(豆腐)의 예와 다른 '느부리'(霞)와 같은 유형들과는 본질적으로 상이한 과정을 밟아 왔을 것으로 판단한다. 이러한 문제에 대해서 더 깊은 성찰이 요구된다. 김태균(1986: 173)에 의하면, 함북방언에서 '두부'(豆腐)는 '두부, 두비, 뒤비, 듸비'와 같은 형태로 사용되고 있다.

34) 카잔 자료 『소사전』에서 사용된 예는 곽충구(1994: 264)에서 인용하였다. '亽매'(袖)에서 원순모음화가 실현되지 않는 방언형은 19세기 후기 Putsillo의 『로한ᄌᆞ뎐』(1874)에서도 확인된다. 사미(p.551).

음의 영향으로 역행 원순모음화를 이미 수행하였을 가능성을 추구하려고 한다. 이와 같은 관점에서 필자는 예문 (6)에 등장하는 이른바 오기로 간주되는 '느볼-'형의 표기에 어느 정도의 실체를 부여한다.

우선 20세기 초엽의 육진방언으로 해당되는 (7ㅁ)의 '그불-'(轉)형은 15세기 국어에서 '그울-'과 '구울-'의 양형으로 소급된다. 이러한 중세국어의 형태들은 육진방언과 경상도 방언 등지에서 어중에 'ㅂ'을 나타내고 있는 반사체들로 미루어 원래 15세기 이전에 'ㅸ'을 보유하고 있을 것으로 추정된다(남광우 1961). 그리고 15세기의 공시적 변이형 '그울-'과 '구울-'의 제2음절 모음의 '우'는 Putsillo(1874)에 출현하는 19세기 후기 함북 방언형 '그븐다'(p.231)의 예를 볼 때, '*그볼->그울-'의 과정을 밟은 것이 틀림없다. 그렇기 때문에 20세기 초엽의 육진방언에서 '그불-'형(kiburgi, kiburə)의 제2음절의 '-불-'은 어느 역사적 단계에서 원순모음화를 거쳐 '-블->-불-'로 결과된 것 같다.

위의 (7ㅁ)에서 제시된 예들은 이미 육진방언에서도 '그불-'(轉)에서 둘째 음절의 양순음 p의 역행 동화를 입어 첫째 음절 모음 '으'가 '우'로 원순화되어 가는 과정(kuburəšə)을 공시적으로 보이고 있다.35) 그러나 15세기의 변이형 '그울- ∞ 구울-'은 15세기 이전 또는 이와 가까운 단계의 '*그볼-'로부터 출발하여 β>w의 변화를 거쳐 '그울-'로 발달하고, 이어서 첫째 음절의 모음 '으'가 제2음절 모음 '우'가 갖고 있던 원순성 자질의 역행 동화를 받아서 '으>우'의 원순화가 공시적으로 수행된 것이다. 이와 동시에 다른 대안적 해석도 가능하다고 생각한다. 즉, 둘째 음절 위치에서 'ㅸ' 대신에 원래 'ㅂ'을 갖고 있는 (7ㅁ)의 예에서 확인되는 p의 역행동화와, 경상도 방언 등지에서도 '그불->구불-'(轉)의 변화(허웅 1985)를 반영하고 있기 때문에 15세기 형태 '구울-'은 '*그볼-'로부터 이미 양순음의 역행동화를 받은 '*구볼-'에서의 발달일 가능성이 높다.

15세기 또는 그 이전의 단계에서 선행하는 평순모음 '으'를 원순화 시킬 수

---

35) 20세기 초엽의 육진방언 자료에 나타나는 '그불-(轉)>구불-'과 같은 원순모음화는 공시적 현상이 아니라, 이 용언의 어간모음을 '굴-'에서와 같이 '우'로 갖고 있는 다른 인근 방언형들에서 유추적 압력을 받은 결과일 수도 있다고 생각한다.

있는 음운론적 동기가 후행하는 원순모음 '우' 또는 w 뿐만 아니라, 양순음 p (순경음 β를 포함해서)에서도 찾아 볼 수 있는 증거가 구체적으로 존재한다. 먼저 위의 예 (7ㄴ)에 해당되는 15세기 '어듭-'(暗)형이 공시적으로 보이는 '어둡-' 으로의 점진적인 변화가 그러한 예이다. 15세기 국어에서 수행된 '어듭->어둡-'의 변화가 '으'의 원순화 현상이라는 사실이 이기문(1972: 45, 각주 7)에서 관찰된 바 있지만, 그 구체적인 원순화의 동화주가 무엇인가에 대한 언급은 없었다. 일찍이 필자는 '어듭-'형이 β>w의 변화를 거쳐 15세기 국어에 등장하는 '어드우니 ∞ 어두우니' 부류의 변이는 "으+우→우+우"에서와 같은 원순성의 역행 동화 공식에 의해서 수행되는 '어드w->어두w-'의 변화 과정으로 이해하려고 하였다(1975: 60-61). 그리고 15세기에서 또 다른 교체형 '어둡고, 어둡디 ∞ 어듭고, 어듭디' 등이 나타내는 변이는 '어두w-'에서 확립된 어간의 '우' 모음이 자음어미로 시작되는 '어듭-' 어간의 모음에까지 유추에 의하여 확대된 것으로 간주하였다.36) 그 반면에, 남광우(1976: 12)는 15세기 국어에서 '어듭-'(暗) 어간의 '으' 모음이 직접 후행하는 p에 역행 동화되어 원순모음화한 것으로 파악하였다.37) 이러한 해석에 근거하면, 전기 중세국어 단계의 '*늫-' 어간이 β>w의 변화를 아직 수용하지 않은 상태에서 이미 원순모음 '우'로 15세기 문헌에 '누본, 누보니, 누버' 등과 같이 등장하는 예들은 '*늫>눟-'에서와 같은 변화를 수행한 것으로 설명될 수 있다.

따라서 『월인석보』권 17(강원도 홍천 수타사본)에 출현하는 유일한 예인 '느볼-'(臥)형은 단순한 표기상의 문제라기보다는 '눟-'으로의 전면적인 원순화가

---

36) 그러나 자음어미 앞에 출현하는 '어듭-'의 어간모음에 모음어미 앞에서 확립된 '우'모음의 유추적 확대가 일률적으로 일어난 것으로 볼 수는 없다. 다음과 같은 예는 15세기 문헌의 동일한 쪽수에서도 '어듭->어둡-'의 변화가 실현되었지만, '어드w>어두w'의 변화는 아직 나타나지 않고 있는 상황을 보여 준다. 中夜 어드운 드래 雲霧ㅣ 어드우면 쪼 어둡고(능엄경 언해 2. 28ㄴ).

37) 남광우(1976)는 중세국어 이후에 나타나는 또 다른 예인 '듧->둛-'(鑽)의 변화 역시 '어듭->어둡-'의 경우와 동일한 원순모음화로 포함하였다. 그 반면, 백두현(1992)과 곽충구(1994)는 '어듭->어둡-'의 원순모음화를 야기시키는 동화주가 어간의 '으' 모음을 선행하는 자음 'ㄷ'일 가능성을 모색하였다.

후기 중세국어에서 이루어지기 이전의 모습(육진방언과 함북방언 등을 제외하고)을 반영한 것으로 필자는 이해하려고 한다. 이와 같이 15세기의 음운론에서 고립된 예로 존재하면서 동시에 그 이전 단계의 모습을 우연하게 반영하고 있을 가능성을 보이는 '느볼-'형은 이와 상황이 매우 유사한 다른 예 한 가지를 연상케 한다. 그것은 '나모'(木)의 또 다른 희소한 표기인 '나ᄆᆞ'형이 복합어에서 16세기 『훈몽자회』의 이본들에서 등장하는 예이다. 이러한 관찰은 『훈몽자회』의 종합적인 연구를 시도한 이기문(1971)에서 이루어진 바 있다.

(8) 나ᄆᆞ쥭 쟉(杓, 예산본 중, 9ㄴ), 나ᄆᆞ쥭 삭(杓, 동중본 중, 19ㄱ)
　　 cf. 나모쥭 쟉(존경본/규장각본, 중 19ㄴ)

이기문(1971: 126-127)은 『훈몽자회』의 두 판본 예산본과 동중본에 등장하는 '나ᄆᆞ'라는 어형은 '나모'의 전기 중세국어 형태인 *나ᄆᆞ'가 복합어의 성분으로 예전 모습 그대로 존재했다가 16세기에 제2음절의 'ᄋᆞ'가 '으'로 변하는 경향에 의하여 형성된 결과일 가능성이 있다고 추정하였다. 그리고 이기문 교수는 복합어에는 흔히 예전 형태가 화석화되어 잔존해 있는 원리를 지적하였다.[38] 그러나 백두현(1992: 251)은 16세기에 나타나는 '나ᄆᆞ'형을 원순모음의 이화 작용에 의한 '나모>나ᄆᆞ'의 예로 해석하였다. 그렇게 보는 근거는 '나모>나ᄆᆞ'와 같은 유형으로 판단될 수 있는 다른 예들이 근대국어에서 다양하게 발견되는 반면에, 16세기에 양순음에 의한 순행 원순모음화 현상이 아직 일어나지 않았기 때문이라는 것이다.

---

[38] 예산본과 동중본 『훈몽자회』의 판본에 나타난 복합어의 성분 '나ᄆᆞ'형은 17세기 말엽의 『역어유해』에까지 지속되어 있다. 덥갈나ᄆᆞ(하, 41ㄴ), cf. 신나모, 가랑나모, 소리춤나모, 젓나모, 둥둥(하. 41ㄴ).

5.2 원순모음에 의한 원순모음화

후기 중세국어의 공시적 단계에서 선행하거나 후행하는 원순모음의 영향으로 인접 평순모음 'ᄋ'와 'ᄋ'가 각각 '오'와 '우'로 원순화하는 현상은 지금까지 대체로 잘 알려져 왔다(이기문 1959/1978; 최전승 1975; 최명옥 1982; 백두현 1988, 1992). 앞에서 잠깐 예로 들었던 '노ᄅ>노로'(獐)와 '도치>도최'(鉞) 그리고 'ᄀ올>고올'(鄕) 등의 부류에 일어난 15세기의 변화가 가장 전형적인 원순모음화의 모습을 보인다. 연결어미 '-ᄃ록'형은 『석보상절』(6. 26ㄱ)과 『월인석보』(7. 9ㄴ)에서부터 역행 동화된 개신형 '-도록'을 나타내기 시작하여 16세기에는 이 어형이 보수형 '-ᄃ록'을 완전히 구축하였다. 그 반면, 조사 '-ᄋ로>-오로'의 원순모음화는 이미 16세기 초엽까지 상당한 기반을 확립하였지만, 결국은 다시 보수형 '-ᄋ/으로'로 정착되어 갔다(이기문 1959/1979: 81-84).

본고에서 필자는 후기 중세국어에 일어난 이와 같은 통합적 현상을 다시 새삼스럽게 언급할 필요를 느끼지 않는다. 그러나 다음과 같은 두 가지의 사실만을 여기서 지적하려고 한다. 하나는 원순모음에 의한 원순모음화가 후기 중세국어의 단계에서부터 비롯된 것이 아니라는 사실이다. 즉, §5.1에서 취급하였던 양순자음에 의한 원순모음화가 전기 중세국어에서 출발한 것과 동일하게 원순모음에 의한 역행 또는 순행 동화 역시 같은 시기에 출발하여 보조를 같이 했을 것이다. 이러한 추정은 우리가 §3에서 취급하였던 15세기 국어에서 특수어간의 교체 가운데 제4유형에 속하는 '무수 ∽ 뭇ᄋ'(菁)에서 교체형 '무수'가 전기 중세국어의 형태 '*무ᅀᅳ>무ᅀ'에서 선행 음절 '우' 모음에 의한 원순화를 수행한 결과일 것이라는 전제(이기문 1962)에 근거한다. 특수어간 교체를 보이는 체언어간 '무수 ∽ 뭇ᄋ'과 동일한 유형에 포함되는 용언어간 '수ᅀ- ∽ 숫ᄋ'(喧)에서도 15세기 단계에서 '수ᅀ-'형이 원순모음화를 반영하는 '수수-'형과 공시적 교체를 보이고 있다. 울엣소리 어젯바미 수ᅀ니(초간 두시언해 3.47) ∽ 수우는 소리(喧聲, 초간 두시언해 10.20). 따라서 이와 같은 '수수- ∽ 수ᅀ-'의 원순모음화의 실현형과 비실현형과의 교체는 전기 중세국어로 소급될 수 있을 것이다.

다른 한 가지의 사실은 양순음에 의한 원순모음화와 원순모음 '오'와 '우'에 의한 '으>우, ㅇ>오'의 원순모음화 현상은 동일한 모음체계에서 평순모음 'ㅇ/으'와 원순모음 '오/우'의 원순성의 대립을 전제로 설정해야만 가능한 음운 과정이라는 것이다. 특히 16세기 국어에서 비어두음절 위치에서 드물게 출현하는 '오'의 비원순화가 'ㅇ'로 결과 되는 과정에서도 원순모음 '오'와 여기에 상응하는 비원순모음 'ㅇ'의 대립 관계를 공시적으로 관찰할 수 있다. 쥐ㅊ미(土瓜, 사성통해,상. 65ㄴ; 하. 37ㄱ), ㅊ미(구급간이방 2: 4ㄴ), cf. 춤외(번역 노걸대,하. 38ㄱ). 따라서 이러한 전제는 두 가지 유형의 원순모음화가 전기 중세국어에서부터 후기의 단계를 거쳐 근대국어로 확대되어 가는 진행의 과정에서 모음체계상에서 '오'와 '우'의 위치와 이와 대립되는 'ㅇ'와 '으'의 위치를 'ㅇ'가 완전히 소실되기 전까지 다르게 설정될 수 없다는 사실을 함축하게 된다. 이러한 문제는 다음 §6의 논의 부분에서 다시 취급될 것이다.

선행하거나 후행하는 원순모음에 의한 원순모음화 현상과 관련하여 16세기의『번역 노걸대』,『번역 소학』그리고『선조판 소학언해』등에서 주로 '앒'(前), '뒿'(後), '옿'(上) 그리고 '집'(家)의 단어에 발견되는 향격조사 '-으로'에 대한 '-우로'의 예들을 여기에 덧붙여 생각해 보기로 한다. 이러한 예들은 한영균(1994: 171)에서 자세히 소개되어 있기 때문에 여기서는 논의 전개상 해당 음성 환경만 추출하면 다음과 같다.

(9) ㄱ. **앒으로→앒푸로** :
　　앒푸로 나사가(번역 노걸대, 상. 10ㄱ)
　　앒푸로 다돋디 몯ᄒ고(같은 책, 상. 10ㄱ)
　　뒤흐로→뒤후로 :
　　뒤후로는 뎜에 다돋디 몯ᄒ리니(번역 노걸대, 상. 10ㄱ)
　　뒤후로 옷기슭(번역 소학 5.70ㄴ)[39]
　　우흐로→우후로 :

열량 우후로 풀리라(번역 노걸대, 상. 9ㄱ)

우후로 ᄎᆞ자, 아래로 비화 우후로 통달 ᄒᆞ나니라(소학 5.86ㄱ)

cf. 쑥으로→뿌구로: ᄯᅩ 뿌구로 빗야미 쏘리롤 쓰면(구급방 언해,

하. 79ㄱ) ∞ 뿌그로 쓰면(같은 책, 하. 73ㄴ)

ㄴ. **집으로→지부로 :**

모로매 지부로 오고라(번역 노걸대, 상. 44ㄴ)

위의 예들을 한영균(1994: 각주 26)은 선행하는 순자음 'ㅂ, ㅍ', 그리고 모음 '우, 위'와 통합될 때 실현되는 '-으로>-우로'의 직접적인 원순모음화로 상정하고 다음과 같은 두 가지의 사실 때문에 음운사적으로 중요한 의미를 갖는다고 판단하였다. 즉, 이 예들에서 확인되는 원순모음화는 (1) 순행 원순모음화로서, (2) 형태소 경계를 사이로 두고 수행된 동화라는 것이다.

순행 또는 역행의 원순모음화 과정의 발단과 그 확대의 과정을 논의하는 가운데 그 출발을 전기 중세국어의 단계로 소급하려는 본고의 관점에서와(§3을 참조), 15세기 국어에서 우리가 지금까지 확인한 원순모음화 현상들의 존재(§5.1을 참조)로 미루어 볼 때, 16세기에 해당되는 위의 (9)의 예들이 후행하는 '오'에 의한 역행 원순모음화를 반영하고 있을 것이라는 관찰은 타당한 해석이다. 그러나 이 시기에 동화가 수행되었다는 형태소 경계에서의 음성 환경은 심각한 문제를 제기하기 때문에 세밀한 원전의 검토가 요망된다. 왜냐 하면, 형태소 경계에서 선행하는 순자음에 의한 원순모음화는 지역방언에서도 18세기 초엽의 자료에 나타나기 시작하기 때문이다(본고의 예문 (5)를 참조).

따라서 (9)의 예들이 순수한 원순모음화를 반영한다면 백두현(1992)에서 설정된 이 동화 작용의 실현상의 위계 순서를 크게 벗어나는 셈이 된다.[40] 즉,

---

39) 『소학언해』에서는 선행명사 '앞'(前)의 경우에는 그대로 격조사 '-으로'가 연결되었고, 선행명사 '뒿'(後)에만 '-우로'형으로 출현하였다. 아프로 옷기슬 둥긔고 뒤후로 옷기슬 잇그러(5.70ㄴ). 그리고 『소학언해』에는 동사 '가-'(去)에서 파생된 명사형 '감'다음에 격조사 '-으로'가 '-오로'로 연결되는 예도 등장한다. 일로 블트뻐 가모로 구족에 니르히(5.70ㄱ). 이 언해문에 해당되는 원문 다음에 한글 토가 다음과 같이 '-오로'로 쓰이고 있다. 自慈以往오로 至于九族히(5.69ㄴ).

40) 백두현(1992)에서 설정된 원순모음화 규칙의 내적 발달에 따른 확대의 순서는 본고의 각주

위의 (9ㄴ)에서 '지부로'(집+으로)의 경우는 18세기 초엽 당시 원순모음화의 영역이 형태소 경계에까지 확대되는 상황을 보이는 예천 용문사본 『염불보권문』에서의 '지뷔'(집+의, 21ㄱ) 또는 '아뷔'(아비+-의, 13ㄱ)형들과 직접 연관을 맺게 되는 것이다. 특히, (9ㄴ)의 '지부로'와 정확한 대응을 보이는 형태는 18세기 후기 합천 해인사본 『염불보권문』(1776)에 다음과 같이 나타난다. 스스로 닙부로 염불리 나와(51ㄱ).[41]

위와 같은 이유로, 일찍이 필자는 (9)에 대략 해당되는 예들을 이 시기에 주로 비어두음절 위치에서 적용되는 '오 ∞ 우'의 상호 교체의 관점에서, 앞선 순자음에 의한 원순모음화와는 상관없이 격조사 '-ᄋ/으로'가 취하는 개별적인 현상으로 간주한 바 있다(최전승 1981).

15세기 단계에서부터 격조사 'ᄋ/으로'는 후행하는 '오'의 영향으로 역행 동화를 받아서 '-오로'형으로의 공시적 교체를 보인다. 개신형 '-오로'는 16세기에 그 사용 영역이 확대되는가 했으나 결과적으로 후대에 보수형 '-으로'로 다시 환원되었다(이기문 1959/1978). 그리하여 이러한 변화를 수용한 접속어미 '-드록'형이 16세기에 대부분 개신형 '-도록'으로 대치되는 현상과 대조를 이룬다. 또한, 비어두음절 위치에서 '-오'는 '-우'로의 교체를 보여 주는데, 이러한 현상은 16세기, 특히 최세진의 저작물 등에 내부적으로 다음과 같이 잘 반영되어 있다.

(10) ㄱ. 두루미(鶖鷺, 사성통해, 상. 13ㄴ) ∞ 두로미(같은 책, 하. 23ㄱ)

ㄴ. 스믜나무(예산본 훈몽자회, 상. 5ㄴ) ∞ 누튀나모(같은 책, 상. 5ㄴ)

ㄷ. 벼루(硯,번역 박통사, 상. 60ㄴ) ∞ 벼로(예산본 훈몽자회, 상. 18ㄱ)

ㄹ. 항귀, 분(鏵, 사성통해, 상. 63ㄱ) ∞ 항괴(예산본 훈몽자회, 중. 8ㄴ)

---

(29)을 참조. 여기서는 양순 자음에 의한 동화만 취급되었다는 사실을 고려에 넣어야 한다.

41) '입(口)+으로'의 구성인 방언형 '닙부로'의 예는 복각본인 茂長 선운사본 『염불보권문』에도 반복되어 나타난다(49ㄱ). 이 책에서나 합천 해인사본에는 '사룸(人)>사룸'의 변화라 생각되는 '사룸'형들도 반영되어 있다. 사룸들리(50ㄱ), 사룸을 위하야(50ㄴ), cf. 사룸마다(35ㄱ).

최세진의 『번역 박통사』(1517)와 『번역 노걸대』(1517)에는 격조사 '-으/으로'가 역행 원순모음화를 수용한 '-오로'형으로 사용되는 빈도 또한 높게 나타난다. 제 ᄆᆞᅀᆞ모로셔 즐기눈 거슨(번역 박통사, 상. 70ㄱ), ᄯᅩ 두루믜 지초로 살픽 고깃고(같은 책, 상. 27ㄱ), 네 ᄆᆞᅀᆞ모로 기들워라(번역 노걸대, 하. 1ㄴ), 당시론 五百里 우호로 잇ᄂᆞ니(번역 노걸대, 상. 10ㄴ), cf. 네 가짓 굴으침오로ᄡᅥ ᄒᆞ니(소학 6.88ㄴ). 이와 같은 상황에서 격조사 '-오로'형은 체언 뒤에서만 통합되기 때문에 비어두음절 위치에 놓이게 되면서, 당시의 '오 ∞ 우'의 교체 현상에 의하여 '-우로'로 대치되었을 가능성이 높다고 생각한다.[42] 특히, 앞에서 열거 한 예 가운데 '五百里 우호로'는 여기서 '오 ∞ 우' 교체에 의하여 (9)의 예에서와 같이 '우후로'로 실현될 계기를 형성하고 있는 것이다. 또한, 다음과 같은 『번역 노걸대』에서의 예는 선행하는 순자음에 의한 원순모음화의 음성 조건을 발견할 수 없는 상황에서 '-오로>-우로'의 변화를 보여준다. 네 셧그투로 내 물푸는 글월쓰라(15ㄴ). cf. 묏그트로 나려 오도다(초간, 두시언해 25.2ㄱ).

위의 (9)의 예들은 17세기에 간행된 후대의 중간본에서는 예외 없이 다시 '-으로'형으로 복귀되었다.[43] 이러한 사실은 개신형 '-오로'가 근대국어에 들어오면서 다시 보수형 '-으로'로 바꿔지게 되는 경향과 대체로 일치한다. 따라서 (9)의 예들이 형태소 경계를 사이하여 수행된 원순모음화(순자음에 의한)를 보여준다면, 이러한 현상이 후대의 중간본에 지속되지 않았다는 사실은 근대국어에 들어 와서 더욱 일반화된 이 동화 현상에 정면으로 배치되는 모습을 보이는 것이다. 그러나 근대국어의 음운론에서 매우 생산적인 원순모음화 현상이 당대의 문헌에 등장하지 않았다는 사실은 이해하기 어려운 일이다. 그렇기 때문에 위의 (9)의 예들은 16세기 국어에서 형태소 경계에 걸쳐서 실현된 원순

---

42) 후기 중세국어의 단계에 일어난 '오 ∞ 우' 교체 현상과, 이와 대립되어 근대국어에 등장하기 시작하는 새로운 '오>우' 현상과 모음체계와의 연관성은 백두현(1992)에서 상세하게 논의되었다.

43) 17세기의 중간본 『언해 노걸대』(1670)에서 본문의 (9)의 예에 해당되는 형태는 모두 '-으로'로 대치되어 나타난다. 열닷냥 우호로 풀고(상. 8ㄱ), 열량 우흐로 풀리라(상. 8ㄱ), 우리 앏흐로 향ᄒᆞ여(상. 9ㄱ), 뒤흐로 뎜에 다둣디 못ᄒᆞ리니(상. 9ㄴ), 五百里 우흐로 잇ᄂᆞ니(상. 9ㄴ), 집으로 오고려(상. 40ㄴ) 등등.

모음화 현상과는 거리가 있다고 생각한다.[44] 즉, (9)ㄴ의 '지부로'의 경우는 '집+으로→ 집오로→ 집우로'의 연속적인 과정을 반영한 것으로 판단된다.

|6| 결론과 논의 : 원순모음화와 모음체계 및 방언 어휘의 특수성

6.1 원순모음화와 모음체계

지금까지 논의된 원순모음화 현상은 전기 중세국어의 단계부터 시작되어 매우 느리게 개별적인 해당 어휘들로 확산되었으며, 후기 중세국어를 거쳐 점진적으로 그 적용 영역을 확장시켜 오면서 근대국어에 들어 와 그 발달의 정점에 도달하게 되는 매우 긴 과정을 포괄하고 있다. 따라서 이 동화 현상은 시간상으로 12세기 『계림유사』 이후에서 18세기 중엽에 걸치는 규칙의 내적 발달의 다양한 모습을 보인다. 또한, 이 규칙이 활동하는 거의 600년 동안에 각각의 단계에서 발생된 여타의 다른 유형의 음성변화, 예를 들면, 'ᄋ'의 비음운화 과정과 시간의 차원에서 서로 중복되거나 교차되기도 하였다.

일정한 음운론적 과정이 당대의 음운체계를 반영하며, 동시에 그 음운체계의 지배 속에서 실현된다 함은 주지의 사실이다. 그렇지만, 필자는 본고에서 전기 중세국어와 후기 중세국어 그리고 근대국어에 걸치는 원순모음화 규칙

---

44) 한영균(1994: 172)은 양순음 또는 선행하는 '우'와 '위'에 통합되는 조격조사 '-우로'의 예들은 중앙어의 언어를 반영한 것이 아니라, 당대의 최세진이 속했던 지역방언을 배경으로 나왔을 가능성을 지적하였다. 또한, 한영균 교수는 이 논문에서 『정속언해』(원간본, 1518)와 『소학언해』 등에서 대격조사가 위와 동일한 환경에서 '-올'로 표기된 세 가지 예를 제시하였다.

을 추적하면서 이 현상이 반영하고 있는 상이한 국어사의 단계에서의 모음체계와 관련하여 끊임없이 다음과 같은 의문에서 벗어 날 수 없었다.

(1) 어느 음운 현상의 발생과 공시적 음운체계의 형성은 어떠한 선후의 관계를 맺고 있는 것일까.

(2) 끊임없이 새로운 방향으로 개신되어 가는 음운 현상들에 의해서 음운체계가 재조정되고 내용이 바뀌지는 경향을 보인다. 그렇기 때문에 음운변화가 진행되고 확산을 거치는 오랜 내적 발달의 과정에서 음운체계는 하나의 이차적이고, 동시에 부수적인 결과물이 아닐까.

지금까지의 국어 방언 연구에서 시대적으로 계기적인 단계를 반영하는 지역방언자료를 이용하거나, 또는 순수한 공시적 자료에 의지해서, 그리고 현대에 가까운 20세기 초반의 특수한 방언자료를 바탕으로 해당 방언의 통시 음운론을 시도한 대부분의 업적들에서 원순모음화 현상은 선행 단계의 모음체계와 그 구성 모음들의 대립 체계를 복원하는 중요한 단서가 되어 왔다(소강춘 1991을 참조).

전남 구례방언의 'ㅇ >오'의 변화를 중심으로 해당 방언의 원순모음화와 모음체계가 맺고 있는 밀착된 관계는 처음으로 이승재(1977)에서 심도있게 고찰되었다. 여기서의 기본 논리는 공시적으로 일어날 수 없는 모음 변화의 방향과 방식은 그 이전 단계에서 역사적으로도 불가능할 것이라는 동일과정설(uniformitarian)의 원리이었다. 즉, 일정한 모음체계를 구성하고 있는 음운론적 공간의 내부에서 하나의 모음에 일어난 변화는 공시적 현상에 견주어 볼 때 아래와 같은 세 가지의 원칙 또는 변화의 제약에서 크게 벗어날 수 없는 것이다.45)

(1) 모음 변화의 방향성은 수직으로(하나의 계열 내부에서), 혹은 수평으로(하나

---

45) 음운론적 재구를 시도할 때 사용될 수 있는 이러한 구체적인 제약은 영어사에서 모음체계에 일어난 일련의 변화를 합리적으로 재구하려는 시도에서 작업 가설로 설정된 Lass(1978: 270-272)에서 참고하였다.

의 서열 내부에서) 일어나는 이동인 것이다. (2) 변화로서 모음의 이동은 모음체계 내부에 위치하고 있는 바로 인접 모음의 장소로 1단계씩 수행된다. (3) 그 결과, V1 > V2의 변화에서 이 과정에 참여하는 V1과 V2에 속한 모음은 일종의 자연부류를 형성하는 동시에 일정한 자질의 유무에 따른 음운론적 대립을 이루고 있어야 한다.

이러한 모음 변화의 세 가지 원칙에 의하면, 역사적으로 일정한 단계의 공시적 모음체계에서 동시에 몇 단계를 뛰어 넘는 모음의 변화는 있을 수 없으며, 또한 변화의 방향이 체계 자체의 계열과 서열의 질서를 무시한 대각선인 경우도 상상하기 어렵다. 예를 들면, 다음과 같은 후기 중세국어의 음소적 모음체계 A(이기문 1978)를 이용하여서는 이 시기에 전면적으로 실현되는 'ᄋᆞ > 으'의 변화를 합리적으로 이끌어내기가 불가능하다. 그 반면, 이 시기의 또 다른 모음체계 B(김완진 1963)는 모음조화와 아울러 'ᄋᆞ > 으'의 변화를 적절하게 설명할 수 있지만, 후기 중세국어에서 발견되는 원순모음화 현상은 합리적으로 이끌어내기가 어렵다. 그 뿐만 아니라, 모음체계의 보편적인 속성에 견주어 볼 때 후기 중세국어에서 원순모음 '오'와 '우'가 모음체계 B에서 차지하고 있는 위치가 매우 어색한 것이다.

(11) ㄱ. 이   으   우   (11) ㄴ. 이   우   오
       어   오   으   ᄋᆞ
       아   ᄋᆞ   어   아
      (모음체계 A)   (모음체계 B)

이승재(1977)는 구례방언의 역사적 어느 단계에서 수행한 'ᄋᆞ > 오'와 '으 > 우'의 원순모음화가 'ᄋᆞ > 으'의 변화와 더불어 모음체계의 확립에 필수적인 역할을 하고 있음을 제시하고, 위에서 언급된 모음변화의 세 가지 제약을 준수하여 예전의 구례방언의 모음체계를 다음과 같이 복원하였다. 그리고 그는 아래의 (12ㄱ)의 체계에서 'ᄋᆞ'의 비음운화와 더불어 '어'가 중설화하여 (12ㄴ)

과 같은 모음체계로 전환되어 갔다고 파악하였다.

(12) ㄱ. 이   으   우   (12) ㄴ. 이   으   우
     어 ㅇ   오   어   오
        아   아

여기서 재구된 선행 단계의 구례방언의 모음체계 (12ㄱ)은 'ㅇ'를 유지하고 있었던 역사적 단계로 소급되는 것인데, 다른 연구에서 추정된 15세기의 모음 체계와 일치하고 있는 사실이 주목된다. 예를 들면, 20세기 초엽 육진방언 자료를 바탕으로 여기에 반영된 원순모음화 현상을 중심으로 곽충구(1994: 283)에서 복원된 선행 시기 모음체계 역시 (12ㄱ)과 같은 모습으로 추출되었다. 그리고 후기 중세국어에 반영된 생산적인 원순모음화(원순모음의 이화와 동화 작용을 중심으로)에 대한 깊은 인식과, 『훈민정음 해례』 중성해에서의 "口蹙"의 개념을 원순성(rounding)의 자질로 파악하려고 시도한 백두현(1992: 269)은 'ㅇ, 으, 오, 우'가 원순성을 상관 징표로 형성된 대립 관계를 고려하여 15세기의 모음 음소의 체계를 작성했는데, 그것은 본질적으로 위의 (12ㄱ)의 체계와 일치를 보인다.

특히, (12ㄱ)의 체계는 15세기에서 원순모음 '오'와 '우'를 'w+ㅇ'와 'w+으'와 같은 내적 증거를 바탕으로 작성된 김완진(1978/1996: 88)의 수정된 모음 체계와 쉽게 조정될 수 있다.46) 그리고 15세기 국어의 단계에서 평순모음과 원순모음의 짝인 고모음 서열 '으---우'와 중모음 서열 'ㅇ---오'를 상관 대립으로 하는 모음체계는 이숭녕(1947)과 허웅(1985) 등을 중심으로 이미 확립되어 있다. 본고의 §5에서 논의된 후기 중세국어에서의 원순모음화 현상은 소강춘(1991)의 해석과 동일하게 필자로 하여금 위에서 (12ㄱ)과 같은 모음체계가 설정된 동일한 논리를 따르게 한다.

---

46) 김완진(1996: 88)에서 15세기의 모음체계를 5모음체계로 파악하였으며, 모음 '오, 우'를 원순 모음 표시의 괄호에 묶어 'ㅇ, 으'에 병립시켰다.

(12ㄱ)의 모음체계는 근대국어의 전반기에 와서도 대체로 변하지 않았으며, '♀'의 비음운화와 더불어 근대국어의 모음체계가 대체로 (12ㄴ)으로 발달해 갔을 것으로 생각한다. 근대국어 단계에서 수행된 제2단계의 변화 '♀>아'의 결과는 상대적으로 양순음 아래에서 '♀>오'의 변화를 제거시키는 결과를 초래하였기 때문에 중세국어의 원순모음화 규칙은 그 음성 환경에서 일부 축소되어 실현되는 것이다. 따라서 필자는 근대국어에 일어난 일련의 원순모음화와 그 앞선 시기인 후기 중세국어에서의 원순모음화 현상을 동질적으로 이해하며, 원순모음화 규칙의 장기간의 발달이 보이는 과정으로 파악한다. 필자는 이러한 논리를 단순하게 전기 중세국어의 단계까지 소급시키려 한다.[47]

우리가 본고의 §3과 §4에서 추정한 전기 중세국어 단계에서의 원순모음화의 예들은 어느 정도 위의 (12ㄱ)과 같은 모음체계를 전제로 한다고 말 할 수는 없다. 그러나 다른 유형의 모음체계에서 일어나는 전기 중세국어에서 '♀>오'와 '으>우'의 원순모음화의 통합적인 발달의 출발은 당대의 모음체계가 (12ㄱ)과 같은 발달의 방향을 공시적으로 취하게 하는 역할을 촉발시켰을 것으로 본다. 필자가 §6.1의 시작 부분에서 제기했던 음운 현상과 음운체계와의 상관에 대한 의문은 이러한 사고에서 비롯된 것이다.

---

47) 이와 같은 필자의 관점은 통시적 원순모음화 현상에 대한 해석만을 근거로 추정된 것이다. 따라서 15세기 국어에서의 또 다른 음운 현상들을 고려하였을 때 새로운 문제점들이 드러나게 된다. 그렇기 때문에, 15세기와 그 이전의 모음체계의 복원의 문제는 1) 모음체계 유형론상의 보편적인 원리, 2)『훈민정음 해례』에 사용된 중국 운학 술어의 합리적 해석, 3) 15세기를 전후하는 다양한 음운론적 과정, 4) 친족관계를 가정할 수 있는 인접 제 언어들의 당시 모음체계와 언어 접촉의 문제, 4) 차용어와 외래어와의 대조 등과 같은 각도에서 종합적으로 논증되어야 한다.

이러한 문제와 관련하여 김주원(1990/1993: 293))에서『훈민정음』해례의 '舌縮, 口蹙, 口張'의 개념과 통시적 '약화'의 개념을 고려하여 작성된 15세기 국어의 모음체계 역시 본문의 (12)ㄱ의 체계와 거의 유사한 모습을 보인다. 김주원 교수는 이 논문에서 이러한 15세기의 모음체계가 그대로 몽골어 차용 시기(13, 14세기), 계림유사 시기(12세기 초엽). 그리고 그 이전의 어느 시기까지 소급되는 것으로 파악하였다. 이러한 견해는 김주원(1993)에서 보강되며, 국어사에서 확립되어 있는 14세기 모음추이의 가설이 모음 변화의 여러 관점에서 성립될 수 없음이 지적되었다. 최근 Martin(2000)과 Vovin(2000)의 실증적 연구에서도 모음추이의 가설이 부정된 바 있다. Martin(1992; 2000)은 중세국어의 모음체계에서 '♀'와 같은 모음 등을 제외하면 '오, 우' 등은 현대국어의 경우와 동일한 구조와 음가를 배정하고 있다.

6.2 음성변화와 개별 어휘의 특질

원순모음화 현상이 전기 중세국어의 단계에서부터 발단되어 해당 조건을 갖추고 있는 어형들로 점진적인 어휘 확산을 시작하였다고 가정하면, 이러한 전제에 몇 가지 문제가 당연히 제기될 수 있다. 왜 이 현상이 다른 역사적 단계가 아닌 이 시기에 출현하게 되었을까에 대한 소위 음성변화의 "격발" (actuation)에 관한 문제도 그 가운데 하나이다. 우리는 본고에서 이러한 어려운 문제에 전연 접근할 수 없다. 그리고 여기에 딸린 부수적인 문제, 즉 어떠한 어휘들이 전기 중세국어에서 제일 먼저 원순모음화를 수행했으며, 그 이유는 무엇일까 하는 것도 여전히 해결하기 어렵다. 그러나 필자는 지금까지 취급한 원순모음화를 먼저 수용한, 또는 이러한 현상을 어떤 이유에서 지속적으로 거부해 온 예들에서 일정한 방언에서 나타내고 있는 어휘적 특질상의 경향을 '몬져'(先)형의 고유한 발달 과정을 이용하여 다음에 잠깐 생각해 보려고 한다.

본고의 §4에서 논의된 '몬져'(先)형이 당대의 '몬지'(塊)와 다른 신분을 후기 중세국어에 갖고 있었다는 사실은 현대 방언의 상이한 반사체들의 존재에서 확인할 수 있다. 무엇보다도 현대 제주도 방언에서 이 어휘의 첫 음절 모음이 'ᄋᆞ'로 실현되고 있으며, 20세기 초반의 육진방언과 현대 함북방언에서 '만저' 는 '몬져>만져'의 과정을 거친 것으로 추정할 수밖에 없다. 이러한 사실은 15세기 '몬지'(塊)의 형태를 어두음절 모음에 관한 한 그대로 유지하고 있는 현대 지역방언들의 반사체와는 매우 대조적이다. 그렇다면 이들 방언에서는 후기 중세국어 이전의 단계에 전면적으로 수행되었다는 '몬져>몬져'와 같은 원순모음화가 어떠한 이유에서 거부되어 온 것일까?[48] 여기에서 필자는 '몬져 >만져'의 유형이 육진방언과 함북방언에서 매우 고립된 특유한 형태가 아니라, 동일한 음성 조건을 갖추고 있는 일부의 어휘들에서 원순모음화를 거부하

---

[48] 이러한 의문은 '몬져>몬져'(先)의 원순화가 전기 중세국어에 가능한 변화였다면, 이 시기에 이와 동일한 음성 조건을 갖추고 있는 대다수의 다른 어형들에는 왜 이 현상이 파급되지 않았을까 하는 문제로 바꿔 볼 수 있다.

고 있는 하나의 경향을 반영하고 있다는 사실만을 단순히 제시하려고 한다.

우선, 제주도 방언에서 양순음 다음에서 '♀>오'의 원순모음화가 여전히 실현되지 않은 일반적인 경향을 제시할 수 있다. 그 반면, 육진방언과 함북방언 등지에서 양순음에 후행하는 기원적인 '♀'는 '오'로 대체로 동화된 사실을 보여 준다.49) 그러나 이러한 원순모음화는 함북방언의 하위 지역에서도 동일한 방식으로 확산되지 않았으며, 일정한 어휘들에 국한되어 실현되었다(곽충구 1992). 또한 육진방언에서 '문져'와 같은 원순모음화가 적용될 수 있는 조건을 갖추고서도 이 현상에 여전히 휩쓸리지 않는 방언형과 원순모음화를 수용한 방언형들이 공존하고 있다. 이러한 현상은 이 방언에서 '만져'와 '몬져' 또는 '먼져'가 공시적으로 공존하고 있는 사실과 대체로 동일한 것이다. 20세기 초엽의 카잔 자료에서 '만저'와 마찬가지로 양순자음 아래 '♀>오'의 동화를 반영하지 않는 방언형들은 다음과 같이 추출된다.

(1) hwe-parimu purgu(바름, 『교과서』 68.89)
(2) mad adiri(맏아들, 『교과서』 35.48)
(3) maamu tuəsə(마암, 『교과서』 38.55)
(4) kiɣə pars'ə ta ara(발쎠, 『교과서』 74.94)
　　cf. mandʒə(만저, 『교과서』 39.58)

이러한 원순모음화의 비실현형들은 김태균(1986)에 의하면 함북 하위지역에 따라서 '보름'(風), '볼쎠'(旣), '몯형'(伯) 등과 같이 원순모음화를 수용한 형태로 나타난다. 양순음 아래 일어나는 '♀>오'의 변화와 관련하여 이러한 두 유형의 형태들이 육진방언 등지에 존재한다는 것은 방언 차용과 같은 방식으로 설명될 수 있으나, 자체의 방언 내에서 원순모음화를 거부하였던 '문져'와 같

---

49) 육진방언에서 양순자음 아래 일어난 '♀>오'의 원순모음화의 생산적인 예는 황대화의 『동해안방언 연구』(1986)에 다음과 같이 제시되어 있다. 몰(馬)→몰/말, ㅂ롬(風)→보롬/바람, 볿다(踏)→봅는다/밟다, 쏠리(速)→뽈리/빨리, 폴(肩)→폴/포리/팔, 프리(蠅)→포리, 풋(小豆)→포치/파치 등등(pp.11-12).

은 유형의 방언형들이 적지 않게 존재하고 있었음을 뜻한다.

특히, 육진방언과 함북방언에서는 우리가 관찰하였던 §5.1의 예문 (7)에서와 동일하게(늡-, 어듭, 느븨, 그불리-, 느위), 양순음에 의한 역행 동화의 경향이 전혀 존재하지 않는다. 예를 들면, '스매(袖), マ물(旱), 놈(他人), ㄴ물(榮)' 등에서 역행 원순모음화를 수행한 방언형들은 'ᄀᆢ치->곰치-'(藏)의 예만 제외하면 김태균(1986)과 20세기 초엽의 카잔 자료에서 드물게 나타난다. 따라서 예문 (7)의 예에서도 여타의 다른 방언에서 매우 이른 시기에 실현되었을 것으로 추정되는 양순음에 의한 역행 동화의 영향이 육진방언에서 작용하지 않았던 경향을 반영하는 것으로 보인다. 그리고 이 방언에서 '으'의 순행 원순모음화는 이중모음의 핵모음에까지 확대된 것 같지 않다. 20세기 초엽의 카잔 자료에서 예를 들면 다음과 같다. kəmiy(거믜, 『소사전』 77; 『교과서』 38.56), nəbiy(너븨, 『로한회화』 65), nabiy(나븨, 『초등』 41), cf. nibiy(느븨, 『로한회화』 35/199). 따라서 이 자료에 출현하는 [ʧʰibiy](寒, 『소사전』 60)와 [təbiy](署, 『소사전』 ⅷ)를 원순모음화를 수행한 15세기 어휘인 '치뷔'와 '더뷔'를 기준으로 하여 육진방언에서 수행된 비원순화 규칙으로 파악될 수 없다.

참고문헌

곽충구(1980), "18세기 국어의 음운론적 연구", <국어연구> 50호.
_____(1991), "원순모음화 및 비원순모음화", <국어연구 어디까지 왔나>, 동아출판사.
_____(1994), <함북 육진방언의 음운론>, 국어학총서 20, 국어학회.
김무림(1994), "중세국어 쌍형 어간의 음운사적 고찰", <어문론집>(고려대학교 국어국문학과) 34.
김영배(1996), "<염불보권문>의 해제", <염불보권문의 국어학적 연구>, 동악어문연구회.
김영일(1998), "중세국어 'ㄱ' 덧남 어형의 재고찰", <어문학> 제64집.
김완진(1975), "전라도 방언 음운론의 연구 방향 설정을 위하여", <어학> 2, 전북대학교 어학연구소.
_____(1978), "모음체계와 모음조화에 대한 반성", <어학연구> 14-2. 서울대어학연구소.
_____(1996), <음운과 문자>, 신구문화사.
김주원(1984), "18세기 경상도 방언의 음운현상, -몇몇 佛書를 중심으로-", <인문연구>(영남대학교) 6.
_____(1990), "국어사 연구의 방향정립을 위한 제언", <민족문화논총>, 11.
_____(1993), <모음조화의 연구>, 영남대학교 출판부.
_____(1994), "18세기 황해도 방언의 음운현상 -보권염불문 흥률사판의 분석을 통하여-", <국어학> 24집.
_____(1996), "18세기 평안도 방언을 반영하는 <염불보권문>에 대하여, <음성학과 일반 언어학>, 이현복 엮음, 서울대출판부.
김태균(1986), <함북방언사전>, 경기대학교 출판부.
남광우(1976), "ㅍ의 동화·이화 연구 -<한국어의 발음연구>의 일환작업으로-", <인문과학 논문집> 제2집, 인하대학교.
남풍현(1981), <차자표기법 연구>, 학술총서 제6집, 단대출판부.

민현식(1996), "중세국어의 교체 현상 기술에 대한 재검토", <이기문교수 정년퇴임기념논총>, 신구문화사.

백두현(1988), "'ᄋᆞ 오 으 우'의 대립관계와 원순모음화", <국어학> 17.

_____(1992), <영남 문헌어의 음운사 연구>, 국어학총서 19, 국어학회.

_____(1994), "구축과 원순모음화", <외골 권선재박사 화갑기념 논문집>.

소강춘(1989), <방언분화의 음운론적 연구>, 한신문화사.

_____(1991), "원순모음화 현상에 의한 모음체계의 통시성과 공시성", <국어국문학> 105.

송 민(1986), <전기 근대국어 음운론 연구>, 국어학총서 8, 국어학회.

_____(1998), "근대국어의 음운론적 인식", <음운> II, 국어학강좌, 태학사.

안병희(1971), "한국어 발달사(중), 문법사", <한국문화사대계> 9. 고대민족문화연구소.

_____(1992), "<월인석보> 권 11, 12에 대하여", <국어사 자료 연구>, 문학과 지성사.

오종갑(1987), "국어의 원순모음화 현상", <영남어문학> 14집.

유창돈(1964), <이조국어사 연구>, 이우출판사.

이기문(1962), "중세국어 특수 어간 교체에 대하여", <진단학보> 23호, 진단학회.

_____(1968), "계림유사의 재검토", −주로 음운사의 관점에서−, <동아문화> 제8집, 동화문화연구소.

_____(1972), <국어음운사 연구>, 한국문화연구소.

_____(1977), "제주도 방언의 'ᄋᆞ'에 관련된 몇 문제", <국어국문학논총>(이숭녕 선생 고희기념), 탑출판사.

_____(1978), <개정 국어사 개설>, 탑출판사.

_____(1959/1978), <16세기 국어의 연구>, 국어학연구선서 3, 탑출판사.

이병근(1981), "모음체계와 비원순모음화", <음운현상에 있어서의 제약>, 국어학연구선서 8, 탑출판사.

이승재(1977), "남부방언의 원순모음화와 모음체계", <관악어문연구> 2.

_____(1980), "구례지역어의 음운체계", <국어연구> 45호, 국어연구회.

이숭녕(1988), "/ᄋᆞ/음의 소실기 추정에 대하여", <이숭녕국어학선집>(음운편, 3),

민음사.

이현희(1987), "국어의 어중·어말 'ㄱ'의 성격에 대한 종합적 연구", <한신논문집>, 제4집, 한신대학교.

전광현(1967), "17세기 국어의 연구", <국어연구> 제19호, 국어연구회.

_____(1997), "근대국어 음운", <국어의 시대별 변천 연구 2>, -근대 국어-, 국립국어연구원.

정승철(1995), <제주도 방언의 통시음운론>, 국어학총서 25, 국어학회.

조항범(1998), <주해 순천김씨묘출토 간찰>, 태학사.

최전승(1975), "중세국어에서의 이화작용에 의한 원순성 자질의 소실에 대하여", <국어연구> 33호, 국어연구회.

_____(1986), <19세기 후기 전라방언의 음운현상과 그 역사성>, 한신문화사.

_____(1995), <한국어 방언사 연구>, 태학사.

_____(1999), "원순모음화 현상의 내적발달과 개별 방언어휘적 특질", <국어문학> 34호.

최학근(1978), <한국방언사전>, 현문사.

한영균(1991), "모음체계의 재정립과 현대국어의 비음절화", <진단학보> 71.72.

_____(1994), <후기 중세국어의 모음조화 연구>, 서울대학교 대학원 박사학위논문.

_____(1997), "모음의 변화", <국어사 연구>, 국어사 연구회, 태학사.

허 웅(1975), <우리 옛 말본>(형태론), 샘문화사.

_____(1985), <국어 음운학>, 샘문화사.

현평효(1985), <제주도 방언연구>(자료편), 태학사.

河野六郞(1945/1979), <朝鮮方言學 試攷>, 東都書籍.

Chen, Matthew(1978), 'The Time Dimension: Contribution toward a Theory of Sound Change', *The Lexicon in Phonological Change*(edited by William S-Y Wang), Mouton Publishers.

King Ross(1991), *Russian Sources on Korean Dialects*, Ph.D dissertation, Harvard University.

Durie. M & R. Malcolm(ed, 1996), The Comparative Method Reviewed, Oxford University Press.

Lass, Roger(1978), 'Mapping Constraints in Phonlogical Reconstruction', *Recent Developements in Historical Phonology*(edited by Jacek Fisiak), Mouton Publishers.

Martin E. S(1982), 'On the Consonants Distinctions of earlier Korean', 『한글』 제175호, 한글학회.

_____(1992), *A Reference Grammar of Korean*(한국어문법총람), Charles E. Tuttle Company.

_____(2000), 'How have Korean vowels changed through time', *Korean Linguistics*, vol. 10.

Ogura, M & William S-Y Wang(1994), 'Snowball Effect in Lexical Diffusion', *English Historical Linguistics* 1994, John Benjamins.

Ramsey, R.(1991), 'Proto-Korean and the Origin of Korean Accent', *Studies in the Historical Phonology of Asian Languages*(edited by Boltz and Shapiro), John Benjamins.

Ramstedt, G. J.(1928), 'Remarks on Korean Languge', *Memoires de la Societe Finno-Ougrienne* 58.

_____(1939), *A Korean Grammar*, Helsinki.

Vovin, Alexander(2000), 'On the Great Vowel Shift in Middle Korean and Position of Stress in Proto-Korean', *Korean Linguistics*, vol. 10.

제 4 장

용언활용의 비생성적 성격과
부사형어미 '-아/-어'의 교체 현상
- 공시적 기술과 통시성의 문제 -

|1| 서 론

필자는 19세기 후기 전라방언의 언어 자료와, 이것의 오늘날의 반사체의 모습을 반영한다고 판단되는 공시적인 전남과 전북 방언의 음운 현상들 가운데 모음조화의 일부 잔존 유형인 부사형어미 '-아/어'의 교체 방식과 특정한 일부 용언들이 보이는 활용형들을 관찰하고 대조하면서, 각각의 다른 지역방언들을 대상으로 기술된 모음조화에 대한 종전의 구상 음운론적 연구들에서 제시된 여러 代案과 가설들을 다시 음미하게 되었다.1) 그리하여 공시적 구조

---

1) 이 글의 조잡한 초고를 세심하게 읽고 건설적인 비평과 좋은 의견을 제시해 준 기세관 교수 (순천대학교), 배주채 교수(가톨릭 대학교), 김경아 교수(서울여자대학교), 강희숙 교수(조선대 학교) 그리고 김옥화 선생(서울대학교 대학원)과 이정애 교수(전북대학교)에게 진심으로 감사 한다. 그러나 이 분들은 자료를 해석하는 필자의 통시적 관점에 대해서는, 그 정도에 있어서 차이는 있지만, 찬성하지 않았다.
특히, 배주채 교수는 똑같은 언어 현상에 대해 공시적 설명과 통시적 설명이 다 가능할 때 공시적 설명에 우선권을 주어야 한다는 신념을 갖고 있었다. 그 근거는 화자의 언어 지식은 통시적 과정과는 상관없이 대부분 공시적인 언어 사실에 바탕을 둔 것이기 때문이다. 필자도 이러한 주장에 근본적으로 동감한다. 여기서 문제는 공시적 언어 현상에 대한 기술과 설명이

에 미치는 통시적 음성변화의 성격과 언어생활을 영위하는 토박이 화자들의 인지적 의지와 관련된 공시적 재조정의 관점에서 필자는 모음조화에 의한 부사형어미의 교체 유형들을 설명하기 위해서 지금까지 사용된 종래의 일부 구상 음운론적 접근 방법에 대하여 몇 가지 의문을 품게 되었다.

공시적으로 이질적인 이러한 활용형들에 대한 필자의 기본적인 입장은 역시 구상 음운론에 있음은 물론이지만, 종래의 연구들에서 해결책으로 제시되었던 접근 방법들이 명시적으로 사용하고 있는 기본적 전제에 내재된 문제점 몇 가지를 본고에서 논의하려고 한다.[2]

역사적으로 어느 선행 단계에서 기저형과 그 표면 실현형들 사이에 투명한, 또는 규칙적인 대응 관계를 유지하고 있던 용언의 활용형들이 후행 단계에서 활용외적 요인 때문에 독자적으로 형성된 조건 음성변화들의 개입으로 인하여, 이러한 일정한 관계가 상실되는 경우가 많다. 이와 같이 후대에 개입된 음성변화들은 용언의 여러 활용형들 가운데 일정한 음성 환경만을 갖추고 있는 異形態에만 적용되기 때문에 그러한 변화를 수용하지 않은 다른 표면형들과 활용상의 패러다임에서 불일치를 공시적으로 초래하게 된다.

이와 같은 이유로 공시적인 단계에서 활용에 나타나는 기저형과 표면형 또

언어학자에게 편리한 허구의 장치이어서는 의미가 없을 것이라는 사실이다.

2) 국어에서 이른바 공시적 불규칙 용언의 활용형들에 대한 다양한 논의들은 고전적인 생성 음운론의 도입과 더불어 체계적으로 출발하여 현재까지 지속되고 있는데, 대체로 기저형 설정과 이에 따른 음운규칙들의 유형에 대한 논증 전개의 추이는 추상 음운론으로부터 구상 음운론의 방향으로 향하고 있다(최명옥 1985, 1988; 한영균 1985, 1990). 그리고 최근에는 "활용에서의 기저형 설정과 음운현상"의 영역과 개별 지역방언의 음운론적 기술 등에서 불규칙 활용형에 대한 이러한 구상 음운론적 접근 방법에 대한 여러 논의가 더욱 정밀화되고 그 기술 방식이 다양화되었다(김성규 1987, 1988; 배주채 1994; 김경아 1990; 한성우 1996). 특히 김성규(1989)에서는 자연 언어자료 가운데 역사적 변화의 産物이 아닌 것은 없다는 전제하에서 일정한 부류의 불규칙 활용형들을 예전 단계에서 수행된 음성변화를 수용한 공시적 化石形으로 간주하려고 하였다. 김성규(1989: 164)에서 설정된 이와 같은 전제는, 물론 그 학문적 배경과 시대정신은 전혀 다르지만, 일찍이 19세기 소장문법 학파 Hermann Paul이 그의 저서에서 주장했던 다음과 같은 구절을 연상케 하는데, 일정한 대상에 대한 인식과 학문적 사고의 흐름도 일정한 기간을 두고 輪廻한다는 관점에서 신기한 느낌이 든다. "따라서, 나는 언어가 역사적으로 발달해 온 방식을 적어도 어느 정도 고찰함이 없이 그 언어를 어떻게 성공적으로 이해할 수 있는지를 전연 생각할 수 없는 것이다"(Paul 1960: 21).

는 활용 형태들 사이의 규칙성의 상실에 대한 관찰과 이러한 사실을 공시적 문법구조에 통합시키는 설명 방식은 시대에 따른 학문의 인식 과정의 변천과 이론의 흐름에 따라 다양하게 발전되어 오고 있다. 그러나 이러한 공시적 불규칙 형태들에 대한 합리적인 설명으로 제시된 다양한 이론의 전개에도 불구하고, 기저형의 추상성과 구상성 그리고 여기에 따르는 심리적 실재와 언어 습득 또는 음운규칙의 생산성의 논의에 관한 논증들 이외에도 다음과 같은 가장 본질적인 문제들이 항상 근저에 남아 있다고 필자는 생각한다.

(1) 지나간 단계의 역사적 음성변화의 정보를 공시적 기술에 포함할 것인가, 아니면 통시성과 공시성의 엄격한 분리의 관점에서 이것을 가능한 배제시키고 공시적 현상 가운데 존재하는 일정한 규칙만을 추구할 것인가?

(2) 이질적인 표면 활용형들 간의 관계를 반드시 하나 또는 그 이상의 기저형을 설정하고, 여기에서 규칙적이고 생산적인 음운규칙으로 이끌어내야만 할 것인가? 또한, 불규칙 활용형에서 필수적으로 언급되는 소위 추상 또는 구상, 단일 또는 다중 기저형이란 토박이 화자의 입장에서 무엇을 의미하는 것일까?

(3) 불규칙 활용 형태들의 공시적 분포를 설명하기 위해서 설정된 기저형과 음운규칙은 언어학자들의 편리한 기술 장치인가, 아니면 자연스러운 일상생활에서 언어활동을 하고 있는 화자들이 운용하고 있는 실제의 언어 지식의 일부를 반영하는 것일까?

여기에서 이와 같은 본질적인 문제점들을 전부 취급할 여유와 능력은 없지만, 필자는 이 글을 통해서 부사형어미의 교체와 관련된 두 가지 유형의 이질적인 활용 방식을 검토하면서 위에서 제시된 문제의 해결에 대한 어느 정도의 代案에 접근하려고 할 것이다.

이 글의 §2에서 필자는 오늘날의 전남·북 방언에서 다음절 어간말 모음 '우' 다음에 부사형어미가 연결됨으로써 일어나는 '-아/어'의 교체의 특이한 음운론적 행위를 검토하려고 한다. 그리하여 이러한 음운현상에 대해서 지금까지 기존의 논문들에서 제시된 설명을 점검하고, 오늘날 구체 음운론의 시기에 설정된 기저형의 어느 측면에 여전히 불투명한 추상성의 잔재가 남아 있음을 보이며, 그 결과 파생되는 종래의 자연스럽지 못한 공시적 해석을 지적할 것이다.

다음으로 §3.1에서 19세기 후기 국어에서 관찰되는 부사형어미의 교체와 관련하여 일정한 역사적 단계의 언어에 대한 공시적 기술에서 연구자들이 조사의 대상으로 선정한 문헌 자료들의 유형과 그 성격에 따라서 해당되는 음운론적 현상에 대한 기술이 달라질 수 있음을 제시하려고 한다. 또한, 일정한 단계의 다양한 자료들과 자료 자체의 내부에 출현하는 공시적 변이들이 당대 언어의 사실적인 모습을 반영한 것으로 파악할 수 있는 가능성을 모색하고자 한다. 이러한 전제 위에서 §3.2에서는 19세기 후기 전라방언과 오늘날의 전남과 전북 방언에서 다음절 어간 말모음 '우' 다음에 부사형어미 '-아/어'가 통합될 때 수행되는 이른바 모음조화의 원리는 공시적 생산성과는 상관없이 그대로 중세국어 당시의 역사성을 음성 환경에 따라서 보유하고 있음을 밝히려고 한다. 그 결과, 지금까지 전남과 전북 방언들에 대한 연구에서 이러한 교체와 관련하여 설정된 기저형 /X우-/와, 여기서 표면형을 이끌어 내는 이른바 'X우+-아 → 와'와 같은 음운론적 과정이 불합리하다는 사실이 드러나게 될 것이다.

이 글의 §4에서는 앞에서 논의된 활용형들의 비생성적인 성격을 보충하기 위해서 주로 전남 방언의 공시적 자료를 이용하여 동사 '(춤)추-'(舞)가 보여 주는 특이한 활용형들을 그 유형별로 해석하려고 한다. 그리고 전남방언에서 사용되는 이러한 '(춤)추-'의 다양한 활용 형태는 15세기 국어 단계의 모습에 가까운 특징을 갖고 있음을 보이며, 화자들은 이러한 보수적인 활용형들을 공시적인 기저형과 생산적인 음운규칙을 이용하여 사용하는 것이 아니라, 각각의 활용형들을 독립된 어휘 단위로 인식하고 있음을 주장하려고 한다.

|2| 이음절 이하의 어간말 모음 '우'와 부사형어미 '-아/어'의 교체

2.1 모음조화에 참여하지 못하는 이음절 어간말 모음 '우'에 대한 종래의 해석

지금까지 대부분의 지역방언의 공시적 음운론에서 모음조화의 잔존형으로 작용하는 부사형어미 '-아/어'의 교체를 기술하는 과정에서 어간말 '우'에 통합되는 부사형어미는 선행하는 어간의 음절수와 어간음절의 구조에 따라 상이한 실현을 나타낸다고 보고되어 왔다(최명옥 1992, 1996; 배주채 1992, 1994; 곽충구 1994; 이승재 1997). 즉, 음성모음 '우'로 끝난 일음절 어간은 일반적인 모음조화 규칙에 따라서 음성모음인 부사형어미 '-어'를 선택하지만, 이음절 이하의 '우' 모음 어간은 모음조화 규칙이 여기에 적용이 되지 않고 표면적으로 양성모음 '-아' 또는 음성모음 '-어'가 일견해서 원칙 없이 선택되는 것처럼 보인다. 그렇기 때문에 이음절 이하의 어간말 '우'(나중에 언급될 '으'와 더불어)는 모음조화의 機制에서 완전히 배제되는 것이다.3)

이러한 음운론적 행위는 대부분의 지역방언들에서 단음절 어간의 '우'가 규칙적인 모음조화를 수행하여 예외 없이 부사형어미 '-어'를 취하는 사실과 분명한 대조를 이룬다. 따라서 이와 거의 유사한 음운론적 과정을 보이는 다른 지역의 개별 방언에서 이음절 이하의 어간말 모음 '우'는 '-아/어'의 교체에 참여하지 못하는 '無關母音'(정승철 1995: 120) 또는 '非關與的인 모음'(곽충구

---

3) 다음절 어간에서 모음조화의 일반 원리에 벗어나는 또 다른 모음 '으'의 용례와 이에 대한 필자의 해석은 이와 동일한 조건에서의 모음 '우'와 일치한다. 그러나 우선 여기서는 음절수에 따라서 '우' 모음이 모음조화와 관련하여 보이는 것 같은 표면상의 특성을 강조하기 위해서 편의상 비어두음절 어간의 '으' 모음에 통합되는 부사형어미의 교체 문제는 나중에 첨가하기로 한다.

1994: 121)으로 규정되었다. 그러나 필자는 19세기 후기 전라방언의 자료에서 이와 동일한 유형의 모음조화 현상을 관찰하면서 다음절 어간말 모음 '우'의 이질적인 음운론적 행위에 대해서 지금까지 위에서 언급한 여러 논문들이 제시한 설명과는 원칙적으로 다른 결론을 이끌어 내게 되었다.

이러한 모음조화의 유형을 기존의 견해들과 달리 해석하는 필자의 기본적인 관점은 다음과 같다. (1) 다음절 어간에서의 말모음은 어떤 계열이든지 원래의 기본적 모음조화 규칙(부사형어미의 교체와 관련된)을 준수하는 것을 전제로 한다. (2) 이음절 이하의 어간말 모음 '우'는 이차적으로 형성된 것으로, 이것은 먼저 모음조화 규칙이 적용되고 그 다음 여기서 파생된 출력에 모음상승 규칙('오>우')이 뒤따르는 상대적 연대(relative chronology)와 관련되어 있을 것이다.[4] (3) 그렇기 때문에, 모음상승 규칙이 수행되기 이전의 문제의 어간모음 '오'는 모음조화에 관한 한 적극적인 기능을 발휘하였으며 모음이나 자음으로 시작되는 어미와 통합되는 용언의 어간들은 단일하였을 것이다. (4) 그러나 그 이후에 형성된 문제의 모음상승 규칙은 자음으로 시작되는 어미와 통합되는 이음절 이하의 어간말 모음 '오'에만 우선적으로 적용되었고, 다른 한편 부사형어미 '아'와 통합된 어간의 모음은 예외없이 활음화 과정(즉, -o+a→wa)을 수행하여 모음상승 규칙의 입력이 될 수 없었다. 그 결과, 이러한 부류에 속하는 용언어간들은 두 가지의 불규칙적인 활용 형태로 나뉘어지게 되었다. 즉, 부사형어미와 연결될 때는 원래의 어간모음 '오'에 부사형어미 '아'가 축약된 'X와'[wa]형, 그리고 여타의 다른 조건에서는 'X우-'형이 그것이다.

언어생활을 영위하는 지역방언의 화자들과 말을 습득하는 아동들의 입장에서 두 가지 이질적인 활용형 가운데 어느 하나를 기저형으로 설정하여 사용

---

4) 모음조화와 관련하여 이질적인 행위를 보이는 제2음절말 '우'와 '으' 모음이 비어두음절 위치에만 고유하게 형성된 다른 유형의 변화(즉, '으>으'와 '오>우')에 기인되었다는 사실은 각각의 지역방언에서 부사형어미 '-아/어'의 교체 현상을 취급했던 거의 모든 기존의 연구에서 빠짐없이 언급되어 있다(특히, 이승재 1980; 곽충구 1994; 정승철 1995; 강희숙 1996을 참조). 그러나 기존의 논의들은 이러한 역사적 정보를 공시적 해석에 적극적으로 활용하려는 시도를 보이지 않았다. 이러한 방법론상의 차이가 필자의 관점과 대조를 이룬다.

했을 것인가 하는 문제는 실증적 검토의 대상이다. 활용에 있어서 화석형에 대한 김성규(1989)의 논리를 따르자면, 동일한 기능과 의미를 가지고 있는 용언어간이 활용의 조건에 따라서 형성된 'X우-'와 'X와'형은 투명성을 상실하게 되어 독립된 별개의 語彙素로 어휘부에 등재되었을 것으로 생각한다. 따라서 필자는 이러한 가설과 전제하에서 문제의 다음절 어간말 모음 '우'와 관련되어 있는 부사형어미 '-아/어'의 교체 현상을 점검할 것이다.

먼저, 해당 지역방언들의 모음체계상에서 동일한 성격을 보유하고 있는 '우' 모음이 출현하는 어간 음절의 음성적 조건에 따라서 모음조화의 실현과 관련하여 상이하게 분류된다는 지금까지의 기술들은 어떠한 기본적 전제에서 비롯되었는가를 검증함으로써 우리의 작업을 시작하기로 한다. 각각의 개별 지역방언에서 이음절 이하의 어간말 모음 '우'에 부사형어미 '-아'가 통합되는 양상을 구체적으로 살피기 위해서 전남 고흥방언(배주채 1992: 376, 1994: 98), 전북 남원방언(이승재 1997: 651), 그리고 전남 여수방언(기세관 1996: 156) 등에서 이러한 현상과 관련하여 제시된 예들을 그 유형에 따라서 다시 분류하여 정리하면 다음과 같다(아래의 활용형들은 '우'로 끝난 개음절 어간에 한정된다. 배주채 교수의 지적에 의하면, 고흥방언에서 '우C'로 끝난 폐음절 구조의 다음절의 경우에는 '-아'와 '-어'의 변이를 보이고 있다.).

(1) a. 가꾸+아 → 가꽈(남원) → 가까(여수)
　　　배우+아 → 배와, 배왔다(남원, 여수)
　　　가두+아 → 가돠, 가돴다(남원, 고흥) → 가다(여수)
　　　감추+아 → 감촤(남원)
　　　싸우+아 → 싸왔다(남원)
　　　바꾸+아 → 바꽈(남원) → 바까(여수)
　　　사구+아 → 사과(사귀다, 고흥)
　　　외우+아 → 외와(완주)[5]

---

5) 전주방언에서 '외우+아 → 외와'의 과정을 거쳤다고 하는 이 활용형은 이승재(1997: 650)에서 제2음절어간의 '우'가 삭제되지 않았음에도 불구하고 제1음절 /o/와 /ö/모음이 동화주가 되어 부사형어미 '-아'를 취하고 있는 사실을 예증하기 위해서 제시된 것이다. 여기에 또한 '도움

　　가추＋아 → 가촤(고흥)

　　나누＋아 → 나놔(고흥), 노놔 → 노나(여수)

　b. 따루＋아 → (물을) 따롸라(남원)

　　다둠＋아 → 다둠아(다듬어, 남원)

　　보둠＋아 → 보둠아(고흥)

　　가물＋아 → 가물아(고흥)6)

　　당구＋아 → 당콰(담가, 고흥)

　　잡수＋아 → 잡쇠 → 잡사(잡수어, 고흥)

　c. 피우＋아 → (담배를) 피와(고흥)

　　야우＋아 → 야와(야위다, 고흥)

　　묵후＋아 → 묵화/무콰(묵혀, 고흥)

　d. 매웁＋아 → 매와서(남원,고흥)7)

　　개루＋아 → 개롸 → 개라(가려,遮,고흥)

　　어둡＋아 → 어두와(여수)

　　춥뜨라, 추우먼, 추와(추워, 고흥)

　　떱:뜨라, 떠우먼, 떠와(더워, 고흥)

　　대부분의 개별 지역방언들에서 부사형어미 '-아/어'의 교체는 점진적으로 음성모음 '-어'의 방향으로 이동하여 가는 일반적 경향을 나타내고 있다.8) 그러므로, 만일 위의 (1)의 예들이 이음절 이하의 어간말 모음 '우' 다음에 양성모음 '-아'가 통합되는 음운론적 과정을 반영하는 사실이 분명하다면, 이것들

　　＋아 → 도와'(전북 익산), '보둠＋아 → 보둠아'(부안) 예들이 첨가되어 있다.

6) 어간 '가물-'의 활용형은 원래 배주채(1992: 376)에서는 부사형어미 '-어'를 취하는 예로 분류되어 있으나, 이 논문의 각주 6)에서 '가무러' 대신에 '가무라'로 활용하는 때도 있다고 부언하였다. 배주채(1992)에 따르면, 고흥방언 자료 제공자는 필자 자신의 어머니(당시 63세) 한 사람이었다고 한다. 따라서, 필자는 고흥방언에서 '가무러'와 '가무라'의 활용형은 말의 격식성에 따르는 스타일에 따라서 공존할 수 있으며, '가무라'형은 배주채(1992)의 분류에서 '가물＋아 → 가물아'로 귀속시킬 수 있다고 본다.

7) 필자가 참고한 본문의 예문 (1)d 가운데 'ㅂ' 변칙용언의 기저형을 나타내는 방식은 論者들의 관점과 지역방언의 특성에 따라서 일정한 것은 아니다.

8) 부사형어미 '-아/어'의 교체가 점차 '-어'로 바뀌어 가는 경향은 19세기 후기 전라방언의 모음조화에서 이미 확대되어 있었으며(최명옥 1992: 61), 또한 20세기 초반의 함북방언을 반영한 일련의 Kazan' 자료에서도 이와 동일한 방향을 나타내고 있음을 확인할 수 있다(곽충구 1994: 121).

은 일반적인 음운 현상의 경향에서 벗어난 아주 자연스럽지 못한 모음조화의 유형들임이 분명하다.

그러나 위에서 제시된 방언들의 활용형들에서 모든 용언들의 비어두음절 어간의 '우' 모음이 부사형어미 '-아'만을 취하는 것은 아니다. 배주채(1992: 376)에 따르면, 전남 고흥방언에서 이러한 조건에서 '-어'를 취하는 용언어간 들이 있다. 즉, '야무러(야물+어), 가무러(가물+어), 뚜두러(뚜둘+어), 드무러(드 물+어), 웝뚜러(웝뚤+어, 외지다)' 등이 그러한 예들의 일부에 속한다. 그렇다면 이러한 용언어간의 모음 '우'는 이른바 무관모음 또는 비관여적 모음이 아니 고, 모음조화의 기본적인 원칙을 준수하고 있는 셈이다. 그렇기 때문에 배주 채(1992)는 이음절 이하의 어간에서 음절말 모음이 '우'('으'를 포함해서)인 용례 들 가운데 일부 어간은 '-아'를, 그 나머지는 '-어'를 취한다는 사실만 제시하 였다.9)

물론 배주채 교수는 이 논문에서 동일한 음성조건에서 부사형어미 '-아'를 취하는 다른 용언들의 예를 검토하면서 '몽글-, 보둠-, 뽀속-' 등에서 제1음절 모음이 '오'인 것은 모두 '-아'를 취하는데, 이들 활용형들은 현대국어 이전의 잔존형들일 가능성을 모색하였다. 이 용언들의 중세국어 어간의 모음은 양성 모음 'ᄋᆞ'로 소급되기 때문에, 현대 이전의 어느 시기에 이들 어간이 양성모음 의 어미들을 취하던 버릇이 지금까지 그대로 남아 고흥방언에서 '-아'를 고수 하고 있을 것이라는 지적이 그것이다. 필자는 기본적으로 그의 이러한 추정이 타당하다고 생각하며, 이러한 문제를 이 글의 §3.2에서 논의하려고 한다. 그러 나 배주채(1992: 376)에서는 위에서 언급된 역사적 해명이 완전한 것이 될 수 없다는 판정을 내리게 되는데,10) 여기에는 대체로 다음과 같은 두 가지의 요

---

9) 배주채 교수는 이 글에 대한 논평으로 필자에게 보낸 편지(1997년 7월 30일)가운데, 이러한 사실과 관련하여 다음과 같이 첨가하였다. 즉, "고흥방언에서 이 경우에 '-어'를 취하는 것이 규칙이고, '-아'형은 역사적인 잔존형이거나 이웃 방언으로부터의 차용인 것 같다. 고흥방언 의 이전 시기에는 '우, 으'가 무관모음이고 그 앞 음절 모음이 어미의 모음조화에 관여했을 것으로 추측한다".

10) 그리하여 배주채(1992: 376)는 앞 음절 모음이 '오'인 것은 모두 '-아'를 취하며, 그 이외에

인이 작용하고 있었을 것으로 필자는 생각한다. 첫째, 배주채(1992)는 위의 (1)
에 속하는 용언어간들의 공시적 기저형을 자음으로 시작되는 어미형태 앞에
서 실현되는 '-우'(예를 들면, '가두-~ 가돠')로 설정하여 부사형어미와 통합되는
과정을 '어간말 -우+아 → 와'라는 공식으로 파악하려고 하였다. 둘째, 앞에서
추정했던 역사적 정보에 근거한 논리가 어간말 모음이 현대 이전에 양성모음
계열로 소급되지만 예상되는 부사형어미는 '-아'가 아니라 '-어'와 통합되어
출현하는 일련의 예외적 활용형들에는 통용되지 못한다('야무러, 가무러, 윕뚤어
등등).11)

그 반면, 전북방언에서 다양한 유형으로 실현되는 모음조화 현상의 지역적
분포를 고찰한 이승재(1997: 650)는 위의 (1)에 등장하는 예들과 같은 다음절 어
간에서 부사형어미 '-아/어'의 교체에 따른 모음조화의 사실적인 동화주는 어
간의 첫째 음절일 수밖에 없다는 결론에 이르게 되었다. 그리고 그는 이음절
이하의 어간에 출현하는 모음 '우'와 '으'는 모음조화에 非關與的이라는 사실
을 전북방언의 일부 지역에서도 확인하였다.12) 이와 같은 이승재(1997)에서의
해석은 19세기 후기 단계의 중부, 서북(평북), 동북(함북) 그리고 서남(전북) 지역
방언 자료에 반영된 모음조화를 총괄적으로 기술하면서 어간말 음절의 모음
'우'에 부사형어미가 실현되는 조건을 관찰한 최명옥(1992: 70)으로 소급된다.

다른 규칙성은 찾을 수 없는 것 같다고 하였다.

11) 그러나 필자는 본고의 논지 전개 과정에서 본문의 예문 (1)에 속하는 대부분의 용언들의 이
   음절 어간말 모음 '우'에 대한 공시적 기저형을 자음어미와 통합될 때 실현되는 단일한 '우'
   형(예를 들면, '가두-면, 가두-아')으로만 설정할 수 없으며, 배주채(1992)의 고흥방언에서 역
   사적으로 어간말 모음이 양성모음 계열로 소급되지만 예상대로 '-아'로 실현되지 않는 일련
   의 활용형들은 부사형어미 '-어'로의 단일화 방향을 자료 자체에서 나타낸다고 주장하려고
   한다.

12) 또한 일찍이 이승재(1980: 88-89)는 전남 구례방언의 음운론을 기술하면서 부사형어미 '-아/
   어'의 교체에 따른 모음조화 현상 가운데 '(날이)가무라서~가물고, (시간을)마쳐서~마추먼,
   태와도~태워먼(태워도), (애기를)보드마서, (술을)잡싸도(잡수셔도)' 등의 예를 통해서 이들
   의 특성을 정확히 파악한 바 있다. 그리하여 이승재 교수는 이 논문에서 이들 어간이 일반
   적인 모음조화의 규칙으로 예상되는 부사형어미 '-어' 대신에 양성모음 '-아'를 선택하는 이
   유를 어간말 모음 '우'와 '으'의 부분 중립성으로 설명하였으며, 이러한 부분중립 모음의 형
   성은 제2음절 이하에서 수행된 역사적 변화 'ㅇ>으'와 '오>우'에 기인되었다고 이해하였다.

최명옥(1992)에서 논의된 19세기 후기의 네 지역방언 자료에서 단음절 어간 말 '우' 모음에 통합되는 부사형어미는 어간음절의 구조에 관계없이 모든 방언에서 언제나 '-어'로만 나타난다. 이러한 통합적 현상은 비교적 엄격한 모음 조화 규칙에 충실했던 중세국어에서부터 그 잔존형을 유지하고 있는 현대의 지역방언들에 이르기까지 일관되는 변함없는 모습을 반영한다. 그러나 이음절 이하의 어간 '우' 다음에 통합되는 부사형어미는 통상적인 모음조화의 규칙을 벗어나서 어간의 구조에 따라 '-아' 또는 '-어'로 분열된다. 19세기 후기의 네 지역방언에 있어서 이러한 음성조건에서 선택되는 부사형어미의 교체는 현대국어의 지역방언에서 실현되고 있는 예문 (1)에 상당히 접근되어 있다. 그러나 최명옥(1992: 70-71)은 검토된 다양한 19세기 후기 여러 지역방언 자료에서 이음절 어간 '우'에 부사형어미가 통합될 때 활용형들에 나타나는 일정한 규칙이 작용하고 있음을 포착하게 되었다. 즉, '가물-(旱), 가추-(備), 살구-(살리다), 속구-(솟구치다), 모두-(모으다)' 등과 같이 어간의 첫 음절 모음이 양성모음 계열인 '아' 또는 '오'이면 부사형어미는 양성모음 '-아'로 실현된다. 그리고 '거두-(收), 기울-(傾), 베풀-(施)' 등과 같이 어간의 첫 음절 모음이 '아'와 '오' 이외의 음성모음의 기능을 발휘하는 부류이면 음성모음 '-어'로 실현되는 것이다.13)

위와 같은 최명옥(1992)에서의 관찰과 해석은 모음조화의 원리와 관련하여 다음과 같은 두 가지의 새로운 사실을 규명한 것이라고 필자는 판단한다. 첫째, 이음절 이하의 어간말 모음 '우'에 부사형어미가 통합될 때 작용하는 모음조화 현상에는 일정한 규칙성이 공시적으로 존재하고 있다. 둘째, 이러한 음성조건에서 실현되는 부사형어미의 교체에 대한 선택권은 어간말 모음 '우'에 있지 않고, 그 대신 첫째 음절의 모음으로 위임되었다. 또한, 곽충구(1994: 115) 역시 20세기 초반의 Kazan' 자료에 반영된 함북 육진방언에서 부사형어미 '-아/

---

13) 또한, '두려우-(恐), 가리우-(遮)' 등과 같은 삼음절 어간의 경우에서도 어간 마지막 음절의 '우' 모음은 부사형어미의 선택에 관여하지 못하고, 끝에서 두 번째 음절 모음이 보유하고 있는 양성과 음성의 속성에 따라서 결정된다고 한다(최명옥 1992: 71).

어'의 교체 과정을 기술하면서 대체로 위의 예문 (1)에 해당되는 조건을 갖추고 있는 어간에 적용된 모음조화 현상에 대하여 앞에서 언급한 최명옥(1992)의 해석과 대체로 동일한 판정을 내렸다. 그리하여 곽충구(1994: 120)는 옛 러시아에서 간행된 Kazan' 자료에서 이음절 이상으로 구성된 용언어간의 첫째 음절이 양성모음 또는 음성모음인가에 따라서 규칙적으로 선택되는 부사형어미를 관찰한 후에, 이러한 어간들의 음성조건에서 실현되는 '-아/어'의 교체는 어두 음절 모음에 의한 동화 현상임을 시사한다고 규정하였다.

2.2 다음절 어간모음 '우'의 본질과 모음조화 규칙

지금까지 기존의 연구에서 제시된 위의 언급들을 정리해 볼 때, 부사형어미의 교체를 지배하는 모음조화상의 기준모음이 다음절 어간모음 '우'(여기에 '으'도 포함하여)를 배제하고 어간 첫째 음절의 모음이라는 기술은 표면 현상에 충실한 관찰이지만, 모음조화의 원칙에서 벗어나 있다(아래 (2)a 참조). 중세국어에서나 오늘날의 공시적 지역방언들에서 부사형어미의 교체를 비롯한 대부분의 모음조화 유형들이 어떠한 음절과 음성 환경에서도 기본적으로 보유하고 있는 성격은 바로 앞에 오는 음절의 모음 계열이 그 다음에 오는 다음 음절의 모음 계열에 영향을 순차적으로 끼치는 순행동화(아래의 그림 (2)b 참조)에 있다고 판단되기 때문이다.

(2) a. $V_1 \cdots V_2(無關母音) + V_3$　　　(2) b. $V_1 \cdots V_2 + V_3$

위의 (2)a는 다음절 어간에서 첫 번째 음절에 등장하는 '오'와 '아' 모음(V_1)이 그 사이에 개재되어 있는 이른바 비관여적 모음이라는 '우'와 '으'(V_2)를 건너 뛰어서 그 다음에 통합되는 부사형어미 교체형 가운데 '-아'(V₃)를 결정짓는 기준이 된다는 종래의 설명을 나타내 본 것이다. 물론 이러한 해석에도 어느 정도 타당성의 일면은 찾을 수 있다. 그러나 첫 번째 모음 '오, 아'는 세 번째 음절의 모음을 이루는 부사형어미 '-아'와는 단지 간접적인 관계만을 맺고 있다. 첫 번째 모음 '오'와 '아'가 직접 발휘하는 모음조화의 자질은 둘째 음절의 모음에 적용될 것이며, 첫 번째 음절의 모음으로부터 동화된 둘째 음절의 모음은 이 자질을 (2)b에서와 같이 순차적으로 그 다음 음절의 모음으로 이어 전달할 것이기 때문이다.[14] 그렇기 때문에, 활용에서 V₁이 양성모음 계열이고 부사형어미 V₃이 동시에 양성모음의 계열을 형성하고 있다면, 개재되어 있는 V₂는 반드시 동일한 계열의 모음일 것이 분명하다.[15]

그렇지만, 이와 같은 규칙적인 모음조화 현상이 작용한 이후에 비어두음절 위치에만 적용되는 다른 유형의 조건 음성변화가 개입됨으로 인하여 V₂의 조화 자질이 변경될 수 있는 가능성은 지역방언들의 발달 과정에서 언제나 존재한다. 이른바 비관여적 모음이라는 V₂의 '우'와 '으' 모음이 역사적으로 '오'와 'ᄋ'로부터 모음체계상의 계열을 옮겨 온 실체임은 잘 알려진 사실이다. 그리하여 부사형어미 '-아'의 선택을 한 때 결정했던 다음절 위치에 있는 선행 기준모음 '오'와 'ᄋ'가 음성모음의 계열로 전환되어 버린 이후의 단계에서 이미 통합되어 사용되고 있던 부사형어미 '-아'의 신분에 화자들의 언어활동에서 어떤 변동이 일어날 것인가 하는 문제가 대두된다.

앞에서 제시했던 예문 (1)에서의 다양한 활용형들이 바로 이러한 현상과 관

---

14) 그리하여 예를 들면 '거두-(收)'에서와 같이 두 번째 모음 V₂인 '우'가 음성변화에 의하여 파생되지 않은 일차적인 모음일 경우에 여기에 통합되는 부사형어미 V₃는 선행하는 두 번째 음성모음 V₂가 적극적으로 관여하는 투명한 모음조화 규칙에 의하여 음성모음 '-어'로 실현된다. 그렇기 때문에 다음절 어간의 '우' 모음은 이러한 음성환경에서 비관여적으로 작용하지 않는다. 따라서, '거두-+어 → 거두워'의 음운론적 과정에서도 어간의 첫째 모음은 부사형어미 '-어'의 선택에 직접적으로 참여하는 일종의 기준모음이 될 수 없는 것이다.

15) 필자의 이러한 추정은 현대 이전의 어느 단계에서 매우 투명하고 규칙적인 모음조화 현상이 작용하고 있었음이 틀림없는 전남과 전북방언의 사례를 염두에 둔 것이다(이승재 1997을 참조).

련되어 있다. 예문 (1)의 활용형들의 기저형을 단일 어간 /X우-/로 인식하는 한, 여기에 통합되는 부사형어미 '-아'는 모음조화에 대한 부조화를 이루고 있다. 과연 이러한 부조화가 공시적으로 있을 수 있는 실재의 언어 현상일까? 그렇다면, 이러한 부조화 현상은 공시적인 기술에 어떤 해석을 제공할 수 있는가? 왜 이러한 현상이 가능한 것이며, 이것은 계속 지속되는가, 아니면 어떠한 방향으로 재조정되는가? 이러한 문제와 관련하여 필자는 화자들에 의한 공시적 재조정의 개념과, 활용에서의 화석화(김성규 1989) 그리고 선행 단계 활용형으로부터의 지속적인 계승(김경아 1990: 36)의 논리를 여기서 이용할 것이다. 그리고 이러한 개념들과 그 원리는 19세기 후기 전라방언에서 수행되었던 모음조화의 자료를 통해서 확인될 수 있는 실증적인 대상이라고 생각한다.

|3| 19세기 후기 전라방언에서 부사형어미의 교체와 현대 전라방언으로의 轉移

3.1 문헌 자료들의 성격과 언어 자료의 해석 방식 그리고 언어의 현실적 모습

최명옥(1992)은 19세기 후기의 산물인 대표적인 중부와 서북방언 그리고 동북방언과 서남방언의 문헌 자료에 반영된 모음의 포괄적인 음운 현상을 연구하면서 하나의 항목으로 이들 지역방언에서 수행되고 있는 부사형어미의 교체를 정밀하게 기술한 바 있다. 그러나 19세기 후기 지역방언들에 대한 최명옥(1992)의 연구는 동일한 문헌 자료 자체 내부에서나 또는 다른 유형의 유사한 문헌 등에서 공시적으로 관찰할 수 있는 사회 언어학적 변이 현상을 배려하지 않았다고 필자는 생각한다.16) 특히, 부사형어미의 교체에 대한 통합적 음운 현상은 관찰자가 그 대상으로 선정한 그 시대 문헌 자료들이 보유하고 있는 언어 표출의 특성, 즉 사용된 말의 스타일상의 성격이나, 口語 또는 文語 的 성향 등의 요인에 따라서 실제의 생동하는 해당 언어의 현실과 일치하지 않게 될 가능성이 많다.

최명옥(1992)에서 어간말 음절 모음이 '오'일 때 실현되는 부사형어미의 교체에 대한 19세기 후기 네 지역방언에서의 보기와 여기에 따른 그의 해석을 한 가지 예로 제시하기로 한다. 여기서 관찰된 네 지역방언의 예들은 한결같이 부사형어미 '-아'와만 통합되는 모습을 보인다.17) 그리하여 최명옥(1992: 61)에서 어간말 음절의 모음이 '오'인 경우에 여기에 통합되는 부사형어미는 모든 어간 뒤에서 양성모음 '-아'로 실현되며, 이러한 예외없는 음운 현상은 네 방언에서 모두 동일하게 나타난다는 판단을 내리게 되었다. 그 반면, 19세기

---

16) 이러한 사실은 현대 이전 어느 역사적 단계의 언어 현상을 문헌 자료만을 통해서 연구할 때 연구자가 취하게 되는 공시적 관찰의 방법과 기술의 태도에 관한 방법론상의 문제일 것이다.

예를 들면, 일정한 문헌 내부에서 일정한 변화를 수용한 개신형과 그러한 변화와 아직 무관한 보수형이 번갈아 나타날 때, 이러한 현상은 다음과 같이 두 가지로 취급될 수 있다. 첫째의 관점은 개신형들의 존재는 이미 해당 변화가 이 문헌이 작성된 시기에 완료되었음을 뜻한다. 그러나 여기에 개신형들과 더불어 등장하는 보수형들은 표기상의 보수성과 제약에 기인된 것이다. 둘째의 관점은 해당되는 변화는 공시적 변이의 단계를 거쳐서 확산된다. 이러한 원칙은 동일한 문헌 자료의 내부에서도 적용된다. 오늘날 수집된 다양한 구비문학 자료에서나 뿌리깊은 나무사에서 간행한 「민중 자서전」 등에 수록된 구어 자료들을 관찰할 때 동일한 화자라도 상황에 따라서 보수형과 개신형들을 번갈아 사용하는 변이의 현상이 수없이 나타나고 있다. 여기서 필자는 두번째 관점을 역사적 문헌 자료의 언어 사실에도 적용하려고 한다.

17) 어간말 모음 '오' 다음에 실현되는 부사형어미 유형에 대해서 최명옥(1992: 61)에서 제시된 중부와 서남방언(전라방언)의 예들은 다음과 같다(편의상 문헌자료의 출처는 생략). 최명옥(1992)에서 전라방언의 예들은 신재효가 개작한 「판소리사설 전집」 가운데 일부에서 수집되었으며, 중부방언의 경우는 근대국어 후반의 전형적인 보수적 전통의 잔재를 유지하고 있는 「關聖帝君明聖經諺解」 외 5권이 그 대상이 되었다.

a. 중부방언 : 1) 놉하(높-, 高), 2) 도라(돌-, 廻), 3) 노아(놓-, 置), 4) 보아도(보-, 示), 5) 닷토와 (다토-, 爭), 6) 갓쵸와(갓초-, 備)

b. 서남방언 : 1) 좁아(좁-, 狹), 2) 노와(놓-, 置), 3) 도라(돌-, 廻), 4) 보와도(보-, 示), 5)닷토와서 (다토-, 爭)

후기 중부방언을 반영하고 있는 다른 유형의 전형적인 문헌 자료로 「한어문전」(Grammaire Coréenne, 1881)을 언급할 수 있다.18) 이 자료에 다양한 다른 활용형들과 함께 제시되어 있는 단음절 또는 다음절의 어간말 '오' 모음 다음에 연결되는 부사형어미는 최명옥(1992)의 중부방언에서의 단일한 현상들과 분명히 다른 모습을 다음과 같이 나타낸다.

(3) a. 곱다~골머(곱-, p.81)   몰다~모러(몰-, p.82)

쏩다~쏩어(뽑-, p.81)   휘모다~휘모러(휘몰-, p.86)

꼬노다~꼬녀(꼬누-, p.80)   쒸노다~쒸놀어(뛰놀-, p.80)

고르다~골녀(고르-, 選, p.81)   늦노다~늦놀어(웇놀-, p.86)

노다~놀어(놀-, 遊, p.86)   쏫다~쏫겨(꽂-, 揷, p.84)

b. 좁다~좁아(좁-, p.81)   복다~복가(볶-, p.80)

놉다~놉하(높-, 81)   쏘로다~쏠아(따르-, p.81)

모로다~몰나(모르-, p.81)   외오다~외와(외우-, 誦, p.79)

곱다~곱아(곱-, 曲, p.81)   오르다~올나(오르-, 登, p.81)

감도다~감도라(감돌-, 廻, p.86) 밧고다~밧고아(바꾸-, 易, p.79)

19세기 후기 서울말 중심의 중부방언에서 단음절 또는 다음절 어간말 모음 '오'에 통합되는 부사형어미가 보여 주는 (3)의 예들의 특징은 상이한 용언어간에 따른 變異 현상이다.19) 이러한 변이의 진행 과정은 모음조화 규칙을 따

---

18) 1831년 朝鮮敎區가 설정된 후에 파리 外邦傳敎會로부터 파견되어 한국에 도착해서 선교 활동을 폈던 Ridel 주교 중심의 프랑스 선교사들이 공동 저술한 「한어문전」이 19세기 후반 당대의 서울말을 바탕으로 하였다는 사실은 심재기(1985) 및 고영근(1983: 244-252)을 참조.

19) 그러나 「한어문전」(1881)에 나타난 이와 같은 유형의 변이 현상은 동일한 어간에 실현되는 부사형어미의 '-아'와 '-어'의 수의적 교체가 아니라, 대부분 상이한 용언어간 유형에 따라 결정되어 있다는 점에서 매우 특이하다. 그 대신, '쏫다~쏫쳐~ 쏫차'(逐, p.84)와 같은 보기는 이 자료에 등장하는 유일한 예이다. 그렇지만, 어간말 '아' 모음 뒤에 통합되는 부사형어미의 경우는 일정한 용언어간들에서 '-아'와 '-어'로 변이를 보이는 몇몇 예들이 확인된다. 안짜~안져~안자(앉-, p.81), 잡다~잡어~잡아(잡-, p.81).

또한, 「한어문전」에서 어간말 '아' 모음 다음에 실현되는 부사형어미의 교체는 최명옥(1992)에서 이와 동일한 환경에 나타나는 고유한 전라방언의 특징으로 인식하였던 음성모음화('-아>-어') 못지 않게 '-어'의 방향으로 확대된 모습을 보인다(「한어문전」 가운데 특히 pp.78-86을 참조).

르는 (3)b의 예들로부터 음성모음화 현상이 농후해지는('-아>어') (3)a의 예들로 단일 방향을 취하는 것 같다. 위의 (3)의 활용형들은 이와 동일한 음성 환경에서 단일한 부사형어미 '-아'만을 선택하는 최명옥(1992)에서 관찰된 중부방언의 예들과는 큰 차이를 보이고 있는 셈이다.20)

「한어문전」(1881)에 반영된 (3)a와 같은 음성모음화 경향은 19세기 후반 또는 20세기 초엽에 형성된 경판본 고소설 부류에서도 대체로 확인될 수 있다. 경판본 「농문젼」(25장본)에서만 몇 가지 예를 들면 다음과 같다.21) 그 우희 올너 안젓더니(올라, 3ㄱ), 모러성의 올너(올라, 6ㄴ), 청총마를 모러(몰아, 9ㄴ), 일천비룡을 모러(몰아, 17ㄱ), 본진의 도러가니(돌아, 9ㄴ). 또한, 19세기 후기 전라방언을 반영하는 다양한 완판본 고소설 방각본 부류에서도 어간말 모음 '오'('외'도 포함하여) 다음에 연결되는 부사형어미들도 최명옥(1992)에서 관찰된 바와 같이 단일한 모습으로만 등장한 것이 아니었다. 다음의 예들은 동일한 어간에서 수행되는 부사형어미 '-아/어'의 교체에 대한 변이와(4a), 아울러 어간의 종류에 따른 변이(4b)의 유형을 보여 준다.22)

---

20) 그러나 어간 음절말 '아' 모음 다음에 실현되는 부사형어미의 교체 모습은 19세기 후기 전라방언 자료 가운데 특히 신재효의 판소리 사설 일부를 관찰하고, 이것을 해석한 최명옥(1992)과 주로 판소리 방각본 고소설 부류를 중심으로 이와 동일한 교체 현상을 살펴 본 결과와 다음과 같이 대체로 일치한다. 그러나 이러한 예들도 ㄱ) 음성모음화하여 '-어'만을 보여주는 활용형과, ㄴ) '-아'와 '-어'의 변이를 반영하는 활용형들로 분류될 수 있다.
(ㄱ) a. 차져 와(찾아, 수절가, 상. 38ㄱ), 차저 보고(병오, 춘. 28ㄱ), 차저 가서(판, 적. 496), b. 일변은 반가워(반갑-, 판, 심. 172), c. 문 다더라(수절가, 하. 1ㄱ), 바람 다더라(수절가, 하.38ㄱ), d. 삼강오륜 알어쓰니(알아, 병오, 춘. 17ㄱ), e. 몸만 남어(판, 적. 490).
(ㄴ) a. 마조 안져(앉아, 수절가, 상. 11ㄴ), 슈여 안저(판, 적. 494) ~썩 나 안자(수절가. 상. 11ㄴ), b. 담숙 안어다가(안아, 수절가, 상. 11ㄱ)~안아씨니(판, 심. 176), c. 되는 디로 팔러다가(팔아, 수절가, 하. 34ㄴ) ~되는 디로 파라서(병오, 춘. 29ㄴ), 품을 파라(심청, 상. 2ㄱ), d. 편지 바더 쎼여보니(수절가, 하. 28ㄴ) ~돈 바다 요호의 차고(수절가, 하. 15ㄴ)
21) 이 「농문젼」은 25張本, 石橋新刊 大英博物館本으로 김동욱 편 「影印 古小說板刻本全集」 제4권 (pp.551-563)에 수록되어 있다.
22) 배주채 교수가 이 글에 대한 논평에서 지적한 바와 같이, 위의 예들 가운데 '놓이->뇧-, 괴-, 되-' 등은 어간말 모음 '오'의 예들과 분리해서 분석해야 될 것이다. 그러나 19세기 후기 전라방언 자료에서 이들 활용형들은 부사형어미 '-어'와 '-아'의 변이를 보이고 있으며, 여기서 '-아'형은 이전 시기에 어간 말모음 '외'가 핵모음 '오'에 따르는 모음조화 규칙에 순응했던 단계가 있었음을 나타내고 있다. 19세기 후기 전라방언 자료의 전반적인 성격과 유형 그리

(4) a. 즈루 노여 씨되(놓여, 초한, 상. 31ㄱ)
　　　～칼이 노얏거늘(대성. 22ㄴ)
　　　도루 뇌여(使放, 고대본, 춘. 392)
　　　～도로 뇌야(수절가, 하. 17ㄱ)
　　　석흐산 갓치 고야(병오, 춘. 7ㄴ)
　　　칫슈잇계 고야난듸(수절가, 상. 24ㄴ)
　　　～괴여 노코(경판 16장본, 춘향젼. 7ㄴ)
　　　되엿더니(되어, 병오, 춘. 32ㄴ)
　　　～잘 되고 잘 되야짜(수절가, 상. 39ㄱ)[23)]
　　　청총마를 모러(몰아, 용문. 9ㄴ)
　　　～말을 모라(장경. 23ㄱ)
　　　산상으로 올너가니(올라, 용문. 6ㄱ)
　　b. 죠틔 죠와(좋아, 판, 심. 232)
　　　죠와요(수절가, 상. 33ㄴ)
　　　임 못 보아(보아, 수절, 하. 1ㄱ)
　　　눈물 뫼야(뫼여, 수절가, 하. 1ㄴ)

　그렇지만 언어 표출상의 성격이 서로 다른 자료를 이용하였을 때 19세기 후기의 지역방언들에서 관찰된 이와 같은 활용 형태들의 차이는 서로 배타적인 것이 아니고, 당시 화자들이 사용하고 있던 언어의 측면에서 口語와 文語의 차원으로 서로 조정시킬 수 있을 가능성이 있다고 생각한다.[24)] 위의 (4)의

　　고 약칭은 최전승(1986: 14-17)을 참조.
23) 특히 '되-'(化)에 연결되는 부사형어미는 완판본 고소설 자체 내에서 '-아'형과 '-어'형의 부단한 변이를 나타내지만 대체로 '되야'의 출현 빈도가 높다. 죽게 되었난듸(병오, 춘. 18ㄱ), ～죽게 되얏단 말(병오, 춘. 18ㄱ), 되야고나(병오, 춘. 29ㄱ). 그 반면, 신재효의 판소리 사설과 대부분의 경판본 고소설에서는 일반적으로 '되여'로 단일화되어 가는 양상을 보인다. 즉,
　　(ㄱ) 되어씨니(판, 박. 410), 도엿쓴이(춘, 동. 124), 도엿기로(판, 퇴. 298), 부부도여(판, 심. 156), 도여쑤나(판, 박. 332)
　　(ㄴ) 덩굴이 되여(京板本, 16장본. 춘향전, 8ㄱ), 물이 되여(좌동. 8ㄴ), 늑뷔되여(좌동. 9ㄱ)
24) 「한어문전」(1881)에 반영된 부사형어미의 교체에 따른 통합적 현상에만 국한시키면, 여기서 수집된 언어 자료들은 19세기 후반 중부방언의 話者들 가운데 당시 프랑스 선교사들의 주 선교 대상이었고, 동시에 상대적으로 접촉이 용이하였던 하류 서민층의 말이었을 것으로 추정된다.

예들은 어간 음절말 '오' 모음이 첫째 음절 위치에 출현할 경우에만 한정시켜 제시한 것이다. 물론, 부사형어미 '-아/어'와 통합되는 어간말 '오' 모음은 많은 용언들에서 이음절 이하의 어간에서 등장하였다. 그러나 이러한 음성 환경에서 어간의 '오' 모음은 19세기 후기 전라방언에서 생산적으로 작용하고 있던 모음상승('오>우') 규칙으로 입력되어 끊임없이 '우'로 옮겨가고 있었다. 그리하여 이음절 이하의 어간말 모음 '오' 다음에 통합되었던 부사형어미 '-아'는 다음과 같은 두 가지의 상이한 어간말 모음 뒤에 출현한 셈이 되었다. (a) 아직 모음상승 현상을 수용하지 않은 원래의 '-오' 어간과(예를 들면, 갓초-+-아 → 갓초아), (b) 모음상승 규칙이 적용된 '우' 어간(예를 들면, 갓초-+-아 → 갓초아→갓추아). 이와 같은 교체의 유형은 앞으로 §3.2에서 제시될 다양한 19세기 후기 전라방언에서의 (7)의 예들에서 관찰하려고 한다.

그 반면, 최명옥(1992: 61-64)은 이음절 이하의 어간말 모음 '오' 다음에 연결되는 부사형어미들과 관련하여, 어간말 '오'는 19세기 후기 네 가지 유형의 지역방언들에서 다음과 같은 근거를 바탕으로 '오>우'의 음성변화가 이미 완료되었다는 판단을 하였다. 즉, (1) 19세기 후기 당시의 함북 육진방언을 매우 충실하게 음성 전사한 Kazan' 자료(곽충구 1994)에는 특히 동사의 경우에 이 변화가 예외 없이 적용되어 있다. (2) 따라서 전라방언 자료에 이와 동일한 음성 환경에서 끊임없이 '우'와 교체되어 등장하는 원래의 용언어간 '오'라는 표기는 실제음을 반영하는 것이 아니라, 표기법의 제약에 의한 것이다.

특히, 최명옥(1992)에서 중부방언의 관찰 대상으로 삼은 보수적 성향의 자료에서는 이음절 이하의 어간말 '오' 모음들이 개신형 '우'형들보다 量的으로 압도적으로 많이 나타난다. 이러한 현상에 대하여 최명옥 교수는 이 논문(p.63)에서 예의 문헌 자료들을 좀더 정밀하게 관찰한 결과, 활용에서 출현하는 용언 어간의 '오'라는 표기는 표기법의 제약으로 '오>우'의 변화를 노출시키지 않고 있는 것으로 파악하였다. 즉, 여기서 '오'형의 표기가 우세하게 나타난 것은 이들 문헌이 중앙에서 간행되었다는 사실을 고려할 때 어간 내부의 모음조화가 유지된 전통적 표기 방식이 강하게 작용하였기 때문이었다는 것이다. 따라서, 예를 들면, 19세기 후기 중부방언을 반영하는 동일한 문헌 자료 자체에 등장하는 개신형 표기 '외우고'(관성. 6ㄱ)에 대한 보수적 형태 '외오면'(관성. 7ㄱ)형의 실제 언어 현실은 표기와는 상관없이 '우'라는 해석이 된다.

필자는 Kazan' 자료에서 '오>우'의 변화가 용언어간에서 거의 예외 없이 수행되어 있음과,25) 19세기 후기 중부방언과 전라방언을 반영하는 문헌 자료들이 보이는 전통적 보수성과 그 제약을 충분히 인정한다. 그러나 이들 문헌 자료들이 표출하는 보수적인 말의 스타일에 있어서도 거의 같은 문면 또는 동일한 자료 자체에 등장하는 위에서 언급된 '외우고'와 '외오면' 같은 표기 형태들은 일종의 공시적 변이의 관계를 나타내고 있다고 생각한다. 이러한 공시적 변이는 동일한 화자의 말에서나, 동일한 사회 계층의 언어에서 말의 스타일에 따라서 쉽게 관찰될 수 있는 성질의 것이다. 예를 들면, 최명옥(1992)에서 19세기 후기 중부방언의 자료로 선정된 「규합총서」에서 '바꾸-'(換) 어간에 연결되는 부사형어미는 다음과 같이 '-아'와 '어'의 교체를 보인다.

(5) 죠석으로 박고와(규합. 5ㄴ)~두셰번 박구어 노흐되(규합. 15ㄴ)
   cf. 셩을 박과셔(관성제군. 20ㄴ), 박구엿도다(관성제군. 20ㄱ)

---

25) 그러나 Kazan' 자료에 있어서도 '오>우'의 변화는 이음절 이하의 어간말 모음 '오'가 출현하는 모든 환경에 적용된 것은 아니었다. 예를 들면, 예전의 '가초-'(備)와 '다토-'(爭)의 활용형들이 연결되는 어미의 종류에 따라서 상이한 모습을 반영하는 현상을 Kazan' 자료에서 확인할 수 있다. 이들은 자음으로 시작되는 어미 앞에서는 비어두 음절 '오>우'의 변화를 수용하여 '가추고, 도투고' 등으로 변화하였다. 그 반면, 부사형어미 '-아'와 연결된 음절말 '오'는 이미 '가초-+-아→가초아, 도토-+-아→도토아'를 거쳐 형성된 활음화 현상(wa)으로 인하여 '가촤, 도톼' 등으로 전환되었기 때문에, 여기에 모음상승 규칙이 적용될 환경은 더 이상 존재하지 않는다. 왜냐하면, '가초아'와 '토토아'의 단계에서 모음상승 규칙이 적용되기 이전에 활음화 현상(o+-a→wa)이 먼저 작용하였기 때문이다. 따라서 19세기 후기 함북 육진방언의 공시적 활용형 '가촤'와 '토타'형은 '오>우'의 변화와 무관한 것이다.

   1) kats^{h}ugi(가추기, 단어와 표현, p.16), imšək kats^{h}ugu(교과서 58.85)~kats^{h}wa(가촤, 회화 45.302)

   2) tot^{h}ugi(도투기, 교과서 39.57), tot^{h}urt'ɛ(도툴 때, 교과서 39.57), tot^{h}umi(도툼이, 교과서 44.68)~tot^{h}ašə(토타서, 교과서 32.44)

위의 '밧고와'는 어간음절의 '오'가 후행하는 부사형어미 '-아'에 원순성 동화를 실현시킨 형태를 반영한다. 그 반면, 동일한 자료에 등장하는 또 다른 형태 '박구어'형은 '밧고-+-아'의 단계에서 활음 형성과 음절 축약이 일어나기 이전에 비어두음절 어간의 '오' 모음이 모음상승을 수행하였으며, 새로 형성된 이차적인 어간말 '우' 모음에 부사형어미 '-아'가 모음조화 규칙에 의하여 '-어'로 다시 조정되었음을 나타낸다. 이와 같은 관점에서, '박고와'형은 전통적인 표기법의 제약에 의해서 모음상승 규칙을 수행한 현실 모음 '우'가 반영이 되지 않았으며, '박구어' 등과 같은 형태들은 그러한 보수적인 표기 제약에서 이탈되어 자연스러운 현실음을 반영한 것이라는 설명보다는[26] 동일 화자의 말에 실현된 개신형과 보수형 간의 대립으로 파악하는 것이 보다 적절할 것 같다.

필자가 생각하는 이와 같은 공시적 변이의 성격은 '배우-'(學) 등과 같은 활용형들이 19세기 후기 전라방언의 자료에서 보수형(a)과 개신형(b)의 형태로 출현하는 유형과, 이것을 현대 전남과 전북 방언의 화자들이 일상적인 긴 담화의 맥락 속에서 번갈아 사용하는 상황에서 한층 분명하게 나타난다.

(6) ㄱ. 비우지 못ᄒ고(초한, 상. 9ㄱ)~비와지이다(초한, 상. 9ㄱ)
　　비운 거시(삼국지, 4. 7ㄱ)~ 통달ᄒ게 비와쓰니(충렬, 상. 30ㄴ)
　　cf. 싸울 쩌여(삼국지, 4. 10ㄱ)~이르는 곳마다
　　　　싸와(삼국지, 4. 9ㄴ), 마초와 싸우고...싸와(삼국지, 3. 43ㄱ)
　ㄴ. 나헌티 몇년을 배왔는고니(a) 삼년을 배웠어(b) ...장구를 배왔어
　　(a)(p.106), 먼저 배와야(a) 혀, 요놈만 제대로 배워 (b)놓으면(「임실
　　설장구잽이 신기남의 한평생」, p.112)
　ㄷ. 소리는 이날치한테 설장구 배웠대(b) …배울 때(b) 그걸 또 배왔대
　　(a)(p.65), 안 배와(a) 봤지만(p.66), 배왔어요(a) ...배워야죠(b),(「고
　　수 김명환의 한 평생」, p.56)[27]

---

26) 이와 같은 관점은 일정한 단계의 자료 또는 언어 현실에 공시적 변이가 존재할 수 없음을 전제로 하는 것이다. 사실에 있어서 그러한 유형의 언어 사회 혹은 이러한 현상을 반영하는 문헌 자료는 찾을 수 없다고 생각한다.

오늘날 동일한 화자의 이야기 가운데 위와 같이 교체되어 등장하는 '배와~배워~배우'(6ㄴ, ㄷ)와 같은 공시적 변이는 19세기 후기 전라방언의 자료에 반영된 (6)ㄱ의 유형과 동일한 것이라고 생각한다. 19세기 후기 전라방언에 출현하는 '비우-'(颺)의 활용형들(6ㄱ)에서 '비와'형은 부사형어미 '-아'와 통합된 다음('비오+-아'), 이어서 모음상승 규칙에 적용되기 이전에 먼저 음절 축약되어 활음이 형성된 과정을 보인다.

따라서 자음으로 시작되는 어미 앞에서 이미 모음상승 규칙을 수용한 19세기 후기 전라방언의 '비우-' 활용형들은 모음으로 시작되는 어미 앞에서 실현되는 또 다른 異形態 '비와'와 분리되었다. 그 결과, 아직 비어두 음절의 '오>우' 변화가 형성되지 않았던 단계인 19세기 후기 전라방언 이전에 '비호-~비화' 또는 '비오-~비와'와 같은 교체에서 투명하게 설정될 수 있는 단일한 기저형 /비오-/형에 이제는 음성 환경에 따른 /비우-/와 /비와/로 나뉘어진 再構造化가 일어나게 되었다. 필자는 이와 같은 과정이 위의 (6)ㄱ의 활용으로 반영된 것이며, 이러한 상황은 오늘날의 전라방언의 화자들에까지 (6)ㄴ, ㄷ의 활용 방식으로 변함없이 지속되어 온다고 생각한다.28) 다음에 제시될 §3.2에서의 예문 (7)의 19세기 후기 전라방언의 활용형들 대부분 이와 동일한 관찰과 해석을 하게 될 것이다.

---

27) 본문 (6)ㄴ의 예문은 <뿌리깊은 나무 민중 자서전 3, 임실 설장구잽이 신기남의 한평생> (1992)에서, (6)ㄷ의 예문은 <뿌리깊은 나무 민중자서전 11, 고수 김명환의 한평생>, 「내 북에 앵길 소리가 없어요」(1992)에서 인용한 것이다. 설장구잽이 신기남씨는 전북 임실, 고수 김명황씨는 전남 곡성 출신이다.

28) 배주채(1994: 97)는 오늘날의 전남 고흥방언에서 부사형어미 '-아'의 실현과 관련되어 있는 '우'로 끝난 다양한 2음절 어간의 용례 가운데 '배우-'를 포함시키고 있다. 그리고 여기서 설정된 기본형은 /배우-/인 것 같은데, 모음으로 시작되는 어미 앞에서 출현하는 異形態 '배와'형은 '배우-+-아 → 배와'의 과정으로 기술되었다. 이와 같은 음운론적 과정에 대한 공시적 분석이 타당하지 못하다는 사실은 §3.2의 예문 (7)을 검토할 때 아울러 언급된다.

3.2 19세기 후기 전라방언의 경우 : 공시적 변이 현상

지금까지의 추정을 작업 가설로 삼아서 현대의 공시적 지역방언들에서 다음절 어간말 모음 '우' 다음에 실현되는 부사형어미의 교체에 대한 유형, 즉 §2.1에서 제시된 (1)a의 예들을 19세기 후기 전라방언 자료로 소급시켜 관찰하려고 한다. 특히 여기서 필자는 이음절 이하의 어간말 모음 '오' 다음에 규칙적인 모음조화 규칙에 의하여 연결된 부사형어미 '-아'가 그 이후에 개입된 모음상승 규칙('오>우')을 수행하여 어간음절 말모음이 '우'로 전환된 다음에 수행하는 일련의 재조정을 주목할 것이다.[29]

(7) 1. **가추-(備)** :
　　a. 예단을 갓추고(대봉, 하. 12ㄱ)~금포옥더을 갓초고(적성, 상. 24 ㄴ), 갑쥬을 갓초고(삼국지, 4.27ㄱ), 의복을 갓촌 후의(대봉, 하. 15ㄱ)
　　b. 안장을 <u>갓추와</u>(대봉, 상. 43ㄱ), 예단을 <u>가츄아</u>(화룡, 68ㄱ)~진수성찬을 갓초아(적성, 상. 34ㄴ), 육예 갓촤(수절가, 상. 24ㄱ), 화약 염초를 갓초아(충열,상. 10ㄴ), 졔젼을 갓초아(심청, 하. 10ㄴ)

　2. **감추-(隱)** :
　　a. 게눈 감추덧(수절가, 하. 32ㄱ), 자초을 감추고(초한, 상. 30ㄱ), 쎄 감츄기(판, 박. 326)~몸을 곱쵸오고(길동. 26ㄴ),감쵸지 못ᄒ난듸 (판, 퇴. 216), 광치조차 감초오리오(적성, 상. 22ㄴ)
　　b. 월틱은 감초아스나(충열, 상. 13ㄴ)~하날리 감츄어시니(반필석젼. 22ㄴ)

　3. **맞추-(相合)** :
　　a. 벽을 맞추고(화용, 57ㄱ), 닙 맛츄고(판, 박. 326), 비우만 마츄우면

---

[29] 부사형어미 '-아/어'의 공시적 교체와 관련하여 불규칙적인 활용의 패러다임에서 화자들이 주도하는 의식적인 공시적 재조정은 정승철(1995)에서 적극적으로 사용된 바 있다. 여기서 필자가 사용하는 공시적 재조정에 대한 개략적인 개념은 1) 화자들이 비어두음절 어간의 모음 '우'(모음상승 규칙에 의하여 이차적으로 형성된)를 음성모음으로 인지하게 되었기 때문에, 2) 공시적인 모음조화 규칙에 순응하기 위해서 재구조화된 '우' 모음 다음에 종래에 연결되었던 부사형어미 '-아'를 '-어'로 대치시키는 음운론적 행위를 말한다.

(판, 퇴. 284), 입으로 맞츄면셔(춘, 동. 138)

b. 입 훈번 <u>맛츄와도</u>(판, 퇴. 314), 길게 <u>마츄와셔</u>(성두본, 박. 7), 밉시 잇게 <u>마츄와셔</u>(성두본, 박. 22),30) 시죠사셜 쳑 <u>마츄와</u>(춘, 남. 86), 비위 <u>맛츄와셔</u>(춘, 동. 120)~맛츄워 가것다(판, 심. 216), 장단을 맞추워(수졀가, 상. 27ㄴ), 발 맛츄워(수졀가, 하. 12ㄱ), 쩌 마추어(심 청, 상. 2ㄴ), 비위 맛쳐(심청, 상. 2ㄴ)~질게 맛쵸아(판, 퇴. 338)

4. 바꾸-(換) :

a. 밧귈 쩌가(바뀌-, 춘, 남. 82), 박구것소(심청, 상. 4ㄴ; 판, 심. 162)

b. 몸을 밧고와(초한, 하. 40ㄴ), 미양 밧고와(충열, 하. 40ㄴ)~<u>박구와 갈 슈 업고</u>(춘, 동. 136), <u>박구와</u> 메고(봉계집. 23ㄴ)31)~박구워 쥬시요(화용. 88ㄴ), 술을 박구워(초한, 상. 21ㄱ), 박구워 가라(삼 국지. 4. 22ㄱ), 박구워셔(수졀가, 하. 34ㄴ), 셔로 박구워슨이(장 경. 65ㄱ)

5. 다투-(爭) :

a. 다토다가(춘, 동. 124), 닷토더니(판, 퇴. 320)~다투되(화용. 97ㄴ)

b. 닷토와셔(판, 박. 330), 다토아(화용, 95ㄱ), 닷토왓다(충열, 상. 29 ㄴ)~<u>닷투와</u> 올ᄂᆞ오더니(봉계집. 34ㄴ), <u>돗투아</u> 모냐 드ᄂᆞ지라(봉 계집. 38ㄴ)

6. 나누-(分) :

a. 흔나식 논웁시다(판, 박. 398), b. 슐고기 논아 먹고(판, 심. 198)

b. 보비를 <u>난호아</u> 듀고(숙향, 하. 1ㄱ)~실과을 난누워(초한, 상. 28

---

30) 이 예문은 申在孝의 판소리 사셜 「박흥부가」의 여러 필사 異本 가운데 '星斗本'(연대 인문과 학연구소에서 영인하여 간행된 「신재효 판소리전집」(1969)에 수록)에 나타난다. 신재효의 판 소리 사셜 가운데 성두본의 성격은 이 영인집에 실려 있는 강한영 선생의 "신재효의 판소 리 사셜 연구"(pp.1-29)에 자세하게 해설되어 있다. 신재효 판소리 사셜의 여러 이본들에 표 출된 당시의 전북 방언적 요소는 그 유형에 따라서 부분적으로 상이하다. 최근 김옥화(미간) 는 가람본 「춘향가」에 반영된 언어적 측면을 다른 이본들과 면밀하게 대조 검토한 바 있다.

31) 19세기 후기 전북 완주방언 자료 『鳳溪集』(1894)에 대해서는 이태영(1993)을 참조. 또한, 이 와 비슷한 시기의 평안방언을 나타내는 『예수셩교젼셔』(1887)에서도 본문의 (7)4. '박구와'와 같은 유형에 해당되는 예들을 다음과 같이 찾을 수 있다.

(1) 거즈슬 박구며(로마서 1: 23)~쓸 거슬 박구와(로마서 1: 26)

(2) 서로 닷투면(말코 3: 24), 다투고…욕심올 다투와(가라타 5: 17)

(3) 갓추아(갓추-, 고린,후 9: 3)

(4) 가두와(가두-, 데자 15: 39)

여기서 예문 (3)과 (4)는 최임식(1984: 44)에서 인용하였다.

ㄱ), 군병을 난누워(초한, 상. 16ㄱ)

7. 사귀-(交) :

　동싱ㅈ치 사괴야(풍운. 34ㄱ)~목동을 사구여(초한, 상. 28ㄴ)[32]

8. 엿주-(奏):

　a. 엿쑤울 말삼(춘, 동. 140), 엿줍기 황숑ᄒᆞ여(판, 심. 210)

　b. 디샹의 엿주와라(춘, 남. 82), 바론 디로 엿쥬와(춘, 동. 108)~가긔

　　그방 엿주어라(춘, 동. 120), cf. 통인니 엿자오되(수절가, 상. 9ㄱ)

9. 갓구-(栽培) :

　이 꼿슬 잘 갓구와(춘, 남. 2)~잘 갓구어(宋洞, 심청. 3ㄱ)

10. 솟구-(湧) :

　쇠쇠갓치 톡 쇽구와(춘, 동. 144), 한 억개는 푹 솟구와(춘, 남. 82)

위의 활용형들이 보여 주는 가장 분명한 특징은 우선 19세기 후기 전라방언의 단계에서 용언어간의 범주에 확대되어 있는 다양한 공시적 변이 현상이다. 여기서 (7)에 제시된 모든 다음절 어간말 모음 '우'는 '오>우'의 변화와 관련되어 있다. 그렇기 때문에, 이러한 변이의 첫번째 유형은 자음어미 앞에서 통합되는 어간모음 '오'가 모음상승 규칙을 수용했는가의 여부에 따른 다음과 같은 교체형들로 형성된다. 즉, (7)에서 '갓추고(備)~갓초고, 감추고(隱)~감초지, 다토다가(爭)~다투되' 등이 그러한 활용형들이다. 그 반면, (7)의 예에서도 '갓구-(栽培), 맞추-(相合), 나누/논우-(分)' 등은 수집된 자료 자체만을 의지하면 이미 모음상승 규칙이 완료되어 나타난다. 이와 같은 현상은 비어두 음절 모음상승 규칙인 '오>우'의 변화가 19세기 후기 전라방언의 단계에서 일정한 말의 스타일에 따라서 용언어간의 범주에 균질적으로 확산되지 않았음을 뜻하는 것으로 필자는 이해하려고 한다.

모음상승 현상과 관련된 두 번째 유형의 변이는 어간말 '오' 모음이 부사형

---

32) 제2음절 어간의 이중모음 '외' 또는 '위'는 부사형어미의 교체와 관련된 모음조화 현상에서 핵모음 '오' 또는 '우'와 음운론적 행위를 같이 한 것으로 보인다. 따라서 19세기 후기 전라방언 이외의 다른 방언 자료에서도 '사괴->사귀-'의 변화 과정에서 다음과 같이 예전의 부사형어미 '-아'가 유지되어 나타난다. 벗올 사귀야(예수셩교젼셔, 누가 16: 9), 벗을 사구야(쪽복음, 누가 16: 9), cf. 텬지와 구신이 ㅅ귀여(三聖訓經. 25ㄱ).

어미 '-아/어'와 연결되는 환경에서 출현하였다. 즉, '갓초아(備)~갓추아, 맛초
아(相合)~맛추와, 밧고와(換)~밧구와, 다토와(爭)~닷투와' 등이 여기에 속한다.
이러한 변이 현상 가운데 '맛초-아, 밧고-와' 등의 활용형들(앞으로 A 활용 부류
라고 부른다)은 19세기 후기 전라방언 자료에서 가장 보편적으로 등장하고 있
다. 여기서 A 활용 부류는 현대 전남과 전북의 대부분의 하위 지역방언에서
사용되는 활용형들(§2.1에서 제시된 예문 1.a)과 직접 연관되어 있다. 19세기 후기
전라방언에서 현대방언으로의 발달 과정에서 개입된 변화는 위에서 언급된
첫 번째 변이 현상이 제거되어 어간말 '우' 모음으로 재구조화를 일으킨 것이
다. 그 이유는 비어두 음절에 적용되는 '오>우'의 변화가 용언 범주에는 그
과정을 이미 완료시켰기 때문이다. A 활용 부류에 일어난 또 다른 변화는 어
간말 '오'와 부사형어미 '-아'가 음절 축약되면서 어간말 '오'가 w 활음으로
전환되어 '와'[wa]로 출현하게 된 것이다.33)

　　19세기 후기 전라방언에서도 (7)b의 '맛촤'(←맛초-아)와 같은 축약형이 산발
적으로 등장하였다. 이러한 사실로 미루어 볼 때, 이 시기의 전라방언의 일상
적인 말의 스타일에는 '맛촤'와 같은 축약형들이 점차 보편적으로 쓰였을 것
으로 추정된다. 19세기 후기 전라방언에 등장하는 이러한 축약형 '맛촤'형은
오늘날의 전북 임실방언의 화자들이 사용하는 '맛촤'와 그대로 일치하는 사실
에 주목할 필요가 있다.34) 그러나 '맛촤'형의 기원은 먼저 19세기 후기 이전

---

33) 이 글의 §2.1에서 예문 (1)에 제시된 전남·북 방언의 활용형 '가꽈/가까(가꾸어), 가돠/가다
　　(가두어), 가촤(가추어)' 등을 참조. 이러한 용례들은 다음과 같은 상황에서 통상적으로 사용
　　된다.
　　(ㄱ) 도둑놈맨키로 감촤 버리고(감추어, p.142), 박자를 맞촤 치는디(p.117), 장단이나 맞촤 주
　　쇼(p.47, 이상의 예는 <뿌리깊은 나무 민중 자서전 3>, 「임실 설장구잽이 신기남의 한
　　평생」(1992)에서 추렸음).
　　(ㄴ) 품 바까서…바까갓고(p.20, <뿌리깊은 나무 민중자서전 9>, 「진도 강강술래 앞소리꾼
　　최소심의 한 평생」(1992).
34) 각주 (33)에서 제시된 임실 방언형 '맞촤'를 참조. 19세기 후기 전라방언의 활용형 '맛촤'와
　　오늘날의 임실 방언형 '맞촤'형이 전혀 상이한 음운론적 과정을 거쳐 형성된 것은 아니다.
　　그 대신, 19세기 후기의 활용형이 그대로 현대 임실 방언형으로 지속되었다고 필자는 판단
　　한다.

이나 그 당대에 모음조화에 의해서 형성된 '맞초-아'형에서 출발하였음이 분명한 것이다. 그뿐 아니라, 19세기 후기 전라방언에서 '맞초-아'에서 비어두 음절 '오'에 모음상승 규칙이 적용된 '맞추아' 부류의 존재들을 보면, 매우 격식을 차린 당시 방언의 文語에 '맞초-아'와 같은 유형이 사용되었을 것으로 생각한다.35) 또한, §2.1의 예문 (1)에서 제시된 오늘날의 전남과 전북 방언의 활용형들과 대조적으로, 음절 축약이 일어나지 않은 활용형들이 19세기 후기에 분명히 존재했음은 어간 음절말 '오'나 '우'의 원순성 자질이 부사형어미로 전달되어 수의적으로 '-와/워'로 출현하는 현상에서 확인될 수 있다. 즉, '밧고와(換)∼박구와∼박구워, 맞추와(相合)∼맞추워∼마추어' 등과 같은 교체형들이 이러한 예이다.

(7)의 활용형들에서 관찰될 수 있는 세 번째 유형의 변이는 이음절 이하의 어간말 모음이 '오>우'의 변화를 수용한 이후에, 이러한 음성변화 이전에 해당 어간들 다음에 이미 실현되어 있었던 종래의 부사형어미 '-아'를 당대의 話者들이 어떻게 조정하는가에 따라서 형성된 것이다. 즉, '맞추와(相合)∼맞추워, 박구와(換)∼박구워, 난후아(分)∼난누워, 갓구와(裁培)∼갓구어' 등과 같은 부류의 변이가 여기에 속한다. 이러한 공시적 변이의 유형 가운데 '맞추와, 박구와, 난후아, 갓구와'의 활용형들(앞으로 B 활용 부류라 칭한다)은 '오>우'의 변화를 수용하여 어간모음의 계열이 양성 '오'에서 음성 '우'로 전환되었음에도 불구하고 그 전에 모음조화 규칙에 따라서 선택되었던 종래의 부사형어미 '-아'형을 그대로 유지하고 있는 모습을 반영하는 것이다.

---

35) 그러나 19세기 후기 전라방언에서 '티우-(使乘), 비우-(習), 싸우-(戰)', 그리고 사동의 파생접사 '-우-'(<-오-) 등이 첨부된 용언어간들과 같이 어간말 모음에 자음이 선행하지 않거나, 선행 자음 'ㅎ'이 유성음 환경에서 일찍이 소실되어 버린 상황에서 부사형어미와 통합되는 경우는 언제나 반드시 음절 축약이 일어난다. 이 과정에서 어간말 '오'는 '-아'와 결합되어 w 활음으로 전환된다.
  ㄱ) 요요의다 티와(태우-, 수절가, 하. 41ㄴ)∼말을 티워(수절가, 하. 41ㄱ)
  ㄴ) 밀기름의 잠지와(재우-, 수절가, 상. 5ㄴ)
  ㄷ) 비와 부르라(배워, 초한, 상. 28ㄱ), 통소을 비와신이(초한, 하. 31ㄴ)
  ㄹ) 어용이 싸오난듯(심청, 하. 4ㄴ)∼서로 싸와(싸워, 대봉, 하. 1ㄱ)
    cf. 쫑쫑 외야 밧첫지야(誦, 춘, 동. 120)

B 활용 부류와 공존하고 있는 '맞추워, 박구워, 난우워, 갓구워'형들(C 활용 부류)은 종래의 부사형어미 '-아'로부터 '-어'로 옮겨왔음을 뜻한다. 이러한 현상은 '오>우'의 변화를 수용하여 어간말 '우'로 재구조화된 새로운 어간에 적절한 모음조화 규칙을 적용시킨 것이다. 여기에 관여하고 있는 공시적 재조정은 예를 들면 '맞초-+-아>맞추+아→맞추-+어'와 같은 과정을 거쳐 이루어진 결과로 파악된다. 현대 국어에서 표준말로 확정된 C 활용 부류가 밟아 온 역사적 발달의 방향은 예를 들면 '맞초아>맞추어'이겠지만, 원래 A 활용 부류에 속하였던 대부분의 용언어간들이 C 활용 부류로의 변화를 수행하는 여러 進路 가운데 하나의 방법으로 19세기 후기 전라방언에서 관찰되는 B 활용 부류와 같은 중간단계를 거쳐 진행되었을 가능성이 많다고 생각한다.

그 반면, 오늘날 전남·북 방언을 사용하는 여러 연령과 계층의 화자들 가운데 노년층의 순수 토속어에 등장하는 §2.1의 (1)a와 같은 활용형들은 19세기 후기 전라방언에서 수집된 (7)의 예들 가운데 대부분 이음절 이하의 어간말 모음 '오' 다음에 부사형어미 '-아'가 통합되어 실현된 유형으로 소급되는 사실이 주목된다. 물론, 현대 전남과 전북 방언을 사용하는 토박이 노년층의 화자들에 있어서도 의사 교환의 여러 맥락을 살펴보면 종래의 전형적인 지역방언 연구에서 수집된 §2.1의 예문 (1)a와 같은 활용형만을 반드시 사용하지 않을 것이다.36) 오늘날의 지역방언에 출현하는 다양한 연령에 따른 변이와, 동일한 화자의 말에 나타나는 변이 현상을 염두에 둔다면 (1)a의 방언형들은 위에서 언급된 두 가지 변화와 과도기적 중간단계의 성격을 띤 B 부류를 제외하면 19세기 후기 전라방언에서 관찰된 (7)의 예들과는 본질적인 큰 차이가

---

36) 전남 장흥방언의 모음조화를 기술한 강희숙(1996: 19-20)에 의하면, 이 방언에서 '가두-(囚), 가꾸-(育), 나누-(分), 바꾸-(換), 배우-(習)' 등과 같이 어간 끝음절 모음이 '우'인 경우에 부사형어미가 연결될 때 어간모음 '우'는 양성의 조화 자질(따라서 부사형어미는 '-아')과 음성의 조화 자질(부사형어미는 '-어')로 실현된다고 한다. 강희숙(1996)은 이와 같이 활용형들이 달리 실현되는 조건은 방언 화자와 세대 그리고 말의 상이한 스타일에 있는 것이며, 동시에 동일 화자의 말이라고 하더라도 쓰이는 상황에 따라서 상이한 부사형어미가 선택된다고 관찰하였다.

없을 것으로 판단한다.

위의 (7)의 예 가운데 B 활용 부류들은 오늘날의 여러 지역방언에서 통상적으로 출현하는 (1)a에서의 공시적 활용형들과 관련하여 특히 주목된다. (1)의 예들을 취급한 대부분의 연구들이 '감촤(감추어), 가꽈(가꾸어), 배와(배워), 싸와(싸워) 등의 표면형을 설명하기 위해서 해당 어간들의 기저형을 /X우-/로 설정하고 여기에 부사형어미 '-아'가 통합된다고 기술했음은 필자가 §2.1에서 구체적으로 제시한 바 있다. 그리고 이와 같은 음운론적 과정은 'X우+-아→와'를 거쳐 예문 (1)a와 같은 표면형으로 도출된다는 것이다. 바로 여기서 설정된 'X우+-아'는 19세기 후기 전라방언에서 과도기적 중간단계의 성격을 보이는 B 활용 부류(예를 들면, '갖추아')를 연상케 한다.

그러나 B 활용 부류의 형태론적 구성과 기존의 연구들에서 제시된 'X우+-아'와 같은 음운론적 과정은 차원을 달리 한다. 즉, 19세기 후기 전라방언 자료에 등장하는 '갖추아'(備)형은 위에서 언급된 바와 같이 '갖초아' 단계에서 모음상승 규칙을 수용했음에도 불구하고 어느 기간 동안 원래의 부사형어미를 존속시킨 형태이며, 이것은 재구조화된 어간모음 '우'에 끌려 '갖추어'로 전이되기 이전의 모습을 보인다. 그렇기 때문에, 19세기 후기 전라방언에서 A 활용 부류 가운데 음절 축약된 '갖촤'형이 '갖추아'에서 형성된 것은 아니다. 그 반면, 이른바 음운론적 과정 'X우+-아→와'와 같은 공식은 공시적 방언형 '-와'를 이끌어 내기 위한 허구적 장치일 뿐이다. 이러한 음운론적 과정의 설정은 (ㄱ) 모음조화의 원칙에서와 (ㄴ) 공시적 기저형 설정과, 일반성있는 음운규칙의 측면에서 각각 심각한 문제점을 내포하고 있다고 생각한다.

통상적으로 형태소 경계에서 어간의 모음 '우'가 어간음절의 위치와 구조에 따라 여기에 통합되는 부사형어미 '-아/어'를 상이하게 선택할 수 있는 기능은 오늘날의 전남과 전북 방언에서 원칙적으로 찾을 수 없다(이 글의 §2.2를 참조). 그리고 오늘날의 지역방언에서 공시적 활용형 '갖촤' 부류를 설명하기 위한 'X우+-아→와'와 같은 음운론적 과정 자체도 정확한 공식이 되지 못한다. 왜냐 하면, 음절 축약된 표면형 wa를 이끌어 내기 위해서는 구태여 어간 말 모음을 '우'로 설정하지 않고도 가능한 일이기 때문이다. 즉, 'X오+-아→ 와'. 엄밀하게 기술하자면, 음성학적 층위에서 'X우+-아'와 같은 결합에서는 '-와'가 아닌 '-위'[ɥa]로 결과 되어야만 한다. 그러므로 종래의 기술에서 'X우 +-아→와'의 공식이 무사히 통용될 수 있었던 이유는 국어의 고유한 조음 특성상 후설 원순모음 '오'와 '우'가 다른 모음과 결합하여 음절 축약될 때 적어도 음운론적 층위에서 동일하게 w로 활음화 되기 때문일 것이다.[37]

또한, 예문 (1)a의 활용형들에 대한 통상적인 기저형 /X우-/는 자음어미 앞에서만 효력이 있을 뿐이고, 부사형어미와 통합되는 경우에는 해당되지 않는다. 이와 같은 필자의 판단은 19세기 후기 전라방언에서의 예문 (7)의 A 활용 부류에도 그대로 적용된다. 예를 들면, 현대 전북 남원과 완주의 일부지역에서 사용되는 문제의 활용형들 가운데 이승재(1997: 650-651)에서 제시된 '외우+ -아→외와(誦), 싸우+-아→싸와(戰), 배우+-아→배와(學)'형들과 이와 동일한 활용 방식을 보이고 있는 19세기 후기 전라 방언형인 '외야, 비와, 싸와' 부류는 근본적으로 동일한 기제에 의해서 파생된 형태들임이 분명한 것이다.[38]

만일 최명옥(1992)에서의 해석과 같이 19세기 후기 전라방언의 용언 범주에

---

37) 이와 같은 음운론적 과정 'X우+-아→와'는 배주채(1992, 1994)에서 1음절 어간 '좋-'(好)에 대한 고흥방언의 활용형 '조:트라~조:우면~조:와'에까지 확대시켜 적용되었다. 즉, 배주채 (1992: 383)에 의하면 '좋-'(好)의 기저형은 자음어미 앞에서 /좋:-/, 모음어미 앞에서 /조:우-/ 로 설정되는데, 이 때 '-아'의 활용형 [조:와]는 기저구조 /조:우+-아/로부터 도출된다는 것이다. 그리하여 나중에 배주채(1994: 114)에서 기저형 /조:우-/의 활용 양상은 일반적인 '우' 어간('배우-, 피우-, 야우-' 등)과 똑같다고 설명하였다.
그러나 '좋-'의 '-아' 활용형은 단순한 '좋:-+-아→조:와'의 과정을 거쳤을 뿐이다. 그리고 또 다른 활용형 '조:우면'은 어미 '-으면'형이 어간모음 '오'로부터 원순성 순행 동화를 입었 거나('좋:-+으면→조:우면), 아니면 '좋:-+-으면→조:오면→조:우면(비어두 음절 '오>우' 변화에 의한)과 같은 과정을 반영하고 있다. 그리고 설령 기저형 /조:우-/를 인정한다고 해도 다음과 같은 19세기 후기 전라방언의 활용형들을 설명하기가 매우 구차하다. ㄱ) 목 쫀 놈 만 어더쑤냐(판, 박. 436), 그리흐면 존 슈 잇다(판, 변. 606), 쏙으난 잔득 죠나 북그러워(춘, 동. 112), ㄴ) 죤야? 조와요(수절가, 상. 33ㄱ), 군속잔코 졸거시요(수절가, 상. 37ㄱ).
38) 19세기 후기 전라방언에서 활용형 '비우-~비와'(學), '싸우-~싸와'(戰)의 예들은 §3.1의 예문 (6)ㄱ을 참조. 그리고 '외야'(誦)형은 각주 35)에서 제시된 바 있음.

서 '오>우'의 변화가 완료되었다고 가정한다면, 이 시기의 활용형 '비와, 싸와, 외와, 갖촤' 등은 역시 'X우-+-아→ 와'와 같은 음운론적 과정을 거친 형태로 생각할 수 있다. 그렇다면, 19세기 후기 전라방언 이전부터 존재했던 '비와' 등과 19세기 후기 당대에 사용되는 '비와' 등의 활용형들을 서로 이질적인 음운론적 과정을 거쳐 형성된 결과라는 잘못된 해석에 이르게 된다.[39] 따라서 '오>우'의 음성변화가 아직 확립되지 않는 19세기 후기 이전에 가장 투명한 'X오+-아→ 와' 과정을 거쳐 형성된 '비와' 부류가 그 활용에서 기저형 또는 음운규칙과 상관없이 19세기 후기 전라방언에 계승되어 화자들에 의하여 사용되었으며, 이러한 상황은 현대 전라방언에까지 지속되어 나타난다고 이해하는 것이 사실에 가깝다.

그렇기 때문에, 19세기 후기 전라방언에서 이러한 '비와' 부류의 활용형들은 비어두 음절 위치에 적용되는 '오>우'의 변화가 일어나기 훨씬 이전의 역사적 단계에서 단일 기저형 /X오-/에 모음조화 규칙에 적용된 부사형어미 '-아'가 통합되어(o+-a→wa) 도출된 형태들이다. 19세기 후기 전라방언에서 '오>우'의 변화가 용언 범주에 확산됨에 따라서 예의 활용형들의 단일 기저형에 분열을 초래하게 되었다. 즉, 자음어미 앞에서는 '오>우' 변화에 의하여 재구조화된 /X우-/, 그리고 이 변화가 적용될 수 없는 다른 환경에서는 부사형어미와 음절 축약을 일으킨 /X와/가 그것이다. '오>우'의 변화가 모든 용언 범주에 필수적으로 확대됨에 따라서 이 시기의 전라방언에 출현하는 공시적 교체형 '싸우-~싸와, 비우-~비와, 외우-~외와' 가운데 어느 한 가지의 異形態를 기준으로 다른 표면형들을 도출시킬 수 있는 음운론적 과정의 공시적 적용 가능성이 점진적으로 희박하여 지다가 결국은 제거되어 버릴 것이다.[40]

---

39) 예를 들면, 19세기 후기 중부방언을 반영하는 『한어문전』(1881)에 등장하는 '외와(誦), 밧고아(換)' 등의 활용형들이 투명한 'X오+-아→ 와'와 같은 과정을 거쳤음을 다음과 같은 활용의 패러다임을 통해서 잘 보여 준다. (ㄱ) 외오다~외와~외온(p.79), (ㄴ) 밧고다~밧고아~밧곤(p.79).

40) 그러나 다른 측면에서는 '배우-, 싸우-, 외우-'와 다른 환경에서 사용되는 '배와, 싸와, 외와' 형에 대해서 자음어미 앞에서 실현되는 異形態 'X우-'를 기준으로 하여 변이형들을 단일화

오늘날의 전남과 전북 방언에서 '배와, 싸와, 외와'를 포함한 (1)의 활용형들은 19세기 후기 전라방언에서 위에서 언급된 원리에 의해서 출현하였던 (7)의 A 활용 부류에서부터 직접 계승된 것으로 판단된다. 이와 같은 현상은 역사적으로 일정한 단계에서 규칙적인 활용형들을 갖고 있던 소위 'ㅂ' 불규칙 용언들이 어간말 'ㅸ>w'의 변화에 의하여 음성 환경에 따라 독자적 변화를 수행한 결과, 각각 /XP-/와 /Xu-/ 또는 /Xw-/와 같은 개별적인 공시적 단위로 확립된 예들과 동일하다(최명옥 1985; 한영균 1985; 김경아 1990).

지금까지 필자는 활용의 패러다임을 통해서 §2.1의 예문 (1)a에 속하는 일련의 활용형들이 오랜 기간을 거쳐 발휘하여 온 지속적인 강한 보수성의 일면을 관찰하였다. 이번에는 주로 (1)b와 (1)d의 예를 이용하여 기존의 용언어간에 새로운 변화 또는 개신이 일어났을 때 예전에 통합되었던 부사형어미 형태들이 보여주는 보수적인 특질 몇 가지를 제시하려고 한다. 즉, 여기서 취급할 활용의 대상은 오늘날의 전남과 전북 방언에서 수집된 예문 (1) 가운데 제2음절 어간말 모음 '우'('으'도 포함하여)에 연결되는 부사형어미 '-아/어' 사이에 다른 자음이 개재되어 폐음절 어간을 형성하는 경우이다.

우선, 전남 고흥방언에서 공시적 부사형어미의 교체를 고찰한 배주채(1992: 376)에서 제시된 예들을 다시 살펴 보기로 한다. 여기서 이음절 이하의 폐음절 어간에서 말음절 모음이 '우'나 '으'인 형태들이 '-어' 부사형어미를 취하는 예들 가운데 '가물-'(旱), '야물-'(實), 그리고 '웝뜰-'(孤) 등의 활용형들이 주목된다. 이러한 활용형들 가운데 '가물-'은 고흥방언에서 '가무러' 대신에 '가무라'로 활용할 때도 있다는 배주채(1992: 397)의 보충적인 설명과, 그 이외의 두 가지의 사실을 근거로 필자는 '가무라'형을 §2.1에서 예문 (1)b에 귀속시킨 바 있다

시키려는 조정이 화자들에 의해서 시도될 수 있다. 이러한 양상이 19세기 후기 전라방언 자료 (7)에서 C 활용 부류로 나타난 것으로 생각된다. 특히 중앙어의 언어 규범이 C 활용 부류로 확립됨에 따라 해당 지역방언에서의 전통적인 '배와, 싸와, 외와'형들과 C 부류는 말의 스타일 또는 화용론적 상황과 같은 사회 언어학적 조건으로 옮겨지게 된다. 동일한 화자의 담화 가운데 끊임없이 교체되는 '배와'와 '배워'의 유형에 대해서는 앞에서 제시했던 예문 (6)ㄴ과 ㄷ을 참조.

(§2.1에서 각주 (6)을 참조). 그리고 배주채(1992)의 자료를 이루는 자료 제공자의 발화에서 '가물+-아>가물+-어'와 같은 음성모음화 현상은 수의적 변이의 모습으로 파악하였다. 이렇게 판단하게 된 첫째 근거는 현재 전북의 남원과 완주방언에서 노년층의 자연스러운 발화에 '가무라'형의 사용 빈도가 '가무러' 보다 높게 나타나며, 이러한 사실은 다른 평북방언(김이협 1981: 6)에도 동일하게 관찰될 수 있기 때문이었다.[41] 둘째, 비어두 음절말 어간의 '우' 모음 다음에 부사형어미 '-아'가 연결되는 19세기 후기 서북방언에 대한 일련의 예들 가운데 최명옥(1992: 69-70)은 '가무라'형을 제시하였다. 하늘이 가무라 못치 다 말은다, 가무라 주굴가 무섭다(Corean Primer, p.24). 19세기 후기의 '가무라' 활용형은 17세기 국어에서의 'ᄀᆞ므라'(朴通, 중. 35ㄱ)로 부사형어미의 조정이 없이 그대로 소급된다. 17세기 국어의 활용형 'ᄀᆞ믈+-아'는 15세기 국어에서 'ᄀᆞᄆᆞ라'(月釋 10.84ㄴ)의 직접 발달형인 것이다.

그러므로 이 형태는 중세국어에서 현대의 지역방언형으로 발달하여 오는 과정을 통해서 해당 역사적 단계에 고유한 음성변화를 거쳐 어간 모음을 두 번이나 변경시켜 온 것이다. 15세기 국어에 일어난 'ᄋᆞ'의 제1단계 변화 'ᄋᆞ> 으'는 당시의 모음조화의 체계에 심각한 영향을 주었음은 잘 알려진 사실이다. 그러나 근대의 단계에서 일어난 원순모음화 '으>우'는 모음조화 체계와 관련하여 어간말 모음의 신분에 어떠한 변동을 가져오지는 못했다. 그것은 전통적으로 '으'와 '우' 모음이 둘다 음성 계열에 귀속되기 때문이었다.

원래 어간의 양성 계열 모음에 당시의 엄격했던 모음조화 규칙에 의해서 통합된 부사형어미 '-아'는 그 이후 어간 모음의 계열이 음성모음으로 바뀌었어도 오늘날의 지역방언들에까지 유지되어 있는 셈이다. 그렇기 때문에 오늘날의 지역방언에 사용되는 '가물-+-아'형은 기저형 /가물-/과 음운규칙 'X우 +-아→와'로 이끌어 낼 성질의 것이 아니고, 일종의 활용에서 역사적 정보

---

41) 김이협(1981: 6)에서 '가무다' 항목의 참고에 "'가무러'보다 '가물아'를 많이 씀"으로 첨부되어 있다. 또한, 전남 구례방언에서도 [nari kamurasə](날이 가물아서) 활용형이 이승재(1980: 88)에서 관찰된 바 있다.

를 담고 있는 화석형(김성규 1989)에 가깝다고 생각한다. 물론, 부사형어미 '-아/어'를 취하는 비어두어간말 폐음절의 모음 '우'와 '으'와 관련하여 배주채(1992)에서 열거된 모든 활용형들을 위에서 언급한 역사적 정보의 논리로 포괄될 수 있다고 장담할 수는 없는 일이다.42) 그러나 부사형어미 '-어'를 취하는 목록 중에서 '야물-'과 '읩뚤-' 등의 활용형들도 위의 '가물-아>가물- 어'와 같은 범주에 속한다고 생각한다. 여기서 고흥방언 '야물-'과 '읩뚤-'의 활용형은 중세 또는 근대국어의 단계에서 각각 *ᄋᆞ물-'과 *'외뚤-'로 복원시킬 수 있다.43) 그러므로, 고흥방언에서 '야물-'과 '읩뚤-'은 음성모음화가 관여하기 전까지 부사형어미 '-아'를 취했음이 틀림없을 것이다.

또한, 고흥방언에서 언제나 부사형어미 '-아'를 취하는 어간형태로 제시된 배주채(1992: 376)의 목록 중에서 중세국어 단계에서 '민돌-'과 '밍굴-'로 소급되는 '맨들-/맹글-'형은 이미 19세기 후기 서북방언에서 '-아'와 '-어'의 교체를 보이기 시작하며(곽충구 1994: 115), 이러한 변이 현상은 다음과 같이 오늘날 전북 임실방언의 화자에게서도 관찰된다.

(8) a. mɛndirəšə(맨드러셔, 교과서 31.38), mɛndirəša(맨드러샤, 교과서 p.56)
~mɛndirašə(맨드라셔, 교과서 16.58)
 b. 맨들어 났어(p.137), 맨들어 쓰고(p.47)~ 다 맨들아(신기남. p.58)
 cf. 못 맹그라(p.68), 맹그랐다고 하는(p.78), 맹글고…안 맹글아(김명
환, p.82)44)

(8)a에서와 같은 수의적 교체에 대하여 곽충구(1994: 115)는 어간말 자음이 조화력을 약화시킨다는 것을 의미하며, 이는 또한 교체형 '-아'가 '-어'로 바뀌어

---

42) 배주채(1992)에서 제시된 부사형어미 '-아'를 취하는 어간들 중에서 '더듬-아'의 경우는 역사적 정보와 관련하여 대부분 설명될 수 있는 다른 예들과 비교하여 이해하기 어렵다.

43) 중세국어의 '여믈-'(實)에 대한 모음 대응으로 *ᄋᆞ물-'형을 상정할 수 있다. 현평효(1985: 97)에 의하면, 현재 제주도방언에 이러한 의미로 'ᄋᆞ' 모음을 갖고 있는 형태가 사용된다. 그리고 *'외뚤-'의 경우는 17세기 국어에 '읩뿐'(동국신속, 효자 5:51ㄴ)의 용례가 확인된다.

44) 여기서 인용된 「뿌리깊은 나무 민중자서전」에서 전북 임실방언 화자 신기남씨와 전남 곡성 김명환씨의 구술 자료에 대하여는 본문의 각주 (27)를 참조.

간다는 사실을 나타내는 것으로 해석하였다. 이와 같은 역사적 정보의 원리는 '르' 변칙용언들을 포함하여 어간말 모음 '으'를 갖고 있는 이음절 이하의 어간 형태들이 취하는 부사형어미에 한층 더 분명하게 적용된다. 최명옥(1992)과 이승재(1997)에서는 이들 어간에 실현되는 부사형어미의 교체 조건으로 어간 첫 음절의 모음을 동화주로 잡을 수밖에 없는 당위성을 지적한 바 있다.[45) 그러나 제2음절 모음 '으'의 경우에 있어서도 여기에 선택되는 부사형어미는 중세국어에서 '♀'의 제1단계 변화 '♀>으'를 수용하기 이전의 모음조화 상태를 그 활용형에서 대부분 고수하고 있다.[46)

이러한 사실과 관련하여 오늘날의 전남과 전북 방언에 실현되고 있는 부사형어미의 교체 유형 가운데 §2.1에서 정리된 예문 (1)b 가운데 '(물을)따루+아 → 따라라'(남원, 이승재 1997: 651)와 같은 활용형이 주목된다. 이 활용형의 중세국어 형태는 쉽게 확인되지 않지만, 어간의 두 번째 음절의 모음은 대체로 '른>르'의 변화를 거쳐 왔을 가능성이 많다고 생각한다. 여기서 어간의 '-르-'를 갖고 있는 많은 용언들은 19세기 후기 전라방언 자료에서 일련의 특이한 변화를 보여 주는데('르>로'), 이렇게 형성된 '-로-'는 '오>우'의 변화를 거쳐 다음과 같이 일반적으로 '-루-'에 도달하여 있다(자세한 예들은 최전승 1986:

---

45) 19세기 후기 국어의 네 방언에서 비어두 어간말 개음절이 '으' 모음일 때 통합되는 부사형어미에 대하여 최명옥(1992: 66-67)은 어간의 첫 음절 모음이 '아'나 '오'이면 '-아'로, 그 이외의 모음이면 '-어'로 실현되는 것으로 관찰하였다. 그리고 최명옥 교수는 이 논문에서 이러한 현상은 부사형어미 앞에서 어간말 모음 '으'가 삭제되어 어간 첫 음절의 모음이 부사형어미의 교체를 결정짓는 기준모음으로 기능을 발휘함을 뜻한다고 해석하였다. 그 반면, 이승재(1997: 650)는 이와 같은 해석은 '으' 모음 삭제 규칙이 모음조화보다 일찍 적용된다는 규칙 순서가 필요할 뿐 아니라, '크+아/어, 쓰+아/어' 등의 예에서 모음조화의 동화주인 '으' 모음을 먼저 삭제함으로써 처음부터 모음조화가 적용될 수 없는 상황으로 결과된다고 지적하였다.

46) 그러나 이러한 '르' 변칙 용언들의 활용에 있어서도 19세기 후기 전라방언에서는 부사형어미가 '-어'로 음성모음화되는 경향을 보이기 시작하였다.
   a) 뒤를 짜러(따라, 병오, 춘. 28ㄴ), 짜러 올르니(초한, 하. 39ㄴ)
   b) 스지를 갈너 니여(가르-, 병오, 춘. 17ㄱ), 추천줄을 갈너 잡고(병오, 춘. 3ㄱ)
   c) 어린 ♀히 부랄 발너(바르-, 판, 박. 326)
   d) 산상으로 올너 가니(오르-, 용문. 6ㄱ)

256-257을 참고).

ㄱ) 어르- → 어루 : 어루는 소리(심청, 하. 27ㄴ)

ㄴ) 어르 만지-(撫) → 어루 만지- : 어로 만지니(적성, 상. 15ㄴ), 어루 만져
(병오, 춘. 9ㄱ)

ㄷ) 벼르-(記恨) → 벼루- : 무한이 별우다가(수절가, 하. 20ㄴ)

ㄹ) 르-(隧) → 짜로- : 짜로거날(충열, 하. 5ㄴ), 짜로난 장수(초한, 하. 40ㄱ)

ㅁ) 이르-(至) → 이루- : 빅관의 이루니(삼국지, 4.35ㄴ)

ㅂ) 기르-(育) → 기루- : 군亽을 기류어 연십흐긔(초한, 상. 25ㄱ), 기루던
기러기(적성, 상. 36ㄱ)[47]

위와 같은 예들로 미루어 보면, 전북 남원방언의 활용형 '(물을) 따루-' 어간
에 부사형어미가 연결된 '따롸'형은 '따루＋아 → 따롸'와 같은 음운론적 과정
을 반영하는 것은 아니다. 남원방언에서 (물을)'따루-' 어간에 통합될 수 있는
부사형어미는 음성모음 '-어'일 것이기 때문이다(따루어). 그러나 이 어간에 통
합된 활용형이 '따롸'로 출현한다는 사실은 역사적 어느 시기에 '짜르-＋짜로
-'의 단계에서 당시의 모음조화 규칙에 따른 부사형어미 '-아'가 연결된 결과
이다.[48]

이와 같이 원래의 용언어간 모음이 후대에 개입된 변화로 크게 바뀌었음에
도 불구하고 종전에 선택되었던 부사형어미가 계속 사용되어 온 예들은 19세

---

47) 여기서 열거된 예들과는 달리, 19세기 후기 전라방언에서 '오르-(登) → 오로- → 오루-; 모르-
(不知) → 모로- → 모루-' 등의 예들에서 처음의 '르>로' 변화는 어간음절의 첫째 모음 '오'
에 의한 원순동화로 기인된 것으로 보인다. 철도 모루고(심청, 하. 35ㄴ), 모루시요(퇴가, 7
ㄴ), 오루락 너리락(심청, 하. 30ㄱ).

48) 이러한 변화와 대칭이 되는 예는 근대국어에서 '匹르-/ㅼㅡ르-'(隧, 追)에 대한 활용형 '匹롸/ㅼ
롸'에서 찾을 수 있다고 생각한다. 'ㅼㅡ르-'형은 'ㅼㅡ로-'와 같은 異形態를 17, 18세기의 문헌에
많이 보인다. 追 ㅼㅡ로다(동문유해, 상. 46ㄱ), 호믜롤 가지고 범을 匹로더니(동국신속, 효자
5.37ㄴ). 그렇기 때문에 이 어간에 부사형어미가 연결될 때에는 '匹롸/ㅼㅡ롸'형이 결과된다.
ㅼㅡ라 밋지 못ㅎ다(동문유해, 상. 46ㄱ), 도적이 匹롸 미츠니(동국신속, 열여, 8.61ㄴ), 눔 짜롸
흐는 이(한청문감, 228ㄴ), cf. 누를 ㅼㅡ롸(언해 노걸대, 상. 2ㄴ). 여기서 남원 방언형 '(물을)따
롸~따루-'와의 근대국어에서의 위의 활용형과 차이는 자음어미 앞에서 실현되는 어간이
아직 'ㅼㅡ로->ㅼㅡ루-'와 같은 변화를 수용하지 않았다는 사실에 있을 뿐이다.

기 후기 전라방언의 활용형들 중에서 (7) 8의 '엿주-(奏)~엿주와'와 같은 유형에서도 관찰된다. 오늘날 높임말의 용언 '여쭙-/여쭈-'형에 대해서 일찍이 유창돈(1980: 217)은 이것은 '엳-'에 겸양의 선어말어미 '-줍-'이 연결된 구조로, 이전의 단계에서 '엳ㅈ오니~엳ㅈ와'로 활용하다가 결국에는 '엿주어~엿주니'로 발달한 것으로 설명하였다.49) 현대 중부방언에서 이 용언의 어간말 모음은 '우'로 재구조화되어 부사형어미 '-어'가 연결되고 있다.

그러나 19세기 후기 전라방언에 등장하는 '엿주와~엿주워'와 같은 교체는 이러한 재조정의 과정이 있기 이전의 어느 단계까지는 여전히 '-아'가 유지되었으며, 어간의 '우'는 다음과 같은 원순모음의 역행동화와 '오>우'의 변화를 순차적으로 수행한 것으로 판단된다. 즉, '엳ㅈ와~엳ㅈ올>엳조와>엿주와>엿주어'. 이러한 변화와 동일한 과정을 밟은 활용형으로 19세기 후기 전라방언에서 '먹다'의 높임말 용언 '잡슈와'를 첨가할 수 있다. 무슨 베술 히 줍슙쇼(판, 퇴. 302), 톡기간을 줍슈와아(판, 퇴. 302), cf. 잡슈시면(삼성훈경 1880: 13ㄴ). 이것은 전남과 전북 방언 일대에서 '잡수-/잡수시-'에 대한 '잡싸' 활용형으로 사용되어 여전히 부사형어미 '-아'를 유지하고 있다.50)

19세기 후기 전라방언에서 이른바 'ㅂ' 변칙용언 어간에 통합된 부사형어미는 대체로 '-어' 또는 음성모음화의 과정을 보여 준다. 어, 추워라(츕-, 수절가, 하. 38ㄱ), 치워홀가(춘, 남. 46), 흐도 반가워(반갑-, 병오, 춘. 29ㄱ), 참 우수워라(수절가, 상. 35ㄴ), 더 우슈워(우숩-, 춘, 동. 86). 그러나 신재효의 판소리 사설 가운데에서도 보수적인 성향의 성두본. B 필사본 「박타령」에서 '낫 가죽이 두터와셔'(두텁-, p.3)가 성두본. A에서는 '낫가죽이 둣거워서'(판, 박. 330)로 바뀐 사실을 보면, 원래는 일부 어간들이 부사형어미 '-아'를 유지했던 단계가 있을 것으로 생각된다.51)

---

49) 16세기 국어에서 '엳톨 계'(啓, 훈몽, 상. 35ㄴ)의 용례를 보면 어간 '엳-'의 가능성이 충분하다.

50) 이승재(1980: 89)는 전남 구례방언에서 통용되는 부사형어미의 교체에 대한 기술에서 이음절 어간 '우' 모음이 갖고 있는 부분 중립성과 관련하여 '잡수-' 어간에 부사형어미 '-아'가 통합되고 있음을 관찰하였다([sul čal čaps'ado](술 잘 잡수서도)). 또한, 강희숙(조선대) 교수의 도움말에 의하면, 전남 장흥방언에서도 '잡사'형이 매우 흔하게 나타난다고 한다. "좀 잡사 보세요"

51) 또한, 다음과 같은 예들은 이 시기에 부사형어미 '-어'가 'ㅂ'변칙 용언들의 어간말 모음

|4| 활용형들의 보수성 : 전남방언에서 '(춤)추-'(舞)의 경우

현대 전북방언의 일부 하위 지역어에서 60세 이상의 노년층 화자들이 사용하는 격식어와 일상어 가운데 동사 '(춤)추-'(舞)의 활용형들은 각각 상이한 모습을 보인다. 즉, 이들 화자의 자연스러운 일상어에서 '(춤)추-'의 어간은 자음어미 앞에서 '(춤)치-' 또는 '(춤)추-'와 같은 형태로, 그리고 부사형어미 앞에서는 대체로 '(춤)처'로 실현되고 있다. 그러나 매우 신중한 격식어에서는 동일한 화자라 하더라도 음성 환경에 따라서 위의 활용형들을 '(춤)추-'와 '(춤)추어/처'로 전환시키며, 어간 모음의 원순성 자질이 제거되지 않는 사실이 관찰된다. 따라서 종전의『한국방언자료집』(V. 전라북도 편, 1987: 292)에서 「(춤)추-지/-어(서)/-었다」와 같은 설문 문항에 대하여 전북 방언형으로 이끌어 낸 '추지, 추제, 처, 추웠다, 추었다, 췄다' 등은 화자들의 일상어가 아닌 격식어에 가까운 형태들이 추출된 것으로 생각된다.

특히, 자음어미 앞에 나타나는 '(춤)추-'의 방언형 '춤친다' 유형은 경상도 방언과 전남방언의 하위 지역어들에서도 일정하게 분포되어 있다. 그리고 전북방언의 경우는 '이리, 장계, 임실, 순창, 남원' 등지에서 이러한 활용형의 사용이 보고된 바 있다(최학근 1990: 2023). 전남방언에 분포되어 있는 '(춤)추-'에 대한 다양한 활용형들은『한국방언자료집』(VI. 전라남도 편, 1991: 398)에 비교적 사실적으로 수집되어 있다. 따라서 이 자료집에 풍부하게 나타나는 '(춤)추-'의

'어' 또는 '아' 뒤에서 탈락되기 시작하는 모습을 반영하고 있다.
  잇고 무셔라(무셥-, 수절가, 하. 41ㄱ), 일싞이란 말은 듯고 반갑 ᄒ며(반갑-, 수절가, 하. 21ㄱ), 춘향이 북그려ᄒ니(수절가, 상. 32ㄴ), cf. 붓그려워 못벗것소(병오, 춘. 9ㄱ), 크게 두려 ᄒ더라(두렵-, 삼국지, 3.43ㄴ).
19세기 후기 전라방언에서 이러한 활용어미의 탈락은 부사형어미 '-어' 뿐만 아니라 다른 환경에서도 나타나기 시작하였다.
  소멸ᄒ기 어렵지라(어려울, 삼국지, 3.42ㄱ), 져런 걸인 갓차 ᄒ면 숫가락 모도 일난 법이니(갓차이, 병오, 춘. 30ㄴ), 자나 누나 먹고 찌나(누으나, 수절, 하. 1ㄱ)

활용형들을 그 유형과 분포 지역별로 필자의 관점에서 다시 정리해 보면 다음과 같다.

(10) a. (춤을) 츠지/쳐서/쳤다, cf.츤다. ───── 고흥
    b. (춤을) 치지/쳐서/쳤다, cf.친다. ───── 신안, 완도
    c. (춤을) 치지/쳐서/쳤다. ───── 무안
    d. (춤을) 치지~추지/쳐서~추어서/쳤다~추었다.─ 보성
    e. (춤을) 추지/쳐서/쳤다───── 광양, 예천, 영암, 해남, 강진
    f. (춤을) 추지/추어서/쳤다───── 장흥
    g. (춤을) 추지/추어서/추었다───── 영광, 장성, 담양, 곡성, 진도
       추지/춰:/쳤다── 구례, 함평, 광산, 나주, 화순, 승주

위에서 제시된 전남방언에서 '(춤)추-'의 활용형들과 그 분포 지역은 『한국방언자료집』의 성격상 엄밀한 의미에 있어서 포괄적인 개요만 보여 줄 뿐이고, 개별 적인 하위 지역방언에 따른 정확한 언어의 실상이 될 수 없는 제약을 갖는다(최전승 1996). 예를 들면, 필자의 고향인 강진에서는 (10)b의 활용 유형을 노년층의 화자들이 일반적으로 사용하고 있는데, 이것은 『한국방언자료집』(Ⅵ. 전남 편)에서는 (10)e와 같은 유형으로 수집되었다. 이러한 상황은 위에서 (10)f로 분류된 장흥방언에서도 큰 차이가 없다.[52] 또한, (10)g의 활용 범주로 귀속된 진도방언에서 관찰된 다른 종류의 방언 자료는 화자들에 따라서 자음어미 앞에서 다음과 같이 '(춤)치-'로 실현될 수 있음을 알린다. 큰 언니는 춤도 잘 치고(p.27), 멋있고 춤 잘 치고(p.71, 이상은 「뿌리깊은 민중자서전 20」, 「진도 단골 채정례의 한 평생」(1992)에서 인용). 그렇기 때문에, 필자는 전남방언에서 '(춤)추-'의 활용형들은 화자들의 일상어에 가까운 자연스러운 발화에서 위의 (10)의

---

52) 필자는 전남 장흥에서 출생하고 성장한 조선대 강희숙 교수를 통해서 장흥방언을 사용하고 있는 노년층의 일상어에 자연스럽게 출현하는 '(춤을) 치고/치면/쳐/쳤다'의 활용형을 확인하였다. 또한, 『한국방언자료집』(Ⅵ. 전남 편)에서 이 활용형에 대한 고흥방언형은 자음어미 앞에서 '(춤을) 츠-/츤다'로 수집되었으나, 배주채(1994: 224)의 고흥방언의 용언어간 목록에서는 '(춤을) 치다'로 나타난다.

분류와 약간 다른 양상을 보이게 될 것이 분명한 사실이고, 그 추이의 방향은 재조정을 거친 '(춤)추-/추어, 춰'로부터 전형적인 '(춤)치-/처'일 것 같다는 가정을 한다.

우선, (10)의 일부 예에서 '(춤)추-' 어간에 부사형어미가 연결될 때 실현되는 활용형 '(춤)처'가 주목된다. 이 형태는 일단 전남방언에서 '(춤)추-'를 기저형으로 선정하였을 때, 'X우+-어 → 추어 → 춰 → 처'와 같은 음운론적 과정을 거친 형태일 가능성을 생각할 수 있다. 그러나 (10)의 활용 예를 이끌어 낸『한국방언자료집』(V. 1991, 전남 편)을 조사해 보면, '(춤)추-'와 동일한 환경을 갖고 있는 다른 용언어간, 즉 '(꿈)꾸-, (장기)두-, (죽)쑤-' 그리고 '(선물)주-' 등에서 부사형어미와 통합되는 경우에 자음 앞에서 활음 w를 탈락시키는 현상은 그렇게 보편적으로 일어나지 않는다.53) 그러므로, 부사형어미와 연결된 '(춤)처'형은 전남방언에서 일반적인 음운현상이 아닌 '(춤)춰 → (춤)처'와 같은 활음의 탈락으로 결과된 것으로 볼 수 없고, 자음어미 앞에서 실현되는 '(춤)츠-' 또는 '(춤)치-'와 직접 연관되어 있다.54) 이와 같이, 오늘날의 일부 전남방언에서 사용되고 있는 '(춤)츠-'와 음성 환경에 따른 또 다른 활용형 '(춤)처'는 중세국어 단계의 활용 형태로 그대로 소급될 수 있다고 생각한다.

일찍이 동사 '츠-'(舞)로부터 파생된 파생명사 '춤'은 15세기 국어에서 '춤 츠고~춤처-'와 같은 규칙적인 활용 방식을 형성하고 있었다.55). 그러나 근대

---

53) 그 반면, 경남방언에서는 자음 앞의 w 활음이 유지되기 어렵다(『한국방언자료집』, Ⅷ. 경상남도 편, 1993: 348을 참조). 따라서 '(장기)두-, (꿈)꾸-, (죽)쑤-' 등의 어간에 부사형어미가 연결될 때에 음절 축약된 이후에 활음 w이 제거된 형태들과 '(춤)추-'의 활용형 '춤처'와는 통상적으로 분명한 차이를 반영하지 못한다.

54) 그 반면, '(죽)쑤-'에 부사형어미가 연결되는 경우에 일부 전남방언에서 '써서/썼다'(신안, 승주, 해남, 고흥, 여천, 완도)와 같은 활용형이 발견된다(『한국방언자료집』, Ⅵ. 전남 편). 이러한 예들은 자음어미 앞에 나타나는 고유한 어간 '(죽)쓰-' 또는 '(죽)씨-'(여천, 완도)로부터 투명한 음운론적 과정을 거쳐 형성된 활용형들이다. 예를 들면, 배주채(1994: 216)의 '용언어간 목록'에 따르면, '쓰다: 죽을 쑤다'. 여기서 '(죽)쓰-' 어간이 어떠한 과정을 밟아서 '(죽)쑤-'에서 변화된 것인지는 분명하지 않다. 이 형태의 활용형은 역사적으로 '(죽)수-/수어'로 소급되기 때문이다.

55) 춤 츠고(초간, 두시, 8.41ㄴ), 춤 츠며(능엄경, 9.75ㄴ), 춤 츠놋다(초간, 두시, 6.28ㄴ)~추믈 횟두루 처(초간, 두시, 15.44ㄱ), 우스며 춤처셔(초간, 두시, 15.53ㄱ).

국어의 단계에서 '춤츠-'는 '춤추-'로 유추 변화를 수행하게 되면서(유창돈 1971: 30), 종래의 투명한 활용 방식은 불규칙적인 '춤추~춤처'로 바뀌게 되었다. 춤출 舞(倭語, 상. 42ㄱ), 노래ᄒ고 춤추는 거슨(三譯, 8.11ㄱ). 파생명사 '춤'에 이끌린 유추적 변화에 의해서 동사 '츠-'의 어간말 모음에 일어난 '으>우'는 변화 이전과 변화된 두 모음이 같은 음성 계열이기 때문에 변화 이전에 통합되었던 부사형어미에 영향을 줄 수는 없었다. 그리하여 '춤추~춤처'와 같은 불규칙적인 활용은 근대국어 단계에서 일정한 기간 동안 지속된 것 같다. 우스며 춤처서(중간, 두시, 15.53ㄱ), 鶴이 춤 처(중간, 두시, 3.8ㄴ), 추믈 처(중간, 두시, 15.44ㄱ).[56]

그렇지만 19세기 후기 전라방언 자료들은 이 활용형을 사실 그대로 반영하지 못하는 제약을 보인다. 그 대신, 이들 자료에서 '(춤)추-'의 활용은 대부분 '춤추~춤추어'로 전환되어 나타나는데, 이러한 '춤처>춤추어'로의 변화는 화자들이 '춤추-'를 기준으로 인식함으로써 비롯된 재조정의 결과로 생각된다. 미오락기 춤이나 추어볼가(병오, 춘. 24ㄱ), 헛춤만 추엇노라(판, 심. 3), 춤 추어(삼국지, 4.20ㄴ), 츔 츄워 질거훌 썬(조웅, 2.25ㄱ)~츔을 추난듸(수절가, 상. 10ㄴ), 금무를 취이며(삼국지 3.5ㄱ).

오늘날의 전남방언에서 사용되는 '춤추-'의 활용형들은 공시적으로 재조정을 거친 (10)g의 유형만 제외하면 대부분 15세기 국어 단계에 가까운 상태를 유지하고 있다. (10)a에서 '춤츠-~춤처'(고흥) 활용형이 15세기 국어의 경우와 가장 근접하여 있지만, 이들 방언에서 생산적으로 작용하는 구개모음화 현상(즉, '스, 즈, 츠>시, 지, 치')을 거쳐 '춤츠-'에서 '춤치-'로의 대치는 필연적이다. 이러한 과정이 (10)b의 '춤치-~춤처'(신안, 완도)에 나타나 있다. 그리고 (10)c부터 (10)f에 걸친 활용 예들은 유추적 변화 '춤츠->춤추-'를 모든 부사형어미에 일률적으로 적용시키지 않았음을 의미하는 것이다. (10)e에서 '춤추지~처서~쳤다'의 유형은 유추적 변화가 자음어미 앞에서만 허용되어 있음을 나타낸다. 그 반면, (10)d에서 '춤치지~춤추지, 처서~추어서, 쳤다~추었다'와 같은 공

---

56) 중간본 「杜詩諺解」에 등장하는 이러한 '춤처'형은 초간본의 강력한 영향일 가능성이 많다고 생각한다. cf. 춤 츠고 쏘 놀애 브르노니(중간, 두시, 11.41ㄱ).

시적 변이는 말의 스타일 또는 맥락에 따른 사회 언어학적 조건의 지배를 받
고 있음을 보이는 것으로 생각한다.

또한, 공시적 재조정을 수행한 활용형들만 보이는 (10)g를 제외하면,[57] 나머
지 (10)a-f의 여타의 다른 유형들에 대해서 다음과 같은 관찰을 할 수 있다고
생각한다. 즉, 방언 화자들은 (10)에서 관찰할 수 있는 불규칙적인 '(춤)추-'의
활용형들을, 일정한 기저형을 선정하고 여기에 공시적 음운규칙을 적용하여
이끌어 내는 것이 아니라는 사실이다. 물론 15세기 국어의 단계에서 '(춤)츠-~
춤처'의 규칙적인 활용은 기저형 /(춤)츠-/와 보편적인 모음 연결의 규칙('으+V
→V')이 설정되는 것이지만(위의 예에서 유일하게 (10)a의 활용 유형이 여기에 속한다),
다음 단계에서 어간모음에 일어난 유추적 변화는 이러한 투명한 관계를 지속
시킬 수 없었다. 결과적으로, 자음어미 앞에서 실현되는 어간과 모음어미 앞
에서 실현되는 어간은 분리되어 각각 독립적인 어휘 단위로 인식된 것이다.
특히 이러한 사실은 자음어미 앞에서만 공시적 재조정을 수행한 (10)e에서의
'(춤)추지~처서/쳤다'의 활용과, 어간모음에 대한 재조정이 모음어미 앞에서도
수행되었지만, 과거형 '쳤다'에서는 이것을 거부하고 있는 (10)e에서 분명하게
확인할 수 있다.

그뿐 아니라, 어간모음에 수행된 유추 변화를 거부하고 있는 (10)b와 c의 예
들 역시 자음어미 앞에 오는 '(춤)치-'와 모음어미 앞의 '(춤)처'와는 아무런 연
관성을 찾을 수 없다. 만일 '(춤)치-'를 기준으로 하여 '(춤)치-+-어'와 같은 음
운론적 과정이 전남방언의 역사에서 개입한 적이 있었다면, 여기서 결과된 형
태는 당연히 '처'이었을 것이 틀림없다. 그렇다면, 이러한 '처'형은 전남방언의
역사에서 고유한 변화 '처>체>체'를 계속해서 수행하게 되었을 것이다.[58]

---

57) 오늘날의 전남방언에서 용언어간 '추-' 다음에 모음조화 규칙에 따라 부사형어미 '-어'로 조
  정된 (10)g의 예들은 다양한 화자들의 사회 언어학적 유형과, 동일한 화자일 경우에도 자신
  의 말의 스타일에 따른 변이형일 가능성이 있다. 이러한 관점에서 (10)a-f의 예들을 제시한
  화자들에 있어서도 말이 쓰이게 되는 화용론적 상황에 따라서 (10)g와 같은 활용형을 사용
  할 수 있을 것으로 생각한다.
58) 배주채 교수가 이 글의 논의 과정에서 지적한 바와 같이, 물론 이러한 변화는 전남방언에서

그러나 (10)b-e에 걸쳐 있는 '(춤)처/첬다' 활용형들에서 이러한 음운론적 과정을 거친 흔적이 전연 발견되지 않는다. 따라서, 자음어미 앞에서 실현되는 '(춤)치-' 또는 '(춤)추-'에 대한 모음어미 앞의 '(춤)처'에서 관찰되는 역사성은 §3.2에서 논의된 오늘날의 전남과 전북 방언의 활용형 '가꽈(가꾸어-), 감촤(감추어), 싸와(싸워), 가다(가두어)' 등과 똑 같은 범주로 귀속되는 것이다.

|5| 결 론 : 공시적 기술과 설명의 타당성

지금까지 필자는 19세기 후기 전라방언에서 비어두 음절 어간의 '우' 모음 다음에 통합되는 부사형어미 '-아/어'의 교체의 유형들을 현대 전남·북 방언에서 수행되고 있는 동일한 음운현상과 대조하면서 이 활용형들이 보이고 있는 비생성적 성격의 일단과 재조정의 과정을 규명하려고 노력하였다. 그리고 이와 같은 불투명한 형태 음운론적 교체에 대한 공시적인 기술의 방식은 종래에 설정된 기저형 /X우-/와 'X우-+-아→와'와 같은 음운규칙으로 더 이상 설명될 수 없는 몇 가지 실증적 근거를 제시하였다. 동시에 이러한 음운론적 과정에서 대부분 결과 되는 출력 '-와'(예를 들면, '배우-+-아→배와)를 이끌어 내기 위해서 설정된 'u+-a→wa'는 공시적으로 타당성이 없으며, 이것은 그 대신

비어두에서만 일어나는 것이며 어두음절에서는 '져>저, 쳐>처' 등의 과정을 수행한다는 것이 옳다고 생각한다. 19세기 후기 전라방언 자료에서도 이러한 과정은 동일하게 반영되어 있다. 쵸미 즈락도 찌졔 버리고(찌져, 필사. 별춘향전, 260), 기운니 진호여 안졔 우든 거시엿다(안져, 필사. 별춘향전, 266), 어루 만졔(만져, 성열. 196). 그러나 어두음절에서도 이러한 유형의 변화가 다음과 같이 확인되기도 한다.

(ㄱ) 노리 체량호아(凄凉, 초한, 하. 33ㄴ), 체량하다(화룡.87ㄴ), 체량훈 우름 소리(충열, 상. 20ㄴ), cf. 쳐량한 마음(적성, 상. 20ㄴ)
(ㄴ) 졔졀노 셔름졔워(져졀로, 수졀가, 하. 12ㄴ)
(ㄷ) 졔역 스 먹고(져녁, 안셩본. 대성. 2ㄴ), cf. 젼역지을 올이되(대성. 18ㄱ)

역사적으로 'o+-a>wa'에서 기원되었을 가능성을 추구하였다.

그리하여 필자는 §2.1에서 예문 (1)과 §3.2에서 예문 (7)에 수집된 19세기 후기와 현대 전라방언에서의 일련의 활용형들은 중세국어 단계의 투명한 모음조화 규칙을 충실히 반영하고 있으며, 그 이후 비어두 음절 어간 모음에 개입된 통시적 변화 '♀>으'와 '오>우'를 거치면서도 원래 통합되었던 부사형어미의 교체형들은 완강하게 변화를 거부해 온 것으로 판단하였다. 후행 단계에 개입된 어간 모음의 계열 상의 변화에도 불구하고 15세기 국어에서 선택되었던 예전의 부사형어미 형태가 계속해서 유지될 수 있다는 사실은 자음어미 앞에서 실현되는 어간과 모음어미 앞에서 실현되는 어간이 활용에서 독립적인 신분을 유지했음을 의미하는 것이다. 그렇기 때문에 어간 모음에 일어난 변화들은 해당 음운 환경을 갖추고 있는 자음어미 앞에서의 어간 이형태들에만 적용되었고, 부사형어미와 연결되어 음절 축약 또는 '르' 변칙 활용을 일으킨 모음어미 앞에서의 어간 이형태들에게 적용될 수 없었다.

예를 들면, 중세국어의 단계에서부터 '모르-~몰라'(不知) 부류의 활용형들은 기저형과 이형태 간의 신분을 떠나서 각각 독립적인 어휘 단위를 이루었을 것으로 보인다. 자음어미 앞에서 실현되는 '모르-' 어간 모음은 '♀'의 제1단계 변화 '♀>으'를 거쳐서 음성모음으로, 그 다음 첫째음절 모음 '오'의 순행동화를 수용하여 다시 양성모음으로('모르->모로-'), 끝으로 비어두 음절 위치에 적용된 모음상승 현상('모로->모루-')에 의하여 다시 모음의 계열을 음성으로 전환시키게 된다. 그 반면, 또 다른 활용형 '몰라'는 자음어미 앞에서 출현하는 어간모음이 겪게 되는 세 가지의 통시적 변화와는 아무 관련이 없이 19세기 후기 전라방언을 거쳐 오늘날의 전남과 전북 방언에 이르고 있는 것이다.

현대 전남과 전북 방언에서 관찰되는 §2.1에서의 (1)과 같은 활용의 공시적 현상들이 과거 이 방언에 일어난 다양한 유형들의 역사적 변화의 산물로서 이해될 수밖에 없음이 분명하다면(Bailey 1996), 예문 (1)을 설명하기 위해서 위와 같은 통시적 정보를 공시적 기술에 명시적으로 개입시켜야 된다고 판단한다.

위와 같은 역사적 정보를 공시적 기술에서 제외한다면, 오늘날의 전남과 전북 방언에서 '모루(몰르-)-∼몰라'와 같은 활용 부류에 등장하는 부사형어미 '-아' 의 교체를 합리적으로 기술하기 위해서 통상적으로 다음과 같은 유형의 설명 이 제시될 수밖에 없다.

    (a) 제2음절 어간말 '으' 모음이 부사형어미 '-아/어' 앞에서 삭제되고, 첫음 절의 모음이 모음조화의 기준 모음으로 작용한다.(최명옥 1992: 66-67)
    (b) 제2음절의 '으' 모음은 '-아/어'의 선택에 관여하지 않는다.(이승재 1997: 649)
    (c) 제1음절 모음이 '오'이고 제2음절 모음이 '으'인 2음절 어간('오-으' 어 간) 다음에 '-아' 활용형이 통합된다.(배주채 1992: 383)

  위의 설명들은 해당 방언에 출현하고 있는 표면 현상에 대한 정확한 관찰 에 기초를 둔 것이다. 그러나 이러한 기술과 설명이 보유하고 있는 기능은 연 구자의 편리한 기술 장치에 더 가까운 것 같다고 생각한다. 과연 말을 습득하 는 어린이에게서 또는 토박이 방언 화자들의 언어 능력에서 위와 같은 기술 과 설명이 내면화되어 있을 것인가에 대해서는 분명히 말할 수 없다.

  지금까지 필자가 제시한 일부 활용형들의 비생성적 특질들은(변칙활용을 포 함하여) 語彙部(lexicon)의 구조 특성과 밀접한 관계를 맺고 있다. 따라서 이들 화 석형들을 음운론의 영역에서 배제시키고, 활용형 자체를 어휘부의 등재 단위 로 설정하려면 어휘부 영역의 확대에 대한 새로운 인식과 해석이 필요할 것 이다. 그러나 이러한 작업은 필자가 이 글에서 제시하려고 노력한 극히 국부 적인 관점과 영역을 떠나서 앞으로 이룩될 훨씬 더 체계적이고 종합적인 기 술 위에서 가능할 것으로 생각한다.

참고문헌

강창석(1985), '활용과 곡용에서의 형태론과 음운론', 「울산어문논집」(pp.47-68), 제2집(울산대).

강희숙(1996), '장흥방언의 모음조화, 「언어학」(pp.1-24), 제4권(대한 언어학회).

고영근(1983), 「국어문법의 연구」, -그 어제와 오늘-, 탑출판사.

곽충구(1994), 「함북육진 방언의 음운론, -20세기 초 러시아의 Kazan에서 간행된 문헌자료에 의한-」, 국어학총서 20, 태학사.

기세관(1996), '여수 방언의 음운론적 특성', 「선청어문」(pp.147-172), 24집.

김경아(1990), '활용에서의 기저형 설정과 음운현상', 「국어연구」 94호.

김성규(1987), '어휘소 설정과 음운현상', 「국어연구」 77호.

_____(1988), '비자동적 교체의 공시적 기술', 「관악어문연구」(pp.25-44), 13.

_____(1989), '활용에 있어서의 化石形', 「주시경학보」(pp.159-165)3집.

김옥화(미간), '가람본 춘향가의 방언 자료적 성격,-신재효 판소리 사설의 연구 범위 확대를 위하여-'(pp.1-26).

김원희(1996), '모음조화 현상에 대한 언어지리학적 연구', 석사논문(동덕여대).

김이협(1981), 「평북방언연구」, 한국정신문화연구원.

박창원(1986), '음운교체와 재어휘화', 「어문논집」(pp.1-31, 경남대) 제2집.

배주채(1989), '음절말 자음과 어간말 자음의 음운론', 「국어연구」 91호.

_____(1992), '고흥방언 '-아' 활용형의 음운론적 고찰', 「국어학의 새로운 인식과 전개」(pp.373-398), 민음사.

_____(1994), 「고흥방언의 음운론적 연구」, 박사학위논문(서울대).

_____(1997), '고흥방언 활용어미의 형태 음운론', 「성심어문논집」(pp.31-53), 제18·19 합집.

심재기(1985), 'Grammaire Coréenne 解題', *Grammaire Coréenne*(「한어문전」)영인본, 한국교회연구소.

소강춘(1983), '남원 지역어의 음운론적 연구', 석사논문(전북대).

_____(1989), 「방언분화의 음운론적 연구」, 한신문화사.

오종갑(1988),「국어 음운의 통시적 연구」, 계명대학교 출판부.

_____(1994), '19세기 후기 전라방언의 모음 음운현상과 제약,「인문연구」(영남대, pp.1-48) 16집 1호.

유창돈(1980),「이조국어사연구」, 이우출판사.

이병근(1976), '19세기 국어의 모음체계와 모음조화',「국어국문학」72.73.

이승재(1980), '구례지역어의 음운체계 연구',「국어연구」45호.

_____(1990), '방언 음운론의 동향과 과제',「방언학의 자료와 이론」(pp.49-70), 지식산업사.

_____(1997), '전북 지역의 모음조화 현상에 대하여',「한국어문학논고」(pp.635-659), 태학사.

이태영(1993), '「봉계집」과 19세기말 전북 화산 지역어',「국어문학」(전북대 pp.3-26), 제28집.

정승철(1988), '제주도 방언의 모음체계와 그에 관련된 음운현상',「국어연구」84호.

_____(1995),「제주도 방언의 통시 음운론」, 국어학총서 25, 태학사.

최명옥(1985), '변칙동사의 음운현상에 대하여: p-, s-, t- 변칙동사를중심으로',「국어학」(pp.149-187) 14.

_____(1988), '변칙동사의 음운현상에 대하여: li-, lə-, ɛ(jə)-, h- 변칙동사를 중심으로',「어학연구」(pp.41-68) 24권 1호.

_____(1992), '19세기 후기 국어의 연구, -<모음 음운론>을 중심으로-',「한국문화」(pp.55-90), 13.

_____(1993), '어간의 재구조화와 교체형의 단일화 방향',「성곡논총」(pp.1599-1642) 제24집.

최임식(1994),「국어 방언의 음운사 연구」, 문창사.

최전승(1986),「19세기 후기 전라방언의 음운현상과 그 역사성」, 한신문화사.

_____(1996), '「한국방언자료집」의 성격과 한국 방언의 實相'(서평),「정신문화 연구」(pp.239-253), 19권 3호.

최학근(1990),「증보 한국방언사전」, 명문당.

한영균(1985), '음운변화와 어휘부의 재구조화 -순경음 'ㅸ'의 경우',「관악어문연구」(pp.375-402), 제10집.

_____(1990), '불규칙 활용', 「국어연구 어디까지 왔나」(pp.157-168), 동아출판사.

한성우(1996), '당진 지역어의 음운론적 연구', 「국어연구」 141호.

Bailey, Charles-James.(1996), *Essays on Time-based Linguistic nalysis*, Clarendon Press Oxford.

Paul, Hermann.(1960), *Prinzipien der Sprachgeschichte*, Max Niemeyer Verlag.

Singh, N.(1996), Natural Phono(morpho)logy : A view from the outside, *Natural Phonology* : The state of the art(by Hurch. B & R. Rhodes edited, pp.1-38), Mouton de Gruyter.

제 2 부

표준어의 형성과 방언

·
·
·
·
·
·
·
·
·
·
·
·
·
·
·
·

제 5 장　1930년대 표준어의 선정과 수용 과정에 대한
　　　　몇 가지 고찰
제 6 장　詩語과 方言

1930년대 표준어의 선정과
수용 과정에 대한 몇 가지 고찰
— 사정한 『조선어 표준말 모음』(1936)을 중심으로 —

|1| 서 론

이 글에서 필자는 1936년 조선어학회에서 주관하여 발표한 「사정한 조선어 표준말 모음」에 선정된 당시의 표준어 가운데 일부를 이용하여 자연스러운 언어변화의 과정에 규범적인 언어 정책이 어떠한 영향을 끼치게 되었는가 하는 관점에서 1930년대 당시의 서울말을 중심으로 사정한 표준어의 역사적 성격과 그 선정의 기준 및 그 이후의 수용 과정을 검토하려고 한다.*

1930년대 당시 민족의 자긍심과 실용적인 교육 그리고 전반적인 사회 문화적 배경에서 절실하게 요구되었던 한글사전을 편찬하기 위해서 조선어학회(오늘날 한글학회의 전신)는 두 가지 중요한 기초적인 작업에 착수하게 되었다. 하

---

* 이 글의 초고는 2001년 11월 6일 <역사 언어학 강독회>에서 발표되었다. 그 자리에서 건설적인 비평과 여러 가지의 문제점 그리고 좋은 대안을 제시해 준 전주 대학교 김형수, 소강춘 교수와 전북대학교 고동호, 윤석민 교수에게 감사한다. 또한, 길고 지루한 이 글을 자세하게 읽고 도움말을 준 전북대 이정애 교수에게도 고마운 마음을 전한다. 그러나 이 글에서 제시된 자료와 이것을 해석하는 논지 및 부수되는 과오는 모두 필자의 책임이다.

나는 1933년에 확립하여 공포된 「한글 마춤법 통일안」(앞으로는 줄여서 「통일안」
이라 부른다)이었으며,[1] 다른 하나는 그 후 3년만에 완성된 「사정한 조선어 표
준말 모음」(「표준말 모음」)이었다. 그러나 결과적으로 전자는 우리나라에서 언
어 정책과 언어 통일의 측면에서 「훈민정음」(1446) 이후 최초로 명시적으로 확
립된 정서법 체계의 첫 단계를 이루게 되었다. 그 이후 국어 정서법 체계와
내용은 몇 차례 수정되고 보강되었지만, 문교부 고시에 따라 1989년 3월 1일
부터 시행된 「한글 맞춤법」에 이르기까지 그 원칙과 전체적인 틀은 변함없이
그대로 유지되어 오고 있다.

　정서법의 적용 대상은 표준어일 수밖에 없다. 따라서 「통일안」의 전체적인
강령을 대변하는 제1장 총론에서 "(1) 한글 마춤법(綴字法)은 표준말을 그 소리
대로 적되, 語法에 맞도록 함으로써 原則을 삼는다"와 "(2) 표준말은 대체로
현재 중류 사회에서 쓰는 서울말로 한다"는 기본적인 원칙이 제시되었다. 이
두 번째 원칙에 근거한 표준어의 일부가 처음으로 「통일안」의 부록 1에서 8
개 항목으로 분류되어 선을 보였다. 그렇기 때문에 안병희(2001: 13)는 우리나
라에서 1930년대 이전에는 성문화된 표준어(공통어)가 존재하지 않았으며, 규
범적인 표준어의 출현은 1933년부터라 할 수 있다고 보았다.[2] 1936년 공표된
「표준말 모음」에서 적용된 표준어 사정의 기준 역시 위의 두 번째 원칙에 근
거하였다(「표준말 모음」에 실린 "머리말, 2. 표준말 사정의 방법"을 참조). 이 원칙은
다음과 같은 세 가지 언어 외적 요소를 포괄하고 있다. 즉, (1) 지역성(서울말),
(2) 시간(현재), (3) 사회 계층(중류). 그리고 이 세 가지 요소를 지배하는 표준어

---

1) 「한글 마춤법 통일안」 제정 과정은 『한글』(제1권 10호, "한글 마춤법 통일안 특집")에 실린
　이윤재의 "한글 마춤법 통일안 제정의 경과 기략"(pp.381-382)을 참조. 「통일안」은 1930년 12
　월 13일 조선어학회 총회에서 발의되어 전후 3개년의 시일과 433 시간에 125회의 심의회를
　거쳐 1932년 12월에 이르러 마춤법 원안의 작성이 완료되었다. 그 후 다시 축조심의를 거쳐
　1933년 한글 반포 제487회 기념일에 맞추어 10월 29일에 발표되었다. 구체적인 사항은 『한
　글』 2권 8호(통권 제18호, 한글 마춤법 통일안 해설호, 1934. 11)를 참조.
2) 그러나 표준어의 개념은 1910년대부터 형성되어 있었다. 1912년 조선총독부에서 제정한 「보
　통학교용 언문철자법」에서 처음으로 당시의 서울말을 표준으로 한다는 규정이 명시된 바 있
　다(박갑수 1999를 참고).

선정의 구체적인 태도(대체로)는 가변적인 성격을 보여 준다. 이러한 요소들 이 외에도 「표준말 모음」이 일관성 있게 지향하는 중류 사회에서 사용되는 서울 말의 스타일은 격식체(formal style)에 배당되었다.3)

특히 "대체로"라는 가변성은 표준어의 주체가 되는 서울 지역어의 성격에 집중되어 적용된 느낌이 강하다. 그리하여 「표준말 모음」에 실린 "머리말, 2. 표준말 사정의 방법"에서 가장 보편성이 있는 시골말도 적당히 참작할 필요 를 언급하고 있다. 여기서 말하는 시골말이란 서울 지역에까지 널리 확대되어 있는 방언형들을 가리킨다. 그 형태들이 일반 언중에 의해서 사용되는 빈도에 따라서 표준어의 신분으로 고려될 수도 있음을 뜻한다.4) 「표준말 모음」의 공 식적 발표 이후에 조선어학회는 기관지 『한글』(4권 11호와, 표준어 특집인 5권 7호) 을 통해서 이 사정 작업에 적극적으로 활동하였던 대표적 학자들의 글을 적 극적으로 개재하였다. 이 글들은 표준어의 본질과 표준어 선정의 과정을 일반 독자들에게 널리 홍보하고 설득시키는 의도를 갖고 있었다. 여기에 참여한 정 인승("표준어 사정과 한자어의 표준음"), 이윤재("「사정한 조선어 표준말 모음」의 내용")

---

3) 이희승은 방송 원고 "표준어 이야기"(『한글』, 제5권 7호)에서 표준어 제정의 원리를 몇 가지 로 제시하였는데, 이 가운데 "품위와 어감"이란 조건이 포함되어 있다. 여기서 "품위"는 속되 거나 야비하지 않고 점잖은 말씨라는 뜻이다. 이러한 점잖은 말이 서울말의 격식체에 해당된 다. 이러한 표준어의 조건은 최현배의 "표준말과 사투리"(『한글』, 제5권 7호)에서도 명시적으 로 언급되어 있다. 그에 따르면(1937: 4), 서울말 가운데 '둔 우전'(돈 오전), '절루'(절로), '똘 배'(돌배) 등은 품위와 어감이 고상하지 못하기 때문에 표준어가 될 수 없다는 것이다. 그러 나 표준어의 선정 기준에 또 다른 언어 외적 변항인 화자들의 연령에 대한 언급은 여러 학자 들에게서 찾아 볼 수 없다.

4) 「표준말 모음」(1936)의 "머리말, 2. 표준말 사정의 방법"에 따르면, 두루 쓰이는 시골말도 적 당히 참작하기 위해서 표준어 사정위원 전체 72인 가운데 반수 이상인 37인(이 가운데 서울 출생이 26인)을 경기 출생으로 하고, 기타 약 반수인 36인은 각 도별로 인구 비례에 따라 선 출하였다 한다. 그리하여 사정 회의 시에 한 개의 단어를 표준어로 처리함에 있어서 일단 경 기 출생의 의원에게만 결정권이 부여되었다. 만일 지방 출생의 위원 가운데 이 결정에 이의 를 제기하는 경우에는 이를 재심사에 붙이고 전체 위원의 표결을 거쳐 결정하였다.
그러나 표준어 선정에 있어서 서울말의 영역을 경기도 전역에까지 광범위하게 확대시킨 사 실이 주목된다. 이러한 점은 『한글』 제4권 11호(1936)에 발표된 정인승의 "표준어 사정과 한 자어의 표준음"에서 더욱 구체적으로 확인된다. "경성 발음을 표준으로 하는 것이니, 이는 물론 다른 아무 지방에도 없는 경성 특유의 발음을 말함이 아니요, 적어도 近畿는 물론, 그밖 의 상당한 범위까지 통용되는 경성음을 이름은 물론이다"(p.3).

그리고 최현배("표준말과 시골말"), 이희승("표준어 이야기") 등과 같은 당시 학자들의 주장은 대략 다음과 같이 요약될 수 있다.

(1) 표준어는 사회의 규범의식이 그 사용을 요구하게 되는 일종의 이상적인 언어이다.

(2) 그 이상적 언어를 만드는 재료는 역시 현실 사회에서 쓰는 말에서 취하지 않을 수 없기 때문에, 표준어는 우리나라의 수도인 서울말을 대상으로 정하는 것이 원칙이다.

(3) 서울말도 하나의 시골말(지역방언)이다. 그곳의 언어는 모든 방언이 혼성되어 있고, 그 지역적 특색이 중화되어 있다.

(4) 그렇기 때문에, 표준어는 서울 시골말 그대로가 아니다. 또한, 그 사정한 표준 어휘 전부가 서울말이 아니며, 또 서울말 전부가 표준말이 된 것도 아니다.

(5) 서울말 가운데에도 사회 계층에 따라 말이 동일한 것은 아니다. 소수의 특수 계층을 이루는 상류 사회의 말과 하류 사회의 말은 여러 가지의 결점을 갖고 있기 마련이다. 따라서 중류 계층에서 사용하는 두루 대중성이 있는 말이 표준어로 적합한 것이다.

위와 같은 기본 전제에서 1936년 공표된 「표준말 모음」의 총론 2)항은 표준어의 정의로써 부정확하다는 비판(이기문 1963: 52)을 받아 왔을 뿐만 아니라, 여기에는 그 당시 사정된 단어 9,547개(표준어 6,231개, 약어(준말) 134개, 비표준어 3.082개, 한자어 100개)가 사례에 따라 단순히 배열되어 있을 뿐으로 사정의 기준이 되는 세부적인 사항은 결여되어 있다는 사실이 지적되기도 하였다(이희승·안병희 1994: 183). 또한 그 당시에 표준어로 사정된 9,547단어로는 일상적인 표준 어휘량에 훨씬 미흡한 형편이었다. 그러나 필자는 1936년의 「표준말 모음」의 성격이나, 그 표준어의 규정 그리고 표준어를 사정하는 원칙상의 여러 문제들을 여기서 취급하려는 의도는 전연 없다. 그 대신 「표준말 모음」의 언어 내용과 사정된 표준어 단어들을 1930년대 서울을 중심으로 하는 경기 지역 일대의 역사적 사실로 파악하고, 이것을 당시의 공시적 언어 자료로 이해하려고 한다.

최근 이기문(2001: 69)은 맞춤법과 표준어가 아직 확립되지 않았던 1930년대 이전의 단계에 관용적으로 시와 소설에 사용되어 왔던 문학어가 30년대에 들어 와 조선어학회가 표준어를 사정할 당시에 그 기반이 되었을 가능성을 언급하였다. 이 문학어는 우리나라의 고전문학의 전통을 이어 받아 그 당시의 서울말의 토대 위에 형성된 것이었지만, 아직 명시적으로 성문화되지 못했기 때문에 매우 혼란되어 있었다는 것이다. 이러한 주장은 쉽게 실증적으로 검토할 수 있는 성질의 것이다.5) 1930년대 이전 시와 소설 등의 문학작품에 사용된 전통적인 문학어에 대한 면밀한 검토와 정리를 거친 다음, 1936년 「표준말 모음」에 선정된 표준어와 대조를 하면 그 수용의 정도가 결정될 것으로 생각된다.

그렇지만, 필자는 이 글에서 우선 「표준말 모음」의 표준어와, 이와 함께 나란히 제시된 비표준 "類義語"(같은말)들을 주목하려고 한다. 특히 비표준 유의어들은 이윤재(1936: 6)에 의하면 "서울에서 유행하는 즉, 서울 사람으로서 여러 가지를 쓰는 서울 사투리만을 수용"하였다고 한다. 그렇다면, 당시에 선정된 표준어와 함께 대조되어 있는 비표준어들은 1930년대 폭 넓은 서울 사회 계층에서 통상적으로 사용되었던 공시적 형태들로 간주될 수 있기 때문에 당시의 서울말의 성격을 그대로 반영하고 있을 것이다. 이러한 가정을 전제로 하여 필자는 「표준말 모음」(1936)에서의 표준어 사정과 관련된 다음과 같은 네 가지 의문점들을 여기에서 제시하고, 이것에 대한 대안적 해명을 시도하려고 한다.

(1) 1930년대 서울 일대에서 일어나고 있는 음성변화를 수용하고 있는 단

---

5) 「표준말 모음」(1936)에서 당시 표준어의 선정에는 그 당시 관용적으로 형성되어 있었던 문학어 뿐만 아니라, 1910년대 조선광문회에서 기획하고 편집한 「말모이」와 1920년대 조선총독부 편의 『조선어사전』(1920)에 실린 표제어들도 직접적으로 참고되었을 것이다. 최초의 국어사전 「말모이」와 그 후에 완성된 『조선어사전』(1920)의 편찬 목적과 그 자세한 경위는 이병근(2000: 192-225)을 참조.

어들로서 표준어로 선정된 부류와 비표준어로 처리된 부류 사이에는 어떠한 근본적인 차이가 있는가?

(2) 거의 동일한 음성 조건을 구비하고 있는 어휘들에 동일한 성격의 음성 변화의 수용과 미수용이 당대의 언어 규범의 관점에서 어떻게 이해되었는가? 또한 이러한 판정이 진행중에 있는 음성변화의 확산에 어떠한 영향을 주었을까?

(3) 「표준말 모음」에 선정된 표준어의 일부는 1930년 당시의 남부와 북부의 지역방언적 특징을 대변하는 단어들이 포함되어 있다. 이러한 부류들의 단어들은 어떠한 사회 언어학적 경로를 거쳐서 표준어에 유입되었을까?

(4) 특히 1930년대 당시의 서울말이 모든 지역어들이 혼성되어 있었으며, 또한 중화되어 있었다는 사실에서, 「표준말 모음」에 나타난 표준어 선정 과정에서 의식적인 과도교정(hypercorrection)을 거친 형태가 표준어로 수용되는 여지는 없었을까?

|2| 음성변화의 점진적인 확대와 단어들의 개별적 특성

2.1 전설고모음화(구개모음화)와 표준어의 수용

전설고모음화라는 음성변화의 기원은 자료의 유형에 따라서 18세기 근대국어 시기로 소급되며, 그 확산의 파장이 오늘날의 지역방언들에까지 지속되고 있다. 따라서 이 변화는 국어사에서 어휘부의 내적 전개와 공간적 전파 과정에 오랜 시일을 소요하였음을 알 수 있다.6) 그리하여 19세기 후반에 이르면

---

6) 전설고모음화 현상은 중세국어 단계의 치찰음 'ㅈ, ㅊ'계열의 환경적 변이음 [ʧ], [ʧʰ]이 근대 국어의 단계에서 다름 음성 환경으로 일반화되어 경구개 음소로 전환되면서 파생된 t-구개음화, 치찰음 앞에서 단모음과 y계 상향 이중모음간의 구분의 제거와 같은 일련의 변화들과 맥을 같이 한다. 그러나 전설고모음화는 다른 변화와 달리 문헌 자료에서는 비교적 늦게 나타나

중부방언에서 뿐만 아니라, 동 시대의 남부 지역방언에서 규칙 적용의 영역에 광범위하게 확대된 양상을 보인다(이병근 1970: 383-385). 따라서 「표준말 모음」(1936)의 어휘 자료가 수집되었던 1930년대의 서울말의 구어에서는 구개적 치찰음 'ㅅ, ㅈ, ㅊ' 등을 후행하는 '으' 모음이 순행동화되어 전설의 '이'로 전환되는 현상이 어느 정도 일반화되었을 것이다.

물론 이 시기의 서울 지역어에도 음성변화의 구조기술을 갖춘 모든 어휘 부류에 이 변화가 예외없이 적용된 것은 아니었다. 그리고 같은 언어 사회에서도 이 변화에 적용되는 정도는 상이한 사회 계층, 연령과 담화가 일어나는 상황, 그리고 화제 등과 같은 사회 언어학적 변항(variables)에 따르는 계량적 가변성을 보여 주었을 것이다. 또한, 화자들이 상황에 따라서 구사하는 일상어와 격식어와 같은 말의 스타일에 따라서 이 음성변화의 적용 여부가 달라졌을 것이 분명하다. 따라서 전설고모음화를 수용하지 않는 형태가 표준어로 「표준말 모음」(pp.32-33)에 선정된 단어들도 1930년대 중류 계층의 서울 화자가 사용하는 구체적인 일상어(casual style)에서는 이미 이 변화가 적용되어 나타났을 개연성이 높다.

「표준말 모음」에서 전설고모음화를 수용한 형태가 표준어로 사정된 단어들은 아래의 (1)a와 같다.[7] 이 단어 부류들은 당시의 서울 지역어에서 중류 계층의 화자들의 격식어에까지 전설고모음화가 확대되어 있는 상태를 반영한다.

기 시작한다. 그리하여 18세기 후반 『한청문감』(1779)에 유일한 예가 등장하였다(곽충구 1980: 85). 진흙(粘泥, 24c).

또한 이 변화의 가장 이해하기 어려운 부분은 통상적으로 근대국어에서 경구개 자음으로 분류되지 않는 'ㅅ'이 동화주로 'ㅈ, ㅊ' 등과 더불어 적극적인 기능을 발휘하고 있다는 사실이다. 동화주 'ㅅ'[s]이 '으'를 전설화하여 [i]로 전환시키려면 본질적으로 경구개 자질을 소유하고 있음을 전제로 하여야 되기 때문에 난점이 있다. 이러한 문제에 대한 최근의 구체적 논의는 백두현(1997: 34), 김주원(1999: 241-2)을 참조.

7) 그 반면, 전설고모음화의 영향 하에 있는 한자어들의 일부는 3년 앞서 발표된 「통일안」(1933)의 제4장 39항에서 예시되었다. 이 항목에서는 본음대로 소리내는 단어를 원칙으로 삼고, 특별한 경우에 한하여 예외를 인정하였다. 예외형으로 '금실(琴瑟), 질책(叱責), 편집(編輯), 법칙(法則), 친의(襯衣)'와 같은 한자어들이 열거되었다. 남광우(1982)는 1930년대 표준어 사정에서 이러한 전설고모음화를 실현시킨 한자어들이 표준어로 수용된 것은 당시의 언어 사용의 관점에서 특기할 만한 사실이라고 지적하였다.

대부분의 언어변화가 일단 일상어에서 먼저 출현하여 사용되다가 가속도를 얻어서 격식어에 침투해 오는 이동 과정을 상기할 필요가 있다. 그렇기 때문에 (1)a 예들의 존재는 서울 지역의 일상어에서 (1)b를 포함한 다른 많은 단어들에 생산적으로 실현된 전설고모음화를 함축하고 있다.

  "으"와 "이"의 통용(p.32–33)
  (1) a. [ㅣ를 취함] : 거짓, 거칠다, 구실(職), 넌지시(緩), 다시마, 마지막, 마침, 마침내, 묵직하다, 버짐, 부지런하다, 싫다, 싱겁다, 지레, 지름길, 질러가다, 짐짓, 짓(行動), 징검다리, 징경이, 칡(葛), 편집, 아직, 아지랑이, 아침(朝), 오직(唯), 움직이다, 일찌기, 하염직하다
  (1) b. [ㅡ를 취함] : 갖은(各樣), 거스르다, 구슬(珠), 벼슬, 사슬, 쓰다(用,書,冠), 쓸개, 쓰다듬다, 쓰레기, 쓸다(掃), 쓸쓸하다, 사슴(鹿), 스님(僧), 쓰라리다, 쓰러지다, 슬그머니, 슬근슬근, 슬며시, 스물(二十), 스승, 승검초(當歸), 스치다, 즐겁다, 즐기다, 즈음(際), 움츠리다

  그 반면, 위의 (1)b의 예는 격식어에서 전설고모음화를 수용하지 않는 형태들이 표준어로 선정되어 있는 것들이다. 이러한 (1)b의 존재는 일정한 부류의 단어들이 오랜 기간 동안 지속되는 동일한 성격의 음성변화에 적용될 수 있는 구조기술을 갖추고 있으나 공시적인 어느 한 단계를 기준으로 삼았을 때, 그 변화를 수용하는 완급의 속도가 일정하지 않았다는 것으로 해석된다. 어떤 단어 부류들이 해당 음성변화를 어휘 확산(lexical diffusion)의 형식으로 먼저 그리고 나중에 받아 드리며, 또는 최후까지 거부하는가에 대한 언어 내적 및 외적 논의가 지금까지 수없이 이루어져 왔다.[8] 그러나 각각의 언어사회에 따른 고유한

---

8) 전통적으로 개개의 단어가 사용되는 빈도수의 높고 낮음이 유추에 의한 형성과 음성변화의 적용에 중대한 역할을 하고 있다고 알려져 있다. 즉, 출현 빈도가 낮은 어휘 항목은 음성변화에 대하여 저항력이 제일 강한 반면에, 유추에 의한 수평화를 가장 먼저 받아드리게 된다. 그러나 출현 빈도가 높은 어휘 항목들은 유추 현상에 대하여 거부하는 힘이 강하지만, 순수한 음성적 조건에 의하여 형성된 음성변화는 제일 먼저 수용하는 경향이 강하다는 것이다 (Hooper 1976). 그러나 Phillips(1984)는 어휘확산의 과정에서 일정한 음성변화들의 유형에 따라서 출현 빈도수가 높은 단어들에 언제나 먼저 출현하는 것이 아니라는 가설을 실증적으로 제시한 바 있다.

사회 문화적 변수들의 개입으로 어떤 이론을 일반화시킬 수 없는 형편이다.

(1)b에서 표준어 '갖은'(各樣)은 전설고모음화 현상이 형태소 경계에까지 확대된 예들은 규범상 인정하지 않는 사례를 보여 준다. 일반적으로 형태소 경계에서 일어난 변화는 형태소 내부에서의 음성 환경을 먼저 거쳐왔음을 뜻하는 것이다. 예를 들면, 이미 19세기 후반에 형태소 내부에서 광범위하게 확대된 전설고모음화를 실현시킨 전라방언의 자료는 다음과 같은 곡용과 활용의 굴절에서도 이 변화가 확대되어 있는 모습을 보인다(최전승 1986).

> (2) a 활용 : 구진 비년(궂-+은, 화룡도 86ㄱ), 안지며(앉-+으며, 수절가,
>   상. 12ㄱ), 이질 수 업고(잊-+을, 충열, 하. 8ㄱ), 차질 줄을
>   (찾-+을, 충열, 하. 38ㄴ)
>   b 곡용 : 곳질 살펴 보니(곳+을, 조웅. 2.29ㄴ), 희비칠 가리오고(빛+
>   을, 풍운. 21ㄱ), 벗실 삼고(벗+을, 별춘. 8ㄱ), 낫칠 들고(낮
>   +을, 조웅. 3.17ㄴ), 쓰실 두지 말고(뜻+을, 대봉, 하. 11ㄴ),
>   넉실 이러(넋+을, 수절가, 하. 25ㄴ)

19세기 후기 전라방언 자료와 거의 동 시대에 속하는 「독립신문」(1896)에서도 위의 (2)a와 같은 형태론적 환경에서도 전설고모음화 현상이 부분적으로 반영되어 있다.[9] 돈을 쎄시며(뺏-+으며, 1권 14호), 그 집을 차지면(찾-+으며, 1권 18호), 주신 사룸을(줏+은, 1권 21호), 의관을 쩌진 죄로(쩢-+은, 1권 27호). 이러한 예들

---

[9] 중부방언을 중심으로 19세기 후기 국어의 음운현상을 고찰한 이병근(1970: 383)에서 치찰음 아래에서 이루어진 전설고모음화의 예들이 다양하게 제시된 바 있다. 이들 가운데 형태소 경계에서 전설고모음화가 수행된 예만 추출해 보면 다음과 같다. 츠지니(찾-+으니), 안지되(앉-+으되), 풍유를 꾸지지며(꾸짖-+으며). 그러나 이 시기의 구어를 중심으로 작성된 Underwood의 『한영문법』(1890)에는 특히 동화주 'ㅅ'의 경우에 형태소 경계를 넘어 전설고모음화가 생산적으로 실현되어 있음이 주목된다. 아래의 예들은 순수한 전설고모음화이기 보다는, 중세국어의 '이시-'와 결합된 과거형태가 文法化를 수행하여 오는 과정과 깊은 상관관계를 맺고 있을 것이다.
어제 갓실지라도(갔을, p.155), 갓실 적에(172), 미국 잇실 째(있을 때, p.159), 눈이 그만 왓시면(왔으면, 252), 지나 갓실 듯 십소(갔을 듯, 247), 자명종이 쳣실 터이오(쳤을, 244), 칼만 찻실 뿐 아니라(찼을, 376), cf. 차지러 가겠소(찾으러, 231)

로 미루어 보면, 그 후 30년이 경과한 1930년대의 서울 지역어에서 활용의 범주에서도 이러한 변화가 어느 정도 지속되어 있었을 것이 분명하다. 그러나 「독립신문」에 반영된 전설고모음화의 양상(격식어에서와 같은)은 형태소 내부의 환경에서도 어느 정도 억제되어 있었다.

이러한 사실을 보면, 19세기 후반의 서울 지역어에서 전설고모음화 현상이 구어에서는 활발하였지만, 이러한 과정이 규범적인 격식어의 영역에까지 도달하지 못한 것으로 보인다. 이러한 추정은 이 자료에서 전설고모음화에 대한 과도교정 형태들이 산발적으로 발견된다는 사실에서 확인된다. 길기워 아니 ᄒ리요(즐겁-, 「독립신문」2권 137호), 길겁게(2권 135호), 길거워 ᄒ거니와(2권 71호). 여기서 '길겁-'은 '즐겁->질겁-'과 같은 변화를 거치고, 이어서 '질겁-→길겁-'으로 과도교정된 결과이다. '길겁-'과 같은 형태는 당시의 중부방언형들에 민감한 19세기 후기 전라방언 자료에서도 흔하게 출현하였다.10) 그뿐 아니라, 19세기 후기 중부방언에서도 '즐겁-'(樂) 유형은 전설고모음화가 적용된 첨단의 예 가운데 하나였다(이병근 1970: 383). 질거운(관성제군명성경언해 11ㄱ), 질기라(동.12ㄱ), 질겁게(27ㄴ), 질기고(동. 35ㄱ), 질겨(죠군령젹지 10ㄴ), 질기는(동. 27ㄱ). 이러한 사실에도 불구하고, 위의 (1)b에서 보수형 '즐겁다, 즐기다'형이 여전히 1930년대의 표준어로 선정되어 있다.

그 반면, 「표준말 모음」에서 개신형 '지름길'(1a)이 표준어로 선정되었음이 주목된다. 이 단어가 '즈름씰'(抄路)에서 전설고모음화를 수용한 시기는 19세기

---

10) 또한, 19세기 후반의 전설고모음화와 관련하여 「독립신문」(1896)에는 '심다'(植)와 보조 형용사 '-싶다'형을 각각 '슴다'와 '슾다'로 지속적으로 과도교정한 예들이 등장하였다. 이러한 예들을 보면, 이 시기에 전설고모음화는 일반 대중들의 말에 비교적 생산적으로 적용되었으나, 이러한 변화가 격식어에서는 가능한 억제되었던 것으로 보인다.

　ㄱ) 곡식 슴는 외에(1권 56호), 나무를 숨의게 ᄒ고(1권 55호), 슴으는 날은, 나무를 슴으니, 만히 슴의고(1권 55호), 나무를 더 슴어(1권 92호).

　ㄴ) 츄슈ᄒ고 스푼 부모는, ᄒ고 스푼 말도(1권 17호), 보와 주고 슙다가도(1권 23호), ᄒ고 스퍼 ᄒ는 거슬(1권 22호), 주고 스푼 ᄆ음도(1권 23호).

「독립신문」에서 과도교정형들이 전설고모음화와 관련해서만 나타난 것은 아니다. 여기에 구개음화와 관련된 과도교정형들도 다양하게 등장하였다. 겸잔치 못ᄒ고(2권 22호), 겸잔케(1권 96호), 겸잔코(1권 11호).

후반으로 소급될 수 있다. 19세기 후기 전라방언 자료에서와 「독립신문」(1896)에 과도교정형 '기럼길'(←지름길)이 출현하였다. (1) 종용혼 길럼길로 몬져 가셔(춘, 동. 150), (2) 기럼길로 산에 올나(독립신문 1권 59호).『한불ㅈ뎐』(1880: 557)에 이 형태는 보수적인 'ᄌ럼길'로 등재되어 있으나, 거의 20년 후에 간행된 Gale의『한영ㅈ뎐』(1898: 766)에서는 개신형 '지럼길'로 교체되었다. 따라서 19세기 후기 남부와 중부 지역방언에서 사용된 '기럼길'과 같은 과도교정형은 동 시대의 개신형 '지럼길'의 성립을 전제로 하는 것이다.

1930년대의 언어생활을 규범화한 「표준말 모음」은 그 보다 13년 앞서 작성된『조선어사전』(1920, 조선총독부 편)의 표제어에서 어떤 측면에서든지 자유로울 수 없을 것으로 추정된다. 그러나 전설고모음화 현상에 관한 한,『조선어사전』의 표제어는 훨씬 보수성을 나타내었다. 그리하여 위의 예문 (1)a 가운데 반수가 되는 표제어들이 이 사전에서 전설고모음화를 반영하지 않았다.[11] 다스마(p.178), 묵즉하다(334), 버즘(375), 습겁다(533), 즐너가다(779), 짐줏(797), 증경이(781), 증검다리(781), 츩(843), 편즙(910). 그리고 「표준말 모음」의 (1)a 가운데 다음과 같은 몇몇 예들은『조선어사전』에서 개신형과 보수형간의 교체를 보였다. 슬타 ∽ 실타(p.533), 마즈막 ∽ 마지막(291), 즐에 ∽ 질에(796). 전설고모음화의 실현 예와 관련된 이러한 「표준말 모음」에서의 표준어와『조선어사전』의 표제어 양자간의 차이는 그 동안 개입된 음성변화가 격식어로 그만큼 진전되었음을 반영하는 것보다는 언어 규범에 대한 인식의 차이에 기인되었을 것이다. 예를 들면,『조선어사전』에서의 표제어 '츩'(葛)형의 경우에 이보다 앞선 19세기 후반 Gale의『한영ㅈ뎐』(1897)에 이미 개신형 '칙'(p.815)으로 등재되어 있으며,『한불ㅈ뎐』(1880)에서는 '칙 ∽ 츩'(p.603)과 같은 변이를 나타내었다. 그렇지만, 「표준말 모음」에서 (1)a '구실'(職)과 (1)b '구슬'(珠)과 같은 규범적인 구분이 그대로『조선어사전』에까지 소급된다. 구실(職任, p.109), 구슬(玉, p.109).[12]

---

11) 물론 「표준말 모음」의 (1)b에 해당되는 단어들이『조선어사전』(1920)의 표제어에서 전설고모음화를 수용한 경우는 찾을 수 없었다.

12) 그러나 '구실'(職務)는 중세국어에서 '그위'(官衙)와 연관된 '그위실'(官職)으로부터의 발달이

전설고모음화는 다른 음성변화를 거쳐 나온 출력이 적절한 음성조건을 이
차적으로 갖추게 되는 경우에도 적용되었다. 예를 들면 선행 시기의 '춤'(唾液),
'기춤'(咳)으로부터 중간단계 '츰', '기츰'을 경과하여 각각 '침'과 '기침'으로
전환된 형태들이 「표준말 모음」(1936)에서 표준어의 신분으로 등록되었다.13)
(1) ㅜ와 ㅣ의 통용 : [ㅣ]를 취함. 침(唾液, p.31), (2) 기침(咳, p.67). 표준어 '침'의 경우
는 당시에 함께 사용되었던 '춤'과의 대립을 거쳐서 선택된 단어이다. 특히
'기침'형은 전설고모음화를 수용한 (1)a 부류들과 아무 관련 없이 단지 유의어
'해소'와의 대립 관계에서 선정된 것이다(p.67, "소리가 아주 다르고 뜻이 똑 같은 말").
이러한 사실은 1930년대 서울 지역어에서 '침'과 '춤'이 말의 스타일에 따르는
공시적 변이를 보였지만, '기침'은 다른 보수형, 즉 '기츰'이나 '기춤'과 경쟁
함이 없이 일찍이 격식어에까지 확립되어 있었음을 뜻한다.

1930년대 두 단어의 이러한 사정은 역시『조선어사전』에서도 동일하게 반
영되었다. 침(唾液, 침 먹은 지네, 침 밧다, p.849), 기침(咳, p.149). 또한, 이 개신형 '기
침'과 '침'은 19세기 후반에까지 소급되어 Gale의『한영ᄌᆞ뎐』(1897)과『사과지
남』(1894, Korean grammatical forms)에 다음과 같이 등록되어 있다. 기침, 기침ᄒᆞ다 see
ᄒᆡ소(p.250); 침, 침 밧다(涎, p.812); 침을 밧지 아니 ᄒᆞ고 디구 삼켯더니(p.148). 이러한 사
실은 Gale(1897) 보다 약간 선행하는 Underwood의『한영ᄌᆞ뎐』(1890)에서 '침'과
'기침'형이 각각 보수형(춤, 춤 밧소, Ⅰ. p.188)과, 중간단계의 형태(깃츰, 깃츰ᄒᆞ오,

기 때문에 전설고모음화와 아무런 관련이 없는 단어이다.
13) '춤(涎)>츰, 기춤(咳)>기츰' 등과 같은 변화는 '우' 모음에 뒤따르는 순자음의 이화적 영향
  으로 그 원순성 자질이 제거되어 평순모음 '으'로 바뀌어진 결과이다. 이 변화에서 형성된
  출력은 다시 전설고모음화의 입력이 되는 것이다. 19세기 후반의 자료에서도 이러한 중간
  단계의 형태들을 쉽게 찾아 볼 수 있다.
  오즘누다, 오즘께(국한회어. 582), cf. 침, 침 배앗다(涎, 동. 311), 츰 밧고 오즘 누기 ᄒᆞ며(태상
  감응편도설언해 1. 9ㄴ), 츰 밧흐며(동. 1. 9ㄴ), 우러러 츰 밧트면 제 ᄂᆞᆺ치 ᄂᆞ려지ᄂᆞ니라(재간
  교린수지 4. 2ㄱ).
  19세기 후기 전라방언에 사용되었던 '목심(命), 오짐(尿), 한심(恨歎)' 부류들도 위의 '춤>츰
  >침'과 같은 과정을 거쳤을 것이다. 그러나 김주원(1999: 243)은 '목숨>목심, 국수>국시'
  등의 예들로 미루어 피동화주 '우'도 전설고모음화의 영향을 직접 받은 것으로 이해하였다.
  이 문제에 대해서는 이병근(1970: 384)와 유창돈(1980: 153)을 참조.

Ⅱ. p.62)로 분리되어 있는 예들과 대조를 이룬다.

19세기 후반부터 중부방언, 특히 서울말에서 '침'(涎)형은 전설고모음화를 비교적 일찍이 수행한 반면에, 이와 같은 시기의 전라방언 '춤'형은 매우 특이한 음운론적 행위를 보이고 있다. 그것은 전설고모음화 현상이 생산적으로 작용하였던 19세기 후기 전라방언에서 '춤'(涎)만은 오히려 이러한 강력한 경향에서 벗어나 있었기 때문이다(아래의 예문 (3)을 참조). 동시에 이 변화에 대체로 격식어에서 민감한 반응을 보였던 서울말에서는 변화에 첨단적인 개신형 '침'이 확대되어 1930년대에는 표준어의 신분에까지 도달하였다. 그리하여 표준어로서의 '침'과 지역방언으로서의 '춤'형의 대응이 오늘날에도 변함없이 그대로 유지되어 있다.14) 19세기 후기 전라방언에서 '기춤>기츰>기침' 유형과 같은 변화가 '목심'(목숨, 적성, 하. 19ㄴ), '한심'(한숨, 충열, 하. 41ㄱ), '오짐'(오줌, 신재효의「治産歌」, p.673), '우심'(우숨, 판, 적. 486) 등에까지 확대되어 있었다. 이러한 사실을 상기하면, 19세기 후기 전라방언의 단계를 거쳐 현대 지역방언에까지 전설고모음화의 영향에서 면제되어 있는 방언형 '춤'의 존재는 음성변화의 확대라는 관점에서 이해하기 어려운 것이다.15)

(3) 손바닥의 춤 밧타(별춘. 21ㄴ), 남의 춤 밧틈을(대셩. 17ㄱ)
  츔덜을 싱키더니(판, 심. 232), 츔을 싱키며(판, 박. 342)
  cf. 담비의 셰우 침을 밧터(수절가, 하. 26ㄴ)
  춤 밧소(to spit, Underwood의「한영ᄌᆞ뎐」(1890): 188)
  침을 질질 흘니는지라(16장본 경판, 춘향전 11ㄴ)

서울말에서 이와 같은 '춤(涎)>츰>침'의 변화가 1930년대에 표준어로 수용

---

14) 또한, 전설고모음화가 전반적으로 수행되지 않는 19세기 후기 함북방언에서도 '춤'(唾液)과 '기츰'(咳)으로 사용되었다. 추무 밧소(Putsillo 1874: 433), 추무 흘리오(동. p.589), 깃츠미 (p.231).

15) 19세기 후반의 중부방언에서도 '목심'(生命)과 같은 형태가 사용되었다. 죄를 닙고 목심을 일어 ᄇ릴터이니(「독립신문」(1896) 1권 2호, 논설), 인민의 목심과 직산을(「독립선고문」(관보, 1894)).

된 반면에, 이와 동일한 형태를 갖고 있는 '춤'(舞)의 경우에 오늘날에 이르기까지 어느 지역어에서도 전설고모음화의 영향을 전연 받지 않고 '춤'으로만 사용되고 있는 점이 주목된다. 명사 '춤'(舞)은 이와 밀접한 관계를 맺고 있는 동사 '추-'의 활용형들부터 강한 유연성의 지원을 받고 있다. 춤을 추난듸(수절가, 상. 10ㄱ), 춤 츄난듯 두 활기를 예구부시 들고(동, 상. 26ㄴ), 춤을 추고(동, 상. 27ㄱ). 이와 대조적으로 전설고모음화를 일찍이 수용한 '춤'(涎)은 합성어 이외에 다른 굴절이나 파생에 참여하지 못하고 있는 이른바 고립어에 속한다. 어휘부에 일정한 음성변화가 파급되어 올 때, 굴절이나 파생법, 합성법의 지원을 받아 하나의 單語族(word family)를 형성하고 있는 부류에 보다 완전히 고립되어 있는 단어들에 먼저 적용되는 경향이 있다는 사실이 관찰된 바 있다(Householder 1971: 321). 그러나 다른 지역방언에서 사용되고 있는 전통적인 '춤'(唾液)의 경우에는 이러한 설명은 설득력이 없다고 생각한다.

또한, 어족에서 고립된 단어들에 음성변화는 예외 없이 적용되는 반면에, 단어족의 구성원들에 의하여 보호를 받고 있는 단어들에 변화가 전혀 적용되지 않거나 잠정적으로 저지된다고 한다. 따라서 서울말과 대부분의 지역방언에서 '춤'(舞)의 경우에 전설고모음화로부터의 완전한 면제를 가능케 한 요인은 동사 '추-'의 활용형이었을 것이다.

1930년대 「표준말 모음」에서 규범화된 '춤(涎) > 침'의 변화 방향과 반대되는 표준어의 예로 매우 특이한 '칩-(寒) > 춥-'의 경우를 생각할 수 있다.16) 「표준말 모음」(1936)의 "우와 이의 통용" 항목에서 그 당시 통용되었던 다섯 가지 異形態 '칩다, 치웁다, 추웁다, 춥다, 춥다' 가운데 '춥다'형이 표준어로 선정되었다(p.30). 이 표준어의 선택에서 우선 '칩- > 춥-'으로의 급진적인 변화와, 표준어에서 제외된 공시적으로 다양한 異形態들의 종류가 주목된다. 이 가운데 '치웁-'과 '추웁-'의 경우는 통상적으로 각각 '칩-'과 '춥-'으로부터 변칙활용

---

16) '춤(涎) > 침'과는 반대되는 변화인 '칩- > 춥-'과 같은 유형에 대하여 일찍이 유창돈(1980: 163)에서 국어사에서 이러한 예들이 곧 언어의 변화가 극히 수의적이라는 사실을 방증하는 자료로 파악된 바 있다.

때문에 일어난 유추를 거친 어간의 수평화에 해당된다. 그렇기 때문에, 여기
서의 관심은 역사적인 '칩-'(寒)에서부터 1930년대의 '츕-'으로의 발달 과정에
집중된다. 「표준말 모음」에서 예시된 동일한 다섯 가지의 이형태들이 그대로
『조선어사전』(1920)에서도 동등한 자격을 보유한 표제어로 등록되어 있다. 특
히 여기에는 이형태들의 활용형까지도 아울러 참고할 수 있도록 배려되었다.
(1) 칩다(p.851, 치워, 치운), (2) 츕다(p.843, 츠워, 츠운), (3) 추웁다(p.833, 추워, 추운), (4) 츕
다(p.833, 추워, 추운), (5) 치웁다(p.847, 치워, 치운), cf. 치위, 추위(p.833).

역사적으로 개신형 '츕-'의 출현은 최근의 언어 현상으로 대체로 19세기 후
반을 넘지 못한다. 『한불ᄌ뎐』(1880)에서부터 표제어로 '츕-'이 보수형 '칩-'과
더불어 등장하기 시작하였다. 칩다: 치워, 치운(p.603); 츕다: 추워, 추운(p.609). 사전
의 표제어로서 이러한 '칩-'과 '츕-'이 공존하는 상황이 거의 20년 후에 간행
된 Gale의 『한영ᄌ뎐』에 그대로 지속되었다(p.203). 이러한 사실에도 불구하고,
Gale의 사전보다 앞선 Underwood의 『한영ᄌ뎐』(1890)에서는 보수형 '칩-'만이
표제어로 선정되어 있다. 19세기 후기의 단계에 출현하는 '츕-'(寒)의 지리적
분포는 분명히 확인할 수는 없다. 그러나 이 시기의 전라방언 자료에서 '츕-'
은 전통적인 '칩-'과 교체되어 사용되었다.

> (4) a. 츕- : 츕지 안소(심청, 상. 13ㄱ), 츕지 안케(심청, 상. 6ㄱ), 어, 추워
> 라(수절, 하. 38ㄴ), 츕긴들 오직ᄒ며(심청, 상. 19ㄴ), 츕기는
> 고사ᄒ고 비 곱파 못 살것다(화룡 60ㄴ)
> b. 칩- : 오직 치워쓸가(판, 적. 506), 치워홀가(심청, 상. 2ㄴ), 치운 조
> 를 모로고(심청, 상. 12ㄴ), 치워 병이 나실가(심청, 상. 12ㄱ),
> 이 치우의(판, 박. 338), 비 고풀가 치워홀가(춘, 남. 46), 오직 치
> 워쓸가(판, 적. 506), 날은 칩고(판, 심. 176), 오직이 칩것난야
> (판, 심. 176)

이와는 대조적으로 19세기 후기 전라방언의 자료와 비슷한 시기의 산물인
경판본 고소설 부류에서는 전통적인 '칩-'형이 주로 등장하였다. 방은 추어 틱이

쩔어지고(심청, 상. 16ㄴ)=방은 치워 턱이 덜덜(경판 20장본 심청 .8ㄴ), 곱푸지 안코 칩지 안케(경판 20장본 심청 4ㄱ). 경판본 자료에서 주로 등장하는 보수형 '칩-'이 비슷한 시대의 중부방언을 반영하고 있는 「독립신문」(1896)에서도 확인된다. 치우에 쩌는지라(1권 107호), 치운밤(1권 108호), 칩지 안케ᄒ고(1권 116호), 치운 겨울에(1권 58호), 겨을에는 칩고 여름에는 더웁게 ᄒ야(1권 76호), 치워셔 어는 쟈(1권 61호).

일찍이 유창돈(1980: 163)은 '칩->춥-'의 변화를 보수형 '칩-'의 어간말음 'ㅂ'에 이끌린 변화로 설명한 바 있다. 어간말 'ㅂ'이 선행하는 평순모음 '이'에 역행적 동화를 일으켜 원순성을 첨가할 수 있는 잠재성은 있다. 그러나 '이'의 원순화의 동기를 받아서 직접 원순모음 '우'로 결과 되기는 음운론적으로 매우 어려운 과정이다. 그리고 어간말음 'ㅂ'을 '칩-'(寒)과 마찬가지로 갖고 있는 대칭어 '덥-'(暑)의 경우에 그러한 원순화와 지금까지 무관하게 쓰이고 있다는 사실을 환기할 필요가 있다. 그렇기 때문에, 19세기부터 확인되는 '칩->춥-'의 통시적 변화가 어떤 유추적 변화에서 비롯된 것이 아니라면, 적어도 보수형 '칩'의 어간모음 '이'가 원순모음 '우'로 직접 전환될 수 있는 음운론적 과정은 찾을 수 없다. 그러나 보수형 어간모음 '이'와 개신형의 '우' 사이에는 어떤 중간 단계가 개재되어 있을 것이 분명하다.

그 중간 단계의 형태로 필자는 「표준말 모음」(1936)에서와 『조선어사전』(1920)에 등장하였던 다섯 가지의 異形態들 가운데 특히 '츱다'형에 주목한다. 이 형태는 위의 두 자료 이외에 달리 출현한 적이 한번도 없다는 큰 약점을 갖고 있다. 그럼에도 불구하고, 『조선어사전』(1920: 603)에서 '츠워, 츠운' 활용형까지 제시된 형태가 단순히 허구였다고는 이해되지 않는다. 따라서 보수형 '칩-'와 개신형 '춥-'을 이어주는 중간 단계의 '츱-'와 그 활용형들이 일시적이지만 실제로 당시의 언중들에 의해서 사용된 형태였다고 전제한다.

이러한 가정에서, '츱-'(寒)형은 보수형 '칩-'에서 전설고모음화와 연관되어 과도교정을 거쳐 형성되었을 것이 분명하다. 이러한 '칩다 → 츱다'와 같은 유형의 과도교정은 전설고모음화가 생산적으로 적용되는 19세기 후기의 전라방언 자료에서와, 이와 거의 동일한 시기의 「독립신문」에서 빈번하게 나타났던

현상이었다. 예를 들면, '싵-'(載)의 활용형들이 당시 전설고모음화의 영향으로
어간모음 '으'로 과도교정된 경우만 열거하면 다음과 같다(이 글의 각주 {9}도
아울러 참조).

> (5) a. 슈러의 슬코 셜믜의 슬코 쉬게 실코 지게로 지고(판, 박. 388)
>   쥬뇨등물을 슬고(삼국지 4. 29ㄴ), 만이 슬코(충열, 하. 31ㄱ)
>   b. 슈뢰포 슬코 다니는 비(「독립신문」 2권 22호)
>   cf. 짐을 만히 실坐(상동. 2권 80호)

19세기 후기 전라방언과 중부방언 자료에서 실현된 '실코(싵-+고)→슬코'와
같은 과도교정의 성격은 '칩-(寒)→츩-'의 경우와 일치한다.[17] 이렇게 형성된
과도교정형 '츩-'형은 『조선어사전』(1920)에서 열거된 바와 같이 '츠워, 츠운'과
같은 활용을 하였을 것이다. '츠워, 츠운'에서 어간모음 '으'는 활용어미의 모
음이 갖고 있는 원순성의 자질의 역행 동화를 거쳐 '우'로 전환될 개연성이
높다(츠워, 츠운>추워, 추운). 그리고 이들 활용형에서 확립된 어간말 '우' 모음
이 자음어미로 시작되는 환경(츩다>춥다)으로 확대된 것으로 필자는 추정한다.
이러한 변화는 국어사에서 고립된 것이 아니라, 중세국어의 단계에서 수행된
'어듭-, 어드워(暗)>어둡-, 어두워'와, 후대에 완성된 '듧-, 들워(穴)>뚧-, 뚫워'
등과 긴밀한 유대를 맺고 있는 것이다. 그러나 위의 예문 (5)의 과도교정형
'슬코' 등이 잠정적인 성격을 띠며, 다시 원래의 규범으로 환원되었다. 그 반
면에, '칩->츩->춥-'의 일련의 변화가 언어사회에서 지속력을 얻게 되어 (4)
에서와 같이 19세기 후반에 '칩- ∽ 춥-'의 교체를 보이다가 결국 1930년대 「표
준말 모음」에서 원래의 '칩-'형을 물리치고 표준어의 신분을 획득하게 된 사
회 언어학적 배경은 파악하기 어렵다.

---

17) 19세기 후기 전라방언에서 형성된 과도교정형 '츩-(寒), 슬-(載)'의 심적 동기는 이와 비슷한
시기의 중부방언에서의 동일한 과도교정형의 경우와 일치하지는 않았을 것이다. 전자는 중
부방언 또는 서울말에 대한 접근 의식에서 비롯된 것이며, 후자는 전설고모음화가 생산적
인 지역방언에서의 경향을 회피하려거나, 과도한 규범 의식에 근거한 것이다.

2.2 움라우트와 표준어의 수용

1930년대의 「표준말 모음」에서와, 그 후 거의 60년이 지난 1989년부터 지금까지 시행되어 오고 있는 「표준어 규정」에서 표준어 선정에 가장 보수적이고, 동시에 현실 발음에 대하여 완고한 조항은 움라우트('이' 역행동화)의 영역이었다. 움라우트 현상 역시 지역방언에 따라서 하나의 음성변화로서 발달하여 온 오랜 시간 심층을 갖고 있다. 그리하여 19세기 후기 단계의 남부 지역어(전라도와 경상도)와 북부 지역어(평안도와 함경도)를 반영하고 있는 다양한 방언 자료들은 적극적이고 생산적인 움라우트의 실현 예들을 그대로 나타내고 있었다.

19세기 후기에 작용하였던 움라우트 현상은 (1) 개재자음의 제약, (2) 형태소 내부와 경계, (3) 피동화주 모음들의 유형, (4) 적용되는 어휘들의 출현 빈도수, (5) 동화주 '이'의 성격 등에 따라서 당대의 지역방언에 상이한 양상으로 실현되었음은 물론이다(이병근 1970; 최전승 1986; 백두현 1992; 곽충구 1994). 그리하여 이러한 음성변화는 20세기 초엽에서도 그 확산의 세력을 늦추지 않았기 때문에, 한글 맞춤법과 표준어가 논의되고 사정되었던 1930년 당대의 서울과 경기도 인근지역에서도(중류 계층의 말씨를 포함하여) 그 영향권 내에 있었을 것이 틀림없었다.

오늘날 서울지역의 중산층 화자가 일정한 격식을 차린 면담 상황에서 자기의 지나 온 삶의 흔적을 회상하는 긴 이야기 구술체에서 실현시키는 움라우트의 예들을 부분적으로 예시하면 다음과 같다. 이러한 예들은 현대 서울지역에서 확대되어 일상적으로 쓰이고 있는 적극적인 움라우트 현상의 성격을 잘 반영하고 있다(이병근 1991: 18).[18]

---

18) "교양있는 집안의 서민층"을 대변하는 서울 토박이 한상숙 부인(1991년 당시 74세)의 한 평생을 구술해 놓은 『뿌리깊은 나무 민중 자서전 18, 서울 토박이 부인 한상숙의 한평생』(1991)을 이용한 것이다.

(6) a. 새권거지(사귀-), 내비리데(내버리-), 디리고(드리-), 매렵다구(마렵-),
　　 멕이구(먹이-), 채려(차리-), 젤이면(절이-), 벳기기(벗기-), 백여서
　　 (박이-), 애끼누라구(아끼-), 맫기구두(맡기-), 딜이다(들이-), 뚜드
　　 리덧기(뚜드리듯이), 욍겼으미(옮기-), 뉘볐지만(누비-)
　　 b. 냄편(남편), 되미(도미), 구데기(구더기), 돗재리(돗자리), 스물 몇평
　　 째리(스물 몇평짜리), 핵교(학교), 십원째리(십원짜리), 샘일(삼일),
　　 밀젠병(밀전병), 채례(차례), 다딤이질(다듬이질), 꼴띠기(꼴뚜기)
　　 c. 뵈기 싫다구(보기 싫-)
　　 d. 댄추(단추), 쇠주(소주), 챔위(참외)

위의 예 가운데 (6)d의 '댄추'와 '쇠주'와 같은 형태는 종래의 움라우트 연
구에서 변화 유형상의 문제로 논란의 대상이 되었던 예들이나, 서울말의 구어
에까지 확대되어 쓰이고 있는 사실이 주목된다. 또한, '챔위'형은 역행 동화의
동화주가 기원적인 '-이' 모음이어야 한다는 통상적인 제약을 벗어난 예이다.
동시에 (6)c의 예에서는 명사화소 '-기'가 동화주로 기능을 발휘하고 있다.

이와 같이 서울 지역어에서 실현되는 다양한 움라우트의 세력에도 불구하
고, 1988년의 「표준어 규정」 제2절 9항에서는 이 현상을 거친 발음을 원칙적
으로 표준말로 인정하지 않았다. 그러나 이러한 원칙의 일률적인 적용은 현대
서울말의 현실과 크게 위배되는 것이기 때문에, [붙임] 항목으로 개별 단어의
특성에 따라 몇 가지 예외를 첨부하였다. 이미 서울말에서 동화가 굳어진 '-내
기(<-나기), 냄비(<남비)' 등과 같은 부류가 그것이다.[19] 특히 접미사 '-장이'와

---

19) 1970년 당시 맞춤법의 수정과 표준말의 재사정의 필요성을 절감한 정부의 주관으로 시작되
　 어 1978년 완성된 「표준말 재사정 시안」에 대한 문제점들이 남광우(1982)에서 분석된 바 있
　 다. 여기에서도 역시 움라우트가 논란의 대상이 되었다. 우선 남광우(1982)는 움라우트 실현
　 형과 비실현형을 어휘 유형에 따라서 표준어 또는 비표준어로 선정하는 기준의 앞뒤가 일
　 관성이 없음을 비판하였다. 여기서 지적된 문제를 열거하면 다음과 같다(p.90).
　 (1) 움라우트가 실현된 '오래기, 지푸래기'는 표준어로 인정하면서, 이 동화가 실현되지 않
　　　 은 '바스라기, 싸라기'가 역시 표준어로 선정된 이유는 무엇인가.
　 (2) '방맹이, 갓쟁이'는 현실 발음을 존중하여 표준어로 삼았는데, 표준어 '아지랑이, 잠방이'
　　　 의 고집은 웬일인가.
　 (3) '곰팡냄새, 지팡막대기'와 같은 유의어가 있으니까 표준어를 '곰팡이, 지팡이'로 하자는
　　　 것이지만, '곰팡이·곰팡냄새, 지팡이·지팡막대기'로 해서 안될 이유가 무엇인가. '잦

'-쟁이'의 쓰임에서 동화를 수용한 형태와 수용하지 않은 형태를 이것과 연관된 의미와 관련하여 각각 표준어와 비표준어로 선정한 기준은 매우 궁색하면서 동시에 흥미있는 것이다. 제9항의 [붙임 2]에서 제시된 "기술자에게는 '-장이', 그 이외에는 '-쟁이'가 붙은 형태를 표준어로 삼는다"가 그것이다.[20]

1988년 완성되어 그 이듬해 3월 1일부터 시행된 「표준어 규정」에서 다른 음운변화의 경우에는 어느 정도 언어 현실을 표준어 선정에 반영했음에도 유독 움라우트 현상은 맞춤법이나 표준어에서 실제의 상황을 적절하게 고려하지 않는 원칙은 1930년대 당시의 「통일안」(1933)과 「표준말 모음」(1936)에서 결정된 기본 전제로 소급된다. 먼저 「통일안」 제23항은 용언어간에 사동과 피동의 접사 '-이, -히,- 리'가 붙어 어간말 모음에 움라우트가 실현되는 사례가 있을 때에는 능동과 주동의 어간음절의 모음을 기준으로 하여 표기에 반영하지 않는다는 원칙을 제시하였다. 또한, 「표준말 모음」의 "부록" 제(9)에서 움라우트 현상으로 인하여 피동화주 '아, 어, 오, 우, 으'가 각각 '애, 에, 외, 위, 의'로 발음되는 습관이 있다 하더라도 類語 관련(예: 두루마기·두루막, 소나기·소낙비)과 語源 관련(맡기다·맡다, 젖먹이·먹다)이 있는 단어들은 이 현상을 반영하지 않는 예들을 표준어로 선정한다는 더욱 명확한 기준이 첨가되었다(p.121).

이와 같은 원칙과 기준으로 「표준말 모음」(pp.11-12)에서 그 당시의 표준어로 선정된 움라우트의 실현형과 비실현형들은 다음과 같다.

다'(後傾)·젖다'를 의식하여 '잦히다·젖히다'를 표준어로 삼았다면, 이 '잦다(後傾)·젖다'라는 말이 실제로 쓰이고 있는 말인지 의심스럽다.

(4) '그루테기'를 표준어로 인정하면서 움라우트 비실현형인 '구더기'를 선정한 것도 우습다.

20) 그 이외에 「표준어 규정」 제2절 11항에서는 모음의 발음 변화를 인정하여 발음이 바뀌어 굳어진 몇몇 형태를 표준어로 삼았다. 이 가운데 움라우트와 관련된 두 단어가 포함되어 있다. '깍쟁이(깍정이), 튀기(트기)'가 그것이다. 여기서 특히 '튀기'형이 주목된다. 그것은 '트기'에서 움라우트를 수행하였을 뿐만 아니라, 첫 음절의 모음이 '으'에서 '우'로 원순화되어 있기 때문이다. 표준어 '튀기'형은 『조선어사전』(1920)에서 '트기'(p.880)로 등록되어 있다. 한글학회 편 『우리말 큰사전』(1994)에서 '트기'가 표제어로 실린 반면에, '튀기'는 '트기'와 같은 말로 설명되어 있다(p.4358).

그런데 '튀기'형은 '투기'의 움라우트 실현형으로 경북의 3개 지역, 충북의 많은 지방, 전북의 무주, 강원의 4개 지역에 분포되어 있는 방언형(최학근 1978: 941)에 가깝다고 생각한다.

(7) a. **움라우트 실현형** : 깍대기(穀皮), 꼭대기(頂上), 가난뱅이, 갈매기, 내
　　리다(降下), 노래기(사향각시), 때꼽재기, 때리다(打), 달팽이, 다래
　　끼, 대님, 댕기, 댕기다(引火), 도깨비, 새끼, 새기다(刻), 재미(滋味),
　　채비(差備), 올챙이, 옹배기, 포대기, 쾡이(楸)
　b. **움라우트 비실현형** : 가랑이, 가자미, 곰팡이, 고장이, 난장이, 나바
　　기, 단추, 다리(橋, 脚), 달이다(煎), 다리미, 당기다(引), 멋장이, 모가
　　비(인부 두목), 미장이, 쓰르라미, 삭히다, 삭이다(消和), 잠방이, 지팡
　　이, 지푸라기, 차리다(準備), 아끼다, 아기, 아비

위의 예들은 1930년 당대에 움라우트 현상의 수용과 미수용에 따른 개신형
과 보수형간의 공시적 교체가 표준어와 맞춤법 규정으로 규범화하지 않으면
구분하지 못할 정도로 언어사회에 만연되어 있음을 반영한다. 그러나 (7)a 부
류는 개별 단어들의 유형에 따라서 일부는 서울 지역어의 중류 계층의 화자
가 품위와 위신을 갖고 구사하는 격식어에까지 움라우트의 실현이 확대되어
있었다는 사실을 나타낸다. 그와 대조적으로 (7)b는 움라우트의 수용이 일상
어에서는 일반화되었지만, 아직 격식어에까지 다다르지 못하였을 것이다.

움라우트 실현형이 표준어로 선정된 (7)a 예들이 공통으로 갖고 있는 음성
환경상의 특질은 피동화주 모음이 후설의 '아'에만 한정되어 있다는 점이다.
이와 동일한 특질은 움라우트 실현형과 교체를 보이지만 그 비실현형만이 표
준어로 인정된 (7)b에서도 확인된다. 이러한 사실은 움라우트가 적용되는 피
동화주의 음성 환경이 보여 주는 위계질서로 비추어 볼 때, 이 변화에 처음으
로 적용되기 시작하는 최초의 환경이 '아' 또는 '어' 모음이었다는 역사적 사
실과 일치한다. (7)의 예 가운데 (7)a에서 '댕기다'(引火)와 (7)b에서 '당기다'(引)
의 경우는 동일한 형태가 그 쓰이는 환경과 의미에 따라서 피동화주 '아'에
움라우트 현상이 동일하게 적용되지 않았음을 보여 준다. 이와 같이 의미의
분화에 따른 형태의 의도적인 분화는 그 당시의 표준어 선정의 또 다른 통상
적인 기준이었다(이러한 유형의 형태 분화는 이 글의 §3.1에서 취급될 것이다)[21].

---

21) 1930년대의 「표준어 모음」에서 구분된 '댕기다'(引火)와 '당기다'(引)의 예는 1988년 「표준어

1930년대 서울과 경기 근역에 나타나는 움라우트 규칙은 독자적인 발달에 의해서 형성된 것이 아니고, 그 이전 단계에서 생산적으로 전개된 남부와 북부방언 지역으로부터 차용된 것으로 간주된다. 그렇다면 공간적인 규칙 확산의 관점에서, 제일 먼저 형성된 '아'의 움라우트 규칙이 먼저 일반화되어 다른 지역으로 가장 멀리 강하게 전파되었을 가능성이 높다(Baily 1973). 다른 피동화주 '오, 우' 그리고 '으'에 적용된 움라우트 현상이 시간적으로 차이를 두고 다음 단계의 파장으로 확산되어 왔을 때, 이러한 움라우트 예들은 1930년대 서울말 등지에서는 아직 사회적으로 용인된 규범의 차원에까지 수용되지 못하였을 것으로 보인다. 따라서 표준어 사정의 측면에서 오래 전에 피동화주 '아'에 적용되어 관용화된 움라우트 실현형과, 그 이외의 다른 피동화주 '오, 우, 으'에 적용되어 상황에 따라서 비실현형과 부단한 교체를 보여 주었던 형태들과는 동일한 신분을 부여할 수 없었을 것이다.

1930년대 서울과 경기도 근역에서 사용되었던 움라우트 현상의 가변적인 예들은 당시의 맞춤법 통일안과 표준말 사정에 적극적으로 참여했던 정인승의 논문(1937)에서 찾아 볼 수 있다. 정인승(1937)은 당시의 맞춤법 정리와 표준어 사정에서 적지 아니한 문제를 야기 시키고 있는 움라우트 현상을 현실의 발음 내용("실제 어음의 현실을 무시할 수 없고")과 언어의 조직이 갖고 있는 체계 법칙("語源이나 語類도 가벼이 볼 수 없다")간의 갈등 속에서 그 양자를 만족시키는 합리적인 해결책을 제안하였다. 그의 이러한 해결 기준이 「표준말 모음」(1936)에서 움라우트 현상과 관련된 표준어 사정의 원칙으로 사용되었다.

(8) **a. 피동화주 '어'**[22] :

    잠꾸러기 ∽ 잠꾸레기, 구렁이 ∽ 구렝이, 글겅이 ∽ 글겡이, 지느러미 ∽ 지느레미, 구덩이 ∽ 구뎅이, 늙정이(노물) ∽ 늙젱이, 풀떠기 ∽ 풀

규정」제9항의 [붙임 2]에서 기술자에게는 '-장이', 그 이외의 경우에는 '-쟁이'로 구분을 규정한 인위적인 사례를 연상시킨다.

22) 정인승(1937)에서 예시된 피동화주 '아'의 움라우트형들은 본문의 예문 (7)a와 b에 대부분 포함되어 있어 생략함.

떼기, 꾸러미 ∽ 꾸레미, 어러미 ∽ 어레미

b. **피동화주 '으' :**

시골뜨기 ∽ 시골띄기, 드리다(獻) ∽ 듸리다, 엎드리다 ∽ 엎듸리다,
다듬이 ∽ 다듸이, 보드기 ∽ 보듸기, 진드기 ∽ 진듸기

c. **피동화주 '오' :**

도롱이 ∽ 도룅이, 토끼 ∽ 퇴끼, 오얏(李) ∽ 외얏, 오양간 ∽ 외양간

d. **피동화주 '우' :**

아궁이 ∽ 아귕이, 주둥이 ∽ 주뒁이, 메뚜기 ∽ 메뛰기, 왕퉁이(胡蜂)
∽ 왕튕이, 쟁퉁이(心僻者) ∽ 쟁튕이

정인승(1937)은 "ㅣ"의 역행동화 문제를 맞춤법과 표준말 사정에서 취급하
는 기본적인 원리와 그 구체적인 처리 방법을 명시적으로 논의하였다. 그의
논지(1937: 1-7)를 대체적으로 요약하면 다음과 같다.

(1) 이 현상은 우리나라에서만 아니라 다른 언어에서도 출현하고 있는 발
음기관의 자연스러운 동화 과정이다. 특히 국어의 언어 현실에 있어서
그 정도가 현저하고 습관이 또한 강하기 때문에 철자법 정리에서나 표
준어 심사에서 심각한 문제를 제기한다.

(2) 움라우트 현상은 그 개재자음의 유무와 그 성격에 따라서 세 가지 부류
로 분류된다. 이 가운데 제1부류(개재자음이 없는 환경)와 제2부류(개
재자음이 'ㄱ, ㅋ, ㅇ, ㅎ, ㅁ, ㅂ, ㅍ'인 단어)는 동화의 정도가 워낙 강하
여 도저히 어법에 일치되는 발음으로 회복하기 어려운 경우가 많다. 이
러한 경우에는 현실 발음을 준수하여 현실 언어의 조직체계에 상치 혹은
불편한 점이 없는 한에서는 동화된 현실음 그대로를 표준어로 잡는다.

(3) 제3부류(개재자음이 'ㅅ, ㅈ, ㅊ, ㄴ, ㄷ, ㅌ, ㄹ'인 단어)는 그 실현되는
움라우트 현상이 일률적이지 못하며, 그 사용 범위도 일반적이지 못하
기 때문에, 개재자음이 이 현상을 방지하는 기능을 하고 있는 것으로
본다. 혹시 움라우트 실현형들이 존재한다면, 이것은 우연한 발음 습관
으로 일어나는 것으로 간주하여 표준어에서 제외한다.

움라우트 실현형으로 1930년대의 표준어의 신분으로 선정된 (7)a 예들은 이

와 같은 제2부류 가운데 일정한 類語와 語源 관계의 기준을 통과한 형태들인 것이다. 여기서 이러한 원칙을 위반하고 표준어로 선정된 '대님'형이 주목된다. 표준어 '대님'은 움라우트 현상을 인정하지 않는 위의 제3부류에 속함에도 불구하고, 움라우트의 비실현형인 '다님'이 비표준어로 규정되었다. 그렇다고 해서 움라우트를 수용한 '대님'의 역사적 성립 기반이 이른 것도 아니다. 『한불ᄌᆞ뎐』(1880: 445)에서 단수 표제어 '다님'으로 등록된 이후『조선어사전』(1920: 178)에 이르기까지 그대로 반복되었다.23) 표준어의 변천 과정을 검토한 장태진(1973: 57)은 개신형 '대님'이 표준어로 급진적으로 유입된 사정을 당시의 통상적인 服制 어휘가 갖고 있는 대중성의 영향에서 찾으려고 하였다.

그 반면, 「표준어 모음」(1936)에서 피동화주 '어'의 경우에는 이 원칙이 엄격하게 적용되어 있다. 그리하여 '데리다'(領率, p.12)형만 제외하면, 움라우트의 비실현형들인 '꾸러미, 구덩이, 무더기, 어미'(p.18) 등이 표준어로 배정되었다. 이러한 1930년대의 원칙과 처리 방법은 오늘날 서울말에서 일어나고 있는 다양한 움라우트 현상과 관련하여 1988년의 「표준어 규정」에서 제시된 규정과 전연 동일한 것이다. 따라서 움라우트라는 음성변화에 관한 한, 거의 60년에 걸치는 시간 차원이 표준말에서는 완전하게 배제되어 있다. 그 결과, 오늘날의 학교교육과 모든 문화활동을 통해서 표준어 사용에 부단히 노출되어 있는 젊은 세대의 서울 중심의 화자들에게 있어서, 특히 교육 수준이 높은 화자들에게 움라우트 현상은 1930년대의 미완성의 단계에서 급격한 쇠퇴를 보이게 되었다. 이러한 상황은 표준어를 지향하는 지역방언의 화자들에게도 예외일 수 없었을 것이다. 그리하여 지역방언을 구사하는 연령 층위에 따라서, 특히 젊은층의 말씨에서 움라우트 규칙은 구어에서도 점진적으로 상실되어 가는 과정에 있다. 따라서 움라우트 현상은 서울에서만 아니라 지역방언에서 전통

---

23) 조선총독부 편『조선어사전』(1920)의 표제어로 실린 움라우트 실현형들은 매우 한정되어 있다. 그러나 '다리'(橋,脚)가 '대리'(p.179, 200)와 동등한 자격으로 수록되어 있다. 또한 표제어 가운데 움라우트와 관련된 '웬슈'(怨讐, p.650), '무재치'(무자치, p.334), '새치'(젊은이의 흰머리칼, p.460), '잿치다 ∽ 잣치다'(p.715)와 같은 항목들이 주목된다.

적인 노년층 방언 화자들의 방언적 특질 가운데 가장 유표적인 사회표지(social marker)로 인식된다. 언어의 규범적 정책이 자연스러운 언어 변화의 진로에 심각한 제약을 가하고 있다.[24]

그러나 1930년대에서도 일정한 유형의 몇몇 단어들은 그들이 갖고 있는 특별한 상황에 의해서 이러한 엄격한 규정과 원칙에도 불구하고 움라우트 실현형으로 자연스럽게 격식어와 표준어의 신분에까지 도달하였다. 이와 같은 표준어로의 합류는 해당 단어가 일찍부터 변화를 완료하여 재구조화되었기 때문에, 움라우트와 아무 관련이 없는 부류로 당대에 공시적으로 인식되었기 때문에 가능했을 것으로 보인다. 따라서 「표준말 모음」(1936)에서 선정된 다음과 같은 단어들은 서울 지역에서도 움라우트를 수용한 시간 심층이 매우 깊은 형태들이다.

(9) a. 미역감다(메역감다 ∽ 멱감다, p.21), 메밀(모밀 ∽ 메물, p.20)
  b. 디디다 ∽ 밟다(踏, p.83, "둘째. 비슷한 말")
  cf. 짜의 발을 듸듸지 못ᄒ는지라(조웅. 3. 3a), 듸듸고 나셔니(판, 박. 384), 모친 영을 듸듸여서(수절가, 상. 20ㄱ), 문턱 박기 발 듸듸여(판, 박. 346), 발부리를 듸듸고(판, 변. 570) ∽ 드듸고(판, 변. 570)[25]

위의 예에서 '미역감다'의 '미역'은 일찍이 17세기 국어의 단계에서 '모욕'(沐浴)으로부터 일차적 움라우트를 수용한 형태로 소급된다(이숭녕 1988: 380).[26]

---

24) 국립 국어연구원에서 간행한 『서울 토박이말 자료집(1)』(1997) 가운데 25대째 서울에서 살아온 대학원 출신의 bht(당시 74세)씨가 자연 발화 속에서 서울말과 표준말의 차이를 이야기하는 내용이 흥미있다. 그에 의하면, 어렸을 때 서울에서 '돈'을 '둔', '안경'을 '앤경', '학교'도 '핵교'로 사용해 왔다고 한다. 그러나 표준어가 각각 '돈, 안경, 학교'로 되었기 때문에 그렇게 맞추어 사용하는 것이라 했다. 또한, 그는 토박이 말로 '단추'도 '댄추'라고 말하는데, 표준어가 '단추'이지만 보통 말할 때는 '댄추'로 사용한다고 설명하였다(p.306).
25) 19세기 후반의 경판본 중에서도 이러한 변화형이 사용되었다. 거름 거를 졔 옴겨 듸듸기를(陳大房傳, 24ㄱ).
26) 이숭녕(1988)은 17세기 근대국어 자료에 등장하는 이러한 '뫼욕'형은 다음과 같은 일련의 변화를 수행하여 오늘날의 '미역'(멱)으로 결과되는 것으로 파악하였다. 즉, mo-yok＞moy-yok＞

뫼욕 ᄀᆞ튼 후의(동국신속삼강행실도, 열여 3: 40ㄴ), 즉시 뫼욕ᄒᆞ기를(동. 열여 6: 71ㄴ), 뫼욕ᄒᆞ고(동. 열여 6: 71ㄴ), cf. 모욕ᄒᆞ고(동. 열여 8: 51ㄴ). 그 이후 '뫼욕'형에 적용된 비원순화 과정에 의해서 '메욕'의 단계를 밟은 다음, '에>이'와 같은 모음상승을 비교적 일찍이 수행하여 최종적인 '미역'으로 결과되었다. 이 단어가 밟아 온 일련의 음성변화의 첨단적인 성격은 격식적인 '목욕'(沐浴)에 비하여 상대적으로 보이는 대중성과 행위의 비격식성에 있다. 이와 유사한 급진적인 발달을 거쳐서 표준어로 들어 온 '메밀'(蕎麥)형도 중세국어 '모밀'(훈몽자회, 상. 12ㄱ)에서 출발한 것이 분명하다. 『조선어사전』(1920: 310)에서는 '메밀'과 '모밀'형이 대등한 표제어로 등록되어 있다. 따라서 움라우트와 비원순화를 거쳐 온 '미역'과 '메밀'형은 비록 비격식적인 상황에서 주로 사용되었지만 그 대중성에 따른 높은 사용 빈도수에 의해서 용이하게 표준어로 수용된 것이다.27)

대중성과 아울러 단어의 빈번한 사용 빈도수가 움라우트를 먼저 실현시키게 하는 중요한 요인임을 보여 주는 또 다른 예로 (9)b의 '디디다'(踏)를 언급할 수 있다. 이 단어는 원래 '드듸다'로부터 발달한 것이다. 19세기 후기 전라방언 자료에서 움라우트를 수행한 '듸듸다' 또는 이 변화 과정을 거치고 다음 단계에서 축약된 '딛-'과 같은 형태로도 출현하기 시작하였다. 가만가만 가려 듸더(판, 박. 354), 불똥 듸된 거름으로(춘, 남. 70). '드듸다'(踏)에서부터 오늘날의 '딛-'으로의 전환을 이루는 움라우트의 실현은 그 제약 조건의 두 가지를 극복하여야 된다.28) 하나는 이 변화의 실현을 강하게 거부하고 있는 설정성 개재자음 'ㄷ'의 장애이고, 다른 하나는 동화주 '이'의 음운론적 신분이다. 그러나 이

---

me-yok>mi-yək.

27) '메밀'(蕎麥)형은 원래 지역방언에서 출발하여 서울 지역과 경기도 일대로 옮겨 왔을 가능성이 높다. 일찍이 19세기 후기 함북방언(육진방언)을 반영하고 있는 Putsillo의 『로한ᄌᆞ뎐』(1874)에 이와 유사한 방언형이 발견된다. 모미리, 미미리(p.123).

28) 이와 동일한 과정을 보이는 형태로 '마디(節)>매디'를 언급할 수 있다. 이 단어는 원래 '마듸'에서 출발하여 움라우트를 수용한 것으로 취급된다. 그 반면, 18세기 초반의 전라방언을 부분적으로 반영하는 송광사판 『천자문』(1730)에 등장하는 '믜디'(寸, 節)형이 일찍부터 주목되었다(홍윤표 1993: 418). 寸 믜디 촌(8ㄱ), 節 믜디 졀(12ㄴ). 다른 천자문 부류에서 이 한자들의 새김은 전부 'ᄆᆞ디'로 나타나는 사실과 대조를 이룬다.

단어가 구사되는 높은 사용 빈도수가 움라우트의 두 가지 실현 제약을 쉽게 극복하고 표준어의 대열로 합류하도록 작용하였다.

또한, 해당 단어가 부수적으로 보유하게 되는 또 다른 사회적 가치의 요인도 움라우트와 관련하여 급진적인 변화와 표준어의 수용에 관여하게 되었다고 생각한다. 일찍이 표준어 권내까지 진출한 어휘로 '밴댕이'(蘇魚)가 있다. 근대국어에서 이 형태는 '반당이'(역어유해, 하. 38ㄱ; 규합총서 7ㄴ)로 나타난다. 이 것은 19세기 후반에 출현한 사전 부류, 예를 들면『한불ㅈ뎐』(1880: 200)에서도 그대로 '반당이'로 변동이 없었다. 그러나 1920년대『조선어사전』(1920: 355)에서 처음으로 움라우트를 실현시킨 '반댕이'형이 출현하기 시작하였다. 그리하여 이 표제어가『표준 조선말사전』(이윤재 1947: 311)에도 계속되었다. 「표준말모음」(1936)에서 이 형태에 대한 언급은 누락되었지만, 그 이후 지속적인 표준어 사정 작업이 이어져『큰사전』(한글학회)에서 표제어로 출현하게 되었다. 그러나 이 사전에서는 '반댕이'에서 한 단계 급진적인 변화를 수용한 '밴댕이'형을 처음으로 보여준다. 밴댕이, 밴댕이-젓, 밴댕이-구이, 밴댕이-저나(1950: 1286).

그 반면, 원래의 '반댕이'형은 이 사전에서 사투리의 신분으로 격하되었다 (p.1208). 그리하여 표준어로서 '밴댕이'형이 오늘날의『우리말 큰사전』(한글학회, 1992: 1711)을 위시한 모든 현대 국어사전에 단독 표제어로 확립되어 있다. 이와 같이 급진적인 변화를 수용한 방언적 형태가 표준어로 유입된 이유 가운데 하나는 아마도 "밴댕이 소갈머리"(아주 좁고 얕은 심지)과 같은 성어가 함축하고 있는 특수한 사회 심리적 요인과 관련을 맺고 있을 것으로 보인다.[29]

---

29) '반댕이(蘇魚)>반당이>밴댕이'의 과정에서 두 번째 단계 '반당이>밴댕이'와 같은 유형의 변화는 다른 지역방언에서 발견된다.
쥐뎅이(주뎅이), 잼재리(잠자리), 맥매기(막마기), 댐배(담배), 뱅맹이(방망이), 잼뱅이(잠방이), 되배(도배), 젱갱이(정강이), 꾐팽이(곰팡이)
이러한 변화를 이해하는 방법으로 다음과 같은 두 가지의 가능성을 생각할 수 있다. 한 가지는 전반적인 움라우트에 대한 "의미론적"인 해석이다. 이러한 관점은 홍윤표(1994: 317-336)에서 제시된 바 있다. 그의 논지를 요약하면 다음과 같이 말할 수 있다. 즉, 원래 움라우트 실현형은 비규범성과 친밀성, 구어성을 포괄하는 동시에, 위세를 갖추고 있는 표준형에 대하여 반대의 위치에 존재한다. 그렇기 때문에, 움라우트 실현형들은 화자가 표출시키는 감정의 관점에서 부정적으로 작용하게 된다. 따라서 움라우트가 실현되지 않는 형태와 움

|3| 형태론적 과정과 과도교정의 유입

3.1 의미의 분화에 따른 형태 분화의 원칙

3.1.1 "말의 갈혀남"의 원리와 '가르치-'(敎)와 '가르키-'(指)의 분화

「표준말 모음」(1936)을 기점으로 처음으로 '가리키다'(指)와 '가르치다'(敎)의 형태 분화가 규범적으로 시작되었다. 중세국어의 전통을 이어 받은 '가르치-'형은 원래부터 '指'와 '敎'의 의미를 포함하는 다의어였다. 이러한 다의성(polysemy)은 의미변화의 원칙상 구체적인 개념인 '指'에서부터 출발하여 문맥에 따라 이차적으로 형성된 추상적인 '敎'의 의미로 확대된 과정을 거친 결과로 보인다. 그러나 기본 의미 '指'와 파생 의미 '敎'는 상호 유연성이 매우 투명하게 연관되어 있다. 그렇기 때문에 화자들의 언어활동에서 대부분의 경우 이 단어가 쓰이는 상황에 의해서 그 적절한 의미가 자동적으로 선택되는 것이 일반적인 현상이라고 말할 수 있다.[30]

라우트 실현형 사이에서 정감적 의미 표출상의 차이가 야기된다. 그 결과는 움라우트 실현형이 보이는 의미 가치의 하락이다. 이러한 화자들의 인식과 사회적 평가가 조건 없이 전설화된 형태와 그렇지 않는 형태들로 전이된다. 이러한 관점에서 위의 '반댕이>밴댕이'의 예는 동화주에 의해서 조건 되지 않는 전설화의 예일 수 있다.

또 다른 한가지의 대안적 해석은 일찍이 Ramstedt(1957: 163-4)가 몽골어 제 방언에 실현된 i-역행동화의 유형들을 관찰하였던 방법이다. 즉, 몽골어에서는 매우 이른 시기부터 제2음절, 심지어 제3음절에 있는 i 모음이 제1음절에 있는 비전설 모음에까지 역행으로 전설화시키고 있다(p.163). 이러한 관점에서 '반댕이>밴댕이'의 변화를 본다면, 마지막 음절의 움라우트 동화주 -i가 역행의 방향으로 두 번째 음절의 비전설 모음을 동화시키고, 이어서 그 동화의 힘을 확대시켜 첫 번째 음절의 비전설 모음에까지 동화적 힘을 행사한 것이다.

30) 심재기(1982: 187-8)는 현대 국어에서 맞춤법의 제정 이래 '指'는 '가리키다'로, '敎'는 '가르치다'로 각각 규범화했으나, 실제 일상적인 언어 사용 예에서 보면 이것을 구분해서 쓰는 화자들은 별로 없을 것이라고 지적하였다. 그리하여 그는 이러한 구분은 의미의 차이를 명시하기 위한 방편으로 훌륭하기는 하나, '指, 敎'의 본질적 의미는 매우 근접해 있어서 이 단어에 관한 한, 맞춤법은 표기 때의 규정에 지나지 않는다고 보았다.

따라서 '指'와 '敎'의 복수 의미로 단일한 형태 '가르치-'가 20세기 초반까지 전반적으로 사용되어 왔다.[31] 「표준말 모음」(1936)에서와 가까운 예를 들면, 주시경의 『국어문법』(1910)에서도 여전히 이 두 가지의 뜻으로 '가르치-'가 그대로 사용되었다. 어느 것을. 가르치어 내는. 뜻이. 잇나니라.(指, p.52), 자라는. 사람의. 가르침을. 맡으신(敎, p.118). 이러한 사정은 1920년대 『조선어사전』의 표제어에서도 변함이 없었다. 단지 이 사전에서 '가르치-'의 뜻풀이에서 파생된 의미 '敎'가 제1의미로 자리 매김되어 있다는 사실이 주목된다. 가르치다'(가르쳐, 가르친) : (1)敎. (2)指(p.8). 그러나 '가르치-'의 어휘 분화의 발단은 1910년대 조선광문회 편 「말모이」(원고본 사전)에서 나타난다.

(10) 가르치(밝) : 모르는 것을 알게 하여 줌. 또 '가라치'
　　가라치 : '가르치'에 보임
　　가르치(밝) : ㄱ. 손으로 어느 쪽을 안하아 이끌는 일
　　　　　　　　ㄴ. 무엇을 들어 말함(누구를 -어 말이야)
　　　　　　　　(이병근 2000: 545의 「말모이」 영인에서 인용)

이와 같이 「말모이」에서는 이 단어의 의미를 분화시켜 각각의 표제어를 따로 설정하였으나, 형태상의 분화에까지 이르지 못하였다. 그 결과, 이 사전에서 '가르치-'형은 동음이의어의 신분이 부여되었다. 「표준말 모음」(1936)의 사정위원 가운데 한 사람이었으며, 동시에 표준어 사정안 전체에 대하여 최종적인 수정 작업에 참여한 장지영은 일찍이 「조선어철자법강좌」(경성 활문사, 1930,

---

31) 19세기 후기 방언 자료에서도 '가르치-' 또는 '가라치-'형이 '敎'와 '指'의 구분이 없이 사용되었다.
　　북편을 가르치며(指, 수절가, 상. 40ㄴ), 예로부터 가르치니(敎, 동. 상, 4ㄱ), 낫낫치 가라치니(敎, 동. 상, 22a), 가라치(초한. 하. 20a; 심청, 상. 4b; 삼국지 3. 14b; 대성. 25a) ∞ 가라치(심청, 상. 4a; 초한, 상. 11b)
　　cf. 무지게롤 가라치며(태상감응편도설언해 1.9ㄴ)
　　그리고 19세기 후기의 경상방언의 특질들을 부분적으로 반영하는 최초의 국어사전 필사본 『국한회어』(1895)에서도 '가라치-'형이 의미의 구분이 없이 각각 독립된 표제어로 등록되어 있다.
　　가라치다(敎訓) : 가라칠 敎, 가라칠 訓
　　가라치다(地黏) : 가라칠 指(p.2)

『역대한국문법대계』 3.18)에서 이 단어의 형태를 분화시켜 '가르치-'(教導)와 '가리치-'(指示)로 가려 써야 될 것을 주장한 바 있다(p.148).[32] 여기서 구체적으로 '가르치-'와 '가리치-'로 분화된 형태의 구분이 시도되었으며, 『조선어사전』(1920)의 표제어에서 제 1의미로 등록된 '教'의 의미에 원래의 형태 '가르치-'가 배당되었다. 그리하여 「표준말 모음」(1936)에서 이 단어가 보이는 의미의 분화에 대하여 따로 구분되는 형태의 분화를 인정하게 된다. ㅊ과 ㅋ의 통용 : [ㅋ을 취함] 가리키다(指, '가리치다, 가르치다'를 버림. p.10), ㅏ와 ㅡ의 통용 : [ㅡ를 취함] 가르치다(教, '가라치다'를 버림. p.15).

「표준말 모음」에서 '指'의 의미에 따로 배정된 '가리키-'는 원래의 '가르치-'와 매우 유사하지만, 마지막 음절의 '-키-'는 매우 생소한 형태이다. 그러나 장지영(1930: 148)이 시도한 분화형 '가리치-'(指)는 '-르->-리-'의 변화를 나타낸 것으로 19세기 후기 단계의 다양한 지역방언에서도 관찰되는 음운론적 과정이었다.

  (11) a. 관쩌를 가리쳐(指, 관성제군명성경언해 16ㄱ)
     b. 쟈긔를 갈이치년줄 알고(1882년 초역 누가 20:19)
        = 쟈긔덜을 가라치는 줄을 알고(1887년 누가 20:19)
        글에 자긔 갈이친 일올(1887년 누가 24:57)
        나랄 갈이친 거시다(동. 24:44)
        = 그 갈으친 일을(1882년 초역 누가 24:37)
        나를 갈으친 거시다(동. 24:44)
        나를 갈으친 비가(초역 누가 22:38)
        = 나롤 가라친 바(1887년 누가 22:38)
     c. 당신의 가리쳐 주시든 노래를(「님의 침묵」 09)
        妖術은 나에게는 가리쳐 주지 마서요(「님의 침묵」 77)

---

32) 그러나 김두봉의 『깁더 조선말본』(1922)에서 이미 '指'의 뜻으로 '가리치-' 형태가 사용된 바 있었다. 말본은 곳 이를 가리침이라(p.1), 우리의 귀에 들림이 있는 것들을 다 가리침이니(p.5), 이는 꼴만 가리친듯 하도다(p.26), 가리침 대임: 무엇을 가리침에 쓰는 일(p.76). 그러나 그가 의식적으로 '가르치-'(教)와 '가리치-'(指)를 분화시키 표기하려고 시도했는가는 분명하게 알 수 없다.

위의 예 (11)b는 19세기 후기 평안방언을 부분적으로 반영하는 Ross의 초역 본『누가복음』(1882)과 그 이후 통합된 『예수셩교젼셔, 누가복음』(1887)에서 사용된 '가리치- ∞ 가르치- ∞ 가라치-'(指)의 수의적 교체를 보인 것이다. 또한, 「표준말 모음」(1936) 이전에 작품 활동을 하였던 한용운의 『님의 침묵』(1926)에 '가리치-'가 '敎'의 뜻으로 사용된 예가 (11)c이다. 그러나 '가리키-'형의 출현 은 이것을 규범화하기 시작한 「표준말 모음」(1936) 이전에 분명하게 확인되지 않는다.[33] 만일 1930년대에 '가리키-'형이 서울과 경기도 등지에서 실제로 언중들이 사용하였다면, 이 형태는 원래의 '가르치-'에서 먼저 '-르->-리-'의 음성변화를 수행하였으며, 다음 단계에서 겪은 '-치-→-키-'와 같은 바뀜은 k-구개음화와 연관된 과도교정을 반영한다. 1930년 당시 「표준말 모음」(1936)에 주도적으로 참여하였던 최현배는 그의 맞춤법 해설서『한글 바로적기 공부』(1961)에서 각각의 '가르치-'(敎)와 '가리키-'(指)형은 "'르'와 '리'가 서로 통하고, '키'와 '치'와 서로 통하는 것이 우리말에서 일반스런 현상이지마는, 말의 갈 혀남(分化)을 위하여"(pp.190-191) 인위적으로 구분한 것이라고 밝힌 바 있다.[34]

---

33) 경기도 방언에서 '가리키-'형이 사용되는 것으로 조사된 바 있는데, 여기에서 '指'와 '敎'의 구분을 찾을 수 없는 것 같다. (1) (글을) 가르치는-(敎) : 가리키는, 가리치는, 가리치넌, 가르키는, 갈키는, 갈치는. (2) (길을) 가리켜(指) : 가리쳐, 가리켜, 가리케, 아리케. 『경기도 방언』 (한국방언자료집 1995: 294-5). 또한, 김계곤의 『경기도 사투리연구』(2001, 박이정)에서도 이 와 비슷한 분포형들을 보인다. 그러나 이 지역에서 의미 분화의 구분 없이 쓰이는 '가리키-' 방언형이 원래의 순수한 지역방언의 모습을 반영하는 것인지, 아니면 국어 정서법의 영향 때문에 일어난 간섭 현상인지 분명하게 밝힐 수 없다.
서울 토박이 한상숙 노인의 구술(<『뿌리깊은 나무 민중 자서전 18. 서울 토박이 부인 한상숙 한평생>『밥해 먹으믄 바느질허랴, 바느질 아니믄 빨래허랴』(1992, 뿌리깊은 나무사)에서도 '가르치-'와 '가리키-;형이 구분 없이 사용되었다.
어머니는 언문 아셨지. 그래두 <u>가리켜</u> 줄 새가 어딨어?(p.38), 글두 선생님이 <u>가르치는</u> 도리 를 알구 배이지(40), 그르믄서름 <u>가리켜</u> 달라구 그랬지(40), 고거 여섯 살부텀 할아버지가 천 자를 <u>가르키시데</u>(40)
34) 『한글』5권 4호(1937)에 실린 ≪물음과 대답≫란에서 평양 이익환씨가 '가르치다'와 '가라치 다'가 어떻게 서로 다른가를 알려 달라는 물음에 담당 이윤재는 다음과 같이 대답하였다. "'가르치다'와 '가라치다'는 같은 뜻의 말로 '가르치다'만 쓸 것입니다. '가라치다'라고 쓰는 것은 이왕에 'ㄱㄹ치다'라는 '른'를 '라'로 알아온 까닭입니다. 그런데 '글을 가르치다'(敎)라 는 것과 '손가락으로 가르치다'(指)라는 것을 분간하여 쓰는 것이 말의 혼동을 피하는데에 매우 유리하리라 하여, 이번에 사정된 표준말에는 '가르치다'(敎)와 '가리키다'(指) 이렇게 쓰

3.1.2 h-구개음화와 '써다'(退潮), '썰물'의 분화

일반적으로 어떤 음성변화가 동일한 음성 환경을 구비하고 있는 일단의 어휘들로 확산되어 왔을 때, 단어들의 음운론과 형태론 등과 같은 외적 조건에 따라 해당 변화를 수용하는 시간적 완급의 차이가 존재하기 마련이다(Labov 1994: 421-427). 그러나 1930년대「표준말 모음」에서 선정된 표준어의 어떤 유형들은 음성변화의 확산을 조건을 짓는 요인이 그 당시 단어들이 보유하고 있는 다의성에 따라서 서로 다르게 작용할 수 있음을 보인다. 예를 들면, 어떤 단어 A가 문맥에 따라서 지속적으로 발달된 의미 (ㄱ)과 (ㄴ), (ㄷ) 등을 보유하고 있을 때, 어떤 음성변화가 이 단어의 다의 가운데 어느 하나의 의미로만 사용되는 경우에 한하여 먼저 적용되는 시간적 단계가 가능하다는 것이다. 이와 같이 동일한 외적 조건을 갖춘 하나의 단어가 그 다의에 따른 변화의 실현형과 비실현형을 공시적으로 나타내는 시점에서「표준말 모음」(1936)과 같은 언어 정책의 간섭이 개입되어 서로 개별적인 형태의 단어로 분화될 가능성이 있다.

이러한 현상을 1930년대 서울과 경기도 지역에서 중세국어 '혀-'의 반사형에 구개음화가 적용된 '써-'(退潮)형만이 표준어로 선정되고, 다른 '點火' 또는 '引飮' 등과 같은 의미를 갖고 있는 '써-'형은 비표준어로 배제되는 과정에서 관찰할 수 있다. h-구개음화의 수용과 관련하여「표준말 모음」(1936)은 '써-'와 '썰물'을 포함한 다음과 같은 예를 제시하였다.

(12) a. ㅆ과 ㅋ의 통용 :
　　　[ㅆ을 취함] 썰물(退潮, '결물'을 버림, p.10)
　　　[ㅋ을 취함] 물켜다(引飮, '물써다'를 버림, p.10)
　　　ㅋ과 ㅎ의 통용 :
　　　[ㅋ을 취함] 켜다(點火, '써다'를 버림, p.10)
　　　<둘째. 비슷한 말> : 물써다(潮水 減退), 써다(減退, p.85)

기로 작정되었습니다."(p.18).

b. ㅅ과 ㅎ의 통용 :

[ㅅ을 취함] 사처(下處), 세다(數), 선반(棚), 수서(休書), 설마(혈마),
　　　　　　심줄(筋), 수지(休紙, p.9)

[ㅎ을 취함] 혀(舌), 현판(懸板), 흉보다, 흉허물, 힘(力)

(12)b의 예들은 서울과 경기도 일대의 지역어는 근대국어의 어느 단계에서 h-구개음화를 부분적으로 경험하였다는 사실을 보여 준다. 따라서 「표준말 모음」(1936)에서 h-구개음화의 수용을 인정하지 않은 비표준어들도 『한국방언자료집』(경기도 편, 1995)과 김계곤(2001)에서 대부분 구개음화 실현형으로 분포되어 있다. 그렇다면 h-구개음화 실현형들 가운데 단어의 유형에 따라서 일부는 표준어로 인정되기도 하고, 또 다른 부류는 그 규범에서 배제되기도 한 것이다. (12)b에서와 같은 표준어 사정의 기준은 1930년대 당시에 h-구개음화형들이 일상어로부터 중류 계층의 격식어로 상승되어 구개음화의 비실현형들이 교체형에서 제거되는 정도에 따라서 결정된 것으로 보인다. 그렇기 때문에 표준어의 규범에 들어 온 일부의 단어들은 비교적 이른 시기에 이 지역에서 h-구개음화를 수용하여 1930년대에는 관습화되었음을 나타낸다.[35]

서울과 경기도 지역에서 중세국어의 '혀-'의 반사체들도 그 쓰이는 다양한 의미들과 무관하게 역시 h-구개음화를 수용하였을 것이 분명하다. 그러나 (12)a의 '써-'(退潮)와 '썰물'만이 「표준말 모음」(1936)에서 표준어로 선정되었다.[36] 15세기 국어의 /ㆅ/은 16세기에 일시적으로 표기상 /ㅎ/으로 교체되었다가 17세기에 각각 /ㅆ/과 /ㅋ/로 분화되는 모습을 보인다(전광현 1967: 68). 따라서 /ㆅ/ 또는 후대의 /ㅆ/은 h의 경음이었으며, 이것은 오늘날의 지역방언에 따라서 [s']와 [kʰ]로 발달하였다. 그러나 각각 [s']와 [kʰ]로 변화되는 구체적인 원리가 국어사에서 아직 분명하게 규명되지는 못했다(도수희 1994; 김차균 1996). 따라서

---

35) 서울 토박이 한상숙 노인의 구술(각주 33을 참조) 가운데에도 다음과 같은 h-구개음화 실현형이 등장하고 있다. (1) 젊은 년들이 오면 슝 봐요(흉, p.141), (2) 그게 심에 겨워서(힘, 46), (3) 세 끝에다가 조끔 대 보지. 백반 너서 찐 거를(혀, 45).

36) 그러나 「표준말 모음」(1936)에서 관용어 '불현듯이'(急速, p. 41)형은 예전의 형태 그대로 수용된 점이 특이하다. cf. 불현다시 보고지고(경판 16장본, 춘향전 5ㄱ).

중세국어의 '혀-'(引)에 대한 반사체 '써-'형들이 'ㅎ'의 경음 단계에서 구개음화된 것으로 판단할 수 있지만, 17세기의 또 다른 '켜-'형은 어떤 과정을 거친것인지 설명하기 어렵다.

19세기 후기 전라방언 자료에서 표준어 '켜-'((1) 물을 마시다, (2) 불을 붙이다, (3) 팔장을 켜다 (4) 고치에서 실을 뽑다)는 대체로 구개음화를 수용한 '써-'로 출현하였다.37)

    (13) a. 목구녁의 불을 썻나 훤하게도 잘 혼다(판, 박. 432)
            톡기가 폴썽 써고(판, 퇴. 300)
            희슈를 만이 썻다(판, 퇴. 300)
            물을 써고(완판 퇴별가 16ㄱ)
            불 써 노코 실 써기와(판, 심. 192)
            지지기 훈번만 시면(병진본 박타령, 135ㄴ)
         b. 방문 열고 불 켜 노코(판, 남. 67)

1930년대 서울과 경기도 지역에서도 위의 (13)a와 같은 다의를 갖고 있는 '켜-'의 형태에 h-구개음화형들이 적용되었을 가능성이 높다. 그러나 표준어로 수용된 '혀-'의 반사체 '썰물'과 '써-'(退潮)는 다른 의미, 즉 '鋸, 點火, 引飮'의 경우와는 달리 시간적으로 앞서 h-구개음화의 파장에 접촉된 것으로 보인다. 그리하여 19세기 후반의 한글사전 부류에서 일찍부터 '썰물'과 '써-'형이 표제어로 등장하고 있는 반면에, 여타의 의미를 갖고 있는 표제어는 대부분 '켜-'로 실려 있다.

    (14) a. 썰물 : low water of the tide, cf. 밀물(Gale 1897: 550)
            써다(써, 썬) : to go out of the tides, cf. 밀다(Gale 1897: 550)
            Ebb : 써오, 나가오, 업서지오.(Underwood 1890: 91)

---

37) '(고치, 실을) 켜-'의 경우에 h-구개음화를 수용한 '써-'형은 19세기 후반의 필사본 『잠상집요』(1886)에서도 확인된다. 고치 실 <u>써지</u> 못헐거슨(p.34), 고치 실 <u>써는</u> 법은 실 썰 글읏슬(p.34), 실 <u>썰</u> 써에(p.51).

b. 켜다(켜, 켠) : 燃燈, 켜다 : to saw, to have a craving for 물
to stretch oneself(Gale 1897: 298)

위와 같은 경향이 『조선어사전』(1920)에서도 그대로 지속되어 있다. (ㄱ) 써
다 : '물써다'의 略(p.474), (ㄴ) 썰물 : 退潮, 켤물(p.476), (ㄷ) 켤물 : '썰물'과 같다(p.852). 이
러한 사실과 관련하여 『조선어사전』(1920)에서 '썰물'과 동의어의 신분으로 처
음 등장하는 '켤물'의 존재가 특이한 것이다. 그렇지만, 이 '켤물'이 바로 서울
말에서 중세국어의 '혀-'(*혈믈)에서 규칙적인 음성변화를 밟아 온 다른 '켜-'(燃
燈)와 일치하는 형태이다. 또한, 이 단어가 1930년대 서울과 경기도 지역에서
'썰물'과 공시적으로 공존하였음을 「표준말 모음」(1936: 10)에서 제시된 비표준
類語 '켤물'을 통하여 알리고 있다. 용언 '써-'(退潮)의 경우에 서울말에서 이와
대응되는 규칙적인 '켜-'형이 사용된 예를 쉽게 찾을 수 없다. 그러나 문세영
의 『조선어사전』(1938: 1432)에서 '켤물'과 '썰물'이 동의어로 등록되어 있으며,
동사 '켜다'는 "(1) 조수가 빠지다, (2) 물 써다"로 뜻풀이되어 있다. 그리고 19
세기 후반에 간행된 『재간 교린수지』(1883)에서 규칙적인 형태 '켜-'(退潮)가 사
용되었다. 물이 켜는가 보소(汐水, 1.23ㄱ).
　　지금까지의 논의에서 「표준말 모음」(1936)에서 표준어로 사정된 '썰물'과 '써
-'(退潮)에 대한 원래의 서울말 형태는 17세기 문헌어에서부터 출현하였던 '혀->
켜-'의 과정을 규칙적으로 밟아 온 '켤물'과 '켜-'이었음을 알 수 있다. 그 반면,
일찍부터 h-구개음화의 전개와 확산의 진원지였던 남부와 북부방언에서 '혀-'는
이 단어가 보유하고 있는 다의성에 상관없이 모든 상황에서 '써-'로 변화되었던
것이 분명하다. 그렇다면, h-구개음화가 서울을 위시한 중부지역으로 확대하여
오는 과정에서 지역방언형 '썰물'과 '써-'(退潮)가 어떤 사회 언어학적 근거에서
19세기 단계에서부터 '켤물'과 '켜-'를 꾸준히 대치시켜 왔을 가능성이 있다. 그
결과, h-구개음화 실현형을 1930년대 서울말의 규범어로 인정하지 않은 '켜-'(鋸,
燃燈, 引飮)와, 일찍부터 관용화된 '써-'(退潮)가 「표준말 모음」(1936)에서 서로 다른
형태로 분화되어 표준어로 각각 등록된 것으로 해석될 수도 있다.

그 반면, 「표준말 모음」(1936)을 위한 사정 작업에서 최현배는 이러한 "말의 갈혀남"(형태 분화)의 원리를 이번에는 동음이의어에 적용시키려고 시도했으나, 다른 심의의원들의 반대로 부결되었다. 그 대상이 된 단어는 '쓰-'(用)와 '쓰-'(書)이었는데, 최현배는 이것을 전설고모음화를 실현시킨 '씨다'(書)와 아직 이러한 변화에 적용되지 않은 '쓰다'(用)로 분화시키려고 하였다.[38] 그러나 최현배는 원래의 논지를 굽히지 않고 「표준말 모음」이후에도 '씨-'(書)와 '쓰-'(用)를 그의 저술에서 분화시켜 사용했다. 최현배(1961)에서 예를 들면 다음과 같다. 원고를 씨기 비롯 하였더니(p.3), 띄어씨기(p.18).

그러나 1930년 당시에 서울 지역어에서 매우 생산적으로 실현되었던 비어 두음절 위치에서의 모음 상승 '오>우' 현상과 관련된 또 다른 형태 분화는 성공적으로 규범어로 도입되었다. 즉, 양성모음 '오'와 음성모음 '우'가 보유하고 있는 음성 상징적 인상에 근거한 '(꽃)봉오리'와 '(산)봉우리'와 같은 인위적 형태 분화는 「표준말 모음」에서 수용되었다. <ㅗ와 ㅜ의 통용> : ㄱ) [ㅗ를 취함] ‒ (꽃)봉오리(p.22, '봉우리'를 버림); [ㅜ를 취함] ‒ (산)봉우리(峰, p.25, '봉오리'를 버림).

3.2 접미사 '-이'의 첨가

3.2.1 '우'(上)와 '위'

오늘날 표준어 '위'(上)의 신분은 확고한 위치에 있다. 그렇기 때문에 서울

---

38) 최현배(1961: 229‒230)의 <151 눈>에서 기술된 내용을 요약하면 다음과 같다. 그는 경기도 수원에 가서 시골말을 수집하다가 우연히 노년층의 토박이 자료 제공인에게서 '쓰다'(用)와 '씨다'(書)를 분명히 구별하여 사용하는 것을 관찰하게 되었다. 그리하여 그는 사용상의 편의를 위해서 이와 같은 형태 분화의 필요성을 절감하게 되었다. 그 후에, 표준말을 사정할 적(1930)에 그는 이러한 구별스런 용법을 표준어로 승격시킬 것을 제안하게 되었다. 사회자 안재홍은 한강 이남 지방에서 그렇게 구별함을 인정하였으나, 다른 심의의원들이 시기상조란 이유로 이를 부결하고 말았다. 그러나 그는 한결같이 '쓰다'(用)와 '씨다'(書)를 "말의 갈혀남"(분화)의 대원칙에 따라 일상 생활에서 구분시켜 사용해야 되는 당위성을 끝까지 주장하였다.

지역방언을 구사하는 노년층 화자의 말에 출현하는 '우'나, 북한의 문화어인 '우'를 표준어 '위'를 기준으로 이해하려는 견해도 제시된 바 있다. 예를 들면, 홍윤숙(1991: 159)은 남한어와 북한어의 어휘 분화를 논의하면서 '위'(上)에서와 같은 이중모음이 북한어에서는 '우'로 단모음화되었다고 기술하였다. 최근 서울 지역어의 음운론적 특징을 고찰한 유필재(2001: 201-202)도 기원적으로 '외, 위'를 가졌을 것으로 생각되는 단어들 중에 선행자음이 없는 것과 선행자음이 'ㄱ, ㅎ'인 것은 단모음 '오, 우'로 실현되는 경우들이 있음을 '우·우에다가 ∞ 우이루(위)' 등과 같은 예를 들어 논증하였다.

그러나 종래의 통상적으로 쓰이던 '우'(<욹)를 대신하여 새로운 '위'형이 서울과 경기도 일대에서 본격적으로 등장하게 된 것은 「통일안」(1933)과 「표준말 모음」(1936)을 전후한 일이었다. 여기서 '위'(上)가 다음과 같이 표준어로 규범화되었으나, 전통적인 '우'형도 허용되었다.

> (15) a. 「한글마춤법통일안」, 부록 1 표준어 8.
>   다음의 말들은 여러 가지가 있으나, 甲만 취하고 그 밖의 말들은
>   다 버린다(甲란의 병기 괄호는 허용을 뜻한다).
>   [甲] 위(上), (우) - [乙] 욹
>   b. 웃 → 上(관형사) 웃마을, 위(名, 위로), (「표준말 모음」, p.112)

이러한 규정에도 불구하고 당시의 문어적 사용에서 새로운 '위' 보다는 '우'의 쓰임이 압도적인 기이한 현상을 보였다. 그리하여 「통일안」 자체의 지문 가운데에서도 '위'형이 사용되지 않았다(예 : "우의 말을 다시 해석하고 넘어 갈 적에 쓴다"). 또한, 「통일안」이 발표되었던 그 다음 해에 간행된 『한글』(2권 5호, [하기 한글지상 강습호])과 『한글』(2권 8호, [한글마춤법통일안 해설호] 1934)에서 각 영역별로 해설에 참여한 이희승, 최현배, 이윤재, 정인승 등과 같은 당대의 학자들의 글에서도 예외 없이 '우'형만이 사용되었다.

(16) a. **제3장 문법(담당자 최현배)** : 우의 말이…우에서…우에서는, 웃 品
　　　詞의, 우와 같이, 그 우에 용언에 붙여 쓴다… 웃 말에 붙여
　　　쓴다(pp.6-7)

　　　제5장 약어(略語, 이극로) : 우 아래의 홀소리에, 웃말, 그 우에(pp.20
　　　-21)

　　　이상은『한글』2권 8호, [한글마춤법 해설호].

　b. **최현배 "씨끝바꿈"(활용어미)** : ㄷ ㅈ 우에서는, 홀소리 우에서(p.10)

　　　이희승 "「ㅎ」바침" : 우에 들어보인, 이 우에서는(p.8)

　　　이윤재 "바침" : 닿소리의 우에서는(p.7)

　　　권덕규 "습관소리" : 홀소리 우에서, ㄴ이 ㅣ의 우에서(p.6)

　　　김윤경 "된소리" : 우에서 말함 같이(p.4)

　　　이극로 "조선말소리" : 홋소리는 우에 말한, 홀소리 토 우에서만(p.3)

　　　이상은『한글』2권 5호, [하기 한글지상 강습회]

　위의 예들에서 1930년대의「통일안」작성에 적극적으로 참여한 학자들에게
서도 그 사용을 찾아 볼 수 없는 새로운 표준어 '위'형은 어떤 과정을 거쳐서
유래된 것일까 하는 의문이 떠오르게 된다.[39] 또한, 이 학자들의 스승인 주시
경의 저술 가운데에서도 '우'형만이 쓰였으며, 이러한 사정은 김두봉의『조선
말본』(1916)에서도 변함이 없었다.[40] 그러나 김두봉의『깁더 조선말본』(1922)에
반영된 표기에서부터는 그의 초판에 나타났던 '우'(上)가 전면적으로 '위'로 대
치되어 등장하는 사실이 주목된다. 위에 두 가지로 난호아(p.154), 줄 위로 가로 긋은
줄 위는(p.152), 위 아래, 위에서(p.56), 위의 소리는(p.54), 아래 위를(p.23), 위 입술, 위 니

---

39) 최현배의 경우에는 1961년 그의 저서『한글바로적기공부』(정음사)에서도 지속적으로 '우'를
　　사용하였다. 예를 들면, "우에 적은 낱말(p.89), 우에 적은 받침(p. 89) 등등".

40) (ㄱ) 주시경의 원고본『국어문법』:
　　　上母音(우에 웃듬소리), 下母音(알에 웃듬소리)(p.15ㄱ), 우알에 가로줄은(p.26ㄴ), 우에 줄
　　　은(p.26ㄴ), 웃마듸의(p.28ㄱ), 우에는 히고 알에는 검다(40ㄱ), 우에로 하날과 알에로 사
　　　람에게(41ㄱ), 틀을 알에 벌이니(42), 우에 임이 잇는 것(67ㄱ), 이 우는 풀어 말홀 것이
　　　여러 가지가 잇나니라(69ㄱ). 우의 마듸…알에 마듸(활자본『국어문법』, 1910: 99). 우에
　　　와 다르게(p.85), 우에 마듸는(56), 웃 마듸는(44), 우에 마듸(45)

　　(ㄴ) 김두봉의『조선말본』(1916) :
　　　그 맨 우에(2), 우목구녁은 알에 목구녁으로(3), 우에 그림을 보면(20), 임씨 우에 잇어
　　　(p.74), 다른 씨 우에 쓰일 때가(146)

(p.23) 등등. 이와 같은 '우→위'로의 수정은 그의 개정판에서 꼼꼼하게 수행되지 못해서 그대로 초판에서와 같이 '우'형으로 나타나는 경우도 찾을 수 있다. 이러한 사실을 보면, 김두봉은 그의 개정판에서 어떠한 원칙 하에 일률적으로 '우'를 '위'로 수정하려고 했던 것으로 생각된다. 우에 말함과 같이(p.145), 이 우에 홀소리 하나를(p.59).

표준어 '위'의 설정은 (15)b의 규정에서 보는 바와 같이 명사 '위'와 관형사(또는 접두사)의 '웃-'간의 형태상 불일치를 초래하게 되었다. 그리하여 문세영의 『조선어사전』(1938)에서 표제어 '우'와 '위'는 대등한 신분(p.1060)으로 출현하였지만, '윗-돈'은 '웃-돈'의 사투리로 규정되었다(p.1088). 그 이후 조선어학회에서 발표한 「통일안」(1933)과 「표준말 모음」(1936)을 기준으로 작성된 이윤재의 『표준 조선말사전』(1947: 567)에서 '위'(上)가 유일한 표제어로 설정되며, '우'는 사투리의 표지가 붙게 되었다. 그러나 이 사전에서도 '위'형이 접두사로 사용될 경우에 '웃-'을 여전히 고수하였다(p.562). 한글학회가 펴낸 『큰사전』(1957: 2331)에 와서야 이 접두사가 명사 '위'와 맞추어 대부분 '윗-'으로 정비되었으나, '웃-옷, 웃-어른, 웃-사람, 웃-방(房), 웃-묵, 웃-도리, 웃-자리'(p.2312) 등은 예전 형태로 존속하게 되었다.[41]

그 반면에, 북한에서 작성된 「조선어 철자법」(1954)의 규정 제 41항에서 종래에 표준어로 인정되던 단어들 가운데 일부를 수정하였는데, 여기서 '위'(上)가 '우'로 교체되었다. 그리고 동 철자법 규정 제 42항에서는 명사 '우'와 접두사 '웃' 등을 구별하여 사용할 것을 명시하였다. [명사] - 우에서, 우로부터, [접두사] - 웃마을, 웃사람, 웃저고리, 웃어른, 웃옷, 웃이(고영근 2000: 169-170). 북한에서 명사 '우'와 접두사 '웃-'에 대한 이와 같은 규정이 오늘날에까지 지속되고 있

---

41) 「표준어 규정」(1989년 3월 1일부터 시행) 제1부 제2절 제12항에서 이 접두사는 명사 '위'에 맞추어 '윗'으로 최종적으로 통일된다. 이 조항에서도 예외가 존재하는데, '아래, 위'의 대립이 없는 단어는 '웃-'으로 발음되는 형태를 표준어로 인정한다는 부칙이 그것이다. (예): 웃-국, 웃-기, 웃-돈, 웃-비, 웃-어른, 웃-옷. 이희승 · 안병희(1994: 183-184)를 참조. 그러나 이러한 예외들은 예전부터 원래의 접두사 '웃-'으로 사용해 오던 관습을 완강하게 지속시켜 온 형태들에 불과한 것이다.

다.42) 따라서 1930년대의 「통일안」(1933)과 「표준말 모음」(1936)에서부터 확립된 새로운 '위'와, 이것과 보조를 맞춘 접두사 '윗-'이 남한에서는 그대로 계승되는데 반하여, 북한의 문화어에서는 1954년 「조선어 철자법」을 계기로 '우'와 '웃-'으로 고정되어 동일한 단어가 규정의 원칙에 따라서 서로 분화된 셈이다.

19세기 후기 전라방언 자료와 중부방언 그리고 북부방언(평안도와 육진)을 반영하고 있는 자료들에서 명사 '우'형이 전반적으로 사용된 사실을 보면, 명사 '우'와 접두사 '웃-'이 중세국어 이후의 표기 전통을 그대로 충실하게 나타내는 것이다.

(17) **a. 19세기 후기 전라방언 :**
　　이 우에 더 할소냐(수절가, 상. 27ㄱ), 우 으로 황상을 쇠기고(대봉, 상. 6ㄴ), 수리 우여 실여(초한, 상. 29ㄴ), 홍장 우의 거러노니(병오, 춘. 22ㄴ), 무릅 우의 올여 노코(판, 남. 46), 눈 우의 번듯 들고(화룡. 26ㄱ), 섬 우의 업더어(길동. 19ㄴ), 수리 우의 놉피 실코(충열, 상. 25ㄴ)

　　b. 19세기 후기 중부방언 :
　　나무 우희 놋코(「독립신문」1권 88호), 우희 사롭이 아래 사롭을(1권 76호), 그 직권 우희로(1권 77호). 우희로 나라를 돕고(2권 85호), 이가 아리 우희로 둘이 잇는듸(2권 78호), 두 골 우희 두두러진 듸가 잇서(2권 78호), cf. 길 우희와(1권 85호), 나무 우희 놋코(1권 88호), 산 우희로 통ᄒᆞ야(「텬로력뎡」43ㄴ), 수리 우희로(동. 117ㄱ)

　　c. 19세기 후기 평안방언 :
　　나논 우으로 붓트며(「예수셩교젼셔」요안니 8: 23), 우에는 하나님의게 영화ᄒᆞ고(동. 누가 1: 14), 나무 알에서 보왓노라(동. 요안니 1.50), 집올 모시 우에 셔우미니(동. 맛티 7: 26), 집우에 올나(초역 누가 5: 19), 산 우에 올나(Corean Primer, 31), 멀이 우에(동. 21)

　　d. 20세기 초반 육진방언 :
　　čib uu hərə(위를, 「철자교과서」83: 55),　muri olla uru wašə(위

로, 「철자교과서」 47: 35), pusuk'ɛ ue(위에, 「철자교과서」 90: 72), tʃibuŋ uulli(집웅 위로, 「로한 소사전」 p.81)

위의 예들을 보면, 명사 '위'(上)의 등장과 표준어로의 확립은 20세기에 와서 형성된 급진적인 언어적 사건인 것이다. 그렇지만 오늘날의 지역방언에서는 규범적인 '위'와 대조되는 전통적인 '우'형이 우세하게 사용되고 있다. 이러한 경향은 특히 제주도 방언과 경상도 및 전라도 방언에서 매우 강하게 나타난 다. 서울 지역어를 포함한 중부방언에서 명사 '위'의 출현은 적어도 19세기 후 기로 소급된다. 그러나 『한불ㅈ뎐』(1880)에서는 이 형태가 아직 표제어로 나타 나지 않았고, Underwood(1890: 260, top: 꼭닥이, 위)와 Gale(1897: 101, 위: the top)의 『한영ㅈ뎐』에서부터 보수형 '우'와 더불어 확인되기 시작한다. 이와 같이 초 기의 사전 부류에 표제어로 등장하는 명사 '위'형은 이와 거의 비슷한 시기인 19세기 후기와 20세기 초반의 문헌 자료에서도 확인된다. 한슈졍후 넉ᄌ <u>위다가</u> 한나라 한ᄌ를 더 시게 드리니(관성제군명성경언해. 18ㄱ), 나무 <u>위셔</u> 빙빙 돌더니(주해 어 록총람. 80ㄴ), 휘어 잡은 가지를 <u>위의로</u> 탁 노아 바린단 말(동. 81ㄴ).

19세기 후반에서부터 등장하기 시작하는 개신형 '위'(上)는 전통적인 '우'로 부터의 발달이지만, 여기에 어떤 음운론적 동기가 관여했는지 쉽게 발견되지 않는다.[43] 따라서 '우>위'의 변화는 형태론적 층위에서 일어난 결과일 것이 며, 폐음절과 개음절 어간의 체언에 첨가되는 접미사 '-이'가 여기에 개입되었 을 것으로 보인다. 즉, "우+-i → 위". 서울지역과 경기도 일대에서 수행된 이 러한 형태론적 과정은 Martin(1992: 927, part II)에서 가장 먼저 파악되었다. 그는 '우>위'의 변화를 "웋+-이>우히>우이>위"와 같은 일련의 단계로 설명하 고, 이와 동일한 형태론적 과정을 거친 단어들 가운데 표준어로 유입된 '나 이'(年齡)형을 제시하였다. 즉, "낳+-i>나이". 여기서 체언어간에 접미되는 '-

---

43) 김형규(1974: 107)는 지역방언에서 보이는 다양한 "전설고모음화 현상"을 설명하는 과정에 서 명사 '위'(上)의 이전 형태는 '우ㅎ'이었기 때문에 현재 표준말의 형태는 /u/에서 /wi/로 전 설모음화한 것으로 기술하였다.

이'의 신분에 대해서 Martin(1992)은 '사람, 것, 사실' 등을 가리키는 형식명사 이거나, 아니면 주격조사 '-이'일 것으로 이해하였다.

'나이'(年齡)는 「표준말 모음」(1936: 114)의 "준말"(略語) 항목에서 원어로 선정 되었으며, 원래의 '나'는 준말로 취급되었다. 그러나 '낳＋접사 -i'의 과정을 거친 형태는 19세기 후반의 국어사전 『한불ᄌ뎐』(1880: 261)과 Gale의 『한영ᄌ 뎐』(1897: 355) 등에서 사용되지 않았고, 그 대신 원래의 '나'로만 등록되었다. 그렇지만, Underwood의 『한영ᄌ뎐』(1890: II, p.7)에서 표제어로 오늘날의 '나이' 의 선행 형태 '나히'(년세, 년긔, 설)의 모습이 나타나기 시작한다. 따라서 서울 과 경기도 지역에서 개음절 어간 체언에 접사 '-이'가 첨가되어 사용된 형태 인 '위'(上)와 '나이'(年齡)가 비교적 짧은 기간 동안에 중류 계층의 점잖은 말씨 에까지 유입되어 1930년대의 표준어로 각각 선정된 것이다.

표준어 '위'와 '나이'가 각각 선행 형태 '웋'와 '낳'에서 파생 접미사 '-이'를 첨가하여 형성된 결과라 한다면, 이러한 현상과 관련하여 다음과 같은 두 가 지의 문제를 해결하여야 된다. 하나는 두개의 형태가 중세국어 단계의 'ㅎ' 말 음 체언에 속하는 것인데, '위'의 경우에는 어간말 자음이 접미사 '-이'와 축약 된 반면에, '나이'는 그대로 두 음절로 굳어진 이유가 무엇일까 하는 문제이 다. 다른 하나는 개음절 체언에 접미사 '-이'가 첨가되는 형태론적 현상이 약 한 서울과 경기도 지역에서 이러한 과정을 밟은 '위'와 '나이'가 1930년 당시 에 표준어로 선정된 이유가 어디에 있을까 하는 것이다. 이와 대조적으로, 그 러한 형태론적 과정이 매우 생산적인 남부와 함경도 방언을 포함한 북부방언 에서 이들 형태에 접미사 '-이'가 대부분 면제된 '우'와 '나'로 사용되고 있는 사실이 매우 특이하다.

19세기 후기 Putsillo의 『로한ᄌ뎐』(1874)은 폐음절과 개음절의 체언어간에 접사 '-이'가 첨가되는 매우 생산적인 형태론적 과정을 반영하고 있다(최학근 1976; King 1991). 이러한 상황은 오늘날의 함북방언에서 그대로 지속되어 있다 (정용호 1988, 곽충구 1994, 황대화 1998). 특히 『로한ᄌ뎐』(1874)은 중세국어의 단계

에 'ㅎ' 말음을 갖고 있던 일련의 단어들이 접미사 '-이'와 연결된 이후에 나
중에 h이 제거된 상태에서 직접 어간말 모음과 축약되지 않는 모습을 보여 준
다(18a). 그 반면에 기원적으로 'ㅎ' 종성체언이 아닌 단어들은 체언어간 모음
의 유형에 따라서 접미사 '-이'와 연결되어 직접 이중모음화 하였거나, 아니면
새로 형성된 이중모음에서 단모음으로 향하는 단계를 이 사전은 반영하고 있
다(18b).

> (18) a. 짜이(땅, p.197), 파이, 쓸파이(葱, 289), 코이(鼻, 361), 초이(酢, 667),
> 셔이, 셔편이(西, 187), 모이, 네모이(方, 263), 노이, 승ᄌ(繩, 47), 두
> 루이, 들이, 쓸이(野, 411, 457), 우이(ui, 上, 49), 나이(年歲, 107)
> b. 공뷔, 공부(p.187), 칼국쉬(p.276), 윤되, 윤도, 윤뒤(p.675), 벼뤼, 벼
> 리돌이(p.435), 상튀(p.257), 동뫼, 동모, 버디(p.643), 단취(p.521), 후
> 초, 후취(p.247), 활위, 화로, 화뢰(p.247, 165), 거문괴(p.35)

(18)a 부류는 함북방언에서 체언어간말 'ㅎ'이 기능을 발휘하고 있었을 역사
적 어느 단계에서 폐음절 어간에 접미사 '-이'가 첨부되었기 때문에 결과적으
로 모음 축약이 일어나지 못한 것이다(King 1991: 75-76).[44] 원래부터 폐음절 어
간의 체언에 접미사 '-이'가 연결된 예들은 Putsillo(1874)에 다음과 같이 나타난
다. 약방이(藥房, p.7), 져리, 졀이, 결이(寺, p.227), 콩이(大豆, p.27), 사라미(사람, p.117). 그
리하여, 예를 들면 '낳(年歲)+-i → 나히'와 같은 단계에서 (18)a 부류들은 유기
음 'ㅎ'이 유성음 환경에서 탈락되었으나, '나이'의 상태로 지속되어 축약이
더 이상 진행되지 못했음을 반영한다.[45] 이러한 (18)a 부류 가운데 표준어 '위'

---

44) 그러나 Putsillo(1874)에서도 '니미'(額, p.283)와 같은 방언형은 기원이 'ㅎ' 종성 체언이었음
에도 불구하고, 이미 '니맣+-i → 니마히 → 니마이 → 니미'의 과정을 거친 결과를 보여 준
다. 이러한 '니미'형의 예외적 행위는 다른 (18)a 부류에 비하여 종성 'ㅎ'의 탈락이 비교적
이른 시기에 일어난 결과로 생각된다.
45) 또한 이러한 형태론적 과정이 19세기 후반 평안도 방언 자료에서도 확인된다. 코이 능이 마
트니(*Corean Primer*, koi, p.79), 팡이(파, pangi, 동. p.65). Ross의 *Corean Primer*(1877)에는 개음절
체언에 접미사 '-이'가 연결되어 발달된 방언형들도 사용되어 있다. 싱지, 겨지(p.65), 등지가
근어덧다(p.55), 의지여 걸레질 하시(p.12), cf. 종지는 하느님의 도니(種子, 1882년 초역, 누가

에 해당되는 19세기 후기 함북 방언형이 '우이'의 형태로 등장하고 있다.

이 방언형은 또 다른 함북 육진방언 자료 가운데 1904년 러시아 정교선교협의회에서 간행한 *Opyt Kratkago Russko-Korejskago slovarja*(『시편 로한소사전』, 카잔)에서도 [ui](verx: upper part, p.9)와 [u, ui](p.126) 등과 같이 확인된다. 그렇기 때문에 '우이'(上)과 '나이'(年歲)형은 함북 육진방언에 가까운 형태이다. 이와 같은 방언형들이 1930년대의 여러 지역방언에서 어느 정도의 세력을 갖고 확대되어 있었던 것인지 분명히 확인할 수는 없다. 그러나 '우이'(上)와 '나이'(年歲)가 이 시기에 서울과 경기도 근역에서 '우'와 '나'형을 누르고 일반화되었던 사실만큼은 분명한 것으로 보인다. '나이'(年歲)의 경우는 체언 어간말 모음과 접미사 '-이'가 아직 축약되지 않은 상태로 1930년대의 표준어로 수용되었으나, '위'(上)는 표면상 축약의 형태가 표준어로 사정되었다. 그러나 1930년대 서울말에서 '위'는 아직 단모음화를 거치지 않고, 적어도 [wi]와 같은 이중모음을 유지했었을 가능성이 높다. 현대 서울지역과 경기도 방언 등지에서 노년층 화자의 자연스러운 말의 스타일에서 '위'(上)의 발음이 두 음절로 이루어진 '우이'와 같은 구성으로 사용되고 있다.46)

서울말과 경기도 일대에서 개음절 체언에 첨가되는 접미사 '-이'의 용법은 다른 지역방언에서와 같이 그렇게 생산적인 현상은 아니었다. 그러나 역사적으로 중세국어의 단계에서부터 개별 단어의 특징에 따라 이러한 과정을 거친 형태가 문헌어로 등장하기 시작하였다. 중세국어의 '(눈)즈슨'(核)에 대한 새로운 '(눈)즈싀'형, 그리고 '스즈'(獅子)에 대한 '스지'형의 출현이 그러한 예에 속

8:11), 죵지를 헤틴다(동. 8:5).

46) 현대 서울지역과 경기도 방언 등지에서도 노년층 화자의 자연스러운 말의 스타일에서 두 음절로 구성된 '우이'와 같은 발음이 아직도 사용되고 있다.
「서울 토박이말 자료집. I」(1997)에 수록되어 있는 자연발화 가운데 '위'(上)를 '우이'로 전사한 예들은 다음과 같다. (1) 우이루 올라가야지(jjg, p.195), (2) 내 우이루다가 오라버니 있구(sjs, p.199), (3) 아부지 우이루 쿤아부지가(sjs, p.200), (4) 우이를 물에 닿지 않게 우이루다 이렇게 허믄(sjs, p.209), (5) 우이예요, 우이다 올려 논거예요(jsy, p.253), (6) 우이는 인제 이런 걸 놓구 밑에다가(jsy, p.253). 경기도 일대에서도 '우이'(上)형의 사용을 김계곤(2001: 217, 487, 537)에서 수집된 경기도 방언 자료에서 쉽게 발견할 수 있다.

한다. '스ᅀᅳ+-i>스싀'의 형태론적 과정을 거친 개신형 '스싀'형이 보수형을 제거하고 점진적으로 오늘날의 서울말인 '(눈)자위'로 발달하는 기반이 되었다.[47] 그러나 '스지'의 경우는 19세기 후반에까지 이것의 지속적인 발달형 '사지'가 사용되었지만, 漢字音의 영향으로 결국 다시 '사자'로 복귀되었다. (ㄱ) 스지(Gale 1897: 547), (ㄴ) 사지춤, 사지코, 사지탈(『조선어사전』 1920: 444).[48] 그렇기 때문에, 1930년대에 표준어로 유입된 '위'(上)형이 원래의 '우'에 접미사 '-이'가 첨가된 형태론적 과정을 거쳤다고 해서 그렇게 드문 예가 아니다.[49] 예를 들

---

47) 이기문(1971: 123-126)은 「예산본 훈몽자회」와 여타의 다른 이본간의 차이를 비교하는 자리에서 「예산본」의 '눈ᄌ싀'(睛, 상. 13ㄱ)와 「동중본」등의 다른 이본에 출현하는 '눈ᄌᅀ'(상. 25ㄱ)를 주목하였다. 그는 전자의 형태는 아마도 그 당시의 新形(아니면 방언형)이어서 다른 이본들에서 舊形(즉 점잖은 말씨의 어형)인 '눈ᄌᅀ'로 고쳐진 것으로 해석하였다.

48) 중세국어의 '스ᄌ'(獅子)에서 접미사 '-이'가 연결된 '스지'로부터 "스지>스즤>사지"와 같은 진로를 밟은 '사지'(獅)형은 1940년대 북부방언에서도 사용되었다. 사자, 사지(평남 개천, 「한글」 7권 4호). 그리고 이 형태는 역시 Gale의 『유몽천ᄌ』에도 발견된다. 스지, 獅(p.65). 또한, 19세기 중반의 경상도 방언의 특징을 부분적으로 반영하는 필사본 『교린수지』(경도대학본 영인)와 이것의 20세기 초반 교정본인 『校訂 교린수지』(1904)에도 '스지'형이 나타나는 것을 보면, 그 분포가 광범위했을 것으로 추정 된다. 스지가 강남은 흔흔가 시브의(「교린수지」 2: 6), 사지는 셔역에 만타ᄒᄂ(교정본 「교린수지」, 70).

49) 표준어의 형태에 접미사 '-이'가 연결되었으나, 오히려 이와 대응되는 방언형에 그러한 형태론적 과정이 면제된 경우도 찾을 수 있다. 표준어 '따비'(耒)에 대한 남부 방언형 '따부'의 존재가 그러한 예이다. 오늘날의 표준어 '따비'에 선행하는 중세국어 형태는 '짜보'이었다 (남광우 1997).
남부 방언형 '따부'는 19세기 후기 전라방언의 자료에서도 다음과 같이 동일한 모습으로 출현하였다. 순님금의 ᄯ부 흔젹(판, 퇴. 272), 실농씨 니신 짜부 천추만디 유전ᄒ늬(수절가, 하. 25ㄴ). 따라서 '짜부'형은 중세국어의 '짜보'에서부터 비어두음절 위치에 모음상승(오>우)을 수행하여 온 반사체인 것이다. 그 반면, 표준어 '따비'형은 여러 가지의 증거로 미루어 볼 때, '짜보>짜부'의 과정을 거친 다음에 접미사 '-이'가 체언 어간말 모음에 첨가된 것이 분명하다. 즉, "짜보>짜부+-i>짜븨>짜븨>따비". '짜부'에 접미사 '-이'가 첨가된 짜븨, 그리고 여기서 비원순화된 '짜븨'형들이 실제로 존재하였던 흔적들이 아래와 같이 발견된다.
1) 짜븨 : 짜븨 耒(通學徑編, 상. 23ㄴ, 兒學編, 상. 11ㄱ)
    짜븨(왜어유해, 하. 2ㄴ)
    짜븨는 밧가는 거시매(재간 교린수지 3.28ㄱ)
    cf. 짜부는 밧가는 거시매(필사본, 경도대학장본, 교린수지, 3. 16ㄱ)
    신농시 믄든 ᄯ븨 천만셰릴 유전호다(남원고사, p.365)
2) 문세영의 『조선어사전』(1938: 197) : 짜븨, 짜븨밧
3) 이윤재의 『표준 조선말 사전』(1947: 228) : 따비 : 풀 뿌리를 뽑는 도구
    짜븨 → '따비', 따븨 → '따비'

면, 「표준말 모음」(1936)에 선정된 1930년대 당시의 표준어 가운데 '가게'(商店) 등과 같은 유형들도 접미사 '-이'의 첨가와 직접 관련이 있는 단어이다.

3.2.2 '가가'(假家)와 '가게': 비어두음절 '애>에'의 경향

오늘날 사용되는 표준어 '가게'(商店)는 원래 한국에 고유한 한자어 '假家'(가가)로 소급된다. 중세국어의 단계에서도 '가가'형이 사용되었으며, 또한 이 형태에 파생접사 '-이'가 연결된 '가개'의 모습도 등장하였다(남광우 1997: 2). 그러나 중세국어에서 '가가, 가개'는 '사다리, 누각' 또는 '차양'이나 '시렁' 정도의 의미로 사용되었다. 중세국어의 단계에서 쓰이던 '가가' 또는 '가개'형이 이미 19세기 후기와 20세기 초반에 사용되었던 고유한 한자어 '假家'와 관련이 있었던 것인지 확실하지는 않다. 그러나 근대국어의 단계에 오면서 임시로 허술하게 지은 가건물 또는 이러한 형태의 집에서 노점과 상점이 시작되어 '假家'라는 단어가 만들어진 것은 분명하다.[50]

이와 같이 중세국어에서부터 '가가'와 '가개'형이 공존하고 있었지만, 19세기 후반 또는 20세기 초엽의 국어에서는 고유 한자어 '假家'의 영향으로 주로 '가가'형이 사용되었던 것으로 보인다. Gale의 『한영ᄌᆞ뎐』(1897)에서는 '가가'의 한자어가 '街家'로 대응되어 있으며, 원래의 의미와 여기서 환유에 의해서 파생된 이차적 의미가 함께 반영되어 있다. 가가 : a stall, a street stand, see 젼(p.175), 젼 : 廛房, a shop, a store, see 가가(p.743). 이러한 상황은 20세기 초반에까지 지속되어, 『조선어사전』(1920)에서 '구멍가가'(작은 상점, 假家, p.108)와 '가가'(假建物, 露店,

---

50) 심재기(1982: 171)는 "換喩에 의한 의미 변화"를 설명하는 과정에서 중세국어의 '가개'(棚, 凉棚)형이 공간적 근접에서 의미변화를 일으킨 좋은 예로 보았다. 그는 이 형태가 원래 '시렁, 선반' 또는 '차양'을 뜻하였던 것으로 행인이 앉아 쉬던 평상과 같은 것이었는데, 거기에 노점이 생기자 점차 상점의 의미를 함축하게 된 것으로 설명하였다.
    또한, 남성우(2001: 34)도 중세국어의 '가개'는 '시렁'(棚), '차양' 또는 '차일'(凉棚)을 뜻하는데, 이것은 근대국어에서도 같은 뜻으로 사용되었다고 하였다. 가개(凉棚, 역어유해, 상. 17). 그리고 그는 원래의 '차양' 또는 '차일' 밑에서 사람들이 露店을 내었기 때문에 현대국어 '가게'는 길가에서 물건을 파는 집에서 발전한 것으로 보았다.

店鋪, p.5)의 형태로만 실려 있다. '가가'형은 19세기 후기 중부방언을 반영하는 「독립신문」(1896)에서도 사용되었는데, 다음과 같이 오늘날의 '가게'의 원형에 가까운 모습으로 출현하고 있다. 그러나 이 자료에서 접미사 '-이'가 첨가된 '가개'형은 원래의 '가가'의 출현 빈도에 비추어 보면 매우 빈약한 분포를 보였다(19b). 따라서 새로운 '가개'는 이 시기에도 적어도 격식어에서 일반적으로 출현하지 않았던 것으로 이해된다.

> (19) a. 길을 범호야 집이나 가가를 지으면(「독립신문」 1권 94호)
> 길가에 가가와 차양이 나온 거슨 다 ᄭ게 쩨고(1권 89호)
> 집 압희 가가를 내셔 지은 사람들은 가가를 헐니고(1권 94호)
> 길가에 원처 집도 업고 다만 가가겸 집젼 호고 살면서(1권 94호)
> 가가 첨아 밧긔 채양과 좌판을 길에 범홈을 엄금호고(1권 85호)
> 남은 터는 쟝ᄉ호는 빅셩의게 관허를 호야 가가를 짓게호고(1권 77호)
> 가가 첨아 밧긔 채양과 좌판을 길에 법함을 엄금호고(1권 85호)
> b. 반찬 **가기**와 관에 단니면셔(1권 36호)

그러나 개신형 '가개'는 당시의 일반 대중들의 구어에서 널리 확대되어 있었던 것이 분명하다. 20세기 초반의 미완성 국어사전 원고 「말모이」(조선광문회 편, 이병근 2000을 참조)에는 '가개'형이 제1표제어로 등록되어 있다. 가개(제) : 장사의 몬을 파는 집(p.541), 가가 : 「가개」에 보임. 그렇기 때문에 당시에 '가가'형 보다 더 보편적인 '가개'가 「표준말 모음」(1936)에서 규범어의 위치로 수용된 것은 쉽게 이해할 수 있으나, 이 형태가 '가게'로 변경되어 있는 사실이 이외인 것이다.[51] ㅏ와 ㅔ의 통용 : [ㅔ]를 취함. 가게(店, '가가, 가개'를 버림, p.14). 「표준말 모음」에서 선정된 '가게'형이 보이고 있는 표기상의 문제는 '가가'에 접미

---

51) 김두봉의 『깁더 조선말본』(1922)의 표기 가운데 '가게' 형태가 처음으로 나타나고 있는 사실이 매우 특이하다. 이 단어는 그의 초판본 『조선말본』(1916)에서는 '가개'로 사용되었지만 나중에 개정판에서 '가게'로 수정된 것이다.
　　(1) 저 **가게**에…함흥배가 있소(p.181)
　　(2) 저 **가게**에는…함흥배도 있고(p.173)

사 '-이'가 첨가된 형태가 원칙적으로 '가개'라는 사실이다. 원래의 '가개'형은 「말모이」의 표제어였으며, 「독립신문」(1896)에서도 '가기'로 사용된 적이 있다. 또한, 「표준말 모음」에서 제시하고 있는 유의어 가운데 '가가'와 더불어 원칙적인 '가개'가 존재하고 있음에도 불구하고 여기서 '가개'에서 '가게'로 교체된 것은 언어 내적인 현상을 반영하는 사실로 판단된다.[52]

1930년대 당시에 단모음 '에'와 '애'의 구분에 대한 발음상의 혼동이 특히 비어두음절 위치에서 상당히 일반화되었던 것으로 보인다. 이와 같은 사실은 당대의 방언학자인 小倉進平(1944)과 河野六郎(1945)의 관찰에서도 분명하게 드러난다. 따라서 언중들이 구사하는 일상적 구어에서의 혼란은 표기에도 그대로 유입되었을 것이다. 그렇기 때문에 「표준말 모음」(1936)에서 단어들의 유형에 따른 '애'와 '에'의 구분을 다음과 같이 명시적으로 규범화하기에 이르렀다. 그러나 이러한 구분에서 원래의 '애' 모음을 갖고 있었던 단어들이 '에'로 바뀌진 모습을 보여 주게 되었다.

ㅐ와 ㅔ의 통용

> (20) a. [ㅐ를 취함] 가재(가제), 담배(담베), 아래(下, 아레)
>   b. [ㅔ를 취함] 나그네(나그내), -는데(-는대), 데(處, 대), 한데(露天, 한 대), 한데(一處, 한대, 한테), 헌데(腫處, 헌대, 헌듸, 헐 믜), 동네(洞, 동내), 자네(君, 자내). p.16

위의 예에서 표준어 '나그네'(客)의 전통적인 표기는 중세국어에서부터 '나그내'였기 때문에 이 단어의 마지막 음절의 모음 '-애'가 '-에'로 바뀌어졌다.

---

52) 1930년대 「표준말 모음」에서 설정된 이와 같은 규정은 그 이후 '가개'형을 지역방언형으로 인식시키게 되었다. 그리하여 지봉욱씨가 『한글』지에 투고한 함남 정평 사투리 가운데에서도 표준어 '가게'(店)에 대한 정평 방언형 '가개'가 수집되어 있다(『한글』5권 1호, p.16).
또한, '가개'를 버리고 '가게'를 표준어로 선정하는 1930년대의 규범은 그대로 북한의 표준어로 수용되었다. 가개(假家, 방언) → 가게; p.6. 가게: 자그만 규모로 물건을 벌여 놓고 파는 집(『조선말사전』, 1960, 과학원 출판사).

이 형태는 근대국어 이후의 문헌에서 '나그니'로도 출현하였지만, 그것은 단순한 표기상의 현상이었다.[53] '나그내'에서 '-애 → -에'로의 대치는 19세기 후기 평안도 방언의 자료에서 나타나기 시작하였다. 나가네롤 보다가(『예수셩교젼셔』, 맛디 22: 11), 나가네야(동. 맛디 22: 12), 나가네 되여(1882 초역 누가 24: 18), 차부어 나가네 디졉하시(Corean Primer, p.16). 그러나 19세기 후기 중부방언을 대표하는 『한불ᄌ뎐』(1880: 262)에서는 역사적 표기와 동일한 '나그내'로 등록되어 있다. 공식적인 '나그네' 형태의 도입은 『조선어사전』(1920)에서부터 시작되었는데, 여기서 '나그내'와 '나그네'가 대등한 신분으로 나타난다(p.152). 따라서 「표준말 모음」에서 '나그내' 대신 선정된 '나그네'형은 당시의 발음상의 변화를 반영하는 것으로 파악될 수도 있다. 그러나 이러한 변화와 무관한 (20)a 부류들에 비추어 근대국어의 관용적인 표기 '나그니'를 '나그네'로 잘못 인식하였을 가능성도 배제되지 않는다. 위에서 접미사 '-이'의 첨가와 관련된 '가개'(商店)형이 1930년대에 전통적 표기를 벗어난 '가게'로 설정된 예와, (20)b의 '동내(洞內) → 동네'의 경우도 이러한 상황과 관련되어 있다.[54]

1970년대 표준말 재사정 시안을 현대 서울말의 발음 경향에 비추어 검토하는 과정에서 남광우(1982: 86)는 '돌맹이, 노랭이, 내리다' 등의 말에서 '애' 모음이 '에'로 바뀌는 경향을 제시하고, 이러한 '애 → 에' 현상은 일찍이 1930년대 '나그내 → 나그네, 동내 → 동네'와 같은 변화로 소급될 수 있다고 언급하였다. 이러한 현상은 특히 비어두음절 위치에서 /e/와 /ɛ/의 변별성의 약화와 관련되어 있는 것으로 보인다. 「표준말 모음」에서 제시된 비어두음절 위치에서 '-에'를 취하는 (20)b의 예 가운데 일부는 앞서 발표된 「통일안」(1933)의 부록에 실려 있는 "표준어"의 유형들과 서로 일치하지 않는다.[55] 즉, 「통일안」

---

53) 『17세기 국어사전』(1995: 417-8)에서 대부분 '나그내'형으로 나타나지만, '나그니'도 보이기 시작하였다. 나그니(언해 박통사, 상. 57ㄱ), 나그니네(언해 노걸대, 상. 18ㄱ), 나그니들흔(언해 노걸대, 하. 54ㄴ). cf. 나그내(옥산서원본 초간 이륜행실도 38ㄱ) → 나가니 되여셔(중간 이륜행실도.38ㄱ).

54) 그 반면에, 조세용(1991: 95)은 '가게'를 부분적으로 개수된 귀화어 범주로 설정하였으며, (ㄱ) '가가 → 가개'는 'ㅏ > ㅐ'와 같은 개별적, 수의적 모음변화인 동시에, (ㄴ) '가개 → 가게'는 양성모음의 중복 기피로 인한 모음이화로 'ㅐ > ㅔ'의 변화를 거친 것으로 설명하였다.

(1933)에서는 형식명사 '대'(處)가 표준어이고 '데'가 비표준어로 규정된 반면에, 「표준말 모음」에서는 (20)b에서 보는 바와 같이 그 결정이 번복되었다. 이와 같은 예로 「통일안」의 '가운대'(中)과 「표준말 모음」에서 바뀌진 '가운데'(p.23)도 첨가된다. 이러한 사실은 표준어 사정에 참여한 심의의원들도 1930년 당시에 '애'와 '에'에 대한 인식이 단어들의 유형에 따라서 한결같지 않았음을 드러내는 것이다.

(20)b의 예들을 보면, 「표준말 모음」에서 형식명사 '데'(處)와, 이것과 이루어진 복합어 그리고 연결어미 '-(는)데'를 '에'의 방향으로 통일시키려는 의도가 느껴진다. 이것은 역사적 표기나, 국어사에서 일어난 규칙적인 'ㅇ'의 변화의 방향과 일치하지 않는다. 즉, 형식명사 '디'(處) 그리고 이것과 합성된 '가온디'(中), '한디'(露天), '훈디'(一處, 同, 與)들은 지역방언에 따라서 'ㅇ'의 1단계 또는 2단계의 변화를 수용하는 것이 원칙이다(한영균 1994: 162). 서울을 중심으로 하는 중부방언에서는 이들 형태의 반사형들의 모음이 주로 '에'로 나타난다. 이러한 과정은 형식명사 '디'(處)의 'ㅇ'에 제2단계 변화가 적용된 결과이다. 그렇다면, '디>데'가 아니고 '디>대'와 같은 변화가 성립되어야 할 것이다. 이 형태가 '애'가 아닌 '에'로 출현하는 것은 당시의 실제 발음과 관련되어 있을 가능성이 높다.

형식명사 '디(處)>듸'의 규칙적인 변화는 이미 15세기 국어에서부터 나타나기 시작하여 개신형 '듸'는 17세기 국어로 이어진다(남광우 1997, 홍윤표 외 1995). 그리고 이 반사체는 19세기 후기 전라방언 자료에서 생산적으로 확대되어 있다. 이것도 쓸 듸 업다(수절가, 상. 38ㄱ), 나구믜고 노던 듸요(수절가, 하. 29ㄱ), 모도 다 간 듸 업다(판, 박. 388), 박통 뵌 듸마다(동. 364), 먼 듸 쇼식 쩍여 온다(동. 360). 그 반면, 17세기의 국어에서도 'ㅇ'의 제1단계 변화 흐름에서 벗어난 원래의 '디'가 지속되었다.56) 이러한 불변형 '디'의 반사체가 19세기 후기에서부터 다양한 자

---

55) 이러한 불일치는 비어두음절에 적용된 모음상승 현상('오>우')에서도 나타난다. 「통일안」(1933)의 **부록 1 표준어**에서 '절루(自), 가까스루(僅)'가 규범어로 선정되었는데, 「표준말 모음」(1936)에서는 이러한 변화가 수용되지 않는 '절로, 가까스로'가 표준어로 바뀌었다.

료에 '데'로 출현하는 모습이 확인된다. 여기서 '듸>데'의 변화는 핵모음 'ᄋ >어'와 같은 과정을 반영하는 것이 아니고, 'ᄋ'의 제2단계 변화 이후에 개입 된 '애>에'를 거친 결과로 보인다. 그것은 위의 (20)b에서 표준어로 선정되지 못한 유의어 '대'(處), '-는대'(어미) 등이 규칙적인 'ᄋ'의 제2단계 변화를 수용 하였으나, '애>에'의 변화와는 관련이 없는 형태로 간주할 수 있기 때문이 다.[57]

(21) a. 안즐 데가 업소웨(*Corean Primer*, p.53)
　　　　닉 너를 불운듸 열어번인데(p.14)
　　　　덤에 할우 묵년데(p.33)
　　　　쓸 데 업슨 거시니(예슈성교젼셔 코린돗 젼셔 12:24)
　　　　놉푼 데 닐으러(초역 누가젼셔 2:43)
　　　　쟈근 데 올운 쟈는 큰 데도 올코(동.16:10)
　　　　귀한 사람이 먼 데 가나라 봉흥물 밧고(초역 누가 19:2)
　　　　지극키 놉푼 데 영화라(초역 누가 19:38)
　　　　함끠 뉴흐는 데를(초역 누가 24:29)
　　　b. 착헌 데 감웅흐시미(「죠군령격지」. 14ㄱ)
　　　　험헌 데 발기를(동. 39ㄴ)
　　　　확쳥흐는 데 이스니(「御製諭大小民僚及中外民人等斥邪綸音」, 1881. 2ㄴ)
　　　　편안흔 데 나아가고(동. 3ㄴ)
　　　c. 먼 데가 뵈지안는다(재간 교린수지 1.19ㄱ)
　　　　셔울은 인군 계신 데요(동. 2.36ㄴ)
　　　　옥은 죄인 가두는데라(동. 2.37ㄴ)

---

56) 튜니 늘거셔 다른 듸 가 취ᄒ여 오거든(옥산서원본 초간 이륜행실도 15ㄱ), 양츈이 나히 늘 거셔 다른 듸 가 술취ᄒ야 오거늘(중간본 이륜 15ㄱ).

57) 연결어미 '(는)듸'의 반사체들도 19세기 후기의 다양한 자료에서 규칙적인 'ᄋ'의 제1단계 변화를 밟은 '(는)듸' 부류와, 이러한 변화의 흐름에 휩쓸리지 않고 있다가 후대에 'ᄋ'의 제 2단계 변화에 적용된 '(는)대>(는)데' 부류로 분포되어 있다. (1) 차례로 부르난듸(수절가, 하. 4ㄱ), 드러을 오난듸(동. 하. 4ㄱ), 춤을 추난듸(동. 상. 10ㄴ), 도련임만 싱각ᄒ야 우난듸 (동. 하. 7ㄱ), 간치뉘 쩌오난듸(심쳥, 하. 4ㄴ), 굿치며 나온나듸(판, 박. 388). (2) 돌아 오넌데 (1882년 초역 누가젼셔 2:43), 밤에 딕키넌데(동. 2: 8), 시염을 미귀게 보넌데(동. 4:2), 사람을 혐의티 안넌데(동. 18:2), 고기 지지넌데 달길 두어라(*Corean Primer*, 1877: 13), 닉 너를 불운듸 열어번인데(동. 14), 덤에 할우 묵년데(동. 33).

쓸데 업느니라(동. 1.55ㄴ)
침은 병든 데 주느니라(동. 3.28ㄱ)

중세국어의 '가온디'(中)의 반사체는 17세기 국어에서 이미 대부분 '가온대' 형으로의 출현하였다(『17세기 국어사전』, 1995: 120). 이와 같은 '가온디>가온대'의 변화는 비어두음절 위치에서 '이>애'와 같은 과정을 밟은 것으로 생각할 수 있으나, 의존명사 '디>대'에서 일어난 변화에 영향을 받았을 가능성이 높다. 그러나 이러한 경향 속에서도 17세기 국어에서 비어두음절 위치에 적용된 'ᄋ'의 제1단계 변화를 수용한 '가온듸'의 예가 등장하고 있다. 블 가온듸 잇거눌(동국신속, 효자 4.77ㄴ), 놀앳 가온듸(曲中, 중간 두시언해 3: 68ㄴ). '가온듸'형의 지속적인 발달이 19세기 후기 Putsillo의 『로한ᄌ뎐』(1874)에서 확인된다. 가온디, 가온디 [kaondi], [kaondɛ](p.573). 그 반면, 19세기 후기와 20세기 초엽의 중부방언에서는 예전의 '가온대'형이 그대로 존속되었다. 밧 가온대셔(「독립신문」 1권 57호), 태양 가온대(1권 51호), 길 가온대든지(1권 54호), 가온대(中, 조선광문회 편 「말모이」, p.549). 이 시기에도 '가온대>가온데'의 변화의 발단이 자료의 유형에 따라서 등장하기 시작하였다. 우리 가운데(1882년 초역 누가복음젼셔 1:1), 쥭은 쟈의 가운데 (동. 24:5), 가운데 안저(동. 2:46), 져 한가온데는(재간 교린수지 1.23ㄱ), 가온데는(동.1.17ㄴ), 상 가운데 노는 거시오니(동. 3.22ㄴ).

위의 (20)b에서 중세국어의 '한디'(露天), '헌디'(腫處), '훈디'(一處, 與)와 같은 단어들이 'ᄋ'의 제2단계 변화를 수용한 이후에 '애>에'의 과정을 밟은 형태가 1930년대의 표준어로 선정된 반면에, '본디'(本是)와 '관디'(冠帶)의 반사체로 'ᄋ'의 제1단계 변화를 밟은 '본디'와 '관디'형이 「표준말 모음」(1936)에서 표준어의 신분으로 올라 와 있다. '관디'(冠帶)의 경우는 형식명사 '디'(處)와 관련이 없는 형태이다.[58] 그러나 '본디'(本是)의 반사체 가운데 「표준말 모음」에서 제시된 비표준어 '본대'형으로 미루어 보면 'ᄋ'의 제2단계 변화를 수행한 부류

---

58) '관대'(冠帶)의 경우에 한자음의 영향에 불구하고 '관디'가 1930년대의 표준어로 선정되었다는 사실은 '관디'에 적용된 'ᄋ'의 제1단계 변화가 매우 일반화되어 있었음을 의미한다. 물론 이 단어는 후대의 표준어 재사정에서 한자음대로 복원되었다.

도 공시적으로 존재하고 있었다.

    (22) a. ㅐ와 ㅣ의 통용 :
        본디(本是, '본대, 본듸'를 버림, p.17)
        cf. 퉁쇼 소리는 본데 슬푸기에(1881년 교린수지 3.33ㄴ)
      b. ㅐ와 ㅣ의 통용 :
        관디(冠帶, '관대'를 버림, p.17)
        초록관듸는 당하관이 닙습ᄂ니(재간 교린수지 3.11ㄴ)
        사모 쓰고 관듸 닙고 (사과지남. p. 193)
        cf. 관디는 지어 옥함의 여헛시되(수경옥낭좌전 85)

「표준말 모음」(1936)에서 표준어 '헌데'(腫處)와 함께 제시된 비표준어 '헌듸, 헌대'는 각각 'ᄋ'의 두 가지 유형의 변화를 반영하는 것이다. 비어두음절 위치에서 'ᄋ>으'의 변화를 밟은 '헌듸'형은 16세기의 문헌어에서부터 등장하였다. 므슴 헌듸오(瘡, 번역 박통사, 상. 13ㄴ), 아모란 헌된동 몰래라(동). 그러나 19세기 후기 중부방언과 평안방언을 반영하는 자료에 'ᄋ>아'의 변화를 수용한 '헌디'와 '헌데'형이 등장하였다. 따라서 '헌듸'와 '헌디' 두 형태가 국어 방언사에서 지역을 달리 하여 분포되어 있었음을 알 수 있다. 귀 뒤 <u>헌디</u> 낫는디(「독립신문」 1권 68호), 올흔 손 <u>헌디</u> 난 ᄋ희(1권 26호), 목 우에 <u>헌데</u> 난다(Corean Primer. p.73).[59]

3.3 과도교정형의 표준어 수용과 '갈퀴'(柴把子)

「표준말 모음」(1936)에서 표준어로 선정된 단어 가운데 과도교정(hypercorrection)

---

59) '헌디'(腫處)의 19세기 후기 반사형들이 Ross본 『예수셩교젼셔, 누가복음』의 수정을 거친 세 가지 번역서에 따라서 각각 달리 나타나는 사실이 흥미롭다. 가이가 와 그 헌데를 할티민(초역 누가복음, 1882. 16:21), 오은 몸에 헌데난 누걸(동. 16:20)→ 그 헌듸를 할치민(1883년본 누가복음 16:21), 온 몸에 헌듸는 누걸(동. 16:20)→ 온몸에 헌디는(1887년본 누가복음 16:20), 긔가 와 그 헌디롤 할치민(동. 16:21).

의 과정을 거쳐 형성된 유형들이 발견된다. 예를 들면, '개자'와 '게자'를 제치고 표준어로 선정된 '겨자'(芥子, p.16)의 역사적 선행어는 '계ᄌ'이었다. 그렇기 때문에 '뼈'(骨)에 대한 '뻬'와 같이 지역방언적 특질을 연상시키는 '예', 또는 '에' 모음이 자음 뒤에서 '여'로 교정된 것이다. 이러한 과도교정의 시작은 『조선어사전』(1920: 46)의 표제어 '겨ᄌ'에서 나타난다. 그 이전의 『한불ᄌ뎐』(1880: 152)과 Gale의 『한영ᄌ뎐』(1897: 218)에서는 '계ᄌ'로 변함이 없었다. 이러한 방식의 과도교정은 '동세 → 동서'(同壻)에서도 확인된다. 이 단어의 표준어 사정은 당시의 「표준말 모음」(1936)에서는 포함되지 못했지만, 그 이후 표준어 사정이 확대되어 『큰사전』(한글학회, 1947: 872)과 이윤재의 『표준 조선말사전』(1947: 211)에서 '동서'가 표제어로 등록되고 '동세'는 사투리의 신분으로 격하되었다.

　「표준말 모음」(1936)에서 또 다른 방식의 과도교정형으로 의심되는 표준어로 농기구의 일종인 '갈퀴'(爬機)형을 지적할 수 있다. 이 형태의 오늘날 지역방언형들은 예의 '갈퀴'를 포함하여 주로 '갈쿠' 또는 '갈키' 등으로 분포되어 있다(최학근 1978: 551-552). 「표준말 모음」(1936)에서 '갈퀴'형은 다음과 같이 규정되었다. (5) 홀소리(母音)의 통용 : ㅟ와 ㅣ의 통용, [ㅟ]를 취함, 갈퀴(爬機, '갈기, 갈킈'를 버림, p.31). 그리하여 남부 방언형 '갈키'의 형성 과정을 설명하기 위해서 표준어 '갈퀴'를 기준으로 하여 '갈퀴 → 갈킈(비원순화) → 갈키'(단모음화)와 같은 방식의 음운변화의 진로가 상정되기도 하였다(도수희 1999: 261).

　그러나 필자는 표준어 '갈퀴'형은 역사적 관점에서와 오늘날의 공시적인 방언 분포적 현상에서 기원적인 원래의 '갈키'와 지역방언적 발달형인 '갈쿠'가 혼태된 결과이거나, 또는 과도교정에서 출발했을 가능성을 추구하기로 한다. 우선 '갈퀴'형은 다음과 같은 역사적 배경에서 정상적인 방식으로 성립될 수 없는 형태이다. 표준어 '갈퀴'에 해당되는 근대국어의 형태는 어간말 위치에 '-위' 또는 '-의'와 같은 이중모음을 전연 보여주지 않는다. 갈키(柴把子, 역어유해, 보. 43ㄴ), 갈키, 갈키질ᄒ다(동문유해, 하. 16ㄱ), 갈키(한청문감 10:7). 중세국어의 단계에서 이 단어가 문헌 자료에 한번도 출현하지 않았기 때문에 분명히 단정지을 수 없으나, 이것은 기원적으로 근대국어의 형태와 동일한 '갈키'였을 것이 분명하다. 필자가 그렇게 추정하는 근거는 다음과 같다.

(1) 18세기 근대국어의 형태 '갈키'로부터 20세기 초반의 '갈퀴'형이 형성되었다는 것(갈키>갈퀴) 보다는 '갈퀴'가 '갈키'를 역사적으로 선행하였다고 해석하는 편이 더 합리적인 것처럼 보인다. 그렇다면, 근대국어의 단계는 음운변화의 과정상 '갈퀴>갈킈'와 같은 형태를 반영해야 된다. 그러나 18세기 이 단어의 형태는 '갈키'만을 보여 준다. 이러한 사실은 '갈킈>갈키'의 변화에서 실현될 수 있는 일정한 자음 뒤의 위치에서 이중모음 '의'의 단모음화가 완료되었다고 전제하여야 된다. 18세기 국어의 음운변화의 전개 과정에서 '*갈퀴>갈킈(비어두음절 모음의 비원순화)>갈키(단모음화)'와 같은 급진적인 단모음화 현상은 특수한 경우를 제외한다면 일반적으로 나타나지 않는 것이 원칙이다. 예를 들면, 중세국어의 '불휘'(根)에서 비롯된 일련의 변화 '뿔희>뿌리'(兒學編, 상. 6ㄱ)와 같은 경우는 19세기 후반 또는 20세기 초엽에 와서야 관찰되는 현상이기 때문이다.

(2) 19세기 후반에 출현한 일련의 한글사전 부류에서도 이 단어의 표제어로 예외없이 '갈키'로만 등록되어 있다. 갈키(『한불ᄌ뎐』 1880: 134), 갈키(Gale, p.194), 갈키, 갈키질ᄒ오(rake, Underwood의 『한영ᄌ뎐, Ⅱ』, 1890: 210). 이들 초기의 사전들에 등록된 어휘의 특징은 전반적으로 전통적인 역사적 표기법을 반영하였다는 사실을 고려할 때, 근대국어의 형태와 동일한 '갈키'의 존재는 그 이상 더 古形이 없었다는 것을 의미한다.

'갈키'의 선행 형태라고 의심이 갈만한 '갈킈'형이 20세기 초반『조선어사전』(1920: 18)에서와, 1936년에 공표된 「표준말 모음」에 바탕을 둔 문세영의 『조선어사전』(1938: 36)에서 처음으로 등장하였다. 총독부 편의 사전에서는 '갈킈'(熊手)가 유일한 표제어로 실린 반면에, 문세영의 사전(p.36)에서는 '갈퀴'가 표준어로, '갈키'와 '갈킈'는 사투리로 취급되어 있다. 이 두 사전에 나타난 '갈킈'형에서 비어두음절의 모음 '의'는 어떤 구체적인 근거를 찾을 수 없다.

그러나 「표준말 모음」에서 '갈킥'가 비표준어로 제시되었다는 사실은 1930년
대 서울과 경기도 지역에서 '갈키, 갈퀴'와 더불어 이 형태가 사용되었을 가능
성을 뜻한다. 또한, 小倉進平의 『南部朝鮮의 方言』(1924: 106)에서 '갈킥'형이 방
언형 '쌀키'(충북 진천)을 이끌어내기 위한 표제어로 이용된 바 있다.[60]

(3) 국어를 국어로 풀이한 최초의 사전인 20세기 초반의 조선광문회 편 『말
모이』 미완성 원고본(이병근 2000: 561을 참조)에서도 '갈키'(: 대쪽이나 청미레 덩쿨
이나 또는 쇠가락 따위 여러 가락을 휘어 만들은 연장이니 꼴은 손가락 옥우린 것 비슷한
데 길은 자루가 잇음. 흙이 건불나무하는 데 씀) 항목만 표제어로 제시되어 있고, 나
중에 「표준말 모음」에서 표준어로 사정된 '갈퀴'는 나타나지 않았다.

(4) 표준말에서 체언 어간말 '-위'(바위, 사위, 바퀴, 잎사귀 등)는 일반적으로 서
울과 경기도를 포함하는 지역방언, 특히 전라방언에서는 -y가 제거된 '-우'(바
우, 사우, 바쿠, 잎사구)으로 대응된다. 따라서 '갈퀴'형이 근대국어의 형태 '갈키'
를 선행한다면, 19세기 후기 전라방언 자료에서 이 방언형은 '갈쿠'와 같이 반
영되어야 한다. 그러나 19세기 후기 전라방언에서 근대국어의 형태와 동일한
'갈키'형만이 등장하고 있다. 갈키 메고, 갈키 나무할 슈 잇나(판, 변. 548), 즈구며 홀
틔, 갈키, 도리깨(판, 박. 380).[61] 마지막 예문에 나오는 19세기 후기 전라방언형
'즈구'는 근대국어에서 '자괴'로 소급된다. 자괴 鎍(외어유해, 하. 16ㄱ; 역어유해,
하. 17ㄴ), 큰 자괴, 젹은 자괴 小鑠子(한청문감 10: 34). 이 형태에 대한 현대국어의 표
준어는 '자귀'인데, 이것은 비어두음절에 적용된 모음상승을 거친 결과(자괴〉
자귀)이다. 여기서 '자구' 방언형은 이와 동일한 과정을 19세기 후기 전라방언

---

60) 1920년대에도 '갈퀴'가 이미 규범어의 자격을 갖고 있었을 가능성이 있다. 『한글』(동인지)
   제1권 6호(1927)에 이상춘이 기고한 "송도 사투리"(pp.10-11) 가운데 표제어 '갈퀴'에 대한
   송도 사투리 '각지'가 대응되어 있다. 따라서 '갈퀴'형이 「표준말 모음」(1936년)의 사정 이전
   에도 표준어의 자격으로 인식되어 있었던 것으로 보인다.
   1895년에 완성된 필사본 국어사전 『국한회어』에 '갈퀴, 竹鉤'(〈乾〉, p.123)가 등장하지만, 이
   표제항이 이 사전의 〈坤〉에는 반복되지 않는다. 따라서 '갈퀴'형이 구체적으로 '갈퀴'를 나
   타내려고 했는지 확인하기 어렵다.
61) 이상보 교수가 『古文硏究』(1995, 한국고문연구회, 8집)에 영인하고 해제한 필사본 『물명고』
   에도 이 형태는 역시 '갈키'로 사용되었다. 把兒 갈키(p.295).

에서도 거쳤지만 체언 어간말 -y를 탈락시켜 형성된 것이다. 그렇다면 표준어 '갈퀴'의 경우에도 19세기 후기 전라방언에서 '갈키'가 아니고, '갈쿠'형으로 출현했어야 한다.

오늘날의 전북방언에서 '갈쿠'형이 사용되고 있지만, 여기서는 이 형태보다 '갈키'형의 분포가 더 광범위하게 나타나는 사실이 특이하다. 『한국방언자료집』V, 전북 편(한국정문연, 1987: 161)에 따르면, 표제어 '갈퀴'에 대한 전북 방언형은 다음과 같은 분포를 보여 준다. '갈키' : 옥구, 익산, 완주, 진안, 김제, 임실, 남원, '갈쿠': 고창, 부안. 그리고 순창과 정읍은 '갈키'와 '갈퀴' 양형을 사용하고 있으며, 진안과 장수 지역은 '갈키' 이외에 '갈쿠리'형도 조사되었다. 이 '갈쿠리'는 근대국어의 '갈고리'(鉤子, 언해 박통사, 중. 35ㄱ) 또는 '-오>-우'의 모음상승을 거친 '갈구리'(언해 노걸대, 하. 62ㄴ)로 소급될 수 있다.[62] 전남방언의 경우에도 『한국방언자료집』VI, 전남 편(1991: 221)에 의하면, '갈퀴'에 대한 주된 방언형의 종류들은 전북방언과 동일하지만, 여기서 유독 '갈쿠'형의 분포가 압도적이다. 그 반면, '갈키'형은 곡성, 구례, 승주, 고흥 등과 같은 소수의 지역에 한정되어 쓰이고 있다.

전남방언의 어휘들의 형태론적 변이와 그 지리적 분포를 검토한 이기갑(1986: 75)에서도 이 방언 지역에 특징적으로 분포되어 있는 '갈쿠'와 '갈키'의 특이성이 지적되었다. 이 교수의 조사에 따르면, '갈쿠'형은 서부전남 전역에 걸쳐 나타나 가장 넓은 분포를 나타내는 반면에, '갈키'형은 담양, 곡성, 승주, 보성, 고흥 등지에만 집중적으로 분포되어 있다. 또한, 그는 전남지역에서 '갈쿠'와 '갈키'의 두 방언형들의 분포 지역 사이에 '갈퀴'형이 소수 나타나는 사실을 주목하였다. 그리하여 그는 이 방언의 이른 시기부터 '칼키'형과 '갈쿠'형의 분화가 있었을 것이며, 제2의 방언형 '갈퀴'는 형태상으로나 출현 분포

---

62) 「표준말 모음」(1936)에서 선정된 표준어 '갈구리'(鉤)에 대한 비표준형들은 다음과 같이 매우 다양하게 제시되어 있다. 갈고리, 갈쿠리, 갈코리, 갈구지, 갈쿠지, 갈고랑이, 갈구랑이, 갈코장이, 갈쿠장이(p.23). 농기구로서 쓰이는 기능상의 유사성 때문에 (1) '갈퀴'와 '갈쿠리'가 혼동될 경우도 있으며, (2) '갈퀴'의 지역방언형 '갈쿠'의 등장은 원래의 '갈키'에서 이들 비표준 형태들간에 혼태에 의한 형성도 생각할 수 있다.

로 미루어 '갈키'와 '갈쿠'의 뒤섞임에 의한 것으로 형성되었을 것으로 추정하였다.

오늘날의 전남·북 방언에서 위와 같은 지리적 분포로 사용되고 있는 '갈키'와 '갈쿠'형 가운데 지금까지 논의된 역사적 관점에서 '갈키'에서부터 '갈쿠'가 이차적으로 파생되어 나왔을 가능성을 추구하기로 한다. 그렇다면 '갈키 → 갈쿠'의 과정에서 여기에 관여하고 있는 음운론적 동기는 쉽게 찾을 수 없다. 그러나 지역방언, 특히 전남·북 방언에서 이러한 유형의 변화(i → u)는 다음의 예에서 보여주는 바와 같이 전혀 생소한 현상이 아니다.63)

(23) a. 낙수(鉤) :
　　　[전북] 익산, 고창, 군산, 고산, 금마, 진안
　　　[전남] 대부분, cf. 담양, 여수는 '낚시'(『전남방언사전』 1997: 100,
　　　　　　 이기갑 외)
　　 b. 홍수(紅柿) :
　　　[전북] 정읍, 남원, 익산, 고창, 진안,64) 『한국방언자료집』 V. 전북편

---

63) 19세기 후기 전라방언에서도 '낙시 → 낙수, 중치막 → 중추막, 양치질 → 양추질'과 같은 예들이 출현하고 있었다. 19세기 후기 전라방언 자료에 나타나는 '낙수'형은 이와 비슷한 시기의 전북 정읍방언을 반영하는 필사본 『온각서록』에서도 반복되어 있다(전광현 1983).
　　a. 추동강 칠이탄으 낙수줄 던진 경(수절가, 상. 22), 추동강 칠이탄의 낙수 빈가(화룡. 54ㄱ), 고든 낙슈 물러 녓코(별춘. 30ㄱ, 셩열. 205), 낙슈질 안져할졔(판, 박. 330)
　　　cf. 낙시줄 던진 경(병오, 춘. 6ㄱ), 낙시밥을 물어짜가(판, 퇴. 268), 낙시밥을 삼아(삼국지 3. 2ㄴ), 낙시비 비겨 안져(별춘. 8ㄴ), 낙더로 달 건지라(병오, 춘. 5ㄱ)
　　b. 섭슈쾌자 중추막(심청, 상. 1ㄴ), 빈중츄막(판, 박. 334), 중츄믹이(병진본, 박. 138ㄴ)
　　　cf. 중치막(판, 심.1 56), 섭슈쾌자 중치막(송동본, 심청. 1ㄱ), 깃만 나문 중치막(경판. 홍보전, 3ㄱ)
　　c. 양츄질도 하여 보며(고대본, 춘. 300), 양쥬질도 꼴낭꼴낭(동. 314)
　　　cf. 물 먹금어 양슈흐며(수절가, 상. 6ㄴ)
64) 통상적인 '홍시'에 대한 전북 방언형의 분포는 『한국방언자료집』 V, 전북 편(한국정문연, 1987: 158)에 따르면 다음과 같다. 홍시 : 옥구, 김제, 순찬, 남원. 따라서 '홍수'형의 사용 영역이 전북방언에 더 확대되어 있다. 임실은 '홍수'와 '홍시' 양형을 사용하는 것으로 조사되었다. 이 방언자료집에서 표준어 '시래기'(p.34)는 주로 '시래기, 씰가리' 등으로 나타나며, '시라구'형은 옥구, 익산, 완주, 정읍 등지에 분포되어 있다. 또한, 『한국방언자료집』 VI, 전남 편(1991: 216)에 의하면, 전남방언의 경우는 '홍시'의 방언형 '홍수'는 영광, 담양, 해남 등으로 한정되어 있으며, 화순은 '홍수'와 '홍시' 양형이 사용된다. 그 반면, 이 방언에서

    (p.158, 익산, 완주, 진안, 무주, 부안, 정읍, 임실, 장수, 고창)
  [전남] 무안, 해남, 영광, 담양, 화순(『전남방언사전』 1997: 665, 이
    기갑 외).
  [경남] 없음. '홍시' 『한국방언자료집』 경남편, 1993: 189.
c. 미수(麨麵) :
  [전북] 진안, 전주, 장계, 무주, 남원, 임실
  [전남] 전역(이기갑 외 1997: 255)
d. 양추질(養齒질) :
  [전북] 전주, 이리, 군산, 임실, 남원, 진안
  [전남] 진도(이기갑 외 1997: 427)
e. 수저부(수저비) :
  [전북] 장수, 장계, 옥구, 익산
f. 시라구(시래기) :
  [전북] 전주, 군산, 익산, 부안(『한국방언자료집』V. 전북편(p.34 :
    옥구, 익산, 완주, 정읍)
h. 딸구(딸기) :
  [전북]익산(용암면)
i. 모수(모시) :
  [전북] 정읍 산내면,65) 전북 무주

위의 예에서 특히 (23)c '미시'(麨麵)형의 경우는 1989년 3월 1일부터 시행된
「표준어 규정」 제2절 모음 항에서 "모음의 발음 변화를 인정하여 발음이 바
뀌어 굳어진 형태"인 '미수'형으로 표준어가 뒤바뀌었다. 이러한 항목에는 종
전의 표준어 '상치'와 '지리(支離)하-'를 대신하여 각각 '상추'와 '지루하-' 등이
포함되었다. 「표준어 규정」에서 이러한 표준어 신분의 뒤바뀜은 그 동안의

  '시래기'의 방언형으로 '시라구' 유형은 나타나지 않는다(p.46).
65) 『한국구비문학대계』(전북 정주시 정읍군편 {3})에서 동일한 화자의 구술 자료 가운데 다음
    과 같이 '모수'와 '모시' 양형이 교체되어 사용되었다.
  (1) 아, 어떤 영갬이 그전에 모수를 헐 때, 아이 느닷없이 며누리가 모수를 팔러 장으 간다구
    네. 모수… 그 전에 모수가 있잖은가? 아, 모수를 팔러 인자 장으를 나갔어(홍일남씨, 산
    내면 설화 24: 739)
  (2) 내가 이따 모시 팔러 보냈은게. 모시값 받을라고 갔더니(산내 24: 741)
  (3) 모수값을 챙겨가지고…모시값을 준게(산내 24: 742)

축적된 모음의 변화가 아니라, 종래에 비표준형으로 취급된 단어들이 꾸준히 사용 영역을 확대시킨 결과이다. 중세국어의 형태 '미시'(麨麵)가 19세기 후반에 이르러 최초로 『한불ᄌ뎐』(1880: 241)과 Gale의 『한영ᄌ뎐』(1897: 330)의 표제어에서 '미수'로 대치된 모습을 보였다. 그러나 그 이후 간행된 『조선어사전』(1920: 345)에서는 보수형 '미시'로 다시 환원되었다.

오늘날 방언형의 신분으로 격하된 '상치'(萵苣)는 1930년대 「표준말 모음」에서 유의어로 제시된 '상추, 상취, 생치, 생취, 부루' 등 가운데에서 표준어로 선정되었다. 이 형태는 그 이전 단계에서의 '빅치'(>배추, 白菜)와 동일한 조어법을 보이는 '싱치'(生菜)로부터 일련의 변화를 받아 온 것으로 추정된다. 1930년대에 서울과 경기도 지역에서 '상치'와 공존하였던 異形態들인 '상취, 생취' 등이 이러한 발달의 흔적을 반영하고 있다.

20세기 초엽에 간행된 『중간본 女四書 언해』(1907)의 언어 내용은 당시의 전남 고흥방언의 영향을 부분적으로 반영하고 있는데, 이 가운데 위의 예문 (23)i에 해당되는 '모수'(<모시, 苧) 형태가 출현하였다. 삼을 삼고 모슈를 이으되(麻縷苧組, 3.5ㄴ), 비단과 모슈와 칙을 ᄧᆞ기를(絹苧葛織, 3.6ㄱ). 이러한 사실을 보면, 지역 방언에서 '모시∞모수'와 같은 변이가 오늘날 공시적 언어 현상이 아니고, 위의 (23)a '낚수'형태들과 더불어 상당한 시간 심층을 갖고 있었으며, 사용되는 범위가 오늘날보다 넓었음을 알 수 있다.

따라서 새로운 표준어 '미수'(麨麵)를 포함하여 '낚수, 홍수, 수저부, 양추질' 등의 형성은 대략 19세기 후반 정도로 소급될 수 있으나, 기원적인 '낚시, 홍시, 양치질'에서부터 변화된 언어 내적 동기는 쉽게 파악되지 않는다. 따라서 필자는 이러한 방언형들의 형성 과정에 대하여 과도교정(hypercorrection)의 가설을 제시하고 그 타당성을 논의하기로 한다. 그것은 (23)의 예들이 표준어에 민감한 지역방언에서의 과도교정을 수행한 결과로 i→u의 변화가 야기되었을 것이라는 가정이다. 이러한 과도교정은 다음과 같은 표준어의 체언 말음 '-u'에 대하여 '-i'를 갖고 있는 지역방언형들의 대응을 전제로 한다. 즉, 가루-가리, 골무-골미, 자루-자리, 마루-마리, 하루-하리, 시루-시리, 벼루-벼리, 고추-고치, 무우-무시, 배추-배치, 행주-행지, 국수-국시. 표준어와 지역방언에서 각각 고유하게 형성된 이러한 체언 말모음은 서로 관련이 없는 독자적인 변화를 수행해 온 결과인 것이다. 그러나 체언 말음 '이'는 유표성이 강한 방언 표지와 연결되었기 때문에, 표준어와 지역방언에서 기원적인 체언 말음 '이'를 갖고 있던 (23)의 단어들이 그 지역적 특성을 제거하는 하나의 방안으로 근거 없는 '우'의 방향으로 과도교정을 수행하였다는 것이다. 이러한 과도교정형 가운데 '미수'는 19세기 후반서부터 그 영역을 꾸준히 확대하여 원래의 표준형 '미시'를 밀어내게 되었다.

이와 같은 과도교정을 거친 (23)의 방언형들이 사용되는 지역에서는 개음절 명사에 파생접사 '-이'가 연결되는 형태론적 과정이 생산적으로 확대되어 있다. 그렇기 때문에 '우'로 과도교정된 방언형들에 다시 파생접사 '-이'가 첨가된 예들이 산발적으로 출현하게 된다. 즉, (23)의 방언형들에서도 i→u의 대치를 보여주는 가운데 어간모음이 '위'[uy]로 실현되는 예들을 찾을 수 있다. 즉, 19세기 후기의 함북방언을 반영하는 Putsillo의 『로한ㅈ뎐』(1874)에서 '양취'와 '미쉬'형이 등장하였다. 양취를 ㅎ오(p.495), 미쉬(p.233). 이 사전에서 확인된 '미쉬'형의 반사체는 20세기 초엽 小倉進平(1944: 166)에서 함남과 함북에 걸쳐 사용되고 있는 것으로 수집되어 있다. [mi-sui] : [함남] 함흥 외 5개 지역, [함북] 성진, 길주. 그리고 예의 함북 방언형 '양취'도 1930년대에 함남 함흥지역에서 사용되고 있었음이 확인된다. 양취질(『한글』 제6권 7호, p.48). 또한, 김병제의 『방언사전』(1980, 과학·백과사전 출판사)에서도 '양취질'이 함남 방언으로 등록되어 있는 사실을 고려할 때, 이러한 '양취'형은 결코 희귀한 방언형이 아닐 것이다.[66] 1930년대의 '양치질'을 표준어로 선정할 때 「표준말 모음」(1936: 31)에서 제시하고 있는 다른 비표준어 '양추'의 존재를 고려하면, (23)d의 방언형은 전남·북에만 한정된 것은 아니다.

---

66) 이 단어의 역사적 선행 형태는 '양치'로 나타난다. 양칫믈ㅎ며(소학언해 2. 5ㄱ), 양치질(여사서 언해 2:10), 양치질허게 물 쩌오ㄴ라(재간 교린수지 3. 20ㄴ).

(23)a의 '낚수'형에서도 1930년대의 함북 정평방언에서 어간말 모음 uy를 나타내는 '낚쉬'(『한글』제5권 1호, p.20)을 찾을 수 있다. 김태균의 『함북방언사전』 (1986)에서도 '낚쉬'형이 '학성, 경원, 명천'(p.118) 등지에 분포되어 있는 것으로 조사되었다. 이러한 '낚쉬'형은 먼저 '낚시'에서 변화된 '낚수'의 존재를 선행 조건으로 하는 것으로 보인다. 그리하여 『한글』 6권 2호(p.19)에 수집된 함남 고원방언에서와, 같은 『한글』 5권 5호(p.23)지에 경북 대구방언에서 사용되는 '낚수'형이 각각 보고 되어 있다. 이러한 사실로 미루어 '낚수'형은 전남·북에서 뿐만 아니라 전국적으로 광범위하게 분포하고 있는 것이다.[67] 또한, '딸기'(苺)의 방언형 '딸구'는 경기도, 강원도, 충남의 대부분과 일부의 충북 지역에까지 확대되어 있다(김형규 1974: 187, 최학근 1978: 752-753). 그리고 '딸구'에 대한 '딸귀'형도 함북 나진방언(『한글』 제9권 5호, p.12)에서 확인된다. 이와 같이 '딸기'에서 변화된 '딸구'와 '딸귀'는 상호 밀접한 관계를 맺고 있는 것으로 생각된다. 그리하여 '딸귀'형이 김형규(1974)에서는 경기도 평택방언에, 최학근 (1978)에서는 충남 예산방언에서 사용되는 것으로 조사되었다.

이러한 추정을 '갈퀴'형의 출현에 대비시키면 다음과 같다. 먼저 통상적인 '갈키'형이 지역방언에서 표준형 중심의 '우'형으로 과도교정되어 '갈쿠'로 전환되었다. 그리고 '갈쿠'형에 접미사 '-이'가 첨가되어 '갈퀴'형이 최종적으로 형성된 것이다. 따라서 일정한 지역방언 내에서 세 가지 변이형들이 분포하게 된다. 즉, 기원적인 '갈키', 과도교정된 '갈쿠', 그리고 여기에 다시 접미사 '-이'가 연결된 '갈퀴'. 그러나 1930년대에 '갈퀴'형이 어떠한 사회 언어학적 근거에 의해서 표준어로 유입되었는가 하는 사실은 명확히 알 수 없다. 아마도 이 단어의 세 가지 공시적인 이형태 '갈키 ∽ 갈쿠 ∽ 갈퀴'에서 표준어 '사위(壻), 바퀴(輪), 바위(岩)' 등과 같은 부류를 기준으로 하여 어간말 '위'를 갖고 있는 '갈퀴'형이 선택된 것이 아닌가 한다. 이러한 선택은 나머지 '갈키'와 '갈쿠'는 '갈퀴'에서 파생된 지역방언적 형태로 인식되었기 때문에 가능했을 것이다.

---

67) 19세기 후기 경상도 방언을 반영하고 있는 것으로 추정된 필사본 『수겡옥낭좌젼』에서도 '낙수'형이 발견된다. 꼿본 나부와 낙수 문 고기(9ㄴ).

|4| 결 론

필자는 1930년대 작성된 「표준말 모음」(1936)을 하나의 역사적 언어 자료로 이용하여 1930년대 당시에 진행 중인 언어변화와 언어 정책간의 상호 간섭과 영향의 양상을 논의해 왔다. 여기서 필자는 다음과 같은 두 가지의 관점에 초점을 맞추어 왔다. 즉, (1) 자연스러운 언어변화의 과정에 표준어 사정과 같은 언어 정책이 어떠한 영향을 끼치게 되었는가 하는 문제와, (2) 인위적이고 규범적인 언어 정책에 언어 변화의 과정이 어떻게 반영되었는가 하는 문제가 이 글의 중심이 되었다. 지금까지 이루어진 검토와 논의를 §1장에서 제기된 네 가지의 의문점에 대하여 대안적 해명을 제시하는 방식으로 요약하면 다음과 같다.

4.1 단어들의 개별적 특성과 어휘 확산

일정한 음성변화가 동일한 음성 환경을 갖추고 있는 일단의 어휘들로 파급되어 왔을 때, 길고 충분한 시간이 경과하면 그 최종적 결과는 소장문법 학자들의 작업가설에 따라서 예외 없이 변화에 적용될 가능성이 높다. 그러나 해당 변화가 확산되어 가는 어느 일정한 공시적 단계에서의 모습은 개신형과 보수형 간의 부단한 변이를 보여 주기 때문에 어휘 확산의 원리의 지배를 받는 것 같다.

1930년대의 서울과 경기도 일대 지역어의 일반적인 특성을 보여주는 「표준말 모음」(1936)의 어휘 자료 가운데 필자는 특히 전설고모음화와 움라우트에 관련된 표준어와 비표준어의 성격을 검토하였다. 먼저 「표준말 모음」에서 전설고모음화 그리고 움라우트 현상과 관련하여 표준어 또는 비표준어로 제시된 일련의 예들은 1930년대 서울지역에서 두 가지의 음운론적 과정이 조건을 갖추고 있는 모든 단어들에 걸쳐 생산적으로 일어나고 있었음을 반영하는 것으로 파악하였다.

또한, 이러한 변화의 초기 단계에 일찍 적용된 단어들은 파장의 원리에 따라서 일상적인 말의 스타일에서 출발하여 격식체로 더 일찍 수용되었을 것이며 그 결과 표준어가 사정되는 1930년대에 자연스럽게 사회적으로 용인을 받게 되었을 것으로 이해하였다. 그 반면, 전설고모음화와 움라우트의 변화를 비교적 늦게, 적어도 19세기 후기 또는 20세기 초반을 전후하여 실현시킨 단어 부류들은 비록 일상적인 구어의 스타일, 사회의 하류 계층 그리고 빠른 말씨와 같은 상황에서 나타나기 시작하였으나, 「표준말 모음」의 사정 기준인 중류 계층의 점잖은 말씨에까지 확대되지 못했을 것이다. 따라서 어휘확산에 따른 음성변화의 수용의 속도에 따라 해당 단어들은 1930년대의 표준어 사정에서 변화의 실현형이 선정되기도 하고, 그것의 비실현형이 선정되기도 하였던 것이다.

전설고모음화 현상에서는 서울 지역에서 비교적 이른 시기, 즉 19세기 후반부터 등장하는 '침'(涎)과 '기침'(咳)의 특이성에 주목하였다. 특히 1930년대에 표준어로 유입된 '침'(涎)의 경우에 19세기 후반에서부터 매우 발달된 전설고모음화를 보이는 다른 지역방언에서 이것의 비실현형 '춤'(涎)이 지속되고 있는 현상을 지적하였다. 중세국어 단계의 '침-'(寒)에서 1930년대의 표준어 '춥-'으로의 이행은 음운론적 설명이 매우 난해한 것이지만, 필자는 여기에 전설고모음화와 관련된 과도교정(hypercorrection)이 개재되었을 가능성을 추구하였다.

움라우트에 관련된 표준어의 수용과 거부의 문제도 역시 위에서 전설고모음화와 같은 논리를 필자는 사용하였다. 서울과 경기도 일대에서 1930년대까지 확대되었던 움라우트 현상은 주로 피동화음 '아'에 생산적으로 실현되어 있었다. 이러한 사실은 이 현상의 발생 핵심지(남부와 북부)에서도 움라우트의 전개 방식이 피동화음 '아'에서부터 시작하였음을, 그리고 '아'의 움라우트가 오랜 발달 과정에서 해당 지역 내부에서 먼저 일반화되었으며, 또한, 외부적으로 다른 방언 지역으로 제일 강한 확산의 파장을 전파시켰음을 반증한다고 해석하였다. 움라우트의 실현 방식에서도 1930년대의 표준어 '딛-'(踏) 등이 보이는 첨단적 성격에 관심을 보였다. 또한, 특수한 사회 심리적 요인과 우연하게 결부된 근대국어의 '반당이'(蘇魚)가 급진적인 일련의 변화를 수행하여 표준어 '밴댕이'로 승격되어 있는 특이한 예를 관찰하였다.

4.2 음성변화의 실현형과 비실현형에 따른 형태의 분화

1930년대 표준말 사정에서 가장 두드러지는 경향의 하나는 단어의 의미가 분화됨에 따라서 표현의 편리를 위하여 개별적으로 독립시켜 형태적으로 분화("말의 갈혀남")시키려는 원칙이였다. 이러한 형태 분화를 일정한 음성변화의 실현형과 비실현형을 이용하여 적용시키려는 시도가 「표준말 모음」(1936)에서 이루어졌다. 그리하여 움라우트와 관련하여 실현형 '댕기다'(引火)와 비실현형 '당기다'(引)가 각각 표준어로 선정되었으나, 그 이후 이러한 구분은 폐기된다. 그러나 전통적인 '가르치-'(敎, 指)형에서 '가르치-'(敎)와 매우 인위적인 '가리키-'(指)형이 표준어에서 분화되었으나, 1930년대를 전후한 표기와 구어 생활에서 설득력을 상실했음을 지적하였다.

또한, h-구개음화와 관련하여 이것의 실현형 가운데 '썰물'(退潮)과 '써다'와 비실현형 '켜다'(引)을 구분하려는 시도는 지속력을 얻게 되어 성공한다. 이 두 단어들의 h-구개음화 실현형들은 다른 부류의 '켜-'(<혀-)형에 비하여 19세기 후반의 사전에서 표제어로 등록되어 있었다. 이러한 사실은 '썰물'(退潮)과 '써다'형이 당시 서울말의 어떤 사회 언어학적 배경에 의해서 비교적 일찍이 h-구개음화를 수용했었음을 의미하는 것으로 보았다.

4.3 1930년대 서울말과 접미사 '-이'의 신분

개음절 또는 폐음절의 명사어간에 연결되어 새로운 어간을 파생시키는 형태론적 과정은 제주도를 포함한 남부방언과, 특히 생산적인 함경도를 포함하는 북부 지역방언의 유표적 특질임은 잘 알려져 있다. 그러나 이러한 과정의 일부가 1930년대 서울과 경기도 지역 일대에까지 확대되어 있었던 것으로 보인다. 특히 「표준말 모음」(1936)에서 전통적인 '우'(上)에 접미사 '이'가 첨가된 것으로 해석되는 '위'형이 표준어로 선정된 것은 그 시대의 표기 상황으로 미루어 특기할 만한 사건이었다. 그 결과 관용적으로 그 후 계속 사용되었던 접두사 '웃-'과의 불일치의 문제도 주목되는 것이다. 그러나 이 표준어 '위'에 대하여 접미사 '-이'를 이용하는 형태론적 과정이 생산적인 북부와 남부에서는 오히려 '우'(上)로 대응되어 있는 사실도 필자는 주목하였다.

또한, 이러한 부류에 '가가'(假家)에서 출발하여, 여기에 19세기 후기부터 접미사 '-이'가 연결된 '가게'형이 1930년대 표준어로 수용되었다. 그리고 '가개 → 가게'의 변화에서와 같이 당시의 「표준말 모음」(1936)에 나타난 비어두음절 위치에서의 '애 → 에'의 경향을 살펴보려고 하였다.

접미사 '-이'의 사용 여부를 이용하여 형태를 분화시키려는 노력도 「표준말 모음」에서 산견된다는 사실을 여기서 앞서 논의한 §3.2와 관련하여 덧붙이기로 한다. 「표준말 모음」(1936)의 <둘째. 비슷한 말(近似語)> 항목에서 '장수'와 '장사'형에 그 형태의 차이에 따라 적절한 의미 분화를 배당하였다. 즉, '장사 → 商行爲, 장수 → 商人'(p.96). 그리고 <二 소리가 아주 다르고 뜻이 꼭 같은 말>의 항목에서 다시 '장수'(商人)는 '상고, 상인'과 동의어를 형성한다고 규정하였다(p.68). 이 원칙에 따라 『큰사전』(한글학회, 1947: 2586)에서 "상품을 파는 사람"으로 '장수'가 표제어로, '장시'는 '장수'의 사투리로 등록되었다.

그러나 '장수'는 중세국어 단계의 '댱ᄉᆞ'(商賈, 남광우 1997: 388)의 반사체에 접미사 '-이'가 연결되어 형성된 '댱ᄉᆡ'로부터 발달하여 온 형태이다. '장ᄉᆞ'에 접미사 '-이'가 첨가된 '쟝싀'형이 19세기 후반의 함북방언을 주로 반영하는 Putsillo의 『노한ᄌ뎐』(1874)에서 확인되며, 여기서 발달된 '쟝수'는 19세기 후기 전라방언 자료에서부터 사용되었다.

> (1) 댱시, 댱식 (商人, p.269), 댱ᄉ비, 댱싀비, 샹셔니(商船, p.625)
> (2) 슐 즁슈를 하여 볼가(판, 박. 350), 비단 쟝ᄉ 다니난 길(동. 384), 들병 즁ᄉ 슐짐 지기(동. 350)
>   cf. 우리 형님은 쟝ᄉ요 그는 션싱이오(Underwood의 「한영문법」, 1890: 44)

아직까지 필자는 '쟝싀 > 쟝수'로의 변화 과정에 대한 합리적인 해석을 부여할 수 없으나, 지역방언에서 이와 동일한 형태론적 과정을 밟아 비어두음절의 모음이 '우' 또는 '이'로 결과된 다음과 같은 예들을 제시할 수 있다.

> (1) 손ᄌ(孫子)+-i > 손지 > 손주, 손지
> (2) 피마ᄌ(蓖麻子)+-i > 피마지 > 피마주
> (3) 표ᄌ박(瓢子)+-i > 표지박 > 표주박
> (4) 힝ᄌ(抹布)+-i > 힝지 > 행주, 행지

4.4 과도교정형의 표준어 유입과 '갈퀴'(柴把子)

1930년대 표준어로 선정된 '갈퀴'형은 '바퀴(輪), 나귀(驢), 바위(岩)' 등과 같은 형태들과 외견상 일치하지만, 근대국어에서부터 20세기 초엽 「말모이」의 표제어에 이르기까지 '갈키'로 사용되었다. 근대국어의 단계에서 '갈퀴 > 갈킈 > 갈키'와 같은 일련의 변화는 기대하기 어렵다. 또한, '갈퀴'는 전남·북 방언에서 '갈키'와 '갈쿠' 형 사이에 존재하는 분포상의 특이성을 보여 주고 있다. 따라서 필자는 근대국어의 형태인 '갈키'형에서 비어두음절 모음에서 표

준어와 지역방언 간에 보이는 u ∞ i와 같은 대응에 의하여 '갈쿠'로 과도교정
된 이후에, 지역방언에서 생산적인 접미사 '-이'가 연결되어 결과된 형태가
1930년대의 표준어로 선정된 것으로 파악하였다.

　그러나 「표준말 모음」(1936)에서 '갈퀴'의 비표준 유의어로 제시된 '갈킈'형
의 존재가 『조선어사전』(1920: 18)과 小倉進平의 『南部朝鮮의 方言』(1924: 106)에
반복된다는 사실을 간과할 수 없다고 생각한다. 이러한 유형은 '잔나비'(猿)와
같은 방언형의 경우에도 일시적으로 출현하였다. 즉, 이 형태의 말모음이 어
떠한 근거를 쉽게 찾아 볼 수 없는 이중모음 '-의'로 표기되었으며, 여기서 '-
븨'와 같은 표기는 실제로 발음되었던 것으로 원순화를 수행하여 '-뷔'로 전환
된 모습이 발견된다.

　⑴ 못슬 잔느뷔(「주해 어록총람」, 58ㄴ), 진나뷔(『로한ᄌ뎐』, p.367)
　⑵ 잣나븨(『조선어사전』 1920: 648)
　　cf. 진납이(외어유해, 하. 23ㄴ), 잣나비(Gale의 『한영ᄌ뎐』 1897: 721)

　위의 예에서 '진납이>진나뷔'와 같은 일시적인 형태의 출현은 체언 어간
말 '-이'형이 이중모음 '-의' [iy]를 보유하고 있었던 다른 단어들(예를 들면, '나
븨'(蝶) 등)에 유추되어 '-의'로 잘못 교정되기 시작하면서 이 과도교정형이 수
용되어 원순모음화의 적용을 받은 것으로 보인다. 이러한 사실을 고려하면,
'갈키'의 경우나, §3.3의 예문 (23)의 '낚시, 홍시' 등의 방언형들도 아마도 어
간말 /i/ 모음이 이중모음 /iy/로 과도교정 되어 각각 '갈킈, 낚싀, 홍싁' 등으
로 재구조화되었을 가능성도 있다. 그 이후에 '갈킈, 낚싀, 홍싁' 등은 '빅치(白
菜)>배추', '싱치(生菜)>상취, 생취, 상추' 과 같은 일련의 변화와 동일한 과정
을 밟았을 것이다.

참고문헌

고영근(편, 2000), 『북한 및 재외교민의 철자법 집성』, 역락.

곽충구(1980), '18세기 국어의 연구', 『국어연구』, 43호.

_____(1994), 『함경북도 육진방언의 음운론』(국어학총서 20호), 국어학회.

김주원(1999), '알타이제어와 한국어의 전설고모음화 현상', 『알타이 학보』 제9호.

김차균(1996), '/ㅆ/ 소리의 통시론', <한밭 한글>, 제1호, 한글학회 대전지회.

김형규(1974), 『한국방언 연구』, 서울대학교 출판부.

남광우(1982), 『국어 국자론』, 일조각.

_____(1997), 『교학 고어사전』, 교학사.

남성우(2001), '국어의 어휘 변화', 『국어생활』 제22호.

도수희(1994), 'ㅎ, ㅆ의 구개음화에 관한 몇 문제', 『언어』 제15호, 충남대 어학연
구소.

_____(1999), '충남방언의 모음변화에 대하여', 『방언』(국어학 강좌 6), 태학사.

박갑수(1999), '남북한의 언어차이와 그 통일정책', 『선청어문』(서울대 사대) 27집.

백두현(1992), 『영남 문헌어의 음운사 연구』(국어학연구총서 19호), 국어학회.

_____(1997), '19세기 국어의 음운사적 고찰', 『한국문화』, 20.

심재기(1982), 『국어 어휘론』, 집문당.

안병희(2001), '우리나라의 방언과 국문학', 『문학과 방언』, 이기문·이상규 외, 역락.

연규동(1998), 『통일시대의 한글 맞춤법』, 박이정.

유필재(2001), '서울지역어의 음운론적 연구', 서울대 박사학위논문.

유창돈(1971), 『어휘사연구』, 선명문화사.

_____(1980), 『이조국어사 연구』, 이우출판사.

이기문(1963), 『국어표기법의 역사적 연구』(한국연구총서 18), 재단법인 한국연구원.

_____(1971), 『훈몽자회 연구』, 한국문화연구총서 5, 한국문화연구소.

_____(2001), '소월시의 언어에 대하여', 『문학과 방언』, 이기문·이상규 외, 역락.

이기갑(1986), 『전라남도의 언어지리』, 국어학총서 11, 국어학회.

_____ 외(편, 1997), 『전남방언 사전』, 전라남도.

이병근(1970), '19세기 후기 국어의 모음체계', 『학술원 논문집』(인문·사회), 9.

_____(1991), '한 상숙 노인의 서울말', 『뿌리깊은 나무 민중 자서전 18, 서울 토박이 부인 한상숙의 한평생』, 뿌리깊은 나무사.

_____(2000), 『한국어 사전의 역사와 방향』, 태학사.

이숭녕(1988), '『동국신속삼강행실도』의 음운사적 연구', 『이숭녕 국어학선집』(3), 민음사.

이윤재(1936), '「사정한 조선어 표준말 모음」의 내용', 『한글』, 제4권 11호(12월호).

이희승·안병희(1994), 『고친판 한글맞춤법강의』, 신구문화사.

장태진(1973), '국어 표준어의 변천에 관한 연구', 『한국언어문학』 11호.

전광현(1967), '17세기 국어의 연구', 「국어연구」, 제19호, 국어연구회.

_____(1983), '「온각서록」과 정음 지역어', 『국문학논문집』(단국대학교), 11.

정용호(1988), 『함경도 방언연구』, 교육도서출판사.

정인승(1937), '"ㅣ"의 역행동화 문제, 그 원리와 처리 방법', 『한글』 5권 1호.

조선어학회(편, 1936), 『사정한 조선어 표준말 모음』, 조선어학회.

조세용(1991), 『한자어계 귀화어 연구』, 민족문화총서 49, 고려대학교 대민족문화연구소.

최전승(1986), 『19세기 후기 전라방언의 음운현상과 그 역사성』, 한신문화사.

_____(1995), 『한국어 방언사 연구』, 태학사.

최학근(1976), 'M. 푸칠로의 「로한자뎐」에 대하여, 『관악어문연구』 1집(서울대학교 국어국문학과).

_____(1978), 『한국방언사전』, 현문사.

최현배(1961), 『한글 바로적기 공부』, 정음사.

황대화(1998), 『조선어 동서방언 비교연구』, 한국문화사.

홍윤표(1993), 『국어사 문헌자료 연구』(근대편 I), 태학사.

_____(1994), 『근대국어 연구』 1, 태학사.

홍윤표 외(편, 1995), 『17세기 국어사전』, 태학사.

小倉進平(1944), 『조선어 방언의 연구』, 岩波書店.

河野六郎(1945), 『朝鮮方言學試攷』, 東都書籍.

Bailey, C. J. N.(1973), *Variation and Linguistic Theory*, Center for Applied Linguistics.

Householder, F. W.(1971), *Linguistic Speculations*, Cambridge Univ. Press.

Hong Yunsook(1991), *A Sociolinguistic Study of Seoul Korean*, Research Center for Peace and Unification of Korea.

Hooper, Joan.(1976), Word frequency in Lexical diffusion and the source of morphological Change, *Current Progress in Historical Linguistics*(ed. by W. M. Christie, Jr), Amsterdam : North-Holland.

King, J. R. P.(1991), Russian Sources on Korean Dialects, Harvard University Ph.D Thesis.

Labov, W.(1994), *Principles of Linguistic Change*, Internal Factors, Basil Blackwell.

Martin, Samuel. E.(1992), *A Reference Grammar of Korean*(한국어 문법총람), Tuttle Language Library, Charles E. Tuttle Company.

Phillips, Betty. S.(1984), Word Frequency and the Actuation of Sound Change, *Language* 60. 2.

Ramstedt, G. J.(1957), *Einführung in die Altaische Sprachwissenschaft*. I, Lautlehre, Helsinki, Suomalais-Ugrilainen Seura.

제6장

詩語와 方言

― '기룹다'와 '하냥'의 방언 음운·형태론과 의미론 ―

|1| 서 론 : 시어로서 방언의 기능

1920년대와 1930년대에 발표된 다양한 시인들의 시작품에 사용된 시어에 대한 언어학적 분석과, 그 시작품에 반영된 부분적인 방언 어휘의 성격과 시적 기능을 규명하려는 논의가 최근 다시 활기를 띠고 있다. 대표적으로 그 예를 든다면 『문학과 언어의 만남』(김완진 외, 1996)과 『새국어생활』의 특집 "언어와 문학"(6권 1호, 1996)을 열거할 수 있다. 그 이후에도 특히 한용운과 김영랑 등의 시어(방언으로 사용된)에 대한 새로운 관심과 재해석이 지속되었다. 특히 필자의 관심을 끈 최근의 논의는 한용운과 김영랑의 시작품의 전체 또는 극히 한정된 시어를 취급한 다음과 같은 두 가지 유형의 논문들이었다.[1]

---

1) 이 글은 <국어문학회> 월례 정기 발표회(1999년 8월 27일)에서 발표된 내용을 수정하고 보충한 것이다. 발표회에 참석하여 좋은 말씀과 건설적인 비평을 해 주신 전북대 이기우 선생님과 양병호 교수 그리고 대학원생들에게 감사한다. 특히 이 글을 다시 작성할 때, 만해의 시어 '기룹-/기루-'에 대한 의미 변화와 김영랑의 시어 '하냥'의 문법화에 대한 필자의 해석에 관하여 전북대 이정애 교수와 이루어진 토론은 큰 도움이 되었다. 그리고 전북대 고동호 교수는 새로 작성된 이 글을 자세히 정독하고 많은 문제점들과 잘못을 지적하여 주었다. 그러나 이 글이 안고 있는 문제와 제약은 물론 필자에게 있다.

하나는 한용운의 시어를 취급한 것으로 (1) 권인한의 "음운 자료로서의 萬海詩의 언어"(1996)와 (2) "만해시의 언어에 대한 補遺"(1997), 그리고 (3) 배석범의 "『님의 침묵』의 '긔루-'의 정체를 찾아서"(1997)이다.

다른 유형은 김영랑의 시어 가운데 "모란이 피기까지는"에 등장하는 방언형 '하냥'의 의미만을 고찰한 권영민의 "「삼백예순날 하냥 섭섭해 우옵내다」를 다시 생각하며"(1999)이다. 권인한의 두 논문(1996, 1997)은 만해의『님의침묵』(1926)에 나타난 시어로서의 고유한 방언형들을 제시하고, 이것들이 그 시인 출신의 충남 홍성방언을 반영하였을 개연성을 확인하는 작업으로 구성되었다. 그 반면, 배석범(1997)은 만해의 시어 가운데 '긔룹-/긔루-'형에 대한 기원과 그 의미에 대하여 집중적인 고찰을 시도하였다.

그러나 시어 '긔룹-/긔루-'형에 대한 배석범(1997)에서의 기본 인식은 "신비스러운 시어"인데, 대체로 그렇게 파악하는 근거는 다음과 같이 요약된다. (ㄱ) 이것은 1920년대 잠깐 쓰이다가 사라져간 신비스럽고, 독특한 의미를 가지고 있는 시인만의 독특한 어휘이다. (ㄴ) '긔루-'형이 만해 사상의 핵이라고 할 수 있는 님을 설명하는 열쇠이기 때문에, 이 시어에 대한 부당한 해석은 필연적으로 만해의『님의침묵』의 가치를 타락시킬 가능성이 있다. (ㄷ) 만해의 시 가운데 사용된 '긔루-'의 의미를 고려할 때, 오늘날의 홍성방언에서 쓰이고 있는 지역방언형과는 의미와 그 기능 차이가 너무 큰 것이다. 그렇기 때문에, '긔루-'형을 1920년대 당시의 충남 홍성 방언형으로 간주할 수 있는 근거가 없다. (ㄹ) 따라서 이 시어는 만해가 古語를 의도적으로 골라 쓴 것으로, 15세기 국어 '기류-'(讚嘆 '기리-'의 활용형)와 관련되어 있다.

그 반면, 김용직(1996)은 만해가 사용했던 예의 '긔루-'형은 충청도 방언으로 표준어로 '그립다'의 뜻이며, 이들 방언형이 등장하는 시 작품의 문맥으로 보아 특별히 일정한 음성구조나 운율을 살릴 수 있도록 하는 작가의 시적 의도는 파악될 수 없다고 판단하였다. 따라서 그는 이 시어를 언어 감각의 미숙에서 파생된 방언사용의 예 이상의 것은 아니라고 간주하였다. 그렇다면, 만해의 '긔루-/긔룹-' 시어에 대해서는 극도의 "신비주의"에 근거한 해석과, 그 반면, 이것은 단순한 "언어 감각의 미숙"에서 나온 토속어일 뿐이라는 양면적 평가가 대립되어 존재하는 셈이다.

김영랑의 "모란이 피기까지는"(『문학』 2호, 1934)에 등장하는 부사 '하냥'에 대한 종래의 대체적인 관점은 전남 방언형으로 그 뜻은 '항상, 언제나, 똑같이'라는 해석이 지금까지 일반적이었다. 이와 같은 해석은 어떤 합리적인 근거에 바탕을 둔 것이 아니라, 문맥에서 자연스럽게 추출된 것이다. 그 반면, 권영민(1999)은 방언형 '하냥'이 충청도와 호남 등지에서 오로지 '함께/더불어'라는 의미로만 쓰이고 있다는 사실을 주목하였다. 그리하여 그는 "삼백예순날 **하냥** 섭섭해 우옵내다"의 시구는 잃어버린 봄을 슬퍼하는 시의 화자와 모란이 똑같이 함께 섭섭해 운다는 뜻으로 마땅히 해석하여야 된다고 결론지었다.

필자는 19세기 후기 전라방언 자료(전주에서 간행된 완판본 고소설 부류와 신재효의 『판소리 사설집』 여섯 마당)를 중심으로 당시의 고유한 전라방언 어휘와 다양한 문법 형태소들을 오늘날의 공시적 방언형의 용법과 관련지어 정리하는 작업을 하는 가운데, 위에서 언급된 시어 '긔룹-/긔루'형과 '하냥'형의 쓰임을 이들 자료에서도 다양하게 관찰하게 되었다. 그리하여 19세기 후기 전라방언 자료와 현대 공시적 구어 방언 자료에 사용된 이들 방언형들의 분포와 그 의미를 중심으로 한용운과 김영랑의 서정시에 등장하는 예의 두 가지 유형의 시어를 전체의 틀 안에서 재음미하고, 이 시어들의 원래의 의미와 문맥의 상황에 따른 방언적 의미 추이의 과정을 복원해 보려고 한다.

그리고 이러한 작업을 하기 위한 하나의 전제로, 통일된 정서법과 표준어의 규범이 확정되기 이전에 활동하였던 시인과 작가들의 1920년대와 30년대 작품에 나타나는 토속적인 방언의 쓰임을 어떻게 해석하여야 타당한 것인가 하는 문제도 구체적으로 논의하려고 한다.

|2| 1920년대와 30년대의 시와 산문에 사용된 방언적 표기의 성격

2.1 개화기 이후 1930년대까지 표기법 제정의 과정과 문학어의 형성

만해와 영랑이 그들 작품에서 자연스럽게 구사한 방언형 시어와 관련하여, 이들과 거의 같은 시대에 활동했던 다른 시인 작가들의 작품을 개략적으로 살펴보면서 필자는 다음과 같은 생각을 하게 되었다. 즉, 조선어학회에서 공표한 "한글마춤법 통일안"(1933)과 『사정한 조선어 표준말 모음』(1936)을 통해서 표준어 또는 표기의 규범화의 기준이 확실하게 마련되지 못했던 1920년대와 1930년 초반의 문학 작품, 특히 시어에 등장하는 방언 표기의 문제를 새롭게 검토해 볼 필요가 있다는 사실이다. 시어에 사용된 방언형들은 시인의 고향 방언을 문학어로 끌어들임으로써 향토적인 서정성을 표출하고, 투박한 방언형을 아름다운 시어로 확립하는 데 기여하였음은 분명한 업적이지만, 이러한 해석은 단지 후대의 결과론적인 문학적 해석일 가능성도 있다.

물론 이 시기의 시인 작가들은 당시의 통용되는 일종의 문학어로 작품 활동을 하였을 것이 분명하다. 그러나 문학 활동에 있어서 문학어로서의 표준어의 수용이 한국 근대 문단의 초창기에서부터 확립된 것은 아니었다. 19세기 말엽 이후 20세기 초엽에 걸친 근대화는 "언문일치"와 같은 우리 국어에 대한 새로운 인식과 각성을 가져 왔으며, 그 당시 전개된 일련의 국어 운동 시대 또는 애국 계몽의 시대는 필연적으로 유길준의 『조선문전』(1881-1895년 사이)을 필두로 우리 국어에 대한 문법서들이 다투어 출현하는 계기를 이루었다. 이 가운데 황해도 봉산군 출생의 주시경 선생(1876-1914)의 부단한 국어 계몽 운동과 이것을 집대성한 저서 『국어문전음학』(1908)과 『국어문법』(1910) 등은 후대의 국어 연구가들에게 지대한 영향을 끼치었다. 또한, 1907년에서 1909년 사이에 대한제국 학부에 개설되었던 <국문연구소>는 개화기에 있어서 국문에 관한 종합적 연구와 운동의 총결산이었다는 점에서 큰 역사적 의미를 갖는다. 그 이후, 조선총독부에서 교과서 편집과 관련하여 몇 차례 시행된 철자법의 정리를 거쳐, 1929년에 조선어의 정확한 법리를 연구함을 목적으로 내세우며 창설된 조선어학회에 이르러 오늘날의 국어 표기법과 표준어의 토대를 이루는 "한글마춤법 통일안"(1933)과 『사정한 조선어 표준말 모음』(1936)이 확정된다. 이 조선어학회는 오늘날의 한글학회의 전신으로 원래 주시경 선생의 조선어 강습원으로 소급되며, 주시경 선생의 문하에서 조선어문의 이론과 애정을 배운 일단의 젊은 학자들이 1921년 11월에 조선어연구회를 창설하였다(김용직 1996). 그 이후 이 연구 단체는 그 당시 사회의 조선어문 연구자들을 망라하여 조선어학회로 발전되었다.

1936년 10월 조선어학회에서 사정하여 발표한 『조선어 표준말 모음』은 우리나라에서 처음으로 표준어의 성립을 명시적으로 제시한 것이다. 1930년대 훨씬 오래 전의 시대에도 서울말 중심의 공통어가 오랜 역사를 지니며 일종의 표준어로 확립되어 문학 작품의 언어로 군림하여 왔었다. 그러나 단일한 체계의 표준어가 국가 사회적으로 공인된 권위를 누리며 출판 문화와 교육, 그리고 창작의 영역에 본격적으로 확산되어 뿌리를 내리게 된 것은 1930년대 조선어학회의 업적과 국어 표기법 통일 운동에 전적으로 기인한다.

1920-30년대 우리 문단에 등장하여 창작 활동을 해 온 시인과 소설가들의 작품 가운데에는 표준어 또는 공통어와는 별도로 각각의 출신 지역에 해당되는 지역방언의 어휘와 문법형태들이 지속적으로 등장하는 경우가 많았다. 그들의 문학 작품 속에 등장하는 이러한 지역방언형들은 작가가 시의 경우에는 표현 기교 상으로 또는 소설의 대화에서는 리얼리즘(현실감)을 획득하기 위한 방편과 같은 문학적으로 어떠한 의도된 효과를 얻기 위한 장치일 수도 있다. 그 반면, 표준어와 지역방언에 대한 구분 사용이 명확히 형성되지 않은 상태3

에서 예의 다양한 토속적인 방언형들이 작가에 의해서 시나 소설 가운데 무의식적으로 출현하였을 가능성도 있다. 그러나 문학어로서의 방언형의 부단한 사용이 문학적 의도성에서 기인된 장치인가, 아니면 무의식적인 토속적인 표현으로서 고향어의 표출에 불과한 것인가 하는 판단의 경계가 언제나 명료한 것만은 아니다.

예를 들어, 安炳璇의 "秋風賦"(1931. 11. 1. 문예란/조선일보) 가운데 등장하는 전형적인 함북 방언형 '쌤자리'와, 이상화의 "빼앗긴 들에도 봄은 오는가"(『개벽』 70호, 1926)에서 경상도 대구 방언형 '쌉치-'에 대해서 생각해 보기로 하자.

> (1) ㄱ. 흐르는 가을 落葉을 흐트리고 쓰는 **쌤**자리의 날개.
> ㄴ. 나비 제비야 **쌉치지** 마라 맨드램이 들마꽃에도 인사를 해야지.

위의 시 가운데 (1) ㄱ에서 당시의 표준형인 '잠자리'를 대신하여 사용된 토속적인 방언형 '쌤자리'는 어떤 시적 기능을 발휘한다고 볼 수 있을까(고향의 '잠자리'의 심상을 환기시키려는 의도와 같은)? 당시에 이 시를 쓴 시인이 자신의 함북 방언형과 대응되는 표준어 어휘를 인지하지 못했을 것으로도 이해할 수도 없다.

경북 대구 출신인 이상화(1901-1943)가 사용한 시어 '쌉치-'는 바로 80년대에 이르기까지 표준어에서 "까불다" 정도에 대응되는 개념으로 해석되어 온 것 같다. 예를 들면, 정효구(1985)는 "빼앗긴 들에도 봄은 오는가"에 대한 구조 시학적 분석을 하는 과정에서 이 시어가 들어 간 7연은 "멋모르고 까부는 나비와 제비는 6연의 멋모르고 노래하며 어깨춤만 추고 가는 도랑과 동일선상에 놓인다"와 같이 풀이하였다. 이러한 해석은 부분적으로 90년대까지 지속되는데(김용직 1996), 최근 이승훈(1996)은 이 시어를 "방정맞게 까부는" 행위 동사의 뜻으로 해석하였다. 그리하여 그는 다음과 같은 질문을 제기하게 된다. "봄이 온 기쁨에 들떠 방정맞게 까부는 나비와 제비에게 그러지 말라고 하는 이유는 무엇일가?"(p.47)

그러나 이 시어는 경북 중부방언 등지에서 "재촉하다" 또는 "독촉하다"에 해당되는 방언형이다(정철 : 『경북 중부 지역어 연구』(1991) 가운데 "어휘자료" 참고, p.233). 또한, 이상화의 "빼앗긴 들에도 봄은 오는가"에 사용된 시어들 가운데 그의 고향 토속어를 나타내는 '지심', '종조리'(종달새) 등이 등장하고 있는 것을 보면, '쌉치-'의 경우도 역시 대구방언 어휘임이 분명하다. 그렇다면 왜 그는 이 시에서 일련의 방언형을 시어로 선정하였을까?[2]

이와 같은 맥락에서, 당시의 1920년대 한용운(충남 홍성)과 1930년대의 김영랑(전남 강진) 등과 같은 대표적인 시인들이 그들의 시작품에 출신 지역의 향토적인 방언형을 문학어로 부단히 등장시킨 이유를 다시 생각해 보기로 한다.

2.2 1930년대 문학어와 그 관용적 표현 : 김영랑의 경우

김영랑의 1930년대 초반에서 1940년대에 걸친 서정시 가운데 시어로 등장하는 전남 강진 방언형의 성격을 이해하는 한 가지의 방안으로, 먼저 이와 거의 동 시대에 작성된 그의 산문(주로 수필)의 문학어를 검토해 볼 필요가 있다고 생각한다. 만일 김영랑이 그의 시에 사용된 고향 토속어들을 어떤 시적 장치를 위해서 의도적으로 선정하였을 것이라면, 이러한 시적 장치(운율과 같은 음악적 효과)나 남도의 질박한 서정성이 표출되지 않는 산문에서는 이와 유사한 전남 방언형들이 어느 정도 억제되었을 것으로 우리는 기대할 수 있기 때문이다.

---

2) 전정구(2000)는 "민족혼과 저항의지"라는 표제로 이상화의 "빼앗긴 들에도 봄은 오는가"를 중심으로 시작품의 예술형식을 살피는 자리에서, 이 시에 등장하는 시어 '쌉치지 마라'는 경북방언으로 '서둘지 마라'를 의미한다고 옳게 지적하였다. 그리하여 전정구(2000: 214-215)는 이 시의 적재적소에 배치된 방언들이 환기시키는 향토적 정서는 전라방언의 향기를 전달한 김영랑 시편의 언어 감각을 무색할 정도로 탁월한 것으로 평가하였다.
   또한, 이상화의 시작품에 반영된 경북 지역방언적 성분에 대한 구체적인 분석은 이상규(1999)를 참조.

이러한 작업을 위해서 선정한 김영랑의 산문들은 다음과 같다. (1) "감나무에단풍드는 全南의九月"(약칭. '감나무', 『조광』 4권 9호, 1938. 9), (2) "杜鵑과 종달이"(상, 하, 약칭. '두견', 1939 <조선일보>), (3) "박용철전집 1권 후기"(약칭. '전집', 『박용철 전집』, 1939), (4) "春雪"(약칭. '춘설', <조선일보> 1940. 2. 23), (5) "春水"(약칭. '춘수', <조선일보> 1940. 2. 27). 그러나 김영랑의 이러한 산문에는 그의 1930년대 시에 출현하는 방언적 표현이 거의 대부분 반영되어 있다고 할 정도로 구어적 방언이 풍부하게 구사되었다.3) 김영랑의 일련의 산문에 등장하는 전남 방언형의 유형들을 그의 서정시에 사용된 예들과 대조를 하여 제시하면 대략 다음과 같다.

> (2) 1) 이봐요 저 감이 하루이틀 아조골이 **붉었구료**(감나무, p.171)
>   cf. 골을 붉히고 싸우고(인간 박용철, p.318, 『조광』 5권 12호, 1939)
>   = 장ㅅ광에 골불은 감닢 날라오아(5)
>   2) 구름이나 보랏고 앉었노라면(감나무, p.172)
>   = 외론밤 바람슷긴 찬별을 보랏습니다(28)
>   3) 내눈을 **기현이** 속이고(감나무, p.171)
>   = 대숲의 숨은마음 긔혀 찾으려(42)
>   4) **기둘니도 않고**(감나무, p.172)
>   = 기둘니리(5)/기둘니고 잇을테요(45)
>   5) 풀위에꿈을 맺는 **이슬이**같이(감나무, p.171)
>   = 넉시는 향맑은(8)
>   6) 재재거리는 종달을 **치어다본다**(두견/하, p.181)
>   = 누이는 놀난 듯이 치어다보며(5)
>   7) 아츰날 비치 막도**처오르느라면**(두견/상, p.179)
>   = 도처오르는 아츰날빗이("동백닙에 빗 나는 마음", 『시문학』 1호)
>   8) **작고작고** 退色하여(감나무, p.171)
>   = 나도 작고작고 간지럽고나(21)
>   9) 근지러움까지 가벼이실코잇다(춘수, p.192)

---

3) 김영랑의 시와 산문의 원문과 띄어쓰기는 전적으로 양병호(1997)에서 참조했으며, 『영랑시집』(1935)에서 시구의 인용은 시집의 목차 순서의 번호를 약칭으로 이용했음.

= 아침찬히 그꿈도 더실코갔소('강물', 1940)
10) **보드레한** 「애매랄드」(춘설, p.195)
  = 보드레한 에메랄드 얄게 흐르는(2)
11) 살도 변변히 **찌들못하고**(전집, p.177)
  = 맘놓고 울들못한다(거문고, 「조광」 1939)
12) 항상마음이 **서어하다**(垂楊, <조선일보> 1940. 2. 28)
  = 마음아이 서어로와(15), 서어한가슴에 그늘이도나니(42)
13) **재앙**을 부린 것도(두견/하, p.182)
  = 그속에 든꿈이 더재앙스럽소(4)
14) 바로그적게**버팀**(감나무, p.171)
  = 그때버텀 시든상 싶어(연2, 『백민』 17호, 1949)

위에서 제시된 방언형 가운데, (2) 1)의 '골이 붉-'이라는 산문에서의 표현은 『영랑시집』에서는 '골불은'으로 쓰인 사실이 주목된다. 이 '골불은'에서 '불은'은 거의 비슷한 맥락에서 김영랑의 산문에 쓰인 '골이 붉었구려'를 고려하면, 형용사 '붉-'(赤)을 나타낸 것으로 보인다. 그러나 이 시구는 처음 발표된 『시문학』 1호(1930)에서나 『영랑시집』(1935), 그리고 해방 이후에 간행된 『영랑시선』(1949)에서도 전연 수정되지 않는 상태로 남아 있다. 허형만(1996: 271)은 "영랑 시어의 해석"에서 '골불은'은 '골붉은'일 것으로 추정하고, 이 시구를 '고루 붉은'의 뜻으로 해석하였다. 그러나 김영랑의 산문에서 '골이 붉었구려'를 고려하면, '골'은 명사이다. 따라서 이 시구는 '골이 붉은'과 같은 구에서 파생된 형태인 것이다.

그 반면, 이승훈(1986: 219)은 '골불은'을 과일이나 고추가 반쯤 익어간 상태를 나타내는 전라도 방언이라고 풀이하였다. 전남 토박이 화자의 증언도 대체로 이승훈의 해석과 일치한다.[4] 그러나 '골불은'에서 명사 '골'은 그대로 미해결로 남는다. 김영랑의 산문에서 '골이 붉-'의 대상은 '감'이지만, 그의 서정시에서 '골불은'은 '감닢'을 수식하고 있다. 이러한 차이에도 불구하고, '골을 붉

---

4) 김영랑의 이 시구 해석에 대하여 토박이 화자로서 필자의 자문에 여러 가지 도움말을 준 조선대학교 강희숙 교수에게 감사한다.

히고'와 같은 표현을 보면, '골불은'이나 '골이 붉-'은 '모양' 또는 '형태'를 일 컫는 중세어 '골'로 소급되는 형태로 생각된다(남광우: 교학『고어사전』, p.110을 참 조). 표준어에서 이 '골'은 경음화하여 오늘날의 '꼴'로 발달하였으나, 전남방 언에서는 예전의 형태와 뜻이 그 쓰이는 범위가 축소되어 사용될 가능성이 있다. 따라서 (2) 1)은 시어와 산문에서 다 같이 '모양이 붉-'과 같은 의미를 나 타낸 것으로 생각한다.

(2) 5)에서 산문에 등장하는 '이슬이' 형태는 '이슬'(露)에 명사파생 접사 '- 이'가 첨부된 형태론적 구성으로서, '벌→벌이, 뱀→뱀이'와 같은 유형의 방 언형이다. 이러한 형태와 대응되는 김영랑의 시어로 '넋'(魂)에 대한 방언형 '넉시'(넋+-이)를 찾을 수 있다.

(2) 9)에서 '실코'는 표준어에서 'ㄷ' 변칙 활용을 하는 '싣-'(載)의 전남 방언 형이다. 여기에 '걷-'(步)에 해당되는 '걸-'의 활용형도 김영랑의 산문에 등장한 다. 새암으로 바삐**걸다**말고(두/상. 179). 일반적으로 '싣-'(載)과 '걷-'(步)을 포함한 'ㄷ' 변칙 활용어간들은 대부분의 지역방언에서 모음으로 시작되는 어미 앞에 서 실현되는 'ㄹ' 활용으로 규칙화되는 경향을 강하게 보인다. 이러한 지역방 언의 음운현상이 김영랑의 시와 산문에 그대로 반영된 것이다.

(2) 12)의 '서어하다, 서어로와, 서어한' 등은 그 대상이 '마음', '가슴'인 점 으로 미루어 '처량하다, 쓸쓸하다' 정도의 의미를 갖고 있는 것으로 보인다. 이 어휘는 중세어에서 '서의ᄒ-'로 소급된다. 낯비치 서의ᄒ도다(色凄凉, 초간. 두시 언해 2.2ㄴ). 그리고 이 형태의 후대의 발달형은 근대국어의 단계에서 '셔어-' 또 는 '셔오-'와 같은 변이를 보여주지만, 20세기 초엽의 신소설 가운데 김영랑의 시어에 가장 접근된 '셔어-'형으로 출현한다. 얼마쯤 마음이 **서어ᄒ셔** 날마다 가던 것을 잇틀에 훈번 수흘에 훈번 가기도 ᄒ고(신소설『월하가인』, p.67). 이인직의 신소설 『혈의 누』(<만세보> 연재, 1906. 9. 30) 가운데에서도 '셔어ᄒ-'형이 '서먹한'과 같 은 뜻으로 다음과 같이 사용된 바 있어서, 그 의미영역이 폭넓었던 것으로 보 인다. 남의게 처음 인사ᄒ듯 뎌단이 **서어훈** 인사를 하다가.[5]

김영랑의 산문에는 또한 그의 서정시에서 보이지 않는 다른 유형의 전남 방언형들이 자유롭게 사용되었다. 방언 어휘의 구사에 있어서 그의 시와 산문에서 일정한 구분 또는 대립이 관찰되기도 한다. 예를 들면, 그의 시어에는 주로 중립적인 형태 '대숲'(42)으로 표기되었지만, 산문에는 유독 전남 방언형 '대삽'(두견/하, 173; 수양, 195)으로 사용되었다. 그 반면, 산문에는 일반적인 표준어 '언덕'(전집, 175; 춘심, 193)으로만 표기되었지만, 그의 시에는 언제나 고유 방언형 '어덕'형(『영랑시집』, 3)으로 등장하는 경우도 찾을 수 있다.6) 그의 산문에 반영된 전형적인 전남 방언형들을 개략적으로 제시하면 다음과 같다.

(3) 1) 징허게 푸른닢은(굉장히, 감나무. 171), 징허게 푸르다/징게 붉은(수양, 195)

2) 몸푸래야 뺌으로 셋하고 싸(부피, 감나무. 172)

3) 왼통 놀-해지고, 놀-한빛의(노랗-, 감나무. 172)

4) 가장 가차웁고/쩔웁고 좁아서(가깝-, 짧-, 전집. 175)

5) 저혼자 질기는다는듯이(즐기-, 두견/상. 179), 그러케 질겨볼 수 잇다면(춘수. 191)

6) 한五年 기루던 두견이운다(그리든, 두견/상. 179)

7) 이고삿저골목에(춘심. 193), 고삿길에서(춘설. 189)

8) 어린애들은 촐내(호드기)를 만들기로(춘심. 193)

9) 늬고장으로, 늬목청에서(네, 두견/상. 180)

---

5) 이 어휘는 그 발달의 단계에서 '서어ㅎ-' 또는 '서오ㅎ-'와 같은 모습으로 출현하였다. 즉,

빅예 곶브심도 계실꺼시니 서의ㅎ오니 무퇴 오르셔(원간 첩해신어 5. 17ㄴ)

빅예 곧부심도 계실거시니 서오ㅎ오나 문히 오르셔 쉬시고(중간 첩해신어 5. 17ㄱ)

cf. 무조법 서어탄 말이라(원간 첩해신어 1.33ㄴ)

이태영(1997: 205)은 『역주 첩해신어』에서 위의 '서의ㅎ-'와 '서어ㅎ-'를 각각 "쓸쓸하다, 생소하다, 좋지 않다"와 같이 풀이하였다.

6) 허형만(1996: 269)에 의하면, '어덕'형은 오늘날의 강진방언에서 '엉덕'보다 그 쓰이는 빈도가 낮다고 한다. 그러나 이 방언형은 19세기 후기 전라방언에서도 다음과 같이 생산적으로 사용되었다.

어덕의 딕이고(대성, 17ㄴ; 충열,상. 18ㄴ), 어덕을 의지ㅎ여(대셩. 23ㄱ), 어덕으 올나(삼국지 3. 12ㄴ), 어덕이 머러쓰니(삼국지 4. 24ㄱ), 노푼 어덕의 셧거날(초한, 하. 28ㄱ), 어덕으 오른니(초한, 하. 38ㄱ), 어덕 우의(초한, 하. 38ㄴ), 질가에 잇는 어덕(판, 변. 600), 어덕 깁게 파이엿다(판, 변. 536).

10) 짐이무럭무럭(춘설. 190), cf. 김이서리는(춘설. 190)

11) 긴간짓대로 날키러(장대, 날리-, 수양. 195)

12) 매양 그우름소리에 잠자고 기내기는 틀럿나부다(지내-, 두견/상. 179)7)

13) 竹馬故友가 그립어지고(그리워, 감나무. 174)

14) 조이쪼각(종이, 박. 178), 조히자박(인간 박용철. 183)

15) 어듸 원망할듸도(데, 두견/상. 180)

16) 서러운때가 만허저서(하-, 춘설. 190), 번고롭지도 안헛고(춘설. 189), 作定을 단단히 헌셈갓다(수양. 196)

17) 그格調를 익쿠어노면(익히어, 전집. 184)

18) 아프로 치위는없다(추위, 춘수. 192)

19) 고향떠나 서울이나사는 친구에게 무러본다면(서울에, 춘수. 192)

지금까지 위에서 열거한 전형적인 전남 방언형들의 예를 보면, 김영랑은 그의 서정시와 일련의 산문을 가리지 않고 자신의 출신지역의 방언형을 자유롭게 구사한 셈이 된다. (3) 1)에서 정도부사 '징허게'(굉장히)는 또 다른 '겁나게'와 같이 전남과 전북방언의 구어에서 통상적으로 사용되는 가장 유표적인 방언형이다. 그리고 (3) 3)의 '놀-해지고, 놀-한'은 '노랗-'(黃)와 관련된 방언형으로 '많-'(多)에 대한 방언형 '만허-'와 동일하게 예전의 '하-'(爲)의 활용을 따른다. 특히 (3) 19)에서 '서울' 다음에 연결되는 처소격 조사로 통상적인 '-에' 대신에 전남 방언의 특징을 가장 잘 드러내는 '-이'를 사용한 예가 주목된다(최전승 2000). 이와 같이 김영랑의 시와 산문에 등장하는 구어적 방언형들은 어떠한 근거에서 당시에 문학 작품에서 그대로 통용되고, 동시에 편집 과정에서와 독자들의 입장에서 수용될 수 있었을까? 이러한 의문에 대한 정확한 답변은 제시하기 어렵지만 대체로 다음과 같은 두 단계의 상황을 생각하여 볼 수 있다.

---

7) '지내다'(過)에 대한 '기내다'의 방언형은 19세기 후기 전라방언 자료에도 확인된다. 십여일 기닌후의(필사, 병진, 박. 145ㄴ), 엄동도 다 기닉고(동. 141ㄴ), 호강으로 기닉난듸(동. 140ㄱ), 곤궁으로 기닉더니(동. 138ㄴ).

첫째, 이러한 경향은 김영랑이 작품 활동을 했던 그 당시의 오랜 된 전반적인 관행이었을 것이다. 즉, 1920년대와 1930년대 초반, 그리고 1936년에 확립된『조선어 표준말 모음』이 사회 전반에 확산되어 문학어로 정착되지 못했던당시에 여러 문예 잡지와 신문에 발표된 동 시대의 작가들의 시와 산문들의표기를 살펴 볼 때, 다양성 있는 문학어의 단계를 상정해 볼 수 있는 것이다.[8]이러한 단계는 통일된 규범이 마련되지 않았던 시기로, 구어와 문어 형태가수의적으로 혼재된 일종의 다양성이 허용된 문학어로 이해될 수 있다.

둘째로, 첫 번째에서 제시한 이와 같은 사회 문학적 배경은 출신 지역이 다양한 개별 작가들에게 자신의 감정과 정서를 당시의 규범어로 1 : 1로 대응시켜 표출시킬 필요를 제공하지 않았다는 결론으로 이끌어진다. 그리하여 김영랑은 특히 그의 남도의 향토적 서정과 나약한 유미주의적 시상을 의식적이건,아니면 무의식적이건 간에 자신의 감정을 잘 배합시키고 무르녹일 수 있는고향의 토속어로 상황에 따라서 적절하게 사용한 것이다. 이것을 김영랑 자신은 전라도 말에 대한 다음과 같은 자신의 견해를 밝히는 자리에서 "吐情"이라고 규정한 바 있다.

> 全羅道서는 이곳 말이란것이 처음듯는이는 아직말이덜되엇다고웃고 자조듯는이는 간지러워못듯겟다고 얼굴에 손까지 가리운다. 詩人C는 感覺的인點에서만도 잡어써야 겟다고한다. 통터러 여기말이말이라기보다 吐情가트나 他道인들 의사표시에 끈치기야 하느냐만은 보다더 吐情일것갓다. 우리가 등이가려우면긁고 꼬집으면 아야야를 발음 하는 것과 그리距離가업는말일것갓다."
>
> (「춘심」(남방춘신. 3), <조선일보> 1940. 2. 27)

따라서 김영랑은 그의 시와 산문에서 일종의 吐情的인 전라도 방언의 일상

---

8) 그 한 예를 들면, 김소월의 산문과 단편소설에서도 평북방언의 토속어들의 자연스러운 쓰임을 그의 시에서와 같이 관찰할 수 있다. <학생계> 3호(1920)에 실린 그의 산문 "春朝"과 <培材>(1923)에 발표된 외국 단편소설의 번역에서 사용된 다양한 토속적인 평북 방언형들이 그전형적인 예이다.

적 口語를 자신이 나타내려는 주제와 분위기 그리고 시적 장치 등에 따라서 의식 또는 무의식적으로 자유롭게 구사한 것으로 추측한다.9) 이러한 사실과 관련하여, 김영랑 시인과 거의 비슷한 시기에 활동하였고, 자신의 작품에 구사된 방언형에 대한 견해를 부분적으로 밝힌 소설가 한 사람의 견해를 여기서 음미해 볼만하다고 생각한다. 1924년『조선문단』에 "세 길로" 단편을 발표함으로써 정력적인 문학활동을 시작한 전북 군산 출신의 작가 채만식은 그의 작품 가운데 수많은 전북방언을 빈번하게 사용하였음은 주지의 사실이다. 그는『民聲』5권 4호(1949)에 기고한 "한글 교정, 誤植, 사투리"라는 글에서 자신의 작품에 쓰인 방언에 관한 생각을 다음과 같이 밝히고 있다.

나는 방언을 많이 쓴다. (ㄱ) 방언인 줄 알고 쓰는 것도 있고, (ㄴ) 방언일 줄 모르고 쓰는 것도 있고, (ㄷ) 표준어로는 몰라서 할 수 없이 방언을 그대로 쓰는 것도 있고 아뭏든 많이 쓰기는 쓴다. 이 방언 쓰기를 정리하려고 노력은 하나 一朝一夕에는 되지를 않아서 민망할 적이 많다.10)

이 가운데 (ㄱ)은 1938년『朝光』지에 9회에 걸쳐 연재된 그의 장편소설 "천하태평춘"을 고려하면 등장하는 인물들의 특성을 드러내기 위한 수법으로 주로 대화에 사용되었다. 따라서 방언에 관한 (ㄴ)과 (ㄷ)은 주로 그의 소설의 지

---

9) 물론, 김영랑이 1930년대의 그의 시에서 심혈을 기울인 시어의 선택과 彫琢에 경주한 부단한 노력을 인정하지 않을 수 없다. 일찍이 정한모(1985: 255)에서 지적된 바와 같이, 그는 원천적인 고유한 정서를 언어를 이용하여 재구성하였으며, 새로운 서정의 세계를 창조하기 위해서 모국어가 갖고 있는 모든 기능을 찾아서 나타내려 하였다.
   김영랑 시의 시어를 여러 층위에서 고찰한 양병호(1992: 12-13)는 김영랑의 시어의 경우에 일상생활에서 사용하는 지역어가 무의식적으로 사용된 것으로 보기보다는 의식적으로 전라도 방언이 채택된 것으로 이해하였다. 그리하여 그는 김영랑이 방언을 시어로 선정함으로써 토속적이고 독특한 남도의 정취와 구체적이고 보편적인 체험을 환기시키는 기능을 확보하였기 때문에, 향토적 정서를 느끼게 해 주는 정서와 아울러 다양한 음악적 운율 효과를 거두고 있다고 해석하였다.

10) 이 글은 채만식 소설의 언어적 특징(전북방언)을 고찰한 이태영(1996: 207)의 각주 14)에서 일부를 그대로 재인용한 것이다. 인용문 내에서 (ㄱ), (ㄴ), (ㄷ)은 필자가 편의상 덧붙인 것이다.

문에 해당된다고 할 것이다.

김영랑의 경우에 있어서도 그의 산문 가운데에는 표준어 또는 공통어를 인지하고 있었지만 여기에 해당되는 토속어를 적극적으로 구사하였으며, 이것을 다른 지역의 독자들을 위해서 소개하기도 하였다. 어린애들은벌써 출내(호드기)를 만들기로(춘심. 193). 그리고 김영랑은 <감나무에단풍드는 全南의 九月>(『조광』 1938. 9)에서 그 글 가운데에 사용된 전남 방언형 '대삸'을 다음과 같이 해설하였다. 그대밭이 하도많이 큰게있어서 한동리의 한村落을 흔히웨싸고있읍니다 그대밭을 **대삸**이라부르지오(p173), cf. 큼직한대삽이 그들의 안방이다(수양. 195).

또한, 김영랑의 원래의 시어 가운데 『시문학』 등에서 첫 발표 작품에 등장한 전남 방언형이 『영랑시집』(1935)에서는 다시 공통어로 대치되기도 하였다. 그러나 『영랑시집』이 간행되었던 당시의 정황으로 미루어 보면, 이러한 수정 과정에 시인 자신이 직접 관여하지는 않은 것 같다. 예를 들면, "넉시는 **행**맑은 女玉像가치("쓸쓸한 뫼아페", 『시문학』 1호, 1930)"에 동원된 방언형은 '넋이'(넋+-이)와 '행'(香)이다. 이 시어들은 전남방언의 특질을 가장 잘 드러내는 유표적인 지역방언형 가운데 일부이다. 그러나 이 시구가 『영랑시집』에 재수록될 때에 '넋이'는 그대로 남고, 자음 앞에서 이중모음의 변화를 수용한 "향>행"만 규범 형태로 수정된 점이 특이하다.[11] 넉시는 **향**맑은 구슬손가치(시집. 8), cf. **행**말근 옥돌에 불이다러("내 마음을 아실이") → **향**맑은 옥돌에 불이달어(시집.43).

2.3 한용운의 『님의침묵』에 반영된 1920년대 시어의 특성

    (4) ㄱ. 네 네 가요 지금곳가요
           에그 등ㅅ불을 켜랴다가 초를 거꾸로 꼬젓습니다 그려

---

11) 전남방언에서 한자어 '香'을 '행'으로 통상 발음한다는 사실은 일찍이 19세기 후기 전라방언 자료에서도 확인된다. (ㄱ) 금노의 힝을 피오고(香, 구운몽, 하. 29ㄱ), 힝화을 밧들고(香火, 대봉, 하. 25ㄱ), (ㄴ) 봄힝기(香氣, 춘, 남. 1), 힝기로운(수절가, 상. 24ㄱ), (ㄷ) 힝닉 바람(구운몽, 상. 5ㄴ), 힝탕슈(香湯水, 충열, 상. 4ㄴ).

저를 엇저나 저사람들이 숭보것네("사랑의 끗판"의 일부, p.166)
ㄴ. 사랑은 님에게만 잇나버요(p.15)
너머도 素質이 업나버요(p.17)
量이 적을수록 조흔가버요(38)
사랑의줄이 약할가버서(p.78)

만해 한용운의 『님의침묵』(1926)에 수록된 "사랑의 끗판"이라는 표제의 시에서 따온 위의 (4)ㄱ과, 시집 전체에 보조용언 '보아→보어→붜→버'로의 변화를 수용한 당대의 발음 그대로의 표기인 (4)ㄴ의 예에서 우리가 관찰할 수 있듯이, 이 시집에 전반적으로 구사된 시어의 특징 한 가지는 그가 일상적으로 사용하는 구어의 자연스러움일 것이다. 그렇기 때문에 구어에서 주로 출현하는 일종의 담화표지(discourse marker) '-그려'가 그의 시에 빈번하게 관찰된다.[12] 만해가 그의 시작품을 통해서 사용한 일상적인 구어는 그의 토박이말을 바탕으로 한 것이기 때문에, 여기에 1920년대 당시의 충남 홍성 방언이 등장하는 것은 자연스러운 귀결이다(권인한 1996; 1997).

그러나 그가 시어로 다양하게 구사한 어휘와 문법형태소들은 다른 지역방언들의 그것들과 대조하였을 때 일정한 방언에만 "있고 없음"에 관한 질적인 대상이 아니라, 해당 지역의 방언 화자들에게서 어느 정도 빈번하게 출현하는가에 딸린 계량적(quantitative)인 대상이다. 그렇기 때문에 그의 작품 가운데 등장하는 고유한 방언형들의 지역적 분포는 비단 충남방언 또는 홍성의 지역방언에만 한정된 모습을 보이지는 않는다. 그렇기 때문에, 만해가 『님의침묵』에서 사용한 시어 가운데 확인되는 일정한 방언적 색체는 그의 충남 홍성 지역

---

12) 예를 들면, 본문에서 인용된 예문 (4)와 아래에 예시된 만해 시에 출현하는 '-그려'는 통상적으로 감탄을 나타내는 종결보조사(남기심·고영근 1999: 105), 또는 '-요'와 함께 문장의 전체에 느낌의 가락을 더하는 느낌토씨(최현배 1994: 613)로 분류된다. 담화 표지 혹은 화용 표지의 규정에 대한 고찰은 이정애(1999: 23-25)를 참조.
당신은 물만건느면 나를 도러보지도안코 가십니다 그려(28)
그를맛나서 무슨말을 하얏는데 꿈조처 분명치안습니다 그려(51)
야속한 봄바람은 나는 꼿을부러서 경대위에노임니다 그려(64)

방언에 대한 구체적 언어 의식에 근거한 것은 아니라고 생각한다. 그 보다는
이것은 그의 일상적인 구어를 그대로 반영한 결과에 불과할 뿐이다. 만해의
충남 홍성 지역방언에 근거한 그의 시어의 구어성을 몇 가지 예를 단편적으
로 제시하면 다음과 같다(권인한 1996과 1997도 아울러 참조).

먼저, 이 시집에 쓰인 명사 부류 가운데 가장 분명하고 동시에 상징적인 충
남 방언형으로 '돍'(石)이 주목된다. 돍뿌리를 울니고(4), 돍길이 잇습니다(13), 적은 돍
도(17).[13] 이 '돍'형은 小倉進平(1944: 218)의 보고에 의하면, 원래 그 주된 분포가
1920년대에서는 경상도와 충청도 및 강원도 일대로 한정되어 있다. 그러나 19
세기 후기에 이 형태의 분포는 더욱 넓었던 것이 분명하여 그 쓰임이 전남·
북 지역방언에까지 확대되어 있었다.[14] 또한, 그의 시어 가운데 용언의 활용
에서 모음조화와 관련하여 부사형어미는 선행하는 용언어간의 모음과는 무관
하게 구어의 특징인 '-어'의 방향으로 향하는 주된 경향을 보인다(예문 5). 그와
동시에 만해는 그의 시에서 어두음절과 비어두음절 위치에서 남부방언의 경
향인 '으→어'와 '어→으'와 같은 구어적 현상을 표기에 그대로 반영하기도
하였다(예문 6).

(5) ㄱ. 금실을 짜러서(133), 매아리와 가터서(52), 님을 차저가랴고(15), 껴
안어주서요(36), 써날줄은 아러요(104), 참어썰치고(1), 적은목숨을
사러움지기게함니다(154)

ㄴ. 놉허지는(48)/소리가 놉헛다가(157), 도러가는길(군말), 길을 조처감

---

13) 『님의침묵』(1926)에서 인용된 어휘와 시구는 이 시집의 쪽수를 이용하였다.
14) 19세기 후기 전라방언 자료에서 이 방언형은 '돍'(石) 또는 '돌∽독'으로 등장하고 있다. 예
를 들면 다음과 같다.
돌기라도 망두석은 천말연이 지니가도(수절가, 상. 44ㄱ)
압푸 초부석이라 흣난 돍긔 잇스니(길동. 11ㄱ)
길동이 돍문밧긔 나와(길동. 11ㄱ)
그리고 小倉進平(1944: 218)에서 이루어진 이 방언형에 대한 다음과 같은 관찰도 주목할 만
하다. "慶北道內 많은 지방에서는 주격을 [tor-i] 이외에 [tol-gi]라 한다. 충청남북도, 강원도
역시 동일하다." 그리고 1912년에 간행된 林圭의 『日本語學 音. 語編』에서도 예의 '돍'형 표
기가 많이 등장하였다. 술돍을(240), 굴뚝은 벽돍로 맹기는 것(231), 돍칭계우에(232), 쥬추돍
이(231), 돍몽이(227), 죄약돍을(207). 임규는 전북 익산 출신으로 알려져 있다.

니다(13), 쏘더지는 눈물(65), 도러나올째에(65)[15]

> (6) ㄱ. 님이 잇녀냐(군말), 무엇을하는지 아녀냐(81), 잘잇너냐고만(101),
>   가러처 주시든(16)
>   ㄴ. 츰마음을 변치안코(처음, 43), 맨츰에리별한(125)
>   ㄷ. 도로혀 험이되는것과가티(흠, 31)

만해의 시집에는 위의 예 이외에 '쇠ㅅ대'(열쇠, 10), '느투나무'(느티나무, 157), '입설'(8, 46, 80), '수리박휘'(19), '쩔너서(23)/쩌르든지'(76), '질겁고(38)/질거움(98)/질거으며'(97), '닷과 치를일코'(36), '우슴이제워서/눈물이제워서'(97), '발게버슨'(50), '두듸려쌔처서'(110) 등과 같은 방언적 표현이 그대로 자연스럽게 등장하고 있다. 이러한 표기는 만해의 시에 나타난 일상적인 구어성을 반영할 뿐이지, 그가 이러한 방언형을 이용하여 어떤 구체적이고 의도적인 시적 효과와 분위기를 구성하려고 시도한 것으로는 판단되지 않는다.

그의 시에 반영된 구어적 표현 가운데 동사 용언 '짓-'(作)과 형용사 '많-'(多)의 활용형이 특히 주목된다. '짓-'(作) 어간말음 [-t]는 뒤따르는 폐쇄음어미를 경음 또는 유기음으로 전환시키는 경향을 지역방언에 따라서 보이는데, 이러한 현상은 지역에 따라서 19세기 후반의 자료에서부터 출현하기 시작하였다.[16] 만해의 『님의침묵』에서 이 용언은 다음과 같이 사용되었다. 도포도 지코

---

15) 만해의 『님의침묵』에 반영된 구어적인 모음조화와 관련하여 '되-'(化)와 '하-'(爲)의 부사형어미만은 전통적인 문어의 양상인 '되야'와 '하야'를 주로 보여주는 사실이 주목된다. 즉, ㄱ) 하나가 되야주서요(27), 順風이되야서(36), 얼마나 되얏는지(51), 번개가되야(67), 진주가 되얏다가(143), cf. 꿈이 근심되여라(56), ㄴ) 잇고저 하야요(6), 사람을 위하야(136), 갈마기를 이웃하야(58), 무슨말을 하얏는데(51).

16) 19세기 후기 전라방언 자료에서 '짓-'(作) 다음에 연결되는 자음 어미의 유기음화는 다음과 같이 나타난다.
    (a) 농스짓키(필사, 병진. 박흥보. 1ㄴ), 혼돌금은 바지짓코(동. 6ㄴ), 식집 짓코(동. 8ㄱ), 닙구 쓰로 집을 짓코(동. 13ㄱ), 제비집을 직코(동. 21ㄴ)
    (b) 언제 밧바 웃짓컷나(판, 박. 383).
    또한 이러한 경향은 이와 비슷한 시기의 다른 자료 유형에서도 관찰된다. 죄를 지코(『텬로력뎡』 1895: 1ㄴ), 일홈은 조케 지코…일홈은 흉흉게 지엿스니(동. 3ㄱ). cf. 자네쳐럼 흉다가는 시비듯키 쉽스오리(정정 『인어대방』 1882, 3. 6ㄱ).

자리옷도 지엇슴니다, 지치아니한것은, 짓다가 노아두고, 지코십허서 다 지치안는것임니다 (134, 수의비밀).

현대어의 '많-'(多)에 해당하는 중세와 근대국어의 형태는 'ㅎ-' 어간과 관련된 '만ㅎ-'이었다. 따라서 이 용언은 'ㅎ-'(爲)의 불규칙 활용에 준하였다. 그 이후 '만ㅎ-' 어간은 '많-'으로 축약을 일으켜서 재구조화 되었으며, 동시에 원래의 'ㅎ'의 활용형과 유연성을 상실하게 되어 현대국어에 이른다. 그 결과 '많-' (多)은 독자적인 규칙적 활용 형태를 취하게 되었다. 그러나 전남과 전북 그리고 충남방언의 일대에서 이 형태는 축약되지 않는 예전의 활용형으로 존속하고 있다. 만해의 『님의침묵』에서 충남방언에서의 이러한 모습이 그대로 반영되어 있다. 量이만할수록(38), 量이 만하고(38), 만한 사랑은(38), 글줄은 만하나(101), 이름지을 만한 말이나(53).[17] 또한, 만해의 『님의침묵』의 표기에는 경우에 따라서 충남방언에 바탕을 둔 구어적인 표현과 당시의 규범적 표현이 번갈아 등장한다. 그러나 동일한 전달 의미를 반영하는 구어와 문어(또는 규범어)적 표현 가운데 시어로 그가 선택한 형태에는 언어 내적 의미의 차이나 또는 작가 자신의 어떤 목적 의식이 크게 작용하지 않은 것으로 보인다.

만해 시에 나타나는 이러한 두 가지 유형의 시어 가운데 다음에 §3.1에서 취급하려고 하는 토속어 '기룹-'과 표준어 '그리운'의 관계가 특히 문제가 된다. 그 이유는 만해 자신이 상황에 따라서 이 두 시어를 구별해서 사용하였기 때문이다. 그렇기 때문에 바로 이러한 사실이 만해의 시에서 원래의 '기룹-'을 '그립-'(慕)의 단순한 방언적 변종으로 인정하지 않으려는 충분한 논거가 되어 왔다(이상섭 1984; 1987). 그러나 만해 시에 나타나는 '기룹-'과 '그립-'간의 일종의 變異(variation)는 단일한 개인의 화자 내부에까지 부단히 출현하는 말의 스타일에 따른 전환 때문에 자연스럽게 교체된 것이다. 이와 같은 유형들의 말의

---

17) 이와 같은 전형적인 남부방언의 활용 예들은 19세기 후기 전라방언 자료에서도 생산적으로 등장하였다. 부모의 세간스리 아무리 만ㅎ야도 장손의 차지될듸(판, 박. 328), 나 만하야 노망한 중의(수절가, 하. 32ㄱ), 물귀신이 만ㅎ 고지라(충열, 하. 24ㄴ), 쥐도 양식 만헐터이(퇴가. 11ㄱ).

스타일의 전환은 그때그때 상이한 시적 감정과 분위기의 차이 또는 노래하는 대상 또는 인물에 대한 사회적 거리와 친소의 감정과 같은 요인에 따라서 무의식으로 만해의 시에 출현했다고 생각한다. 이러한 예로 위에서 충남 방언형으로 잠시 지적한 '만하-'(多)와 규범형 '많-'이 만해의 시에 상황에 따라서 상호 교체되어 출현한 사실도 포함된다(이상섭 1987). 그렇다고 해서 방언형 '만하-'와 규범형 '많-'형이 만해의 시에서 서로 다른 기본의미로 사용되었다고 해석할 수 없다.[18]

그 반면, 만해의 『님의침묵』에 사용된 표기에는 당대의 구어와는 거리가 있는 의식적인 문어투의 유형들이 섞여 있다. 한 가지의 유형은 1920년과 30년대 당시의 문학어에서 통상적으로 사용되고 있던 擬古形 '가티'(如)와 같은 표기 방식이다. 힘이되는것과가티(p.31), 푸른빗과가티(p.41), 님의손ㅅ길가티(p.62).[19] 이러한 조사 또는 부사로서의 표기 '가티'는 김영랑의 1930년대의 산문에서도 흔하게 사용되었다. 페꼬리가티, 두견가티(두견/하. 181), 새벽가티(두견/상. 179), 우리가티(두견/상. 180), 종달새가티 재재거리다가(두견/하. 182).[20]

다른 한 가지의 유형은 경기도(임용기 1988: 28-29)와 강원도 일대에서 쓰이고 있는 중부방언 중심의 '해요'체에 해당되는 '-서요'와 같은 표현의 생산적인 쓰임이다. 차라리가서요, 말슴하야주서요, 마서요 제말 마서요, 눈을 돌려서감으서요, 나려오서요 등등. 그러나 만해가 『님의침묵』에서 의식적으로 어떤 지역방언형을 반영하려고 이러한 '-서요'형을 구사한 것은 아니다. 완곡한 명령 또는 청유형에 해당되는 '-서요'는 당시 만해를 전후한 시인들의 시어에서 그 출신 지역

---

18) 이상섭(1987: 171)은 『님의 침묵』의 용례 색인을 중심으로 뭉치 언어학(corpus linguistics)적 관점으로 사전 편찬의 실제 문제를 취급하면서, 만해가 '만하다'와 '많다'를 두 가지 시어로 다 쓰고 있는데, '만하다'는 '많다'를 뜻하면서 뉴앙스가 좀 다른 방언적 형태로 취급할 수 있다고 보았다.

19) 또한 각주 (15)를 참조. 그러나 '되야-'의 경우는 전남과 전북 토박이 노년층의 화자들의 구술 담화 기록을 관찰하면, 문어의 성격을 갖고 있다는 것보다는 당시의 통상적인 구어일 가능성이 높다.

20) 그러나 김영랑의 시어(『영랑시집』, 1935)에서 이 형태는 산문에서와는 달리 현실음 '-가치'로만 사용된 점이 특이하다. 햇발가치, 샘물가치, 붓그럼가치(2), 마음실가치(11).

에 관계없이 어떤 "여성적 어조"를 나타내기 위한 수사적 장치로 애용되어 왔다.21) 배석범(1987: 54-56)은 이 높임의 어미 '-서요'형이 1920년대 이후에 변영로(경기도 출생), 한용운(충남), 박용철(전남), 신석정(전북), 장정심(경기도), 모윤숙(평북) 등의 시인의 시어에 주로 등장하고 있음을 예시한 바 있다.

지금까지 확인되는 만해의 『님의침묵』에 반영된 시어의 특성은 일부 문어적 성격과 여성어의 스타일을 위한 장치를 제외하면, 대부분 충남 홍성 지역 방언에 근거한 일상적인 구어적 성격으로 파악된다. 사실, 시인이 어떠한 감정과 心象을 시어로 언어 기호화할 때(encoding) 일상에서 이탈된 것과 같은 복잡한 상징체계와 은유와 같은 다양한 기법을 응용하더라도 그의 최선의 선택은 그 시어를 어느 수용자가 가장 선명하고 명료하게 그대로 해독(decoding)할 수 있는 용인되어 관습화한 장치를 이용하지 않을 수 없다. 따라서 시어의 제약은 시인 자신만의 독특한, 그러나 시의 수용자들이 해독하기에 문제를 제공하는 소위 "개인어"(ideolect)란 상상할 수 없을 것이라는 전제하에서 가능한 것이다.22) 그와 동시에 "의사소통"의 관점에서 시인의 시와 그것의 수용자간의 일종의 사회적 약속의 틀 속에 시어의 변용과 장치는 존재한다.23)

---

21) 최동호(1989)는 만해의 이러한 시적 표현을 "여성적 어조 또는 표현"으로 파악하였다. 경기도 방언의 발음이 갖는 청각적인 느낌이 여성적임은 비록 주관적이지만 통상적으로 잘 알려진 사실이다. 이와 관련하여 강원도 일부를 포함하는 중부방언에서 사용되는 어미 '-서요'가 가장 특징적인 여성어로서 당대의 문인들이 인식한 것으로 보인다. 그 예로 박태원이 <조선중앙일보>(1934, 12.7-12.31)에 10회에 걸쳐 연재한 "창작여록"에서 문학의 표현 기법 등을 제시하였는데, 이 가운데 여성어의 대표적인 예로 '하엿세요'와 대비되는 '하엿서요'를 열거하였다(김흥수 1997: 284 참조).

22) 일반적으로 문학작품 분석의 분야에서 기술 언어학에서 언어 분석의 최소의 단위로 상정하는 "개인어"(ideolect)란 술어를 약간 신비스럽게 파악하는 경향이 농후하다. 따라서 특정 개인 작가가 그의 작품에서 구사하는 특이한 언어적 버릇이나, 통상에서 벗어난 이탈성 혹은 현재의 관점으로 쉽사리 파악할 수 없는 언어적 특성들을 일괄적으로 그 자신만의 특유한 개인어로 인식해 왔다. 이러한 특성은 어디까지나 작가의 개인적 스타일에 따른 성향일 뿐, 고유한 개인어는 아니다. 언어 사회의 구성원들에게서 그러한 내용과 표현이 약속과 관용에 의해서 허용되지 않는다면 그가 사용하고 있는 소위 개인어라는 대상은 단지 무의미한 것이다.

23) 예를 들면, 만해의 시어 가운데 '스치-'에 해당되는 '슬치-'형이 적극적으로 사용되었다. 1. 고요한하늘을 슬치는(4), 2. 간은바람이 문풍지를슬칠쌔에(17), 3. 당신의 입설을 슬칠쌔에(46), 4. 봄바람에 몃번이나슬처서(103), 5. 꼿새이를 슬처오는(121). 만해의 시어에 대한 전반

그렇다고 해서 시어가 일상어 또는 산문과는 달리 시 문법에서만 차지하고 있는 독특한 위치를 도외시하는 것은 아니다. 일반적으로 시어는 규범어에 바탕을 둔 파격 내지는 이로부터의 일탈(deviation)이 허용되는 특권을 누린다. 그러나 방언 또는 다른 문학적 장치를 이용한 시인 특유의 파격적인 조어법이 시어로서 성공을 거두려면 일상어로부터의 일탈 역시 관용화된 일정한 사회적 약속과 독자들의 보편적인 認知의 틀 안에서 결정된다고 말할 수 있다. 우리가 다음 §3에서 제시할 한용운과 김영랑의 독특하다고 추정되는 시어 '긔루-/긔룹-'(思慕)과 '하냥'(함께/시간적으로 계속)에 대한 해석도 역시 이러한 기본적 전제에서 크게 벗어나지 않을 것이다.

적인 고찰을 시도한 권인한(1997: 134)은 방언사전이나 옛 문헌에서도 확인하기 어려운 만해의 독특한 시어 가운데 이 '슬치-'형을 포함시켰다. 그러나 이 '슬치-형은 1925년 『조선문단』 11월호에 발표된 주요섭의 연재 소설 "첫사랑값"{3}에서도 등장하고 있다. 빨간 장미꽃 향기가 내코를 슬쳣다(p.30), 엇던 생각이내머리를 슬치고 지나갓다(p.31). 따라서 결코 만해는 예의 시어 '슬치-'를 자기만이 해독할 수 있는 신비한 어휘로 사용한 것은 아니다. 이 '슬치-'형의 분포는 현재로는 파악하기 어렵지만, 만해의 시와 주요섭의 소설에 이 표현이 등장한다는 사실은 해당 지역어이었을 가능성이 높다. 왜냐하면, 『조선문단』 9월호부터 11월호까지 3회 연재된 주요섭의 소설 언어에는 그의 지역방언에 가까운 북부 방언형들이 아래와 같이 매우 자유롭게 구사되어 있기 때문이다.
1) 뢰력(努力, p.28), 2) 뢰동자(勞動者, 28), 3) 녀름달이다(29), 4) 니저 버리고(36), 5) 니로 째물엇다(34), 5) 녯날 투억의 품에 안기우자(옛날 추억, 36), 6) 예뎡햇든대로(예정, 37), 7) 대동강 텰교(철교, 39), 8) 어듸 갓다들어오는 사람처럼, 집에 들어가는 싸-ㄴ터럼(-처럼, 38), 9) 한뎜 밝은빗은(한 점, 35), 10) 지금 문데는(문제, 34), 11) 혼자 결뎡을(결정, 34), 12) 뎜심도 안이먹엇다구(34), 뎜심째를 지나서는(33), 13) 던등불(전등불, 34), 14) 한탁써야지(한턱, 33), 15) 놀너섯서요?(30), 16) 입설은(입술, 29), 17) 그의눈빗과 앵미간(양미간, 30), 18) 맥히지도 안은코를 맥힌드시(32). <이상은 1925년 조선문단 11월호, 첫사랑값{3}>, 19) 하나이 두흘이되고 두흘이 넷이되고(둘, p.57), 하나 두흘 셋 넷(둘, 47), 20) 눈이 쇠리쇠리해서 도뎌히 헤일수가 업다(47).<이상은 1925년 『조선문단』 10월호, '첫사랑값{2}'>.

|3| 한용운의 시어 '긔루-/귀룹-'과 김영랑의 시어 '하냥'

3.1 '긔룹-/긔루-'의 구어성과 의미 전이

지금까지 필자가 추출한 만해의 『님의침묵』에 사용된 시어에 대한 제약의 관점에 설 때, 그의 시집의 도처에 9회나 출현하는 형용사 '긔룹-/긔루-'는 일견해서 파격적인 인상을 강하게 받는다. 이러한 이외의 느낌은 위에서 논의된 만해의 통상적이고 선명한 시어 가운데 '긔룹-/긔루-'형이 현재의 구어와 충남 홍성 지역방언에서 쉽게 관찰할 수 없으며, 그것이 사용되는 시구상의 문맥에 의존하지 않는다면 오늘날에는 간단하게 해독되지 않는다는 사실에 기인하는 것이다.[24] 따라서 이 형용사가 갖고 있는 의외성과 의미 해독의 중의성 때문에 이 형태는 종래 만해 시 연구가들로부터 부단한 관심의 초점이 되어 온 것은 당연한 현상이었다고 생각된다.[25] 그리하여 최근에 이승훈(1996: 58)은 한국

24) 권인한(1997: 134, 각주 23)에서는 '긔룹-/긔루-'형을 직접 충남 방언의 연구가로부터 확인하려는 노력을 보였다. 그리하여 그는 곽충구 교수로부터 충청도의 일부 지역에서 70, 80대 여자분들이 남의 집 어린 아이한테 "대체로 귀엽고 예쁘다"는 표현으로 "그 녀석이 참 기루어"라고 한다는 증언을 근거로 다음과 같은 추정을 하였다. 즉, 이 어휘는 '그립다'와는 별개의 어휘로서 '貴性스럽다'에서 번져나간 몇 가지의 의미(戀慕, 憐憫 등)를 가지는 충청 방언권의 어휘로 보아야 할 것 같다고 하였다. 그 반면, 배석범(1997: 1204, 각주 10)은 충남 홍성 출신의 학자들에게서 『님의침묵』의 '긔룹-/긔루-'형에 해당되는 오늘날의 방언형의 형태와 그 의미를 이끌어내지 못하고, 만해가 이 시집을 발표할 당시에도 언중들이 이 어휘에 대한 이해를 갖고 있지 않았다는 점을 강조하려고 하였다.
25) 이러한 사정은 허웅(1987: 112-113, 『이삭을 줍는 마음으로』, 샘문화사)에서 허웅 선생과 다른 문학 평론가와의 학술 대담을 그대로 전사한 "ㄱ과 ㅎ의 대화" 기록에서도 그대로 드러난다. 참고로 인용해 보면 다음과 같다.
 "ㄱ : 시인들의 시를 읽어보면 사전으로 해결할 수 없는 말이 많습니다. 만해 시의 '기룬, 기루어서'는 사전에 나오지 않습니다. 그래서 이것을 지금까지는 '기린다'란 뜻으로 해석하고 있는데, 송욱씨의 『전편 해설: 님의 침묵』에 보면 ㅎ 선생님은 이것을 '그립다'란 말로 보아야 한다고 하셨는데, 이것 어떻게 됩니까? 저한테도 이런 질문하는 사람이 있는데.
 ㅎ : 그것은 네 생각으로는 '그립다'가 옳다고 생각합니다. '기리다'는 타동사이고, '그립다'

현대시의 새롭게 읽기에서 한용운의 『님의침묵』에서 '군말'에 등장하는 '기룬
-'을 "사랑하고 찬송한다는 뜻"으로 문맥에 따른 문학적 해석을 하였다.

그러나 필자는 만해 시에서 이 특이한 존재 '긔룹-/긔루-' 시어에 대해서도
앞선 §2.3에서 설정했던 만해 시어의 통상적인 구어성과 일상성의 범주에서
대체로 크게 벗어나지 않는다는 사실을 제시하고, 이것을 증명하여 가는 방식
을 취하려고 한다. 우리의 논의 전개를 위해서, 그리고 이 시어가 쓰인 문맥의
다양한 상황을 확인하기 위해서 만해의 『님의침묵』에 사용된 문제의 '긔룹-/
긔루-'의 용례들을 아래에 제시하기로 한다(배석범 1997; 권인한 1997).

(7) 1) 님만님이아니라 긔룬것은 다 님이다(군말)
   2) 나는 해저문벌판에서 도러가는 길을일코 헤메는 어린羊이 긔루어서
      이詩를쓴다(군말)
   3) 오시랴도 길이막혀서 못오시는 당신이 긔루어요(24, 길이 막혀)
   4) 당신이긔룹지만 안터면 언제까지라도나는 늙지 아니할테여요(33, 당
      신이 아니더면),
   5) 내가 당신을긔루어하는것은 까닭이업는것이 아님이다(99, 사랑하는
      까닭)
   6) 달은밝고 당신이 하도긔루엇슴니다(106, 달을 보며)
   7) 못찐아츰 달밝은저녁 비오는밤 그 쌔가 가장님긔루운쌔라고 남들은
      말함니다(130, 우는 쌔)
   8) 그대들이 님긔루운 사람을 위하야 노래를부를쌔에(136, 사랑의 불)
   9) 한숨의 봄바람과 눈물의 水晶은 써난님을긔루어하는 情의秋收임니다
      (154, 生의 藝術)

『님의침묵』의 어휘와 그 활용 구조를 일찍이 정밀하게 고찰한 이상섭(1984:
21)은 위와 같은 '긔루-/긔룹-'형은 "그립다" 뜻을 함축하면서도 (7) 1)과 (7) 2)

는 형용사인데, 거기 쓰인 것을 보면 타동사로는 전혀 뜻이 통하지 않습니다.
ㄱ : 정말 이런 점으로 보면 우리들 현대시에 대한 해석이 잘되어 있지 않음을 느끼게 됩니
    다.
ㅎ : 평론에 들어가기 전에 정확한 언어적 해석이 되어야 할 텐데요."(이하 생략)

의 용례로 미루어 또한 "기릴 만 하다, 측은하다, 기특하다" 등과 같은 폭넓은
의미를 갖고 있는 어휘로 간주하였다. 따라서 그는 이 형태가 사용되는 문맥
에 따라 파생된 다의적 성격을 처음으로 잘 인식한 셈이 된다.

또한 이상섭(1984)은 한용운이 '긔룹-/긔루-'와 '그리-, 그리워하-'를 시집에서
다음과 같이 분명히 구분해서 사용하고 있음을 주목하였다. 당신을 그리워하는
나의 슲음임니다(44), 님을 그리우는 직녀가 칠석을 엇지기다리나(150). 그러나 필자는
이 시집에서 구분해서 사용된 것 같은 관행적인 규범형 '그리워-, 그리운'은
한용운이 시어를 구사함에 있어서 출현할 수 있는 말의 스타일의 차이에 따
라 무의식적으로 '긔루/긔룹-'과 대치되었을 것으로 생각한다. 즉, 이러한 유
형은 §2.3에서 필자가 언급한 바와 같이 규범어 형태와 만해가 구사했던 당대
의 충남 방언형 사이의 단순한 교체 사용에 해당되는 것이다.[26]

위의 (7)의 예에서 『님의침묵』에서 '긔루-/긔룹-'형이 쓰이는 대상은 유정물
이면서 존귀한 인물인 "당신"과 "님"에 대부분 배당되어 있다. 그 외에 이 형
태는 사람이 아닌 유정물인 "羊"과, 무정물이지만 代用의 형식명사인 "것"을
대상으로 각각 한번씩만 사용되었다. 따라서 만해 시에 나타나는 '긔루-/긔룹-'
형을 단순히 표준어 '그립다'(慕)의 방언형으로 간주할 때 문제가 되는 항목이
"양"과 "것"과 같은 [-human] 또는 [-animate]와 같은 의미 지질을 갖고 있는
대상이다. 우선 후자의 문제를 잠시 제외한다고 하더라도, 만해가 구분해서
사용했다는 '그리워 하-'와 '그리우는'의 대상이 되는 '당신'과 '님'과 또 다른
'긔루-/긔룹-'의 대상이 되는 '당신'과 '님'의 맥락을 대조해 보면 분명히 변별
되는 의미 차이라는 것은 전연 찾을 수 없다. 그리하여 필자는 '긔루-/긔룹-'이

---

26) 이상섭(1987: 173)은 만해가 『님의침묵』에서 '그리워하다'란 형태를 '기룹-'과 구분하여 두
번이나 따로 사용했기 때문에 이 '기룹-'형은 '그립다'의 방언적 표기와 결코 동일한 것이
아니라고 단정하였다. 그리하여 이상섭은 만해의 시집 첫머리에서 두 번씩이나 쓰인 '기룹-'
형이 이 시집 전체를 통하여 가장 표현성이 강한 인상적인 시어 가운데 하나라고 규정하고,
이 형태를 국어 큰 사전의 표제어에 설정하여야 된다는 주장을 하였다. 그러나 필자의 입장
에서는 하나의 단순한 지역방언 형태가 문학어로 채용되면서 새로운 신비스러운 어휘로 승
화되는 과정이 새삼 주목될 뿐이다.

라는 만해의 시어를 음운·형태론적 측면과 의미론적 측면 두 가지로 분리하여 고찰할 필요가 있다고 생각한다.

3.1.1 음운·형태론적 측면

일찍이 이상섭(1984)은 만해의 시에 출현하는 '긔루-/긔룹-'의 활용 예들을 참고하여, 그 원형(기본형)을 '긔룹-'으로 추정하였는데, 이러한 그의 추정은 형태론적으로 올바른 해석이었다. 'ㅂ' 변칙용언인 이 형용사는 『님의침묵』에서 (그리고 다음의 §3.1.2에서 취급할 19세기 후기 전라방언 자료에서도 동일하게) 자음으로 시작되는 어미 앞에서는 '긔룹-'으로, 모음으로 시작되는 어미 앞에서는 '긔루-'로 규칙적으로 활용하고 있다.27) 따라서, 필자는 이 '긔룹-'형이 표준어 '그립-'(慕)에서 출발한 단순한 지역방언적인 변종일 수밖에 없다고 생각한다. 그렇게 판단하는 근거는 두 가지이다. 하나는 통상적인 '그립-'에서 남부방언 지역에 분포되어 있는 고유한 음운변화를 통해서 '긔룹-'형을 이끌어 낼 수 있는 방언 음운사적인 원리를 제시할 수 있기 때문이다. 다른 하나는 '긔룹-/긔루-'에 해당되는 '그립-'의 19세기 후기 전라방언 형태들이 생산적으로 확인되기 때문이다.

첫째, 먼저 이 형태는 통상적인 '그립-'에서 '그리웁-'으로 유추 변화를 수용하였다. 소위 'ㅂ' 변칙 용언들은 구어에서 활용상의 불규칙성을 제거하고 어간의 단일화가 이루어지는 방향을 취하고 있는데, 이러한 경향은 지역방언에서 더욱 강하게 나타난다. 예를 들면, 형용사 어간 '그립-'(思慕)은 자음으로

---

27) 그 반면, 배석범(1997: 1215)은 만해의 시어에 나타난 '긔루-'와 '긔룹-'형은 통사적 차이는 없는 것 같고 동시에 상호 밀접한 관계에 있으나, 다른 가치와 의미를 갖고 있는 것으로 해석하였다. 그러나 두 활용형이 어떻게 구분되는가에 대해서 그는 '긔룹-'이 '긔루-'보다 통상적인 '그립-'에 더 경도된 표현이라고 보았다. 동시에 그는 만해의 개인적 문법에서 '긔루-'에서 '긔룹-'형이 이끌어져 나온 것으로 판단하였다. 그리하여 배석범(1997: 1211)에서는 만해의 시어 '긔루-'를 중세국어의 자료 『능엄경 언해』에 출현하였던 '기루-'(嘆)의 활용형 가운데 하나인 '기류-'와 연관시킬 수 있는 가능성이 집요하게 추구되었다.

시작하는 어미 앞에서는 '그립-', 그리고 모음으로 시작하는 어미 앞에서는 '그리우-'[kịriw-]로 불규칙적으로 교체된다. 이와 같이 뒤따르는 어미의 음운론적 조건에 따라 비자동적으로 실현되는 용언의 어간말음 p ∞ w간의 교체는 정칙 활용을 하는 다른 용언어간 부류 '좁다, 잡다, 입다, 굽다(曲), 씹다' 등과는 대조를 이룬다. 그러나 언어 습득과 의사소통의 기능 면에서 불편을 주는 불규칙 용언의 활용에 나타나는 교체형들을 제거하고 문법 형태를 단일화하려는 노력이 유추 현상(analogy)을 통해서 실현되었다. 여기서 수행되는 유추에 의한 수평화는 모음으로 시작되는 어미 앞에서 교체되는 어간말 w가 기준이 되어, 다른 교체형 p에 w가 첨부되는 방식을 취했다(허웅 1984: 361).

그 결과, '그립다, 덥다, 쉽다, 사납다, 뜨겁다, 맵다, 곱다'와 같은 'ㅂ' 변칙 용언들은 '그리웁다, 더웁다, 쉬웁다, 사나웁다, 매웁다, 고웁다'와 같이 전환되는데, 이러한 현상은 'ㅂ' 변칙 활용에서는 발견되지 않는 것이 원칙이다. 한용운의 『님의침묵』(8ㄱ)과 김영랑의 시와 산문(8ㄴ)에서 그 경향을 찾아서 제시하면 다음과 같다.[28]

> (8) ㄱ. 가벼웁게 여기고(가볍-, 님. 41), 義가 무거웁고(무겁-, 님. 91)
> ㄴ. 쩔웁고(짧-, 감. 173), 가차웁고(가찹-, 박. 175), 무서웁다니(무섭-, 두/상. 180), 두터웁든 것(두텁-, 인간 박용철, 185), 고웁지못한 노래 (곱-, 시집. 53), 못오실님이 그리웁기로(그립-,『시문학』2호, 1930. 5)

따라서 원래의 '그립-'(戀)형이 만해가 구사하였던 지역방언의 구어에서 모음어미 앞에서와 같은 어간모음 w 활용형으로 단일화되기 위해서 일차적으로 '그리웁-'으로 전환되었을 것으로 보인다.

둘째, 남부방언에서 '그리웁-'형에 움라우트 현상('-이' 모음 역행동화)과 그 다음으로 모음 축약이 차례로 적용되었다. 즉, 위와 같은 유추 현상을 통하여

---

28) 이러한 유추 현상은 일찍이 19세기 전라방언에서도 관찰되기 시작한다. 남문을 취혼다 ㅎ기로 도웁고져 왓난이(돕-, 화룡. 75ㄱ), 꼿 다웁다(답-, 수절가, 상. 24ㄱ).

'그립-'의 단계에서 '그리웁-'으로 어간의 단일화를 수행한 형태는 이번에는 남부방언에서 생산적인 움라우트 현상의 영향으로 '그리웁->긔리웁-'으로 발전하였을 것이다. 이러한 과정에서 문제가 되는 것은 (ㄱ) '으'의 움라우트가 직접 전설모음 '이'[i]가 아니고, 이중모음 '의'[iy]로 결과되었다는 사실과, (ㄴ) 움라우트의 통상적인 제약 조건인 개재자음 'ㄹ'의 제약을 벗어났다는 점이다.

그러나 움라우트 실현형 '긔리-'에서 첫 음절의 이중모음 '의'는 '으'의 움라우트 과정으로 인한 이중모음 [iy]를 반영하였던 방언 음운사에서 확인되는 전형적인 결과이다(최전승 1986; 백두현 1992). 움라우트를 거친 이중모음 '의'는 적어도 한용운의 발음에서 1920년대 충청방언에서 그대로 이중모음으로 실현되었거나, 아니면 앞선 단계에서 출현하였던 그러한 발음상의 흔적을 보수적인 철자법으로 존속시킨 것이다.[29] 또한, 개재자음 'ㄹ'이 오늘날의 지역방언에서 일어나고 있는 움라우트에 대한 연구에서 특히 용언의 경우에 동화작용에 대한 큰 제약으로 기능을 발휘하지 못한다는 사실이 제시되어 있음은 잘 알려져 있다(최전승 1986: 138을 참조).

'그립-'에서 유추에 의한 활용형의 단일화와 그 이후 거친 움라우트의 결과 형성된 '긔리웁-'형에서 둘째 음절과 셋째 음절의 모음의 결합 '이+우'는 모음축약의 규칙에 지배를 받게 된다. 따라서 '긔리웁->긔룹-'와 같은 변화를 수행하여 만해의 시어와 다른 지역방언에서 관찰할 수 있는 최종적인 '긔룹-' 방언형으로 출현하게 되었다. 이와 동일한 모음 축약의 과정과, 개재자음 'ㄹ' 의 제약을 넘어 실현되는 움라우트 현상을 동시에 보여 주는 예로 19세기 후기 전라방언에서 '가리우-'(遮陽)형이 '긔루-'로, 또한, '드리우-'(獻)형이 '듸루-' 로 각각 발달하여 온 일련의 변화를 제시할 수 있다. 즉, (9a). '가리우->긔리

---

29) 당시의 표기법 문제와 관련하여 1930년대 '으'의 움라우트 실현 예를 제시한 정인승(1937)에서도 피동화음이 대부분 '의'로 표기되어 있다. 시골뜨기→시골띄기, 다듬이→다듸미, 보드기(短樹)→보듸기, 드리다(獻)→듸리다. 스치다→싀치다, 업드리다→업듸리다. 또한 小倉進平(1944: 193)에서도 '등겨'(米糠)에서 움라우트를 실현시킨 방언형의 피동화음이 이중모음 [iy]으로 전사되어 있다.

우-(움라우트)＞기루-(모음 축약)', (9b). '드리우-＞듸리우-(움라우트)＞듸루-'(모음 축약).

   (9) a ㄱ) 붓치의 솔방올 션죠 다러 일광을 **가리고**(수절가, 하. 25ㄱ)
          ㄴ) 금부치 호당션으로 일광을 **가리우고**(수절가, 상. 5ㄴ)
          = 쇄금별션 좌르르 페여 일광을 기루고(장자백창본 춘향가, 2)
          = 금당션 좌르륵 페예 일광을 **기리우고**(필사본 별춘향젼 196,
            1917년 정사년에 필사)
          ㄷ) 얼골을 **기루고** 셜니 운니(장자백 창본 춘향가, 113)
          ㄹ) 일산 우산은 일광을 **기루엿짜**(장자백 창본 춘향가, p.58)
          ㅁ) 스람보면 코 기리는 청목사션뿐이로다(춘, 남. 78/성두본 B)
          = 코 기루난(가람본 춘, 남. 38)
       b. ㄱ) 약을 가라 **듸루며**(드리우며, 수절가, 하. 15ㄱ)
          cf. 이 년 즈바 니루라(장자백 창본 춘향가, 74)
          = 이 연 자바 니리라(수절가, 하. 11ㄱ)

  셋째, 그 결과 남부방언의 토박이 화자들은 방언형 '긔룹-'을 원래의 '그립-' 과는 다른 기저형으로 확립하게 되었을 것으로 생각한다. 즉, 자음어미 앞에 서는 '긔룹-'과 모음어미 앞에서는 'ㅂ' 변칙 활용의 방식에 따라 '긔루워(어)' 로의 활용형을 이끌어내게 된 것이다. 그러나 첫 음절에서 자음에 앞선 이중 모음 '의'는 점진적으로 어두에서는 '이' 또는 '으'로 단모음화 되었기 때문에, '긔룹-'형은 조만간 '기룹-'으로 대치되게 된다.30)
  이러한 세 가지 유형의 형태론과 음운론적 과정을 거친 '긔룹-'형은 적어도 1920년대 이후에 그 형태와 함축하는 의미에 있어서 여타의 다른 방언권에서 또는 충청과 전라방언 지역의 젊은 세대들에게서 친숙하지 못한 방언형이 되

---

30) 그 반면, 배석범(1997: 1217-1218)은 『님의 沈默』의 '긔루-'의 주된 의미는 한자 '嘆'과 연관 이 있다고 해석하였다. 그리하여 그는 '긔루-'는 주체가 객체에게 "마음 속의 감정을 겉으로 드러내다" 의미가 될 것으로, 마음속의 감정은 슬픔일 수도, 기쁨일 수도, 때로는 그 마음을 드려 복종하는 것도 될 수 있을 것으로 결론지었다. 또한 그는 '긔룹-'은 '긔루-'보다 그리움 의 감정을 더 드러내는 만해 시인의 언어가 될 것으로 보았다.

었을 것으로 보인다. 또는 이 지역의 화자들이 통상적으로 일상어에서 '긔룹-'
형을 자연스럽게 사용하고 있었지만, 의식적인 노력과 언어 직관에 의해서 쉽
게 드러나지 않는 유형의 방언형이었을 것으로도 생각된다.

넷째, 19세기 후기 전라방언 자료에서와, 현대 전남과 전북에서 지역방언의
화자들이 구사하는 담화 유형의 이야기 가운데 '그립-'에 해당되는 방언형 '긔
루-/기루-/기루워'와 같은 형태가 아직도 자연스럽게 등장하고 있다.

> (10) ㄱ) **긔루-**
>> 긔루다 만난 임(신재효의 "방이 打令", 686)
>> 긔루던 회포(심청, 하. 35ㄱ)
>
> ㄴ) **기룬-/기루-**
>> 상ㅅ불견 기룬 임을 이리 수이 맛날손가(수절, 하. 33ㄴ)
>> 이리 기루난이 아조 죽어 잇고지거(수절, 하. 16ㄴ)
>> 지달임도 젹지 안코 기룬졔도 오리건만(수절, 하. 2ㄱ)
>> 우리 낭군 날과 갓치 기루난가(수절, 하. 7ㄱ)
>> 승상은 일싱 기루던 츙열의 손의 만이 흠향ㅎ고 가라(충열, 상. 26ㄴ)
>> 이 상사 알으시면 임도 날을 기루련만(수절, 하. 1ㄴ)
>> 도련임도 날과 갓치 기루신지(수절, 상. 40ㄴ)
>> 날 보너고 기룬 마음 속키 만나 푸르리라(수절, 하. 2ㄴ)
>> 월미의 일구월심 기루던 마음(수절가, 상. 3ㄱ)
>> 기루던 회포을(구운,상. 44)
>> cf. 샹봉ㅎ여 그리던 회포(京. 춘. 9ㄴ)
>
> ㄷ) **기루워**
>> 자나 누나 임기루워 (수절가, 하. 33ㄴ)
>> 님 기루워셔 귀즁심쳐 늘거잇고(수절, 상. 42ㄴ)
>> 동기지졍을 길우워 ㅎ눈고로(대셩. 42ㄱ)
>> 네 일신이 날 기루워 병이 나면(장자백. 창본 춘향가 53)
>> 임 길워 셔룬 마음…우리 낭군 날과 갓치 기루난가(수절, 하. 7ㄱ)

위와 같이 19세기 후기 전라방언에 해당되는 (10)의 활용형들은 1920년대의
만해 시에 등장하는 예의 '긔룹-/긔루-'과 동일한 성격의 예들이 분명하다.[31]

단지 만해 시어의 경우에 어두 음절에 기원적인 이중모음 '의'('으'의 움라우트에 의한)를 고수하고 있지만, 이러한 사정은 표기의 보수성 또는 이중모음에 관한 한 극히 보수적인 충남방언의 성격에 기인하는 것이다. 만해 시어 '긔룹-'긔루-'의 대상이 되는 무정물 '것'(예문 7-1)을 참조, 긔룬 것과 동일한 통사구조가 19세기 후기 전라방언 자료에서도 관찰되는데, 이 구절에 해당되는 경판본에서는 '그리-'로 나타난다. 엇더흔 사룸은 팔자조아 이목이 완젼흐고 슈족이 구비흐여 부부희로흐고 자손이 만당흐고 곡식이 진진흐고 지물리 영영흐여 용지불갈 취지무궁 **기루온 것** 업건마는, 익고 익고 늬 팔자아(완판, 심청, 상. 19ㄱ), cf. **−그릴 거시** 업건마는(경판, 심청. 9ㄴ), 셰상의 긔릴 거시 업스되(경판, 대셩. 1ㄱ).

따라서 오늘날의 전남과 전북의 지역방언에서도 19세기 후기 전라방언에서와 같은 반사체들이 아래와 같이 등장하는 것은 당연한 현상이다. ㄱ) 예, 나는 기룬 것이라고는 이 셰상 암 것도 없습니다. 없는디, 단지 남편 하나 기뤄서 내가 죽을라고 왔습니다(『한국구비 문학 대계』 5-4, 군산 50: 238, 이용덕씨 76세), ㄴ) 나는 남편 기룹고 당신은 돈이 기룹고, 그서 인자 거그서부터 짝져 부부간이 됐어요(군산 50: 239), ㄷ) 각씨가 기루니까 또 불러(『한국구비문학대계』 5-2, 전주시 동완산동 12: 108), ㅁ) 임이 기뤄 넘던 고개(좌동. 전북 완주군 동상면). 그렇기 때문에 일상어의 구어로 문학 활동을 했던 김영랑의 산문 가운데 이 방언형이 다음과 같이 출현하였다.[32] 아- 운다 두견이 운다 한 五年 기루던 두견이 운다(<杜鵑과 종달이>(上) (散文), 조선일보 1939. 5. 20).

---

31) 19세기 후기 전라방언 자료에서 이 용언 다음에 자음으로 시작되는 어미가 뒤따르는 용례 '기룹-'형을 확인할 수 없다. 그러나 이 방언의 활용형 '기루워 ∽ 기루던 ∽ 기룬' 등은 기본형 '기룹-'을 전제하여여 된다.

32) 그 반면, 김영랑의 시어에서 이 형태는 또 다른 방언형 '기리운, 긔려'와 표준어 '그립-'으로만 등장하였다.

  ㄱ) 기리운 : 한해라 기리운정을 못고 싸어 흰그릇에/ 그대는 이밤이라 맑으라 비사이다(除夜, 『詩文學』 창간호),

  ㄴ) 긔려- : 토끼라 사슴만 뛰여보여도 반듯이 긔려지는 사나이 지나엇느니(佛地菴抒情, 『文學』, 2호/1934),

  ㄷ) 그립- : 밤ㅅ사람 그립고야/ 말업시 거러가는 밤ㅅ사람 그립고야(『영랑시집』, 14), 아! 그립다 내 혼자ㅅ마음 날가치 아실이 꿈에나 아득히 보이는가(『영랑시집』, 43).

3.1.2 의미론적 측면

만해의 시에서 '긔룹-/긔루-'가 등장하는 문맥을 살펴보면 대체로 표준어 '그립-/그리우-'의 쓰임에서 크게 벗어나지 않는다.33) 만해의 시어에 등장하는 이 시어는 사실 표준어 형태의 방언적 변용에 불과하다는 관점에서 이러한 관찰은 어쩌면 당연하다. 따라서 종래에 허웅 선생의 국어학적 지적(1987)과 이 견해를 수용한 송욱(1973), 그리고 최근 김용직(1996) 등의 선행 연구에서 이 형태가 단순히 형용사 '그립-'의 방언적 변화형 이상의 것은 아니라고 내린 판단은 근본적으로 적절하다고 필자는 생각한다.

그럼에도 불구하고 이 시어가 여전히 문제를 일으키는 요인은 위에서 언급된 고유한 방언 음운·형태론적 변용에서 뿐만 아니라, 그 의미에 내재되어 있다고 필자는 생각한다. 만해의 '긔룹/긔루-'가 안고 있는 의미 해석의 이러한 문제는 이미 이상섭(1984)에 그대로 나타나 있다. 즉, 그는 '긔룹-/긔루'는 '그립-'의 뜻을 함축하면서도 또 다른 뜻을 가지고 있다고 파악하였다. 위에서 언급한 바와 같이, 만해의 시에서 통상적인 '그립-'(思慕)과 예의 '긔룹-/긔루-'를 의식적으로 구별해서 사용되었다는 관찰이 이러한 그의 판단에 작용한 것으로 보인다. 그러나 이상섭(1884)에서 언급된 "또 다른 뜻"이라는 것은 결국 통상적인 '그립-'이 사용되는 다양한 문맥에서 파생되는 이차적 의미 이상의 영역은 벗어 날 수 없다.

만해의 '긔루/긔룹-'을 통상적인 '그립-'이 갖고 있는 뜻과 관련짓는 데 있어서 종래의 연구자들에게 가장 어려운 문제는 "군말"에서 쓰인 다음과 같은 예이었다(§3.1.에서 예문 (7)을 참조). 즉, 나는 해저문별판에서 도러가는 길을일코 헤메는 어린羊이 긔루어서 이詩를쓴다(군말). 여기서 '그립-'의 대상이 '임'이나 '당신'이 아닌 어린 羊이다. 따라서 김재홍(1982)은 이 용례에 사용된 '긔루어서'를 문맥

---

33) 오로지 만해의 시어 '긔룹/긔루-'가 갖고 있는 의미만을 추적하려고 시도한 배석범(1997: 1201)에서도 『님의침묵』의 "군말" 이외의 다른 시에서 출현하는 이 시어의 문맥적 의미를 살피면 현대어 '그립-'과 흡사하다고 인정하였다.

에 의지해서 "사랑스럽고 불쌍한"이라는 뜻을 부여하였다. 이러한 사실과 관련하여 최근 간행된 『한국현대시 시어사전』(1997, 김재홍 편저, 고려대학교 출판부)에서 이 시어의 뜻을 8가지로 나열하여 제시하는 항목 가운데 "없어서 아쉽다"라는 해석이 주목된다. 원래 '그립-'이 보유하고 있는 의미는 그 속성에 있어서 다의어(polysemy)일 수밖에 없다.

따라서 구상적인 동사 '그리-'(寫)로부터 형용사로 파생된 '그립-'은 어떤 없는 대상에 대한 마음속의 갈망과 아쉬움을 기본 의미로 했던 것으로 보인다. 그러나 그 대상이 (ㄱ) '임'이고 '당신'으로 향해지면 '思慕'의 뜻이, (ㄴ) 무정물이나 사람이 아닌 대상으로 한정되면 없는 것에 대한 아쉬움의 뜻이 성립되는 것으로 생각된다. 한 어휘가 환경에 따라서 보이는 공시적인 다의성은 역사적 변화 과정을 거쳐 나온 결과가 분명하다(Geeraerts 1997: 28). 그렇다면, 그 의미 변화의 방향은 '그립-'이 쓰이는 환경이 무정물과 사람이 아닌 대상에까지 점진적으로 지역방언에 따라서 확대됨에 따라서 "(없는 사람에 대하여) 생각하고 갈망함 → (없는 것과 대상에 대한) 부족 내지는 아쉬움"으로 전이되었을 가능성이 높다.

필자가 '그립-'의 다의적인 의미의 발달과 관련하여 여기서 설정한 추정은 이 형용사로부터 지역적으로 발달된 모습을 보여주는 경상도 방언형 '기럽-'이 쓰이는 상황에서 잘 반영되어 있다(아래의 예문은 박경리의 『토지』에 등장하는 어휘들을 수록한 <「토지」 사전>(1997, 임우기/정호웅 편, 솔출판사)에서 인용한 것이다).

(11) 기럽다(아쉽다) :
    1) 누가 나하고 동사하자 카나. 내가 멋이 답답하고 기러바서. 나는 아
       무 서럴 것도 없고(1:54:8)
    2) 성님 그 말 마소. 배부른 사람하고 배고픈 사람하고 같겠소? 기러
       블 것 없는 성님이 할 말 아니구마(2:189:30)
    3) 봉순이 밥이 기러바서 우리 찾아 왔겠소? 옷이 기러바서 우리 찾아
       왔겠소?(5:391:26)

----

4) 그만 조선에 나와서 편히 살긴데 머가 기러바서 그 고생을 하
노.(8:432:26)

cf. 사램이 기러바서 나왔더마는, 논갈이 가나(1:115:18)

별 걱정을 다 하구마. 너 나 할 것없이 사램이 기러븐 곳인께
(9:124:24). 「어휘」 pp.50–51)

위의 예문에서 관찰할 수 있는 바와 같이 '그립-'의 경상도 방언형 '기럽-'
의 대상이 무정물인 '옷'이나 '밥' 등에 향할 때, 그 의미는 '부족하다, 아쉽다'
정도로 전이되어 있다. 이러한 사정은 경북방언에서도 일치된다. '기럽다 →
아쉽다'(p.233)(『경북 중부지역어 연구』, 1991, 정철/ 경북대출판부, '어휘 수집자료'). 특
히, '그립-'의 대상이 음식이 되는 경우에 "부족하고 아쉽다"의 뜻에서 "먹고
싶다"의 의미로 전이되는 것은 자연스러운 과정이다. 그리하여 제주도 방언의
연구에서 고동호(1991: 39)는 ki-lyəp-ta, kɨ-lyəp-ta와 같은 용례를 "먹고 싶다"로
풀이하였다. 또한, 현평효의 『제주도 방언연구, 자료편』(1985: 382)에서 '그럽다'
형은 일차적인 '그립다'와 파생된 "음식 따위를 먹고 싶다(全域)"의 의미로만
등록되어 있음이 확인된다.

그뿐만 아니라, 곽충구("국어사전의 방언 표제어와 그 주석에 대한 검토", 『국어교
육』 93호, 1997: 148, 각주 16)에서도 함경도 방언에서 '그립다'는 주로 '아쉽다'라
는 뜻을 지니는 것으로 관찰되었다. 그리하여 예를 들면, 돈이 필요할 때 없으
면 '돈이 그립다'라고 한다는 것이다. 이와 동일한 의미의 전이는 전북의 지역
방언에서도 확인된다. 니가 얼마나 밥이 기룹간디 밥을 먹나(『한국구비문학대계』 5-2,
전북 전주 삼례읍 29: 795). 여기서 '기룹-'의 대상이 '밥'에 향해져 있기 때문에,
그 상황적 의미는 "밥이 그립다 → 밥이 없어서 아쉽다 → 밥이 먹고 싶다"와
같이 옮겨 간 것이다.[34]

---

34) 전북 지역방언에서 '기룹-'형은 원래의 '思慕'에 대한 뜻보다는 여기서 발달한 '부족하다, 아
쉽다'의 의미로만 한정되어 독자적으로 사용되기도 한다. 이와 같은 의미 분화의 과정은 문맥
에 따라서 화자가 추론하고 해석한 이차적 의미가 일종의 화용론적 강화(pragmatic strength-
ening) 를 거쳐서 원래의 기본의미를 밀어내고 그 단어의 의미로서 확립된 것이다.
필자는 전북 운봉 지역에서 성장기를 보낸 토박이 화자(48세, 전북대학교 수학과 조용환 교

이와 같은 의미 전이의 관점에서 '긔룹-'의 활용형이 만해 시어 가운데 사용된 "-길을일코 헤메는 어린양이 긔루어서-"(군말)의 상황에서는 "어린양이 보고 싶어서" 정도가 정확한 해석이 될 것이다. 사실, 오늘날의 지역방언 가운데 '그립-'에 해당되는 방언형으로 경남과 충북 그리고 전남·북 방언의 일부에서 그대로 "보고 싶다, 보고 잡다"형이 사용되고 있음이 보고된 바 있다 (최학근 1990: 1648).

3.2 김영랑 시어에서 다의어(polysemy)로서의 '하냥'

3.2.1 '같이, 함께'의 뜻으로서 '하냥'과 '늘, 한결같이'로서 '하냥'

김영랑의 "모란이 피기까지는"에 나오는 '三百예순날 하냥 섭섭해 우웁내다'이라는 시구에 쓰인 부사 '하냥'이 지니고 있는 의미에 대한 최근의 새로운 해석은 권영민(1999)에서 시도된 바 있다. 여기서 논의의 편리를 위해서 권영민(1999: 164)의 주장 가운데 일부를 그대로 인용하면 다음과 같다.

(12) 이 시구에서 문제가 되는 것은 부사로 쓰이는 '하냥'이라는 말의 뜻이

수)에게서 다음과 같은 이야기 속에 담긴 '기룹-'의 쓰임을 관찰한 바 있다.
ㄱ) 아, 너 기룬 것 없이 큰 놈이 시방 그게 무슨 짓인가고 말이여…
ㄴ) 지가 돈이 기룰 것이여… 뭐가 아쉬울 것이여.
ㄷ) 돈에 관한 한 크게 기룹고 한 것이 없으니…
조용환 교수에 의하면, 고향 운봉에서 '기룹다/기룬-'과 같은 표현은 '아쉽다, 부족하다'와 같은 의미로 일상적으로 사용되는 표현이다.
서울말에서도 '그립-'형은 이와 유사한 의미 발달을 보여주는 것 같다. 서울 토박이 한상숙 노인의 구술 가운데 '그립-'이 상황에 따라서 다음과 같이 '아쉽-'의 뜻으로 사용되고 있다. 그래두 시아버지 계실 적이 좋았어. 내 맘대루 허고 싶은 대루 했거든, 살림을. 어트게 해다 주시면은 <u>그립지 않게</u>…살림에 대해서는 풍족하게 했거든(p.163, <뿌리깊은 나무 민중 자서전 18. 서울 토박이 부인 한상숙 한평생> 『밥해 먹으믄 바느질허랴, 바느질 아니믄 빨래허랴』(1992, 뿌리깊은 나무사)

다. 이 말은 여러 사전에서 그 의미를 각각 다르게 설명하고 있다. 한
글학회의 『우리말 큰사전』에는 '하냥'이란 말을 '늘'이라는 뜻으로 풀
이하고 있고, 용례로 김영랑의 <모란이 피기까지는>의 바로 이 시구
를 들고 있다. 금성출판사판 『국어대사전』에도 '한결같이, 줄곧'이라는
의미로 풀고 있다. 그러나 그것은 잘못이다. '하냥'이라는 말이 일상적
인 용법에서 '늘'과 같은 의미로 쓰이는 예는 찾을 수 없다. 충청도 지
방과 호남 지방에서 '하냥'이라는 말은 다음과 같은 경우에 많이 쓰인
다.

(1) 나하고 하냥 가자. (2) 온 식구들이 모두 하냥 사는 것이 소원이다.
이와 같은 예로 본다면 '하냥'은 '함께 더불어' 또는 '같이 함께'와 같은
의미를 지닌다. 이희승 편 『국어대사전』에서만은 '하냥'을 방언으로
표시하였고, '같이'라는 뜻으로 풀이하고 있다. 이것이 바른 해석이다.
여기서 '같이'는 '처럼'이라는 뜻이 아니라 '함께 같이'라는 뜻에 해당
된다.[35]

　이와 같은 사전들의 잘못된 풀이 때문에 지금까지 김영랑의 이 시구에 대
한 해석에 있어서도 그 잘못이 되풀이되어 왔음을 권영민(1999)은 지적하였다.
그 예로 최근에 출간된 두 권의 현대 시 분석 비평서에 소개되어 있는 '하냥'
의 해석에 대한 오류를 제시하고 '함께'로 수정하였다. 즉, 오세영은 『한국현
대시 분석적 읽기』(1998: 165-166, 고려대 출판부)에서 예의 '하냥'은 '항상' 혹은
'마냥'과 유사한 뜻을 갖고 있지만 그 뉘앙스는 다른 말이라고 보았다. 그리고
이승훈은 『한국 현대시 새롭게 읽기』(1996: 73-74, 세계사)에서 '하냥'은 '같이'에
대한 방언으로서 "三百예순 날 하냥 섭섭해 우읍내다"는 "365일을 똑같이 곧
한결같이 섭섭해서 운다"는 뜻으로 해설하였다.[36] 그러나 '하냥'을 '함께'로

---

35) 충청도의 지역방언을 풍부하게 구사한 이문구의 소설집 『관촌수필』(1997, 문학과 지성사)에
　　서도 그 지역 토박이화자들의 대화 가운데 출현하는 '하냥'형은 대부분 '함께' 라는 의미로
　　해석된다.
　　ㄱ) 밥먹구 신서방네 메누리 귀경 나허구 하냥 가자("공산토월", 201쪽),
　　ㄴ) 월매나 드런 것들인지 가이허구 밥을 하냥 처 먹구유, 잠두 하냥 잔대유("행운유수",
　　　　109쪽).
36) 이러한 이승훈의 풀이는 그의 <김영랑 대표시 20편 이렇게 읽는다>(「文學思想」 1986년 10
　　월호: 226쪽)에서 '하냥'에 대한 해석으로 소급된다.

파악하는 권영민(1999: 167)은 "모란이 피기까지는"에서 이 시구를 "삼백예순날 함께 우옵내다"로 해석하여야 된다고 주장하였다. 그 결과, 그는 "모란도 나도 함께 울며 봄을 잃은 슬픔에 잠겨 있다"는 새로운 해석에 이르게 된다.[37] 따라서 '하냥'을 어떻게 풀이하는가에 따라서 이 시 전체에 대한 이해가 아주 달라지는 것이다.

이러한 상황과 관련하여 김영랑의 해방 이후의 후기 시 "忘却"에 등장하는 또 다른 방언형 '하냥'이 쓰이는 문맥이 주목된다. 내 가버린뒤도 세월이야 그대로 흐르고 흘러가면 그뿐이오라/ 나를 안어길으든 山川도 **萬年한양** 그 모습 아름다워라("忘却", 「新天地」, 4권 8호, 1949. 8). 이 시구에서 '한양'은 그 쓰임으로 보아 "모란이 피기까지는"에 등장하는 '하냥'과 동일한 형태이다. 그리고 1949년에 간행된 『영랑시선』에서 "모란이 피기까지는"에서의 '하냥'은 '한양'으로 수정되어 있다는 사실도 이러한 동일성에 대한 판단에 도움이 된다. 나중에 §3.2.2에서 기술되겠지만, 원래 '하냥'은 발음 그대로 연철된 표기이고, 분철된 '한양'이 어원적 표기에 더 가까운 것이다.

김영랑의 "忘却"에 등장하는 '萬年 한양'의 구조 역시 "모란이 피기까지는"에서 '三百예순날 하냥'과 동일한 분포를 보인다. 즉, '하냥'과 '한양'을 앞서는 성분은 '三百예순날' 또는 '萬年'과 같은 장구한 세월, 긴 시간이다. 따라서 '하(한)냥'은 부사로서 그 기능을 발휘하고 있지만, 오히려 선행하는 긴 시간의 단위의 의미를 강조하여 첨가시키는 보조사의 기능에 가까운 일면도 무시할 수 없다고 생각한다.[38] 그러나 김영랑의 두 시에 등장하는 '하(한)양'은 그 문맥상 부사적 속성이 아직은 강하다. 그럼에도 불구하고, "忘却"에 쓰인 '한양'의 의미는 권영민(1999)이 "모란이 피기까지는"에서 새롭게 풀이한 '같이 함께'라는 의미와는 전연 부합되지 않는다. 즉, 이 시구는 "나를 안아 기르던 山川

---

37) 1960년 간행된 북한의 『조선말사전』(하권, p.3804)에 '하냥'이 방언형으로 등록되어 있는데, 그 풀이는 "함께"로 되어 있다.

38) 이러한 현상은 '같이'가 배열되는 문장의 위치와 기능에 따라서 문법범주가 공시적으로 부사와 (비교격)조사에 걸치게 되는 소위 품사의 통용 유형들과 동일하다(고영근·남기심 1985: 180-183).

도 萬年이라는 세월 동안 **함께** 그 모습이 아름답구나" 보다는 "만년 긴 세월
동안 내내 변함없이 그 모습이 아름답구나"와 같은 해석이 타당한 것이다. 김
영랑의 "忘却"에서는 '함께'에 걸리는 구체적인 대상을 찾을 수 없다. 이 시의
제1연은 "걷든 걸음 멈추고서서도 얼컥 생각키는것 죽음이로다"로 시작되며,
산천이 아름다워도 노래가 곱더라도 그저 모든 산다는 것이 허무한 "화자"
(나)가 산천과 함께 만년동안 자신의 모습이 아름답다고 말하지는 않을 것이
기 때문이다. 따라서 이 시구에 등장하는 '한양'은 종래의 '하냥'에 대한 전통
적인 해석인 '내내' 또는 '계속하여'에 그대로 부합된다. 즉, '萬年 동안이나
내내, 한결같이'.

　그렇다면, 김영랑은 동일한 방언형 '하냥'을 그의 초기 시와 후기 시에서
각각 '함께'와 '늘, 내내, 한결같이'와 같이 서로 다른 의미로 사용하였을까 하
는 의문이 떠오른다. 필자는 초기 시와 후기 시에 출현하는 '하냥'이 보여주는
통사적 구성으로 미루어 김영랑은 이 시어를 어느 쪽에서나 동일한 뜻으로
구사하였던 것으로 판단한다. 그것은 방언형 '하냥'을 권영민(1999)이 해석하는
'함께 같이' 보다는 "忘却"에 등장하는 '한양'과 동일하게 '내내, 변함없이, 줄
곧'과 같은 의미에 가깝다. 이와 같은 필자의 해석은 권영민(1999)이 제시한 바
와 같이, 충청도와 호남 지방에서 '함께 같이'의 뜻으로만 사용되는 '하냥'과
어떻게 타협될 수 있을까? 이러한 문제에 어떤 해결을 제안하기 위해서 우선
'하냥'이 19세기 후기 전북방언의 자료와, 현대 전남과 전북 지역방언에서 쓰
이고 있는 몇 가지 용례를 살펴 볼 필요가 있다.

　여러 언어 층위에 걸쳐 19세기 후기 전라방언의 성격을 분명하게 드러내고
있는 통상적인 자료(판소리 고소설과 판소리 사설 계열)에서 예의 '하냥'은 쉽게 관
찰되지 않는다. 이와 같은 특이한 현상은 이 방언형이 보유하고 있는 철저한
구어성을 전제하는 것으로 생각된다. 그러나 19세기 후기 전라방언 자료와 언
어 특질의 측면에서 전면적인 동질성을 보여주는 필사본 『鳳溪集』(1894)에서
이 방언형이 다음과 같이 등장하였다. 이 자료는 19세기 후기 전북 완주방언

을 반영하고 있다.[39)]

> (13) 1) 모친이 외숙 흐냥 오신지라(11ㄴ)
> 2) 싱신날의 흐냥 와셔 공냥치 못흐니(19ㄴ)
> 3) 여러 스람이 모냐 드러 염치를 불구흐고 흐냥 머그니(18ㄴ)
> 4) 모친언 아둘과 흐냥 붓들고 탄식흐시다가(15ㄱ)
> 5) 모친은 외숙과 흐냥 포정사로 오시라 흐고(11ㄴ)
> 6) 노는 닐쳬로 알고 흐냥 ᄀ자 흐니 허락흐거눌(18ㄱ)

위의 예들을 관찰하면, 한 세기 이전에 사용되었던 전북 완주방언에서 '흐냥'의 용례들은 한결같이 '함께, 같이'의 의미만을 보여주는 대신에, 김영랑의 "모란이 피기까지는"과 "忘却"에서와 같은 '내내, 한결같이'의 뜻은 추출되지 않는다. 따라서 (13)의 예는 권영민(1999)이 제시한 남부방언에서 '함께'로서 쓰인 '하냥'의 의미와 일치한다.

그러나 오늘날 전남과 전북의 지역방언에서 화자들이 일상의 담화 가운데 자연스럽게 구사하고 있는 '하냥'의 예들은 위에서 언급된 두 가지의 의미로 구분되어 쓰이고 있다.

> (14) ㄱ) '하냥'(함께, 같이) :
> 1) **하냥** 갔는디 어디로 간 곳이 없다 그거여. 찾아 봐도 없거든요 (『한국구비문학대계』 5-4, 군산 옥구군편 군산 5: 34)
> 2) 옛날에 여자 하나가 앞에 가고 뒤에 여자가 따라감서 "여보, 여보, **하냥** 갑시다" 그려.(『전북민담』, 최래옥 편, 1982: 88)
> ㄴ) '하냥'(언제나, 늘) :

---

39) 필사본 『봉계집』은 전북대 이태영 교수가 발굴하여, 이 자료에 반영된 19세기 말엽 전북 완주 지역방언의 전반적인 언어적 특징을 『국어문학』 28집(1993, pp.3-25)에 상세하게 발표한 바 있다. 필자의 관점에서 이 자료를 검토하면, 19세기 후기에 전주에서 간행된 고소설 계열과 신재효의 판소리 사설 그리고 서재필의 초기의 『독립신문』에서만 등장하였던 조건의 접속어미 '거드면'형이 관찰된다는 사실이 특히 주목된다.
1) 져러흔 션빅만 쏀바씨거드면(27ㄱ), 2) 져러트시 효죽만 셰거드면 효즈가 절로 되는이(26ㄴ), 3) 득시 틱평셰계만 되거드면(27ㄴ), 4) 조곰만 더 잇드 오거드면(22ㄴ) 등등.

1) 젊었을 때는 **한냥** 젊을 줄 알고 그랬지. **한냥** 젊어서 살 중 알
   고 그랬제마는(뿌리깊은 나무 민중자서전 9, 진도 강강술래 앞
   소리꾼 최소심의 한평생, 『시방은 안해, 강강술래럴 안해』, p.135)
2) **한냥** 해마당 머슴얼 오래 디꼬 상게, 삼춘 조카 모두 그라고 살
   아(최소심, p.22)
3) 그라고 굶쳐먹고 그래 쌌어. 작은 머심도 있고 큰 머심도 있고
   하냥 그랬지(최소심, p.23)

위의 (14)ㄴ에 사용된 '한냥'은 문맥의 의미로 보아 어떤 행위나 동작의 일
치를 표시하는 (14)ㄱ의 '하냥'과는 달리, 일정한 시간의 변함없는 연속적 과
정을 표시하고 있다고 판단된다. 그렇기 때문에 (14)ㄱ에 사용된 예는 우리가
위에서 확인한 바 있는 '함께 같이'의 의미 범주에 속하며, (14)ㄴ의 경우에는
시간의 불변과 관련된 '늘, 계속, 내내'에 속한다.[40] 그러나 이 양자 사이에서
발견되는 의미의 차이는 언제나 명료한 것이 아니고 상황에 따라서 중의성
(ambiguous)을 보여 준다고 생각한다. 이러한 연유로 "모란이 피기까지는"에 등
장하는 '하냥'을 '함께'로 해석하려는 권영민(1999)의 주장도 쉽게 허용될 수
있다. 그러나 다의어로서 '하냥'이 문맥에 따라서 쓰이는 중의성을 무시하고

---

40) 김영랑의 시어에서 두 번 사용된 '하냥'은 종래에 전형적인 전남·북 지역방언의 형태로 인
   식되어 왔지만, 사실 이 방언형의 지역적 분포는 매우 광범위하다. 즉, '하냥'은 주로 '함께'
   의 뜻으로 다음과 같이 경기도, 함경도 그리고 평안도 방언에까지 확대되어 있다.
   (1) 경기도 방언 : 하냥 → 같이, "경기도 방언 채집-부천군 대부도 방언-", 김계곤(1973: 35)
   (2) 충남 서천, 부여 : 더불어, 같이 → 하냥(최학근 1990: 1084)
   (3) 함경북도 : 하냥 → 함께(김이협의 『함북방언사전』(한국정신문화원, 1981: 528)
   (4) 평안도 : 하냥(함께) → 평남 : 문덕, 안주, 개천, 평북 : 녕변, 박천, 구장(김병제의 『방언사
      전』(1980: 491)
   더욱이 김영배(1997)는 "살려 쓰고 싶은 내 고장 사투리-평안도를 중심으로-"에서와(p.547),
   "평안방언의 형태론적 고찰"(p.455)에서 이 방언의 독특한 어형으로 '하냥'(함께)을 다음과
   같은 예와 함께 제시하였다. ㄱ) 나랑 하냥 가자무나(나와 같이 가자), ㄴ) 야! 함차 가디 말
   구 하냥 가자. 평안도 방언에서 '하냥'형은 일찍이 『방언집』(1937년, 경성사범학교 조선어
   연구부편, 1995, 모산학술연구소 영인 재간행)에서 표준어 '함께'에 대한 평안도 정주 방언
   형으로 수집된 바 있다. 당신도 함께 갑세다 → 당신도 한양 갑수다(평안도, 定州, p.323).
   함경도와 평안도 방언에서 '하냥'은 '하냥'으로부터 이들 방언 음운론의 규칙에 맞추어 형
   성된 방언형이다. 즉, "하냥 → 하냥".

오로지 어느 하나의 의미만을 강조하려는 태도는 합당한 것이 아니다. 이와 같은 관점에서 다의어로서 방언형 '하냥'이 오늘날의 지역방언에서 밟아 온 어휘사적 발달 과정을 통시적으로 검토해 볼 필요가 있다.

'하냥'의 중의성을 보여주는 보기로 남원 출신의 최승범 시인의 시집 『여리시 오신 당신』(1976, 정음사)에서 이 형태가 등장하는 두 가지의 시구를 살펴보기로 한다.

> (15) ㄱ) 풀잎에 바람이듯/ 우리 서로 있자요/ 갈미봉 구름이듯 우리 서로
> 있자요/ 정자와 느티나무이듯 세월 **하냥** 있자요(序詩)
> ㄴ) 세월도/ 마음 **하냥** 가꿔/ 숲을 이룰/ 씨알이 있다(no. 10)

위의 (15)ㄱ에서 '세월 하냥 있자요'는 '풀잎'과 '바람' 및 '정자'와 '느티나무'와 같은 대상이 서로 맺고 있는 '함께, 더불어' 라는 해석도 가능하여 '세월과 더불어, 함께'라는 의미도 추출되지만, '세월 내내, 줄곧' 이라는 뜻도 아울러 포함되어 있다고 보는 것이 합리적이다.[41] 그러나 (15)ㄱ에서 '하냥'이 출현하는 통사 구조를 김영랑의 "모란이 피기까지는"과 "忘却"에서의 그것과 대조해 보면, 선행하는 명사가 모두 시간의 차원이라는 관점에서 거의 동일하다. 즉, "三百예순날/萬年/세월+하냥". 그 반면, (15)ㄴ의 '마음 하냥 가꿔'에서는 '마음 함께 가꿔'와 같은 단일한 의미로 쓰였음이 분명하다.

---

41) 이항선생이 편집한 『P. 베를렌 詩集』(1964, 교양문화사)과 같은 번역시에서도 '하냥'이 사용된 바 있다. "지저귀며 소근거리고/ 꽃잎은 하냥 몸을 휘저으며 한숨짓는/ 달콤한 음성과도 같은─("흐뭇이 녹아드는 恍惚"의 일부). 이 시구에 해당되는 원문은 다음과 같다. Cela ressemble au cri doux/ que l'herbe agitee expire─. 따라서 '하냥'의 뜻과 어느 정도 일치하는 프랑스 시어는 원문에서 찾을 수 없다. 이 시의 번역자는 '하냥'을 "꽃잎은 줄곧, 내내 몸을 휘저으며"와 같은 뜻으로 사용했음이 분명하다. 그러나 이 P. 베를렌의 번역 시구에서도 '하냥'의 쓰임에서 '함께, 같이'라는 의미를 배제할 수는 없다.
P. 베를렌의 시와 번역시는 서준섭의 "김영랑 시에 대한 비교문학적 고찰"(『국어교육』 33집, 1978)에서 인용한 것이다.

3.2.2 '하냥'의 통시적 발달과 문법화

오늘날의 방언형 '하냥'은 중세국어의 단계로 소급되며, 이 형태는 역사적인 발달 과정에서 "명사구 → 합성명사 → 부사 →(보조사)"와 같은 문법화의 과정을 밟아 오고 있는 것으로 판단된다. 또한 이 어휘는 아직 형태의 마멸 또는 부분적인 부식을 수반하지는 않았으나, 문법 범주의 이동을 거치면서 문법 형태소의 속성을 띠게 됨에 따라서 원래의 구상적인 의미로부터 점진적으로 의미의 약화 또는 추상화에 이르게 된 것이다. 중세국어의 단계에서 이 어휘는 다음과 같이 세 가지 방식으로 사용되었다. 즉, ㄱ) '혼양+이-', ㄴ) '혼양+곧-', ㄷ) '혼양+으로'.

> (16) ㄱ. **혼양(一樣)+이- :**
> 뜬 구루미 파라혼 虛空애 흐트면 萬里예 하눌히 혼樣(양)이리라
> (금강경 2. 34ㄴ)
> ㄴ. **혼양+곧-(如一) :**
> 이에 內外 化롤 조차 옷 니부미 혼양곧호니(如一, 내훈 2上. 56)
> 빅셩이 세 가지예 셤굠을 혼양곧디 홀디니(民生於三事之如一, 소학 2: 73ㄱ)
> 빅셩이 세 가지예 셤굠을 혼양곧티 홀디니(如一, 소학 2. 73ㄴ)
> ㄷ. **혼양+으로(一) :**
> 긔져로몰 혼야ᅌᆞ로 브려 두어(一任桷淘, 능엄경 4: 90)
> 그런 故로 혼양을오 셤겨(故로 一事之혼양, 소학 2. 73ㄴ)

기원적으로 중세국어에서 '혼양'은 수관형사 '혼'(一)에 명사 '양'(樣)이 통합된 명사구(NP)를 형성했을 것이다. 그러나 위의 (16)의 예들은 이 단계에서 이미 합성명사로 정착된 모습을 보인다. 그리하여 명사 '혼양'의 어기에 조격이지만 접사의 기능을 하는 '-으로'가 연결되어 부사가 파생되었다. (16)ㄱ의 예는 불경 원문 "萬里예 天一樣이리라"에 대한 번역문이다. 따라서 중세국어의

단계에 '혼양'은 글자 그대로 구상적인 '한가지 모양, 하나의 모습'을 의미한 것이다. 이와 같은 구상적 의미는 이 어휘가 사용되는 상황에 따라서 은유의 작용(또는 화자 중심의 인지적 유추)에 의하여 "하나의 모습 → 동일하다, 똑같다" 와 같은 문맥적 의미를 이차적으로 파생시켰을 것이 분명하다.

그렇기 때문에 (16)ㄱ에서 '혼樣이리라'라는 표현은 이미 '모습이 똑같다'와 같은 뜻을 공시적으로 함축하고 있는 셈이다. 이러한 함축은 원 대상의 속성 과 이것과 비교되는 제2의 대상이 존재한다는 것을 전제로 하는 동시에, 이 양자에 대한 화자의 주관적 인식, 즉 "동일성"이 작용하게 된 결과이다. 그리 고 '혼양'에서 파생된 부사형 '혼양으로'와 '혼양곧-'은 원래 이 어기가 합성명 사로서 구상적 의미만을 보유하고 있을 단계에 확립된 단어형성이었을 것이 다. 그렇지만, 중세국어의 '혼양'이 그 쓰이는 문맥적 환경에 따라서 원의미로 부터 점진적으로 이차적 의미로 옮겨가는 과정에서 명사의 신분이 애매해지 고 부사 범주에 접근하면서 (16)ㄴ과 ㄷ과 같은 모양이나 상태의 '똑같음'에 대한 독자적인 부사와 형용사적 쓰임의 기능이 상실되었다. 그 결과, 오늘날 의 지역방언에서 '하냥'이라는 형태는 부사로서 그 기능이 존속되지만, (16)ㄴ 과 ㄷ의 반사형으로 '하냥으로' 또는 '하냥같다'와 같은 형태는 잉여적인 성분 이기 때문에 사라지게 된 것이다.

중세와 19세기 이전의 근대국어의 문헌 자료에서 '혼양'의 쓰임은 쉽게 발 견되지 않지만, 역사적 발달 과정에서 (16)에서와 같은 합성명사 '혼양'은 먼 저 그 의미의 추이에 따라서 문법범주가 명사의 위치에서 이탈하여 대부분 부사적 속성을 띠게 되었을 것으로 생각한다.[42] 부사로서 '혼양'은 굴절과 파 생의 기능을 갖고 있던 명사로부터 옮겨 온 것이지만, 그 의미는 중세국어 단 계에서 크게 벗어나지 않는 '똑같이, 한결같이'이었을 것이다.

---

42) 그러나 명사로서 기원적 형태와 의미는 최근까지 사전에서만 존속하다가 오늘날에서는 완 전히 제거되었다.
　ㄱ) 한양 : 一樣(1920 총독부편 『조선어사전』, p.915)
　ㄴ) 한양 : '한결같은 모양'(문세영의 『조선어사전』, 1938: 1533)

후대의 단계에서 부사로 확립된 '훈양' 또는 '호냥'이 보유하게 되는 이러
한 의미는 원천적인 형태 '樣'이 갖고 있었던 유연성, 즉 "형태상의 동일성"을
완전히 상실한 것은 아니다. 그러나 이 부사형을 선행하는 문장의 주어가 오
랜 기간이나 세월과 같은 시간 명사인 경우에 그 기간 동안 '내내, 한결같이,
줄곧'과 같은 "시간상의 동일성 = 불변"과 같은 시간적 의미가 강화되는 경향
이 강하다. 따라서 김영랑의 "모란이 피기까지는"과 "忘却"에 등장하는 '하냥'
은 선행하는 '三百예순날'과 '萬年'에 전염되어 '내내, 줄곧'과 같은 시간적 의
미가 화용론적으로 강화되었다. 이와 동시에 '하냥'은 용언을 수식하는 부사
의 기능을 보유했을 뿐만 아니라, 선행하는 시간명사의 통사적 환경에서는 그
시간의 속성을 강조하거나 두드러지게 하는 보조사에 접근하게 되었을 것으
로 판단한다.

필자의 이러한 해석은 조재수(2000: 173-174)에서 정리된 1930년대 윤동주의
시어 '하냥'에도 그대로 해당된다. 조재수(2000)에 의하면, 윤동주가 구사한 시
어 '하냥'은 다음과 같이 사용되었다. 눈이 녹으면 남은 발자국 자리마다 꽃이 피리
니/ 꽃 사이로 발자욱을 찾어 나서면/ 일년 열두달 **하냥** 내 마음에는 눈이 나리리라("눈오
는 지도"의 일부), 『하늘과 바람과 별과 시』(1941.3. 12).[43]

중세국어의 '훈양'이 기원적으로 갖고 있었던 '하나의 모양, 동일한 모습이

---

43) 조재수(2000: 173-174)는 '하냥'이 시어와 다른 산문 등에서 (ㄱ) '한결같이'와, (ㄴ) '함께' 등
의 뜻으로 쓰인 용례를 김영랑의 시 등에서 제시하면서, 북한어의 사전 부류와 여타의 연변
등지 문학 작품 등에서 사용된 다른 예들을 소개하였다. 그 가운데 일부를 차용하여 그대로
인용하면 다음과 같다.
(1) 하냥 정답고 귀맛 좋구나. 김학송 : "열람실의 숨소리"(중국)
(2) 바른 예절 고운 말씨 하냥 정다와. 김동진 : "연변 큰 애기"(중국)
(3) 밝아 오는 새벽을 열어 가는 강마을 숨결은 하냥 싱싱해. 김성휘 : "두만강 여울 소리"
　　(중국)
이 예들에서 '하냥'의 쓰임은 조재수(2000: 173)에서 해석한 바와 같이 '마냥, 흐뭇하도록, 사
뭇'과 같은 의미도 포함하고 있지만, 대체로 '늘, 한결같이'로 무난하게 소급될 수 있다고
필자는 생각한다. 그러나 위의 '하냥'의 용례에서 남한의 방언에서 전형적인 의미로 쓰이는
'함께'라는 뜻이 추출되지 않는다. 또한, 조재수(2000)의 예 가운데 주목되는 것은 김유정의
"금따는 콩밭"에서 쓰인 '하냥'이 명사적 용법을 취하고 있는 사실이다. 수재는 낙담하는
기색도 없이 늘 하냥이었다. 이러한 명사적 용법은 새로운 파생이 아니라, 기원적인 중세적
'훈양'(一樣)으로 소급될 수 있다.

나 상태'라는 의미는 또 다른 부차적 의미로 파생되었는데, 그것은 동작 상태의 일치를 나타내는 '함께, 더불어'이다. 따라서 '함께'라는 의미를 획득하게 된 '하냥'은 똑같은 형태와 모습에서 동작의 동일함, 또는 일치와 같은 의미로 전이되었으며, 그 방향은 동일함을 전제로 한 "형태와 모습(object) → 행위와 동작(action)"이다. 이와 같은 과정을 거친 "함께"의 의미를 갖고 있는 '하냥'형이 §3.2에서 살펴 본 바 있는 19세기 후기 전북방언에서와 현대 지역방언(예문 13과 14ㄱ)에서의 예들이다.

상태나 모습의 동일함, 즉 같음이라는 靜的 개념에서 행위와 같은 역동적 개념으로의 전환은 역사적 발달 과정에서 부사 '혼양'이 '오다, 가다, 먹다' 등과 같은 행위동사에까지 그 수식의 대상을 확대시켰기 때문이라고 생각한다. 그리고 이와 같은 과정을 취하는 의미 발달의 방향은 기원적으로 '혼양'과 유사한 단어 구조를 갖고 있는 '혼듸'(하나의 처소, 동일한 장소)와 '혼가지'(하나의 종류, 동일한 상태와 방법)에서도 확인된다. 이 합성명사들도 수관형사 '혼'에 명사 '듸'(處)와 '가지'(種類)가 각각 통합된 단어 구조로 역시 "동일함"을 전제로 하고 있다는 점에서 '혼양'과 동일한 어휘장을 구성하고 있다.

먼저, '혼가지'에서는 중세국어의 단계에서부터 부사파생 접사 '-로'가 접미된 '혼가지로' 부사형이 사용되었다. 명사 '혼가지'의 경우에는 "유형 또는 종류가 동일하다, 같다"의 의미로 사용된 반면, 부사형 '혼가지로'는 여기서 한 걸음 나아간 '함께, 더불어'의 역동성이 파생되어 있었다(예들은 남광우의 『교학고어사전』, p.1460을 참조).[44] 그 대표적인 보기로 16세기 국어를 반영하는 『신증유합』(1576)에서 '同'에 대한 釋은 명사 '혼가지'(하. 49ㄱ)로, 그 반면 '共'은 부사 '혼가지로'(하. 61ㄴ)로 구분하여 세심하게 분류되어 있음을 제시할 수 있다. 이와 같은 구분은 대체로 당시의 다른 언해서에서도 그대로 관찰된다. 혼가지

---

44) 부사형 '혼양'이 구태여 부사파생 접미사 '-으로'의 개입 없이 그대로 명사에서 부사로의 기능을 위임받게 된 것과는 달리 부사형 '혼가지로'는 반드시 명사 어기에 접사 '-로'가 첨가되었다. 그 이유는 '혼가지'가 중세국어 이후 오늘날에 이르기까지 원래의 의미를 소유한 명사로 그 기능을 발휘하고 있기 때문이다.

로 음식 먹을제 비브르게 아니ᄒ며(共食, 소학 3. 22ㄱ). 그러나 부사 '훈가지로'의 의미는 '同'을 뜻하는 명사 '훈가지'의 의미로부터 자유로울 수 없었던 것으로 생각한다. 19세기 후기 전라방언 자료에서 이 어휘들은 다음과 같이 명사(동일함)와 부사(함께)로 잘 구분되어 사용되고 있다.

> (17) ㄱ. 관장과 훈가지로 ᄒ로밤 동슉후에(판, 적. 452)
>   노슉과 훈가지로 동오에 들어가셔(판, 적. 454)
>   그 사람을 유인ᄒ여 훈가지로 강동의 가셔(화룡. 6ㄴ)
>   운장과 한가지로 강동을 단여올 거신이(화룡. 25ㄴ)
>   자녀와 동침훈 제 오리드니 오날은 한가지로 자리로다(화룡. 29ㄱ)
>   나와 한가지로 가 살을 가져오게 하라(화룡. 33ㄱ)
>   ㄴ. 동손에 달 오르니 빅일과 훈가지라(판, 적. 458)
>   cf. 나라 위ᄒ기는 션비나 공경이나 충심은 훈가지기로 진정을 말
>   ᄒᄂ니(이봉운의 『국문정리』 서문, 1897)

그러나 위의 예들과는 달리 명사 '한가지'가 그대로 부사형으로 전환되어 쓰이는 예도 같은 자료에서 찾을 수 있다. 이 질으 한가지 가고져 하노이다(화룡. 25ㄱ), 더부러 부귀을 한가지 할지라(화룡. 47ㄱ).

그 다음으로, 중세국어에서 '훈디'는 글자 그대로 '동일한 처소'와 같은 의미를 갖고 있는 명사적 쓰임보다 '똑같이' 그리고 '함께, 더불어'에 해당되는 부사적 용법이 대부분이었다. 여기에서도 명사에서의 처소상의 정적인 동일성이 부사로 이행하면서 행위나 동작의 역동적인 동일성으로 확대되는 문법화의 전형적인 과정을 거친 결과로 생각한다. 廣果天과 훈디 잇ᄂ니라(월석 1: 34ㄴ), 팔천인과 훈디 잇더시니(월석 9: 1ㄱ)와 같은 15세기 국어의 예에서 '훈디'는 '똑같은 장소에'와 '함께 같이'의 의미 사이에 명확한 구분은 어려운 것이다. 그렇지만 후대의 발달 과정에서 "훈디(명사) → 한 곳에(동일한 처소에) → 함께, 같이(동일한 행위)"와 같은 의미 변화의 방향이 관찰된다.[45] 특히, 다음과 같은

---

45) 19세기 후기 전라방언에서 이 부사형은 '한틔' 또는 '한틱'로 사용되었다. 이 어휘는 등장하

동일한 원문에 대한 시대 차이가 있는 해석은 그 변화의 방향을 드러내는 동시에, '호듸 ∞ 홈쯰 ∞ 호가지로 ∞ 다'와 같은 부사형들이 의미의 측면에서 정적인 '똑같이'와 역동적인 '함께'가 맺고 있는 밀접한 상황을 보여준다.

(18) ㄱ. <삼강행실도>(1481, 고려대 본) :
　　　내 나라 爲호야 죽노니 내 아들 擧眞이 당다이 **호듸** 주구려 호리니 아비 아드리 호듸 주그면 집 사루미 누를 브트리오(충신. 31)
　　ㄴ. <삼강행실도>(서울대 상백문고본) :
　　　내 아들 거진이 당당이 **홈쯰** 주구려 호니 아비 아드리 **호듸** 주그면…(충신. 31)
　　ㄷ. <오륜행실도>(1797) :
　　　내 아들 거진이 비록 어리나 장훈 뜻이 잇느디라 반드시 **호가지로** 죽으려 호리니 만일 부지 **다** 죽으면 집 사롭이 눌을 의지호리오(충신 2: 74ㄱ)

|4| 결 론

시어가 갖고 있는 기능 가운데 한 가지는 일상어의 "낯설게 하기"에 해당

는 문맥에 따라 '동일한 장소에'라는 원래의 의미와, 여기서 파생된 '함께, 같이'의 의미를 포괄하는 다의어로 기능을 유지하고 있다.
a) "같은 장소에" : 여러가지를 한티다가 붓던이(수절가, 하. 32ㄱ), 호티로 모라치더니(병오, 춘. 28ㄱ), 두 낫슬 한티 디고 문질으며(춘, 남. 46), 쓰고 달고 미운 약을 한티 모드고 고를 니며(판, 적. 456), 두리 손을 한티 디이고 펴여보니(화룡. 34ㄴ), 머리와 귀을 한티로 모와(화룡. 52ㄴ)
b) "함께, 같이" : 호티 잇셔 잇지마자(병오, 춘. 12ㄱ), 나지면 압풀셔고 밤이면 호티 즈니(판, 퇴. 282) = 밤이면 홈긔 즈니(완판, 퇴별가. 10ㄱ)
이와 동시에 '한티'는 유정물 체언 다음에 연결되어서 처소격 형태로 발전하는 사실이 다른 '하낭'이나 '한가지로' 등과 구별된다. 아가씨한티 안이 가시랴오(병오, 춘. 28ㄴ), 츈향호티 이별초로 나오면서(병오, 춘. 11ㄴ). 빅두룸은 함부로 단이다가 긔한틔 물여난지(수절가, 하. 29ㄴ) = 개여 물여 그러훈지(병오, 춘. 26ㄴ).

된다고 생각한다. 규범적인 일상어는 수없이 반복되어 사용됨에 따라서 언어 사회에서 그 의미와 기능이 자동화 또는 습관화된다고 한다(Mukařovský 1970).[46] 이러한 상황에서 사회 구성원들은 매일 사용되는 통상적인 일상어에 더 이상 신선한 표현력이나 매력 또는 아름다움의 잠재성을 느끼지 못하게 되기 쉽다. 그렇기 때문에, 시는 일상어가 준수하는 언어적 규범을 일탈하여 언어를 독자 들에 의하여 새롭게 주목(foreground)하도록 하는 임무를 갖고 있다. 이러한 임 무는 주로 시어의 선택을 통해서 표출된다. 시의 언어와 문법이 표준어 또는 규범으로부터의 파격 또는 일탈을 허용하는 이유가 바로 여기에 있는 것이다.

이와 같이 시어를 규범어에서 벗어난 일탈 또는 파격형으로 전제할 수 있 다면, 그 구체적인 실현은 주로 시어의 운용과 造語 측면에서 강하게 나타난 다. 시어의 조어는 음운론, 형태론 그리고 통사론의 영역에서 가능한데, 특히 김영랑은 그의 일련의 서정시를 통해서 시어 선정과 조어에 쏟은 세심한 노 력과 부단한 彫琢의 과정을 우리에게 보여 준다(이익섭 1975; 양병호 1992; 허형만 1994). 그는 南道의 서정적이고 여성적인 면면한 정서를 전형적인 남도 사투리 를 적절히 구사하여 표출함으로써, 규범의 사회에서 낙인찍힌 방언형이 훌륭 한 시어로, 그것도 규범어를 벗어난 적절한 파격 또는 일탈의 유형으로 정형 화시키는데 성공하였다.

그러나 필자는 김영랑과 만해의 시어를 언어학적 관점에서 관찰하려고 노 력하였다. 동시에 그들의 시의 언어가 일상어의 문법을 초월하는 것이지만, 그 이탈과 파격에는 언어 사회 구성원들이 허용할 수 있는 한계를 벗어 날 수 는 없음을 제시하려고 했다. 김영랑의 시어에 쓰인 남도의 방언형이 대부분 그의 산문에서도 동일하게 사용되고 있음을 관찰하고, 이것의 의미를 몇 가지 로 추정하여 보았다. 그리고 만해 시어의 특징을 그것이 보유하고 있는 구어 성 또는 일상성에서 찾으려고 하였다. 이러한 특징이 완전한 형식과 규범성을 갖춘 문학어가 출현하기 이전에, 또는 그 이후에 이것이 큰 세력을 갖고 보급

---

46) 이 구절은 Traugott & Pratt의 *Linguistics for student of Literature*(1980: 31)에서 인용된 내용을 재 인용한 것이다.

되기 이전의 단계에 등장하는 1920년대와 30년대의 대부분의 시와 산문에서 하나의 경향을 이루고 있음을 지적하였다. 이러한 시기는 개인의 토착어에 기반을 둔 다양한 문학어의 사용을 어느 정도 묵시적으로 용인했던 단계이었다고 이해하였다.

따라서 지금까지 관심의 대상이 되었던 만해의 '긔룹-/긔루-'에 대해서는 극단적인 신비주의적 해석과 언어 사용상의 未熟이라는 해석이 대립되어 있지만, 필자는 이것을 만해 시어가 갖고 있는 통상적인 구어성(충남 방언을 바탕으로 한)을 반영한 것 이상은 아니라고 판단하였다. 그리고 이 방언형이 지금까지 충청도와 전라도의 방언에서 토박이 화자들에 의해서 일상적으로 대화 가운데 쓰이고 있음을 예증하려고 하였다. 김영랑의 시어에서 논의의 대상이 되는 부사형 '하냥'도 남부와 북부의 지역방언에 걸쳐 광범위한 분포를 보이고 있는 일상어이지만, 쓰이는 통사적 환경에 따라 의미가 "같이, 함께"와 "내내, 언제나, 줄곧" 등과 같이 자동적으로 선택되어지는 다의어임을 강조하였다.

만해 시어의 '긔룹-/긔루-'(思, 慕)는 원래 동사 '그리-'(寫)에서 파생된 형용사의 지역적 변종에 불과한 것이다. 그러나 그 대상이 사람 뿐만 아니라, '돈'이나 '밥'과 같은 무정물에까지 확대됨에 따라서 그 의미가 문맥에 따른 轉移를 보여 준다. 김영랑의 '하냥'은 '함께, 더불어'라는 의미로 방언 전역에 걸쳐 사용되지만, 역사적으로 형태상의 동일성을 전제로 한 '훈양'(一樣)에서 비롯된 이 반사체는 "명사구 → 합성명사 → 부사 → (보조사)"와 같은 방향으로 향하는 전형적인 문법화의 과정을 반영하는 것으로 이해하였다.

참고문헌

고동호(1991), "제주 방언의 구개음화와 이중모음의 변화", <언어학> 13집.

권영민(1999), "삼백예순날 하냥 섭섭해 우웁내다 -김영랑의 <모란이 피기까지는>"-, 우리 시의 향기 9, <새국어생활> 제9권 2호, 여름.

권인한(1996), "음운자료로서의 만해시의 언어", <문학과 언어와의 만남>, 신구문화사.

_____(1997), "萬海詩의 언어에 대한 補遺", <한국어문학논고>, 태학사.

김영배(1997), <증보 평안방언연구>, 태학사.

김용덕(1981), "<님의 침묵> 異本考", <한용운사상연구> 제2집, 민족사.

김용직(1982), "한용운의 시에 기친 R. 타고르의 영향", <한용운연구>(신동욱 편), 한국문화 연구총서 5. 새문사.

_____(1996), "방언과 한국문학", <새국어생활> 6권 1호, 봄, 국립국어연구원.

김재홍(1982), <한용운 문학연구>, 일지사.

김흥수(1984), "시의 언어학적 분석 시론", <어학> 11, 전북대.

_____(1985), "소설의 방언에 대하여", <국어문학> 25, 전북대.

_____(1997), "박태원의 창작여록 「표현묘사 기교」에 대한 어학적 소론", <한국어문학논고>(최태영 외), 태학사.

김학동(1987), <한용운 연구>, 한국문학연구총서 5, 새문사.

남기심·고영근(1999), <표준국어 문법론>(개정판), 탑출판사.

배석범(1987), "시에 나타난 逸脫의 유형", 서울대학교 석사학위논문.

_____(1997), "<님의 침묵>의 '긔루-'의 정체를 찾아서", <國語史 硏究>, 태학사.

백두현(1992), <영남문헌어의 음운사 연구>, 국어학 총서 19, 태학사.

안병희(1984), "우리나라의 방언과 국문학", <국어와 민족문화>, 집문당.

양병호(1992), "영랑시 연구 -변모양상을 중심으로-", 전북대학교 대학원.

_____(편, 1997), <오매 단풍들것네>(원본 김영랑 전집), 한국문화사.

윤재근(1985), <만해시 「님의 침묵」 연구>, 민족문화사.

이기문(1970), <개화기의 국문연구>, 일조각.

이상규(1999), <경북방언 문법연구>, 박이정.

이상섭(1984), <님의 침묵의 어휘와 그 활용구조>(용례색인), 탐구당.

_____(1985), "뭉치 언어학적으로 본 사전 편찬의 실제 문제, -<님의 침묵의 용례 색인>을 예로 들어-", <인문과학> 제5집.

이승훈(1986), "김영란 대표시 20편 이렇게 읽는다", <문학사상>, 1986. 10.

_____(1996), <한국 현대시 새롭게 읽기>, 세계사.

이응호(1994), "갑오경장과 어문정책", <새국어생활> 제4권 4호. 겨울.

이인복(1984), "「모란이 피기까지는」의 구조분석", <국어와 민족문화>, 집문당.

이익섭(1975), "시어의 파격성과 조어 문제", <心象> Vol 3. no.7.

이정애(1999), "국어 화용표지의 연구", 전북대 박사학위논문.

이태영(1993), "<봉계집>과 19세기말 전북 화산 지역어", <국어문학> 28호.

_____(1997), "언어 특징", <채만식 문학연구>, 국어문학회 편, 한국문학사.

임용기(1988), "광줏말의 자리토씨", <기전문화연구> 17집, 인천교육대학.

임지룡(1997), <인지 의미론>, 탑출판사.

전보삼(1991), "한용운 화엄사상의 일고찰", <국민윤리연구> 30호.

전정구(2000), <언어의 꿈을 찾아서>, 평민사.

정효구(1985), "<빼앗긴 들에도 봄은 오는가>의 구조시학적 분석", <관악어문연구> 제10집.

조재수(2000), '윤동주의 시와 언어', <문학 한글>, 14호. 한글학회.

최동호(1989), <한용운 시전집>, 문학사상사.

최전승(1986), <19세기 후기 전라방언의 음운현상과 그 역사성>, 한신문화사.

_____(2000), "19세기 후기 전라방언의 처소격조사 부류의 특질과 변화의 방향", <우리말글> 20호, 우리말글학회.

최학근(1990), <증보 한국방언사전>, 명문당.

허 웅(1984), <언어학, -그 대상과 방법->, 샘문화사.

_____(1987), <이삭을 줍는 마음으로>, 샘문화사.

허형만(1996), <영랑 김윤식 연구>, 국학자료원.

小倉進平(1944), <朝鮮의 方言>(上), 岩波書籍.

Geeraerts, Dirk(1997), *Diachronic Prototype Semantics*, Clarendon Press. Oxford.

Traugott, E. Closs(1988), "Pragmatic Strengthening and Gramma-ticalization", *Berkely Linguistic Society* 14. BLS.

제 3 부

방언 형태론과 文法化의 양상

제 7 장 중세국어 '-논 커니와'에서 공시적 방언형 '은(는)커녕' 계열까지의 통시적 거리

제 8 장 아주낮춤의 종결어미 '-ㄹ다'와 예사낮춤의 '-ㄹ세/-ㄹ시/-시'의 형성과 방언적 발달

제 9 장 19세기 후기 전라방언의 처소격 조사 부류의 특질과 변화의 방향

제7장

중세국어 '-는 커니와'에서 공시적 방언형 '은(는)커녕' 계열까지의 통시적 거리
- 문법화의 한가지 양상* -

|1| 서 론

이 글에서 필자는 현대국어 보조사(또는 접속조사)의 유형 가운데, 부정의 뜻을 함축하는 '-은(는)커녕' 계열이 공시적으로 다양한 지역방언에서 실현시키고 있는 통사 기능적 특성과 분포상의 제약, 그리고 의미적 특질 등(김병제 1965; 이기갑 2003, 참조)이 긍정의 의미를 갖고 있었던 "~는 그러 ᄒᆞ거니와"와 같은 통사 구조에서 어휘화와 문법화 과정을 거쳐 점진적으로 형성되어 왔음

---

* 이 글은 제44회 한국언어문학 학술대회(2003. 6. 14, 충남대학교)에서 발표된 내용을 수정한 것이다. 지정 토론자로 참여한 이기갑 교수(목포대학교)와의 논의를 통해서 많은 도움을 받았다. 또한, 이 글의 초고를 읽고 미비한 점들과, 필자가 미처 파악하지 못했던 사실들을 친절하게 지적하여 준 연재훈 교수(런던대학교), 안주호 교수(위덕대학교), 김태엽 교수(대구대학교), 백두현 교수(경북대학교), 고동호 교수(전북대학교) 그리고 서형국 선생(고려대학교 대학원)에게 진심으로 감사한다. 국어사 자료 검색에 도움을 준 황용주 선생(전북대학교 대학원)에게도 감사한다.

이 분들이 제시한 代案들을 이 글에서는 필자의 능력 부족으로 모두 수용하지는 못하였다. 따라서 이 글에서 파생되는 모든 문제점들과 오류는 오직 필자에게만 국한된다.

을 제시하려고 한다.

또한, '-은(는)커녕' 계열의 문법 형태소가 오랜 발달 과정을 거쳐왔음에도 불구하고, 그 공시적 쓰임의 다양성이 본래의 원천적 형태가 보유했던 기원적 기능과 구조 및 의미의 틀 안에서 일정한 제약을 받고 있는 과정을 지적하게 될 것이다. 따라서 이러한 문법형태소 부류들을 포함한 언어 구조에 대한 합리적인 공시적 기술과 제약은 통시적 정보를 이용하였을 때, 비로소 통찰력을 얻을 수 있다는 사실을 주장하려고 한다. 필자의 이러한 관점은 전혀 새로운 것이 아니다. 일찍이 Kiparsky(1982: 16)는 공시 음운론과 언어 변화간의 관계를 제시하면서, 공시적 언어능력을 관찰할 수 있는 가장 투명한 창문은 역사 언어학이 제공한다고 언명한 바 있다.

이와 같이, 공시적으로 말의 체계를 이해하는 방법으로 통시성을 적극적으로 강조하려는 입장은 문법화(grammaticalization) 과정에 대한 지금까지의 많은 연구들이 표방하고 있는 일반적인 원리와 일치한다. 원래 문법화의 내용은 일정한 언어 구성체들이 어휘 범주에서 문법 범주로 이동해 가는 통시적 과정을 포괄하고 있다. 문법 형태소들이 시간과 공간을 통해서 형성되고 발달해 오는 과정을 규명하는 문법화 이론은 왜 이들 형태들이 오늘날과 같은 양상으로 공시적 구조를 갖추게 되었는가 하는 원인을 설명할 수 있는 장치를 부여하는 셈이다(Heine 2003). 이러한 문법화 연구의 기본 전제는, 언어는 역사적 산물이기 때문에 언어가 의사소통의 원리에 따라 공시적 구조를 형성하고 있는 축적된 변화의 과정과 원리에 대한 언급을 통해서만이 충분하게 이해될 수 있다는 것이다.[1]

---

1) 그렇다고 해서 일정한 언어 구조에 대한 공시적 설명이 전반적으로 설득력이 없다는 것은 아니다. Joseph(1992: 124)에 의하면, 공시적 설명은 진정한 의미의 일반화, 즉 언어 규칙을 제공한다. 그리고 통시적 설명은 왜 이와 같은 일반화가 가능한 것인지, 또한 예외적 현상이 존재한다면 그 이유가 무엇인지에 대한 통찰력을 제공한다. 따라서 공시적 설명과 통시적 설명은 둘 다 일정한 언어 구조에 설명력을 부여하는 것이기 때문에, 서로 상호 보완하지 않고 어느 한 쪽에만 치우친 관찰은 만족스러울 수가 없다는 것이다.

|2| '-은커녕'에 대한 공시적 기술과 논의의 대상

현대국어에서 보조사(또는 접속조사) '-은커녕'의 쓰임에 대한 관찰과 기술은 김두봉(1922)에서 단편적으로 시작되어 최현배(1961/1994)와 허웅(1995), 그리고 최근 서정수(1996) 등에서 종합적으로 이루어졌다. 이 형태의 기원과 구체적인 발달 과정은 유창돈(1980)과 김승곤(1989; 1996ㄱ)에서 논의된 바 있다. 또한, 남한과 북한에 걸친 방언문법의 큰 틀과 같은 거시적 관점에서 김병제(1965)와 이기갑(2003)은 '-은커녕' 계열의 공시적 반사체들의 분포와 그 유형을 검토하였다. 특히, 이기갑(2003)은 현대국어의 지역방언에서 사용되고 있는 이 문법형태소의 출현 제약 등을 상세하게 다룬 최근의 업적이다.

그러나 필자는 오늘날 사용되고 있는 '-은커녕'의 특질을 가장 잘 드러낸 규범적 정의와 그 의미 기능은 오늘날의 여러 국어사전 부류에서 가장 분명하게 기술되어 있다고 생각한다. 따라서 국어사전 부류에 실린 이 항목의 해설에 대한 검토를 통해서 우리의 논의를 먼저 시작하려고 한다. '-은커녕'의 설명에 대한 가장 근본을 이루고 있는 국어사전은, 모든 다른 표제 항목에서도 원칙적으로 동일한 것이지만, 다음과 같은 내용을 담고 있는 한글학회의 『큰사전』(1957: 3100)이다.

(1) 커녕 : [토] "그것은 고사하고 그만 못한 것도 될 수 없다"는 뜻을 나타내는 말. 흔히 '도' 토가 대응으로 따라 옴. 특히 힘 줄 때에는 '은/는' 토를 앞세움. [사람(은)____ 짐승도 없다. 뛰기(는)____ 걷지도 못한다]. (카냥). (참고 : 는커녕, 은커녕, 새로에, 크니와)

(2) 커니와 : [준] 조건적인 말마디의 밑에서, "하거니와" 또는 "모르거니와"의 뜻으로 쓰이는 말. [네가 내게 항복을 하면____, 그렇지 않으면 용서하지 않겠다.(참고 : -거니와)[2]

위의 표제어들에 대한 간단한 해설 가운데 우리는 다음과 같은 몇 가지 중요한 사실을 주목하게 된다. 여기서 필자의 관점에서 추출된 몇 가지 현상들이 본고에서 우리가 관심을 갖고 논의하려는 대상 그 자체가 된다.

첫째, (1)의 '-커녕'과 함께 또 다른 (2)의 '-커니와' 항목이 준말의 자격으로 등록되어 있다. 이 형태는 '-커녕'과 쓰이는 통사적인 환경과 의미에 있어서 상이한 모습으로 분화된 단계를 보인다. 우리는 여기서 공시적으로 성격이 상이한 '-커녕'과 '-커니와'가 통시적 관점에 섰을 때, 어떠한 인과적 관련성을 보일 것인가를 문법화의 발달 과정을 통해서 해명하려고 한다. 동시에 '-커녕'의 해설 부분에서 참고로 제시된 '-ㅋ니와'형이 이 문법 형태소의 발달 과정에서 어떠한 신분으로 참여하고 있는가 하는 사실도 아울러 검토하려고 한다 (유재영 1975; 박종희 1993; 이기갑 2003).

둘째, '-커녕'의 의미를 특히 강조하는 상황에서 보조사 '-은/는'을 앞세운다는 기술이다.3) 이러한 언급은 국어사전 부류에서 뿐만 아니라, 보조사 '-커녕'의 공시적 관찰과 기술을 시도한 허웅(1995: 1378)에서도 발견된다. '-은+커녕'에서 '-커녕'을 선행하는 보조사 '은/는'이 강조 또는 힘줌의 기능을 과연 원래부터 갖고 있었던가를 생각해 보려고 한다. 그러한 설명보다는 현대국어에서와 동일하게 '-은/는'이 원천적으로 화제 또는 대조성과 같은 의미 관계를 나타내고 있었음을 제시하려고 한다. 따라서 앞선 체언에 접속되는 보조사 '-은'이 뒤따르는 '-커녕'과 필수적으로 共起함으로써 환경상의 인접성에 의하여 그 의미 기능의 일부를 '-커녕'에 위임하고, 자신은 수의적으로 탈락될 수 있는 현상임을 논의하려고 한다.

---

2) 조건적인 말마디 밑에서 "모르거니와"와 같은 뜻으로 쓰인다는 『큰사전』(1957: 3100)에서의 해설과, 유일한 해당 예문이 오늘날 대부분의 국어사전 부류에서 대체적으로 가감없이 그대로 전재되어 있음은 매우 흥미롭다. 이러한 범주에 들어가는 대표적인 국어사전은 (ㄱ) 국립국어연구원의 『표준국어대사전』(1999: 4853, 두산동아), (ㄴ) 김민수 외 편의 『국어대사전』(1991: 3359, 금성출판사), (ㄷ) 이희승 편의 『국어대사전』(수정증보, 1982: 3747, 민중서림).

3) '-커녕'에 대한 강조의 의미를 나타내는 상황에서 보조사 '-은/는'을 앞세운다는 해설은 앞서 각주 (2)에서 열거한 거의 모든 국어사전 부류에서 예외 없이 반복되어 있다. 여기에 연세 『한국어사전』(1998: 1870, 두산동아)도 포함된다.

셋째, "극단적인 부정"을 나타내는 보조사 '-도'(홍사만 2002: 207-214)가 후행하는 체언에 보통 계기적으로 연결된다는 설명이다. 후행 체언에 연결되는 이와 같은 보조사유형의 제약이 기원적으로 유래 된 사실이 아니고, '-커녕'으로 문법화하는 과정에서 통사 기능의 변화에 수반되는 의미의 추이에 따라서 '-마저', '-조차' 등과 더불어 형성된 이차적 조정임을 제시하려고 한다.

넷째, "선행 체언(NP₁)은+커녕…후행 체언(NP₂)+도/조차/마저…부정 서술어"와 같은 통사 구조는 앞선 말과 뒤따르는 말을 비교하는 대조적 관계를 부각시키는 동시에, 일반적으로 부정 서술어와 통합된다는 사실이다. 부정사 또는 부정적 서술을 보조사 '-은커녕'이 공기 제약으로 지배하는 현상은 어떠한 사실에 근거하는 것인가를 살펴보려고 한다. 부정의 뜻을 나타내는 '-커녕'의 역사적 이전 형태가 역시 기원적으로 부정의 의미에서 출발하였을 것이라는 추정(이기갑 2003)을 검토하려고 한다.

이와 같은 표제어 '-커녕'에 대한 해설 (1)은『큰사전』(1957)의 개정판인『우리말 큰사전』(1992/2000: 4223)에서 부분적으로 수정 및 확대되었다. 그러나 '-커니와' 항목과 그 해설은 그대로 반복되었다. '-커녕' 항목에서 달라진 해설 부분만 따로 인용하면 다음과 같다.

> (ㄱ) 어떤 사실을 들어 "말할 것도 없거니와"의 뜻을 나타내는 도움토.
> (ㄴ) "말할 것도 없거니와 도리어"의 뜻을 나타내기도 함
> 예 : 상＿＿ 벌을 받았다⁴⁾

다섯째, 여기서 우리는 '-커녕' 항목에 첨가된 (ㄴ)과 같은 쓰임과 관련하여 다음의 사실 한 가지를 이 글의 논의에서 덧붙이려고 한다.

---

4)『우리말 큰사전』(1992/2000: 4223)에서 제시된 이와 같은 문법형태소 '-은(는)커녕'의 두 가지 쓰임은 대부분의 다른 국어사전 부류에서도 유사하게 설명되어 있다. 다시 정리하면, 이 보조사는 (1) 부정사 또는 부정 서술어와 공기하여, "어떤 사실을 부정하는 것은 물론 그보다 덜하거나 못한 것까지 부정하는 뜻"을 나타낸다. 그 반면, (2) 긍정 서술어와 공기하여, "말할 것도 없거니와 도리어"의 뜻"을 나타낸다(국립국어연구원의『표준국어대사전』(1999: 6246). 참고. 최동전 편『조선말사전』(1992, 과학원출판사).

즉, "기대한 바는 얻지 못하고 도리어 그와 아주 반대되는 것을 들어 말하는"(최현배 1961: 646) 화용론적 상황에서 선행 체언과 후행 체언과의 대조에 출현하는 '-은커녕'은 뒤따르는 긍정 서술어의 지배를 받지 않으며, 그 자체가 독자적으로 긍정 서술어를 부정하는 역할을 수행한다. 따라서 이 경우에 '-커녕'은 보조사의 범주보다는 서로 상반되는 두 명제를 대조적으로 연결시키는 접속조사의 기능이 강하다. 예를 들면, "칭찬은커녕 꾸중을 들었다"(최현배 1961: 646)에서 "칭찬은 듣지 못했다. 오히려 꾸중을 들었다"와 같이 재해석된다. 여기서 첨가된, 예상을 뒤집는 '오히려'는 '-커녕'이 쓰이는 새로운 맥락에서 유도된 이차적 의미로서, 화용론적 또는 대화적 추론을 통해서 형성된 것으로 보인다.5)

이와 같이 대비되는 두개의 체언 사이에서 긍정 서술어를 허용하는 '-커녕'의 공시적 쓰임이 이 문법형태소의 기원적 형태와 그 역사적 발달 과정에서 어떻게 수용될 수 있는가 하는 것도 이 글에서 검토하기로 한다. 동시에 반대되거나, 서로 상반되는 두 가지 사실을 부정적으로, 또는 긍정적으로 대조시키는 이러한 '-은커녕' 구문의 본질은 어떤 기능에서 유래되는 사실인가 하는 것도 생각해 보려고 한다.

끝으로, 보조사 '-커녕'이 사용되는 동일한 통사적 구조에 그 代案的 표현 수단으로 주로 18, 9세기의 문헌 자료에 걸쳐 등장하는 '-는 고사하고' 형태와, 통상적으로 吏讀 표기와 관련되어 구어로 파급되어 쓰이는 '-는 새로에' 등(예문 1의 참고 항목)의 출현을 이 글에서 부차적으로 아울러 제시하려고 한다.

---

5) 그리하여 서정수(1996: 943)에서는 긍정 서술어의 앞에 오는 '-커녕'의 예문 자체에 '오히려'와 '도리어' 성분을 첨가하여 제시되었다. (ㄱ) 그이는 돕기(는)커녕 오히려 도움을 받는다. (ㄴ) 그애는 남을 가르치기(는)커녕 도리어 배우고 있다.

|3| 어휘화(lexicalization)와 문법화의 과정

지금까지 축적된 문법화 과정과 그 이론 자체에 대한 지난 20여 년 동안의 연구의 성과를 검토하고, 비판적 안목에서 종합적으로 논의한 학술지 *Language Sciences* 23(2001)를 주관했던 Campbell과 Janda는 이 용어에 대한 다양한 정의를 시대적으로 살펴보면서 다음과 같은 결론을 내린 바 있다. 즉, 문법화와 연관된 연구들의 범주가 끊임없이 확대되어 가는 추세에 비추어, 그 용어 자체도 오늘날 여러 방향으로 상당한 확장을 가져오게 되었다는 것이다.[6] 그럼에도 불구하고, 문법화라는 개념의 핵심 또는 원형적인 정의는 다음과 같이 요약될 수 있다고 하였다. some linguistic element > some more grammatical element(pp.107-108). 최근에 Traugott(2001)는 문법화에 대한 표준적인 정의를 "어휘 항목과 구성체들이 일정한 언어적 맥락에서 문법적인 기능과 문법적 형태로 사용되어 새로운 문법적 기능으로 발달하여 가는 변화"와 같이 내린다.[7]

이와 같이 문법화의 입력이 점차적으로 단순히 어휘소 또는 어휘 항목들만

---

6) 이와 관련하여 Cambell과 Janda(2001: 106)는 문법화 개념을 기독교적인 논리에서 인간의 일생과 비유하여 일종의 諷諭로 제시한 Paul Hopper의 다음과 같은 정의를 소개하고 있다.
"문법화는 구원의 이야기로 생각될 수 있다. 문법화는 젊고 순수한 마음을 갖고 있으나, 원죄라는 치명적인 결점을 갖고 있는 어휘 항목들이 겪는 비극의 이야기이다. 즉, 어휘 항목들은 **담화**라는 부패된 세계와 봉착하게 되면서 어쩔 수 없이 약화되어 간다. 그리고 이것들은 **문법**이라는 진흙 구렁이 속에 떨어진다. 그러다가 이들은 **화용론**이라는 정화의 물 속에서 결국에는 다시 구원을 받는다."

7) 또한, Traugott(2001; 2003)는 문법화는 다른 언어변화의 이론과 대립되는 하나의 독자적인 현상이 아니라, 가장 객관적인 입장으로 말하자면, 통시적으로 의미 변화, 형태·통사적 변화 그리고 음운론적 변화들이 상호 연관되어 일정한 방향으로 모든 언어에 지속적으로 출현하는 변화 가운데 한 가지에 속한다고 언급하였다. 이와 같은 언급은 Newmeyer(1988/2001)가 문법화 과정에 참여하는 네 가지의 원리(즉, 의미 내용이 약화 또는 탈색되는 탈의미화, 문법화를 수행하는 형태가 새로운 통사 환경에 출현하는 환경의 일반화/확대, 문법화가 진행됨에 따라 원래의 어휘 범주에서 자격을 상실해 가는 탈범주화, 음성적 부식과 탈락)는 문법화 과정에만 나타나는 특유의 현상이 아니고, 보편적인 통시적 변화에 해당되는 것임을 주장한데 대한 입장의 표시라고 할 만 하다. 그 반면, 이러한 Newmeyer(1988/2001)의 주장에 대하여 Heine 와 Kuteva(2002: 2-3)는 문법화 이론을 옹호하는 반론을 펴고 있다.

아니라, 담화 성분 또는 句와 節과 같은 더 큰 구성체 단위들로 확대되어 가는 경향이 강하다(Pagliuca 1994: ix; Traugott 2003: 625). 또한, 문법화의 통상적인 진행 방향과 연관된 강력한 단일방향성 가설과 대립되어 있는 "탈문법화"(degrammti-calization)와 "어휘화"와 같은 복잡하고 혼란스러운 개념들이 최근에 재정립되어 가는 과정이 주목된다(Cabrera 1998; Brinton 2002). 특히, 어휘화라는 개념은 통사적 구 또는 구성체가 내부적으로 축약되어 단일한 어휘 항목으로 점진적으로 확립되는 과정을 말한다.8) 그리하여 Lehmann(2002: 4)은 문법화의 반대가 되는 거울 모습은 탈문법화이며, 문법화가 적용되기 위해서는 먼저 어휘화가 선행되어야 한다고 규정한다. 즉, 어휘화는 통사적 단위에서 어휘 항목을 창조해 내는 일종의 "탈통사화"(desyntacticization)의 과정인 것이다(Wischer 2000: 364).9) 따라서, 어휘화와 문법화는 상호 연관성을 맺으며, 담화 또는 통사적 구절과 같은 구성체에서 먼저 어휘화를 수행한 어휘 단위에 이어서 문법화의 과정이 들어오게 된다는 관점을 필자는 현대국어의 보조사 '-커녕' 계열의 발달 과정에 대한 역사적 관찰에서 이용하려고 한다.10)

---

8) 통상적으로 규범적인 어휘화에 대한 정의는 "영어의 up과 같은 문법 형태가 완전한 지시적 의미를 보유하게 되어 점진적으로 어휘 범주의 구성원으로 옮겨가는 과정"이다(Hopper와 Traugott 1993: 49). 따라서 이러한 정의에 따르자면, 어휘 항목이 일정한 조건에서 문법 형태로 변화되는 과정은 문법화인 반면에, 문법 형태가 어휘 항목으로 변화하는 과정은 어휘화인 셈이다. 따라서 전자의 현상에서는 의미 내용의 상실이, 후자의 현상에서는 의미 내용의 첨가가 이루어진다고 할 수 있다. Brinton(2002)에서 문법화와 어휘화에 대한 다양한 정의와 여기에 딸린 개념들이 소개된 바 있다.
현대국어에서 추출된 문법화와 역문법화 현상에 대한 종합적인 관찰과 해석은 안주호(2001)와 이정애(2002)를 참고하였다.
9) Wischer(2000: 364-5)에 따르면, 기능어 또는 굴절 형태소 같은 문법적 항목들이 어휘소로 다시 환원되는 경향은 극소하며, 어휘화는 "탈문법화"나 문법화의 반대가 아니라 "탈통사화"와 관련되어 있다는 것이다. 즉, 탈통사화는 이전의 통사 구성성분들이 보유하고 있는 통사적 투명성이 상실되어 단일한 어휘 항목으로 압축되는 과정을 뜻한다.
10) 이 글을 논의하는 과정에서 안주호 교수는 필자가 설정한 통시적 발달의 단계 "-는 그러 ᄒ거니와>-는 커니와>-는쿠니와>-는커녕"이 통사적 구성으로부터 형태적 구성상의 단일체가 되는 것이기 때문에, 이러한 연쇄적 과정은 문법화 과정의 한 부분으로 형태화 내지는 형태론화(morphologization)라는 개념에 더 적합할 것으로 지적하였다. 그리하여 안 교수는 통사적 구성체가 형태적 구성체로 되어 가는 과정에서 문법화나 어휘화가 모두 같은 방향으로 진행될 수 있다고 주장하였다. 즉, 차이가 있다면 그 결과가 문법형태소라면 "문법화"라

|4| 중세국어 '-는 커니와'의 형성과 그 통사적 출현 분포

오늘날의 '-커녕' 계열의 선행 형태 또는 그 기원적인 형태로 통상적으로 근대국어 단계의 '-ㅋ니와'형이 지목되어 왔다(이기문 1980: 265; 이기갑 2003: 112). '-커녕'과 '-ㅋ니와'와의 연결은 어느 정도 투명성을 보여 주기 때문에, 이러한 해석은 자연스럽고 당연한 것이라고 생각된다. 그러나 근대국어에 사용되었던 '-ㅋ니와'와 오늘날의 '-커녕' 계열이 나타내는 구체적인 통사적 신분과 의미가 서로 일치하지 않는 영역들이 있기 때문에, 이와 같은 통시적 연관성이 여러 가지의 관점에서 부인되고 다른 대안이 제시되기도 하였다(유재영 1975; 박종희 1993).

국어 조사의 어원을 전반적으로 고찰한 김승곤(1989: 60; 1996ㄱ: 58-59)에서 '-커녕'의 어원이 15세기에 출현하는 '-는 커니와'로 소급되었다. 그리고 이러한 기원적 형태는 '-는(대조보조사)+커니와'로 파악되었으며, 다시 '-커니와'는 'ᄒ-(爲)+거니와'의 축약형으로 분석되었다. 이와 같은 분석이 오늘날의 '-은커녕'의 기원적 형태와는 상관없이 15세기 국어의 공시적 관점에서 허웅(1975)과 유재영(1975)에서도 이루어졌다.[11] 지금까지 유창돈(1980)과 Martin(1992)에서와, 특히 김승곤(1989; 1996)에서 제시된 논지들을 종합하여 보조사 '-은커녕'의 어원과 그 발달 과정을 단계별로 정리하면 다음과 같다.

(3)

-는 ᄒ거니와>	-는커니와(15세기)>	는ㅋ니와(18세기)>	-는커녕(현대)
1단계	2단계	3단계	4단계

할 수 있고, 단일한 어휘형태소라면 "어휘화"라고 할 수 있다는 것이다.

11) 유창돈(1980: 248)은 "보조토"의 항목 중에서 "姑捨"의 뜻으로 쓰이는 '-커녕'이란 토는 중세국어 'ᄒᆞ거니와'란 용언에서 허사화(문법화)를 거쳐 형성된 조사라고 기술하였다. 그리고 이것은 'ᄒᆞ거니와>ㅋ니와'로 축약되어 사용되었으며, 송강 정철의 일련의 歌辭 작품에서 그 예들을 제시하였다. Martin 역시 그의 저서 『한국어문법총람』(*A Reference Grammar of Korean*, 1992: 617) 제2부 「문법형태소」 부분에서 '-커녕'의 어원을 [? < h(a)keni +?]로 분석한 바 있다.

'-커녕'의 역사적 기원과 그 발달의 통로에 관한 필자의 생각도 김승곤(1989; 1996)을 포함한 다른 학자들의 견해에서 크게 벗어나지 않는다. 그러나 필자가 이 글에서 논의의 출발점으로 삼으려는 것은 앞서 언급된 '크니와>커녕' 방식(이기문 1980; 이기갑 2003)의 변화에서나, 위의 (3)과 같은 방식의 변화의 과정에서 필연적으로 전개되는 통사·형태론, 음운론, 그리고 의미론 등의 관점에서 1단계에서 최종 4단계까지에 이르는 통시적 변화의 절차에 대한 합리적인 설명이 모두 생략되어 있다는 사실이다.12) 더욱이 3단계에서 4단계로 옮겨오는 변화인 '-는크니와>는커녕'에 대한 형태·음운론적 설명을 분명하게 찾기 어렵다는 데 문제가 있다.

15세기 국어에서 '-는 커니와'는 동일한 기원에서 유래되었으나, 다음과 같은 세 가지 통사적 환경에서 주로 사용되었다. (ㄱ) NP₁는 커니와 NP₂이…긍정 서술어, (ㄴ) 종결어미 '-다 커니와', (ㄷ) 조건이나 가정의 연결어미 '-(은)댄 커니와'. 이와 같은 '-커니와' 형태에 각각 분화된 기능과 의미의 발달에 결정적인 원인을 제공한 요인은 위의 세 가지 통사적 환경에 있다고 생각한다. 이 가운데 오늘날의 '-은커녕'의 쓰임과 어느 정도 직접 연결될 수 있는 15세기 국어에서 '-커니와'의 통사적 환경은 (ㄱ)이다. 먼저 15세기 국어에서 상이한 환경에 출현하고 있는 '-커니와'의 용례들과 의미 분화에 대한 해석의 가능성을 논의하기로 한다.

4.1 "NP₁는 커니와 NP₂이…+ 긍정 서술어"

　　(4) 五百釋女ㅣ 王園比丘尼 精舍애 가 華色比丘尼게 出家ᄒᆞ야 술ᄫᅩ디

---

12) 예를 들면, 김승곤(1996: 59)은 '-커녕'이 (3)에서 정리된 것과 같이 1단계에서 4단계까지 거치는 역사적 변화의 과정으로 파악하려는 이유를 단순히 "문맥적 의미에서 그렇게 보여지기 때문"이라고 하였다. 그리고 김 교수는 같은 논문에서, 이 형태의 모습이 역사적 단계마다 문헌 자료에 나타나는 빈도가 상이했다는 사실을 지적하며, 아마도 '-커녕'형이 남부방언에서 기원된 것이 아닌가 하는 추정을 하였다.

우리돌히 지븨 이싫 저긔 受苦ㅣ 하더이다. 華色比丘尼 닐오디 너희눈
커니와 내 지븨 이싫 저긔 受苦ㅣ 만타라(월인석보 10. 23ㄱ)

(4)의 예문은 오늘날의 보조사 '-은커녕' 계열로 발달하기 이전의 기원적인
통사 구조를 보여 준다고 생각한다. 위의『월인석보』에서 추출된 짧은 이야기
를 구성하고 있는 담화의 기본적인 통사 구조는「NP₁는 커니와 NP₂가＋긍정
서술어」로 압축될 수 있다. 따라서 이 문장은 앞선 체언 NP₁과 뒤따르는 체언
NP₂가 짝을 이루어 대조하는 전형적인 구조이다. 그리고 이 문장은 연결어미
의 중재를 받은 접속문의 성격이 강하다. 즉, 선행절은 "NP₁는 커니와"이고,
후행절은 "NP₂가＋긍정 서술어(受苦ㅣ 만타라)"이다. 따라서 후행절의 긍정 서
술어는 해당 체언인 NP₂만 지배할 뿐이고, 선행절의 체언과는 무관하다.

예문 (4)의 담화 가운데 華色比丘尼의 발화 내용을 이루는 구성 요소는 다음
과 같은 네 가지이다. (ㄱ) NP₁ : "너희(五百 釋女)는", (ㄴ) NP₁의 서술어 : "受苦
가 많았다", (ㄷ) NP₂ : "내가"(華色比丘尼), (ㄹ) NP₂의 서술어 : "수고가 많더라".
따라서 선행절과 후행절을 연결하는 연결어미 기능의 일부는 '-커니와'에 있
을 것으로 보인다. 그렇기 때문에 (4)의 예 가운데 출현하는 '-커니와'는 통사
적으로 배열된 다른 성분들(즉, "수고가 많았다＋거니와")을 대변하는 '그러ᄒ-＋
거니와'가 형태·음운론적 축약 형태로 실현된 것이다.

허웅(1975: 373-374)은 위의 예문에서 보조사 '-는'과 결합된 '-는 커니와'와 같
은 구조가 하나의 문법형태소로 아직 융합된 상태가 아니라, "그 속뜻으로"
보면 뚜렷한 하나의 節(마디)로서의 자격을 가지고 있다고 지적하였다. 따라서
'너희는 (그러) ᄒ거니와— 그러한 것이 오히려 당연한 것이지만'의 뜻을 속으
로 가지고 있는 "단편적인(축소된) 마디"로 설명하였다. 필자는 허웅 선생이 풀
이한 이와 같은 "단편적인 또는 축소된 마디"라는 개념을 통상적인 문법 범주
가운데 어디에 소속시켜야 될 것인지 확신이 서지 않는다. 그러나 이 시기에
'-는 커니와'의 구조가 통사적 성분으로부터 아직 어휘화, 즉 동사나 형용사
와 같은 독립된 어휘 범주로 진입하지 못한 단계를 뜻하는 것으로 이해된다.

필자 역시 허웅(1975)에서 옳게 지적된 바와 같이, (4)의 예문에 출현하는 '-는 커니와'는 일종의 "그러 ᄒ-+연결어미"와 같은 생산적인 구성 형태(안주호 2000: 117)에서 출발한 것으로 생각한다.13) 여기서 '그러 ᄒ-'라는 구성체는 앞선 발화 행위 또는 담화를 전제로 하는 것이다. 특히, '-커니와' 자체는 대용동사 또는 형식동사로 간주되는 'ᄒ-'(爲)에 양보적 연결어미 '-거니와'가 접속된 구조이다. 따라서 (4)의 예문의 기본 구조는 "너희(五百釋女)는 [우리둘히 지븨 이싫 저긔 受苦ㅣ 하더이다] ᄒ거니와 내(華色比丘尼) 지븨 이싫 저긔 受苦ㅣ 만타라"이다. 이 구문은 다시 "너희는(NP₁) (그러) ᄒ거니와, 내(NP₂) 수고 만타라"와 같은 접속문으로 재분석될 수 있었던 앞에서의 해석과 일치한다. 여기서 주목되는 통사적인 특징은 선행 명제와 후행 명제가 '-거니와'를 통해서 연결되었으며, 동시에 선행 명제의 대상인 선행절의 체언이 후행절의 체언과의 대조 또는 비교를 나타내는 보조사 '-는/는' 계통과 共起하고 있다는 사실이다. 그 반면, 후행절의 체언은 주격조사 '-이'와 호응하고 있다.

연결어미 '-거니와'의 기능은 중세국어에서도 선행절과 후행절의 명제가 상호 상반되거나, 또는 선행 명제를 사실로 인정 및 양보하면서 후행 명제에서는 예상을 뒤집는 뜻을 함축하고 있다(허웅 1975; 고영근 2000). 이러한 특성을 갖고 있는 '-거니와'가 오늘날의 '-은커녕'으로의 문법화가 발단되는 '-는 커니와' 와 같은 통사 환경에만 참여한 것은 아니다. 이러한 문법화의 입력이 되지 않은 통상적인 환경에서도 연결어미 '-거니와'는 보조사 '-는' 계통과 호응

---

13) 중세국어의 단계에서 "그러ᄒ- + 연결어미"의 구성이 '-는 커니와'의 경우에 일종의 접속부사로 발달하지는 못했다. 그러나 §4.2에서 언급될 "종결어미 + 커니와"의 환경에서는 접속부사에 가까운 발달을 보인다. 중세국어에서 또 다른 유형인 '그러ᄒ- + 다가'의 예는 '그러'를 제거시키고 접속부사 'ᄒ다가'(萬若)를 형성하여 조건의 연결어미 '-면'과 호응을 보였다(남풍현 1971 참조).

   (ㄱ) ᄒ다가 다시 사ᄅᆞᆯ 쌔혀 외오디 몯ᄒ야도(若,) 免帖내여 히야ᄇ리고 이번 몯외온 罪를 마초아 티기를 면ᄒ거니와 ᄒ다가 免帖곳 업스면(若無免帖, 번역 노걸대, 상. 4ㄴ)

   (ㄴ) ᄒ다가 다시 사ᄅᆞᆯ 쌔혀 외오디 몯ᄒ야도 免帖내여 해여 ᄇ리고 곳 功을다가 過에 마초아 마ᅀᆞᆷ을 免ᄒ거니와 ᄒ다가 免帖곳 업스면(언해 노걸대, 상. 4ㄴ)

   (ㄷ) 萬一 사ᄉᆞᆯ 쌔혀 외오지 못ᄒ면 免帖내여 치기를 긋치고 져의 功을 罪에 갑하 마즈믈 免케 ᄒ고 萬一 帖이 업스면(몽어 노걸대 1권 6ㄱ)

하여 양보 또는 대조를 나타내는 접속문을 중세국어에서부터 현대국어에 이르기까지 구성하고 있다.

(5) 1. **중싱온** 그지업시 受苦ᄒ거니와 **부텨는** 죽사리 업스실씨 寂滅이 즐겁다 ᄒ시니라(월인석보 2.16ㄱ)
   2. 或이 닐오디 法表ᄒ샤믄 그러 커니와 古德이 사기디 아니호매 巖酌앳 말ᄒᄂᆞᆫ 외요미 업스려 닐오디 내 읏듬 사모믄…
      (**或曰表法**은 且然커니와 捺古德이 不解호매…(능엄경 7: 15ㄱ)
   3. 무로디 理ᄂ 그러 커니와 이론 엇더 ᄒᄂ료(월인석보 17.58ㄴ)
   4. 그ᄂ 그러커니와 書契를 내 친히 보고(초간 첩해신어 1.16ㄴ)
      = 그ᄂ 그러도 ᄒ거니와(일차 1.24ㄱ, 중간 1.22ㄱ)

위의 예문 (5)에서, 특히 (5) 1은 "수고ᄒ-"의 내용이 (4)에서와 같이 지시용언인 '그러ᄒ-'로 代用되지 않았으며, 형태·음운론적인 변화 'ᄒ거니와>커니와'도 반영하지 않았다. 따라서 '커니와'와 같은 축약은 음운론적 조건이 갖추어졌다고 해서 반드시 일어나는 현상이 아니다. 그 반면, (5) 2/3의 예에서 지시 성분 '그러-'가 생략되지 않았으며, 동시에 대용용언 'ᄒ-'(爲)는 '-거니와'와 축약되어 '-커니와'형으로 출현하였다.

예문 (5)에서 주목되는 사실은, 연결어미 '-거니와'로 연결된 통상적인 접속문에서 대조된 선행절 체언(혹은 용언의 명사형)의 조사와 짝을 이루는 후행절 체언의 조사가 각각 (ㄱ) "NP$_1$온 − NP$_2$는" 또는 (ㄴ) "NP$_1$온 − NP$_2$이"와 같다는 것이다. 이와 같은 조사의 배치는 우리가 문법화의 입력이 되는 예문 (4)에서 관찰했던 사실과 거의 동일하다. 다시 말하자면, 예문 (4)와 같은 앞말과 뒤따르는 말을 대조하는 상황이나, 문법화와 관련이 없는 양보를 나타내는 접속문 (5)에서 오늘날의 '-은커녕'에 뒤따르는 체언이 수반하는 보조사 '-도' 등이 출현하지 않았다. 이러한 사실로 미루어 보면, 예문 (4)의 '-논 커니와'는 결과적인 '-은커녕'으로의 문법화의 초기 단계를 아직 보여주지 않은 것으로 파악될 수도 있다.[14]

어떠한 조건이 문법화의 입력이 되는 예문 (4)의 상황과, 오늘날까지 그러한 변화의 기제와 무관하게 사용되어 오는 예문 (5)의 상황을 결정짓는 요인으로 작용하는 것일까? 필자는 예문 (5)에서 파생되어 나오지 않았던 새로운 맥락적 의미가 예문 (4)와 같은 상황에서 먼저 촉발되기 시작하였을 것으로 추정한다. 즉, 예문 (4)에서 '-는 커니와' 구문이 문법화의 역사적 과정을 시작하는 최초의 요인은 의미변화에 있었다고 판단한다. 이것은 바로 허웅(1975)에서 풀이된 속 뜻("너희는 (그러) 흐거니와— 그러한 것이 오히려 당연한 것이지만")이 원래의 의미로부터 일정한 담화 구조에서 파생된 화용론적 추론의 강화, 또는 "문맥을 통해서 도출된 추론"(Heine, Claudi & Huennenmeyer 1991)을 거쳐 형성되었음을 가리킨다.

그렇다면, 어떤 이유로 새로운 의미의 출현이 예문 (5)의 유형이 아닌, 예문 (4)에서만 가능하였을까? 그것은 예문 (5)의 유형과 예문 (4)가 나타내는 상이한 담화 성격에 따른 통사 구조의 차이에 있었다. 예문 (4)에서는 우선 대조가 되는 앞선 말(보조사 '-는'과 통합)의 서술과 뒤따르는 말(주격조사 '-이'와 통합)의 서술이 그 개념 또는 대상의 관점에서 동일하거나 비슷하다. 즉, 축약된 '-커니와'가 구체적으로 가리키고 있는 정보가 "(너희)는…受苦가 많았다"라는 것이고, 여기에 연결된 뒤따르는 화자의 정보 역시 동일하게 "(내가)…受苦가 많았다"이다. 이러한 상황에서 "너희들이 수고가 많았다는 것은 물론이거니와 나도 수고가 많았다"와 같은 의미가 화용론적으로 파생될 수밖에 없다. 그 반면, 예문 (5)의 유형들은 앞선 말의 서술과 뒤따르는 말의 서술이 서로 대립 또는 배치되는 구문을 이루기 때문에, '그러 커니와'는 서로 대립되는 문장을

---

14) 이러한 상황과 관련하여 전북대학교 고동호 교수는 이 글에 대한 논의에서 위의 예문 (4)에 출현하는 '-커니와'가 이미 문법형태소의 신분이었을 가능성을 제시하였다. 그렇게 판단하는 근거는 본동사 '흐-'(爲)가 실질형태소인 경우에 결코 뒤따르는 형태소의 첫소리 장애음과 축약하여 유기음을 형성하지 않는다는 사실에 있다. 예를 들면, '흐고, 흐기를, 흐다가, 흐더니, 흐더라' 등등. 따라서 예문 (4)에서 '-커니와'형이 이미 '흐-+거니와>커니와'의 과정을 수행한 것이라면, 이 형태는 더 이상 실질형태소의 범주에 속하지 않았을 가능성이 높다는 것이다.

연결하는 접속부사의 기능이 강화된 것이다.15)

그 결과, 예문 (4)에서 선행절의 명제는 대화상의 배경 또는 전제가 되지만, 후행절의 명제는 이 문장에서 화자가 의도하는 정보의 강조 또는 초점으로 전환된다. 따라서 예문 (4)는 화자의 입장에서 NP$_1$과 대비된 NP$_2$의 명제가 오히려 전면에 강조되어 드러나게 하는 수법인 것으로 보인다. 그렇기 때문에 원래의 구성인 '-눈 (그리)ᄒᆞ거니와' 구문이 선행절의 명제는 "말할 것도 없고", "물론이고"와 같은 화용론적인 이차적 의미로 전개되는 것은 자연스러운 현상이다.

이와 같은 관점에서 예문 (4)에 등장하는 '-커니와'가 허웅 선생의 설명처럼 공시적으로 속뜻을 갖고 있는 축소된 마디일 수도 있으나, 필자는 화용론적 새로운 의미가 파생하여 문법화의 첫 단계에 진입하였기 때문에 일종의 화석화 또는 관용화를 거쳐 형용사와 같은 용언의 범주에 도달하였을 가능성을 생각한다.16) 그러나 선행절의 체언에 통합된 보조사 '-눈'은 아직도 '커니와'와 융합된 단계는 아니었을 것으로 본다. 이러한 구문의 계속인 발달과, 오늘날의 쓰임과 같은 '-은커녕'으로의 대체적인 접근은 근대국어의 단계에 통사

---

15) 이와 같이 특정한 예문 (4)에서 문맥상으로 이끌어져 나온 의미의 출현은 다음과 같은 화자 입장에서의 대화 전략을 거쳐 나왔을 것으로 생각한다. 두 명제가 대비된 예문 (4)에서 우선 선행절 체언에 연결된 보조사 '-눈'이 갖는 대조성의 의미와, 서술절에서 'ᄒᆞ-'(爲)가 보유하고 있는 代用言의 기능을 주목할 필요가 있다. 즉, "NP1는 --그러하다. 그러나(선행절의 명제에 반하여, 또는 그 반면, NP1과 대조하여) NP2가 --한 것이다". 이 두 문장이 결국 연결어미(청자의 입장에서 보면, 예상을 뒤집는) '-거니와'의 조정을 받아 접속문으로 구성되면서 대용언 'ᄒᆞ-(爲)'는 연결어미 '-거니와'와 축약된 형태 '-커니와'를 형성케 된 것이다.

예문 (4)의 담화 가운데 화자(華色比丘尼)는 먼저 선행절의 명제를 당연한 사실로 인정하는 대화 전략을 사용한 셈이다. 그러나 이러한 선행절의 명제가 갖고 있는 (화자와 청자가 보이는 객관적인) 용인성에도 불구하고, 이것과 대조되는 후행절의 새로운 명제를 청자에게 대비시켜 제시하여 결국은 화자의 주관적 의도가 담긴 "NP1의 명제보다는 오히려 NP2의 명제"가 되는 것이다.

16) 15세기 국어에서 예문 (4)에서와 같은 '-눈 커니와'는 쓰이는 문맥에 따라서 축소된 단편적인 구문이었을 단계에 있었을 경우도 있었고, 문법화의 초기 단계에 진입하여 선행절의 체언에 연결된 '눈'과 별도로 '커니와'가 어휘화를 거쳐 용언의 범주에 도달하였을 경우도 공시적으로 가능한 것으로 본다. 언어 변화의 과정에서 보수형과 개신형이 일정한 기간 동안 변이의 모습으로 공존하는 현상은 보편적이다. 또한, 이러한 현상은 문법화 과정의 다섯 가지 원리 가운데 "적층의 원리"(layering)에 속한다고 본다(Bybee et als 1994).

기능상의 변화를 겪으면서 19세기 후반에 와서야 완성된다.

4.2 "종결어미 + 커니와"

(6) 1. 닐오디 如來 그딋 나라해 와 滅度ᄒ실쌘뎡 實엔 우리돌토 울워ᅀᆞᆸ논 전
츠로 舍利 얻ᄌᆞᆸ다가 塔 일어 供養ᄒᆞᅀᆞᄫᆞ려ᄒᆞ야 머리셔 오소이다.
對答호디 그딋 마리 眞實로 **올타 커니와** 오직 世尊이 이에와 滅道 ᄒ
시니 우리나라해셔 供養ᄒᆞᅀᆞᆸ디ᄫᅵ 그듸내 ᄀᆞᆺᄫᅵᅀᅡ 오도다마ᄅᆞᆫ 舍利ᅀᅡ
몯 어드리라(석보상절 23. 53ㄴ)[17]
2. 拘尸王이 對答호디 그딋 마리 **올커니와** 世尊이 우리나라해 오샤 滅度
ᄒᆞ시니 우리나래셔 供養ᄒᆞᅀᆞᆸ디ᄫᅵ 그듸내ᅀᅡ 舍利를 몯어드리라(석
보상절 23. 52ㄴ)

위의 예문 (6)1에서 '올타 커니와'와 같은 구문에서 사용된 '-커니와'형이
(6)2에서는 동일한 자료 내에서 그대로 용언어간에 직접 연결된 '올커니와'와
공시적으로 교체되는 현상을 보인다. (6)2의 '-커니와'는 원래의 연결어미 '-거
니와'의 변이형으로서, '옳-+거니와 → 올커니와'의 구성으로, 어간말음 'ㅎ'과
결합하여 유기음화를 형성하였을 뿐이다. 그러나 (6)1과 같은 구문에서 사용
된 '-커니와'는 앞선 문장의 명제에 대해서 뒤따르는 "그러 ᄒ-+거니와"의 담
화 성분이 축약된 결과로 형성된 것이다.

이와 같이 종결어미에 직접 연결되는 '-커니와'의 통사적 구성은 하나의 문
장으로 진술된 일정한 명제에 대립되는 화자의 내적 판단과 주관적 의지가
강하게 표출된 양태를 보인다. 여기서도 연결어미 '-거니와'가 원칙적인 접속
의 기능을 발휘하게 되지만, 그 주된 역할은 대용동사 'ᄒ-'(爲)와 담화 성분
'그러-'가 맡고 있다. 따라서 "NP₁은 a이다. 커니와(그러 ᄒ거니와) NP₂는 b이다"

---

17) "종결어미+커니와"와 같은 통사적 환경이 15세기 국어에서 다음과 같은 예에서도 확인된
다. 너희 마리ᅀᅡ 올타 커니와 안팟긔 막ᄌᆞ롤 썬 몯 나가노라(석보상절 3. 25ㄴ).

와 같은 원래의 기원적 구성으로부터 문법화를 거친 축약된 '-커니와'는 '그러
나' 등과 같은 의미 범주에 근접하는 접속부사의 신분으로 자연스럽게 발달하
였을 것으로 생각한다.[18]

위의 예문 (6)ㄱ과 같은 통사 구조에서 15세기에 등장하였던 '-커니와' 유형
은 16, 7세기의 자료, 특히 한글 서간문 등에서 (6)ㄴ의 유형과 더불어 생산적
으로 확대되어 사용되었다. 이 단계에서 문장 뒤에 붙는 '-커니와'는 그 이전
시기에 주로 등장하였던 평서문뿐만 아니라, 의문문과 명령문 앞에서도 확대
되어 출현하고 있다. 16세기 후반 충북 청주 순천김씨묘 출토 언간(조항범 1998;
황문환 2002)에서 "종결어미+커니와" 구문이 쓰이는 몇 가지 예문들을 추려서
제시한다.

(7) ㄱ. 보기옷 왓거든 올제 ᄆᆞ롤 비러 <u>보내소 커니와</u> 어려이 녀거든 마소.
비로 감새(청주 20)
ㄴ. 복기리 우는 거슬 두고 오니 서운히여 닉일 가리라 필죵이 <u>보내뇌</u>
<u>커니와</u> 디공 주소(청주 22)
ㄷ. 안셩워니 ᄆᆞ론 주마 <u>ᄒᆞ닉 커니와</u> ᄆᆞ리 ᄡᆞᆯ 거신디 몯 ᄡᆞᆯ 거신디 아
디 몯ᄒᆞ니(청주 6)
ㄹ. 나도 닉일 나죄나 모릭나 <u>가리 커니와</u> 그리 아라서 ᄎᆞ리소(청주 1)
ㅁ. 슈오긔 아바니미 잇거니 내나 <u>다롤가 커니와</u> 읻티 와셔는 아니 날
ᄆᆞᄋᆞ미 업세(청주 190)
cf. ᄆᆞᆺ물 <u>자바 노커니와</u> 내 모미 하 허ᄒᆞ고 ᄆᆞᆺ미 간티 업서(청
주 73)
우리도 <u>모스커니와</u> 네 아바니믄 보원ᄉᆞ드려 주글반 살반 둔니
더니(청주 57)

16세기 국어문법을 공시적으로 기술하는 자리에서 허웅(1975; 1989: 128)은

---

[18] 다음과 같은 예문에서 용언어간에 직접 연결된 'ᄒᆞ가니와' 다음에 접속부사 '그러나'가 첨
가되어 쓰였다.
내 모믈 ᄃᆞ려다가 維那롤 사모려 ᄒᆞ실쎄 들줍고 깃거ᄒᆞ가니와 그러나 ᄒᆞ디 ᄒᆞ녀고로 혜여
혼딘…(월인석보 8. 93ㄱ)

위의 (7)의 예를 포함하여 선행문의 종결어미 다음에 연결되는 '커니와'의 용례들을 주목하였다. 그리하여 허웅(1975)에서 16세기 '커니와'의 쓰임은 15세기에서 사용된 단편적(축소된) 마디인 '-는 커니와'와는 달리, 마디를 연결하는 특수토씨로 보는 것이 좋을 것 같다고 설명되었다. 따라서 15세기에 단편적 마디로 쓰인 '커니와'가 16세기에는 특수토씨(문장 접속조사)로 전환된 것으로 파악되었다. 그러나 15세기에 사용된 예문 (4)에서의 '-는 커니와'와 16세기에 사용된 예문 (7)의 "종결어미＋커니와"의 경우는 기원적 구성은 동일하지만, 그 출현하는 통사적 환경이 상이하기 때문에 상이한 역사적 발달 과정을 수행하게 되었다는 사실은 필자가 앞서 §4.1에서 지적한 바 있다.

그렇다면, 위에서 제시한 15세기의 예문 (6)1에서 "그뒷 마리 眞實로 올타 커니와…"와 같은 경우에도 16세기 한글편지에서 사용된 '-커니와'에 대한 해석과 동일하게 완결된 문장을 잇는 특수조사의 신분으로 소급될 가능성이 있을까?

필자는 이 형태가 기원적 통사 구조인 "그러 ᄒᆞ-＋거니와"에서 문법화의 과정을 거쳐 16세기에 특수조사로 문법 범주를 직접 옮겨갔다고는 생각하지 않는다. 먼저, 앞선 담화의 성분을 지시하는 '그러-'가 생략된 다음, 대용동사 'ᄒᆞ-'(爲)가 연결어미 '거니와'와 음운론적인 축약을 수행한 형태 '커니와'형이 관용적으로 반복되어 쓰임에 따라 어휘화 단계에 진입하였을 것으로 보인다. 여기서 형성된 어휘 항목은 [그러 ᄒᆞ-＋연결어미] 계통이 대부분 접속사로 전환되는 통로를 따라서(안주호 2000) 일단 접속부사의 범주를 거쳤을 가능성이 높다. 그 이후에 다음 단계에서 문법화의 과정이 본격화되어 이어서 보조사의 범주로 옮겨갔을 것이다.[19] 그러나 중세국어의 단계에서 기원적인 "그러하거

---

19) "종결어미＋커니와"의 기원적 통사 구조가 '그러ᄒᆞ-' 계열에서와 같은 문법화의 과정을 거치지 않고, 말의 스타일에 따라서 직접 접속부사(그러커니와)의 범주에 가까운 기능을 보이는 예들도 관찰된다.
 (ㄱ) (客) 이리 감격ᄒᆞ 御意ㅣ시니 다시 술올 양이 업서이다. 그러커니와 흘리라도 수이 도라가게 ᄒᆞ죠셔(초간 첩해신어 3. 21ㄴ)
 (ㄴ) (客) 이는 내 스스로 슯논 일이어니와 자녜네도 잘 혜아려 보시소 客人이 와야 亭主ㅣ

니와"의 의미로 투명하게 복원될 수도 있는 "종결어미＋커니와"의 구문에 쓰인 '커니와'의 신분은 어휘화를 수행한 접속부사의 범주와, 여기서 한 단계 더 발달하여 문법화 과정을 거친 특수조사의 범주 사이에서 일정한 기간 동안 공시적 변이를 나타냈을 것으로 생각한다.[20]

그렇다면, 종결어미 다음에 연결되는 '커니와'의 쓰임을 16세기 국어에서 당시의 화자들은 어떻게 인식하고 있었을까? 이러한 의문은 번역문이긴 하지만, 다음과 같은 16세기 국어 대화체에서 대략 해결될 수 있을 것으로 필자는 판단한다(백응진 2001, 참고).

(8) 1. ㄱ. 너는 高麗ㅅ 사ᄅ미어시니 漢人의 글 빅화 므슴ᄒ다.
네 닐옴도 **올타커니와**(你說的也是) 각각 사ᄅ미 웃듬 보미 잇ᄂ니라(번역 노걸대, 상. 5ㄱ)

ㄴ. 네 니롬도 올커니와 각각 사롬이 다 주관이 잇ᄂ니라(언해, 상. 4ㄴ)

ㄷ. 네 니ᄅ는 말이 올커니와 사롬이 各各 다 아는 곳이 잇ᄂ니라(몽어노걸대 1. 6)

ㄹ. 네 니ᄅ는 거시 비록 올타ᄒ나 내 뜻에 오히려 극진치 못ᄒ ᄃ시 싱각 ᄒ노라(청어노걸대 1. 6ㄴ)

2. ㄱ. 이 등엣 뵈는 너브니 **됴타커니와**(寬時好) 이 여러 뵈는 너므 좁다(번역노걸대, 하. 62ㄴ)

ㄴ. 이등 ᄀ튼 뵈는 너브니 됴커니와 이 여러 뵈는 너모 좁다(언해 노걸대, 하. 56ㄱ)

3. ㄱ. 황화ᄉ 다 디쳐 **ᄒ야다커니와**(貨物都發落了) 우리 져그나 므슴 도라가 ᄡᆯ 황호롤 사가ᄉ 됴ᄒ고(번역 노걸대 하. 65ㄴ)

ㄴ. 황호 다 디쳐ᄒ여다. 우리 져그나 므슴 도라가 ᄡᆯ 황호롤 사가야

보지 아니 ᄒ읍ᄂ가.

(主) 그러커니와 게셔 힘뼈 이런 道理롤 東來 믜 열자와 닉일브터 홀 양으로 ᄒ읍소(초간 첩해신어 1. 32ㄱ)

20) 황문환(1998: 76-83)은 17세기 경북 달성 진주하씨묘 출토 언간 자료 일부를 주해하는 자리에서 종결어미 다음에 쓰이는 '커니와'의 예를 제시하면서(…갈가시븨 커니와 둘히 ᄒ나히나 ᄒ면…), 이 형태는 'ᄒ거니와'가 축약된 것으로 선후행 문장을 이어주는 접속부사로 해석한 바 있다.

  됴홀고(노걸대 언해, 하. 59ㄱ)

　ㄷ. 貨物 다 프라다. 우리 도라가셔 쁠 物貨 무어슬 가져가면 됴흐리
　　(몽어노걸대 8. 14ㄴ)

　(8)의 예문들에서 번역문의 한 단락 속에 "종결어미+커니와"가 함께 하나의 통사 단위를 이루고 있다. 따라서 '커니와' 성분은 앞뒤 두 문장을 연결하는 접속부사로서의 독립된 기능을 발휘하고 있다고 볼 수 없고, 앞선 문장의 뒤에 붙는 조사의 신분으로 그 당시에 사용되었을 것으로 보인다.

　또한, (8)의 예문들은 17, 8세기 근대국어에 출현한 일련의 『노걸대언해』 번역에서 16세기에 사용되었던 "종결어미+커니와" 구성이 시대적으로 변모된 역사적 과정을 보여준다. 특히, (8)3.ㄴ과 ㄷ의 예에서 16세기 국어에서 종결어미 다음에 연결되는 '커니와'의 통사적 구성((8)3.ㄱ)이 17, 8세기의 번역문에서는 앞선 문장과 뒤따르는 문장과의 접속이 제거되고, 각각 독립된 두 개의 문장으로 분리되었다. 그리고, 16세기 번역문에 등장하였던 (8)3.ㄱ에서 '-커니와'는 두 문장의 연결 과정에서 화용론적으로 함축되어 나오는 맥락 의미에 의해서 완전히 생략되었다.

　나머지 (8)의 예문들에서는 16세기 국어에 사용된 '됴타커니와', '올타커니와' 등의 구성이 17, 8세기에서 각각 '됴커니와', '올커니와'와 같이 용언어간에 직접 연결되는 경향을 나타낸다. 이러한 현상은 15세기 국어의 예문 (6)1에서 사용된 '올타커니와'가 동일한 자료에서 '올커니와'(6)2로 교체되는 예에서 관찰할 수 있는 바와 같이 공시적으로 허용되는 대안적 표현 수단이었을 것으로 생각된다. 그러나 종결어미 다음에 오는 '-커니와'의 통사적 구성이 근대국어의 단계에서 축소되어 오늘날까지 부분적으로 지속된다는 것은 분명한 사실이다.[21]

---

21) 그러나 근대국어의 단계에서도 말의 스타일에 따라서(문헌 자료의 종류에 따른) 종결어미 다음에 연결되는 '커니와'의 쓰임이 지속되었을 가능성도 있다고 생각한다. 예를 들면, 18, 9세기에 번역 필사된 낙선재 고소설 부류에 이러한 통사적 환경에서 사용된 '커니와'형이 더러 확인된다(박재연 2001을 참고).

또한, (8)1.ㄱ에서 '올타커니와'는 18세기의 번역문에서는 '올타ᄒ나'((8)1.ㄹ)와 같이 다른 유형의 문장 접속조사로 대치되었음이 관찰된다.22) '올타커니와' 같은 통사 구성이 점진적으로 다른 표현 방식으로 대치되는 원인 가운데 하나로 16세기 이후에 종결어미에 연결되는 '커니와'의 문법적 기능과 거의 동일한 접속조사 '-마는'의 분포가 확대되었다는 사실(허웅 1989: 126-8)도 기억할 필요가 있다.

이러한 현상과 관련하여, 종결어미 다음에 연결되는 '-커니와'의 반사체로 판단되는 '-커녀느'형이 오늘날의 함북방언 북부지역(즉, 육진 방언)에서 문장 접속조사 '-마는'과 동일한 뜻으로 사용되고 있어 주목된다(김병제 1965: 115).23)

(9) 아까도 애기 햇소커녀느 조캐는 다 군대 나가서
　　그것도 험 잇소커녀느 쓸 수 있소
　　게주 앉았소커녀느 대소변도 못 보우

(ㄱ) 이 도인이 반다시 뇨슐ᄒ는 무리로다**커니와** 늬 임의 쥰비ᄒᆞᆫ 거시이시니 엇지 독히 두
　　리리오(平妖 8: 49)
(ㄴ) 마노래 익미한 일노 눔의게 잡혀 겨오시니 죵이 셜이 죽다 무슴 흔이 이시리 잇가**커니
　　와** 우히 부디 사오시고 원슈롤 닛디 마오쇼셔(서궁 1: 31)
22) 『번역 노걸대』와 중간본 『언해 노걸대』와의 대조에서 추출되는 또 다른 예에서 16세기의 "종결어미+커니와"의 구성이 근대국어에 와서 용언어간에 직접 연결된 또 다른 유형의 어미 '-려니와'로 바뀌진 경우도 찾을 수 있다.
23) 김병제(1965)에서 제시된 육진 방언의 '-커녀느'형의 존재와 예문은 이기갑(2003: 113)에서도 언급되었다. 육진 방언에서 '-커녀느'는 문장 접속조사의 기능을 하는 것으로 보이지만, '커니와>커녀느'와 같은 변화 과정이 형태 · 음운론적으로 쉽게 설명되지 않는다. 이 '-커녀느'형이 함경도 방언에서 보조사 '-커녕'과 동일한 기능으로 사용되고 있다. 그런 거 보기느커녀느 듣지도 못햇지비(김병제 1965: 115). 이기갑(2003: 112)은 이러한 문법형태소 '커녀느'는 보조사 '-느(는)'이 포함된 형태일 것으로 해석하였다. 이 형태가 사용된 예문을 관찰하면, '-커녀느' 앞에 보조사 '느'(는)가 출현하였다. 따라서 보조사 '-느'가 이 문법형태소 앞뒤에 동시에 연결되어 있다. 또한, 육진 방언에서 사용되는 다양한 '-은커녕'의 형태와 통사 환경에 대해서는 한진건(2003: 161-164)을 참조.

4.3 "조건이나 가정의 연결어미 + 커니와"

> (10) 1. 그 아비…堀애 드러 呪術을 외와 그 ᄯᆞᄅᆞᆯ 비로더 王ᄭᅴ 너를 ᄉᆞ랑티
>   아니 ᄒᆞ시**린댄 커니와** 王이 너를 禮로 待接ᄒᆞ샳딘댄 모로매 願이
>   이디 말오라 ᄒᆞ더니(석보상절 11. 30ㄱ)
>   2. 王若遇汝薄者 **皎然不論** 若王以禮待接汝者 當令退沒不果所願.(底本佛經
>   부록 13쪽)

위와 같은 '-은댄+커니와'의 통사 구성에서 '커니와'는 역시 기원적인 '그
러ᄒᆞ-+거니와'로 소급될 수 있다. 底本 佛經(심재완 1959 참고)에서 축약된 형태
'커니와'에 해당되는 원문은 "皎然不論"으로 대응되어 있다. 그 원문의 원래의
뜻은 "좋다, 더 이상 논하지 않는다" 정도이다. 따라서 앞에서 제시된 담화 내
용에 대한 화자의 조건적 양보 또는 승낙인 셈이다. 여기서 "좋다"라는 화자
의 양보는 앞선 담화의 성분을 지시하는 '그러ᄒᆞ-'에서 이차적으로 함축된 문
맥적 의미이다. 지시용언 '그러ᄒᆞ-'가 가리키는 대상은 앞선 전제, 즉 "王ᄭᅴ 너
를 ᄉᆞ랑티 아니 ᄒᆞ시-"이다. 따라서 [왕이 만일 너를 사랑하지 않으면 그것 자
체로 불충한 네가 합당한 징벌을 받았기 때문에 충분하다]와 같은 뜻으로 발
달한 것이다. 이와 같은 전제에 허용이나 양보를 뒤집는 조건이 부가된 것은
역시 응축된 '커니와'의 성분을 구성하고 있는 연결어미 '거니와'에 있다.

허웅(1975: 543)은 (10)1의 예문에 사용된 "-댄커니와"를 하나의 융합된 연결
어미로 간주될 수 있는 가능성도 있다고 보았다. 그러나 허웅 선생은 여기서
'-커니와'(←ᄒᆞ거니와)가 뚜렷한 마디로서의 뜻을 함축하고 있기 때문에(王이 너
를 사랑하지 아니하실 것 같으면 괜찮거니와-괜찮지만), (4)의 예문에 나오는 '-는커니
와'의 경우에서와 같이 단편적인(축소된) 마디로 해석하는 입장을 취하였다. 필
자 역시 허웅(1975)에서의 해석을 수용하지만, 문맥에 따른 새로운 의미 발달
의 전개에 비추어 볼 때에 조건의 연결어미 다음에 뒤따르는 '커니와'의 경우
는 담화의 단계를 통과한 통사적 구문에서 이어서 어휘화를 거쳐 불완전한

용언의 문법범주에까지 진입했을 것으로 생각한다.

따라서 15세기 국어에서 이러한 통사 구성에 쓰이는 '커니와'의 신분은 역사적으로 화석화한 불완전 용언이었을 것이다. 이러한 상태는 오늘날에 이르기까지 지속되었음에 틀림없다. 필자가 그렇게 판단하는 이유는 우리가 이 글의 §2에서 '커녕'과 더불어 주목한 또 다른 사전 표제어 '커니와'와 그 용례가 여전히 15세기 국어에서 예문 (10)1에 쓰인 특질을 그대로 보여주고 있기 때문이다. §4.1에서 취급된 '-논 커니와'의 구성은 오늘날 보조사 '-커녕'으로 발달하여 생산적으로 사용되는 반면에, 특정한 통사 환경에서만 사용된 '-은덴/면 커니와'는 화석화되었다.24)

19세기 후기 문헌자료 가운데, 그 당시의 평안방언을 반영하는 Ross의 초역본『누가복음』(1882)에서와 판소리 계열의 고소설에서도 조건의 연결어미 다음에 오는 '커니와'의 쓰임이 산발적으로 관찰된다. 그러나 이러한 용법은 예전의 전통적인 관용을 그대로 계승한 것으로 보인다. 특히, 초역본『누가복음』(1882)에 등장하는 '커니와'의 예가 그 이후에 거듭되는 한글성서의 수정과 개역의 과정에서 다른 성분 '좋다'로 대치되는 과정은 당시의 사람들이 이 문법형태를 어떻게 인식하고 있었던가에 대한 단서를 제공한다.25)

  (11) 1. (ㄱ) 니 둘우 파고 걸금을 주워 혹 열음이 **밋치면 커니와** 안이 열니
          면 찍으소서 하더라(초역 누가 13: 9) →

---

24) 조건의 연결어미에 연결되어 쓰이는 '커니와'의 예는 근대국어의 단계에서 쉽게 발견되지는 않는다. 그러나 주로 18, 19세기에 필사되었거나 간행된 낙선재 번역 고소설 자료 가운데 몇 예가 등장하였다(박재연 2001을 참고).
  (ㄱ) 물화의 니 어드면 커니와 본젼을 오히려 춧지 못ᄒ거다(鏡花 5: 71)
  (ㄴ) 네 만일 첩을 두지 아니면 커니와 부디 첩을 두고져 홀진디 몬져 날을 위ᄒ야 남첩을
      어더 준 후야 비로서 너를 허ᄒ리니(你不討妾則已, 鏡花 13: 29)
  (ㄷ) 우리논 이 곳치 눈물을 흘니거놀 너논 조곰도 슬퍼ᄒ면 커니와 도로혀 깃분 빗치 ᄀ득
      ᄒ니(你不傷心也罷了, 爲何反倒滿面笑容? 鏡花18: 61)
25) 이와 같은 구문은 신소설 부류에서 "-면 모르거니와" 또는 "-면 고만이어니와" 등과 같은 표현으로 전환되어 사용되었다.
  웅, 그릿스면 모르거니와 만일 그러치 아니ᄒ면...(지봉춘, 1912: 52)
  깁히 감추어 두엇스면 고만이어니와 만일 그것을 업시 버럿스면...(지봉춘, 1912: 54)

(ㄴ) 혹 열음이 **밋침 커니와** 만일 글어치 온으면 쎅으소셔(1887, 누
가복음)

(ㄷ) 혹 열미 **밋치면 커니와** 만일 그러치 아니면 쎅으쇼(1890년, 아
펜셀라 번역본)→

(ㄹ) 만일 실과가 **열면 됴코,** 아니 열면 버힐지니다(1900년 신약젼
셔, 누가복음), 만일 실과가 열면 됴코 아니 열면 쎅으쇼셔(누
가복음, 대영셩셔공회 발간, 1908년)

2. 천하의 만일 신션이 업시면 **컨이와** 잇스면 다만 이 산즁의 잇스리
라(필사본 구운몽 225ㄱ)

|5| 근대국어에서 '-는 커니와'의 발달과 확립 과정

5.1 16세기 국어에서 '-는 커니와'의 통사적 기능의 변화

오늘날의 '-은커녕'과 문법적 기능, 형태 그리고 의미 관계의 측면에서 직접적으로 연결 지을 수 있는 선행 형태 '-는 커니와'의 쓰임만은 15세기나 16세기의 문헌자료에서 생산적으로 발견되지 않는다. 다른 통사적 환경에 나타나는 '커니와'와 대조할 때, 여기서 우리가 주목하는 '-커니와'의 출현 빈도는 매우 낮았다. 살아 있는 16세기 국어의 특질을 반영하고 있는 충북 청주 순천김씨묘 출토 언간(조항범 1998을 참조)에서도 그러한 사정은 변함이 없는 것 같다.

그러나 이와 같은 문헌 자료 중심의 관찰이 그 당시 실제의 口語에서의 쓰임과 상이하였을 가능성도 있다. 순천김씨묘 출토 언간들 가운데 다음과 같은 '-는 커니와' 통사 구성으로 판단되는 예가 한 가지 확인된다.

(12) 손즈 원디 옷히여 **주모 커니와** 영이룰 지금 동져구리도 몯히여 니

펴…(청주 144).26)

위의 예에서 '-논 커니와'는 15세기 국어에서 관찰할 수 없었던 몇 가지 특성을 단적으로 나타내고 있어 주목된다. 첫째, 오늘날의 용법과 동일하게 '-은 커녕'의 이전 형태 '-커니와'가 용언의 명사형에 연결된 모습을 보인다. 둘째, '-논 커니와' 다음에 오늘날에서의 통상적인 쓰임과 동일하게 부정 서술어가 뒤따라 왔다. 셋째, 한글편지의 작성자인 늙은 어머니가 딸에게 전하는 하소연, 즉 "이제 늙고 정신이 산란하여 마음을 쏟아 장옷 하나도 못 만들고, 손자의 옷을 만들어 주는 것은 말할 것도 없고(고사하고) 영이의 동저구리도 못하여 입히게 되었다"는 내용에서 대비되어 뒤따르는 체언에 보조사 '-도'가 통합되었다. '-논 커니와'와 공기하기 시작하는 후행 체언에서의 보조사 '-도'는 그 이후 근대국어의 단계에 오면 그 출현 빈도가 증가하게 된다.

(12) 예와 같은 「NP₁은 커니와 NP₂도 (부정)서술어」의 통사 구성은 두 개의 체언을 비교 또는 대조하는 오늘날의 '-커녕'과 동일한 전형적인 구문을 이루게 된 것이다. 그러나 다음에 언급될 17, 8세기에서 쓰인 '-논 커니와'의 예들로 미루어 볼 때, 유일하게 16세기에 확인된 (12)의 예에 출현하는 부정 서술어는 보편적인 현상이 아니었을 것으로 보인다. 즉, 16세기 국어에서 이러한 구성에서 등장하는 서술어의 성분은 긍정과 부정의 측면에서 아직은 뚜렷한 구분을 보이지 않았다.

무엇보다도 (12)의 예와 관련하여 필자가 지적하려는 현상은, 위의 예문에서 사용된 '-논 커니와'와, 우리가 이미 §4.1에서 살펴보았던 15세기 국어에서의 이와 동일한 형태가 보여 주는 통사 기능이 이미 두드러지게 변화되었다는 사실이다. 이러한 내용을 아래의 도식으로 나타내면 다음과 같다.

---

26) 이 한글편지 자료를 주해한 조항범(1998: 646)은 이 예문을 다음과 같이 현대어로 풀이하였다. "손자가 윈데에 옷하여 주었으면 하거니와 영이에게 지금 동저고리도 못하여 입혀…". 조항범(1998: 643)에서 언급된 바와 같이 위의 예문에 사용된 '윈디'는 전체 한글편지 모음에서 모두 4회 등장하였으나, 그 정체가 정확하게 파악되지 않는다. 황문환(2002)은 이와 동일한 표기를 '윈 디'와 같이 띄어쓰기를 하였다.

(13) 1.

즉, 15세기에 사용된 '-논 커니와'는 우리가 §4.1에서 언급한 바와 같이 선행하는 담화의 구성 성분이 지시용언 '그러ᄒ-'로 대용된 결과로 형성된 것이다. 그렇기 때문에, 선행 담화를 대변하는 '그러-'가 생략되고, 대용용언 'ᄒ-'가 연결어미 '거니와'와 융합된 '-커니와'는 여전히 앞선 담화 구조에 지배를 받고 있었다((13)1.) 그 반면, 위의 (12) 예문에 등장하는 16세기에 사용된 '-커니와'는 앞선 담화 구성성분의 제약에서 이탈하여, 뒤따르는 서술어의 지배를 받게 되었다((13)2.). 그리하여, 오늘날의 '-은커녕'이 후행하는 서술어(특히 부정 서술어)와 긴밀한 관계를 맺고 있는 현상과 일치하기 시작하였다고 생각한다. (13)2.에서와 같은 '-커니와'의 통사적 기능의 변모는 체언을 풀이하는 용언으로서의 역할이 소실되고, 이어서 보조사의 범주에 접근하였음을 반영한다.

이러한 통사적 기능의 전환은 앞에서도 언급한 바와 같이, '-커니와'에 뒤따르는 체언과 함께 호응을 보이는 보조사 '-도'의 출현에서 확인될 수 있다. 보조사 '-도'의 의미는 "한가지"(동일, 최현배 1961: 639)로서, 화자가 앞선 발화 속에 제시한 사실과 동일 또는 유사한 내용이 후행하는 체언의 서술 속에 나타나는 상황을 강조하거나 감탄하는 기능으로 쓰인다. 따라서 선행 체언이 문장 내에 함께 출현하여 형성되는 "NP₁뿐만 아니라 NP₂도", 또는 "다른 NP₁과 마찬가지로 NP₂도"와 같은 대조 구문에서도 사용된다는 것이다(홍사만 2002: 195-197). 이와 같이 후행 체언(NP₂)에 '-도'를 통합시킨 대조 구문은 선행 체언(NP₁)과 함께 단일 서술어를 공유하게 되는 것이 원칙이다. 그렇다면, "NP₂+도"를 선행하는 첫 번째 체언에 연결된 '-커니와' 역시 문장 속에서 뒤따르는 서술어와 직접 연관을 맺게 된다.

이와 같은 15세기와 16세기 사이에 개재된 '-논 커니와'의 통사 기능의 변화는 이 형태가 보유하고 있었던 문법범주의 변화도 아울러 촉진시켰을 것이다. 따라서 16세기에 사용된 예문 (12)에서 이 형태는 오늘날과 같은 보조사의 신분에 가까웠다. 이러한 해석은 다음에 언급될 17, 8세기 단계에서 사용된 '-ㅋ니와' 유형들에 대해서도 그대로 적용된다.

5.2 17, 8세기 국어에서 '-ㅋ니와'와 '-커니와'에 대한 해석

17세기 후반 송강 정철이 작성한 일련의 한글가사 작품 속(「義城本」, 1690)에 다음과 같이 '-은ㅋ니와' 또는 '-이야ㅋ니와'형이 사용되었음은 널리 알려진 사실이다(유재영 1975; 박종희 1993).27) '-ㅋ니와'가 사용된 아래의 예문에서 선행 체언과 후행 체언에서 함께 호응하는 보조사의 유형들이 다양하게 나타났음 이 우선 주목되는 사실이다.

> (14) ㄱ. 슈품手品은ㅋ니와 **제도制度도** ᄀ줄시고(사미인곡: 30)28)
> ㄴ. 사롬은ㅋ니와 **눌새도** 굿처 잇다(사미인곡: 44)
> ㄷ. 구롬은ㅋ니와 **안개는** 므스 일고(속미인곡: 25)
> ㄹ. 각시님 돌이야ㅋ니와 구존 **비나** 되쇼셔(속미인곡: 48)

특히, 예문 (14)ㄹ에서 선행 체언에 당연함이나 강조를 뜻하는 '-야'와 후속 하는 체언에 선택 또는 감탄의 뜻을 나타내는 '-나'와의 호응은 중세국어 단 계의 '-커니와'의 성격을 여전히 반영하고 있는 것으로 보인다. 즉, (14)의 예 문에서 사용된 '-ㅋ니와'의 기본적인 의미는 "물론이거니와" 또는 "말할 것도 없고"이지만, 이것의 긍정 또는 부정의 함의는 뒤따르는 서술어의 긍정과 부

---

27) 김흥규의 『松江詩의 언어』(컴퓨터처리에 의한 시가 용례 색인 연구, 고려대 출판부, 1993)에 서 인용하였다.

28) 이 구문은 1864년에서 1869년 사이에 필사가 이루어진 춘향전 계열의 필사본 『남원고사』(김 동욱 외 1983: 20) 가운데 다음과 같은 변형으로 다시 출현하였다.
님의 옷슬 지오너니 슈품도 조커니와 제도도 ᄀᆺ홀시고(2.44ㄴ)

정에 따라서 자동적으로 결정되었다.

위의 예문에 사용된 '-은/야크니와'가 통상적으로 오늘날의 '-은커녕'의 기원형 또는 중간 단계의 선행 형태로 지금까지 막연하게 인식되어 왔음은 이 글의 서론 부분에서 언급한 바 있다. 그렇다면, (14)에서 '-크니와'형들은 15, 6세기에 등장하였던 '-커니와'의 시대적 변화에 따른 후대 변화형의 모습일 것으로 보이지만, 문제는 그렇게 간단한 것이 아니다.[29]

송강 가사 작품 가운데 '-크니와'의 형태로 출현하는 예들과 오늘날의 '-은커녕'의 쓰임을 대조한 최초의 본격적인 고찰은 유재영(1975)에서 시도되었다. 유재영(1975)은 위의 (14)의 예문에 쓰인 '-크니와' 성분에 각각 오늘날의 문법적 기능을 갖고 있는 '-은커녕'을 각각 대입시켜 본 결과, 부정 서술어를 갖고 있는 (14ㄴ)의 예문만 제외하면 모두 어색한 말이 된다는 사실을 지적하였다. 그리하여 유재영(1975)은 (14)의 예문에서 '-크니와'는 중세국어 'ᄒ거니와'에서 유래하는 축약형 '-커니와'의 다른 異形態이므로, 이것은 현대국어의 '-은

---

29) 예문 (14)에 등장하는 '-크니와'형들의 표기가 중세국어에서 동일한 통사 구성에서 전형적으로 사용된 '-커니와'와 상이하기 때문에, 유재영(1975)와 박종희(1993)에서 이 두 가지 형태를 달리 분석하게 되는 중요한 동기가 되었다. 송강 가사에 쓰인 이러한 '-크니와'는 중세국어의 단계에서 보였던 연결어미 '-거니와'의 또 다른 異形態 '-가니와'와 연관되었을 가능성이 높다. 그러한 예를 들면 다음과 같다.
   (ㄱ) 내 늘구믈 츠기 너기디 아니 **카니와** 슬허 ᄇ라오믄(초간 두시 16. 61ㄱ)
      = 내 늘구믈 츠기 너기디 아니 커니와 슬허 ᄇ라오믄(중간 두시 16. 62ㄴ)
      cf. 하ᄂᆯ 쁘든 노파 묻디 어렵거니와 사라미 쁘든 늘그니 쉬이 슬프도다 (초간 두시 23: 9)
   (ㄴ) 내 命 그추미ᄾᅡ 므더니 너기**가니와**(월인석보 10: 14)
   (ㄷ) 작일 봉상의셔 환션 두로던 거시 긔 뷘고즈 아논다**카니와** 아모 날이나 별로 볼 일이 내 드ᄅ면 내 가 뵈오리이다(현종→ 숙명공주, 김일근 「언간의 연구」(1986: 211), 자료 원문 124)
   따라서 '크니와'는 송강의 한글가사에서 '카니와'에 대한 표기의 이형태로 해석될 수 있다. 그러나 여기서의 심각한 문제는 송강 가사 전반에 걸쳐 반영된 어두음절의 'ᄋ'의 표기들이 '크니와'의 경우만 제외하면 '아'와 혼기된 예들이 발견되지 않는다는 사실이다(김흥규 1993). 그리고 송강 가사의 세 가지 다른 異本들에도 '크니와'는 한번도 '커니와'나 '카니와'로 쓰인 적이 없다. 단지, "성현聖賢도 만커니와 호걸豪傑도 하도 할샤"(성산별곡: 69)에 사용된 '커니와'가 다른 송강 가사 판본(星州本)에서 '만크니와'로 대응되는 사실이 관찰될 뿐이다.

커녕'과는 관련이 없는 별개의 형태소로 결론 내리게 되었다. 오늘날의 보조
사 '-은커녕' 역시 그 형태나 통사·형태론적 기능 그리고 의미가 역사적으로
점진적으로 발달하여 왔다는 원칙을 인지하지 못했기 때문에, 유재영(1975)에
서 위의 (14)의 예들이 오늘날의 '-은커녕' 모습의 중간 단계를 보여주고 있다
는 사실이 간과된 것으로 필자는 판단한다.

이와 같은 유재영(1975)의 결론에 자극된 '-쿠니와'에 관한 또 다른 본격적인
고찰이 박종희(1993)에서 이루어졌다. 박종희(1993)는 유재영(1975)에서 언급되었
던 기본 전제와 추출된 결론에 대하여 네 가지의 의문점을 조목조목 제기하
였다. 박종희(1993)에서 내세운 가장 근본적인 의문점은 위의 (14)의 예문에서
제시된 '-쿠니와'에 대한 형태소 분석 'ᄒ+거+니+와'에 대한 타당성이었다.
그리하여 박종희(1993)는 새로운 관점에서 '-쿠니와'가 사용된 (14)의 예문들을
면밀하게 검토하였다. 그 결과, 이것을 "곧(替)+ᄒ(爲)+니(구속법어미)+와(접속
자)"로 형태소 분석하여, "곧ᄒ니와>(유기음화) 쿨니와>(ㄹ 탈락) 쿠니와"와 같
은 일련의 변화를 수행하여 온 것으로 주장하였다. 그리고 '쿠니와'의 의미는
주제의 대상을 "바꾸어 택하니"가 되며, 의미 확장이 일어날 경우에는 "바꾸
어 보니", 또는 "다시 생각해 보니"의 뜻을 함축한다는 것이다(pp.614-615).

그러나 필자는 박종희(1993)에서 제시된 많은 논증 자료와, 여기서 이끌어낸
결론에도 불구하고, (14)의 예문 등에서 근대국어의 단계에 쓰인 '-쿠니와'는 '-
커니와'의 이형태 '-카니와'에 대한 표기상의 변형 이상은 아니라고 생각한
다.[30] 따라서 17, 8세기에서 '은커니와'가 쓰이는 유사한 통사적 환경에서 산발
적으로 출현하는 '-쿠니와'는 오늘날의 '-은커녕'과 연결되며, 또한, '-은커녕'이
중세국어에서부터 역사적으로 발달해 오는 중간 단계의 모습을 반영하는 것이
다. 그렇게 판단하는 근거는 여러 가지가 있다. 특히, 박종희(1993: 581)에서 위의
(14) 예문에 출현하는 '-쿠니와'의 해석을 방증하기 위한 수단으로 18세기 초엽

---

30) 경북대학교 백두현 교수는 이 글에 대한 논평에서 근대국어 자료에 나타나는 '-쿠니와' 형
태는 이른바 'ᄋ'의 말기적 변화인 "ᄋ>어"가 인식되는 시기에 출현하는 것으로, 이에 영향
을 받아 원래의 '-커니와'에 대한 역표기일 가능성이 높다고 지적하였다.

에 간행된 만주어 교재 『三譯總解』(1703)에 등장하는 '-쿠니와' 구문을 인용한 바 있는데, 이 부분을 당시의 만주어와 대조한 결과를 제시할 수 있다.

(15) (비 우히 넙은 널 꼬라시면)
　　　사롬 **건너믄 쿠니와** 말 힝키도 되니라(7: 19ㄱ)

박종희(1993)에서 예문 (15)에 쓰인 '-쿠니와' 문법형태를 추정된 '*궄ᄒ니와' 또는 오늘날의 '-은커녕'과 동일한 뜻으로, 그리고 뒤따르는 서술어 '되니라' 를 "힘드니라"와 같이 부정 서술어로 파악하여 논지가 전개되었다. '-은커녕' 계열에 대한 현대국어의 지역방언형들의 쓰임을 기술하는 자리에서 이기갑 (2003: 112)에서도 (15)의 용례가 '-은커녕'과 동일한 기능을 갖는 형태로 예시되 었다.

그러나 위의 예문 (14)와 (15)가 보여주는 17, 8세기의 '-쿠니와' 형태들은 통사적 기능이나 그 의미 발달에 있어서 현대국어에서의 '-은커녕'에까지 진 전되지 않았고, 그 대신 중세국어의 쓰임에 더 가까웠을 것으로 보인다. 우선, 18세기에 사용된 (15)의 예 '-쿠니와'가 나타내는 의미는 오늘날의 부정의 의 미를 함축하는 '커녕'의 발달에 아직 이르지 못한 단계라는 사실이 뒤따르는 만주어 대역문의 검토에서 분명하게 드러난다.[31]

예문 (15)와 짝을 이루는 만주어 문장은 "날마 도옴비 스러 앙가라 모린 야 부치 이누 옴비 캐"로 음역되어 있다. 이 만주어문에서 국어의 '쿠니와'에 해 당되는 "스러 앙가라"(*sere anggala*)는 Erich Hauer의 *Handwörterbuch der Manchu Sprache*(1955: 784)를 참조하면, nicht nur...sondern gar(뿐만 아니라, 또한)에 해당된 다.[32] 또한, 후행절 "몰 힝키도 되리라"에 해당되는 만주어문 *morin yabuci inu*

---

31) 이 대역문에 나오는 만주어 해독에 있어서 전북대학교 고동호 교수의 친절한 도움과 조언 을 받았음을 밝히며, 감사한다.
32) 18세기의 '쿠니와'에 해당되는 만주어 "스러 앙가라"(sere anggala)는 같은 시기의 『청어노걸 대』(1703)에 다시 확인되는데, 이번에는 한글 번역문이 "NP₁ 뿐 아니라 - NP₂라도" 이다. 그 리고 이 부분에 대한 후대의 『몽어노걸대』(1742)에서는 '-쿠니와'로 다시 대치되어 있다.

*ombi kai*도 역시 *Hauer*의 만주어 사전을 참조하면, "말이 다니는 것도 충분히 가능한 일이다"로 해석된다. 즉, 여기서 jabuci는 기본형이 동사 *yabumbi*(p.1003, marschieren, reisen, begehen)이며, inu는 부사형으로 '충분히, 정말로, 또한'(p.501, wahr, recht, richtig, ja)에 해당되며, ombi는 '할 수 있다, 가능하다'(p.734, möglich sein, können, dürfen)에 해당된다. 끝으로 만주어 kai(캐)는 중국어 어조사 '哉, 矣, 也'에 속하는 강조 종결어미(p.567)에 해당된다.

따라서 18세기 단계에 사용된 '-카니와'에 관련하여 『삼역총해』에 나오는 위의 만주어 대역 문장은 오늘날의 '-은커녕'이 자체적으로 함축하고 있는 부정문으로 발달된 구성이 아직 아니라, 15세기 국어에서의 전통을 부분적으로 그대로 보존하고 있는 긍정문임을 보여준다.

|6| 18, 9세기 후기 지역방언에서 '-은커니와'의 발달

6.1 '-은커니와'의 중세적 특질과 현대적 특질의 양면성의 존속

18세기와 19세기에 들어 와서도 보조사 '-은커니와'는 다양한 문헌 자료에서 그렇게 생산적으로 사용되지 않았다. 그러나 이 시기에 지금까지 확인된 몇몇 용례들을 검토하였을 때, 다음과 같은 인상을 강하게 받는다. 즉, 이 시

(ㄱ) 만일 前年ᄀᆺ치 넉넉이 거두엇드면 너희 두세 사룸 **ᄲᅮᆫ 아니라** 곳 여러믄 나그네**라도** 다 먹을 것을 주어 먹일러니라(청어노걸대 4. 4ㄴ)

(ㄴ) 眞實로 져년ᄀᆺ치 됴히 거두엇던들 너희 두세 사룸은 **키니와** 열아믄 사룸이라 ᄒᆞ야도 ᄯᅩ 다 ᄲᅳᆯ 주이(어) 먹일러니라(몽어노걸대 3. 22ㄱ)

16세기 『번역 노걸대』에서 이 부분은 원래 다음과 같이 번역되었다.

전년ᄀᆺ타 됴히 거두면 너희 두어 사ᄅᆞᆷ **니ᄅᆞ디 말려니와** 곧 여라믄 나그내라도 ᄯᅩ 다 음식 주워 머길거시라(休說你兩三箇, 상. 54ㄴ)

기에 출현하는 '-은커니와'는 17, 8세기에 이미 확립된 통사적 기능(서술어의 지배를 받는)을 강화시켰다. 그리고 이 문법형태의 구체적인 의미는 중세국어에서 문맥을 통해서 전개된 "물론이거니와" 또는 "말할 것도 없고" 정도에 머물러서, 상호 대조되는 앞선 체언과 뒤따르는 체언을 아우르는 역할을 주로 담당하였다. 그리고 '-은커녕'과 직접 관련을 맺고 있는 긍정과 부정 서술어들이 일정한 기간 동안 함께 허용되었다. 따라서 '-은커니와'의 뜻은 대체로 "물론이거니와"로 요약될 수 있으나, 주로 긍정적 의미를 함축하였다.

이 시기에서 '-은커녕'이 보이는 이와 같은 쓰임은 그 이전 단계의 전통을 그대로 계승하여 온 격식체에 한정되어 있었다. 실제의 지역방언을 반영하는 19세기 후반의 구어 자료에서 '-은커니와'는 두 가지의 중요한 변모를 점진적으로 보이기 시작한다. 하나는 '-은커니와' 형태 자체에 대한 형태·음운론적 변화로서, 오늘날의 '-은커녕'에 가까워지는 변화형들이 등장하였다.33) 다른 하나는 '-은커니와'의 쓰임이 긍정 서술어도 허용하였던 종래의 방식에서 이탈하여 부정사 또는 부정 서술어와 호응하여 출현하는 사례가 증가하였다. 그리하여 19세기 후기의 '-은커니와'는 오늘날의 '-은커녕'의 용법과 동일하게, 주로 어떤 사실을 부정하는 것은 물론 그 보다 덜하거나 못한 것까지 부정하는 뜻을 함축하게 되었다.

18, 9세기의 산물인 낙선재 필사본 번역 고소설 자료(박재연 2001: 939)에서 추출된 '-은크니와'의 용례들은 다음과 같다.

(16) ㄱ. 더두어리고 곡흐믄 크니와 죠곰도 이척지용이 업스니(셔궁일기 1: 8)
ㄴ. 션왕이 ᄉᆞ랑티 아니시던 원을 내게 프니 이 원을 바드믄 크니와

---

33) Martin(1992: 617)은 현대국어의 문법형태소 목록 가운데 방언과 고어형으로 '-커니와'형을 제시하였다. 그리고 이 문법형태소는 '-커녕'과 같은 말이라고 규정한 다음, 아래와 같은 예문을 열거하였다.
(ㄱ) 쌀밥은 커니와 보리밥도 못먹는다 (ㄴ) 꽃은 커니와 잎도 못보겠다
김승곤(1989: 60)은 보조사 '는커니와'를 설명하는 자리에서, 경상도 방언에서 아직도 '-은커니와' 형태가 쓰이고 있다고 지적하였다. 그러나 Martin(1992)과 김승곤(1989)에서 그러한 화석형 '-은커니와'가 사용되고 있는 방언 지역에 대한 구체적인 언급은 제시되지 않았다.

내 가문과 어린 대군을 다 죽여시니(셔궁일기 1: 109)

ㄷ. 이 아희 비록 의상이 남누ᄒ나 웅장 슈려호 풍치 당더논 **커니와**
고금의 비기리 업ᄉ니(낙셩 1: 41)[34]

위의 (16)ㄱ은 그 통사 구조에 있어서나 의미의 측면에서 오늘날의 '-은커녕'에 접근하여 있다. (16)ㄱ의 예문에 사용된 '-은커니와'는 서술어 '업ᄉ니'와 호응하여 "哭을 하기는 고사하고, 곡을 하지 않는 것은 물론"과 같은 의미를 보인다. 따라서 최현배(1961)에서 '-커녕'의 용법으로 제시된 세 가지 항목 가운데, "어려운 것은 그만두고(姑捨하고) 그보다 쉬운 것까지를 부정"하는 제1항에 해당된다. (16)ㄷ의 경우에도 이러한 해석이 대체로 적용된다고 생각한다. 그러나 (16)ㄴ에서 '-커니와'는 "물론이지만" 등으로 해석되기는 하지만, 그 자체로 부정적 의미를 나타내지는 않은 것 같다.

19세기의 단계에 있어서도 '-은커니와'의 쓰임은 문헌 자료의 종류와 형식 등과 같은 가변적인 변수에 따라서 근대성과 현대성의 양면을 보이게 되었다고 생각한다. 다음의 두 가지 유형의 자료(즉, 필사본『표민대화』(1845)와 Ross본『예수성교젼셔』, 1887)에서 추출된 예들이 그러한 사정을 말하고 있다.

(17) 1. (ㄱ) 연훈목(煙燻木)은 **커니와** 비밥도 금명간(今明間) 쟝만ᄒ여 주시
과져 ᄒᆞᆸ니(표민대화,상. 63)[35]

---

34) 국립국어연구원에서 구축한 21세기 세종계획에서의 <국어사 말뭉치>에서 18.9세기의 필사본 고소설 자료 유형에서 다음과 같은 '-은커니와' 예들이 검색되어 나온다. 이 예들과 자료는 필자가 확인하지 못했기 때문에 특별히 언급할 사항이 없다. 여기에 등장하는 예들은 대부분 중세국어에 가까운 특질을 그대로 보여 준다.
(ㄱ) 금의논 커니와 헌옷도 어렵도다(낙선삼, 119)
(ㄴ) 묘랑이 스스로 덩시를 히ᄒᆞᆫ 커니와 제 도로혀 화를 만나 (명듀보월빙 4, 749)
(ㄷ) 싱젼은 커니와 ᄉ후의 난망지은을 결초보은 흐리로다 셜파의(명듀보월빙 13, 136)
(ㄹ) 싱젼은 커니와 미스디젼의 닛기 어려올가 ᄒ엿더니 (명듀보월빙 18, 203)
(ㅁ) 쥬야로 잠이 미만ᄒ여 밤은 커니와 낫이라도 됴식을 포복토록 먹은 후논(명듀보월빙 19, 488)
(ㅂ) 내 싱젼은 커니와 ᄉ후의 반다시 너을 용납지 아니리니(양현문 1, 321)
35) 이 자료는 진태하 교수가『한글』제151호(pp.57-67)에 소개하고 解題한 필사본 상권을 말한다.

(ㄴ) 쏘훈 長崎道(당긔도)의셔 朝鮮(됴션)꼬지는 護送船(호송션)은
커니와 너희들 빅의 水路(슈노) 잘 아는 사룸이 타고 간다 ᄒ
니(상동. 64)
2. 니 발은 **커니와** 니 손과 머리꺼지 싯츠소셔(예수셩교젼셔, 요안니
13:9) → 쥬여, 내 발 **뿐 아니라** 손과 머리꼬지 씻겨 주옵소셔(1900
년, 신약젼셔, 요한복음, 셩경번역위원회 간행)

위의 예들에서 등장하고 있는 '-은커니와'는 "물론이지만", 또는 "말할 것도
없고"와 같은 뜻을 나타내지만, 중세국어에서의 용법과 마찬가지로 긍정적인
의미로 사용되었다. 따라서 (17)2의 예문에서 원래의 번역에 사용되었던 '-은
커니와'가 영어 원문 "master, then not only my feet, but my hands and head as
well"에 해당되는 것이며, 이 형태는 Ross본의 영향에서 벗어난 최초의 새 번
역판『신약젼셔』(1900)에서 "NP₁ 뿐만 아니라, NP₂까지"로 대치되는 과정을 보
여 준다.

6.2 19세기 후기 전라방언에서 '-은커니와/은컨이'의 특징과 대
안적 표현 수단의 등장

19세기 후기 전라방언의 자료(주로, 판소리 고소설 완판본 계열과, 신재효의『판소
리 사설집』여섯 마당, 또는 판소리 창본 부류)에 등장하는 보조사 '-은커니와'는 종
래의 중세국어 단계의 성격을 벗어나서 오늘날의 '-은커녕'이 보유하고 있는
상태에 본격적으로 진입하여 있다. 아래의 몇 가지 예에서 변모된 통사적 기
능과 형태적 특징을 검토하기로 한다.

(18) ㄱ. 인사가 그러코는 벼살은 **컨이와** 닉 좃도 못하졔(수절가, 하. 27ㄱ)
ㄴ. 스람은 **컨니와** 귀신도 칙양치 못ᄒᄂ 직조라(대셩. 29ㄴ)
ㄷ. 소인도 쳔즈논을 싀겨 보왓건이와 **쎄똥컨이는** 물쏭도 안이 싀입

되다(장자백 창본, p.19)

ㄹ. 조조 : 니 목심 살여쥬면 조상으로 디졉험닉.

정옥 : 조상**컨니** 조부로 디졉ㅎ여도 그난 무가닉ㅎ요(국립도서관
소장, 화룡도. 37ㄱ)

ㅁ. ᄉ쏘이 춘향 눈졔를 본이 슈쳥**컨이** 왜쳥도 안이 들게 싱겨ᄯ나(장
자백 창본 춘향가 35ㄱ)

ㅂ. 장모 : 동문안 이셔방 쌀갑 바드로 왔는가?

어사쏘 : 안이, 쌀갑**컨니** 슐갑도 안이 바드레 왓네(상동. 55ㄴ)

ㅅ. 네 고집 그려하면 쌍교**은컨의** 집동우리도 못타고 셩문 ᄃ리 부러
질나(고대본 필사본 춘향전, p.383)

위의 예문 (18)에서 사용된 '-은커니와'는 현대국어의 '-은커녕'과 교체시켜
도 조금도 어색함이 없다. 이 문법형태가 대조 구문에서 쓰이는 통사적 환경
도 현대국어의 그것과 완전히 일치한다. 즉, "NP$_1$＋-은커니와 NP$_2$＋-도＋부정
서술어".[36] 여기서 부정 서술어가 발휘하는 부정의 영역은 선행 체언과 후행
체언에 똑같이 확장되어 있다. (18)ㄴ에서 "사람"과 "귀신", (18)ㄷ에서 "쎄동"
과 "물뚱" 등은 전부 부정 서술어의 지배를 받고 있다. 따라서 여기에 출현하
고 있는 '-은커녕'은 원래의 긍정적 의미에서 부정적 의미로 전환되었음을 뜻
한다. (18)ㄱ의 문장 "벼살은 컨이와 니 좃도 못하졔"는 "벼살은 못한다. 그 뿐
만 아니라 니 좃도 못한다"로 재분석될 수 있는데, 여기서 사용된 "(벼살은) 못
한다. 그 뿐 아니라"와 같은 부정의 의미를 '-은커니와'가 담당하고 있다.

위의 예문에서 지금까지 형태적으로 변화를 보여 주지 않던 '-커니와'형이
이 시기에 점진적으로 더욱 축약된 형태인 '-컨니/컨의/컨이'의 모습을 드러낸
다는 사실이 주목된다. 일반적으로 문법화의 과정에서 그 변화를 완주하게 되

---

36) 이와 같은 통사 구성은 다른 유형의 20세기 초반의 자료에서도 통상적으로 관찰된다.

(ㄱ) 슐를 먹기컨니와 슐 먹는 사롬의 입도 구경치 못허네(『대한믹일신보』 소재 <소경과 안
즌방이의 문답>, 1905년 11월 17일)

(ㄴ) 여보게, 이 사람, 자닉커니와 오비가 숨쳑일세(상동. 1905년 11월 22일)

(ㄷ) 아둥이 여러 희롤 다니되 못츤 커니와 나모닙도 보지 못ㅎ너니(경판 심쳥전, 16ㄱ)
위의 예 가운데, (ㄱ)과 (ㄴ)은 '-커니와'에 앞선 보조사 '-는'이 그 기능을 후속하는 형태에
넘겨주고 탈락된 상태를 보이기 시작한다.

는 마지막 단계에 이를수록 이에 상응하는 형태적 부식과 음운론적 축약이 점점 더 강화된다고 한다(Lehmann 1995). 이와 같은 문법화의 원리에 비추어 볼 때, 이러한 축약된 형태의 출현은 중세국어에서 시작된 '-눈커니와'가 그 문법화의 과정을 거의 완료한 단계를 나타낸다.

특히, (18)ㄷ에서 "쎼쏭컨이는"과 같은 구성은 보조사 '-은'이 '컨이'의 뒤에 연결되기 시작하였음을 보여 준다. 이러한 유형은 '-컨이'가 이 시기에 이미 완전한 보조사의 신분을 갖고 있기 때문에 가능한 것으로, 오늘날의 지역방언에서 이미 자세하게 관찰된 바 있다.[37) 위의 예들 가운데 (18)ㄹ에서 '조상컨니', (18)ㅁ과 (18)ㅂ에서 '슈청컨이', '쌀갑컨니' 등은 대조를 나타내는 보조사 '-은/는'이 '-컨니/컨이'와의 통사적 인접성으로 인하여 탈락되고, 그 문법적 기능을 뒤따르는 문법형태가 담당하게 되는 과정을 나타내기 시작한다.

(18)ㄷ과 동일한 구문이 같은 시대의 또 다른 자료에서 오늘날 '-은커녕'과 완전 일치하는 '-새로이'형으로 대치되기도 하였다. 나도 덜어 식여 보와도 쎼쏭은 시로이 물쏭도 안 쎄임데다(필사 별춘향전 1917년본, 13ㄴ). 이 문법형태는 吏讀의 '新反' 계통에 대한 구어적 표현으로, 19세기 후기 서재필의 『독립신문』1권 (1896.4-1896.12)에서 '식로에'의 모습으로 이미 생산적으로 사용되고 있다는 사실이 지적된 바 있다(이기문 1980: 265).[38) 19세기 후기 전라방언의 자료에서도

---

37) 현대국어의 지역방언에서 보조사 '-는' 또는 '-도'가 '-커녕'의 뒤에 연결되는 여러 예들은 이기갑(2003: 112)을 참조. Martin(1992: 618)은 현대국어의 '-은커녕' 쓰임에 대한 예들 가운데, 뒤에 연결되는 보조사의 다양한 유형을 다음과 같이 제시하였다.
   1. 십원커녕(도) 십전도 못받겠다
   2. 좋아하기(는)커녕들 욕만하더라
   3. 좋아하기 커녕은 생각만 해도 게욱질이 난다
   4. 내일커녕(은)들 오늘도 돈이 없다
38) 이 문법형태는 한글학회 지은 『큰사전』(1950: 1647)에 다음과 같이 규정되어 있다. "새로에 (토) : '-는'이나 '-은' 토에 붙어서 '고사하고, 도리어'의 뜻으로 쓰는 말. 주기는--빼앗는다. 밥은 - 죽도 안 먹겠다. (새나, 새려, 새로이). (준말: 새로), (참고, 커녕). 새로이(新反) : <吏讀> 새로에"
   채완(1995: 14)은 현대국어에서 이 형태를 특수조사(보조사)의 목록에서 제거하고, 이 문법형태는 "- 는 말할 것도 없고, - 는 고사하고 도리어"와 같은 의미를 나타내는데, "NP₁는 새로에 - NP₂도 否定的 표현"이라는 구성으로만 쓰인다고 기술하였다.

"NP₁＋새로이 NP₂…VP"와 같은 통사적 구성이 다음과 같이 등장하였다. 그러나 여기서 NP₂에 연결되는 조사는 '-도' 이외에 다른 격조사들도 허용되었으며, 뒤따르는 서술어는 부정적 표현에 국한되어 있다.

(19) ㄱ. 적장을 잡부려 흐더니 잡긔는 새로이 긔운이 쇠진흐야 거의 죽게 되어더니(충열, 하. 6ㄴ)

ㄴ. 니 자식은 시로이 천지지간의 삼척동자도 네 고기를 먹고자 흐나니 흐물며(충열, 하. 10ㄴ)

ㄷ. 나난 무삼죄로 영화보긔는 시로이 창검이 웬일이며(충열, 하. 11ㄱ)

ㄹ. 도적 정훈담 잡기는 시로이 정문걸 잡을 장수 업스니(충열, 상. 35ㄴ)

ㅁ. 졔 무도불츙흔 도젹으로 나라의 쳑촌지공은 시로이 만민을 소동 케 흐고 셩상의 근심을 끼치는 놈을 엇지 일국 더〈마를 쥬리오(길 동. 23ㄴ)

cf. 하 뒤숭숭흐니 나는 새로이 너도 차자가기 어려워 집 일키 쉽 겟다(고본 춘향전, p.32)

왜장이 날 양이면 가기는 새로이 싱쓸질이 날거시니(상동, p.39)[39]

19세기 후기 전라방언의 자료에는 위에서 제시된 '시로이'형과 더불어, 또한 '-는 고사흐고'와 같은 '-은커녕'에 대한 대안적 표현도 출현하기 시작하였다.

(20) ㄱ. 눈비 셧거 맛고 가니 **춥기는 고사흐고** 비 곱파 못살것다(화룡. 60ㄴ)

ㄴ. 우리 사회 가는 길의 하직흐기 **고사흐고** 얼골 다시 못 보겟다(가 람본 춘향가 16ㄱ/춘, 남. 26)

ㄷ. 날이 시도 즈최 소리 **고사흐고** 이러툰 말업셔시니(가람본 16ㄴ/춘, 남. 26)

ㄹ. 이 소문이 셔울 가면 及第흐긔 **고스흐고** 婚路봇틈 막킬터니(가람 본 15ㄴ/춘, 남. 26)

---

39) 오늘날의 전남방언의 구어에서도 이와 같은 반사체들이 사용되고 있다.

(ㄱ) 없는 사램이 오며는 그냥 동냥 한줌 주기는 **새로** 막 비락을 내서 쫓어 부리고 (전남 고 흥군 동강면 18: 682, 박태지 74세, 한국구비문학대계 6-3)

(ㄴ) 뭐 벼실로 해 갖고 오기는 **새로** 걸인이 돼 갖고 들온다 말이여(상동5: 643, 박태지 74세)

6.3 '-커녕'의 출현과 문법형태소의 강화

오늘날과 같은 '-커녕'형의 출현은 지금까지 살펴온 '-커니와'에서 비롯되었을 것으로 보이지만, '-커니와>-커녕'으로의 과정에 어떠한 형태·음운론적인 기제들이 참여하였는가에 대해서 간단하게 설명되지 않는다. 우선, 이 '-커녕'은 19세기 후반『한불ᄌ뎐』(1880: 214)에 하나의 항목으로 등록되어 있다. 커녕 : ah bien oui! Au contraire. 그러나 그 자매편이라 할 수 있는『한어문전』(Grammaire Coréenne, 1881)에서 '-커녕'의 구체적인 용법은 다시 언급되지 않았다. '-커녕'형이 처음으로 나타난『한불ᄌ뎐』(1880)의 원고가 대략 20년 전에 완성되어 있었다는 사실을 감안하면, 이 형태의 사용은 19세기 중엽으로 소급된다. 이러한 사실에도 불구하고, 19세기 후반과 20세기 초에 걸쳐 고전적인 '-커니와' 유형만 출현하고 있는 사실이 특이하다. 따라서 원래 '-커녕'은 文語가 아닌 개신적인 口語에서부터 출발하였을 것으로 보인다. 그리하여 이 개신형 '-커녕'의 구체적인 사용은 20세기 초반에서부터 점진적으로 확인된다.

(21) ㄱ. 우리 마누라 병이 나키**커녕** 성혼 딸까지 말나 죽을 터이니(지봉춘 1912: 104)
　　ㄴ. 절에 승**커녕** 우물에라도 빠질 모냥이길너(상 동. 196)

우리가 19세기 후기 전라방언의 예 (18)에서 추출한 '-컨니, -컨이' 등이 오늘날의 전남방언에서 그대로 '-는커니'(이기갑 외 1997: 127)로 지속되는 유형 이외에도, '-은커닝/는커닝' 또는 '-은커능/는커능', '-켕이(는)'(배주채 1998: 881)로 발달된 과정이 '-커녕'의 형성을 파악하는 하나의 방법이 될 것 같다. 즉, 19세기 후기 전라방언에서의 '-컨이, 컨니'형은 원래의 '-커니와'에서 마지막 성분 '-와'가 절단된 형태가 분명하다.[40] 오늘날의 전남방언에서도 이와 같은 '-커

---

40) 한진건(2003: 161-164)에 의하면, 육진 방언에서 종결어미 다음에도 '-커니와'의 반사체로 '-커녕/커니/커녀/커느양'과 같은 다양한 형태가 사용된다. 예를 일부 인용하면 다음과 같다.

니'형이 노년층 화자의 구술에서 등장한다. 아, 이놈이 고기를 사갖고 오더만 때리기**는커니** 칼하고 도매하고 갖고 샘가로 가더만 지 손으로 끼려(한국구비문학대계 6-1, 전남 진도군 점암면 설화 8: 437, 신판휴(남. 71세)).

오늘날의 '-커녕' 형태는 절단형 '-커니'의 마지막 음절에 ŋ이 첨가된 것이다. 여기에 첨가된 ŋ은 일종의 첨사로서, 해당 문법형태소를 강조 또는 강화하는 기능을 보인다. 따라서 예의 '-커녕'의 경우에도 '-커니와'에서부터 모종의 음운론적인 조정을 거친 이후에 첨사 ŋ으로 보강된 것으로 보인다. 전형적인 전남 방언형 '-켕이(는)'도 이러한 범주에서 크게 벗어나지 않는다.

그렇다면, 역사적으로 일련의 문법화의 과정을 거쳐온 '-커녕', '-커닝', 또는 '-켕이이(는)'와 같은 문법 형태소들이 음운론적 부식과 형태론적 마멸 이후의 단계에서 다시 형태론적으로 보강되어 있는 셈이다. 이와 동일한 현상은 비단 '-커녕' 부류에만 국한되지 않는다. 전형적인 문법화의 과정을 거쳐 형성된 '처럼'(쳬로<톄로), '보담/보단'(보다), '부텀'(부터), '마당/마닥'(마다) 등도 이러한 형태론적 강화를 보이는데, 이미 19세기 후반 또는 그 이전에서부터 여러 지역방언에 등장하기 시작한다.

(22) ㄱ. 처럼, 처로(한어문전, 138), 부텀, 부텨(동. 147), 보다, 보덤, 나보덤(동. 168)
　　ㄴ. 이러쳐롬 공궤ᄒᆞ되(심청, 하. 10ㄱ), 이 초롬 모호케 하리요(삼국4. 1ㄱ), 티슨쳐롬 싸여시니(병진, 박. 136ㄴ)
　　ㄷ. 어려서부텀(삼국지 4: 36ㄱ), 그 달부텀(충열, 상. 4ㄱ), 셔울 계실 쎠부텀(수절가, 하. 8ㄴ), 형장벗텀은 법장이라(수절가, 하. 12ㄱ)
　　ㄹ. 엇지ᄒᆞ야 남보담 한 보가 더인난권이(병진, 박. 135ㄱ), 네가 나버담 먼져(춘, 동. 85)

─────────────
(ㄱ) 저분들으ᄂᆞ 모르갯소커니 여기분드은 다 아디(온성)
(ㄴ) 제사르 지냇소커녕(제사를 지냈지만)(회령)
(ㄷ) 물엇소커냐ᄂᆞ(물었지마는)(회령)
(ㄹ) 잇수리커녀(있겠지만)(회령)
(ㅁ) 모르갯스커니양(모르겠지만)(회령)
지금까지 우리가 살펴 본 다른 지역방언에서 종결어미 다음에 연결되는 '-커니와'의 반사체들이 대부분 소실되어 있는 사실을 고려할 때, 위와 같은 방언형들은 매우 특이한 것이다.

ㅁ. 부난 바람 휘풍보단 훨썩 셰니(판. 퇴, 292), 죽난질리 ㅎ기보단 더
죠흔더(판, 심. 214), 기운이 젼일보단 빈나 더ㅎ더라(충열, 상. 4ㄴ)
ㅂ. 출녕 툼벙굼실 놀 쩌마닥 조롱하고(수절가, 상. 20ㄴ), 숙소마닥 잠
못일워(수절가, 하. 2ㄱ), 집집마닥(수절가, 상. 44ㄴ)
ㅅ. 힌 나부눈 곳곳마당 허롱ㅎ고(成烈. 192)

위의 예들은 문법 형태소에 첨가된 첨사들의 유형이 '-은커녕'과 '-은켕이'
또는 '-은커닝'에서와 같은 -ŋ뿐만 아니라, 각각 -m, -n, -k 등과 같이 다양하였음을
보여 준다. 이러한 첨사들의 기능은 중세국어의 단계에서도 확인되는데(안병
희·이광호 2000), 일종의 강세의 보조사와 같은 역할을 담당하였을 것으로 보인다.
문법화의 과정을 수용한 마지막 단계에서 수행되는 이와 같은 형태의 강화는 해당
문법 형태소가 밟아 오는 의미변화, 즉 주관화와 관련되어 있을 가능성이 높다.

Traugott(1988)에 의하면, 문법화를 수행하는 형태소는 외적으로 기술되는 상
황에서 형성된 의미에서부터 화자 내적으로 인식되고 파악된 의미로 변화하
여 가는 경향이 있는데, 그 변화의 마지막 단계는 화자의 주관적인 판단과 태
도를 나타내는 방향으로 옮겨가는 것이다. 따라서 그 전에 약하게 표출되었던
문법적 정보가 일종의 화용론적인 강화에 의하여 더욱 선명하여지고 강조되
는 결과가 된다. 예문 (22)와, '-은커녕/은커닝' 등에서도 이러한 화용론적 강화
가 형태론적으로 다양한 첨사의 지원을 받게 된 것으로 추정한다.

|7| 결론과 논의 : 역사적 정보가 공시적 현상의 이해에 어떤 역할을 하는가?

현대국어에서 보조사 '-은커녕'의 쓰임에 대한 최초의 공시적 기술은 최현

배(1961: 646-647)에서 이루어졌다. 최현배(1961)는 '-은커녕' 앞뒤에 오는 체언들과의 우열 또는 대립의 관계(어려운 것, 쉬운 것, 기대한 것, 반대되는 것), 그리고 호응하는 서술어에 따라서 세 가지로 나누어 설명하였다.

> (1) 어려운 것은 그만두고(姑捨하고) 그보다 쉬운 것을 들어 말하는 경우
> (이 경우에 서술어는 부정 서술어가 오는 것이 예사이다). 예 : 떡커녕
> 밥도 없더라.
> (2) 쉬운 것은 그만두고 그보다 어려운 것을 들어 말하는 경우(긍정 서술어
> 가 온다). 예 : 십 환커녕 백 환이라도 받겠다. 오 년커녕 십 년이나 지
> 났다오.
> (3) 기대한 것은 얻지 못하고 도리어 반대되는 것을 들어 말하는 경우(긍정
> 서술어가 온다). 예 : 상커녕 벌을 받았어요. 칭찬커녕 꾸중을 들었습니다.

이어서 최현배(1961)는 위의 세 가지 항목들을 비교해 보면, (3)항에서는 '커녕'의 앞뒤에 놓인 말이 서로 그 성격이 달라서 서술어는 그 앞의 말에 대해서는 성립하지 않고, 다만 뒤의 말에만 성립된다고 규정하였다. 허웅(1995: 1378-1381)에서도 이러한 유형의 예들에 사용된 '-은커녕'에 "가림"의 의미가 배당되었으며, 이 형태를 선행하는 체언은 부정의 풀이말을 속뜻으로 가져야 하는 것으로 관찰된 바 있다.

서정수(1966: 942-943)에서도 한정사 '-은커녕'이 최현배(1961)의 설명과 예시를 중심으로 논의되었다. 서정수(1966)는 '-은커녕'의 의미가 "고사하고" 또는 "그만두고" 등으로 풀이될 수 있는데, 중요한 사실은 이와 같은 의미가 단독으로 드러나는 것이 아니고 뒤따르는 말과 대비되어 나타난다고 관찰하였다. 그리고 서정수(1966)는 최현배(1961)에서 제시된 위의 설명 가운데 (2)항이 문제가 된다고 지적하였다. 그렇게 생각하는 이유는 그 예문들이 어색한 느낌을 주는 동시에, '-은커녕'의 뒤에 부정적 서술이 오는 것이 예사이기 때문이라는 것이다.

이와 같은 '-은커녕'에 대한 공시적 기술들에 대하여 지금까지 이 글에서 통시적 관점에서 논의하고 이끌어낸 몇 가지 결론을 적용하면 현대국어에서

'-은커녕'의 위와 같은 세 가지의 쓰임은 다음과 같이 이해될 수 있다. 즉, 선행하는 담화 또는 통사적 구성으로부터 어휘화를 완료한 '-은커녕'(-커니와)이 이어서 문법화의 과정을 거치면서 수행하게 되는 의미의 추이를 중심으로 오늘날까지의 역사적 발달 과정을 3단계로 나눌 수 있다.

제1단계 문법화(중세국어와 근대국어의 시기) : '-ᄂᆞ커니와'는 원래의 근원 의미 "그러 하거니와"에서 화용론적으로 추론된 "물론이거니와" 또는 "말할 것도 없고"에 해당되는 의미를 기본으로 하지만, 긍정적인 의미와 부정적인 의미를 가변적으로 함축하였다. 상황적 의미는 뒤따르는 서술어의 종류에 따라서 긍정도 되고, 부정도 되었다. 즉, '-ᄂᆞ커니와'를 뒤따르는 서술어가 긍정적 서술이면 긍정적 사실에 대한 "말할 것도 없음"을, 부정적 서술어가 오면 부정적 사실에 대한 "말할 것도 없음"을 실현시켰다.

이 단계에서 '-커니와'가 자립성을 상실해 감에 따라 선행하는 보조사 '-은/는'과 축약되어 하나의 문법 단위를 이루게 된다. 보조사 '-은/는'의 의미는 대조성에 있기 때문에, 앞의 체언과 뒤따르는 체언을 대조시키는 역할을 담당했었다. 그 결과, '-커녕' 자체가 선행 체언과 후행 체언을 짝지어 대조될 때 쓰인다는 공시적 관찰이 성립되기도 하였다(서정수 1996). 제1단계에 속하는 예문을 편리하게 현대화하여 이러한 내용을 나타내면 다음과 같다.

> (ㄱ) 밥은커니와(커녕) 죽도 못 먹는다
> = 밥은 물론이거니와 죽도 못 먹는다(부정)
> 죽은커니와(커녕) 밥도 먹는다
> = 죽은 물론이거와 밥도 먹는다(긍정)

제2단계 문법화(근대국어의 후반부의 시기부터) : '-은커니와'를 뒤따르는 서술어가 부정사를 포함하거나, 부정적 서술이 되는 빈도가 점진적으로 높아지게 된다. 따라서 '-은커녕'과 부정 서술어가 상호 공기하게 되는 통사적 환경을

관용적으로 형성하게 된 결과, 서술어가 갖고 있는 부정의 의미에 '-은커녕'이
이전되어 부정적 의미만을 함축하게 된다. 이와 같은 현상은 강조사 "별로"가
부정 서술어와의 연결이 일반화되어 현대국어에서 부정의 의미를 획득하게
되는 부정사 共鳴의 원리와 동일하다.[41]

이 단계의 '-은커녕'이 현대국어에서 보유하게 된 부정의 의미는 그 형성의
원리로 보아 간접 부정 또는 소극적 부정이라고 규정한다. 동시에 이러한 '-은
커녕'은 핵심 의미로 여전히 "물론이거니와, 말할 것도 없고, 고사하고"를 유
지하고 있으며, 뒤따르는 부정적 서술어와 호응하여 확고한 부정의 의미를 일
층 강화하는 느낌을 나타낸다.

이 시기의 '-은커녕'의 형태론적 특징으로 '-커녕'을 앞선 필수적 성분 '-은/
는'이 통사 성분 구성의 인접성으로 인하여 생략되고, 그것이 갖고 있었던 원
래의 대조성의 의미가 '-커녕' 자체로 옮겨가게 되는 현상이 수의적으로 등장
하였다. 그 결과, 공시적 기술의 관점에서 채완(1995: 20)은 '-커녕'이 용언의 명
사형이나 부사에 연결될 때는 '-는'이 선행되지 않으면 사용될 수 없으며, 점
차 '-는' 뒤로 한정되어 가는 듯하다고 언급하였다.

---

41) 원래 '별로'(別)와 같은 강조사가 긍정과 부정의 구문에 동시에 사용되었으나, "별로 – 없다/
아니다" 등과 같이 부정 서술어와 결합하는 빈도가 증가함에 따라 부정적 의미를 함축하게
되는 과정에 대한 관찰과 기술은 잘 알려져 있다. 이지양(1993: 8)은 이러한 의미의 변화는
언어수행에 해당되는 출현 빈도가 영향을 미쳐 형성된 것임을 구체적으로 지적하였다.
19세기 후기 전라방언의 자료에서 '별로'는 긍정과 부정 서술어에 똑같이 사용되고 있었다.
그러나 20세기 초반에 이르면 '별로'가 강조사의 성격을 상실하고 부정사의 신분으로 전환
되어 간다.
(ㄱ) 마음이 도고ᄒᆞ야 남과 별노 다르더니(수절가, 상. 39ㄴ)
   졔물을 갓초고 츅문을 별노이 지어 가지고(충열, 상. 2ㄴ)
   ᄉᆞ람을 별노 ᄶᆞ라(판. 박. 358)
   강남을 어드면은 죠흔 일이 별로 잇다(판. 젹. 458)
(ㄴ) 드러가 안고 보니 별노이 할 마리 업고(수절가, 상. 21ㄱ)
   아모리 싱각ᄒᆞ되 별노 할 마리 업난지라(수절가, 상. 21ㄱ)
(ㄷ) 구경에 흥치는 별로 업고(신소설 「모란봉」, 매일신보 연재, 1913년 2월 6일)
   차져 오는 사람도 별로업고 혹시 잇셔도(진봉춘 1912: 20)
   별로 디단치는 아니ᄒᆡ네(상동. 37)
   열긔도 별로업고(43)
   별로 이상ᄒᆞᆫ 일은 업섯스나(153)

(ㄴ) 밥은커녕 죽도/마저/조차 못 먹는다.

= 밥은 물론 먹지 못할 뿐 아니라, 죽도/마저/조차 못 먹는다.

십 원은커녕 십 전도 없다.

= 십원이 없다+십전도 없다.

= 십 원이 없음은 말할 것도 없거니와 십 전도 없다.(최현배 1961:
647)

제3단계 문법화(현대국어) : 이 시기에 '-은커녕'은 뒤따르는 서술어의 지배
를 이탈하여, 그 자체 독자성을 획득하게 된다. 따라서 첫 번째 체언에 연결된
'-은커녕' 다음에 오는 긍정 서술어의 영향력은 두 번째 체언에만 한정된다.[42]
위에서 예로 제시하였던 부정사 "별로"의 간접 부정의 의미가 이제는 뒤따르
는 부정 서술어가 생략되어도 그 자체 부정의 의미를 보유하게 되는 과정과
일치한다. 이 단계에 자체적으로 형성된 '-은커녕'이 나타내는 부정 의미는 직
접 부정 또는 적극적 부정이라고 규정한다. 그러나 '-은커녕'은 후속하는 서술
어의 영향에서 완전히 자유로운 것은 아니다. 결국 '-은커녕'이 부정하는 것은
서술어가 풀이하는 긍정적인 내용이기 때문이다.

이 단계에서 '-은커녕'을 사이로 하여 대립되는 앞뒤 체언은 동일한 종류에
서의 우열 관계가 아니라, 서로 극단적으로 대립되는 상반된 종류의 대립 관
계를 나타낸다. 따라서 후행 체언에 연결되는 보조사가 "아우름"의 '-도'에서
"가름"을 나타내는 '-을/를'로 대치되는 것이다(허웅 1995).

---

42) '-은커녕' 문법화의 제3단계에 속하는 첨단적인 예들이 이미 19세기를 전후로 하는 필사 자
료에서 확인된다(국립국어연구원 세종 계획에서 구축된 국어사 자료를 검색한 결과이다.
문헌 자료의 성격과 예문은 직접 확인하지 못했다).
(ㄱ) 너출의게 빌어 불을 부치니 **쩌지문커니와** 더 이러느 노손의 몸을 틱우니(셔유긔, 상. 17ㄱ)
(ㄴ) 니르더 묘랑이 스스로 뎡시를 **희흥믄커니와** 졔 도로혀 화를 만나(명듀보월빙, 4. 749)
위의 (ㄱ)과 (ㄴ)의 예에 사용된 '-은커니와'는 각각 "기대한 것은 얻지 못하고 도리어 반대
되는 것을 말하는 경우"(최현배 1961)에 해당된다. 특히, (ㄴ)의 예문에서는 '-은커니와'가
'도로혀'와 공기하고 있다. 또한, (ㄴ)과 같은 문법화 제3단계를 반영하는 자료 자체 내에서
도 서술어의 성격에 따라서 '-은커니와'가 긍정과 부정의 뜻을 가변적으로 실현시키는 제1
단계 문법화 형태들이 다음과 같이 공존하고 있음은 물론이다.
(ㄷ) 셩젼은커니와 슈후의 난망지은을 **결초보은 흐리로다**(명듀보월빙, 13. 136)
(ㄹ) 셩젼은커니와 미스디젼의 **닛기 어려올가** 흐엿더니(명듀보월빙, 18. 203)

(ㄷ) 상은커녕 벌을 받았다 = 상은 받지 않았다. 오히려 벌을 받았다.
　　(벌은커녕 상을 받았다 = 벌은 받지 않았다. 오히려 상을 받았다.)
　　죽은커녕 밥을 먹는다 = 죽은 먹지 않는다. 오히려 밥을 먹는다.

지금까지 제시된 '-은커녕'의 단계별 문법화의 관점에서, 최현배(1961)에서 그 쓰임에 따라 분류된 제2항의 설명과 예문들은 제1 단계 문법화의 과정을 반영하고 있는 역사적 배경을 보여 준다고 생각한다. 이 범주에서 사용된 '-은커녕'은 뒤에 오는 서술어와 호응하여 긍정 서술어이면 긍정의 의미를, 부정 서술어이면 부정의 의미를 가변적으로 실현시켰다.

(ㄹ) 십 환커녕 백 환이라도 받겠다.[43]
　　= 십 환은 물론 받을 뿐만 아니라, 백 환이라도 받겠다.
　　오 년커녕 십 년이나 지났다오.
　　= 오 년은 물론 지났을 뿐만 아니라 십 년이나 지났다오.

위에서 시도한 '-은커녕' 문법화의 세 단계는 물론 역사적 발달의 과정을 나타내는 것이다. 그러나 그러한 단계별 추이의 과정이 여느 언어 변화에서와 마찬가지로 직선적으로 전개되어 왔다고는 생각하지 않는다. 어느 공시적 단계에서도 변화를 유지시키고 있는 보수형과 개신을 수용한 새로운 형태가 공존하고 있는 상황이 존재하기 마련이다. 그러나 단지 그 출현 빈도수에 있어서만 상이할 뿐이다.

---

43) 이러한 유형과 관련하여, 이기갑(2003: 110)에서 '-은커녕' 다음에 조사 '-이라도/이나'와 호응하여 긍정 서술어가 뒤따를 수 있는 예로 제시된 다음과 같은 구문이 주목된다.
만 원커녕 백 원이라도 있었으면 좋겠다.
또한, 이기갑(2003)에서 이러한 구문은 화자의 "바람"을 나타내는 표현이 와야 한다는 의미적 제약이 첨가되었다. 그러나 이 문장은 단순한 골격을 갖고 있는 것이 아니라, 기본 구조("만 원커녕 백원도 있다")에 화자의 가정 또는 소망이 첨가된 복합 구조("나는 X-면 좋겠다")로 파악된다. 따라서 위의 예에서도 문법화 제1단계에서 '-커녕'이 보유하고 있는 기본 의미("물론이거니와" 혹은 "-뿐만 아니라")가 그 고유한 기능을 발휘하고 있다고 본다.
그리하여, 최현배(1961)에서 제2항의 예문인 "십환커녕 백원이라도 받겠다"를 화자의 소망이 첨가된 의미를 부여하게 되면 "십환커녕 백원이라도 받았으면 좋겠다"로 전환될 것 같다.

이와 마찬가지로, 오늘날의 국어에서도 보조사 '-논커니와'의 제1단계와 제2단계 그리고 제3단계의 문법화 과정이 서로 일정한 기간 동안 양립되었을 것으로 본다. 특히, 개화기 시대를 온몸으로 겪었던 최현배 선생의 언어 사용 속에서도 그러하였을 것이다.

참고문헌

고영근(2000), 『표준중세국어문법론』, 집문당.
권재일(1997), "문법 변화와 문법화", 「제4회 서울 국제언어학 학술대회」, "한국어의 문법화", 발표논문 초록.
＿＿＿(1998), 『한국어 문법사』, 박이정 도서출판.
김병제(1965), 『조선어 방언학개요』(중), 흑룡강 조선민족출판사.
김승곤(1989), 『우리말 토씨 연구』, 건국대 출판부.
＿＿＿(1996ㄱ), "한국어 조사의 어원 연구", 『우리말 역사 연구』(한말연구회 엮음), 박이정 도서출판.
＿＿＿(1996ㄴ), 『현대나라 말본 - 형태론 - 』, 박이정 도서출판.
김진형(1995), "중세국어 보조사에 대한 연구", 『국어연구』 제136호.
김흥규(1993), 『松江詩의 언어』, 고려대학교출판부.
남풍현(1971), 「ᄒ다가」攷", 『어학연구』 제7권 1호.
박용찬(1996), "'마론', '-건마론', '컨마론'에 대하여', 「관악어문연구」 21집.
박재연(2001), 『고어사전』(낙선재 필사본 번역고소설을 중심으로), 이회.
박종희(1993), "'-쿠니와'에 대하여', 『국어음운론 연구』(Ⅱ), 원광대 출판국.
배주채(1988), "서남방언", 『문법연구와 자료』, 태학사.
백두현(1997), 「현풍곽씨 언간」 판독문, 「어문론총」 31호, 경북어문학회.
백응진(2001), 『老乞大』, 한국문화사.
서정수(1996), 수정증보판 『국어문법』, 한양대학교 출판원.
서태룡(1997), "어말어미의 변화", 『국어사 연구』, 국어사연구회, 태학사.
심재완(1959), "『석보상절』 제11의 해설", 『석보상절 제11』, 어문학자료 총간 제1집.
안주호(1997), 『한국어 명사의 문법화 현상 연구』, 한국문화사.
＿＿＿(2001), "한국어의 문법화와 역문법화 현상", 『담화와 인지』 제8권 2호.
＿＿＿(2002), "'그러-'계열 접속사의 형성과정과 문법화", 『국어학』 35호, 국어학회.
안병희·이광호(2000), 『중세국어문법론』, 학연사.
유재영(1975), "'-쿠니와'에 대한 一考', 「국어국문학」(원광대) 제2집.

유창돈(1980),『이조 국어사 연구』, 국어국문학총서, 이우출판사.

이현희(1994), "19세기 국어의 문법사적 고찰",『한국문화』15집.

이기갑(2003),『국어방언문법』, 태학사.

이기문(1980), " 19세기 말엽의 국어에 대하여",『난정 남광우박사 화갑기념논총』, 일조각.

이정애(2002),『국어 화용표지의 연구』, 도서출판 월인.

이지양(1993), '융합의 조건',『성심여자대학교 논문집』제25집.

정재영(1996), "19세기말부터 20세기초의 한글문헌",「한국문화」18집.

_____(1997), "명사의 문법화",「제4회 서울 국제 언어학 학술대회」발표논문 초록.

조항범(1998),『주해 순천김씨묘 출토언간』, 태학사.

채 완(1995), "한국어 특수조사 연구의 한 반성",『朝鮮學報』제154집.

_____(1988), "특수조사",『문법연구와 자료』(이익섭선생 화갑기념논총), 태학사.

최전승(1986),『19세기 후기 전라방언의 음운현상과 그 역사성』, 한신문화사.

최현배(1961/1994), 깁고 고친『우리말본』, 정음사.

최형용(1997), "형식명사·보조사·접미사의 상관관계",『국어연구』제148호.

한진건(2003),『륙진 방언연구』, 도서출판 역락.

허 웅(1975),『우리 옛말본 -15세기 국어 형태론-』, 샘 문화사.

_____(1989),『16세기 우리 옛말본』, 샘문화사.

_____(1995),『20세기 우리말의 형태론』, 샘문화사.

황문환(1998), "남편 곽주가 진주하씨에게 보내는 편지",『문헌과 해석』, 가을, 4호. 태학사.

_____(2002),『16, 17세기 언간의 상대경어법』, 국어학총서 35, 태학사.

홍사만(2002),『국어특수조사 신연구』, 도서출판 역락.

Brinton L. J.(2002), Grammaticalzation versus Lexicalization reconsidered, in the *English Historical Syntax and Morphology* edited by Fanego Teresa et als, John Benjamins Publishing Company.

Bybee Joan et als.(1994), *The Evolution of Grammar*, The Univ. of Chicago Press.

Bybee Joan(2003), Mechanisms of Change in Grammaticalization in *The Handbook of*

Historical Linguistics, edited by Joseph R.& R. D. Janda.

Cabrera, J. C. M.(1998), On the Relationships between Grammaticalzation and Lexicalization, in *The Limits of Grammaticalzation*. edited by Rama A. G & P. Hopper.

Campbell, L.(2001), What's wrong with grammaticalization? *Language Sciences* 23.

Campbell, L. & R. Janda(2001), Introduction: Conceptions of grammaticalization and their problems, *Language Sciences* 23.

Croft, W.(2000), *Explaining Language Change*, Pearson Education Limited.

Hauer, Erich.(1955), Handwoerterbuch der Mandschusprache, Ⅰ-Ⅲ, Kommissionverlag, Otto Harrassowitz, Wiesbaden.

Heine B. et als.(1991), *Grammaticalzation*, A Conceptual Framework, The Univ. of Chicago Press.

Heine B.(2002), New Reflections on Grammaticalzation and Lexicalization, in the *New Reflections on Grammaticalzation* edited by Wischer, I & G. Diewald(2002).

Heine B.(2003), Grammaticalzation in *The Handbook of Historical Linguistics*, edited by Joseph R. & R. D. Janda.

Heine B. & T. Kuteva(2002), *World Lexicon of Grammaticalization*, CUP.

Hopper, P. & E. C. Traugott(1993), *Grammaticalzation*, Cambridge Univ. Press.

Joseph R.(1992), Diachronic explanation: Putting speakers back into the picture, in *the Explanation in Historical Linguistics* edited by Davis G. & K. Iverson. John Benjamins Publishing Company.

Joseph R.& R. D. Janda(2003), *The Handbook of Historical Linguistics*, Blackwell.

Kiparsky, Paul(1982), *Explanation in Phonology*, Foris Publications.

Lehmann Christian(1995), *Thoughts on Grammaticalzation*, Lincom Europa.

Martin, S. E.(1992), *A Reference Grammar of Korean*(한국어문법 총람), Charles Turtle Company.

Newmeyer, F. J.(2001), Deconstructing grammaticalization, *Language Sciences* 23.

Pagliuca, W.(ed. 1994), *Perspectives on Grammaticalization*, John Benjamins.

Rama A. G & P. Hopper(eds, 1998), *The Limits of Grammaticalzation*, John Benjamins.

Traugott E. C.(1988), Pragmatic strengthening and grammaticalization, *BLS* 14.

Traugott E. C.(2003a), Legitimate counterexamples to unidirectionality, Paper presented at Freiburg University, from her's Homepage http://www.stanford. edu/~traugott/ traugott.html.

Traugott E. C.(2003), Constructions in Grammaticalization, in *The Handbook of Historical Linguistics*, edited by Joseph R.& R. D. Janda.

Underwood, H. G.(1890), 『한영문법』(*An Introduction to the Korean spoken language*), 『역 대문법대계』 제2부 제3책.

Wischer, Ilse(2000), Grammaticalization versus Lexicalization, in *Pathways of Change* edited by Fischer Olga et als, John Benjamins Publishing Company.

Wischer, I & G. Diewald(eds, 2002), *New Reflections on Grammaticalzation*, John Benjamins Publishing Company.

제 8 장

아주낮춤의 종결어미 '-ㄹ다'와 예사낮춤의 '-ㄹ세/-ㄹ시/-시'의 형성과 방언적 발달

|1| 서 론

본고에서 필자는 19세기 후기 지역방언의 다양한 자료에서와 20세기 초엽의 국어에서 산발적으로 출현하는 아주낮춤의 종결어미 '-ㄹ다'와 예사낮춤의 '-ㄹ세/-ㄹ시/-로시/-이시/-시'의 용법과 그 출현 환경을 살피고, 그것의 역사적 형성 과정과 현대 지역방언으로의 지속적 발달의 양상을 추적하려고 한다.1)

이러한 작업을 통해서 필자는 역사적으로 이들 선행 문법형태소들이 보유하고 있었던 일정한 서법의 범주가 그 발달의 과정을 통하여 시대와 지역에 따른 새로운 화자들의 인식의 내용에서 인접하여 있던 다른 서법의 범주로 점진적으로 옮겨왔음을 제시할 것이다.2) 이러한 서법 범주의 이동은 원래의

---

1) 본고의 초고를 읽고 많은 도움말을 준 목포대 이기갑 교수와 전북대 구종남 교수, 그리고 이정애 교수에게 감사를 드린다. 대부분 이 분들의 제안과 지적을 본고에서 수용하였으나, 경우에 따라서 필자의 생각을 고집한 부분도 있다.

2) 여기서 敍法은 해당 문장에 표현된 내용에 대한 화자의 심리적 태도 또는 의지가 선어말어미 또는 어말어미로 실현되는 문법 범주의 개념(고영근 1985: 315; 1989: 211)으로 이해한다. 필자가 본문에서 언급하려는 서법 범주내의 영역의 이동이란 선어말어미가 음운론적 축약을 거쳐 어말어미로 전환되는 과정에서도 일어날 수 있지만, 근본적으로 서법 범주내의 각각의

이들 문법형태소에 가해진 형태의 축약 및 탈락이라는 음운론적 약화를 거치는 지속적인 文法化의 과정에 따라서 수반되는 그 쓰임의 화용론적 상황에 원인의 일단이 있음을 가정하려고 한다.3)

상대높임법의 체계에서 아주낮춤의 위계로 귀속시킬 수 있는 종결어미 '-일다'에 대한 관심은 고영근(1974/1989)에서부터 비롯된다. 고영근(1989: 252)에서 종결어미들의 구조적 특성을 기술하는 가운데 개화기 자료에 출현하는 서술격조사(지정사)에만 나타나는 특수한 형식 '-르다'의 예들이 열거되었다.4) 그리고 고영근 교수는 이 용례를 통해서 '-르다'는 생산성은 상실했지만 이른바 지정사 아래에 쓰이는 '-다'의 異形態로 간주된다고 보았다. 이어서 고영근 교수는 '-르다'의 '르'이 지정사의 표지임이 분명하기 때문에 이것을 '해라'체의 직설법 설명법어미에 포괄시켰으며, 여기서 추출된 이른바 지정사의 표지 '르'은 역시 오늘날의 口語에서 생산성을 상실한 '하게'체의 종결어미 '-르세'의 '르'에서 확인되었다(1989: 253). 이러한 '-일다'의 출현은 역시 개화기 신소설 자료를 중심으로 최근세 국어에 반영된 경어법 체계를 고찰한 이경우(1990: 35)에서도 관찰되었지만, 현대어에서는 생산성을 잃었다는 사실과, 그것의 사용의 시기가 개화기였다는 점만이 간단하게 언급되었을 뿐이다.

필자는 비교 방언학의 예비 작업을 위해서 19세기 전반기와 후반 및 20세기 초엽의 다양한 방언 및 구어자료를 검토하는 과정에서 끊임없이 출현하는

영역들은 화자의 태도나 의지의 관점에서 불연속된 것이 아니라, 일종의 연속체(continuum)을 형성하고 있는 화용론적 특성이 강하다는 판단에서 나온 것이다.

3) 본고에서 필자가 사용하려는 文法化(grammaticalization)의 개념은 1) 자립형태소인 내용어가 일정한 언어환경에서 점진적으로 문법형태소인 기능어의 신분으로 전환되거나, 2) 기존의 문법형태소의 기능과 성격이 의존성 또는 문법성이 더욱 심해진 문법형태소로 한단계 더 발전하여 가거나, 또는 새로운 문법적 기능으로 발전하게 되는 일련의 음운론적, 형태론적, 의미.화용론적 및 통사론적인 모든 변화의 과정을 포괄하는 전통적인 의미이다(Hopper & Traugott 1993, Traugott & Heine 1991, Lichtenberk 1994: 821).

4) 고영근(1974/1989: 252)에서 제시된 개화기 자료에서 '-르다'의 네 가지 예는 다음과 같다.
"고명녀, 너는 내 친구일다."(지장보살 7: 12)
"너는 나도 죽인 것이 아니요 평서방도 죽인 것이 아닐다."(방화수류정 10: 459)
"복내덕아 이것 보아라, 이것이 거번에 너를 뵈지 않던 것일다."(지장보살 7: 118)
"내가 이생의 마지막 소원은 이것뿐일다."(織女, 上, 21)

예의 문법형태소 '-ㄹ다'와 '-ㄹ세' 및 그 지역방언형 '-일시/-이시/-시/-로쇠/-로시' 등을 관찰하면서 고영근(1989)과 이경우(1990)에서의 예들과 설명을 다시 음미하게 되었다. 여기에 이 논문의 출발점이 있다. 즉, 필자는 이 문법형태소들에 대해서 다음과 같은 세 가지의 의문을 갖게 되었다.

1) 서술격조사에만 나타나는 종결어미 '-ㄹ다'와 '-ㄹ세'에서 이른바 지정사의 표지인 'ㄹ'은 무엇이며, 그 기원은 어디에 있는 것일까?
2) 하나의 분명한 문법적 및 화용론적 기능을 보유하고 형성되었을 것이 분명한 이들 문법형태소가 어느 단계에서 생산성을 상실하게 되었다면 그 이유는 어디에서 찾을 수 있을까? 그리고 현대 지역방언에 화석의 형태로 남아있는 그 존재의 일면을 확인할 수 없을까?
3) 19세기 후기 전라방언 자료에 지속적으로 등장하고, 오늘날의 전남과 전북 방언에 등지에 분포되어 있는 '-ㄹ세'의 다양한 지역방언형들의 존재는 무엇을 말하는 것일까?

필자는 이 논문에서 위에서 제기한 세 가지의 의문의 일단을 나름대로 풀어 보려고 시도할 것이다. 제2장에서는 19세기 후기를 전후한 자료에 출현하는 '-ㄹ다'의 역사적 기원을, 그리고 이 문법형태소의 공시적 분포를 통한 서법의 범주를 확인한 다음, 그 형태의 소멸의 과정과 방언적 발달을 고찰하려고 한다. 제3장에서는 원래의 '-ㄹ다'의 선행형태와 존비법의 차이만 갖고 있던 '-ㄹ세'의 역사적 기원과 문법화로의 과정을 검토하고, 19세기 후기 전라방언에 분포되어 있는 그 반사형들을 추적하려고 한다.

|2| '-ㄹ다'의 기원과 통사적 특징 및 방언적 발달

2.1 아주낮춤의 종결어미 '-ㄹ다' 형의 출현이 최초로 문헌상으로 확인되는

시기는 대체로 19세기 이전으로 소급되지는 않는다. 그리고 이 문법형태는 19세기 후기 전라방언의 자료(판소리계 완판 고소설과 신재효의 판소리 사설을 중심으로 한)에서 생산적으로 나타나지만, 그 쓰임의 구체적인 용례들은 서양 선교사들에 의해서 선교의 실용적인 목적에 따라 당시 언중들의 구어를 기초로 작성된 한국어 문법서들에서도 적극적으로 찾아볼 수 있다. 이러한 사실로부터 우리는 '-르다'형이 갖고 있는 두 가지의 기본적인 성격을 다음과 같이 추출할 수 있다.

첫째, 19세기 이전의 근대국어 문헌 자료에서 찾아보기 어려웠던 이 문법형태가 그 이후 시대정신에 따라 살아 있는 언중들의 현실 언어를 집중적으로 반영했던 자료에서부터 등장하기 시작한다는 것은 '-르다'형이 보유하고 있는 구어성을 전제로 한다. 둘째, 19세기를 전후하여 출현한 이 문법형태소는 문법화의 원리(Hopper & Traugott 1993)에 비추어 볼 때, 당대에 형성된 독특한 생성물이라기보다는 중세와 근대국어 단계에서 선어말어미와 어말어미를 모두 구비했던 문법형태소로부터 발달된 모습일 가능성이 많다. 따라서 19세기의 '-르다'형태는 그 이전 단계로부터 문법형태소 x로부터 형태론적 축약, 음운론적 약화 등을 거쳐 온 변화형일 것이다.

또한 이 '-르다'형이 20세기에 들어 와서도 계속적으로 사용된 용례는 대체로 1920년대 이후를 넘지 못한다. 특히 1920년대 문예잡지 『백조』나 『폐허』 등의 소설과 수필 부류에 등장하는 산발적인 '-르다'의 쓰임은 그 소멸의 과정을 개략적으로 나타내는 것이다.

먼저, 필자가 확인한 19세기 최초의 '-르다'형의 출현은 金履翼(1843-1895)이 유배지인 전남 진도의 金甲島에서 純祖 2년(1802) 8월 중순부터 9월 상순까지 지은 시조작품 50首가 수록된 「金剛永言錄」이란 자필본 자작 시조집 가운데에서 다음과 같이 확인된다.[5]

---

5) 金履翼(1843-1895)의 「金剛永言錄」에 대한 소개와 자료 제시는 姜銓爕('「金剛永言錄」연구서설', 『東方學志』53집, pp.215-241, 1986)을 이용하였다.

(1) a. 世上의 괴로운 일 밤잠 업서 큰 病일다 늘근이의 常例일을 내라고 면
　　홀소냐(17수)
　b. 노리로 두고보면 世上人心 거의 알다(40수)
　c. 謫中의 어든 것시 周易 中庸 두 글일다(45수)
　d. 孝悌忠臣 네것시요 부귀영화도 네것실다(46수)
　e. 一介女兒 잇건마는 그도 눕의 子息일다(55수)

개화기 자료에 등장하는 '-ㄹ다'형들은 예를 들면, '친구일다, -것이 아닐다, -것일다, -뿐일다'(고영근 1989: 252)에서와 같이 서술격조사의 위치(NP＋일다)와, 이것의 부정어 '아니다'(NP이 아닐다)에 한정되어 있었다. 위의 예문 (1)도 대부분 이러한 '-ㄹ다'형의 출현 조건에서 크게 벗어나지 않는다. 그러나 (1)b에서 '世上人心 거의 알다'의 경우만 예외를 보이는 사실이 주목된다. 여기서 예외형 '-알다'의 형태론적 구성은 본동사 '알-'(知)에 종결어미 '-ㄹ다'가 연결된 것이 분명하다. 그렇기 때문에 이러한 형태론적 구성에 나타나는 종결어미 '-ㄹ다'에 대한 해석이 개화기 자료에서와 (1)의 다른 예문들에 나타나는 'NP＋일다'의 이해에 어떤 실마리를 제공할 수 있을 것으로 생각한다.

(1)b의 '알다'에 대한 여러 가지 해석 가운데, 이것은 중세국어의 단계에서 추측법의 선어말어미 '-(으)리-' 다음에 감동법 형태소 '-도-' 계열이 '-로-'로 교체되어 설명법어미 '-다'와 결합된 '알리로다'에서 형성된 후대의 발달형일 가능성이 많다.[6] 이러한 과정을 거친 '알리로다'형이 16세기 국어에 다음과 같이 확인된다. 내 바로 알리로다(번역 박통사,상.21b).[7] 또한, 허웅(1975: 947-948)에 의하면, 서술격조사와 '-으리- 밑에서 '-로'로 교체되는 감동법의 형태론적 구성을 갖춘 다양한 유형들이 15세기 국어에 생산적으로 사용되었음을 알 수 있다.[8]

----

6) 이러한 형태론적 축약의 과정을 보여주는 이른 예는 김정수(1979: 9)에 의하면 17세기 초엽의 『東國新續三綱行實圖』에 다음과 같이 나타난다.
　　또 닐오디 길매 업스니 가히 투디 **몯홀다** 호니(열여 5권 27).
　김정수(1979)는 17세기 국어에서 이와 비슷한 성격의 축약형 '홀다'에 대한 허웅선생의 해석(호리로다＞호로다＞호로다＞홀다)을 소개하고, '몯홀다'형도 역시 '몯호리로다'로부터 이와 유사한 축약의 과정을 밟아 왔을 것으로 해석하였다.
7) 고영근(1981:148, 각주 53)에서 인용하였음.

(2) '-(으)리로-' : 공경호숩는 法이 이러호 <u>거시로다</u> 호야(석보 6: 21)

　　　　　　　사룸 브려 닐어사 <u>호리로다</u>(석보 21: 50)

　　　　　　　罪苦ㅅ 이론 추마 몯 <u>니르리로다</u>(월석 21: 56)

　　　　　　　내 그듸룰 몯 <u>미츠리로다</u>(석보 11:34)

　cf. '-(으)리로소니이-' : 어마니물 아라<u>보리로소니잇가</u>(월석 23: 86ㄱ)

　　　'-으리로소-' : 현맛 劫을 디난디 <u>모르리로소니</u> 眞實로… 혜디 몯호

　　　　　　　리라(월석14: 9ㄴ)

　중세국어에서 감동법 형태소는 화자가 상황을 정감적으로 파악할 때 사용되는 것이며, 설명법에서 주체가 비일인칭일 때는 정감성이 지배적이고, 일인칭일 때는 양태성이 우세하게 나타난다고 한다(고영근 1981: 151). 이러한 감동법의 규정에 견주어 볼 때, 위의 (1)의 예문 '노리로 두고 보면 世上人心 거의 알다'(40首)를 형태론적 축약 이전의 중세국어의 단계에 가까운 문법형태로 소급시켜 보면 화자의 주관적 느낌이나 감동, 또는 화자의 새삼스러운 느낌에 대한 강조를 진술하는 내용을 표출하고 있다고 생각된다. 그렇다면, 아래와 같은 두 가지의 문제가 떠오르게 된다. 첫째로, 중세국어의 감동법 형태소 '알리로다'가 19세기 근대국어의 단계에서 '알다'로 축약되어 '-ㄹ다'가 어말어미로 기능이 전환되어 사용되는 일련의 과정을 어떻게 설명하여야 할까? 둘째로, '알리로다>알다'의 형태상의 축약이 음운론적으로 쉽게 설명될 수 있을 것인가?

　이러한 의문은 비단 (1)b에만 적용되는 것이 아니라, 'NP+일다'의 형태론적 구성을 갖고 있는 (1)의 모든 종결어미에도 적용될 수 있다고 판단한다. 즉,

---

8) 고영근(1981)의 중세국어 敍法體系에 대한 기술을 참조하면, 중세국어의 기본서법은 부정법, 직설법(설명법어미, 등등), 회상법, 추측법, 추측회상법과 같은 다섯가지로 분류된다. 이러한 기본서법 형태소들에 이어 부차서법 형태소들이 또한 식별되었는데, 부차서법에는 원칙법(-니-), 확인법(-거/-어-), 감동법(-옷/-돗- 계열의 어형 '-호도다, -호도소이다, -호도소니')의 범주가 속한다고 한다.

　그리고 고영근(1981: 39)에서 감동법은 '-옷-,-돗-' 계열과 '-ㅅ-' 계열로 분류되었는데, 이 가운데 前者에 속하는 계열의 어형들에서 (6b) '흐리로다, 흐리로소이다, 흐리로소녀, 흐리로소니잇가, 하리로소니; 흐리로솅다, 흐리로소이다' 등이 본고와 관련이 있다.

'큰 病일다, 두 글일다, 네것실(일)다, 子息일다'의 경우에서도 유배지에서 처연하게 느끼는 지은이의 주관적 느낌과 인식 내용에 대한 영탄적인 진술의 성격을 '-일다'라는 어말어미가 담당하고 있는 것으로 보이기 때문이다. 이러한 종결어미를 중세국어의 감동법 형태소로 전환시키면 '큰 病이로다, 두 글이로다, 네 것시로다, 子息이로다'로 소급될 수 있기 때문에, 위의 '알리로다>알다'와 결부된 문제들은 사실 "NP+이로다>NP+일다"와 연관되어 있을 가능성이 많다.9)

지금까지 예문 (1)에서 필자는 이들 문장의 종결어미 형태들의 선행 형태는 중세국어의 "강조·영탄법"(허웅 1975: 944) 또는 감동법의 선어말어미와 관련되어 있다는 가정을 하였고, 이러한 가정이 성립되려면 해결하여야 될 형태론적 축약과 이에 수반되는 음운론적 및 문법적 변화에 대한 타당성의 문제를 제시하였다. (1)b에서와 같은 용언어간과 결합된 어말어미 '-ㄹ다'의 예는 19세기 후기의 지역방언들과 20세기 초엽의 국어자료에서는 좀처럼 확인되지 않는다(현대 安東方言에서의 경우는 나중에 언급할 예정). 이러한 시기에서 대부분의 자료에 단지 'NP+일다'의 구성만 출현하였을 뿐인데, 필자가 설정한 가정을 보충하고 확인하기 위해서 19세기 후기 전라방언의 자료에 등장하는 예들을 검토하기로 한다. 먼저, 19세기 후기 전라방언 자료 가운데 'NP+일다'와 공존하고 있는 'NP+이로다'의 용례들과 그 쓰임의 화용론적 상황은 다음과 같다.10)

> (3) a. 부인이 층왈 네 전세를 모로난야? 분명이 션녀로다. 도화동의 적
>   하ᄒ니 월궁의 노던 션녀 벗 혼나를 이러구나. 오날 너를 보니 위연

---

9) 한글학회 편 『큰사전』(1957: 2487)에 어미 '-일다'형에 대한 항목이 등재되어 있는데, 여기서 '-일다'는 '-이로다'의 준말이라고 풀어놓았다.

10) 19세기 후기 전라방언 자료로 총괄되는 판소리계 완판본 고소설 부류(전주 등지에서 간행된 와 비판소리계 양반 고소설, 그리고 이와 비슷한 시기에 전북 고창에서 신재효가 개작한 『판소리 사설』여섯 마당에 반영된 언어적 특질과, 이 자료들에 대한 약칭은 최전승(1986)을 참조.

혼일 <u>아니로다</u>(정승댁 부인→심청, 심청, 상. 15ㄱ)

b. 탈천지지정기흐니 비범혼 <u>네로구나</u>. <중략> 부인도 쏘한 긍칙흐야
   등을 어로 만지면서 효녀로다 효녀로다 네 말리여. 응당 그러할듯
   흐다. 노혼혼 너의 말리 밋쳐 싱각지 못하엿다.(심청, 상. 16ㄴ)

c. 네가 츈향인야? 기특혼 <u>사람이로다</u>(병오. 춘. 20ㄱ)

   cf. 네가 과연 춘향인야? 기특한 <u>사람일싸</u>(황능묘의 부인→춘향, 장
      자백 창본 춘향가. 84)

d. 이도령 : 네의 부모 구존한야?

   춘 향 : 편모하로소이다.

   이도령 : 몃 형졔나 되넌야?

   춘 향 : 육십당연 너의 모친 무남독여 나 혼나요.

   이도령 : 너도 나무집 귀한 쌀이로다.(수절, 상. 13ㄱ)

(4) a. 심봉사 그졔야 <u>안마옴의 혜아리되</u>, 올체, 양반의 딕종이 안이면 상놈
      의 좃집이로다 흐고(심청, 하. 28ㄴ)

   b. 어스쏘 이러 셔셔 나오시며 <u>혼즈말노 층찬흐야</u> 희한혼 말이로다. 글
      홀시 분명흐면 그 욕이 쑬이로다(춘. 남. 58)

   c. 어스쏘 드르시고 <u>혼즈말노 칭챤흐야</u> 니 급졔와 니 어스가 츈향어무
      덕이로다(춘. 남. 64)

위의 예문에서 사용된 '-이로다' 형태가 담당하고 있는 문법적 기능은 두
가지의 영역으로 분화되어 있는 것 같다. 격식을 차린 문장의 스타일에서나,
옛 말투에 등장하는 'NP+이로다'는 중세국어의 서법체계 가운데 감동법 또
는 강조 영탄법의 흔적을 부분적으로 유지하고 있다. 예문 (3)에 등장하는 '-이
로다'의 쓰임이 여기에 속한다. 그러나 이 단계에서 '-이로다'형은 어말어미의
기능으로 전환되었기 때문에, 여기에서 중세국어적인 감동법 형태소 '-로-'를
이끌어 낼 수는 없다고 생각한다. (3)a와 b에 등장하는 '-구나'는 어말어미에
의존하는 현대국어의 감탄법 체계의 성립을 알린다. 따라서 (3)의 예문에서 사
용된 '-이로다'는 부분적으로 (ㄱ) 중세국어적인 감동법의 잔재를 화석으로 반
영하며, (ㄴ) 허웅(1975)의 '강조 영탄법'으로부터 감동/영탄의 속성이 제거되었

고, (ㄷ) 화자의 인지 상태에 대한 새로운 확인 내지는 이전의 인지 사실에 대한 새삼스러운 강조와 같은 문법적 의미로 전환된 것으로 보인다. 여기서 (ㄷ)에서와 같은 변화를 화자가 문장에 의하여 표현된 내용에 대한 심리적 태도의 변모라고 생각한다.11)

주시경(1910: 93)은 20세기 초엽의 국어를 대상으로 하여 '끗의 갈래'를 '이름, 물음, 시김, 홀로'로 분류하고, 어말어미 '-이로다'의 문법적 기능을 '고나, 이고나'와 함께 묶어 '홀로'(홀로 하는 말로 끗맺는 것)에 배정하였다. 이러한 기술 방식은 김두봉의『조선말본』(1916)과 수정본『깁더 조선말본』(1923)으로 이어진다.12) 현대국어의 감탄문의 성격을 단독적 장면에서와 독백하는 상황에서 화자의 느낌을 나타내는 문장 유형이라 규정한다면(남기심·고영근 1985: 345), '홀로' 범주를 대표하는 '-이로다/-고나' 부류는 감탄문 형성의 어미에 귀속된다. 위의 예문 (4)의 지문에 나오는 "안마음의 헤아리되", "혼자말로" 등은 단독적 장면을 가리키는데, 종결어미는 '-이로다'와 호응하고 있다. 따라서 (4)의 예들에 출현하는 19세기 후기 전라방언 자료의 종결어미 '이로다'는 문법형태소상의 신분의 변동을 입었으나, 중세국어의 감동법의 영역의 지배를 어느 정도까지 지속시킨 것으로 보인다. 그러나 구어체 또는 일상체 중심의 현대어에서 감탄문 어미는 '-(는)구나'로 단일화되는 반면에, 의고적인 말투의 '이로다'의 형태는 사용이 국한되거나 사라지게 되었다. 이러한 단계에서 '이로다'의 문법적 기능이 약화 또는 변모되어 '이로다>일다'와 같은 형태론적 축약이 수행되는 동시에 문법화의 과정을 밟기 시작하였을 가능성이 있다.

---

11) 고영근·남기심(1985: 318)에 의하면, 현대국어의 서법체계에서 확인법은 화자가 심중과 같은 주관적인 믿음을 토대로 하여 자신의 지식을 확인하는 것이며, 따라서 독백과 같은 말투에서 많이 사용된다고 한다.

12) 어말어미 '이로다'에 대한 김두봉(1916: 124-125)의 설명은 다음과 같다. 이 가운데 김두봉의 술어 '맺'은 주시경의 '끗'에 해당되는데 맺는다는 말에서 나왔다(『깁더 조선말본』, p.114). "맺의 갈래는 그 쓰이는 길을 따라 홀로 맺, 이름 맺, 물음 맺, 시김 맺, 네 가지로 난호아 말하노니, (중략) 홀로 맺은 다만 홀로 하는 말에 끝맺는 토니 보기를 들면, 누른 것이 꾀꼴이로다, 푸른 것이 버들이로다, 꽃이 붉도다, 새가 날도다, 달아 밝고나, 기럭이가 울고나. 이 말에 '로다, 이로다, 도다, 고나' 들이 홀로 맺이니, '로다, 이로다'는 임씨알에 쓰이는 것인데, '도다, 고나'는 언씨와 움씨 알에 다 쓰이는 것인데…"

(3)c의 예문은 태형을 맞고 옥중에 갇힌 춘향이가 비몽사몽간에 꿈속에서 황능묘에 올라가 어느 귀부인에게서 열여로 대접받는 대목인데, 병오판 『춘향전』에서 '기특훈 사람이로다'의 '-이로다'형이 20세기 초엽의 장자백 창본 『츈향가』에는 '기특한 사람일짜'와 같이 '-ㄹ다'로 바뀌어 나타나는 사실이 주목된다.[13) 이러한 상황에 등장하는 어말어미 '-이로다'와, 여기서 음절축약을 일으킨 것으로 생각되는 '-ㄹ다'형들은 부분적으로 중세국어적인 서법을 유지하여 화자의 주관적 느낌과 감동을 화석으로 유지한 경우도 있었지만, 대부분의 경우는 이러한 영역을 벗어나서 사태의 확인과 강조를 나타내는 방향으로 이동하였다고 판단된다. 19세기 후기 전라방언 자료에 생산적으로 등장하는 종결어미 '-ㄹ다'형들의 기능 역시 이러한 상황에서 크게 벗어나지 않는 모습을 보인다. 이들 자료에서 '-ㄹ다'의 용례와 그 사용의 화용론적 환경을 살피면 다음과 같다.

(5) a. 방자 : 이익야, 말마라, 이리 낫다.
　　 춘향 : 이리란이 무슨 일?
　　 방자 : …불너 오란 영이 낫다.
　　 춘향 : (홰를 내여)네가 밋친 자식일다! 도령임이 엇지 나를 알어서 부른단 말이냐(수절, 상. 10ㄱ)[14)
　　　 cf. 츈향이(쌈작 놀니) : 밋친 연의 자식이다! 그게 웨인 방정인야(춘. 동. 110)
　　 b. 네 이놈더라, 너가 지금 황성의 가는 소경일다! 네의 성명은 무엇시며 이 힝차는 언의 고을 힝차런지 썩 일너라.(심봉사 → 무릉태수 일행, 심청, 하. 24ㄱ)

---

13) 이와 같은 '-이로다'와 '-ㄹ다'와의 교체는 완판본 『심청전』의 다른 판본과의 대비에서도 확인된다(설명의 편의상 인용문을 필자 임의로 배열하였음).
　 심 청 : 아부지 웬일리요? 어디 압퍼 그러신가, 더듸 왓다고 이럿타시 진로흐신가…
　 심봉사 : 안이로다! 네 알어 쓸더업다.(多佳書鋪本, 심청전, 상.20ㄱ)
　 심 청 : 어디 압하 그리시오? 소녀가 더더오니 괫심흐야 그리시오?
　 심봉사 : 아닐다!(完山開刊, 심청전, 상. 20ㄱ).
14) 종결어미 '-ㄹ다'의 의 출현과 관련하여 화자와 청자 사이의 상관적 장면을 강조하기 위해서 설명의 편의상 위의 예문의 일부를 재조정하였다.

여바라 츈향아, 네가 나를 모로리라. 나는 뇐고 흐니 화션흐넌 <u>능옥</u>
<u>일짜</u>!(어느 부인→츈향, 병오. 춘. 20ㄴ)

c. 도령 : 네 말리 그려흐면 우리 셔로 빈반마자 밍셰 흐나 할랴. 너가
　　　　 너을 보고 바리면 <u>쇠도련임일다</u>!

　춘향 : 쇼도 도련임이 이쇼?

　도령 : 그려면··· 너을 보고 바리면 열여희이지 못한 초家집의셔 쩌
　　　　 려진 노략이 <u>아들일다</u>!

　춘향 : 말숨이 그려할진더 小女집을 차지소셔(고대본. 춘향. 312)

d. 홍보 : 밤니실이 무엇시요?

　놀보 : 이놈, 도젹질한단 <u>말일다</u>!(필사. 홍보. 323ㄷ)

e. 춘향 : 에, 여보시요. 그런 잡소리난 마오.

　도령 : 이이 그게 잡담이 안이라 <u>진담일짜</u>!(張子伯 창본.춘.37),
　　　　 네가 날를 셤게도 네 졀향이 업는 비 <u>안일짜</u>!(사또→춘향, 상
　　　　 동. 72)
　　　　 성졍이 나면 남산 밍호 갓튼 <u>양반일다</u>(방자→춘향, 상동. 춘,
　　　　 13)
　　　　 이이 날과 <u>동갑일짜</u>(도령→춘향, 상동.15)
　　　　 에, 이놈 <u>상놈일짜</u>!(도령→방자, 상동.19)
　　　　 네 말이 빅옥의 틔업난 <u>마음일다</u>!(도령→춘향. 상동. 30)

　위의 예문의 가운데 출현하는 '-ㄹ다'는 대부분 상관적 장면에서 화자의 느
낌이나 새로운 인식을 진술하는 감탄법어미에 대체로 가깝다고 생각한다.[15]
그러나 일정한 사실에 대한 화자의 인식 내용을 진술한다는 점에서 이 문법
형태소는 문체법상 설명법의 영역과 쉽사리 구분이 되지 않는 일면도 있다.[16]
그렇기 때문에, (5)a에서 84장본 완판본 『열여춘향슈졀가』에 등장하는 '네가
밋친 자식일다'에 해당되는 부분이 신재효가 개작한 판소리사설 『춘향가』에

---

15) 그러나 다음과 같은 예문에 나타나는 '-일다'는 단독적 장면에서 실현된 것으로 보인다. 방
　자 이면의 복기여 광한누로 도라와 도령님게 엿자오니 도령님 그 말 듯고 기특한 <u>사람일</u>
　<u>다</u>.(수절, 상. 11ㄱ)

16) 고영근(1989: 309)의 설명에 따르면, 문체법에서 어말형태소 '-다'로 대변되는 "설명법"의 특
　징은 화자의 인식내용에 대한 단순한 진술일 뿐이며, 상대방에게 새로운 정보를 요구하거
　나 행동수행을 요구하지 않는다는 것이다.

서는 '밋친 연의 자식이다'와 같이 '-다'로 대치되어 나타나기도 한다. 이러한 대치 현상은 어말어미 '-르다'가 보유하고 있는 기능의 애매성으로 인하여 20세기에 들어 와서 설명법의 '-다'로 형태론적 합류를 경험하게 되는 직접적인 계기를 보이는 것이다.

또한, 예문 (5)에 등장하는 '-르다'가 표출하고 있는 화용론적 상황을 면밀히 검토해 보면 이 문법형태는 단순한 감탄법의 영역 이외에, 화자가 심증과 같은 주관적 믿음을 토대로 하여 사태를 확인 및 강조하는 기능을 보인다. 이러한 '-일다'의 기능은 현대어에서 선어말어미에 의하여 나타내는 서법 가운데 강조법 또는 확인법에 접근하여 있다. 따라서 이것은 중세국어의 자료를 대상으로 허웅(1975)에서 설정된 이른바 "강조·영탄법"의 영역과 같은 양면적 성격을 갖는다. 그러나 화자가 주관적 믿음이나 또는 객관적 판단에 따라 갖게 되는 심리적 요소인 사실의 "강조"와 "영탄/감동"의 성격은 그 간극이 불연속적인 것이 아니라 연속체를 이루고 있지만, 두 개의 심리영역은 서로 분리될 수 있다고 생각한다. 예를 들면, (5)a에서 이도령 심부름으로 찾아 온 방자에게 춘향이가 화를 내며 내쏘는 말 "네가 밋친 자식일싸!", (5)b에서 개천에서 먹을 감다가 옷을 몽땅 도둑질 당하고, 마침 지나가는 무릉태수 일행에게 닥아가 떼를 써보려는 심봉사가 "너가 지금 황성가는 소경일다!", 또한 (5)c에서 주저하는 춘향에게 장담하며 약속하는 이도령이 "니가 너을 보고 바리면 쇠도련임일다!", 그리고 (5)d에서 심술난 놀보가 홍보에게 던지는 말 "이놈, 도젹질한단 말일다!" 등에 쓰인 '-르다'는 화자의 감동이나 감탄의 심리적 성분보다는 사실의 강조 또는 확인의 서법적 요소가 강하다.

그렇다면, 19세기 후기 전라방언 자료에서 종결어미 '-르다'가 문체법에서의 설명법이나 감탄법의 영역을 떠나서 확인법 또는 강조법과 같은 서법의 역할을 담당하고 있는 사실은 이것이 그 이전의 단계에 감동법의 '-이로다'와 연관되어 있음을 뜻한다. 필자가 19세기 후기 전라방언 자료에 산발적으로 출현했던 '-이로다'의 예문 (3)을 제시하면서 이것은 화자의 감동이나 영탄을 주

로 나타내기 보다는 화자의 인지 상태에 대한 새로운 확인 또는 강조를 담당
하고 있을 것으로 추론한 바 있다.[17] 이러한 변화는 '-이로다'형의 기능이 중
세 국어적 감동법의 "감동"과 "영탄"으로부터 확인 또는 강조의 영역으로 이
행하여 왔음을 의미한다. 따라서 '-이로다'에서 형태론적 축약을 거친 '-르다'
형 역시 19세기 후기 전라방언에서 어말어미의 범주에 속하였으나, 그 기능은
아직도 그 이전 중세 국어적인 서법의 범주를 반영했던 문법형태 '-이로다'의
지배와 간섭을 받고 있었다.

위의 예문 (5)a에서 '네가 밋친 자식일다!'와 같은 대목은 張子伯 창본『춘향
가』에서는 다음과 같이 또 다른 어말어미 '-르시'로 대치되어 있다. 엇짜, 그 자
식 밋친 자식일시! 도련님이 날를 엇지 아라 부른단 말이냐(11ㄱ). 19세기 후기 전라방
언 자료에서 문법형태 '-르시'는 '-일세, -이로쇠, -이시' 등의 변이형들을 갖고
있는데, 이들은 당대의 상대경어법 체계에서 해라체 '-르다'에 대한 하게체에
해당된다(최전승 1990).[18]

2.2 19세기 후기와 20세기 초엽 중부방언 중심의 일상어를 중심으로 외국
선교사들이 작성한 일련의 한국어 문법서에 역시 어말어미 '-르다'가 적극적
으로 등장하였고,『ᄉ과지남』(*Korean Grammatical Forms*, 1894)에서 Gale은 이 형
태에 대해서 명시적인 설명을 한 바 있었다.[19] 그러나 이들 초기 文法書에 예

---

17) 이러한 경향은 19세기 후기 전라방언에만 특유한 지역방언적 현상은 아니고, 일정한 시대의
   전반적인 상황이었을 것으로 보인다. 필사본 고소설 부류에 등장하는 '-르다'에서도 "강조"
   와 "확인"의 기능이 "감탄"의 기능보다 더욱 강하게 실현되어 있는 것 같다. 용모가 이러ᄒ
   니 필시 츙신일다만은 엇지 외국의 일개 신홍을 익기고....(필사본, 반필셕견 17ㄴ)
18) 19세기 후기 전라방언 자료에 등장하는 어말어미 '-일시, -일세, -이로쇠, -이시' 등속에 대한
   설명은 본고의 제3장을 참조.
19) 외국인이 최근 작성한 현대 한국어 문법서에까지 '-르다'(1920년대까지 주로 文語에 국한되
   어 사용된)에 대한 항목이 지속적으로 배려된 사실을 보면, 19세기 후반 일련의 서양 선교
   사들의 문법서가 후대에 한국어를 연구하는 외국인 학자들에게 끼치는 막대한 영향력의 일
   단을 실감케 한다. 그러한 보기가 바로 Martin 교수의 한국어 연구의 결정판『한국어문법총
   람』(*A Reference Grammar of Korean*, 1992)이다. Martin 교수는 이 문법서의 제2부에서 현대 한
   국어의 모든 문법형태소들을 백과 사전식으로 총괄하는 <Grammatical Lexicon>을 설정하고,
   여기에 형태론적 분석과 다양하고 풍부한 예문들을 첨가하였다. 이 가운데 ilta형이 등재되

문으로 제시된 축약형 '-ㄹ다'의 사례들을 지금까지 논의된 19세기 후기 전라 방언 자료에 등장하는 화용론적 상황과 대조해 보면, 또 다른 새로운 양상을 보여 준다.

Ridel을 중심으로 파리 외방선교사들이 작성한 *Grammaire Coreenee*(한어문전, 1881)과, 동일한 시대의 산물인 Gale의 *Korean Grammatical Forms*(ᄉ과지남, 1894, 1916) 등에 예문으로 사용된 '-ㄹ다'의 용례들을 제시하면 다음과 같다.

(6) a. 담비란 거시 장히 더운 거실다(한어문전, p.41)
   b. 그거술 모로느냐? 면일다(상동. p.39)
     무슴 즘승이냐? 물일다(상동. p.2)
     이 칼이 뉘칼이냐?(A qui ce couteau?), 내거실다(C'est ma chose)
     더의 칼이 아닐다(de lui la chose ce n'est pas, 상동. p.54)
   c. 부모를 공경ᄒᄂᆞ는 이가 효ᄌᆞ일다(상동. p.56), 내 ᄯᆞᆯ이 아직 병신은 아
     닐다(상동. p.37)

(7) 초록은 흔 빗칠다(辭課指南, 개정판, 1916, p.147: 94 항목), 그림의 ᄯᅥᆨ일
   다(154: 130), 병이 량식일다(159: 158), 적어도 호초알일다(160: 161),
   낫계난 독갑일다(160: 164), 연청이가 아니면 일식일다(162: 172), 독안
   의 든 쥐일다(163: 177), 십년 공부 나무아비타불일다(165: 189), 일가
   싸홈 개 싸홈일다(142: 69), 드르면 병이오 안드르면 약일다(139: 57),
   눈만 감으면 코 버혀 먹을 세상일다(143: 75)

(8) 그 사롬일다, 춤말일다(A Corean Manual or Phrase Book, Scott. 1887:
   51), 신실흔 사롬일다, ᄉᆞ정업는 일일다(상동. 105)

위의 예문에 등장하는 '-ㄹ다'형들의 성격을 간단히 규정하기는 어렵다. 여기서 '-ㄹ다'의 쓰임은 19세기 후기 전라방언 자료에 등장하는 이 문법형태가

어 있는데(1992: 571), 여기에 소개된 예문들은 주로 19세기 후반 Scott(1887, 1893), Ridel
(1881: 127), Gale(1894) 등에서 인용되었다. 또한 여기서 이 문법형태는 방언형이며, 동시에
ilota의 축약형임이 틀림없을 것으로 풀이되었다.

보유했던 변별적인 기능과 조금 상이한 서법의 영역을 나타내거나,[20] 또는 강조와 확인법의 기능이 어느 정도 약화되어 직설법상의 설명법어미 '-다'와 문법적으로 중화된 상태를 보이기 시작하였다.

Gale은 『ᄉ과지남』(1894: 1, 항목번호 3)에서 '-일다'는 "명사 또는 명사구 다음에 오는 단순 서술어(simple predicate)의 기능을 갖는 어미로서, 영어의 계사 'be'에서와 같이 선행하는 명사의 성격과 본질을 표시" 한다고 기술하였다. 이러한 설명에 덧붙여 그는 다음과 같은 예문을 열거하였다. 이거시 무에냐 금일다(p.2). 또한 같은 책에서 Gale(1894: 19, 항목 41)은 '-ᄒ다, -일다, -거/커든' 부류를 열거하고, 이러한 종결어미들은 "하인과 아동들에게 사용하는 형태들"이라는 상대경어법에 관한 설명을 하였다. 이 항목에서 다시 제시된 '-ㄹ다'의 예문은 다음과 같다. 다 먹고 이쓴일다.

또한, Gale은 같은 책에서 '-ᄒ는 고나, -ᄒ구나, -이로고나, -이로다, -일세, -렷다, -ᄒ려니' 등과 같은 부류는 이른바 상관적 장면에서 혼자 스스로에게 사용하는 詩的 형태(Poetic and indifferent forms: forms are used as though speaking to one's self-marking indifference to those present)로 설명하였다(1894: 38). 여기서 현대국어의 감탄법어미 '-(는)구나'와 아울러 '-이로다'와 '-일세', '-렷다' 등이 같은 항목에 포함되어 있는 사실이 주목된다. 상대경어법의 위계에서 '-ㄹ다'의 예사낮춤 형태인 '-ㄹ세'를 Gale은 현대국어(1930년를 전후로 하는)의 서법체계에서(고영근 1989) 일종의 감탄법 또는 확인법을 대표하는 형태들과 동일하게 취급한 것이다. 19세기 후기 중부방언에 사용되었던 '-ㄹ다'와 '-일세', 그리고 '-이로다'에 대한 Gale의 이와 같은 변별적인 식별을 우리가 어느 정도 그대로 수용한다면, 앞서 이와 비슷한 시기의 전라방언 자료에서 '-ㄹ다'와 '-이로다'의 논의도 약간 수정될 필요가 있다. 즉, §2.1에서 축약형 '-ㄹ다'는 설명법어미 '-다'에

---

20) 초기의 문법서에 등장하는 '-일다'의 예문들이 19세기 후기 전라방언 자료에서의 경우와 다른 양상을 보인다는 사실은 자료상의 성격의 차이에 근거한 피상적인 관찰일 가능성이 크다. 그렇기 때문에, 문법서의 '-일다'에 대한 문법적 기능의 논의 역시 19세기 후기 자료의 경우에도 적용하여도 큰 문제는 없을 것이다.

접근하였으나, 擬古的 표현에 주로 등장하는 원래의 형태 '-이로다'는 그 이전 단계의 감동법의 영역을 잔존시키고 있을 가능이 있다. 또한, 상대경어법에서 '-ㄹ다'와 용법의 차이를 보이는 '-일세'(제3장에서 논의됨) 및 그 변이형들은 중세 국어적 감동법에서 현대어에 접근하는 문체법상의 설명법어미로 옮겨 오는 과정에서 '-ㄹ다'의 경우 보다 느린 변화의 속도를 보였을 것 같다.

그러나 위의 (7)의 예문들이 있는 Gale의 개정판 문법서(1916)에 등장하는 '-일세'의 쓰임을 살펴보면 다음과 같이 그 특질이 '-ㄹ다'의 경우와 거의 동일함을 발견할 수 있다. 범의 아가리에 날고기 너흔 셈일세(157: 146), 미련호기는 곰일세 (158: 148), 업친 물일세(165: 187), 안질에 노랑슈건일세(160: 163). 이러한 '-일세'의 용례들과 마찬가지로 예문 (7)에서 '-ㄹ다'는 주로 관용표현이나 속담과 관련되어 있다.[21] Gale(1916)에서 이러한 관용 표현구나 속담들은 또 다른 종결어미 '-흐느니라' 계열(즉, '-흐느니, -흠닌다, -흠니다)으로 등장하였다. 따라서 심재기(1988)는 Gale(1916)에서 이러한 관용 표현구들을 화용론적으로 검토하고, 고영근 (1965/1989)에서 설정된 현대어(1930년대를 전후한)의 서법체계에서 직설 원칙법('-하느니라')을 이용하여 '원칙담'(즉, 원칙법에 의한 표현)을 배정하려고 시도하였다.[22] 고영근(1965/1989)의 서법체계에서 '원칙법'에 관한 설명에 의하면, ㄱ) 이

---

21) 심재기(1988)에서 지적된 바와 같이 Gale(1894, 1916)은 다양한 관용표현구와 속담 및 그 시대상을 반영하는 생활 어휘와 한자숙어를 구사하였다. 그러나 필자가 조사한 바로는, Gale의 초판 문법서『辭課指南』의 예문들은 日本 外務省藏版 再刊『交隣須知』(1883)에 있는 예문들에서 어휘와 표기, 그리고 종결어미에 약간의 수정을 거쳐 직접 차용된 부분이 많다(특히 再刊『交隣須知』의 凡例와『辭課指南』의 예문 배열의 목차는 대부분 일치한다). 兩者 간의 예문의 차이를 일부 제시하면 아래와 같다.
　　月 : 둘이 볼그니 심심헌더 말솜이나 허옵시다(交隣, 天文, 1: 1ㄴ)
　　　　둘이 붉으니 니아기나 흐다 갑세다(指南, 天文, 1, 항목 2)
　　老人星 : 노인셩은 남방의 나되 보는 사름은 쟝슈혼다 허지요(交隣, 天文, 1: 1ㄴ)
　　　　로인셩이 남극에 잇눈디 보면 쟝슈흐다 홈닌다(指南, 天文, 1: 1ㄴ)
22) Gale(1916: 22, 항목 52)은 이른바 '-흐느니라'계열 형태에 대해서 다음과 같은 특성을 열거하였다. (ㄱ) 독립적인 장면에 쓰이는 현재 직설법이다. (ㄴ) 추상적으로 일반적인 진술을 할 때 사용된다. (ㄷ) 또한, 미래시제에도 쓰이며, (ㄹ) 지시를 내릴 때도 쓰인다. 그리고 특히 '-(흐)느니라' 형태에 아동들에게 사용되는 낮춤의 어미라는 상대경어법의 화계도 이 책에서 배정되었다. 예를 들면, "상쳐에 바람 쇠면 죽느니라, 그냥 두어도 가느니라."

것은 원칙적 내지 기정적 사실과 같은 객관적 경험에 의거하여 화자가 청자에게 행동의 규범을 명시하거나 묵시하는 동시에, ㄴ) 의무를 규정할 수 있고 허락이나 금지의 의미를 함축시킬 수 있다고 한다.

이러한 원칙법과 원칙담의 관점에서 위의 예문 (7)의 어말어미를 다시 검토하면, 여기에 사용된 '-ㄹ다'는 비유와 같은 속담에 등장하지만 화자의 의도에 대한 통상적인 전달의 기능, 즉 직설법상의 설명법어미의 기능이 보편적으로 두드러지는 것 같다. 단지 설명법어미와의 차이점은 화자의 의도가 자신에게나 청자에게 새롭게 강조 내지는 확인된다는 점이다. 따라서 '-ㄹ다' 형태는, 필자가 §2.1에서 추출한 바와 같이, 서법체계에서 원칙법의 영역보다는 차라리 강조법 또는 확인법 부류에 접근하고 있다. 이러한 사실은 Gale의 초판 문법서 『ㅅ과지남』(1984: 1)에 열거된 문답식 예문 '이거시 무에냐, 금일다'에서 확인할 수 있으며, 또한 위의 (6)b에서 열거된 『한어문전』(1881)의 문답식 예들도 이와 동일한 패턴을 보인다. 이와 동시에 위의 예문 (6)에서 (8)까지에 반영된 '-ㄹ다'의 화용론적인 성격을 검토해 보면, 화자의 주관적인 판단이나 정보에 대한 확인과 강조의 기능으로부터 객관적인 정보의 단순한 전달의 영역에까지 연속되어 있음을 알 수 있다.[23] Gale(1894: 1)이 문법서 초판 『ㅅ과지남』에서 어말어미 '-ㄹ다'를 英語의 계사 'to be'로 파악한 근거도 이러한 '-일다' 기능상의 이행에 있었을 것이다.[24] 따라서 19세기 후반의 단계에서 '-ㄹ다'가 보유하고 있던 양면적 특성과, 이로부터의 기능의 점진적인 이행은 출현하는 화용론적 환경, 즉 (ㄱ) 상관적 장면, (ㄴ) 절대적 장면, (ㄷ) 관용구 표현과 속담 등에서 상이하게 실현되었을 것이다.

1920년대에 들어 와서도 종결어미 '-ㄹ다' 형태가 필자에 따라서 부분적으로 소설, 일기, 수필 등에 '강조'와 '확인'의 서법 기능과, '-이다'의 영역에 접

---

23) 이와 같이 19세기 후반 문법서에 반영된 '-ㄹ다' 형태가 강조와 확인법의 영역으로부터 화자의 단순한 정보전달의 설명법어미로 이행하여 가는 과정은 같은 시기 Underwood에 의해서 작성된 『한영문법』(1890)에서도 관찰된다. 개가 지질뿐일다(p.376).

24) Martin(1992: 571) 역시 '-일다'를 영어의 계사와 같은 기능으로 파악하고 '-이다'와 동일하다고 풀이하였다.

근한 설명법어미와 같은 양면적 성격으로 사용된 흔적을 찾을 수 있다.

(9) a. "아아, 오늘은 나의 어룬되는 생활의 첫날일다!" 하고 부르지젓습니
　　 다.(春園의 '갓샤와 샤죄', 『白潮』 제2호, 1922, p.214)

　　 cf. "아!! 나는 참으로 感想的 人物이다. 그리하고 너머도 內弱한 子이
　　　　 다!" 하였다(羅彬 譯 투게네프 散文詩. 둘째, 『白潮』 제2호, p.154)

　　 b. "산 詩로다, 참 藝術이다, 浪漫的일다" 하고 비판을 나리웟다(노자영
　　　　 의 '漂泊', 『白潮』 제1호, p.4)

　　　　 惠善은 하얀 손수건을 마지막으로 세네번 흔들고 그만 자최가 업서
　　　　 져 바린다. 그의 가는 곳은 東京일다(상동, p.5)

　　 c. 廢墟는 영원한 沈默일다. 이 沈默의 意味를 언더스탠드할 수 잇는 者
　　　　 라야 廢墟를 論할 수 잇을 것이다. 廢墟는 永遠한 沈默의 雄辯일다.
　　　　 그러나…彷徨躊躇는 우리의 금물이다(필명 星海의 '廢墟雜記', 『廢墟』
　　　　 제2호, 1921, p.149)

1920년대 문예잡지 『백조』와 『폐허』 등에 산발적으로 나타나는 이러한 '-르
다'는 모든 문학 장르와 작가들에 걸쳐 보편적으로 사용된 것 같지는 않고,
작가들의 개인적 방언 또는 스타일과 관련된 인상을 준다. 그러나 위의 예문
에서도 '-르다'의 성격은 '-다'와 기능상 쉽게 변별되지 않는다. 필자가 나타내
려는 감동이나 느낌, 그리고 주장이 강한 감탄문에서도 '-르다'와 '-다'는 서로
교체되어 등장하는 것이다. 이러한 단계에서 우리는 '-르다'의 전통적인 고유
한 기능이 점진적으로 상실되어 설명법어미 '-다'로 대치되어 가는 형태론적
합류의 과정을 관찰할 수 있다.

이러한 현상과 관련하여 『조선문단』(1925) 제11호부터 13호에까지 3회에 걸
쳐 연재된 주요섭(1902년 평양 출생)의 일기체 형식의 중편소설 <첫 사랑 값>에
등장하는 '-르다'와 '-다'의 끊임없는 교체는 특별히 주목할 만하다. 이 소설
가운데 사용된 종결어미 '-르다'의 출현 분포는 '-다'의 경우를 훨씬 상회하고
있다.25) 또한, 다음과 같이 '-르다'가 등장하는 예문에서는 화자의 느낌에 대

---

25) 주요한의 <첫 사랑의 값>에 사용된 '-르다'와 '-다'의 분포는 다음과 같은 구절에서 특히 두

한 확인과 강조와 같은 의도적 기능을 확인할 수 있다. 끈침엄시 '단념해라, 단념해라'하는 량심의 부르지즘일다…'련애에는 국경이 업다'구는 누구나 하는 말일다…그것은 한개의 nowhere일다…그러면서도 혹시나 하는 희망을 가지고 아츰마다 우편국에 가보는 것일다(제2회, p.42).26) 그 반면, 같은 문맥에서도 '-ㄹ다'의 출현이 예상되는 표현에서 종결어미로 '-다'가 사용되기도 하였다. 그러타 련애는 눈이다…얼굴? N은 결코 미인이 안이다! 그러면 나는 그의 색에 취한 것도 아니다. 돈도 아니다. 이상한 일이다. 사랑은 무엇이라거니 말진 거짓말이다!(제2회, p.38)

또한, 다음과 같은 독백체의 예문에서는 화자의 강한 느낌이나 강조 또는 확신에 대해서 종결어미 '-ㄹ다'와 '-다'가 뒤섞여 사용되기도 하였다. 따라서 주요한의 <첫 사랑의 값>에 반영된 '-ㄹ다'와 '-다'의 문법적 기능은 어느 정도 상실된 것으로 생각된다.

(10) a. '안이다! 안이다! 나는 이런 일을 니저 버려야 한다. 지금이엇던 째인가. 이런 달콤한 맛에 취할 째가 <u>안일다</u>.(제1회, p.30)
　　 b. '오! 그러면 바른 손이다' 하고 나는 겨오 안심하는 숨을 내쉬엇다. 그러나 내가 미친 <u>놈일다</u>. 나는 속으로 '안된다, 안된다' 하엿다(제1회 p.30)

지금까지 예문 (9)에서의 예들과 주요섭의 중편소설 등에 등장한 '-ㄹ다' 용법에 대한 몇 가지 관찰에서 다음과 같은 사실을 추정할 수 있다. 즉, 1920년대로 오면서 적어도 문학의 장르상에서도 '-ㄹ다'의 기능과 지속은 일종의 잔존형과 같은 성격을 보였으며, 이미 그 이전 단계서부터 수행된 '-ㄹ다'의 기능 상실과 '-다'로의 합류의 원인은 의사전달의 수행 가운데에서 찾을 수 있

드러진다.
내가 N을 사랑한다. 숨길 수 업는 <u>사실일다</u>. 더구나 첫 <u>사랑일다</u>. 내 량심이 증명한다…<중략> 그러나 나는 N의 일생을 갓치할 동무가 될 자격이 업는 자이다. 나는 <u>리긔주의일다</u>. 나는 넘우 리해 <u>타산덕일다</u>.(제2회, p.54).
26) 주요한의 '첫 사랑의 값'에는 주시경(1909: 93)의 '끗'의 체계에서 이른바 '홀로'에 해당되는 擬古體 형식의 '-이로다'가 감탄법어미로 사용되기도 하였다.
엣, 사내 자식 갓지 못한 몸이로다(제2회, p.42), 오호라, 나는 괴로운 사람이로다!(제2회, p.58)

다. 즉, 화자가 전달하려는 일정한 내용의 느낌이나 감동, 또는 확고히 주장하려는 강조의 서법적 기능이 서법체계가 상이한 다음 세대 혹은 동 시대의 청자들의 입장에서 더 이상 인지되지 못하게 되는 상황이 그것이다.

2.3 1920년대를 전후하여 그 기능을 상실하고 설명법어미 '-다'로 합류된 '-르다'의 변이형들이 '강조' 또는 '확인'의 서법상의 기능을 유지하여 일부의 지역방언에 잔존하여 있는 경우도 확인된다. 20세기 초엽 함북 육진의 다양한 특징을 정밀하게 음성전사한 러시아 Kazan' 자료 가운데 하나인『한국인을 위한 철자교과서』(Azbuka dlja Korejtsev, 1902, 러시아정교 선교협회, 약칭: 교과서)에 19세기 후기 '-이로다', 또는 '-르다'와 관련 맺을 수 있는 방언형 '-이르다'가 출현하였다.[27]

> (11) a. nɛ komi anigu wãirida. nege tyaŋgɛ tirgi soonirida.(내 곰이 안이
>   구 왕이르다. 네게 댱개들기 소온이르다, 교과서 86: 61)
>
>   b. anirida, narage toni manadəngerida. narage orumi isət'ə ngerida.
>   (아니르다, 나라게 돈이 많았던 게르다. 나라게 옳음이 있었던 게르
>   다, 교과서 38: 30)
>   cf. narage magi s'ar toni əptəngeda.(나라게 막을 살 돈이 없던
>   게다, 교과서 38: 30)
>
>   c. nɛrida, kʰin amɛ! purgɤun šak'wɛrida.(내르다, 큰 아메! 불군 사꽤
>   르다, 교과서 24: 22)
>
>   d. nari tagu, nɛ maririda. mot haɤɛt'a, nɛ nari tgagu. ne marinya?
>   nɛ marita.(나르 다구, 내 말이르다. 못하겠다, 내 나르다구. 네 말
>   이냐? 내 말이다. 교과서 6: 14)

----

27) 카잔 자료『한국인을 위한 철자교과서』(Azbuka dlja Korejtsev, 1902)에 반영된 방언은 20세기 초엽의 함북 鏡興方言으로, 대부분 大文豪 돌스토이(Tolstoj)가 러시아어로 편집한『새로운 철자교과서』(Novaja Azbuka)에 나오는 이야기를 한국어로 번역하고, 각각의 문장을 키릴문자로 음성전사를 하여 제시하였다. 이 책의 상세한 소개와 언어현상의 기술은 곽충구(1994)를 참조. 필자가 여기에 이용한 자료는 J. R. P. King 교수가 제공한 것이다. 따라서 키릴문자의 로마자 전사는 King 교수에 전적으로 의지하였다.

위의 예문에 사용된 '-이르다'형의 문법적 기능은 지금까지 우리가 논의한 '-일다' 또는 '-이로다'의 범주와 대략 일치하고 있다고 생각한다. 또한, (10)b 에서 '있었던 게(것이)르다~없던 게(것이)다', (10)d에서 '내 말(馬)이르다~내 말이다'에서 이 문법형태는 설명법어미 '-다'와 교체되어 등장한다. 따라서 20세 기 초엽의 육진방언형 '-이르다'는 어말어미 '-로다'의 변이형임이 분명한데, '-이로다>-이르다'의 변화는 향격조사 '-으로', 비교격 조사 '-처로(처럼), 및 형식명사/조사 '-대로' 등의 비어두음절 '-로'가 이 시기의 육진방언에서 각각 다음과 같이 '-으르, -테르, 대르'로 실현되는 유형들과 동일한 과정이다.[28] namu pat kyət^{h}iri tɛŋgyesyə(나무밭(숲)으로 댕겼어, 교과서 37: 29), kidɛri hɛɛsyə(그대로 했어, 교과서 31: 26), soon hanindɛri(소원하는 대로, 교과서 80: 52), narguet^{h}yəri targari kudur mithiri(썰매처럼 달걀을 구들 밑으로, 교과서 28: 25).

현대 경북 북부방언과 안동방언의 설명법어미 가운데 가장 특징적인 형태는 해라체의 서술격조사(계사) '-잇다'이다. 이 문법형태는 안동방언의 서술법과 의문법 체계를 기술한 강신항(1978)에서 주목된 바 있다. 강신항 선생은 안동방언에서 '내 차잇다, 꿈잇다, 내 아: 아닛다, 저게 머로? 비행깃다'와 같은 여러 용례를 제시하며, "이 지역에서는 체언서술어의 의미에 역점을 주어서 이른바 지정사 '-(이)다, 아니다'를 강하게 의식하고 있는 것처럼 느껴진다. 그러나 단순히 '-(이)다'가 쓰이어 '개다', '말이다'와 같이 쓰이는 경우도 많다."(1978: 10)와 같이 관찰하였다. 또한, 「이부 자리 피이 놓고 암만 바래도 안와」("뿌리 깊은 나무 민중 자서전" 8, 嶺南班家 며느리 성춘식의 한 평생, 1992) 등의 구술 자료에서도 사용된 '-잇다'의 예들을 쉽게 찾을 수 있다. 내가 복이 없어서 이만한 집, 좋은 집에 와가지고 내가 못사는 것 내 복잇다…내가 복이 없는 사

---

28) 이와 같이 20세기 초반의 방언자료에 출현하는 서술격조사(계사) '-이르다'형은 King(1989: 45)에서 六鎭方言의 가장 흥미있는 특질 중에 하나로써 주목되었다. King 교수는 중세국어의 동사 '일다'(되다)를 상기시키며, 현대어 '-이라, -이로다'에서 流音 'ㄹ'이 보존되어 있음을 지적하였다. 그리하여 그는 '-이르다'형이 중세국어의 동사 '일다'의 반사체일 가능성이 있으며, 또한 이것은 15세기 국어자료 『龍飛御天歌』에서 해석상의 논란의 여지가 많은 '天下ㅣ 定홀 느지르샷다'(10: 28, 제99장)에 나오는 '-이르샷다'와 관련이 있음을 시사하였다.

람잇다(p.49). 이 구술자료에서 '성춘식 부인의 봉화말'을 검토한 최명옥(1992: 16)은 '사람잇다, 복잇다' 등에 보이는 '-잇다'는 강조의 의미를 나타내는 계사로 간주하였다.

이와 같이 통상적으로 강조의 의미를 나타내는 방언형 '-잇다'는 그 문법적 기능과 형태로 미루어 볼 때, 바로 '-ㄹ다'의 반사형일 가능성이 많다. 여기서 '-일다>-잇다'로의 음운론적 과정을 합리적으로 이끌어낼 수는 없다.[29] 그러나 안동방언형 '-잇다'가 현대에 와서도 강조의 기능으로 파악된다는 사실은 19세기 후반의 전라방언 자료와 외국 선교사들의 문법서의 용례들에 출현하는 '-ㄹ다'의 기능과 밀접한 관계를 맺고 있음을 알리는 것이다. 그러나 안동방언에서 또 다른 어말어미 형태 '-ㄹ다'가 용언어간과 결합되어 사용되는 사실이 특히 주목된다. 강신항(1978: 12)에서 제시된 예를 여기에 인용하면 다음과 같다. ㄱ) 내사 몰다(나야 모르겠다), 옳을다(옳겠다), ㄴ) 넘겨야 델다(넘겨야 되겠다), 못 할다(못 하겠다). 이러한 예들에 대한 강신항 선생의 설명에 의하면, 여기서 서술법어미 '-ㄹ다'는 화자의 추측, 가능, 의도 또는 확실한 사실을 나타낸다고 한다.[30] 이러한 '용언어간+일다'의 구성은 우리가 본고의 §2.1에서 19세기 초엽의 자료『金剛永言錄』에서 추출한 '世上人心 거의 알다'(40 首)를 연상케 한다. 그렇기 때문에, 예를 들면, 안동방언의 '내사 몰다' 등의 종결어미는 중세국어의 서법체계에서 감동법으로부터 '-모르리로다>-몰다'의 과정을 거친 것으로 생각된다. 따라서 안동방언에서 용언어간에 연결된 '-ㄹ다'의 형

---

29) 그렇지만, '-일다>-잇다'와 같은 변화 유형을 연상시키는 예들이 19세기 후반의 지역방언 자료『漂民對話』에서 다음과 같이 확인되기도 한다.
   ㄱ) 이싯가 보냐(p.18, 37, 51)   ㄴ) 이쏫가 보냐(p.32)
   ㄷ) 아니 줏가 보냐(p.45)   ㄹ) 크지 아닌터 엇지 흣가(p.31)
   ㅁ) 피가 못나게 됫가 보냐(p.20)   cf. 制船홀 길이 이실가 보온고(p.31, 46)
   이 자료를 검토한 김영신(1988: 478-479)은 위의 예들에서 '-ㅅ가'는 '-ㄹ가'에서 온 것으로 설명하였다.
30) 최현배(1971: 449)는 '-ㄹ다'의 베풂꼴이 예전 말에 있었을 것은 '-ㄹ가'의 물음꼴이 지금도 많이 사용됨(갈가, 할가 등등)으로 보아서 충분히 짐작되지만, '-ㄹ다'는 지금말에는 일반으로 사용되지 않고 다만 경상도 방언에만 쓰일 따름이라고 관찰하였다. 예를 들면, 갈다(張去), 그리할다(張爲), 달아날다(張走) 등등.

태 역시 서술격조사의 '-일다'와 동일한 성격과 기능의 반영인 것이다.[31]

|3| 예사낮춤 '-ㄹ세'의 형성과 방언적 분화

한글학회 편 『큰사전』(1957: 942)에 따르면, '하게'체 종결어미 '-ㄹ세'는 (ㄱ) 상관적인 장면에서는 하게할 자리에, (ㄴ) 단독적인 장면에서는 혼자 스스로 생각을 베풀어 말할 때 지정사 어간에 쓰이는 종결어미로 규정되어 있다. 이러한 문법형태 '-ㄹ세'는 현대국어에서 그 생산성을 상실하고 보편적인 직설 설명법어미 '-네'로 합류되어 가고 있다(남기심/고영근 1985). 그러나 '-ㄹ세'형은 해라체 '-일다'의 경우에서와 동일하게 'ㄹ'을 실현시키는데, 이것은 고영근 (1974/1989: 254)에서 이른바 지정사의 형태론적 지표로 간주된 바 있다.[32]

19세기 후기 외국 선교사들이 작성한 한국어 문법서에서 '-ㄹ세'형은 형태 상 일관성을 띠고 있으며, 이것이 속담이나 관용구 표현에 주로 사용될 때는 '-ㄹ다'와 상대경어법상의 위계에서 큰 차이를 나타내지 않았다(본고의 §2.2를 참조). 19세기 후기 전라방언 자료에 나타나는 종결어미 '-ㄹ세'에 해당되는 방 언형들은 역시 예사낮춤의 자리에 배당되었지만, 그 변이형들은 '-(이)로세, -ㄹ세, -로쇠, -로시, -시, -이쇠' 등과 같은 다양한 모습으로 출현하였다. 19세 기 후기 전라방언 자료에서 이들 다양한 방언형들의 형태론적 구성과 역사적 형성 과정을 살펴보기 전에, 먼저 '-ㄹ세'형들의 1920년대와 1940년대를 전후

---

31) 안동방언에서 '용언어간+-ㄹ다'의 구성이 그 이전 단계의 '용언어간+-(으)리로다'의 반사형 이라면 다음과 같은 의문이 떠오르게 된다. 즉, '용언어간+-ㄹ다'를 'NP+-이로다>-일다> -잇다'와 대조하였을 때, 이것은 어떤 이유로 용언어간말 자음 'ㄹ'이 유지되었을까?

32) 한길(1991: 166)은 '-일세'가 보이는 의미, 화용론적 특성을 이것이 사용되는 장면적 특성에 따라 구별하여 관찰하고, 이 종결어미의 의미적 특성은 화자가 청자에게 일정한 내용을 단 순하게 서술하는 것보다 '알림'이나, '생각 또는 느낌의 서술'인 것으로 파악하였다.

한 지역방언형들의 분화와 그 분포 지역을 小倉進平(1924)을 통해서 조감해 볼 필요가 있다.

小倉進平(1924: 82-83)은 1920년대 남부방언에서 사용된 종결어미 가운데 '-르세, -로세, -시, -새' 등을 추출하고, 이들은 '사람일세'와 같이 'to be'의 '일'形에 '-세'를 붙이던지, '사람이로세, 사람이세, 사람이시'와 같이 '-이'에 '-로세, -세, -시' 또는 '-새'를 붙이는 것으로써, 同輩에 대하여 응답하는 형태로 간주하였다. 小倉進平(1924)의 조사 가운데 경상도와 충청도 지역을 제외하고, 당시의 전남과 전북지역에서 분포되어 있던 방언형 어미만을 추출하여 이들 형태들이 분포된 상황을 요약하여 제시하면 다음과 같다.

(12) <전북> ㄱ) '-르세'로 발음하는 지방 : 군산, 전주, 무주
　　　　　 ㄴ) '-르세, -시, -세'로 발음하는 지방 : 임실
　　　　　 ㄷ) '-르세, -시'로 발음하는 지방 : 남원
　　　　　 ㄹ) '-르세, -세'로 발음하는 지방 : 정읍
　　 <전남> ㄱ) '-르세, -시'로 발음하는 지방 : 장성
　　　　　 ㄴ) '-시'로 발음하는 지방 : 광주, 구례, 순천, 광양, 돌산, 여
　　　　　　　　　　　　　　　　　　수, 고흥, 벌교, 보성, 장흥, 남해
　　　　　 ㄷ) '-세'로 발음하는 지방 : 옥과, 곡성, 목포, 함평, 나주, 영
　　　　　　　　　　　　　　　　　　광(但, 곡성지방에서는 약간 '-르
　　　　　　　　　　　　　　　　　　세'形을 사용한다)

이러한 '-르세'형에 대한 지역방언형들의 분포를 보면, 전북에서 '-르세'형이 중심을 이루고 여기서 '르'이 탈락된 '-시'와 '-세'형이 약세를 형성하는 반면, 전남 일대에서는 후자의 형태가 더욱 확대되어 있다.[33] 또한, 小倉進平은 나중에 『朝鮮方言의 硏究』(자료편, 1944: 416-417)의 <助動詞> 항목에서 위의 자

---

33) 小倉進平(1924)에 의하면, (1) 종결어미 '-르세'형은 전북지역 이외에 충청남북도, 강원도의 일부, 그리고 경상북도의 서부에까지 확대되었으나 경상남도의 해안지방에서는 그 세력이 미치지 못하였다. 그리고 (2) '-로세'형은 경상남도의 일부에서 등장하며, (3) '-세'형은 전북의 남부, 전남의 북부 이외에 또한 강원도 울진 등지에서 출현한다. (4) '-새'형은 경상북도의 대부분에서 분포되어 있다고 한다.

료와 분포를 더욱 보강함과 동시에, 이들 방언형들에 대한 간단한 해설을 첨가하였다. 그는 종결어미 '-ㄹ세'에 대하여 [答], [現在], [指定], [謙讓], [對等]과 같은 문법적 특질을 제시하고, 이것은 [l-sø-da](-ㄹ쇠다)로부터 '略轉'된 형태로 간주하였다.34) 小倉進平이 위와 같은 자료에서 제시한 '助動詞' 목록에 의하면, (140)[l-sø-da]형이 실제로 충남 일부지방에서 사용되고 있으며, 이것의 문법적 자질은 '-ㄹ세'와 동일하지만 높임법에서만 [對等]에서 [對上]으로 조정되어 있다. 또한, 전남의 대부분과 전북의 남원과 임실 등지에 출현하는 [-si]형이 갖고 있는 특성은 [l-se]에 준하며, 그 기원도 동일하게 파악되었다.

현대 전남과 전북방언에서 이들 문법형태는 일반적으로 'ㄹ'이 탈락된 '-시, -세' 등으로 대표된다. 전남방언의 합성어미와 서법을 취급한 김웅배(1991: 195)는 서술법 예사낮춤을 나타내는 어미 '네, -데, -음세, -시'를 열거하고, 이 가운데 '-시' 형은 상태 동사와 서술격조사의 어미로만 사용된다고 기술하였다. 김웅배(1991)가 다음과 같이 제시한 전남방언의 '-시'의 쓰임 중에서 접미사 '-하다'가 첨가되어 형용사 어간을 형성하는 예들이 특히 주목된다. ㄱ) 자네도 대단하시, ㄴ) 날쌔가 이상 후덥덥하시, ㄷ) 그 사람 존 사람이시, ㄹ) 어느 새끼인자 봄이시. 또한, 김웅배(1991: 196)은 전남방언의 '-시'의 문법적 기능을 설명하면서, 이 형태는 중부방언의 '-네'에 근접하지만 '-네'보다는 화자의 주장이 더욱 분명하게 표시된다고 하였다.35) 그러나 예사낮춤의 어미 '-시'와 '-네'는

---

34) 고창운(1995)은 현대국어에서 예사낮춤의 종결어미 '-ㄹ세, -으이,- 음세, -다네' 등의 문법 특성과 의미를 논의하는 자리에서, "(1) 수행의지 표시의 유무, (2) 사실성 인식 태도, (3) 사실성 보장 언질의 태도, (4) 들을이 인지 여부, (5) 새로 앎 여부"와 같은 다섯 가지의 식별 기준을 설정하고, 이 가운데 '-ㄹ세'가 보유하고 있는 의미 특질은 [+사실성 인식(현재 사실)], [±사실성 보장], [±들을이 인지], [±새로 앎]이며 기준 (1)은 여기에 관여할 수 없다고 기술하였다. 따라서 그는 '-ㄹ세'의 기본 의미는 문장의 내용을 현재의 사실로 인식하고 있다는 것으로 파악하였다(p.113).

35) 그런데 전남방언에서 '-시'가 형용사 어간에도 연결되어 출현할 수 있다는 김웅배(1991)의 언급이 주목되는데, 여기에 해당되는 예문은 주로 접미사 '하-'(爲)에 한정된 것 같다. 또한, 이기갑 교수는 본고와 관련하여 필자에게 보낸 私信에서 전남방언에서 이 '-시'는 다음과 같이 동사어간에도 연결될 수 있다고 하였다.
예문) 쩨깐헌 차가 차말로 잘 가시(조그마한 차가 정말로 잘 가네).
그리하여 이기갑 교수는 위의 예문의 '-시'가 어원적으로 '-이로쇠'에서 발달한 것이라면,

선어말어미와의 결합에서 약간의 차이를 보인다. 즉, 과거의 '-었-', 추정의 '-것-', 그리고 주체높임의 '-시-' 등은 '-네'와 결합할 수 있지만, '-시'와의 결합은 불가능하다(예 : 께깟했네/*께깟했시, 께깟허겄네/*께깟허겄시, 께깟허시네/*께깟허시시).36)

위의 예문 (12)에서와 같이 1920년대와 현대 전남과 전북 방언에서 '-르시, -르세, -시' 등으로 나타나는 문법형태들은 19세기 후기 전라방언 자료에서도 대략 동일한 모습을 보이고 있으나, 이들 가운데 '-로쇠, -로세, -로시'형들이 다음과 같이 일반적으로 출현하였다.37)

    (13) **a. '-로쇠'**
        (ㄱ) 쳔만 이외 말이로쇠(도령 → 춘향 모, 춘남. 40),
        (ㄴ) 홍보 처 : 그것 아미 외씨졔?
        홍보 : 아니로쇠.
        홍보 처 : 그리ᄒ면 여지씬가?
        홍보 : 안니로쇠(판. 박. 356), 어허, 그 쑴 신통ᄒ늬, 쟝이 죠흔
        쑴이로쇠(봉사 → 춘향, 춘. 남.72)
    b. '-로세'
        (ㄱ) 어사 : 그 안의 뉘 잇나?
        춘향 모 : 뉘시오?

일반 동사나 형용사의 경우 감탄의 어미 '-로-'가 올 수 없었기 때문에 '-로쇠'에서 직접적으로 '-시'가 발달한 것으로 보기는 어렵고, 이 경우는 지정사에서 쓰였던 것이 확대된 결과로 보아야 한다고 판단하였다.

필자는 전남방언에서 일반 동사와 형용사에 '-시'가 출현하는 다양한 예들을 확인하지는 못하였다. 그러나 (1) 1920년대와 1940년대 小倉進平(1924, 1944)에서 제시된 전남과 전북 방언에서의 '-르세/-르시/-세/-시' 등이 지정사에서만 출현하였고, (2) 19세기 후반 전라방언 자료에서 이들 형태의 출현 분포 역시 이와 비슷한 양상을 보이고 있다. 이러한 분포상의 제약으로 미루어 볼 때, 김웅배(1991)와 이기갑 교수가 제시한 일반 동사와 형용사에 출현하는 '-시'는, 이기갑 교수가 위에서 지적한 바와 같이 지정사에만 쓰였던 종결어미 '-시'가 類推에 의해서 확대되었을 가능성이 많다고 생각한다.

36) 전남방언에서 예사낮춤의 어미 '-네'와 '-시'가 사용되는 용법상의 특질과 예문은 이기갑 교수의 설명에 전적으로 의지하였다.

37) '-로쇠' 등의 종결어미의 쓰임을 문맥 속에서 나타내기 위해서 자료의 배열을 필자가 임의로 약간 수정하였다.

>   어사 : <u>니로세</u>.
>   춘향 모 : 니라니 뉘신가?
>   어사 : 이 <u>서방일세</u>.
>   춘향 모: 이 셔방이란니… 올체, 이 풍원 아들 이셔방인가?
>   어사 : 허허, 장모 <u>망영이로세</u>. 날을 몰나? 날을 몰나?
>   춘향 모 : 자너가 뉘기여?(수절, 하. 30b)
>   (ㄴ) 날 찻기 으외로세, 쉰사가 <u>안이로세</u>, 쌍가미 탈 쑴이로세(봉사
>   →춘향, 수절, 하. 22ㄴ)
>
> c. '-로시'
>   (ㄱ) 어사 : 춘향 어머 게 잇나?
>   춘향 모 : 게 뉘가 나를 찻난가?
>   어사 : 이 <u>셔방일시</u>.
>   춘향 모 : 이 풍원 아들 이 셔방인가?
>   어사 : 허허, 장모, <u>망영이로시</u>(丙午板, 춘.27a),
>   (ㄴ) 저긔 안진 춘향말이로시(사쏘→낭쳥, 장자백 창본 춘향가 71),
>   우리 선조 양반이 모도 망신을 할 <u>마리로시</u>(도령→춘향 모, 수
>   절, 하. 41ㄱ).

위의 예문에 등장하는 종결어미들은 '-로쇠>-로세>-로시'와 같은 변화 과
정이 공시적 變異의 모습으로 반영하고 있다고 생각한다. 19세기 후기 방언 자
료에서 제일 오래된 모습을 보이는 '-로쇠'는 신재효의 『판소리 사설』의 표기
에만 보이는 형태로, 다른 판소리계 고소설 부류에서 이것은 '-로세' 또는 '-로
시'로 대치되어 있다. 이 '-로쇠'형은 17세기와 18세기의 근대국어의 형태로
소급될 수 있다. 어와 자네는 우은 사름이로쇠(捷解新語 9. 19ㄱ), 무샹을 싱각ᄒ
니 다 거즛거시로쇠(念佛普勸文, 海印寺本, 서왕가, 31ㄱ), 삼일ᄒ온 넘불은 빅쳔만
겁에 다홈업슨 보뵈로쇠(좌동. 32ㄱ). 18세기 『念佛普勸文』에 또한 '-로쇠다'형이
'-로쇠'와 더불어 공존하고 있었다. 뎌지 셩은 딘가요 일홈은 졍슈요 나흔 열
다슷시로쇠다(좌동. 興律寺本, 5ㄱ). 이러한 사실을 보면, '-로쇠' 부류의 종결어미
는 '-로소이다, -로쉥다, -로쇠다' 등의 선행 형대로부터 어말어미의 간소화 과
정을 거쳐 발달해 온 것으로 상대경어법의 위계도 예사낮춤으로 하강되었다

(김정수 1984). 그렇다면, 19세기 후기 전라방언형 '-로세'의 '-로-'는 중세국어에서 감동법 선어말어미의 반영인 것으로 생각된다. 따라서 원래의 기원적인 '-이로소이다'형은, 19세기 후기의 단계에서 '-르다'로 축약된 선행형태 '-이로다'와 존비법의 위계에서만 차이를 보이는 셈이다. 한글학회 편『큰사전』(1957: 953)에 '-로세'형이 지정사의 어간에 붙어 '-르쎄'의 뜻으로 감탄을 나타내는 어미로 풀이되어 있는 사실로 미루어 볼 때, 이 축약형 역시 '-르다'의 경우와 동일하게 중세국어 서법체계의 일단을 化石으로 유지하고 있다.

위의 예문에서 '-로세'가 사용된 (13)b의 ㄱ)은 84장본 완판『열여춘향슈절가』에서 인용된 이 도령과 춘향 모와의 대화 내용인 반면, '-로시'가 사용된 (13)c의 ㄱ)은 33장본 완판 丙午板『춘향전』에서 인용된 동일한 장면이다. 그러나 '-로세>-로시'의 변화를 보이는 '-로시'형 역시 84장본『열여춘향슈절가』에도 나타난다.38) 현대 전남과 전북방언에서 확인되는 어말어미 '-시'(김웅배 1991)는 19세기 전라방언형 '-로시'로부터의 발달일 가능성이 크다. (13)b의 예문 ㄱ)에 나오는 '이도령: 늬로시'의 '-로시'형태는 張子伯 창본『春香歌』의 동일한 대목에서는 다음과 같이 축약된 형태 '-시'로 나온다. 도령 : 춘향모 거 인난가? 춘향모 : 게 뉘기요? 도령 : 늬시. 춘향모: 늬란이 게 뉘게? 도령 : 이셔방일씨(p.110).

(13)의 예문 가운데 '-로세'와 같은 성격을 갖고 있는 또 다른 문법형태 '-르세'와 '-르시'가 등장하고 있다. 이들은 '-이로세'에서 형태론적 축약이 한 단계 더 발달되어 '-이로다>-일다'와 동일한 '-이로쇠>-일쇠>-일세>-일시'의 과정을 나타내는 것 같다.39) 이러한 축약형 역시 현대 전라방언에서의 종결어

---

38) 그러나 이와 비슷한 시기의 자료인 再刊『交隣須知』(1882)에서는 '-이로세'형만 등장하였다.
　　져 사롬은 셩품이 팍허고 미련헌 사롬이로세(1. 31ㄴ)
　　菊花 : 국화는 여러 가지로세(2. 30ㄱ)
　　　　　표풍은 삽삽히 부는 ㅂ람이로세(1. 5ㄴ)
　　　　　어버이게 효양허는 형테로세(1. 39ㄱ)
39) 허웅(1989: 144-147)은 16세기 국어의 자료『청주 북일면 순천김씨묘 출토 간찰』(1565-1575년 사이)의 편지글 가운데 등장하는 다양한 '맺음씨끝'을 검토하면서, 여러 용언어간과 연결된 어미 '-을쇠'형을 '-으리로소이다>-으리로쇠>-을로쇠>-을쇠'와 같은 변화를 거쳐 왔을 것으로 해석하였다.

미 '-시'의 선행 형태였을 것으로 보인다. 왜냐 하면, 변화의 마지막 단계 '-ㄹ시'형의 'ㄹ'은 후행하는 치찰음 'ㅅ'의 영향으로 탈락되어 전라방언에서 '-시'로 결과되기 때문이다.[40] 이러한 음운변화를 반영하는 '-(이)쇠'형들 역시 19세기 후기 전라방언 자료에서 다음과 같이 쉽게 찾아 볼 수 있다.

> (14) **'-이쇠'**
>   즈늬 마리 쏘 실체쇠(이도령 → 춘향모, 춘. 남. 66)
>   즈늬 딕답 엇지 ᄒ노 보자고 흔 말이쇠(심봉사 → 뺑덕이네, 판. 심. 222)
>   밧은 검고 안은 불고 정녕훈 부억이쇠(변강쇠 → 옹녀, 판. 변. 560)
>   들 것 다 드러씨니 어서 타고 보난 슈쇠(놀보 → 허망이,판. 박. 406)
>   입은 복식 꿈인 밉시 남 보기는 과긱이나 ᄒ는 말슴 뵈는 기운늬 짐
>   작은 의심이쇠(춘향 → 이도령, 춘. 남. 74)
>   견쳐업난 셔방 기여 어들테쇠(뺑덕이네 → 심봉사, 판. 심. 222)

위의 예문에 나오는 19세기 후기 전라방언형 '-(이)쇠'형은 현대 전남과 전북방언에서 사용되는 '-시'형에 접근하고 있다. 두 단계의 형태 사이의 차이는 우리가 (13)의 예에서 '-이로쇠＞-이로세＞-이로시'에서 확인하였던 음성변화를 거쳐 조정될 수 있다.

지금까지 19세기 후기 전라방언 자료에서 추출된 '-ㄹ세'의 세 가지 유형의 변이형 a) '-이로쇠, -이로세, -이로시, b) '-일세, -일시', 그리고 c) '-이쇠' 등은 중세국어의 감동법의 서법체계에서 출발한 어미 '-(이)로소이다'형으로부터 어말어미 탈락 및 일련의 형태론적 축약과 같은 문법화를 거쳐 현대 전라방언형 '-시'로 이르는 중간단계를 반영하고 있다고 생각한다. 예사낮춤의 이 문법형태가 이러한 과정을 거치는 동안에 수행하였던 서법범주의 변화, 즉 감동법에서 강조 또는 확인법으로의 점진적인 이행은 전적으로 19세기 전라방언에

---

40) 이와 같은 유형의 음성변화는 동일한 음성조건을 구비하고 있는 다른 문법형태소들에 적용되지 않았으며, 또한 전라방언 등지에서 더 이상 生產性을 상실했다. 그러나 현대 전남 구비민담 가운데 실현되는(예문 15a, c를 참조) '-말이시, -말시>-마시'와 같은 변화도 '-일시>이시'의 경우와 동일한 과정을 반영한다고 생각한다.

서의 또 다른 종결어미 '-르다'와 동일하였을 것이 분명하다. 이러한 관점에서, 위의 (13)과 (14)에 등장하는 '-이로쇠, -이로시, -일세, -일시, -쇠' 등은 19세기 후기의 단계에서도 화자가 표출하려는 의도나 주관적 판단을 청자에게 확인내지는 강조하는 서법적 기능을 부분적으로 나타내는 것으로 보인다.

대부분의 현대 지역방언에서 아주낮춤의 어말어미 '-르다'는 문법적 기능을 상실하고 설명법어미 '-다'와 합류된 반면, '-르세'의 경우는 1930년대 현대국어에서 보편적으로 사용되었으며, 현대 전라방언에서는 '-시'(김웅배 1991)의 형태로 존속되어 있는 셈이다. 현대 전남과 전북 방언에서 '-르세'의 반사체들과, 쓰임의 화용론적 문맥은 구비민담의 구술과 같은 화용론에서 다음과 같이 추출된다.

(15) a. 살라먼 그런다 <u>마시</u>(6-2,『한국구비문학대계』, 1981, 전남 함평군 엄다면 31: 190, 구술자의 이야기를 듣던 청중들이 조사자에게 부연 설명)

　　b. 자기 남편이 문둥이라 <u>말이시</u>(엄다면 44: 225, 구술자: 김정균 88세)

　　c. 그에 둘이 떠억 올라 가다 상자놈이 중간에가 따악 숨어 버렸다 <u>마시</u>(김정균 88세, 6-2, 함평군 엄다면 24: 150)

　　d. 그런디 우리가 다 행세 행허고 살았지마는 그 작은 마느래 얻어갖고 사는 사람 큰 마누래는 불쌍헌 <u>사람이시</u>(구술자가 이야기 끝에 청중에게 하는 교훈/한평군 엄다면 57: 257)

　　e. 그런디 그 부인네가 말이여, 지침을 허면 혈담이 나와, 지침을 하면 혈담이 나온단 <u>말이세</u>(함평군 엄다면 김정균 88세, 57: 257)

(16) a. 배가 점복이 되야서 딱 죽어 부렀다 **<u>말이시</u>**(함평군 점암면 24: 478, 마영식 60세)
손가락 한 세 개가 들어 갈 정도로 굴이 있다 **<u>말시</u>**(점암면 33: 512, 마영식 60세)

　　b. 아, 천우신조로 범이 개로 이 놈이 기양 자기에 뵈있다 **<u>말세</u>**(점암면 36: 526, 마영식 60세)

(17) (소금장수→즈그 마누라) : 어느 사람이 나를 찾아 올 <u>걸시</u>. 찾아와서
그 사람허고 나허고 언쟁을 허믄 자네가 뭐이라고 정지에서 야단을
허소…자네가 뭐이라고 허면은 나가 그냥 창시를 내분대끼 그렇게 하
고 옷속에서 개 창시를 마당에 내던질 <u>꺼이시</u>(『남도문화연구』, 제2집,
'羅老島 학술조사 연구', "나로 도의 설화", 18. 재치있게 위기를 모면
한 소금장수, 구술자: 고귀열 67세>, 1986: 374-375).

(18) 아, 그년 못쓸 <u>년이시</u>, 서방질할 <u>년이시</u>(『한국구비문학대계』, 5-1, 남
원 산내면 설화 1: 80. 친구사이)

위의 예문 가운데 (15)와 (16)에서 '-말이시, -마시, -말시, -말세'와 같은 유
형은 단순한 정보 전달의 기능보다는 화자의 표현 내용에 대한 강조와 확인
의 의도가 잘 나타내는 화용론적 標識(discourse marker)의 기능을 맡고 있다. 따라
서 현대 전남과 전북방언의 종결어미 '-(이)시, -ㄹ시' 등의 선행 형태를 보이는
19세기 후기 전라방언 자료에 등장하는 예사낮춤의 '-로쇠, -로세, -로시, -일
시, -쇠'가 보유했던 기능 역시 이러한 범주에서 크게 벗어나지 않았을 것으로
판단한다.

|4| 결 론

지금까지 필자는 여러 유형의 19세기 후기와 20세기 초엽의 국어방언 자료
에서 출현하는 아주낮춤의 종결어미 '-ㄹ다' 및 예사낮춤의 '-일세'와 그 지역
방언형 '-이로쇠, -이로시, -일세, -일시, -이시, -시' 등의 생성과 발달, 그리고
현대 지역방언으로의 분화와 소실의 역사를 문법화의 관점에서 이해하려고

시도했다.

(1) 두 가지 종류의 문법형태소에 공통적으로 출현하는 이른바 지정사의 지
표 '-르-'의 기원은 중세국어의 감동법(고영근 1981) 또는 강조 영탄법(허웅
1975)의 선어말어미 '-도-'형이 서술격조사와 '-으리-' 밑에서 교체된 '-로-'
로 소급된다. 그리하여 '-르다'형은 중세국어의 높임법에서 'ᄒ라'체의 '-
이로다'에서, '-일세'와 그 방언형들은 'ᄒ쇼셔'체의 '-이로소이다'에서 어
말어미의 간소화와 형태론적 축약의 과정을 점진적으로 밟아 온 것이다.

(2) 19세기 후기 전라방언 자료와 외국 선교사들이 작성한 초기 문법서들에
생산적으로 출현하는 '-르다' 및 '-르세'와 그 변이형들의 문법적 기능은
중세국어 서법체계에서 감동법의 영역을 벗어나서 강조법 또는 확인법
의 범주에 접근하여 있었다. 그러나 '-르다'의 경우에는 그 성격이 부분
적으로 현대어의 단순한 직설 설명법어미의 성격에까지 확대되어 있었
다고 해석하였다. 이들 문법형태에 시간적으로 수행되었던 형태론적 축
약과 간소화 과정을 통해서 그 기능이 '중세국어의 감동법 → 19세기 후
기의 강조법 또는 확인법 → 현대어의 직설 설명법어미'로의 이행의 원
인은 문법화의 과정과, 그 쓰임에 있어서 상관적 장면과 단독적 장면에
서의 기능의 분화, 그리고 전통적인 화자와 새로운 세대의 청자 사이에
일어나는 의사 전달의 불일치 원리에서 이해하려고 하였다.41)

(3) 종결어미 '-르다'의 경우에는 1920년대 이후 대부분의 지역방언에서 기
능의 약화로 인하여 통상적인 설명법어미 '-다'로 합류되었다. 그러나

---

41) 이기갑 교수는 필자에게 보낸 본고의 논평에서 '감동법'과 '강조법/확인법'의 구별이 그렇게
선명하게 드러나지 않는다고 지적하였다. 그러한 이유를 이기갑 교수는 다음과 같이 언급하
였다. 즉, 설명법 어미의 대부분이 한국어에서는 감탄이나 강조/확인의 기능을 겸하고 있기
때문에, 예를 들어 중앙어의 '-다'와 '-네'는 각각 '해라체'와 '하게체'의 설명법 어미이면서
다른 한편으로는 상대를 의식하지 않고 발화하는 혼자말일 경우 '감탄'이나 '강조/확인'의
의미를 표시할 수 있다는 것이다(예. ㄱ. 참 달도 밝다! ㄴ. 참 달도 밝네!).
이기갑 교수는 위의 이러한 사정이 전라도 방언의 '-이시/-시' 등에서도 동일할 것으로 보았
다(예. ㄱ. 참 달도 밝으시! ㄴ. 멋진 꿈이시!).

경북 북부의 안동방언 등지에서 사용되는 종결어미 '-잇다'형이 '-일다 >-잇다'의 변화를 수행하여 강조와 확인과 같은 화자의 강한 의도를 표출하였던 19세기 후반의 기능을 유지하고 있다. 또한, 안동방언에서 쓰이는 종결어미의 특징으로 서술격조사에 실현되는 '-잇다' 이외에, 통상적인 용언어간에 연결된 어미 '-ㄹ다'형이 출현하고 있다('내사 몰다, 옳을다, 못할다' 등등). 이와 같은 형태론적 구성(용언어간+-일다)에서도 19세기 후기의 '-ㄹ다'의 기능이 확인된다. 그러나 안동방언에서 'NP+-이다'에서는 '-일다>-잇다'의 변화를 수행한 반면, 'VP+-일다'에는 이러한 변화가 저지된 이유는 알 수 없다. 이러한 현상은 용언어간에서의 의미 변별의 문제와 관련된 것으로 보인다.

(4) 종결어미 '-ㄹ세'에 해당되는 19세기 후기 전라방언형 (a) '-이로쇠, -이로세, -이로시', (b) '-일세, -일시', (c) '-이쉬' 등은 현대 전남과 전북방언형 '-시, -ㄹ세' 등으로 이르는 과정을 보이고 있다. 현대 전남과 전북 방언에 사용되는 종결어미 '-시, -ㄹ세'형의 화용론적 기능은 화자의 주관적 인식 또는 판단 내용을 청자에게 확인시키고 새삼 강조하는 데 있다고 보았다. 그리고 이러한 '-시, -ㄹ세'의 문법적 기능은 19세기 후기에 등장하는 다양한 '-ㄹ세'의 변이형들에게서 그대로 이전되었을 것으로 파악하였다.

(5) 19세기 후기 전라방언에서 '-ㄹ다' 및 '-ㄹ세'의 방언형들의 분포가 이른바 지정사 어간에만 국한되어 실현되었는데, 그 출현 환경상 이렇게 한정되어 나타나는 이유는 알 수 없다. 왜냐 하면, 19세기 초엽 金履翼의 자필본 시조집『金剛永言錄』에서 '世上人心 거의 알다'의 예(§2.1을 참고), 그리고 안동방언에서 용언어간에 출현하는 용례들에 비추어 볼 때, 19세기 후기의 '-ㄹ다'는 그 출현의 분포가 제한되어 있었기 때문이다. 이러한 출현상의 고립된 분포에 대한 의문은 '-일세'와 그 지역방언형들에도 적용된다.

참고문헌

강신항(1978). '안동방언의 서술법과 의문법', <언어학> 3호.

고영근(1965/1989), '현대국어의 서법체계에 대한 연구', <국어연구> 15호.

고영근(1974/1989). '현대국어의 종결어미에 대한 구조적 연구', <어학연구> 10-1, 고영근(1989: 246-301)에 수록.

고영근(1981), <중세국어의 시상과 서법>, 탑출판사.

고영근(1989), <국어형태론 연구>, 서울대 출판부.

고영근·남기심(1985), <표준국어문법론>, 탑출판사.

고창운(1955), '예사낮춤 서술씨끝의 문법 특성과 의미', <한글> 228호.

곽충구(1994), <함북 육진방언의 음운론>, 국어학총서 20, 태학사.

김두봉(1916), <깁더 조선말본>, 새글집.

김영신(1988), '<표민대화> 연구', <국어학 연구>, 부산여대 국어교육과 편.

김웅배(1991), <전라남도 방언 연구>, 학고방.

김정수(1979), '17세기 초기 국어의 때매김법과 강조.영탄법을 나타내는 안맺음씨끝에 대한 연구', <언어학> 4호.

김정수(1984), <17세기 한국말의 높임법과 그 15세부터로의 변천>, 정음사.

심재기(1988), '게일 문법서의 몇 가지 특징, - 원칙담의 설정과 관련하여-, <한국문화> 11호, 서울대.

이기갑(1982), '전남 북부방언의 상대 높임법', <언어학> 5호.

이경우(1990), '최근세 국어에 나타난 경어법 연구', 이화여대 박사학위논문.

주시경(1910), <국어문법>, 고영근/이현희 교주(1986), 탑출판사.

최명옥(1992), '성춘식 부인의 봉화말', <뿌리 깊은 나무 민중 자서전> 8, "영남 반가 며느리 성춘식의 한 평생", 뿌리 깊은 나무사.

최전승(1986), <19세기 후기 전라방언의 음운현상과 그 역사성>, 한신문화사.

최전승(1990), '판소리 사설에 반영된 19세기 후기 전라방언의 특질-경어법 체계를 중심으로-, <한글> 210호.

한 길(1991), <국어 종결어미 연구>, 강원대학교 출판부.

허 웅(1975), <우리 옛말본>, 샘문화사.

허 웅(1989), <16세기 우리 옛말본>, 샘문화사.

허 웅(1992), <15, 6세기 우리 옛말본의 역사>, 탑출판사.

小倉進平(1924), <南部朝鮮의 方言>, 조선사학회.

小倉進平(1944), <朝鮮語 方言의 硏究>(하), 암파서점.

Hopper, P. J and Elizabeth C. Traugott.(1993), *Grammaticalization*, Cambridge University Press.

King. J. R. P.(1989), A 1902 Cyrillic-Script Rendition of "Red Riding Hood" in North Hamkyeng Dialect', *Harvard Studies in Korean Linguistics* edited by Susumu Kuno et als.

Lichtenberk, Frantisek.(1994), 'Review on Grammaticalization' by Hopper & Traugott, *Language* 70-4. pp.821-828.

Martin, S. M.(1992), *A Reference Grammar of Korean*(한국어문법총람), Charles E. Tuttle Company.

Traugott. E. C. and Bernd Heine.(1991), 'Introduction' to *Approach to Grammaticalization*, Vol. 1, John Benjamins Publishing Co.

제 9 장

19세기 후기 전라방언의 처소격
조사 부류의 특질과 변화의 방향

|1| 서 론

1.1 이 글에서 필자는 19세기 후기 전라방언 자료에 반영된 처소격 조사 부류들이 보이는 공시적인 분포상의 특성과, 이러한 역사적 단계에서부터 오늘날의 전남과 전북방언으로 변천해 가는 형태론적 과정과 그 방향을 부분적으로 기술하려고 한다.[1] 19세기 후기 전라방언에서 사용되었던 것으로 추정되는 처소격 형태들은 '-의'(으, 이)와 '-여', '-의로', 그리고 '-게(께)'와 '-한틔/한티' 등이다. 여기서는 주로 낙착점을 가리키는 '-의'와 그 변이형 '-여' 그리고 지향점의 '-의로'형만을 취급하려고 한다. 필자가 특히 이러한 대상에 관심을 갖게 된 이유는 현대 전남과 전북방언 그리고 여타의 다른 지역방언들에서 관찰되는 독특한 처소격 부류의 형태와 그 분포의 특이성에 있다.

현대 전북과 전남방언에서 쓰이고 있는 처소의 부사격 조사들에서 여러 가

---

1) 이 논문은 2000년도 전북대학교 학술연구 조성비 지원에 의해서 작성되었음. 이 글의 초고는 2000년 11월 18일 국어문학회 정기학술발표대회(전북대학교)에서 발표되었으며, 지정 토론자인 전북대학교 고동호 교수의 논평으로부터 많은 도움을 받았다.

지의 관점에서 매우 독특한 형태론적 구성이 존재하고 있음은 지금까지의 방
언문법 연구를 통해서 잘 알려진 사실이다(이기갑, 간행 예정). 낙착점을 지시하
는 처소격 조사 '-에'와 출발점의 '-에서'(또는 '에'와의 다른 복합 구성체) 등이 이
들 지역방언에서 표준어에서 관형격 조사의 표지로 사용되는 '-의'(주로 '-으'
그리고 드물게 '-이'로 실현된다)와, '-의서'(으서)로 대치되어 실현되는 빈도가 매우
높은 현상이 특히 주목된다. 그러한 예들을 노년층의 화자들을 중심으로 전북
정주시에서 수집된 구비 설화에서 추출해 보면 다음과 같다.2)

> (1) ㄱ. 산으서(p.136), 산속으서(136), 천당으다가(136), 산밑이를 보닌게(136),
>   마당으서(137), 산이서(137), 산중으서(137), 새복으 마당으서(137),
>   뒷산으다(137), 산으 가서(137), 낭중으(138), 아침으 일어나서(p.138), 옆
>   으다 지대놓고(138), 새벽으(138), 저녁으(138)
> 　ㄴ. 귀이다 대드만(p.141), 앞으다(141), 집으서 자고(145), 집이가 자지
>   (145), 저녁으(145), 방으선(145), 우그다 놓고(146), 그 뒤여(146),
>   아적으(148), 아적으도(150), 나간 뒤여(148), 부억짝으서(148), 들을
>   적으(148), 치간이 가서(148), 치간이로 가서(148), 정지 밑이다
>   (150), 배꼽으다(153), 질 속으다(153), 낭중으사 구녁으다 대고(153)

위에서 제시한 전북방언의 처소격 형태들은 물론 극히 일부에 불과한 것이
다.3) 그리고 (1)의 예들을 추출한 자료에서 동일한 토박이 화자들이 또한 규

---

2) 예문 (1)ㄱ과 (1)ㄴ은 『한국구비문학대계』(5-5, 전북 정주시·정읍군편, 1987)에 수록되어 있는
   정주시 설화 가운데에서 나온 것이다. (1)ㄱ은 정주시 설화 36으로 토박이 화자 이성기(당시
   83세)씨의 구술이며, (1)ㄴ은 정주시 설화 37, 38, 39로 최복일(당시 83세)씨의 구술 내용에서
   등장한 예이다. 이러한 예들은 필자가 정문연에서 배포한 해당 지역 구술 테이프를 통해서
   다시 확인하였다. 어렵게 구한 정주시와 정읍군의 구비설화 녹음 자료를 필자에게 장기간 빌
   려 준 전북대학교 김규남 선생에게 감사한다.
3) 예문 (1)과 같은 처소격 조사 유형은 전남방언에서도 거의 동일한 모습으로 나타낸다. 이기갑
   교수는 『뿌리깊은 나무 민중자서전』(1992: 12)으로 간행된 이봉원 노인의 전남 벌교 말에 대
   한 간단한 해설에서 처소격 조사의 쓰임을 다음과 같이 지적하였다. "처격의 조사 '-에'는 명
   사 '집' 다음에서는 예외없이 '-이'로 실현되며 나머지 환경에서는 대체로 '-으'로 나타난다.
   그래서 이 노인은 '집이로 가고, 아침으 소 몰고 오고, 그 때 무렵으, 순천으 올라온선, 그쪽
   으서 밀고' 하는 식으로 말한다".(p.13)

범적인 '-에'를 번갈아 사용하는 사례들이 확인된다. 그러나 예문 (1)에서 쓰인 문법형태 '-으'는 현대 전남과 전북방언에서(다른 지역방언에서도 물론이지만) 대표적으로 사용되는 관형격 조사라는 점을 전제할 때, 필자는 다음과 같은 두 가지의 의문을 떨칠 수 없었다. 즉, 첫째, 어떠한 언어 내적 원리에 근거하여 통상적인 관형격 조사 '-으'가 이 지역방언들에서 많은 체언들 뒤에서 낙착점의 처소격 조사의 위치로 대치되어 사용되고 있는 것인가? 둘째, 그리하여 처소격 조사 '-으'를 취하는 체언들의 성격을 공시적으로 규명할 수 있으며, 동시에 이러한 현상에 관여하고 있는 어떠한 통사상의 기제를 파악할 수 있을까 하는 문제이다.

그 반면, 이번에는 이 지역방언에서 관형격 조사 위치에 규범적인 낙착점의 처소격 형태 '-에'가 부단히 사용되고 있다. 물론 관형격 위치에 처소격 형태 '-에'가 대신 출현하는 통사적 현상은 현대국어 대부분의 지역방언들에서 매우 보편화되어 있으며, 그 역사가 근대국어의 단계로 소급되는 것이다. 그러나 19세기 후기 전라방언 자료에서 관형격 조사로서 '-에'의 존재는 전혀 발견되지 않는다. 이러한 사실은 관형격 조사로서 '-에'형이 다른 19세기 후기 당대의 중부와 북부방언(함경방언과 평안방언 중심의)에서 부단히 확인되는 현상과 하나의 분명한 대조를 이룬다. 따라서 현대 전남과 전북방언에서 사용되는 관형격 조사 '-에'의 역사는 비교적 짧은 것이다. 그렇기 때문에 이들 지역방언에서 관형격 조사로 기능을 발휘하는 '-에'의 존재는 그 분포와 출현 빈도에 있어서 기원적인 '-으'를 아직 압도하지 못하고 있다.

필자는 위의 (1)과 같은 예에서 파생된 의문점(즉, 왜 처소격 위치에 관형격 조사 '-으'가 확대되어 있는가)을 부분적으로 해결하려는 하나의 방안으로 현대 전남과 전북방언에 대한 1세기 이전의 모습을 대체로 충실하게 반영하고 있는 19세기 후기 전라방언의 자료에서 이들 조사 형태들의 분포를 다시 살펴 볼 필요가 있다고 판단하였다. 이러한 판단은 필자의 다음과 같은 인식에서 비롯된 것이다. 즉, 오늘날의 공시적 전라방언의 고유한 언어 현상에 대한 관찰이 단순히 기술의 범위를 넘어서 보다 합리적인 해석에 도달하려면 반드시 그 이전의 역사적인 정보를 개입시켜야 한다고 생각한다. 어느 일정한 단계의 공시성은 앞선 역사적 단계에서 수행하여 온 모든 변화들이 각각의 언어 층위에 걸쳐 축적되어 있는 양상을 보이기 때문이다.

그렇기 때문에 오늘날의 지역방언을 형성하고 있는 굴절체계의 형태론적 특징들도 그 자체의 공시적 체계에서 뿐만 아니라, 해당 언어 현상들에 계기적으로 형성되어 온 역사적 과정 속에서 파악되어야 한다. 그리하여 19세기 후기 전라방언의 격 형태와 그 분포 상황을 오늘날의 전남과 전북방언에서 확립된 그것들과의 대조를 통하여, 그 사이에 개입되었다고 판단되는 형태론적 변화의 방향과 진행 과정을 조감할 수 있다고 생각하는 것이다.

1.2 19세기 후기라는 역사적 단계에서 우리는 적어도 개략적이지만 중부방언과 함경도 방언 그리고 평안도 방언, 경상도 방언 등에 대한 공시적 기술을 획득할 수 있는 동시에, 방언 분화의 양상을 확인할 수 있는 단계에 와 있다. 따라서 필자는 19세기 후기 전라방언에서 출현하였던 처소격 조사 부류들의 고유한 특성을 파악하기 위해서 이와 비슷한 시대에 존재하였던 중부방언과 북부방언에서의 해당 조사 형태들의 분포와 그 기능을 비교하여 그 지역적 분명한 차이를 드러내는 작업을 시도하려고 한다.

그러나 필자는 논지의 전개에서 다음과 같은 제약을 안고 출발할 것이다. 즉, 19세기 후기 전라방언의 단계에서 이 지역방언을 특징짓고 있던 격 조사들의 체계 가운데 특히 관형격 조사와 처소격 조사가 맺고 있는 유기적으로 밀접한 관계와 그 출현 분포는 당대에 공시적으로 형성된 것이 아니고, 오랜 시간 심층으로 소급되는 고유한 역사성을 갖고 있음은 자명한 사실이다. 따라서 19세기 후기 전라방언의 특징적인 격 형태들이 보이는 공시적 현상에 대한 설명은 그 이전 단계들을 발판으로 이루어지는 전망적인 역사적인 관찰을 요구한다. 그렇지만 전라방언에 대한 체계적인 통시적 연구가 사실상 어려운 지금의 여건에서 이러한 요구를 충분히 만족시킬만한 잘 알려진 방법은 아직 없다. 그 대안으로, 공시적 언어 현상의 불규칙성과 형태 음운론적 교체를 중심으로 시도되는 내적 재구(internal reconstruction)를 통하여 그 이전 단계의 단편적인 언어 모습을 복원할 수는 있으나, 이러한 이론과 장치가 격 형태론의 영역에까지 지금까지 효과적으로 확대되지 못했다. 이와 같은 방법론상의 제약은 역사 형태론이 앞으로 극복하여야 할 중요한 과제인 것이다.[4]

그러므로, 필자는 이 글에서 오늘날의 전남·북 방언의 격 형태들의 유형과 그 분포(특히, 관형격과 처소격 형태들의 교체의 문제)를 이해하는 하나의 작업으로 먼저 19세기 후기 전라방언에서 출현하고 있던 처소격 형태들의 공시적 분포와 그 특질을 단순히 기술하는 작업에 치중하려고 한다.[5] 그러나 필자가 여기서 의도하는 주된 목적은 19세기 후기 전라방언의 공시적 현상을 기반으로 하여 그 다음 20세기의 단계로 옮겨가는 전이의 과정을 추적하는 것이다. 따라서 현대 전남·북 방언의 처소격 형태들이 보이는 특이성을 19세기 후기 전라방언의 역사성에서 확인하려고 한다. 동시에 여기서 이끌어낸 몇 가지의 변화의 과정과 원리를 원용하여 19세기 이전 단계로부터 문헌 자료로 확인할 수 있는 19세기 후기로 계승된 처소격 형태들의 분포와 발달의 진로를 잠정적으로 추정해 보려고 한다.

---

4) 그러나 최근 인지 언어학의 영역에서 새롭게 출발한 문법화(grammaticalization)의 이론이 역사 형태론을 포함한 방언사의 접근에 어느 정도의 돌파구를 마련하고 있다고 생각한다. 또한 문법화와 연관되어 인지 의미론에서 Traugott를 중심으로 통상적 의미변화가 보여 주는 단일 방향성의 원리를 이용하여 통시 의미론에서 의미의 내적 재구도 시도된 바 있다.
5) 필자는 또한 관형격 조사 '-에'의 출현과 그 통사적 및 기능적 의미를 처소격 조사와 관련된 19세기 후기의 지역방언 그리고 근대국어의 자료를 중심으로 고찰하려는 작업을 따로 준비하고 있다.

|2| 19세기 후기 전라방언에서 지향점의 '-의로'와
낙착점의 처소격 조사 '의'와의 상관성

2.1 현대 전남과 전북 지역방언 일대에서 사용되는 처소격 조사 가운데 방향을 나타내는 향격 조사는 표준어에서와 형태와 기능이 유사한 '-(으)로'형으로 사용되는 것이 일반적이어서 그 자체 지금까지 별다른 관심을 끌지 못했다. 또한, 폐음절 체언에 연결되는 '-으로' 형태가 이들 지역방언에서 또 다른 방언형 '-이로'로 생산적으로 쓰이고 있다는 사실 역시 잘 알려져 있다("저 한 자 집이로 간다고 저 난리다네." 이기갑 1998: 69). 그러나 지금까지의 연구에서 방언형 '-이로'는 기원적인 '-으로'에서 파생된 형태론적 변종으로 단순히 기술되어 왔다.6)

> (2) 1. 동편이로 뻗은 가지(전남 완도 최소심, p.60)
>   우리 가끔이로...우리 까끔이서 나무럴 해...그 집 까끔이로는 나무럴
>   못하러 가것드라(최소심, p.32)
>   낫이로 씨압씨가 뚝 잘라 부렀어(최소심, p.51)
>   아들 한나는 째깐해서 일본이로 들어가서(전남 진도 채정례, p.22)
>   2. 산중 꼴착이로 들어간개(한국구비 5-1, 전북 남원 송동면 5: 260)
>   3. 에이, 작것 그 집이로 머심이나 간다고(한국구비 5-4, 전북 군산시
>   25: 131)
>   4. 음력이로 섣달(전남 강진군 김우식, p.21)
>   요리 칠량이로 건어 왔제(21)
>   봉황이로 건네 와서(21)

---

6) 위의 예문에서 (1)은 각각 『뿌리깊은 나무 민중자서전』, 1992. 9, 전남 진도 최소심씨(조사 당시 84세), 『뿌리깊은 나무 민중자서전』 20, 전남 진도 채정례씨(77세)의 구술 자료에서 인용한 것이다. (2)와 (3)은 『한국구비문학대계』(5-1), 전북 남원 송동면과, 『한국구비문학대계』(5-4) 전북 군산편 가운데 군산시에서 채집한 민담 자료에서 나왔으며, (4)는 역시 『뿌리깊은 나무 민중자서전』19, 전남 강진 김우식씨(당시 88세)의 구술에서 인용하였다.

낫이로 깎어 갖고(27)
운동장 갓이로(26)
cf. 동전으로 맨든 것이(27), 막대기 진 놈으로(27)

이러한 '-이로'형의 지역적 분포는 위의 예에서와 같은 전남과 전북방언 이외에 경기도 방언(임용기 1988: 27; 김계곤 2001)을 위시하여 경북방언(이상규 1999: 39)과 함경방언(이기동 1999: 425)에까지 확대되어 있다. 임용기(1988)는 경기도 광주방언에서 방향 뿐만 아니라 연장과 자격 및 바뀜임을 나타내는 '-이로'로부터 비어두음절 위치에서 모음상승이 수행된 '-이루'형이 체언 '집'(家) 뒤에서와 '낫(鎌), 겨육대학(교육), 안(內), 용인(지명), 이천(지명)' 등에서 확대되어 쓰이는 예들을 제시하였다. 이러한 예들을 보면, '-이로'의 출현이 방향 이외의 다른 지시 범주에서도 가능함을 알 수 있다. 그러나 함경도 방언에 나타나는 변이형 '-이루'의 쓰임을 관찰한 이기동(1999)은 이것은 주로 행동이 미치는 방향성을 보일 때 사용된다고 기술한 바 있다.

지향점의 처소격(향격) 조사 '-으로'에서 첫 음절 '으'의 신분은 종래에 폐쇄음절 앞에서 이차적으로 삽입되는 매개 모음으로 파악되어 왔지만, 1970년대의 전통적인 생성 음운론에서는 '-로'를 앞서는 기저형의 일부로 설정되기도 하였다. 향격 '-로'에 앞 선 모음 '으'의 음운론적 또는 형태론적 신분을 어떻게 이해하든가 간에, 현대 지역방언형 '-이로'를 원래의 '-으로'에서 이끌어 낼 수 있는 합리적인 음운론적 근거를 공시적으로 쉽게 찾을 수 없다. 그리하여 전남과 전북방언에서 향격 조사 '-으로'와 또 다른 '-이로'의 출현 분포는 선행하는 체언의 형태 또는 의미론적 유형이라든가 또는 체언 말음이 보유하고 있는 음운론적 특징에 따라서 간단하게 결정되지 않는 특성을 갖고 있는 셈이다. 따라서 이들 방언에서 '-으로'와 '-이로'형의 공시적인 교체 출현 조건은 일정한 언어 내적인 제약을 받고 있는 것으로 생각되지 않는다. 이와 같은 사실 때문에, 필자는 특이한 방언형 '-이로'의 기원과 관련되어 있을 것으로 생각되는 19세기 후기 단계의 역사적 형성 과정에 주목하게 되었다.

오늘날의 공시태를 선행하는 19세기 후기 전라방언의 자료에서 현대의 '-이로'형은 대체로 '-의로'로 대응되어 출현하고 있는 사실이 관찰된다. 이와 같은 상황에 근거하면, 현대 전남과 전북방언에서 사용되는 '-이로'형은 19세기 후기 전라방언에서 대체로 '-의로' 형으로 소급될 가능성이 있다. 이러한 '-의로'형은 19세기 후기 전라방언에서 경우에 따라서는 오늘날과 같은 '-이로'로 출현하기 시작하는 모습을 보이기도 한다. 그렇다면, 오늘날의 향격 조사 '-이로'형은 기원적으로 '-으로'와 구별되는 '-의로'에서부터 '의>이'와 같은 단모음화의 한 가지 유형을 이 지역방언에서 수행해 온 결과로 잠정적으로 판단된다.

먼저 19세기 후기 전라방언에 등장하는 지향의 처소격 조사 '-의로'의 용례들을 부분적으로 제시하면 아래와 같다.[7]

(3) 1. 밋틔로만 될난인쎄(수절가, 상. 29ㄴ)
     cf. 단장밋틔 빅두룸은(수절가, 하. 29ㄴ)
  2. 끗틔로 길동의 상을 의논홀시(길동. 5ㄱ)
     cf. 말 끗틔 긔절ㅎ야(별춘. 29ㄱ), 편지 끗티 ㅎ여쓰되(병오, 춘. 25ㄴ)
  3. 장막 밧긔로 나오니(화룡, 29ㄱ), 꼿봉이 밧기로 반만 늬다보니(심청, 하. 17ㄴ)
     cf. 장막 밧긔 나셔니(화룡, 43ㄱ), 옥문 밧긔 다다라셔(별춘. 26ㄱ)
  4. 고향의로 도라가(초한, 상. 27ㄱ) ∽ 고힝으로(초한, 상. 28ㄴ)
  5. 허슈익비 모양의로(가람본 춘, 남. 33ㄴ) ∽ 허슈아비 모양으로(춘, 남. 70)
  6. 짜의로 소사난야(충열,하. 25ㄴ), 짜희로 소삿는가(병오,춘. 26ㄱ)
  7. 뒤히로 함성이 더진하며(대봉, 상. 32ㄴ), 뒤히로 짜른 빅(화룡. 58ㄴ), 뒤히로 함성이 진동하거늘(대봉, 상. 33ㄴ) ∽ 뒤흐로 가난듯(대셩, 하. 7ㄴ),
  8. 우희로 향화을 밧들고(길동. 3ㄱ), 우희로 임군을 도와(길동. 14ㄴ), 우의로(적성, 상. 33ㄴ), 우의로 님군 병환 아릭로 모친 마암(판, 퇴.

---

7) 19세기 후기 전라방언 자료의 성격과, 인용할 때의 약칭에 대해서는 최전승(1986)을 참조.

270) ∽ 우으로 임군 병환(완판, 퇴. 6ㄴ)
   cf. 절벽 우희 올나(길동. 16ㄴ), 셤 우의 업더어(길동. 19ㄴ), 수리 우
      의 놉피 실코(충열,상. 25ㄴ), 돌 우의 지니가면(완판, 퇴. 8ㄴ)
  9. 셔의로난(대봉,상. 30ㄴ)--셔으로 도망하여(초한, 상. 30ㄱ)
 10. 층암절벽승의로 오라가니(정사본 조웅 1.10ㄱ)
 11. 흔 고듸로 좃춧(길동. 15ㄴ)
   cf. 흔 고듸 다다르니(길동. 1ㄱ), 놉흔 곳의(충열, 상. 4ㄱ), 엄숙흔
      곳의(충열, 상. 3ㄱ)
 12. 옥문 궁긔로 손을 너여(가람본 춘, 남. 44ㄴ) ∽ 귀문궁그로 너다 보
    니...문궁기로 너다 볼졔(춘, 남. 74)

이러한 (3)의 유형은 동 시대의 여타의 다른 지역방언의 자료에서 생산적으로 사용되지 않았다. 예를 들면, 19세기 후기『텬로력뎡』(1895)에서 향격 조사는 대체로 '-으로'로 등장하였다. 좁은 문으로(41ㄱ), 저희 무음으로(108ㄴ), 근심ᄒᆞᄂᆞᆫ 모양으로(1ㄱ), 밧츠로 둔니다가(137ㄴ), 이방 사람으로(125ㄴ). 그러나 이 자료에서 유일하게 체언 '우'(上)에 한정하여 향격 조사 '-의로'형이 연결된 예들이 관찰된다. 산 우희로 통ᄒᆞ야(43ㄴ), 수리 우희로(117ㄱ).『텬로력뎡』에서 '우'(上)의 낙착점의 처소격은 대부분 '-에'가 사용되었지만, 드물게 '-의'가 나타나는 예도 확인된다. 우희ᄂᆞᆫ 십ᄌᆞ가롤 세웟고(38ㄱ), cf. 산 우에 올나가니(146ㄴ), 우에서(33ㄱ), 우에 현판을 붓쳐(21ㄴ).

또한, 체언 '우'(上)에 연결되는 향격 조사 '-의로'는 이와 비슷한 시기의『독립신문』에서도 관찰되지만, 여기에 '밧-'(外)의 예가 더 첨가될 수 있다. ㄱ) 우희로 나라를 돕고(2권 85호), 이가 아러 우희로 둘이 잇는듸(2권 78호), 두 골 우희 두두러진 듸가 잇서 그 두두러진 우희로 쏠이(2권 78호), cf. 길 우희와(1권 85호), 나무 우희 놋코(1권 88호), 비 우희셔 관병ᄒᆞᄂᆞᆫ듸(2권 78호), ㄴ) 물밧긔로 코를 내밀고(2권 78호), cf. 챵 밧긔 버리지 말고(1권 85호), 물밧긔 나와셔는(2권 78). 이러한 두 가지의 예만 제외하면『독립신문』에서도 향격 조사는『텬로력뎡』에서와 동일하게 '-으로'로만 사용되었으며, 동시에 낙착점을 지시하는 처소격 조사는 대부분 규범적인 '-에'로 단일화되었다.

그 반면, 19세기 후반 평안도 방언을 반영하고 있는 *Corean Primer*(Ross, 1877) 에서나, 이와 동 시대의 중부방언을 기반으로 기술된 『한영문법』(Underwood, 1890)과 『ᄉ과지남』(Gale, 1894) 그리고 『한어문전』(1881) 등과 같은 회화와 문법 서 등에서는 단지 '-으로'형만이 사용되었으며, 위의 예문 (3)에서와 같은 변이 형 '-의로'형은 한번도 나타나지 않았다. 또한, 경상도 방언의 영향을 보여 주 는 재간 『교린수지』(1883, 외무성장판)에서도 위와 동일한 말을 할 수 있다. 지역 방언적 성격이 분명한 각각의 19세기 후기의 자료에서 관찰되는 이러한 상이 를 어떻게 설명하여야 될까. 우선, 19세기 후기 전라방언에 등장하는 (3)의 '-의 로' 형들과, 위에서 언급된 여타의 다른 방언 자료들에서의 '-으로'형에서 주 목되는 두드러진 차이는 낙착점을 지시하는 처격 조사의 실현상의 차이에 있 다고 생각된다. 19세기 후기 전라방언 자료에서 처격형은 일반적으로 체언어 간 말음이 모음 '-이' 이거나, 또는 어느 역사적 단계에서 하향 이중모음의 부 음 -y를 갖고 있었던 체언 뒤에서 대체로 '-예' 혹은 '-에'로 실현되었지만, 기 타의 개음절과 폐음절 체언에서는 관형격과 동일한 형태의 '-의'가 사용되었 다. 그 반면, 이와 비슷한 시기의 다른 지역방언(예를 들면, 중부와 함경 그리고 평 안도 방언)에서 처격 조사는 대부분 '-에'로 통일되는 경향을 뚜렷하게 보인다.

이와 같은 관점에서 (3)의 예들을 살펴보면, 방향을 가리키는 처소격 조사 '-의로'형은 낙참점을 지시하는 처격형 '-의'를 유지하고 있는 체언에 주로 집 중되어 등장하였다. 『텬로력뎡』과 『독립신문』에서 예외적으로 출현하였던 '-의 로'형도 체언 '위'(上)와 '밧'(外)에 아직도 처격형 '-의'가 산발적으로 유지되어 있는 사실과 관련이 있다. 그렇다면 19세기 후기 전라방언에 출현하고 있는 (3)의 '-의로'형들은 이 방언에서 매우 보편적으로 사용되었던 낙착점을 나타 내는 처소격 조사 '-의'에 방향의 조사 '-로'가 결합된 복합격 조사로 해석된 다. 예문 (3)에서 낙착점을 나타내는 처소격 형태인 '1. 밋틔(底), 2. 끗틔(末), 3. 밧긔(外), 11. 고듸(處)' 등에 방향의 '-로'가 첨부되어 각각 '1. 밋틔로, 2. 끗틔 로, 3. 밧긔로, 11. 고듸로'와 같은 모습을 보이게 된 것이다. 그리하여 예문 (2)

에서 현대 지역방언의 '-이로'형들은 기원적으로 일정한 낙착점인 처소의 방향으로 역동적으로 이동해 가는 방향성의 의미를 갖고 있다. 19세기 후기 전라방언에 등장하는 (3)의 '-의로'형들은 현대 전라방언에서 이중모음의 단모음화를 수행하여 '-이로'로 변화되었을 것이 분명하며, 현대 전남과 전북의 공시적 처소격들을 보여 주는 (2)의 예들이 이러한 모습을 반영하고 있다.

물론 19세기 후기 전라방언에서 방향을 나타내는 복합격 '-의로'형 뿐만 아니라, 원래의 단순격 '-으로'형도 생산적으로 쓰이고 있었음을 (3)의 예문 가운데 '4. 고향의로 ∽ 고향으로, 5. 모양의로 ∽ 모양으로, 8. 우의로 ∽ 우으로, 9. 셔의로 ∽ 셔으로, 12. 옥문궁괴로 ∽ 문궁그로' 들이 보여 준다. 이 시기의 전형적인 방언 자료 가운데 하나인『화룡도』(완판 83장본)에서 '-의로'와 '-으로'의 분포 상황을 예시하면, 19세기 후기 전라방언 자료에 등장하는 이 형태들의 전체적인 출현 빈도를 개략적으로 나타낼 수 있다.

(4) 1. 노끈의로 동여(3ㄴ), 2. 남의로 가라친이(9ㄱ), 3. 번성의로 도망ᄒ다가(11ㄱ), 4. 어린 소견의로(13ㄴ), 5. 노슉의로 더부러(14ㄱ), 6. 됴식의로 ᄒ야금(20ㄴ), 7. 츄철산의로 향ᄒ실시(24ㄱ), 8. 십일월 이십일의 ᄌ룡의로 비션 일쳑으 군사 빅명 준비ᄒ야(27ㄱ), 9. 장막 밧긔로 나오니(29ㄱ) ∽ 밧그로 나가(30ㄱ), 10. 군중의로 도라와(軍中, 29ㄱ), cf. 군중의 영을 니려(軍中, 16ㄴ), 11. 우금으로 슈군도독을 삼어 ─ 장간의로 됴됴을 속여(31ㄱ), 우금의로 션봉을 삼고(80ㄴ), 12. 관역의로 도라가거늘(舘驛, 32ㄱ), 13. 문틈의로 살펴보니(43ㄱ), 14. 됴됴 진중의로 나려가며(陣中, 47ㄴ), 15. 이릉의로 가(56ㄴ), 뉴강의로 나려 가니라(74ㄱ), 쥬뉴 노슉의로 더부러 군ᄉ을 거나리고 ─ 공명이 ᄌ룡의로 ᄒ여금(74ㄴ), 16 장흠으로 션봉을 삼고 셔셩의로 부장을 삼아…됴홍의로 이릉을 직키여(76ㄱ), 17. 일면으로 됴인의게 보호고 일면의로 영젹ᄒ던이(迎敵, 78ㄱ), 18. 입의로 피을 토ᄒ고(80ㄱ) ∽ 입으로 피을 토ᄒ는지라(81ㄴ) cf. 입으 함숙 물러 보고(수절가, 상. 6ㄴ), 입의 물고(가람본 춘, 남. 50ㄱ)

(5) 1. 셩군으로도(4ㄱ), 2. 허창으로(6ㄴ), 3. 강능으로(7ㄱ), 4. 니당으로(內

堂, 9ㄴ, 15ㄴ), 5. 쓰스로(20ㄴ), 6. 셔으로 좃츠가고(西, 59ㄴ), 동으로
좃츠 오고(59ㄴ), 7. 입으로 피을 토ㅎ는지라(81ㄴ), 8. 운장으로 하여금
(81ㄴ)

위에서 복합격 '-의로'형인 예문 (4)가 단순격 '-으로'형인 (5)보다 더 많이
출현하는 이유는 이 자료에서 낙착점을 나타내는 처격형 '-의'의 빈도가 '-에'
형보다 압도적으로 높기 때문이다. 따라서 (4)에서 방향의 '-의로'와 통합되었
던 대부분의 체언들은 낙착점의 처소격 조사 '-의'와 연결되었다. 이러한 경향
은 다른 19세기 후기 전라방언 자료에서도 대체로 대동소이하게 관찰된다(§3.1
을 참조). 위의 『화룡도』에 출현하고 있는 (4)의 예들은 '-의로'와 '-으로'형이
엄격하게 구분되어 사용된 것이 아니라, 말의 스타일이나 화제 또는 상황에
따라서 어느 정도 교체될 수 있음을 보여 준다. 즉, '밧긔로 ∽ 밧그로'(4.9), '입
의로 ∽ 입으로'(4.18), '우금의로 ∽ 우금으로'(4.11) 등과 같은 변이 현상들이 이
러한 사실을 가리키고 있다.

2.2 19세기 후기 방언 자료에서 특히 '집'(家)과 같은 체언에 연결되는 낙착
점의 처소격은 거의 예외 없이 '-의'로 출현하였다. 이러한 현상은 '집'을 포함
한 위의 (3)에서의 처소격형태들이 중세국어 단계에서 등장하였던 일련의 "특
이 처격어"들로까지 소급될 수 있는 시간 심층을 나타낸다.[8] 특히 체언 '집'
은 15세기 국어에서도 '우'(上)와 더불어 언제나 특이 처격형 '-의'만을 취했었
다는 사실(이숭녕 1981: 175)을 상기할 때, 굴절체계에서 몇 세기에 걸쳐 그대로
유지되고 있는 보수성의 일면을 관찰하게 된다. 19세기 후기 전라방언에서 체
언 '우'의 처소격 형태 '-의로'와 '-의'는 이미 예문 (3)8에서 확인한 바 있다.
또한, 19세기 후기의 단계에서 이미 처소격 조사가 규범적인 '-에'로 합류되
고, 따라서 '-의로'의 동기화가 제거된 상태를 보여 주는 『독립신문』과 『텬로

---

8) 중세국어에서 처격으로 속격조사 '-익/의'형을 취했던 소위 "특이 처격어"의 유형에 대해서는
  홍윤표(1969)와 이숭녕(1981: 173-174)을 참조.

력뎡』에서도 체언 '우'(上)의 처소격 형태들만은 부분적으로 '-의'와 '-의로'의 모습을 표기상으로 존속시키고 있음을 위에서 언급하였다.

우리는 19세기 후기 전라방언의 예들인 (3)과 (4)에서 일련의 체언 다음에 연결되는 '-의로'가 단순한 향격 조사 '-으로'가 아니라, 낙착점을 지시하는 '-의'에 방향의 '-로'가 첨가된 복합 처소격인 '-의＋-로'의 결합이었으며, 이들 체언에 연결되는 낙착점 처소격은 '-의'이었음을 지적하였다.9) 그렇기 때문에, 낙착점의 처소격 '-의'만이 연결되는 체언 '집'의 향격조사가 아래의 예들에서 보는 바와 같이 그대로 '-의로'로 출현하는 빈도가 높은 것은 당연한 사실이다.

> (6) ㄱ. 제 집의로 도라 갓거늘(수절가, 상. 11ㄱ), 흑직흐고 집의로 도라오니(완판, 퇴. 6ㄴ) ∽ 집으로 도라오니(판, 퇴. 268)
>
> ㄴ. 집의 도라와(병오, 춘. 13ㄱ), 할미 집의 술 잇다 흐기로(병오, 춘. 6ㄱ), 츈향의 집의 가니(병오, 춘. 15ㄴ), 집의 잇난 날은(심청, 상. 3ㄱ), 이동지 집의 돈 열냥 밋겨스니(심청, 상. 6ㄱ), 집의 도라 와(조웅, 상. 3ㄱ), 니 집의 가 계시다가(판, 퇴. 278), 집의 다 잇스와(판, 퇴. 258). 춘향 집의 나와셔(수절가, 하. 35ㄱ), 니 집의 차져 와계(수절가, 상. 38ㄴ)

이러한 방향의 (6)ㄱ '집의로'와 낙착점의 처소격 조사 (6)ㄴ '집의'를 계승

---

9) 또한, 현대 전남과 전북방언에서 처소격 조사 '-에' 다음에 사용되는 '-가'의 경우에도 19세기 후기 전라방언에는 '-의 ＋ -가'로 문법화되어 등장하였다.
손의다 쪄보더니 이전의 쩔적의난 <u>손의가</u> 쏙맛더니 그시 옥중고싱의 몸이 축져 그러흐지.(병오,춘. 32ㄴ)
위의 '손의가'에서 체언은 '반지' [＋무정물]이기 때문에 처소격 다음에 연결되는 '-가'는 완전히 문법화가 완료된 상태를 나타낸다. 그러나 19세기 후기 전라방언에서도 다음과 같은 예들은 체언이 유정물이기 때문에 '가다'(去)라는 동사적 의미가 아직은 살아 있다고 생각한다.
1. 문안 문밧 염문할시 질쳥의 가 드르니(수절가, 하. 35ㄱ)
2. 발목은 어늬 사이 뒤안의 가 노여쑤나(판, 박. 332)
3. 니집의 가 게시다가 그날의 함의 가셔 모족모음 귀경흐면(판, 퇴. 278).
4. 슈궁의 가 공명흔 후 쌍교보니 뫼셔가면 오직이 죠컷난가(판, 퇴. 296).
5. 칙방으 가 회게나리임을 오시리라(수절가, 하. 8ㄴ)

하는 오늘날의 전형적인 공시적 반사체는 여러 지역방언들에서 단모음화를 거쳐 각각 '집이로'와 '집이'로 출현하고 있다(각주 (3)에서 제시된 예 '집이로 가고'를 참조). 이 가운데 낙착점의 처소격 '집이'의 지역적 분포는 매우 광범위하게 나타난다(황대화 1986: 69, 이상규 1990: 114, 이기갑, 간행 예정).

20세기 초엽 카잔에서 간행된 육진방언 자료에서 대부분 다른 체언에 연결되는 처소격 조사는 '-에'이지만, '집'(家)의 처소격의 경우만은 주로 '-이' 형태를 취하고 있음이 관찰된다. 이 가운데 *Azbuka dlja Korejtsev*(『한국인을 위한 철자 교과서』, 1902)에서 몇 용례를 인용하면 다음과 같다. čibišə məgəšə(집에서, 41: 61), čibi kadʒeda s'irman hada(집에, 54: 82), čibi tuəšə(집에, 72: 91), namdyə čibi tsuʸ manyɛšə(집에, 43: 66), cf. čibe pǎi turinde(집에 방이 둘인데, 64: 88). 그러나 체언 '집'에 연결되는 방향의 '-으로'는 이 자료에서 육진방언에서의 통상적인 '-으르'의 변이형(원순모음화를 수행한)만을 보이는 현상이 주목된다. čiburu wašə(집으로 왔어, 4: 14), čiburu kašə(집으로 갔어, 9: 15), namu čiburu salla kašə(남의 집으로 갔어, 56: 83).[10]

19세기 후기 전라방언 자료 자체에서도 낙착점의 방향을 지시하는 복합격 조사 '-의로'는 체언들의 유형에 따라서 규범적인 '-에'로 점진적으로 옮겨감에 따라서 소위 향진격 '-에로'와 같은 변모를 보이기 시작하였다. 신재효의 판소리 사설(강한영 1974) 가운데 『춘향가』의 다른 사본 간에는 표기상의 차이를 보이는데, '-에로'와 관련하여 다음과 같은 대조를 확인할 수 있다. 솔밧틔로 드러 가셔(<성두본B> 춘, 남. 60) ∞ 솔밭테로 드러가셔(<가람본> 춘, 남. 35ㄱ), 엽페로(<가람본> 춘, 남. 49ㄱ), 압페로(<가람본> 춘, 남. 38ㄴ), 그 엽페로 건너 가셔(춘, 남. 62). 또한, 19세기 후기 전라방언 자료에서 '-의로'형은 후속하는 '-로'의 지원을 받지 않고 직접 '-의'로 사용되기도 하였다. 즉, 풍경은 조셕의로 보던 듸라(판, 퇴.

----

10) 20세기 초엽 육진방언 자료 *Azbuka dlja Korejtsev*(『한국인을 위한 철자 교과서』, 1902)의 자료적 성격에 대한 소개는 곽충구(1994)를 참조. 이 방언 자료에서 음성전사된 러시아 키릴문자를 로마자로의 전환은 King(간행 예정)을 이용하였다. 이 자료에서 지향점을 나타내는 '-으로'는 체언말음이 양순음이거나 체언의 모음이 원순모음이 아니면 통상적으로 '-으르'로 반영되어 있다. han kodiri wašə(한 곳으로, 47: 74), pat'iri tara ɣašə(밭으로, 47: 74).

272) = <u>죠셕의</u> 보던 디라(완판, 퇴. 7ㄱ), 옥문 <u>궁긔로</u>(가람본 춘, 남. 44ㄴ) = 옥문 궁긔 손을 너어(춘, 남. 76). 동일한 내용에 대한 서로 다른 사본에서 관찰되는 이러한 대치는 현대국어에서 낙착점을 지시하는 처소의 '-에'와 방향의 '-으로'형이 격 체계에서 보유하고 있는 의미와 기능이 어느 정도 중복되고 있는 사실과 일치한다(나는 산에 간다 : 나는 산으로 간다).

│3│ 처소격 조사 '-의'(으∽우∽이)의 분포와 '-에'로의 대치의 과정

3.1 19세기 후기 전라방언 자료에서 사용되고 있는 대표적인 처소격 형태는 관형격 조사와 동일한 '-의' 또는 그 변화형 '-으'와 '-이'이었으며, 이것이 동 시대의 다른 지역방언에서 단일화된 규범적인 '-에' 보다 더 높은 사용 빈도를 보인다는 사실은 이미 우리가 앞에서 언급한 바와 같다. 여기서는 이 자료에서 관찰되는 처소격 '-의'의 구체적인 분포와 그 변화의 방향, 그리고 규범적인 '-에'와의 관계를 논의하기로 한다. 먼저 이들 자료에서 처소격 조사 유형들이 출현하는 예를 부분적으로 제시하면 다음과 같다.

(7) ㄱ. 도라오는 <u>길으</u> 이 다리 <u>우으</u> 쉬어습더니(구운몽, 상. 6ㄱ)
  청목으로 갓끈 접어 <u>갓스</u> 다리 <u>벽의</u> 걸고(심청, 상. 23ㄴ)
  셔칙을 <u>품으</u> 품고 <u>장즁으</u> 드러가(수절가, 하. 23ㄱ)
  <u>긱사의</u> 숙소ᄒ고 <u>쳥슈가의</u> 오다가 <u>쳥슈의</u> ᄲ져 죽고(츙열, 하. 40ㄴ)
 ㄴ. 이 <u>ᄯᅦ에</u>(병오, 춘. 11ㄱ) ∽ 이 <u>ᄯᅦ예</u>(병오, 춘. 25ㄱ) ∽ 이 <u>ᄯᅦ의</u>(심청, 상. 16ㄴ) ∽ 어늬 <u>ᄯᅦ예</u> 만나오며 하일 <u>하시예</u> 만나리(별춘. 24ㄴ)
  집푼 <u>밤에</u> 산의 올나(초한, 하. 32ㄱ) ∽ 지푼 <u>밤의</u> 산상의셔(초한, 하. 32ㄴ) ∽ 집푼 <u>밤으</u> 길은 어이 험악ᄒ며(초한, 하. 33ㄱ)

ㄷ. 칼머리여 인봉ᄒ야(병오, 춘. 17ㄴ), 니 줌치여 잇던이라(병오, 춘. 18ㄴ), 뒤여 훈 사롬은(심청A, 하. 3ㄱ) ∽ 뒤의 훈사롬은(심청D, 하. 3ㄱ)

19세기 후기 전라방언 자료에서 처소격 조사 '-에'는 체언말음이 개음절, 특히 -i 또는 역사적 어느 단계에서 이중모음의 부음 -y를 보유했던 예들에 집중되어 나타나는 경향이 강하다. 이와 같은 환경에서 또 다른 처소격 유형 '-여'도 등장하였는데, 이것의 형성 과정은 다음 §5에서 상세하게 취급하려고 한다. 또한 이와 동일한 환경에서 '-여'와 깊은 관련이 있는 '-예'형도 '-에'에 못지않게 사용되었다. 처소격 조사로서 이 시기에 사용되는 빈도가 높은 '-의' 형은 주로 폐음절과 개음절 체언에서 관찰되며, 체언말음이 양순음인 경우에 원순모음화를 수용한 '-우'형으로 등장하였다. 이부 들여 보고(병오, 춘. 2ㄴ), 입부다 물고(수절가, 상. 4ㄴ), 바돌판 압푸 놋코(병오, 춘. 6ㄴ), 촉불 압푸 안쳐 놋코(수절가, 하. 30ㄴ), 초당 압푸 연못 파고(별춘. 5ㄴ), 진 압푸 쓸이고(충열, 상. 35ㄱ), cf. 압피 큰 산이 잇스되(충열, 상. 29ㄱ). 그리하여 이 자료에서 사용된 처소격 '-의'와 '-에(예)'의 분포와 그 출현 빈도를 검증해 본 결과, 필자는 잠정적으로 다음과 같은 가정을 설정하였다. 즉,

(ㄱ) 이 시기의 전라방언에서 폐음절과 개음절 체언의 대부분은 낙착점의 처소격 조사로 '-의'를 취했다.

(ㄴ) 어간말음으로 '-이'와, 역사적으로 한 때 이중모음의 부음 -y를 보유했던 체언들은 기본적으로 '-예'와 '-에'('-여'를 포함해서)를 취하지만, '-의'와 수의적 교체를 나타낸다.

(ㄷ) 앞의 (ㄴ)에서와 같은 환경에서 출현하는 처소격 '-의'의 존재는 이차적으로 형성된 것이다. 즉, 이것은 19세기 후기를 앞서는 어느 단계에서 개음절 체언에 연결되었던 '-의'가 이러한 환경에까지 확대되었을 가능성이 매우 높다.

(ㄹ) 앞에서 열거한 (ㄱ)과 (ㄴ)과 같은 경향을 반영하지 않는 예들이 부분적
　　으로 존재하는데, 이들은 다른 지역방언에서 단일화되는 규범적인 '-
　　에'로의 수용 과정을 변이 현상을 통하여 반영하는 것이다.

(ㅁ) 19세기 후기 전라방언에서와, 이것을 계승한 전남과 전북방언이 보여
　　주는 굴절체계, 특히 처소격 조사의 보수성으로 미루어 볼 때, 19세기
　　후기 당대의 이러한 처소격 조사의 공시적 분포는 그 이전의 오랜 역
　　사성을 바탕으로 한 것이다.[11]

3.2 필자가 위에서 추정한 이러한 가정을 보강하기 위해서, 19세기 전라방
언을 반영하고 있는 대표적인 고소설 자료 일부에 출현하고 있는 처소격 조
사의 유형들을 제시하면 다음과 같다. 먼저 『화룡도』(완판 83장본)에서 처소격
조사는 위에서 설정된 (ㄱ)과 같은 조건에서 대부분 '-의'로 나타나지만, 예외
적인 '-에'(예)의 출현은 아래와 같이 한정되어 있다.

(8) ㄱ. **폐음절 어간의 체언**
　　1. 엿차 셜풍에(雪風, 2ㄴ)
　　2. 공명의 젼션에 살을 바다(戰船, 33ㄴ) ∽ 젼션의 가득하고(33ㄴ)

---

11) 필자가 19세기 후기 전라방언 자료에 반영된 처소격 조사들의 분포를 바탕으로 이와 같은
　가정을 하게 된 것은 박용후(1988: 62)에서 기술된 제주도 방언의 처격 조사 '-예, 에, 의'가
　선행하는 체언들의 유형에 따라서 선택되는 상황에 간접적으로 근거한다(그러나 제주도 방
　언 기술자에 따라서 처소격 조사의 분포에 언제나 동일한 양상을 보이는 것은 아니다. 예를
　들면, 현평효 1985: 422를 참조). 즉, 제주도 방언에서 ㄱ) 체언의 어간말음이 '-이' 또는 역
　사적 어느 단계에서 이중모음의 부음 -y를 유지했던 체언들은 처격 '-예'를 취하며, ㄴ) 폐음
　절 체언은 '-의'를, ㄷ) 그리고 어간말음이 'ㄹ'인 체언들은 '-에'를 취한다.
　박용후(1988)는 이 방언에서 개음절의 경우를 명시적으로 취급하지 않았지만, 다른 용례들
　로 미루어 보면 이러한 환경에서는 '-에'를 선택한 것 같다. 그렇다면 제주도 방언에서 어간
　말음 'ㄹ'이 처격 조사의 선택에 있어서 여타의 다른 폐음절 어간의 체언들과 행위를 달리
　하고 있는 현상이 이해된다. 즉, 어간말음의 '-ㄹ'은 이 경우에 모음의 특성에 가깝다는 사
　실을 보이고 있다. 그러나 19세기 후기 전라방언에서 체언말음 'ㄹ'은 이러한 모음적 특성
　을 곡용에서 보여 주지 않고 여타의 다른 자음들과 마찬가지로 폐음절 체언을 형성하여서
　처격 조사로 대부분 '-의'를 취하였다. §4.1의 각주 (22)ㄱ을 참조.

ㄴ. **개음절 어간의 체언**

1. 수일 후에(2ㄴ), 좌정 후에(23ㄴ) ∞ 됴됴을 파한 후으(37ㄱ), 지
   닌 후으(74ㄴ), 삼은 후의(後, 6ㄱ), 셩공 후의(6ㄴ, 27ㄱ), 예 필
   후의(7ㄴ, 14ㄱ, 18ㄱ), 간 후의(8ㄴ, 17ㄴ), 파훈 후의(9ㄱ, 16ㄱ),
   뵈인 후의(10ㄱ), 어든 후의(15ㄱ), 좌정 후의(18ㄴ, 39ㄱ, 74ㄴ),
   본 후의(19ㄱ), 일운 후의(20ㄱ), 썩근 후의(24ㄱ), 파훈 후의(24
   ㄴ, 26ㄴ), 간 후의(24ㄴ), 삼일 후의(32ㄱ), 보닌 후의(52ㄱ), 리
   룬 후의(32ㄱ,35ㄱ), 삼릴 휘의(32ㄴ), 병셰 평복후의(79ㄴ), 맛친
   후의(82ㄴ), 죽은 후의(83ㄱ)
2. 일죠에(一朝, 17ㄱ)
3. 공명 사쳐에 가 공명으 손을 잡고(22ㄴ) ∞ 사쳐으 나와(舍處, 10ㄱ)
4. 주글 쩌에도(23ㄱ), 갈 쩌여(75ㄱ)∞이 쩌의(24ㄱ), 잇쩌의(6ㄴ, 8
   ㄱ, 8ㄴ, 29ㄴ), 칠 쩌의(38ㄱ), 올 쩌의(40ㄱ), 죽을 쩌의(45ㄴ),
   가실 쩌의(71ㄴ)

완판『화룡도』(83장본)에서 폐음절 체언 다음에 연결되는 '-에'는 위의 예에
서 보는 바와 같이 '셜풍'(雪風)과 '전선'(戰船)에서만 발견된다. 그리고 체언 '전
선'의 경우에는 이 자료 자체에서 폐음절 체언 뒤에 보편적으로 사용되었던
'-의'도 같이 사용되었다. 이러한 현상은 명사의 유형에 따라서 개신적인 '-에'
형이 확대되기 시작하는 과정을 나타내는 것으로 생각한다. 이러한 보수적인
'-의'와 개신적인 '-에'와의 변이는 (8)ㄴ에 열거된 개음절 체언들에서도 확인
되는 현상이지만, 위에서 제시된 예들만 제외하면 완판『화룡도』에서 여타의
다른 개음절 체언들의 처소격 형태는 전부 '-의'로 출현하였다. 이러한 사실은
적어도 개음절 체언에서도 폐음절의 경우와 동일하게 보수적인 '-의'형의 세
력이 광범위하게 확대되어 있었음을 알리는 것으로 생각한다.

더욱이 (8)ㄴ의 예에서도 '일죠'(一朝)의 경우만 제외하면, 다른 4개의 개음절
체언들 '후(後), 이외(以外), 사쳐, 쩌(時)' 등은 보수형 '-의'와 부단한 변이를 보
이고 있다. 특히, (8)ㄴ에서 체언 '후'(後)에 연결되는 '-에'의 경우에는 이 개신
형과 보수형 간의 변이 비율이 2:31으로 나타나서 보수형 '-의'의 압도적인

우세를 가리킨다. 현대 전남과 전북방언에서의 처소격 형태와 대조할 때, 이 자료에서 가리키는 대치의 방향은 부수적인 '-의'로부터 규범적인 '-에'이었을 것이 분명하다. 완판『춘향전』(84장본, 열여춘향슈졀가)에서도 체언 '후'(後)의 처소격으로 '-에'형이 2회인 반면에, '-의'형이 12회 등장하였다.

완판『화룡도』와『춘향전』에서 체언 '후'(後)에 통합되는 처소격 조사 '-에'와 '-의'에 대한 이와 같은 사용상의 비율은 19세기 후기 전라방언 자료의 유형에 따라서 한결같지는 않다. 그러나 그 변화의 방향은 크게 벗어나지 않는다. 예를 들면, 완판본 고소설『구운몽』에서 체언 '후'(後)에 연결되는 '-에'와 '-의'의 분포 비율은 4 : 18로 나타나 있다.12) 이 자료에서는 체언 '후'(後)에 연결되는 개신형 '-에'가 완판본『화룡도』의 경우에서보다 확대되어 있는 것 같다. 완판본『구운몽』에서 개신형 '-에'가 출현하는 예에는 이외의 '-예'형이 하나 포함되어 있다. 이 후예 뫼실 날이 업고(상. 28ㄱ). 완판『홍길동전』에서 '후'(後)의 처소격은 예외 없이 '-의'형으로만 사용되었다. 그러나 19세기 후기 전라방언의 자료들이 보이고 있는 전체적 성격에 비추어 볼 때,『홍길동전』이 방언 자료로서 갖고 있는 보수성이 주목된다. 모신 후의(31ㄱ), 일후의(8ㄱ), 진정훈 후의(5ㄴ), 일후의(8ㄴ), 업신 후의(6ㄱ), 쩌난 후의(21ㄱ), 불은 후의(4ㄴ), 살핀 후의(12ㄱ), 좌정 후의(12ㄱ), 심험훈 후의(11ㄱ).

그 반면, 완판본『초한전』B(88장본)에서는 이와 동일한 체언에 보수형 '-의'보다 개신형이 3 : 6의 비율로 더 많이 사용되었다. 이와 같은 개신적인 처소격 형태 사용과 관련하여 완판『초한전』이 다른 고소설 부류와 비교하여 보이고 있는 첨단적인 성격은 폐음절과 개음절 체언에 연결되는 '-에'와 '-의'의 비율에서도 확인된다. 이 자료에서 폐음절 어간에 연결되는 '-에'형은 '년(年, 상. 5ㄱ), 손(手, 상. 19ㄴ), 강남(江南, 상. 24ㄴ), 천지간(天地間, 상. 25ㄴ), 군중(軍衆, 상. 42ㄱ), 관문(關門, 하. 6ㄴ), 평셩(하. 19ㄴ), 구리산(山, 하. 20ㄴ), 밤(夜, 하. 32ㄱ), 젹(時, 하. 15

---

12) 유탁일(1983: 207)에 의하면, 완판『구운몽』(상권 55장, 하권 50장, 다가서포본)의 간기는 상권 끝 부분에 첨부된 '壬戌孟秋完山開板'에 비추어 1862년에 해당되며, 하권 말미에는 '丁未仲春完南開刊'(1907년)으로 기록되어 있어 이 때에 補刻이 이루어졌다고 한다.

ㄴ' 등의 체언으로 확대되어 있었다.[13] 그렇지만, 여기서도 '손'(手)과 '밤'(夜) 그리고 '년'(年)와 같은 체언에 통합되는 개신형 '-에'는 보수형 처소격 '-의'와 동일한 자료 안에서 여전히 변이를 보이고 있었다.

> (9) ㄱ. 한 <u>손에논</u> 디금을 들고 쏘 한 <u>손의는</u> 방픠을 들고(초한, 상. 19ㄴ)
>   손의 쥐여든 칼을(초한, 상. 20ㄴ)
>   ㄴ. 집푼 <u>밤에</u> 산의 올나(초한,하. 32ㄱ) ∽ 집푼 <u>밤으</u>(초한, 하. 33ㄱ)[14]
>   지푼 밤의 노문 산상의셔(초한, 하. 32ㄴ)
>   cf. 깁푼 밤의(조웅,상. 7ㄴ), 이날 밤의(조웅, 상. 8ㄴ)
>   ㄷ. 이십 <u>사년의</u>…이십 <u>오년에</u>…이십 <u>육년의</u>(초한, 상. 5ㄱ) 직위훈 졔
>   이십 칠년의(초한, 상. 6ㄱ)

또한, 19세기 후기 전라방언 자료에서 '-이'와 이중모음의 부음 -y의 부분적인 흔적을 유지하고 있는 체언어간 말음에 연결되는 처소격 조사는 '-예'로

---

13) 그 반면, '밑(底), 씉(末), 곁(傍), 곧(處)'등과 같은 체언들은 처소격 조사로 '-이'형을 지속적으로 취하고 있는데, 이것은 중세국어 단계에서 "특이 처격어"들로 소급된다. 따라서 19세기 후기 전라방언에 잔존하여 있는 이러한 처격형들 표기상의 모습일 것이고, 실제의 발음은 폐음절 어간의 체언에 확대되는 규범적인 '-에'와 동일하였을 것으로 생각된다.
  (1) 장막미티 우름소리 들이거늘(화룡. 48ㄱ), 두 귀 밋티(병오, 춘. 12ㄱ)
  (2) 그 끗티(화룡. 52ㄱ), 편지 끗티(수절가, 하. 28ㄱ), 잔치 끈티(병오, 춘. 29ㄴ)
  (3) 그 졋티(수절가, 상. 29ㄱ), 4) 한 고티 다다른이(화룡. 59ㄴ), 도련님 게신 고티(병오, 춘. 17ㄴ)
  또한, 동일한 자료에서 '곧'(處)형은 어간말음이 재구조화되어 전형적인 처소격 '-의'(으)를 보여 주기도 하였다. 엇지 이 고스 잇실이요(화룡. 83ㄱ), 이 곳으 왓논지라(구운몽, 상. 45ㄱ). 신재효의 판소리 사설집 사본 가운데 특히 가람본 남창 『춘향가』에서는 현실 발음 '-에'가 처소격 형태에 반영되기도 하였다. 솔밧테로(38ㄴ), 압폐로(38ㄱ).
  19세기 후기의 다른 지역방언을 반영하는 자료에서 이러한 유형의 체언의 처격형들은 표기 상으로도 이미 '-에'로 사용되었다.
  (1) 언덕 밋테(재간 교린수지 1. 21ㄱ), 볏테 말니여라(3. 27ㄴ), 끗밧테 드니(2. 5ㄱ), 니가 솟테 들면(2. 43ㄱ)
  (2) 길 끗헤 가면(텬로력뎡 25ㄴ), 밧헤 갓다가(138ㄴ)
  (3) 부쟈의 밧테(초역 누가복음 12: 16), 밧테도(14: 35), 길 졋테(8: 5), 졋테 두고(9: 47)
14) 체언 '밤'(夜) 역시 중세국어에서 특이 처격형을 취했으며, 19세기 후기 전라방언 자료 자체에서도 '-의'와 '-에'의 변이를 반영하였다. 그날 <u>밤의</u> 장승상 부인이(심청, 하. 19ㄴ) ∽ 어제 <u>밤에</u> 옥문간의 와겨쓸제(수절가, 하. 38ㄱ).

사용되었다. '-에'의 음운론적 변이형으로서 '-예'의 출현 조건은 15세기 국어의 단계로 소급되는 것인데, 19세기 후기의 이전 단계의 전라방언에서도 역시 그러한 음성 조건은 동일했을 것으로 판단된다. 지금까지 19세기 후기 전라방언에 반영된 처소격 조사 '-의'와 '-에'의 분포로부터 필자는 다음과 같은 해석을 하려고 한다. 즉, 근대국어의 어느 역사적 단계의 전라방언에서 처소격 '-의'의 세력이 확대되어, 이 형태가 개음절과 폐음절 어간을 갖고 있던 거의 대부분의 체언에 연결되었을 것으로 해석한다. 그러나 그러한 당시에도 -i와 -y를 어간 말음으로 갖고 있는 일련의 체언들은 자연스러운 동화의 힘에 의하여 형성된 처소격 '-예'를 고수하였을 것이다.[15]

따라서 이 방언에서 19세기 후기 또는 그 이후의 시점에서 '-에'가 확대되는 발판은 우선적으로 이러한 환경에서 유지된 '-예'에서 비롯되었으며, 여기에 이미 처소격 조사를 '-에'로 형태론적 단일화를 수행한 다른 지역방언에서의 강력한 압력이 부가되었을 것으로 생각한다. 또한, 19세기 후기 전라방언에서 '-예'는 이중모음의 핵음의 유형에 따라서 그 음운론적 동기를 상실하였기 때문에 부분적으로 개신형 '-에'의 방향으로 대치되기도 하였다. 그러나 이 시기의 전라방언 자료에서 이미 단모음화를 수행한 '에, 애, 외' 등과는 달리 적어도 '-의'를 포함한 '위'는 여전히 하향 이중모음의 신분(즉, [iy]와 [uy] ∞[wi])

---

15) 그러나 19세기 후기 전라방언에서 위와 같은 음성 조건을 갖고 있는 체언들에도 처소격 형태가 '-예'로부터 '-의'형으로 대치되기도 한다는 사실은 위에서 지적하였다. 이러한 예들은 모든 개음절과 폐음절 체언의 처격형을 보수형으로 단일화시키는 '-의'의 세력이 그 이전의 단계에서 강력하였음을 보여 주는 것이다.

완판 『화룡도』를 예로 들면, 어간 말음이 '-위, 이, 이' 등인 체언에 연결되는 처소격 조사 '-의'는 다음과 같이 나타난다.

(1) 장막 뒤의 미복ᄒ고(25ㄴ), 현덕 뒤의 서거릴(26ㄱ), 장막 뒤의 인년듸(26ㄱ), 뒤의 서시되(26ㄱ), 뒤의 쌀코(66ㄴ)

(2) 비의 오르니(26ㄴ), 비의 나려(39ㄴ), 비의 올나(53ㄱ)

(3) 쇼믜의 간슈ᄒ고(29ㄴ)

(4) 엇지 졸지으 치오릿가(30ㄴ)

(5) 놉푼 듸의 올나(44ㄱ), 장터의 놉피 안저(將臺, 49ㄴ)

(6) 일시의(一時, 17ㄱ) ∞ 일시으(80ㄴ)

(7) 쳔만의외의 오작이 찍을 지여(千萬意外, 47ㄴ)

을 유지했었다. 이러한 음운론적 사정으로, 어간말음 '-이'와 이중모음 '-의, 위'인 체언들에 통합되는 변이형 '-예'는 이 시기에도 여전히 투명한 음성적 지원을 받고 있었을 것으로 판단된다.

완판본『화룡도』에서 19세기 후기 전라방언의 고유한 '-예'형은 아래와 같이 정리된다(역사적으로 -예에서 변화되었다고 생각되는 '-여'도 일부 포함시키기로 한다).

> (10) ㄱ. **'-이'로 끝난 체언**
> 1. 머리예 속발관을 씨고(52ㄱ), 빈 머리예 셰워거날(58ㄴ)
> 2. 이예(이에, 8ㄴ)
> 3. 일시예 모라(一時, 58ㄴ), 일시예 지버 던지고(66ㄴ)∞일시의 살 맛고(59ㄱ)
> 4. 츌경훈 시이여(사이에-, 81ㄴ)
> ㄴ. **'-의'로 끝난 체언**
> 1. 불의예 뇌고 소리을 듯고(不意, 33ㄱ)
> ㄷ. **'-위'로 끝난 체언**
> 1. 황기 뒤예 젼션 사쳑이 짜라쓴되(56ㄱ) ∞ 장막 뒤의 미복ᄒ고 (25ㄴ), 현덕 뒤의 셔거럴(26ㄱ), 장막 뒤의 인넌듸(26ㄱ), 뒤의 셔시되(26ㄱ), 뒤의 쌀코(66ㄴ)
> 2. 귀예 디이고(46ㄱ), 귀예 디고(54ㄴ)
> ㄹ. **'-외'로 끝난 체언**
> 1. 그 외에(外, 15ㄱ), 천만이외에(58ㄱ) ∞ 천만의외의(千萬意外, 47 ㄴ)
> cf. 1. 장디예 좌정후의(將臺, 76ㄱ) ∞ 장디여 나려와(78ㄴ) ∞ 놉푼 디의 올나(44ㄱ), 장디의 놉픠 안저(49ㄴ), 장디의 놉피 올나(78ㄴ)
> 2. 갈 쩌여(75ㄴ)

19세기 후기 전라방언의 음운체계에서 '에'와 '인'(애) 그리고 '외'는 출현하는 음절 위치와 상관없이 각각 [e]와 [ε] 그리고 [ö]로 단모음화를 완료한 단계를 나타낸다(최전승 1995: 368-369). 그렇기 때문에 (10)ㄹ과 같은 조건에 등장하는 처소격 '-에' 또는 '-예'(-여)형은 하강 이중모음의 부음 -y가 후속되는 '-에'에 동화의 힘을 발휘하고 있었던 역사적 단계에서 화석으로 넘어 온 형태들이다. 따라서 이러한 음성 환경에서 음성적 동기화를 상실한 처소격 '-예'형들은 19세기 후기의 단계 이후에 점진적으로 규범적인 '-에'로 합류되는 방식이 용이했을 것으로 생각한다.

이와 같은 처소격 형태의 합류 과정('-예→-에')은 19세기 후기 이후의 발달에서 이중모음 '의'와 '위'가 단모음화됨에 따라서 (10)에서 '귀'(耳), '뒤'(後) 등과 같은 체언에도 점진적으로 확대되었을 것이 분명하다. 완판『구운몽』에서도 체언 '귀' 다음에 처소격 '-예'형이 연결되어 있었으나, 완판『적성의전』과 『춘향전』에는 이미 '-에'로 대치된 예가 등장하기도 하였다.[16) 귀에 사못쳐(적성, 상. 7ㄴ), 낭군 귀에 들이고져(수절가, 하. 16ㄴ), 귀에 징징(수절가, 하. 1ㄱ).

19세기 후기 전라방언를 반영하고 있는 다른 고소설 부류들에서도 위와 같은 일정한 음성 조건을 갖고 있는 체언의 처격형들은 위의 완판『화룡도』에서 추출된 (10)의 예들과 어느 정도 유사한 분포를 보인다. 예를 들면, 완판 『홍길동전』은 다음과 같은 체언 뒤에서 처소격 '-예' 또는 '-에'형태들이 사용되었음을 반영하고 있다. 1) 불의예(不意, 1ㄴ, 10ㄴ, 22ㄴ), 2) 일시예(一時, 13ㄱ, 15ㄱ) ∞ 일시의(11ㄴ, 12ㄴ, 13ㄱ, 14ㄱ, 16ㄱ, 23ㄴ, 27ㄴ), 즈리예(11ㄴ), 이예 이르럿시니(32ㄴ), 3) 만리외예(萬里外, 28ㄴ), 문외예 나미(門外, 29ㄱ), 천만 몽외예(夢外, 27ㄴ), 4) 어귀예(35ㄱ) ∞ 어귀예(34ㄱ), 5) 소리예(12ㄴ), 후셰예(後世, 2ㄴ), 빅예(30ㄱ, 31ㄱ).

---

16) 완판『구운몽』에서 '귀'(耳)에 보수적인 '-의'형이 연결된 경우도 확인된다. 두 귀의 징징 ㅎ니(상. 44ㄴ), cf. 귀예 징징 ㅎ고(상. 7ㄱ), 귀예 듯고(상.7 ㄴ), 소졔의 귀예(상. 33ㄴ).

|4| 처소격 조사 '-의'의 단모음화의 방향 : '-으'와 '-이'

4.1 19세기 후기 전라방언에서 대표적인 처소격 형태 '-의'는 이미 단모음화의 과정을 반영하고 있었다. 방언 자료에서 '-의'가 취하는 단모음화의 방향은 두 가지로 나타난다. 즉, (ㄱ) iy>i와, (ㄴ) iy>i. 그러나 이 시기의 처소격 형태는 19세기 후기 전라방언의 전 자료를 통해서 원래의 '-의'형과 단모음화를 반영시킨 '-으' 또는 '-이' 형태와 표기상으로 부단히 교체되었다. 이와 같은 끊임없는 교체가 어떠한 사실을 뜻하는가 하는 것은 언어 자료를 취급하는 관찰자의 관점에 따라서 다음과 같이 두 가지로 상이하게 해석될 수 있다.

한 가지는 동 시대의 자료들에 반영된 '-의/으/이'와 같은 표기상의 교체 또는 혼란은 이 시기에 '-의'가 음소로서 기능을 상실하고 실제의 음가는 '으' 또는 '이'의 단모음화를 수행하였다는 해석이다. 따라서 자료에 나타나는 표기 '-의'는 의고적 또는 보수적인 것이고, '-으'와 '-이'는 현실의 발음이 우연히 등장하게 되었다고 파악한다. 이러한 관점에서는 19세기 후기 전라방언에서 '-의'는 이것이 [iy]를 그대로 나타내는 것이 아니기 때문에 처소격 조사의 목록에서 제외된다(김옥화, 미간행 원고). 그러나 이와 같은 태도는 언어의 특질, 특히 언어 변화의 과정을 모두 절대적으로 변화했는가, 아니면 모두 전연 변화하지 않았는가 하는 두 차원으로밖에 구분하지 않는 기술 언어학에서의 범주성 이론(categoricity)에 근거한 것이다.17) 완판『춘향전』에서 낙착점을 가리키는 처소격 조사에서 표기상 '-의'와 단모음화를 수행한 부분적인 예들을 이러한 관점으로 해석하였을 경우에 어떠한 문제가 생기는가를 살펴보기로 한다.

---

17) 언어의 연구에서 종래의 전통적인 범주성(categoricity)에 근거한 기술 언어학 및 변형문법과 대립되는 사회 언어학에서의 변이(variation) 이론에 대한 기술은 Chambers(1995: 30-33)을 참조. 언어 변이가 갖고 있는 사회적 의미와의 상관성을 추구하는 사회 언어학의 방법을 역사적인 방언 자료에 적용시킬 수 있는 방법이 앞으로 심도있게 모색되어야 한다고 생각한다.

(11) ㄱ. 산소으 소분하고(하. 23ㄴ), 나올 젹으(하. 23ㄴ), 불속으 엇지 들이
    (하. 38ㄱ), 셩 갓트 회칠하듯(하. 5ㄴ), 옛 글으 일너슨이(상. 13ㄱ),
    쳥강으 노든(상. 23ㄴ), 죠졍으 드러(상. 37ㄴ), 온 낫스다 믹질ᄒ고
    (하. 5ㄴ), 틱 미트 붓치고(하. 5ㄴ), 숨풀 속으 셔셔(하. 29ㄴ), 그
    즁으 춘향이가(하. 20ㄴ), 간 밤으 횡몽을(하. 21ㄱ)
  ㄴ. 구관딕의 가오(하. 27ㄴ), 동헌의 드러가(하. 8ㄴ), 귀장각 하신 후
    의(상. 35ㄱ), 충열문의 드러 잇고(하. 10ㄱ), 어느 날의(하. 1ㄴ),
    먹은 후의(상. 7ㄱ), 치셕강의 노라 잇고(상. 4ㄱ), 손의 들고(상.
    25ㄴ), 진퇴의 니치시미(상. 2ㄴ)
  ㄷ. 그 ᄉ 너의 골의 이리나 없는야(하. 2ㄴ)∽우리 골으 일이 낫다(하.
    3ㄱ), 남문의셔 출도야...북문으셔 출도야(하. 37ㄱ), 꿈의 와 보이
    난 임...꿈으 만나 보자((하. 1ㄱ), 무릅 우의 안쳐 노코(상. 26ㄱ) ∽
    머리 우으 나무 입은(상. 8ㄱ), 이 우에 더할소냐(상. 27ㄱ) ∽ 이
    우의 더 쐬족할가(상. 24ㄱ), 만날 ᄶ의(하. 19ㄱ) ∽ 언으 ᄶ에 파
    졀할고(상. 45ㄴ), 사졍이 등의 업퍼(하. 16ㄱ) ∽ 사졍이 등에 업고
    (하. 15ㄱ), 속옷 벽길 젹의(상. 26ㄴ) ∽ 나올 젹으(하. 23ㄴ)∽주효
    를 차일 격기(상. 24ㄱ)

위의 (11)의 예에서 (11)ㄱ은 '-의'의 단모음화를 수용한 현실음 '-으'로 사용
되었지만, 동일한 자료에서 이에 못지 않는 빈도로 출현하고 있는 (11)ㄴ은 표
기상 그러한 단모음화를 반영하지 않았다. 그러나 범주성 이론의 관점에 따르
면, (11)ㄴ의 경우에 실제의 발음은 역시 (11)ㄱ의 예들과 동일한 단모음 '-으'
이라고 설정한다. 그리하여, 이 자료의 기록자는 부단히 표기상에서 현실음을
노출시키기도 하였고, 경우에 따라서는 타성에 의해서 보수적인 표기법으로
현실음을 은폐하였기 때문에 결과적으로 표기의 혼란을 초래하였다는 추정을
할 수 있다. 따라서 위에서 (11)ㄱ과 (11)ㄴ의 존재는 표기의 동요인 동시에,
19세기 후기 전라방언에서의 이러한 현상은 이미 발음이 단모음으로 전환되
었음을 가리킨다. 단지 표기의 보수성이 부분적으로 이중모음의 표기를 나타
내는 것으로 해석된다.
  처소격 조사 '-의'뿐만 아니라, '의'를 보유하고 있는 모든 어휘들에 나타나

는 이와 같은 표기상의 혼란은 19세기 후기 전라방언의 거의 모든 자료에서 보편적으로 확인할 수 있기 때문에 이 시기의 지역방언에서 '의'는 음소로 존재하지 않았다고 파악한다.[18]

이번에는 두 번째 다른 해석의 전제로, 이 자료의 기록자는 어떠한 근거에서 각별히 (11)ㄱ은 현실음을 그대로 나타냈으며, (11)ㄴ은 보수적 표기를 그대로 유지하였을까 하는 의문을 언어 외적과 내적의 측면에서 논의해 보기로 한다. 당시의 자료를 언어 외적으로 볼 때, 19세기 중엽에서부터 20세기 초엽까지 전주에서 간행된 일련의 완판 방각본 고소설 부류들은 상업성을 전제로 했을 때만 가능한 역사적 산물이다(유탁일 1983). 따라서 한글을 해독할 수 있는 고객인 독자들을 염두에 두었을 때, 동일한 서사자가 실제로 언제나 동일한 발음을 본인도 예측할 수 없는 상황과 단순한 우연에 따라서 무작위로 상이한 표기로 나타내는 작업이 과연 합리적이고 용인될 수 있는 행위였을까?

또한, 언어 내적으로 처소격 조사 '-의'를 포함하여 다른 어휘 또는 문법형태소에 나타나던 이중모음 '의'의 단모음화의 과정이 이미 19세기 후기 전라방언 이전에 절대적으로 완료된 음성변화인가 하는 문제를 제기할 수 있다. 물론, 다른 하향 이중모음들에 비하여 '의'[iy]는 근대국어에서부터 비교적 이르게 표기상으로 어휘들에 따라서 '으' 또는 '이'로 단모음화를 시작하여 왔음은 잘 알려진 사실이다(전광현 1971: 120). 그러나 이러한 단모음화 과정은 '의'

---

18) 이기문(1979: 261-263)은 19세기 후기 국어의 일단을 Underwood의 『한영ᄌ뎐』(1890)과 유길준의 『서유견문』(1895) 그리고 『독립신문』(1896, 제1권) 등을 중심으로 검토하면서 국어의 음운 가운데 '의'에 관한 문제에 주목하였다. 이기문 선생은 이 논문에서 이들 자료에 반영된 제2음절 위치에 일어난 '의'와 '이'의 혼기를 제시하면서 19세기 후기 국어 자료에서 제1음절에서는 말할 것도 없고 제2음절에 있어서도 '의'는 대체로 음운론적으로 확립되어 있었던 것으로 판단하였다. 또한 이기문(1979: 263)은 19세기에 '의'가 모든 자음 뒤에서 대체로 유지된 사실은 한자어의 표기에 의해서도 지지된다고 지적하였다.
위와 유사한 19세기 후기의 국어 자료를 중심으로 '의'의 존재에 대하여 정반대의 관점도 존재한다. 『독립신문』과 개화기 교과서 그리고 신소설을 중심으로 개화기 국어의 음운을 기술한 정승철(1999: 17)은 이 시기에 하향 이중모음 '의'는 어두 음절에서든 비어두 음절에서든 자음과 결합되지 못했다고 보았다. 그와 같은 판단의 근거로 정승철 교수는 이들 개화기 자료에서 자음 뒤의 '의'가 흔히 '이'로 교체되어 표기되는 현상에 두었다.

가 위치하는 음성 조건에 따라서 다르게 수행되어 왔지만, 해당 방언 지역과 사회 계층 및 어휘 유형 그리고 말의 스타일 등과 같은 요인에 따라서 상당히 오랜 장기간의 변화 과정을 밟아 왔음에 틀림없다. 그리하여 현대국어의 서울 말 중심의 논의에서 김영기(1986: 119-120)는 '의'의 단모음화가 어휘 확산(lexical diffusion)의 경우에서와 같이 현재 점진적인 방식으로 어휘부에 수행되고 있음을 지적하기도 하였다.

19세기 후기 지역방언의 음운체계에서 음소로서 '의'/iy/의 신분은 지역적인 차이를 보였을 것이 분명하다. 그러나 전남과 전북의 방언에서 이 음소는 선행하는 자음들의 유무에 따라서 동일하지는 않았지만, 대략 20세기 초엽까지 하향 이중모음으로서 기능을 어느 정도 존속시켰을 것으로 보인다. 20세기 전반기의 지역방언의 단어들을 채집한 小倉進平의 『朝鮮方言의 研究』(자료편, 1944)에 의하면, 대부분의 '의'가 일정한 조건에 따라서 이중모음으로 전사되어 있다.[19] 예를 들면, 20세기 초엽 '그네'(鞦韆)의 전북 방언형이 小倉進平 (1944: 230)의 자료집에 [kin-diy]로 나타난다(남원, 임실, 군산, 전주).[20] 이 방언형은 19세기 후기 전라방언에서 '근듸'로 그대로 소급될 수 있다. 샹단아 근듸 바람이 독ᄒᆞ기로...근듸 줄을 붓들러라(수절가, 상. 8ㄴ), 근듸줄을 양수의 갈너쥐고(병오, 춘. 4ㄱ), cf. 우리 춘향 근듸 미고(수절가, 하. 29ㄴ).

그렇다면 19세기 후기 전라 방언형 '근듸'의 제2음절에 표기된 '-의'가 하향 이중모음 [iy]로 발음되었음이 분명한 것이다. 그리고 (허리)'띄'(帶)의 경우에도 小倉進平(1944: 159)은 이 단어가 "많은 지방에서" 비어두음절 위치에서 이중모음 [iy]로 발음되었음을 증언하고 있다. 이 방언형도 역시 19세기 후기 전라방

---

19) 19세기 후기 전라방언에 실현되었던 '으'의 움라우트와 관련하여 최전승(1986: 152)은 小倉 進平(1944)에서 피동화음 '의'가 하향 이중모음 [iy]로 부분적으로 전사되어 있음을 제시한 바 있다. 깃드리다(巢) → 깃듸리다, 그리다(寫) → 그리다, 드리다(獻) → 듸리다 등등.

20) 또한, 小倉進平의 『南部朝鮮의 方言』(1924: 21)에서 '그네' 방언형들은 다음과 같이 수록되어 있다. 근데(충남 : 부여, 전북: 무주), 근듸(전북 : 전주, 임실, 남원, 정읍, 금산; 충남 : 부여, 강경, 공주), 군듸(전남 : 목포), 군듸(경북 : 상주 외 11개 지역, 전남 : 함평, 보성), 근지(전북 : 김제, 전남 : 대부분). 따라서 19세기 전라방언에 등장하는 '그네'의 또 다른 방언형 '근듸'는 아마도 [kinde]에 가까운 발음이었을 것으로 생각한다.

언에서 '허리쯰(춘, 동. 104), 무명 실쯰(수절가, 상. 29ㄴ), 쵸록 실쯰(판, 변. 586)'와 같이 예외 없이 이중모음 '-의'의 표기로 등장하였다.21)

필자는 19세기 후기 전라방언 자료에서 (11)ㄴ과 같은 처소격 조사 '-의'가 안정되지 못하고 끊임없이 (11)ㄱ의 예들의 '으'로 대치되는 현상은 아직 단모음화를 수행하지 않은 보수적인 이중모음 [iy]와, 이러한 변화를 수용한 개신형인 단모음 [i]가 어휘들의 유형과 음성 조건 그리고 이야기가 전개되는 상황 등에 따라서 끊임없는 변이(variation)의 모습을 보인다고 해석하려고 한다. 19세기 후기 전라방언 자체에서도 이러한 변이는 '의>으'의 변화가 점진적으로 진행되고 있음을 반영하는 것이다. 이러한 해석이 위의 예문 (11)과 같은 표기상의 동요를 설명할 수 있는 한 가지의 대안이다. 즉, 19세기 후기의 단계에서 '의'의 단모음화는 계속 수행되었지만, 보수형과 개신형들은 사회 언어학적 조건에 따른 변이로 반영되었으며, 그러한 상태가 위의 예문 (11)을 포함한 대부분의 당대의 방언 자료에 나타났다고 이해한다.

위의 (11)에서와 같은 변이 현상은 서사자의 언어 내용인 동시에 그러한 표기를 방각본 고소설을 통해서 해독하는 당대의 독자들의 언어 사실과 어느 정도 일치를 보였기 때문에, 이러한 교체가 자연스러운 언어 현상으로 이해되었을 것이다. 그렇다면, 위의 (11)ㄱ과 ㄴ의 차이는 음성변화의 수용 여부에 따른 것일 수도 있으며, 동시에 상황과 말의 스타일 등에 따른 유동적 차이에 불과하였을 것이다.22)

---

21) 또한, '견디-'(耐)에서도 小倉進平(1944: 363)에서 경상도와 충청도 및 함경도 방언 일대에서 비어두 음절에 이중모음을 유지하고 있는 상태로 전사되었다. 이 단어 역시 19세기 후기 전라방언에서 '견듸-'로 나타난다. 못 젼듸여(수절가, 하. 12ㄱ).

22) 1933년에 발표한 『한글마춤법통일안』 제4장 한자어 제39항에서 "「의, 희」의 자음은 本音대로 내는 것을 원칙으로 한다."의 항목을 참고로 제시한다. 그리고 『한글마춤법통일안』의 해설호인 『한글』 2권 8호(1934))에서 제시된 이 항목에 대한 해설을 편의상 번호를 붙여 다음과 같이 인용한다.

"ㅡ 와 ㅣ가 합친 소리 ㅢ를 닿소리(子音)에 붙여 쓸 적에

(1) 「의, 희」만이 제대로 소리가 나고

(2) 그 밖에는 아주 없어진 것도 있고(예 : 늬, 릐, 믜, 븨, 싀, 킈, 츼, 킈, 픠 따위)

(3) 방금 없어지는 도중에 있는 것도 있으며(예 : 긔, 듸, 틔 따위)

4.2 이와 같은 두 번째의 관점에서 위의 예문 (11)ㄷ에 반영된 개신형과 보수형들 간의 교체의 현상들을 보다 합리적으로 설명할 수 있다. (11)ㄷ의 예들은 개신형과 보수형들이 같은 문장 가운데 또는 동일한 자료의 다른 상황에서 서로 교체되어 출현하고 있음을 보여 준다. 방언 화자가 구사하는 일정한 담화 가운데 보수형(지역방언형)과 개신형(표준형)이 끊임없이 교체되어 나오는 현상은 현대국어의 구술 자료에서 보편적으로 확인되는 사실이다(최전승 1995: 267-269).23) 따라서 당시의 서사자는 고소설에 등장하는 일정한 담화 내용을 등장인물과 상황 등에 따라서 구술자의 입장에서 그대로 전사한 셈이다. 만일 (11)ㄷ에서 보수형 표기 '-의'의 실제 발음을 단모음 '-으'라고만 파악한다면, 19세기 후기 전라방언에서 교체에 참여하고 있는 '격의 ∽ 격기'(격+-의), 우의 ∽ 우에(우+-의), 씨의 ∽ 씨에(씨+-의), 등의 ∽ 등에(등+-의)'와 같은 또 다른 변

---

(4) 다만 「회, 의」만이 똑똑히 남아 있다."

23) 19세기 후기 전라방언에서 낙착점의 처소격 조사에 수행된 '-의>-으'의 변화는 일률적으로 적용된 것이 아니다. 그러나 체언 어간말음의 음성 조건에 따라서 변화를 수행하는 완급의 속도가 상이했을 개연성도 있다고 생각한다. 예를 들면, 어간말음 'ㄹ'과 'ㅅ' 및 'ㅇ' 등에 연결되는 '의'는 '-의>-으'를 반영하는 빈도가 다른 체언 말음에 비추어 더 높지만, 해당 자료에 따라 동일한 경향을 반영하지는 않는 것 같다.

ㄱ) 옛 마르 이르기을(대봉, 상. 9ㄱ), 옛글으 일러슨이(수절가, 상. 13ㄱ), 언느 절르 계시며 (대봉, 상. 1ㄴ), 가시난 질의(수절가, 상. 44ㄴ), 도라 오는 길으 이 다리 우으 쉬어습더니 (구운몽, 상. 6ㄱ), 모도 불르 타셔 절단나미(삼국지 3. 43ㄴ), 언겁절으 하는 말이(수절가, 상. 44ㄴ)

cf. 임으 얼골의(수절가, 하. 17ㄱ), 동틀의(수절가, 하. 11ㄴ), 뜰의 나와(수절가, 하. 13ㄱ)

ㄴ) 용궁으 갓삽더니(구운몽, 상. 5ㄱ), 고힝으(구운몽, 하. 36ㄴ), 별당으 안즈더니(구운몽, 상. 45ㄱ), 낙양으 다다르니(구운몽, 하. 36ㄱ), 금셰으 디지로다 금방으 일홈 불너(수절가, 하. 23ㄴ), 장중으 드러가(수절가,하.23ㄴ), 발근 달의(초한,하.33ㄴ)

cf. 초당으(草堂, 화룡도, 4ㄱ), 셰승으(世上, 5ㄴ), 필경으(7ㄴ), 사방으(四方, 9ㄱ, 19ㄱ), 늄 중으(隆中, 10ㄴ), 강동으 익게ㅎ면(江東, 22ㄴ), 강동으 이르러(42ㄴ)

ㄷ) 못(淵) : 큰 못스 샌져(초한, 하. 38ㄱ)

낮(面) : 정골이 낫스 가득하니(구운몽. 상. 46ㄴ), 온 낫스다 믹질ㅎ고(수절가, 하. 5ㄱ)

갓(笠) : 헌 갓스 몬지 쎌어(판, 심. 184), 청목으로 갓끈접어 가스 다러 벽의 걸고(심청, 상. 23ㄴ/D본)=갓스 다러(A본)

옷(衣) : 여름 옷스 풀멕이고 겨울 옷스 쇼음두고(판, 심. 184)

곳(處) : 엇지 이 곳스셔 혼즈 머물이요(정사본, 조웅 1. 11ㄴ), 이 곳으 왓논지라(구운몽, 상. 45ㄱ)

화형 '-이'와 규범적인 형태 '-에'의 존재는 예측하기 어렵다. 왜냐하면, 이 시기의 전라방언에서 처소격 형태 '-의'는 단모음 '-이'로의 또 다른 변화의 방향을 공시적으로 나타내고 있기 때문이다.

> (12) 옷(衣)+에 : 옷시 물을 쓰노라니(판, 심. 178), 헌 옷시이 주부며(판, 박. 332)
>
>   cf. 헌 옷에 이 잡으며(성두본A. 흥부가. 4ㄱ)
>
>   앞(前)+에 : 부인 압피 궤좌ㅎ야(충열, 상. 4ㄱ), 무덤 아피무더(조웅 2. 2ㄴ), 압피논(정사본 조웅 3. 25ㄴ), 젹진 압피 다 다른니(조웅 3. 27ㄴ), 원슈 압피 나어가(정사본 조웅 1. 8ㄱ), 압피 큰 산이 잇스되(충열, 상. 29ㄱ)
>
>   옆(側)+에 : 힝장을 엽피 쓰고(충열, 상. 17ㄴ)
>
>   집(家)+에 : 집이 갓다 도라오는 길(판, 변. 608)
>
>   입(口)+에 : 손가락을 입이 물고(남, 춘. 18)
>
>   cf. 손까락을 입의 넛코(<가람본> 11ㄱ), 입의 너흐니(길동. 21ㄴ)
>
> 천변(川邊)+에 : 남원부 천변이 거하는(수절가, 하. 21ㄱ), 남원 천변이 거흐는(병오, 춘. 21ㄴ)
>
>   뒤(後)+에 : 뒤히난(조웅 3. 25ㄴ), 비 뒤히로(화룡. 58ㄱ)[24]
>
>   짜(地)+에 : 머리 짜히 쩌러지거늘(정사본 조웅 2. 23ㄱ)

현대 전남과 전북방언에서 일정한 체언 다음에 처소격 조사 '-이'가 통합되는 현상이 지속되어 있는데, 위의 (12)의 예들은 이러한 유형들의 선행 단계와 관련되어 있다. 이기갑(1998: 66-67)은 호남방언에서 쓰이는 처격 조사로 중앙어의 경우와 동일한 기능을 수행하는 '-에, -에서' 이외에 매우 한정되어 실현되는 '-이'형을 주목하였다. 그리고 이기갑 교수는 이 논문에서 처소격 '-이'가 다른 지역방언에서와 같이 명사 '집' 다음에 사용되는 빈도가 높으며(예. 집이 가자, 우리집 아그들은 다른 집이 있다), 때로는 의존명사 '땀(때문), 값, 섟' 등과

---

24) 16장본 경판 『춘향전』에서도 체언 '뒤'(後)에 연결되는 처격 형태가 '의>이'의 변화를 수용한 예를 보여준다. 압희는 민죽졀 <u>뒤히</u> 금봉츠 손의 옥지환 귀예 월그탄이요.(1ㄴ)

결합하는 '-에'도 '-이'로 실현되는 수가 많다고 기술하였다.[25]

현대 여러 지역방언에 분포되어 있는 '집'의 처소격 형태가 주로 '-이'로 실현되는 현상은 §2.2에서의 예문 (6)ㄴ에서 제시된 바와 같이 19세기 후기의 단계에 '집의'로 소급된다. 어떤 이유에서 모든 지역방언들이 '집의'의 경우에 처소격 형태로 '의>이'의 단모음화 방향을 주로 취했는가 하는 원리는 쉽게 파악할 수 없다(이상규 1999: 30-31). 물론, 19세기 후기 전라방언 자료에서도 처소격 형태 '집의'가 일반적인 변화의 흐름을 이탈하여 '의>으'의 단모음화를 선택한 유일한 예가 등장하기도 하였다. 집으 도라 오니(구운몽, 상. 44ㄴ), cf. 집의 보내엇더니(구운몽, 하. 5ㄱ). 여기서 '집의>집으'의 변화는 매우 특이한 예이지만, 오늘날의 전남 지역방언에서도 '집으' 형태가 '집이'와 함께 사용되고 있다. 전남 진도에 거주하고 있는 토박이 화자 최소심 노인(1990년 조사 당시 84세, 『뿌리 깊은 나무 민중 자서전』, 9)의 구술 자료에 '집'의 처소격 조사가 규범적인 '-에' 뿐만 아니라, '-으'와 '-이'로 끊임없이 교체되어 나타난다. 집이가 마당으로가 방죽이 있었어(p.32), 나 집으 갔다 올라우(p.33), 집으가...남으 집에 가서...생전 집으가 안 있었어(p.21), 손지가 "할마이 집으 가" 그라믄 업고 또 집에 와(p.34), 그 집으서 갖고 오제(p.47), 집이로 오믄(p.49), 그 집에서 다 해 왔제(p.46).

전북과 전주방언의 경우에도, 홍윤표(1978: 48)와 이태영(1983: 23)은 중세국어에서 특이 처격형을 취했던 '밭(田), 밑(底), 집(家), 밖(外)' 등과 같은 명사들이 주로 '-이'나 '으'를 취하는 경향이 뚜렷하다는 사실을 지적하였다. 중세국어의 단계에서 특이 처격형으로 실현되었던 '밑(底), 귿(端), 솥(釜)' 등은 19세기 후기 전라방언에서 표기상 동일한 모습을 그대로 존속시키는 경우도 있었지만, 다음과 같은 예들은 현대 전남과 전북의 지역방언에서 통상적으로 이 체언들 뒤에 연결되는 처소격 '-이'의 선행 형태들을 보여 준다.

---

25) 임용기(1988)는 경기도 광주방언의 격 조사체계를 기술하는 과정에서 '집'(家) 뒤에 필수적으로 나타나는 처소격 '-이'가 광주방언을 포함한 다른 경기 하위 지역방언들에서도 많은 체언의 뒤에도 수의적으로 확대되어 있는 현상을 관찰하였다. 임용기(1988: 19-20)에서 제시된 그러한 예들은 다음과 같다. 앞이(앞), 부엌이(부엌), 저녁이(저녁), 학교이(학교), 그 전이는(前), 냇가이(냇가), 낮이는(낮), 밤중이(밤중).

(ㄱ) 단장 밋틔(밑, 수절가, 하. 29ㄴ), 코 밋틔(판, 심. 168)

(ㄴ) 미음 솟틔(솥, 수절가, 하. 30ㄱ), 솟틔 얼른 데여(판, 심. 176), 솟틔 그져 잇셔쑤나(판, 심. 220)

(ㄷ) 말 긋틔 긔절하야(끝, 별춘. 29ㄱ)

(ㄹ) 밧틔 만발ㅎ고(심청, 하. 28ㄴ), 잔듸 밧틔(밭, 판, 변. 550), 쇽 밧틔(판, 박. 348), 죠흔 밧틔(춘, 남. 48)

(ㅁ) 졀운 쏭지 샷틔 끼고(삳, 판, 퇴. 292)

(ㅂ) 뭇틔 동종덜을(뭍, 판, 퇴. 278)

또한, 체언 '봐'(丱)의 처소격 형태 '밧긔'와, 이미 이 시기에 문법화를 거친 보조사 '-밧긔'는 각각 다른 방향으로 단모음화를 수행한 '밧그'와, '밧기' 그리고 규범적인 '-에'를 취하는 '밧게'를 포함하여 네 가지의 유형을 반영하고 있었다. 19세기 전라방언의 자료에 따라서 이러한 사정은 일정하지 않지만, 완판『화룡도』에서 예를 들면 다음과 같다.[26]

(13) a. 밧게 → 문 밧게(4ㄴ), 자리 밧게(21ㄱ)

b. 박그 → 쓰박그(18ㄱ), 박그 나와(26ㄱ), 진문 박그 나선이(30ㄴ)

c. 밧기 → 원문 밧기 나와(28ㄱ, 73ㄱ), 문 밧기 나와(42ㄴ), 말리 박기 익고(46ㄴ)

d. 밧긔 → 장막 밧긔 나셔니(43ㄱ), 원문 밧긔 나와(43ㄴ), 쯧밧긔(58ㄱ), 진문 밧긔셔 웨되(79ㄴ), 밧긔 나셔니(80ㄱ), 밧긔로 나오니(29ㄱ)

---

26) 그 반면, 완판『춘향전』에서는 '박그'와 '박기'형만 출현하였다.

  (ㄱ) 입 박그(하. 6ㄴ), 문 박그(상. 45ㄱ), 창 박그(상. 44ㄱ), 뜻 박그(상. 22ㄴ), 문 박그 가셔(하. 15ㄴ), 방문 박그(상. 38ㄱ), 이별할 박그(상. 41ㄴ), 틔와 갈 박그(상. 41ㄴ)

  (ㄴ) 쯧박기네(하. 7ㄴ), 쯧박기(하. 22ㄴ), 꿈 박기요(하. 1ㄴ), 혼사 할 박기(하. 9ㄱ), 문 박기 나가셔노라(상. 43ㄱ), 구룸 밧기(상. 20ㄴ)

그러나 완판『별춘향전』에서의 '밧긔'형이 완판본 병오판『춘향전』의 텍스트에서는 '밧기'로 단모음화되어 대응되는 사실로 미루어 보면, 이 시기에서 '밧긔'와 '박기' 또는 '박그'형은 말의 스타일에 (격식어와 일상어 등과 같은) 따라서 배분되어 출현했던 것으로 보인다. 문 밧긔(별춘. 27ㄴ), 옥문 밧긔(별춘. 26ㄱ)=문 밧기(병오, 춘. 30ㄱ), 갈 수 박기(병오, 춘. 30ㄱ); 밧긔 두어(퇴별. 17ㄱ)=밧기 두어(판, 퇴. 306).

앞에서 제시한 (12)와 같은 예들을 제외하면, 다른 단어들과 문법 형태소의 성분인 이중모음 '의'는 19세기 후기 전라방언에서 어두 음절과 비어두 음절 위치에서 '의>으'의 단모음화를 진행시키고 있었다. 완판『화룡도』에서 몇 가지 예를 들면 다음과 같다. 으복(衣服, 5ㄱ), 학창으(鶴氅衣, 5ㄱ), 상의(相議, 6ㄴ), 으논(議論, 8ㄴ), 으기(意氣, 10ㄴ), 져그 가는(54ㄴ). 여그로다(병오, 춘. 2ㄱ), 여그 져그(심청, 하. 15 ㄴ).27) 이러한 경향과는 달리, 처소격 조사 '-의'에서는 위의 (12)의 예들이 제시하는 바와 같이 '의>이'의 변화가 '의>으'의 경우보다 실현되는 빈도가 비교적 낮았다. 특히 관형격 조사 '-의'에서는 처소격에서와 동일하게 주로 '으' 단모음화를 보여 주지만, '의>이'의 변화는 다음과 같은 유일한 예만 발견된다. 달기 지슬 다라(닭의 깃을, 화룡 52ㄱ). 그러나 이 글의 §2.1에서 논의된 19세기 후기 전라방언에서 지향점의 '-의로'형들의 대부분은(예문 (3)을 참조) '의>이'의 단모음화를 수용하여 현대 지역방언들에서 '-이로'로 사용되고 있다. 이러한 단모음화는 이미 19세기 후기 당대에서도 부분적으로 등장하였다.

(ㄱ) 옥문 궁긔로(가람본 춘, 남. 44ㄴ) → 문 궁기로(춘. 남, 74)
(ㄴ) 장막 밧긔로(화룡 29ㄴ) → 꼿봉이 밧기로(심청, 하. 17ㄴ)
(ㄷ) 뒤히로 짜른 비(화룡 58ㄴ)

|5| 처소격 조사 '-여'의 역사성과 공시적 분포

5.1 현대 전남과 전북의 지역방언에서 지금까지 논의된 처소격 조사 '-으'

---

27) 19세기 후기 전라방언에서 매우 등장하는 다음과 같은 예에서는 비어두음절 위치에서 '의 >이'와 '의>으'의 두 가지 변화를 동시에 반영하고 있다. 글씨는 왕흐지라(수절가, 하. 23 ㄱ) ∽ 왕히지 필법으로(수절가, 하. 23ㄱ, 충열, 상. 5ㄱ)

와 '-이' 이외에 또 다른 유형 '-여'가 일정한 명사 뒤에서 매우 생산적으로 사
용되고 있다. 이 '-여'가 출현하는 체언의 어간말음은 역사적으로 처소격 '-예'
를 요구하였던 음성 조건(§3.2의 예문 (10)을 참조)과 대부분 일치하지만, 예외의
경우도 발견된다. 따라서 처소격 조사 '-여'는 역사적으로 '-예'에서 어떤 음운
론적 과정을 수행하여 형성된 이형태로 현대 지역방언에서는 일종의 화석형
으로 존재하는 것이다.

그 동안 전남과 전북 지역방언에서 처소격 조사의 한 이형태로서 '-여'의
존재는 널리 관찰되거나 인식되지 못하였다. 전북방언의 격조사 체계를 연구
한 이태영(1983: 22-23)에서 유일하게 체언 '뒤'(後)에 통합되는 처소격 형태로
'-여'의 예가 확인되었을 뿐이다. 저 뒤여 집이 있었어. 그러나 전북 지역의 토박
이 방언 화자들로부터 추출해 낸 자연스러운 구술 자료에서 처소격 '-여'는
아래와 같은 체언들에서 생산적으로 사용되고 있다.[28]

> (14) 1. 위(上) : 눈우여 죽순나고 얼음우여 잉여 주고(정읍 이평면 4: 17)
> 　　　　　　그리서 눈위에 죽순 나, 눈우여 죽순난다는 것은(정읍 이
> 　　　　　　평면 4: 17)
> 　　　2. 귀(耳) : 네 귀여다 편경달고(북면 민요 6: 237)
> 　　　3. 두지(뒤주) : 무슨 사람이 두지여가 들었으리라마는(정읍 고부면 7:
> 　　　　　　304)
> 　　　4. 멸치 : 술도 주머는 인자 멸치여다가 쇠주 준게, 멸치여다(고부면
> 　　　　　　16: 301)
> 　　　5. 전대 : 전대여다 질머지고(정읍 이평면 14: 49)
> 　　　6. 뒤(後) : ㄱ. 삼일이 지난 뒤여는(정읍 이평면 15: 51)
> 　　　　　　그 뒤여 인자 강감찬씨가(정읍 이평면 13: 49)

---

28) 이 구술 자료는 한국정신문화원에서 간행한 『한국구비문학대계』 5권 5집과 5권 7집(1987)에
수록되어 있는 전북 정주시·정읍군편 가운데 하위 면 단위에서 채집된 구비 설화를 이용
한 것이다. 이 구술 자료의 제공자들은 채집 당시 해당 면에서 거주하고 있던 토박이 노년
층들로서 대부분 70대이었다. 여기서 제시된 처소격 조사 '-여' 이외에 실제 녹음테이프를
들으면 더 많은 예들이 확인되지만, 편의상 자세하게 제시하지 않고 『한국구비문학대계』의
텍스트에 반영된 경우만 한정하였다.

ㄴ. 남자가 뒤여 채기 밑이서(정읍 옹동면 1: 123)

ㄷ. 인자 중이 간 뒤여 조앙 앞으다(정주시 48: 179)

　문 뒤여다 놔(정주시 53: 191)

ㄹ. 뒤여가서 감나무가 …뒤여 감나무다가(정읍 신태인읍 19: 457)

ㅁ. 구랭이란 놈이 올라슨 뒤여 말여(정읍 감곡면 9: 586)

ㅂ. 느닷없이 뒤여 따라오는(정읍 신태인읍 31: 540)

　근게 가만히 뒤여로 가서는(신태인읍 28: 517)

ㅅ. 어치게 뒤여를 한번 본게(정주시 45: 162)

　근게 그 뒤여부터는(정주시 28: 124)

(15) 1. 양가(兩家) : 양가여서 잘 살았다는 그런 애기여(정읍 이평면 15: 51)

2. 정부(政府) : 옛날이는 서자자식을 채용을 안혀, 정부여서(정읍 이평 13: 46)

3. 관가(官家) : 계모년은 그 관가여서 잡어서 가뒀드래아(고부면 8: 306)

4. 마루(廳) : 마루여서 밥을 먹다가(고부면 10: 309)

5. 애초(初) : 그 양반이 애초여 그리갖고는(정읍 이평면 25: 29)

　애초여 강으서 나왔는디(정읍 이평면 24: 98)

위의 예에 출현하는 처소격 '-여'는 상황의 전환이나 또는 예측할 수 없는 상황에서 끊임없이 규범적인 '-에'로 교체되고 있는 특질을 구술자료 자체 내에서 드러내고 있다. 따라서 이러한 현상은 토속적인 형태 '-여'와 규범적인 '-에'가 이 지역방언에서도 화자의 말의 스타일에 따라서 민감하게 교체되는 변이의 모습을 반영하는 것으로 이해한다. 이러한 이유 때문에 종전의 격식적인 면담 방식을 통한 방언 조사에서 '-여'형이 제대로 확인되지 못했던 것이 분명하다. (14)의 예들은 어간말음이 '-이' 또는 역사적 선행 단계에서 -y로 끝나는 하향 이중모음이었던 '-위, 애'인 체언들에서 '-여'가 연결되었음을 보여준다.

또한, 체언 '뒤'(後) 다음에 처소격 '-여'형이 출현하는 빈도가 제일 높다는 사실을 위의 예에서 알 수 있다. 그러나 현대 전북 정읍방언의 모음체계에서 '위'는 이미 단모음 /ü/으로 확립되었기 때문에, 예전에 자동적으로 선택되었

던 '-여'의 음운론적 동기가 이미 상실된 상태이다. 이와 같이 '-여'가 실현되
는 언어 내적 조건의 불투명성은 체언 말음이 개음절이라는 사실 이외에 다
른 공통된 음성 조건을 찾을 수 없는 (15)와 같은 체언들에서 더욱 분명하게
나타난다. 어떠한 근거에서 예문 (15)에서와 같은 공시적 유형들이 오늘날의
전북방언에 존재하게 되었는가를 논의하기 위해서 19세기 후기 전라방언에
사용되었던 처소격 조사 '-여'가 출현하는 환경을 다음에 검토해 보기로 한다.

(16) 1. 명사화 접사 '-이' : 죽기여 이르러도(삼국지 3. 29ㄱ)
　　　　　옥문간의 와겨기여 당부ㅎ엿더니(병오, 춘. 32ㄱ)
　　　2. 줌치(囊) : 늬 줌치여 잇던이라(병오, 춘. 18ㄴ) ∽ 늬 줌치예 수ㅎ반
　　　　　잇던이라(병오, 춘. 18ㄴ)
　　　3. 머리(頭) : 머리여도 꼬자보며(수절가, 상. 6ㄴ; 병오, 춘. 2ㄴ)
　　　　　cf. 머리예도 꼬즈보며(별춘. 2ㄴ), 머리에다(수절가, 상. 8ㄱ), 상 머
　　　　　리여 먹는다고(심청, 상. 20ㄴ), 칼 머리여 인봉ㅎ야(병오, 춘. 17
　　　　　ㄴ) ∽ 칼머리예(별춘. 17ㄴ)
　　　4. 궁기(穴) : 어름 궁기여 잉어 엇고(심청, 하. 25ㄴ), 그 궁기여 머리
　　　　　를 넛코(충열, 상. 11ㄱ)
　　　5. 벽도지 : 청용황용이 벽도지여 잠기여(필사, 별춘. 208)
　　　6. 다리(脚) : 두 다리여서...두 다리여 어리연네(병오, 춘. 17ㄴ)
　　　7. 궁둥이 : 궁둥이여 붓터셔(수절가, 상. 35)
　　　8. 허리(腰) : 허리여 잠 쩔넌네(심청, 하. 29ㄴ)

(17) 1. 마듸(節) : 그 말 한 마듸여 말궁기가(수절가, 상. 22ㄴ)
　　　2. 뒤(後) : 뒤여 흔 사룸은(심청A, 하. 3ㄱ)
　　　　　cf. 뒤의 흔 사룸은(심청E, 하. 3ㄱ)
　　　3. 귀(耳) : 귀여 징징(병오, 춘. 5ㄱ)∽귀예 징징(별춘. 5ㄴ) ∽ 두 귀예
　　　　　징징(충열, 하. 43ㄴ), 귀여 들이난듯(심청, 상. 23ㄴ), 두 귀
　　　　　여다 불 지르고(병오, 춘. 20ㄴ)

(18) 1. 쩌(時) : 잇쩌여 도련임이(필사, 별춘. 209) ∽ 이 쩌예(병오, 춘. 25

ㄱ) ∽ 이 찌의(심청, 상. 16ㄴ)

2. 기(犬) : 기여 물여(병오, 춘. 27ㄱ)

3. 비(舟) : 비여 나리소셔(삼국지 3.40ㄴ) ∽ 비으 올나(삼국지 3.12ㄱ)

4. 꾀(謀) : 꾀여 썬진 줄 알고(길동. 34ㄱ), 적장 꾀여 썬져(충열, 하. 7

    ㄱ) ∽ 니 꾀의 돌여쏘다(삼국지 3.15ㄴ)

5. 궐뇌(闕內) : 궐뇌여 드러 가니(충열, 하. 28ㄱ) ∽ 궐뇌의 드러 가

    (충열,하. 15ㄱ), 궐뇌예(정사본 조웅 3.7ㄱ)

6. 적쇠 : 쇠격쇠여 덩그럭키 걸녀녹코(별춘. 9ㄴ) ∽ 쇠격쇠의 거러 노

    코(병오, 춘. 7ㄴ)

7. 소리(聲) : 훈 소리여(충열,하. 39ㄴ) ∽ 흐는 소리의(충열, 하. 16ㄴ)

8. 방이 : 방이여 올나셔셔(심청, 하. 29ㄱ)

(19) 1. 우(上) : 홍장 우여 거러 논니(수절가, 하. 23) ∽ 홍장 우의거러 노니

    (병오, 춘. 22ㄴ) ∽ 문우에 붓친(초한, 상. 35ㄱ)

2. 고부(曲) : 호창 조흘 고부여(심청, 하. 31ㄴ)

위의 예에서 처소격 '-여'가 연결되는 체언 어간말음이 갖고 있는 음성 조건은 대략 현대 전북 지역방언의 경우와 일치한다. 예문 (16)과 (17)의 경우에 체언 어간말 '-이'와 '-의'는 '-예'가 출현할 수 있는 음성적 동기를 계속하여 유지하고 있으나, 이미 예전의 '-예'의 단계에서 '-여'로 전환되었음을 나타낸다. 그리고 예문 (18)도 그 이전의 단계에서 이형태 '-예'의 출현 조건을 구비하고 있었다. 이러한 사실은 완판본 고소설 가운데 비교적 이른 단계에 간행된 정사본 『조웅전』(1857)의 일부에서 위의 예들에 해당되는 체언 뒤에 처소격 '-예'가 등장하고 있음을 통해서 확인된다. 이 찌예(상. 6ㄱ), 노리예(상. 7ㄱ), 천지예 (상. 1ㄱ), 거리예(상. 7ㄴ), 비예 올나(상. 8ㄱ), 비예 니려(상. 8ㄴ). 허리예(하. 12ㄴ), 일시예 (하. 11ㄱ), 궐뇌예(하. 7ㄱ), 셩뇌예(상. 1ㄱ).

또한, (16)-(18)의 예들에서 '-여'형은 기원적인 '-예'와 끊임없이 교체되는 변이의 모습을 반영한다. 이러한 변이에는 처소격 조사로서 세력을 확대시켰던 '-의'까지 참여하였다. 19세기 후기 전라방언에서 이러한 일정한 조건 밑에

서 등장하는 낙착점의 처소격 형태가 실현시키는 다양한 변이 현상을 가장
잘 반영하고 있는 예 한 가지를 제시하면 다음과 같다. 비에 오르며...비의 나리고
(삼국지 3. 40ㄱ) ∽ 비으 올나(삼국지 3. 12ㄱ) ∽ 비여 나리소셔(삼국지 3. 40ㄴ).

위의 예에서 처소격 이형태 '-여'가 원래의 '-예' 그리고 당시에 세력을 확
대시킨 '-의'와 19세기 후기의 단계에 변이를 보이고 있는 사실은 '-여'의 출
현이 일정한 언어 내적 조건에서 필수적으로 일어나는 과정이 아니라 수의성
을 띠고 있었음을 보이는 것이라고 생각한다. 이러한 수의성은 고소설과 판소
리 사설집과 같은 자료 내에서 이야기가 전개되는 상황에 따른 구술자의 말
의 스타일이나 말의 속도 및 여타의 사회 언어학적 성분과 관련된 변이의 현
상으로 반영되었을 개연성이 많다.29) 이와 같은 처소격 '-여'와 다른 형태들
사이의 변이의 과정은 완판『심청전』의 다른 두 가지의 판본 사이를 비교하
면 더욱 분명하게 나타난다.30)

	(20)	**심청전 A본**		**E 본**
		귀여 징징 들이난듯(상. 32ㄱ)	∽	귀의 징징 들이난 듯
		저무도록 안이 오기예(상. 20ㄱ)	∽	안이 오기여

---

29) 일정한 역사적 단계에 존재하는 문헌 자료 중심의 언어 연구에서 언어 외적 요인들에 따른
   언어의 변이 현상을 확인하고 기술하는 작업은 매우 중요한 과정이지만, 지금까지 표기법의
   해석의 문제와 언어 현상을 범주적으로 인식하는 전통적 사고 때문에 적극적인 관심을 받
   지 못했다.
   16세기의 전형적인 국어 자료인『훈몽자회』의 여러 판본과 그 언어 내용들을 종합적으로
   비교하여 논의한 이기문(1971)에서는 상이한 판본 상에 출현하는 이형태들을 말의 스타일
   등과 같은 차이로 파악하려는 최초의 시도를 보였다. 예를 들면, 이기문 선생은 이 저서에
   서 '叏'의 釋과 관련하여 예산본『훈몽자회』에 출현하는 '봉오조싀'(상. 5ㄴ)는 16세기 국어
   당시의 일반적인 발음을 반영한 것이고, 여타의 동경대학본이나 존경각본 등에 등장하는
   '봉호조싀'(상. 9ㄱ)는 조심스러운 발음을 반영한 것으로 추정하였다(p.145). 그리고 이기문
   선생은 예산본의 '눈ᄌ싀'(睛, 상. 13ㄴ)과 여타의 판본에서의 '눈ᄌᅀ'과의 대비에서 명사파
   생 접사 '-이'가 연결된 전자는 방언형 또는 개신형이며, 후자는 점잖은 말씨의 어형인 보수
   형일 것으로 보았다(1971: 126).
30) 완판『심청전』A본은 소위 <乙巳>본(1905년 간행)으로 <국문학 총서> 2(시인사)에서 최운
   식 선생의 주석과 해설을 참고하였으며, 완판『심청전』E본은 간기가 없이 다가서포에서 발
   행한 것으로『景印古小說板刻本 全集』2(김동욱 편)에 수록되어 있는 판본을 이용하였다. 완
   판『심청전』고소설의 서지학적 검토는 유탁일(1983: 124-127)을 참고.

상머리여 먹는다고(상. 20ㄴ)   ∽   상 머리여
상 머리예 마조 안져(상. 24ㄴ)   ∽   상머리예
언의 쩌여 상면홀가(상. 23ㄴ)   ∽   쩌여
뒤여 흔 사롭은(하. 3ㄱ)   ∽   뒤의
비여 밤이 몃날인야(하. 4ㄱ)   ∽   비의
잔치의 참예ᄒ기(하. 21ㄴ)   ∽   잔치예(하. 21ㄱ)
잔치예 참예ᄒ면(하. 32ㄱ)   ∽   잔치의(하. 34ㄴ)

그러나 19세기 후기 전라방언에서도 (19)와 같은 예에서 '우'(上)와 '고부'(曲)와 같은 예외의 체언 뒤에서 '-여'가 사용되고 있음이 주목된다. '고부'의 경우는 '고븨'에서 이 시기의 지역방언에서 매우 특징적인 원순모음화를 수용한 형태를 보이는 것이다(최전승 1986). 즉, 고븨>고뷔(원순모음화)>고부(어말 -y의 탈락). 그렇기 때문에 체언말 -y를 보유하고 있었던 '고븨' 혹은 '고뷔'의 단계에서 처소격 '-예'가 연결되어 발달되어 온 것이기 때문에 예외에서 제외될 수 있다. 음성 조건의 측면에서 또 다른 예외를 이루는 체언 '우'(上)의 처소격 '-여'는 폐음절과 개음절 어간의 체언에서 보편화된 '-의'의 세력을 뚫고, 그 이전의 시기에 '-예' 또는 이것의 발달형이 확대되기 시작하는 과정을 보이기 시작하는 예이다. 그리하여 오늘날의 전북 지역방언에서 이러한 예외 유형들이 (15)의 예들에서 보는 바와 같이 점진적으로 그 적용 범위를 확대한 것으로 생각한다.[31]

---

31) 원래의 역사적인 형태 '우'(上)에서 어간말에 '-이'가 첨부되어 표준어에서 '위'로 확립된 과정은 비교적 단기간에 이루어진 것으로 보인다. 19세기 후기 지역방언의 다양한 자료에서 이 명사는 언제나 '우'로 사용되었기 때문이다. 19세기 후기 함북방언을 반영하는 Putsillo의 『로한사전』(1874)에서 이 형태는 '우이'(p. 49)로 등장하였다. 그런데 이 '우이'형은 전통적으로 'ㅎ' 종성을 갖고 있었던 체언에 명사파생 접사 '-이'가 연결된 전형적인 어형들과 동일한 모습을 보인다. 즉, 짜이(地 p.197), 파이, 쓸파이(葱, 289), 코이(鼻, 361), 초이(酢, 667), 셔이/셔편이(西, 187), 모이/네모이(方, 263), 노이/승㉿(繩, 47).

이 방언사전에 반영된 함북 방언형 '우이'는 20세기 초엽의 옛 제정 러시아 카잔의 육진방언 자료에서 다음과 같이 나타난다. ui(上, 『로한소사전』, p.9). 그러나 이와 동일한 계열의 다른 자료에서는 여전히 '우'로 사용되었다. čib uu hərə(위를, 『한국인을 위한 철자교과서』 55: 83), muri olla uru wašə(위로, 35: 47), pusuk'ɛ ue(위에, 72: 90).

오늘날과 같은 '위'는 20세기 초엽 『주해 어록총람』에서 다음과 같이 부분적으로 등장하기

5.2 처소격 조사 '-예'에서 '-여'로의 변화는 처음에는 음성학적 동기에서 발단되었을 것이다. 이러한 음성적 과정은 근대국어의 초기의 단계로 소급될 수 있다. 션비열 사룸 박공의 딸이오...션비열 사룸 셔션원의 안해라(동국신속, 열여 6: 14), cf. 션비엘 사룸 뎡호의 안해라(열여 2: 23). 또한, 17세기 초엽의 한글 편지 자료인 『현풍곽씨 언간』(백두현 1997)에서도 '-여'가 체언말음 -y 뒤에서 부분적으로 사용되고 있었다. 분둘 내 방 창밧긔 마뢰여 연저 서리 마치게 마소(현풍 곽씨 언간 판독문, no.10), 죠희여 빠 봉ㅎ여 보내소(no.54). 이 예에서 처소격 조사 '-여'의 출현을 조건짓고 있는 체언 '마뢰'(大廳)는 '마로'형에서 명사파생 접사 '-이'가 첨가된 형태로, 현풍곽씨의 남편 곽주의 다른 편지 가운데에서도 등장하였다(대청 마뢰ㅎ며 뜰ㅎ며(no. 62), 참고).[32] 이러한 '-여'형은 18세기 후반의 경상도 방언을 부분적으로 반영하고 있는『십구사략언해』(1772)에서도 지속적으로 나타난다. 희여(年에, 2.68ㄱ), 떼여(時에, 2.71ㄴ), cf. 진혜왕 떼예(2.71ㄴ). 따라서 처소격 조사 '-예'의 변이형인 '-여'가 비단 19세기 후기 전라방언에서와 오늘날의 전북의 지역방언에만 한정되어 사용된 것은 아니었다.

특히 처소격 형태 '-여'는 19세기 후기 함북방언과 평안방언 자료에 생산적으로 분포되어 있었다. 19세기 후기의 함북방언을 반영하는 Putsillo의 『로한즈뎐』(1874)과, 20세기 초엽 옛 제정 러시아 카잔에서 간행된 일련의 방언 자료에서도 어간 말음이 '-이' 또는 -y로 끝난 체언에 연결되는 과정에서 처소격 '-여'가 생산적으로 출현하였다. 이러한 방언의 예들은 King(1991: 155-6, 355)에서 상세하게 기술되어 있다. 이들 방언 자료에서는 처소격의 '-여'가 출현하는 환경이 어간 말음이 -i이거나 선행 단계에서 -y로 끝나는 하향 이중모음이었던 체언들에만 한정되어 있으며, 19세기 후기 전라방언에서와 같은 확대 유형

시작하였다. 나무 위셔 빙빙 돌더니(80ㄴ), 휘어 잡온 가지를 위의로 탁 노아 바린단 말(81ㄴ), cf. 문 우희에(55ㄴ), 우 아리를 홀터보다(52ㄴ).

32) '마뢰'(大廳)의 후속형은 19세기 후기 함북방언을 반영하는 Putsillo의 『로한즈뎐』(1874)에서 '마뤼, 마루'(p. 461)로 나타난다. '마뤼'의 단계에서 오늘날 남부와 북부에 분포되어 있는 최종적인 형태 '마리'가 발달된 것으로 생각된다. 마리--함북: 경원, 온성, 종성 외 5개 지역(김태균, 1986: 192, 『함북방언사전』, 경기대학교 출판국).

은 발견되지 않는다. 처소격 '-여'의 출현 환경을 검토한 King(1991: 355)은 이것의 생성은 '-예'에서부터 '-i, -y+yəy > -i, -y+jə'와 같은 동음생략을 통합적으로 수행한 과정에서 비롯된 것으로 간주하였다.[33]

그리고 19세기 후반 제정 러시아 쌍트 페테르브르크 대학의 한국어 강사였던 김병옥이 1898년에 한국어 강습 교재로 편집한 Koreiskie Teksty(한국어 독본)에 실려 있는 고소설 『츈향뎐』의 언어는 그 당시의 함북방언을 반영하였다. 여기에서도 처소격 '-여'형이 일정한 조건을 갖춘 체언들 뒤에서 빈번하게 사용되었다(예들은 최전승 1997: 417-418을 참조). 오늘날의 함경도 방언에서도 처소격 형태 '-여'가 지속되어 사용되고 있는 상황은 전북 지역방언의 경우와 일치한다(§5.1에서의 예문 (14)와 (15)를 참조). 함경도 방언의 연구에서 김용호(1988: 196)는 대체로 명사 어간이 열린 소리마디로 끝나고 그 모음이 '이'인 경우에 처소격의 특수한 형태로서 '-여'가 연결되는 예를 제시하였다. 헨지여(現地에), 그 시여(時에), 해이여(會議에).[34]

19세기 후기 평안도 방언을 반영하는 Ross의 *Corean Primer*(1877), 『예수셩교, 누가복음』(1882)에서와, 이와 거의 비슷한 시기의 산물으로서 부분적으로 경상도 방언과 관련되어 있는 재간 『交隣須知』(1883)와 『全一道人』(1729) 등과 같은 자료에서도 처소격 '-여'가 지역적으로도 확대되어 나타나고 있었다.[35] 19세기 후기 평안방언에서 '-여'가 출현하는 예들을 *Corean Primer*(1877)를 통해서 정리하면 다음과 같다.[36]

---

33) 17세기 초엽의 『현풍곽씨 언간』을 음운사적으로 고찰한 백두현(2000: 105)은 이 한글 편지에 등장하는 '죠희여'(10), '마뢰여'(10) 등은 처소격 '-예'의 부음 -y가 탈락한 것으로 다른 문헌에서 찾아보기 어려운 특이한 예로 취급하였다.

34) 정용호(1988: 195)에 의하면, 처소격 형태 '-여'는 전형적인 방언 소유자들 가운데에서도 주로 노인층에 간혹 쓰일 뿐이라고 한다.

35) 19세기 후반의 재간 『交隣須知』와 『全一道人』에서는 처소격 '-여'의 사용이 다음과 같이 극히 한정되어 있었다.
   (1) 귀여 다히고 말흐면(재간 교린수지 4.12ㄴ), 귀엿골이라 흐는거슨 계집사롬이 귀여 두느니라(1881년 교린수지 3.4ㄴ)
   (2) 게를 궤여 담엇거눌(於櫃, 全一, 11ㄱ)

36) *Corean Primer*(1877)에서는 여타의 다른 개음절과 폐음절의 체언들에는 처소격 형태로 규범화

(21) 의지여 걸레질 하시(의자에, uijiyu, p.12)
　　세국 종에여 쓰시(종이에, p.8)
　　걸이여 나가(guriyu, 거리에, p.55)
　　걸이여 가기(p.45)
　　걸리여 물너 난다(p.45) ∽ 네 걸이어 나가(guriu, p.57)
　　쟈근 비여 능히 야든섬을 싯갓다(배에, p.63)
　　챠 뒤여 얼그시(dooiyu, p.32) ∽ 니 뒤에 이서(p.15)
　　동짓달 동지여(동지에, p.71) cf. 동짓날 동지예(Korean Speech, p.53)
　　한 비여 열멷기 나앗슴(hanbeyu, p.27)
　　cf. 암토야지 한 비예 식기 습예기 나앗다(Korean Speech, p.23)
　　　　데 근체여서(근처에서, p.84).

위의 예에서 처소격 조사 '-여'는 yu로 음성 전사되어 있으며, 자료 자체에서도 '-에' 또는 다른 이형태 '-어'와 교체되기도 하였다. 그리고 *Corean Primer*(1877)의 개정판 *Korean Speech*(1882)에서 초판에 풍부하게 반영된 평안방언의 성격이 많이 수정되었지만, 다음과 같은 예들에서는 여전히 처소격 '-여'가 유지되어 있음이 주목된다. 전약쩌여(p.18), 거리여 가서(p.19) ∽ 걸이에 사람이 만으니(p.34), 걸이여 가년데(p.20), 세국종에여 쓰소(p.2), 져 동피여 갑시 얼미냐(p.39).

또한, Ross가 관여한 『예수성교, 누가복음』(1882)에서도 처소격 조사 '-여'는 일정한 조건을 갖춘 체언들에 생산적으로 연결되어 사용되었다(정길남 1985: 397). 그 쩌여(2: 8), 되여슬 쩌여(3: 2), 당시여(2: 1), 하느님 외여(5: 21), 친척과 벗 사이여(2: 44), 독구 남우 뿔이여 이스니(3: 9), 비 곱풀 쩌여(5: 3), 권세여 붓고(7: 8), 뒤여 나아가(8:

된 '-에'가 확립되어 있었다. 데 집안에 잇디 안슴마(23), 데 마당에 이서 일함메(23), 집밧게 사람 잇다(23), 산우에 올나(31), 산에 나무덜먼 잇다(37), 창에 멧기 셕경 잇다(47). 그러나 다음과 같은 '한냥, 물병, 실경' 체언 다음에는 특이한 '-어'형이 사용되어 주목된다.
　물벙어 도운 물이 잇라니라(mool biungu, p.17)
　세련 푼이 실경어 잇다(shilgiungi itda, p.17)
　한냥어 한두뿐 틀림머니(niangu, p.56)
위의 예에서 처소격 '-어'는 경북방언에서 체언의 어간음절의 모음이 '아'이며 동시에 연구개 비자음으로 끝나는 경우에 처소격 조사 '-아'가 실현되는 상황과 유사한 모습을 보인다. 장아(장에), 방아서(방에서), 땅아(땅에), 마당아서(마당에서). 이상의 경북방언의 예는 이상규(1990: 115)에서 인용하였다.

44), 빈여 올우니(5: 3), 빈여 올나(8: 22), 고기를 두 빈여 치와(5: 7), 평디여 셔니(6: 17). 이와 같이 '-여'가 연결되는 체언들의 유형은 우리가 §5.1의 예문 (16)과 (17)에서 관찰하였던 19세기 후기 전라방언의 경우와 매우 동일한 것이다. 그러나『예수셩교, 누가복음』에서도 어간말 '-이'를 갖고 있는 다음과 같은 체언들에서부터 토속적인 '-여'에서 점진적으로 규범의 세력을 확대시키고 있는 '-에'로 전환되는 모습을 보이고 있었다.37) 걸이에 안즘 갓트니(초역 누가 7: 32), 웅더리에 싸디디(6: 39), 멀이에 발으디 안으되(7: 46), 화리예 더디너니(12: 28).

지금까지의 관찰에 의하면, 19세기 후기의 역사적 단계에 사용되었던 처소격 이형태 '-여'는 전라방언과 함경방언 그리고 평안방언 등에 주로 지역적 분포를 보유하고 있었다. 동시에 이 처소격 형태는 오늘날의 해당 지역방언에 잔존하여 출현하고 있지만, 노년층 방언 화자들이 상황에 따라서 구사하는 말의 스타일에 따라서 규범적인 '-에'와 끊임없는 변이의 과정을 나타내고 있었다. 역사적으로 일정한 음성 환경을 구비한 체언들에 실현되었던 '-예'로부터 음성적 동기에 의하여 이차적으로 형성된 '-여'가 19세기 후기에 있어서도 중부방언 등에서 완전히 제거된 이유는 굴절체계상에서 처소격 조사 '-에'의 강력한 단일화가 남부방언보다 더욱 빠르게 완성되었다는 사실에서 찾을 수 있다고 생각한다.

---

37) 19세기 후기 평안도 방언에서 '-여'에서 '-예' 또는 개신적인 '-에'형으로 교체되는 과정은 초역본인『예수셩교 누가복음』(1882)에서보다 1년 후에 간행된 1883년본『누가복음』에서 두드러지게 관찰된다. 그러나 이러한 경향이 방언 자체 내에서의 변이 현상과 결부된 것인지, 아니면 단순한 수정 작업의 결과로 방언적 특질이 제거된 것인지 판단하기 어렵다.
   닉 귀여 들니미(초역 누가 1: 44) - 닉 귀예(1883년판 누가복음)
   바늘귀여 나가미(초역 18: 25) - 바늘귀예 나가미
   그 위여 너려티며(位, 초역 1: 52) - 그 위예 너치고
   빈여 드넌 날에(초역 17: 27) - 빈예 드는 날
   말 궁이여 누이믄(초역 2: 7) - 말궁이에 누이믄

|6| 결 론 : 굴절체계의 역사적 보수성

6.1 현대국어의 지역방언에서 중부방언을 포함하여 부분적으로 평안도 방언과 함경도 방언 등지에서는 낙착점의 처소격 조사가 '-에'로 일반화된 반면에, 전라방언과 일부의 함경도 및 경상도 방언에서는 체언의 어간 말음이 폐음절인 경우에 처소격의 위치에 관형격 조사 '-의'의 방언형 '-으'가 쓰이는 빈도가 매우 높게 나타난다(김병제 1988: 69-73). 이와는 대조적으로, 중부방언과 대부분의 평안도 방언 등에서는 관형격의 위치에 낙착점의 처소격 '-에'의 형태가 일반화되는 경향을 강하게 보인다. 그러나 전라방언의 경우에 관형격 위치에 실현되는 '-에'는 최근의 현상임이 분명하며, 그 쓰이는 빈도는 특히 노년층의 방언 화자들에서 통상적인 관형격 형태 '-으'에 비하여 매우 떨어진다. 따라서 전라방언에서는 관형격과 처소격 위치에 기원적인 관형격 형태 '-으'가 사용되고 있으며, 여타의 중부방언 등지에서는 이와 동일한 통사적 위치에 기원적인 처소격 '-에'형이 점진적으로 확대되어 있다.

이와 같은 현대 지역방언들의 굴절체계가 나타내는 공시적 상황을 이해하기 위한 하나의 방편으로 필자는 우선 역사적으로 1세기 앞 선 단계, 즉 19세기 후기의 지역방언 자료에서 제시된 방언 분화의 양상을 살펴보려고 하였다. 19세기 후기의 단계에서 특히 전라방언의 자료에 실현된 관형격과 처소격의 상태와, 통상적인 중부방언 중심의 자료에 실현되어 있는 두 격조사들의 상태가 두드러진 대조를 보이고 있음을 관찰하였다. 즉, 19세기 후기 서울말 중심의 중부방언 자료에서 관형격 위치에 원래의 처소격 형태 '-에'가 제법 빈번하게 출현하였다. 이러한 예들은 『독립신문』1권(1896.4-1896.12)만 조사해도 수 없이 발견된다. 죠션에 대쇼 인민은...그 사롬은 나라에 츙신이요(1권 36호), 조긔에 안히의 덕으로(31호), 어리석은 빅셩들에 돈을 쎄셧고(44호), 이 교회에 본의를 알 것 ㅈ흐면... 이 교에 근본인 줄을 쎄달을지라(59호), 나라에 큰 사업이 될지라(56호), 국가에 자쥬독립ㅎ

논 표준이라(58호), 즈긔에 집으로 오라고(65호), 자긔에 아비나 한라비가(66호), 이는 나라
에 역적이요 인민의 도격이라(69호) 등등. 이러한 유형은 Gale의 『텬로력뎡』(1895)에
서도 23회나 확인된다.

6.2 그 반면, 19세기 후기 전라방언의 모든 자료에서 관형격 조사는 '-의'
또는 그 변화형 '-으'와 '-이'로만 사용되었다. 중부방언에서 관형격 자리에 잠
식하여 오는 '-에'의 역사는 근대국어의 초기 단계에까지 추적되기 때문에(홍
윤표 1994), 이러한 '-의>-에'와 같은 대치의 과정이 오랜 시간을 거쳤음을 알
수 있다. 이와 같이 관형격 위치에서 수행되는 '-의>-에'의 이행 과정을 모음
의 음운사 또는 통사 기능상의 관점에서 이해하려는 노력이 종래에 부분적으
로 있었지만, 아직은 어느 하나도 만족스럽지 못한 상태에 있다. 그리하여 필
자는 관형격 위치에서 일어나고 있는 '-의>-에'의 과정을 규명하는 예비적 준
비로 먼저 19세기 후기 전라방언에 출현하였던 낙착점의 처소격 조사 부류,
특히 '-의'(으, 이)의 분포를 고찰하고, 이러한 공시적 분포의 역사적 기원을 추
정하려는 작업을 이 글에서 시도하였다.

관형격 조사의 경우와는 대조적으로, 19세기 후기 중부방언에서 처소격 조
사는 이미 단일한 '-에'로 확립되어 있었다. 중세와 근대국어의 단계에서 경쟁
관계에 있었던 여러 이형태들을 물리치고 '-에' 하나로 규범화되어 가는 강력
한 추세는 중부방언의 경우에 이미 18세기부터 관찰된다(전광현 1971: 64, 이태영
1997: 719-721). 그러나 이와 비슷한 시기의 전라방언에서 처소격 조사는 폐음절
과 개음절 어간을 갖고 있는 대부분의 체언들에 관형격 조사의 형태와 동일
한 '-의'(으, 이)로 사용되었다. 그와 동시에 중세국어에서부터 이형태 '-예'가
출현하였던 조건에서는 방언적 발달형 '-여'가 처소격 자리에 쓰였다. 19세기
후기 전라방언에서 처소격 형태로 압도적으로 출현하고 있던 '-의'와 특정한
위치에서의 '-여'는 부단히 '-에'형과 교체되어 유동적인 상황을 노출시켰음은
물론이다. 필자는 이러한 현상을 전라방언의 토속적인 형태 '-의'와 '-여'가 규

범적이고 개신적(당시의 중부방언의 경우와 비교하여)인 '-에'와 일종의 사회 언어학적 변이를 보이는 것으로 해석하였다.

19세기 후기 전라방언에서 처소격 조사 '-의'(으, 이)가 확대되어 있는 공시적 상태에 비추어 필자는 다음과 같은 가정을 설정하고, 이것을 보강하려고 시도하였다. 즉, 19세기 후기를 선행하는 어느 역사적 단계의 전라방언에서 관형격 조사 '-의'형이 어떠한 원리에 의하여 처소격의 위치로 확대되어 왔다. 개신적인 '-의' 형태가 확대되었던 강도는 어간 말음이 폐음절과 개음절인 체언들에서 가장 강하게 나타났다. 그 반면, 15세기 국어의 단계에서 어간말음으로 '-이' 또는 하향 이중모음의 부음 -y를 갖고 있던 체언들에 자동적으로 출현하였던 처소격의 이형태 '-예'만은 그 자연스러운 음운론적 작용(동화) 때문에 이 방언에서 '-의'의 잠식이 거부되어 있었다. 이와 같은 음성 조건에 연결되었던 '-예'도 강력한 '-의'의 세력으로 인하여 부분적으로 '-예∽-의'와 같은 변이를 말의 스타일 또는 사회적 상황 등에 따른 사회 언어학적 요인에 의해서 반영했던 것으로 추정했다. 또한 처소격의 변이형 '-예'에 오래 전서부터 '-예>-여'와 같은 음운변화가 일어나서 이 방언에서 위의 변이는 다시 '-여∽-의'로 대치되었다. 이와 같은 선행 단계로부터 19세기 후기 전라방언은 중부방언 등에서 처소격 조사로 단일화를 거친 '-에'가 개음절과 폐음절 및 -y계 체언들에 부분적으로 침투되어 있는 모습을 보인다.

그러나 이 시기의 전라방언에서 중부방언의 개신적 파장인 '-에'의 확산은 굴절체계가 유지하고 있는 보수적 성격으로 인하여 개음절과 폐음절의 체언의 경우에서는 거의 미미한 편이었다. 19세기 후기 전라방언에서 개신형 처소격 조사 '-에'가 제일 먼저 파급된 환경은 부분적으로 '-여'에서 발견된다. 그 이유는 하향 이중모음의 단모음화로 인하여 '-여'와 관련된 '-예'의 직접적인 음운론적 동기가 상실되었기 때문이다. 이러한 환경에서도 '-여'는 개신형 '-에'의 잠식을 성공적으로 저지하고 있었다. 이와 같은 필자의 가설은 19세기 전라방언 이전의 역사적 단계에서 어떠한 통사적 원리에 의하여 관형격 조사

'-의'가 처소격의 위치로 이동하여 왔는가 하는 문제가 합리적으로 규명되어야 함을 전제로 한다. 필자는 이러한 문제는 중부방언 등에서 역사적으로 근대국어의 단계에서부터 관찰되는 관형격 위치에서의 '-의>-에'의 경향과 관련 속에서 함께 해결하여야 될 것으로 판단하였다.

6.3 19세기 후기 전라방언에서 보이는 처소격 조사 부류들의 이와 같은 분포와 상황은 오늘날의 전남과 전북의 지역방언에서 노년층의 방언 화자들이 사용하는 토속어에 그대로 계승되어 있다. 그 사이에 처소격 조사들의 사용에 변화가 개입되었다면 그것은 중부방언의 규범적인 '-에'에 대한 강한 인식으로 말이 쓰이는 상황과 말의 스타일에 따라서 끊임없이 토속적인 '-으'(또는 '-이' 그리고 '-여')와 변이를 보인다는 사실일 뿐이다. 필자가 19세기 후기와 오늘날의 전라방언과의 처소격 쓰임에 관한 대조에서 확인한 격 체계에서의 보수성은 역사적으로 중요한 사실을 함축하는 것으로 이해한다.

즉, 중세국어에서 관형격 '-이/의' 형태가 그대로 처소격으로 사용되었던 일련의 "특이 처격어"들의 존재에 관한 추정을 다음과 같이 할 수 있다. 중세국어의 단계에서 특이 처격어들은 그 성격에 따라서 (1) 언제나 특이 처격만을 취하는 체언, (2) 특이 처격을 취함이 원칙이지만 때로는 일반 처격을 취하는 체언, (3) 특이 처격과 일반 처격의 사용이 예측할 수 없을 정도로 혼란된 상태를 보이는 체언 등으로 분류된다(이숭녕 1981: 173-175). 필자는 이러한 특이 처격어들이 중세국어 이전의 어느 역사적 단계에서 오히려 주류를 형성하였으며, 동시에 관형격의 '-이/의'형들이 처소격 위치에서도 기능을 발휘하였을 것으로 추정한다. 그리고 중세국어로 이행하여 오는 과정에서 관형격과 처소격의 범주 분화가 점진적으로 이루어져 새로운 처소격 '-에/애'와 같은 부류가 기존의 '-이/의'가 차지하고 있던 위치에 강력하게 확대되기 시작하였고, 이 개신형이 중세국어에서 이른바 일반 처격어로 자리를 잡게 되었다.

그렇지만, 격 체계에서의 보수성도 만만치 않기 때문에 중세국어에서 일상

생활에서 흔히 사용되어 출현 빈도가 높은 명사들(이숭녕 1981: 175)은 강력한 개신파인 처소격 조사 '-에/애'의 정착을 허용하지 않았다. 새로운 처소격 조사 '-에/애'를 강력하게 거부하는 정도에 따라서 중세국어의 단계에 특이 처격어들은 위에서와 같이 세 가지로 분류되는 것으로 추정한다. 이러한 특이 처격어들은 중세국어 이후 국어사에서 끊임없이 일반 처격어로 대치되는 과정을 거치지만, 19세기 후기 지역방언에서도 일부의 명사들(예를 들면, '집(家), 밭(田), 밑(底), 끝(端), 우(上), 곁(側)' 등은 여전히 중세국어 단계의 특이 처격어의 특질을 유지하고 있음은 우리가 이미 관찰하였다. 이 가운데 현대국어의 모든 지역방언에서 체언 '집'(家)이 보이는 "특이 처격어"의 강인한 집착은 매우 잘 알려진 예이다.

참고문헌

고경태(2000), '현대국어 격조사의 형성', <현대국어의 형성과 변천> 1 (음운・형태), 박이정.

곽충구(1994), <함북 육진방언의 음운론>, 국어학 총서 20, 국어학회.

김계곤(2001), <경기도 사투리 연구>, 박이정 출판사.

김병제(1988), <조선언어지리학시고>, 사회과학교육원출판사. 평양.

김승곤(1989) <우리말 토씨 연구>, 건국대 출판부.

_____(1994), '중세국어 위치자리 토씨 "-의"와 매김자리 토씨 "-의"에 대한 한 고찰', <우리말 연구의 샘터>, 문경출판사.

김영기(1986), Studies in Korean Linguistics, 한신문화사.

김옥화(미간행), '가람본 <춘향가>의 방언 자료적 성격'. (원고).

박용후(1988), <제주도방언 연구>(고찰편), 과학사.

배주채(1998), '서남방언', <문법연구와 자료>, 태학사.

백두현(1990), '영남 문헌어에 반영된 방언적 문법형태에 대하여', <어문론총> 24호.

_____(1997), '현풍곽씨 언간 판독문', <어문론총> 31호, 경북어문학회.

_____(2000), '<현풍곽씨 언간>의 음운사적 연구', <국어사 자료연구>, 창간호.

왕문용(1991), '중세국어의 조사 "-의"와 "-에"', <국어학의 새로운 인식과 전개>, 민음사.

유탁일(1983), <완판 방각소설의 문헌학적 연구>, 학문사.

이기갑(1987), '전남방언의 토씨 체계', <국어국문학논총>(장태진박사 회갑기념), 삼영사.

_____(1998), '호남 방언 문법의 이해', <호남의 언어와 문화>, 백산서당.

_____(간행 예정), <국어 방언 문법>.

이기문(1971), <훈몽자회 연구>, 한국문화연구총서 5, 한국문화연구소.

_____(1979), '19세기 말엽의 국어에 대하여', <난정 남광우박사 화갑기념논총>, 일조각.

이기동(1999), '조사의 방언학적 연구 - 함경방언의 연구를 중심으로-', <국어의 격

과 조사>, 한국어학회, 월인.

이상규(1990), '경북방언의 격어미 형태구성과 기능', <어문론총> 24호, 경북어문
학회.

_____(1999), <경북방언 문법연구>, 박이정.

이숭녕(1981), <중세국어문법>, 대학총서 1, 을유문화사.

이태영(1983), '전북방언의 격조사 연구', 전북대학교 대학원 석사학위 논문.

_____(1984), '동사 "가다"의 문법화에 대하여', <국어국문학> 92집, 국어국문학
회.

_____(1997), '국어 격조사의 변화', <국어사 연구>, 태학사.

임용기(1988), '광줏말 자리토씨, -중부 방언학을 위한 기초 연구-', <기전문화연구>,
17집, 인천교육대학.

전광현(1971), '18세기 후기 국어의 일고찰', <전북대학교논문집>(인문·사회) 제
13집.

정길남(1985), '초기 국역성서의 격조사에 관하여', <한국학논집>(한양대) 제8집.

_____(1999), '신소설의 격조사 연구', (세종날 기념 연구 발표회 원고).

정승철(1999), '개화기 국어 음운', <국어의 시대별 변천 연구 4>(개화기 국어), 국
립국어연구원.

정용호(1988), <함경도 방언 연구>, 교육도서 출판사.

최전승(1986), <19세기 후기 전라방언의 음운현상과 그 역사성>, 한신문화사.

_____(1995), <한국어 방언사 연구>, 태학사.

_____(1997), '<춘향전> 이본들의 지역성과 방언적 특질', <조항근선생 화갑기
념논총>, 보고사.

현평효(1985), <제주도방언 연구>(논고편), 이우출판사.

황대화(1986), <동해안 방언 연구>, 김일성종합대학출판사.

홍윤표(1969), '15세기 국어의 격 연구', <국어연구> 21호, 서울대학교.

_____(1978), '전주방언의 격 연구', <어학> 5집(전북대학교).

_____(1994), <근대국어 연구>, 태학사.

小倉進平(1944), <朝鮮語의 方言>(상), 岩波書店.

Chambers, J. K.(1995), *Sociolinguistic Theory*, Basil Blackwel Publishers.

King, J. R. P.(1991), *Russian Sources on Korean Dialects*, Unpublished Ph.D thesis, Harvard University.

_____(forthcoming), The Korean Language in Imperial Russia, Vol.1 : Amateurs Sources, Vol 2: The Kazan' Materials.

Lass, R.(1997), *Historical Linguistics and Language Change*, Cambridge Studies in Linguistics 81, Cambridge.

제**4**부

지역방언의 공시적 기술과 역사성

•
•
•
•
•
•
•
•
•
•
•
•
•
•

제10장 19세기 후기 전라방언의 특질 몇 가지에 대한 대조
        적 고찰
제11장 『춘향전』異本들의 地域性과 방언적 특질
제12장 『韓國方言資料集』의 성격과 한국어 지역방언의 實相

19세기 후기 전라방언의 특질
몇 가지에 대한 대조적 고찰

― 중간본 『여사서언해』를 중심으로 ―

|1| 서 론

이 글에서 필자는 20세기 초반 전남 고흥(高興)에서 간행된 것으로 추정되는 중간본 『女四書諺解』(1907)를 중심으로, 이 문헌에 반영된 지역방언적 특질 몇 가지를 추출하여, 지금까지 파악된 19세기 후기 전라방언의 관점에서 대조하고 그 의미를 해석하려고 한다. 이와 같은 작업을 거쳐서, 고립된 추상적 개념으로 존재하는 일련의 19세기 후기 전라방언의 특질들이 이와 성격상으로 전혀 다른 유형의 방언 자료의 도움으로 상호 유기적 관계를 맺을 수 있으며, 고유한 지역방언 특질들의 이해에도 한층 더 확고한 실증적 위상을 획득할 수 있을 것으로 기대한다.

중간본 『여사서언해』의 존재와 그 방언 자료상의 가치는 이미 부분적으로 소개된 바 있다(이병근 1976, 백두현 1992, 이근용 1996, 방언연구회 2001). 이 문헌은 4권 2책의 목판본으로, 간행된 지역과 언해자에 대해서 약간 불분명한 점이 있으나, 이 글에서 필자는 여기에 쓰인 독특한 지역방언적 사실에만 주목하기로 한다.1) 일반적으로 어느 방언자료를 이루고 있는 언어 내적 사실만을 의지하여 해당 자료가 가리키고 있는 지역방언을 확실하게 규정하기는 어렵다. 그러나 필자는 중간본 『여사서언해』에 나타난 지역방언적 특질들이 적어도 19세기 후반의 전라방언이 갖고 있는 전반적 성격과 일치하고 있음을 제시하려고 한다. 이 두 가지 유형의 전라방언 자료 사이에 물론 어느 정도의 불일치도 드러난다. 이러한 사실에도 불구하고, 필자는 부분적인 불일치는 19세기 후기 국어에서 상이한 지역방언들이 보유한 본질적 특질의 차이에서 기인된 것이 아니고, 문헌 자료의 성격에 따라 달리 실현되는 말의 스타일의 차이, 즉 變異(variation)의 현상이었을 가능성도 추구하려고 한다.

이 글의 제2장에서 18세기 초반에 간행된 초간본 『여사서언해』(1736)와, 그 후 171년 만에 중간된 중간본 『여사서언해』(1907) 사이에 개입된 언어 내용상의 상위가 보이는 성격, 그리고 각각 문헌들에 반영된 전반적 언어 특질들을 개략적으로 점검하려고 한다. 그러나 각각의 초간본과 중간본에 반영된 언어 내용은 직접적인 비교의 대상이 될 수 없다고 생각한다. 초간본 『여사서언해』는 18세기 초반의 전형적인 문헌어를 반영하고 있는 반면에, 중간본의 경우는 19세기 후반에 근접한 남부의 지역방언, 즉 전남방언을 풍부하게 보이고 있다. 따라서 이 두 문헌이 나타내고 있는 언어는 그 사이에 변화된 양상을 실현시키기에 충분한 시간의 간격에 걸쳐 있음이 사실이지만, 동일한 지역방언에 근거한 것이 아니다.

---

1) 백두현(1992: 261)은 중간본 『여사서언해』가 朴晩煥에 의해서 언해된 것(이병근 1976)은 아니고, 이 문헌의 서문과 발문을 검토하면 朴晩煥은 간행 비용을 부담하였고 언해는 田愚(1841-1922)가 주도하였다고 보았다. 그리고 백 교수는 이 논문에서(각주 4) 田愚는 장령부사와 순흥부사를 지냈으며, 만년에는 전라도의 界火島에서 후학을 가르쳤던 행적이 있음을 지적하고, 그렇기 때문에 이 책은 전라방언의 영향을 받은 것으로 추정하였다.
이근용(1996)은 이 문헌의 영인본(홍문각)을 해제하는 자리에서 중간본 『여사서언해』는 朴晩煥이 언해한 것으로, 서문과 발문을 각각 작성한 宋秉珣과 田愚는 기호학파에 속하는 조선 후기의 성리학자들임을 지적하였다. 그리고 이근용 교수는 이 해제에서 특히 田愚는 전주가 고향으로 회덕이 고향인 宋秉珣과 더불어 주로 호남지방에서 활동하였던 인물이라고 하였다. 또한, 그는 이 책의 간행 장소인 지명 "瀛洲"를 오늘날 전남 고흥에 해당되는 것으로 파악하고, 따라서 이 책은 호남방언을 반영하고 있는 것으로 간주하였다.

제3장에서는 중간본 『여사서언해』에 등장하는 다양한 방언 특질 가운데, 필자의 관점에서 19세기 후기 전라방언의 언어 내용과 연관된 주제 몇 가지를 논의하려고 한다. §3.1에서 용언 '꾸짖-'(叱責)의 어간말음 'ㅈ'이 마찰음화를 수행하여 'ㅅ'으로 전환되어 활용하고 있는 특이한 예들을 중간본 『여사서언해』에서 관찰하고, 이러한 현상의 의미와 그 확대 과정을 논의하려고 한다. §3.2에서는 19세기 후기 전라방언에서 수행되었던 움라우트 현상과 관련하여, 중세국어 동사어간 '드듸-'(踏)에서 출발하여 전형적인 문법화의 과정을 밟아온 '드듸여'(遂)에서 발달된 '듸듸여'형의 출현을 합리적으로 이해하려고 한다. §3.3에서 중세국어에서부터 특수 교체를 보여주었던 '잇-/이시-'(有) 용언의 어간이 19세기 후기에 유추 작용에 의한 수평화(leveling)를 거쳐 어간의 단일화를 보여주는 과정에서 중간본 『여사서언해』에 예외 없이 사용된 '잇-/잇시-'형들이 어떤 변화의 단계를 반영하고 있는가를 전설고모음화에 관련하여 논의하려고 한다.

§4에서는 이 자료에 출현하는 고유한 방언어휘 유형 가운데, 특히 '돍'(石), '뉘에'(蠶), 그리고 '어덕'(原) 등의 형성 과정을 살피고, 이 방언형들은 오늘날의 지역방언 가운데 그 분포가 공시적으로 주로 전남과 전북에 걸쳐 있음을 제시할 것이다.

|2| 초간본과 중간본 『여사서언해』의 전반적 특질과 번역 스타일의 차이

2.1 초간본 『여사서언해』(1736)의 서지적 사항과, 18세기 전기 자료로서 국어사에서 차지하고 있는 위치, 그리고 전반적인 언어 특질과 표기에 대해서는

근대국어의 연구의 일환으로 일찍이 남광우(1977)에서 집중적으로 다루어진 바 있다. 이 글에서 필자는 남광우(1977)에서 미쳐 언급이 안된 간단한 몇 가지 언어 사실만을 그 중간본과 대비하여 제시하려고 한다.

이 책에 반영된 언어 사실은 어느 일정한 방언지역과 전혀 무관한 전형적인 18세기 전기 문헌어를 대변하고 있다(곽충구 1980). 여기에 생산적인 원순모음화 현상이 형태소 내부에서 진행 중에 있다. 그러나 특히 몇몇 사례에 국한하여 형태소 경계에서 이중모음의 핵음 '으'에까지 이 현상이 확대되어 있는 사실이 특이하다. 그 반면, 중간본 『여사서언해』의 경우에 이러한 유형은 출현하지 않았다. 따라서 19세기 후기 전라방언 자료에서 이러한 원순모음화가 더욱 확대된 모습을 보이는 사실(최전승 1986)과 대조를 이룬다.

> (1) ㄱ. 叔과 妹는 지아뷔 아으와 누의라(초1. 19ㄱ), 지아뷔게 寵이 잇노라
>   밋고(초1. 21ㄴ), 지아뷔 몸을(초2. 22ㄴ)
>   cf. 지아븨게 뜻 어드믄(초1. 21ㄴ), 辱이 아비 어믜게 믿쳐(초2. 12ㄱ)
>   ㄴ. 가뵈야이 行ᄒᆞ며...가뵈야이 말솜ᄒᆞ며(초2. 7ㄴ) ∽ 義 가비얍디 아니
>   ᄒᆞ니(초2. 21ㄴ)
>   ㄷ. 이뮈 느저실싀(초2. 11ㄴ)

위와 같은 예는 18세기 초엽 경북 예천방언을 부분적으로 반영하고 있는 예천 용문사본 『염불보권문』(1704)에서 처음으로 확인되며, 이러한 변화형은 그 후속 계열의 판본에서도 반복되어 나타난다. 조식은 아뷔 마을 드르니(21ㄴ), 조식은 아뷔 말을 드르니(흥률사본 염불보권문 22ㄴ), 이제 이뮈 흐터디고(동. 42ㄴ), 글 ᄒᆞ는 션뷔나(동. 22ㄴ), 보뵈옛 오슬(동. 47ㄱ), 구지 죽으믈 말뮈야(동. 7ㄱ). 그리하여 18세기 말엽에는 『왜어유해』(1789) 가운데 '기뮈'(慙, 상. 51ㄱ), '믈구뷔'(灣, 상. 9ㄴ)와 같은 예들도 원순모음화에 가담한 모습을 보인다.

이와 같이 (1)의 예들을 포함하여 형태소 경계를 넘어 이중모음의 핵모음에까지 확산된 원순모음화 현상은 일정한 지역방언적 특질을 나타내고 있는 것 같다. 그러나 18세기 후반에 이르면 방언적 색체를 거의 찾을 수 없는 문헌어

중심의 자료에서도 이러한 예들이 통상적으로 출현하였기 때문에 쉽게 판단하기 어렵다. 제 아뷔 주검을(삼역총해 8. 21ㄴ), 지아뷔 부모와(동. 10. 19ㄱ).

초간본『여사서언해』에서는 통상적인 속격조사 '-의'가 처격 형태인 '-에' 또는 '-애'로 실현된 예들이 다음과 같이 산발적으로 등장하였다. 그러나 이 책의 중간본에서 속격형태로 쓰인 '-에'의 예는 전혀 확인되지 않고 통상적인 '-의'로만 사용되었다. 중간본『여사서언해』에 반영된 속격 형태의 이러한 모습은 19세기 후기 전라방언의 경향과 대체로 일치되는 사실이다.[2]

> (2) ㄱ. 투긔티 아니 홈은 <u>몸에 福</u>이니, 詩애 골오디(不妬는 身之福也, 초3. 58ㄴ)
>
>   cf. 투긔치 아니 홈은 몸의 복이라(중2.20ㄴ)
>
>   ㄴ. 夫婦의 道는…진실로 <u>天地애 너론 義</u>며 <u>人倫애 큰 節</u>이라(天地之弘義人倫之大節, 초1. 5ㄴ)
>
>   cf. 진실로 텬디의 큰 의리오 인륜의 큰 례절이라(중1. 6ㄴ)
>
>   ㄷ. 父는 子의 綱이오 夫는 妻의 綱이니 綱은 <u>그믈에</u> 벼리라(초4. 1ㄴ)

위의 예들은 현대 중부방언과 평안도 방언의 대부분, 그리고 육진방언의 일부에서 통상적으로 사용되는 속격형 '-에'의 발달의 비교적 이른 단계를 나타내고 있다(김병제 1988: 69-73). 그러나 적어도 문헌어에 반영된 속격조사 '-에'의 쓰임은 더 이른 시기인 16세기와 17세기로 소급될 수 있다(허웅 1989 : 96; 이숭욱 1973: 312). 이와 같은 속격조사 '-에'는 18세기 중엽과 그 이후에 이르면 많은 문헌어에 점진적으로 확대되어 출현하였다.

예를 들면, 영조 대에 작성된, "京鄕의 大小 신하와 백성들에게 내리는 윤음"인『유중외대소신서윤음』(1782)에는 속격형태가 '-에'로 쓰인 다섯 용례가

---

2) 19세기 후기 전라방언 자료 가운데 속격형으로 '-에'가 사용된 경우는 완판본『화룡도』에 등장하는 다음과 같은 하나의 예에 한정된다. 쳔호 <u>삼분에</u> 이을 츠지호고(화룡 13ㄱ). 이와 동일한 문맥에서 다른 완판본 고소설 부류에서는 '-의'가 사용되었다. 십분의 일도 뇻치 못호여(초한전, 42ㄱ), 만분의 호나히라도(길동. 3ㄱ), cf. <u>빅분에</u> 칠십팔분인 즉(독립신문 1권 26호). 이러한 통사적 환경에서 등장하는 속격형 '-에'는 18세기 초엽에 간행된 예천 용문사본『念佛普勸文』(1704)에서도 확인된다. <u>빅분에</u> 흔분도 못호다 호시니(13ㄱ).

추출된다. 1. 녀염에 빅셩이라도 오히려 혼인의 의롤 도타이 ᄒ거든(閭閻匹庶), 2. 함흥에
곳고 오랠 도리(咸恒貞久之道), 3. 외간에 말은 분분ᄒ니(外間之辭), 등궁의 례법은 호굴ᄀᄐ
되, 4. 궁즁에 일이 곰쵸여(宮閫事秘), 5. 다만 저희 다힝헐 ᄲᅮᆫ이 아니라 곳 나라헤 다힝ᄒ미
라(國家之幸). 그렇지만, 19세기 후반에 간행된 『御製諭大小民僚及中外民人等斥邪
綸音』(1881)에는 속격형으로 '-에'가 12회 쓰인 반면에, 원래의 전통적인 '-의'
형은 모두 13회 출현하고 있어 서로 비슷한 분포를 나타내고 있었다.

이와 같은 속격형태 '-에'의 지속적인 확산은 19세기 후반에 오면 중부방언
중심의 문헌 자료에 집중되어 있는 특징을 보인다. 예를 들면, 『독립신문』 1
권(1896. 4-1896. 12)만 조사해도 많은 속격 '-에'형들이 확인된다. 그리하여 19세
기 중부방언의 문법을 최초로 정밀하게 집대성한 『한어문전』(1881: 167)에서 속
격형 '-에'의 쓰임과 관련하여 다음과 같이 관찰하게 되었다. Le locatif s'emploie
quelquefois pour le genitif. Ainsi l'on dit: 집에 사롬들이 le gens de la maison pour 집의.

위의 사실과 매우 대조적으로, 중간본 『여사서언해』에서 속격형 '-에'의 쓰
임은, 위의 (2)의 예에서 일부 보인 것과 같이, 전연 발견되지 않는 반면에 통
상적인 '-의'형만으로 대표되었다. 이와 같은 현상은 19세기 후기 전라방언 자
료에서와 동일한 양상을 보이는 것이다.[3]

초간본 『여사서언해』에 나타난 어휘 유형 가운데 다음과 같은 '스싱'(師)형
이 특히 주목된다. 그 반면, 중간본 『여사서언해』의 경우에 전통적인 '스승'형
만이 사용되었다.

(3) 스싱을 노피며(尊師, 초4. 3ㄱ)
    cf. 스승을 놉피고(중4. 2ㄴ)
    古人을 스싱 삼오면(초4. 3ㄴ)
    cf. 스승을 홈의(중4. 3ㄱ)
    녜롤 스싱 삼아(초4. 73ㄴ)

---

3) 통상적인 19세기 후기 전라방언 자료에서 속격형태 '-의'는 대부분 '으' 또는 아주 드물게 '-이'
   의 방향으로 단모음화를 수행하였으나(최전승 1986: 35-36), 중간본 『여사서언해』의 경우는 이
   러한 단모음화를 전혀 보여 주지 않는다. 두 가지 유형의 자료에서 속격형태의 표기에 따른 이
   러한 차이는 문헌 자료의 성격에서 나오는 말의 스타일의 차이에 있었을 것으로 보인다.

cf. 스승의게 드리논(초2. 24ㄴ)
　　후셰의 스승(중2. 33ㄱ)
　　스승 가라침(중2. 33ㄴ)

이와 같이 초간본에서만 사용된 '스싱'형 역시 다양한 18세기 문헌 자료에서 산발적으로 등장하였다(유창돈 1964: 485). 스싱 삼더니(중간, 이륜행실도. 44ㄱ), 스싱 師傅(한청문감 5: 29ㄱ), 스싱의게 셩 내며(경신록언석 4ㄴ).4) 18세기에 출현하였던 '스싱'의 반사체는 오늘날의 공시적 지역방언의 어휘 조사에서 아직 보고된 바 없다. 그러나 19세기 후반 평안도 방언의 모습을 반영하는 『예수셩교젼셔』(1887)에까지 18세기에서 계승된 '스싱' 형태가 지속적으로 쓰이고 있음이 주목된다.5)

2.2 초간본과 중간본 『여사서언해』가 각각 18세기 초엽과 20세기 초반에 시대를 달리 하여 번역되었지만, 이러한 사실 이외에도 그 대변하는 언어와 또한 언해자들의 번역 스타일은 근본적으로 상이하다. 위에서도 지적한 바와 같이, 초간본은 18세기 초엽의 중부지역을 근간으로 하는 전형적인 문헌어를 반영하고 있는 반면에, 중간본의 경우는 초간본의 영향을 전연 받지 않았으며, 대체로 19세기 후기의 전라방언을 토대로 하고 있다. 중간본의 간행 연대가 20세기 초엽임에도 불구하고, 이 책에 실현된 언어 현상과 표기 방식은 상당한 擬古性을 보여 준다. 그리하여 대부분 19세기 후기 전라방언의 자료(즉,

---

4) '스싱'형이 등장하는 중간본 『이륜행실도』(1727)는 평안도에서 간행된 문헌으로 부분적으로 평안방언을 반영하고 있다고 한다(김영배 1997). 이 자료에 또한 전형적인 평안도 방언형인 '나가너'(客)도 아울러 사용되었다. 져믐 제 가난ᄒᆞ여 나가너 되여셔 션뵈돌과(38ㄱ).
　　그 반면, '스싱'형이 등장하는 18세기 후기의 『경신록언석』(1798)은 경기도 楊洲 佛巖寺에서 간행한 책이다. '스싱'형의 유래는 원래의 '스싱'(師)에서 합리적으로 이끌어 낼 수 없으며, 아마도 '스승'과 근대국어에서 사용되었던 '션싱'(先生)에서 결과된 혼효형이었던 것으로 추정된다.
5) (ㄱ) 스싱올 팔 쟈더라(누가 6: 17), 스싱에게(누가 7: 17)
　　(ㄴ) 스싱이 죄인으로 더부러 함믜 먹나냐(맛더 9: 10), 뎨자가 스싱을 넘지 못ᄒᆞ며...뎨자가 스싱 갓고(맛더 10: 24)

완판본 고소설 부류와 신재효의 판소리 사설집 중심의)에 반영된 언어 현상과 거의 접근하고 있다.

초간본 『여사서언해』의 번역 방식은 한문 원문에 대한 축자 번역에 가까운 직역이지만, 중간본 역시 이에서 크게 자유롭지 못하였다. 아마도 그 시대의 절대 규범인 "女誡, 女論語, 內訓, 女範"과 같은 내용이 번역의 스타일을 매우 격식적인 형태로 제약시킨 것으로 이해된다. 이와 같이 두 문헌 사이에 나타난 번역 방식의 극단적인 차이 하나를 예로 대비시키면 아래와 같다.

> (4) ㄱ. ㄱ는 뵈는 筒의 들며 綢와 絹과 苧와 葛을 織造ᄒ기을…鞋를 刺ᄒ며 襪을 짇고. 실을 引ᄒ야 繡ᄒ고 絨ᄒ며 縫聯과 補綴애 百事를 다 通홀 디니(刺鞋作襪ᄒ고, 초2. 4ㄴ)
>
> ㄴ. 가는 베는 통의 듸려 죠밀ᄒ 비단과 <u>모슈와</u> 칙을 ᄍ기를…실을 슈 노코 보션을 지며 실을 ᄊ 가는 베예 슈 노며 호와 잇고 기어 쩨미 여 빅스를 다 통 홀지니(중3. 6ㄱ)

위의 대비에서 관찰되는 바와 같이, 중간본의 번역 4(ㄴ)은 어느 정도 19세기 후기 당시 전라방언의 실제 모습을 반영하고 있다. 즉, '드려'의 움라우트 수용형(§3.2 참조) '듸려', '켜-'(引)에 대한 h-구개음화 실현형 '실을 ᄊ', 그리고 오늘날 전남과 전북의 구어에서 쉽게 확인할 수 있는 '모시'에 대한 전형적 방언형 '모수'(苧) 등이 그것이다. 이 '모수'는 '모시'에서 어떤 음운변화를 거친 형태가 아니라, 전형적인 전라 방언형들인 '낚수(낚시), 홍수(紅柿)' 부류와 동일한 원리에 의해서 이루어진 과도교정형으로 보인다. 중간본 『여사서언해』에서 '모슈'형은 두 번 더 반복되어 등장하였다. 삼을 삼고 모슈를 이으되(苧, 중3. 5ㄴ), 모슈를 이으며(중3. 20ㄱ).

중간본 『여사서언해』에 반영된 고유한 남부 방언적 특질 가운데 무엇보다도 생산적으로 확대되어 있는 다양한 k-구개음화를 먼저 제시할 수 있다.

> (5) 1. 덕셩이 집슉ᄒ고(중2. 13ㄱ)

집피 후인이 쌀으지 못홈이(중3. 序. 3ㄱ),
밤이 집퍼(중3. 15ㄴ)
cf. 更이 깁허(초2. 18ㄴ)
집푼 언덕의 던져(중4. 18ㄴ)
2. 제우 한 말삼을 닉시거든(중2. 13ㄴ)
   cf. 계요 흔 말을 내면(초2. 15ㄴ)
3. 경수가 지리 흐르느니(長流, 중2. 53ㄴ)
   cf. 기리 慶澤을 흐르게 흐니(초3. 78ㄱ)
4. 겸손흐는 바람을 질우게 흐즉(중2. 57ㄱ)
   cf. 謙遜의 風을 길우면(長謙遜之風, 초3. 82ㄴ)
5. 뉘쳐할 질이 업시리라(중3. 16ㄱ)
   cf. 뉘온츌 길히 업스리라(초2. 19ㄴ)
6. 귀를 지우려 드르며(側耳, 중3. 17ㄴ)
   cf. 귀를 기우려(초2. 21ㄴ)
   가산이 지우러지며(중3. 22ㄱ)=우러디며(초2. 28ㄴ)
   슈리 지우러져(중4. 32ㄱ)
7. 반을의 실 꿰여 옷을 지움은(중2. 36ㄴ)
   cf. 바놀에 실 쩨여 붓티며 깁기는(초3. 53ㄱ)
8. 지름과 소곰(중3. 22ㄴ), cf. 기름(초2. 30ㄱ)
9. 지장으로 밥 지여(黍, 중3. 24ㄱ)
   cf. 밥을 지어(초2. 32ㄴ)
10. 강물 질고(긴-, 중4. 12ㄴ)
11. 죽기를 지다리더니(기다리-, 중4. 13ㄴ)
    쥬인을 지다려(중4. 36ㄴ)
12. 손녀 졋틔 잇셔(곁에, 중4. 53ㄴ)
13. 짓거 말라(깃거, 중4. 13ㄴ)
    짓거 흐거눌(중4. 13ㄴ)6)
    cf. 긷거 흐고(초2. 33ㄱ)

---

6) 그러나 중간본 『여사서언해』에 등장하는 다음과 같은 방언형들은 이 지역에서 수행된 k-구개
   음화와 관련이 없다.
   (1) 질삼 : 질삼흐는 녀인(중2. 20ㄱ), 질삼을 아니 흐면(중2. 18ㄱ), 질삼을 일삼으니(紉麻, 중4.
       47ㄴ)
           cf. 오히려 紉麻롤 일삼으며(초4. 65ㄴ)
   (2) 침치 : 침치와 져슬 갓초아써(중2. 18ㄱ)
   (3) 짗 : 죵스ㅣ 짗슬 뫼움은(翂, 중4. 31ㄱ)

이와 같은 현상과 관련하여, 19세기 후기 전라도와 경상도 등의 남부방언 자료에서 보편적으로 출현하고 있는 '김싱'(獸), '즛거 ㅎ-'(喜)와 같은 과도교정 형도 이 중간본에서 사용되었다(백두현 1992: 343). 김싱을 멕여(중3. 22ㄴ), cf. 즘싱 (초2. 29ㄴ), 즛거 ㅎ고(중3. 24ㄴ). 그러나 h-구개음화의 경우에는 경기도 방언권(김 계곤 2001)에까지 확대되어 있는 통상적인 '세아리-'(量), '써-'(引), '심'(力) 등에 국한되어 있다. (1) 봄과 겨을을 세야리지 아니 ㅎ야(중3. 6ㄴ), 가는 말로 세아려 닭을 죽 이고(細語商量, 중3. 24ㄱ), 뒤도 세아리며(중3. 26ㄴ), cf. 後롤 혜아리며(초2. 36ㄱ), (2) 고치 를 써되(중3. 6ㄱ), cf. 車는 실켜는 수리오(초2. 4ㄱ), (3) 거동을 심 써(중2. 40ㄱ), 심 쓸지어 다(중2. 46ㄴ).[7]

중간본『여사서언해』에 등장하는 전형적인 전라방언적 특질 가운데 다음과 같은 방언 어휘들을 열거할 수 있다. 슈리는 물너와 실자싀와 씨야시와 돌것시라(중 3. 5ㄴ), cf. 機는 뵈 쓰는 틀이라 柘는 뫼뽕이라(초2. 4ㄱ). 여기서 '씨야시'는 "목화씨

---

7) 용언어간 모음의 유형에 따른 부사형어미 -'아/어'의 교체와 관련된 모음조화 현상은 중간본 『여사서언해』에서 매우 약화되어 나타난다. 그리하여 용언어간의 모음 '아'는(모음조화를 유 지하고 있는 '오'와는 달리) 더 이상 후행하는 부사형 어미를 양성모음으로 선택하지 못한다. 그러나 이러한 현상은 19세기 후기 중부를 포함한 전반적인 지역방언에서 수행되고 있는 음 운론적 과정이었다.
　(1) 쓰슬 짜러(중3. 10ㄱ), 짜러 딩기지 말며(중3. 15ㄱ), 짜러 엿본 즉(중4. 36ㄴ)
　(2) 밧버(밧바, 중3. 24ㄴ)
　(3) 어질게 알어(중4. 9ㄱ), 달게 알어(중4. 27ㄱ)
　(4) 범이 다러 나니라(중4. 12ㄱ)
　(5) 가쟝이 차저 와(중4. 19ㄱ), 가쟝을 차져(중4. 20ㄱ)
　(6) 셩을 싸어(중4. 27ㄱ)
　(7) ᄋ희를 안어(중4. 28ㄴ)
　(8) 부탁을 밧어시니(중4. 32ㄱ)
　(9) 법도의 마져(맞아, 중4. 37ㄴ)
　(10) 어미 털억을 팔어(팔아, 중4. 42ㄱ)
　(11) 쟝슈를 삼어(삼아, 중4. 42ㄱ), 션문군을 삼어(중4. 52ㄴ), 상경을 삼엇도다(삼았-, 중4. 47ㄴ)
　(12) 죽음이 다달어(다달아, 중4. 44ㄴ)
　　cf. 말삼을 알아(중4.53ㄴ), 칼을 잡아 막으니(중4.21ㄱ), 문공을 붓잡아(중4.41ㄱ).
　이와 같은 강력한 음성모음화의 경향 가운데, 사용 빈도수가 높은 'ㅎ-'(爲)와 '되-'(化) 어간은 여전히 양성모음을 유지하고 있었다. 이러한 사정은 19세기 후기 전라방언에서도 동일한 것 이다.
　(1) 부지런ㅎ야(중4. 48ㄱ), 교만혼 듸 싱쟝ㅎ야(중4. 48ㄴ)
　(2) 남의 품파리 되야(중4. 48ㄱ), 지쥬 통관이 되얏더니(중4. 26ㄱ)

를 빼는 기구"로서 오늘날의 공시적 지역 분포는 경남의 일부 지역만 제외한 다면, 주로 전남과 전북에 치우쳐 사용되고 있다(최학근 1978: 645). 그리고 '돌 것'은 근대국어 단계의 '돌겻'(紡車)으로 소급되는데, 오늘날의 표준어로는 '돌 곗'("실을 감고 푸는 데 쓰이는 제구", 『큰사전』 1947: 852)이다. 이 형태에 대응되는 고유한 전라 방언형을 필자가 확인하지 못했으나, 19세기 후기 전라방언 자료 가운데 중간본 『여사서언해』에 쓰인 '돌것'과 '씨아시'형이 다시 한번 확인된 다. 홀티, 갈키, 도리씨, 물네, 돌것, 씨아시, 비틀 짤은 각식 기게(판, 박. 380).

그 이외에, '익히-'의 사동형으로 '익쿠-'와 같은 방언형이 중간본『여사서언 해』에 사용되었다. 일즉 반찬을 익쿠지 아니 ᄒᆞ야 먼져 이믜 도젹ᄒᆞ야 감쵸와 츄잡ᄒᆞ 이름이 향리예 드러나고(醜뫼鄕里, 중 3. 11ㄱ), cf. 일즉 음식을 닉이디 몯ᄒᆞ야 몬져 임의 도 젹ᄒᆞ야 곰초아 더러온 거시 鄕里의 들어나고(초2. 12ㄱ). 여기서 '익쿠-'의 '-쿠-'는 원 래의 사동접사 '-히-'에 또 다른 접사 '-우-'가 이중으로 연결되어 형성된 것이 다. 위의 예문에서 '醜'에 대한 번역으로 초간본의 '더러운'에 대해서 중간본 에서 사용된 '츄잡ᄒᆞ-'의 용법은 오늘날의 전남과 전북 방언에서 일상적으로 접할 수 있는 매우 친근한 형태이다.

또한, 중간본 『여사서언해』에서 '홰'와 '아짐이'와 같은 형태도 관찰된다. (1) 가히 홰를 너지 말고(중3. 18ㄱ), cf. 怒를 發ᄒᆞ거든(초2. 22ㄴ), (2) 시슉의게는 아짐이 이 름을 의탁ᄒᆞ야 스스로 놉펴(於叔則託名以自高, 중1. 18ㄱ), cf. 叔의게는 일홈을 의탁ᄒᆞ야뻐 스스로 놉혼 톄ᄒᆞ고(초1. 23ㄴ).

이 가운데 '홰'(怒) 형태는 '화'에 접미사 '-이'가 연결된 단어 형성을 보이는 데, 19세기 후기 전라방언에서도 통상적으로 출현하는 방언형이다. 홰를 너여 (수절가, 상. 10ㄱ), 홰짐의 ᄒᆞ는 말(동, 하. 31ㄴ), 홰가 엇디 낫던지(춘, 남. 40). cf. 화쩜의 달여 들어(수절가. 하. 31ㄱ).

중간본 『여사서언해』에 사용된 문법형태 가운데 비교격조사로 초간본의 '- 도곤'에 대하여 '-보단'이 두드러진다. 이러한 형태 역시 19세기 후기 전라방 언 자료에서 통상적으로 사용되었다.[8]

---

8) 19세기 전라방언 자료에 주로 등장하는 비교격조사는 '-보단' 이지만, 드물게 '-보담'의 형태

(6) 도덕 막기 보단 심흐지라(중2. 41ㄴ)
　　가라침 보단 엄하니...훈계보단 먼져흐고(중4. 8ㄱ)
　　흐말며 이 보단 큰 자라(중2. 36ㄴ)
　　　cf. 흐믈며 이예서 큰 이쓰녀(초3. 53ㄱ)
　　아달보단 심흐고(중4. 3ㄱ), cf. 男 도곤 심흐고(초4. 3ㄴ)
　　밧긔 보단 먼져(중4. 3ㄱ), 부인은 남자 보단 나으니(중4. 40ㄴ)
　　　cf. 고집흔 ᄆ옴이 돌 도곤 甚흐단 말이오(초3. 18ㄱ)
　　　　붉기 明鑑 도곤 나타ᄂ니라(초3. 38ㄴ)

|3| 중간본 『여사서언해』의 음운·형태론적 특질과 19세기 후기 전라방언

3.1 용언 어간말 자음 'ㅈ'의 마찰음화(ㅈ, ㅊ>ㅅ)

3.1.1 통상적인 19세기 후기 전라방언 자료에서 어간말 자음 'ㅊ, ㅈ'을 갖고 있는 체언들은 굴절 과정에서 'ㅊ, ㅈ>ㅅ'와 같은 마찰음화를 부단히 반영하였다. 이러한 생산적인 마찰음화 현상은 중세국어의 단계에서 어간말 자음 'ㄷ, ㅌ'를 보유했던 일련의 체언, 즉 '곧(處), 뜯(義), 벋(友), 빋(債)' 등과 '밭(田), 솥(釜), 밑(底)' 부류와, '이웆(隣), 젖(乳), 낯(面), 돛(帆), 빛(色), 곶(花<곳) 등과 같은

도 확인된다.
(1) 기운이 젼일보단 빈나 더흐더라(충열, 상. 4ㄴ)
　　손의서 부난 바람 희풍보단 훨썩 셰니(판. 퇴, 292)
　　죽난질리 흐기보단 더 죠흔듸(판, 심. 214)
　　이것더러 담비라면 밥보단 더 조커든(판, 변. 606)
　　평싱먹은 마음 남보단 달으구나(판, 변. 546)
　　니 형용이 곰보단 나흘테요 표범보단 나을테요(판, 퇴. 288)
(2) 네가 나 버담 먼져(춘, 동. 85)

부류에 적용되었다. 전자의 어간말 자음은 근대국어의 곡용 과정에서 사용 빈
도수와 기능 부담량이 높은 주격 형태에 적용된 구개음화 작용이 다른 격 형
태로 유추에 의한 확대를 거쳐서 점진적으로 형성된 이차적인 'ㅈ, ㅊ'로 교체
되었다(곽충구 1985, 최전승 1986).9) 그 반면, 후자는 중세국어에서부터 계승된 어
느 정도 기원적인 어간말음 'ㅈ, ㅊ'이었다. 이와 같은 마찰음화 현상은 중간
본 『여사서언해』에서도 19세기 후기 전라방언에서와 동일한 수준으로 확대되
어 있다.10)

그러나 이와 대조적으로, 동일한 음성 조건을 갖추고 있는 용언어간의 활
용 범주에서 이러한 현상은 엄격하게 억제되어 있었다. 따라서 19세기 후기
전라방언에서 '찾-'(訪), '맺-'(結), '잊-'(忘), '젖-'(濕) 등과 같은 용언들이 갖고 있
는 어간말 자음 'ㅈ'은 체언어간 말음에 일어나고 있는 'ㅈ>ㅅ'의 마찰음화

---

9) 지금까지 이와 같은 소위 "체언 어간말 설단 자음의 마찰음화 현상"에 대하여 많은 논의가
  이루어져 왔다. 예를 들면, 표기와 형태 변화의 측면에서 이현규(1995), 그리고 음성변화와
  무관한 유추적 변화의 측면에서 고광모(1989), 또한, 자음체계의 변화나 구개음화의 영향과
  는 상관없는 형태변화라는 관찰이 김경아(1995)에서 새롭게 시도된 바 있다.
  그러나 원래 역사적으로 구개음화와 무관한 19세기 후기에서나 오늘날의 평안도 방언 등에
  서 이러한 체언 어간말 자음의 마찰음화가 아직까지 수행되지 않고 있는 현상도 마땅히 고
  려에 넣어야 될 것으로 보인다. cf. 너희 뜻디 엇더 ᄒᆞ냐.(예수성교젼서, 말코 14: 62)
10) 중간본 『여사서언해』에서는 19세기 후기 전라방언의 경우보다 한 단계 더 발전하여 체언어
  간말 자음 'ㄷ'으로 소급되는 형태들은 이미 대부분 'ㅅ'으로 재구조화된 모습을 보인다.
   (ㄱ) 뜻(意) : 쓰슬 사람의게 어드면(중1. 13ㄱ), 쓰슬 직혀(중4. 13ㄱ), 그 쓰슬 씨치지 못ᄒᆞ고
            (중4. 43ㄱ), 왕의 뜻이(중4. 19ㄴ), 뜻이 잇셔(중4. 41ㄴ)
      벗(友) : 벗시 잇시니(중4. 42ㄱ), 벗을 취ᄒᆞ야(중4. 2ㄴ), 사귄 바 벗시 당셰의 호걸이라
            (중4. 41ㄴ)
      돗(猪) : 돗슬 기르고(중3. 20ㄴ), 돗슬 죽여(중4. 42ㄴ)
      곳(處) : 자논 곳의 도라 가거든(중3. 15ㄴ), 오신 곳슬 무러(중3. 25ㄱ), 곳슬 일코(중4. 8ㄴ)
      붓(筆) : 부시 업심이(중4. 8ㄴ)
   (ㄴ) 밭(田) : 밧슬 가라(중3. 22ㄱ)
      끝(末) : 레졀의 씃시오(중2. 36ㄴ), 말 씃슬 드러(중3. 6ㄴ)
      솥(釜) : 솟슬 시쳐(중3. 10ㄱ), 솟틔 살무믈(중4. 21ㄴ)
   (ㄷ) 젖(乳) : 침치와 져슬 갓초아써(중2. 18ㄱ)
      빛(色) : 낫 빗치 아름답고(중1. 11ㄱ), 짓거운 빗치(중4. 25ㄱ)
      낯(面) : 녀인이 낫을 쎌녀, 스시의 낫을 쎌은(중4. 18ㄱ), 낫슬 가뤼며(중3. 4ㄴ)
      깇(羽) : 죵ᄉㅣ 짓슬 뫼음은(羽, 중4. 31ㄱ)

현상과는 무관하였다. 어간말 자음에 한하여 체언과 용언의 문법 범주에 따라서 이와 같이 달리 실현되는 음운론적 과정은 언어 현상의 기술 절차에 중대한 문제를 야기한다고 생각한다.

왜냐 하면, 첫째, 마찰음화는 순수한 음성적 원리에 의해서 결과된 통합적 현상이기 때문에, 그 규칙 자체에 굴절 범주에 따르는 제약을 설정한다는 것이 합리적이지 못하기 때문이다. 둘째, 음운론적 밀착성에 견주어 볼 때, 체언 어간과 여기에 통합되는 조사와의 관계에서 보다 의존 형태소인 용언어간에 직접 연결되는 활용어미와의 관계가 더욱 긴밀하게 융합되어 있기 때문이다. 따라서 굴절의 기술에서 곡용은 준 굴절법이라고 명명하는 대신에, 활용은 완전 굴절법이라고 지칭하는 이유가 여기에 있는 것이다(남기심·고영근 1998: 39). 이러한 이유로, 형태 연결의 밀착성이 강한 통합적 과정에 먼저 마찰음화가 시대적으로 선행되어야 함이 원칙이다.

위와 같은 의문과 관련하여, 중간본『여사서언해』에 출현하는 모든 '꾸짖-' (責)의 활용 예들은 아무런 변화를 보이지 않는 18세기 초엽 초간본의 통상적인 예들과는 달리, 어간말 자음 'ㅈ'이 모음으로 시작하는 활용 어미 앞에서 곡용에서 출현하였던 과정과 동일하게 'ㅅ'으로 마찰음화 되는 경향을 일반적으로 나타내고 있는 사실이 주목된다.

(7) 만이 꾸지심과 셩 니믈(罵怒, 중3. 9ㄱ)
     쫄을 꾸지셔(중3. 24ㄴ)
     부모 셩니여 꾸지심을 드러도(중3. 26ㄱ)
     그 어미 문을 막고 꾸지시니라(중4. 8ㄴ)
     그 어미 꾸지셔 돌려 보너니(중4. 9ㄱ)
     꾸지심을 입의 끈치지 아니 ㅎ고(중4. 18ㄱ)
     졍시 꾸지셔 굴오듸(중4. 20ㄱ)
     귀미 꾸지셔 좃지 아니 ㅎ니(중4. 20ㄴ)
     담시 꾸지신듸(중4. 21ㄱ)
     도젹을 꾸지시니라(4. 27ㄴ)

어마니 쑤지셔 굴오딕(중4. 35ㄴ)

쳡을 쑤지시니(중4. 35ㄴ)

cf. 은혜 업심을 쑤짓고(중4. 8ㄴ)

　　쑤짓고 죽으니라(중4. 18ㄴ)

　　쏠을 부지즈며(초2. 33ㄴ)

　　쑤지져 굴ㅇ딕…쑤짓기롤(초4. 21ㄴ)

　그 반면, 중간본 『여사서언해』에서 어간말 'ㅈ'을 갖고 있는 다른 유형의 용언들 '잊-'(忘), '맞-'(迎), '늦-'(晚)의 활용에서는 위의 '쑤짓-'에서와 같은 마찰음화 과정이 전연 수용되지 않았다. (1) 그 가장을 차지니(찾-, 중4. 20ㄱ), (2) 부신을 이젓더니(잊-, 중4. 37ㄱ), 효경을 이지면(중2. 46ㄴ), (3) 이믜 느진지라(늦-, 중3. 10ㄴ). 그렇다면, 예문 (7)에서와 같이 이 자료에서 완전히 어간말 'ㅅ'으로 재구조화된 '쑤짓-'(叱責)형은 마찰음화와 관련하여 어떠한 사실을 말하여 주고 있을까? 필자는 'ㅈ, ㅊ>ㅅ'와 같은 마찰음화 현상이 체언범주에서 용언으로 확대되기 시작하였으며, 그 초기 단계에 '쑤짓-'이 참여하게 되었을 것이라는 가정을 한다.

　3.1.2 우선, 방언형 '쑤짓-'은 19세기 후기 전라방언에서 중간본 『여사서언해』에만 한정되어 출현하는 특유한 형태는 아니다. 전주에서 간행된 완판 고소설 부류 가운데 『초한전』에서도 산발적으로 이러한 예가 관찰된다. 동시에 19세기 후기 완주방언 자료인 필사본 『鳳溪集』(1894)에서도 '쑤짓-'의 활용형들이 거듭 확인된다. 이 문헌은 완판본 고소설 부류, 그리고 신재효의 판소리 사설과는 언어 표출의 관점에서 자료상의 성격이 크게 다르지만, 19세기 후반 전북 완주방언을 충실하게 반영하고 있다(이태영 1993).

　(8) ㄱ. 번쾌을 딕하사 졀졀리 쑤지시고 방송ㅎ시다(초한전, 상. 18ㄴ)

　　　천하 졔후 쑤지시물 면치 못할지라(초한전, 하. 16ㄱ)

　　ㄴ. 쑤짓셔 ㄱ로딕(봉계집 45ㄱ)

　　　소릭하야 쑤짓시니(봉계집 34ㄴ)

이와 같은 사실을 고려하면, '쑤짗-'에서 어간말음이 마찰음화를 수행한 '쑤짓-'은 이 시기의 전라방언에서 어느 정도 일반화되었던 것으로 생각된다. 동시에 '쑤짗->쑤짓'의 재구조화의 시기는 대략적으로 19세기 후반 경에서 출발하여 20세기 초엽으로까지 확대되었으며, 그 분포 지역도 전라방언 뿐만 아니라, 경상도 방언에까지 확대되어 있었을 가능성을 『歷代 千字文』(1911)에 반영된 경남지역의 高城 방언에서도 찾을 수 있다(홍윤표 1985: 591). 쑤지실 칙(責, 6ㄱ), 쑤지실 질(叱, 9ㄱ).

이 형태에 대한 오늘날의 전남과 전북 방언의 공시적 반사체는 아직 구체적으로 확인되지 않는다. 이러한 사실은 체언에서와 같은 마찰음화를 수용한 또 다른 용언 '(개가) 짗->짓-'(犬)의 경우는 전라방언에서 뿐만 아니라 전국적으로 확산된 분포를 보이는 예와 분명한 대조를 이룬다. 이 용언에서 일어난 마찰음화의 시작은 19세기 후기 전라방언에서부터 아래와 같이 확인된다.

(9) 기가 지실가 염예하야(수절가, 상. 19ㄴ)
　　동네 고삿 기 지시면(춘동. 138)
　　시문의 기 지스며(충열, 상. 16ㄴ)
　　cf. 요 기야 짓지 마라(수절가, 하. 29ㄴ)
　　　쌍쌍 짓고 니다르니(수절가, 하. 29ㄴ)

중간본 『여사서 언해』에서는 문맥에서 이 용언이 사용된 용례가 관찰되지 않는다. 그러나 일찍이 '즛-'(吠)에서 전설고모음화를 거친 '짗-'형이 수행하는 마찰음화 현상은 19세기 후기에서 시작되어 오늘날의 지역방언에서 그 분포 지역이 매우 넓게 확대되어 있음이 특징이다. 小倉進平(1944: 386)에 의하면, 1940년대에 마찰음화가 수행된 '짓-'형은 전남과 전북방언과 경상방언, 충남방언에 걸친 대부분의 지역과, 일부의 충북(청주, 보은, 영동)과 강원도(울진, 평해)에서 쓰이고 있었다. 또한, 이러한 분포는 김태균(1986: 457)과 1940년대 『한글』에 보고된 방언 조사에 따르면 함북방언의 일대(특히 육진방언)와 함남방언의 일부 지역에까지 확대되어 있음을 알 수 있다. 짓다: 학성, 명천, 경성, 경원, 온성, 무산(김태균 1986: 457), 짖다(吠) → 짓다, 줏다(함남 정평{3}『한글』5권 3호, p.17).[11]

용언어간말 자음 'ㅈ'에 일어난 이러한 마찰음화 현상으로 함경방언의 경우에 '찾->찿-'(尋)의 예를 더 첨가할 수 있다. 아래의 예는 1898년에 제정 러시아 페테르브르크 대학의 한국어 강사 김병옥이 Saint. Petersburg에서 편집하고 간행한 *Koreiskie Teksty*(한국어 독본)에 실려 있는 필사본 고소설 『츈향뎐』에서 추출한 것이다.[12] 그 반면에, 김병옥의 『츈향뎐』에서 재구조화된 용언어간 '찿-'(尋)형은 완판본 춘향전 계열에서는 전연 나타나지 않았다. 명산승지 차져 갈졔(수절가, 상.2ㄱ), 호양셩 차자 드러(동. 하, 14ㄱ), 차자 가셔(동. 하, 13ㄴ), 차져 가니(동. 상, 11ㄱ), 차져 와계(동. 상, 38ㄴ).

  (10) 광화루 차ㅅ 간다(7. 3)
       츈향의 집 차사 가니(14. 1)
       늬의 집에 무슴 일노 차ㅅ 왓노(49. 7)
       cf. 아조 간딜 니즐소냐(닞-, 20. 8)
          불구의 니즈시면(20. 5)
          옥쇼를 바다 비즌 술이오니(빚-, 15. 4)
          월노승 길기 미쟈(맺-, 16. 4)
          열으미 미즐 거시고(48. 4)

---

11) 그러나 김이협(1981: 473)에 따르면, 평북방언에서는 '줒다'(犬)로만 사용하고 있어 함북방언에서와 같은 마찰음화를 보이지 않는다.

12) 김병옥이 작성한 *Koreiskie Teksty*(한국어 독본, 1898)에 있는 필사본 고소설 『츈향뎐』의 서지적 고찰과, 거기에 반영된 함북방언에 대해서는 King(1991)과 최전승(1997)을 참조.
   이와 같은 '찾-(尋)>찿-'과 같은 변화형들은 김태균의 『함북방언사전』(1986: 465) 가운데 '찾아보다' 항목에서는 등록되어 있지 않다. 그러나 King(1991: 354)은 재구조화된 '찿-'형이 오늘날의 함경도 지역과 옛 러시아 지역에 거주하는 한인들이 사용하고 있는 전형적인 방언형이라고 지적하였다.

3.2 움라우트의 실현 양상과 '드듸여>듸듸여'(遂)의 변화

3.2.1 통상적인 19세기 후기 전라방언 자료에 반영된 생산적인 움라우트 현상에 비하여 중간본 『여사서언해』는 다양한 음성 환경에 걸쳐 적극적으로 수행된 양상을 보이지는 않는다. 그러나 사건 전개 중심의 완판본 고소설 부류 및 신재효의 판소리 사설집과, 규범적인 경전 중심의 번역 자료에서 각각 차이있게 실현된 움라우트 현상은 실제 당시 언어의 모습을 나타낸 것이 아니고, 구사된 말의 스타일에 따른 차이 때문이었을 가능성이 높다.13) 따라서 중간본 『여사서언해』에 반영된 움라우트의 예들은 이 시기의 격식체(formal style)에 해당되었을 것으로 보인다.

이 글에서는 중간본 『여사서언해』에 등장하는 움라우트의 유형 가운데, 특히 '으'의 움라우트 실현형들이 이중모음 '의'의 표기로 나타나는 사실만 주목하고 논의하기로 한다. 여기서 '으'의 움라우트 실현형들은 아래와 같이 정리된다.

> (11) ㄱ. 마음을 듸려 ᄒ면(중3. 24ㄴ)
> 　　　시비를 문의 듸리지 말라(중3. 26ㄴ)
> 　　　금즁의 듸려 문쟝을 시험하며(중3. 序 2ㄴ)
> 　　　글을 문의 듸리지 아니 ᄒ고(중4. 53ㄴ)
> 　　　짓거ᄒ야 듸려 후비를 삼으니라(중4. 13ㄴ)
> 　　　문휘게 듸리니(중4. 20ㄱ)
> 　　　cf. 스승의게 드리ᄂ논(초2. 24ㄴ)
> 　　ㄴ. 빗치 한나라 ᄉ긔에 듸루니(중2. 20ㄴ)
> 　　　cf. 비츨 漢史의 드리워시니(초2. 30ㄴ)
> 　　　법을 후셰예 듸루ᄂ니(垂範後世 ,중2.31ㄱ)
> 　　　cf. 법을 後世애 드리오니(초3. 45ㄱ)

---

13) 중간본 『여사서언해』에서 체언에 주격조사나, 용언에 명사화소 '-이'가 연결되는 형태소 경계에서 움라우트는 적용되지 않았으며, 개재자음의 제약을 이탈한 예들도 여타의 19세기 후기 전라방언 자료에서와는 달리 용언어간에서 'ㄹ'을 제외하면 찾을 수 없다.

　　　만셰의 법을 듸리울지라(중2. 序 4ㄴ)
　　　경ᄉ를 후인의게 듸루리라(垂慶後人矣, 중2. 32ㄱ)
　ㄷ. 머리를 도릐켜지 말며(回頭, 중3. 4ㄱ)
　　　cf. 머리롤 두로허디 말며(초2. 2ㄱ)

　위의 예들에서 '으'의 움라우트 실현형은 언제나 이중모음 '의'로 실현되어 있다. (11)ㄱ의 '드리->듸리-'(獻)와 같은 유형은 19세기 후기 전라방언 자료에서도 동일한 방식으로 매우 생산적으로 출현하였음은 잘 알려진 사실이다(최전승 1986: 150-153).[14] 이와 같은 변화는 이 시기의 지역방언에 이중모음 '의'[iy]가 아직 모음체계에 존재하고 있음을 전제로 한다. 즉, 피동화음 '으'가 후행하는 전설고모음 i나 y의 역행동화의 작용으로 i 모음의 방향으로 이행하여 가는 음운론적 공간 내부에서의 과정이 '의'[iy]로 실현되는 것이 원칙이기 때문이다.[15] 19세기 후기 전라방언에서 개재자음 'ㄹ'의 제약은 용언 범주에서 전혀 작용하지 못하였다. 이러한 대체적인 경향이 중간본 『여사서언해』에서 피동화음 '아'의 경우에도 동일하게 실현되었다. (1) 말을 기려 말ᄒ야(중1. 11ㄴ), (2) 져근 빗에 기리우며(중2. 54ㄱ), cf. 末光에 ᄀ리오며(초3. 78ㄴ), (3) 아름다움을 기루지 말어(蔽, 중2. 54ㄴ), cf. 아롭다온 거술 ᄀ리오디 아니 ᄒ야(초3. 79ㄱ).

　중간본 『여사서언해』에서 (11)ㄱ의 예들과 같이 '으'의 움라우트를 수용하여 이차적으로 형성된 '의'는 '이'로의 단모음화를 전연 보이지 않는다. 이와 같은 현상은 이 자료에서 음절 위치에 상관없이 대부분 수행된 '의>이'의 변화와 위배되는 것 같다. (1) 잔치ᄒ다가(잔치, 중4. 20ㄱ), (2) 슈리 박퀴(수리, 중2. 33ㄴ),

---

14) 이숭녕(1954/1988: 437)은 '드리우다>듸리우다, 들이다>듸리다'와 같은 예는 서울말에서도 관찰되지만, 이러한 유형은 현대 서울말의 특이 예이며 일종의 비속어에 속한다고 보았다.
15) '으'의 움라우트가 이중모음 '의'로 실현되는 음운론적 과정은 비단 19세기 후기 전라방언의 자료에서만 나타나는 것은 아니다. 최초의 국어사전 『國漢會語』(1895)의 표제어에서도 이와 같은 예들이 등장하였다.
　건듸리다, 건듸리지말나(p.130), 눈긔이다(欺, p.158), 먹물듸린 두루막(p.183), 쪽물듸리다(染, p.284), cf. 쑤듸려 맛는 거슬(독립신문 1권 64호)
　『國漢會語』(1895) 편찬 경위와, 표제어에 나타난 다양한 경상도 방언의 특질 대해서는 홍윤표(1986)와 백두현(1998)을 참조.

슈리와 베틀노(중3. 5ㄴ), (3) 미워ᄒ논 이(믜워, 중1. 5ㄱ), 투긔홈을 미워ᄒᄂ니(중2. 54ㄱ), (4) 아달을 나믜 시랑 가트 되오(豺狼, 중1. 9ㄱ), 긔와 돗과 시랑이라(중3. 13ㄴ), (5) 몬지를 쓰러(몬지, 중3. 22ㄱ), (6) 시집갈 지믈(싀집, 중3. 13ㄴ), 시고모와 시뉘논(중2. 49ㄴ), (7) 가시를 벼여(가시, 중2. 10ㄴ), (8) 싁싁ᄒᆞ신 티임(싁싁ᄒᆞ-, 중2. 41ㄱ), (9) 비를 가져 지와 몬지를 쓰러(뷔, 중3. 22ㄱ).

그러나 '의'의 단모음화는 이 자료에서 전면적으로 수행된 것이 아니라, 음절 두음 위치에 있는 자음의 음성적 성격에 따라 그 확산의 속도가 상이했을 가능성을 생각해 볼 수 있다. 예를 들면, 특히 '듸'의 음성환경에서 일반적으로 '의>이'의 변화가 아직 이 자료에서는 실현되지 않았다. 처소의 형식명사 '듸'와 연결어미 '-는듸'는 초간본『여사서언해』에서 '대'와 '-는대'로 사용되었으나, 중간본에서는 예외 없이 '듸'와 '-는듸'로 나타난다.16) 중간본에서 사용된 이러한 형태는 나중에 '듸>디, -는듸>-는디'로 단모음화를 수행하여 전형적인 전라도 방언의 특질을 형성하게 될 것이다.

> (12) 션ᄒᆞ 듸 옴기논 글이라(중2. 28ㄴ)
> 익키논 듸 일위ᄂ니(중2. 7ㄴ)
> 존졀ᄒᆞᆫ 듸 이르러(중2序. 5ㄱ)
> 례 아닌 듸 움지긴즉(중2. 7ㄴ)
> 어둔 듸셔 소기면(중2. 15ㄴ)
> 너른 듸 나감 갓트니라(중2. 31ㄴ)
> 썰 듸 업논 시비(중3. 26ㄴ)
> 다른 듸 아니 ᄒ고(중4. 18ㄱ)
> cf. 옥이 틔 업서야(중2. 8ㄴ)
>   어듸로 좃츠(중4. 3ㄱ)

---

16) 통상적인 19세기 후기 전라방언 자료에서도 이중모음 '의'는 음절 위치와 음절 두음의 유형에 따라서 '으' 또는 '이'로 부단히 단모음화를 거쳤으나, 특히 'ㄷ'과 통합되는 이중모음 표기 '의'가 단모음화되어 등장하는 예들이 매우 희귀하다는 사실이 주목된 바 있다(최전승 1986: 219).
틔결(慝, 수절가, 상. 24ㄴ), 허리쯰(동, 춘. 104), 첫 마듸(수절가, 상. 29ㄱ), 잔디밧(판, 변. 550), 근듸줄(병오, 춘. 4ㄱ), 박통 뇬 듸 마닥(판, 박. 368), 가신 듸는(완판, 심청. 상. 8ㄴ), 힌는 어이 더듸 간고(수절가, 하. 1ㄴ), 담부를 먹난듸(수절가, 하. 26ㄴ), 일어케 진 보듸를 어듸 가 어더시며(판, 박. 380), 못 젼듸여(수절가, 하. 12ㄱ) 등등.

따라서 위의 (12)와 같은 예들에서 '의' 표기를 이중모음 [iy]를 반영한 것으로 간주한다면, (11)ㄱ에서 '으'의 움라우트가 '의'로 특히 음절 두음 'ㄷ' 다음 위치에서 실현된 것으로 판단된다. (11)ㄴ의 예들에서 '듸루니'(중2. 20ㄴ), '듸루ᄂ니'(중2. 31ㄱ), '듸루리라'(중2. 32ㄱ) 등과 같은 경우는 움라우트의 동화주를 직접 표면에서 찾을 수 없다. 그러나 초간본 『여사서언해』에서 여기에 대응되는 '드리워시니'(초2. 30ㄴ), '後世애 드리오니'(초3. 45ㄱ)의 예들과 대조할 때, 이 예들은 먼저 '드리우-'(垂)에서 움라우트를 수용하여 '듸리우-'로 변화된 다음에 축약된 형태가 분명하다.[17] 그리하여 (11)ㄴ의 예에서 제시된 '셰의 법을 듸리울지라'(중2序. 4ㄴ)의 경우는 축약되지 않는 원래의 모습을 수의적으로 반영하는 것이다. 이러한 "먼저" 움라우트, "나중" 축약의 과정은 중간본 자료에서 위에서 제시된 바 있는 '아'의 움라우트에서도 확인된다. 아름다움을 긔루지 말어(蔽, 중2. 54ㄴ), cf. 아롬다온 거술 ᄀ리오디 아니 ᄒᆞ야(초3. 79ㄱ).

(11)ㄷ의 예는 '도르켜'(回)의 형태에서 '으'의 움라우트를 수행하여 이중모음 '의'로 전환된 과정('도릐켜')을 나타낸다. cf. 머리를 두로혀디 말며(초2. 2ㄱ). 이전 단계의 형태 '도르키-, 도르켜'에서 오늘날의 '돌이키-'로의 발달 과정에서 둘째 음절의 '르>리'의 변화는 직접 이루어진 것이 아니라, '으'의 움라우트가 그 사이에 관여하였다고 생각한다. 즉, '도르켜>도릐켜>도리켜'. 일찍이 이숭녕(1959/1988: 436)은 '♀'음계 어휘들의 역사적 발달을 고찰하면서 중세어 '도ᄅᆞ혀'(返)은 현대어에서 '도리여'로 발달하였으며, 이것은 '도르혀'를 거치고 어중의 '-르-'가 '-혀'로 인하여 동화되어 '도릐혀>도리혀>도리여'로 결과된 특이한 예로 설명하였다.

3.2.2 '으'의 움라우트가 이중모음 '의'로 실현되는 중간본 『여사서언해』의

---

17) 이러한 유형의 변화는 통상적인 19세기 후기 전라방언 자료에서도 관찰된다.
　　약을 가라 듸루며(수절가, 하. 15ㄱ)
　　얼골을 긔루고(장자백 창본 춘향가, 113)
　　cf. 쇄금 부치 호당선으로 일광을 가리우고(수절가, 상. 5ㄴ)

예들과 관련하여, 이 자료에 등장하는 또 다른 유형 '드듸여>듸듸여'(邃)의 변화가 주목된다.

(13) ㄱ. 밀이 감동ᄒ야 울어 듸듸여 큰 션비를 일위니라(중4. 31ㄴ)
     ㄴ. 셔혜ᄂᆞᆫ 글로 간ᄒ야 써 인군을 발우어 군사 다홈을 듸듸여 근치니라(중4. 52ㄱ)
     ㄷ. 너로써 아니 홈이 가ᄒ다 ᄒ고 듸듸여 시집 보닉니(중4. 41ㄴ)
     ㄹ. 쥬례 글이 쇠잔ᄒ야 듸듸여 그 학을 일은지라(중4. 52ㄴ)
     ㅁ. 참남ᄒ고 샤치ᄒ야 긔셰가 셩ᄒ야 도라 보아 ᄭᅥ린 바 업다가 듸듸여 망홈을 일위니(중2. 56ㄴ)
     cf. 僭諭ᄒ며 奢靡ᄒ야 氣焰이 熏ᄒ고 灼ᄒ야 도라보며 ᄭᅥ리ᄂᆞᆫ 배 업서 드듸여 傾覆 홈을 니뢰니(無所顧忌ᄒ야 邃致傾覆ᄒ니, 초 3. 82ㄱ)
     실로 슬프도다 드듸여 바회예 더뎌 죽으니(초4. 27ㄱ)

위의 예에서 '듸듸여'형은 '드듸여'(邃)에서부터 변화된 형태로, 그 첫 음절의 모음이 이중모음화된 것은 여러 가지 가능성 있는 설명 가운데 특히 움라우트의 작용에 기인되었을 상황을 생각해 볼 수 있다. 그렇게 판단되는 근거는 첫 음절 '드>듸'의 변화가 일정한 음성조건이 구비되지 않는 상황에서 일어나는 통상적인 전설화와는 달리, (11)의 예들과 동일하게 피동화음이 이중모음 '의'로 전환되었기 때문이다. 원래 이 부사형은 동사 '드듸-'(踏)에서 출발하여 "드듸-+부사형어미 -어"와 같은 특정한 통사구조에서 일종의 문법화 과정을 밟아 온 형태이다.

현대국어에서 '드디어'의 사전적 의미가 "무엇으로 인연하여 그 결과가 뜻한 바와 같이 됨을 표하는 말"(『표준 조선말사전』, 이윤재 1947), 또는 "무엇으로 말미암아 그 결과로"(『큰사전』, 1957: 913) 정도로 몇 단계의 변화를 거쳐 추상화 그리고 은유화되었지만, 이 형태는 공시적으로 문법화가 일어나기 이전의 '드듸-'(踏)형이 갖고 있었던 원래의 구상적인 의미를 어느 정도 유지하고 있다.[18]

또한, 통상적인 19세기 후기 전라방언 자료에서도 중간본 『여사서언해』에
서 등장하고 있는 '드듸여>듸듸여'와 같은 변화가 다양하게 반영되어 있다.
그리고 기원적인 동사 '드듸-'(踏)형에서도 첫 음절 모음이 '듸-'로 전환된 예들
이 이 자료에서 적극적으로 출현하였다(최전승 1986: 151).

> (14) ㄱ. 현덕의게 허락ᄒ기난 거짓 허락ᄒ 말이로다 ᄒ고 듸듸여 장ᄒ 제
> 장의게 문왈(화룡, 76ㄱ)
> 공명 왈 자경의 말이 올토다 하고 듸듸여 잔치을 비셜하야(화룡,
> 83ㄱ)
> 듸듸여 죽기더라(초한, 하. 44ㄱ)
> 듸듸여 법정을 보너라 하더니(삼국지 4. 15ㄱ)
> 듸듸여 회군ᄒ야(삼국지 3. 17ㄱ)
> 듸듸여 장비를 불너(삼국지 3. 22ㄴ)
> ㄴ. ᄯᅡ의 발을 듸듸지 못ᄒᄂ지라(정사 조웅 3. 3ㄱ)
> 발감기 ᄒ 듯기 듸듸고 나셔니(판, 박. 384)
> 문턱박기 발 듸듸여(판, 박. 346)
> 발부리를 듸듸고(판, 변. 570)
> 다리를 빗듸듸고(판, 변. 598)

(14)ㄴ의 예는 오늘날 보편화되어 있는 '딛-'(踏)형이 중세국어 시기의 '드듸
-'로부터 '듸듸-'의 중간 단계를 거쳐서 각각 단모음화와 축약을 수행하여 재
구조화된 것임을 알려 준다. 이미 19세기 후기 전라방언에서 단모음화가 적용
되기 이전에 먼저 축약이 일어난 '딀-' 형태가 사용되기 시작하였다.[19] 가만가

---

18) Traugott & Dasher(2002)에서 제시된 의미변화에 대한 단일 방향성 가설에 의하면, (13)의 예
에 등장하는 '듸듸여'(遂)의 의미는 문법화를 거치면서 수행하는 의미변화의 최종적 단계를
보여 준다. 즉, 원래 '드듸여'가 갖고 있던 명제적 개념에서(1단계), 앞의 사건과 뒤에 오는
사건과의 인과 관계를 나타내는 텍스트 연결 기능을 나타내는 의미의 단계를 거치고(2단
계), 끝으로 이러한 인과 관계를 파악하는 화자의 심리적 또는 추론적 태도를 나타내는 방
향(3단계)으로 전개되어 왔다.

19) 그러나 이와 같은 '딛-'으로의 축약은 서울말에서도 20세기 초엽 이후에 와서야 완성된 것
같다. 조선어학회에서 주관한 『사정한 조선어 표준말 모음』(1936: 32)에서 '디디다'(踏)형이
표준어로 선정되었다. 그 반면, 이 시기에 통용되고 있었던 축약형 '딛다'와, 단모음화 이외

만 가려 되더 들어 올제(판, 박. 354), 불쏭 듸된 거름으로(춘, 남. 70). 따라서 현대국어에서 예외 없이 완료된 '드듸->딘-'의 과정에는 먼저 예문 (13)과 (14)과 같이 성격이 다른 19세기 후기 전라방언 자료들에서 공통으로 관찰할 수 있는 중간 단계 '드듸->듸듸-'의 변화를 설정해야 될 것이다. 이러한 변화의 시작은 대체로 움라우트 현상의 기원지로 추정되는 남부 또는 북부방언에서 출발하여 다른 지역방언권으로 방언 차용되었거나, 확산되어 갔을 가능성이 높다.

필자는 동사 '드듸-'가 이 시기에 '듸듸-'(踏)로 변화한 것은 위의 예문 (13)에 대한 해석과 동일하게 일종의 움라우트 현상에 기인되었을 가능성이 높다고 생각한다. 그러나 '드듸-'에 움라우트가 적용되기 위해서는 (1) 이 역행동화를 저지하는 개재자음이 갖고 있는 제약의 位階에서 제일 높은 t의 조건을 넘어야 되며, (2) 순수한 동화주 i 또는 y만이 이 동화 현상을 촉발시킬 수 있다는 피동화주에 대한 엄격한 제약도 극복하여야 되는 심각한 난점이 있다.

이와 같은 두 가지의 어려운 제약 조건에도 불구하고, '드듸->듸듸-'와 같은 현상이 19세기 후기 전라방언 당시의 움라우트의 범주에 귀속될 수 있을 가능성은 그 쓰임의 높은 빈도수에 있을 것으로 보인다. 언중들에게 이 동사가 매우 친숙하고 일상 언어생활에 출현하는 빈도수가 높을 때, 당시에 작용하고 있던 일반적인 움라우트의 제약을 이탈할 수 있을 것으로 판단한다.[20] 또한, 이 '드듸-'형의 변화가 일부 지역방언에만 국한되어 실현된 것이 아니라, 전국적으로 확대되어 '디디-의 단계를 거쳐 결국 '딘-'으로 재구조화된 사실을 상기할 필요가 있다. 급진적인 변화를 수용한 '듸듸-'(踏)와 같은 유형들로 지역방언의 움라우트 기술에서 문제가 되고 있는 '마듸(節)>매디', '담비>댐배', '도배(塗褙)>되배', '반댕이(蘇魚)>밴댕이'와 같은 예를 제시할 수 있

에 다른 변화가 개입되지 않은 '드디다'형은 비표준어로 격하되어 있다.

20) 음운현상과 여기에 적용되는 음운규칙이 언중들이 일상어에서 사용하는 높은 빈도수에 따라서 당대의 제약을 벗어나게 되는 예외적인 음운과정에 대해서는 Bybee(2001)를 참조. 움라우트의 경우, 남부지역의 하위 방언들에서 흔히 관찰할 수 있는 (1) '사램이, 사램을, 사램들이' 등과 같은 유형이나, (2) '원수(怨讐)>웬수, 나비(蝶)>내비' 등과 같은 부류(최전승 1995: 188, 236)를 상기할 필요가 있다.

다.21)

19세기 후기 당시의 중부 방언권에서도 독자적인 '드듸->듸듸-'(踏)의 과정을 수용한 개신형이 『독립신문』(1896-1898)에서 확인된다. 아모 딕를 듸듸여도(2권 13호). 그렇기 때문에, '드듸여>듸듸여'의 유형들도 이 신문에 등장한다는 사실은 쉽게 예상할 수 있다(이기문 1980을 참조).22)

(1) 법부 훈령을 듸듸여 스스로 도사슈라 닐큿는(1권 64호)
(2) 농상공부 훈령을 듸듸여 혼 일이더라(1권 25호)
(3) 상관의 명령을 듸듸여 나라 일을 착실이 ᄒ려는 사람들을… 춍순 리학 숸씨는 경무쳥 영을 듸듸여 요샤훈 귀신 화상들을 금ᄒ눈딕(1권 26호)
(4) 양화도 화젹을 잡아 왓눈딕 그 구초를 듸듸여 쟝일보 김귀셩을 잡앗더니(1권 30호)

19세기 후기 『독립신문』에 출현하고 있는 이러한 용례들은 아직 동사 범주를 이탈하지 못한 '듸듸여'형이 주로 "훈령, 명령, 口招(죄인의 진술)" 등을 "이어 받아서, 수행하여"와 같은 단계를 거친 은유적 의미로 발달하였음을 보여 준다. 이와 같은 의미변화는 '드듸-'(踏)의 문법화의 과정에서 일어난 결과로서 앞에서 있었던 행위 또는 지시를 "밟아서 → 따라서, 이어 받아서"와 같은 후행 사건의 인과 관계를 표시하게 되었음을 뜻한다고 생각한다. 통상적인 19세기 후기 전라방언 자료에서도 중부방언 중심의 『독립신문』에 주로 등장하는 용법과 같은 '듸듸여'형도 출현하였지만, 그 예는 극히 드물었다. 그제야 겨으 모친 영을 듸듸여서 삿창을 반기하고 나오난듸.(수절가, 상. 20ㄴ)

19세기 후기 중부방언 중심의 또 다른 유형의 자료에서도 '드듸여>듸듸여'

---

21) 이 글의 §4.3에서 논의되는 19세기 후기 전라방언에서 '누에(蠶)>뉘에'의 경우도 참고.

22) 아무런 변화를 수용하지 않는 또 다른 형태 '드듸여'형도 『독립신문』에서 더러 사용되었다. 숸검들도 판윤의 명령을 드듸여 아모쪼록 법률과 규칙이 시힝이 되도록(1권 93호), 고등 지판쇼 훈령을 드듸여(2권 83호). 이기문(1980)은 『독립신문』1권에 반영된 '드듸여, 듸듸여'의 용례들을 찾아 제시하고, 이러한 '드듸여'의 용법이 중세국어 단계에서 '드듸-'의 그것을 이은 것으로 매우 흥미 깊다고 하였다. 그러나 이기문(1980)은 '드듸여'의 변화형 '듸듸여'이 어떤 과정을 거쳐서 형성되었는가에 대한 언급은 하지 않았다.

의 변화를 수용한 부사형이 드물게 발견된다. 깃부물 이긔지 못ᄒᆞ야 듸듸여 죠군알 퓌 분향ᄒᆞ고(죠군령격지, 1881. 14ㄱ), cf. 드듸여 한 션셩의 집에 다다라(동. 27ㄱ). 19세기 후기 국어의 모음체계를 기술하는 자리에서 이병근(1970: 382)에서 이 '듸듸여' 형이 주목된 바 있다. 그러나 이병근 교수는 이 논문에서 '으'의 움라우트가 모음들 가운데 가장 강력한 '이' 모음으로 흡수되어 버린다는 사실을 전제하면서, '드듸여>듸듸여'의 변화는 당시의 직접적 움라우트에 속하는 예가 아니기 때문에 '듸>디'의 과정이 제2음절과 제1음절에서 차례로 일어난 현상으로만 관찰하고, 제1음절에서 일어난 '드>듸'의 변화에 대한 설명은 제시하지 않았다.[23]

이와 같이 '드듸-'(踏)에서 출발한 '드듸여>듸듸여'(遂)의 발달은 오늘날 대부분의 지역방언에서 그대로 최종적인 '디디여'로 수용되지는 못하였다. 이러한 예와는 달리, '드듸->듸듸-'(踏)와 같은 움라우트 실현형은 전체 지역방언에서 균질적으로 '의>이'의 단모음화를 거쳐 '딛-'으로 축약되어 쓰이고 있는 사실이 매우 대조를 이룬다. 움라우트의 범주에 대한 귀속의 문제와 관련하여

---

23) 19세기 후기 평안도 방언을 반영하는 Ross本『예수성교젼셔』(1887, 성경문관셔원)에는 '의>
이'로의 단모음화가 완료된 '디디여'형이 출현하였다.
  (1) 빈 올리기룰 의논ᄒᆞ고 디디여 닥글 버려 바다에 흘으게 ᄒᆞ며(대자힝젹 27: 40)
  (2) 디디여 인도ᄒᆞ여 예수의게 가니(요안ᄂᆡ 1: 42)
  (3) 예수로써 못사롬을 맛뎌 십지틀에 붓티게 ᄒᆞ니 디디여 쓸고 가다라(요안ᄂᆡ 19: 16)
    cf. 드디여 비에 올나(동. 6: 24)
Ross本『예수성교젼셔』에서 '으'의 움라우트 실현형들은 대부분 '의'를 거치고 단모음화되어 나타난다. 글웃슬 디리지 말고(로마서 6: 13), 방븍의게 디리고(제자힝젹 23: 32), 영에 끌어 딜여(제자 22: 24), 키리쓰토의게 딜이니라(코린도. 후 11: 2), 집분올 맛티미니(맛틈＋이니, 코린도.전 9: 17), cf. 몸올 쥬의게 들이고...디리물 볼지니(코린. 후 8: 13).
이러한 과정은『예수성교젼셔』(1887)을 선행하는 Ross의 일련의 다른 저작물인 초역본『누가복음』(1882), Corean Primer(1877)에도 동일하게 나타난다.
  (1) 쥬게 디리고(초역 누가 2: 23)
    제물을 디리넌데(초역 누가 2: 24)
    문을 쒸딘 즉(초역 누가 11: 9)
    쒸디넌 자(초역 누가 11: 9)
    문을 쒸딜면(초역 누가 12: 36)
  (2) 집안으로 딜여 오시(Primer, 48)
    cf. 집안으로 지려 오나라(Speech, 32)

매우 특이한 위상을 차지하는 이 '드듸->듸듸->디디-'의 과정이 일찍이 김완
진(1971: 19)에서 주목된 바 있으며, 그리하여 이 형태는 움라우트 현상에 대한
하나의 예외로 취급되었다.

그 반면, 최근 박창원(1997: 35)은 역사적으로 일어난 '드듸->디디-'(踏)의 변
화가 '드-'가 '디-'로 바뀌는 전설고모음화 규칙에 의한 것으로 설명하기도 하
였다. 사실, 이와 같은 관점은 '딛-'(踏)을 움라우트를 수용한 결과로 파악하려
는 방안보다 더 심각한 문제를 안고 있다. 그 이유는 통시적으로나 공시적으
로 국어 지역방언에서 치조음 t가 뒤따르는 '으' 모음을 '이'로 전설화시키는
자체적인 음운론적 힘은 발견되지 않기 때문이다.

3.3 존재사 '이시-/잇-'(有) 활용형의 변화와 '스>시' 전설고모음화

3.3.1 중세국어의 단계에서 이른바 특수어간의 교체(이기문 1962)를 보였던
일군의 체언과 용언에서의 불규칙 굴절 형태들은 근대국어의 단계를 거치고
대체로 19세기 국어에 이르면 점진적인 유추작용(analogy)에 의해서 異形態들의
수효가 단일화되는 전반적인 경향을 나타낸다. 이와 같이 비자동적인 이형태
들이 수평화 되는 형태론적 조정의 흐름에서도, 중세국어 또는 그 이전의 역
사적 단계에서부터 확립된 특히 'ᄒ-(爲)+아/어 → ᄒ야', 그리고 존재사 '이시
-/잇-'(有)과 같은 교체형들은 그 지속성이 오늘날에까지 현대국어의 일부 지역
방언에서 유지되고 있다.24) 'ᄒ-'어간의 부사형 'ᄒ야'(爲)와 '이시-/잇-'(有)과

---

24) 小倉進平(1944: 385)의 조사에 의하면, 1940년대 국어의 단계에서 존재사 '이시-/잇-'(有)의 교
　체형 가운데 '이시->이스-'의 변화를 거쳤지만, 아직 단일화되어 '잇-'으로 도달하지 못한
　지역방언들이 존재하였다. 즉, '이스-'의 부사형 '이서(서)'가 제주도의 전 지역, 경남과 함남
　의 많은 하위 방언 그리고 경북과 황해의 일부 지역에 분포되어 있다.
　　그 뿐만 아니라, 이와 같은 지역 방언형 '이스-'형은 1910년대 주요한의 "불노리"(『창조』, 창
　간호, 1919)에서 문학어로도 사용된 바 있다.
　　멈출리가 이스랴? 불상히 녀겨 줄이나 이슬가?

같은 불규칙적인 교체형들이 중세국어에서부터 오늘에 이르기까지 수평화를 강하게 거부하고 있는 원인은 역시 언중들이 일상어에서 구사하는 높은 출현 빈도수와 밀접한 관련을 맺고 있을 것이다(Bynon 1994: 110). 이 두 교체 유형들은 중세국어에서나 현대국어에서 가장 기본적인 용언 부류에 귀속되는 동시에, 높은 출현 빈도수에 있어서 시대에 따른 큰 동요가 없었을 것으로 생각된다.

중세국어에서부터 대체로 18세기 말엽과 19세기 중엽에 걸쳐서 이른바 존재사 또는 존재 동사의 교체형 가운데 이형태 '이시-'는 모음어미 앞(매개모음을 포함하여)에서, 또 다른 '잇-'형은 자음어미 앞에서 출현하였다. 또한, '이시-/잇-'형은 다른 성분과 결합하여 문법화를 거쳐 과거시제를 대표하는 선어말어미 '-엇/앗-'와, 미래와 추정의 '-겟-' 형성에 직접적인 관여를 하였다. 따라서 문법화가 완성된 '-어시-/엇-'이나 '-게시-/겟-'형들도 그 원천을 형성하는 '이시-/잇-'의 불규칙 활용에 일정한 기간 동안 동참하게 되었다. 나중에 불규칙 교체 '이시-/잇-'의 단일화는 필연적으로 과거시제, 그리고 미래와 추정의 선어말어미들의 불규칙성을 규칙화하는 결과를 초래하였다.

'이시-/잇-'의 불규칙 교체가 오랜 기간 지속된 반면에, 단일어간 '잇-'으로의 합류는 19세기 중엽 이후에 와서야 비로소 완성된다고 한다(허웅 1982). 그렇다면, 이와 같은 어간의 단일화는 비교적 단기간 내에 이루어진 급진적인 형태론적 변화임에 틀림없다. 15세기 또는 그 이전 단계부터 근대국어의 마지막 단계인 19세기까지 수세기 동안 문헌어에서 부단히 지속되었던 '이시-/잇-'의 불규칙 교체가 어떤 이유로 19세기 중엽 이후에 이르러야 비로소 급진적인 단일화 과정을 밟게 되는가에 대한 진지한 논의는 지금까지 없었다.

존재사 '이시-/잇-'의 교체에서 이형태 '이시-'는 자음어미 앞에서 출현하는 '잇-'을 기준으로 대치되었는데, 18세기 후엽의 문헌어에서 먼저 '이시->이스-'와 같은 변화가 출현하기 시작한다. 여기서 결과된 '이스-'형이 예전의 '이시-'와 형태론적 유연성을 상실하고, 또 다른 교체형 '잇-'의 활용에 유추되어 기

기름자 업시는 「발금」도 이슬 수없는 거슬.
뜻엽슨 눈물 쏫고 이섯도다("새벽꿈", 『창조』, 창간호)

본형을 '잇-' 어간으로 재분석하게 되는 원인을 제공하였을 것이다.

허웅(1987: 235)은 18세기 후엽부터 발생하여 그 이후 확대되었던 '이시->이스-'와 과거형 '아시-/어시->아스-/어스-' 변화의 기제는 19세기에 들어 와서 활성화되기 시작하는 새로운 변화인 전설모음화(또는 구개모음화), 즉 '즈, 츠, 스>지, 치, 시'에 대한 "잘못 분석", 또는 과도교정에 있다고 보았다. 이와 동일한 견해가 국어 문법사 기술의 관점에서 이현희(1993: 66, 각주 (6))와, 과거시제 '-엇-'의 문법화와 더불어 수행되는 연쇄적 변화의 측면에서 최동주(1995: 137-138)에서도 제시된 바 있다. 문법 범주에서 일어나는 변화 또는 통사론적 변화를 야기시키는 중요한 원인 가운데 하나가 개신적 음운변화와 더불어 수행되는 재분석임에는 틀림없다(Langacker 1977, Joseph & Janda 1988). 그러나 치찰음의 전설모음화의 하위 규칙인 '스>시'와 같은 음운변화에 대하여 언중들이 민감하게 인식하고, 여기에 대하여 언중들이 발휘하는 과도교정의 힘이 몇 세기 동안 유지하여 오던 '이시-/잇-' 그리고 이것과 연관된 과거시제의 선어말어미 '아시-/앗-' 등의 교체를 각각 '이스-/잇-'와 '아스/앗--'으로 전환시키는데 기여할 수 있었을 것인가에 대하여는 그렇게 쉽게 단정할 수 없다.[25]

필자가 그렇게 판단하는 이유는 세 가지이다.

첫째, 오늘날의 공시적 지역방언 가운데 아직도 '이시-/잇-'의 교체를 유지하고 있는 제주도 방언을 이 현상과 관련하여 주목할 필요가 있다. 이 방언에서도 어느 지역방언에 못지 않게 매우 잘 발달된 전설고모음화를 관찰할 수 있기 때문이다(박용후 1960, 김광웅 2001: 214-217).

둘째, 역시 평안도와 함경도 방언 일대에서는 오늘날까지 이 존재동사의 활용은 여전히 역사적으로 19세기 당시의 '이시->이스-'의 변화 단계에 머물

---

25) 최동주(1995: 138, 각주 39)에서도 '이시->이스-'(有) 유형의 변화가 치찰음 뒤에서 '으' 모음이 '이'로 전환되는 당시의 음운변화에 기인된 것이라고 설명하면서 다음과 같은 의문점을 제시하였다. 즉, 전설모음화가 주로 19세기 중엽 이후의 자료에 집중되어 있어서 이 현상이 언제부터 시작된 것인지 분명하지 않기 때문에, 이미 18세기 후반부터 출현하기 시작하는 '이스니' 개신형이 이러한 음운현상과 밀접한 연관을 맺고 있는지에 대해서는 검토가 더 필요하다는 것이다.

러 있다.26) 이들 지역방언, 특히 평안도 방언에서 전설모음화 현상은 거의 존재하지 않는 편이다.

셋째, 문헌어에서 '이시->이스-'와 같은 변화가 발견되는 18세기 후엽의 자료 자체 내에서 전설모음화 현상이 전연 반영된 바 없다는 사실이다.27)

존재사의 교체형에 일어난 '이시->이스-'의 변화가 18세기 말엽 문헌어 자료에서부터 나타나기 시작하였으며, 전설모음화인 '스>시'의 변화가 대략 19세기에서부터 출현하여 확산되었다는 점에서 이 두 변화는 시기상으로 어느 정도 중복을 보인다. 그렇지만, 두 가지 성격이 다른 유형의 변화에 어떤 연관성을 부여하려면, 먼저 전설모음화 현상이 18세기 후반에서부터 문헌에 적극적으로 반영된 모습을 찾아야 된다. 원칙적으로 과도교정의 시작은 적극적이고 생산적인 "아래로부터 형성된"(from below) 음운변화의 현상 가운데, 그 반작

---

26) 19세기 후기 평안도 방언을 반영하는 Ross의 *Corean Primer*(1877)과 그 개정본 *Korean Speech* (1882)에서 이 용언은 전설모음화와 무관한 '이스-'와 '이서'형으로 사용되고 있다.

   (1) 네 닉 자편에 이스시(Primer, p.53)
      죠곰 이스면 구만 두갓슴(p.67)
      동남에 큰 델이 이서(p.34)
      마부 이서 칫딕 들고 왓습데(p.16)
      이 비단에 좀이 이서 샹흐얏다(p.60)

   (2) 니 션셩이 이스면 더리고 가거라(Speech, p.19)
      이거시 맛 이스니 잡소와 보시오.(isuni, p.12)
      죠션은 총 이스면 다 포슈노룻한다(p.25)
      음식이 맛시 이서 잘 먹엇소(p.12)

따라서 Ross가 작성한 위의 한국어 회화책에서 과거시제 형태는 역시 '아스-/앗-'와 같은 교체로 나타나게 되었다.

   (3) 쇼고기가 셜러스니 다시 삼기스니(Primer, p.13)
      담이 물어져스니(Speech, p.35)
      쇠사슬노 결박흐여스니(p.67)
      cf. 손님 두분이 오셔시니 샹 노아라(Speech, p.5)
      다 먹어사니 방 스라라(p.7)

27) 백두현(1997)은 최근 母音 중심의 "19세기 후기 국어의 音韻史的 고찰"에서 '스>시'의 변화가 가장 먼저 나타나는 문헌은 중부방언 중심의 필사본 『수쇼졀』(士小節, 1870)이기 때문에, 이 변화는 1870년대에 발생한 것으로 보았다. 구실 옥(玉, 19ㄱ). 그러나 어느 개신형이 일정한 시기의 문헌 자료에 등장한다고 해서, 바로 그 출현 시기를 해당되는 변화의 발생 단계로 설정하는 역사적 자료 해석의 방식에는 약간의 무리가 있다.

용으로 사회적 "규범" 인식 때문에 이러한 변화에 대하여 민감하게 반응하는
언중들의 "위로부터"(from above)의 압력에서 비롯된 과도한 교정으로 일어나게
된다(Labov 1972). 따라서 18세기 후엽의 단계에 언중들의 과도한 반응을 획득
할 만큼의 전설모음화는 적어도 문헌어에서 너무 미미했거나, 아니면 아직 형
성되지 않았다고 이해하는 것이 옳다.28)

3.3.2 위와 같은 상황에서, 중간본『여사서언해』에 등장하는 존재사의 활용
형태와, 문법화에 참여한 과거형들이 그 발달 과정에서 어떠한 위상을 차지하
고 있는가를 검토하기로 한다. 이 자료에서 존재사의 활용 가운데 18세기 말
엽까지의 문헌어에서 '이시-'로 소급되는 교체형은 한결같이 '잇시-'로만 출현
하였다. 그 반면에, 중간본의 '잇시-'에 대응되는 초간본『여사서언해』(1736)의
예들은 역시 예외 없이 전형적인 18세기 초엽의 단계에 나타나는 '이시-'형으
로 대표된다. 시대적으로 차이나는 두 간행본에 등장하는 존재사의 활용형들
을 서로 대조하여 예를 일부 보이면 다음과 같다.

(15) ㄱ. 남녀 잇시니…차례 잇실지니(중3. 19ㄴ)
　　　　cf. 男女ㅣ 이실시… 츠례 이시나(초2. 25ㄱ)
　　　손과 쥬인이 잇시니(중3. 24ㄱ)

---

28) 18세기 말엽 경기도 楊洲에 있는 佛巖寺에서 간행된『경신록언석』(1796)에 '이시->이스-'(有)
의 과정을 거친 개신형들이 보수형 '이시-'와 대등한 분포로 출현하고 있다(남광우 1980을
참조).
　아니 홀 재 이스랴(84ㄴ), 기드려 되는 일도 이스나(84ㄴ), 최의 이스매(84ㄱ), 빗즐 져 이스
　며(84ㄱ), 벽 하던이 이스니(48ㄴ), 일이 이스리니(7ㄱ), 이슬지라도(7ㄱ), 착혼 거시 이스면(7
　ㄱ), 죄칙이 이스면(6ㄴ) 등등.
　그러나 과거시제의 선어말어미에서는 이러한 변화가 전연 확산되지 않았다. 따라서 '이시-
　>이스-'와 같은 변화가 일단 먼저 확립된 연후에 점차적으로 과거형에까지 확대되어 갔을
　것으로 보인다.
　여러 히 너희등 정결훈믈 보아시나(50ㄱ)
　촉짜 주동의 신명이 이셔 문창직을 맛다시나(46ㄱ)
　이제 비록 양쉬 진하여시나(43ㄴ)
　위와 같은 사실에도 불구하고,『경신록언석』(1796)에서 '스>시'와 같은 전설모음화 현상을
　수용한 예는 발견되지 않는다.

cf. 賓과 主ㅣ 이실식(초2. 32ㄱ)

져는 잇시되 슈짜락이 업고 소금은 잇시되 초 업셔 (중3. 24ㄴ)

cf. 져 이시면 술이 업스며 소곰이 이시면 최 업고(초2. 33ㄴ)

무슨 의 잇시며…무슨 은혜 잇시리오(중1. 10ㄱ)

cf. 므슴 의리 이시며 므슴 은혜 이시리오(초1. 10ㄴ)

ㄴ. 셰 동싱이 잇셔(중4. 13ㄴ)

cf. 세 아이 이셔(초4. 16ㄴ)

남즈의 잇셔는(중4. 2ㄴ)

cf. 男애 이셔는(초4. 3ㄱ)

션홈이 잇셔도…미워ㅎ는 이 잇셔도(중1. 5ㄱ)

cf. 어딜미 이셔도…사오나오미 이셔도(초1. 3ㄱ)

위의 예들만 피상적으로 관찰하면, 18세기 초엽의 '이시-, 이셔'와 같은 활용형이 19세기 후기 전라방언을 반영하는 중간본에서 어간에 전부 'ㅅ'이 첨가된 형태로 변화하였음을 알 수 있다. 변화된 '잇-'형은 오래 전부터 자음어미 앞에서 출현하였던 또 다른 이형태 '잇-'으로의 부분 합류된 결과를 나타내는 것으로 생각된다. 그러나 유추에 의해 단일화된 '잇-' 어간은 모음어미 앞에서 독립된 어간의 힘을 발휘하지 못하고, 그 활용어미는 변화 이전의 '시-'를 여전히 취하고 있는 점이 특이하다.

중간본 『여사서언해』에 보이는 이러한 현상은 과거시제 형태에서도 동일하게 나타나지만, 때로는 초간본의 예들과 동일하게 어간에 'ㅅ'이 첨가되지 않은 용례도 섞여 있다. 초간본에서 추출된 과거시제 형태들과 비교해 보면, 중간본에서 3회 출현하는 (16)ㄱ의 '앗/엇시-'형과, 단지 1회 출현하는 16(ㄴ)의 '아/어시-'형은 이 자료가 반영하고 있는 언어 현상 속에서 일종의 變異의 과정을 보이는 것 같다. 즉, 어간에 'ㅅ'이 첨가되지 않은 '아/어시-'는 개신형 (16)ㄱ과 대립되는 전통적인 보수형일 가능성이 있다. 그리고 개신형의 출현 빈도수가 더 높다는 사실은 존재사 현재형의 활용에서 완전히 이루어진 변화의 파장이 뒤이어 과거형에도 대부분 도달하고 있는 단계를 나타낸다.

(16) ㄱ. 교만훈 되 싱쟝ㅎ야 간난ㅎ고 쳔훈 되 왓시니(중4. 48ㄴ)
　　　 첩이 죽은 형의 부탁을 밧어시니(중4. 32ㄱ)
　　　 모친을 봉양ㅎ고 시집가지 아니 ㅎ얏시니(중4. 36ㄱ)
　 ㄴ. 녯글에 굴오디 호호훈 훤물이여 됴됴훈 고기로다 ㅎ야시니(중4. 43ㄱ)
　　 cf. 男女ㅣ 어려실 째는 안히 居處ㅎ는 고로(초2. 24ㄴ)
　　　 내 실로 스랑ㅎ여시니(초4. 10ㄴ)
　　　 妾이 감히 取ㅎ여시니(초4. 11ㄱ)

　그렇다면, 위에서 제시된 중간본『여사서언해』의 예들이 19세기 후기 전라방언에서 사용되었던 당시의 존재사 활용형들과 어느 정도 부합하고 있는가를 검토해 볼 필요가 있다. 그러나 (15), (16)과 같은 변화를 보이는 존재사 및 과거시제 형태의 활용형들이 19세기 후기 전라방언을 반영하는 다른 유형의 자료에서도 출현하기는 하였으나, 동일한 자료에 출현하는 여타의 다른 변화형들에 비추어 출현 빈도수에 상당한 차이를 나타내고 있다.

　예를 들면, 완판본 36장본『홍길동전』에서 존재사 현재형은 대부분 '잇스-'와 '잇셔'로 사용되었고, 중간본『여사서언해』에서의 '잇시-'형은 여기서 단지 3회 출현에 국한되었다.[29] 산중의 잇시니(16ㄴ), 무슴 훈이 잇실이요(29ㄱ), 근수훈 쇼히 잇시나(34ㄱ). 그 반면, 이 완판본 자료에서 과거시제는 전체 출현 빈도수가 크게 줄어들었지만, 네 가지 종류의 이형태로 출현하였으며, 그 빈도수는 다음과 같다. 즉, (1) '앗/엇시-'형은 9회, (2) '아/어시-'형은 10회, (3) '앗/엇스-'형은 3회, (4) '아/어스-'형은 1회. 이와 같은 현상이 당시의 이 지역방언에서 보이는 추이의 방향성과 일정한 경향을 포괄적으로 파악하기 위해서 조금 더 예를 확대할 필요가 있다.

---

29) 부사형 '잇셔'의 경우는 존재사 현재형의 출현 빈도수를 측정하는 데 약간의 문제를 야기하게 된다. 즉, 원칙적으로 이것의 기본형은 '잇시-'이어야 한다. 18세기 후엽 이전까지 이 존재사의 부사형은 '이셔'로서 isi-+ə→isyə와 같은 활음화로 형성되었기 때문이다. 그러나 19세기 후기 전라방언의 자료에서 치찰음 뒤에서 이중모음과 단모음의 구분은 극도로 혼란되어 나타난다. 그 결과 상대적으로 높은 출현 빈도수를 보이는 '잇스-'의 존재에도 불구하고, 이것의 부사형 '잇셔'는 모든 방언 자료에서 표기상 전연 발견되지 않는다. 그렇기 때문에 필자는 존재사의 현재형의 유형을 확인하는 과정에서 부사형 '잇셔'는 제외하려고 한다.

또 다른 완판본 고소설로 춘향전 계열의 84장본『열여춘향슈절가』에 사용된 예들의 빈도수를 검토하기로 한다. 이 자료에서 존재사 현재형으로 (1) '잇스-'형은 11회, (2) '잇시-'형은 5회 출현하였다. 그 대신, 과거형의 이형태들은『홍길동전』에서와 동일하게 네 가지로 분류되며, 이들은 (1) '앗/엇시-'형은 6회, (2) '아/어시-'형은 5회, 그리고 (3) '앗/엇스-'형은 24회, (4) '아/어스-'형은 21회의 빈도수를 보인다. 완판본 고소설 두 종류의 자료에 반영된 이와 같은 출현 빈도수를 고려할 때, 우선 존재사의 현재형에서 '잇스-' 계열이 '잇시-' 계열보다 상대적으로 더 높은 출현 빈도를 나타내고 있다. 그러나 과거형에서는 두 자료에서 '아/앗시-' 계열과 '아/앗스-' 계열의 빈도수 비율이 서로 일치하지 않고 있음을 알 수 있다.

3.3.3 존재사 형태가 변화하는 방향과 관련하여, 중간본『여사서언해』에 예외 없이 나타나는 '잇시-'에 대하여 다음과 같은 두 가지의 관점에서 논의될 수 있다. 하나는 중간본『여사서언해』를 포함한 19세기 후기 전라방언 자료에서 광범위하게 생산적인 작용을 보여주는 전설모음화 현상(최전승 1986)이 여기에 관여했다고 파악하는 방안이다. 다른 한 가지는 이 형태는 전설모음화와는 무관하며, 18세기 말엽 이전의 '이시-'형의 일련의 발달 과정을 초래한 최초의 출발인 '이시->잇시-'와 같은 형태론적 변화로 보려는 관점이다.

먼저 위의 (15)와 (16)에서 제시된 예들과, 통상적인 19세기 후기 전라방언을 반영하는 고소설 자료에서 등장하고 있는 '잇시-'와 과거형 '아/앗시-'형이 이미 완성된 '잇스-'와 '아/앗스-'에 전설모음화가 적용된 형태일 가능성을 검토하기로 한다. 중간본『여사서언해』에 나타나는 전설모음화 현상 가운데 특히 '스>시'의 변화를 수용한 생산적인 예들은 다음과 같다.[30]

---

30) 중간본『여사서언해』에서 전설모음화 '스>시'가 필수적인 변화로 모든 환경에서 수행된 것은 아니었다. 이러한 변화에 적용되지 않는 예들도 등장하였다.
  (1) 심 쓰라(중1. 3ㄴ), 심 쓰지 아니ᄒ랴(중4. 14ㄴ), 가리움을 우스니(중4. 43ㄴ), 쓰슬 어드면(중1. 13ㄱ), 글을 쓰니(중4. 21ㄱ), 젼홈이 업슬싀(중2序 4ㄱ), 달고 승겁고(중3. 10ㄴ), 몬지를 쓰러(중3. 22ㄱ), 벼슬이 졍승이 되야도(중4. 42ㄴ), 일즉 산양 ᄒ다가(중4. 42ㄴ), 나

(17) ㄱ. 목심을 지리 ᄒᆞ야(목슘, 중2. 8ㄴ)

　　　cf. 우슘쩌리(중3. 9ㄱ)

　　　그 씨임이 하나이라(쓰임, 중1. 7ㄱ)

　　　스스로 심 씸에 잇나니(중2. 15ㄴ)

　　　글시를 씨지 못ᄒᆞᄂᆞᆫ지라(쓰-, 중4. 53ㄴ)

　　　말삼을 능히 씨니(중4. 53ㄴ)

　　　부인의 말을 씨지 아니 ᄒᆞ야(4. 44ㄴ)

　　　다시리ᄂᆞᆫ 도(중2序. 5ㄴ)

　　　셩졍을 다시리며 심슐을 다시려(중2. 7ㄴ)

　　　집 다시림이(다스림, 중4. 33ㄱ)

　　　씨러져(쓰러지-, 중2. 20ㄱ)

　　　무름씨고.. 무름씨지(무릅스-, 중1. 2ㄴ)

　　　구실과 옥(구슬, 중2. 34ㄱ)

　　　은 사심(銀鹿, 중4. 31ㄱ)

　　　실겁고 아름다워(슬겁-, 중3.序 2ㄱ)

　　　칙베를 시러 아니 홈은(츩뵈, 중2. 20ㄴ)

　　　씨레바지와 비를(쓰레바지, 중1. 2ㄴ)

　　　씨레바지를(중3. 22ㄱ)

　　ㄴ. 글이 업시니(없으-, 중1. 13ㄱ)

　　　쓴이 업심을(중1. 13ㄱ)

　　　즁흠이 업시니(중2. 22ㄴ)

　　　끈침이 업실지라(중2. 57ㄱ)

　　　뉘 과실이 업시리오(중2. 29ㄴ)

　　　법 밧을 바 업신 즉(중2. 41ㄴ)

　　　아니 홈이 업시나(중2. 49ㄴ)

　첫 번째 해석에 따르면, 위의 예에서 (17)ㄴ의 '업시니, 업심' 등이 전설모음 화를 수용한 것과 동일하게 중간본『여사서언해』에 전면적으로 등장하는 '잇

무 소스면(중2. 51ㄴ), 슬푸다(중2. 18ㄱ), 슬허 ᄒᆞ야(중4. 12ㄱ), 약지여 쓰니(중4. 13ㄱ), 스승 가라침(중2. 33ㄴ), 스승을 놉피고(중4. 2ㄴ)

(2) 슐병을 싯고 퇴ᄌᆞ를 쓰셔(抹橐子, 중3. 24ㄱ)

그리고 이러한 전설모음화를 의식한 과도교정의 예도 다음과 같이 발견된다. 시모의 부럼 벌에를 쑵고 팔과 손가락 피를 녀여(중4. 12ㄴ), cf. 귀덕이 낫거늘 씹어 먹고(초4. 15ㄴ)

시-' 부류들이 '잇스-'의 단계에서 이 변화에 적용된 것으로 파악하게 된다.[31] 이러한 해석이 타당성을 획득하려면, 위의 (15)와 (16)의 예들에서 확인할 수 있는 바와 같이, 18세기 초엽의 초간본『여사서언해』에 등장하는 존재사 '이시-' 부류와 그 과거형 '아/어시-'형들이 19세기 후기 전라방언의 단계에서 전부 '잇스-'와 '앗/엇스-'로 어간의 재구조화가 일단 완성되었음을 전제로 해야 한다. 그러나 이와 같은 기본 전제는 다음의 두 가지 사실에 비추어 성립되기 어렵다.

첫째, 이 형태에 적용되는 일련의 변화, 즉 '이시->이스->잇스->잇시-'와 같은 발달 과정에서 어간의 둘째 음절의 모음에 실현된 '시>스>시'의 변화가 잉여적인 성격이 강하다. 따라서 이 과정은 오히려 '이시->잇시->잇스-'와 같은 점진적인 대치를 거친 것으로 해석된다.

둘째, 전설모음화가 극도로 억제된 19세기 중엽 이후의 자료에서 여전히 '이시-' 유형이 주류를 형성하고 있다는 사실이다. 예를 들면, 방각본 고소설 가운데 최초의 간행본으로 추정되는『三說記』(1848)에 수록된 단편들(김동욱 1983)에는 대부분 현재형 '이시-'와 과거형 '아/어시-' 와 같은 보수형들이 사용되었다.[32] 그 반면에, 경판본 가운데 비교적 이른 시기에 간행되었다고 추정되는 24장본『홍길동전』에 사용된 존재사의 활용형들은 다음과 같은 출현 빈도수를 나타낸다. (1) 현재형 '이시-'는 16회, '이스-'는 1회, '잇스-'는 2회, (2) 부사형 '잇셔'는 3회, '이셔'는 5회, (3) 과거형 '아/어시-'는 20회, '아/어스-'는

---

31) 영인된 중간본『여사서언해』를 해제하는 자리에서 이근용(1996)은 이 자료에 나타난 국어학적 특징을 몇 가지 제시하면서, '으' 모음으로 표기되어야 할 것으로 생각되는 많은 경우에 '이'로 나타나는 예로 '잇시-' 부류를 포함하였다.

또한, 20세기 초엽 경상도 방언을 생산적으로 반영하고 있는『嶺南三綱錄』(1939)에 대한 음운론적 고찰을 시도한 백두현(1988: 112-113)은 형태소 경계에서 실현된 '스>시'의 예들로 '업시-'(없-) 등과 더불어 '잇스-'와 부단한 교체를 보이는 '잇시-', 그리고 과거형 '아/엇시-'와 '아/어시-'부류들을 열거하였다. 또한, 백두현(1992: 260)에서 제시된 일부의 예들을 참조.

32) 이『삼셜긔』가운데 "노쳐녀가"에서 전설모음화는 전연 반영되지 않았으나, 현재형 '이시-'와 과거형 '아/어시-' 부류가 모든 상황에서 사용되었다. 그리고『삼셜긔』권지삼, "황신걸송" 부분에서 과거형으로 유일하게 다음과 같은 '앗스-'형이 하나 확인된다. 그러치 아니ᄒ 면 네 엇지 왓스리오(7ㄱ).

3회, 그리고 '앗/엇스-'는 2회. 이러한 변이형 가운데 현재형 '잇스-'와 '이스-'
및 과거형 '아/어스-', '앗/엇스-'형은 비교적 후대에 첨가된 補刻 부분에 집중
되어 있다. 앞에서 제시된 완판본 『홍길동전』에서의 사실과 대조하면, 24장본
경판본이 훨씬 더 앞선 단계의 언어 상황을 대변하는 것 같다. 즉, 변화의 방
향은 '이시->잇시->잇스-'로 추정된다.

　이러한 변화의 경향은 완판본 고소설 84장본 『열여춘향슈절가』와, 신재효
의 판소리 사설 『춘향가』(남창, 강한영 1971)과의 대조에서도 확인될 수 있다. 84
장본 『열여춘향슈절가』에서는 위에서 제시한 바와 같이, 존재사의 현재형으
로 '잇시-'와 '잇스-'형이 비슷한 분포를 보여주지만, 과거형에서 '앗/엇스-' 및
어간에 'ㅅ'이 첨가되지 않은 '아/어스-'형이 더 많이 출현하였다. 이러한 사실
은 이 고소설 자료에서 이 형태는 '이시->잇시-'의 과정을 이미 거치고, 이어
서 '잇시->잇스-'의 단계에 이르고 있음을 나타낸다.

　그러나 19세기 후기 당시의 구어적 성격이 강하게 실현된 『춘향가』(남창)에
서 이 존재사는 다음과 같은 출현 빈도수를 나타낸다. (1) 현재형 '잇시-'는 8
회, '잇스-'는 1회, (2) 과거형 '아/어시-'는 43회, '앗/엇시-'는 12회. 그렇기 때
문에, 이 두 자료의 유형에 반영된 존재사의 활용형만 주목한다면 판소리 사
설 『춘향가』(남창)는 고소설 『열여춘향슈절가』에서보다 이 변화의 진행 과정
이 다소 지연된 모습을 보인다. 이러한 차이는 실재 시간적 발달의 차이를 나
타내는 것일 뿐만 아니라, 동 시대의 범주에서도 口語와 文語에 따른 말의 스
타일의 차이를 반영하고 있었을 개연성이 있다. 즉, 완판본 계열의 고소설 부
류가 19세기 후반 당시의 규범에 훨씬 더 가까운 격식체를 반영하였을 것으
로 생각한다.

　지금까지 논의된 역사적 사실로 미루어 보면, 18세기 후엽 또는 19세기 초
엽의 단계에서 존재사의 일련의 발달 과정을 촉발하는 첫 단계는 '이시-'의
어간에 'ㅅ'이 첨가되는 데에 있었을 것으로 보인다. 이러한 'ㅅ' 첨가는 일찍
이 18세기 초엽의 자료에서부터 드물게 확인되는 사실이다.

(18) ㄱ. 네 집의 壯丁이 잇ᄂ냐 업ᄂ냐. 丁이 <u>잇시되</u> 壯터 아니 ᄒ야(有壯,
　　　오륜전비 언해 6. 18ㄱ)
　　ㄴ. 흔 客이 <u>잇셔</u>(오륜전비언해 6. 31ㄱ)

18세기 초엽의 많은 자료 유형 가운데 어떤 이유로 역관들의 교과서 일종
인『伍倫全備諺解』(1721)에서, 그리고 이 문헌이 구성된 8권 5책 가운데 제 6권
에서만 위의 (18)의 예들이 출현하고 있는가는 필자가 알 수 없다. 그러나 이
러한 경향이 18세기 국어의 구어에서 어느 정도 확대되어 있었을 것은 분명
하다. 따라서 18세기 후엽의『三譯總解』(1773)에서 비록 현재형은 개신형 '잇시
-'와 같은 형태로 출현하지 않았으나, 과거형 어간에까지 'ㅅ' 첨가가 부분적
으로 확대된 예는 이와 같은 맥락에서 이해된다. 힘 쓰는 것 갓가이 되엿시니(삼역
총해 6. 10ㄱ), 항복ᄒᄂ 글 가져 왓시니(동. 6. 11ㄱ).33)

이와 같이 18세기 초엽부터 확인되는 '이시->잇시-'의 변화가 또 다른 이
형태 '잇-'(자음어미 앞에서 출현하는)을 기준으로 이루어진 유추 현상에 기인되
었으며, 그 후의 계속적인 발달 '잇시->잇스-'와 같은 형태론적 조정도 단일
한 어간 형태소로 재구조화된 '있-'의 출발을 알리는 것 같지만, 이 글에서 더
규명할 여유는 없다. 이와 아울러 18세기 말엽의 자료에 출현하는 또 다른 변
화 '이시->이스'는 이 형태의 발달 과정에서 어떤 관련을 맺고 있는가도 앞
으로 밝혀져야 할 것이다.

---

330 이 예들은 최동주(1995: 138, 각주 39)에서 인용한 것이다.

|4| 중간본 『여사서언해』의 방언 어휘적 특질과 19세기 후기 전라방언

4.1 '돍'(石)

중간본 『여사서언해』에 등장하는 특징적인 방언 어휘로 이미 필자가 §2.2 에서 간단하게 언급한 몇몇 항목 이외에, 여기서 빈번하게 사용된 '돍'형(石)을 19세기 후기 전라방언과의 관련성의 측면에서 논의하기로 한다.

(19) ㄱ. 피가 돍의 져져 싯쳐도 가시지 아니 ᄒᆞ야(중4. 21ㄱ)
    cf. 피 돌히 무더 시ᄉᆞ도 업디 아니 ᄒᆞ더라(초4. 26ㄴ)
   ㄴ. 샹말에 굴오디 화열흔 안식과 슌졍흔 말은 사롬이 돍이 아니라 가
     히 궁글리며(중2. 12ㄴ)
    cf. 諺애 갈ᄋᆞ디 闇闇ᄒᆞ고 謇謇ᄒᆞ면 돌쳐로 피히 구을닐 거시 아니
      오(초3. 18ㄱ)
   ㄷ. 돍의 각홈이 오히려 잇도다(중4. 21ㄱ)
   ㄹ. 슬퍼 ᄒᆞ야 돍의 각ᄒᆞ니라(중4. 21ㄱ)

위의 예에서 '돍'(石)은 초간본 『여사서언해』에서는 '돓'으로 사용되었으며, 이것은 중세국어 또는 그 이전의 단계로 소급되는 일련의 'ㅎ' 종성체언의 범주에 속한다. 일찍이 河野六郞(1945/1979: 215)은 '돌'(石)에 대한 1940년대의 공시적 방언형들인 [to:l], [tu:l], [to:ri], [to:k] 등을 바탕으로 이 어휘의 원형을 */tolk/(돍)로 복원하였으며, 중세국어의 단계에 체언말에 'ㅎ'을 수반하여 나타나는 '돓'형은 그 이전의 '돍'에서 변화된 것으로 해석한 바 있다.

그러나 河野六郞(1945/1979)에서는 복원된 '돍'형이 당시의 지역방언에 분포되어 있는 양상이 파악되지 못했다. 이러한 사정은 小倉進平(1944: 218-219)에서

도 동일하였다. 그가 수집한 '돌'(石)의 지역방언형들 가운데 예의 '돍'형은 나타나지 않았으나, 방언형 '돌'의 분포지역 가운데 경북의 대부분 하위방언을 열거하면서 부차적으로 언급한 다음과 같은 사실에서 우리는 1940년대에 사용된 '돍'의 존재를 확인할 수 있다. 즉, 그는 충남, 강원도 및 경북 지역 내의 많은 지방에서 '돌'에 대한 주격형으로 [tor-i] 이외에 [tol-gi]라는 형태가 쓰인다고 지적한 것이다.[34]

小倉進平(1944)의 이러한 언급은 기원적인 '돍'(石)의 형태가 많은 지역방언들에서 1940년대에 적어도 굴절범주의 주격형에서 잔존하여 있었음을 알리는 것으로 생각된다. 오늘날의 공시적 방언 조사에서도 방언형 '돍'의 주격 형태가 충북의 청원과, 경북의 일부 지역에서 사용되고 있는 것으로 보고되었다.[35] 이상의 사실로 미루어 보면, 19세기 후기의 단계에서 방언형 '돍'의 분포는 1940년대나 오늘날 보다 훨씬 더 광범위했을 것으로 추정된다. 따라서 중간본 『여사서언해』에 등장하고 있는 (19)의 '돍' 곡용 형태들이 그 당시에 반드시 전라방언권에만 속한다고 파악할 수 없지만, 전형적인 남부방언의 어휘적 특질 가운데 하나임은 분명하다. 그러나 위의 (19)의 예 이외에도 이 '돍' 형은 역사적으로 주로 전라방언을 반영하고 있는 다른 문헌 자료에도 출현하였는데, 통상적인 19세기 후기 전라방언의 자료가 그 예이다.

(20) 돌기라도 망두셕은 천말연이 지녀가도(수절가, 상. 44ㄱ)
   압푸 초부석이라 흣난 돍긔 잇스니(길동. 11ㄱ)
   길동이 돍문밧긔 나와(길동. 11ㄱ)
   cf. 모진 도그다 부듯치니(수절가, 하. 20ㄴ)

---

34) 충남 홍성군에서 출생한 한용운의 1920년대 시집 『님의 침묵』(1926)에 나타난 표기에서도 방언형 '돍'(石)이 사용되었다. 돍뿌리(4), 돍길(13), 적은 돍도(17). 이렇게 등장하는 시어 '돍' 형은 한용운이 구사하던 당시의 충남 방언형으로 보인다.

35) 충북 청원에서 '돌'(石)은 '돌기, 돌게'와 같은 곡용 형태로 조사되었다(『한국방언자료집』 Ⅲ, 충북편, 한국정신문화원 1987: 147). 또한, 경북에서는 특히 '돍'의 주격형 '돌기' 형태가 영풍, 문경, 안동, 영양, 영덕, 군위와 같은 지역에 분포되어 있다(『한국방언자료집』 Ⅶ, 충북편, 한국정신문화원 1989: 215).

독다리(수절가, 하. 20ㄴ)
상산 돌궁기의셔 쌘진 놈이요(화룡, 64ㄴ)
장독간의 돌 던지기(판, 박. 426)

19세기 후기 전라방언에서도 '돍'이 생산적으로 사용된 것은 아니었다. 그 대신 일반적인 '독' 또는 '돌'형이 주종을 이루고 있다. 또한, 이 시기의 방언 자료에서 '바둑'(碁)에 대한 방언형으로 통상적으로 쓰이는 '바독' 또는 '바돌' 이외에, '돍'(石)과 연관된 '바돍'형이 주목된다.[36] 종일토록 바돍을 두다가 나오니 (구운몽, 하. 6ㄱ), cf. 바돌판(춘. 동. 124), 수호의 뒤던 바돌(판, 퇴. 272), 수호의 뒤던 바독 (완판. 퇴별가 8ㄱ), 바독이나 두자 ㅎ고(구운몽, 하. 6ㄱ).

또한, 이 '돍'(石)형은 1863년 전북 익산에서 출생한 林圭가 작성한 『日本語 學 音. 語編』(1912)에서도 매우 다양한 맥락에서 다음과 같이 등장하고 있다. 술 돍을(p.240), 굴쑥은 벽돍로 맹기는 것(p.231), 돍 청계우에(p.232), 쥬추돍이(p.231), 돍몽이 (p.227), 죄약돍을(p.207).

4.2 '어덕'(原, 崖)

표준어 '언덕'(原)에 대한 방언형 '어덕'형이 중간본 『여사서언해』에서 아래 와 같이 사용되었다. 이 자료에 또한 통상적인 '언덕'형도 같이 등장하였으나, '어덕'은 중간본 2권(內訓)에만, 그리고 '언덕'은 마지막 4권(女範)에만 출현하는 상호 배타적 분포를 보였다.

(21) 밍렬훈 불이 어덕을 불스름 갓다 ㅎ고(중2. 12ㄴ)
       cf. 모딘 블이 두던에 븓틈이라 ㅎ고(烈火燎原, 초3. 18ㄴ)
       션을 싸 어덕을 일위미(중2. 26ㄴ)

---

36) 19세기 후기 경상도 방언의 특질을 부분적으로 보이는 『국한회어』의 항목에서도 '바돍'(碁) 형이 등장하였다. 바돍 두다, 바돍 긔, 바돍낫(p.41).

cf. 집푼 언덕의 던져(중4. 18ㄴ), 언덕 갓튼 듸(중4. 20ㄴ), 언덕 우의
(중4. 21ㄱ)

위와 같은 '어덕'형은 '언덕'에서 변화된 형태로 보이지만, 그 원리는 쉽게 파악되지 않는다. 그러나 '언덕>어덕'의 과정의 출발은 일찍이 17세기 초엽 단계에서 부분적으로 지역방언적 특질을 보여주는 『東國新續三綱行實圖』(1617) 으로 소급된다. 시아븨 어덕아래 뻐러뎌(열여 6: 52ㄴ).37) 『한국방언자료집』(한국정신 문화연구원 간행)을 참고하면, 오늘날의 공시적 지역방언에서 '어덕'형의 분포는 주로 전남과 전북에 집중되어 있다. 또한 이 방언형은 김영랑의 1930년대 일 련의 서정시 가운데에서도 시어로 선정되어 사용되기도 하였다. 어덕에 바로 누 어...이 몸이 서러운 줄 어덕이야 아시련만(『永郞詩集』1935. 11).

그 반면, 경상도 방언권에서 경북방언에서는 '어덕'형은 전연 나타나지 않 으며, 경남지역 가운데 유일하게 "합천"과 "밀양" 두 지역에서만 이 방언형이 보고되어 있다(『한국방언자료집』Ⅷ 경남 편, p.194). 그렇지만, 20세기 초엽의 경남 고성방언 자료인 『歷代 千字文』(1911)에서도 이 방언형이 등장하고 있는 사실 을 보면, 오늘날의 경상도 방언권에서 그 사용 영역이 어느 정도 축소되었던 것으로 판단된다. 어덕 고(皐, 3ㄴ, 홍윤표 1985: 602)

이와 같이 중간본 『여사서언해』에 등장하는 방언형 '어덕'형은 통상적인 19 세기 후기 전라방언 자료에서는 다른 이형태들의 출현 없이 오직 유일한 형 태로 아래와 같이 생산적으로 사용되고 있었다.

(22) 어덕의 뒤이고(대성. 17ㄴ; 충열, 상. 18ㄴ)
어덕을 의지ᄒ여(대성. 23ㄱ)
어덕으 올나(삼국지 3. 12ㄴ)

---

37) 이 17세기 국어 자료에 등장하는 '어덕'(崖)의 표기는 원본을 직접 확인하지 않고 영인본만 을 이용할 때 파생되는 약간 애매한 측면이 있어서 조심스럽다. 즉, 원래 '언덕'의 표기에서 '언'의 'ㄴ'이 탈각된 것으로 파악될 수도 있기 때문이다. 따라서 홍윤표 외 『17세기 국어사 전』(1995: 1924)에서 이 예는 '언덕'의 항목에 포함되어 있다. 그 반면, 이숭녕(1978: 55)은 『東國新續三綱行實圖』의 음운사적 고찰에서 예의 '어덕'형을 관찰의 대상으로 삼은 바 있다.

어덕이 머러쓰니(삼국지 4. 24ㄱ)
노푼 어덕의 셧거날(초한, 하. 28ㄱ)
어덕으 오른니(초한, 하. 38ㄱ)
어덕 우의(초한, 하. 38ㄴ)
질 가에 잇는 어덕(판, 변. 600)
문어진 어덕이 홀노 셧고(필사, 구운, 하. 259ㄱ)
어덕 깁게 파이엿다(판, 변. 536)

여기에 19세기 후기 완주방언을 반영하고 있는 필사본 『봉계집』에 등장하는 '어덕'도 포함된다. 어덕의 안지며(봉계집 6ㄴ).

4.3 '뉘에', '뉘예'(蠶)

중간본 『여사서언해』에 등장하는 19세기 후기 전라방언의 또 다른 방언 어휘로 '뉘에'(蠶) 또는 '뉘예'를 열거할 수 있다. 물론 이 방언형은 같은 자료에서 통상적인 '누에'와 변이를 보이는데, 그 변화의 방향은 '누에>뉘에'일 것 같다. 그러나 이 형태는 중간본 『여사서언해』에서만 아니라, 19세기 후반의 역사적 단계에서 다음과 같이 다른 유형의 방언 자료에서도 출현하고 있다.

(23) ㄱ. 뉘에 기름을(중2. 46ㄱ)
　　　뉘예를 보살피며(중3. 6ㄱ)
　　　뉘예 쏭이 졋거든(3. 6ㄱ)
　　　뉘에 기름을(중2. 46ㄱ)
　　　뉘예를 길너(중4. 48ㄱ)
　　　cf. 누에 길으고(중2. 18ㄱ)
　　　　　누에를 쳐(중2. 17ㄴ)
　　ㄴ. 뉘에 치은 법을 낫낫치 비여(필사본 잠상집요 p.2)
　　　뉘에은 아지 못ᄒ야(3)

> 뉘에 죵자을 구ᄒᆞ야 뉘에 치은 션싱을 쳥ᄒᆞ여(5)
> 뉘에 먹니면(6)
> 봄 뉘에 친 후에(35)
> ㄷ. 뉘예 치는 일(독립신문 1권 56호)
> 죠션에 뉘예가 쳥국이나 일본보다 더 잘 되고(1권 56호)
> 죠션 뉘예씨와 쳥국 뉘예씨를(1권 56호)
> 뉘예와 벌과 숑츙이와(2권 84호)

(23)ㄴ의 '뉘에'는 필사본『蠶桑輯要』(1886)에서 변화를 수용하지 않은 '누에'와 한번도 교체되어 사용됨이 없이 집중적으로 수없이 나타난다. 그 반면, 19세기 후반『독립신문』(1896)의 논설 부분에 주로 나타나는 (23)ㄷ의 예들은 '누예'형만 보여 준다. 따라서 이 시기에 '뉘에'와 '뉘예'가 둘 다 방언형으로 사용되었을 것이다. 중간본『여사서언해』는 (23)ㄱ에서와 같이 '뉘에'와 '뉘예' 양형을 구사하였다. 그런가 하면, 신재효의『판소리 사설』에서 이 형태는 '뉘어'와 '누여'로 등장하고 있다. 뉘어 쳐야 뽕 싸지야(판, 박. 356), cf. 누여 쳐야 뽕 ᄯᆞ것나(성두본, 박흥보가 14).

19세기 후기에 출현하였던 '뉘에, 뉘예'형은 小倉進平(1944: 324)의 1940년대 방언 자료집에서 주로 전남과 전북방언을 중심으로 [nui-e], [nui-jə]와 같은 방언형으로 수집되어 있다.[38] 이 자료에서 방언형 '뉘에'의 첫 음절 모음이 단모음 [ü]가 아니라 이중모음 [ui]로 전사되어 있음이 주목된다. 첫 음절의 이중모음 [ui]의 반사체들은 오늘날의『한국방언자료집』전남 편(1991: 99, 한국정신문화연구원)과 전북 편(1987: 73)에서 거의 전 지역에 걸쳐 전설원순고모음 [ü]

---

38) 小倉進平(1944: 324)에 조사된 '뉘에'와 '뉘여'형들의 분포는 다음과 같다.
  [nui-e] : (전남) 강진, 영암, 나주, 장성, 담양
       (전북) 남원, 순창, 전주
  [nui-jə] : (전북) 정읍, 김제, 전주, 진안
  그러나 김병제(1975: 130, "어휘묶음")는 방언형 '뉘에'가 전라도 방언에서 뿐만 아니라, 강원도와 황해도 방언에까지 분포되어 있다고 관찰한 바 있다. 황해도 방언의 경우는 확인할 수 없으나, 강원도 방언에서는『한국방언자료집』(Ⅱ, 강원도 편, 1990: 81)에 의하면 부분적으로 화천([nʷe:ya])과 원성 지역([nüe:])일대에서 이 방언형이 사용되고 있다.

로 단모음화를 수행하여 나타난다([nüe]).

경상도 지역을 대상으로 한 『한국방언자료집』(Ⅷ 1993: 88, 경남 편)에 의하면, 이 방언권에서 첫 음절의 모음에 변화가 일어난 '뉘에'와 같은 형태는 전연 발견되지 않는다. 그 반면, 『경북 편』(Ⅶ, 1989: 95)에는 일부 지역에 '뉘애, 뉘이, 뉘배' 형이 수집되어 있다([n^{w}i](예천), [n^{w}ibe](청송), [n^{w}ibi](월성, 청도). 이 경북 방언 형에서도 '뉘애' 등의 음성표기에 반영된 이중모음 [uy]의 변화 흔적인 [^{w}i]가 주목된다.

(23)ㄱ과 ㄴ의 예에 있는 '뉘에, 뉘예'형이 오늘날 지역방언의 반사체들과 일치하며, 동시에 그 분포 지역도 대체로 동일한 양상을 보인다. 그 반면에, 19세기 후반 서재필이 관여한 『독립신문』에서 추출된 (23)ㄷ의 '뉘예'형들은 지금까지 파악된 분포 지역과 관련하여 매우 특이한 존재들이다. 따라서 (23) ㄷ의 예를 합리적으로 이해하기 위해서 두 가지 방안을 생각해 볼 수 있다. 한 가지 방안은 '뉘예'형이 19세기 후기 국어의 단계에 서울을 포함한 경기도 일대에까지 확산되어 있었다고 해석하는 것이다. 그러나 이것은 '뉘에'(蠶)의 1940년대와 오늘날의 공시적 방언 분포 상황에서 그 타당성을 얻기 어렵다. 다른 하나는 어린 시절 언어 습득기를 전남 보성에서 보낸 서재필에 의해서 19세기 후기의 전형적인 전라 방언형이 『독립신문』의 논설 부분에 반복되어 구사된 것이라는 추정이다.[39]

원래의 '누에'(蠶)로부터 방언형 '뉘에, 뉘예'로 이르는 음운론적 과정은 19 세기 후기 전라방언의 음운론에서도 설명하기 어려운 것이다. 최임식(1994: 180) 은 19세기 후기 남부방언의 음운론을 기술하면서 『蠶桑輯要』(1886)에 나타난 '뉘에'형을 그 당시의 생산적인 움라우트 현상을 수용한 결과로 분류한 바 있 다. 그리하여 그는 이 방언형이 움라우트를 야기하는 동화주의 성격을 오로지

---

[39] 필자는 19세기 후기 전라방언 자료에 생산적으로 출현하는 조건관계 연결어미의 한 유형 '-거드면'형이 이와 비슷한 시기의 『독립신문』에도 지속적으로 쓰이고 있는 사실에 주목한 바 있다(최전승 1995: 574-577). 그리하여 『독립신문』에 나타난 몇 가지 남부 방언적 특질들을 정리하고, 그러한 특질들이 그 자료에 사용된 개연성이 있는 원인을 추정하였다.

i와 y에만 국한시킬 수 없는 단정적인 예가 되는 것으로 보았다. (23)의 '뉘에' 부류를 움라우트로 인정하지 않으려면 조건이 없는 단순한 전설화의 한 가지 유형으로 파악할 수밖에 없다(최명옥 1989).

그러나 '뉘에'의 경우에 한정시키면, 이와 같은 전설화는 이중모음의 단모 음화를 수행한 오늘날의 결과적인 모습일 뿐이다. 앞에서 제시한 바와 같이, '뉘에'의 발음을 시간상으로 소급하면 19세기 전라방언에서와 1940년대 방언 전사에서 첫 음절의 모음이 [uy]로 실현되었다는 점을 주목할 필요가 있다. 19 세기 후기 전라방언에서와 1940년대 남부방언에서 '우'의 움라우트가 대체로 이중모음 [uy]로 실현되었다는 사실(최전승 1986)로 미루어 보면, '누에>뉘에' 의 변화는 그 당시에 일어난 생산적인 움라우트 현상에서 파생된 특이한 사 례에 포함된다.[40)]

|5| 결론과 논의

5.1 이 글에서 필자는 지금까지 두 가지 작업을 수행하였다. 하나는 중간본 『여사서언해』(1907)에 반영된 19세기 후기 전남 고흥방언의 음운론과 형태론 및 어휘들의 특질을 추출하는 것이었다. 다른 하나는 이렇게 분석된 당대 지 역방언의 현상들을 통상적인 19세기 후기 전라방언의 자료(즉, 전주에서 간행된 완판본 고소설 부류와 신재효의 판소리 사설집)와의 대조를 통해서, 그 가치와 의미 를 점검하였다. 이와 같이 상이한 성격을 띠고 있는 방언 자료들에서 나온 언 어 내용에 대한 체계적 대조와 논의는 다음과 같이 필자가 설정한 세 개의 가

---

40) 이와 같은 움라우트 실현 유형으로 이 글의 §3.2에서 언급된 예들 이외에, 19세기 후기 남부
   방언 자료인 『蠶桑輯要』(1886)에 나타나는 '쑤에>쒸에'(蓋)의 예도 포함시킬 수 있다.
   쒸에을 덥고(잠상집요 38), cf. 쑤에(규합총서 27ㄴ).

설에서 시도된 것이다.

(1) 모든 역사적 단계에 출현하는 대부분의 문헌 자료, 특히 방언 자료들은 그 작성된 특수한 목적과, 대상으로 하는 상이한 독자층에 따라 고유한 말의 스타일(speech style)을 갖고 있다. 예를 들면, 당대의 이데올로기에 충실한 교육과 훈화의 목적으로 작성된 불교나 유교 등의 經典을 중심으로 한 한글 언해 부류들이 갖고 있는 말의 스타일과, 한자어를 익히기 위해서 아동 교육의 목적으로 작성된 천자문 부류 등에서 구사된 언어의 내용은 보수성과 격식성의 측면에서 어느 정도 일치할 것이다. 그러나 이들 자료에 구사된 언어 내용의 유형과 중산층 또는 농민층과 같은 서민 계층을 중심 독자로 겨냥한 고소설 부류에 사용된 이야기 중심의 말의 스타일 간에는 상당한 차이가 개입되어 있을 것이다.

(2) 20세기 초엽에 간행된 중간본『여사서언해』의 언어적 특질은 전통적인 언해 부류들이 보이는 강력한 보수적 성격에 비추어 한 단계 앞선 19세기 후기 전라방언의 격식체를 반영하고 있다고 가정한다. 그렇다면 중간본『여사서언해』에서 구사된 당시의 격식체와, 또한 19세기 후반기의 산물인 완판본 판소리 고소설 부류 및 신재효의 판소리 사설에서 추출된 비격식체(casual style)에 가까운 방언 특질들과 대조하였을 때 (ㄱ) 서로 공통되는 성분과 (ㄴ) 서로 일치되지 않는 성분들이 드러나게 될 것이다.

(3) 이와 같은 전제를 바탕으로 상호 대조된 두 가지 성격의 방언 자료에서 추출된 위에서의 (ㄱ)은 19세기 후기의 전반적인 전라방언 지역에서 당시 이 방언의 특질이 일상에서부터 격식어에 이르기까지 고착화된 언어 현상(stereotype)을 나타내는 것으로 이해한다. 그 반면에, (2)에서 (ㄴ)은 동일한 방언지역에서 말의 스타일에 따라서 상이하게 실현되는 변이 현상(variations)으로 간주한다. 그러므로 (2)ㄴ에서 현대 공시적 전라방언에서 완전히 고정되어 있는 방언 특질로 소급되는 19세기 후기의 성분들은 당시 언중들이 구사하였던 말의 스타일에 따른 일종의 방언표지(marker)에 해당된다.

5.2 중간본 『여사서언해』와 통상적인 19세기 후기 전라방언 자료에서 대부분의 음운론과 형태론 및 방언 어휘적 특질들은 상호 어느 정도 일치를 보였다. 그러나 필자가 위에서 가정한 바와 같이, 동일한 당시의 특질들이 두 방언 자료에서 실현되는 강도(즉, 음성환경에서의 차이)와 빈도수가 일정하지 않았다. 그러한 상이는 음운론적 과정에서는 주로 적용되는 음운규칙의 환경에서의 상대적 차이로 실현되어 있다. 예를 들면 다음과 같다.

(4) 구개음화 : 중간본 『여사서언해』에서도 매우 생산적인 k-구개음화가 반영되어 있으나, 통상적인 19세기 후기 방언 자료에서와 다음과 같은 차이를 보인다. (ㄱ) 전자는 한자어에서 이 현상은 극도로 억제되어 있는 반면에, 후자의 경우에 고유어와 한자어에 동일한 비율로 적용되었다. (ㄴ) 이 현상이 후자에서는 음절 위치에 출현 제약을 거의 받지 않았으나, 전자에서는 어두음절에 국한되어 나타난다.

(5) 전설모음화(구개모음화) : 통상적인 19세기 후기 전라방언 자료에서 '스, 즈, 츠>시, 지, 치'와 같은 변화는 (ㄱ) 체언과 조사, 용언과 어미가 연결되는 굴절 과정에서도 형태소 내부와 동일한 빈도로 적용되었으며, 다양한 과도교정(hypercorrection)을 보인다. (ㄴ) 역시 중간본 『여사서언해』에서도 이 음운변화에 대한 생산성이 반영되었으나, 형태소 경계에서는 실현 빈도가 감소되어 특히 곡용의 경우에 오직 하나의 적용 예만 관찰된다. 낫 빗칠 바루게 ᄒ고(빛을, 중1. 5ㄴ) ∞ 낫 빗츨 정다히(중1. 13ㄴ), 낫 빗츨 화ᄒ고(중2. 48ㄱ).

(6) 부사형어미 '-아/어'의 모음조화 : 두 가지 유형의 자료에서 용언어간의 모음이 '아'인 경우에 대부분 음성모음화 '-아>-어'가 수행되어 있는 점에서 일치를 보인다. 그러나 중간본 『여사서언해』에서는 용언어간 모음이 '오'인 환경에서 통상적인 19세기 후기 전라방언 자료에서와 달리 엄격하게 억제되어 나타난다.

(7) 체언어간말 설단 자음 'ㄷ, ㅌ'의 마찰음화 : 중세국어의 단계에서 체언어간말 자음 'ㄷ'을 갖고 있던 주로 단음절 형태들 가운데 '곧'(處), '쁟'(義),

'벋'(友) 등은 통상적인 19세기 후기 전라방언 자료에서 구개음화를 거친 'ㅈ'
과, 마찰음화 'ㅈ>ㅅ'의 단계를 보여주는 예들을 적극적으로 변이의 형식을
통해서 반영하였다. 그러나 중간본『여사서언해』에서 이들 체언들은 거의 마
찰음화가 완료된 과정만을 보여 준다. 이와 같은 마찰음화 실현상의 차이는
통상적인 19세기 후기 전라방언 자료에서 보다 중간본『여사서언해』의 언어
내용을 상대적인 격식체로 파악할 때 이해하기 어려운 문제를 야기한다.

(8) 움라우트 현상 : 이 글의 §3.2.1에서도 지적한 바와 같이, 19세기 후기
전라방언 자료에 비하여 중간본『여사서언해』에 나타난 움라우트 현상은 (ㄱ)
주격조사 또는 명사화소 '-이'가 체언에 통합되는 형태소 경계에서 완전히 차
단되어 있다. 이러한 사실은 (ㄱ)과 같은 환경에서 형태소 내부에서와 동일하
게 실현되어 있는 통상적인 19세기 후기 전라방언 자료와 분명한 대조를 이
룬다. (ㄴ) '드듸여>듸듸여'(遂)와 같은 특정한 예만 제외하면, 중간본『여사서
언해』에서 이 동화작용을 규정하는 전통적인 개재자음의 제약을 벗어난 예는
찾을 수 없다. (ㄷ) 음성조건을 갖추고 있는 한자어의 경우에 움라우트 현상은
중간본『여사서언해』에서 수용되지 않았다. (ㄹ) 피동화주 '우'의 움라우트가
한 예에 불과할 정도로 그 빈도가 약하다. 이와 같은 (ㄴ), (ㄷ)과 (ㄹ)의 사실
은 통상적인 19세기 후기 전라방언에서와 움라우트 실현상의 현격한 차이를
보이는 것이다.

(9) 불규칙 존재사 '잇/이시-'(有) 활용의 단일화 : 이 불규칙 존재사의 단일
화 과정에서 중간본『여사서언해』는 모음어미 앞에서 단일한 형태 '잇시-'만
을 보여 준다. 그 반면, 과거시제형은 이 자료에서 어간말 자음 'ㅅ'이 첨가된
형태와, 아직 이것이 첨가되지 않고, 18세기 초엽의 초간본『여사서언해』에서
와 동일한 단계를 나타내는 형태로 양분되어 있었다. 18세기 초엽과 중엽의
자료에서 자음어미 앞에서 출현하는 '잇-'에 부분 합류된 형태들이 등장하기
시작하는 사실과, 전설모음화를 의식한 과도교정 '잇시->잇스->잇시-'와 같
은 변화 과정이 잉여적이라는 관점에서 중간본『여사서언해』의 '잇시-'형은

대체로 '이시->잇시-'의 변화 단계를 반영하는 것으로 해석하였다. 그리고 이와 같은 유추에 의한 단일화 과정의 진행 방향은 기본적인 현재형에서부터 출발하여 과거형의 이차적 구성으로 점진적으로 확산되어 왔을 것으로 보았다.

그러나 통상적인 19세기 후기 전라방언 자료에서 이 존재사의 활용형은 주로 '잇스-'형을 보이는 반면, 또 다른 이형태 '잇시-'형은 그 출현 빈도가 상대적으로 낮았다. 또한 이들 유형의 자료에서도 당시의 구어성이 강한 신재효의 판소리 사설에서 문어적인 성격의 완판본 고소설 부류보다 더 많은 '잇시-'의 출현을 보였다. 이러한 현상은 19세기 후기 전라방언의 단계에서도 격식어에서 일상어로 전이되어 감에 따라서 부분 합류된 '잇시-'의 과정을 거치고, 단일 어간형태소로 완전 합류되어 '잇ㅅ'로 확립되어 가는 방향을 노출시키는 것으로 추정하였다.

5.3 다른 방언지역의 자료에서는 매우 드물게 나타났으나, 통상적인 19세기 후기 방언 자료에 일반적으로 등장하였던 몇 가지 특이한 방언 특징들이 또한 중간본 『여사서언해』에서도 동일한 모습으로 반복되어 확인된다. 이러한 확인은 특이한 방언 특질들이 당시의 지역방언에서 어느 정도 균질적인 분포를 갖고 있었음을 반증하는 것이다. 따라서 종전에 완판본 고소설과 신재효의 판소리 사설집 등에서만 등장하였던 이러한 몇몇 예들을 이해하고 깊게 논의하는 과정에 큰 신뢰성을 부여하게 된다. 두 가지 유형의 자료에 서로 일치되는 이러한 예들을 그 출현 빈도수에 상관 없이 제시하면 다음과 같다.

(10) 용언어간말 자음 'ㅈ'의 마찰음화 : 통상적인 19세기 후기 전라방언 자료에서 '꾸짖-'(責)과 '짖-'(犬)과 같은 두 용언어간말 자음 'ㅈ'이 체언의 '젖'(乳), '이웆'(隣), '낮'(晝) 등의 곡용에서와 동일하게 모음어미 앞에서 'ㅈ>ㅅ'으로의 마찰음화를 나타내었다. 이 중에서 '짖-(犬)>짓-'과 같은 마찰음화는 오늘날의 공시적 방언에서 전국적으로 확대되었으나, '꾸짖->꾸짓-'의 변화

는 아직 구체적으로 확인되지 않는다.

이러한 상황에서 중간본『여사서언해』에서 이 용언의 활용형은 '쑤짓->쑤짓-'의 변화를 거쳐 완전히 '쑤짓-'으로 재구조화가 완료된 형태만을 보여준다. 따라서 이러한 예들은 체언어간말 자음에 국한되었던 마찰음화 과정이 부분적으로 용언의 범주에까지 확대되어 가는 단계를 19세기 후기 전라방언에서 반영하고 있는 것으로 해석하였다.

(11) 움라우트 현상과 '드듸여(遂)>디듸여'의 변화 : 종래에 규범적으로 기술되어 온 움라우트의 규칙에서 그 개재자음과 피동화주의 제약은 일종의 "신성불가침"의 보호를 받은 느낌이 있다. 그러나 19세기 후기 전라방언 자료에 생산적으로 반영된 움라우트 현상 가운데 규범적인 관점에서 이 현상의 범주에 귀속시킬 수 없는 예들이 속출한다. 그러한 예들은 주로 전형적인 개재자음의 높은 제약을 벗어났거나, 아니면 순정의 i 또는 y로 대변되는 동화주의 신분을 이탈한 경우들로 대표된다. 그리하여 규범적인 언어 기술의 관점을 지닌 측에서는 움라우트의 생산성이 갖고 있는 언어 사용의 역동성을 무시하고, 이러한 부류들에 대해서 (ㄱ) 그 존재와 설명을 의식적으로 기피하거나, (ㄴ) 조건이 없는 단순한 전설화의 항목으로 처리하는 경향이 있어 왔다.

그러나 언중들이 실제로 구사하는 언어의 역동성과, 일정한 공시적 文法을 이미 완성된 靜的인 대상이 아니라, 끊임없이 형성되어 가는 미완성의 발생적(emergent)인 대상으로 파악할 때, 움라우트의 형식적인 규칙과 제약에 더 이상 구속될 필요는 없는 것이다. 특히 중간본『여사서언해』에 반복되어 나타나는 '드듸여(遂)>디듸여'의 예들과, 이중모음 '의'로 실현된 수많은 '으'의 움라우트 실현형들은 이와 같은 필자의 인식을 강하게 지원한다.

(12) 19세기 후기 전라방언의 定量的 특질, 방언 어휘 : 지금까지 위에서 중간본『여사서언해』와 통상적인 19세기 후기 전라방언 자료를 비교하여 추출된 몇 가지 음운·형태론적 특질에 대한 결론은 그 대상이 計量的 성격을 띠고 있기 때문에 그 자체 불완전한 대상이다. 19세기 후기 국어의 지역방언에

서도 정도의 차이는 있지만, 중간본『여사서언해』에 등장하고 있는 대부분의 언어 특질들이 관찰되기 때문이다. 일정한 지역방언이 보유하고 있는 분명한 정량적 특질(다른 대단위 방언군에서는 절대적으로 출현하지 않는)을 판단하는데 결정적인 단서가 되는 다양한 문법 형태소들은 통상적인 19세기 후기 전라방언 자료에 비하여 이 자료에서는 다양하게 확인되지 않는 난점이 있다.

그러나 중간본『여사서언해』에서 우리가 완판본 고소설 부류들과 신재효의 판소리 사설집에서 익히 관찰하였던 '돍'(石), '어덕'(崖, 原), '뉘에'(蠶) 등과 같은 방언 어휘들이 집중적으로 쓰이고 있었다. 이들 방언형의 오늘날의 공시적 분포도 역시 전남과 전북에 대부분 치우쳐 있다. 이러한 사실을 고려하면, 중간본『여사서언해』를 중심으로 지금까지 관찰한 언어적 특질들이 19세기 후기 전라방언에 가까웠을 것으로 판단한다.

참고문헌

고광모(1989), "체언 끝의 변화 ㄷ>ㅅ에 대한 새로운 해석", 『언어학』 11호.

곽충구(1980), "18세기 국어의 음운론적 연구", 『국어연구』 43호(서울대 대학원).

_____(1984), "체언어간말 설단자음의 마찰음화에 대하여", 『국어국문학』 제91호.

김경아(1995), "체언어간말 설단자음의 변화", 『관어어문연구』 제20집(서울대).

김광웅(2001), 『제주 지역어의 음운론』, 제주대학교 출판부.

김병제(1965), 『조선어 방언학 개요』(중), 흑룡강조선민족 출판사.

김영배(1997), 『증보 평안방언 연구』, 태학사.

김주원(2000), "국어의 방언 분화와 발달", 『한국문화사상대계』 제1권(영남대 개교 50주년 기념).

남광우(1977), "『女四書』 연구", 이숭녕선생 고희기념 『국어국문학논총』, 탑출판사.

_____(1980), "『경신록 언석』연구", 『국어학 연구』에 수록, 이우출판사.

남기심·고영근(1998), 『표준 국어문법론』, 탑출판사.

박용후(1960), 『제주방언 연구』, 동원사.

방언 연구회(편, 2001), 『방언학 사전』, 태학사.

백두현(1989), "『嶺南三綱錄』의 음운론적 고찰", 『용연어문논집』 제4집.

_____(1992), 『영남 문헌어의 음운사 연구』, 국어학총서 19, 국어학회.

_____(1997), "19세기 국어의 음운사적 고찰", 『한국문화』 20호.

_____(1998), "『國漢會語』의 음 운현상과 경상방언", 『방언학과 국어학』(청암 김 영태교수 회갑기념논총), 태학사.

유창돈(1964), 『이조어 사전』, 연세대학교 출판부.

이기문(1962), "중세국어 특수어간 교체에 대하여", 『진단학보』 23호(진단학회).

_____(1980), "19세기 말엽의 국어에 대하여", 『남광우박사 화갑기념논총』, 일조각.

이근용(1996), "중간본 『여사서 언해』 해제", 영인본 『여사서 언해』, 홍문각.

이병근(1970), "19세기 후기 국어의 모음체계", 『학술원 논문집』(인문·사회), 9.

_____(1976), "19세기 국어의 모음체계와 모음조화", 『국어국문학』 72·73 합집.

_____(1990), "『家禮釋義』의 국어 자료", 『국어학 논문집』(강신항교수 회갑기념),

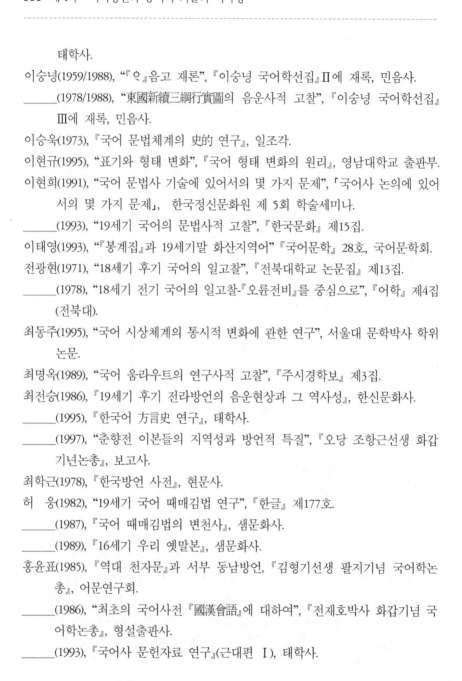

태학사.

이숭녕(1959/1988), "『ᆞ』음고 재론", 『이숭녕 국어학선집』II에 재록, 민음사.

_____(1978/1988), "東國新續三綱行實圖의 음운사적 고찰", 『이숭녕 국어학선집』
III에 재록, 민음사.

이승욱(1973), 『국어 문법체계의 史的 연구』, 일조각.

이현규(1995), "표기와 형태 변화", 『국어 형태 변화의 원리』, 영남대학교 출판부.

이현희(1991), "국어 문법사 기술에 있어서의 몇 가지 문제", 「국어사 논의에 있어
서의 몇 가지 문제」, 한국정신문화원 제5회 학술세미나.

_____(1993), "19세기 국어의 문법사적 고찰", 『한국문화』 제15집.

이태영(1993), "『봉계집』과 19세기말 화산지역어" 『국어문학』 28호, 국어문학회.

전광현(1971), "18세기 후기 국어의 일고찰", 『전북대학교 논문집』 제13집.

_____(1978), "18세기 전기 국어의 일고찰-『오륜전비』를 중심으로", 『어학』 제4집
(전북대).

최동주(1995), "국어 시상체계의 통시적 변화에 관한 연구", 서울대 문학박사 학위
논문.

최명옥(1989), "국어 움라우트의 연구사적 고찰", 『주시경학보』 제3집.

최전승(1986), 『19세기 후기 전라방언의 음운현상과 그 역사성』, 한신문화사.

_____(1995), 『한국어 方言史 연구』, 태학사.

_____(1997), "춘향전 이본들의 지역성과 방언적 특질", 『오당 조항근선생 화갑
기념논총』, 보고사.

최학근(1978), 『한국방언 사전』, 현문사.

허 웅(1982), "19세기 국어 때매김법 연구", 『한글』 제177호.

_____(1987), 『국어 때매김법의 변천사』, 샘문화사.

_____(1989), 『16세기 우리 옛말본』, 샘문화사.

홍윤표(1985), 『역대 천자문』과 서부 동남방언, 『김형기선생 팔지기념 국어학논
총』, 어문연구회.

_____(1986), "최초의 국어사전 『國漢會語』에 대하여", 『전재호박사 화갑기념 국
어학논총』, 형설출판사.

_____(1993), 『국어사 문헌자료 연구』(근대편 I), 태학사.

小倉進平(1944), 『朝鮮方言의 硏究』(上), 岩波書店, 東京.

河野六郎(1945), 『朝鮮方言學 試考』, 京都書籍, 서울.

Bybee, Joan.(2001), *Phonology and Language Use*, Cambridge Univ. Press

Bynon, Theo.(1994), Analogy, *The Encyclopedia of Language and Linguistics*, edited by Asher, R .E. Pergamon Press.

Joseph, B. D, & R. D. Janda.(1988), The How and Why of Diachronic Morphologization and Demorphologization, *Theoretical Morphology* edited by Hammond & Nooan Academic Press.

Labov, W.(1972), *Sociolinguistic Patterns*, Penn Univ. Press.

Langacker, R. W.(1977), Syntactic Reanalysis, *Mechanisms of Syntactic Change* edited by Charles Li, University of Texas Press.

Traugott E. C. & Richard B. Dasher.(2002), *Regularity in Semantic Change*, Cambridge Univ. Press.

제11장

『춘향전』 異本들의 地域性과 방언적 특질

— 김병옥의 『츈향뎐』(1898)을 중심으로 —

|1| 서 론

1.1 본고에서 필자는 19세기 후반 제정 러시아 페테르브르크 대학의 한국어 강사 김병옥이 1898년에 Saint. Petersburg에서 편집하고 간행한 Koreiskie Teksty(한국어 독본)에 실려 있는 고소설『츈향뎐』에 나타난 이 시기의 함북방언의 특질을 비교 방언학의 관점에서 살펴보고, 19세기 후기의 전라방언을 반영한 전형적인 완판본『춘향전』부류들의 언어가 지역성의 차이로 인하여 어떻게 함북방언으로 변모되어 실현되었는가를 파악하려고 한다.[1] 필자가 이러

---

1) 이 글은 1996년도 전북대학교 부설 전라문화연구소 지원 연구비에 의한 것임.

　이『한국어 독본』은 St. Petersburg 대학의 강사였던 김병옥이 그 대학 학생들에게 사용할 한국어 교수용 독본으로 작성된 것으로, 그것의 주 내용은 고소설『춘향전』의 이본이다. 이 책의 1쪽부터 5쪽까지는 '오류힝실이라'하여 일종의 '五倫歌'가 첨부되어 춘향전의 서두를 이루고 있는 점이 다른 판본들과 대조되는 특징이다. 그리고 6쪽부터 '츈향뎐이라'하여 춘향전의 내용이 본격적으로 시작되어 62쪽에서 끝난다. 62쪽의 말미에 '뎌아라사국 황셩 승 피뎍 디됴션국 공관 셔긔싱 김병옥 투필어차, 강싱 일쳔팔빅구십팔년 츈 숨월 이십일 필'와 같은 기록이 첨부되어 있어, 분명한 편집자(필사자)와 정확한 간행 연대 그리고 장소가 나타난다.

　이 문헌 자료는 J. R. P. King 교수가 1874년부터 1904년까지 러시아에서 다양하게 간행된 한국어 방언자료들과 함께 발굴한 것이다. King 교수는 그의 학위논문 *Russian Sources on Korean Dialects*(1991, 한국어 방언에 관한 러시아 자료 연구)에 이것을 자세한 소개와 함께 포함시켰다. 이 논문의 제 4장(pp.276-384)에서 King 교수는 김병옥의『츈향뎐』한글 원문을 음성 전사하여 제시하고 영문으로 번역을 한 다음에 註釋을 달고, 이 고소설에 반영된 함북방언의 특

한 측면에서 김병옥의 『츈향뎐』에 관심을 갖게 된 배경은 다음과 같다.

19세기 후반에서 20세기 초엽에 걸쳐 전주에서 간행된 완판본 계열 30장본 『별츈향전』(完山新刊), 33장본 『열녀츈향슈절가』(丙午孟夏完山開刊), 그리고 84장본 『열여춘향슈절가』(多佳書鋪, 完西溪書鋪) 등은 호남지역에서 발생하였던 판소리 춘향가를 문자로 정착시켜 형성된 판소리계 고소설이다(김동욱 1976: 140; 유탁일 1990: 467). 따라서 이들 고소설의 언어는, 일정한 제약 아래 첨가된 문어체 스타일의 요소들을 제외하면, 그 당시의 호남 토속어로 이루어진 판소리 사설의 영향에서 크게 벗어날 수 없었을 것으로 보인다. 이러한 언어적 특성은 『춘향전』 부류의 고소설에만 국한되어 나타나는 현상이 아니고, 『심청전』이나 『퇴별가』, 『화룡도』등과 같은 다른 판소리 계열을 비롯해서 여타의 다양한 비판소리 양반계열의 작품들에도 확인되는 사실이다. 그렇기 때문에, 이 시기의 완판본 고소설들과, 이와 비슷한 시기에 전북 고창에서 신재효가 개작한 『판소리 사설』 여섯 마당은 19세기 후기 전라방언에 어느 정도 근접한 모습을 사실적으로 나타내고 있다고 판단된다(최전승 1986).

이 가운데 판소리 사설과 관련이 없는 완판본 양반계 고소설 『구운몽』, 『유충열전』, 『됴웅전』, 『홍길동전』 등의 부류들이 판소리 계열의 작품에 못지않게 여러 층위의 19세기 후기 전라방언의 모습을 생산적으로 반영하고 있음이 주목된다. 이들 작품에 방언적 특질들이 드러나게 되는 원인은 해당 작품의 발신자(방각을 위한 원고 작성자)와 호남지역의 수신자(독자 계층)와의 의사전달에 관한 특성을 고려한 데에서 나왔을 것이지만, 무엇보다도 간행지가 전주 지역이라는 "지역성"의 특성에서 찾을 수 있다고 생각한다. 이러한 추정은 일련의 경판본 고소설들의 언어를 이와 짝을 이루는 완판본 고소설 부류의 언어와 어휘, 음운현상 그리고 문법 특질 등에 비추어 비교하여 보면 쉽게 확인된다.

판소리계 경판본 고소설에 반영된 여러 층위의 언어 현상들은 이와 대립되

질들을 1) 음운론, 2) 형태·통사론, 3) 어휘의 측면에서 세밀하게 분석하였다. 필자에게 이 문헌자료의 복사본을 전해 주고, 동시에 필자의 관점에서 이것을 재음미하도록 허락한 King 교수에게 감사를 드린다.

는 완판본 고소설의 방언적 특질의 영향으로부터 완전히 자유로울 수가 없었
지만, 특히 비판소리계 경판본들의 경우는 분명한 언어 표출상의 독자성을 보
여 준다.[2] 따라서 완판본과 경판본 계열의 고소설들에 반영된 언어 특질들에
대한 면밀한 대조의 작업과 그 검증을 거친다면, 경판본 고소설들은 19세기
후반에 해당되는 중부방언의 적절한 자료로 이용될 수 있다. 경판본 고소설
자료들이 동 시대의 전라방언과 대립되는 언어 현상을 나타내고 있다는 사실
역시 그 원인의 일단은 간행지와 관련된 지역성에 근거하는 것이다. 어느 일
정한 단계에 대한 공시적 언어 기술에서 해당 문헌자료에 반영된 언어 특질
과 그것의 간행지와 관련된 지역성과의 상관관계는 방언사와 국어사의 여러
연구에서 잘 알려진 하나의 작업 원리에 속한다(예를 들면, 안병희 1957, 전광현
1970, 최임식 1984 등등).[3]

1.2 그러나 일정한 시대의 단계에서 어느 지역에서 간행된 한글 문헌의 언
어가 어휘와 음운론, 그리고 형태·통사론의 모든 층위에 있어서 해당 지역방
언을 그대로 충실히 반영하는 경우는 드물다. 그렇기 때문에, 해당 문헌 가운
데 반복하여 확인되거나 또는 고립적으로 출현하는 몇 가지 언어 특질들은
다음과 같은 두 가지의 조건을 충족시켜야만 그 방언학적 가치가 인정되는
것이다. 즉, (1) 잘 확립되어 있는 중부방언의 문헌어들의 용례들과 분명한 대
조를 이루고, 동시에 (2) 오늘날의 해당 지역방언에서 고유한 공시적 반사체들
을 확인할 수 있는 경우.

또한, 일정한 지역방언 자료에 우연하게 등장하는 언어 특질들 가운데에서

---

2) 고소설 방각본들은 지역적 간행지와 관련하여 京板과 完板 그리고 安城板으로 분류된다. 이
   가운데 안성판본의 고소설류에 반영된 언어 현상에 대해서 필자는 아직 분명한 해석을 내릴
   수 있는 입장이 되지 못하기 때문에, 우선 경판과 완판본들에서 관찰되는 언어적 특질의 경
   우에만 국한시켜 언급하려고 한다.
3) 특히, 백두현(1992)은 경상도의 각 지역에서 간행된 16세기의 『二倫行實圖』(1518년 金陵 간행)
   에서부터 최근 『嶺南三綱錄』(1939년 大邱 발행)에 이르는 다양한 문헌자료에 나타난 음운현
   상들을 통시적 관점에서 분석하여 영남방언의 音韻史를 확립하려는 시도를 하였다.

도 어휘와 음운론 및 형태·통사론은 동일한 수준으로 반영되지는 않는다. 설령 이러한 언어 층위들이 상당히 균질적으로 출현하였다고 하여도, 이것들은 해당 문헌 자료가 어느 정도 지역방언적 특질을 강하게 또는 특징적으로 노출시키는가 하는 객관적 측정 위계의 관점에서 같은 가치를 지닌 것이 아니다. 방언 자료를 검증할 때, 우리가 생각할 수 있는 방언 특질의 반영상의 위계에서 제일 약한 수준은 음운변화와 음운론적 현상을 포괄하는 計量的 속성을 지닌 분절(segmental) 음운론의 영역이다. 예를 들면, 평안도와 함경도 방언에 한정되는 구개음화의 비실현, 그리고 이와 관련된 체언 어간말 자음의 마찰음화 현상의 거부만 제외한다면, 움라우트 현상이나 부사형어미와 연결되는 용언어간의 모음조화 또는 비음절화, 그리고 자음 앞에서 수행되는 상승 이중모음의 변화의 양상 등등은 남부와 북부지역 방언들에서 광범위한 분포를 나타낸다. 따라서 이러한 음운현상들 자체만을 이용하여 남부나 북부의 어느 지역 방언으로 귀속시킬 수 있는 방언적 속성을 반영하는 특질들로 규정하기가 매우 어렵다.

필자는 다른 글(최전승 1995: 54)에서 일정한 방언 자료가 보이는 해당 지역방언 특질 반영상의 위계를 "문법형태>어휘>음운현상"의 순서로 가정한 바 있다.4) 즉, 그 분포와 확산의 속성상 연속적이며 상대적 빈도수와 관련된 어

---

4) 그러나 필자의 이러한 가정에는 분명한 제약이 따른다. 예를 들면, 17세기 경상방언에서의 t계 구개음화 현상을 생산적으로 보이는 중간본 『杜詩諺解』(大邱 일대에서 간행, 1632)에는 오늘날의 경상방언의 공시적 반사체로 소급될 수 있는 고유한 종결어미 유형들이나, 다른 문법형태 또는 당시의 중부방언과 대립을 형성하는 특별한 어휘 부류 등은 쉽게 확인되지 않는다. 백두현(1989, 1992: 33)에 의하면, 이 자료의 언어적 특질들은 움라우트(형태소 경계도 포함하여), 원순모음화, 이중모음의 변화 등에 관한 17세기 경상도 방언의 음운현상이 중심을 이룬다. 또한, 중간본 『두시언해』와 동 시대에 간행된 『勸念要錄』(崇德二年秋七月初吉日求禮地 華嚴寺開刊, 1637)은 17세기 초엽의 전남방언의 일면을 반영하고 있다(전광현 1970). 그러나 이러한 특질 역시 t계 구개음화를 포함한 몇몇 음운현상과, 17세기 국어의 문헌자료에 특징적인 표기 유형들이 주로 관찰될 뿐이다.

따라서 이들 문헌 자료에 등장하는 17세기 남부의 지역방언들의 음운론적 특질들은 그 자체 중요한 의미를 지니는 것이며, 상대적인 방언 특질의 강도를 측정할 수 있는 성질의 것은 되지 못한다. 그렇기 때문에, 필자의 가정은 적어도 모든 층위의 언어 특질들이 균질적으로 등장하기 시작하는 18세기 이후의 지역방언의 문헌 자료들에만 적용될 수 있다고 생각한다.

느 음운현상이 노출된 예들보다도 해당 지역에 절대적인 있음과 없음의 불연
속적인 質的 대상인 고유한 문법형태의 출현이 그 문헌의 방언적 특징을 더
강하고 분명하게 반영한다고 본다.

이와 같은 관점에서, 제정 러시아 St. Petersburg에서 1898년 김병옥이 간행
한 『츈향뎐』의 언어가 필사자 자신의 출신지인 함북방언의 다양한 특질들을
반영한다고 전제할 때(King 1991: 348-375), 음운현상, 어휘 그리고 형태·통사론
의 층위에서 이것들은 지역방언 특질의 반영상의 위계와 관련하여 어떻게 이
해되어야 할 것인가도 아울러 본고에서 취급하려고 한다.5) 본고의 제2장에서
는 김병옥의 『츈향뎐』에서 드러난 다양한 함북방언의 음운론적 특질들이 갖
고 있는 독자성과 상대성을 19세기 후기 전라방언을 반영하고 있는 완판본
『춘향전』 계열 및 판소리 계열 고소설들의 음운현상들과 대조를 통하여 『춘
향전』이 지역성 때문에 보여 주는 방언적 변신의 모습을 확인하려고 한다. 제
3장에서는 이와 같은 작업을 형태·통사론의 영역에까지 확대하려고 시도할
것이다.

---

5) 김병옥은 『츈향뎐』을 작성한 1년 후에 한국어에 대한 간략한 문법서(Posobie K Izucheniiu
   Koreiskago Lazyka, 1899)를 간행하였다. 이 문법서에서 기술된 언어 내용에서도 김병옥 자신
   의 언어를 반영하는 함경북도 북단의 방언적 특질들이 관찰된다. 김병옥의 『츈향뎐』과 한국
   어 문법서를 상세하게 고찰한 King(1991)은 김병옥은 함북 연안 도시 출신(성진)일 가능성이
   많으며 상당한 학식을 겸비하고 있었고, 제정 러시아에서 활동하기 이전에 이미 다른 방언들
   과의 상당한 접촉을 경험했을 것으로 추론하였다.
   또한, 김병옥은 1904년 露日 전쟁 당시 러시아 軍 당국에서 발행한 두 가지의 한국어 지침서
   가운데 하나인 『한국에 대한 정찰, 로한사전』(Pazvedchiku v Koree, Russko-Korejskij Slivarj)(略語:
   정찰)을 편집하였다. 무엇보다 이 책의 큰 특징은 함경도 북부 지역방언의 악센트를 표시하
   였다는 사실이다. 이 자료를 관찰한 곽충구(1994: 44-45)는 Kazan' 자료의 악센트 표시와 대부
   분 일치하는 악센트 표시와 함께, 1) 함경도 북부 방언의 전형적인 어휘들의 출현과, 2) 격어
   미를 비롯하여 함경도 방언 이외의 성격을 띤 여타의 어휘들로 미루어, 김병옥은 함경도 방
   언과 중부방언을 구사할 수 있는 話者로 판단하였다.

|2| 김병옥(1898)에 반영된 음운론적 특질의 독자성과 상대성

2.1 비어두음절 위치에서 'ᄋ'의 변화의 반사체

함북방언에서 'ᄋ'의 제 1단계의 변화는 '나말'(菜, <ᄂ물) 등의 일부 예외적인 경우를 제외하면 규칙적으로 수행되어 있으며, 특히 이러한 규칙성은 육진방언에서 매우 강하게 나타난다(황대화 1986, 정용호 1988, 곽충구 1994). 그리하여 통상적인 '바람'(風)과 '보배'(寶, <보비)형은 함북 穩城 방언에서 각각 '보름'과 '보비'와 같은 방언형들을 보여 준다(「한글」 1권 9호).[6] 이러한 사실은 또한 Kazan'의 여러 자료에서도 확인되는데, 중세국어의 '사ᄅᆞᆷ'(人)과 'ᄇᆞᄅᆞᆷ'(風)은 규칙적인 'ᄋ>으' 변화를 수용한 [parɨmi](교과서. 2), [parɨm mɛgi](바람막이, 소사전. 36)와 [sarɨmi](교과서.2; 소사전. 23) 등으로 전사되어 있다.[7]

그러나 김병옥의 『츈향뎐』(1898)에서 비어두음절 위치에서 'ᄋ'의 반사체들은 다음과 같이 나타난다.

(1) 오날(今日) : 오날 어사될 줄 뉘가 알니(61. 2), 오날 우리 둘이(16. 3)
   아달(子) : 아비와 아달은(3. 7), 아들긔 웃뜸이오(2. 3)
   하날(天) : 하날이 두렵지 아니 ᄒ오닛가(32. 3), 하날로셔 니려 왓소(53. 6)

---

6) 이 자료는 咸北 行營의 吳世濬씨가 온성 방언을 수집하여 「한글」誌의 <사투리 조사>란(pp.371-376)에 기고한 것이다.

7) 20세기 초엽에 제정 러시아 Kazan'에서 간행된 자료들의 상세한 소개와 분석은 곽충구(1994)를 참조. Kazan' 자료의 원문들과, 러시아 키릴문자에서 로마자로의 전사방식은 대부분 King (간행 예정)을 이용하였다. 이 자료들의 약칭은 최전승(1995: 63)에서 제시된 바를 따른다. 또한, 'ᄇᆞᄅᆞᆷ'(風)과 관련이 있는 '휘파람' 역시 Kazan' 자료에서 [hwɛ-parɨm]으로 출현하였다. hwɛparɨmu purɛ(교과서 69. 89), hwɛ-parɨmʧiɾi hagi(소사전. 102). 이 형태는 완판본 계열의 고소설 자료에서는 '쉬파람'(심청, 하. 8ㄴ)으로 나타나지만, 경판본 『춘향전』(16장본)에는 '슈파름'으로 발견된다. 입으로 슈파름불며(12ㄴ), cf. 슈푸롬 嘯(倭語類解, 상. 43ㄴ).

마암(心) : 구든 마암으로(27. 5), 뎡혼 마암(30. 8), 마암을 둘 디 업서
　　　　　(22. 5)
벼살(官) : 벼살도 못ᄒ고(52. 2), 벼살를 시기리라(41. 6)
　　　　　cf. 아춤 이슬(12. 1), 하눌(1. 1), 바롬(風, 7. 5) ∽ 바람(53. 7),
　　　　　잔치(筵)

　위의 예들은 King(1991: 348)이 지적한 바와 같이 당대의 언어 현실과는 무관
하며, 단지 문자로만 잔존하여 있던 'ᄋ'와 연관된 강력한 보수적 표기 경향에
기인했을 것이 분명하다. 그러나 이러한 표기 유형은 18세기 문헌어에서부터
시작하여 19세기 후기에는 지역방언들과 상관없이 비공식적인 文語 형식으로
광범위하게 사용되었다. 이러한 사정은 20세기에까지 이어지기 때문에 실제
의 言衆들의 발음인 口語에 대한 인식과 규범이 확립되기 전까지, 비어두음절
위치에서 전통적으로 'ᄋ'로 표기되었던 어휘들은 어두음절의 'ᄋ'가 '아'로
완전 합류된 이후에 일률적으로 '아'로 대체시켜 사용된 것으로 생각된다. 그
리하여 위의 (1)의 예들은 19세기 후기의 전라방언 자료(완판본 고소설과 신재효
의 판소리 사설)와, 이와 비슷한 시기의 평안도 방언을 반영하는 Ross의 『예수성
교젼셔』(1887)와 Korean Speech(1882), 그리고 함북방언의 Putsillo(1897) 등에서도 동
일하게 나타나는 현상이다(최전승 1992).[8] 따라서 김병옥의 『츈향뎐』에서 관찰
되는 (1)의 예들은 이 자료의 문어적 성격의 일면을 대표적으로 반영하는 것
이며, 동시에 필사자 김병옥은 당시의 문헌어 표기의 전통적인 방식에 충실하
였음을 의미한다.
　그러나 (1)의 예들과 같은 유형 가운데 일부가 화자들의 구어에서 격식을

---

8) 예를 들면, Putsillo(1874)에서 본문의 (1)과 같은 예들은 다음과 같다.
　ㄱ) 두다리오, 두다린다(두드리-, p.305, 623), ㄴ) 다슷, 다스시, 다삿(다섯, p.527), ㄷ) 말삼이
　(말씀, p.105), ㄹ) 스사로(스스로, p.169), ㅁ) 비느리, 비나리(비늘, p.705) 등등. 이 가운데 '두
　다리오, 두다린다' 같은 형태는 기원적으로 비어두음절 위치에 '으'를 갖고 있었으나, 근대국
　어의 단계에서부터 통상적으로 'ᄋ'로 표기해 왔기 때문에 '아'로 대치된 것 같다. 이러한 유
　형으로 본문의 (1)의 예에서 '벼살'이 해당된다. '벼살'(官)의 표기 역시 19세기 후기 전라방언
　자료에 생산적으로 나타난다. 베살 ∽ 베살(판, 심. 248; 수절가, 하. 13a; 대봉, 상. 1a; 충열,
　상. 27b; 판, 퇴. 269).

차린 말의 스타일에 따라서 철자식 발음의 방식으로 유입되었을 가능성을 필자는 주목하려고 한다.9) 이러한 현상은 六鎭방언의 구어를 정밀 음성전사한 Kazan' 계통의 자료에서도 '마암'(<ᄆᆞᅀᆞᆷ)과 '사알'(<사ᄋᆞᆯ)의 경우에 다음과 같이 나타난다.10)

> (2) a. maamu tuəsyə(마음을, 교과서 29. 38)
>   maame(마음에, 교과서 68. 89)
>   saari pʰagu(사흘을, 교과서 16. 11)
>   b. hanir,-i(하늘, 사전. 61)
>   haniresyə(하늘에서, 교과서 19. 19)
>   adir hanna(아들, 회화 31. 159)
>   adir(표현, p.vi)
>   onur cyənage(오늘, 회화 31. 59)

20세기 초엽 당시에 육진방언의 실제 발음을 전사한 (2)b의 예들은 김병옥(1898)에서 (1)의 어휘들이 표기상의 문제임을 보이지만, (2)a의 [maam](마음)은 (1)에서 '마암'에 해당된다. 그리고 김병옥(1898)에서는 Kazan' 자료의 [saar](사흘)에 대한 '사알'과 같은 용례를 찾을 수 없었으나, 이러한 방언형은 평북과 경남지역에서 확인된다. 사흘→사할, 사할날(김이협 1981: 314), 사흘, 사흗날→사알 : 경남 일대, 사안날: 경남 일대(최학근 1978: 142).

위의 (2)a의 예들을 음미할 때, 19세기 후기와 20세기 초엽에 걸쳐 함북 등

---

9) 김병옥이 편집한『한국에 대한 정찰, 로한사전』(1904)에 사용된 함북방언은 대부분 그 당시의 口語를 토대로 하였지만, 여기에서도 관형사형어미 '-은'(통상적으로 'ᄋᆞ'로 근대국어에서 표기되어 왔다)과 '오늘'형은 각각 '-안'과 '오날'로 사용되었다(김병옥(1904)의 내용은 이것을 검토한 King(1991)을 차용하였으며, 편의상 악센트 표시는 생략한다).
   [tʃim syran sule-yə](짐시란 수레여, King 1991: 392)
   [onal' tøki ha-o](오날 되기 하오, King 1991: 392)

10) 예를 들면,『교과서』29. 38과 같은 원전의 출처 표시는 Azbuka dlja Korejtsev(한국인을 위한 철자 교과서: 略稱, 교과서) 29 쪽에 개재된 제 28과 'kuŋər parime innin mɛgi'(궁궐때문에 있는 초막)에 출현하는 형태를 가리킨다. 다른 Kazan' 자료의 경우에도 출처 표시는 이와 동일하다. 김병옥의『츈향뎐』에서, 예를 들어 <10.8>와 같은 출처는 10 쪽 위에서 여덟 째 줄에 나타난 형태를 말한다.

지의 방언에서 실제로 사용되었을 '마암'과 '사할' 등의 기원을 단순히 전통적
표기의 영향 또는 철자식 발음으로 간주하기에는 어쩐지 미진한 점이 있다고
필자는 생각한다. 그 이유는 (1)과 (2)a의 예들이 통상적인 '사룸(人)>사람'과
'ᄇᄅᆞᆷ(風)>바람' 등의 변화 유형들을 연상시키기 때문이다. 중세와 근대국어
를 통하여 'ᄋᆞ'의 제1단계 변화를 수용하지 않은 '사룸'과 'ᄇᄅᆞᆷ' 등의 부류들
이 선행음절 '아'의 순행동화를 받어 형성되었을 가능성이 많다(이기문 1978).
그러나 'ᄇᄅᆞᆷ'(風)의 경우에는 비어두음절 'ᄋᆞ>아'의 변화가 선행음절에서 아
직 '아'가 형성되지 않은 근대국어의 초기 단계에 출현하고 있다. 마초와 슌혼
ᄇᄅᆞᆷ이 이셔(동국신속. 열여 4: 10).[11] 또한, 근대국어의 단계에서 규칙적인 변화를
수용한 '사름'(동국신속. 효자 7: 1, 중간 杜詩 13. 17ㄴ)형과 비어두음절 위치에서
'ᄋᆞ'를 고수하고 있었던 보수적인 '사룸'형들의 공존으로 미루어 볼 때, 'ᄋᆞ>
으'의 변화 규칙이 적용의 조건을 갖추고 있는 모든 어휘들에 일률적으로 적
용되지 않았을 어휘적 차원을 생각해 볼 수 있다. 따라서 17, 8세기 국어에 빈
번히 등장하는 '사룸'과 같은 표기는 실제로 해당 변화의 확산을 거부고 있거
나, 아직 수용하지 않은 형태로 해석되며, 이것은 결과적으로 어두음절의 위
치에 작용하는 'ᄋᆞ'의 제2단계 변화에 휩쓸리게 되었을 것으로 본다.[12]

---

11) 이 형태는 16세기 중엽의 단계에서도 확인된다. 즉, 1567년 전라도 순창에서 간행된 『蒙山和
尙六道普說』의 국어학적 검토에서 백두현(1991)은 'ᄋᆞ'의 변화와 관련하여 이 문헌에 출현하
는 'ᄇᄅᆞᆷ'형을 주목하였다. ᄇᄅᆞ미 니러나(15ㄱ).

12) 김병욱(1898)에서 'ᄋᆞ'의 제2단계 변화 역시 규칙적인 모습을 보여 준다. 예를 들면, 중세국
어의 '볼셔'(己), 여격조사 '-ᄃᆞ려' 등은 다음과 같이 '발셔', '-다려'로 나타난다.
ㄱ) 네 소문을 발셔 듯고(27. 4), 발셔 암힝어사 분명호 줄 찌닷고(57. 7)
ㄴ) 제 어미다려(54. 4), 농부다려 뭇는 말이(43. 3), 츈향다려(10. 5)
이러한 어형들은 완판본 계열의 『츈향전』과 다른 완판 고소설에서도 동일한 것이다. 춘향
다려(별춘. 8ㄴ), 부인다려(충열, 상. 4ㄱ), 주유다려(화룡. 67ㄴ); 발셰(구운, 하. 14ㄴ; 대셩. 6
ㄴ; 수절가, 상. 35ㄱ). 그러나 경판본 『춘향전』(16장본)에서 여격의 '-ᄃᆞ려' 반사체는 대부분
'-더러'로 일관되어 있으며, '-다려'의 경우는 1회에 한정되어 출현할 뿐이다. 츈향더러 이른
말이(8ㄴ), 도련님더러(5ㄱ), 츈향더러 무르되(4ㄴ), 너더러(3ㄴ), cf. 츈향다려 ᄒᆞ논 말이(11ㄴ).
또한, 복수접미사 '-돌'의 반사체들이 김병욱(1898)에서 '-덜'로 나오는데, 이러한 형태 역시
완판본 『춘향전』에서도 동일하게 출현하였다. 쇼년덜아(1. 8), 사령덜이(59. 1), 하인덜이 녕
을 듯고(59. 4), cf. 즁씰한 노인더리(수절가, 하. 26ㄱ) 등등.

필자의 이러한 추정은 Kazan' 계열의 자료를 포함한 함북방언과 평북방언 등지에서 비어두음절 위치에 이중모음 '-ㅣ'를 보유했던 일부의 어휘들이 규칙적인 '-ㅣ>-의>-ㅣ'와 같은 변화가 아니라, 오히려 제2단계의 변화인 'ㅇ> 아'를 수용한 '-ㅣ>-애'의 발달 과정을 보인다는 사실에서 보강될 수 있다.

   (3) a. čõe(종이, 사전, p.6, 회화 45. 294)
       suur han tõe(동이, 회화 47. 316)
       pɛts^{h}ɛ(배추, 회화 49. 334)
    b. 종에(종이), 동에(동이), 선배(선비), 잔채(잔치), 배체(배추).
      (이상은 전몽수씨가 平北 宣川을 중심으로 수집하여 「한글」 4권 4호
      (p.6-13)에 보고한 내용의 일부임)

또한, 중세국어 'ᄒᆞ-'(爲)의 반사체는 김병옥의 『츈향뎐』에서 언제나 '하-'로 출현하였다. 간혹 'ᄒᆞ-'와 같은 예들도 보이지만 대체로 그 발음은 '하-'였을 것이다.[13] 유구무언 할 일업다(21. 8), 우리를 티죄할 거시니(26. 5), 츈향이 할 슈업서(26. 7), cf. 현신ᄒᆞ라 지촉ᄒᆞ니(26. 7). 그 반면 완판본 『춘향전』과 고소설 부류에서 이 형태가 '하-'와 '허-'의 부단한 변이를 나타내었지만,[14] 경판본 『춘향전』(16장 본)에서는 대부분 '허-'로 등장하는 사실이 특이한 것이다. 츈향이 허릴업셔(11ㄴ), 츈향이 허는 말이(2ㄴ), 이예서 더 헐쇼냐(1ㄴ), 요악헌 년(11ㄴ), 늬기 힐 거시니(13ㄴ).

---

13) Kazan' 자료에서 'ᄒᆞ-'(爲)의 반사체는 김병옥(1898)의 용례들과 같이 '하-'로 반영되어 있다. kamčak ani hagu(깜작 아니하고, 교과서 85. 59), akkaba hagi(아까워 하기, 소사전. 30), koŋbu hara kašə(공부하러 갔어, 소사전. 1)
14) 그리하여 완판본 『열여츈향수졀가』(84장본)에서는 동일한 문장 가운데 '하-'와 '허'형들이 다음과 같이 공존하여 출현하는 모습을 보인다. 너만한 경졀은 나도 잇고 너만헌 수졀은 나도 잇다.(수졀가, 하. 8ㄱ)

2.2 형태소 내부와 어간활용에서 'ㅸ'과 'ㅿ'의 반사체

김병옥(1898)에 나타난 중세국어의 'ㅸ'과 'ㅿ'의 반사체들은 형태소 내부와 어간의 활용에서 육진방언이나 함북방언이 갖고 있는 전형적인 특질(황대화 1986: 55-56)을 보여주지 않는다. 따라서 이러한 반사체들은 β>w와 z>ø의 변화를 수용한 19세기 후기 전라방언(전북 전주중심의)의 특질을 반영하고 있는 완판본 『춘향전』계열에서와 거의 동일한 모습을 보인다(최전승 1986: 107-108).

그러나 김병옥의 『츈향뎐』에서 특이한 점은 용언 '눕-'(臥)의 활용형들이 '늡-'으로 실현되어 있다는 사실이다. 또한, 'ㅿ'의 반사체의 경우에도 중세국어 '낫-'(進)의 활용형이 'ㅅ'을 유일하게 보존하고 있을 뿐이다.

> (4) a. 정신을 일코 느윗더라(60. 6)
> 　　　느윗더니(46. 6)
> 　　　츈향의 느운 방에 와(47. 7)
> 　　　cf. 고은 낫과 어딘 티도(27. 2)
> 　　　빅셩을 도와(42. 4)
> 　　　샹사불견 셔룬 원졍(23. 3)
> 　　　샹사불견 님 그리워(23. 8)
> 　　　님 그려셔 흐른 눈물(23. 6)
> 　　b. 두 거름 나ㅅ 들어(33. 2) ∽ 긱당의 나아 가니(14. 7)
> 　　　cf. 글을 지을식(57. 1)
> 　　　　글 한귀 지어(57. 2)
> 　　　　탄별곡 지어나니(22. 5)
> 　　　글 지혼 거슬 보니(41. 5)
> 　　　술을 부어 들고(56. 7)
> 　　　자하쥬를 부어 들고(15. 1)
> 　　　길흉을 그이지 마옵쇼셔(47. 7)

그 반면, Kazan' 계열의 러시아 자료들에서 중세국어의 'ㅸ'의 반사체들은 형태소 내부에서와 활용형에서 대부분 'ㅂ'으로 대응되어 나타난다. 몇 가지 예를 들면, nibɨby(누이, 교과서 3), kobuŋge(고우니까, 초등 11), kobun(고운, 사전 48), təbuŋge(더우니까, 초등 18), təbun(더운, 사전 120), purbə hanɨn(부러워, 교과서 80.52), yəbɨyda(여위다, 교과서 59. 40), tsugi ak'buni(아까우니, 교과서 79 .51), topki, toba tsugi(도와 주기, 사전 36) 등등. 또한, Kazan' 자료에서 동사 '늡-'(臥)의 어간은 (4)a에서 제시된 예들과 같이 '늡-'으로 실현되었지만, 다음과 같이 규칙적인 활용형을 보여 준다는 점에서 김병옥(1898)의 형태와 대조를 이룬다.15)

(5) nibəšə(누워서, 교과서 14. 5)
　　nibə ikki(누워 있기, 사전. 52)
　　nibə dzanin(누워 자는, 교과서 65.85)
　　pʰari mitʰe nipčagu hadaɣa(눕자고 하다가, 교과서 67. 89)

따라서 (4)a의 활용형들에서 어간의 모음은 육진과 함북방언의 전형적인 '으'를 그대로 유지하였지만, 부사형어미와 연결될 때의 어간말 자음은 변칙을 실현시키는 매우 특이한 모습을 보인다. 그러나 여기서 어간 '늡-'은 중세국어에서 매우 드물게 발견되는 다음과 같은 예를 연상케 한다. 醉ᄒᆞ야 느볼ᄊᆞ 리미니(월석 17. 34ㄴ), cf. 지예도 누보며(석보 24. 20ㄱ). 이러한 사실과 관련하여 20세기 초엽 육진방언을 반영하는 여러 Kazan' 자료에서 중세국어의 '누위'(妹), '누에'(蠶), '어듭-'(暗), '그울-'(轉) 등과 같은 반사체들의 어간모음이 '늡-'(臥)과 동일하게 모두 '으'로 실현되어 있음이 주목된다.16)

---

15) 이러한 '늡-'(臥) 어간이 Putsillo(1874)에서 '누우-'형과 함께 반영되어 있다. 즉, '늡소, 늡는다, 누윗소'(p.279). 동시에, 김태균(1986: 140)에서도 육진과 함북의 대부분의 지역에서 이와 동일한 '늡다, 느버라' 활용형들이 수집되어 있다.

16) 이들 형태 가운데, 육진방언 '어듭-'형은 중세국어에서 이미 '어듭-'과 '어둡-' 또는 '어드워'와 '어두워'와 같은 활용형들을 보여 주는 교체형들로 소급된다. 최전승(1975: 60)은 중세국어에서 '듧-(穿)>뚧-'과 연관하여 이러한 변이형들을 관찰하면서 이러한 유형들은 어간말 자음 'ᄫ'이 ß>w의 변화를 수행하면서 w의 원순성의 역행동화를 받아 '어드운>어두운'을 거쳐 확립된 어간 '어두-'형이 類推 작용으로 '어듭->어둡-'으로까지 확대된 변화로 해석한 바 있다. 아울러, 중세국어의 '그울-(轉)∽구울'과 같은 변이도 이와 동일한 관점이 적용되어

(6) a. kiburigi(굴리기, 소사전. 43)
      kiburgi, kiburə(굴려, 소사전. 7)
        cf. kuburəšə(굴려서, 교과서 58. 85)
    b. ədiba tigi(어두워, 소사전. 107)
      ədibun guru(어두운, 교과서 61. 86)
      ədipkiman γɛ(어둡기만, 교과서 67. 89)
      ədibun dɛ(어두운, 소사전. 120)
    c. nibiy(누의, 회화 33. 180)
    d. niwiy(누에, 교과서 38. 56)[17]

끝으로, (4)b에서 '짓-'(作)의 활용형 가운데 어중에 h이 첨가된 '지흔'과 같은 표기는 김병옥(1898)에서 유일한 것이지만, 이러한 유형은 19세기 후기 전라방언 자료에 흔하게 출현하였다. King(1991: 324)은 여기서 h이 실제 발음이었겠는가 하는 의문을 제기하였다. 이와 같은 표기는 口語的 성격보다는 文語的 성향이 강한 것으로 생각되는데, 주로 중세국어의 'ㅸ'과 'ㅿ'의 변화와 관련하여 모음과 모음이 직접 연결되어 축약이 예상될 수 있는 환경에서 산발적으로 관찰된다.

(7) 고흔 얼골, 고흔 굴네(수절가, 상. 5ㄱ)
    고흔 머리 고흔 틱도(수절가, 상. 7ㄴ)
    고흔 부인(대성. 39ㄱ) ∽ 고은 사랑(수절가, 상. 27ㄱ)
    뒤을 이흘 자식(대성. 1ㄱ) ∽ 뒤를 이을 자식(대봉. 상. 1ㄴ)
    크게 우흐며(길동. 17ㄱ) ∽ 셔로 우어 왈(길동. 17ㄴ)
      cf. 밥을 지흐면(婦女必知. 7ㄱ)

'*그불->그울->구울-'의 변화가 설정되었다(p.56).
이러한 사실들을 고려 할 때, Kazan' 자료에 등장하는 '늡-(臥), 느볘(妹)'를 포함한 어간말 '으' 부류가 중세국어의 이전 단계의 형태일 가능성이 많다고 생각한다.
17) 김태균(1986)에서도 육진과 함북 방언형으로 '느베'(蠶, p.137), '느배 ∽ 느비'(妹, p.137), '어드바서, 어듭다'(暗, p.360) 등이 '누베, 누비, 어두바서, 어둡다'형들과 더불어 분포되어 있다. 그러나 Kazan' 자료에서 어간모음 '으'와 '우'의 쌍형을 보이는 '굴리-'(轉)의 경우는 김태균(1896: 80)에서 '구부리다, 굴기다, 굴리다'와 같이 어간모음 '우'형만 발견된다.

그러나 이러한 h 첨가 표기는 19세기 이전으로 소급될 수 있으며, 어휘에 따라서 구어의 격식체 스타일에 사용되었을 가능성이 있다고 생각한다. 두 어 <u>버히</u> 어엿비 녀기사(親, 興律寺本 念佛普勸文, 4ㄱ). 특히, '둘, 셋, 넷' 등의 數詞의 경우에 함북방언 등지에서 사용되는 '두홀, 서히, 너히, 다호, 여호, 열두흘' 같은 h이 첨가된 방언형들(함북 穩城 「한글」 1권 9호; 함북 碧潼 「한글」 4권 2호)도 이러한 현상과 관련되어 있을 것이다.

2.3 구개음화와 체언 어간말 자음의 마찰음화 현상

2.3.1 구개음화

김병옥(1898)에 반영된 음운론적 현상 가운데 가장 두드러진 특질은 모든 유형의 구개음화 현상이 전면적으로 실현되지 않았다는 사실일 것이다. 따라서 『츈향뎐』이 제시하는 이러한 특질은 육진방언의 음운론적 현상에 가장 근접하여 있음을 나타낸다(宣德五 1986, 황대화 1986). §§2.1과 2.2에서 언급되었던 'ㅇ'의 반사체와 'ㅸ'과 'ㅿ'의 반사체들은 함북방언이나 육진방언과는 거리가 먼 통상적인 19세기 후기의 전형적인 문어체의 스타일을 김병옥의 『츈향뎐』이 보이고 있었다. 그러나 19세기 후기 당대의 口語에서 가장 지역방언적 유표성이 강한 구개음화의 비실현이라는 일종의 stereotype 유형을 그대로 김병옥은 『츈향뎐』에 노출시킨 것이다. 이와 같은 결과는 김병옥의 어떠한 언어 인식 또는 사실에 바탕을 둔 것일까 하는 의문이 떠오르게 된다.

이러한 의문에 대한 몇 가지 해답 중의 하나로, 『츈향뎐』에 반영된 음운론적 현상은 우선 김병옥 자신의 당대의 언어 내용을 어느 정도 그대로 나타낸 사실일 것이라는 추정을 할 수 있다. King(1991: 375)은 김병옥이 작성한 『츈향뎐』과 짤막한 한국어 문법서 및 『한국어 대한 정찰, 로한사전』(1904)의 언어 내

용을 검토하면서 이 편집자가 함북의 어느 연안도시의 출신이며 제정 러시아
에서 활동하기 이전에 이미 다른 지역의 방언들과 상당한 접촉을 거친 인물
일 가능성을 제시하였다. 또한, 김병옥은 제2대 駐러시아 한국 公使이자 페테
르부르크 대학의 한국어 강사였던 경력의 소유자였기 때문에(곽충구 1994: 44)
당시의 文語에도 상당히 익숙한 유식한 학자이었을 것으로 생각된다. 따라서
그의 『춈향뎐』의 언어는 당대의 보수적인 문어체 중심의 표현에 자신의 함북
방언적 요소가 강하게 가미되었을 것으로 생각된다.[18]

/i/와 상승 이중모음 계열 /y-/를 선행하는 /n/은 김병옥의 『춈향뎐』에 거
의 예외 없이 보존되어 있다.

> (8) 글 닐그리 글을 닐거(읽-, 1. 7)
>   님지 업는 몸(임자, 17. 4)
>   니도련(이도령, 6. 2)
>   녯적의(옛적, 4. 2)
>   닛지 마소(잊을, 4. 5) ∽ 니즐소냐(20. 8)
>   념톄 업고(염치, 55. 5)
>   닙이 디고(잎, 1. 5)
>   니별 니짜(이별, 18. 1)
>   닌읍 수령(인읍, 55. 1)
>   관복을 닙고(입고, 58. 7) ∽ 듕형을 닙고(52. 1)
>   녀이(女兒, 9. 1)
>   녀자(女子, 9. 3)
>   인의 녜디(禮, 30. 7)
>   닐어느 졀ᄒ고(일어나, 16. 5) 등등

김병옥의 『춈향뎐』에 등장하는 '뉴리잔'(유리, 15. 1)은 김태균(1986: 399)에 의

---

18) 김병옥은 자신이 한국어 교습을 위한 강독용으로 『춈향뎐』을 작성할 때 어떠한 종류의 底本
을 바탕으로 이용했을 것이 분명하다. 김병옥의 『춈향뎐』은 완판본 계열 보다는 경판본 계
통의 성격을 강하게 띠고 있으나, 그렇게 단순하지 않은 양상을 보인다. 그러나 김병옥의
『춈향뎐』의 언어의 성격으로 그가 사용했을 저본의 간섭도 고려에 넣어야 할 것이다.

하면 함북 종성에서만 분포되어 있고, 여타의 온성, 회령, 경흥, 경원 외 6개
지역에서는 두음의 /n/이 탈락된 '유리'로 나타난다. 『츈향뎐』에서 (8)의 예들
과 동일하게 두음의 /n/을 대부분 유지하고 있는 여러 Kazan' 자료에서는 '뉴
리'와 '유리'의 쌍형으로 출현하였지만, '유리'의 경우에 움라우트가 적용된
특이한 모습을 보인다.[19] nyuri, nyuri-pyəŋ(소사전 112), üyri(회화, p.xi), üiridəri(유
리-들을, 교과서 69. 90), üiriri(유리-를, 교과서 70. 90).

(8)의 예들은 김병옥의 전통적이고 보수적인 표기법에 근거했을 가능성도
있다. 그렇지만, 19세기 당시의 완판본과 경판본 계통의 『춘향전』과 다른 고
소설들에서 대부분 어두의 /n/을 탈락시키고 있었다는 사실과 위의 '뉴리'(琉
璃)형을 고려하면, 『츈향뎐』의 (8) 예들은 실제로 육진방언의 모습을 나타내었
을 것이 분명하다.[20] 완판본 계열의 『춘향전』에도 어두의 /n/을 유지한 예들
이 간혹 출현하기도 하지만, 이것은 표기상의 문제일 뿐이며 극히 소수의 예
외를 이룬다. 님지 각각 잇난이라(수절가, 상. 10ㄱ), 기특이 네겨(수절가, 하. 18ㄱ)∽ 초
취갓치 예길터니(수절가, 상. 24ㄱ), cf. 고히 여겨(심청, 하. 15ㄱ).

또한, 김병옥의 『츈향뎐』에는 t-구개음화의 실현이 상당히 억제되어 나타난
다. 'ㄷ'과 연결된 상향 이중모음들도 그대로 유지되어 있어 중세국어의 상황
과 대략 일치하는 표기상의 일관성을 보여 준다. 예를 들면, 님이 디고(1. 5), 됴
흔 술(57. 4), 헌 딥신(55. 7), 튱셩 튱쟈(忠誠, 3. 6), 뎌 건네(8. 8), 텬은(天恩, 3. 3), 절기를 딕
키여셔(16. 7) ∽ 구든 밍셔를 딕키여(18. 7), 어딘 낭군(16. 8) 등등. 따라서 t계 구개음화
의 비실현에 관한한, 김병옥(1898)의 음운론은 평안도 방언(김영배 1984)과 육진
방언(황대화 1986, 정용호 1988)에 매우 근접한 모습을 보이고 있는 셈이다. 그 반
면, 김병옥(1898)에 출현하는 t-구개음화형들은 다음과 같은 극히 일부의 명사

---

19) '유리'에 움라우트가 적용된 형태는 함북 길주방언에서도 관찰된다. 유리 → 위리(「한글」 4
   권 6호).
20) 김병옥의 『츈향뎐』(1898)에서 보다 구어적 성격이 강한 김병옥의 『한국에 대한 정찰, 로한사
   전』(1904)에도 어두의 /i/와 /y-/ 앞에서 /n/을 유지하고 있는 고유어들이 등장하였다. 즉,
   [nips'al](입쌀), [nilkop](일곱), [nirəno](이러나오) 등등(King 1991: 387). 이러한 사실을 보면 『츈
   향뎐』에 등장하는 본문의 (8)의 예들 역시 실제의 발음이었을 것이다.

와 용언 및 문법 형태소에 국한되어 있는 특이점을 보인다.[21)]

(9) 손벽 치고 도라셔명(<티고, 56. 2)
　　꼬치 쩔어져시니(쩌러디-, 48. 4)
　　거울이 쩌여졋시니(48. 4)
　　힘으로 엇지 하리(<엇디, 37. 6)
　　엇지 효셩으로(4. 2)
　　죽글지 언뎡(<…을디, 26. 3)
　　뉘랴서 고칠소냐(<고티-, 36. 2)
　　뉘라셔 고쳐닐고(43. 8)
　　번기 갓치 달아드러(32. 7)
　　번기 갓치 들어친다(<ㄱ티, 33. 2)
　　엇지 하날이 두럽지 아니 ㅎ오잇가(<두렵디, 32. 3)
　　두 가지 마암 품지 마소(<품디, 4. 8)
　　토긔 쟝사 단녓는가(<댱ᄉ, 51. 2)
　　흔숨 지고(<디고, 20. 8)

　김병옥(1898)과는 대조적으로 완판본과 경판본 계열의 다른 『춘향전』 계열과 고소설에서는 t-구개음화 현상이 광범위하게 확대되어 있었다. 예를 들면, 경판본 『춘향전』(16장본)에서 비구개음화형은 표기상으로 부분적으로 출현할 뿐이며 그 용례도 다음과 같이 주로 한자음에 국한되어 있다. 텬디지간(天地, 5ㄱ), 곡됴(曲調, 5ㄴ), 텬하디도(天下地圖, 7ㄱ), 북텬(北天, 10ㄱ). 그리고 완판본을 위시한 다양한 경판본 고소설들에는 t-구개음화와 관련된 과도교정형들이 생산적으로 출현하였다(최전승 1986: 291). 경판본 『춘향전』(16장본)에서 '어시 부테 톄면ㅎ고(遞面, 14ㄱ)' 같은 예는 이러한 유형에 속한다. cf. 싀슐 부치 쳬면ㅎ고(13ㄱ). 그러나 김병옥의 『츈향뎐』에는 t-구개음화와 관련된 과도교정형들이 전연 발견되지 않는다. 이러한 점에서 김병옥(1898)은 다른 완판본과 경판본 계열의 『춘향

---

21) 20세기 초엽의 Kazan' 자료에도 t-구개음화를 반영한 예들이 극히 일부의 漢字語와 부정어미 '-디'에서 산발적으로 확인된다(곽충구 1994: 321).

전』들과 분명한 대조를 이룬다.[22]

또한, 19세기의 중부방언을 반영하는 여타의 다른 대부분의 문헌들에서도 구개음화 현상이 생산적으로 표기에 반영되어 있었다는 사실을 전제로 할 때, 김병옥(1898)에 등장하는 압도적인 비구개음화형들과 그 예외로 보이는 (9)와 같이 한정된 구개음화형들은 당시의 문헌어들에 통상적으로 나타나는 의고적인 표기 경향 또는 표기에 대한 김병옥의 보수성과는 거리가 있는 것처럼 생각된다. 따라서 구개음화를 수용한 (9)의 예들은 육진 이남의 함북 방언형(황대화 1986: 23)들이 개입되어 있는 것으로 해석할 수 있다.[23] King(1991: 353-354)은 『츈향뎐』에서 위의 (9)와 같은 구개음화형들의 존재는 김병옥의 방언이 이미 t-구개음화를 수용하였거나, 그렇지 않으면 적어도 이러한 변화를 수행 중인 중간 단계를 반영한다고 추정하였다.[24]

---

22) 구개음화와 관련된 김병옥의 『츈향뎐』과 완판본 계열의 『춘향전』과의 또 다른 음운론 대조는 구개모음화 현상(또는 전설고모음화)에서 특히 분명하게 나타난다. 19세기 후기 전라방언을 반영하는 완판본 계열의 고소설들에서는 구개모음화가 생산적으로 적용되어 있으며, 또한 다음과 같은 형태소 경계에까지 확대되어 있었다.

안진 시는(앉은, 수절가, 상. 13ㄱ)
엇지 낫칠 들고(낯을, 조웅 3. 17ㄴ)
일각이나 이질소냐(잊을, 수절가, 상. 43ㄴ)
슝이슝이 피는 꼿친 쑥 쩌러져(꽃은, 별춘. 3ㄴ)
넉실 일러(넋을, 수절가, 하. 7ㄱ)
쓰실 두지말고(대봉, 하. 11ㄴ) 등등

그 반면, 김병옥의 『츈향뎐』에서 구개모음화는 원칙적으로 발견되지 않는다. 손발 슬여 원쓔로다(38. 8), 손을 들어 눈물 쓰고(23. 4), 열으미 미즐거시고(48. 4), 즐기더라(55. 2), 붕우유신이라 ᄒᆞᄂᆞ 쯧슨(5. 1). 그러나 『츈향뎐』에서 다음과 같은 어말어미에서의 예들은 중세국어의 잔존형인지, 아니면 구개모음화와 연관되어 있는 것인지 알 수 없다.

이 고상은 업실거슬(없을, 60. 1), 그 글에 ᄒᆞ여시되(하였으되, 57. 3), 거울이 씨여져시니(졌으니, 48. 4), 오날 우리 둘이 만나시니(만났으니, 16. 4). cf. 날과 만나기로 언약ᄒᆞ여쓰니(병오, 춘. 25ㄴ), 글 두귀를 지어쓰되(수절가, 하. 28ㄴ), 문장을 겸ᄒᆞ여스니(경판. 춘. 1ㄱ)

23) 김병옥(1898) 보다 앞서 작성된 Putsillo(1874)에서도 t-계 구개음화를 반영한 형태와 그것의 비실현형들이 공존하고 있다. 1) 죳소, 돗소(p.685) ∽ 셰워리 돗소(p.437), 2) 짐칙, 짐칙(p.501), 3) 모긔댱이, 모긔쟝이(p.459), 4) 바디, 바지(p.409), 5) 곳치오, 곳친다, 곳쳐라(p.417) ∽ 곳텨, 곳쳐(p.163), 6) 붓티오, 붓친다(p.183), 7) 지경이, 디경이(地境, p.121).

24) 그러나 King(1991)은 김병옥의 또 다른 한국어 문법서(1899)와 『한국에 대한 정찰, 로한사전』(1904)에 반영된 구개음화의 비실현형과 실현형들에 대한 분포에 대하여 각각 상반된 견해를 제시하였다. 즉 그는 김병옥의 『한국어 문법서』(1899)에서 /i/와 /y/ 앞에서 /n/의 유지

김병옥의 『츈향뎐』에는 'ㅅ, ㅈ, ㅊ' 다음에 y가 앞선 상향 이중모음 '야, 여, 요, 유'가 상당히 일관성있게 유지되어 이와 동일한 환경에서 단모음 '아,어, 오,우'와 대립을 형성하고 있다. 이러한 현상은 'ㅈ, ㅊ'의 제1단계 구개음화(ts >ʧ)와 연관되어 있기 때문에, 'ㅈ' 계열의 자음을 여전히 [ts]로 유지하고 있는 당시의 육진방언의 음운론적 특징(宣德五 1986: 7-8)을 반영하는 것처럼 보인다. 물론 김병옥의 『츈향뎐』의 일부의 표기 상태는 이 음성 환경에서 상향 이중모음이 해당되는 단모음으로 전환되었거나, 또는 단모음과의 변이를 부분적으로 나타내고 있다.

    (10) 전라도(全羅道, 6. 2), cf. 절라도(동국신속, 열여. 8. 1)
        처가 지아비를(妻, 4. 7) ∽ 지아비와 처는(4. 6)
        방자 불너(房子, 6. 7) ∽ 방쟈야(8. 8)
        츈향이 옥수로(玉手, 14. 8) ∽ 츈향의 옥슈를(16. 2)

19세기 후기 전라방언에서 이와 동일한 환경에서 y가 앞선 상승 이중모음들이 이미 단모음화를 실제로 수행하였지만, 이 시기의 방언을 반영한 완판본 고소설 부류들은 상승 이중모음과 단모음간의 극심한 혼란을 표기상에 나타내고 있었다. 이와 같은 상향 이중모음과 단모음간의 혼란스러운 표기들의 상태는 경판본의 경우에도 예외가 아니며, 이러한 표기 유형은 정도의 차이는 있으나 17, 8세기의 대부분의 문헌들로 소급될 수 있다.

그러나 김병옥의 『츈향뎐』에서 출현하는 'ㅅ, ㅈ, ㅊ' 앞의 정연한 상승 이중모음들의 표기 양상은 19세기 후기에 간행된 완판본 계열의 『춘향전』이나 다른 완판본 고소설 부류의 표기와 비교하였을 때, 다음과 같은 두 가지 사실

와, t계 구개음화의 압도적인 비실현형들의 존재로 미루어 볼 때, 편집자인 김병옥이 오늘날 여전히 이러한 음운론적 특징을 보유하고 있는 육진방언을 사용하였거나, 적어도 이 방언에 대한 직접적인 경험을 갖고 있을 것으로 판단하였다(1991: 377). 그 반면, King(1991: 388)은 김병옥의 『한국에 대한 정찰, 로한사전』(1904)에 나타난 구개음화의 비실현형과 실현형들에 대해서 이것은 대부분 철자식 발음(spelling pronunciation)일 뿐이며, 김병옥 자신의 말은 이미 구개음화를 수용하였을 것으로 보인다고 하였다.

에서 뚜렷한 대조를 이룬다. 한 가지는 완판본 계열의 고소설 자료는 'ㅅ, ㅈ, ㅊ' 다음에 오는 상승 이중모음들이 단모음화되는 현상을 생산적으로 반영하고 있는 반면에, 김병옥의 『츈향뎐』에서 이와 같은 단모음화로의 경향은 위의 예문 (10)과 같은 유형 이외에는 발견하기 어렵다는 점이다.

다른 한 가지의 분명한 차이는 완판본 계열의 고소설들이 이와 동일한 환경에서 기원적 단모음을 상승 이중모음으로 잘못 환원시킨 과도교정형들을 끊임없이 보이는 반면, 김병옥의 『츈향뎐』에서 이러한 과도교정들의 유형은 '쌈쟉'(<줌죽, 10. 8) 이외에 발견되지 않는다는 사실에 있다. 『춘향전』을 위시한 다른 완판본 계열의 고소설에 나타난 과도교정형들의 일부를 예시하면 다음과 같다. 슈리(車) ∽ 수리, 죄(罪) ∽ 죄, 쥭거든(死) ∽ 죽어도, 쥬시며(與) ∽ 주어도, 목슘(生命) ∽ 목숨, 목심, 오좀(小便) ∽ 오좀, 춤(涎) ∽ 춤, 쇼리(聲) ∽ 소리, 슐(酒) ∽ 술, 츔츄며(舞, 춤추-) ∽ 춤추니(최전승 1986: 60). 이와 같은 표기의 유형들은 완판본 『張景傳』에서 가장 극심하게 출현하고 있었다.25) 즉, 지죠, 슘긴, 슘겨, 격고리, 한슘지시고, 쇼리, 숀(手) 등등. 그러나 무엇보다도, 완판본의 고소설에서 체언어간의 말음절 'ㅅ, ㅈ, ㅊ' 다음에 전라방언형 주제격 '-언'과 대격 '-얼'이 연결되어 각각 '-설, -절, -철'과 같은 연철을 이루는 환경에서도 다음과 같이 상승 이중모음의 표기로 과도교정되어 있는 점이 주목된다.

> (11) 고은 빗쳔(빛은, 수절가, 상. 12ㄱ)
> 소용목이라 ᄒᆞ눈 곳션(곳은, 용문. 28 ㄴ)
> 가장 나셜(낯을, 수절가, 상. 25ㄱ)
> 네치 나셜(낱을, 수절가, 하. 12ㄴ)
> 졔장의 낫셜 보아(낯을, 화룡. 74ㄴ) ∽ 졔장의 나슬 보와(화룡. 75ㄱ)
> 발근 빗셜(빛을, 수절가, 하. 17ㄴ)
> 한 고셜 당도ᄒᆞ니(곳을, 대봉, 하. 19ㄴ)

---

25) 이러한 예들은 경판본의 고소설 자료에서 나타난 표기에서도 동일하였다. 경판본 『젼우치전』에서 일부 제시하면 다음과 같다.
슘이 막혀(9ㄱ), 병쇽의서(9ㄱ), 잡을 슈 업사오니(9ㄴ), 관직을 쥬리라(9ㄴ), 필묵지를 쥬신터도(13ㄱ), 슘사먹고(14ㄱ), 슐위(車, 12ㄴ) 등등.

이 고셜 논지할진딘(수절가, 상. 10ㄱ)
뜻셜 두더라(뜻을, 초한, 상. 15ㄴ)
아기 삿셜 만져보니(샃을, 심청, 상. 4ㄱ)
달 빗셜 타셔(빛을, 구운몽, 상. 16ㄱ)
음식 긋쳘 보면(필사, 홍보. 319ㄱ)

2.3.2 체언 어간말 자음의 마찰음화

김병옥의 『츈향뎐』에서는 t-구개음화와 관련하여 완판본 계열의 고소설과
상이한 매우 보수적인 모습을 반영하였지만(예문 (9)를 참조), 중세국어의 단계
에서 체언 어간말 'ㄷ'을 갖고 있었던 몇몇 어휘의 굴절형태들은 19세기 후기
전라방언 또는 중부방언에 상당히 접근되어 있다. 이러한 사실은 중세국어의
'곧'(處)와 '뜯'(意) 등과 같은 어간말 'ㄷ'를 갖고 있던 체언이 근대국어에서 주
격에서 구개음화를 수용한(고디>고지, 쁘디>쓰지) 이후에, 다른 격 형태들이
'곳'과 '쁫'으로 재구조화된 주격형에 점진적으로 유추된 다음(고돌>고즐, 쁘들
>쁘즐), 'ㅈ, ㅊ>ㅅ'와 같은 마찰음화를 거쳐 왔을 것이라는 설명의 관점에서
볼 때(최전승 1986) 약간의 문제를 야기한다.
　김병옥의 『츈향뎐』에 반영된 '곳'(處), '뜻'(意), '벗'(友), '갓'(笠) 등의 굴절 형
태들은 다음과 같다.[26]

---

[26] 19세기 후기 완판본 고소설에서 '곳(處), 뜻(意), 벗(友) 등의 모든 격형태들은 구개음화와 마
　찰음화를 수용한 '곶 ∞ 곳, 뜾 ∞ 뜻, 벚 ∞ 벗'과 같은 부단한 變異 현상을 나타내고 있었다.
　그러나 '곳'(處)의 경우에는 그 자체 의미가 처소와 방향성을 나타내어서 빈도상 처격형이
　주격을 압도했기 때문에, 처격형은 원래 구개음화가 일어난 주격형의 지배를 거부하여 뒤
　이어 수행되는 'ㅈ>ㅅ'의 마찰음화도 적용되지 않은 모습을 보인다. 이 고디 다다르이(대
　셩. 5ㄱ), 어닉 고드셔(풍운. 18ㄱ), 혼 고디 이르러(길동. 30ㄴ). 그러나 그러한 방향성과 처소
　의 의미가 약한 '뜻'(意)이나 '벗'(友) 등의 처격형은 주격형의 지배를 다른 대격등의 격형태
　들과 마찬가지로 쉽게 받아 드린 것 같다.
　(ㄱ) 네 뜻졔 엇더 ᄒᆞ뇨(필사, 구운몽, 하. 240ㄴ)
　　　cf. 낭군의 쓰지(상동, 상. 214ㄱ)
　　　엇지 그 뜻졀 져바라리오(상동, 하. 258ㄴ)
　　　뜻지 기푸던지(상동, 하. 241ㄴ)
　　　뜻즐 이룸이요(상동, 하. 240ㄱ)

(12) a. 억됴창싱덜이 믿을 고지 업습니다(42. 1)

　　　cf. 혼 곳을 가른처 왈(13. 4), 이 곳의 당도ᄒ여(12. 5), 잉도화 만발
　　　　혼 곳의(13. 6), 풍뉴소리 놉푼 곳의(57. 6)

　　b. 네 ᄯᅳᆺ지 엇더ᄒ뇨(27. 6)

　　　군위신강이라 ᄒ는 ᄯᅳ슨(2. 2)

　　　오륜이라 ᄒ는 ᄯᅳ슨(2. 6)

　　　구든 ᄯᅳ슬 훼절할까(36. 6)

　　c. 눈물노 버슬 숨고(17. 5)

　　　눈물노 버슬 숨아(22. 4)

　　　cf. 벗과 벗이 서로 신이 잇ᄂ니(5. 1)

　　d. 편자업는 가슬 쓰고(53. 2)

위의 예문에서 '곳'(處)의 굴절형들은 김병옥의 『츈향뎐』의 대부분의 경우와 같이 표기상 분철되어 체언 어간말 자음의 본질을 쉽게 확인할 수 없으나, 주 격형에서는 구개음화를 수용한 '고지'형이 등장하였다. 그러나 김병옥이 편집 한 『한국에 대한 정찰, 로한사전』(1904)에서는 [kodïro](곳으로)와 같이 '곳'의 격 형태에 -t를 실현시키고 있다(King 1991: 393). 『츈향뎐』에서 '뜻'(意)에서도 구개 음화형 'ᄯᅳᆺ지'와 여기서 마찰음화를 발전시킨 'ᄯᅳ슨'형이 발견된다. 또한, '갓' (笠)과 '벗'(友)의 경우에는 연철형 가운데에서도 '가슬'과 '버슬'과 같은 마찰음 화 형태가 확인되는 것이다. 그러나 김병옥의 『츈향뎐』에는 체언 어간말 'ㅊ' 을 갖고 있는 '꽃'과 같은 굴절형들에서는 'ㅈ, ㅊ>ㅅ'으로의 마찰음화가 전 연 반영되지 않았다.27) 츈절이면 쏫지 피고(1. 4), 쏫치 떨어져시니(48. 4). 이러한 사

(ㄴ) 우룸으로 버즐 삼고(별춘. 24ㄱ)

　　 빅구로 벗실 삼고(병오, 춘. 6ㄴ)

27) Kazan' 자료에서 '꽃'(花)의 굴절형은 체언 어간말이 [-d] [-tʰ]로 실현되어 나타난다. k'odi(초 등. 19, 33), wəndiy kotʰi(소사전. 114), pur kotʰi(소사전. 41). 그러나 '낯'(面)의 경우에는 어간 말 'ㅊ'의 음가가 그대로 유지되어 있다. natsʰi(낯을, 교과서 20. 19). 이와 같이 체언 어간말 '-ㅊ'을 갖고 있는 '꽃'이나 '빛' 등의 굴절형들이 [-tʰ]으로 나타나는 예들은 18세기의 문헌 자료들로 소급될 수 있다. 쏟티 퓌면(宗德新編, 상. 13ㄴ) ∞ 이 남기 쏟치 이시면(좌동. 상. 13 ㄴ), 믄득 쏟티 퓌거눌(상동, 상. 13ㄴ), 경동ᄒ는 빗티 업스니(闡義昭鑑諺解 1. 51ㄱ), 빗티 누 르러(좌동. 1. 54ㄱ), 근심ᄒ는 빗티 잇거눌(宗德新編, 하. 8ㄴ; 중. 40ㄴ).
　　이와 같은 '꽃>쏱'의 유형들은 19세기 후기의 고소설 등에서도 산발적으로 확인되기도 한

실을 고려하면, 위의 예문 (12)에서 '고지'(곳이), '쓰지'(뜻이), '뜻슨', '버슬'(벗을)
등과 같은 형태는 19세기 후기 남부와 중부방언에서 차용된 것이며, 육진방언
이나 또는 함북방언의 북단지역의 전형적인 방언형들과는 거리가 있다고 생
각한다.

20세기 초엽의 Kazan' 자료들은 중세국어 기원의 체언 어간말 자음 'ㄷ'와
'ㅌ'를 아래와 같이 그대로 유지하고 있다. 이러한 이유는 육진방언의 자음체
계에서 단모음 앞에서 'ㅈ, ㅊ'이 아직도 [ts, tsʰ]의 음가를 갖고 있으며, 그 결
과 t-구개음화가 실현되지 못하는 현상과 유기적으로 연관되어 있기 때문이
다.

> (13) a. han kodiri wašə(한 곳으로 왔어, 교과서 47. 74)
>   pidi(債, 초등.29),
>   nadi(鎌, 초등.49)
>   sɛ nat, nadi(소사전.48),
>   swe modi paga nyəkʰi(쇠못을, 소사전.89),
>   swe-mot, swe modi(소사전.18),
>   pudi(筆, 단어와 표현.32)
>   put, pudi(소사전.78).
>   b. patʰi(밭, 단어와 표현. 28)
>   patʰiri kašə(밭으로, 교과서 15. 8)
>   namu patʰi turə kadi mot haⱯɛsso(밭을, 회화 55. 383)
>   namu patʰi əpso(밭이, 회화 55. 380)
>   namusɛ patʰe(밭에, 교과서. p.xv)
>   patʰiri(밭으로, 교과서 13. 4)
>   totʰi(돌, 표현. 30)
>   totʰi kapsi emmɛo(톨의 값이, 회화. 49. 342)

다. 녹음방쵸 쏘한 숏테서 질비 업시니(필사. 구운몽, 상. 227ㄱ), 깃거 아니ᄒᆞᄂᆞᆫ 빗히 잇거늘
(안성판 진대방젼. 12ㄱ).
그러나 다음과 같은 예들을 고려할 때, 함경도 방언에서 이러한 현상은 체언 어간말 '-ㅊ'을
갖고 있는 굴절형들에 어느 정도 확대되어 있었던 것으로 보인다.
깆(羽)→ 질, 지티, 닻(錨)→ 닽, 웇→ 윹(함남 정평{3}, 「한글」 5권 3호, p.16)

kʼitʰɨ nɛɛšo(끝을, 교과서. p.11)
mitʰɨɨɨ(밑으로, 소사전. 40)
san mitʰešə(밑에서, 소사전. 42)

그러나 국어에서 체언 어간말 자음의 마찰음화 현상은 통상적으로 용언어
간 말 자음 '-ㅈ'의 경우에는 적용되지 않는 문법 범주의 제약을 갖고 있다.
따라서 '찾-'(訪問), '맺-'(結), '잊-'(忘), '젖-'(濕), 등의 용언어간들은 마찰음화 현
상과는 무관한 것이다. 이러한 사실과 관련하여 김병옥의 『츈향뎐』에는 '찾-'의
활용형들이 마찰음화를 수행하여 언제나 'ㅅ'으로 실현되어 있어 주목된다.

(14) 광화루 차스 간다(7. 3)
　　　츈향의 집 차사 가니(14. 1)
　　　닉의 집에 무슴일노 차스 왓노(49. 7)
　　cf. 아조 간덜 니즐소냐(닞-, 20. 8)
　　　　불구의 니즈시면(20. 5)
　　　　옥쇼를 바다 비즌 술이오니(빚-, 15. 4)
　　　　월노승 길기 미자(맺-, 16. 4)
　　　　열으미 미즐 거시고(48. 4)

김병옥의 『츈향뎐』에서 이와 같이 재구조화된 용언어간 '찻-'형은 완판본
『춘향전』 계열에서는 원래의 활용형에 아무런 변화도 보여 주지 않는다. 명산
승지 차져 갈졔(수절가, 상. 2ㄱ), 혼양셩 차자 드러(수절가, 하. 14ㄱ). 그러나 이러한 '찻
-'의 활용형은 19세기 후기 완판본 고소설 자료에 상당히 일반화되어 있던
'짖->짓-'(吠)의 변화를 거친 용례들을 연상케 한다. 기가 지실가 염예하야(수절가,
상. 19ㄴ), 동네 고삿 기 지시면(춘동. 138), 시문의 기 지스며(충열, 상. 16ㄴ). 이와 같은
어간 재구조화 '짖->짓-'은 전라방언 뿐만 아니라, 함북(김태균 1986: 457)과 함
남방언에서도 광범위하게 나타난다. 짖다(吠)→ 짓다, 즛다(함남 정평{3} 「한글」 5권
3호, p.17).[28]

2.4 움라우트 현상과 모음조화

2.4.1 움라우트

김병옥의 『츈향뎐』에서 움라우트 현상은 모든 피동화음에 걸쳐 표기상으로 엄격하게 통제되어 있는 것 같은 인상을 준다. 이러한 사실은 매우 생산적인 움라우트 현상을 표기에 반영시킨 완판본 고소설 계열과는 분명한 대조를 이루고 있다. 『츈향뎐』에 나타난 움라우트는 여기서 다음과 같은 세 가지에 국한되어 있다.29)

> (15) 암힝어사 <u>녕늬기</u>만 기다리더라(나기, 58. 2)
> 찬 바롬은 사정업시 <u>듸리분다</u>(들이, 38. 7)
> <u>의미산</u> 반륜달이(峨眉山, 27. 1)

위의 예에서 명사화 접사 '-기'의 영향으로 피동화음 '아'에 실현된 '녕늬기'는 움라우트의 적용 위계에 있어서 상당히 높은 형태론적 층위를 반영한다. 그렇기 때문에 이러한 움라우트 실현형의 존재는 형태소 내부에서 어느 정도 생산적으로 실현된 움라우트 현상을 전제로 한다고 생각한다. 따라서 적

---

28) 이와 같은 '찾-(尋)>찻-'과 같은 변화형들은 김태균(1986: 465)의 '찾아보다' 항목에서는 나타나지 않는다. 그러나 King(1991: 354)은 재구조화된 '찻-'형은 오늘날 Soviet Korean들이 사용하는 전형적인 방언형인 사실을 지적하였다.
이러한 변화와 관련하여, 또 다른 어간 재구조화는 20세기 초엽의 西部 東南方言을 반영하는 『歷代 千字文』 가운데 '꾸짖-'형에서 발견된다. 꾸지실 칙(責, 6ㄱ). 또한, '꾸짖->꾸짓-'과 같은 유형이 19세기 후기 전북방언을 반영하는 『鳳溪集』(1894)에 확인되는 사실을 보면, 용언 어간에서도 어휘들의 유형에 따라서 '-ㅈ>-ㅅ'의 마찰음화가 점진적으로 확산되는 것으로 생각된다. 꾸짓서 ㄱ로디(봉계집 45ㄱ), 소리하야 꾸짓시니(봉계집 34ㄴ).
29) 이와 같은 관점에서 김병옥의 『츈향뎐』은 경판본 16장본 『춘향전』에 접근하고 있다. 경판본 『춘향전』에서 움라우트 현상은 생산적인 면은 보이지 않았으나, 다음과 같은 당시의 구어와 관련된 암시적인 예를 노출시키기도 하였다.
고름 밋고 니기 헐거시니(13ㄱ), 셰살 부칙 치면ㅎ고(遮面, 13ㄴ), 경계 디리 흐나 노코(15ㄴ), cf. 기다리 헌 쇼반의(15ㄴ), 각계슈리(6ㄴ), 아미를 숙이고(3ㄴ)

어도 피동화음 '아'와 '어'에 실현되지 않는『츈향뎐』의 예들은 이 자료가 내
포한 격식적 스타일의 속성 때문에 움라우트가 자유롭게 실현될 수 있는 잠
재성을 갖고 있는 일상어의 용법으로부터 의식적으로 제외된 것으로 해석된
다.30)

예를 들면, 김병옥의『츈향뎐』에서 '허수아비'(偶人)의 방언형은 다음과 같이
움라우트 현상과 무관하게 출현하고 있다. 이러한 사실은 20세기 초엽의 Kazan'
자료에서 이 방언형에 움라우트가 실현된 [hedzɛbi]로 나타나는 점과 좋은 대
조를 이룬다. tipʰulli̇ hedzɛbiri̇ mɛndi̇rašə(짚으로 허수아비를 만들어서, 교과서 58. 85).

(16) 문젼에 허잡이 왕늬 흐는지라(45. 8)
문밧긔 허잡이 왕늬 하옵기여(47. 5)

여기서 '허잡이'의 분포는 함경북도와 남도, 평북방언 그리고 경북 대구지
역에까지 걸쳐 있는데 모두 움라우트 실현형들의 상태만을 보이며, 심지어 첫
째 음절에까지 이러한 음운론적 과정이 Kazan' 자료에서와 같이 확대된 모습
을 나타내기도 한다. 허수아비→헤재비(咸北 慶源,「한글」5권 6호; 咸南 高原,「한글」
4권 11호; 平北 江界,「한글」6권 4호), 허재비 ∞ 헤재비 ∞ 허두재비(김이협 1981: 537), 허
재비(平北 碧潼 {2}「한글」4권 10호; 平北 宣川「한글」4권 4호), 허제비 ∞ 허세비(慶北 大
邱「한글」5권 5호). 이와 같이 움라우트를 실현시킨 '헤재비' 또는 '허재비'들의
보편적인 방언형들의 분포로 미루어 볼 때, 19세기 후기 육진 또는 함북방언
과 연관된 김병옥의 구어에 표기와 같이 사용되지 않았을 가능성이 많다고
생각한다. 이러한 관점에서, 김병옥의『츈향뎐』에 반영된 (15)와 같은 움라우
트 실현형들은 격식적 스타일의 엄격한 통제를 뚫고 무의식적으로 우연하게
출현된 것들이 분명하다.31)

---

30) 20세기 초엽의 Kazan' 자료들에서 형태소 내부와 형태소 경계에서 수행된 육진방언의 생산
    적인 움라우트의 유형과 보기는 곽충구(1994)를 참조.
31) 김병옥의『츈향뎐』에서 표기상으로 엄격한 통제를 받은 것처럼 생각되는 또 다른 음운론적
    과정은 일정한 자음들 앞에서 일어나는 '여>에'의 변화이다. 제정 러시아에서 간행된

(15)의 '이미산'형은『고대본 춘향전』에서도 역시 동일한 형태로 출현한 바 있으며, 이와 비슷한 음운조건을 구비한 '蛾眉'도 완판본 84장본『춘향전』에서 움라우트 실현형으로 나타난다. 이미산 갈ᄀ막의(고대본. 춘. 410), 이미을 수기고 (수절가, 상. 12ㄴ). 또 다른 움라우트 유형인 '들이 분다>디리 분다'에서 피동화음 '으'가 움라우트를 수용하여 하향 이중모음 [iy]로 표기에 반영되지 않았는데, 이것은 당시 이중모음 '의'가 단모음 '이'로 이 시기에 적극적으로 실현되고 있었음을 반증하고 있다.[32]

2.4.2 모음조화와 비어두음절 위치에서의 모음상승 o>u

용언어간의 모음 '아, 오, 익' 다음에 부사형 어미 '-아/-어'가 연결될 때 일어나는 모음조화 원칙은 김병옥의 『츈향뎐』에서 다음과 같이 일정하게 유지되어 출현하였다. 이러한 사실은 경판본『춘향전』(16장본)에서의 보수적인 모음조화의 유형과 상당히 접근된 모습을 보이는 것이다.

> (17) **a. 용언어간의 모음 '오'**
> 씨 맛초와(맞추어, 1. 6)
> 만반딘슈로 갓찻도다(갖추었-, 14. 8)
> cf. 왕희지의 필법을 가쳣더라(41.2)
> **b. 용언어간의 모음 '아'**

Kazan' 자료들과 Putsillo의『로한자뎐』(1874)에서 이러한 유형은 특히 양순음 'ㅂ' 앞에서 yə >yəy>ye의 변화 과정을 생산적으로 반영하였다. 그러나『츈향뎐』에서는 다음과 같은 극히 제한된 예들에서만 이러한 유형이 관찰된다. 계오 틈을 어더(겨우, 55. 8), 니도련이 흥에 계위(16. 1), 셰월이 예류ᄒ여(如流, 19. 2) ∞ 셰월이 어류ᄒ여(39. 7).

32) 김병옥의 『츈향뎐』에서 이중모음 '의'는 한자어 등에 관용적으로 표기되어 있지만, 고유어의 경우에는 '의>이'의 단모음화를 대부분 수행한 모습을 나타내고 있다.
꼿치 피여(<픠여, 6. 4), 닙이 피여(6. 5), 절기를 딕키여셔(<디킈-, 16. 7), 바롬을 못이기여 (<이긔-, 7. 5), 취흥을 못이기여(7. 5), 빈방의 홀노 안자(<븬, 22. 4)
cf. 긔록(4. 4), 희식(9. 4), 긔특ᄒ다(17. 8), 이믜(6. 6), 여긔로다(7. 8)
그러나 위의 '이믜'형과 유사한 음성환경을 갖고 있는 '말믜아마'는 원순모음화를 수용한 '말무아마'를 보여 준다. 나로 말무아마 듕형을 닙고(51. 1)

명경을 바다(18. 5)

본을 받아(30. 4)

눈물이 압흘 막아(22. 1)

오러 안자(58. 1)

연셕에 안잣다가(56. 3)

픠물를 파라(54. 5)

날마다 자바니여(35. 8)

번기갓치 달아 드러(32. 7)

츈향어미를 싸라(54. 7)

c. **용언어간의 모음 '익'**

힝실를 비와(배워, 35. 3)

월노승 길기 민자(맺어, 16. 4)

그 반면, 완판본 계열의 『춘향전』과 고소설 등에서 용언어간 모음 '아'의 조건에서는 모음조화 현상이 상실되어 점진적으로 부사형 어미 '-어'의 방향으로 옮겨와 있었다. 그러나 이들 완판본 자료에 반영된 용언어간 '오' 또는 '외'에 실현된 모음조화는 보수적인 상태를 유지하였다. 이와 대조적으로, 경판본 계열의 『츈향전』(16장본) 등에서 모음조화는 김병옥의 『츈향뎐』에서와 유사한 모습을 반영하였지만 그 예외형들도 산발적으로 확인된다.[33]

(18) a. 월틱은 감초아스나(감추어, 츙열, 상. 13ㄴ)

셔로 싸와(대봉, 하. 1ㄱ)

예를 갓초아(갓추워, 대봉, 하. 16ㄴ)

육예을 갓초아(대셩. 16ㄱ)

도로 뇌야(놓여, 수절가, 하. 17ㄱ)

칼리 뇌야거놀(대셩. 22ㄴ)

---

33) 경판 『춘향전』(16장본)에서 부사형 어미 '-어'로의 변화를 보이는 예들은 매우 제한되어 있다. '츠져 가니라'(찾아, 5ㄴ), 틈틈이 괴여 노코(7ㄴ). 여기서 '괴여'는 완판본 『열여춘향슈절가』(84장본)에서는 모음조화를 유지하는 '고야'로 등장하였다. 칫슈잇게 고야난듸(수절가, 상. 24ㄴ). 또한, 경판본 『심청전』에 출현하는 '비는 곱허 등의 붓고'(8ㄴ)의 '곱허'형은 완판본 『심청전』에서는 '비 곱파 등의 붓고'(상. 16ㄴ)와 같이 '곱파'로 대조되는 경우도 관찰된다.

무어시 노얏거늘(충열, 상. 15ㄴ) ∞ 칼즈루 노여씨되(초한, 상. 31ㄱ)
놉고 놉파(수절가, 하. 1ㄴ),
눈물 뫼와 바디되고(수절가, 하. 1ㄴ)
말을 모라(몰아, 장경. 23ㄱ) ∞ 일천 비룡을 모러(용문. 17ㄱ)
b. 편지 바더 쩨여 보니(수절가, 하. 29ㄴ)
뇌물을 바더 묵고(좌동, 하. 27ㄱ)
침을 밧터(수절가, 하. 26ㄴ)
음덕으로 아러던니(좌동, 하. 30ㄴ)
천금준마 자버 타고(수절가, 하. 26ㄱ)
담숙 안어다가(좌동, 하. 11ㄴ)
마조 안져(수절가, 상. 11ㄴ)
썩 나 안져(좌동, 상. 11ㄱ)
경쳐 차져 부질 업소(수절가, 상. 4ㄱ)
니집의 차져 와(좌동, 상. 38ㄴ)
되는 디로 팔러다가(수절가, 하. 34ㄱ)
되는 디로 파라셔(병오, 춘. 29ㄴ)
c. 말을 틔워(수절가, 상. 41ㄱ) ∞ 요요의다 틔와(수절가, 상. 41ㄴ)
지됴을 비와(배워, 대성. 26ㄴ)
비와신니(초한, 하. 31ㄴ)
밀기름의 잠지와(잠재워, 수절가, 상. 5ㄴ)
인연을 믜잣다가(맺었-, 수절가, 상. 23ㄴ)

김병옥의 『츈향뎐』에 나타난 (17)과 완판계열의 『춘향가』를 비롯한 여타의 고소설들에서의 (18)과 같은 예들은 활용형에 반영된 모음조화의 강도의 측면에서 일견 뚜렷한 대조를 이루고 있는 것 같다. 따라서 이러한 대립이 당시 실제의 언어 상황을 어느 정도 나타내었을 개연성도 있다. 그러나 두 가지 유형의 자료에 개입된 상이한 文語的 성격 또는 보수적 스타일과 일상적 스타일의 배분의 정도를 고려하여야 될 것이다. 필자는 (17)a에서 '가쳣더라'와 같은 활용형을 주목한다. 이러한 형태는 완판본 계열에서 모음조화를 유지한 '갓초아'로 반영되었으며 동시에 여기서 축약된 '갓촤'형으로도 등장하였다.³⁴⁾ 육예 갓촤 만난더도(수절가, 상. 24ㄴ). 그렇기 때문에, 김병옥의 『츈향뎐』에 등장하는 '가쳣더라'가 김병옥이 당시에 사용하던 실제의 언어 사실을 우연히 반영한 것이라면 '갓초+아 → 갓초어 → 갓쳐'와 같은 과정을 거쳤을 것이 분명하지만, 실제로 이와 같은 음운변화의 과정은 생각하기 어렵다. 그 이유는 아래의 설명에서 분명해 질 것이다.

완판본 계열의 자료 (18)은 완전한 모음조화의 단계에서 부사형 어미 '-어'로의 이탈의 과정이 먼저 용언어간 '아' 모음에서 시작되었으며, 그러한 변화의 물결이 19세기 후기 전라방언에서 어간모음 '오'로 옮겨오고 있음을 알린다. 따라서 (17)a의 '가쳣더라'의 출현은 먼저 어간모음 '아'에서 부사형 어미 '어'가 김병옥의 구어체 스타일에 생산적으로 확대되어 있었음을 전제로 하지 않고는 어렵다고 생각한다. 이와 비슷한 변화 유형이 용언 활용에서 모음조화를 고수하고 있는 경판본 『춘향전』에서도 확인된다. 슉셕으로 면을 마쳐 층층계를 무어쑤나(6ㄴ). 여기서 축약형 '마쳐'(맞추워)는 같은 자료의 다른 문면에서 '맛쵸아'로도 출현하였다. 검장 소리 발 맛쵸아 한번 후려치니(11ㄴ). 그런데 김병옥의 『츈향뎐』에서 '가쳣-'형과 경판본 『춘향전』에 나타나는 '마쳐'형의 존재는 이들이 각각 '갓초-'와 '맞초-'로부터 모음조화를 이탈한 부사형 어미 '-어'에 직접적으로 연결된 결과로 파악하기 어렵다. 용언어간에서 비어두음절 위치의 '오'에 부사형 어미 '어'가 연결되려면, 먼저 용언어간에서 모음상승 o>u를 거쳐 '갓추-'와 '맞추-'로 재구조화된 다음에야 가능한 일이다.35) 필자가 이렇

---

34) 활용형 '갓초아'는 경판본 『춘향전』(16장본)에서도 출현하였다. 츈향이 쥬찬을 갓초아 드리니(7ㄴ).

35) 경판본 『춘향전』에서 비어두음절 위치에 있는 용언어간 모음 '오'에 모음상승이 적용된 예가 출현하였다. 신관에 마음만 맛츄더라(맞초->맞추-, 11ㄴ).
그러나 김병옥의 『츈향뎐』에는 모음상승 o>u의 변화가 전연 반영되어 있지 않은 사실이 특징을 이룬다. 미오 됴타(48. 1), 금낭을 어로 만져(18.2), 계오 틈을 어더(55. 8), 아조 정신을 일코(58. 6). 그 반면, 이 자료에는 비어두음절 위치에서 원래의 '우'가 '오'로 교체된 '친고'(友, 5. 2)형도 발견되는데, 이 형태는 모음상승의 변화가 생산적으로 수행된 완판본 계열의 고소설에서 흔하게 나타난다. 노던 친고 작별차로(수절가, 상. 40ㄱ), 몃몃 친고(심청, 하. 27ㄴ).
모음상승 현상에 관하여 김병옥의 『츈향뎐』은 매우 보수성을 나타내는 것 같다. 그렇게 생각하는 이유는 Kazan' 자료들에서는 이러한 현상이 특히 문법 형태소등에서 보편적으로 출

게 판단하는 근거로 두 가지의 음운론적 과정을 제시할 수 있다.

첫째, 축약형 '가쳤-'과 '마쳐'와 같은 변화를 원래의 모음 '오'를 갖고 있는 용언어간으로부터 '갖초-어'와 '맞초-어'에서 이끌어 낼 수 있는 방법은 전연 불가능하다는 사실이다. 먼저 모음상승을 수용한 '갖추-'와 '맞추-' 어간에 연결되는 부사형 어미는 종래의 '-아'에서 '-어'로 쉽게 재조정될 것이다. 그리하여 '가추어 → 가쳐', '맞추어 → 맞쳐'와 같은 축약은 충분히 예상되는 과정이다. 이러한 축약형들에 비원순화가 적용되어 각각의 최종 형태 '가쳤-'과 '마쳐'가 도출되었을 것이 분명하다.36)

둘째, 19세기 후기 전라방언의 자료에서 비어두음절 위치에 있는 용언어간 '오'에 o>u의 모음상승 변화가 점진적으로 적용됨으로써 원래의 부사형 어미 '-아'가 새로운 '우' 어간모음에 순응하기 위해서 '-어'로 옮겨가는 중간 단계를 산발적으로 노출시키는 현상이다. 따라서 이 자료들은 모음상승을 거친 용언어간형들이 '우'로 재조정된 다음, 여기에 연결되는 원래의 보수적인 부사형 어미 '-아'와 개신적인 '-어'가 변이 현상으로 공존하는 다음과 같은 모습을 반영하고 있다.

> (19) 쎠 마추어 공양ᄒ니(심청, 상. 2ㄴ) ∽ 입 훈번 맛츄와도(판, 퇴. 314)
> 박구워 쥬시요(화룡. 88ㄴ) ∽ 몸을 밧고와(충열, 하. 40ㄴ)
> 예단을 가츄아(화룡. 68ㄱ) ∽ 진슈셩찬을 갓초와(적성, 상. 34ㄴ)

위의 예에서 '맛츄와'와 '가츄아'형들의 부사형 연결어미 '-아'는 모음상승

현하고 있기 때문이다.
　mari tʰagu kǝnnǝ karman hao?(말을 타고, 회화 53. 371), turu mullǝ(뒤로, 교과서 18. 18), noa tallagu pirǝšǝ(놓아 달라고, 교과서 16. 13), udun han norusu hau(우둔한 노릇을 하오, 교과서 54. 82), imšǝktu katsʰugu(음식도 갖추고, 교과서 58. 85) 등등.

36) 김병옥의 『츈향뎐』에서 이와 같은 비원순모음화의 실현을 나타내고 있는 예들은 다음과 같다. 가는 허리 굽니러서 절호고 빈는 형상은(11. 8), 알션 과거를 비울식(41. 2). 이러한 예들은 '보이-(使見)>뵈->빈'와 같은 비원순화를 반영한 것으로 해석된다. 이와 같이 어두음절에 적용된 변화는 양순자음 'ㅂ'의 특성 때문에 촉진된 것 같다. 이러한 유형은 19세기 후반의 Putsillo(1874)에서도 관찰된다. 뵈, 빈(布, p.459); 모미리, 미미리(p.123); 푀(票, p.21).

규칙이 적용되기 이전에 연결되었던 것으로 조만간 새로운 어간모음 '우'에 적용하기 위해서 '맛추워'와 '가추워'의 방향으로 이동하여 가는 과정을 나타낸다. 이러한 재조정의 과정은 모음상승이 생산적으로 적용되던 19세기 후기 남부와 북부 등의 지역방언에서 어간모음 '오'를 갖고 있었던 용언들의 활용형에서 일반적으로 확인된다. 박고와(규합총서 5ㄴ) ∽ 박구어(좌동. 15ㄴ), 쓸 거슬 박구와(예수셩교젼셔, 로마서 1: 26), 이 못슬 잘 갓구와(가꿔, 판, 춘남. 2).

또한, 김병옥의 『춘향뎐』에서 용언 '되-'(化)와 'ᄒᆞ-'(爲)의 어간 다음에 부사형 어미 '-여'가 일관성있게 연결되었다. 보옥갓치 사랑ᄒᆞ여(35. 1), 그 글에 ᄒᆞ엿시되(38. 1), 하늘이 인도ᄒᆞ여(16. 3); 신하되여(3. 4), 훈슘이 바롬되여(24. 2).[37] 따라서 김병옥의 『츈향뎐』은 이와 동일한 'ᄒᆞ여'와 '되여' 활용형들만 보여 주는 경판본 『춘향젼』(16장본)과 가장 근접되어 있다. 그 반면, 완판본 계열의 고소설 부류에서 이러한 활용형들은 'ᄒᆞ여 ∽ ᄒᆞ야' 및 '되여 ∽ 되야'와 같은 변이를 비슷한 출현 빈도로 부단히 표기상에 반영시키고 있었다. 공즁을 향ᄒᆞ여(조웅 3.1ㄱ) ∽ 공듕을 향ᄒᆞ야(구운몽, 상. 7ㄱ), 마음이 도고하야(수절가, 상. 39ㄴ) ∽말좀 하여 봅시다(수절가, 상. 39ㄴ), 시장ᄒᆞ여(병오, 춘. 27ㄴ) ∽ 불안ᄒᆞ야(병오, 춘. 28ㄴ); 장부가 되얏고나(병오, 춘. 29ㄱ) ∽ 죽게 되어쁘니(병오, 춘. 25ㄴ), 죽게 되얏단 말을 듯고(병오, 춘. 18ㄱ) ∽ 죽게 되엿난듸(병오, 춘. 18ㄱ). 그러나 완판본 계열에서도 'ᄒᆞ-'의 과거형은 이미 대부분 'ᄒᆞ엿-'형으로만 단일화되어 실현되는 점이 주목된다. 글졔으 하여씨되(수절가, 하. 22ㄴ), 조흔 말을 하엿시니(수절가, 상. 34ㄱ), 당부ᄒᆞ엿더니(병오, 춘. 32ㄱ), 허 힝홀번 ᄒᆞ엿다(병오. 춘. 25ㄴ).

---

37) 또한, 'ᄒᆞ-'(爲)의 과거형인 '하엿-'의 변이형 '히어-'가 김병옥의 『츈향뎐』에서 발견된다. 의 복티장 아니 히어시나(26.8). 이러한 형태는 19세기 후기 전라방언 자료에서도 다음과 같이 확인된다. 살히코져 히여더니(판, 赤. 456).

|3| 김병옥(1898)에 반영된 형태·통사적 특질과 방언 어휘

3.1 형태·통사적 특질의 독자성과 상대성

3.1.1 미침법의 보조적 연결어미 '-기'

어떤 동작이나 상황에 미침을 나타내거나 사역의 의미를 갖게 하는 보조적 연결어미(허웅 1975: 602; 안병희·이광호 1990: 315) 또는 부사형성의 어미 '-게'형이 김병옥의 『츈향뎐』에는 다음과 같이 '-기'로 출현하였다.

> (20) 연셕 말좌에ㄴ <u>안기</u> ᄒᆞ옵소셔(56. 4)
> 월노승 <u>길기</u> 미자 빅년동낙하여 보자(16. 4)
> 월노승 <u>길기</u> 미자 빅년동낙할지니(21. 4)
> 실힝 <u>말기</u> ᄒᆞ옵ᄂᆞᆫ 것이(28. 7)
> 부모 나를 나으샤 셰샹의 <u>용납ᄒᆞ기</u> 하셔시니(3. 8)

이러한 연결어미 '-기'의 등장은 중세국어 '-긔/-긔'와 '-게' 두 가지 계열 가운데 '-긔'로부터 발달된 형태로 생각된다. 피상적으로 볼 때, 중세국어에서 이 두 형태는 동일한 문헌 가운데에서도 수의적으로 교체되었지만, 그 교체를 조건 짓는 정확한 형태·통사적 환경은 규명되지 않는다. 위의 (20) 예문들의 형태로 소급되는 중세국어의 '-긔'형은 '-게'에 비하여 그 당시에도 출현 빈도가 매우 낮았다. 涅槃 得호물 나 곧게 ᄒᆞ리라(釋譜詳節 6: 1ㄴ), 샹재 두외에 ᄒᆞ라(좌동. 6: 1ㄴ) ∽ 부텨 ᄀᆞ타시긔 ᄒᆞ리이다(상동. 6: 4ㄱ), 神力으로 두외의 ᄒᆞ산 사ᄅᆞ미라(좌동. 6: 7ㄴ).

김병옥(1898)에서의 '-기'형의 존재는 Kazan' 계열의 자료에서는 쉽게 확인되지는 않지만,[38] 김병옥이 편집한 『한국에 대한 정찰, 로한사전』(1904)에서 (King 1991: 392)와 1930년대에 수집된 함북방언의 구술 자료에서 그 모습이 어느 정도 확인된다.

> (21) a. [onal tøki-hao](오늘 되게 하오)
> [kot-ki kalk'a](곧게 갈까?)
> [alki hao](알게 하오)
> cf. [amoto moroke](아무도 모르게)
> b. 제 그림재르 보니 제 머레- 두 귀 길기 벋더데서 거져 뿔이 난 것
> 텨름 배왓소(「한글」 1권 9호, p.372)[39]

그 반면에 경판본과 완판본 계열의 『춘향전』에서 이 연결어미는 통상적인 '-게'형으로만 출현하였다.[40] 따라서 김병옥(1898)의 '-기'형은 King(1991: 392)이 지적한 바와 같이 함북방언의 형태론적 특징으로 간주된다. 그렇지만 방언형으로서 이러한 부사형성 또는 연결어미 '-기'는 일찍이 경남방언의 일대에서 관찰된 바 있다. 이병선(1971: 493-494)은 국어 부사형 어미의 유형과 분포를 기술하면서 경남방언에서 쓰이는 '-기'를 제2부사형 어미로 설정하였다.[41] 이러한 사실을 볼 때, 중세국어의 '-긔'에서 '-긔>-기'와 같은 단모음화를 통해서 발달된 이 문법형태의 분포는 함경도 뿐만 아니라 남부 경상방언에까지 확대된 것이 분명하다.

---

38) kazan' 자료에서 다음과 같은 예가 확인된다. haninimi narɨ ɘkki hɛɛkuna(하느님이 나를 얻게 했구나, 교과서 21. 24).

39) 이 구술 자료는 咸北 行營에 사는 吳世濬씨가 朝卷五 제25課에서 소개된 동화 "分數 모르는 토끼"를 행영 방언으로 바꿔 써서 「한글」誌 제1권 9호에 보고한 것이다. 본고의 각주 6)을 참조.

40) 치머리 곱게 비셔(수절가, 상. 5ㄱ), 밉시 잇계 잡바 짯코(좌동, 상. 5ㄴ), 요천의 풍등슬 잠계 잇고(상동, 상. 6ㄴ).

41) 이병선(1971: 493)은 경남방언에서 사용되는 부사형어미 '-기'의 용례들을 다음과 같이 제시하였다. 잘 살기 되었다, 내만 남기 되나? 더 크기 해라, 서로 좋기 지내라.
이병선(1971)은 이러한 형태들의 분포가 경북에서도 거의 동일하며, 또한 전남과 전북에도 널리 확대되어 있는 것 같다고 기술했으나, 필자는 적어도 전북 일대에서 이것의 쓰임을 확인하지 못했다.

3.1.2 시간관계 연결어미 '-명, -명셔'

'동시, 나열' 또는 '대립'을 뜻하는 연결어미 '-며'와 '면셔'가 김병옥의『츈향뎐』의 형태론에서 각각 '-명'과 '-명셔'로 생산적으로 사용되었다. 또한 이 자료에는 위와 같은 '-명'과 더불어 통상적인 '-며'가 쓰이기도 하는 상황을 아울러 보여준다. 그러나 여기서 '-며'가 출현하는 빈도와 분포는 '-명'에 비하여 낮고 제한되어 있다.

(22) a. 하인덜이 엄금ᄒ명 드리지 아니ᄒᄂ지라(55. 8)
　　　　기싱덜이 권쥬가를 부르명 술을 권할식(56. 7)
　　　　츈향이 쌈쟉 놀ᄂ 울명 ᄒᄂ 말이(59. 7)
　　　　슬피 울명 집으로 돌아 오니(22. 2)
　　　　글이던 ᄉ정을 셜화ᄒ명 즐기더라(61. 3)
　　　　형틀에 올녀놋코 형벌ᄒ명 항복ᄒ라 지촉ᄒ덜(36. 1)
　　　　니도련의 손을 잡고 낙누ᄒ명 ᄒᄂ 말이(53. 5)
　　b. 걸긱으로 단니명셔 허언망담 무슴일고(43. 7)
　　c. 슈졀이 무어시며 틍졀이 무어시냐(31. 1)
　　　　엇지 부모긔 공경치 아니ᄒ며 엇지 효셩으로 셤기지 아니ᄒᆯ이오(4. 1)
　　　　일국이 난시를 당ᄒ여도 님군을 비반치 말며 님군이 위틱ᄒ시면(3. 4)
　　　　간다ᄒ덜 아조 가며 아조 간덜 니즐소냐(20. 8)

(22)a에서 제시된 연결어미 '-명'의 쓰임을 (22)c에서의 '-며'와 대조하여 볼 때, 양자 사이에는 우선 몇 가지의 통사적 조건과 의미적 특징이 관찰된다. 즉, 첫 번째의 특징은 '-명'이 대부분 동일 주어 접속문에서 나타나며, '-며'는 비동일 접속문의 구성에 나타난다는 사실이다. 따라서 동일 주어 접속문의 '-명'이 보유하고 있는 적극적인 의미는 시간적 계기성이며, 동시에 동작동사에 연결될 경우에는 [동시]로 해석될 수 있다(이은경 1990: 25). (22)b에서 제시된 '-명셔'형도 동일 주어 접속문에서 사용되었는데, 이것은 중세국어에서 '-며'에

보조조사 '-셔'가 결합되어 동시 병열을 나타냈던 '-며셔'에 통상적인 형태소 n이 아닌 ŋ이 첨가되어 '-명셔'로 발달되었다고 생각한다. 그렇기 때문에 '-명셔'에 첨가된 ŋ은 근본적으로 '-며'에 연결된 형태소와 동일한 것이다.[42] 또한, 부사 '하물며'에 해당하는 형태에서도 ŋ이 첨가된 예가 김병옥(1898)에서 발견된다. 하물명 기싱의 몸으로서 슈졀이 무어시냐(29. 8).

그러나 (22)c의 예문들을 자세히 검토해 보면, 비동일 주어 접속문이라는 통사적 조건만으로 '-명'과 '-며'의 대립을 분명하게 나타낼 수 없음을 알게 된다. 즉, '슈졀이 무어시며 튱졀이 무어시냐'(31. 1)와 같은 복합문에서는 두개의 節을 이루는 주어가 각각 상이한 것이다. 그러나 '간다흐덜 아조 가며 아조 간덜 니즐소냐'(20. 8)에서는 선행절과 후행절의 주어가 동일한 인물이다. 따라서 '-명'과 '-며'의 출현을 조건 짓는 의미적 특징으로 (22)c에 출현하는 '-명'은 '-며'의 [동시]의 의미와 상반되는 [대립]을 김병옥의 방언에서 기본적인 의미로 한다고 제시할 수 있다. 또한, (22)a에서 사용된 '-명'은 동일 주어와 호응하는 두개의 서술어와 직접 연결되어 시간적인 [동시]의 의미가 강조되었다. 그 반면, '-며'는 비록 동일 주어가 복문에 출현한다고 하더라도 선행절과 후행절의 서로 상반된 명제의 대립을 전제로 하며, 동시에 이것은 시간적 성분과는 상관없이 선행절과 후행절을 대등하게 연결하는 기능을 담당한 것으로 보인다.[43] 이러한 연결어미 '-명'의 의미는 (22)b의 '-명셔'에서도 그대로 적용될 수 있을 것 같다. 즉, 이 예문에 출현하는 '-명셔'는 동일 주어를 갖고 있으며, 선행절과 후행절의 명제가 대립되지 않기 때문에 동시라는 시간의 성분을 의미하였을 것으로 생각한다.

---

42) 중세와 근대국어에서 출현하였던 복합적 연결어미 '-며셔'형들의 용법도 역시 동일 주어의 접속문에서 주로 발견된다(유창돈 1977: 316, 안병희·이광호 1990: 250).

43) 그 반면, 김병옥의 『츈향뎐』에 출현하는 연결어미 '-명'과 '-며'의 기본의미 유형을 King(1991: 368)은 필자의 해석과는 반대로 설명하였다. 즉, King(1991: 368)은 '-명'은 이것이 연결하고 있는 전후의 두 동사와 긴밀한 유대를 형성하고 있기 때문에 'while...'(...하는 반면에)의 의미로 해석될 수 있으며, 그 반면 '-며'는 선행절과 후행절의 동사들과 의미론적으로 거리가 있기 때문에 'and'(그리고)로 이해하면 가장 좋은 해석이 될 수 있다고 설명하였다.

(22)에서 '-명'과 '-며'의 출현을 지배하는 또 다른 중요한 통사적 차이는 두 가지 유형의 문장 구조의 차이에서도 찾을 수 있다. 연결어미 '-며'는 선행절과 후행절을 대등 구조로 연결하고 있는 반면에, '-명'은 선행 동사와 후행 동사와의 결속이 매우 긴밀하여(King 1991) 일종의 보조동사에서 볼 수 있는 의존성을 특징으로 하는 사슬 구조를 이룬다. 그러나 이러한 사슬 구조에서는 보조용언의 경우와는 달리 주된 의미 또는 정보의 역점이 후행 동사에 배정되며, 선행 동사는 부차적인 수식의 기능을 발휘하기 때문에 선행 동사와 후행 동사는 결과적으로 특이한 연속동사 구문(serial verb)을 형성하게 된다.[44]

김병옥(1898)에 반영된 이러한 '-명'의 의미와 기능은 Kazan'의 다양한 자료에서도 동일한 모습으로 나타난다. 따라서 이 형태는 King(1991)에서 지적된 바와 같이 여타의 다른 계열의 『춘향전』과는 상이한 전형적인 육진 또는 함북방언을 충실하게 나타낸 것이다.[45]

(23) kogɛri sugimyəŋ insa hagi(고개를 숙이며 인사하기, 소사전. 44)
   hundyɛ usumyəŋ marvɛ(훈장 웃으며 말해, 교과서 75. 91)
   namdyəni kip'ə hamyəŋ mar hagiri(기뻐하며 말하기를, 교과서 19. 20)
   kuyyɛ hamyəŋ purinin nyə-in myəŋ(귀여워하며, 소사전. 8)

일반적으로 비슷한 또는 상반되는 성격의 동사가 반복되어 일정한 동작의 계속됨과 반복을 부사적 첨어로 표현하는 방식으로 연결어미 '-며'에 형태소 ŋ이 첨가되어 중세와 근대국어를 통하여 사용되어 왔다. 이 례로 므르명 나ᅀᅮ명 네번 합젼ᄒᆞ매 니르러(如是進退至四슴, 동국신속, 충신 1: 12), 인개 손을 잇글고 업으명 안으명 ᄒᆞ더니(동국신속, 열여 6: 66). 그러나 김병옥(1898)에서 사용된 함북방언에서의 '-명'은 이러한 통상적인 반복의 기능과 아무런 관련이 없음을 특징으로

---

44) 연결어미 '-명'과 '-며'가 김병옥의 『춘향뎐』에서 보이는 이러한 통사적 차이는 전북대 이정애 교수의 지적에서 도움을 받았다.

45) 연결어미 '-명'과 '-명셔'형은 오세준씨가 동화 '分數모르는 토끼'를 함북 行營방언으로 바꿔 쓴 구술 자료 가운데에서도 다음과 같이 확인된다. 염쇠느 토끼 말으 듣구 머리르 <u>흔들명셔</u> "그거느 千萬不當한 말슴이우"...황쇠느 <u>웃으명</u> 對答으 하기르...(「한글」 1권 9호, p.371).

한다.46)

3.1.3 *處格*의 '-여'

김병옥(1898)에서 사용된 처격어미의 유형 가운데 '-여'의 형태가 일정한 음
운론적 환경에서 빈번하게 출현하였다. 이러한 처격형 '-여'는 다른 함북방언
의 자료들, 즉 김병옥의 『한국에 대한 정찰, 로한사전』(1904)과 19세기 후반에
간행된 Putsillo의 『로한즈뎐』(1874)에서도 등장하였다(King 1991: 392). 이러한 처
격형은 오늘날의 함북방언에도 그대로 존속되어 있는 것 같다. 정용호(1988:
196)는 함경도 방언의 특수한 여격형태로서 주로 노년층의 전형적인 방언 사
용자들에서 사용되는 '-여'의 예들을 다음과 같이 열거하고, 이것은 대체로 명
사 어간이 개음절로 끝나거나, 그 모음이 -i인 경우에 출현한다고 기술하였다.
그 시여 우리들으는(그 때에), 헨지여 나가보무(현지에), 해이여 참가하무(회의에). 김병옥
(1898)에 나타난 처격 '-여'의 용례들은 다음과 같은 두 가지의 유형들이다.

> (24) a. 허잡이 왕늬 흐옵기여 놀ᄂ 줌을 ᄭ엿ᄉ오니(47. 5)
>   고침단금 찬 자리여 줌이 업셔(39. 2)
>   차시여 구관삿도 승직후에(24. 3)
>   부유텬디여 탄싱ᄒ여(29. 3)
>   b. 뉴리잔 호박디여 자화주를 가득 부어(15. 1)
>   옥비여 자화주를 부어(18. 8)
>   공명을 어ᄂ ᄭ여 어드리오(40. 6)
>   이 ᄭ여(34. 5)
>   이십셰여 출가ᄒ여 슙십셰여 쑬롤 낫코(34. 8)
>   그 놀익여 흐여시되(15. 2)

---

46) 그러나 김병옥(1898)에 나오는 '-명셔'형은 18세기의 경상도 방언을 반영하는 해인사본 『염
   불보권문』(1776)에도 다음과 같이 등장하였다. 나무아비타불 흐명셔 닐오디(20ㄱ). 여기서
   이 '흐명셔' 형태의 방언적 유래가 간단하게 설명되지는 않지만, 그 문법적 기능은 김병옥
   (1898)의 예와 동일한 모습을 보인다.

당셰여 일싁이라(12. 2)[47]

처격의 '-여'가 출현하는 환경은 체언말음이 (24)a의 예들과 같이 -i 이거나, 또는 (24)b와 같이 이전 단계에서 -y로 끝나는 하향 이중모음이었던 어휘들에 한정된다. 따라서 '-여'의 형성은 이러한 음성조건에서 일찍이 형성되었던 처격의 변이형 '-예'에서부터 '-i, -y+yəy>-i, -y+jə'와 같은 동음생략을 통합적으로 수행한 과정에서 비롯된 것이다(King 1991: 355). 그렇기 때문에 이러한 현상은 19세기 당대에 실현되었던 공시적인 과정이 아니고, '애, 에, 외, 위' 등이 하향 이중모음이었던 단계로 소급되는 역사적 시간 심층을 보유하고 있는 化石形들임이 분명하다. 그리하여 17세기 초엽의 국어 문헌자료에서 김병옥(1898)에 등장하는 (24)와 동일한 성격의 예들을 다음과 같이 산발적으로 확인할 수 있다. 션비열 사룸 박공의 쭐이오...션비열 사룸 셔션원의 안해라(동국신속, 열여 6: 14), 션비열 사룸 인후의 ᄯ리라(동국신속, 열여도. 2), cf. 션비옐 사룸 뎡호의 안해라(좌동, 열여 2: 23).[48]

따라서 이러한 처격의 '-여'형이 함북방언에만 한정되어 사용되었을 특별한 음운론적 이유는 존재하지 않는다. 그렇기 때문에, 19세기 후반의 경상도 방언과 관련이 있는 再刊『交隣須知』와 『全一道人』등에서도 '-여'의 존재가 부분적으로 확인된다. 귀여 다히고 말ᄒᆞ면(재간, 교린 4. 12), 게를 궤여 담엇거눌(於櫃, 全一. 11). 또한, 이와 비슷한 시기의 평안도 방언을 보이는 Ross의 *Corean Primer*(1877)와 그 개정판 *Korean Speech*(1882)에서도 이 문법형태가 등장하고 있다. 셰국죵에여 쓰시(Primer, p.8), 쟈근 비여(p.63), 걸이여 나가(p.2), 걸이여 나가(p.55); 젼역 쩌여(Speech, p.18), 져 동픠여 갑시 얼미나(p.39).

그러나 19세기 후기 전라방언을 반영하는 완판본 계열의 『춘향전』과 고소

---

47) 함북방언에서 이러한 처격 '-여'형들은 King(1991: 392)이 지적한 바와 같이 김병옥이 편집한 『한국에 대한 정찰, 로한사전』(1904)에서도 반복하여 등장하였으며, 또한 이것의 쓰임을 19세기 후엽에 옛 러시아에서 간행된 Putsillo의 『로한ᄌᆞ뎐』(1874)에서도 쉽게 발견할 수 있다.

48) 이러한 '-여'형은 18세기 후반의 嶺南方言을 보여 주는 『十九史略諺解』(1772)에서도 확인된다. 희여(年에, 2. 68ㄱ), 쌔여(時에, 2. 71ㄴ), cf. 진혜왕 쌔예(2. 71ㄴ)

설 부류에 김병옥(1898)에 등장하는 (24)의 예들과 동일한 유형의 처격 '-여'형
이 생산적으로 확대되어 있다.49) 그 반면, 경판본『춘향전』에서 이러한 형태
의 출현을 전연 발견할 수 없는 사실이 완판본 계열이나 김병옥(1898)과 좋은
대조를 이룬다.

> (25) a. 죽기여 이르러도(삼국지 3. 29ㄱ)
>   니 줌치여 잇던이라(병오, 춘. 18ㄴ)
>   cf. 니 줌치예 수흥반 잇던이라(병오, 춘. 18ㄴ)
>   머리여도 쏘자보며(수절가, 상. 6ㄴ; 병오, 춘. 2ㄴ)
>   cf. 머리예도 쏘즈보며(별춘. 2ㄴ)
>   머리에다(수절가, 상. 8ㄱ)
>   상머리여 먹는다고(심청, 상. 20ㄴ)
>   어름 궁기여 잉어 엇고(심청, 하. 25ㄴ)
>   전역의 옥문간의 와겨기여 천번이나 당부 흐엿더니(병오, 춘. 32ㄱ)
>   b. 잇쩌여 도련임이(필사, 별춘. 209)
>   수리 우여 실여(초한, 상. 29ㄴ)
>   기여 물여(병오, 춘. 27ㄱ)
>   비여 나리소셔(삼국지 3. 40ㄴ)
>   흔창 조흘 고부여(심청, 하. 31ㄴ)
>   쐬여 쌘진 쥴 알고(길동. 34ㄱ)
>   귀여 징징(병오, 춘. 5ㄱ)
>   귀여 들이난듯(심청, 상. 23ㄴ)

---

49) 김병옥(1898)에서나 완판계열의『춘향전』과 고소설에서 본문에서 제시된 (24) 및 (25)와 같은
음성조건 이외의 체언들은 그 처격형으로 대부분 '-의'와 '-에'형을 취하였다. 먹은 후에(16.
1), 남원 쌍에(6. 6), 그 글에 하엿시되(22. 6) ∞ 녯적의(4. 2), 후원의(13. 5), 빈 방의(22. 4), 번
화훈 곳의(9. 2), 경셩의 올ㄴ 가시면(20. 3), 뒤의 셔고(13. 8), 등등. 이 가운데 체언 '우'(上)의
처격형은 '연못 우의'(14. 6)와 '가지 우에'(6. 5)와 같이 '-의'와 '-에' 두 가지가 사용되었다.
19세기 후기 전라방언 자료에서도 처격 출현의 사정은 김병옥(1898)에서와 대체로 동일한
것이지만, 전라방언에서 고유한 처격형 '-으'에 대해서는 최전승(1986: 36)을 참조. 처격 형
태의 이러한 다양한 변이 현상을 가장 잘 반영하고 있는 예 한 가지를 제시하면 다음과 같
다.
'빅에 오르며...빅의 나리고(삼국지 3. 40ㄱ) ∞ 빅으 올나(삼국지 3. 12ㄱ) ∞ 빅여 나리소셔(삼
국지 3. 40ㄴ)'

그 말 한마듸여 말궁기가(수절가, 상. 22ㄴ)
뒤여 훈 사롬은(심쳥A, 하. 3ㄱ)
　cf. 뒤의 훈 사롬은(심쳥E, 하. 3ㄱ)

(25)b의 예 가운데 '수리 우여'와 '훈창 조흘 <u>고부여</u>'의 예들은 매우 특이한 음성 환경을 보인다. 이것은 19세기 후기 전라방언 이전의 단계에서 '위예'와 '고뷔예'에서 각각 발달되었을 것이 분명하다. 이러한 처격형 '여'는 현대 전북 정읍 지역방언 등지에서 주로 노년층 화자들에 의해서 다양한 체언들의 유형에 연결되어 사용되고 있다. 옛날이는 서자 자식을 채용을 안 혀, <u>정부여서</u>(이평면 설화 13. 46), 그 <u>뒤여</u> 인자 강감씨가(이평면 13. 49), 삼일이 지난 <u>뒤여는</u>(이평면 15. 51), <u>양가여서</u> 잘 살았다는 그런 애기여(이평면 15. 52), <u>애초여</u> 강으서 나왔는디(이평면 24. 98), 그 양반이 <u>애초여</u> 그리갖고는(이평면 25. 99), <u>전대여다</u> 질머지고(이평면 14. 49).[50]

3.1.4 유정물 체언의 與格 '-긔'

김병옥의 『츈향뎐』을 특징짓는 또 다른 문법형태소로 유정물 체언에 연결되는 여격조사 '-긔'를 열거할 수 있다.

(26) 아비논 아달긔 웃쁨이오, 지아비는 쳐긔 웃쁨이라(2. 3)
　　님군은 만빅셩긔 부모시니 신하긔 웃쁨이오(2. 4)
　　츈향이 신관긔 현신ᄒᆞ니(26. 7)
　　부모젼 효도ᄒᆞ고 존댱긔 공경ᄒᆞ며(35. 2)
　　니도련이 츈향모긔 ᄒᆞ는 말이(55. 2)
　　cf. 무럽을 쓸어 도적의긔 항복ᄒᆞ와(32. 2)

위의 여격조사 '-긔'는 현대 함경도 방언에서 유정물 체언에 사용되고 있는

---

50) 이 구술 자료는 한국정신문화원에서 간행한 『한국구비문학대계』(1978, 5-7), 전북 정주시 정읍군편 가운데 주로 이평면에서 채집된 설화를 이용한 것이다. 이 구술 자료의 제공자들은 이평면에서 그 당시 토박이로 살고 있던 조철인(66세), 김상철(68세) 두 분이라고 한다.

고유한 '-게' 또는 '-끼'형과 일치한다. 김영황(1982: 147)과 정용호(1988: 195)에서 제시된 함북방언에서의 이러한 여격조사의 예를 일부 인용하면 다음과 같다. 내사 뉘게 주는겐지 모르잰:소(누구에게), 우리 마을 선수들끼 응원해야지비(선수들에게), 운전수끼 말하무 된다이(운전수에게).[51] 그렇다면 현대 함북방언의 처격 '-게' 혹은 '-끼'형은 김병옥(1898)에서 사용된 '-긔'로부터의 직접적인 발달이라고 생각된다. 그러나 본고의 §3.1.1에서 논의된 미침법의 보조적 연결어미 '-기'가 김병옥(1898)에서 이미 '-긔>-기'의 단모음화 과정을 거친 모습을 보여주는 사실을 상기할 때, 같은 자료에서 여격의 '-긔'형태가 이중모음으로 나타남은 이것이 보수적 성격의 표기일 가능성을 알리고 있다고 생각한다.[52] 김병옥(1898)과 비슷한 시기에 감행된 20세기 초엽의 Kazan' 자료들에서도 이와 같은 고유한 처격형이 등장하였는데, 이것은 현대 함경도 방언형과 같이 대부분 '-게'와 '-끼'로 출현하고 있었다.[53]

(27) a. nɛ-ge'(Dat. Loc), uri-ge'(Dat. Loc)
     cf. nəə-ge'(너에게, p.xiv)
   b. tyə sarim-k'e(p.xv), toŋsɛŋne-ge(p.xi)
   c. tsʰon-k'e(村, Dative)/adir-k'e(Dative), asi-ge(弟, p.vi), yəsi-ge
      (Dative), (이상은 「교과서」, p.viii)
      nɛge am-tʰargi tuuri phao(내게, 회화 51/351)
      katsʰabun tsʰone' sanin sarimk'e siy-dzibu kassumni(사름께, 회
      화 35/196)

---

51) 함북방언에서 유정물 체언에 연결되는 고유한 여격형 '-께'와 '-게'는 오세준씨가 咸北 行營 방언으로 작성한 동화 '分數 모르는 토끼'(「한글」 1권 9호)에서도 확인된다. 염쇠르 챠자가 보구 사슴께 하던 말과 같이… 황쇠게 가서 또 事져-에 말으 해-ㅅ소(p.371).

52) 그러나 이러한 '-긔'형은 Putsillo의 『로한ㅈ뎐』(1874)에서도 그 음성전사와 함께 확인된다. 말긔 나리오([mar-giy nario], p.609). 이러한 '-긔'형은 경판본 고소설에서도 사용되었다. 말긔 달고(京, 조웅. 23ㄱ), 말긔 나려(좌동. 24ㄱ).
19세기 후반 『로한ㅈ뎐』에 등장하였던 이러한 '-긔'형은 현대 함경도방언에서는 '-끼'로 다음과 같이 사용되고 있다. 말끼다 날래 짐으 실으라(말에다, 정용호 1988: 195).

53) 그러나 Kazan' 자료에서도 유정물 체언 다음에 연결되는 '-에게'의 변이형 '-으게'[-ige]형이 드물게 나타나기도 하였다. uɛnige tyoyin kʰari isəšə(寓人에게 좋은 칼이 있었어, 교과서 27. 34), han sarimuge kʰin čibi isəšə(한 사람에게 큰 집이 있었어, 교과서 55. 83).

ne nɨbiyge sɨy-nɨbiydəri innya?(누이게, 회화 27/132)
han su-tʰark'e sɨymi tə isəsyə(수탉께, 교과서 20. 22)

그 반면, 완판본 계열의 『춘향전』과 고소설 부류에서나 경판본 『춘향전』
등에서는 유정물 체언 다음에 오는 여격형태로 통상적인 '-의게 ∽-으긔'가
사용되었다. 완판본 계열의 자료에 따라서 여격조사 '-게'의 변이형들이 간혹
쓰이기도 하였지만, 이것은 존칭의 '-쎄'와 관련된 표기상의 문제로 생각된다.
원수게 하직ᄒ고(초한, 하. 20ㄴ), 부친겨 연유을 고하니(대봉, 하. 27ㄴ), 부인겨 사례ᄒ고
(대봉, 하. 28ㄱ), 왕계 주달ᄒ니(대성. 39ㄴ), ᄒ날게 축슈터니(판, 퇴. 252; 퇴가. 1ㄱ) cf. 전
하쎄 ᄒ직ᄒ고(병오, 춘. 23ㄱ).54) 그러나 근대국어 자료에서도 주로 피동문의 구
조에서 유정물 체언 다음에 이러한 '-게'의 형태가 다음과 같이 사용되기도
하였다. 아비게 스랑을 일허(소학언해 6. 22ㄴ), 예게 볼모 되엿더니(동국신속, 삼강. 충신
도. 1), 을싱이 예게 자피여(속삼강. 열여도 1ㄴ), 듕샹이 되게 자피어가(二倫, 규장각본. 7ㄱ).
특히 중세와 근대국어의 자료를 통하여 '믈'(馬), '개'(犬), '쇼'(牛) 등의 동물
들과 관련된 유정물 체언 다음에 '-게' 여격조사가 보편적으로 사용되어 왔음
이 주목된다.55) 이러한 사정은 19세기 후기 전라방언 자료들에서도 동일하게
지속되어 있는데, 여기서 '-게'형은 아래의 예들이 보여 주는 것처럼 피동구조
에만 국한되어 쓰이지 않았다.

(28) a. 사ᄅ미 몰게 ᄆᆞᆯ이며(구급방, 하. 15)
미친 개게 ᄆᆞᆯ린배 되여(동국신속, 열여 1: 57)
말게 언저 븓드러 가거늘(동국신속, 열여 3: 85)
나귀 노새게 메오ᄂᆞᆫ 큰 수릐(몽어노걸대 7. 2ㄱ)

---

54) 19세기 후반에 간행된 초기 국역성서의 격조사(평안도 방언을 반영하는)를 관찰한 정길남
(1992: 118-119)은 다음과 같은 체언에 여격조사 '-게'가 연결된 예들을 제시하였다. 하느님
게(82, 눅 4: 8), 션디게(82, 눅 6: 26), 텬사게(82, 눅 4: 2), 미귀게(82, 눅 4: 2). 그런데 이 가운
데 존칭의 개념이 없는 '미귀'에도 '-게'가 사용되었음이 주목된다. cf. 마귀에게(로쓰본, 눅
4: 2).
55) 그리하여 허웅(1989: 81)은 16세기 국어의 자리토씨 '-의게'의 유형들을 기술하면서, 단지 유
독히 '몰'(馬) 아래서는 '-게'가 쓰이는 수가 있음을 지적하였다.

개며 물게 니르려도(소학언해 2. 18ㄴ)
날마다 드리는 公木들도 무쇼게 시러(첩해신어 4. 24ㄴ)
쏘 엇던 물게 미아지 업고 쏘 엇던 약대게 삿기 업스뇨(八歲兒 6ㄱ)
쇠게 메오난 술위채(한청문감, 12: 25ㄱ)
b. 어리렁 츙정 걸는 말게 반부담 정이 지여(병오, 춘. 21ㄴ)
말겨 너려(대봉. 32ㄴ)
장수 황망이 말게 나려(삼국지 4. 10ㄴ)
말게 올나(삼국지 4. 10ㄴ)56)
독슈리 손힝긔게 구츠이 죽지 말고(판, 퇴. 310)

지금까지 19세기 말엽의 함북방언을 반영하는 김병옥의 『츈향뎐』과 20세기 초엽의 Kazan' 자료들에서 (26)과 (27)의 예와 같은 다양한 종류의 유정물 체언에 나타나는 처격형 '-게'이 중세와 근대국어의 단계에서 동물과 관련되거나 또는 피동 구조에만 한정되어 출현했음(28)을 관찰하였다. 그리고 김병옥(1898)과 대립되는 완판본 계열의 『춘향전』과 고소설 부류들 역시 처격 '-게'의 사용에 있어서 중세와 근대국어의 전통을 그대로 이어 받고 있었다. 그렇다면 19세기 후기와 20세기 초엽의 함북방언에서 적극적으로 사용된 처격 '-게' 용법은 다음의 두 가지 역사적 가능성 가운데 하나를 가리키고 있다고 생각한다. (ㄱ) 이 문법형태가 유정물과 무정물 체언의 구분이 없이 두루 쓰였던 중세국어 이전의 한 단계를 보여 주는 것이다. 또는, (ㄴ) 일부 한정된 용법을 갖고 있는 중세국어에서의 기능이 함북방언에서만 확대된 경향을 반영하는 것이다.

3.1.5 명사파생의 접미사 -i

단어형성법과 관련하여 함경도 방언의 형태론에서 가장 생산적이며 특징적인 영역은 개음절 어간과 폐음절 어간의 체언에 연결되는 접미사 -i에 의한

---

56) 19세기 후엽의 전북방언의 자료 『鳳溪集』(1894)에서 이 여격형은 '-쎄'로도 출현하였다. 말쎄 ㄴ려(16ㄴ).

파생법이다(小倉進平 1944, 정용호 1988). 이러한 접미사 -i에 의한 파생법을 거친
형태들은 19세기 후반 Putsillo의 『로한ᄌ뎐』에 매우 생산적으로 반영되어 있
다. 그러나 김병옥(1898)에서는 접미사 -i가 첨가된 전형적인 함북 방언형들의
출현은 다음과 같이 상당히 억제되어 있다.57) 따라서 이러한 형태론적 과정을
구어 그대로 풍부하게 반영한 완판계 고소설 등의 부류와 김병옥의 『츈향뎐』
은 분명한 대조를 이룬다.

> (29) a. 아위(弟) : 형은 아위를 사랑ᄒ고 아위ᄂ는 형긔 공경ᄒᄂ니
>   b. 월궁 황이(月宮姮娥) : 월궁 황이 구름밧긔 니돗ᄂ는 듯(12. 1)
>   c. 님지 : 님지 업ᄂ는 몸이 되어(17. 4; 20. 5)
>   d. 녀익(女兒) : 구리 쒸ᄂ는 뎌 녀익가(9. 1)
>   이녀자의 약한 간댱(23. 2)
>   이녀자의 약ᄒ 몸이(17. 6)
>   이녀자를 싱각ᄒ고(40. 5)

위의 예 가운데 '아위'(弟)형은 매우 특이한 단어형성법을 나타낸다. 이에 해
당되는 함경도 방언형들이 대체로 '동생'과 '아스, 애끼'(김태균 1986: 347; 함북
鏡城,「한글」5권 7호; 함남 咸興,「한글」6권 7호; 함남 定平,「한글」{3} 5권 3호) 등으로
사용되기 때문이다.58) 그러나 '아위'형은 김병옥(1898) 보다 먼저 24년 전의 함
경도 방언을 수록한 Putsillo의 『로한ᄌ뎐』(1874)에서 '아의'로 등록되어 있기
때문에 전혀 고립된 형태는 아니다. 아의르 션다, 아의를 비엿소(p.463). 또한, 이러
한 '아위'와 '아의'형과 관련을 맺고 있는 것으로 생각되는 방언형 '아이'를
1930년대의 평북방언에 대한 보고서에서 관찰할 수 있을 뿐 아니라, 이와 동

---

57) 이러한 사실은 김병옥 자신이 함경도 방언의 화자로서 명사에 연결된 파생 접미사 -i의 형
    태들이 보유하고 있는 함경방언의 전형적인 특질과, 이것의 사회 언어학적 기능을 숙지하
    고 있었음을 의미한다고 판단한다. 즉, 김병옥이 『한국어 독본; 츈향뎐』을 작성할 당시의 일
    차적 목적은 한국어 교육에 있었기 때문에, 여기에는 가능한 한 매우 격식적인 말의 스타일
    이 배려되었을 것이다.
58) 또한, Kazan' 자료에서도 '아우'의 육진 방언형은 [ɛk'i], [toŋsɛ](회화 31. 165)로 사용되었다.

일한 형태가 김이협씨가 편집한『평북 천자문』(1981)에서 다시 확인된다. 즉, 아우→아이, 동생(평북 碧潼,「한글」4권 10호); 아이, 제(弟, p.562). 만일 19세기 후엽 함경도 방언에 등장하였던 '아의' 및 '아위'형과 평북 방언형 '아이'형을 연관 시킬 수 있다면, 이러한 방언형들은 원래의 '아우'형에 접미사 -i가 첨가되어 어간말 모음이 -uy>iy(비원순화)>i(단모음화)와 같은 변화 과정을 거쳐왔음을 의 미한다.

이와 같이 일찍이 함경도와 평안도 방언에 등장하였던 '아위, 아의, 아이' 방언형들과는 대조적으로 19세기 후기 전라방언을 반영하는 완판계열의 고소 설 부류에서 이것은 통상적인 '아우'와 '동싱'으로만 등장하였다. 그러나 '아 위' 계통의 방언형들이 19세기 후반의『한불ㅈ뎐』(1880)에서와, 20세기 초엽의 경남 서부방언을 부분적으로 표출하고 있는『역대 천자문』(홍윤표 1985)에서도 등장하고 있는 사실을 보면 그 분포가 남부방언으로도 확대되어 있었을 것으 로 추정된다. 아으, 아오, 아이(한불, p.2); 아의 제(弟, 역대 19ㄴ).

(29)b의 '월궁 황이'는 19세기 후기 완판본과 경판본 계열의『춘향전』과 고 소설 부류에서 대부분 '월궁 항아' 또는 '월궁 황아'형으로만 출현하기 때문 에, 이것은 인명 '姮娥'에 접미사 -i가 첨가된 형태로 생각된다. 월궁 항아 업슬손 야(수절가, 상. 7ㄴ), 월궁 황아 셔황모며 마구션녀(심청, 하. 8ㄴ), 월궁의 항아를 싸라간가 (京. 심청, 5ㄴ), 항아는 어더 간고(판, 춘. 6).[59] (29)c의 '님지'는 '님ㅈ+-i → 님지'의 파생법을 보이는 것이다.[60] 이러한 파생법을 수행한 형태는 완판본『춘향전』

---

59) 김병욱(1898)에서 함북방언의 특징과 관련하여 '항이'(姮娥)가 '황이'로 과도교정(hyper-cor-rection)된 현상에 대한 언급은 King(1991: 287)을 참조. 그러나 이러한 유형의 과도교정은 본 문의 예에서와 같이 19세기 후기 전라방언형에서도 등장하였다.

60) 함북 방언형 '님지'형은 Putsillo의『로한ㅈ뎐』(1874)에서도 나타난다. 밧님지, 뎐쥐(田主, p.197). 명사파생 접미사 -i와 관련하여 Putsillo(1874)에 등록된 함북 방언형들을 살펴보면, 중세국어 의 단계에서 어간말 위치에 h을 갖고 있었던 명사들에 접미사 -i가 연결되는 경우에는 어간 말음과 직접 결합하여 이중모음을 형성하지 못하였다. 예를 들면, 긴 코이(鼻, p.147), 셔이 (西, p.187), 짜이(地, p.197), 노이(繩, p.47), 파이(蔥, p.289) 등등. 그러나 역시 'ㅎ' 종성체언이 었던 '니마ㅎ'(額)형이 Putsillo(1874)에서 어간말 위치에서 'ㅎ'의 흔적이 완전 소실되어 이중 모음을 경험하고 단모음화된 '니미'(p.283)로 등장하는 사실로 미루어 보면, '님지'의 경우에 도 이와 동일한 과정이 적용되었을 것이다.

(84장본)에서도 사용되었다. 형산 빅옥과 여슈 황금이 님지 각각 잇난이라(수절가, 상. 10ㄱ). (29)c와 완판본『춘향전』에 나오는 '님지'를 주격조사 -i가 체언어간 말음에 축약된 중세국어의 표기 방식을 반영하는 것으로는 볼 수 없다. 경판본 『춘향전』과 비판소리계 완판본 고소설 부류들과는 대조적으로, 김병옥의『츈향뎐』과 판소리계 고소설들에서는 이러한 표기 방식이 전연 사용되지 않았기 때문이다. 임지가 각각 잇셔거든(필사, 별춘향전, p.204).

(29)d의 예들은 '녀아'(女兒)에 파생 접미사 -i가 첨가된 경우와 한자음 '兒' 자체에 접미사 -i가 첨가된 통상적인 경우를 나타낸다고 생각한다.61) 특히, '유아'(幼兒)와 '여아'(女兒)형들은 19세기 완판본 계열의 고소설과, 이와 비슷한 시기에 작성되었고 그 시대의 평안방언을 반영하는 Ross본『예수셩교젼셔』(1887) 및 다른 유형의 필사본 고소설에서도 등장하였다. 따라서 이러한 유형의 파생 법이 함경도 방언에만 한정되어 고유하게 사용되었다고는 볼 수 없는 것이다.

> (30) a. 십셰 유익가 어른을 당ㅎ다라(대성, 3ㄴ)
>   여익 혼사를 이루고자 ㅎ더니(대봉, 상. 23ㄱ)
>   b. 녀익를 주며 녀익 쎠 어맘의게 들이거날(예수셩교, 말코 6: 28)
>   녀익 밥을 주라(예수셩교, 말코 5: 43)
>   c. 요망흔 이여자을 싱각ㅎ여(필사본. 수겡옥낭좌전, 9ㄱ)
>   낭군이 이여자을 싱각ㅎ여(상동. 12ㄴ)62)

그 반면, 김병옥의『츈향뎐』에서는 위의 (29)의 예들을 제외한 여타의 다른 명사형들에는 자신의 함북방언에 생산적으로 사용되었을 개연성이 있는 접미 사 -i에 의한 방언형들을 전연 반영하지 않았다.63) 예를 들면, 『츈향뎐』에 등

---

61) 한자음 俗音들이 하나의 형태소로서 한자음 학습과정에서 전통적으로 접미사 -i가 첨가된 단어 형성규칙에 대해서는 최전승(1995: 344)을 참조).

62) 필사본『수겡옥낭좌전』은 慶南大本으로『가야문화』제9집(1992)에 영인되었으며, 그 곳에서 이 자료가 나타내고 있는 언어적 내용에 대한 다각적인 검토가 공동연구(pp.5-112)로 행하여졌다. 그 결과 이 자료는 언어의 제 층위에서 경상도 방언적 요소가 농후함이 규명되었다.

63) King(1991: 374)은 김병옥의『츈향뎐』에 출현하는 '뉘'(誰)형 역시 접미사 -i를 갖고 있는 방언형으로 간주하여, 이 형태 역시 전형적인 함경도 방언형으로 설정하였다. 네절을 뉘가 알

장하는 '복수화 솟치'(8. 5)와 '잉도화'(13. 5)형들은 Putsillo의 『로한즈뎐』(1874)에 따르자면 다음과 같이 접미사 -i가 첨가된 형태를 김병옥의 口語에 갖고 있었을 것으로 생각된다. 봉선홰(p.11), 국홰 ∽ 국홰쏘지(p.7), 두견홰 ∽ 두겨니(p.227), 희당홰(p.689). 그리고 김병옥의 『츈향뎐』에 접미사 -i의 관여 없이 등장하는 '신하'(臣下, 2. 3)형은 Kazan' 자료에서는 [šiynɛri](신하를, 교과서 29. 38)와 같이 사용되었다. 이러한 사실들로 미루어 볼 때, 김병옥은 『츈향뎐』에서 자신의 문어체에 가까운 격식어를 구사했을 것으로 추정된다.

3.2 함북방언 어휘의 독자성과 상대성

필자가 접미사 -i의 파생법과 관련하여 김병옥의 『츈향뎐』에서 표출된 언어 내용에 대하여 가정한 전반적인 격식체 스타일은 여기에 반영된 방언 어휘들의 영역에도 적용되는 것 같다. 그리하여 김병옥(1898) 전체를 통해서 발견되는 가장 특징적인 함북 방언형은 다음과 같은 '구리'(鞦)형의 출현이다.

> (31) 츄쳔을 놉피 미고 차례로 구리 쒸니(8. 2)
>   슈양속의 구리 쒸는(9. 1)

'그네'의 현재 함북 방언형은 대체로 '굴기'와 '굴리/구리/굴레'의 두 가지 유형으로 사용되고 있다. 그네 → 굴기, 굴레(함북 吉州, 「한글」 4권 6호); 굴기, 굴리(함북 鏡城, 「한글」 5권 7호). 김태균(1986: 85)에서 '구리'형은 함북의 온성과 종성에 걸쳐 분포되어 있다. 이러한 함북 방언형들은 중세국어에서 사용되었던 '글위'와 직접적인 관계를 맺고 있다. Putsillo의 『로한즈뎐』(1874)에서 제시된 '츄

며(31. 2), 니별은 뉘 닉엿노(22. 8). 그러나 완판 계열의 『춘향전』에도 일반적으로 이러한 '뉘'형이 사용되었다. 그 안의 뉘 잇나(수절가, 상. 30ㄴ), 니라니 뉘신가(수절가, 상. 30ㄴ), cf. 자닉가 뉘기여?(수절가, 상. 30ㄴ)

쳐니, 굴긔, 그니' 가운데 '굴긔'형이 오늘날의 '구리'의 선행 형태가 분명하기 때문에, '굴긔'의 이전 형태는 *글귀'로 쉽게 소급된다. 따라서 김병옥(1898)에 등장하는 '구리'형은 *글귀>글위>*굴위>굴의>구리'와 같은 과정을 거친 형태이다. 또 다른 유형 '굴기'형은 g가 선행하는 r 뒤에서 유성 마찰음화를 수행하지 않은 상태를 나타낸다. 그 반면, 완판본 『춘향전』(84장본)에서 '그네' 는 전형적인 전남과 전북방언형 '근듸'로 등장하였다. 근듸 바람이 독흐기로...근 듸쥴 붓들러라(수절가, 상. 8ㄴ). 김병옥(1898)에서 사용된 어휘들 가운데에 구개음 화 현상과 관련하여 전형적인 함북 방언형을 반영하는 또 다른 예는 중세국 어의 '디나-' 또는 '디나 가-'(過)에 대한 '기나-'와 '기나 가-'의 존재이다. 완판 본 『춘향전』계통과 고소설 부류에서도 k-구개음화와 관련된 다양한 유형의 과도교정형들이 등장하였지만, '기나-'의 경우는 사용된 바 없었다(최전승 1996: 429-449).

   (32) 숨년이 기낫도다(19. 3)
        빅년이 기느도록(18. 3)
        이팔 청츈 기나가면(40. 5)

   김병옥이 편집한 『한국에 대한 정찰, 로한사전』(1904)에서도 역시 '기나-'형 이 등장하고 있다. [kina-kal'man hao]?(King 1991: 393). 황대화(1986: 163)의 부록에 제시된 동해안 방언 자료 가운데 위의 '기나다, 기나가다'형은 六鎭 방언형으 로 등록되어 있다.[64] 이 형태는 King(1991: 374)이 지적한 바와 같이 과도교정형 이 분명하다. 그러나 김병옥의 『츈향뎐』에서 k-구개음화 현상이 적용된 예는 전연 등장하지 않았다. 이러한 사실은 '기나-'(過)와 같은 k-구개음화의 과도교 정형과 k-구개음화 현상이 같이 반영되어 있는 일부의 Kazan' 자료의 예들과 일치하지 않는다.[65]

---

64) 김태균(1986: 450)에서 '기나가다' 함북 방언형은 주로 '성진, 경원, 종성, 무산' 등지에 분포 되어 있다.

(33) a. kinan tare(지난 달에, 소사전. 65)

kina gagi(지나 가기, 소사전. 92)

kina karman hanya?(지나 갈만, 회화 37. 218)

kina kanin(지나 가는, 회화 21. 84)

b. honsɛri tʃinɛšə(혼사를 지냈어, 교과서 62. 82)

mari tʃəndiydi mot hagu(말이 견듸지 못하고, 교과서, p.8)

따라서 이러한 김병옥의 『츈향뎐』에 등장하는 '기나-'(過)형은 고유한 함북 방언형이 분명한 사실이지만, 19세기 후반 전라방언의 특징을 매우 풍부하게 보이는 필사본 『박흥보전』(丙辰九月二十二日 謄)에서도 이 과도교정형들이 발견되는 사실이 주목된다.[66] 십여일 기닌 후의(145ㄴ), 엄동도 다 기닌고(141ㄴ), 호강으로 기닌난듸(140ㄱ), 곤궁으로 기닌더니(138ㄴ), 말만흔 움막집의 긔한으로 기닐 젹의(135ㄴ). 병진본 『박흥보전』에 이와 같이 등장하는 '기나-'형들과 김병옥의 『츈향뎐』 및 20세기 초엽의 Kazan' 자료들에 출현하는 (32)와 (33)의 예들의 관계는 규명하기 어려운 것이다.

그밖에, 김병옥의 『츈향뎐』에 출현하는 고유한 함북 방언형으로 '허잡이'를 들 수 있는데, 이 형태의 쓰임은 움라우트 현상과 관련하여 본고의 §2.4에서 제시된 바 있다.[67] 현대국어에서 수행된 '우ㅎ(上)>위'의 변화는 매우 특이한

---

65) 이러한 유형과 관련하여 20세기 초엽에 간행된 Kazan' 자료 중에서 Azbuka dlja korejtsev(한국인을 위한 철자 교과서, 1902)의 머릿말에서 k-구개음화 현상과 관련된 몇몇 어휘들에서 교체되는 가능한 두 가지의 발음 [t] // [tʃ]을 대비하여 제시한 해설이 주목된다. 이 두 가지의 발음들 중에서 Azbuka(철자 교과서)에서는 [k] 발음을 채택하였으며, 이에 해당되는 [tʃ]은 '정오표'항목에 배열하여 놓았다고 하였다. 이어서 다음과 같은 예를 열거하였다(그러나 Azbuka의 본문에서는 k-구개음화 현상이 간혹 반영되었다).

채용된 발음	가능한 발음	
kina-	tʃina-	'지나'
kidurguəšə	tʃidurguəšə	'기다리다'
kinɛšə	tʃinɛšə	'지내서'

66) 이 필사본 자료는 한국어문학회에서 편집하여 영인한 『古典小說選』(1972, pp.134-147, 형설출판사)에 수록된 것을 이용하였다.

67) 이 어휘는 완판본 『춘향전』에서는 '허수이비'로 사용되었다. 문우의 허수이비 달여 뵈고(수절가, 하. 22ㄱ), 문우의 허수이비 달여씌면(수절가, 하. 22ㄱ)

것인데, 김병옥(1898)에서 이 형태는 여전히 '우'로 사용되었다. 가지 우에(6. 5), 츄쳔 우의(8. 4), 연못 우의(14. 6). 그런데 이 방언형은 Putsillo의 『로한ᄌ뎐』(1874) 와 20세기 초반 Kazan' 자료에서 '우이'(p.49) 또는 다음과 같이 [ui]로 나타난다. ui(위, 소사전. 9); u, ui(소사전. 126). 중세국어의 단계에 'ㅎ' 종성체언이었던 형태들에 접미사 -i가 연결되면 Putsillo(1874)에서 이 형태들은 h의 지속적인 간섭 때문에 각각 '노이'(繩), '파이'(蔥) 등으로 실현된다(본고의 각주 60을 참조). 따라서 현대국어에 일어난 '우ㅎ>위'의 변화에는 '우ㅎ'(上)에 파생 접미사 -i가 붙은 형태론적 과정의 결과로 이해된다. 김병옥(1898)에서 사용된 명사 '우'(上)의 굴절 형태들은 19세기 후기 전라방언 자료에서도 동일한 모습을 보인다. 수리 우여 실여 가ᄂᆞᆫ지라(초한, 상. 29ㄴ), 수리 우의 놉피 실코(충열, 상. 25ㄴ), 홍장 우여 거러 논니(수절가, 하. 23ㄴ), 홍장 우의 거러 노니(병오, 춘. 22ㄴ).

|4| 결 론

4.1 지금까지 필자는 김병옥의 『츈향뎐』에 반영된 함북방언의 음운론과 형태·통사론의 특질들을 비교 방언학의 관점에서 검토하고, 이러한 유형들이 전통적인 완판본 계통의 『춘향전』 이본들이 보이는 원형으로부터 함북방언의 『츈향뎐』으로 변모되어 가는 모습을 살펴보았다. 그리고 필자는 김병옥(1898) 에서 추출된 이러한 특질들을 지역방언이 보유하고 있는 고유성과 독자성의 기준에서 그 보편성의 원리를 이해하려고 시도하였다.

우선, 김병옥(1898)의 언어는 같은 계통의 20세기 초엽의 Kazan' 자료들에서 정확히 음성전사된 언어의 상태와 현저한 대조를 이룬다. 그러한 대조는 함북 방언의 음운론과 형태론의 質的인 유형에서도 분명히 드러나지만, 사용의 빈도수 또는 정도의 차이를 나타내는 量的인 유형에 기인된 것도 상당하다. 그 이유는 한국어 교육에 중심을 둔 김병옥(1898)과 실용적인 함북방언의 회화 습득에 목적을 둔 Kazan' 자료와의 차이에 대부분 근거하는 것이다. 따라서 김병옥(1898)에 반영된 언어 제 층위에서의 특징은 문어체 또는 격식체로 사용된 함북방언이다. 그렇기 때문에 김병옥(1898)에 함북방언의 음운론과 형태・통사론적 특질이 부분적으로 관찰된다면, 이것은 부차적인 것이고, 김병옥 자신의 부주의 또는 함북 방언 토박이가 갖고 있는 제약으로 형성된 것으로 생각된다.

예를 들면, 김병옥(1898)에서 주격과 목적격 조사들은 Putsillo(1874)에서나 Kazan' 자료에서와 같이 전형적인 함북 방언형을 보여 주지 않고, 오로지 전형적인 문헌어의 표기 방식만을 따르고 있다. 또한, Kazan' 자료에서는 육진 또는 함북방언의 특징적인 상대 경어법 체계에 따른 다양한 종결어미들을 보여 주지만, 김병옥(1898)에서는 이러한 유형을 전연 배제시키고 있다. 그뿐 아니라, 19세기 후기 함북방언에서 생산적인 움라우트 현상과 명사파생 접미사 -i에 의한 형태론 역시 김병옥(1898)에서는 극히 한정된 양상만 출현하였을 뿐이다. 이러한 사정은 김병옥 자신이 그가 편집한 『츈향뎐』에서 이러한 함북방언적 현상을 가능한 배제시키려고 의식적으로 노력하였기 때문에 형성된 것이다. 따라서 김병옥(1898)에 반영된 모음조화 현상과 모음상승(비어두 음절 위치) o>u 등이 당대의 함북방언과는 거리가 먼 보수적인 모습만을 보일 수 밖에 없는 것이다.

그렇기 때문에 필자가 제2장과 3장에서 검토한 김병옥(1898)의 음운론과 어휘 그리고 형태・통사론적 특질들은 김병옥 자신의 의도와는 상관없이 노출된 것으로 이해된다. 따라서 전라방언으로 이루어진 판소리 사설이 그대로 판소리계 『춘향전』과 여타의 고소설들의 언어로 수용된 완판본 계열과 김병옥의 『츈향뎐』의 언어 사이에는 현실어의 반영의 차원에서 근본적인 차이가 존재한다.

4.2 김병옥(1898)에 반영된 음운론적 특질 가운데에서도 '눕-'에 대한 '늡-'의

어간, t-구개음화의 비실현 및 'ㄷ, ㅈ, ㅊ' 자음 계열 뒤에서 일관된 하향 이중 모음의 유지 등은 다른 지역방언들과 비교에서 완전하게 존재하거나 완전하게 존재하지 않는 質的(qualitative)인 대상이 될 수 있음을 보이고 있다. 그 반면, 김병옥(1898)에 투영된 언어 사실 가운데 문법의 영역에서 시간관계의 연결어미 '-명'과 유정물 체언에 붙는 여격의 '-긔' 등은 다른 지역방언에서 확인할 수 없는 분명한 독자성을 보유하는 質的인 대상이다. 그러나 같은 문법의 영역에서도 일정한 조건에 출현하는 처격의 '-여'와 명사파생 접미사 -i에 의한 파생법은 어느 정도 그러한 경향이 강하게 혹은 약하게 나타나는가 하는 상대적인 計量的(quantitative) 대상임이 분명한 것이다.

이러한 판단은 김병옥(1898)의 함북방언의 어휘에서도 확인할 수 있다. 특히, 여기에서 등장하는 '구리'(轡)형은 함북 또는 육진방언에서만 관찰될 수 있는 독자적인 방언형이다. 이러한 관점에서 일정한 방언자료가 나타내고 있는 방언 특질의 고유성을 측정해 볼 수 있는 위계상의 척도, 즉 "문법형태>어휘>음운현상"에 대한 가정은 문헌 자료의 성격에 따라 조심스럽게 사용되어야 할 것으로 생각한다.

본고의 남은 문제로 김병옥(1898)이 보여 주는 엄격한 문어체 또는 격식체의 스타일 가운데 어떻게 본고의 제2장과 3장에서와 같은 함북방언의 음운론과 문법적 특질이 드러날 수 있었는가에 대한 규명이 실시되어야 하겠지만, 여기까지 필자의 여력이 미치지 못하였다.

참고문헌

곽충구(1986), '<노한회화>와 함북 경흥방언', <진단학보>, 62.

_____(1994), <함북 육진방언의 음운론, - 20세기 초 러시아의 Kazan에서 간행된 문헌자료에 의한->, 국어학 총서 20, 태학사.

김동욱(1976), <춘향전> 연구, 연세대학교 출판부.

김영배(1984), <평안방언 연구>, 동국대학교 출판부.

김영황(1982), <조선어 방언학>, (복사본).

김이협(1981), <평북방언사전>, 한국정신문화원.

김태균(1986), <함북방언사전>, 경기대학교 출판국.

백두현(1992), <영남문헌어의 음운사 연구>, 국어학 총서 19, 태학사.

안병희(1957), '중간 <두시언해>에 나타난 구개음화에 대하여', <일석 이희승선생 송수기념논총>, 일조각.

유탁일(1990), <완판 방각소설의 문헌학적 연구>, 학문사.

이병선(1971), '부사형 어미고', <김형규박사 송수기념논촌>, 일조각.

이은경(1990), '국어의 접속어미 연구', <국어연구> 97호, 서울대 대학원.

전광현(1970), '<권념요록>에 대하여', <낙산어문> 제2집(서울대 국문과).

정용호(1988), <함경도 방언 연구>, 교육도서출판사.

최명옥(1994), '19세기 후기 국어의 자음음운론', <진단학보>, 78집.

최임식(1984), '19세기 후기 서북방언의 모음체계', 계명대 대학원 석사논문.

_____(1994), <국어 방언의 음운사 연구>, 문창사.

최전승(1975), '중세국어에서의 이화작용에 의한 원순성 자질의 소실에 대하여', <국어연구> 33호, 서울대 대학원.

_____(1986), <19세기 후기 전라방언의 음운현상과 그 역사성>, 한신문화사.

_____(1995), <한국어 방언사 연구>, 태학사.

최학근(1978), <한국방언사전>, 현문사.

황대화(1986), <동해안 방언여구>, (복사본).

허 웅(1989), <16세기 우리 옛말본>, 샘문화사.

宣德五(1986), '朝鮮語六鎭話的 方言特點', <民族語文> 5.

小倉進平(1944), <朝鮮語 方言의 硏究>, 巖波書店.

田島泰秀(1918), '함경북도의 訛言', <朝鮮教育硏究會 雜誌> 2월호.

King, J. R. P.(1991), *Russian Sources on Korean Dialects*, Unpublished Hard University Ph.D Dissertation.

제 12 장

『韓國方言資料集』의 성격과
한국어 지역방언의 實相
— 『한국방언자료집』 I ∞ IX 완간에 즈음하여 —

|1| 서 론 : 『한국방언자료집』 완간의 의미

　1978년 한국정신문화연구원의 창설과 더불어 어문연구실의 장기사업의 일
환으로 道別 1권 전체 9권으로 계획된 『전국방언조사연구』가 1987년 전라북
도 편과 충청북도 편의 간행을 기점으로 결실을 맺기 시작하여 드디어 1995
년에 경기도 편과 제주도 편이 출간됨으로써 17년 만에 전체가 완간되었다.
거의 20년에 가까운 오랜 세월 끝에 이룩된 『전국방언조사연구』의 한 단계
완성을 주위에서 지켜보기만 했던 필자도 이 거대한 사업을 적극적으로 계획
하고 참여한 수많은 실무자들과 현지 방언조사원들 못지 않은 감동과 긍지를
느낀다. 이 사업의 일차적 완성에 대한 뜻 깊은 감회와, 진행 경과 및 회고는
맨 나중에 출판된 제주도 편(IX)에 실린 송기중 교수의 "『한국방언자료집』 완
간에 붙여"(pp.3-5)에 잘 나타나 있다. 필자 또한 이 일에 적극적으로 참여하신
모든 분들께 그 동안 흘린 땀과 희생적인 노력에 진심으로 위로와 감사의 말
씀을 드린다.

출간된 各道의『한국방언자료집』마다 실려 있는 이병근 교수의 "『전국방언 조사연구』의 經緯"에는 전체 9권으로 구성된 이 방언자료집의 치밀하고 철저 한 연구계획과 목표, 방언조사를 위한 內規, 조사원의 채용과 연수의 과정, 『한국방언조사 설문지』의 편집, 현지조사의 방침과 그 경위 등이 상세하게 기 술되어 있다. 또한, 전국방언조사연구의 사업과 더불어 간행된 방언학 전문지 『方言』창간호(전국 방언 연구협의회 특집)에서부터 중단된『方言』8집(1985)에 이 르기까지 여기에 기고된 논문들에서『한국방언자료집』의 성격과, 『한국방언 조사 설문지』의 체계적인 검토와 그 수정, 그리고 이 사업의 진행 과정 등이 잘 반영되어 있다. 한국정신문화원에서 주관한 이러한 전국방언조사의 일차 적 목적은 한국방언지도를 편찬하고, 전국의 방언적 특질을 규명하는 데에 있 으며, 이번에 완간된 방언자료집은 그 초석을 이루는 준비 단계에 해당된다고 한다. 이와 같은 연구의 목적에 따라서 여기서 실시된 방언조사 지역, 조사의 방법과 그 내용, 질문지의 성격, 제보자, 조사원의 선정 등이 일정한 제약 하 에서 수반되었다고 생각한다.

우선, 이 방언자료집의 자료 내적 특징을 대략 간추리면 다음과 같다. (1) 전국의 郡 단위를 1개 조사지점으로 하는 廣域 방언조사이며, 각 지역 당 1인 의 제보자 선정을 원칙으로 하였다. (2) 1년 6개월 동안 준비해서 공개한 規範 的인『한국방언조사 설문지』에 방언조사의 바탕을 두었다. (3) 일정한 기준으 로 선발된 방언자료 조사원들의 수준과 능력 및 면접 기술을 집중적인 연수 와 3차에 걸친 예비 실습 과정을 통하여 어느 정도 평준화시켰다. (4) 전국의 방언 자료가 동일한 질문지와 여기에 첨부되어 예시된 질문방식을 이용하여 가능한 균질적인 조건에서 채록되는 것이 이상적이라는 전제(이익섭 1979: 104) 를 견지하여 조사원의 수효를 각도의 방언조사에 1명 또는 경우에 따라서 2 명 정도로 국한하였다. 그리하여 전국적인 규모의 현지 방언조사에 단지 5명 의 선발된 조사원이 투입된 것이다.

이 사업이 준비되는 단계에서 일찍이 김완진(1979: 5-6)은 當局의 실질적인 뒷받침만 있으면 불가능하지 않는 理想的 방언조사의 요건을 다음과 같이 구체적으로 제시한 바 있다. 첫째, 충분한 능력을 구비한 집단의 집단적 노력으로 성취되어야 할 것. 둘째, 방언조사에 필요한 충분한 훈련을 쌓은 조사원들로 하여금 현지 조사에 임하게 할 것. 셋째, 자료의 신뢰도를 확보하기 위한 절대 필수적인 전제로 확인 과정을 게을리 하지 말 것. 넷째, 어휘, 음운, 문법, 의미 등 언어의 여러 차원에 걸친 방언 차이를 잘 부각시킬 수 있는 적절한 조사 항목이 설정되어야 할 것. 이번에 완간된 9권의 『한국방언자료집』에 대한 개략적인 평가를 위의 요건에 견주어 볼 때, 첫째와 두 번째의 요건을 이 자료집이 충분히 만족시킨다고 생각한다. 따라서 이 자료집에 반영된 언어의 모습은 자료상의 신뢰도와 정확성을 획득하였다고 말할 수 있다. 그러나 『한국방언자료질문지』의 성격에 해당되는 네 번째의 조건은 여기서 필자가 평가할 수 있는 영역과 문제가 아니다.[1] 따라서 필자는 다음 장에서 자료로서의 『한국방언자료집』에 대한 필자 나름의 관점에서 세 번째의 조건, 즉 확인 과정의 문제와, 여기에 최종적으로 정리된 자료들이 어떠한 면접의 과정을 거친 성격의 형태들인가를 실제 살아 있는 방언의 實相과 연관지어 사례 중심으로 논해 보고자 한다.

|2| 방언 자료 추출과 그 성격

『한국방언자료집』에 직접 참여한 조사원들이 공통으로 마련한 제보자의 선

---

1) 오랜 기간 동안 준비하여 온 『한국방언조사 질문지』가 1980년 6월에 간행되었고, 이것의 적절한 사용을 위해서 "방언조사방법의 이론과 실제"라는 주제로 공동토론회가 열린 바 있다. 여기서 발표된 주제 논문들은 『방언』 5집에 "『한국방언조사 질문지』의 성격과 수정 방향"이라는 표제 하에 실려 있다.

정 기준을 보면(곽충구 1984: 87), 여기서 수집 대상으로 하고 있는 方言이란 교
육을 별로 받지 못하였거나, 취업이나 군대 생활 등의 外地 경험이 없거나 적
고, 또한 표준어 혹은 인접 방언으로부터 영향을 직접 받은 적이 없는 순수한
토속적인 지역어로, 60대 이상의 연령층(주로, 男子)이 사용하는 전통적 개념이
다. 그리고 이 자료집에 반영된 해당 각 지역의 방언은 자연스러운 일상어라
기보다는 일정한 격식을 갖춘 면담의 상황 속에서 미리 준비된 질문지를 바
탕으로 하여 추출된 격식어의 스타일에 더 가까운 경우가 많다.2) 이러한 사실
은 어휘 항목에서 보다 통합적 음운론적 과정을 보이는 조사 항목들(특히, 비음
절화, 모음조화, 움라우트)에서 조사원과 제보자 사이에 수행되는 질문과 응답으
로 구성된 일련의 면담의 과정에 대한 녹음테이프를 자세히 들어 보면 쉽게
확인될 수 있다(이러한 문제는 3장에서 논의될 예정이다).

또한, 선별적인 성격을 갖는 광역방언조사로서 이 자료집은 郡 단위의 각
조사지점에서 주제보자를 대표적인 한 사람으로 국한시키는 원칙 때문에 자
료의 타당도의 관점에서 약간의 문제를 야기할 수 있다.3) 예를 들면, 전북의
남원군에서 선정된 제보자가 어떤 조사항목에 대해서 조사원에게 단답형식으
로 방언형 X를 제시했으며, 인근의 순창군 지역에서 또 다른 제보자가 동일
한 문항에 대하여 방언형 Y를 제시했다고 가정하기로 한다. 이러한 사실을 근
거로 하여 방언형 X와 Y의 분포에 대한 합리적인 等語線을 불연속적으로 작

---

2) 일반적으로 규모가 적고 안정된 농촌 지역이라고 하더라도 사회적 계층, 연령, 성별 등과 같
은 언어외적 요인과 연관되어 있는 말의 變異가 출현할 수 있다. 또한, 사회 방언학에서는 사
회적으로 동질적인 지역의 동일한 계층과 연령에 있다 하더라도 각각의 방언 사용자들은 자
신의 말을 상황(이야기가 일어나는 분위기, 話題, 상대방에 대한 친소의 관계 등)에 따라서 변
경시킬 수 있는 스타일상의 목록을 갖고 있다고 한다(Milroy 1992).

3) 방언자료집 매권마다 첨부되어 있는 이병근 교수의 "『전국방언조사연구』의 經緯"에 의하면,
광역조사로서의 전국방언조사라는 점을 고려하여 郡當 1개 지점과 지점당 1인의 제보자로
원칙을 삼았지만, 현지 조사원의 판단에 따라서 협조자를 주제보자 이외에 둘 수도 있게 하
였다고 한다. 실제 현지 조사 과정에 있어서 보조 제보자를 채택한 사례는 사정에 따라서 일
정하지 않은 것 같다. 예를 들면, 『한국방언자료집』 전남편(VI)에서는 대부분 郡 지역에서 보
조제보자가 1명씩 설정되어 있는 반면(완도군만 제외하고), 이례적으로 4명의 조사원이 투입
된 <경기도편>(I)에서는 전 지역을 통하여 단지 2명만이 제시되어 있다.

성할 수 있을까. 郡 지역에 따라서 달리 제시된 방언형 X와 Y는 두 사람의 말의 스타일상에서 變異를 보이는 대상일 가능성은 없을 것인가. 또는 남원군에서 동일한 조건을 구비하고 있는 또 다른 제보자는 Y로 응답할 상황은 전연 생각할 수 없을까. 이러한 문제에 대한 구체적 예증으로, 『한국방언자료집』전북 편(V) 가운데 남원군에서 조사된(1980. 12. 15-12. 24) 방언자료의 일부와 전광현 교수가 해당 지역을 방언조사 하여 발표한 "南原地域語의 基礎語彙 조사연구"(1977: 179-229)의 일부를 대조해 보이기로 한다.[4]

(1) 『한국방언자료집』(전북 편)에서 '그네'(I .309)에 대한 전북 방언형들은 '그네, 그내, 거네, 군디, 건디, 근디, 근네, 건네, 군지, 훈지'로 조사되었으며, 이러한 형태 가운데 남원군에서는 [kundi]로 등록되어 있다. 그 반면, 전광현 (1977: 196)에서 이 방언형은 다음과 같이 조사되어 있다. 즉, ㄱ) kundɛ(동면, 아영), ㄴ) kundi(동면, 아영, 운봉, 금지, 송동), ㄷ) kunci(송동, 금지, 보월), ㄹ) kundy(운봉), ㅁ) kinɛ(이백, 아영), ㅂ) kine(운봉), ㅅ) kuɲu(이백), ㅇ) kini(동면), ㅈ) cʰuncʰən (금지, 보절), ㅊ) cʰucʰən(동면, 아영, 운봉). 물론 남원지역의 지리 경제적 관점에서 보면, '군디'를 제외한 다른 형태들은 인근 방언의 영향에서 비롯되었을 가능성이 큰 것이다. 필자 또한 『한국방언자료집』이 전제한 "광역조사"와 전광현 (1977)의 협역 정밀조사와의 조사 방법상의 중요한 차이를 무시하는 것은 아니다. 그렇지만 단지 광역조사라는 전제로 '그네'의 남원군의 방언형이 '군디'로 대표되고, 다른 郡 지점에서의 '군지'나 '군데' 등의 형태와 대립시켜 방언지도에서 이것을 가르는 등어선이 성립될 수 없다고 생각한다.

(2) 이와 같은 필자의 생각은 이른바 방언 특징상의 불연속선을 보이는 어휘 항목에서보다도 다음과 같은 통합적 음운현상과 관련된 조사 항목에서 더욱 분명한 것이다. 단일 형태소 내부에서 수행된 통시적 움라우트 현상과 관

---

4) 전광현(1977)의 방언조사는 1972년 경에 이루어진 것이며, 제보자의 유형은 『한국방언조사자료』의 원칙과 동일하다. 南原郡은 16개 面으로 구성되어 있다. 전북편(V)에서 조사된 남원군에서는 구체적인 조사 지점이 제시되지는 않았으나, 전광현(1977)에서 주요 조사 대상지는 東部지역(보절면, 금지면, 송동면, 이백면, 아영면 등)을 중심으로 하였다고 하였다.

련되어 있는 '깜부기', 뜸부기', '메뚜기'의 남원 방언형들은 『한국방언조사』
전북편에서 각각 [k'ambögi](Ⅰ.049, p.29), [t'umbügi](Ⅰ.488, p.150), [mɛt'ögi](Ⅰ.442,
p.137)로 조사되었다.

그리고 이 자료집에 조사된 위의 세 가지 어휘들의 전북 방언형들의 전체
變異 영역은 다음과 같다(분포 지역은 생략).

> **깜부기** → 깜부기, 깜비기, 깜뷔기, 깜뵈기, 깜부래기
> **뜸부기** → 뜸베기,뜸비기, 뚬뷔기, 뚬베기, 뚬뵈기, 뚬북새
> **메뚜기** → 메뛰기, 매뛰기, 뭬뛰기, 매뗴기, 메뗴기, 매뙤기, 메띠기, 땅개비,
> 땅구

그 반면, 전광현(1977)의 방언조사에서 이들에 대한 남원 방언형들은 다음과
같다.

> 깜부기(p.196) → k'ambɛgi, k'ambigi, k'ambygi
> 뜸부기(p.201) → t'umbegi, t'umbɛgi
> 메뚜기(p.202) → met'egi, mɛt'ygi

광역조사를 전제로 하는 『한국방언자료집』(전북 편. Ⅴ)에서 조사된 '깜부기,
뜸부기, 메뚜기'의 남원 방언형들과 정밀 지역조사를 실시한 전광현(1977)에서
의 방언형들이 보이는 이러한 차이는 작업상의 원칙의 차이에 기인한다고 볼
수 없는 성질의 것이다. 이러한 상위가 또한 연구 목적상의 차이에서나, 제보
자의 차이, 면접 기술의 차이, 음성전사의 정확성의 차이 등에서 필연적으로
일어났다고도 말할 수 없다.[5] 필자는 자신의 말에 대해서 새삼스럽게 주의를

---

[5] 동일한 조사지점에서 『한국방언자료집』을 위한 조사 과정에서 확인된 방언형과 여타의 다른
개인이나 집단의 방언조사에서 수집된 방언형과 차이가 있을 때, 이러한 것을 처리하는 한국
정신문화원 주관의 방언조사의 대체적인 태도는 그 주관자의 한 사람의 다음과 같은 언급에
서 추리해 보면 소위 '엘리트 단체적 우월감'이었다고 생각한다.
"(중략) 뿐만 아니라, 우리의 조사에서 단양 남부지역의 방언형이 '호메이'라고 채취되었으나,

기울이지 않거나, 또는 방언 조사원의 면접을 통한 관찰을 받지 않는 자연스러운 일상적 상태에서 남원군의 대부분의 60대 이상의 노년층 화자들은 말의 스타일에 따라서 『전북 편』(1987)에서 조사된 방언형들과 전광현(1977)에서 수집된 방언형들을 모두 적극적으로 사용할 수 있다고 생각한다.

그렇기 때문에, 필자는 『한국방언자료집』 전북 편에서 이들 항목을 남원지역에서 2차 확인 조사를 하였을 때 어떠한 결과를 얻었을까를 궁금해한다. 1차 조사와 정확히 일치하는 방언형들만 확인되었을 가능성만 있지 않을 것이기 때문이다. 그리하여 필자는 김완진(1979)에서 제시된 이상적 방언조사의 중요한 한 가지의 요건으로 "같은 대상에 대하여 재확인함은 물론이고, 같은 지역의 다른 대상에 대하여 조사자들끼리 교차 확인하는 일"이 정말 이상적으로 이루어졌다면 이번에 완간된 『한국방언자료집』의 성격에 상당한 변모를 가져 왔을 것으로 생각한다.

|3| 면담의 과정과 방언의 실상

3.1 『한국방언조사 질문지』(1980)에는 조사원이 면담의 상황에서 방언 제보자로부터 방언형을 이끌어 낼 때 물어보는 규범적인 질문의 형식이 제시되어 있다.6) 이러한 질문 방식을 면담이라는 인위적인 장면에서 방언 제보자들에게 사용하였을 때 해당 지역의 순수 방언으로만 응답하여 달라고 신신 당부를 받은 그들은 어떠한 반응을 일차적으로 보였을까 하는 점을 여기서 필자는 주목하고자 한다. 다시 말하면, 이 『한국방언자료집』에 수록된 해당 지역

과거의 자료집을 보면 '호미' 혹은 '호맹이'라고 등록되어 있는 것을 볼 때, 잘 훈련된 조사자에 의한 정확한 조사의 필요성을 절감한다."(『방언』 1집, <討論>, 김충회, p.151)

6) 그러나 <제3부 音韻> 부분의 움라우트 항목들에서만은 질문의 예시가 일체 생략되어 있다.

의 방언형들은 조사원과 제보자 사이에 어떠한 일련의 調整을 거쳐 획득된 것
인가 하는 문제이다. 이러한 문제에 어느 정도 접근을 할 수 있다면, 자료로서
의 『한국방언자료집』의 성격이 부분적으로 규명되리라고 생각한다. 이러한
목적을 위해서 필자는 『한국방언자료집』전남 편(VI, 1991) 담양지역에서 방언
자료의 조사 과정에서 수행된 조사원의 질문과 제보자의 응답내용을 전부 녹
음해 놓은 녹음테이프의 일부를 이용하려고 한다.[7]

> (3) 조사원 : (질문지의 [그림 19] '맷돌'을 가리키는 듯) 이런 걸 뭐라고 합
> 니까? (응답이 얼른 나오지 않자, 약간의 부연 설명을 함).
> 제보자 : 매. 맷독(옆에 있던 부인이 '맷독'이라고 작은 소리로 답하자
> 곧 수정함), 응 맷독이여.
> 조사원 : 이게 크면 뭐가 크다고 합니까?
> 제보자 : 맷돌이 크다고...
> 조사원 : 맷돌이라고 합니까, 맷독이라고 합니까?
> 제보자 : 맷돌이제, 맷돌(웃음).
> 조사원 : 애들 말도 그렇습니까?
> 제보자 : 이런 아이들은 몰라(웃음).
> 조사원 : 네, 맷돌하고 맷독하고요?
> 제보자 : 보통 '-독'으로...
> 조사원 : 예, 맷독. 그럼 그게 클 때 뭐가 크다고 합니까?
> 제보자 : 맷뙥이 크다 그러제.
> 조사원 : 네, 그러면요, 맷독에 가리를요, 찧는다고 그럽니까, 뽀순다고
> 그럽니까?

---

7) 여기서 이용하려는 전남 담양군 자료조사의 녹음테이프는 2차 확인 조사를 하고 있던 김창
섭 교수의 호의로 1990년 초에 필자가 우연히 일부 복사한 것이다.
 그 당시 필자는 방언조사의 자료수집 방법에 고심을 하고 있었다. 이 면담 과정은 1981년 3
월에 당시 박민규 조사원과 담양군 용면 두장리 거주에 거주하는 허오남씨(당시 67세) 사이
에 있었다. 『한국방언조사 자료집』 전체 9권 가운데 전남 담양에서의 조사 내용만을 반드시
살펴보아야 하는 이유는 없고, 투명한 자료를 검증하기 위하여 단지 필자가 손쉽게 녹음테이
프를 이용할 수 있는 편리성 때문이다. 이 녹음테이프에 담겨 있는 면담 내용의 일부를 필자
나름의 관점에서 살펴 보려는 목적은 (1) 통합적 음운현상을 다룬 조사항목에서 추출된 제보
자의 말의 스타일의 성격과, (2) 통상적인 질문지 조사 방식의 한계와 문제점의 일부를 파악
하려는 것이다. 그 이외의 다른 학문 외적 의도는 없다.

제보자 : 간다 그러제.
조사원 : 맷독에 가리를 간다!
제보자 : 응, 간다.(중략)(I.038)

　이러한 면담의 과정을 거친 전남 자료집의 담양 방언형은 [mEt'ok], [mE:],
cf. [mEt'ög-i]으로 등록되어 있다(p.36). 여기서 제보자의 일차적 반응은 '매'형
이고, '맷독'은 제보자 부인이 제시하고 제보자가 이차적으로 확인해 준 형태
로 생각되기도 한다. 제보자의 언어 구사에서 '맷독'이 수동적인 형태일 것 같
다는 사실은 곧 이어서 무의식적으로 자연스럽게 또 다른 '맷돌'형이 제보자
의 말 가운데 출현하는 상황에서 추리된다. 또한, '맷독'과 '맷돌'형을 분명히
하려는 조사원에게 제보자는 잠시 동안이지만 여전히 '맷돌'형을 고집하였다.
그러나 조사원의 다른 유형의 질문에서 제보자는 보통은 '-독'으로 사용한다
고 인정하게 되었다. 그렇다면 제보자의 첫 번째 응답형 '매'나 두 번씩이나
응답 과정에서 고집한 '맷돌'은 이 지방에서 그가 보통으로 쓰는 형태가 아니
었던 것이다. 따라서 '맷돌'의 담양 방언형을 조사하려는 면담 과정에서 제보
자가 제시한 일차적 반응의 '매'와 두 번씩이나 확인된 '맷돌'형은 면담의 형
식을 인식한 상태에서 나온 격식어의 스타일에 기인되었을 가능성이 많다. 이
와 같은 격식성의 말투는 어휘 항목에서는 질문 항목에 대한 예상 응답 방언
형을 기대하고 있는 조사원의 판단에 따라서 어느 정도 제거될 수 있지만, 다
음과 같은 예에 대해서는 격식형에 대해서 속수무책인 경우도 보인다.

　(4) 조사원 : 나락이나 보리 같은 것을 쪘을 때요, 그 벗겨진 껍떡을 뭐라고
　　　　　　 합니까?
　　　제보자 : 저.
　　　조사원 : 네, 그러면 '저' 중에 굵은 게 있고 가는 게 있는데요, 굵은 것
　　　　　　 을 뭐라 합니까?
　　　제보자 : 왕겨.(마지막 '-겨'의 발음이 매우 불안했다.)
　　　조사원 : 가는 것은요?

제보자 : 가는 것은? 뭐라고 할까... 일본말로는 '누까고'(웃음), 그것보고
　　　　뭐라 해야 할까... 몽근겨, 몽근겨.
조사원 : 죽제라는 말은 안씁니까?
제보자 : 응, 몽근제라고 쓰지.
조사원 : 그러면 보리는 뭐라고 합니까? 보리의 겁떡을요, 보리의 속겁
　　　　떡...
제보자 : 항시 보릿제지.
조사원 : 네...(I.045)

　위의 면담 과정에서 제보자가 제시한 담양 방언형 '저', '왕겨', 그리고 처음
의 '몽근겨'는 주의력이 자신의 말에 집중된 가운데 나온 격식형일 가능성이
많다. 조사원이 제시한 '죽제'란 말에 대하여 제보자가 응답한 '몽근제'의 출
현이 이러한 사실을 말한다고 생각한다. 또한 이 제보자는 질문지 I.045 보충
의 '보릿겨'에 대한 방언형으로 자연스럽게 '보릿제'를 내놓는다.

　『한국방언자료집』 전북 편 담양(1987: 37-38)에서 위의 면접 상황에 출현한
제보자의 응답형 '왕겨'는 [waŋʲə]로 전사되어 있다. 그리고 I.045-2 '등겨' 항
목에 대하여 제보자가 일차 반응을 '몽근겨'로 보였다가 다시 수정한 '몽근제'
는 원래대로 [moɲinʲə]로, I.045 보충 '보릿겨'의 응답형 '보리제' 역시 [poriĉʼ
ə]로 전사되어 있다.[8]

---

[8] 담양방언의 일차 조사의 면접 상황에서 제시된 응답형과 『한국방언자료집』(전북 편)의 담양
　의 방언형으로 최종 전사된 내용과 약간의 불일치를 보이는 경우도 간혹 발견된다. 이러한
　사정은 2차 확인 조사에서 재면담을 거쳐 수정된 것인지 알 수 없다. 녹음테이프를 통해서
　필자가 확인한 두 가지의 경우만 예를 들면 다음과 같다.
　(1) 조사원 : 보리가 시꺼멓게 되는 거 있죠?
　　　제보자 : 깜뷔기?
　　　조사원 : 네, 다시 한번요.
　　　제보자 : 깜뷔기.(I.049)
　그러나 자료집의 담양 방언형은 [kʼaːmbügi](p.39)로 전사되어 있다. '깜뷔기'형이 혹시 나중에
　2차 확인조사 때에 나온 방언형이었다면, 1차 조사의 형태도 자료집에 같이 표시하는 방법이
　좋을 것 같다.
　(2) 조사원 : 콩이나 풋을 벌거지가 먹어 가지고요. 속이 비어 있는 것이 있죠? 물에다 놓면
　　　　　　　둥둥 뜨구요. 그런 걸 뭐라고 합니까?
　　　제보자 : 바귀미가 묵어서 뜬다 그럴까...

담양방언 조사에서 조사원과 제보자 사이에 수행된 면담의 과정 속에 조사원은 제보자에게 이 지역의 순수 토속적인 방언형으로 응답하여 달라는 주문을 끊임없이 한다. 그러나 제보자로부터 나온 첫 번째의 응답이 담양방언형이 아닌, 소위 격식형일 경우가 종종 발견된다. 이러한 응답형들은 조사원이 시도한 두 번째, 세 번째의 질문을 통해서 순수 방언형으로 전환되기도 한다. 이러한 사실은 제보자는 말이 쓰이는 상황에 따라서 자신의 말의 스타일을 변경시킬 수 있음을 뜻하는 것이다. 따라서 질문지에 근거한 면담 방식을 통하여 자연스러운 일상적 말의 흐름인 담화로부터 고립된 단답형의 유도는 담양방언 이외에 권위있는 다른 방언형을 익히 알고 있는 제보자가 격식형(권위형)을 제시할 가능성을 많게 한다고 생각한다.9)

3.2 자료집 가운데 "語彙" 부분에서 단답식 응답형이 갖고 있을지도 모르는 제보자의 이러한 격식체 스타일의 문제는 조사원의 부단한 노력과 경계로 어느 정도 제거될 수 있다. 그러나 면담을 통한 단시간의 방언조사에서 통합적 음운현상과 관련된 영역은 "語彙" 항목과는 달리 격식체와 관련하여 매우 심각한 상황을 노출시키게 마련이다. 『자료집』의 "音韻" 부문 가운데 "10. 非흡

조사원 : 네, '아퀴'라고 씁니까?
제보자 : 바귀미라 쓰제.
조사원 : 바귀미. 바귀미는 벌거지를 말합니까?
제보자 : 응, 바귀미란 벌거징께.
조사원 : 그러면 벌거지가 묵은 콩이나 퐃을 뭐라고 합니까?
제보자 : 바귀미 묵은 퐃이다.(Ⅰ.051. 보충).
그러나 자료집의 담양 방언형은 제보자의 자격요건을 갖춘 보조 제보자로부터 조사된 응답형 표시가 첨가된 [katʰu]로 전사되어 있다. cf. [katʰu mugin kʰoŋ](p.41). 아마도 이 방언형은 다른 보조 제보자로부터 확인되어 원래의 응답형 대신에 최종적으로 [katʰu]로 선택된 것 같다.
9) 담양방언의 제보자가 토속 방언형에 대한 권위형 또는 격식형을 충분히 인지하고 있다는 사실은 다음과 같은 응답에서 쉽게 확인된다. 예를 들면, '절구'(Ⅰ.038)에 대한 방언형을 제보자는 '도구통'으로 응답한 다음, "절군디 도귀통이라"하면서 본인도 재미있다는 듯이 웃었다. 그리고 '멍석'(Ⅰ.032)에 대하여 "여그서는 덕석. 원체는 멍석인디 덕석이라구…"(웃음). 또한, '조밥'(Ⅰ.052)의 문항에서 "서숙밥이라고 하지, 원체는 조뱁인디…" 하고 언급하였다.
또한, 어떤 문항에 응답하면서 제보자는 "여그서 보통 점찮은 말로는…" 혹은 "무식한 부인네들이 쓰는 말이여" 같은 언급을 하는 경우가 있었다.

節化", "11. 母音調和" 그리고 "12. 움라우트" 항목들의 일부에서『한국방언자료집』전남 편 담양방언에서 제보자의 응답이 어떠한 과정을 거쳐서 추출된 성격의 것인가를 논의해 보기로 한다.

(5) 조사원 : 꽃이 이렇게 피는 걸, 꽃이 '폈다'라고 합니까, '피었다'닙까?
　　　제보자 : '피었다'제.
　　　조사원 : '-서'를 붙이면요?
　　　제보자 : 피어서.
　　　조사원 : '피어서'닙까, '펴서'닙까?
　　　제보자 : 응, '피어서'.
　　　조사원 : '펴서'도 씁니까?
　　　제보자 : 응. 꽃이 피어서, (조사원이 '피었다'를 부정하는 형태를 질문하자) 피지 않했다. 안 피었다.(Ⅲ.16-1.C)

　자료집에서 담양 방언형은 [pʰiəsə], [pʰiətʾa](p.394)로 기록되었다. 여기서 제보자가 제시한 이 응답형들은 기대했던 비음절화도 보이지 않으며, 따라서 '피어→펴-→페-'와 같은 전형적인 남부방언의 변화 유형도 실현되지 않는다. 담양방언에서 이 제보자가 제시한 이와 같은 비음절화의 소위 비실현형들은 이외에도 '부시어서'(Ⅲ.16-1. 보충) 문항에서 [pusyəsə](p.395), '지었다'(Ⅲ.16-1. 보충)에서 [ĉiətʾa](p.396), '(죽을)쑤-지/-어(서)/-었다'(Ⅲ.16-2.D)에서 [sʾuǰi/ sʾuəsə/ sʾuətʾa](p.397) 등의 예를 보면 상당한 일관성을 띠고 있는 것 같다.[10) 그러나 "11. 母音調和" 항목에서 '(눈을)비비-', '(문을) 두두리-', '(얼굴을) 할퀴-' 등이 부사형어미 '-아/어'와 결합하는 경우에는 예외 없이 일차적으로 비음절화가 수행되었다. 또한 '(눈을)비벼>비베>벼베>비비(p.401), (문을)두두려>두두례>두두레>두두리(p.401), (얼굴을)후벼>히베>히베>히비'(p.403)같은 일련의 변화를 완료시킨 응답형을 담양방언의 동일한 제보자는 제시하는 사실이 주목된다. 그

---

10) 그러나 담양방언의 '비음절화' 영역에서 '마시었다'(Ⅲ.16-1. 보충), '드시었다'(Ⅲ.16-1. 보충) 등의 항목에서는 각각 [masyitʾ], [tisyitʾa](p.396)와 같은 변화형이 조사되어 있다.

반면, "비음절화"의 문항에서 예상대로 비음절화를 실현시킨 일부의 응답형들은 이른바 yə>e와 같은 계속적인 변화를 전연 반영하지 않는다. 이와 같이 '비음절화'와 '모음조화' 문항 간에 출현하는 응답상의 불일치는 어디에서 근거하는 것일까? 우선 "모음조화" 항목에서 '(눈을)비비서, 비비라', '(얼굴을)히비서, 히비라'와 같은 응답이 어떤 물음의 상황 속에서 제보자가 제시되었는가를 살펴보기로 한다.

(6) 조사원 : 자고 일어 나서요. 눈을 어떻게 한다고 합니까?
   제보자 : 비빈다.
   조사원 : 네, '-서'를 붙이면요?
   제보자 : '비비서'.
   조사원 : 그렇게 해라 시킬 때는요?
   제보자 : 비비라. 눈을 비비라.
   조사원 : 네.(Ⅲ.17-1)

(7) 조사원 : 얼굴을 할퀸다는 말 쓰십니까?
   제보자 : 할킨다는 말은… 히빈다고 그러제.
   조사원 : 네, '-서'를 붙이면요?
   제보자 : 히비서.
   조사원 : 이런 말 쓸 데가 더러 없겠습니다만…그렇게 시킬 때는요? 장난으로…
   제보자 : 얼굴을 히비라 그러제.(Ⅲ.17-2.c)

만일 우리가 '비음절화' 문항의 (5)에서 제시된 '피어서, 피었다' 등의 부류 응답형들이 자연스러운 담양방언의 實相이었다고 간주한다면, 위의 (6)과 (7)에 출현하는 '비비서, 비비라'와 '히비서, 히비라'형과 같은 급진적인 통시적 변화의 단계를 반영하는 응답형들은 이해하기 어려운 현상이다. 이러한 문제를 해결하는 방안으로 통합적인 음운현상에 있어서 용언들은 제각기 상이한 단계의 변화를 반영한다고 해석할 수도 있다. 또는 (6)과 (7)에서 일차적으로 이끌어내진 '비빈다', '히빈다'에 '-서'를 붙여 보라는 조사원의 주문을 제보자가 기계적으로 '비비+-서', '후비+-서'로 제시하지 않았을까 하는 의문이 생긴다. 이와 같은 필자의 터무니없는 의문을 제거하려면, 통상적으로 정확한 방언자료들이 보이고 있는 일관성의 원칙이나, 음운현상 출현의 함축성의 척도(implicational scale, Wolfram 1991)에 비추어 (5)에서 제시된 '피어서/피었다' 부류는 제보자의 조심스러운 격식체 스타일의 반영이라고 판단할 수밖에 없다.

끝으로 "움라우트" 항목으로 넘어가기 이전에, 지금까지 논의되었던 성격과는 다른 문제 한 가지를 아울러 언급하려고 한다. "비음절화"의 항목 가운데 III.16-3. 보충 영역에서 '모이를 쪼아 먹었다'의 문항에 대한 담양 방언형은 '줏어'[čusə](p.400)로 조사되었다. 이러한 '줏어'형 이외에 전남 전체 지역에 분포되어 있는 다른 방언형들은 '좃아, 쫏아, 찍어' 등이다. 『한국방언조사 질문지』의 "비음절화"에 관한 대부분의 문항들이 과연 방언특질의 지역상 분포를 어느 정도 합리적으로 반영할 것인지에 대한 필자의 의문은 여기서 논외로 하겠다. 그러나 여기서 담양 방언형 '주서'는 제보자로부터 잘못 유도된 형태임이 분명하다. 또 다른 방언형 '찍어'는 이 문항이 원하는 '쪼아'의 방언형과 동의어라고 할 수는 있으나, '줍-'의 의미 영역과는 일치하지 않는다. 조사된 '줏어'가 비음절화의 여부만을 관찰하는 음운 부분에 설정되어 있기 때문에 별 일이 아닐 수도 있다. 그러나 (모이를) 쪼아'에 대한 남부 방언형들은 중세국어의 음절말 'ㅿ'에 대한 'ㅅ'을 유지하고 있기 때문에, 표준어만을 기준으로 하여 비음절화 항목에 설정한 것은 아무런 의미가 없다고 생각한다. 'ㅿ'의 변화의 영향권에 있는 경기도편 자료집(I. p.380)에서는 표준형 '쪼아'가 '쫘:' 같은 비음절화를 실현시키지만 이러한 특질이 방언의 분화 또는 해당 지역방언의 특색과는 큰 관련이 없는 것 같다. 그렇다면, 담양방언에서 '주서'형이 조사원과 제보자 사이에 어떤 면담의 과정을 거쳐 실현되었는가를 관찰하면 다음과 같다.

(8) 조사원 : 닭이 모시를요, 어떻게 먹는다고 합니까? 콕콕…?
　　제보자 : 주서 먹는다고 그런디… 여그서는 '쪼아' 먹는다는 말은 안혀
　　　　　　제. 주서 먹는다고 하제.
　　조사원 : 네.

　매우 명석한 담양방언의 제보자가 얼른 응답형을 제시한 다음, 곧 이어서 시작될 조사원의 계속적인 질문 공세를 미리 봉쇄하였고, 조사원은 이쯤에서 마감하고 다른 문항으로 넘어 가 버렸다. 그러나 이 문항의 전남 방언형이 다른 郡 지역에서는 대부분 '쫏아'로 나오는 사실을 알고 있는 조사원이 제보자의 응답과 해설을 그대로 따르지 않고 '쫏아'형을 제시해 보았더라면 어떠한 반응이 나왔을까 궁금하다.

　3.3 『한국방언조사 질문지』에는 조사될 "語彙"와 "文法" 및 "音韻" 영역에 걸쳐 조사원이 현장의 상황에서 자료제공인 앞에서 적극적으로 사용하도록 고안된 구체적인 질문 방식이 제시되어 있으나, 움라우트 현상에 관한 자료 수집에는 그러한 질문들이 전부 생략되어 있음이 주목된다. 따라서 움라우트 현상에 관한 방언형들을 제보자로부터 추출하여 내는 과정은 일정한 내부의 지침과 원칙 하에서 현지 조사원의 면담 기술과 경험에 전적으로 위임된 것 같다.
　담양지역에서 조사원과 제보자 사이에 이루어진 움라우트 부분의 면담 과정을 녹음테이프를 통해서 관심 있게 들어 보면, 방언형, 즉 움라우트 실현형을 얻게 되는 방식의 몇 가지 유형을 식별할 수 있다. 또한, 이러한 질문과 응답의 유형 가운데 일부 '떡+-이'와 같은 경우만 제외하면, 움라우트 실현형을 노골적으로 원하는 조사원의 압력에도 불구하고 제보자로부터 나온 대부분의 일차적 응답이 움라우트 실현형이 아니라는 사실이 역시 관심을 끈다. 움라우트 현상의 조사에 관한 질문과 응답의 첫 번째 유형은 제보자로부터 비움라우트형으로 나온 일차적 반응을 조사원이 해당 지역에서 가능한 움라우트 실

현형을 제시하면서 여러 번의 시도 끝에 (a) 움라우트형을 이끌어 내거나, 아니면 (b) 원래의 일차적 반응으로 낙착을 보는 경우이다. 여기서 (a)와 (b)에 해당되는 면담의 예를 정리해 보기로 한다.

(9) a. 조사원 : 먹는 쌀로 만든 것이 맛있으면 뭐가 맛있다고 합니까?
　　　제보자 : <u>밥이</u>? 밥이 맛있다.
　　　조사원 : '밥이 맛있다'고도 쓰고, 또 '뱁이 맛있다'고도 쓰죠?
　　　제보자 : 응, 그러제.
　　　조사원 : 네.
　　　제보자 : 밥이? 뱁이?
　　　조사원 : 뱁이 맛있다!
　　　제보자 : 그려, 밥이…뱁이 맛있다(웃음).
　　　조사원 : 그러니까, '밥이 맛있다'라고 하시겠습니까, '뱁이 맛있다'라고 하시겠습니까? 흔이 그냥 자연스럽게 이야기하실 때요.
　　　제보자 : '뱁이 맛있다' 그러제.
　　　조사원 : 네, 그게 더 자연스럽지요?
　　　제보자 : 그러제.
　　　조사원 : 쌀밥 그것이 맛있으면 뭐가 맛있다고 합니까?
　　　제보자 : 쌀뱁이…
　　　조사원 : 네, 쌀뱁이 맛있다!(Ⅲ.18-3.F)

　 b. 조사원 : 이런 것을요, 땅바닥에 문질러 버리면 뭐가 생기죠? 씨거면데 뭐가 많이 생기지 않습니까?
　　　제보자 : 때가 묻어?
　　　조사원 : 네. 돌 같은 데 부딛치면 뭐가 생긴다 합니까?
　　　제보자 : 뭐라고 할까…'기슨'디…(웃음).
　　　조사원 : 네, 일본말로는요. 우리 말로요.
　　　제보자 : 글씨 말이여…
　　　조사원 : 흠?(작은 소리로).
　　　제보자 : <u>흠이</u> 생긴다. 트집이 생긴다.
　　　조사원 : 홈이 생긴다는 말 하십니까?
　　　제보자 : 응, 홈이 생긴다여.

조사원 : '흠이 생긴다' 합니까, '힘이 생긴다' 합니까?
제보자 : 흠이, 흠이제.
조사원 : 흠이 많다? 힘이 많다?
제보자 : 흠이제.(Ⅲ.18-1.B)

위와 같이, (9)a와 b의 면담 과정을 거친 담양 방언형은 각각 움라우트가 실
현된 [pEb-i], [s'albEb-i]와 [hi:m-i]로 등록되어 있다(p.409, 412). 두 번째의 유형
은 조사자가 움라우트 실현형과 비실현형을 제시하고, 이 가운데 하나를 선택
하도록 하는 경우이다. 예를 들면, '복(福)+-이'에서 실현되는 움라우트의 여
부를 확인하기 위해서(Ⅲ.18-5.B) 조사자는 제보자에게 "복이 많다 그럽니까, 뵉
이 많다 그럽닙까?"와 같은 직접 질문을 하는 것이다. 이러한 양자택일의 상
황에서 대개의 경우 움라우트 실현형을 시인하지만, 여기서는 제보자가 '복이
많다'라는 일차적 응답을 하였고, 이어서 조사자가 "'그 사람 참 뵉이 많다'
그렇게는 안 쑵니까"라는 확인 질문을 하여도 "그러제. 복이 많다"와 같이 처
음의 반응에 집착하는 상황은 흥미 있다고 생각한다.[11] 움라우트 현상에 관한
조사원과 제보자 사이에 일어나는 질문과 응답의 세 번째 유형은 다음과 같
은 주객전도의 상황이다.

(10) 조사원 : 사람이 성이 있고요. 그 다음에 또 뭐가 있습니까? 성 다음
　　　　　에...(제보자 : 사람? 이름?) 예. 그게 좋으면 뭐가 좋다고 그
　　　　　럽니까?
　　　제보자 : <u>의림이</u> 좋다고 그런고?

---

11) 담양방언에서 조사자와 제보자 사이에 수행된 움라우트 조사에 관한 면접 내용은 최전승
(1995)에서 상세하게 논의된 바 있다. 우선, 필자가 여기서 움라우트현상과 관련하여 지적하
고 싶은 사실은 아무리 전형적인 방언 話者라고 하더라도 움라우트 실현형과 비실현형 간
의 두 가지 형식의 발음을 사용한다는 점이다.
또한, 조사자의 첫 번째 시도와 두 번째의 시도에 다른 형태가 출현하고 있음은 제보자가
해당되는 두 가지의 형태(움라우트의 실현형과 비실현형)를 상이한 사회적 환경과 상황에
따라서 선택하여 사용함을 보이고 있다. 면담의 상황이 갖고 있는 격식체의 스타일에서 대
체로 움라우트의 비실형을 쓰려고 노력하는 제보자의 의도는 話者가 움라우트형이 갖고 있
는 사회적 의미를 숙지하고 있음을 의미한다고 본다.

조사원 : 네.(Ⅲ.18-2.B)

움라우트 현상에 관한 방언조사의 면담에서 움라우트 실현형과 비실현형에 대하여 조사자가 보이는 불공평한 태도와 질문 방법이 여기서 문제가 된다고 생각한다. 즉, 제보자가 방언형에 따라서 움라우트 실현형을 제시하면 해당 문항의 질문이 쉽게 마감되어 버리지만, 혹시라도 비실현형을 제시하게 되면 조사자는 예외 없이 그것의 실현형을 들이 대며 계속적인 질문 공세가 벌어진다는 사실이다. 이러한 상황에서 (10)은 오랜 질문 끝에 지친 제보자가 선수를 써서 움라우트형을 제시하고 이것을 조사자가 인정하여 주는 형식이 되었다. 그러나 다음과 같은 네 번째의 유형은 제보자가 조사원에게 심각한 언어학적 항의를 하는 경우이다.

> (11) 조사원 : 이무기가 뭐가 되서 하늘로 올라 간다고 그럽니까?
> 제보자 : 용이 돼아서…
> 조사원 : "윙이 되았다" 그럽니까? "용이 되았다" 그럽니까?
> 제보자 : "용이 돼았다" 그러제(웃음). <u>그런게 내 발음을 그대로 듣고 혀! '용이 돼았다' 그려. 고 놈이 틀어졌는가 어쩐가는 몰라도 내가 정상적으로 허께 그대로 듣고 혀.</u>(Ⅲ.18-5)

그러나 다음과 같은 면담의 상황에서는 첫 번째 질문에서 기대했던 움라우트 실현형을 얻지 못한 조사자가 양자택일을 하도록 하는 두 번째 시도를 하여도 응답자로부터 일상적인 비격식체를 이끌어 내지 못하였다. 그러자 조사자는 다른 문장으로 바꿔 세 번째로 시도했으나 결과는 역시 마찬가지가 되는 특이한 장면이 연출되었다. 조사자는 최후의 방법으로 왜 움라우트 실현형을 쓰면 안 되느냐고 직접적인 질문을 하자, 제보자는 비로소 자기의 일상체를 드러내게 된다. 그렇다면 조사자가 세 번째 시도에서 이 문항에 대한 질문을 끝내 버렸다면, 담양방언에서 이 항목의 움라우트 상태는 비실현형으로 대표되었을 것이다.

(12) 조사자 : (1) 누에를 기를 때요. 어디다 올립니까? 누에를.(응답자 : 섭?)
　　　　　　　　예. 그것이 많으면 무엇이 많다고 그럽니까?
　　　제보자 : 섭이 많다.
　　　조사자 : (2) 네. "섭이 많다" 그럽니까, "섶이 많다", 아니면 "셉이 많
　　　　　　　　다" 그럽니까?
　　　응답자 : 섭시? 섭이? 섭이 많다. "섭이 많다" 그러제, 섭이.
　　　조사자 : (3) 네. 그게 못쓰게 되면 뭐가 못쓰게 되었다고 그럽니까?
　　　제보자 : 누에 섭이 나뻐졌다. 못쓴다. 섭이 못쓴다.
　　　조사자 : (4) <u>왜 "누에 셉이 많다" 그러면 안됩니까?</u>
　　　제보자 : 우에, 되지. 그래도.
　　　조사자 : 그것 한번 해 보십시요.(제보자 : 응. 누에 셉이 많다) 그게
　　　　　　　　더 자연스럽게 나옵니까?
　　　응답자 : 응. 그러제. 보통으로 허는 소리가 "누에 셉이 많다".(Ⅲ. 18-2.
　　　　　　　　보충)

　지금까지의 사례들을 살펴보면, 면담의 상황 속에서 움라우트와 같은 미묘한 현상을 정확하게 조사한다는 것은 실로 어려운 작업이다. 이러한 말은 "'音韻" 부문의 비음절화나 모음조화 같은 대부분의 음운론적 과정에서도 동일하게 적용될 수 있다. 따라서 해당 지역방언에서 순수한 토속적인 언어 현상을 수집한다는 관점에서와, 이러한 정보를 끊임없이 격식체의 스타일을 고집하는 제보자로부터 지루한 확인 작업을 통해서 이끌어내야만 하는 조사원의 입장에서도 종래와는 다른 새로운 조사 방법론이 요구된다고 하겠다.

　이러한 문제에 대하여 면접이라는 형식을 부득이 사용할 수밖에 없다면, 필자가 생각하는 代案은 면담의 내용 그 자체에서 해답을 찾는 방법이다. 예를 들면, '섬(島)+-이'(Ⅲ.18-2.F)의 연결 과정에 실현되는 움라우트형을 조사하는 면담의 과정에서 담양지역의 제보자는 일차적 반응인 '섬이'를 고집하다가, 자신도 모르게 "섬은 셈이지!"하면서 움라우트를 실현시켰다. 조사원이 "네, 셈이지요?"하고 확인하자, 제보자는 "응. 셈… 그러제. 항시 '-이'를 붙이면 '셈'이 되제"하며 인정하는 것이다.[12] 또한, '광(光, 화투)+-이' 문항(Ⅲ.18-3.I)

에서 제보자가 "광이 많이 들어 왔다. '괭이…' 라고는 안 헐꺼여. 광이 많이 들어 왔다? 괭이 많이 들어 왔다? 광이여, 광! 오괭이다 그러제." 하면서 자연스럽게 움라우트 실현형을 내놓게 되었다. 따라서 면담의 형식 속에서도 제보자가 자연스러운 상황에서 자신도 모르게 움라우트 실현 가능성을 보일 수 있는 언어 문맥으로 유도하는 예문을 고안하는 방법이 요구된다.

또 다른 대안은 움라우트 항목을 설정하여 집중적으로 조사하는 형식을 배재한다. 즉, "語彙" 항목 등을 조사하면서 움라우트의 조건을 구비한 형태들을 지정하여 이러한 음운현상을 의식하고 있지 않는 제보자들이 어떠한 반응을 보이는가를 체계를 세워서 적극적으로 관찰하는 것이다. 이러한 방법이 『한국방언자료집』의 "어휘"편에서 활용되었음이 쉽게 확인된다. 예를 들면, 담양방언의 "어휘" 편 "절구" 문항(I.038)에서 방언형 '도구통' 이외에 제보자가 "절군디 도구퉁이라" 하면서 스스로 웃는 말에 실현된 움라우트형 [to:guthöŋ-i](p.35)이 참고란에 첨부되어 있다. 또한, '맷돌'(I.043)의 방언형을 조사하는 과정에서 제보자는 "맷됙이 크다 그러제"와 같이 자연스럽게 움라우트형을 보였다.

|4| 마무리

이번에 완간된 『한국방언자료집』 9권에 대한 종합적인 서평을 해야 한다는 과중한 정신적 부담을(그것도 1개월 여의 짧은 시간에) 안고, 평소에 품고 있었던 방언조사에 대한 필자의 생각과 고민의 일단을 전남 담양방언 조사에서 수행된 면담 내용을 수록한 녹음테이프를 의지하여 부분적으로 논의하여 보았다.

---

12) 방언조사의 면담의 과정에서 조사원이 추구하는 정보의 내용을 제보자에게 미리 알리거나, 제보자로 하여금 추정하게 하여 자신의 말에 관심을 돌리도록 하는 방식은 약간의 문제가 있다고 생각한다.

사실 필자가 거대한 『한국방언자료집』에 대한 어떠한 합당한 평도 할 수 있는 입장이 아님은 누구보다도 더 잘 알고 있다. 그러나 할 수 없이 서평의 책임을 떠맡게 된 필자는 이번 기회를 이용하여 완성된 『한국방언자료집』의 자료적 성격과 실제 살아 있는 한국방언의 實相과의 거리를 극히 일부이지만 한 번쯤 생각해 보고 싶었다.

사실, 필자는 전남 담양방언의 녹음테이프 내용을 경청하면서 여기에 참여한 조사원의 끈기와 사명감과, 면담을 인도하는 노련하고 원숙한 기법에 압도당하였다. 한국정신문화원의 현지 방언조사원들에서 축적된 이와 같은 균질적인 방법과 원리와 엄청난 희생적 노력의 결과가 『한국방언자료집』으로 結晶되었음을 새삼스럽게 인식하게 되었다. 특히 『한국방언자료집』은 지금까지의 방언자료 조사 방법론에 대하여 철저하고도 뼈아픈 일련의 반성을 거치고, 과학적이고 체계적인 원리 위에 구축되었으며, 방언조사의 현지 면담 내용을 전부 녹음테이프로 남겨 조사 과정을 언제나 투명하게 검증해 볼 수 있는 개방된 토론의 광장을 마련한 점을 높이 평가하고 싶다.

참고문헌

김완진(1979), '방언연구의 意義', <方言> 1, 한국정신문화원.

송 민(1981), '<한국방언조사질문지>의 음운편에 대하여', <方言> 5, 한국정신문화연구원.

이병근(1979), '방언연구의 흐름과 반성', <方言> 1, 한국정신문화원.

이병근(1981), '광역방언조사를 위한 질문지의 성격', <方言> 5, 한국정신문화연구원.

이익섭(1979), '방언 자료의 수집 방법', <방언> 1, 한국정신문화원.

이익섭(1984), '방언조사 질문지의 질문법에 대하여', <方言> 7, 한국정신문화원.

이익섭(1984), <방언학>, 대우학술총서 13, 민음사.

전광현(1977), '남원지역어의 기초어휘 조사연구', <야천김교선선생 정년기념논총>, 형설출판사.

최전승(1995), '남원방언의 담화 스타일에 나타난 음운현상의 변이와 변화의 방향 : 움라우트 현상을 중심으로', <한국어방언사연구>, 태학사.

한국정신문화원 어문연구실(1987-1995, 편), <한국방언자료집> Ⅰ-Ⅸ권, 한국정신문화원.

Milroy, J.(1992), *Liguistic Variation and Change*, On the Historical Sociolinguistics of English, Blackwell.

Wolfram, W.(1991), *Dialects and American English*, Center for Applied Linguistics, Prentice-Hall.

제 5 부

부 록

-
-
-
-
-
-
-
-
-
-
-
-
-
-
-

제13장 언어 변이(Linguistic variations)

제14장 한국어 방언사(方言史) 개요

제15장 방언과 波動說(Wave theory)

언어 변이(Linguistic variations)

|1| 언어 변이와 언어 변항

　언어 변이 또는 변이 현상이란 일정한 언어사회에서나 사회계층 집단 또는 같은 화자의 말에서 대체로 동일한 개념이나 사물을 말하는 서로 다른 代案的 표현 방식이 공시적으로 둘 이상 공존하여 쓰이고 있는 상태를 뜻한다. 예를 들면, 체언 '솥'(釜)에 처소를 나타내는 부사격 조사 '-에'가 연결될 때 실현되는 체언 어간말음이 일정한 지역의 방언 화자들에게 있어서 언제나 한결같지는 않다. 우리는 이 경우에 보통 세 가지의 발음상의 대안을 방언 화자들에게서 관찰할 수 있는데, 그것은 [솥-] ∽ [솣-] ∽ [솟-]과 같은 형태이다. 또한, 이 세 가지 발음은 동일한 화자의 말 가운데에서도 상황에 따라서 교체되어 출현할 수 있다. 즉, 같은 방언 화자라 할지라도 어떤 상황에는 [솥-]을, 또 다른 발화 상황에서는 [솣-]이나 [솟-]을 사용할 가능성이 있다는 것이다. 따라서 표준어 [솥]에 모음으로 시작되는 부사격 조사가 연결될 때 나타나는 위의 세 가지 형태는 변이(variations)를 형성하고 있다고 말할 수 있다.

　이와 같은 성격을 갖고 있는 언어 표현들은 음운론과 형태론, 어휘 그리고 통사론을 포함한 언어 분석의 거의 모든 층위에서 나타나는 것이 원칙이다.

그리고 변이 현상에 참여하고 있는 각각의 언어 항목(위의 예에서 각각 [솥-], [솣-] 및 [솣-])들을 변이형(variants)라 한다. 이들 변이형의 출현 조건을 기술하기 위해서 가변적 성분인 체언말음 하나를 선택하여 언어 變項(linguistic variable)인 (th)으로 표시할 수 있다. 여기서 ( )로 나타내는 언어 변항이란 일정한 사회적 변항(사회계층, 성별, 종족, 말의 스타일)에 결부되어 출현하는 변이형들을 보유하고 있는 하나의 언어 항목을 말한다. 언어 변항은 변이 현상을 통계적으로 처리하기(계량 분석) 위한 기본적인 도구로서, 변이에 대한 분석에서 일반적으로 사용된다.

따라서 우리가 위에서 언어 변항을 쉽게 설명하기 위해서 예로 제시한 (th)는 세 개의 음성적 변이형 [th], [ch], [s]를 갖고 있는 음운론적인 단위인 것이다. 이 세 변이형들은 언어적으로 같은 가치를 갖는 것이지만, 사회적으로 상이한 의미 또는 가치가 부여되어 있음이 보통이다. 여기서 말하는 사회적 의미 또는 가치라는 것은 표준형에 해당되는 변이형 [th]와 구어형태인 변이형 [ch] 그리고 방언적 색체가 강한 변이형 [s]에 대해서 사회 구성원들이 합의하고 있는 언어사용의 규범에서 생기는 평가의 차이를 말한다. 이러한 차이를 위의 세 변이형 각각에 일정한 수치로 나타낼 수 있다. 즉, (th)–1 = [th]; (th)−2=[ch]; (th)−3=[s].

|2| 전통 방언학에서의 언어 변이

종래에 이러한 변이 현상들은 주로 표준어를 기점으로 하여 이에 해당되는 지역방언에서 차이나는 언어 현상의 유형에만 한정하여 관찰되어 왔다. 따라서 지금까지 전통 방언학에서 주로 취급된 대상이 바로 지역적 또는 방언적 변이에 해당되는 셈이다. 그러나 이와 같이 변이 현상이 언어 내적 조건(음운론적 또는 형태론적)으로 규명할 수 없는 상황에서 동일한 방언 지역 내의 화자들 사이에서 또는 같은 방언 화자의 상이한 말의 스타일에서 관찰될 때, 전통 방언학에서는 이것을 단순한 자유변이(free variations)로 처리하고 더 이상 관심을 돌리지 않는 경향이 강했다. 그리하여 이러한 유형의 자유변이가 출현하는 근거가 무조건적인 "자유"에 있는 것이 아니라, 언어 외적인 조건(즉, 사회적 조건)에 따라서 규칙적인 지배를 받고 있음과 자유변이가 갖고 있는 언어학적인 중요한 의미가 전연 파악되지 못했다. 이러한 경향은 종래에 추구되어 오고 있는 방언 연구의 다음과 같은 두 가지의 사실과 밀접하게 연관되어 있다.

하나는 1950년대와 60년대 또는 그 이전의 국어방언 연구는 문헌 자료의 심한 제약을 안고 있는 국어사 연구의 중요한 보조적 방법이었다는 사실이다. 즉 방언 연구를 통해서 일정한 지역방언에서 수집되고 관찰되는 방언형들의 유형과 그 공간적 분포로부터 문헌 이전 단계의 또는 문헌 자료에서 확인할 수 없었던 변화의 과정과 원리를 추적하려고 하였다. 다른 하나는 1960년대 이후 기술 언어학의 원리와 방법이 방언 연구에 심각한 영향을 끼치면서, 동시에 방언 고유한 언어 현상을 언어 체계에 환원시키면서 그 기술의 기본 단위를 동질적인 대상으로 국한시켰다는 사실이다. 기술 또는 구조 방언학의 등장은 국어 방언의 연구를 지금까지 국어사 연구를 위한 보조적 위치에서 방언 체계의 기술이라는 독자적인 영역으로 격상시켰지만, 이러한 기술상의 편협성은 그 이후 生成(generative) 방언학의 등장에서도 여전히 계속되었다.

방언 형태의 공간적 분포와 그 특질을 추구하는 종래의 전통적인 방언연구는 지역방언을 동질적인 언어 형식으로 전제로 하고, 이러한 동질성이 보장된다고 하는 개인어(idiolect)를 분석의 단위로 삼았다. 그리고 이러한 분석의 대상은 "순수한" 토착 방언을 사용하는 전형적인 방언 화자들부터(즉, 시골에 오래 정착하여 살고 있는 6, 70대 이상의 노년층의 남자, Chambers & Trudgill 1998) 일정한 설문지를 이용한 면담을 통해서 수집된 자료가 중심이 되었다. 이와 대립되는

다른 연령층의 화자나, 표준어와의 접촉을 통해서 변용된 방언을 사용하는 화
자들의 말은 연구의 주된 관심에서 제외되거나, 위에서 언급된 자유변이와 같
은 부수적 취급을 받았다. 여기서 사용된 설문지는 자연스러운 토속어를 유도
하기 위한 여러 가지 유형의 장치를 첨가하였으나, 통상적으로 해당 방언에
전형적인 단일한 방언 항목을 수집하는 데 그 중점이 있었다. 이와 같은 방식
으로 추출된 방언자료는 기술 언어학의 원리(구조주의 또는 변형·생성문법의 방
식을 표방하거나)에 입각하여 체계 또는 규칙(rule)의 관점에서 정밀하게 기술되
었다. 그 결과, 해당 방언에 고유한 언어특질들의 지리적 분포와 그 분포상의
경계선(등어선)이 절대적인 개념으로 지도 위에 명시적으로 기입되었다.

|3| 언어 변이의 새로운 인식과 사회(도시) 방언학

그러나 방언 연구에서 언어 변이의 존재를 인위적으로 배제하는 전통적인
방법이 근본적으로 안고 있는 문제에 대하여 반성과 논의가 종래에 없었던
것은 아니었다. 일찍이 Meillet(1967: 78-79)는 "언어 지리학"에 대한 설명에서 방
언은 이 대상에 대해서 우리가 선험적으로 부과해 놓은 동질성의 성격을 갖
고 있지 않다는 사실을 지적하였다. 그에 따르면, 같은 마을에 사는 사람들도
아무리 그 마을의 규모가 작다고 하더라도 자기들이 속한 연령, 사회적 지위,
직업 등에 따라서 동일한 방식으로 말을 사용하지 않는다는 것이다. 그리고
방언 화자들이 언어의 사용과 연관시켜 내면에 소유하고 있는 지역사회에 대
한 충성심과 자신의 정체성의 인식도 개인마다 일치하지 않는다고 보았다. 그
리하여 그는 방언연구에서 이러한 사실들을 고찰에서 제외시킨다면 방언의
현재 실제 사용에 대한 정확한 모습을 제시할 수 없다고 파악하였다. 그러한

연구는 방언의 다양한 언어 사실들을 단순화시키는 것이며, 언어 현상을 기술하는 것이 아니라 도식화하는 것에 불과하다는 것이다.

또한, 영국의 방언학자인 McIntosh(1952) 역시 당대에 통용되고 있는 전통 방언학의 방법이 갖고 있는 제약과 그 개선점의 방향을 다음과 같이 지적하였다. 즉, 방언의 과학적 연구는 연구자들의 방법론과 목적에 따라서 여러 가지의 방식으로 접근될 수 있지만, 근본적으로 방언을 관찰한다는 것은 어떤 의미로 본다면 자의적이며 또한 인위적이다. 그 이유는 연구자가 해당 방언에 대해서 수집하고 분석한 대상은 비교적 작은, 선택적인 자료의 일부에 한정시킬 수밖에 없기 때문이다. 그리하여 대체로 연구의 실용성과 경제성 그리고 연구자가 의도하고 있는 특정한 목적 때문에 상당히 많은 고유한 언어 현상들이 무시되거나 당연시되어 버린다는 것이다. 따라서 그는 방언 연구자들이 해당 방언이 사용되고 있는 지역에서 "고유한 방언학"의 영역과는 별개의 영역이라고 느껴지는 수많은 언어 외적 현상들(예를 들면, 역사학, 사회 인류학 및 지리학의 영역에서 취급하는 것과 같은)을 고려해야 된다고 강조하였다. 다시 말하면, (1) 그 방언이 의사소통의 도구로서 사용되는 구체적인 상황에 대한 폭넓은 사회적 배경과, (2) 방언의 지속적 변화가 이루어지는 사회적 조건들에 대한 이해가 없는 언어적 접근은 너무 기계적이며 언어 현상을 잘못 해석할 위험에 처하게 된다는 것이다.

그러나 종래의 전통적인 방언 연구의 방법론에 대한 반성과 논의가 적극적으로 수용되고, 특히 언어 변이에 대한 개념이 방언 연구의 중심 대상으로 떠오르게 된 계기는 1960년대부터 Labov가 주도하는 사회 언어학의 등장에서 찾을 수 있다. 언어 변이의 유형들과 그러한 변이를 발생시키는 사회적 조건(사회 계층, 성별, 종족, 말의 스타일 등)과의 상관관계를 추구하고, 사회학에서 사용하는 객관적이고 신뢰성 있는 자료 추출 방법으로 수집된 변이 현상에 대한 정확한 計量的 분석을 통하여 언어 변화의 과정과 원리를 찾으려는 Labov 중심의 좁은 의미의 사회 언어학은 또한 도시 방언학이라 부르기도 한다. 그 연구

지역에 대한 관심이 고립된 농촌의 시골보다는 산업화되어 사회적 계층화가 이루어진 큰 도시의 언어 사회로 향하여졌기 때문이다.

이와 같은 사회 언어학적 방법으로 방언을 연구하는 지역방언 중심의 연구에서도 전통 방언학의 가장 기본적인 가설인 동질적인 개인어 분석의 원리가 오늘날과 같은 사회에서 더 이상 지속될 수 없다는 실증적 반론과, 여기에 수반되는 자료수집 절차에 대한 심각한 반성이 제기되어 왔다. 즉, 아무리 전형적인 방언 화자라 하더라도 의사전달의 수단으로 한 가지만의 방언 특질을 나타내는 말의 스타일을 언제나 변함없이 구사하는 사람은 없으며, 말하는 방식은 일련의 언어 외적 요인에 따라 민감하게 영향 받는 사실이 실증되었다. 특히 근자의 도시 방언연구에 사회 언어학, 화용론 및 변이 이론(variation theory) 등에서 확립된 성과가 수용되면서 다음과 같은 사실들이 확인된 바 있다.

(1) 방언은 고정된 동질적인 실체가 아니라, 끊임없이 변화의 상황에 있는 가변적인(variable) 대상이다.

(2) 방언 연구의 대상은 개인어가 아니고, 일정한 지역의 언어사회에서 사용하는 사회 집단의 문법이다.

(3) 아무리 규모가 적고, 안정된 농촌의 지역사회이라 하더라도 사회적 계층, 연령, 성별, 지역사회의 충성도(즉, 정체성의 정도) 등과 연관된 언어 변이들이 언어의 모든 층위에 걸쳐 일어난다.

(4) 가령, 언어 사용상으로 동질적이며 동시에 단일한 사회 계층만 존재하는 언어사회가 존재한다 하더라도 각각의 화자들은 자기의 말을 상황(이야기가 일어나는 분위기, 화제, 상대방에 대한 친소의 관계 등등)에 따라서 변경시킬 수 있는 말의 스타일상의 목록을 갖고 있다.

따라서 이러한 요인들을 우리가 해당 방언의 연구에서 고려하려 한다면, 종래의 전통 방언학의 방법과 틀 안에서 이루어질 수 없게 되었다. 단일하고 靜的인 방언 현상을 기술하기보다는 해당되는 지역방언의 화자들이 실제로 구사하는 언어사용의 다양한 사회적 측면과 상황이 방언 연구에서 중심 과제로 포함되어야 하기 때문이다. 도시 방언학에서 연구의 중심 대상으로 부상한 것은 바로 언어 변이었다. 이질적이고 다양한 언어사회 내에서 의사소통되는 말의 사용에 대한 관찰은 사회의 구성 요소인 사회계층과 성별, 종족 그리고 말의 스타일의 차이에 따른 언어 변이가 용이하게 드러나게 했다. 그리하여 이러한 변이 현상에 대한 객관적이고 타당성 있는 사회학적 자료 수집과 통계적 분석의 방법이 개발되어 나왔다. 따라서 언어의 모든 층위에서 일어나는 공시적 변이는 상이한 대안적 표현 즉, 변이형들이 보유하고 있는 사회적 의미와 평가에 대한 정보를 제공하는 동시에, 현재 진행 중에 있는 언어변화의 방향을 가리키고 있는 중요한 지표로 파악된 것이다.

이와 같은 연구의 영역은 주로 Labov와 그의 연구원들을 중심으로 개척되어 왔는데, 사회 안에서 이질적인 사회 구성원들이 다양하게 사용하고 있는 언어로부터 사회학적으로 검증된 자료 추출 방식을 이용해서 수집한 변이 현상에 대한 계량적 분석을 토대로 그의 연구는 수행되어 왔다. 이러한 일련의 수많은 실증적 연구를 통해서 Labov가 지금까지 기여한 가장 중요한 업적 가운데 하나는 언어 변이와 화자가 속해 있는 사회 계층, 연령, 성별, 종족 집단, 사회 조직망(social network)과 같은 사회적 변항 사이에 일정한 체계적 상관관계가 존재한다는 사실을 객관적으로 입증한 것이다. 또한, 그의 연구는 대도시의 언어에 출현하고 있는 변이가 제멋대로 아무런 질서 없이 일어나는 것이 아니라, 일정한 언어 사회학적 원칙과 제약 하에서 일어나는 것임을 규명하였다. 그리하여 이러한 사회적으로 조건지어진 변이 현상은 우리가 언어 변화의 원인과 그 사회적 내포, 그리고 그 전개 및 확산의 과정을 이해하는 데 중요한 열쇠임을 보여 주었다.

특히, 지금까지 축적된 사회 방언학의 연구는 지역방언에서 제시된 언어적 특징이라는 것이 그 자체 있고 없음만을 나타내는 절대적 대상이기보다는, 화자들의 말 가운데 일정한 변이형들이 많게 또는 적게 선택되어 쓰이는 출현의 빈도수와 관련된 계량적 대상임을 보이고 있다 그러한 이유로 전통 방언학에서 논의되고 있는 방언(언어) 지리학의 등어선(isoglosses)은 해당 방언의 현실적인 언어 분화의 모습을 정확하게 반영한다고 생각할 수 없게 되었다.

그리하여 종래의 통상적인 언어 지도에서 설정된 등어선들은 변이 중심의 사회 방언학에서 요구하는 다음과 같은 정보를 전연 제공하지 못했다. 즉, (1) 언어 지도에 표시된 일정한 언어 특질을 해당 지역의 방언 화자들 가운데 몇 퍼센트나 실제로 사용하고 있는가. (2) 방언 화자들에게서 해당 특질이 출현하는 빈도수는 얼마나 되는가. (3) 그 특질을 사용하는 방언 화자들은 어떠한 연령, 성별 또는 사회 계층에 속하는가? (4) 그 특질이 어떤 상황과 말의 스타일에서 사용되는가?

또한, 방언의 특징을 형성하는 언어 현상들은 그 지리적 분포에 있어서 하나의 역동적인 연속체를 형성하는 것이 일반적이다. 그렇기 때문에, 앞으로의 방언지도와 등어선은 일정한 공간 내에서 일어나고 있는 공간적 변이에 대한 현실적이고 합리적인 설명을 하기 위해서 계량적 정보를 반영할 수 있는 장치를 첨가하여야 된다. 따라서 앞으로 언어지도와 등어선은 변화가 지리적으로 확산되어 가는 정도를 수치로 계산하여 나타내는 인문 지리학에서의 지도 제작법 기술을 수용하여야 할 것이다.

|4| 언어 변이의 수집과 말의 스타일의 활용

방언연구의 중심을 방언 체계에 대한 단순한 공시적 기술로부터 구체적인 사회적 상황에서 쓰이는 방언의 실제적인 사용과 화자들의 언어 행위로 전환시키려고 한다면, 지금까지의 방언자료 수집 방법과 그 절차를 근본적으로 수정하여야 된다. 이러한 전제는 다양한 화자들로부터 자연스러운 담화 가운데 일상어로 쓰이는 방언 자료를 수집하는 수단을 개발하는 것을 의미한다. 그러나 이러한 수단은 방법론적인 모순인 "관찰자의 모순"과 부딪치게 된다. 즉, 자연스러운 일상어에 접근하자면 화자들이 체계적으로 관찰 받고 있지 않을 때 어떻게 말을 하는가를 발견하여야 되지만, 우리는 이러한 자료를 체계적인 관찰을 통해서 얻을 수밖에 없다는 사실이다. 또한 이러한 체계적인 관찰은 격식을 갖춘 면담 과정에서 가능한 것인데, 면담의 응답자는 자기의 말이 관찰 받고 있다고 느끼면 느낄수록 언어 행위를 의식적으로 통제하게 된다. Labov(1972)는 일정한 격식을 차린 면담이 갖고 있는 제약을 극복하기 위해서 고안된 장치로 방언 화자들이 이야기의 상황에 따라 달리 실현시키는 말의 스타일(style)의 영역을 활용하였다.

여기서 말의 스타일은 방언 화자가 동일한 개념이나 사물을 표현하기 위해서 사용할 수 있는 몇 가지 언어적 가능성 가운데 사회적 상황에 따라서 취하는 말의 선택이라는 의미로 한정하여 사용한다. 즉, 말의 스타일을 언어 표현의 선택이라고 하는 것은 동일한 의미를 나타내지만 변이를 형성하고 있는 변이형(variants) 중에서 어느 하나를 선택한다는 말이다. 또한 이러한 언어적 선택은 변이형들과 연관된 사회적 의미(방언 화자의 보수적 또는 진보적 성향, 중류의 사회 계층, 젊은 연령, 격식을 차린 분위기 등과 같은)를 내포하고 있음을 뜻한다. 따라서 방언 화자가 사용하는 스타일의 유형과 그 변화를 통해서 우리는 해당 언어가 보이고 있는 사회적 의미에 접근할 수 있다.

또한 언어의 사용은 의사전달의 기능과 사회·상징적 기능을 동시에 갖고 있다. 예를 들면, 음운론에서 기본 단위인 음소들은 의미 분화에 관여하는 변별적 기능으로서 음소체계의 성분인 동시에, 이것을 사용하는 화자의 사회적 정체성과 신분을 나타낸다. 즉 언어를 사용한다는 것은 전달하려는 정보 뿐만 아니라, 화자의 사회적 계층과, 상대방과의 친소의 관계, 이야기의 목적 등을 드러내놓게 되는 것이다. 그리고 한 사람의 방언 화자가 사용하는 말 가운데 나타나는 스타일에서의 변이는 사회적 차원에서 서로 다른 화자들 사이에 일어나는 개인과 개인 사이의 변이를 반영한다고 한다. 그렇다면 말의 스타일에서 나타나는 변이는 사회적 변이의 직접적인 결과로 형성된 것이다.

Labov(1972)는 화자들이 자신의 말에 기울이는 주의력의 정도와, 면담이 진행되는 분위기에 따라서 구사하는 말의 스타일의 유형을 비격식체부터 시작하여 가장 격식을 차린 최소대립어 읽기체까지 다섯 가지로 단일 차원의 선상에 배열하였다. 이와 같은 말의 스타일에 대한 구분은 방언 화자가 비교적 격식이 없는 상황에서 자신의 말투를 변화시키는 방향에 관한 정보를 획득하려고 작성되었다. 따라서 동일한 화자가 사용하는 두 개 이상의 말의 스타일이 드러내는 언어적 특징을 대조적으로 검토하려고 할 때, Labov가 사용했던 방식과 같은 스타일의 추출은 언어 변이에 대한 수집과 연구에 실용적인 면이 있다.

스타일 설정의 문제와 관련하여 Labov(1972: 112-113)는 사회방언에 대한 연구에서 몇 가지의 원리를 다음과 같이 제시하였다. 즉,

(1) 스타일 변화의 원리 : 한 가지만의 말의 스타일을 구사하는 방언 화자는 없다.

(2) 주의력의 원리 : 말의 스타일의 범위는 방언 화자가 자기 말에 기울이는 주의력의 정도에 따라서 배열될 수 있다(자신의 말에 대한 자의식이 별로 없을 때 출현하는 비격식체서부터 시작하여 면담 조사에 전형적으로 쓰이는 격식체, 자의식이 점점 강해지는 순서대로 문장 낭독체, 단어목록 읽기체, 최소대립어 구분체).

(3) 일상어의 원리 : 말의 스타일이 걸쳐 있는 범위 가운데 자연스러운 상황에서 사용되는 일상적인 비격식체만이 변이 연구의 대상이 된다.

(4) 격식성 원리 : 질문과 응답으로 구성된 면담의 과정에서 방언 화자들이 사용하는 격식체의 스타일을 제거하기 위한 여러 가지 방법을 방언 조사자가 사용한다고 하여도, 역시 방언 화자들은 자신의 말에 주의력이 기울어진 격식체를 내놓는다. 그 결과, 방언 화자들이 자연스러운 일상적인 방언을 관찰하려는 우리는 앞서 언급한 것과 같은 관찰자의 모순에 빠질 수밖에 없다. 그리하여 Labov는 면담의 상황에서 이러한 모순

을 배제하려는 다양한 방법을 모색하게 된다.

이와 같은 원리 밑에서 관찰자의 모순을 극복하고 화자로부터 일상적인 비격식어를 이끌어내는 방법이 필요하게 되었다. Labov(1972)는 다음과 같은 세 가지 방법을 제시하였다. 첫째, 면담이라는 상황 이외에서 우발적으로 쓰이는 말(도중에 친구가 찾아 와서 서로 이야기할 때, 또는 전화에 응답할 때 등등). 둘째, 특별한 이야기 거리의 선택(즉, 자신의 삶 가운데 죽음의 위기에 처할 뻔했던 경험담, 또는 어린 시절의 놀이와 추억거리). 셋째, 면담이 진행되는 과정에서 발생하게 되는 자연스러운 이탈(즉, 면담 도중에 자신의 이야기에 빠져서 말의 속도, 목소리의 크기 등이 변화하여 상황의 전환을 의미하는 단서가 출현할 때). 여기에 방언 화자가 같이 동석하고 있는 가까운 친구들과 농담이나 우스개 소리를 할 때 쓰는 말씨도 첨가되었다.

Labov(1972)에서 설정된 말의 스타일의 유형과 그 내용은 다음과 같이 요약될 수 있다. 즉,

(1) 비격식체(casual speech) : 이것은 방언 화자에게 생명이 위기에 처해 있었던 경험이 과거에 있었으면 이야기해 보라고 청해서 이끌어 낼 수 있었다. 죽음의 상황에 처했던 과거의 경험을 진술할 때 방언 화자의 감정은 흥분되어서 자신도 모르게 방언 조사의 목적으로 찾아 온 낯선 조사자 앞에서 면담을 하고 있다는 사실을 잊게 되어 말에 대한 주의력이 떨어지게 될 것이라는 점을 고려한 것이다.

(2) 격식체(careful speech) : 방언 화자가 자신의 말이 녹음되는 녹음기와 현지 조사자 앞에서 면담을 진행할 때 통상적으로 사용하는 조심스러운 말의 스타일이다.

(3) 문장 읽기체(reading style) : 조사자가 방언 화자에게 제시해 준 문장을 낭독하는 스타일이다.

(4) 단어 목록 읽기체(word list) : 방언 화자가 앞에 제시된 여러 단어들을 하나씩 또박또박 읽어 가는 말의 스타일이다.

(5) 최소 대립어쌍 읽기체(minimal pairs) : 이것은 격식의 정도에서 제일 높고, 동시에 방언 화자의 주의력이 자신의 말에 가장 많이 집중되는 말의 스타일이다.

|5| 언어 변이 연구의 의의

언어 변이 연구에서 설정된 사회 계층, 연령 그리고 말의 스타일과 같은 사회적 변항들을 이용하여 도시 방언에 나타나는 가변적인 언어적 특질의 본질이 어떻게 효과적으로 규명될 수 있는가를 제시하기 위해서 가장 잘 알려진 연구 사례(Weinreich, Labov and Herzog 1968: 177-181) 한 가지를 간단하게 요약하여 보이려고 한다. 여기서 관찰하려는 변이 유형은 미국영어에서 r발음의 실현 유무에 관한 변이 현상이다. 영국영어의 발음에서는 단어의 끝이나 자음 앞에 출현하는 철자상의 r을 발음하지 않는 경향이 사회적 우위성을 얻어 런던 지역을 중심으로 그 세력을 꾸준히 확대되어 가는 추세를 보인다. 그 반면, 미국영어에서는 이러한 환경에서 예의 r을 발음하는 새로운 경향이 확산되고 있다. 조사 지역과 대상은 미국의 뉴욕 시에 거주하는 토박이 성인 화자들이며, 그들이 속해 있는 여러 사회 계층과 연령 그리고 말의 스타일과 같은 사회적 변항의 요소들과 일정한 환경에서 r이 실현되거나, 실현되지 않는 언어적 특질이 어떻게 연관되어 있으며, 이러한 현상은 진행 중에 있는 공시적 언어 변화의 관점에서 어떠한 의미를 갖고 있는가 하는 것이 관찰의 주제가 된다. 이와 같은 본격적인 사회 언어학 또는 도시 방언학적 연구는 1960년대 초반 William Labov가 뉴욕 시의 언어를 중심으로 착수되었다.

이러한 작업을 위해서 먼저 조사 대상자들이 속한 사회 경제적 계층을 학력, 가계 수입, 직업 등을 기준으로 하여 모두 10계단으로 분류되었다. 맨 아래 계단은 하류층으로 그 상대적인 정도에 따라 다시 0에서 1계단까지 세분되었고, 그 다음은 노동자 계층으로 눈금은 2에서 5계단까지 배당되었다. 그리고 그 위로 중하류 계층은 6에서 8계단을, 최고의 사회 경제적 집단인 중상류 계층은 마지막 9계단을 부여하였다. 성인 방언 화자들의 연령은 20세부터 시작하여 대략 10년 간격으로 네 집단으로 다음과 같이 구분했다. 20대(20-29

세), 30대(30-39세), 40대(40-49세), 그리고 마지막 연령 집단은 50대에서 70대까지를 포괄하였다. 이 맨 끝의 연령 집단만이 종래 전통 방언에서 주된 방언 조사의 대상이 되어 왔음은 이미 우리가 전통 방언학 부분에서 언급한 바 있다. 또한, 전통 방언학에서 일정한 지역의 방언 자료 조사 대상자로 선정한 화자들의 수효는, 특수한 경우를 제외하면, 주된 제보자 1명과 보조 제보자 한두 명에 불과하였다. 따라서 지역방언 중심의 전통 방언학은 해당 지역의 언어 사회가 사용하는 언어 문법이 아니라, 언어 사회의 소수를 형성하는 노년층 화자들의 개인어의 문법인 셈이다.

그러나 뉴욕 시의 도시 방언학적 연구에서는 각각의 사회 계층과 연령에 따라서 81명의 제보자들을 무작위 선출 방식으로 선정하였다. 다만, 여기서 제시된 유일한 조건은 화자들이 그 도시 출신이어야 한다는 항목이었다. Labov 는 이 연구를 위해서 뉴욕의 동부 구역에 있는 맨하탄을 중심으로 언어 조사를 실시하였다. 그러나 그는 바로 이 지역에서 몇 해 전에 실시되었던 인구 센세스 조사에서 나온 결과를 이용할 수 있는 유리한 입장에 있었다. 무작위 추출 방식으로 수집된 모집단에 대한 직접 면담을 통한 이 언어 조사는 대략 10만 명의 거주민들을 1) 직업, 2) 교육 수준, 3) 가계 수입과 같은 세 가지 척도를 기준으로 일정한 수의 사회 경제적 계층으로 분류하였다. 여기서 선정된 Labov의 주 제보자 81명은 여러 가지 언어 특질들의 사회적 분포를 결정하기 위해서 작성된 설문지를 바탕으로 세심하게 준비된 면접을 받았다.

다음의 [그림 13-1]은 뉴욕 시에 거주하는 다양한 사회 계층과 연령층에 속하는 토박이 성인 화자들이 사용하는 일상적인 말의 스타일(비격식체)만을 중심으로 단어의 끝 부분 또는 자음 앞에 출현하는 r의 발음을 그대로 실현시키는 평균 수치를 백분율로 표시한 것이다.

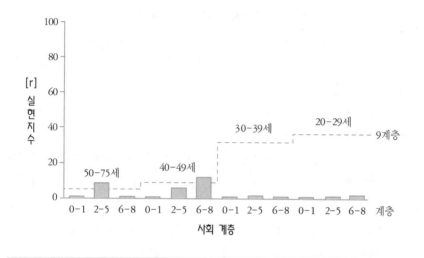

일상적 말의 스타일에서 뉴욕시 성인 화자들의 사회 계층과 연령에서 r 실현 지수
(Uriel Weinreich, Labov and Herzog 1968: 178에서 인용)

위의 도표에서 가로는 네 연령층이 50-75세 집단으로부터 시작하여 순서대로 배열되었으며, 각각의 연령층은 위에서 분류된 세 가지 사회 계층(하류, 노동자, 중하류 계층)에 따라서 다시 나누어져 있다. 이들 계층과 여기에 속한 연령 집단에서 발음되는 r의 평균 백분율 수치는 위의 도표에서 실선으로 표시된 반면에, 사회 경제적으로 제일 높은 계층에 속하는 중상류층이 보이는 r 발음의 실현 백분율은 점선으로 표시되었다. 이러한 장치는 r발음의 실현과 관련하여 중상류 계층의 발음과 여타의 다른 사회 계층과의 발음상의 차이를 대조시키기 위한 것이다.

[그림 13-1]에 나타난 사회 방언학적 조사의 결과를 관찰하면, 9계단으로 표시된 중상류 계층을 제외한 여타의 다른 사회 계층들이 포함하고 있는 대부분의 연령 집단에서 r 발음의 실현 빈도는 전연 없거나 매우 낮으며, 노동자층의 장·노년 집단과 40대의 중하류 및 노동자층에서 약간의 실현 빈도를 보

이지만 큰 의미는 부여되지 않는다. 그 반면, 점선으로 표시된 중 상류층에 실현되는 r 발음의 빈도는 장·노년층에서 약하게 나타나기 시작하여 40대에서는 그 출현 비율이 조금 더 증가함을 보여 준다. 그리하여 연령층이 젊어질수록 그 경향이 점진적으로 강화되어 20대에 와서는 거의 40%에 접근하고 있다.

일상적인 말의 스타일(비격식체)에 나타나는 r 발음의 실현 여부와 관련하여 [그림 13-1]에서 주목되는 첫 번째 사실은 중상류 계층의 발음과 여타의 다른 계층의 발음과는 분명한 차이를 계층간에 보이고 있다는 것이다. 두 번째 사실은 중상류 계층 자체에서도 연령간에 차이를 보이지만 r 발음의 실현은 연령이 낮아질수록 그 빈도수가 증가해 간다는 것이다. 이와 같은 두 가지의 사실은 r 발음의 실현이 뉴욕 시의 토박이 성인 화자들에게서 사회 상징적인 권위를 획득하여 그 세력을 확장해 가고 있음을 의미하는 것이다. 이러한 예측을 분명히 하기 위해서 이번에는 [그림 13-1]에 새로운 사회 언어학적 정보가 첨가된 다음의 [그림 13-2]를 살펴보기로 한다.

그림 13-2 뉴욕시 성인 화자들의 모든 말의 스타일과 계층의 유형에 따른 r 실현 지수
(Weinreich, Labov and Herzog 1968: 180에서 인용)

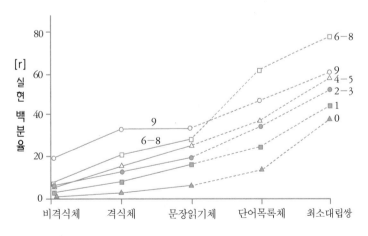

[그림 13-2]는 앞서 제시한 [그림 13-1]에서와 동일한 발음 현상과 동일한 방언 화자들의 계층과 연령을 조사 대상으로 한 것이지만, 여기에 비격식체뿐만 아니라 말의 스타일이 보이는 모든 상황을 포함시켰다. [그림 13-2]의 가로 축은 일상적으로 사용되는 비격식체(casual speech) A를 시작으로 점점 자신의 말에 주의력이 증가하는 순서대로 말의 스타일의 유형 B, C, D가 배열되었고, 맨 끝에는 발음 r의 실현 유무가 지대한 관심의 초점이 되는 최소 대립어쌍 (god : guard 등과 같은)을 식별하는 말의 스타일 D′가 설정되었다. [그림 13-2]는 모든 사회 계층의 화자들이 가장 자연스러운 비격식체에서 격식을 차린 말의 여러 스타일로 점점 이행할수록 r이 출현하는 빈도수가 점진적으로 증가하고 있음을 보인다. 이와 같은 경향은 뉴욕시의 성인 화자들에게서 r발음의 실현이 사회적 권위를 반영하는 지표가 되었음을 알리고 있다.

특히 [그림 13-2]에서 주목되는 사실은 사회 계층 6-8, 즉 중 하류 화자들이 격식을 차린 문장 읽기체 스타일에서부터 r 발음을 과도하게 실현시켜서 격식성이 더욱 증가하는 단어 목록체와 최소 대립어쌍 읽기체에서는 사회 계층 9를 능가하게 되는 현상이다. 이러한 현상은 방언 특질의 변화는 해당 사회 상층부 계층에서 시작되어 다음 단계의 낮은 계층으로 확산되고 있음을 나타낸다. 또한, 이 방언 특질은 사회 계층의 유형과 상이한 연령층 그리고 개인 화자의 말의 스타일에 걸쳐 폭넓은 변이를 보이는 진행 중에 있는 변화임을 보여 준다.

위에서 개략적으로 소개된 바와 같은 사회 방언학에서 사용하는 사회 계층과 연령층 및 각각의 방언 화자들이 사용하는 말의 스타일에 대한 정밀한 사회 변항적 성분을 고려하지 않는다면, [그림 13-1]과 [그림 13-2]에서 밝혀낸 위와 같은 역동적인 언어 사실들이 종래의 전통 방언학에서와 같은 방법론으로 규명되기가 어렵다. 전통 방언학에서는 뉴욕 시에 거주하는 성인 화자들이 보이는 이러한 발음상의 특질을 일정한 체계를 갖추지 못한 단순한 자유변이 또는 방언 혼합으로 밖에 기술할 수 없을 것이다. 그러나 언어 변이 중심의 사회 방언학적 연구는 해당 언어사회에 있는 구성원들의 말에 출현하는 일정한 차이 또는 변이가 사회적 요인들과 체계적인 방식으로 상관관계를 맺고 있다는 사실을 확립하게 되었다.

지역방언을 연구하는 전통 방언학에서는 개별 방언에 대한 정밀한 공시적 기술을 제시하고, 일정한 방언 특질들의 분포와 그 경계를 방언 지도로 나타내는 것을 주된 작업으로 삼는다. 그리고 이러한 분포와 확산의 상황이 어떠한 역사적 과정을 밟아 왔는가를 규명한다. 그러나 여기서 기술된 공시적 방언 체계와 구조는 고정된 정적인 대상이며, 동시에 해당 지역의 대다수를 점하고 있는 다양한 계층과 연령 집단의 방언 화자들에서 공시적 방언 체계와 방언 특질들이 어떻게 실재 언어생활에 인지되고 사용되는가에 대한 역동적인 설명은 제시하지 못하는 것이다. 그러므로 현대 방언학의 발전 방향은 방언 특질들의 지리적 분포 중심의 지역방언으로부터 언어 연구의 새로운 차원, 즉 사회적 공간 속에 분포되어 있는 방언 특질의 구체적인 쓰임과 변이와 변화 현상을 그 연구 대상으로 하는 사회 방언학(social dialectology)으로 향하고 있다.

이와 같은 연구 추세는 방언 지리학(dialect geography)의 분야와 역사 언어학(historical linguistics)의 영역이 사회 방언학과 긴밀한 유대를 맺게 됨을 의미한다. 방언 지리학이 지리적 공간에 일어나는 공시적 언어 변이와 방언 특질들의 분포를 규명하여 그 이전 단계에 수행되었던 언어 변화의 역사와 그 진행 과정을 복원하는 작업을 주 임무로 삼는다. 또한, 역사 언어학의 주된 임무는 시간적으로 상이한 공간에서 출현하는 언어의 변이와 변화의 유형과 그 원인을 규명하려고 한다. 그렇기 때문에, 일정한 사회적 공간 속에 일어나는 역동적인 언어 변이의 사회적 분포를 확립하여 진행 중에 있는 변화의 방향과 그 원칙을 제공하는 사회 방언학이 위의 두 연구 영역에 큰 기여를 하게 될 것은 분명한 사실이다.

참고문헌

Chambers, J. K & P. Trudgill(1998), *Dialectology*(second edition), Cambridge.

Chambers, J. K.(1995), *Sociolinguistic Theory*, Blackwell Publishers.

McIntosh, A.(1952), *An Introduction to a Survey of Scottish Dialects*, University of Edinburg, Thomas Nelson and Sons Limited.

Meillet, A.(1967), *The Comparative Method in Historical Linguistics*(translated from the French by Gordon Ford), Libraire Honore Champion.

Labov, W.(1972), *Sociolinguistic Patterns*, Pen University Press.

Wardhaugh, R.(1998), *An Introduction to Sociolinguistics*(third edition), Blackwell Publishers.

Weinreich, U, W. Labov & M. Herzog(1968), 'Empirical Foundations for a Theory of Language Change', in *Directions for Historical Linguistics*, edited by Lehmann and Malkiel, Unversity of Texas Press.

제 14 장

한국어 방언사(方言史) 개요

|1| 방언사의 영역과 그 한계

    국어사 연구는 우리말이 오랜 예전부터 겪어 온 모든 변화를 규명하고 그 역사를 체계적으로 기술하는 것을 목적으로 삼고 있다. 국어의 연구 대상인 우리말은 비단 표준어 또는 서울말뿐만 아니라, 우리의 국토 안에서 한국인 화자들이 사용하는 모든 지역적 변종, 즉 방언들이 포함됨은 물론이다. 이들 지역적 변종들 역시 하나의 독립된 언어 체계를 형성하고 있으며 고유한 역사적 발달 과정을 거쳐 오늘에 이르고 있다(그렇다고 해서 각각의 지역방언들이 서로 아무런 간섭과 접촉 그리고 방언 차용과 같은 관계 또는 표준어에 의한 방언 수평화의 영향이 없었다는 것은 아니다). 그렇기 때문에 원칙적으로 국어의 방언사 연구는 국어사의 영역에 속한다. 이러한 기본적 전제는 국어 방언의 연구가 지향하는 궁극적인 목적이 무엇보다도 국어에 대한 보다 포괄적이고 합리적인 이해에 있다는 사실과도 평행을 이룬다.

    전통적으로 국어 방언의 연구는 국어사와 밀접하게 연관되어 왔음은 잘 알려진 사실이다. 이러한 사정은 19세기 후반 독일과 프랑스 등지에서 출발한 방언학 또는 방언(언어) 지리학이 하나의 독자성을 갖춘 학문으로 발전하게 되는 역사적 배경과 그 맥락을 같이 하는 것이다. 그리하여 일찍부터 공시적 지역방언들은 역사적 문헌 자료의 부족과 심한 제약을 극복할 수 있는 대안으로서, 동시에 국어사 연구와 자료의 살아 있는 광맥으로서 그 중요성이 강조되어 왔으며 지금까지 이러한 인식에 근거한 다양하고 눈부신 국어사 연구 업적들이 축적되어 왔다.

또한, 종래 방언학의 전통적인 분야 가운데 특히 언어 분화의 "공간적" 차원을 강조하는 방언(언어) 지리학이 주로 "시간적" 차원을 취급하는 언어사 연구의 중요한 수단으로 이용되어 왔다. 즉, 방언(언어) 지리학은 지역방언이 갖고 있는 모든 층위의 특질들이 보이는 지역적 다양성과 그것들의 현재의 공시적 분포를 그 방언이 시간적으로 수행해 온 역사적 과정이 공간적으로 투영된 모습으로 파악한다. 이러한 전제에서 지역방언 특질의 고유한 변화들이 나타내는 공간적 영역과 그 확산의 경로를 언어 지도 위에 추적함으로써 해당 지역방언이 거쳐 온 역동적인 발달의 역사를 작성할 수 있는 것이다.

그러나 최근 국어 방언학의 전개에서 방언의 정보가 단순히 국어사 연구의 보조 기능을 단편적으로 발휘하던 단계를 극복하고 일정한 지역방언이 수행해 온 고유한 역사적 변천을 체계적으로 고찰하는 방언사의 영역이 새삼 인식되고(국어사의 큰 범위 안에서), 그리고 이러한 대상이 방언 연구의 독립적인 영역으로 설정되는 경향이 분명하게 나타나고 있다. 이러한 연구 경향은 국어사 연구와 기술 언어학의 큰 진전과 더불어 그 보조를 같이 하는 것이지만, 동시에 대략 다음과 같은 세 가지의 학문적 인식의 전환을 그 배경으로 하고 있음이 특징이다.

첫째, 국어사와 방언사의 연구가 부분적으로 상이하며, 따라서 그 연구 태도도 차이가 날 수밖에 없다는 각성이다(이숭녕 1971). 국어사의 중요한 연구 분야 가운데 하나는 국어 계통론의 규명에 있다. 국어 계통론은 국어의 기원과 그 분화에 대한 연구로서 지금까지 축적된 국어의 역사에 대한 정보를 바탕으로 먼저 국어와 밀접한 친족관계를 맺고 있는 자매어들을 설정한다. 그 다음 국어를 포함한 같은 계통의 자매어들이 보유하고 있는 기초 어휘에서 일정한 형태와 음성간의 대응 계열(series of correspondences)을 확립하여 오늘날의 독립적인 자매어들이 유사이전의 시기에 분화되어 나오기 이전의 공통조어를 복원해 내는 것이다. 그 반면, 방언사는 이론상으로 단일한 원시 한국어(proto-Korean)가 공통조어에서 분화되어 나온 이후 한반도에서 다시 지역방언으로 분열되어 시간의 흐름에 따라 언어적 차이가 형성되기 시작하는 단계에서부터 출발한다. 국어사에서 계통론 연구를 위하여 사용하는 비교 방법도 방언사에서 역시 중요한 도구로 사용된다. 단지 방언사에서 그 비교의 대상은 국어의 하위 지역방언들이며, 여기서 방언 간 대응을 통하여 가정 또는 복원되는 언어는 방언 분화 이전의 형태, 즉 원시 한국어인 점이 국어사의 방법론과 근본적으로 다르다.

원시 한국어에서부터 지역적으로 분화하여 일정한 시간이 결과 한 후에 하위 방언들이 확립된 시기는 대체로 국어사에서 국어 형성의 역사상 최대의 사건으로 간주하는 통일 신라 이후 7세기 후반으로 설정될 것 같다. 그 이유는 삼국 시대의 역사적 단계에서 고구려, 신라 그리고 백제의 언어가 각각 서로 다른 계통에 속하였는가, 아니면 동일한 언어의 지역적 변종에 불과한 것이었는가에 대해서 분명히 판단할 수 있는 구체적 근거는 없기 때문이다. 따라서 신라의 언어 통일 이후 고구려의 옛 지역과 백제의 옛 지역에 신라어가 확산되어 왔지만, 이들 지역에는 예전 언어가 저층을 형성하여 국가간의 언어적 차이가 이제는 지역적 방언의 차이로 전환되었을 가능성이 높은 것이다. 경주 중심의 신라어를 중앙어로 하는 고대국어 후반의 단계에 지역방언의 분화가 확립되었을 것이므로 방언사의 시대 구분 역시 국어사의 그것에 의존하여 기술하여야 된다. 이와 같은 관점에서, 오늘날 우리가 관찰할 수 있는 현대 지역방언의 다양한 분화는 중세와 근대국어의 단계로 소급되어지는 역사성을 갖고 있는 것이며, 동시에 오늘날의 지역적 방언 분화의 양상 역시 중세와 근대국어에서도 거의 동일했을 것으로 전제한다.

일찍이 이숭녕(1971: 325-326)은 국어 방언사의 영역과 그 연구 방식을 다음과 같이 규정하였다. 즉, (1) 개별적 지역방언들이 시대적으로 발달해 온 과정과 원리를 기술한다. (2) 각 방언들의 음운, 형태, 어휘에 대한 분포 상태와 시간 적 흐름에 따르는 변화의 과정을 규명한다. (3) 하위 방언간의 상호 영향, 교섭, 침투, 개신, 확산 등의 여러 항목에 걸친 종합적 고찰을 한다. 여기서 제시된 항목 가운데 (1)과 (2)에만 한정시킨다면 방언사의 성립은 지극히 어려운 일이다. 어느 역사적 시대의 방언 또는 일정한 국어사의 단계에 있는 여러 방언들의 옛 모습을 반영하고 있는 문헌 자료들은 극히 단편적으로 존재하며, 그것도 시기상으로 한정되어 있거나, 아니면 19세기 후반 및 20세기 초반과 같은 비교적 최근의 역사적 산물인 경우가 대부분이기 때문이다. 국어사에서와 같이 『訓民正音』(1446) 이후 15세기부터 근대국어의 단계까지 지속적인 문헌 자료들을 이용한 전망적 연구 방법은 방언사에서는 불가능하다. 그 대신 위의 항목 (3)은 종래에 방언(언어) 지리학의 분야에서 부분적으로 담당해 오던 과제에 해당된다. 그렇기 때문에 방언(언어) 지리학의 일차적 목적은 문헌이전 단계의 방언사 또는 언어사의 복원에 있었던 것이다. 둘째, 방언사 연구에 대한 최근 관심은 문헌 중심과는 상이한 방향에서 비롯되었다. 그것은 주로 통시 음운론의 영역에서 어느 일정한 지역방언에 대한 공시적 기술 위에서 작성되는 내적 재구(internal reconstruction)와, 지역방언과 다른 지역방언 또는 표준어와의 체계적 비교에 바탕을 두는 비교 방법을 이용하여 그 이전의 음운체계의 역사적 단계를 복원하여 내는 일련의 체계적 작업을 뜻한다.

이와 같은 방법론에 근거한 방언의 연구가 일찍이 1940년 대 이전에 Ramstedt 와 小倉進平 그리고 河野六郎과 같은 초기의 연구자들에서도 성공적으로 수행되었음은 잘 알려져 있다. 그러나 주로 통시 음운론 분야를 대상으로 시도된 최근의 연구들에서 제시된 다음과 같은 연구 방법 상의 세 가지 태도는 종래의 연구들과 분명한 대조를 이룬다. 즉, (ㄱ) 현재까지 축적된 국어 음운사 업적을 바탕으로 하고, (ㄴ) 후기 중세와 근대 중부방언의 문헌 자료들을 비교를 위한 기준으로 설정하여, (ㄷ) 해당 지역방언이 시간의 흐름에 따라 수행해 온 일련의 음운변화를 재구된 음운체계의 변화 속에서 이해하려고 한다. 이와 같은 연구 방향을 기본으로 한 대표적인 몇몇 업적들을 일부만 간단히 제시하면, 최명옥(1982), 박창원(1983), 정승철(1995) 등을 열거할 수 있다.

그러나 이와 같은 목적을 위해서 해당 지역방언에 사용된 내적 재구의 절차나, 방언 비교의 방법은 실증적 언어 연구의 대상이 아니다. 그 대신, 연구자 개인의 해석과 언어 변화에 대한 주관적 이론 또는 이념이 개입될 여지가 있는 것이다. 그렇기 때문에, 다음과 같은 본질적 문제가 이러한 유형의 작업 자체에 내포되어 있음을 항상 기억해야 한다. 즉, 여기서 사용된 내적 재구의 방법이나 공시적 방언의 교차 비교에 의한 방법을 이용하여 복원된 이전 단계의 소위 재구형들과, 이 형태로부터 그 이후의 공시적 반사체로의 발달의 과정을 설명하는 음운규칙들이 어느 정도 객관적이고 합리적인 것이며, 이것의 타당성을 논증하는 논리가 일정한 제약 속에서 어느 정도 성공적으로 이루어질 수 있는가에 대한 문제이다.

따라서 이와 같은 방법론에 근거한 방언사 연구에서 이루어진 성과물은 하나의 "가설"인 것이며, 이러한 잠정적인 결론은 나중에 해당 방언사에서 새로운 증거가 발굴되거나 또는 정밀한 재구의 방법이 개발됨에 따라서 폐기되거나 수정되는 단계를 예외 없이 거치는 것이다. 이와 같은 전제는 방언사에 대한 이해와 부분적으로 중복되지만, 상이한 동기에서(즉, 알타이 비교 연구의 한계를 절감하고, 한국어 자체의 방언 비교를 통하여 중세 이전의 언어 단계를 복원하려고 하는) 출발하여 국어사 영역에서 최근 시도되는 일련의 내적 재구와 비교 방언의 방법론에 대한 새로운 인식에도 그대로 적용될 수 있다(이기문1977, Ramsey 1979, 1991, 김주원1991). 그리하여 일찍이 Ramsey(1979)는 ㄱ) 공시적 지역방언들과의 체계적 비교를 통한 외적 비교와 ㄴ) 어느 일정한 방언에 공시적으로 출현하는 불규칙성과 형태 음운론적 교체를 통한 내적 재구의 필요성을 강조하였는데, 그 목적은 이른 시기의 국어의 음운체계를 복원하기 위해서였다.

셋째, 지역방언의 통시적 기술을 표준어를 기준으로 하거나 또는 중세국어의 형태나 언어체계를 기점으로 작업해 왔던 종래의 전통적인 태도에 대한 심각한 반성이 제기되었다. 즉, 일정한 지역방언의 특징을 형성하고 있는 고유한 언어 현상들은 그들 자체의 고유한 역사성을 갖고 있다. 따라서 현재의 해당 방언의 공시적 문법을 이해하고 그것의 통시적 발달 과정을 합리적으로 기술하려면 표준어 또는 중앙어의 이전 단계인 중세국어와 어느 정도 독자적인 중세와 근대국어 단계의 해당 방언들을 추적하여야 된다. 그렇기 때문에 15세기 중앙어를 기반으로 하는 문헌어로부터 기저형과 기저의 언어체계를 설정하여 해당 방언의 역사적 발달 과정과 공시적 현상을 설명할 수는 없는 것은 분명한 사실이다. 이러한 문제를 가능한 극복하기 위해서 주로 두 가지의 측면에서 방언사 연구가 계속되어 왔다.

한 가지는 지역방언의 언어체계를 통시적으로 어느 정도 규명해 줄 수 있는 방언 자료들에 대한 끊임없는 발굴과, 자료가 내적으로 갖고 있던 신뢰도의 관점에서 지금까지 방치되어 왔던 기존의 중요한 방언 자료에 대한 재해석이었다. 이와 같은 유형의 작업 가운데 20세기 초반 제정 러시아 카잔에서 간행된 함북 육진 방언 자료에 대한 공시적 기술과 방언사적인 관점에서 수행된 통시적 고찰(곽충구 1986, 1994, King 1991)이 가장 특기할 만하다. 곽충구(1994)와 King(1991)은 본질적으로 새로운 방언 자료의 충실한 제시와 그 해석으로 양분된다. 여기서 소개된 카잔의 방언 자료 자체는 본인들이 주장하는 바와 같이 국어 방언사에서 특이한 위치를 차지하고 있는 동시에 그 유례를 찾기 어려운 귀중한 보고임에 틀림없다. 그러나 이들 자료에 대한 보다 객관적이고 정밀한 해석은 국어사와 방언사의 여러 분야에서 많은 공동의 논의를 통해서 완성될 것이 분명하다.

다른 한 가지는 국어사에서 또는 공시적 현대 지역방언에서 일정한 시대적 지역성이나 그 확산의 공간적 방향이 분명히 드러나는 몇몇 통시적 변화의 발달 과정에 대한 지속적인 고찰이었다. 예를 들면, 전북 남원 지역방언에서의 어말 -u형 어휘들의 생성에 관여한 이중모음의 역사적 변화(전광현 1976), 구개음화 규칙의 단계적인 역사적 발달과 공간적 확산의 과정(홍윤표 1994), 전북 방언의 원순모음화 현상을 중심으로 방언사의 관점에서 공시성과 통시성이 상호 맺고 있는 연관성(소강춘 1991), 또는 현대와 19세기 후기 지역방언에서 수행된 움라우트 현상이 실현 강도에 있어서 차이가 있음을 확인하고 이 현상의 기원과 발달의 과정(최전승 1995) 등이 이러한 범주에 속한다. 따라서 이러한 부류에 속하는 대부분의 연구에서 취급된 통시적 변화의 유형들은 중세 또는 근대국어의 단계에서 출발하여 각각의 방언 고유한 발달 과정을 따라서 공간적으로 확산되어 온 과정을 나타낸다. 그러나 중세와 근대국어 역시 단일 방언으로 구성되지 않았으며, 그 단계에서도 오늘날과 같은 다양한 지역방언의 분화가 나타나 있었을 것이 분명하다. 여기서 파생되는 더 구체적인 사항들은 방언사 연구의 주제와 관련된 이 글의 §2.2에서 논의하기로 한다.

▐2▐ 방언사 연구의 방법과 문제점

2.1 방언 자료와 해석의 문제

우리는 방언사 연구가 1) 일정한 역사적 단계의 방언을 반영한 문헌자료들의 분석, 2) 언어사에서 개발된 내적 재구와 비교 방언학의 방법의 이용, 그리고 3) 지역방언 특질들의 공시적 분포에 근거한 언어 지리학적 접근 등을 통해서 진행될 수 있음을 위에서 보았다. 국어사 연구에 있어서와 마찬가지로, 방언사 연구의 가장 투명하고 확실한 일차적 도구는 일정한 시대적 단계의 해당 방언의 특질들을 나타낸 문헌자료들이다. 그러나 개별적인 지역방언들이 역사적으로 발달하여 오는 다양한 단계들을 연결해 줄 수 있는 방언 자료의 결핍 또는 시대적 분포의 불균형으로 인하여 심각한 제약을 받고 있음은 위에서 언급한 바와 같다.

이러한 상황에도 불구하고, 지금까지 이루어진 지역방언의 방언사 연구의 전개 과정은 연구 대상이 안고 있는 문헌 자료의 수많은 제약을 극복하려는 노력과 탐색으로 이어져 왔다. 특히 1980년대에 들어 와서 19세기 후기와 20세기 초엽에 걸친 남부와 중부 그리고 북부 지역방언들을 반영하는 방언 자료들이 새로 발굴되거나 기존 자료들이 재평가되면서 적어도 이 시기에 해당하는 국어 전체의 방언의 양상과 그 분화 상태가 어느 정도 파악되기에 이르렀다. 국어사의 측면에서 19세기 후반이라는 역사적 단계는 근대국어에서 현대국어의 단계로 넘어 오는 마지막 단락이었으며, 현대의 지역방언들이 공시적으로 보유하고 있는 여러 방언적 특질들을 거의 갖추어 가는 과도기의 양상을 보이기 시작한다. 그렇기 때문에 이 시기의 방언들에 대한 체계적인 고찰이 현대국어의 방언들의 형성 과정을 이해하기 위하여 필수적인 것이다.

먼저, 19세기 후기 평북방언은 로스와 멕킨타이어 목사 그리고 평북 의주 청년들이 참여한 *Corean Primer*(1877), 『누가복음』(1882), 『요안닉 복음』(1882), 『예수성교젼셔』(Ross version, 1887) 등의 자료를 이용하여 공시적 그리고 통시적 음운론의 관점에서 연구되었다(최임식 1984, 최명옥 1985, 1987). 또한, 최근에는 18세기 평안도 방언을 반영하는 『염불보권문』(1765, 묘향산 용문사본)의 음운 현상이 소개된 바 있다(김주원 1996).

19세기 후기 전라방언은 19세기 중엽이후부터 20세기 초반에 걸쳐 전주에서 간행된 일련의 완판본 고소설들과 그 이본, 그리고 전북 고창 출신의 신재효가 새로운 시대정신에 입각하여 개작한 『판소리사설집』 등에 전반적으로 반영되어 있다(오종갑 1983, 최전승 1986, 1987). 이 자료에 반영된 19세기 후기 전라방언은 문학작품 속의 언어라는 제약을 받고 있지만, 표기와 관련된 몇 가지 사실만 주의하면 당시 살아 있는 서민층과 농민들의 구어의 양상을 그대로 얻을 수 있다.

특히, 경상도 방언의 방언사는 어느 정도 체계적인 기술이 가능하게 되었다. 백두현(1992)은 16세기 이후 20세기에 이르기까지 경상도에서 간행된 문헌 자료들을 대상으로 이 문헌들에 반영된 경상도 방언의 음운 현상들을 계기적으로 추출하여 전망적 관점에서 다양한 유형을 분류하고 그 변화의 과정을 규명하였다. 경상도 방언을 반영하는 역사적 문헌 자료들의 전반적인 목록과 서지적 설명에 대해서는 백두현(1992)와 홍윤표(1994)에 상세하게 정리되어 있다.

앞에서도 언급하였지만, 1980년대 후반에 이루어진 방언 자료의 발굴 가운데 가장 특기할만한 사건은 1910년 이전까지 제정 러시아에서 간행되었던 일련의 함북 육진 방언 자료들의 출현이다. 특히 1901년과 1904년 사이에 카잔에서 러시아 정교 선교협회가 간행하고 카잔 대학의 전문가들이 편집한 다음과 같은 다섯 편의 20세기 초엽의 육진 방언 중심의 구어 자료는 당시 제정 러시아의 동양학과 언어학의 중심이었던 카잔 학파의 전통을 반영한 것들로 정밀한 음성 전사(끼릴 문자를 이용한)와 피치 악센트가 첨가되어 있다. (1) *Pervonachaljnyj Uchebnik Russkago Jazyka dlja Korejcev*(한국인을 위한 초등 러시아어 교과서, 1901), (2) *Azbuka dlja Korejcev*(한국인을위한 ABC, 1902), (3) *Russko-Korejskie Razgovory*(露韓會話, 1904), (4) *Slova i Vyrazhenija k Russko-Korejskim Razgovoram*(노한 회화에 관한 단어와 표현, 1904), (5) *Opyt Kratkago Russko-Korejskago Slovarja*(露韓小辭典 試編).

이 자료에 대한 상세한 소개와, 이것을 근간으로 20세기 초엽 함북 육진 방언에 대한 공시적 및 통시적 연구는 곽충구(1986, 1994)에서 충실하게 이루어진 바 있다. King(1991)은 위의 제정 러시아 카잔 자료 이외에 Putsillo의『로한ᄌ던』(1874)을 포함하여 19세기 후반에서 20세기 초엽에 걸치는 러시아 간행 육진 방언 자료를 중점적으로 고찰하였다. 여기서 취급된 제정 러시아 자료들은 함북방언의 구어를 키릴 문자로 전사하였다는 사실이 종래의 다른 방언사 자료들과 구분된다. 그렇지만 이러한 음성전사 자료들을 해독하는 데 있어서 관찰자의 이론이나 주관에 의한 자의성이 개재될 여지가 있기 때문에 해석상의 문제는 여전히 존재한다.

위에서 제시한 제정 러시아의 카잔에서 간행된 함북(육진) 방언 자료에서도 같은 말을 할 수 있지만, 특히 문헌 자료 중심의 방언사 연구에서 해당 지역 방언 자료에 나타나는 다양한 또는 이질적인 표기와 언어 현실과의 대응에 관한 해석에 어려운 점이 많다. 예를 들면, 17세기 초반 구례 화엄사에서 간행된 『권념요록』(1637)에는 부분적인 t-계 구개음화와, 중세국어의 'ㅿ'에 대한 'ㅅ'형의 존재, 움라우트의 한 가지 용례, 그리고 '숨플'과 같은 특징적인 전라방언 어휘 등이 반영되어 있는데 이러한 언어적 특징들은 당시의 전라방언을 반영하고 있는 것으로 파악되어 왔다. 이러한 사실과 관련하여 다음과 같은 문제들이 제기될 수 있다.

(1) 『권념요록』에서도 t-구개음화는 어휘에 따라 산발적으로 표기에 실현되어 있는데, 다른 더 많은 구개음화의 비실현형들은 표기 그대로의 실제의 모습, 즉 비실현형들을 의미하는 것일까? 이러한 표기상의 교체는 t-구개음화가 이미 이 방언에서 완료된 상태를 말하는 것인가, 아니면 표기에 반영된 모습 그대로 진행 중에 있는 변화의 공시적 상태가 반영되었을까?

(2) 이 자료에서 k-계 구개음화가 실현된 예들이 표기상 발견되지 않는다고 해서, 17세기 전라방언에 그러한 현상이 없었다는 보장을 얻을 수 있을까?

(3) 『권념요록』에서 움라우트의 실현을 유일하게 보여주는 '에미'(母)형은 동일한 문장 속에서 비실현형 '어미'와 교체된다. 오직 어미 호오사 업술식... 에미 ᄋᆞ의 ᄀᆞᄅᆞ치ᄆᆞᆯ 브터(28b). 그렇다면, 문헌에 출현하는 이러한 변이는 동일한 화자가 사용하는 말의 스타일에서 개신형과 보수형이 공존하여

문헌어에서도 용인될 수 있었음을 의미하는 것일까? 만일 일상적인 스타일에 일반적인 개신형 '에미'가 우연히 문헌어에 해당되는 격식체에도 출현하게 되었다고 가정하면, 같은 움라우트의 음성 환경을 구비한 다른 어휘들에 이 동화작용이 어떠한 이유로 표기상 억제되어 있을까?

(4) 이 자료에서 중세국어 'ㅿ'과 대비되는 'ㅅ'형들 가운데 공존하는 'ᄆᆞ슴'(心, 24b, 29b)과 'ᄆᆞ임'(27a, 30b) 두 부류의 형태 역시 당시의 다양한 사회 계층 사이 또는 말의 스타일에 따르는 사회 언어학적 모습을 반영한 것일까? 만일 이러한 두 형태간의 부단한 변이 현상이 발화 환경이나 話題, 또는 분위기에 따라서 지역방언에서 출현하는 다양한 변이형들이 선택될 수 있음을 반영한다면, 'ᄆᆞ슴'과 'ᄆᆞ임'형의 공존은 17세기 전남 방언에서 두 형태들이 실제로 공존하였고, 이 둘의 변이는 서로 경쟁적인 관계를 맺고 있다고 해석할 수 있다.

이러한 문헌 자료의 해석상의 문제는 특히 19세기 후기와 같은 근대국어의 말엽 단계에 오면 표기의 혼란과 더불어 더욱 심각하게 나타난다. 즉, 동일한 방언 자료 내에서, 그리고 같은 문장이나 문면 내에서 부단히 출현하는 보수형과 개신형, 또는 문헌어형과 실제 방언형과의 교체들이 특히 주목되는 예이다. 이러한 현상을 파악하는 하나의 방법으로, 해당 지역사회에서 언중들이 사용하였던 실재의 언어의 양상이거나, 저자 또는 필사자의 스타일에 따른 사회 언어학적 변이 현상의 반영일 가능성을 신중하게 검토해 볼 필요성이 있다.

2.2 방언사 연구에서 논의되었던 중심 과제 몇 가지

지금까지 이루어진 지역방언의 통시적 연구들이 주로 음운론의 영역에서 국어 음운사와 밀접한 관련을 맺으며 내적 재구와 방언 비교의 방법을 이용하여 수행되어 왔음은 위에서 언급한 바와 같다. 이러한 고찰은 개별적인 지역방언의 공시 음운론에 바탕을 두고 있거나, 역사적으로 일정한 시기의 지역방언을 반영하고 있는 자료에 대한 분석에서 출발하여 그 이전 단계의 음운체계가 복원되고, 여기서부터 독자적인 일련의 발달의 과정이 설정되었다. 방언사에서 주로 논의된 주제들은 모음조화와 관련된 모음체계의 재구와 현대어로의 변화, 이중모음의 재구와 단모음화, 원순모음화 현상 중심의 모음체계의 재구, 구개음화의 전개 과정 그리고 움라우트 규칙의 확대와 역사적 성격 등이었다. 자음체계는 어느 정도 구조상의 안정성을 지역적으로나 역사적으로 유지해 오고 있기 때문에 재구에 큰 문제를 야기하지 않는다. 그러나 중세국어의 단계에 중부방언 중심의 서울말에서 유성 마찰음 계열을 이루고 있었던(이기문 1998) 세 음소 'ㅸ, ㅿ, ㅇ'에 대한 기원적인 유무의 문제가 해당 지역방언의 통시적 고찰에서 예외 없이 제기되었다.

특히 19세기 후기 지역방언의 연구에서 현대어로 도달하였던 몇몇 음운 현상들에서 소실된 중간단계의 모습이 관찰되기도 하였다. 19세기 후기 전라(서남) 방언에서 확인할 수 있는 움라우트의 발달 과정이 가장 대표적인 예이다. 또한, 역사적 방언 자료는 현대 지역방언에 계승된 어떤 음운현상에 대한 몇 가지 상충되는 공시적 해석에 옳은 해답을 제시할 수도 있다. 즉, 대부분의 공시적 방언 음운론에서 자음 앞에서 일어난 $y\partial>e$와 같은 변화 유형은 종래에 단순히 모음축약(contraction) 또는 음운 도치(metathesis)로 기술되었지만, 19세기 후기와 20세기 초반 또는 그 이전의 다양한 방언 자료들은 이러한 변화가 $y\partial>y\partial y>ye>e$와 같은 두 가지 과정을 축약시켜 공시적으로 단일하게 보이고 있음을 가리키고 있다. 여기서 변화의 첫 단계인 $y\partial y$의 출현과 이어서 ye의 등장을 어떻게 해석하여야 되는가에 대해서는 연구자마다 의견이 일치되지 않는다. 위에서 개략적으로 열거된 방언사 연구의 중심 주제 이외에도 많은 항목들이 더 논의될 수 있다. 그러나 여기서는 지면상의 제약으로 방언사 연구에서 몇 가지의 중심 과제만을 한정하여 언급하기로 한다.

2.2.1 하향 이중모음 /oy/와 /uy/의 변화 과정

해당 지역방언의 모음체계에서 대부분 하향 이중모음 '외'/oy/와 '위'/uy/가 재구되었지만, 이러한 단계에서 19세기 후반 또는 현대 지역방언의 모음으로 이르는 변화의 과정에 대해서는 연구자의 관점에 따라서 일치하지 않았다.

최명옥(1982)은 월성 방언의 통시 음운론의 영역에서 그 방언에 이중모음 /oy/와 /uy/가 있었던 단계를 재구하고, /oy/는 oy＞ö＞we＞(e), /uy/는 2음절 이상의 어말 위치를 제외하면 uy＞ü＞wi＞(i)와 같은 변화과정을 이 방언이 수행해 온 것으로 파악했다. 이와 같은 해석은 19세기 후기 평북방언의 모음체계에 대한 공시적 기술과, 앞선 모음체계의 재구에도 반복되었다. 즉, 최명옥(1985, 1987)은 이 시기 평북방언의 단모음체계를 확립한 다음, '외'와 '위'는 각각 상승 이중모음 /we/와 /wi/이었음을 제시하고, 이 /we/와 /wi/는 /oy/와 /uy/가 단모음화한 이후에 형성된 것이기 때문에(ö＞we, ü＞wi), 이 방언에서 이중모음 /oy/와 /uy/의 단모음화가 19세기 후기 이전에 일어났다고 결론지었다. 여기서 확인된 ① '외'와 '위'의 단모음화 과정과, ② 이중모음 /oy/와 /uy/의 단모음화가 19세기 후기 이전에 수행되었다는 해석은 이것과 연관된 움라우트 현상과 관련하여 개별 방언의 모음체계의 변화와 근대국어의 음운사 연구에 중요한 의미를 갖는다. 이러한 이중모음의 통시적 변화의 과정은 많은 개별 지역방언의 방언사 연구에서도 그대로 적용되었다(몇몇 예를 들면, 박창원 1983, 곽충구 1994, 정승철 1995).

그 반면, 최전승(1986, 1987)은 19세기 후기 전라방언의 자료들이 반영하고 있는 이 시기의 전라방언의 모음체계와 그 역동성을 검토하면서, 이 방언에서 '외'와 '위'의 단모음화 과정은 ① oy＞we＞ö, uy＞wi와 같은 변화를 밟아 온 것이며, ② 재해석된 움라우트의 관점에서 /oy/의 단모음화는 /we/의 단계를 거쳐 19세기 후기 이전에 /ö/로, /uy/는 19세기 후기 이후에 wi＞ü와 같은 변화를 수행한 증거를 제시하였다. 그리고 여기서 확인된 사실을 중심으로 19세기 후

기 함북과 평북방언의 모음체계에서나 경상도의 하위 지역방언 그리고 제주
도 방언에서도 그 모음체계의 역사에서 단모음을 보유했던 사실이 없었을 가
능성을 추구하였다. 경상도 방언의 통시적 모음체계를 복원하는 과정에서 백
두현(1992)은 이러한 유형의 변화를 새롭게 재검토하려고 시도했다.

2.2.2 원순모음화와 재구된 모음체계

전남 구례방언의 '으>오'의 변화를 중심으로 이 방언의 원순모음화 현상
과 모음체계가 맺고 있는 밀착된 관계는 처음으로 이승재(1977)에서 심도 있게
고찰되었다. 여기서의 기본 논리는 공시적으로 일어날 수 없는 모음 변화의
방향과 방식은 그 이전 단계에서 역사적으로도 불가능할 것이라는 "동일과정
설(uniformitarian principle)"의 원리이었다. 즉, 일정한 모음체계를 구성하고 있는
음운론적 공간의 내부에서 하나의 모음에 일어난 변화는 공시적 현상에 견주
어 볼 때 아래와 같은 세 가지의 원칙 또는 변화의 제약에서 크게 벗어날 수
없는 것이다.

> (1) 모음 변화의 방향성은 수직으로(하나의 계열 내부에서), 혹은 수평으로
>   (하나의 서열 내부에서) 일어나는 이동인 것이다.
> (2) 변화로서 모음의 이동은 모음체계 내부에 위치하고 있는 바로 인접 모
>   음의 장소로 1단계씩 수행된다.
> (3) 그 결과, $V^1 > V^2$의 변화에서 이 과정에 참여하는 V^1과 V^2에 속한 모음
>   은 일종의 자연부류를 형성하는 동시에 일정한 자질의 유무에 따른 음
>   운론적 대립을 이루고 있어야 한다.

이러한 모음 변화의 세 가지 원칙에 의하면, 역사적으로 일정한 단계의 공
시적 모음체계 공간에서 동시에 몇 단계를 뛰어 넘는 변화는 있을 수 없으며,
또한 변화의 방향이 체계 자체의 계열과 서열의 질서를 무시한 대각선인 경

우도 상상하기 어렵다는 것이다. 이승재(1977)는 구례방언의 역사적 어느 단계에서 수행한 '♀>오'와 '으>우'의 원순모음화가 '♀>으'의 변화와 더불어 모음체계의 확립에 필수적인 역할을 하고 있음을 제시하고, 위에서 언급된 모음변화의 세 가지 제약을 준수하여 예전의 구례방언의 모음체계를 다음과 같이 복원하였다. 그리고 그는 아래의 (ㄱ)의 체계에서 '♀'의 비음운화와 더불어 '어'가 중설화 하여 (ㄴ)과 같은 모음체계로 전환되어 갔다고 파악하였다.

(ㄱ) 이	으	우	(ㄴ) 이	으	우
어	♀	오		어	오
	아			아	

여기서 재구된 선행 단계의 구례방언의 모음체계 (ㄱ)은 '♀'를 유지하고 있었던 역사적 단계로 소급되는 것인데, 다른 지역방언의 모음사 연구에서 원순모음화 현상과 관련하여 복원된 이전 단계의 모음체계와 일치하고 있는 사실이 주목된다. 예를 들면, 20세기 초엽 육진방언 자료를 바탕으로 여기에 반영된 원순모음화 현상을 중심으로(곽충구 1994: 283)에서와, 제주방언의 통시적 모음체계에 대한 연구에서 복원된 선행 시기 모음체계(정승철 1995)도 (ㄱ)과 같은 모습으로 재구되었다. 그리고 후기 중세국어에 반영된 생산적인 원순모음화(원순모음의 이화와 동화 작용을 중심으로)에 대한 깊은 인식과, 『훈민정음 해례』중성해에서 구사된 "口蹙"의 개념을 원순성(rounding)의 자질로 파악하려고 시도한 백두현(1992)은 당시의 '♀, 으, 오, 우'가 원순성을 상관 징표로 형성된 대립 관계임을 고려하여 15세기의 모음 음소의 체계를 작성했는데, 그것은 본질적으로 위의 (ㄱ)의 체계와 일치를 보인다.

특히, (ㄱ)의 모음체계는 15세기에 원순모음 '오'와 '우'를 'w+♀'와 'w+으'와 같은 내적 증거를 바탕으로 작성된 김완진(1978)의 수정된 모음체계와 쉽게 조정될 수 있다. 그리고 15세기 국어의 단계에서 평순모음과 원순모음의 짝인 고모음 서열 '으 – 우'와 중모음 서열 '♀ – 오'를 상관 대립으로 하는 모음체계는 이미 여러 연구에서 확립되어 있다(김주원 1993).

2.2.3 '♀'와 관련된 내적 재구와 방언 비교의 한계

이기문(1978)은 어두음절의 자음 뒤에서 제주도 방언의 ʌ와 중세국어(15세기 중엽의 서울말)의 yə와의 규칙적인 대응을 주목하고, 내적 재구와 방언 비교를 이용하여 이 위치에서 중세국어 이전 단계의 *yʌ를 성공적으로 재구하였다. 줍(重, 제주도 방언) : 겹(중세어) → *kyʌp, 준디-(忍, 제주도 방언) : 견디-, 견듸-(중세어) → *kyʌntʌy-, 쓴-(點火, 제주도 방언) : 혀-(중세어) → *hy- 등등.

15세기 중엽의 중세국어에서 어두음절의 *yʌ는 yə에 합류되었다. 그 반면에, 제주도 방언은 중세국어의 '♀'로 소급되는 모음을 어두음절에서 전반적으로 유지하고 있다. 위의 예 가운데 제주도 방언의 '줍'은 *kyʌp에서 구개음화를 수행한 다음 경구개음 앞에서 y가 탈락된 변화 과정을 밟아 온 것이다. 그러나 이기문(1978)에서 지적된 바와 같이 어두음절 위치에서 제주도 방언 '♀'와 15세기 국어의 모음 사이에는 두 가지 종류의 예외가 존재한다. 즉 (1) 중세국어의 '♀'에 제주도 방언의 다른 모음들이 대응되는 예와, (2) 제주도 방언의 '♀'에 중세국어의 다른 모음들이 대응되는 예이다. (1)에 속하는 예로 '흑(土, 제주도 방언) : 흙(중세어), 놈(他, 제주도 방언) : 눕(중세어), 불(件, 제주도 방언) : 볼(중세어)' 등이 열거되었는데, 제주도 방언에서 원래 이 형태들에 출현하였던 '♀'가 방언 차용으로 대치되었거나, 아니면 독자적인 변화를 수행한 결과로 이해된다. (2)의 예들은 'ᄀ지-(持, 제주도 방언) : 가지-(중세어), 뽑-(選擇, 제주도 방언) : 뽑-(중세어), 몬져(先, 제주도 방언) : 몬져(중세어)' 등이다.

위의 (2)의 예 가운데 제주도 방언의 '몬져'(先)에 대응하는 중세국어 '몬져'의 경우는 중세국어의 단계에 이 위치의 '♀'가 다른 원리에 의하여 '오'로 변화를 거쳤을 가능성을 보여 준다. 그렇게 판단하는 근거는 다음과 같다. 즉 첫째, 19세기 후반과 20세기 초엽의 평북과 함북 육진방언 및 현대 함북방언 등

에서 중세국어 '몬져'의 반사체들은 모두 '민져'와 '만져'형으로 출현하고 있
다. 여기서 '민져'형은 '만져'에서 움라우트를 수용한 19세기 후기 평북방언형
이다. 이러한 사실은 중세국어의 '몬지'(埃)가 제주도 방언에서 어두음절 모음
에 관한 한 변함없이 '몬지'로, 함북과 평북방언에서는 '몬주'로 각각 대응되
는 예와 대조를 이룬다. 둘째, 어두음절 위치에 'ㅇ'를 보여 주는 '몬져'형이
18세기 전반과 중엽에 걸쳐서 경북 예천 용문사본(1704)과 대구 동화사본(1764)
그리고 황해도 흥률사본(1765) 『염불보권문』의 다른 판본들에서 확인된다.

현대 평북방언과 함북방언에서 중세국어의 어두음절 위치의 'ㅇ'가 규칙적
인 변화에 따르지 않고, 그 대신 'ㅇ>아'의 변화를 반영하는 경향이 매우 강
함은 잘 알려진 사실이다. 특히 19세기 후기 평북방언에 등장하는 '함자'(獨,
초역 누가복음 10: 40)형은 현대 평북방언에 그대로 유지되어 있다. 이 형태는 16
세기 국어의 '혼자'로 소급될 수 있다. 혼자 쑤러 안자(번역 소학 10: 6ㄱ). 그러나
제주도 방언에서 이 형태는 '혼차, 혼자, 혼채'로 어두음절에 'ㅇ'를 보여 주지
않는다.

또한, 중세국어 이전 시기의 *yʌ가 제주도 방언에서와 중세국어에 둘 다 반
영되어 있지 않은 경우도 상정할 수 있다. 예를 들면, Putsillo의 『로한ᄌ뎐』
(1874)에서와 그 이후의 제정 러시아 카잔 자료에서 '열'(十)은 언제나 [yari],
[yar-]로 등장한다. 이러한 자료를 검토한 King(1991: 87, 254)은 중세국어의 '엻'
과 육진방언형 '야리, 얄'과의 대응을 기반으로 그 이전 형태 */yʌlh/을 재구하
였다. 그러나 이 방언형에 대한 제주도 방언은 전 지역에 걸쳐 '열'로 나타난
다. 만일 19세기 후기 함북 육진 방언형 '얄'(十)에 대한 King의 재구를 인정한
다면, 제주도 방언에서 이 반사형은 *yʌ에서 '여-'로 합류를 거친 것으로 보인
다. 경북과 경남 방언 일대에서 등장하는 '여우'(狐)의 방언형 '야시' 또는 '야
수'(최학근 1978: 930)의 어두음절 모음 ya에 대해서도 같은 결론을 내릴 수 있
다.

따라서 15세기 국어와 현대 제주도 방언에서 어두음절 위치에서 확인되는

'ᄋ'의 대응은 (1) 15세기 국어에서의 'ᄋ'가 이미 다른 모음으로 변화되었을 경우, (2) 제주도 방언에서 이 위치의 'ᄋ'가 다른 모음으로 변화했을 경우, (3) 제주도 방언에서와 15세기 국어에서 다 같이 변화를 수행했을 경우와 같은 세 가지 종류의 예외를 고려해야 된다. 그리고 제주도 방언과 15세기 국어의 모음 대응에 의하여 그 이전 단계 '*ᄋ'가 성공적으로 설정되었다 해도 이렇게 재구된 음소가 모든 역사적 변화 이전의 기원적인 것인가에 대해서 의문의 여지가 남아 있다. 즉, '*ᄋ'가 원시 한국어의 모음체계로 소급될 수 있는가, 아니면 역사적 어느 단계에서 또 다른 어떤 변화를 거친 이차적 결과인가.

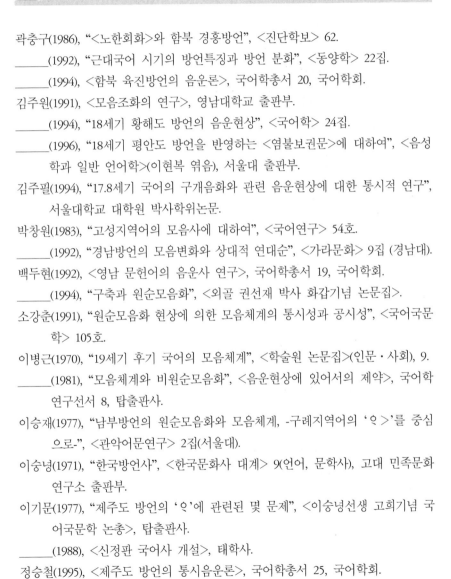

곽충구(1986), "<노한회화>와 함북 경흥방언", <진단학보> 62.

_____(1992), "근대국어 시기의 방언특징과 방언 분화", <동양학> 22집.

_____(1994), <함북 육진방언의 음운론>, 국어학총서 20, 국어학회.

김주원(1991), <모음조화의 연구>, 영남대학교 출판부.

_____(1994), "18세기 황해도 방언의 음운현상", <국어학> 24집.

_____(1996), "18세기 평안도 방언을 반영하는 <염불보권문>에 대하여", <음성학과 일반 언어학>(이현복 엮음), 서울대 출판부.

김주필(1994), "17.8세기 국어의 구개음화와 관련 음운현상에 대한 통시적 연구", 서울대학교 대학원 박사학위논문.

박창원(1983), "고성지역어의 모음사에 대하여", <국어연구> 54호.

_____(1992), "경남방언의 모음변화와 상대적 연대순", <가라문화> 9집 (경남대).

백두현(1992), <영남 문헌어의 음운사 연구>, 국어학총서 19, 국어학회.

_____(1994), "구축과 원순모음화", <외골 권선재 박사 화갑기념 논문집>.

소강춘(1991), "원순모음화 현상에 의한 모음체계의 통시성과 공시성", <국어국문학> 105호.

이병근(1970), "19세기 후기 국어의 모음체계", <학술원 논문집>(인문・사회), 9.

_____(1981), "모음체계와 비원순모음화", <음운현상에 있어서의 제약>, 국어학연구선서 8, 탑출판사.

이승재(1977), "남부방언의 원순모음화와 모음체계, -구례지역어의 'ㆍ>'를 중심으로-", <관악어문연구> 2집(서울대).

이숭녕(1971), "한국방언사", <한국문화사 대계> 9(언어, 문학사), 고대 민족문화연구소 출판부.

이기문(1977), "제주도 방언의 'ㆍ'에 관련된 몇 문제", <이숭녕선생 고희기념 국어국문학 논총>, 탑출판사.

_____(1988), <신정판 국어사 개설>, 태학사.

정승철(1995), <제주도 방언의 통시음운론>, 국어학총서 25, 국어학회.

최명옥(1982), <월성 지역어의 음운론>, 영남대학교 출판부.

_____(1985), "19세기 후기 서북방언의 음운체계", <국어학 신연구>, 탑출판사.

_____(1987), "평북 의주지역어의 통시음운론", <어학연구> 23-1(서울대).

최임식(1984), "19세기 후기 서북방언의 모음체계", 계명대 대학원 석사학위논문.

_____(1994), <국어방언의 음운사적 연구>, 문창사.

최전승(1986), <19세기 후기 전라방언의 음운현상과 그 역사성>, 한신문화사.

_____(1995), <한국어 방언사 연구>, 태학사.

_____(1998), "국어 방언과 방언사 기술에 있어서 언어 변이에 관한 연구"(1), <방언학과 국어학>, 태학사.

최학근(1978), <한국 방언사전>, 현문사.

한영균(1991), "움라우트의 음운사적 해석에 대하여", <주시경학보> 8집.

_____(1994), "후기 중세국어의 모음조화 연구", 서울대학교 대학원 박사학위논문.

홍윤표(1991), "방언사 관계 문헌자료에 대하여", <남북한의 방언 연구>(김영배 편), 경운출판사.

_____(1994), <근대국어 연구>(1), 태학사.

河野六郎(1945), <朝鮮方言學試攷>, 동도서적.

King, J. R. P.(1991), *Russian Sources on Korean Dialects*, Unpublished Harvard University Ph.D Dissertation.

Ramsey, R.(1979), "How we can recover the earliest Korean sound system?", <제1회 한국학 국제학술회의 논문집>, 한국 학술원.

_____(1991), "Proto-Korean and the Origin of Korean Accent", *Studied in the Historical Phonology of Asian Languages*(edited by Boltz & Shapiro), John Benjamins Publishing Company.

제15장

방언과 波動說(Wave theory)

|1| 파동설이 언어연구 방법에 끼친 파장

원래의 파동설(wave theory) 또는 그 변용은 일반적으로 언어의 변화와 그 전파 과정을 고찰하는 방언학과 역사 언어학, 그리고 사회 언어학에서 폭넓게 원용되는 하나의 가설이다. 처음에 이 가설은 친족관계를 형성하고 있는 일련의 동계어들을 비교했을 때, 여기에 나타나는 일정한 언어 상의 공통 특징이 지리적으로 가깝게 위치하여 있는 동계어 또는 같은 계통의 방언들일수록 더욱 농도가 강하게 분포되어 있는 반면에 공간적 거리가 멀어짐에 따라서 그 농도가 약화되어 있다는 사실을 합리적으로 설명하기 위해서 고안된 것이다.

일찍이 19세기 후반 Johannes Schmidt가 인도 유럽어를 이루고 있는 동계어들에 나타난 상호 영향 관계를 연구하면서 그의 저서 『인도 유럽어들의 친족관계』(*Die Verwandtschaft verhältnisse der indo-germanischen Sprachen*, 1872)에서 이러한 견해를 처음으로 제시하였다. 언어적 특징과 공간적 거리와의 상관관계가 중심지에서 그 주변으로 전파되어 가는 파장의 원리로 비유되는 이 원리는 파동설 또는 파장설(Wellen Theorie)이라는 명칭으로 그 이후 알려지게 되었다. 파동설의 비유에 따르면, 언어변화의 기원지 또는 그곳에서 가까운 지역에 위치하는 언어들은 해당 변화의 충격을 강하게 받으며, 그 변화의 효력은 공간적으로 멀어질수록 약화되는 것이 원칙이다. 그러나 언어변화와 그 확산의 과정을 연구하는 학문 분야가 19세기 후반에서 오늘날에 이르기까지 그 시대의 철학과 사조의 경향에 따라서 그 강조점과 고찰의 방법이 다양화됨에 따라서 설명의 방식으로 제시된 파동설의 원리는 여러 영역에서 그 골격을 조금씩 변경하면서도 그 강한 파장의 강도가 줄어들지 않고 그대로 유지해 오고 있는 사실이 주목된다.

(ㄱ) 방언학

오늘날의 방언학(언어 지리학)과 역사 언어학 그리고 사회 언어학에서는 모든 유형의 언어 변화는 원칙상 "시간"과 "공간"이라는 두 가지 차원의 지배를 받고 있음을 공통적으로 인정한다. Moulton(1964)이 제1회 일반방언학 국제 학술회의에서 진술한 바와 같이, 19세기 후반의 비교·역사 언어학은 그 연구 방법론의 기반으로 시간의 차원을 일차적으로 확립하였다. 모든 언어변화의 가장 중요한 요인은 시간인 것이다. 이와 거의 비슷한 시기에 비교·역사 언어학의 성과를 검증하기 위해서 등장한 언어 지리학은 언어변화의 과정을 복원하고 그 전파와 변화의 원인을 규명하려고 시도하였으며, 그 방법론상의 귀결로 지리적 공간이라는 제2의 차원을 획득하게 되었다.

또한, 언어 지리학은 새로운 언어변화(언어 개신)에는 언제나 그 기원지가 존재한다는 사실을 전제로 한다. 그리하여 일정한 기원지에서 출발한 변화가 적절한 사회 언어학적 요인의 힘으로 추진력을 얻게 되면 물결(波長)과 같은 모양으로 인접 지역으로 공간적으로 확산되어 간다고 설명한다. 언어 개신의 이와 같은 공간적 전파는 보통 다음과 같은 비유로 나타낸다. 즉, 조용한 호수에 돌을 던졌을 때 일으키는 파장이 그 돌이 떨어진 중심지에서 출발하여 주변으로 확대되어 퍼져 나가지만, 그 파장의 폭과 강도는 그 중심지에 멀리 떨어용의 상징적인 代案으로 선택될 수 있는 언어 변이로 실현되어 전체의 언어사회 다른 계층과 다양한 연령의 구성원들로 점진적으로 확대되어 간다는 실증적 증거를 축적해 왔다. 그렇다면 언어 변화가 전파되는 이론적 파장이 이번에는 중심지인 첫 번째의 공간에서 이제는 사회의 차원으로 확산되어 온 것이다.

그림 15-2 변화의 파장

그림 15-3

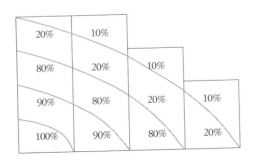

져 있는 주변으로 미칠수록 상대적으로 점점 약화된다. 그러나 오늘날의 언어 지리학에서 보편적으로 수용된 이와 같은 언어 개신의 공간적 전파에 대한 설명 방식은 위에서 언급한 바와 같이 이미 19세기 후반으로 소급되는 Schmidt의 파동설의 원리에 근거한 것이다. 따라서 언어 지리학은 그 기본 개념과 전제에 있어서 일찍이 비교·역사 언어학에서 언어 변화의 발달과 전파에 대한 하나의 가설로 제시된 모형에 일차적으로 강한 영향을 받고 있는 것이 분명하다. 그리고 시간의 차원만이 강조된 19세기 후반의 비교·역사 언어학의 전통 위에서 변화의 전파와 관련된 공간의 개념이 싹트고 있었다는 사실을 주목할 필요가 있다.

(ㄴ) 변형 생성 이론

1960년대 미국 구조주의 방언학자 Moulton(1964)은 지금까지 언어학이 그 연구의 방법론에서 획득한 성과인 제1의 차원 시간과 제2의 차원 공간에 덧붙여, 특히 당시의 음운론의 영역에서 추출된 "構造"의 차원을 첨가하였다. 구조주의 언어학을 계승한 최근의 변형 생성 이론 역시 그 혁신적인 언어 분석의 새로운 방법론에도 불구하고 예의 언어의 구조 또는 체계의 개념과 테두리에서 크게 벗어나지는 못했다. 통시 언어학에서 언어변화를 문법의 변화로 설명하는 변형 생성 이론은 특히 음운변화의 경우에 그 일차적 유형을 규칙의 첨가와 탈락, 규칙의 일반화 그리고 규칙의 재배열과 같은 네 가지로 분류하였다. 이 이론에 따르면(Halle 1962), 지역방언의 분화는 규칙들의 집합인 방언문법에서 하나의 규칙이 어느 하위 방언에 새로 첨가됨으로써 그 발단을 보인다. 방언문법에는 여러 규칙들에 순차적으로 적용되는 규칙의 순서가 내재적 또는 외재적으로 결정되어 있지만, 그 순서는 역사적으로 일어난 변화들의 상대적 순서를 따르는 것이 보통이다. 그리하여 고전적 생성 변형 이론에서는 공시적 음운규칙의 적용순서는 그 언어의 역사에서 수행되었던 통시적 변화의 순서를 반영한다는 강령을 제시하기도 하였다.

그러나 규칙 재배열(rule reordering)의 경우에 변형 생성 이론은 규칙의 공간적 전파에 근거한 파장설의 원리를 그대로 수용하였다. 전통적인 언어 변화와 그 설명 방식을 초기의 변형 생성 이론으로 재해석한 King(1969: 56-57)에 의하면, 규칙 재배열이 일어나는 상황과 파장의 작용은 다음과 같이 가정된다. 즉 공간적으로 대각선으로 떨어져 있는 A와 B라는 두개의 핵심 지역방언이 대립하여 존재한다고 하자. 방언 A는 그 문법에 규칙 1을 갖고 있지만 규칙 2는 갖고 있지 않는 반면에, 방언 B는 반대로 규칙 2는 갖고 있으나 규칙 1은 아직 모르고 있다고 하자. 이와 동시에 A와 나란히 인접해 있는 낮은 지위의 방언 D와, B와 인접해 있는 낮은 지위의 방언 C는 아직 규칙 1이나 규칙 2가 어느 것도 그들의 문법에 첨가되어 있지 않는 상황을 아울러 설정하기로 한다. 이러한 네 방언의 공간적 분포는 대략 [그림 15-1]과 같다.

그림 15-1

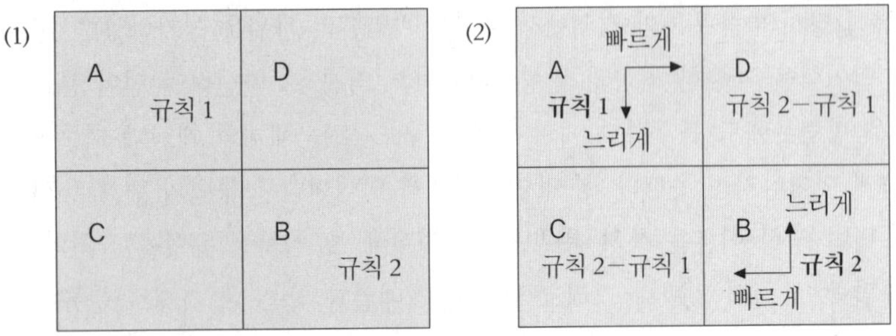

위와 같이 언어변화의 파장이 전파되는 가상적 무대를 설정한 후에, 이제는 A 방언의 규칙 1과 B 방언의 규칙 2가 각각 이웃하여 있는 방언 C와 D 쪽으로 파장의 원리를 따라서 전파되는 상황을 생각하기로 한다. 그리하여 A 방언의 규칙 1은 바로 인접해 있는 D 방언에 먼저 빠른 속도로 전파되어 가서

D 방언의 문법에 첨가되었으며, 그 반면 B 방언의 규칙 2도 인접하여 언 C로 빠르게 전파되어 방언 C의 문법에 규칙 2가 먼저 첨가되었다 하자. 이 단계에서 낮은 지위의 방언 C와 D의 화자들은 각각 규칙 1과 화적으로 우위에 있는 핵심 방언에서 차용을 통하여 그들의 문법에 규 2를 소유하게 된 것이다. 그 이후, C 방언에 A 방언의 규칙 1이 뒤늦 게 파급되어 도착하고, 또한 이미 규칙 1을 보유하고 있는 D 방언에도 의 규칙 2가 나중에 도달하여 왔다고 하면 이러한 상황은 그림 (2)와 같 현할 수 있을 것이다.

그 결과 방언 C는 동일한 두 가지의 공시적 규칙을 규칙 2와 규칙 1 용 순서로, 그 반면 방언 D는 규칙 1과 규칙 2의 순서로 그들의 문법에 첨가시키게 된 것이다. 그러나 1970년대 중반부터 규칙의 순서 자체에 많은 문제점들이 노출됨과, 초반의 추상적 분석에서부터 언어 현실에 가 표면형 중심의 구상적 분석으로 관심이 옮겨감에 따라서 규칙의 적용 순 대한 논의는 더 이상 발전되지 못하게 되었다.

(ㄷ) 사회 언어학과 변이 이론

1970년대 이후 오늘날에 이르기까지 학문의 영역으로 비약적 성장을 해 온 사회 언어학, 특히 언어변화와 변이를 취급하는 변이 이론(variation 에서 지금까지 언어의 기술에서 완전히 배제되어 왔던 "사회"라는 차원 립되었다. 그리하여 일정한 언어사회 안에서 다양하고 이질적인 話者들이 요에 의해서 구사하는 구체적인 언어를 관찰하고, 언어의 사용과 사회의 이 상호 맺고 있는 상관관계를 연구하는 사회 언어학 자체가 바로 언어 라는 주장이 제기되었다(Labov 1972). 미시 사회 언어학 또는 이론에 "이질적인 언어사회"와 "계량화로 측정할 수 있는 질서 정연한 언어 변이 원리를 근거로 언어의 개신은 일정한 공간에서 언어 활동을 하고 있는 특 한 사회 계층에서 기원된다고 가정한다. 그리고 이렇게 시작된 변화는 언어

사회 차원으로의 확산은 새로운 언어변화, 즉 개신파가 지리적으로 일정한 중심지에서 출발하여 인접하여 있는 주변의 지역으로 공간적으로 확산되어 가는 것처럼, 언어사회를 구성하고 있는 화자들의 어느 사회계층 혹은 어느 연령에서 시작된 변화가 파장의 형식으로 다른 계층으로, 그리고 다른 연령층으로 전파되어 간다고 전제한다. 이질적이고 다양한 언어사회는 그 자체 다양한 계층과 연령 그리고 성별 등과 같은 사회적 성분들에 의하여 분화되어 있다. 이러한 사회 성분들의 분화는 필연적으로 언어의 분화를 초래하는 것이다. 왜냐 하면, 다양한 사회적 성분들 사이에는 의사소통의 거리가 있게 마련이기 때문이다. 이와 같은 사회적 성분들 간의 간격을 사회적 공간(social space)이라 한다. 한 사회 계층 또는 연령에서 일어난 변화가 그 개신의 기원으로부터 여러 인접해 있는 계층과 연령 그리고 성별과 같은 사회적 공간으로 변화가 물결과 같이 퍼져 가는 방식을 Downs(1998: 22-23)는 위의 [그림 15-2]와 같은 방식으로 나타내었다.

또한, 사회 언어학은 언어변화와 변이의 사회적 확산의 차원에 덧붙여 언어체계로의 확산도 주목하였다. 어떤 변화가 시작될 때 그 변화에 적용될 수 있는 음운론적 조건을 갖추고 있는 모든 어휘들의 대상에 동시에 실현되는 것은 아니다. 일정한 음성 조건 또는 문법 범주, 그리고 어휘들의 빈도수 등과 같은 요인에 따라서 변화가 먼저 확산되어 수용되는가 하면, 오랜 시간이 경과할 때까지 그러한 변화의 전파를 거부하고 있는 경우도 있다. 따라서 위의 [그림 15-2]에서 A, B, C, D는 각각의 사회 성분들을 표시하는 것이지만, 이번에는 변화를 수용하는 파장의 속에 따른 언어 환경들의 유형들을 아울러 나타내기도 한다.

많은 언어 자료에 대한 고찰을 통해서 변화의 물결이 언어체계로 점진적으로 확산되어 가는 과정을 실증적으로 논증하는 Bailey(1973)는 초기 단계에서 변화는 천천히 확대되어 가지만, 어느 지점에 도달하게 되면 재빠른 추진력을 얻게 되어 많은 어휘들로 가속되어 퍼져 가게 되고, 최종적으로 마지막 단계에 가서는 다시 그 전파의 속도가 느리게 떨어지게 되는 예들을 고찰하였다. 그는 대부분의 언어변화들이 전형적으로 이러한 확산의 과정을 거치는 것으로 가정하고 이러한 변화의 파장의 과정을 "S 曲線"이라고 지칭하였다. 위의 [그림 15-3]는 Bailey(1973: 80)에서 일정한 개신의 기원지(특정한 사회 계층 또는 특정한 언어 환경)에서 해당되는 변화가 거의 100% 수행되지만, 사회적 공간과 언어 환경의 거리에 비례하여 그 변화 파장의 강도가 점진적으로 줄어들게 되는 현상을 비유적으로 풀이하여 그림으로 나타낸 것이다.

(ㄹ) 어휘확산의 가설(Lexical diffusion)

언어 변화가 물결의 형태로 전파된다는 기본 원리는 1960년대 후반에서부터 지금에 이르기까지 또 다른 연구의 방향에서도 수용되어 새롭게 발전하고 있다. 그것은 언어 변화의 기본 단위를 음성이 아니라, 개별적인 어휘로 가정하는 Wang(1969; 1977)과 그의 연구진들에 의해서 주도되는 어휘확산(Lexical diffusion)의 이론을 말한다. 여기서 언어변화의 파장의 차원은 "어휘"이다. 어휘확산의 가설은 지금까지 언어변화, 특히 음성변화를 이해하는 중심 이론이었던 19세기 후반의 소장문법학파의 강령, 즉 "동시에 적용되는 예외 없는 음성법칙"을 정면으로 거부한다. 어휘확산 이론은 지금까지 소홀하게 취급했던 "어휘"의 차원과 "시간"의 차원을 음성변화의 과정에서 특히 강조한다. 그리하여 음성변화에 대하여 다음과 같은 세 가지의 사실을 입증할 수 있는 가설로 설정하였다.

1) 음성변화의 파장은 개개의 어휘에 하나씩 단계적으로 확산되기 때문에 변화의 시작과 종결까지에는 오랜 시간을 요한다. 2) 따라서 음성변화는 음성적으로 급진적으로 일어나는 반면에, 어휘적으로 점진적으로 확산되어 간다. 3) 동일한 조건에 적용될 수 있는 두 개 이상의 공시적인 변화가 경쟁적으로 작용하거나, 어느 음성변화의 해당 조건을 구비하고 있는 모든 어휘들로 확산되기 이전에 그 변화를 수행하는 원동력이 제거됨으로써 여러 가지 유형의

예외, 또는 잔존형(residues)이 형성된다.

언어변화의 관점에서 어휘확산의 이론을 처음으로 명시적으로 제시한 Wang (1969)의 설명에 따르면, 음운변화는 아래의 [그림 15-4]에서와 같은 어휘확산의 기본적인 전형에 준하여 수행된다고 한다. 먼저 일정한 시간 t1의 단계에 분절음 A가 4개의 서로 변별되는 음운론적 또는 형태론적 환경 c1, c2, c3 그리고 c4에서 출현하였다고 하자. 어느 정도 시간이 흐른 다음 단계의 시간인 t2에서 분절음 A가 처음으로 C1의 환경에서 다른 분절음 B로 변화하기 시작하였다. 이리하여 t2의 시간에서 매우 한정된 환경에서 변화를 일으킨 분절음 A는 여타의 다른 환경의 보수적인 B형과 교체를 야기하게 되었다. 공시적으로 한정된 환경에 일어난 A→B의 교체가 C1의 음성 환경에서 동화 과정을 거쳐 일어났으며, 이러한 동화작용의 변화가 다른 환경으로 전파될 가능성이 있다면 이 변화를 일으킨 일차적 또는 기원적 환경은 c1이 된다. 이어서 t3에서 기원적 환경에서 시작된 변화의 물결이 다음의 c2로 확대되기 시작하였으며, 이 공시적 단계에서 보수형 A는 개신형인 B와 변이(variation)를 출현하는 환경에 따라서 형성하게 되었다.

그림 15-4 음운변화 수행의 기본 모형

	t1	t2	t3	t4	t5
C1	A	B	B	B	B
C2	A	A	B	B	B
C3	A	A	A	B	B
C4	A	A	A	A	B

위의 [그림 15-4]에서 t2의 단계에서도 C1의 환경에서 원래의 보수형 A를 갖고 있는 모든 어휘들이 동시에 B로 바뀌는 것은 아니다. 그러한 어휘 가운

데 일부는 개신형 B로 대치되지만, 다른 일부의 어휘들에는 t3의 단계에까지
도 아직 변화의 파장이 미치지 못하는 경우도 존재한다. 또한, 어휘확산 이론
은 위의 그림 C1에서 C4까지를 분절음 A를 갖고 있는 개별적 어휘를 나타내
는 것으로 설정하기도 한다. 그리하여 [그림 15-4]에서 t3의 단계에서 몇몇 어
휘 C1과 C2는 개신형 B로 변화되었지만, 다른 어휘 C3와 C4는 아직 보수형으
로 존속되어 있다.

　최종적으로 변화의 마지막 단계 t5에 이르면 그 전에 보수형 A를 갖고 있
던 음성 환경에서 또는 어휘들이 개신형 B로 전환된다. 이 단계에서 음성변화
A>B는 완료가 되는 것이다. 따라서 변화가 있기 이전의 단계인 t1과 그 변화
가 종료된 t5을 제외한 시간 단계 C2, C3과 C4의 공시적 상태는 A ∞ B의 변
이를 반영하고 있다. 그리고 이러한 변화의 파장이 전 어휘부의 끝까지 확산
되지 못하고 C4의 단계에서 개신파의 물결이 소진되어 버리게 되면 C4의 환
경 또는 어휘에 나타나는 보수형 A는 이 변화에서 잔존형 또는 예외를 이루
게 될 수밖에 없다.

|2| 파동설과 계통수설(Family tree model)의 상호 보완

　지금까지 위에서 언급한 바와 같이 1872년 Johannes Schmidt(1843-1901)가 제
시한 언어변화의 전파에 대한 파동설은 당대의 언어 지리학과 등어선(isogloss)
의 개념, 그리고 사회 언어학에서의 변이 이론과 사회적 차원, 어휘확산 이론
에서의 음운변화의 수행 과정에서 어휘적 차원 등에 강한 파장을 끼쳤다. 원
래 이 가설은 19세기 후반 인도 유럽을 근간으로 하는 비교·역사 언어학의
전통 위에서 확립된 것이다. 동시에 파동설은 그 당시에 언어 비교 연구에서 친족

어들의 진화 과정을 설명하는 August Schleicher(1821-1868)의 계통수설이 갖고 있는 제약과 문제점들을 보완하기 위해서 새롭게 제시되었다. 계통수설은 당시의 인도 유럽어의 계보와 그 발달의 역사적 과정을 그림으로 재설명한 것으로 자매어들의 상대적 위치와 각각의 상호 관계를 파악하는데 비유적 가치를 보유하고 있었다. 따라서 이 계통수설은 당시의 비교·역사 언어학에서 사용하였던 술어와 언어 진화와 분기와 같은 개념의 일부와 밀접하게 관련되어 있다. 왜냐 하면, 계통수설이나 이것을 대치한 파장설은 그 당대의 비교·역사 언어학의 산물이기 때문이다.

동일한 기원을 갖고 있는 원래의 언어에서 역사적으로 파생되어 나온 둘 또는 그 이상의 개별 언어들을 같은 계통의 언어, 즉 동계어라 하며 이들은 서로 동일한 계통에 속하며 일종의 친족 관계를 맺고 있다고 규정한다. 그리고 동계어들이 분화되어 나오기 이전의 추정된 단일한 언어를 공통조어라 부른다. 따라서 비교 방법은 서로 상이한 언어들 가운데 관찰되는 일정한 유사성들이 역사적 접촉이나 차용 또는 우연성에 의해서 형성된 것이 아니라면, 동일한 공통조어에서 유래된 결과일 것이라는 전제를 기본으로 한다. 서로 다른 언어들의 어휘와 문법 형태소들 간에 확인되는 현저한 유사성들의 유형을 이들 언어가 동계어를 형성하고 있을 것이라는 전제에서 설명하려는 것이 비교 방법에서 일반적으로 사용하는 첫 번째로 중요한 가설인데, 이것을 親族性(relatedness) 가설이라고 한다. 비교 방법은 이와 같은 친족성 가설을 근거로 동일한 계통에 속하는 언어들이 보이는 일정한 유사성들을 비교하여 그 공통조어를 재구하고, 재구된 공통조어로부터 동계어로의 역사적 발달을 규명하려고 한다.

이와 같이 단일한 공통조어에서 시간의 흐름에 따라 자매로어 분화되고, 그 이후 각각의 자매어들이 그들의 하위 방언들로 다시 분열되어 가는 역사적 발달 과정과 자매어들의 진화상 상대적 위계 순서를 당시의 진화론의 원리에 의거하여 나무 줄기(공통조어)와 거기서 파생된 가지들(자매어)로 비유하여 그림으로 나타낸 결과가 계통수설의 요체이다. 이러한 그림은 대체로 나무가 가지를 펼치고 하늘을 향해서 서있는 모습과는 거꾸로 나타내는 것이 보통이다. 계통수설에 근거한 그림은 현대에도 가정 또는 재구된 공통조어와 여기에서 파생되어 나갔다고 추정되는 자매어들과 그 상대적 위치를 효과적으로 나타내는데 사용되고 있다. 친족어의 계통적 분류를 도해하는데 어느 정도의 실용성이 인정되기 때문이다.

그러나 이 계통수설은 언어의 진화 과정과 관련된 다음과 같은 문제를 극복하기 어렵다. (ㄱ) 자매어들이 깨끗하게 갈라져 있는 그림의 나무 가지에서 시사하듯이 역사적 어느 단계에 일시에 분화된 것이 아니었다. (ㄴ) 둘 또는 그 이상의 자매어들이 하나의 변화를 공유하고 있지만, 그 변화를 공통조어의 성분으로 소급시킬 수 없는 경우들이 존재한다. 이 경우에 자매어들이 공유하고 있는 변화는 해당 공통조어로부터 분열 이후에 한 자매어에서 출발하여 다른 자매어들로 확산된 결과이다. 게르만어의 i-umlaut 현상이 자매어들에 나타난 그러한 전파의 예이다. (ㄷ) 공통된 언어 특징이 친족관계는 없지만 공간적으로 인접하여 있는 주변 언어들에 출현하는 경우도 있다. 이러한 언어 특질들을 보유하고 있는 언어 지역을 언어구역(Sprachbund)이라 한다.

그러나 계통수설과 파동설은 비교·역사 언어학에서 상호 보완의 위치에 있다고 이해하는 것이 원칙이다. 즉, 파동설의 경우는 변화의 공간적 전파의 과정과 그 진로를 포착하는데 매우 유용한 이론이다. 그 반면, 계통수설은 동일한 공통조어에서 분화된 자매어들이 해당 어족에서 위치하고 있는 계보적 위계 순서와 상대적 시간과 거리를 파악하는데 유용하다.

참고문헌

Bailey, C. J.(1973), *Variation and Linguistic Theory*, Center for Applied Linguistics.

Downes, W.(1998), *Language and Society*, 2nd Edition, Cambridge Univ. Press.

Halle, M.(1962), 'Phonology in Generative Grammar', Word 18. 54-72.

King, R.(1969), *Historical Linguistics and Generative Grammar*, Prentic-Hall.

Labov(1972), *Sociolinguistic Patterns*, Univ of Penn Press.

Moulton(1964), 'Phonetische und Phonologische Dialektkarten. Beispiele aus dem Schwei-
zerdeutschen', A. J. van Windekens : *Communication et rapports du Premier Congress
Internationale de Dialectologie generale*, Louvain.

Pulgram, E.(1953), 'Family Tree, Wave theory, and Dialectology', *Orbis* 2. 67-72.

Wang W. S-Y.(1969), 'Competing Changes as a Cause of Residue', *Language* 45. 9-25.

Wang W. S-Y.(ed. 1977), *The Lexicon in Phonological change*, Mouton Publishers.

찾아보기

ㄱ

'가르치-'(敎)와 '가리키-'(指)의 형태의 구
　　분 274-275
개인어(ideolects) 337, 649
격식성 원리 31, 656,
격식체(careful speech) 657
경상도 방언형 '기럽-'의 용례 349-350
경판본 고소설 부류의 언어 259, 486
계보적 위계 순서 696
계량적 분석 332, 651
계통수설(family tree model) 694
고대국어(Old Korean) 667
고흥방언의 모음조화 228
공시성과 통시성의 상호 연관성 671
공시 음운론과 언어 변화간의 관계 372
공시적 설명과 통시적 설명 195-196
공통조어 667, 695
관찰자의 모순(observer's paradox) 29, 99,
　　137, 655
광의의 유추 개념 39
교정강화(hypo-correction) 48
과도교정형(hyper-correction) 105, 250, 297,
　　304
구개음화의 과도교정형 254
구례방언에서의 'ᄋᆞ＞오' 변화 184
구상 음운론 195, 196
"구조"의 차원 687

국어 계통론 666
국어 방언의 연구 665
국어 방언학의 전개 666
국어사와 방언사의 연구 666
국어 방언사의 영역 668
규칙의 재배열(rule reordering) 687-688
규칙의 적용 순서 689
규칙 적용의 중복(overlapping)과 일치(co
　　incident) 147
『권념요록』(1637) 105, 106, 674
근대국어의 원순모음화 과정 146-150
'그룹-/그루-'의 구어성 339-340
'그룹-/그루-'의 문맥에 따른 전이 365
'그룹-/그루-'의 음운·형태론적 측면 342-
　　345
기능의 전용(exaptation) 24
기능적 재생(functional renewal) 77
기술 언어학의 원리와 방법 649
기저형의 추상성과 구상성 197
김두봉의 『깁더 조선말본』(1922) 274, 429
김병옥의 필사본 『춘향뎐』(1898, St. Pe-
　　tersburg) 133, 527
김병제의 『방언사전』(1980) 44, 71
김영랑의 산문과 시어의 전남방언 324-
　　325
김태균의 『함북방언사전』(1986) 45, 46,
　　82, 527

ㄴ

"南濃北稀"의 분포와 움라우트 71
'내비'(蝶) 방언형과 움라우트 69
내적 재구(internal reconstruction) 150, 461,
    668, 669, 675
노년층의 순수 토속어 222
'뇌동'(勞動)과 '뇌동자'의 명사파생 접
    사 '-이' 87
『누가복음』(1882) 672
'뉘에'(蠶)의 형성과 움라우트 83
『님의침묵』에 사용된 '그룹-/그루-'의 용
    례 340
『님의침묵』의 어휘와 활용 구조 340-341

ㄷ

다음절 어간에서의 모음조화 199
다의어(polysemy)로서의 '하냥' 351, 357
단어의 어휘적 특성과 원순모음화 144
단어목록 읽기체(word list) 657
'단추>댄추'와 움라우트 72, 78
담양 지역방언 30
대응 계열(series of correspondence) 667
도시 방언학 93, 651, 658
동계어 695
동일과정설의 원리(uniformitarian) 94, 184,
    678
'드듸(踏)>듸듸'의 변화와 움라우트 현상
    534
'드듸여>듸듸여'의 변화와 문법화 536-
    537

ㄹ

'-ㄹ세'의 역사적 기원과 문법화 423
『로한ᄌ뎐』(1874, Putsillo) 173, 286, 673,
    681
『로한ᄌ뎐』(1874, Putsillo)에 반영된 명
    사파생 접미사 '-이' 287

ㅁ

만해의 『님의침묵』에 사용된 표기 336-
    337
만해의 『님의침묵』에 반영된 시어 337
『말모이』 미완성 원고본(조선광문회 편)
    300
말의 갈혀남의 원리 272
말의 격식적인 스타일 49
말의 스타일(style) 31, 654, 674
말의 스타일 변화의 원리 656
말의 스타일 교체의 원리 31
말의 조정(accommodation) 79
'머리'(頭)의 표기 '며리' 104, 107
'먼저'(先)의 제주 방언형 159
면담(interview)의 절차 25
명사파생 접미사 '-이' 68
모음 전설화의 유형 66, 67, 86
모음조화의 기제 199
모음조화 규칙과 모음상승 규칙의 상대
    적 연대 200
모음체계의 재구 676
모음체계의 역사 678
모음 추이의 가설 187
무관모음 또는 비관여적 모음과 모음조
    화 199, 206

‘무섭-(恐)>미섭-’과 움라우트 71
문맥을 통해서 도출된 추론 384
문자표기 변화에 대한 해석 98-99
문자표기의 교체와 음운론적 변이 114-
116
문법화(grammaticalization)의 일반적인 원
리 372, 422
문법화 개념에 대한 Hopper의 풍유 377
문법화와 어휘화(lexicalization) 377-378
문헌어에서 ‘이스->이시-’의 변화 540

195
「分數모르는 토끼」(함북 행영방언) 107
『뿌리깊은 나무 민중자서전』(1992) 28,
29, 50, 62, 458
‘-브터>-우터’의 변화 108-110
비격식체(casual speech) 657, 662
비어두음절 ‘-애>-에’의 경향 290, 291
비교 방언학의 방법론 669, 671
비교 역사 언어학 694
빈도수의 효과 39

ㅂ

‘밤’(夜)의 변이형 ‘뱀’ 20
방언사의 영역과 한계 665-667
방언사 연구 670
방언 유표적인 자질 85
방언 자료 수집의 방법과 절차 654
방언 자료의 발굴 673
방언 지도 663
『방언집』(1937, 경성사범학교 조선어연구
부) 104
방언 차용 665
『백조』와 『폐허』에 반영된 ‘-ㄹ다’의 용례
438
‘밴댕이’(蘇魚)와 움라우트의 확대 80-81,
271
범주성(categoricity) 480
‘법’(法)의 표기 ‘법’ 104, 105
변이와 변화의 과정 93
변이 현상 489, 511, 647
변형생성 문법의 방식 650
보수형과 개신형과의 교체 485
부사형어미 ‘-아/어’의 교체와 모음조화

ㅅ

『ᄉ과지남』(Korean Grammatical Forms,
1894) 133, 433, 435, 436
‘사람’(人)의 변이형 ‘사램’ 20
사회 방언학의 연구 653, 662
사회·상징적 기능 655
사회 언어학과 변이 이론 689-692
사회 언어학의 네 가지 작업 가설 93-
94
사회 언어학적 방법 652
사회 언어학적 변이 675
사회 언어학적 변항 251
사회적 공간(social space) 691
사회적 맥락과 상황 26
사회적 변항의 요소 658
사회적 의미 655
사회적 징표(indicator) 33
사회 조직망(social network) 653
상관관계 30, 663, 689
생성(generative) 방언학의 등장 649
서법 범주의 이동 421
『서울 토박이말 자료집』(1997) 64, 269

'썰물'(退潮)과 h-구개음화 276-277, 278

성문화된 표준어(공통어)의 존재 246

'셜법'(說法)과 '셜웹'(16세기 구어에서)
    111

소설의 대화에서 리얼리즘 321

소장문법학파의 강령 93, 196, 692

속격형 '-에'의 쓰임 516

송광사판 『천자문』(1730) 270

'솥'(釜)의 언어 변이 647

'쇠주'(燒酒) 방언형 23, 73, 78, 102

순경음 'ㅸ' 사용의 변이 96

"순수한" 토착 방언 649

순행 움라우트 67

순행 원순모음화 166

'스싱'(師)형의 형성과 쓰임 517

스타일에서의 변이 655, 656

시간적 차원 666

시어의 "낯설기 하기" 363

시어의 언어 기호화(encoding) 337

시어의 변용 장치 337, 338

15세기 중앙어 670

16세기 국어의 구어체 스타일 116

16세기의 특수토씨 '-커니와' 388

16세기 후반의 청주 언간 138, 387, 394-
    395, 449

16, 7세기의 한글편지 113, 123, 387

17세기 전남방언 675

17세기 전남 구례방언과 『권념요록』(1637)
    118

17, 18세기의 '커니와' 397-398

19세기 후기 국어 253, 262

19세기 후반의 전설고모음화 254

19세기 후기 전라방언 82, 96, 100, 119,
    133, 208, 216, 220, 222, 225, 253,
    257, 259, 278, 468, 483, 528, 672

19세기 후기 전라방언의 '긔루-, 기룬,
    기루어'의 용례 346, 347

19세기 후기 전라방언의 모음조화와 공
    시적 변이 217-219

19세기 후기 전라방언의 처소격 조사
    유형 458

19세기 후기 평북방언 158, 672

19세기 후반의 비교 역사 언어학 686,

1930년대 서울과 경기조 방언의 움라우
    트 현상 266, 267, 307

실증적 언어 연구 669

'ᄋ'의 내적 재구와 제주도 방언 680-
    681

'ᄋ'의 비음운화 679

'ᄋ'의 비음운화 규칙과 원순모음화 규
    칙과의 간섭 148

'아'의 움라우트 규칙의 전개 266

아주낮춤의 종결어미 '-ㄹ다'의 출현 423-
    425

'애' 변칙동사 활용형 '하여(爲)>해 97,
    119

어휘화(lexicalization) 378, 379

어휘 확산의 가설(lexical diffusion) 144,
    692-694

어휘의 차원과 시간의 차원 692

언어구역(Sprachbund) 420

언어 변이(variations) 93, 647, 651, 653,
    662

언어 변이 연구의 의의 658-661

언어 변화와 변이에 대한 방법론 93

언어 변화의 과장과 원리 651, 688

언어 변화의 출발과 지리적 확산 143
언어 변항(variables) 648
언어 분화의 공간적 차원 666
언어의 지리적 변종 667
언어 분화의 모습 654,
언어 지도와 등어선 654, 694
언어 진화와 분기 694
언어(방언) 지리학 117, 650, 666, 686
언어의 폐품(junk) 76, 77
『역대 천자문』(1911)과 경상도 방언 526
역행 원순모음화 171
『염불보권문』의 지역방언 106, 145, 163,
    447, 514, 672
『염불보권문』에 반영된 '묻져'(先) 159-161
S 곡선 691
『예수셩교젼셔』(1887, Ross version) 158,
    403, 672
예사낮춤 '-ㄹ세'의 형성과 전남·전북방
    언의 분포 443-444
예천 용문사본 『염불보권문』의 원순모음
    화 169
옛 러시아 Kazan' 자료 134, 148, 214,
    440
『요안너 복음』(1882) 672
완판 고소설 부류 97
완판본 84장본 『열여춘향슈졀가』 102
완판본 『퇴별가』(1898)와 신재효본 『퇴별
    가』 104
완판 『초한전』의 '꾸짓-'(叱責) 활용형 525
완판 『화룡도』와 『초한전』의 처격조사
    475-476
용언어간말 자음 'ㅈ'의 마찰음화 522-
    525
'웬수'(怨讐)의 방언형과 움라우트 71, 72
움라우트 기능의 轉用 47, 66, 74-77
움라우트의 실현과 비실현 34
움라우트 실현상의 위계 53
움라우트와 단모음화 간의 상대적 연대
    70
움라우트와 유추 현상 19
움라우트의 음성 환경 675
움라우트 규칙의 확대 19, 676
움라우트 규칙의 형태론화(morphologization)
    85
움라우트의 유추적 확대(analogical extension)
    19, 35, 44, 49, 54, 84
움라우트 현상의 강도 23
움라우트와 표준어의 수용 과정 262-267
윤동주의 시어 '하냥' 360
'원수'(元帥)의 격식성 78
'우'(上)와 '위'의 분화와 접미사 '-이'
    280-282
'위>의'의 비원순모음화 현상 146
원순모음화와 모음체계의 재구 183-185
원순모음화 현상 74, 171, 676
원순모음화 현상의 내적 발달 143, 171
원순성에 의한 이화작용 160
원순모음에 의한 원순모음화 178-181
원시 한국어(proto-Korean) 667
원시 한국어의 모음체계 682
월성 방언의 통시 음운론 677
'웬수'(怨讐)의 방언형과 움라우트 71, 72
"유사"(pseudo)) 움라우트 25, 79
유추적 확대(analogical extension) 20, 38,
    44, 47, 59
유추적 확대형 '사램'과 '나락' 56, 65
유추적 평준화/수평화(analogical levelling)
    35, 513
육진 방언에서 '커녀느' 391
육진 방언 자료(20세기 초반) 470

'으'의 움라우트와 이중모음화 531-532

음성변화의 격발(actuation) 188

음성변화의 3단계 일생(life span) 84

음운변화 수행의 기본 모형 693

음운론적 확산 35

음운 현상과 음운체계와의 상관 187

이광용 노인의 중부방언 57, 58, 85

이규숙 노인의 경기도 방언 62-66

이봉원 노인의 벌교 방언 50-55

이문구의 전원소설과 충남방언 87-88

이상화의 시어 '쌉치다'와 대구방언 322

'이시-/잇-'(有)의 불규칙 교체 538

이질적인 언어사회 689

이중모음의 역사적 변화 671, 677

20세기 초엽 육진방언 자료 175, 679

일상어의 원리 656

일상적인 말의 스타일 24

ㅈ

자유변이(free variations) 649, 662

'자취'(跡)의 방언형 '지초' 83

잔존형(residues) 692, 694

'잠자리'의 방언형 '잼재리'와 '잼자리' 82

재간 『교린수지』(1883)와 19세기 후기 경
    상도 방언 132, 466

재구조화(restructuring) 35

재분석 48

재어휘화(relexicalization) 49

적층(laying)의 원리와 문법화 385

전기 중세국어의 원순모음화 150-157

전남 장흥방언의 모음조화 222

전남방언에서 '(춤)추-'(舞)의 활용형 232-
    233

전남과 전북방언에서 '하냥'의 쓰임 355-
    356

전북방언에서의 모음조화 204

전북방언의 처소격 형태 458

전북 지역방언에서 '기룹-'형의 쓰임 350

전설모음화(구개모음화)의 기원 250-251,
    254

전설화(fronting)와 표준적인 규범형 78

전설화 기능의 轉用 87

전설화의 화용론적 속성 78

전통 방언학의 방법과 틀 652, 662

접속부사와 '커니와' 389

접속부사 'ᄒᆞ다가'(萬若) 382

정인승(1937)에서 움라우트 현상과 표기
    법의 문제 267

정형화(stereotype) 33

제1차 움라우트 현상 123

제정 러시아 자료 673, 674

『조선어사전』(1920, 조선총독부 편) 255,
    256, 259, 260, 268, 270, 279

『조선어 표준말 모음』(1936) 245, 249,
    251, 254, 255, 260, 268, 277, 299,
    320, 321, 329

존재사 '이시-/잇(有)의 활용형 537

'죙이'(紙) 방언형와 움라우트 70, 78

주격조사 '-이'의 움라우트 35, 50

주격조사 '-이'에 의한 실현 비율 53

주요한의 「불노리」(1919)에 쓰인 '이스-'
    (有) 537

주의력의 원리 656

주의력의 정도 33

중간본 『女四書諺解』(1907)의 지역방언적
    특질 511

중세국어의 기원적 '호양' 360

중세국어 '-논 커니와'의 통시적 분포 379

중앙어의 간섭에 의한 수평화(leveling)　98
'쥐뎅이'와 '쥐둥이' 방언형　82
지리적 공간　686
지역방언의 방언사 연구　672
지역방언의 통시적 고찰　676
지역방언 특질들의 공시적 분포　671
진행 중에 있는 언어 변화　653
진행 중에 있는 변화　662
'집'(家)의 처소격 조사　469-470
집단의 정체성　86

ㅊ

채만식과 방언 사용　330
채만식 소설의 방언적 특질　330
『천자문 자료집』(지방 천자문 편)　20, 67,
　　68, 83
처소격 조사 '-여'의 분포와 형성　489-491
처소격 조사 '-이'　486-487
천자문의 새김　20
청자와의 친소의 관계　94
「청주 북일면 순천김씨 묘 출토언간」의
　　언어 현상　123-125, 169
초간본 『女四書諺解』(1736)와 18세기 근
　　대국어　513
충남방언과 움라우트의 유추적 확대　81
충청도 방언과 한용운의 시어 '긔루-'　318
출현의 빈도수　653
최소대립어쌍 읽기체　657, 662
최소심 노인의 구술과 전남방언　84, 220
최승범(1976)의 시어에 쓰인 '하냥'　357
최학근의 『한국방언사전』(1990)　46
최현배(1961)의 '커녕' 공시적 기술　411
'춤(唾液)>츰>침'의 변화와 표준어 수

용　257-258
'(춤)추-'(舞)의 지역적 활용 형태　198
'치뷔'(寒)와 '더뷔'(暑)형의 존재와 원순
　　모음화　168, 190
친밀성과 낮춤(전설화에 대하여)　86
친족성(relatedness) 가설　695
친족어의 계통적 분류　695
'칩-(寒)>춥->춥-'의 변화와 표준어 수
　　용　261

ㅋ

k-계 구개음화　518, 674
'쾨코리'(象)형의 형성　69

ㅌ

탈문법화(degrammaticalization)　378
탈통사화(desyntacticization)　378
텍스트의 구성과 이야기　43
통시 언어학에서 언어 변화　687
통시적 대응(diachronic correspondence)　77
'퇵강이'(兎)와 명사파생접사 '-이'　83
특수 어간의 교체와 원순모음화　154, 155
특이 처격형 '-의'　468, 504
t-계 구개음화　674
t-계 구개음화의 발생시기　95

ㅍ

파동설(wave theory)　685
파동설과 계통수설의 상호 보완　694-695

『판소리사설집』(신재효) 104, 131, 133, 211, 212, 672

'포수'(砲手)의 방언형 '표슈'와 '푀수' 100-103

표기변화에 대한 관찰과 해석의 방법론 95

『표민대화』에서의 '-일다>-잇다'의 용례 442

「표준어 규정」(1988) 268

「표준말 재사정 시안」(1978) 263

표준어 사정의 기준 246, 277

표준어의 본질 247-248

『표준 조선말 사전』(이윤재, 1947) 271, 298

표지(사회적, indicator) 33

필사본 『봉계집』(1894) 354, 525

ㅎ

'하냥'의 문법화 358-360

'하냥'의 시어에 대한 권영민의 해석 351-352, 353

하향 이중모음 '외'와 '위'의 변화 677-678

「한글 맞춤법 통일안」(1933) 246, 320

『한국방언자료집』(한국정신문화연구원) 26, 53, 71, 80, 232, 233, 301

『한국구비문학대계』(1987-1995, 한국정신문화연구원) 26, 30, 32, 54, 96, 103

한글학회 『큰사전』(1957)에 규정된 '-커녕' 373

한상숙 노인의 서울말 63, 64, 79

『한영문법』(1890, Underwood) 253

『한불ㅈ뎐』(1880) 268, 285, 408

한용운의 시어에 나타난 '돍'(石) 333

함북 방언형 '드부'(豆腐) 174

해인사본 『염불보권문』 170

핵심 지역방언 688

「현풍곽씨 언간」과 16세기 청주방언 109, 110, 128, 389-390

형태 분화의 원칙 272

형태론화(morphologization) 76, 378

혼합(contamination)과 '미디'(節)형의 형성 74

화맥적 의미 48

화용론(pragmatics)의 개념 27

화용론적 대화 전략 49, 385

화용론적 추론의 강화 48

화용론적 표지(discourse marker) 451

화용론적 힘 39

화자와 청자간의 사회적 행위 25

화자들의 인식과 태도(움라우트에 대한) 86

화자들의 재분석(움라우트에 대한) 19

확산의 공간적 방향 670

홍률사본 『염불보권문』과 방언형 '션뷔' (선비) 170

저자소개

최전승(崔銓承)

1945년 전남 강진에서 출생하였다. 1968년 서울대학교 사범대학 국어교육과를 졸업하고, 1975년 서울대학교 대학원 국어국문학과를 수료하였다. <중세국어에서의 이화작용에 의한 원순성 자질의 소실에 대하여>(1975, 국어연구 33호)가 석사학위논문이다. 1986년에 전북대학교 대학원 국어국문학과에서 박사학위를 받았고, 이 논문을『19세기 후기 전라방언의 음운현상과 그 역사성』(한신문화사, 1986)이라는 제목으로 간행하였다.

대표 저서는『한국어 방언사 연구』(1995, 태학사)가 있으며, 공저로『국어학의 이해』(1999, 태학사) 외 4권이 있다. 번역서로 Thea Bynon의『역사언어학』(1992, 한신문화사)이 있다.

한국어 방언의 공시적 구조와 통시적 변화

인 쇄 2004년 08월 23일
발 행 2004년 08월 30일
저 자 최 전 승
펴낸이 이 대 현
편 집 박 윤 정
펴낸곳 도서출판 역락 / 서울 성동구 성수2가 3동 301-80
    (주)지시코별관 3층(우 133-835)
TEL 대표·영업 3409-2058 편집부 3409-2060 FAX 3409-2059
E-MAIL youkrack@hanmail.net / yk3888@kornet.net
등 록 1999년 4월 19일 제2-2803호
ISBN 89-5556-325-6-93710

정가 35,000원

* 잘못된 책은 교환해 드립니다.